新民说

成 为 更 好 的 人

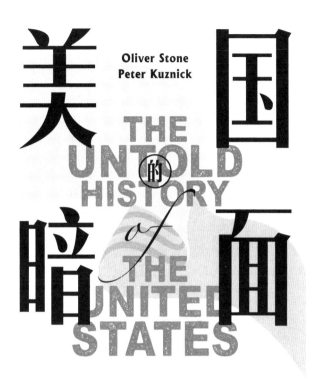

美国的暗面

Oliver Stone
Peter Kuznick

THE UNTOLD HISTORY of THE UNITED STATES

战 争 、 军 火 生 意 与
帝 国 扩 张
（1914－2018）

［美］奥利弗·斯通 彼得·库茨尼克——著

潘丽君 王祖宁 张朋亮 张波——译

GUANGXI NORMAL UNIVERSITY PRESS
广西师范大学出版社
·桂林·

美国的暗面：战争、军火生意与帝国扩张（1914—2018）
MEIGUO DE ANMIAN: ZHANZHENG、JUNHUO SHENGYI YU DIGUO KUOZHANG (1914—2018)

Simplified Chinese Translation copyright © 2024
By Guangxi Normal University Press Group Co., Ltd.
THE UNTOLD HISTORY OF THE UNITED STATES
Original English Language edition Copyright © 2012, 2019 by Secret History, LLC
All Rights Reserved.
Published by arrangement with the original publisher, Gallery Books,
a Division of Simon & Schuster, Inc.
著作权合同登记号桂图登字：20-2021-201 号

图书在版编目（CIP）数据

美国的暗面：战争、军火生意与帝国扩张：1914-2018：
上下册／（美）奥利弗·斯通，（美）彼得·库茨尼克著；
潘丽君等译. --桂林：广西师范大学出版社，2024.6
书名原文：The Untold History of the United States
ISBN 978-7-5598-3883-4

Ⅰ．①美… Ⅱ．①奥… ②彼… ③潘… Ⅲ．①美国－
历史－研究－1914-2018 Ⅳ．①K712

中国国家版本馆 CIP 数据核字（2024）第 060345 号

广西师范大学出版社出版发行

（ 广西桂林市五里店路 9 号　邮政编码：541004 ）
　网址：http://www.bbtpress.com

出版人：黄轩庄
全国新华书店经销
广西广大印务有限责任公司印刷
（桂林市临桂区秧塘工业园西城大道北侧广西师范大学出版社
集团有限公司创意产业园内　邮政编码：541199）
开本：880 mm × 1 240 mm　1/32
印张：36.75　　　　字数：946 千
2024 年 6 月第 1 版　　2024 年 6 月第 1 次印刷
定价：188.00 元（上下册）

如发现印装质量问题，影响阅读，请与出版社发行部门联系调换。

目 录

引 言 / 1

第1章　威尔逊：争夺战后世界重塑权 / 33

　　厌恶革命、捍卫资本的顽固派 / 33

　　美国为什么必须参加一战？ / 36

　　以爱国之名管控舆论 / 43

　　重用生化武器，加急研制毒气弹 / 56

　　苏俄号召全球革命，引来多国联军干涉 / 67

　　"十四点"折戟，《凡尔赛条约》埋下祸端 / 72

　　巨头勾结腐败政权，抢夺拉美石油 / 82

　　存在性危机爆发 / 86

第2章　罗斯福新政：与大资本家的激烈拉锯战 / 101

　　百日新政如何挽救大萧条？ / 102

　　苏联模式生机勃勃，美国迎来左倾时代 / 115

　　右翼大资本要推翻罗斯福 / 125

　　罪恶交易：大军火商的杀人生意 /127

　　华尔街为了贷款安全把美国推向一战？ / 139

　　为纳粹德国输血的商业巨头们 / 144

　　孤立倾向助长法西斯气焰 / 152

第3章　二战：谁真正击败了纳粹德国？ / 165

德国闪电连击，英法选择绥靖 / 166

《租借法案》会断送美国和平？ / 169

从反战到出兵，美国如何结束孤立？ / 176

英美不开辟西线战场的利益盘算 / 185

丘吉尔："苏联红军给了德军致命性打击" / 189

《雅尔塔协定》：三巨头关于战后世界的谋划 / 196

被强硬派绑架，杜鲁门结束美苏蜜月 / 205

斯大林不支持全球革命 / 214

第4章　杜鲁门：原子弹事件始末 / 227

"曼哈顿计划"——核战争从科幻走向现实 / 228

华莱士被篡夺了副总统候选提名 / 236

极端的排日运动 /244

"曼哈顿计划"是为了遏制苏联 / 265

广岛核爆前后 / 270

日本投降并非因为原子弹 / 281

苏联卷入核军备竞赛 / 289

第5章　谁挑起了冷战？ / 303

国务卿"揣着"原子弹来谈判 / 306

铁幕演说：丘吉尔极力挑拨美苏大战 / 314

掌握中东石油阀门的应当是美国！ / 320

华莱士的和平攻势 / 322

"杜鲁门主义"与"马歇尔计划"出台 / 334

美国是否应该支持以色列建国 / 347

华莱士出局，美国最终选择了帝国路线 / 353

苏联成功试爆原子弹 / 356

第6章　艾森豪威尔：反共与黩武的时代 / 369

为捍卫霸权，必须研制氢弹 / 369

麦卡锡主义：歇斯底里的反共浪潮 / 374

朝鲜战争：核威慑的极致秀场 / 380

"新面貌"政策如何降低霸权维护成本？ / 402

推翻摩萨台，换取伊朗石油开采权 / 409

推翻阿文斯，让危地马拉的土改计划流产 / 415

美国为何全力支援法国入侵越南？ / 422

"第五福龙丸"悲剧 / 427

第7章　肯尼迪：古巴导弹危机始末 / 441

苏联已经领跑太空竞赛？ / 443

"导弹差距论"引美国恐慌 / 446

爱因斯坦引领反核热浪 / 450

艾森豪威尔的政治遗产：三万枚核武器 / 456

猪湾惨败，肯尼迪与军方出现裂痕 / 466

东德架起柏林墙 /470

美军差点射中苏联核潜艇 / 479

转变：达成《部分禁止核试验条约》/ 493

推行去冷战政策，肯尼迪招来暗杀 / 500

第8章　林登·约翰逊：帝国的脱轨 / 517

粗俗、傲慢的新总统 / 518

隐瞒战争局势，逐步增兵越南 / 522

中情局、联邦调查局联手监控反战浪潮 / 528

春节攻势：10万吨炸弹轰炸北越 / 534

将巴西改造为拉美反革命基地 / 537

兵发多米尼加，杜绝西半球被染红 / 543

屠杀百万左翼，阻止印尼去殖民化 / 545

第9章　越南战争：一个漫长的噩梦 / 561

尼克松与基辛格："疯子"遇上"神经病" / 561

体面结束越战的最佳方案？ / 567

反战升级：民众拒绝充当杀人犯 / 572

阿连德状告美企，中情局复制印尼策略 / 583

达成《反导条约》，美苏开始限制战略武器 / 594

推动日本军事化，日本离拥核仅差一步 / 595

五角大楼案发，侵略越南内幕曝光 / 600

报复性轰炸越南、柬埔寨和老挝 / 604

水门事件曝光，尼克松遭弹劾 / 607

第10章　卡特时期：右翼当道，缓和梦碎 / 617

福特经济封锁越南 / 618

右翼渗透政府与情报机构 / 624

布热津斯基如何塑造冷战式总统？ / 633

干涉伊朗革命酿人质危机 / 639

1979年阿富汗战争中的美苏交锋 / 645

扶植萨达姆搅局中东 / 652

第11章　里根时代：拉美成为冷战新赛场 / 661

史上最无知的总统 / 661

里根团队的"牛鬼蛇神" / 665

开展秘密行动，整治拉美后院 / 670

里根推出"星球大战计划" / 684

军备竞赛正在榨干苏联最后一滴血 / 694

功败垂成的冰岛会晤 / 700

"伊朗门事件"曝光 / 705

美国输血孕育"基地"组织 / 711

第12章　冷战结束：指缝中溜走的机遇期 / 723

　　倡议裁军与自决，苏联从第三世界退场 / 724

　　戈氏放弃东欧，北约承诺不东扩 / 729

　　海湾战争完胜，展现美国实力 / 737

　　俄罗斯寡头上演世纪"大掠夺" / 747

　　塔利班与"基地"崛起 / 754

　　极致的单边主义："新美国世纪计划" / 758

　　史上最丑陋的总统竞选 / 761

　　危险的信号 / 765

第13章　布什—切尼灾难：伊拉克战争始末 / 779

　　"9·11"是"新美国世纪计划"的机遇？/ 780

　　新型战争：不打击某个国家，而是打击一种战术 / 786

　　滥用酷刑，小布什下战争罪 / 789

　　如何炮制两大入侵理由？/ 797

　　伊拉克只是开胃菜，帝国目标有7个！/ 811

　　地狱之门在伊拉克打开了 / 818

　　北约持续东扩，俄罗斯重建核力量 / 831

　　五角大楼的军事基地超过1000个 / 837

　　华尔街再迎镀金时代 / 842

第14章　奥巴马：帝国的十字路口 / 861

　　站队富豪，引爆"占领华尔街"运动 / 864

　　极端反恐政策常态化 / 877

　　积极追剿美国罪行泄密者 / 878

　　无人机：维护霸权的新杀器 / 884

　　从撤军到增兵：奥巴马的进退失据 / 901

　　入侵阿富汗10年的得与失 / 911

　　中东与西半球进入后美国时代 / 928

　　战略转移：重返亚太 / 936

第15章 2012—2018：失控与重置 / 965

俄罗斯军事复兴 / 965

隐忧兑现：多极化时代回来了 / 970

"史上最大规模的贸易战" / 980

在非洲的隐秘战争：46个军事前哨站 / 983

扎进叙利亚内战 / 988

撕毁"伊核协议"谋求开战 / 1001

朝鲜半岛核危机始末 / 1010

乌克兰危机始末 / 1026

普京是特朗普胜选的幕后推手？ / 1057

耗资万亿升级核武库 / 1082

否定核冬天，组建太空部队 / 1095

气候变化论是骗局？ / 1107

致　谢 / 1157

引 言

在美利坚帝国时代缓缓落幕之时，我们创作了这本书。1941年，报业大亨亨利·卢斯（Henry Luce）宣称，20世纪将是"美国世纪"。他恐怕不会料到这话有多么灵验，毕竟那时人们还没看到德国和日本战败，原子弹诞生，美国战后经济繁荣，军工产业崛起并呈规模化发展，互联网兴起，美国国家安全体制发生改变，以及美国在冷战中获胜。

卢斯关于美国霸权可以肆意横行的观点一直备受争议。美国时任副总统亨利·华莱士（Henry Wallace）就一直试图把美国带入一个"平民世纪"。华莱士，现实主义者认为他是一个"爱做梦""好空想"之人，他描绘了一个以科学技术为推动力的繁荣世界，一个没有殖民统治和经济剥削的世界，一个充满和平和共同繁荣的世界。但不幸的是，战后的世界日益走向卢斯所主张的帝国主义世界，偏离华莱士所期盼的进步平等世界。1997年，新一代美国全球霸权的倡导者呼吁建立"新美国世纪"，他们后来成为美国前总统乔治·W.布什（George W. Bush）的新保守主义智囊团成员，共同开启了一段灾难般的总统任期。在21世纪早期，"美国世纪"这种观点赢得过许多人的支持，直到人们意识到美国最近发动的几场战争引发了一系列灾难性后果。

作为世界霸主，美国是有史以来世界上最强大也最霸道的国家，它既取得过傲人成就，也酿造过恐怖灾难。本书将详细探讨后者，也就是美国历史的黑暗面。本书并不想讲述完整的美国历史，那是不可能完成的任务；也没必要聚焦在美国做过的许多正确的事情上，因为自有图书馆和学校课堂宣扬这些丰功伟绩。本书将聚焦于美国做过的错事，在某些方面，它已背叛自己的使命。不过，我们相信，随着21世纪不断向前发展，美国仍然有时间改正这些错误。近年来，美国与三个伊斯兰国家开战，并对另外至少六个国家的目标人物发动过无人机袭击，这让我们对美国外交政策的方向深感不安。为什么美国在世界各地都拥有军事基地，总数多达上千个？为什么美国一国的军事开支就相当于世界其他国家的总和？为什么即使美国并未受到迫在眉睫的威胁，也能坐拥成千上万枚核武器，许多还处于一触即发的警戒状态？为什么美国国内的贫富差距如此悬殊，远远大于其他国家？为什么美国是世界上唯一没有实现全民医保的发达国家？

为什么美国的一小撮人（不论这个数字是300、500还是2000），掌握着比世界上30亿穷人加起来还多的财产？为什么美国富人尽管占比很小，却对美国的政治、外交和媒体有如此强大的影响力，而同时广大人民群众的政治权利和生活水平却在不断下降？为什么美国民众越来越屈从于那些无处不在的监视、政府的滥权、对公民自由的限制以及对公民隐私的侵犯，哪怕其程度足以让开国元勋和前辈胆战心惊？为什么在美国，贪婪自私的人却比善良宽容、慈悲慷慨、通情达理和团结和睦的人更有权势？为什么广大美国民众创造更美好的体制机制和社会风尚会如此困难？囿于篇幅，本书只能在这里列出这些问题。虽然难以一一回答，但我们可以将这些问题背后的历史向读者一一道来，供读者自行深入探讨。

在此期间，本书将着重刻画一些人物，他们是力挽狂澜的英雄，历尽千辛万苦，将整个国家重新带回到正确的轨道。我们不应忘记，1821年7月4日，美国前总统约翰·昆西·亚当斯（John Quincy Adams）谴责英国的殖民统治，宣称美国"不会走出国门，到世界各处寻机除暴"，以免它"卷入到因利益阴谋、个人贪婪、嫉妒和野心而导致的，却以自由的名义或盗用自由的标准而进行的战争之中，无力脱困。它政策的基本原则会不知不觉地从崇尚自由转变成崇尚武力"。亚当斯警告说，美国有可能"变成世界的独裁女王，却失去自己的精神"。[1]

亚当斯很有先见之明地预见到，如果美国牺牲共和精神来成就帝国，美国将会发生什么。让问题变得更加复杂的是，美国人一直在否认本国的帝国主义过往以及这些过往对当前政策的影响。历史学家阿尔弗雷德·麦科伊（Alfred McCoy）指出："对帝国而言，过去不过是另一块适合重建甚至再造的海外领地。"[2]美国人拒绝活在历史里，尽管正如小说家 J. M. 库切（J. M. Coetzee）所理解的那样，帝国必须这么做。在《等待野蛮人》（Waiting for the Barbarians）一书中，库切写道："帝国注定要活在历史中，充当密谋反对历史的角色。它的脑子里只有一个想法，就是如何确保政权的长治久安，避免分崩离析。白天，它追捕宿敌，狡猾无情，到处布下鹰犬。晚上，它以对灾难的想象滋养自己：城邦凋敝、民不聊生、伏尸百万、赤地千里。这疯狂而又致命。"[3]

神话、历史与美国例外论

美国人认为他们不受过去羁绊。历史学家克里斯托弗·莱希（Christopher Lasch）认为这反映了美国人的"自恋性格"。对许多人来说，这也是避免与自己国家在20世纪的所作所为纠缠在一起的好办法。虽然真实的历史在不断侵蚀美国的美好形象，但对美国民众来说，只要美国一直居于世界领先地位，他们就更容易用那些美国仁善的故事来自我安慰。而与世界上其他非英语国家之间的隔阂只会强化这一状态，隔阂不仅让美国人变得傲慢无知，还滋生恐惧，这也是为什么美国经常夸大敌对势力的威胁和高估外来入侵者反复造成的恐慌，例如应对国内外激进势力，或近年来来势汹汹的恐怖组织便是如此。

2011年6月，美国公布了国家成绩报告单（Nation's Report Card），再次证明美国民众对本国历史的认知少得可怜。这份成绩单来自四年级、八年级和十二年级的学生，《纽约时报》（*New York Times*）对此的评价是，"比起其他学科来，孩子们对本国历史确实不够熟悉"。国家教育进步评价（National Assessment of Educational Progress）的专家发现，只有12%的高中生被评为"优良"，甚至连这12%的"优良"也值得怀疑，因为只有2%的学生答对了"布朗诉教育委员会案"（Brown v. Board of Education）一题，尽管答案已在题目表述中显露无遗了，这着实令人震惊。[4]

美国人在历史方面的空白，在很大程度上被神话所填补。这些神话通常都为自我利益服务，用约翰·温思罗普（John Winthrop）于1630年在"阿尔贝拉"号（Arbella）上所说的话来说，美国是一座神圣的"山巅之城"，是引领其他国家走向光明的灯塔。依此推理，美国自认为比世界上一些腐败的国家优秀得多。

有关"美国例外论"的神话，最佳例子莫过于美国前总统伍德罗·威尔逊（Woodrow Wilson）在巴黎和会后说的那句话——"全世界终于知道，美国才是世界的救世主！"[5]之后的许多年里，美国领导人一再重复类似观点，尽管说法多少有些收敛了。

但茶党①(Tea Party) 奉行的排外主张却丝毫不知收敛，他们极力呼吁把美国例外论当作爱国主义的必要条件，并用美国前总统巴拉克·奥巴马（Barack Obama）略有不同的发言来佐证他们的猜疑——奥巴马虽生于美国，但他依然算不上真正的美国人，大多数人现在也不由得承认确实如此。2009 年，茶党对奥巴马的评论大为光火，后者曾表示，"我信奉美国例外论，就像英国人信奉英国例外论，希腊人信奉希腊例外论"。⁶

共和党领导人确信奥巴马拒绝宣扬"美国是上天对人类的馈赠"，他们深知，有58%的美国人认为"上帝赋予了美国特殊的历史角色"，共和党人便借奥巴马并不全盘认同此观念而对其大肆攻击。阿肯色州前州长迈克·赫卡比（Mike Huckabee）就曾指责奥巴马的"世界观完全不同于其他总统，无论是共和党的还是民主党的……其成长历程表明他更像是个世界主义者，而非地道的美国人。否定美国例外论，本质上就是否定这个国家的核心与灵魂"⁷。

美国是否是帝国？

从1960 年代的新左派开始，左翼历史学家和活动人士们就坚持客观公正地看待美国历史，并对美国的帝国主义进行理性批判。然而，保守派人士却一直否认美国有过任何帝国主义主张。直到最近，新保守派才打破这一固有立场，自豪宣称美国不仅是一个帝国，还是世界上有史以来最强大、最能伸张正义的帝国。对大多数

---

① 1773 年，英国在北美的殖民地波士顿爆发了倾倒茶叶的事件。当时，为了反抗英国殖民当局的高税收政策，愤怒的殖民地人民将英国东印度公司三条船上的茶叶倾倒在波士顿海湾，这是北美人民反英国暴政的开始，参加者被称为"茶党"。从此之后，茶党成了革命的代名词。到如今，学术界普遍认为茶党不是一个政党，而是一种奉行右翼民粹主义的草根运动。（本书脚注如无特别说明，均为译者注）

美国人来说，这仍然是一种亵渎。但对新保守派而言，这彰显了美国的力量，即美国正扮演着天赋的霸主角色。2001 年 10 月 7 日，美国入侵阿富汗，上下一片欢欣鼓舞，彼时这一愚蠢的最新帝国主义冒险行为尚未崩溃，人们庆祝得太早，保守派精英顺势加入了高歌帝国的潮流。10 月 15 日，威廉·克里斯托尔 (William Kristol) 的《旗帜周刊》(*Weekly Standard*) 的封面大胆刊登了一个醒目的标题——《美利坚帝国研究》("The Case for American Empire")。《国家评论》(*National Review*) 的总编里奇·劳里 (Rich Lowry) 呼吁以"一种低级的殖民方式"来推翻阿富汗以外的危险政权。[8] 几个月后，专栏作家查尔斯·克劳萨默 (Charles Krauthammer) 注意到这样一个事实："人们开始越来越公开地使用'帝国'一词了。"他认为这正合时宜，因为美国已经在"文化、经济、技术和军事"上取得全面领先地位。[9] 2003 年 1 月 5 日，《纽约时报》周日特刊的封面标题为《美利坚帝国：去习惯它吧》("American Empire: Get Used To It")。

尽管许多新保守派人士认为美国是一个新近发展起来的帝国，但美国的扩张历史由来已久。从最初作为英国的殖民地起，美国的扩张主义冲动就影响了其殖民、发展与征服历程，这一冲动尔后也体现在"昭昭天命 (Manifest Destiny)"论与门罗主义上。正如耶鲁大学历史学教授保罗·肯尼迪 (Paul Kennedy) 所言，"从第一批英国殖民者到达弗吉尼亚并掀起西进运动起，美国就走上了成为征服者的帝国之路"[10]。有时候，它不惜通过种族灭绝来掠夺他人的土地和资源，而这往往打着实现崇高目标的旗号，是在"实现人类的自由、进步和文明"的利他主义幌子下进行的，直至今日依然如此。威廉·艾普尔曼·威廉斯 (William Appleman Williams) 是最早开始研究美利坚帝国的学者，也是最具洞察力的学者之一。他表示："对土地、市场或安全的一贯欲望，成为追求繁荣、自由、安全等冠冕堂皇之辞的绝佳理由。"[11]美国领导人否认了为这种扩张主义冲动辩护的种族主义假设，尽管这种否认不太有说服力。

他们也否认曾使出那些卑劣手段。但点破这一点的人往往来自最令人意想不到的领域。其中就有塞缪尔·亨廷顿（Samuel Huntington），他提出了带有还原论色彩、一直颇受争议的"文明冲突论"。他一针见血地指出："西方赢得整个世界不是依靠其理念、价值观或者宗教信仰（其他文明中没有多少人皈依它们）的优越，而是在运用有组织的暴力方面的优势。西方人常常忘记这一事实，而非西方人却从未忘记。"[12]

《华尔街日报》的编辑及美国外交关系协会（Council on Foreign Relations）的高级研究员马克斯·布特（Max Boot）最清楚美国的扩张历史由来已久。卡塔尔半岛电视台记者曾采访美国前国防部长唐纳德·拉姆斯菲尔德（Donald Rumsfeld），提问美国是否是一个"庞大帝国"，拉姆斯菲尔德厉声说："我们不寻求成为帝国，我们也不拥护帝国主义。我们一向如此。"马克斯·布特抨击了拉姆斯菲尔德的激烈反应，取笑后者的"反应就像是被人问到是否穿了女性内衣一样"。布特并不同意拉姆斯菲尔德的说法。他说，从"购买"路易斯安那的那一刻起，美国就开始了领土扩张的历程；19世纪末，美国开始对外扩张，占领了波多黎各、菲律宾、夏威夷和阿拉斯加；第二次世界大战（下简称"二战"）之后，美国在西德和日本进行了短暂的殖民统治；近年来，美国又以帮助"国家重建"等名义对索马里、海地、波斯尼亚、科索沃和阿富汗进行殖民干涉。然而，与左翼批评者不同，布特赞赏美国的扩张政策，他认为，"美国的帝国主义力量，在过去的一个世界里，一直是世界上最强大的正义力量"。[13]

时常为大英帝国的殖民统治辩护的哈佛大学历史教授尼亚尔·弗格森（Niall Ferguson）表示，美国自命不凡，充满优越感，基本意图是为自己捞取好处。弗格森还讽刺道："对那些坚持美国例外论的学者，其他帝国的学者只需反驳——如果美国是例外，那么其他69个帝国也同样是例外。"[14]

辩护者宣称美国更具道德优势，这自然言过其实，但鼓吹美国的军事优势却似乎站得住脚。在这个问题上，很少有人能比保罗·肯尼迪更有远见。他在1987年出版的经典名著《大国的兴衰》（*The Rise and Fall of the Great Powers*）中写道：美利坚帝国一贯的扩张模式已过巅峰，正走向衰落。然而，"9·11"事件后，美国轻而易举地占领了阿富汗，这把包括保罗·肯尼迪在内的很多学者都搞糊涂了。他推翻了早先的论断，激动地写道："国家间的实力从来没有像今天这么悬殊过，从来没有。我比对了过去500年里各国的军事开支和军力，发现没有一个国家能与美国抗衡。不列颠治世，英国的军费开支不大，英军规模要比欧洲军队的规模小得多，即使是皇家海军，其规模也就相当于第二名、第三名国家的海军总和。而现如今，哪怕全世界其他国家的海军联合起来，最多也只能让美国海军受点皮外伤。"肯尼迪还对美国12个航母战斗群的强大战力感到惊讶，认为美利坚帝国的强大无可匹敌。他总结道："查理曼帝国的疆域仅仅囊括整个西欧，罗马帝国虽更广阔些，但同时还有一个同样强大的波斯帝国，以及更为庞大的中华帝国。而如今，美利坚帝国所向无敌。"[15]

美国的帝国本质之所以如此含糊不清，是因为美国虽拥帝国之力，行帝国之能，但在其他特征上却与传统帝国有所不同。美国虽然偶尔也会进行一些殖民冒险，但明显不遵循欧洲老牌帝国的途径。后者往往直接侵占殖民地领土，奴役殖民地人民，但美国大多数时候都采取一种被称为"门户开放"的政策，伺机对海外殖民对象进行经济渗透，进而占领对方的市场或把控其经济主导权。美国一再动用武力，甚至进行长期占领，都是为了应对那些可能危害其经济利益的威胁，并为私人投资扫清障碍。近年来，美国通过被查默斯·约翰逊（Chalmers Johnson）形象地描述为"由基地组成的帝国"的方式来控制他国，取代过去的殖民地统治。截至2002年，美国五角大楼的数据显示，在联合国（United Nations）190个成员国中，美国在其中132个拥有不同形式的军事存在。[16]再加上耗费数十亿美元打造的航母战斗群，美国的军事势力遍布全球并非假话。此外，美国还保有世界上最强大的核武库。尽管近些年来，核武器数量有所削减，但其库存仍足以毁灭地球数次。

美国在军事领域的最新进展是谋求太空霸权，以实现其所谓"全方位主导"的战略构想。这个构想最开始是在1997年美国太空司令部的《2010年展望》（"Vision for 2010"）报告中提出的，后来美国国防部在其《2020年联合展望》（"Joint Vision 2020"）报告中进行了详细补充。[17]这预示着美国试图在陆地、海洋和太空建立起绝对的军事霸权。

美利坚的帝国之路已经走了100多年。继美国记者约翰·L.欧苏利文（John L. O'Sullivan）的政治警句"昭昭天命"遍布北美大地，美国开始把眼光转向海外。亚伯拉罕·林肯（Abraham Lincoln）和安德鲁·约翰逊（Andrew Johnson）两位总统的国务卿威廉·亨利·苏厄德（William Henry Seward）曾经有一个宏伟愿景，那就是把阿拉斯加、夏威夷、加拿大、中途岛，以及一部分加勒比海和哥伦比亚都纳入美国版图。

19世纪末期，苏厄德尚在白日做梦，欧洲人已经行动起来，但凡触手所及之处，他们都拼命去攫取。英国抢占先机，在19世纪最后30年里扩充了475万平方英里①的国土——这个面积比当时的整个美国都大得多。[18]法国则扩张了350万平方英里。[19]后起之

---

① 1平方英里大约为2.59平方千米。

秀德国扩张了100万平方英里。只有西班牙的殖民地在减少。到
1878年，欧洲列强实际或曾经控制的疆域面积，达到当时地球陆
地面积的67%。到1914年，这一比例达到了令人瞠目的84%。[20]1890年
代，非洲大陆的90%被欧洲列强瓜分，分得领土最多的国家是比
利时、英国、法国和德国。马萨诸塞州参议员亨利·卡博特·洛奇
（Henry Cabot Lodge）是美利坚帝国的主要支持者，他表示，"这
些强国在四处抢占世界的无主之地，以满足未来的扩张以及目前的
防御需求"，美国应该迅速采取行动，尽快赶上。[21]

共和精神的最后反抗

但19世纪的美国民众拒绝这样的帝国，他们正努力捍卫属于
生产者的共和国，使其免受贪婪的工业资本主义秩序影响。当时，
富裕资本家和贫困民众之间的巨大鸿沟动摇着美国的立国之本——
民主与平等。大多数农民和工人强烈反对由一小撮银行家和工业大
亨以及听命于他们的议员和法官来统治整个美国。诗人沃尔特·惠
特曼（Walt Whitman）记录了这种情绪，把过剩的资本主义描述为
"一种反民主的疾病和怪物"[22]。

1870—1890年代见证了美国历史上最血腥的劳工斗争。1877
年，美国铁路工人与其他行业的工人联合起来，举行了声势浩大的
罢工运动，导致全国铁路交通瘫痪。这次全面罢工让包括芝加哥、
圣路易斯在内的美国几大城市都处于全面停摆的状态，资本家恐慌
不已，害怕1871年法国巴黎公社引发的血腥场景重新上演。在华
盛顿特区，《国家共和报》（National Republican）刊登了一篇题为
《论美国公社》（"The American Commune"）的社论。文中写道："事
实已经很清楚，现在共产主义思想在美国的矿区、铁路以及工厂的
工人间十分流行"，这次铁路大罢工"完全展现了共产主义最糟糕

的一面，不仅是非法的、颠覆性的，还是反美的"。[23]圣路易斯的第一大报《共和报》(*Republican*)评论道："这不是一场罢工，而是一场由工人掀起的叛乱。"[24]当地民兵无意或说无力镇压这场骚乱，时任总统拉瑟福德·B.海斯(Rutherford B. Hayes，他的上台部分归功于铁路大资本家的扶植)出动军队进行镇压。随后的对峙导致100多名工人罹难，国家也因此严重撕裂。

1880年代，劳动骑士团蓬勃发展，罢工斗争愈演愈烈。1885年，他们成功地让杰伊·古尔德(Jay Gould)铁路公司长达15000英里①的铁路网陷入瘫痪。杰伊·古尔德并非普通的强盗资本家。他曾扬言能"雇全美一半工人去干掉另一半"，他大概是美国民众最讨厌的人了。[25]劳工骑士团也并非普通的劳工组织，它主张阶级团结，宣扬民主社会主义哲学。在这次对峙中，古尔德向劳动骑士团让步了，按照商报《布拉德斯特里特》(*Bradstreet*)的说法，古尔德"彻底投降了"。[26]这一消息顿时震惊全国。随后，劳动骑士团的成员迅速增加。1885年7月1日，骑士团成员为10.3万人，一年后增长到70万人。1886年5月1日，芝加哥秣市广场爆发罢工骚乱，7名警察被打死。美国当局以此为借口，不仅镇压了参与集会的无政府主义者，还把劳工骑士团牵扯进来，予以沉重打击，尽管后者并不主张暴力且从未参与秣市骚乱。在随后的红色恐慌中，全美激进组织都成为美国当局镇压的对象。

回顾这段历史，改革家艾达·塔贝尔(Ida Tarbell)称其为"滴血的80年代"[27]尽管这10年算不上十分血腥，但工人们确实对美国体制的正当性提出了质疑，因为这种体制赋予富人(新的工商业寡头和银行家)权利，却把占人口绝大多数的工人和农民边缘化，因此经济繁荣时他们获益有限，一旦经济萧条却往往遭受巨大挫折。

---

① 1英里大约为1.61千米。

　　1883年8月，美国《冰球》(Puck) 杂志刊登的一幅漫画，描绘了19世纪末劳工阶层和资本家之间不平等的对抗。漫画左侧是一群强盗般的资本家，从左至右包括了金融和电报业大亨赛勒斯·菲尔德 (Cyrus Field)、铁路大亨威廉·范德比尔特 (William Vanderbilt)、船业大亨约翰·罗奇 (John Roach) 和铁路大亨杰伊·古尔德。

　　愤怒的农民阶层经常表达不满，特别是1880年代的农民协会 (Farmers Alliances) 和1890年代人民党 (People's Party)，它们的组织者常这样做。历史学家一直在为农民运动的激进程度争论不休，但毫无疑问的是，大多数农民都反对公司制国家的无限扩张，他们当中的领导者多次发表反对华尔街的言论以警醒听众。1892年，人民党在内布拉斯加州的奥马哈市召开第一次全国党代会。会议宣称："数百万劳工的劳动成果惨遭窃取，成为少数富人的财富基石，这在人类历史上是绝无仅有的。那些富豪却反过来贬低共和国，危害公民自由。政府不公这一多产的子宫，孕育出两大严重对立的阶级——劳苦大众和富人集团。"[28]

1886年5月4日，芝加哥秣市广场爆发骚乱。当局大举镇压骚乱中的无政府主义者，还给劳工骑士团以沉重打击。很快，全美激进分子都遭到打压。

尽管人民党的影响力局限于美国南部、中西部和西部的少数地区，但在1892年总统大选中，人民党获得了将近9%的总统选票，赢得中西部、西部5个州的胜利，选出超过1500位候选人，包括3位政府官员、5位参议员和10位众议员。1894年，人民党的选票翻了一番，赢得7位众议员和6位参议员的席位。

一种流行观点认为，由个人贪欲驱动的经济发展，在某种程度上能创造更多社会福祉。此种说法遭到大多数中产阶级嫌恶。他们不仅在1877年铁路大罢工中与工人站在一边，还争相阅读爱德华·贝拉米（Edward Bellamy）于1888年出版的空想社会主义小说《回顾》（*Looking Backward*）。此书的销量很快就超过100万册，成为19世纪第二畅销的美国小说，仅次于哈丽雅特·比彻·斯托（Harriet

Beecher Stowe）的《汤姆叔叔的小屋》（*Uncle Tom's Cabin*）。

以海外市场为目的的征服

1893年5月5日，"黑色星期五"的金融恐慌引发了美国迄今为止最严重的经济萧条。危机持续了5年多。在短短几个月内，400万工人失业，失业率一度飙升至20%。

整个美国都在探讨此次危机的根源，寻求阻止其再次发生的办法。有些人认为根源在于产能过剩，因此美国需要开拓海外市场，接纳日益富余的产品；而社会主义者、工团主义者和改革家则认为根源在于消费不足，他们提供了另一种解决方案——在国内进行财富再分配，以便让广大劳工阶层买得起来自美国农场和工厂的产品。但几乎没有资本家支持这种做法，他们选择让美国参与国际事

爱德华·贝拉米，照片摄于1890年。他的空想社会主义小说《回顾》销量迅速超过100万册，并刺激民族主义俱乐部在美国各地兴起。

务，这会从根本上改变这个国家。

在美国向海外寻求市场和原材料之前，它需要建立一支现代化蒸汽动力海军，并在全世界建立起服务于这支海军的军事基地。1889年，美国吞并了太平洋岛屿上的帕果帕果港，并在此后7年间建立起一支新式海军。

吞并帕果帕果港只是个开始。1893年，在美国海军的支持下，美国的甘蔗种植园主和火奴鲁鲁的美国殖民者联手，推翻了夏威夷利留卡拉尼女王（Queen Liliuokalani）的统治，任命美国人桑福德·多尔（Sanford Dole）——菠萝业巨头詹姆斯·多尔（James Dole）的堂弟——为夏威夷总统。1898年，美国正式吞并夏威夷。时任美国总统威廉·麦金利（William McKinley）称此举乃"天命所归"[29]。

1898年4月25日，美国以帮助古巴摆脱西班牙暴政为由向西班牙宣战。战役在距美国数千英里之外的马尼拉湾打响。5月1日，乔治·杜威（George Dewey）将军率领美军打败了西班牙舰队。一位反帝人士写道："杜威将军夺取马尼拉湾，只损失了一个人和我们全部的传统。"[30] 美西战争只打了三个月就结束了。

前国务卿海约翰（John Hay）称这场战争是"一场精彩的小规模战争"[31]，此说法未能得到所有人赞同。1898年6月15日，反帝联盟试图阻止美国占领菲律宾和波多黎各。联盟成员包括大名鼎鼎的安德鲁·卡内基（Andrew Carnegie）、克拉伦斯·达罗（Clarence Darrow）、马克·吐温（Mark Twain）、简·亚当斯（Jane Addams）、威廉·詹姆斯（William James）、威廉·迪安·豪威尔斯（William Dean Howells）以及塞缪尔·龚帕斯（Samuel Gompers）。但当时全国上下都沉醉于战争的荣耀，兴奋于打着正义旗号轻易取得的胜利，反帝的努力完全无法与之抗衡。

战争的硝烟慢慢散去，美利坚帝国的初期战果得到巩固。美国已经正式吞并夏威夷，并从西班牙手中夺取了波多黎各、关岛和菲律宾。菲律宾一向被视作为中国沿海船只提供补给的理想站点。麦金利在白宫的办公室里夜不能寐，来回踱步，向"全能上帝"祈求指引，不断思考如何处置这些岛屿。几经踌躇，他最终选择了吞并，理由是开化世界上的"劣等"民族，即那些被拉迪亚德·吉卜林（Rudyard Kipling）称为"白人的负担"的民族。[32]

在埃米利奥·阿吉纳尔多（Emilio Aguinaldo）的领导下，菲律宾起义军与西班牙统治者斗争多年。菲律宾人曾天真地认为美国会帮他们实现国家独立。1899年1月23日，菲律宾人起草宪法，建立了菲律宾共和国，阿吉纳尔多就任总统。2月4日，美军就向马尼拉的共和国军队开火了。美国的报纸宣称，没有携带武器的美国士兵突然遭到菲律宾人的袭击，双方交火，最终美军22人死亡，125—200人受伤。菲律宾方面则死伤数千人。报纸预测，这场冲突会为美国的帝国主义事业赢得支持，并迫使参议院通过一直争执不下的条约。根据条约，美国需要付给西班牙2000万美元，购得对菲律宾的管辖权。《纽约世界》（New York World）对此评论道：美国"在毫无预警的情况下，突然直面帝国的现实……要想统治，我们就必须去征服。要想征服，我们就必须去杀戮"。[33]巨大的舆论压力迫使条约反对者改变立场，转而支持军队。来自俄亥俄州的议员查尔斯·格罗夫纳（Charles Grosvenor）表示："他们已经向我们的国旗开火，他们杀死了我们的士兵。被杀者之血在地上涌动，高声呼喊复仇。"[34]

《芝加哥论坛报》（Chicago Tribune）将这场参议院激辩描述为"自安德鲁·约翰逊总统弹劾案"以来分歧最大的辩论。[35]马萨诸塞州议员乔治·弗里斯比·霍尔（George Frisbie Hoar）警告说，美国将会变成一个"粗俗、平庸的帝国，依靠武力进行殖民扩张和殖民压迫，充当高高在上的统治阶级，永远压迫其他被统治阶级"。[36]

经过一番激烈争论，并且保证美国不会永久占领菲律宾后，这份条约最终以仅比所需的三分之二票数多一票的优势通过。霍尔后来评论道，美国"摧毁了菲律宾人民建立的共和国，剥夺了他们民族独立的权利，并在违背菲律宾人民意愿的情况下，依靠武力在那里建立了一个菲律宾人民无权参与的政权"。[37]理查德·佩蒂格鲁（Richard Pettigrew）议员称这种对菲律宾民族独立的侵犯是"这个世纪最严重的国际犯罪行为"。[38]

菲律宾的大部分人民积极为抗美武装提供食物和蔽身之处。部分美国殖民者回之以当初对付美洲土著的办法，手段极其残忍。有一次，美军遭到伏击，劳埃德·惠顿（Lloyd Wheaton）将军下令摧毁方圆12英里以内的所有城镇，杀光所有居民。抗美武装突袭了驻扎在萨马岛巴兰吉加小镇的美军，造成当地74名美军中的54名死亡。美军的雅各布·史密斯（Jacob Smith）上校下令杀死当地所有10岁以上的居民，将整座岛屿"变成一座哀嚎的鬼岛"。[39]有些参与屠杀的士兵很兴奋，其中一人在家书中写道，"我们热血沸腾，我们都想杀'黑鬼'……我们以比打兔子还狠的姿势，把他们打了个稀巴烂"。[40]此外，美军还把成千上万的菲律宾人关进了集中营。

在支持美国接管菲律宾的议员中，最积极的要数来自印第安纳州的阿尔伯特·贝弗里奇（Albert Beveridge）。贝弗里奇曾亲赴菲律宾考察，获得了很多第一手资料。作为唯一到访过菲律宾的议员，人们热切地期待他的观点。1900年1月初，贝弗里奇在参议院一间挤满人的会议室发表演讲，为美国的帝国主义政策进行了有史以来最华美、最直白和最沙文主义的辩护：

菲律宾永远属于我们……这个岛国是世界所有大洋里最后一块未被染指的土地……我们今后最大的贸易市场将是亚洲。太平洋是我们的海洋。越来越多的欧洲国家会尽可能多地生产工业品，然后倾销到

17

它们的殖民地上。我们应该到哪里寻找美国过剩产品的消费者呢？广袤的地球给出了答案，中国人就是我们的最佳消费者……菲律宾就是我们打开东方大门的桥头堡……未来战争将会围绕贸易展开。控制太平洋，就等于控制全世界。控制了菲律宾，那么全世界会属于也将永远属于美利坚……上帝选择了美国，我们将领导全世界走向繁荣。这是美国的神圣使命，我们要将富足、荣耀和幸福带给全人类。我们受上帝所托，为全人类追求进步，我们是世界公义与和平的守护者。神谕已经下达："你在不多的事上有忠心，我要把许多事派你管理。"[41]

但对麦金利总统来说，真正的目标是传说中的中国市场，日本和欧洲列强在此已盘踞多年，各自划分地盘。由于担心美国无法进入这一市场，国务卿海约翰在1899年首次提出"门户开放"政策，要求其他国家同意美国在他们的势力范围内平等参与商业活动。尽管得到的回复都比较含糊，但次年3月，海约翰还是宣布各国列强都同意了这项政策。中国的爱国人士憎恨列强的侵略，发动了一场针对外国占领者以及传教士的大规模起义。美国派出5000名士兵加入八国联军，共同镇压义和团运动。

因此，1900年美国大选，麦金利和威廉·詹宁斯·布赖恩（William Jennings Bryan）两强相争，彼时美军士兵正在中国、古巴和菲律宾肆意横行。在民主党全国代表大会上，布赖恩将这场竞选定义为"民主政治和金权政治"之间的较量，并对美国的帝国主义行径发起猛烈攻击。他用低沉洪亮的男中音，将反帝国征服的想法与托马斯·杰斐逊（Thomas Jefferson）、亚伯拉罕·林肯总统的哲学结合起来，他引用了杰斐逊的话表示："如果说还有什么原则是每个美国人都铭刻在心的，那就是我们绝不奉行对外侵略。"[42]但最终，麦金利凭借其与幕僚提出的殖民路线，以微弱优势赢得了多数选票。在这场选举中，另一位角逐者——社会主义者尤金·德

　　1899年1月，《冰球》杂志刊登的一幅漫画。画中，美国像训斥孩子一样训斥菲律宾、夏威夷、波多黎各和古巴，讽刺了美国的帝国主义行径和不断推进的粗暴的外交政策。坐在后排的孩子读着标有各州州名的课本。坐在远处角落的是美国原住民小孩，手里的课本都拿反了。同时，门口处站着的是个中国小孩，意味着"门户开放"。画的左上方角落里是一个非洲小孩，正在给教室擦玻璃。教室后面的黑板上写着："被统治者的同意在理论上是个好东西，但在现实中很罕见。不管服与不服，大英帝国都要对它的殖民地进行管理。必须以大力推动人类文明的进程为要务，已经等不到它们同意了。不管服与不服，美国都必须对它的新领地进行统治，直到它们有能力管理好自己。"

布斯（Eugene Debs）几乎没拿到什么选票。

　　大选过后，美国在菲律宾的暴行日趋严重，到处充斥着谋杀、强奸和一种现在称为"水刑"的刑罚，这些事都留有清楚记录。1901年11月，《费城纪事》（*Philadelphia Ledger*）马尼拉的通讯员报道：

　　1900年美国总统大选的两党候选人。左边是共和党的威廉·麦金利，主张走帝国主义路线，是美国东部权势集团的坚定拥护者。右边是民主党候选人威廉·詹宁斯·布赖恩，他是一位公开的反帝人士，是美国中西部的平民主义者。不幸的是，随着麦金利的胜利，布赖恩对美国帝国主义的警告将被无视。

　　眼前的这场战争，血流成河，绝非假戏。我们的军人是如此残酷无情，但凡10岁以上之人，男人、女人、孩子，囚犯和俘虏，奋起反抗者和有嫌疑的人，全都被杀光。军人中间盛行一种说法——菲律宾人比狗好不了多少……他们的最好去处就是垃圾堆。我们的士兵给他们灌盐水，"逼他们开口说话"。那些举手投降的俘虏，在没有任何其参与暴动的证据下，被拉到桥上挨个儿枪毙。那些满是弹孔的尸体掉到水里，顺河漂下，以震慑后来者。[43]

　　一名士兵曾对《奥马哈世界先驱报》(*Omaha World-Herald*) 说：

让俘虏仰面平躺，用圆木棍撑开他的嘴巴，然后往他们的嘴巴和鼻子灌水。如果他们还反抗，那就再灌，直到他们一个个撑得跟蛤蟆似的。我跟你说，这种折磨太可怕了。[44]

战争持续了三年半，直到西奥多·罗斯福 (Theodore Roosevelt) 总统宣布停战。在这场战争中，美国总共派出军人12.6万名，死亡4374人。[45]菲律宾的损失则惨重得多，大约2万名游击队员阵亡，至少20万平民死亡，其中许多人死于霍乱。[46]对此，美国人自我安慰道，自己给落后的菲律宾人带来了文明，尽管代价高昂——战争经费达到4亿美元。不过，贝弗里奇议员觉得这笔钱花得很值。然而，他还是低估了战争的成本。华盛顿和杰斐逊等先驱创立的这个共和国，曾对全球民主革命浪潮产生深远影响，如今却开始走向反面，阻挠其他民族求变，力图维持现状。

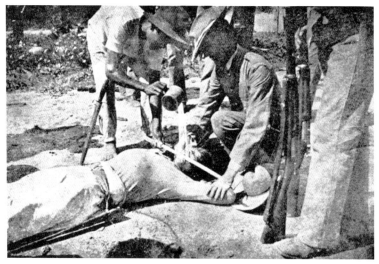

美国士兵在对菲律宾的俘虏实施水刑。

菲律宾人的尸体。

1901年2月，在美军（用麦金利的话说）正给菲律宾送去幸福、文明和基督教义的时候，美国国会断绝了古巴所有谋求独立的梦想。国会通过了《普拉特修正案》(Platt Amendment)，授权美国政府对未来的古巴事务进行干涉，限制古巴债务规模及其签署条约的权力，准许美国在关塔那摩湾建立海军基地，把控进入巴拿马地峡的东部路径。美国明确表示，除非古巴将《普拉特修正案》纳入古巴宪法，否则美军不会撤离。

战后，美国商人蜂拥而至，攫取一切可以掠夺的资产。联合果品公司以每英亩①20美分的价格抢占了190万英亩土地，用来种植

———————————
① 1英亩约等于4046.86平方米。

甘蔗。到1901年，伯利恒钢铁公司和其他美国大型企业垄断了古巴将近80%的矿产。

1901年9月1日，28岁的无政府主义者莱昂·乔尔戈什（Leon Czolgosz）在布法罗的泛美博览会上枪杀了麦金利。一位认识他的无政府主义者称，乔尔戈什一直对"美国政府在菲律宾犯下的暴行"心存不满。[47]讽刺的是，此次暗杀却将一位更坚定的帝国主义者——西奥多·罗斯福送上了总统宝座。

这位新总统希望在巴拿马地峡开凿一条可以将加勒比海和太平洋连接起来的运河。但巴拿马是哥伦比亚的一个省，而哥伦比亚拒绝了美国用1000万美元购买巴拿马管辖权的提议。罗斯福决定从那些"波哥大凶徒"手中夺取运河的开凿权。[48]于是，美国谋划了一场革命，派军舰把哥伦比亚军队牵制在海湾，阻止其进入巴拿马，随后迅速宣布承认巴拿马独立。除了运河区，美国还获得了更多干涉巴拿马事务的权力，其情况与古巴大致一致。战争部长伊莱休·鲁特（Elihu Root）表示，开凿运河之后，美国用不了多久，就能把整个巴拿马彻底控制起来。

1914年，巴拿马运河完工。早在此之前，美国就已经开始管理巴拿马地区。19世纪末20世纪初，美国对中美洲的投资飞速增长，为了维护在这一地区的利益，联合果品公司和其他美国企业要求当地政府稳定且顺从地配合。美国人控制了这里的香蕉和咖啡种植园，以及矿山、铁路和类似企业。这些国家的大量耕地被用于生产出口产品，它们不得不从国外进口粮食来养活本国国民。不过，所产生的收益至少可以让他们偿还对外国银行不断增加的债务。

要维护美国企业日趋增长的投资活动，军方就须不断介入，支持当地腐败的独裁政府，镇压当地革命运动。早在1905年，时任国务卿鲁特就坦率地写道："南美人现在憎恨我们，主要是因为他们认为我们看不起还要欺负他们。"[49]1900—1925年，美国多次对拉丁美洲进行军事干预。它在1903年、1907年、1911年、1912年、1919年、1924年、1925年入侵洪都拉斯，在1906年、1912年、1917年入侵古巴，在1907年、1910年和1912年入侵尼加拉瓜，在1903年、1914年、1916年入侵多米尼加共和国，在1914年入侵海地，在1908年、1912年、1918年、1921年和1925年入侵巴拿马，在1914年入侵墨西哥，在1920年入侵危地马拉。[50]美军没有更频繁干涉他国的原因只有一个，那就是他们时常在某个国家盘踞很久，例如：1912—1933年，美国占领尼加拉瓜；1914—1933年占领海地；1916—1924年占领多米尼加；1917—1922年占领古巴；1918—1920年占领巴拿马。

洪都拉斯最开始被西班牙占领，后来又被英国占领，再后来是美国。到1907年，洪都拉斯的外债高达1.24亿美元，其国民收入却只有160万美元。[51]1890—1910年间，外国香蕉企业带来了改变。瓦卡罗兄弟（Vaccaro brothers）和"香蕉大王"萨姆·塞穆赖（Sam "the Banana Man" Zemurray）相继买下大片种植园，他们需要可以确保他们的种植顺利进行的政府。不久后，波士顿的联合果品公司也加入他们的行列。从1907年开始，洪都拉斯国内局势不稳给美国提供了军事干预的借口，他们扶植曼努埃尔·博尼拉（Manuel Bonilla）建立傀儡政府。与此同时，美国银行家取代英国同行，成为洪都拉斯最大的债主。随着政治影响的加强，联合果品公司在洪都拉斯的种植园面积从1918年的1.4万英亩，增加到1922年的6.1万英亩，1924年更是攀升到8.8万英亩。[52]1929年，塞穆赖将手里的种植园全部卖给联合果品公司，并成为该公司的高层。自那以后，洪都拉斯的人民便一直处在贫困之中。

尼加拉瓜的情况也好不了多少。1910年，在斯梅德利·巴特勒（Smedley Butler）的指挥下，美国海军陆战队攻入尼加拉瓜，组建

古巴一处甘蔗种植园里的园丁正在犁地。

位于新奥尔良的联合果品公司办公大楼。对美国商人来说，美西战争被证明是相当有利可图的。在古巴的战争一结束，联合果品就以每英亩20美分的低价在古巴购买了190万英亩土地。

了一个亲美政府。美国不断加强的殖民统治引发尼加拉瓜人民暴动，巴特勒的海军陆战队再次入侵并镇压起义，他们屠杀了大约2000名尼加拉瓜人。巴特勒逐渐明白，自己的任务实际上就是保护美国大商人和银行家的利益。交战期间，他曾给妻子写信称："形势太糟糕了，我们会在这场战斗里死掉很多人——这一切都是因为布朗兄弟公司在这里投资。"[53] 1907年，西奥多·罗斯福为和平裁决中美洲地区事务，大张旗鼓地成立中美洲法院。但法院公开谴责美军的武装干涉时，美国当局直接无视这一裁决，严重损害了法院的权威。在接下来的20年里，美军继续占领这个国家。

1922年，《国家》（The Nation）杂志刊登了一篇措辞严厉的社论，题为《布朗兄弟共和国》（"The Republic of Brown Bros."），正好印证了巴特勒的话，即海军陆战队在尼加拉瓜是为了保护布朗兄弟的投资。这篇文章详细介绍了美国银行家如何系统地控制尼加拉瓜的海关、铁路、国家银行和财政税收，"华盛顿的官员、美国在马那瓜的大使都成了银行家的代理人，必要时还会以美国海军陆战队为后盾，实现他们的愿望"。[54]

奥古斯托·桑迪诺（Augusto Sandino）是众多决心推翻美帝国主义统治的尼加拉瓜人的代表。1927年，他带领游击队和美军展开了血战，最后撤退到山区。第二年，他卷土重来，在民众的支持下，对美军和尼加拉瓜政府军发动突袭。一位美国种植园主给国务卿亨利·史汀生（Henry Stimson）写信称，美国的军事干涉"对美国的咖啡种植园主不啻于灾难。我们在这里遭到憎恨和鄙视，是因为海军陆战队在这片土地上追捕并屠杀这里的人民"。[55] 史汀生明白这一点，同时又担心美军继续干涉中美洲事务会令他难以抗议日本在中国东北一带的行动，于是在1933年1月，他命美军撤出尼加拉瓜，并把事情转交给阿纳斯塔西奥·索摩查（Anastasio Somoza）领导的国民警卫队。随着美军的撤离，桑迪诺宣布他将与索摩查进行谈判，但随即被索摩查的国民警卫队逮捕并杀害。1936年，索摩查夺取了总统宝座，和他的两个儿子一起对尼加拉瓜进行了长达43年的统治，直到被桑迪诺民族解放阵线推翻。后来，取得政权的桑迪诺民族解放阵线又与罗纳德·里根（Ronald Reagan）时期的美国展开了新的斗争。

"战争是一门生意"

说到武装干涉他国内政，没人比斯梅德利·巴特勒少将更有经验了。1898年，美西战争爆发之时，16岁的巴特勒应征加入海军陆战队。他先是参加镇压菲律宾起义的行动，随后又加入八国联军，参与镇压中国的义和团运动。不久之后，他又统领美军对中美洲进行多次武装干涉。在得过两枚荣誉勋章之后，巴特勒又于第一次世界大战（下简称"一战"）期间在法国指挥第13军团作战。为此，他获得了陆军优异服役勋章、海军优异服役勋章以及法国黑星勋章。这个小个子斗士写过一本名为《战争是一门生意》（*War is a Racket*）的书，至今仍被许多军人奉为经典。在漫长而光荣的服役结束时，巴特勒如此回忆自己的军中岁月：

> 海军陆战队是美国机动性最强的部队，我在其中服役33年4个月。我从少尉开始，一步步做到少将。在那段岁月里，我大部分时间都在为大型企业、华尔街精英以及银行家们提供坚定可靠的支持和护卫。简而言之，我是个强盗，一直在为资本主义充当打手。
>
> 1914年，我率兵进入墨西哥，占领港口城市坦皮科，保卫了美国的石油利益。我让国家城市银行的银行家可以在海地和古巴堂而皇之地捞钱。我还替华尔街精英在中美洲疯狂搜刮民脂民膏。类似的黑历史比比皆是。1909—1912年，我在尼加拉瓜开展行动，为布朗兄弟在

斯梅德利·巴特勒少将［身穿军装者］参加过对菲律宾、中国和中美洲诸国的侵略行动。

当地投资扫清障碍。1916年，我在多米尼加共和国，为美国的蔗糖生意开辟道路。我还帮助标准石油公司顺利进入中国市场……

说实话，那些年里，我的生意做得相当不错。现在回想起来，我觉得我有资格给黑帮头子阿尔·卡彭（Al Capone）提点建议。他最强不过是在三个街区欺行霸市，而我的足迹却遍布三个大洲。[56]

巴特勒退役后的很长一段时间里，随着美军和情报人员的全球部署，美国的战争生意依然在进行，以捍卫美国大资本家的经济和地缘政治利益。对殖民地人民来说，他们的到来或许确实带来了一些改善，不过更多时候是不幸和伤痛。美利坚帝国的历史并不光彩。但如果美国想作为全球领导者，带领世界进行一场根本性变革，它就必须停止一切阻碍人类进步的行动，并直面自己的过去。

注释

1 Lloyd C. Gardner, Walter F. LaFeber, and Thomas J. McCormick, *Creation of the American Empire: U.S. Diplomatic History to 1901* (Chicago: Rand McNally College Publishing, 1976), 108.

2 Alfred W. McCoy, Francisco A. Scarano, and Courtney Johnson,"On the Tropic of Cancer: Transitions and Transformations in the U.S. Imperial State," in *Colonial Crucible: Empire in the Making of the Modern American State*, ed. Alfred W. McCoy and Francisco A. Scarano (Madison: University of Wisconsin Press, 2009), 21.

3 J. M. Coetzee, *Waiting for the Barbarians* (London: Secker & Warburg, 1980), 133.

4 Sam Dillon, "U.S. Students Remain Poor at History, Tests Show," *New York Times*, June 15, 2011.

5 President Woodrow Wilson speaking on the League of Nations to a luncheon audience in Portland, OR. 66th Cong., 1st sess. *Senate Documents: Addresses of President Wilson* (May-November 1919), vol. 11, no. 120, p. 206.

6 Barack Obama, News Conference, April 4, 2009, www.presidency.ucsb.edu/ws/index.php?pid=85959&st=american+exceptionalism&st1=#axzz1RXk$VS7z.

7 Jonathan Martin and Ben Smith, "The New Battle: What It Means to Be American," August 20, 2010, www.politico.com/news/stories/0810/41273.html.

8 Nina J. Easton, "Thunder on the Right," *American Journalism Review* 23 (December 2001), 320.

9 Emily Eakin, "Ideas and Trends: All Roads Lead to D.C.," *New York Times*, March 31, 2002.

10 Ibid.

11 William Appleman Williams, *Empire as a Way of Life: An Essay on the Causes and Character of America's Present Predicament Along with a Few Thoughts About an Alternative* (New York:Oxford University Press, 1980), 62.

12 Samuel P. Huntington, *The Clash of Civilizations and the Remaking of World Order* (New York: Simon & Schuster, 1996), 51.

13 Max Boot, "American Imperialism? No Need to Run Away from Label," *USA Today*, May 6, 2003.

14 Niall Ferguson, *Colossus: The Price of America's Empire* (New York: Penguin, 2004), 14–15.

15 Paul Kennedy, "The Eagle Has Landed," *Financial Times*, February 22, 2002.

16　Jonathan Freedland, "Is America the New Rome?" *Guardian*, September 18, 2002.

17　"Joint Vision 2010," www.dtic.mil/jv2010/jvpub.htm; General Howell M. Estes III,USAF, United States Space Command, "Vision for 2020," February 1997, www. fas.org/spp/military/docops/usspac/visbook.pdf; "Joint Vision 2020," www.dtic.mil/ jointvision/jvpub2.htm.

18　Benjamin J. Cohen, *The Question of Imperialism: The Political Economy of Dominance and Dependence* (New York: Basic Books, 1973), 23.

19　Amiya Kumar Bacgchi, *Perilous Passage: Mankind and the Global Ascendance of Capital* (Lanham, MD: Rowman & Littlefield, 2005), 272.

20　Paul Kennedy, *The Rise and Fall of the Great Powers: Economic Change and Military Conflict from 1500 to 2000* (New York: Vintage Books, 1989), 150.

21　Lars Shoultz, *Beneath the United States: A History of U.S. Policy Toward Latin America* (Cambridge, MA: Harvard University Press, 1998), 86.

22　Walt Whitman, *Complete Poetry and Collected Prose* (New York: Viking, 1982), 1074.

23　Robert V. Bruce, *1877: Year of Violence* (Chicago: Ivan R. Dee, 1989), 225–226.

24　Philip Sheldon Foner, *The Great Labor Uprising of 1877* (New York: Monad Press, 1975), 157.

25　Philip Sheldon Foner, *History of the Labor Movement in the United States: From the Founding of the A. F. of L. to the Emergence of American Imperialism* (New York: International Publishers, 1975), 50.

26　Maury Klein, *The Life and Legend of Jay Gould* (Baltimore: Johns Hopkins University Press, 1997), 357.

27　Ida Minerva Tarbell, *All in the Day's Work: An Autobiography* (Urbana: University of Illinois Press, 2003), 82.

28　John D. Hicks, *Populist Revolt: A History of the Farmers' Alliance and the People's Party* (Minneapolis: University of Minnesota Press, 1931), 140, 440.

29　Walter LaFeber, *The New Empire: An Interpretation of American Expansion, 1860– 1898* (Ithaca, NY: Cornell University Press, 1998), 366.

30　Robert L. Beisner, *Twelve Against Empire: The Anti-Imperialists 1898–1900* (New York: McGraw Hill, 1968), xiv.

31　William Roscoe Thayer, ed. "John Hay's Years with Roosevelt," *Harper's Magazine* 131(1915), 578.

32　Homer Clyde Stuntz, *The Philippines and the Far East* (Cincinnati: Jennings and Pye, 1904), 144.

33　John Byrne Cooke, *Reporting the War: Freedom of the Press from the American Revolution to the War on Terrorism* (New York: Palgrave Macmillan, 2007), 78.

34　"Ratification of the Treaty Now Assured," *Chicago Tribune*, February 6, 1899.

35　"Treaty Wins in the Senate by One Vote," *Chicago Tribune*, February 7, 1899.

36　Stephen Kinzer, *Overthrow: America's Century of Regime Change from Hawaii to Iraq* (New York: Times Books, 2006), 49.

37　George Frisbie Hoar, *Autobiography of Seventy Years*, vol. 2 (New York: Charles Scribner's Sons, 1905), 304.

38　"Gain for the Treaty," *New York Times*, February 6, 1899.

39　Kinzer, *Overthrow*, 52–53.

40　David Howard Bain, *Sitting in Darkness: Americans in the Philippines* (New York: Houghton Mifflin, 1984), 84.

41　*Congressional Record*, Senate, 56th Cong., 1st Sess., 1900, vol. 33, pt. 1, 704.

42　William Jennings Bryan, *Speeches of William Jennings Bryan*, vol. 2 (New York: Funk & Wagnalls, 1909), 17, 24–26. 关于布赖恩的精彩传记，参见 Michael Kazin, *A Godly Hero: The Life of William Jennings Bryan* (New York: Alfred A. Knopf, 2006)。

43　Stuart Creighton Miller, *Benevolent Assimilation: The American Conquest of the Philippines,1899–1903* (New Haven, CT: Yale University Press, 1982), 211.

44　Henry Moore Teller, *The Problem in the Philippines* (Washington, DC: U.S. Government Printing Office, 1902), 52.

45　Epifanio San Juan, *Crisis in the Philippines: The Making of a Revolution* (South Hadley, MA: Bergin & Garvey, 1986), 19.

46　有人估算菲律宾人的死亡总数达 60 万人以上，参见 John M. Gates, "War-Related Deaths in the Philippines, 1898–1902," *Pacific Historical Review* 53 (1984), 367–378。

47　Eric Rauchway, *Murdering McKinley: The Making of Theodore Roosevelt's America* (New York: Hill & Wang, 2003), 102.

48　Howard C. Hill, *Roosevelt and the Caribbean* (Chicago: University of Chicago Press,1927), 67.

49　Schoultz, *Beneath the United States*, 191.

50　Richard F. Grimmett, "Instances of Use of United States Armed Forces Abroad, 1798–2009," January 27, 2010, Congressional Research Service, www.fas.org/sgp/crs/natsec/RL32170.pdf.

51　Walter LaFeber, *Inevitable Revolutions: The United States in Central America* (New

York: W. W. Norton, 1993), 42.

52   Ibid., 46.

53   Ibid., 50.

54   "The Republic of Brown Bros.," *Nation*, 114 (1922), 667.

55   LaFeber, *Inevitable Revolutions*, 69.

56   Howard Zinn and Anthony Arnove, *Voices of a People's History of the United States*, 2nd. ed. (New York: Seven Stories Press, 2009), 251–252.

第1章

威尔逊：争夺战后世界重塑权

1912年美国总统大选选情异常激烈。伍德罗·威尔逊，这位普林斯顿大学前任校长和时任新泽西州州长，要面对三位实力强大的对手。其中两位都曾当选美国总统，即西奥多·罗斯福和威廉·霍华德·塔夫脱（William Howard Taft），另外一位是信奉社会主义的尤金·德布斯。尽管威尔逊在总统选举人团投票中轻松拔得头筹，但他的普选票优势则没那么明显——威尔逊赢得了42%的选民投票，进步党候选人罗斯福则赢得27%，塔夫脱赢得23%。第四次参选美国总统的德布斯仅拿到6%的选票。

厌恶革命、捍卫资本的顽固派

比起他的前任和继任者，威尔逊在他的政府和国家身上都打上了深深的个人烙印。由于双亲都出身于长老会牧师家庭，威尔逊是个彻头彻尾的卫道士，还是个自以为是且讨人厌的顽固派。他坚信自己在执行上帝的旨意，这一危险的想法让他更加顽固不化。和他的前任一样，威尔逊也认为美国应该称霸全球。1907年，他担任普林斯顿大学校长时就曾扬言："必须轰开那些闭关锁国国家的大门……金融家在海外取得的成就，政府必须出面保护，为此，哪怕要侵犯别国主权，也在所不惜。"[1]正是出于这种想法，威尔逊才屡次侵犯那些弱小国家的主权。他同他的南方庄园主祖先一样，有着身为白人的种族优越感，并在执政期间推行种族隔离政策。1915年，他甚至在白宫给内阁成员及其家人放映 D. W. 格里菲斯（D. W. Griffith）导演的电影《一个国家的诞生》（*Birth of a Nation*）。该片尽管颇具开创性，但因宣扬种族主义而臭名昭彰。影片的主人公是名3K党"英雄"，他总是能在危急关头及时赶到，将那些与他肤色相同的南方同胞，尤其是无助的妇女，从野蛮淫邪的黑人及与他们狼狈为奸的白人同伙手中救出。这种与史实相悖的谬见，也曾被哥伦比亚大学的威廉·邓宁（William Dunning）及其学生宣扬，只不过措辞稍有收敛。看过《一个国家的诞生》之后，威尔逊评论道："历史好像瞬间被照亮了，唯一的遗憾是，这一切居然是真的。"[2]

正如历史学家理查德·霍夫施塔特（Richard Hofstadter）在70多年前所说的那样："威尔逊的政治根基是美国南方的守旧势力，他的政治思想则继承了英格兰固执保守的风格。"在众多英国思想家中，威尔逊最喜欢沃尔特·白哲特（Walter Bagehot）的观点。白哲特对他影响颇深，这清楚地体现在威尔逊于1889年出版的著作《国家》（*The State*）中。他写道："关于政治，任何激进的创新行为都是危险的……只有通过循序渐进的方式，对发展进行细致的修正完善，才能实现我们的政治理想。"在威尔逊看来，美国独立战争值得称道之处，便在于它算不上革命。法国大革命则令人憎恶。他强烈抨击杰斐逊，批评后者对革命，尤其是对法国大革命的赞誉之情。威尔逊也反对工农激进主义，更同情商人而非工人。总之，威尔逊痛恨一切社会激变。[3]

威尔逊仇恨革命，捍卫美国贸易和投资，这一思想贯穿其总统任期的始终，并对美国的国内国际政策产生深远影响。1914 年，他在会见对外贸易公约的代表时说："我最感兴趣的事莫过于，充分地发展美国贸易和正义地征服海外市场。"[4]

这些观点共同影响了威尔逊对墨西哥的政策。美国的银行家和商人，特别是石油商人，与革命的结果有着重大利害关系。1900—1910 年，美国在墨西哥的投资翻了一番，达到近 20 亿美元。美国对墨西哥房地产的投资约占其本国房地产投资总额的 43%，比墨西哥本国投资者的高出 10%。[5]仅美国大亨威廉·伦道夫·赫斯特（William Randolph Hearst）一人就拥有墨西哥 1700 万英亩土地。

在墨西哥总统波菲里奥·迪亚斯（Porfirio Díaz）30 年的独裁统治期间，美英在墨西哥的公司都生意兴隆，几乎包揽了墨西哥的矿业、铁路和石油生意。[6]1911 年，弗朗西斯科·马德罗（Francisco Madero）的革命力量推翻了迪亚斯的统治，这些公司开始忧心忡忡，许多美国商人很快对新政权感到不满。塔夫脱即将离任时，在美国驻墨西哥大使亨利·莱恩·威尔逊（Henry Lane Wilson）的帮助下，墨西哥的维多利亚诺·韦尔塔（Victoriano Huerta）将军推翻了马德罗政权，美国商人对此拍手称快。[7]但威尔逊当选总统后，不仅拒绝承认韦尔塔政权的合法性，还在墨西哥边境陈兵数万，并把军舰派到坦皮科和韦拉克鲁斯港口附近的油田。

威尔逊表达过一个愿望，希望教会拉丁美洲人民"怎样选出好总统"。[8]因此，他渴望找到武装干涉墨西哥的借口，推翻韦尔塔政权，帮助落后的墨西哥人建立好政府。1914 年 4 月 14 日，机会终于来了——几名去往坦皮科的美国水手被墨西哥军队逮捕，罪名是未经允许擅自进入战争区域。几个小时后，墨西哥司令官下令将他们释放，并向他们以及他们的司令亨利·梅奥（Henry Mayo）上将道歉。但梅奥觉得受到了莫大侮辱，拒绝接受道歉。他要求墨西哥军队向美国国旗鸣放21响礼炮。墨西哥方面并没有照此行事，而是让韦尔塔将军亲自出面致歉，并承诺惩处有关责任人。威尔逊不顾国务卿威廉·詹宁斯·布赖恩和海军部长约瑟夫斯·丹尼尔斯（Josephus Daniels）的反对，支持梅奥拒绝接受韦尔塔提出的双方互相敬礼的建议，并请求国会批准动用武力来"捍卫美国的利益和尊严"。[9]国会积极配合。于是，威尔逊派出一支舰队（包括7艘战列舰、4艘满载士兵的海军运输舰和多艘驱逐舰）进犯墨西哥。两军展开了激烈战斗，在争夺海关大楼时，墨西哥军队超过150人当场阵亡。随后，6000名美国海军占领了韦拉克鲁斯港，时间长达7个月。

1914年8月，美国支持的贝努斯蒂亚诺·卡兰萨（Venustiano Carranza）取代韦尔塔，成为墨西哥新的领导人。但卡兰萨是一名坚定的民族主义者，拒绝和威尔逊交易。于是，威尔逊转向支持潘乔·比利亚（Pancho Villa），开始了一系列针对墨西哥革命的拙劣的政治军事干涉。

美国为什么必须参加一战？

美国在忙着给它的南方邻居当警察之时，欧洲更是阴云密布。1914年6月28日，奥匈帝国王储弗朗茨·斐迪南（Franz Ferdinand）大公被塞尔维亚狂热分子枪杀，引发一系列事件，最终在8月，世界陷入人类有史以来最残忍的流血冲突当中，这就是一战。在这场战争中，欧洲人的经历最为惨烈，但这只是开始。接下来的一个世纪，人类经历了无休止的战争和可怕的暴力，人性和技术的野蛮前所未有，后来这个世纪被称作"美国世纪"。

20世纪伊始，人类有过一段乐观的时期。战争似乎成为野蛮原始的过去留下的古老遗迹。很多人都赞同诺曼·安杰尔（Norman Angell）于1910年出版的《大幻觉》（*The Great Illusion*）一书中提出的乐观想法，认为如今的文明已经足够发达，不会再爆发战争。后来的事实证明，这种乐观不过是幻想。

在欧洲各个帝国之间，竞赛正紧锣密鼓地展开。19世纪，英国凭借强大的海军称霸世界。它侵蚀全球其他地区的经济，但又不投资本国制造业，这一经济模式日益衰颓。英国社会秩序僵化，对国内事业投入不足，导致1914年只有1%的年轻人从高中毕业，美国却有9%。[10]结果，在工业生产上，英国被美国赶超。更糟糕的是，它在欧洲大陆的对手——德国，在钢业、电力、化工、农业、铁业、煤炭、纺织方面都足以与其比肩。德国的银行业和铁路业也在蓬勃发展。石油是当时最新的战略燃料，乃支撑各国现代海军所必不可少之物。在石油资源的争夺中，德国的运油船数量很快就超过英国。当时，英国65%的石油从美国进口，20%从俄国进口。同时，它还觊觎着中东丰富的石油储备，而后者却处在摇摇欲坠的奥斯曼帝国的控制之中。

作为掠夺殖民地的后来者，德国觉得自己过去遭人算计了。它着手修正这个错误，于是开始不断对邻居奥斯曼帝国进行经济和政治渗透，这使英国坐立不安。德国还把目光瞄向非洲。它野心勃勃。

其他令人不安的迹象也出现了。欧洲的军备竞赛不仅在陆地，也在海上开展。英德两国都为夺取海上霸权而加紧扩充军备。英国因建造装备有大口径舰炮的"无畏"号战舰而暂时领先，其他欧洲国家也在大量招募青年，扩充常备军。

错综复杂的联盟关系把局部冲突升级为全球性冲突。1914年8月，奥匈帝国向塞尔维亚宣战，情况看似是第三次巴尔干战争爆发，但局势迅速失控。由德国、土耳其和奥匈帝国组成的同盟国联合起来对付由法国、英国、意大利、日本和俄国组成的协约国。其他国家也很快被牵扯进来，战火纷飞，血染沙场。

只有欧洲的大型社会主义工人政党和工会能阻止战争。它们当中很多都加入了第二国际。它们深知，眼前最主要的冲突是资本和劳工之间的冲突，而非德国工人与英国工人之间的冲突。他们放话，如果资本家去打仗，工人不会跟随。他们问道，凭什么工人要为了让剥削他们的人更富有而去前线送死。他们中的许多人还支持发动全国罢工。更激进者，如弗拉基米尔·列宁（Vladimir Lenin）和罗莎·卢森堡（Rosa Luxemburg）则郑重宣告，如果战争爆发，那他们将推翻资本主义的统治。阻止疯狂的希望落在德国——那里的社会民主党是德国议会中最大的政党——和法国肩上。

然而，这些希望化为了泡影，因为德国社会主义者宣称要保卫国家，对抗俄国，投票支持战时信贷，而法国社会主义者宣誓要对付独裁德国，也做了相同的事。只有俄国和塞尔维亚的社会主义者立场坚定。在一个又一个国家，民族主义战胜了国际主义，对国家的忠诚战胜了对阶级的忠诚。为了上帝、荣光、贪欲，以及保卫国家，欧洲天真的年轻人走上了战场。人性蒙受重击，再未恢复如初。

大屠杀开始了，正如亨利·詹姆斯（Henry James）所言，文明一下子掉入了"鲜血与黑暗的深渊"。[11]美国著名社会改革家约翰·海恩斯·霍姆斯（John Haynes Holmes）描述了战争对各地革命者的毁灭性影响："就一眨眼的工夫，人类300年的成就全被扔进了熔炉。文明全面消逝，野蛮重新登场。"[12]

多数美国人同情协约国，反对同盟国，但很少有人呼吁参战。无关党派，所有美国人都在担心自己是否会被拖入到欧洲的这场流血冲突当中。尤金·德布斯敦促工人反对战争，他明智地表示："让资本家自相残杀、自掘坟墓，那样地球就不会再有战争。"[13]随着战报不断传来，反战情绪也日益高涨——1915年最流行的歌曲名字就叫《养孩子不是为了让他去当兵》("I Didn't Raise My Boy to Be a Soldier")。

尽管绝大多数美国人同情协约国的处境，但美国还是宣布中立。但也有部分美国人，尤其是那些德国人、爱尔兰人和意大利人的后裔，站在了同盟国一边。"我们必须中立，"威尔逊说，"否则我们自己内部就会先打起来，因为我们国家的人口成分复杂多样。"[14]然而，这是原则上的中立，而非实际上的中立。经济利益把美国自然而然地推向了协约国阵营。从1914年一战开始至1917年美国参战，美国的银行共向协约国提供了25亿美元贷款，而仅向同盟国提供了2700万美元贷款。特别是摩根家族（House of Morgan），1915—1917年间，它一直是英国政府唯一的采购代理。协约国从美国购买的军火，有84%都经由摩根家族之手。[15]总之，截至1916年，美国共售给英法价值超过30亿美元的武器装备，而售给德国和奥匈帝国的总共仅有区区100万美元。尽管经历了独立战争和1812年第二次独立战争，美英两国之间芥蒂未消，但大多数美国人还是认为，协约国奉行的是民主共和，而德国则奉行独裁专制。但由于沙皇俄国也加入了协约国，阵营的色彩变得不那么分明。战争双方都侵犯过美国这一中立国的权益。英国凭借其强大的海军对德进行海上封锁，作为反击，德国发动U型潜艇战，美国商船运输受到影响。威尔逊接受协约国的封锁，却强烈抗议德国的行动。布赖恩清楚地认识到，威尔逊对协约国的偏袒很可能把美国引向战争边缘。于是，他努力采取一种更为公平的举措。他反对给交战双方贷款，并提醒威尔逊："钱是最糟糕的战时禁运品，因为它能左右形势。"[16]虽然布赖恩有意保持中立立场以便美国调停战争，希望禁止美国公民乘坐交战国客船，但威尔逊并未采纳这一建议。

1915年5月，德国击沉了英国"卢西塔尼亚"号（Lusitania）

客轮，1200人因此殒命，其中包括128个美国人。前总统西奥多·罗斯福要求对德开战。尽管最初否认，但实际上，当时这艘客轮装载着大量运往英国的军火。布赖恩要求威尔逊谴责英国封锁德国和德国的偷袭行为，因为两者都侵犯了美国身为中立国的权益。威尔逊表示拒绝，布赖恩辞职抗议。尽管威尔逊在1916年以"他使我们远离战争"为竞选标语成功连任，但他越来越相信，如果美国不参战，就将失去战后重塑世界的机会。[17]

1917年1月22日，威尔逊出乎意料地在参议院发表了正式的总统演讲，他也恢复了乔治·华盛顿开创的到国会发表演讲的传统。在演讲中，威尔逊阐述了自己对和平和未来的雄心壮志。他鼓吹建立在美国核心原则上的"没有胜利的和平"，其中包括民族自决、公海航行自由、建立一个没有错综复杂的同盟关系的开放世界等。而这个开放世界的核心在于，须建立一个能促进全球和平的国家联盟——这一要求最初是由像妇女和平党（Woman's Peace Party）这样的美国和平运动团体提出来的。

威尔逊最后总结时，会场响起了雷鸣般的掌声。科罗拉多州议员约翰·沙弗罗思（John Shafroth）说这是"本世纪最伟大的报告"。[18]《亚特兰大宪法报》（Atlanta Constitution）刊载了一些议员对此次演讲的评价，直呼"令人震惊""惊世骇俗""自《独立宣言》以来人类发出的最高贵的声音"等等，不一而足。威尔逊后来谈及此事时说："我只是说出了每个人心中都向往的东西。以前这东西看起来希望渺茫，但现在似乎有点眉目了。"[19]尽管共和党人百般挑剔，威尔逊的和平主张都说到了大多数美国人的心里。但经历了两年半腥风血雨的欧洲人就没这么宽宏大量了。法国作家阿纳托尔·弗朗斯（Anatole France）如此评价，"没有胜利的和平"就像"没有发酵的面包""没有驼峰的骆驼""没有妓院的村镇……是如此乏味"，必将"像肛瘘、痔疮一样味道浊臭，面目可憎，让人恶心"。[20]

经过将近一年的沉寂，1917年1月31日，德国重启潜艇战。它一时头脑发热，邀请墨西哥加入战时军事联盟，承诺帮助墨西哥收回被美国夺走的得克萨斯州、新墨西哥州和亚利桑那州，这激化了美国的反德情绪，也迫使威尔逊插手。然而，威尔逊的真实想法是，他相信只有参战，才能保证美国在日后的谈判中拥有话语权。[21] 2月28日，简·亚当斯和紧急和平联合会（Emergency Peace Federation）的其他领导人访问白宫，威尔逊表示："如果美国总统是一个参战国的领导人，那么他将在未来的谈判桌上有一席之地，但如果美国总统只是一个中立国的代表，那他顶多能'在门缝间传递消息'。实际上，我想表达的是，如果美国能参会，那么我们的外交政策就有机会得到推行，不然就别想了。"[22]

1917年4月2日，威尔逊请求国会批准参战，声称"为了实现民主，必须有人去维护世界安全"。在会上，有6位参议员投了反对票，其中包括威斯康星州的议员罗伯特·拉福莱特（Robert La Follette）。众议院中也有50人反对，包括美国第一位女性国会议员——来自蒙大拿州的珍妮特·兰金（Jeannette Rankin）。反对者攻击威尔逊，斥其为华尔街的傀儡。内布拉斯加州议员乔治·诺里斯（George Norris）怒骂道："我们就差把美元符号画到国旗上了。"[23] 拉福莱特表示，如果美国民众来投票，10个里至少有9个反对。这话有些夸张了，不过反战情绪确实比较严重。尽管政府呼吁需要招募百万志愿者，但许多报道描述了前线堑壕战和毒气战之可怖，击退了美国人的参军热情。最初的6周里，只有7.3万人报名，国会不得不启动征兵程序。志愿参军的人里，有后来成为历史学家的威廉·兰格（William Langer），他后来回忆，"那时我们都渴望奔赴法国，到前线作战"。他继续解释道：

战争已经进行了将近4年，报道翔实记录了索姆河和凡尔登战役如何凶残，更不必说日复一日的堑壕战有多痛苦，让任何人不受外力压迫而自愿服兵役本该是不可能的。然而事实并非如此。我们和其他那些成千上万的志愿兵……我几乎不记得我们就美国外交政策或重要的战争问题进行过激烈辩论。我们这些人，多数都是年轻小伙子，我们仅仅是为了冒险和英雄主义而奔赴前线。我想，我们中的多数人都认为，如果能活着回来，那么我们还是会进入熟悉的常规轨道。而参战却是我们品尝刺激与冒险的大好机会，我们不能错过它。[24]

在自愿参战的人中，还有58岁的前总统西奥多·罗斯福。他在4月10日拜会了威尔逊，请求允许他带领一队志愿兵参加战斗。他如此热切地想上前线，为此甚至答应不再批评威尔逊，但后者没有同意他的请求。老罗斯福指责威尔逊的决定是基于政治算计。批评威尔逊这一决定的，还有即将成为法国总理的乔治斯·克里孟梭（Georges Clemenceau）。他认为如果老罗斯福参战，必将极大地鼓舞士气。

在父亲的尚武精神和爱国情怀鼓舞下，老罗斯福的4个儿子全都入伍参战。其中，小西奥多（Ted, Jr.）和阿奇（Archie）在战斗中负伤，前者还在法国村庄坎蒂尼中过毒气。1918年7月，老罗斯福最小的儿子，20岁的昆廷（Quentin），驾驶战机时被敌人击落，英勇牺牲，给予其父沉痛打击。老罗斯福的健康状况迅速恶化，不到半年就去世了，终年60岁。他在安全距离内见识了现代战争的恐怖。

以爱国之名管控舆论

让威尔逊颇为遗憾的是，并非所有美国人都像老罗斯福一样渴望参战。相反，反战情绪弥漫在全国每个角落，威尔逊政府不得不采取紧急措施，好让那些持怀疑态度的公众相信参战是正义之举。为此，政府成立了一个专门的宣传机构——公共信息委员会 (Committee on Public Information)，由丹佛的新闻记者乔治·克里尔 (George Creel) 出任委员会主席。委员会招募了 7.5 万名志愿者，他们被称为"4 分钟演讲人"。这些志愿者遍布全国，他们在商场、有轨电车、电影院、教堂等公共场合进行简短的爱国主义演讲，鼓吹战争是为实现民主进行的正义战争。委员会还敦促报纸刊登揭露

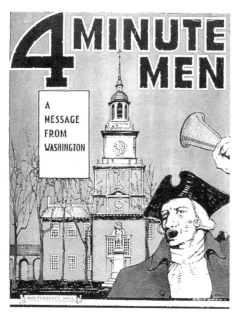

"4 分钟演讲人"的宣传海报。

德国独裁统治的报道；鼓励民众检举批评美国参战的同胞；在杂志上刊登广告，鼓励读者向司法部举报"宣扬悲观故事……反对参战以及贬低我们努力赢得战争"的人。[25]

对许多美国人来说，威尔逊的战时宣传和公共信息委员会促进"民主"的工作，将民主变成了一种只能存在于资本主义制度中的"世俗宗教"。有些人也把这种宗教称为"美国主义"。它不仅指一套鲜明的体制架构，就像克里尔所说，它还是一种"精神进步的理论"。有一次，他补充说明，"民主对我而言是一种信仰，自成年后，我就一直对外宣讲，美国是世界的希望"。[26]

新闻记者自觉按照国家宣传方针行事。自1898年美西战争以来，每逢战争，皆是如此。维克托·克拉克（Victor Clark）为国家史学委员会（National Board for Historial Service）撰写关于战时新闻出版的研究报告。他的报告清晰表明："同德国有名无实的军事管控相比，美国新闻出版者自愿与政府合作，向美国民众提供了更标准化的信息和观点。"[27]

历史学家也加入到为战争服务的事业中来。在明尼苏达州立大学历史学家盖伊·斯坦顿·福特（Guy Stanton Ford）的领导下，克里尔建立了公共信息委员会的一个分部——市政和教育联合会（Civic and Educational Cooperation）。美国知名历史学家，像查尔斯·比尔德（Charles Beard）、卡尔·贝克尔（Carl Becker）、约翰·R. 康芒斯（John R. Commons）、富兰克林·詹姆森（Franklin Jameson）和安德鲁·麦克劳夫林（Andrew McLaughlin），都和福特一起敦促美国参战并进行丑化敌国的宣传。福特在委员会的一本宣传册的引言中谴责了"普鲁士式花衣魔笛手"，他写道："他们面前是战神，为他献上理智和人性；背后却是他们给德国人塑造的畸形形象——血流披面，斜睨文明的废墟。"[28]

委员会发行的倒数第二部宣传册名为《德国—布尔什维克的阴

谋》（"The German-Bolshevik Conspiracy"），是最受争议的一册。根据委员会前副主席埃德加·西森（Edgar Sisson）获得的文件，该册子宣称列宁、托洛茨基（Trotsky）及其他布尔什维克领导人接受了德国政府的资助，为德国政府充当买办，暗中出卖俄国利益。这些文件在欧洲普遍被认为是伪造的，美国国务院也曾对它们表示怀疑，但西森还是花高价买了回来。威尔逊的首席外交政策顾问爱德华·豪斯（Edward House）在日记中写道，他曾告诉总统，这些文件一旦出版发行，就意味着"对布尔什维克政权宣战"，威尔逊表示他明白。这些文件被压了 4 个月，最终，威尔逊和公共信息委员会还是不顾所有人的警告，在 1918 年 9 月 15 日将这些文件分 7 期让报社发表。[29]最初，大部分美国报纸都毫不怀疑地照登。例如，《纽约时报》以"文件证明列宁和托洛茨基被德国人收买"["Documents Prove Lenine and Trotzky (sic) Hired by Germans"]为题进行报道。[30]不久后，《纽约晚邮报》（New York Evening Post）表示怀疑这些文件的真实性，指出文件中"西森先生带来的那些重要指控，早在几个月前就在巴黎发表了，而且总体上已经被认为不可信"。[31]自此起，一系列针对文件真实性的质疑迅速爆发。一周之内，《纽约时报》和《华盛顿邮报》（The Washington Post）都报道了芬兰情报局局长 S. 诺尔塔瓦（S. Nuorteva）的观点，即这些文件都是"无耻捏造"。[32]西森和克里尔都在极力辩护，证明文件的真实性。克里尔义愤填膺地驳斥诺尔塔瓦："他在撒谎！这些文件由美国政府发布，它们的真实性有美国政府担保，这是布尔什维克的宣传阴谋。一个可能是布尔什维克的人（指诺尔塔瓦）攻击文件的真实性，我们压根不必理会。"[33]他怒不可遏，寄给《纽约晚邮报》的编辑一封恐吓信：

　　我可以很直白地告诉你们，在国家危难之际，你们《纽约晚邮报》

却在支持美国的敌人。这些文件是经过政府批准才发表的，里面每一项罪名的真实性都经过了确认……我不会控告《纽约晚邮报》是德国人开的，也不会控告你们拿了德国人的钱，但我认为你们在替美国的敌人效劳，被敌人利用。从造成国内动荡角度而言，你们虽被认为是份美国报纸，但对美国的打击，却比德国的直接攻击厉害得多。[34]

根据克里尔的请求，国家史学委员会成立了一个专门研究组，由卡内基研究所历史研究部（Department of Historical Research of the Carnegie Institution）主任詹姆森和芝加哥大学俄语教授塞缪尔·哈珀（Samuel Harper）组成，对这些文件进行重新审核。然而，这个研究组继续为这些不实之词辩护。《国家》杂志指责这些文件和国家史学委员会的结论报告败坏了"政府的名声和美国历史学者应有的良心"。[35] 1956年，历史学家乔治·凯南（George Kennan）一锤定音——文件的确是伪造的。[36]

在两次世界大战之间，历史学家和其他学者沆瀣一气，共同捏造不实的战争宣传，严重败坏了历史学家的声誉。1927年，H. L. 门肯（H. L. Mencken）在其主编的《美国信使》（*American Mercury*）杂志中公开指责，称这种打着爱国旗号的盲从破坏了美国名牌大学的声誉。查尔斯·安戈夫（Charles Angoff）也说："细菌学家、物理学家、化学家、哲学家、语言学家和植物学家都争先恐后地说那些德国佬的坏话，成千上万的人在窥探自己同胞的隐私，只因后者对这场战争的正义性抱有一丝怀疑……在这些'爱国'校长和校董眼中，怀疑美国的价值理念，就是立刻惩处这些叛徒的绝佳理由。"[37]

尽管受到了理所应当的批评，但控制公众言论还是成了制定所有未来战争计划的关键所在。1927年哈罗德·拉斯韦尔（Harold Lasswell）在《世界大战中的宣传技巧》（*Propaganda Technique in the World War*）一书中确认了这一策略的重要性，他写道：

仅仅动员人力和物力是不够的，还必须动员舆论。控制舆论的权力，就像控制生命和财产的权力一样，都转移到了政府手中，因为此时此刻，放任自流的危险比滥用职权的危险更大。事实上，毫无疑问，现代大规模战争必然导致政府对舆论的管理。唯一的问题在于，政府应在多大程度上秘密宣传，在多大程度上公开宣传。[38]

于是，排斥异见开始在大学校园风行。公开反战的教授遭到解雇，其他的则被吓得不敢作声。正如哥伦比亚大学校长尼古拉斯·默里·巴特勒（Nicholas Murray Butler）在宣布学术自由终结时所说：

以前可以容纳的观点，现在都不可以了。以前被看作判断失误的言论，如今被视作煽风点火。以前被看作荒唐的举动，如今是叛国行为……无论是教师、行政人员还是学生，只要妨碍美国司法，或者有通敌之嫌的行为、言论或文章，现在和未来在哥伦比亚大学都不会有容身之地。此类人员一经发现，立即开除。[39]

这可不是危言耸听。在接下来的 10 月，哥伦比亚大学解雇了两位知名教授，因为他们公开反对美国参战。一位是美国权威心理学家詹姆斯·麦基恩·卡特尔（James McKeen Cattell），另一位是美国著名诗人朗费罗的孙子，英语与比较文学系的亨利·沃兹沃思·朗费罗·达纳（Henry Wadsworth Longfellow Dana）。他们的行为受到学院、校董事会和校长巴特勒的批评。学校控诉他们"煽动群众反对美国参战，严重损害了学校的声誉"。《纽约时报》评论道："自美国向德国宣战以来，卡特尔教授坚定地抨击美国的战争政策，因此一直被哥伦比亚大学教员所厌恶。"达纳也被学校解雇，理由是他是反战组织人民委员会（People's Council）的积极分子。[40] 但《纽约时报》发表了支持哥伦比亚大学的社论："学术自由之幻梦……不是教师宣传违抗法律，宣讲、撰写、宣传叛国思想的借口。教导青年的教师，竟然教唆和煽动叛乱，竟然毒害或试图毒害青年的思想，让他们背弃对祖国的责任，这是不可容忍的。"[41]

此后一周，美国20世纪上半叶最重要的历史学家——查尔斯·比尔德教授以辞职抗议大学对反战人士的压制。查尔斯·比尔德教授早前积极支持美国参战，并对德国的帝国主义统治提出过尖锐批评。这一次，他谴责"一小撮在教育界毫无地位，政治立场反动、盲从，宗教思想狭隘、守旧的人"控制着大学。比尔德教授还说，尽管他十分支持美国参战，"但仍有成千上万人并不赞成这个观点。他们的看法不应该被通过咒骂，或者以棍棒相加，来强行改变。最好的办法是先理解他们，再与其进行理性探讨"。[42] 在比尔德教授离职前一年的春天，他在会上的发言就已令校董们不悦。他说："如果我们继续打压自己不喜欢听到的声音，那么这个国家将会陷于动荡不安的境地。这个国家是建立在不尊重和否定权威的基础之上的，现在可不是限制言论自由的时候。"除了比尔德教授，还有两名教授也一同辞职。历史学家詹姆斯·H. 鲁滨逊（James H. Robinson）和哲学家约翰·杜威（John Dewey）对大学这次解雇教师的行为进行了严厉谴责，并对比尔德教授的辞职深表遗憾。[43] 12月，比尔德教授控告反动的校董们以战争为借口公报私仇，"驱逐、羞辱和恐吓每一位持有进步、自由、宽容观点的人士，即使这些观点与美国参战毫无瓜葛"。那个时候，一场整肃左翼教师的运动席卷全国，不仅波及大学校园，连中学也未能幸免。[44]

美国战争部更是变本加厉，将平静的校园变成军事训练场。1918年10月1日，学生军事训练团（Student Army Training Corps）成立，全国500多所大学的14万名学生同时应征入伍。每一位学生都被授予了二等兵头衔，其教育、衣食住，以及军事装备都由

政府供给。[45] 除此之外，政府还给他们发放军饷。《芝加哥论坛报》
(*Chicago Tribune*) 评论说："美国大学生朝气蓬勃的日子已经不再
了……上大学成了一份工作，而且很大程度上是在高强度备战。"[46]
每个学生每周要参加 11 个小时的军事训练，还要去上 42 个学时的
课程，主要是围绕军事展开的"必要""相关"课程。此外，作为
军事训练的一部分，学生还被迫参加"战争问题研讨课"，其中充
斥着战争宣传。[47]

巴特勒校长在大学中打造"让民主享有安全"运动，他把眼
光投向更高的地方，提议以通敌和反战的名义将国会议员罗伯
特·拉福莱特驱逐出参议院。一次，美国银行家联合会 (American
Bankers Association) 年会在亚特兰大召开。会上，巴特勒向台下
激动不已的 3000 名代表发出号召："不妨在那些准备去参战的小伙
子碗里下点迷魂药，命他们去国会大厅向那些反战的议员开战。"[48]

威斯康星州的议员拉福
莱特，昵称为"好斗的鲍勃"。
他和其他 5 名议员共同反对美
国参加一战。

接着，拉福莱特也被威斯康星大学超过90%的教员当成靶子，他们被鼓动起来，集体签名谴责反战的拉福莱特。根据当时一位组织者的回忆，还有少数人发起了一场运动，高喊着要"将拉福莱特和一切反战分子驱逐出国会"。[49]

幸运的是，拉福莱特并没有在这次席卷全国的浪潮中被罢免，但《权利法案》(Bill of Rights) 就没有这么幸运。国会通过了美国历史上最具反动性的一批立法。《1917年间谍法》(Espionage Act of 1917) 和《1918年煽动叛乱法》(Sedition Act of 1918) 限制言论自由，并压制持不同政见者。《1917年间谍法》规定：在战时妨碍战争军事行动者，要面临一万美元的罚款和最高可达20年的监禁。同时，它还规定"在战争期间，军队中所有抗命不遵、通敌、叛变、拒绝履行义务以及有意阻止美国征兵和登记工作"的行为都被视为违法。[50]这项法案还赋予邮政部长阿尔伯特·伯利森 (Albert Burleson) 一项权力，可以禁邮任何他认为涉及通敌、叛乱、反对战时法令的文字材料。不过，社会主义者诺曼·托马斯 (Norman Thomas) 说，阿尔伯特·伯利森"完全没有这方面的判断力"。[51]一年后，司法部长托马斯·W. 格雷戈里 (Thomas W. Gregory) 提请国会扩大法案，禁止任何人"发表、写作、印制、出版任何含有背叛、亵渎、诋毁、谩骂美国政体、宪法、军队的作品……任何人都不得在战争期间，用言论和行动支持与美国交战的国家，或反对美国的军事行为"。[52]

美国政府雇用大量人员来镇压异议，这些人员也成为迅速发展的联邦官僚制度的一部分。美国联邦的预算在1913年还不足10亿美元，仅仅过了5年，这一数字就上涨至超过130亿美元。

成百上千人因批评战争遭到逮捕，其中包括世界产业工人联盟 (Industrial Workers of the World) 的领导人"大比尔"海伍德 ("Big Bill" Haywood) 和社会党人尤金·德布斯。信奉社会主义的德布斯屡次为反战疾呼，最终在1918年6月被捕入狱。当时，他正在俄亥俄州坎顿市的一座监狱外对群众进行演讲。那所监狱里关押着三名因反对征兵而被捕的社会主义人士。德布斯讥讽美国根本算不上民主国家，它把表达自己意见之人关进监狱，"却在监狱外鼓吹美国是一个自由的国度。美国的制度是民主的，美国人民是自由和自治的人民。即便是开玩笑，这玩笑也开得太离谱了"。[53]他一针见血地指出美国参战的实质，"纵观历史，战争都是为了征服和掠夺……一言以蔽之，这就是战争。统治阶级发动战争，而真正上战场的，都是被统治阶级"。[54]

美国俄亥俄州的检察官 E. S. 沃茨（E. S. Wertz）不顾司法部的建议，控告德布斯违反了10项《1917年间谍法》的规定。为了支援世界各地被监禁的战友，德布斯承认了这些指控。他对法官说："你们控告我妨碍美国参战，我承认。先生们，我厌恶战争。即使我是在孤军奋战，我也义无反顾……我对世界各地在战争中苦苦挣扎的人们深表同情。无论他们生在何国，长在何地，我的态度都不会改变。"在宣判前，他对法官做了总结陈词：

尊敬的法官阁下：

许多年以前，我就意识到我和世间所有生命紧密相依；同时我还相信，我并不比地球上最卑贱者优越一分一毫。只要有下层阶级，那我就是其中一员；只要有犯罪者，那我就是其中之一；只要监狱中还有一个蒙冤之人，那我就不是自由之身。我从前就这样说，现在还是这样说。[55]

法官谴责"在祖国忙于抵御外侮的时候，有些人却试图夺取它的武器"的行为，并宣布判处德布斯10年监禁。[56]

社会主义出版物被禁止邮寄。"爱国"暴徒和地方政府开始破

1912年，德布斯在芝加哥进行公开演讲。

坏社会主义组织，攻占工会驻地。劳工组织者和反战先锋被殴打，甚至被杀害。《纽约时报》报道了世界产业工人联盟执行董事弗兰克·利特尔（Frank Little）在蒙大拿州巴特市被处以私刑的故事。"这是一件可悲又可恨的事。即便他有罪，惩罚也应该有理有据，并依据法律走司法程序。"但更让《纽约时报》不悦的是世界产业工人联盟领导了反战大罢工，影响美国参战，它总结道："世界产业工人联盟里煽风点火之人很可能与德国串通一气，联邦政府应该迅速铲除这些针对美国的阴谋。"[57]

讨伐异己被裹上爱国主义的外衣，所有和德国沾边的东西都被看作毒物。许多学校要求教师宣誓效忠，禁止授课时使用德语。表现最为激进的要数爱达荷州。该州为保万无一失，根据1918年通过的《巴别塔宣言》（Babel Proclamation），禁止在公共场合和电话中使用任何外语。内布拉斯加州也效仿此举。全国图书馆不得收藏德语图书，乐团也不得演奏德国乐曲。美国人还把汉堡包改称"自由三明治"，把德国泡菜改称"自由卷心菜"，把德国麻疹改称

"自由麻疹"，还把德国牧羊犬改称"警犬"。[58] 历史总是惊人地相似。2003 年，美国国会因法国反对美国向伊拉克派兵，同样愚蠢地把法式油炸马铃薯，也就是薯条改称"自由薯条"。总而言之，在美国生活的德国人面临种种歧视。

"百分百美国主义"情绪蔓延全国，异议人士不仅受到排挤，还会被沙文主义极端分子杀害。[59]《华盛顿邮报》安抚读者，要推动爱国主义活跃高涨，偶尔动用私刑不过是个小小代价。1918 年4 月，该报一篇社论称："尽管存在诸如动用私刑这样的过激行为，但它们唤醒了这个国家内陆的一些地区，因而是健康和有益的。敌人的宣传必须停止，即使可能发生一些私刑。"[60]

美国腹地的战争动员进程确实很缓慢。早些时候，俄亥俄州亚克朗市保守派报纸《灯塔报》(*Beacon-Journal*) 就指出："很少有政治观察家注意到……但却是不争的事实，那就是，在即将到来的选举中，美国的中西部受社会主义思潮的影响极深。"这个国家"从未出现过如此不受人民欢迎的战争"，反战集会此起彼伏。1917 年，社会党候选人获得的选票一路看涨，大有星火燎原之势。纽约州的社会党人在州立法会中获得了 10 个席位。[61]

尽管承受着被排挤、被逮捕以及被有组织地暴力针对的压力，社会党人和激进的世界工人产业联盟却没有就此屈服。一些美国人哼着当时的流行军歌《到那边》("Over There") 奔赴前线，世界产业联盟却对经典歌曲《基督精兵前进》("Onward Christian Soldiers") 做了改编，并将其重新命名为《战场上的基督精兵》("Christians at War")。歌曲的开头这样唱道："前进吧，基督精兵！你们的任务很简单，杀死你的基督教兄弟，或者被他们杀死。"最后，歌曲唱道："历史最终将把你们判为'一群该死的蠢货'！"[62]

威尔逊发表演讲，表示要打一场仗来终结所有不义的战争。他的豪言壮语吸引了许多美国知名进步人士，包括约翰·杜威、赫伯特·克罗利（Herbert Croly）和沃尔特·李普曼（Walter Lippmann）。他们相信，美国参战是个千载难逢的机会，可以借此推行企盼已久的改革。但像拉福莱特议员和诺里斯议员这样的中西部反战进步人士则更准确地意识到，一旦战争爆发，将为各种意义深远的改革敲响丧钟。

试图利用战争来推行改革的人当中，有一批希望整饬社会风化的道德改革家，他们认为备战是打击卖淫的绝佳机会。他们打着"关心战士健康"的名义，推行取缔妓院、防治性病的进步运动。全国的红灯区被关闭，妓女们被迫转入地下活动，落入皮条客以及其他剥削者之手。[63] 1918年，美国国会通过了《张伯伦—卡恩法案》（Chamberlain-Kahn Act），打击卖淫的力度进一步加强。该法案规定，任何女性单独走过军事基地附近都会遭到逮捕和拘禁，并接受强制性妇科检查。改革者们被批在"用窥阴器进行强奸"。在此期间，凡是查出有性病的妇女，都会被隔离到联邦机构中。[64]

军事训练营委员会（Commission on Training Camp Activities）也在全力推行禁欲运动，控制男性的性行为。士兵们如果得了性病，其爱国情感会遭到质疑。委员会在训练营的墙上涂了这样的标语："德国人的子弹也比妓女干净""用药就是背叛"。一本宣传册上还有这样的诘问："如果你得了淋病，你怎么还有脸面对国旗？"[65] 虽然性病在士兵中传播的速度下降，但军营附近高中女生的怀孕率却节节攀高。

美国远征军（American Expeditionary Forces）司令"黑桃杰克"约翰·潘兴（John "Black Jack" Pershing）将军接受了一项比打败德国人还要艰巨的任务，那就是监督抵达法国的大批美军。军事训练营委员会主席雷蒙德·福斯迪克（Raymond Fosdick）注意到法国士兵和美国士兵在对待性的态度上存在巨大差异。他说，法国士兵"不能没有性，推行禁欲政策很容易招致他们不满，士

一战中反性病的宣传画。

气低下, 无精打采, 甚至有可能导致叛乱"。法国总理克里孟梭还提出要为美国士兵设立妓院, 就像他们为法国士兵做的那样。据说, 美国战争部长牛顿·贝克 (Newton Baker) 听到这个建议后, 脱口而出:"看在上帝的面子上, 不要跟总统提这个建议, 否则他绝对会停止出兵的。"[66]

对士兵的警告被证明是徒劳无功, 感染性病的士兵只能被隔离或者开除。试图进行道德改革的人士担心这些士兵会把性病带回国, 感染美国妇女。他们还担心, 一旦美国士兵了解了"法国士兵的待遇", 就会把口交等新奇玩意强加给纯洁的美国女孩。泌尿科专家乔治·沃克 (George Walker) 上校担心:"想到成千上万的年轻士兵回到国内, 身上沾满了法国人的坏习惯, 脑子里满是新奇堕落的想法, 品德和操守更是无从谈起, 我们感到困扰也是无可厚非。"[67]

在很大程度上, 一些改革家试图将战争作为社会经济改革的实验室, 但因为美国的参战时间有限, 这些努力都被打断了。不过, 战争却给大公司和政府的联合创造了前所未有的机会。他们联手稳定经济，限制自由竞争，保证利润——这是大银行家和企业高管数十年以来一直追求的东西。于是，一战期间，美国的银行业和大企业繁荣发展，其中增长最快的还是军火贸易。伦道夫·伯恩（Randolph Bourne）在《偶像的黄昏》（"Twilight of Idols"）一文中，用犀利的言辞揭露了这些所谓的改革家粉饰战争、欺世盗名的做法。他们居然声称，"战争是国家健康发展的可靠保障"。[68]

国内改革正酣，美国的远征军也终于抵达欧洲。他们的到来大大鼓舞了协约国的士气，并且协助赢得不少重要的战役，为协约国夺取最终胜利做出了重要贡献。由于参战时间晚，美军躲过了1916年这个一战中最黑暗的年份，同时也是堑壕战最艰苦的一年。在这一年，仅索姆河一役，英军一天的伤亡就达到了6万人。而在凡尔登战役中，法德伤亡人数合计近百万。在德国机枪和火炮的攻击下，法国全国15—30岁的男子折损了一半。美军第一次真正投入战场是在1918年5月，此时距离一战结束还有半年。在这次战役中，他们帮助法国军队突破重围，扭转战局，在马恩河沿线击退德军。9月，60万美军奋勇作战，突破了德军防线。11月11日，德国终于投降。一战中，前往法国的美军有200万人，其中死亡11.6万人，负伤20.4万人。相比之下，欧洲的伤亡人数才骇人，约有1000万士兵死亡，还有2000万平民死亡，后者多数死于疾病或者饥饿。

如果战争持续下去，伤亡的数字可能会更大。这次战争中，科学技术得到了前所未有的广泛应用，开始改变战争的性质。而更可怕的武器发明，也似乎即将到来。

重用生化武器，加急研制毒气弹

最可怕的当数新一代化学武器。禁止在战争中使用化学武器和其他毒气的规定可追溯到希腊罗马时期。数百年来，人们努力把这些禁忌写入法典。1863 年，美国战争部的《利伯守则》(Lieber Code of Conduct) 规定："禁止使用任何形式的毒气，禁止往井里、食物中投毒，或把毒气当作武器使用。"[69]而就在此一年，即 1862 年，纽约一位教师约翰·W. 道蒂 (John W. Doughty) 送给时任战争部长埃德温·斯坦顿 (Edwin Stanton) 一种新式炮弹的设计方案。这种炮弹的一部分装填炸药，另一部分则装填液态氯，可以把邦联军队赶出掩体。不过，美国战争部最终并未采用这个方案。后来，曾在西储大学任经济地质学和农业化学教授的福里斯特·谢泼德 (Forrest Shepherd) 也提议使用氯化氢蒸汽击退南部邦联军队，同样未被采纳。在南北战争中，其他化学武器的想法也曾出现。1862 年，《科学美国人》(*Scientific American*) 杂志刊登的一篇文章说，"已经研制出几种窒息性燃烧炮弹，在爆炸后会喷出液态火焰，以及有毒烟雾"。1905 年，《华盛顿明星晚报》(*Washington Evening Star*) 刊登了化学家威廉·蒂尔登 (William Tilden) 的讣告，其中讲述了这样一则趣闻："蒂尔登有一个计划，即通过化学手段让战争变得极具破坏力，以此尽快结束战争。据说，这个计划曾引起格兰特将军的关注，在将军的劝说下，蒂尔登放弃了这一计划。正如格兰特将军所说，文明国家不应该使用这种疯狂摧残人类性命的可怕武器。"[70]

格兰特的观点得到许多人的支持。1899 年，《海牙宣言》(Hague Declaration) 规定，禁止在战争中使用"专用于""散布窒息或有害气体"的"投射物"。[71]

但德国人即便没有违背《海牙宣言》的内容，也违背了宣言的精神。1915 年 4 月 22 日，德国在第二次伊普尔战役中成功使用化学武器。在此之前，德国曾在东线的博利穆夫（Bolimów）小镇使用化学武器，但是失败了。在第二次伊普尔战役中，一股黄绿色的氯气烟柱侵入法军长达4英里的战壕，造成法国部队的巨大伤亡。超过600人当场死亡，更多的人出现了短暂失明，沦为德军俘虏。《华盛顿邮报》在头版刊登了《毒气弹泛滥》（"Crazed by Gas Bombs"）一文。文章说，德国人扬言，更有威力的化学武器正在研制当中，[72]并指责法国率先使用这种武器。战争刚开始时，法国确实小规模地使用了化学武器，但第二次伊普尔战役标志着化学武器的使用进入了一个新阶段。《华盛顿邮报》还说，法国士兵死于"痛苦的窒息"，他们的身体呈现黑色、绿色或者黄色，并且神智失常。该报预言，"使用毒气是目前这场战争中最新奇、最骇人的现象，必定载入史册，就像过去每一场以某种惊人的方式扼杀生命的大战一样"。[73]《纽约时报》发表社论谴责德国使用化学武器，不过重点并非化学武器以更为残酷的方式夺人性命，而是它让生还者生不如死，"根据受害者和专业人士的叙述，化学武器对幸存者的危害，是有史以来任何武器都不能企及的"；在这一严厉谴责之后，《纽约时报》话锋一转，声称如果有一方首先使用了化学武器，"另一方为了自卫，将不得不使用这一恶劣手段进行反击。毕竟，人人都知道，这就是战争"。[74]在9月的卢斯战役中，英国的确这样做了。只是后来风向发生逆转，毒气吹到了英国的战壕，结果导致英国的人员伤亡比德国的还多。

欧洲各国采取了还算有效的反制措施，来对付这种一开始还比较温和的化学武器，以尽量减少本国人员的战斗伤亡。1915年4月—1917年7月的毒气战中，英军共有21908人负伤，1895人阵亡。1917年7月12日，德军再次在伊普尔使用毒气弹攻击英军，这次他们使用的是威力更大的芥子气。从此一直到11月伊普尔战役结束，英军共有160970人负伤，4167人阵亡。因此，到美军加入战斗，双方用上了各式更致命的化学武器，包括光气、氰化氢和芥子气等。负伤人数直线上升，但相对而言，死亡人数迅速下降。[75]美国化学家决心改变这种情况。

美国发起了大规模的化学武器研发计划。开始时，这项计划是在几个不同的部门的支持下分别进行的，直到1918年6月28日才在新建的美国化学战勤务队（Chemical Warfare Service）指挥下集中进行。研究计划最初在美国几所大学内分别进行，1917年9月，研究整合于华盛顿特区美利坚大学的大型实验站。美国国内大部分顶级化学家都加入实验站，参与化学武器的研发。最终，超过1700名化学家参与这一计划，在美利坚大学的60多座实验楼里工作，而这些实验楼很多都是临时搭建的。到一战结束，共有5400名化学家为军队服务，因而这场战争又被称为"化学家的战争"。[76]

美国化学家竞相努力报效祖国，而这都是他们欧洲同行在走的老路。德国的化学武器研发在著名的凯撒·威廉物理化学和光电化学研究所（Kaiser Wilhelm Institute for Physical Chemistry and Electrochemistry）进行，其代表人物有弗里茨·哈伯（Fritz Haber）、詹姆斯·弗兰克（James Franck）、奥托·哈恩（Otto Hahn）、沃尔瑟·能斯脱（Walther Nernst）和理查德·维尔施泰特（Richard Willstätter）。研究所主任哈伯号召其他科学家支持祖国，他声称"科学……在和平时期服务全人类，但战争时期则要服务自己的祖国"。[77]在英国，科学家在本国的33个实验室中对有机化合物和无机化合物进行了多达15万次实验，只为了配制出更致命的化合物。其中，仅最大的实验室就雇用了超过1000名科学家。[78]

各国科学家都渴望在战争中为国效力。约翰·霍普金斯大学物理学家 J. S. 埃姆斯（J. S. Ames）写道："这是人类历史上首次，毕生钻研科学的科学家眼前就有机会证明自己对国家的价值。这是个千载难逢的时机，每所高校都试图好好利用它。"芝加哥大学物理学家罗伯特·米利肯（Robert Millikan）激动地说："世界已经被战争唤醒，从此，世人将对科学刮目相看。"[79]

美国化学战勤务队追求速度，轻视人身安全。据电气工程师乔治·坦普尔（George Temple）说，许多人因此死亡。他曾在"美利坚大学军营"中担任电机维修部门主管，在数年后接受美利坚大学的学生报《鹰报》（Eagle）采访时，他回忆起好几起事故的经过。他说，在其中一起事故中，"三个人被致命毒气毒死，他们的尸体被一辆大车拖走，肉从他们的骨头上脱落"。[80]每天早晨点名的时候，工人们被要求自愿报名焚烧实验室毒气。坦普尔参与了7次。在实验室里，毒气泄漏是常有的事。实验室附近都挂着金丝雀，如果金丝雀死了，就意味着必须马上撤离实验室。[81]

坦普尔还描述了研究者们从实验室下班回家的情形："到每天下班的时候，他们身上的衣服都被毒气浸透了。他们拥挤着登上有轨电车，等行驶到市区附近，其他市民会陆续上车。不用一会儿，就会有人开始打喷嚏或者喊痛，这完全取决于士兵们当天试验了何种毒气。"[82]前参议员内森·斯科特（Nathan Scott）还发现，生活在大学附近也很危险。有一次，他和妻子、妹妹都被学校实验室泄漏的毒气团熏倒了，他和妹妹先找实验站的医生诊治，随后被送往地方医院就医。[83]

在这些科学家当中，有一位来自哈佛大学的年轻化学家詹姆斯·科南特（James Conant），他在二战期间领导美国的科学研究工作。1918年7月，时年25岁的他因在糜烂性毒气的研究中取得重大突破而被提拔为少校，并派往克利夫兰郊区，主管一个大规模糜烂性毒气的生产项目。在威洛比的宾虚汽车公司制造厂里，科南特的小组负责生产装满致命物质的炮弹和空投炸弹。人哪怕是只接触到一丁点，都会"痛苦难忍，然后在几个小时后死亡"。[84]

美国化学战勤务队在马里兰州的阿伯丁试验场附近建了一个巨大的工厂，这就是著名的埃奇伍德兵工厂。1919年初，《纽约时报》详细报道了该兵工厂的生产情况，称其为"地球上最大的毒气厂"，其生产量是英法德毒气生产总量的 3—4 倍。记者理查德·巴里（Richard Barry）考察过这个工厂，他写道："我穿过医院，看到那些在工作时被毒气所伤的病人。他们当中的一些人，胳膊、大腿和躯干都被可怕的毒火烧焦，留下斑斑疤痕；有些人在经过数周的精心护理之后，伤口仍然不断地流出脓液。"巴里认为，埃奇伍德兵工厂的伤亡率要超过任何一个法国实验室。[85]

埃奇伍德兵工厂规模庞大，拥有将近 300 栋厂房及生产和运输所需的超过 28 英里的铁路和 15 英里公路。据说它日产 20 万枚化学炸弹和炮弹。在这里，1200 名研究人员和 700 名助手共同研究超过 4000 种有毒物质。[86]巴里采访了曾任麻省理工学院化学工程系主任的威廉·H. 沃克（William H. Walker）上校，他当时是毒气试验场的负责人。沃克说，在一战结束前两个月，美国已经熟练掌握了如何使用化学武器这一致命手段。他告诉巴里，美国准备向德国防御森严的城市空投一吨芥子毒气弹，足以影响一英亩甚至更多地区。毒气弹爆炸后，"没有任何活物，哪怕是一只耗子，可以逃过这灭顶之灾"。1918 年 9 月，美国准备把这些新式化学武器运用到战场上，却遭到了协约国的阻挠。最后，英国同意使用，但法国因为害怕敌方以牙还牙，并未同意，它认为要使用这种武器，前提是部队推进足够深，毒气不会被吹回到己方战壕，且协约国必须把控好空气流动状况，保证安全，以防报复。但直到 1919 年春，这些条件都没得到满足。

沃克其实是在暗示，美国已经在法国准备了数千吨芥子毒气弹。他说："发出信号后，我们只需几小时就可以扫平德国任何一个，或者好几个城市。"沃克认为，德军知悉这一点，"是德国最终投降的一大原因"。停战日当天，当美国化学战勤务队下令关闭埃奇伍德兵工厂时，码头上还堆放着 2500 吨芥子毒气弹，正等待装船运输。沃克略带遗憾地表示："某种程度来说，我们被德国人骗了。"不过，他还是从毒气加速了德国投降一事上感到些许安慰。[87]

1920年，在陆军整编听证会上，战争部助理部长贝内迪克特·克罗韦尔（Benedict Crowell）清晰地阐明了化学武器在美国1919年攻势计划中起到的关键作用。克罗韦尔表示："我们原本计划在1919年发动总进攻。我认为，化学战可以帮助我们轻松打到柏林。当然，这个计划在当时是保密的。"[88]

在一战期间，交战双方共使用了39种不同的毒剂，总量达12.4万吨，这些毒剂大部分都被填充进6600万枚炮弹里。据说，阿道夫·希特勒（Adolf Hitler）本人也是毒气弹的受害者，他在自传《我的奋斗》（*Mein Kampf*）中描述道："我的眼睛就像是燃烧的煤块，我的世界陷入一片黑暗。"[89]

1918年12月，当巴里再次前往埃奇伍德兵工厂采访时，看到"它正被拆除。工人正在小心翼翼地拆卸机器，并给它们上油，将它们包裹、存放起来——这是在为下一场战争做准备，反正迟早会有的"。美国已经生产出足以杀死整个美洲所有人的毒气，所以如何处理这些化学污染和库存毒气就显得有些困难。[90]

沃克知道，化学武器如果从空中投下，威力会大很多。科幻作家儒勒·凡尔纳（Jules Verne）的小说《征服者罗比尔》（*Clipper of the Clouds*）、赫伯特·乔治·韦尔斯（Herbert George Wells）的小说《大空战》（*The War in the Air*），都描绘了空中轰炸在未来战争中的可怕后果。一战前，人们就对空中轰炸的威力有所了解。18世纪末，法国就已开始利用热气球空袭了。1849年，奥地利用热气球轰炸了威尼斯。1911—1913年，意大利、法国和保加利亚都在当地冲突中运用了小规模空中轰炸。[91]不难想象，利用飞机投掷化学炸弹的后果将是何等恐怖。

尽管一战仅供人一瞥日后空战之威，但它是空战第一次真正展示身手的战场。1914年8月6日，德国人首先发起空战，用齐柏林飞艇往比利时的"列日要塞"投下炸弹。同月，德国从空中对巴黎火车站进行轰炸，结果德机错过目标，炸死了一名妇女，这是人类历史上首次在空袭中炸死平民。9月，在第一次马恩河战役中，德军多次轰炸巴黎。12月，法军空袭德国西南边陲的弗莱堡，这是协约国首次对城市发起空袭。1918年春，德军的轰炸造成英国4000多名平民受伤，1000多人死亡。这期间，空战虽然规模不大，但其潜力却显而易见。一战开始时，英国只有110架战机。到结束时，英法两国一共生产出超过10万架战机，德国则生产了4.4万架。[92]

1920年代，英国频繁发动空袭来保卫和巩固其分散在全球的殖民地，像阿富汗、埃及、印度、也门、索马里，尤其是从奥匈帝国手中夺取过来的伊拉克。英国皇家空军以"空中巡逻"为幌子，对反抗其殖民统治的伊拉克进行了大规模轰炸。英国皇家空军第45中队指挥官说："他们（阿拉伯人和库尔德人）现在终于知道什么是真正的轰炸了。45分钟内就能把一个村庄夷为平地……四五架战机就足以将村庄的三分之一村民炸死。"[93]

1920年代，意大利空军战略家朱利奥·杜埃（Giulio Douhet）也指出，如今空战是战争胜利的关键，而区分被轰炸的到底是士兵还是平民变得困难重重。美国的主要空战支持者威廉·"比利"·米切尔（William "Billy" Mitchell）将军与杜黑想法类似。1925年，他出版了著作《空中国防论》(Winged Defense)，其中写道："如果一个国家想要征服世界，那它必须在未来的战争中掌握制空权……如果一个国家能够拥有绝对的制空权，那么它将前所未有地统治整个世界。"[94]其他人也以更直白的言辞表达了对空战的推崇。美国化学战勤务队司令阿莫斯·弗里斯（Amos Fries）将军给部队提出了更有想象力的口号："科学的每一个进步，都让战争变得更普遍，更依赖科学。它让战争变得更无法容忍，从而缔造更持久的和平。"[95]

当一些人在策划发动战争之时，另一些人却在祈求和平，他们

意大利、英国和德国的轰炸机。

担心下一场战争的破坏力会更大。1921 年，公共信息委员会的记者威尔·欧文（Will Irwin）出版了《下一场战争》（*The Next War*）

一书,该书在出版当年就加印了11次。在书中,欧文描绘了未来的惨淡图景。他指出,美国战后仍在生产糜烂性毒气。对糜烂性毒气的威力和危害,他是如此描述的:

> 这种气体没有颜色,可以下沉进入地下掩体或防空壕。人一旦吸入,就会当场丧生。它不是仅靠伤害肺部来取人性命,只要它停留在人的皮肤上,就会产生一种毒素,渗入到人体组织中,最后置人于死地。这种气体对一切细胞生命都是有害的,无论是动物还是植物。仅靠佩戴防毒面具根本无法阻挡,更可怕的是,其扩散范围是以往毒气弹的55倍。1918年就有专家预言,如果遇上大风,12枚糜烂性毒气弹就可以消灭整个柏林的人口。这话或许有些夸张,但距离事实并不太远。如今战争已经结束,对毒气的研究却还在继续。除了糜烂性气体,我们还有其他一些毒气弹……现在有些手雷弹,里面填充的毒气只有胶囊大小,但足以摧毁一英亩内的所有生命。[96]

化学家是科学界最保守的群体,也是与工业联系最密切的群体。对于自己在战争中的贡献,他们颇感自豪。这种贡献也已经被大家所熟知。《纽约时报》指出,化学家的努力"应当得到公众的充分认可,我们的化学家是民主的最佳守护者",也是"国家最有力的保卫者"。[97]

化学家加入军方和工业组织行列,共同反对战后掀起的禁止在未来战争中使用化学武器的浪潮。1925年,国际联盟(League of Nations,下简称"国联")通过《日内瓦议定书》(Geneva Protocol),禁止在战争中使用生化武器。柯立芝政府表示支持,但退伍军人团体、美国化学学会(American Chemical Society)和化学品制造商带头反对。8月,在洛杉矶举办的美国化学学会集会上,学会委员会一致通过了一项决议:"为了国家安全和人类福祉,

美国士兵正在新泽西州迪克斯堡训练营进行防化学武器训练。尽管几个世纪以来，化学武器一直遭到文明社会的禁止，它在一战中还是被广泛使用，有成千上万的人死于毒气战。

坚决反对《日内瓦议定书》关于禁止使用化学武器的规定。"在美国化学战军官预备役部队（Chemical Warfare Officers' Reserve Corps）和美国化学战勤务队中，还有500名化学家在服役。他们试图让公众相信，化学武器比其他武器更人性化，美国必须准备好在未来战争中使用化学武器，《日内瓦议定书》可能会让美国的化学工业落入国联的控制。路易斯安那州的议员约瑟夫·兰斯德尔

(Joseph Ransdell) 希望把这一规定"送返给外交关系协会，将其雪藏，不再出现在我们面前"。[98] 他的愿望实现了，外交关系协会并未就其举行过公开表决。在接下来的 10 年里，除了美国和日本，包括其他强国在内的 40 个国家最终都批准了这一规定。[99]

苏俄号召全球革命，引来多国联军干涉

在东线战场，毒气战在对付装备简陋的俄国军队时取得了巨大成功，造成俄军 42.5 万人受伤，5.6 万人殒命。[100] 一战对俄国社会各方面都造成了灾难性后果，共导致 200 万人死亡，500 万人受伤。俄国人民因战争备受折磨，沙皇却对此视若无睹。1917 年 3 月，忍无可忍的人民最终推翻了尼古拉斯二世（Nicholas II）的统治。然而，在威尔逊政府的支持下，亚历山大·克伦斯基（Alexander Kerensky）建立的临时政府选择继续参战。对此，俄罗斯的人民感到自己遭到了背叛，要求与过去做更彻底的了断。

1917 年 11 月 7 日，在列宁和托洛茨基的带领下，俄国的布尔什维克党人夺取了政权，极大地改变了世界历史的进程。卡尔·马克思（Karl Marx）是 19 世纪德国的犹太知识分子，在他的启发下，俄国人相信阶级斗争最终将带来社会平等。讽刺的是，马克思并不相信社会主义革命会在经济和文化都很落后的俄国取得成功。不过，布尔什维克党人并未理会马克思的警告，他们对俄国社会进行了彻底的改革，将银行国有化，把土地分配给农民，让工人控制工厂，没收教会的财产。列宁的红军彻底搜查了沙俄时期的外交部，并将他们的发现公之于众——协约国签署于 1915 年和 1916 年的一系列秘密协定，协议如何瓜分战后的世界。就像 2010 年美国政府对维基公开它的外交密电的反应一样，协约国对这种公然违背外交礼节的行为极端愤怒，因为这些协定暴露出威尔逊所呼吁的战

后"民族自决原则"是如何空洞。《赛克斯—皮科特协定》(Sykes-Picot Agreement)便是这些协定之一，它约定了英、法、俄如何瓜分奥斯曼帝国。三国在中东这片石油资源丰富的地区各自划分势力范围，但由于划分时没有考虑历史文化的深厚渊源，因而为此地埋下了日后冲突的种子。

自法国大革命以来的125年里，欧洲社会从来没有发生过如此深刻的动摇和改变。列宁希望在全世界进行共产主义革命，俘获了所有工人和农民的心，直接挑战了威尔逊建立自由资本主义民主政体的愿景。

威尔逊政府的国务卿罗伯特·兰辛(Robert Lansing)具有亲英倾向，他失望地指出，列宁的共产主义思想引起了世界工人的共鸣。1918年元旦，他提醒威尔逊，列宁的呼吁针对的是"全世界的无产阶级，不识字及智力有障碍的民众，呼吁他们凭借庞大的人数翻身成为主人。鉴于目前全世界动荡不安的形势，我认为，我们

列宁在发表演讲。

正面临迫在眉睫的危机"。[101]

威尔逊决定大胆行动，先声夺人，压制名声正隆的列宁。1918年1月8日，他宣布了"十四点和平原则"。这个自由开放、反对帝国主义的和平计划呼吁民族自决、裁军、公海航行自由、开展自由贸易以及成立国际联盟。他认为，只有达成如此崇高的使命，才有理由继续这场消耗掉如此多生命和财富的悲剧。威尔逊宣布："征服和扩张的日子已经过去，秘密签订协议的日子也已不再。"[102]然而，他所说的这些在不久后都被证明是无耻的谎言。于是，两种对战后世界规划完全不同的新愿景，就此突然摆在世人面前。

列宁接下来的动作再一次打得资本主义世界措手不及。一战停战前的8个月，也就是1918年3月3日，他与德国签署了一份和平条约，将俄军从战争中解脱出来。当时，列宁太需要和平了，便

1919年9月，威尔逊总统在加利福尼亚大学伯克利分校的希腊剧院进行演讲。

接受了这份条件苛刻的《布列斯特—立陶夫斯克条约》（Treaty of Brest-Litovsk），尽管该和约规定，俄国放弃对波兰、芬兰、波罗的海诸国、乌克兰、格鲁吉亚以及其他地区的控制，这些地方总面积加起来超过30万平方英里，人口达5000万。威尔逊和协约国勃然大怒，立刻采取行动。

反对布尔什维克的保守势力发动了凶猛的反扑，从不同方向攻击新生的苏维埃俄国：沙皇旧部、哥萨克人、捷克军团、塞尔维亚人、希腊人和波兰人从西面进攻，法国从乌克兰起兵干涉，远东则有7万日军。作为回应，列宁的亲密战友托洛茨基迅速组建起一支人数将近500万的红军。英国前海军大臣温斯顿·丘吉尔（Winston Churchill）代表资本主义国家发表讲话，声称必须将布尔什维克扼杀在摇篮里。

大约4万英军抵达俄国，其中有部分被部署到高加索地区，保卫巴库的石油储备。尽管大部分重要战役在1920年结束，但仍有一小部分对抗持续到1923年。中亚的穆斯林反抗则持续到1930年代，这为大概60年后的动乱做了预演。

日、法、英以及其他几个国家都派遣了数万士兵进入苏俄境内，部分是为了协助相对保守的白俄罗斯，试图推翻新生的布尔什维克政权。美国最初犹豫不决，但最终也派出了超过1.5万名士兵前往苏俄东部和北部，试图构建有一定兵力的东部战线，以防范德国和限制虎视眈眈的日本。威尔逊拒绝了英国内阁官员丘吉尔、协约国联军总司令马歇尔·费迪南德·福克（Marshal Ferdinand Foch）和其他协约国领导人关于直接武装干涉推翻布尔什维克政权的建议。对福煦持续不断的请求，威尔逊都予以拒绝并表示："任何通过军事干涉来阻止俄国革命的尝试都是以卵击石，相反，我们派往俄国的军队极有可能会被布尔什维克主义渗透。"[103]尽管如此，美军还是直到1920年才撤离俄国，此时他们最初的出兵理由早已不复存在。但美国的此次出兵从刚一开始就破坏了它与苏俄政府的关系。[104] 这也加深了某个重要团体（主要由中西部进步议员组成）对威尔逊本人及其动机的不信任。日后，这种不信任会再次回来困扰威尔逊，导致他有关国联的宏愿受挫。

那些被罗伯特·戴维·约翰逊（Robert David Johnson）和其他历史学家称为"和平进步人士"的人，原本并不同情苏俄布尔什维克政府，但当美国进行武装干涉后，他们的看法改变了。加利福尼亚共和党议员海勒姆·约翰逊（Hiram Johnson）率先表态。他表示，美国应该先处理那些导致布尔什维克主义兴起的问题，例如"阶级压迫、贫困和饥饿"，而不是武装推翻他国的新生政权，他认为威尔逊是在"发动战争反对各国革命"。他不希望看到"将我们的意愿强加到弱小国家头上的美式军国主义"。密西西比州议员詹姆斯·瓦达曼（James Vardaman）指责美国武装干涉苏俄是为了保障跨国公司的利益，迫使新生的苏俄政权承认沙皇俄国欠下的 100 亿美元债务。拉福莱特则谴责美国的武装干涉是"反民主、违背民族自决原则并违背俄国人民意愿的头等大罪"，简直就是对"十四点和平原则"的公然嘲弄。[105] 爱达荷州议员威廉·博拉（William Borah）报告说，在俄罗斯待了数月返回美国的士兵讲述的苏俄和威尔逊政府宣传的截然不同。博拉了解到"大部分俄国人民都支持苏维埃政府。如果这个政府能代表俄国人民，能代表 90% 的俄国人民，那我就支持俄国人民建立自己的社会主义国家，就像我们有权建立一个民主国家一样"。[106] 约翰逊提出了一项议案，要求停止为干涉行动拨款，得到许多议员的积极响应，最终这项议案陷入 33 比 33 的票数僵局。[107]

"十四点"折戟,《凡尔赛条约》埋下祸端

国内越来越多人开始质疑威尔逊的外交政策，威尔逊却似乎成为饱受战争摧残的欧洲的希望灯塔。1918年12月18日，当威尔逊飞抵欧洲参加巴黎和会时，崇拜者把他围了个水泄不通。赫伯特·乔治·韦尔斯回忆说："有那么一阵子，威尔逊独自一人为整个人类而战，至少看起来像是这样。那时候，全世界人民都纷纷呼应于他，相当不凡……他不再是一个普通的政治家，而是全人类的救世主。"[108]

德国人的投降，是建立在威尔逊"十四点和平原则"的基础之上的，他们相信战后德国将会得到公正的对待。德国的某个小镇用横幅迎接回国的军队，横幅上写着"勇敢的战士们，欢迎回家，你们的任务已完成，上帝和威尔逊会替你们继续战斗"。[109]德国人甚至废黜了皇帝，建立共和政体，以示投降诚意。然而，在巴黎和会的谈判桌上，笼统的"十四点和平原则"并没起到预期的作用。战争期间，威尔逊原本拥有更大的话语权，但他错过了这个争取协约国伙伴支持的最佳时期。他曾幼稚地对爱德华·豪斯上校说："战争结束时，我们可以迫使（英国和法国）按我们的想法行事，因为……我们拥有他们想要的经济援助。"[110]

但尽管协约国都欠下了对美国的债务，它们还是拒绝了威尔逊的提议。它们为赢得战争付出了高昂的代价，现在对威尔逊那些华而不实的想法（例如确保民主体制的安全、公海航行自由和"没有胜利的和平"）丝毫不感兴趣，它们想要的是复仇、新的殖民地和海上霸权。至于威尔逊自己，出兵干涉俄国内战并驻军期间就已违背"十四点和平原则"中的一项核心原则。更多违背行为将接踵而至。英国方面明确表态，他们无意遵守威尔逊公海航行自由的原则，因为这将限制英国海军控制贸易航路的能力。法国方面也明

确表示，他们不能接受没有惩戒德国条款的条约。巴黎和会召开之时，法国已有100多万士兵殒命，英国的死亡人数也近百万，而美国"连一间棚屋都没有损坏"，英国首相戴维·劳合·乔治（David Lloyd George）如此指出。[111]法国犹记普法战争战败之仇，高呼要削弱和肢解德国。

1919年1月12日，来自27个国家的代表参加了巴黎和会，它们面临的任务十分繁重。奥斯曼帝国、奥匈帝国、德国和沙皇俄国都在不同程度上崩溃了，新的国家正在崛起。全球革命运动此起彼伏，饥荒猖獗，疾病蔓延，人民流离失所。整个世界迫切需要富有远见的新领导。威尔逊声称自己是"上帝的使者"，但劳合·乔治、克里孟梭和意大利总理维托里奥·奥兰多（Vittorio Orlando）却认为他讨厌极了。[112]据说，克里孟梭曾如此评价："威尔逊先生的十四点可真是烦人。为什么？因为连全能的上帝也只有十诫！"[113]克里孟梭对威尔逊的反应让劳合·乔治乐不可支，他表示："威尔逊总统飞越蔚蓝的大洋来到这里。当他偶尔张张嘴，说些大家根本不关心的话时，克里孟梭就会睁着他那大大的眼睛，眼里满是讶异，然后转头跟我说：'他又来了。'我认为，这位梦想家总统一开始真心觉得自己是上帝派来的使者，来拯救这些可怜的欧洲野蛮人。"他为自己在艰难处境下的表现鼓掌，"我像是坐在耶稣和拿破仑·波拿巴（Napoleon Bonaparte）中间"。[114]

最终，在巴黎和会上，威尔逊的"十四点和平原则"鲜有落实到条约。战胜国，尤其是英国、法国和日本，按照1915年秘密签订的《伦敦条约》（Treaty of London），瓜分了德国在亚洲和非洲的殖民地和势力范围。它们还瓜分了奥斯曼帝国。为了洗白自己的罪行，它们将这一行为称为殖民地"托管"。威尔逊起初提出抗议，但最终还是屈服了。他为自己的默许辩称：德国人曾经"残酷地剥削它们的殖民地"，剥夺殖民地人民的基本人权，但协约国对其殖民地则人道很多。[115]这种说法遭到协约国殖民地人民的怀疑，比如来自法属殖民地越南的代表胡志明。胡志明租了一套燕尾服和一顶圆顶礼帽，穿戴整齐后，就带着要求承认越南独立的请愿书去拜访威尔逊和来参会的美国代表团。但是，就像大部分参会的非西方领导人一样，胡志明将会领悟到，自由只能通过武装斗争获得，不能指望殖民者的慷慨施舍。毛泽东当时正在北京大学图书馆里当管理员，当知道巴黎和会的消息后，他表达了跟胡志明类似的沮丧，愤怒地说："好个民族自决！我以为真是不要脸！"[116]威尔逊的妥协堪称背叛了他所谓的原则，他甚至同意由美国接管亚美尼亚。对此，克里孟梭讽刺道："如果你不当美国总统了，我们会把大特克岛授予你。"[117]

协约国对有色人种的征服持续已久，而这些国家的领导人对这

巴黎和会上的胡志明。

背后的种族主义立场几乎不加掩饰。这在日本代表牧野伸显男爵和珍田子爵提议在国联的章程中加入包含种族平等的内容时表现得最为明显。日本提议："国家平等是国联的基本原则，缔约国应同意尽快保证国联所有成员国的外国国民在各方面得到平等公正的对待，不因国籍或种族在法律或实践上受到区别待遇。"这个提议遭到了大英帝国利益捍卫者的直接否决，包括英国外交大臣阿瑟·詹姆斯·贝尔福（Arthur James Balfour）和澳大利亚总理威廉·休斯（William Hughes）。正如英国内阁成员罗伯特·塞西尔（Robert Cecil）勋爵解释的那样，这个提议会给大英帝国带来许多"很严重的麻烦"。[118]

从左到右分别是英国首相劳合·乔治、意大利总理维托里奥·奥兰多，法国总统克里孟梭和美国总统威尔逊。

在巴黎和会开始之前，威尔逊就对劳合·乔治表示，他最关心的是成立国联，而非战后问题的细节讨论，因为前者对于阻止未来再次发生战争至关重要。正因如此，威尔逊虽试图达成他曾公开倡导的非惩罚性条约，但以彻底失败告终。《凡尔赛条约》(Treaty of Versailles) 对德国提出了十分苛刻的要求，其中一条是由后来的美国国务卿约翰·福斯特·杜勒斯 (John Foster Dulles) 起草的"战争罪责条款"，该条款把一战爆发的责任全部推给德国，并要求德国支付巨额赔偿。威尔逊一心只盯着成立国联，在这些和其他关键问题上一再让步，让那些最拥护他的人都失望了。克里孟梭讽刺威尔逊，说他"讲起话来像耶稣，做起事来却像劳合·乔治"。[119] 经济学家约翰·梅纳德·凯恩斯 (John Maynard Keynes) 也谴责威尔逊的妥协，认为他同意这种恃强凌弱的"迦太基式和平"，是对"十四点和平原则"可悲的背弃。他预言，这将导致另一场欧洲战争。[120]

尽管列宁没有被邀请到巴黎，但苏俄的存在本身就对会议产生了影响，赫伯特·胡佛 (Herbert Hoover) 描述那感觉就像是"班柯①(Banquo) 的鬼魂坐在每张会议桌前"。[121] 列宁驳斥了"十四点和平原则"，认为它哗众取宠，华而不实。他认为，资本主义列强绝对不会放弃手中控制的殖民地，也不会接受威尔逊主张的和平解决争端的愿景。他号召全世界人民通过革命来推翻帝国主义统治，获得热烈的响应。3 月，爱德华·豪斯在日记中写道："目前看来，危难时刻即将到来。每天都是民怨沸腾。人们祈求和平。各地布尔什维克主义汹涌，匈牙利刚刚就投降了。我们就正坐在一个门户洞开的炸药库里，说不定哪天就被引爆了。"[122] 协约国非常担心东欧地区的布尔什维克革命，因此特地在停战协议上加了一个条

---

① 班柯是莎士比亚戏剧《麦克白》(Macbeth) 中的人物，主角麦克白杀死班柯之后一直能看到他的鬼魂。

款，禁止德国军队从其东部防线上的国家中撤出，直到"协约国认为时机适合为止"。[123] 匈牙利贝拉·库恩（Béla Kun）领导的苏维埃政权很快就被入侵的罗马尼亚军队消灭，德国共产党试图夺取政权的努力也宣告失败。尽管如此，面对横扫欧洲及其他地区的共产主义激流，豪斯和威尔逊还是忧心忡忡。

美国工人也加入了这股浩浩荡荡的革命激流中。36.5 万钢铁工人率先举行罢工，随后是 45 万矿工和 12 万纺织工。在波士顿，警察以 1134 比 2 的票数通过了罢工请愿。对此，《华尔街日报》警告称："列宁和托洛茨基就要来了。"威尔逊谴责工人罢工是"反文明的罪行"。[124] 在西雅图，士兵、水手和工人委员会仿照苏俄革命领导了大罢工。西雅图市长奥利·汉森（Ole Hanson）谴责这就是"一场未遂的革命"，他指控罢工者"想颠覆我们的政权，把我们变成混乱

1919 年，超过 400 万美国工人为了争取提高工资，改善工作环境和维护工会权利而举行大罢工。图片是西雅图总罢工中的一张宣传单，表明俄国革命对这场武装起义的爆发起到了推动作用。

无序的俄国"。[125]仅那一年，就有超过500万工人参加了罢工。受到武装警卫、地方警察和治安人员保护的工贼不足以破坏罢工行动，政府便动用民兵，甚至调来军队，对罢工进行残酷的镇压。自此，工人运动陷入了超过10年的低潮期。1877年，强势的资本家利用联邦军队镇压罢工，就已经引起工人们的激烈抗议，自那以后，工人们越来越意识到，当他们为了提高工资、改善工作环境和加入工会的权利而举行罢工时，警察、法官、军队以及整个国家机器都会合起伙来镇压他们。

在一战期间，左翼进步力量遭到了严重破坏。战后，联邦政府打算彻底将其消灭。于是，1919年11月—1920年1月，美国司法部长 A. 米切尔·帕尔默（A. Mitchell Palmer）以多次受到无政府主义者的炸弹袭击（这些袭击在很大程度上是无效的）为由，派出联邦警察对全国的激进团体和劳工组织进行搜捕。这项行动被称为"帕尔默搜捕"，但实际行动是由24岁的 J. 埃德加·胡佛（J. Edgar Hoover）负责的，当时他是司法部总情报部门主管。在行动中，5000多人以激进分子的名义被捕，许多人在未经审判的情况下就被监禁了几个月。出生于俄国的埃玛·戈德曼（Emma Goldman）以及其他几百名出生于外国的活动人士都遭到驱逐。这种明目张胆地滥用公权的行为不仅摧毁了美国的进步运动，还将异见人士故意曲解为反美人士。但对胡佛来说，这仅仅是个开始。到1921年，他的卡片索引系统建立了45万个监视条目，囊括了全国所有具有潜在颠覆力量的个人、组织和新闻媒体。[126]

巴黎和会结束后，威尔逊还在滔滔不绝地说："现在，大家都知道美国才是世界的救星了吧！"[127]然而，回到美国的威尔逊却遭到国内《凡尔赛条约》反对者的激烈抨击，这些反对者并不认为他是世界的救星，他们的立场既有左翼的，也有右翼的。威尔逊在全国巡回演讲作为反击。他辩称美国必须接受这份条约，才能加入国联，之后才能对条约中的不合理之处进行修正。博拉领导着拉福莱特、诺里斯和约翰逊等进步议员表示反对，谴责威尔逊所提议成立的国际机构，实质是一个帝国主义联盟，其目的是消灭革命，保卫其帝国宏图。博拉认为，无论威尔逊如何美化，《凡尔赛条约》都是一份"残忍的、极具破坏力的、野蛮无道的文件"，因为它创造了一个"保证大英帝国全球利益不受损害的联盟"。[128] 诺里斯谴责《凡尔赛条约》把孔子的诞生地——山东交给日本，是在"无耻地强奸无辜的中国人民"。[129] 加入此列的反对者中有人奉行孤立主义，还有人希望保证美国不会在未得国会批准的情况下被卷入军事行动。

讽刺的是，威尔逊的战时政策令许多曾经的同盟纷纷离他而去。1918 年底，公共信息委员会的主席克里尔向饱受批评的威尔逊指出了这一点："那些过去曾经支持你反帝政策的激进或自由主义的朋友，现在要么被吓得不敢说话，要么被捕入狱，是你批准司法部和邮政总局这么做的。现如今，已经再没有人敢为你的和平政策呐喊了，整个国家和民众都已经无法正常表达意见，所有激进和带有社会主义倾向的报纸都成了哑巴。"[130] 威尔逊的固执令形势变得更加糟糕。他不愿意在拟议的条约修改上让步，只能眼睁睁地看着签署条约和加入国联的梦想，最终因 7 票之差未获参议院批准而一一落空。

事实证明，对德国人来说，和平的代价尤其巨大。他们被要求赔偿总计达 330 亿美元的赔款，这个数字不到法国要求的五分之一，但比德国自己预估的两倍还多，特别是彼时德国因为失去殖民地以及波兰语领土而导致支付赔偿能力大大受损。此外，德国还被迫让出了但泽港和萨尔煤矿区。并且，《凡尔赛条约》中的战争罪责条款一直让德国人愤怒不已。

摩根财团的身影在《凡尔赛条约》的经济条款中处处可见。正

THE GAP IN THE BRIDGE.

　　1919年12月，《冰球》杂志刊登了一幅漫画。漫画表明，由于美国参议院拒绝美国加入国联，导致国联几乎不能够发挥作用。威尔逊总统曾经通过压制一战中美国国内的反帝力量来保证国联成立。

如获奖的摩根传记作家罗恩·谢诺（Ron Chernow）所指出的那样："在1919年的巴黎和会上，摩根财团的人无处不在，以至于伯纳德·巴鲁克（Bernard Baruch）一直抱怨，说整个巴黎和会都被 J. P. 摩根（J. P. Morgan）和他的公司操纵了。"摩根财团的头面人物应该是托马斯·拉蒙特（Thomas Lamont）。他是摩根家族的主要合伙人，深得威尔逊信赖。摩根财团的另一合伙人乔治·惠特尼（George Whitney）表示，相比其他人，威尔逊更相信拉蒙特在经济上的观点。拉蒙特主张，德国的战争赔款应在400亿美元左右为宜。如果说后来有什么观点是他一直坚持的，那就是德国轻易躲过了惩罚。在巴黎和会上，他和其他银行家一起成功地维护了摩根财团的利益。[131]

尽管赔款和战争罪责条款让战后的德国人心怀怨恨，德国国内动荡不安，但有时候这种影响也被夸大了。德国实际支付的赔款要比《凡尔赛条约》上规定的少得多。从 1921 年开始，德国的实际赔款根据其支付能力不断缩减。此外，《凡尔赛条约》第 231 条，即战争罪责条款，也没有明文认定德国"有罪"。它只是表明，"由德国及其盟友引发的战争"，对其他国家造成了"难以挽回的损失和破坏"，因此德国有义务承担赔偿责任。[132] 然而，德国人民因为战败及遭协约国报复而感到的屈辱，在不久后被希特勒和其他右翼德国人利用了。一战期间，战役鲜少发生在德国境内这一事实，再加上战时政府的夸张宣传，让大部分德国人民以为胜利在即，这使得他们更难接受战后的和约条款，也为希特勒的指控增加了可信度。

战后的意大利，政治、经济、社会状况都一度动荡不安。贝尼托·墨索里尼（Benito Mussolini）及其全副武装的法西斯追随者，与左翼人士领导的示威者和罢工工人冲突不断。时任美国驻意大使罗伯特·约翰逊（Robert Johnson）对墨索里尼的极端右翼势力接管意大利政权忧心忡忡。他在 1921 年 6 月的报告中表示："法西斯主义者似乎是侵略者。共产主义……过去目无法纪和滥用暴力的罪名，已经从'红色'革命党转移到这个自封是遵守'法律与秩序'的党派身上。"不久后，理查德·蔡尔德（Richard Child）受总统沃伦·G. 哈定（Warren G. Harding）任命，接替罗伯特·约翰逊出任美国驻意大使。他完全不顾约翰逊的提醒，极力赞扬墨索里尼，严词谴责共产主义者。蔡尔德以及其他大使馆官员对墨索里尼的右翼极端主义毫不提防，反而对他们反布尔什维克和使用强硬手段镇压工人运动的行为大加赞赏。即使在墨索里尼建立法西斯独裁统治后，美国仍然支持他。墨索里尼的拥护者包括美国的一些商界领袖，像财政部长安德鲁·梅隆（Andrew Mellon），摩根财团的托马斯·拉蒙特以及全国公民联盟（National Civic Federation）的拉尔夫·伊斯利（Ralph Easley）。[133]

巨头勾结腐败政权，抢夺拉美石油

现在已经很少有历史学家会相信，1920年代美国孤立主义的兴起是一战及战后欧洲的乱局所致。事实上，一战标志着欧洲的霸主地位终结，美国和日本——这场战争中的真正赢家——崛起。20世纪，美国的商业和金融在全世界迅速扩张。纽约取代伦敦成为全球金融中心，美国主导世界经济的时代已经来临。而这场巨大变化的主导者，是美国的石油巨头们。

一战证明，谁控制了石油供给，谁就掌握了战场上的主动权。在战争期间，英德两国都曾试图切断对方的石油供给。1916年初，英国的石油运输船遭到德国袭击，首次表达对石油短缺的担忧。协约国也封锁了德国的石油通道。1916年底，在德国准备前往罗马尼亚夺取石油之前，英国的约翰·诺顿－格里菲斯（John Norton-Griffiths）上校率先将罗马尼亚的石油资源摧毁。战后，英国的 G. N. 寇松（G. N. Curzon）勋爵在谈到这些行动的作用时强调："正是一波波石油，托着协约国走向胜利。"战争期间，美国为协约国提供了80%所需石油，对赢得一战起到了关键作用。[134]但是，一战刚结束，各国的石油公司就开始尽一切可能抢夺新的石油富产区。正如荷兰皇家壳牌石油公司在其1920年的年报中宣称的那样："在这场新的石油资源争夺战中，我们一定不能输给任何人……世界上任何一个可能产石油的地方，都有我们的地质学家。"[135]

荷兰皇家壳牌石油公司还把目光投向了委内瑞拉。那里的胡安·维森特·戈麦斯（Juan Vicente Gómez）政府为外国石油公司提供了友好稳定的投资环境，比之持续动乱且石油不断减产的墨西哥，在委内瑞拉投资明显舒适得多。[136] 由于担心英国在委内瑞拉的优势地位，且考虑到一战消耗了大量国内石油，美国的石油公司很快就加入到委内瑞拉石油争夺战中来。[137]《奖赏》(*The Prize*) 是一部关于阐述石油工业的开创性作品，作者丹尼尔·耶金 (Daniel Yergin) 在其中把戈麦斯描绘成一个"残忍、狡诈、贪婪的独裁者。为了敛取私利，他对委内瑞拉实施了长达 27 年的独裁统治"。[138] 的确，历史学家史蒂文·拉贝 (Steven Rabe) 研究发现，戈麦斯俨然把委内瑞拉变成了"他的私人大庄园"，从中"攫取了大约 2 亿美元的个人财富以及 2000 英亩的土地"。1935 年，戈麦斯去世。委内瑞拉爆发了长达一周的"群众自发抗议活动"，示威者捣毁了戈麦斯的肖像、雕像和房子，甚至还杀死了几个戈麦斯的狗腿子，以此来发泄他们的愤怒。[139]

委内瑞拉的独裁者胡安·维森特·戈麦斯将军。

戈麦斯的独裁统治主要依靠地方豪强、一支效忠于他的军队，以及遍布全国的间谍网来维系。反对者都面临残酷的迫害。美国驻委内瑞拉使馆临时代办约翰·坎贝尔·怀特（John Campbell White）报告说，委内瑞拉监狱里的犯人正承受着"中世纪才有的酷刑"。美国时刻准备着在有需要之时插手委内瑞拉的国内事务。1923年，美国向委内瑞拉派出了一个特种空军中队，协助当地政府应对可能即将爆发的革命，后者后来被证明是毫无根据的谣言。[140]

随着委内瑞拉经济对石油的依赖日益加重，戈麦斯请求石油公司参与起草委内瑞拉1922年版《石油法》（Petroleum Law），这有利于石油公司发展，为它们赚取了巨额利润。然而，石油工人的待遇和工作环境却未得到改善，石油泄漏和其他事故时有发生。1922年，委内瑞拉一处油田发生井喷，油污带长达22英里，近百万桶原油流入马拉开波湖。[141]

在戈麦斯忙着享受荣华富贵，抚育他的私生子（据传有97个之多）时，他的家人以及追随者也正忙着购买国内的优质资产，然后转手卖给外国公司，从中敛取大量财富。与此同时，他们的国民却依旧生活在贫困中。在此期间，委内瑞拉的石油总产量从1921年的140万桶，骤增至1929年的1.37亿桶，仅次于美国，出口量则位居世界第一。在称霸委内瑞拉市场的三大石油公司中，有两家为美国所有，分别是海湾石油公司与泛美石油和运输公司。后者在1925年被印第安纳标准石油公司收购。[142]1928年，完成收购的标准石油公司取代英国的荷兰皇家壳牌石油公司，成为委内瑞拉最大的石油生产商，控制着委内瑞拉60%的石油产量，这种情况一直持续到戈麦斯去世。[143]

在委内瑞拉，反对戈麦斯及其继任者的左翼力量不断壮大。石油工人有时也会为了改善工作环境和提高工资而举行罢工。1928年，加拉加斯的中央大学学生发动反对独裁的起义，号召建立一个更民主的政权，他们被称为"28世代"。在经过数年的斗争后，罗慕洛·贝当古（Rómulo Betancourt）率领的左翼民主行动党于1945年成功推翻伊萨亚斯·梅迪纳·安加里塔（Isaías Medina Angarita）的独裁统治，和更多代表委内瑞拉本国利益的石油公司建立了联系。1948年，贝当古因军事政变下台。尽管委内瑞拉仍需要外国投资，但这些进步的改革派形成了一种基于激进民族主义和反帝国主义的反抗精神，来抵制外国石油利益集团对委内瑞拉石油资源的剥削。[144]

到1920年，美国人已经厌倦了威尔逊的"理想主义"。他们准备迎接沃伦·哈定所宣称的"回归常态"政策。依据1920年代头两位共和党总统的说法，这意味着回归平庸（mediocrity）。哈定、柯立芝和胡佛三任政府继续拓展美国在拉丁美洲的经济利益，但他们采用的并非老罗斯福、塔夫脱和威尔逊所擅用的强硬的炮舰外交政策。在1920年的总统大选中，副总统候选人富兰克林·罗斯福（Franklin Roosevelt）曾表示自己作为海军助理部长，亲自起草了海地宪法。哈定攻击此言论，强调自己作为一国总统，不会"授权一个海军助理部长去给西印度群岛的无助邻居起草宪法，更不会让美国海军端着刺刀抵着邻居的喉咙，强迫他们接受这份宪法"。他还列举了威尔逊的几大举措，表示自己不会效仿："我不会滥用权力，去遮掩不断干涉西半球小国内政的行为。最近几年里，我们不仅与那些本该是我们朋友的国家为敌，还公然败坏了我们作为可依赖的邻国的形象。"[145]

不过，比起西半球的小国，哈定总统和他的共和党继任者更喜欢和国内的银行家交朋友。1922年5月，《国家》杂志报道，尼加拉瓜的革命者发动了一场起义，旨在推翻"布朗兄弟支持的在尼国极不受欢迎的总统"。革命者占领了尼国一处可窥视首都的战略要塞，美国海军部长简单警告道，如果革命者再不收敛，美国将动用武力介入。《国家》杂志认为在尼国发生的事情，正在整个拉丁美洲发生，美国银行家正在以美军为后盾，操纵拉美各国的傀儡政权为美国利益服务。该杂志猛烈抨击了这种可悲的局面：

> 我们的南边有，或者说曾经有20个独立的共和国。其中至少有5个已经沦为殖民地或半殖民地，它们分别是古巴、巴拿马、海地、圣多明各①和尼加拉瓜；另外4个，危地马拉、洪都拉斯、哥斯达黎加和秘鲁的情况也日益往这一方向发展。休斯先生并没有把墨西哥看作一个享有主权的独立国家。这种情况要发展成什么样子？……美国是不是要在西半球建立一个强大帝国？一个由一群华尔街银行家统治，可以任意调配美国政府和海军部门的资源，但美国国会和人民却无权管辖的帝国？美国人民——他们的儿子或死于热带病，或倒在敌人的枪口下——有权问这些问题。[146]

存在性危机爆发

一战结束后，美国并没有坚决地奉行孤立主义，而是找到了比战争更有效的扩张帝国的方法。事实上，对大多数美国人民来说，战争留下的滋味越来越苦涩。尽管美国参战的时间不长，且在多数情况下都取得了巨大的成功，但一战的性质，尤其是堑壕战和化学战，以及导致战后世界动荡的处置方案，都令战争的荣耀黯然失色。其结果是，美国人越发地感到幻灭。这场本是为了保障全世界的民主而进行的战争，似乎已经与起点背道而驰，更别提以这场战争来结束所有战争的想法了。尽管仍然有很多人坚信美国参与的是一场争取自由和民主的伟大战争，但对另一些人来说，这些都不过是空洞的口号。当战争之初的亢奋被残酷的现

---

① 原文如此。圣多明各是多米尼加的首都，此处应指多米尼加。

实一扫而空，一批表现战后幻灭题材的文学作品开始兴起，比如
E. E. 卡明斯（E. E. Cummings）、约翰·多斯·帕索斯（John Dos
Passos）、欧内斯特·海明威（Ernest Hemingway）、埃兹拉·庞德
（Ezra Pound）、托马斯·博伊德（Thomas Boyd）、威廉·福克纳
（William Faulkner）、劳伦斯·斯托林斯（Laurence Stallings）、欧
文·肖（Irwin Shaw）、福特·马多克斯·福特（Ford Madox Ford）、
多尔顿·特朗博（Dalton Trumbo）以及其他一些作家的作品。在多
斯·帕索斯于1921年出版的小说《三个士兵》（*Three Soldiers*）中，
受伤的主人公约翰·安德鲁斯（John Andrews）忍受着一位基督教
青年会代表的来访，后者致力于让他打起精神来。这位代表说："我
猜你是急着赶回前线战斗，干掉更多德国人吧？……你正在履行自
己的职责，这感觉很好……（匈人）都是野蛮人，是文明的敌人。"
安德鲁斯对"人们认为最好的东西"被简化成这样感到很不舒服。
多斯·帕索斯写道："狂热的、糟糕透顶的愤怒折磨着他……这个世
界，除了贪婪、憎恨和残暴，一定还有点别的什么东西。"[147]

　　一些人对战争表示愤怒，另一些则对战后的世界表达了深深的
不安。1920年，F. 斯科特·菲茨杰拉德（F. Scott Fitzgerald）出版
了小说《人间天堂》（*This Side of Paradise*）。在谈到小说的主人公
艾默里·布赖恩（Amory Blaine）和他的年轻朋友时，菲茨杰拉德
说："他们是新的一代……［他们］长大后发现所有的神都已死去，
所有的仗都已打完，所有对人类的信念都已动摇。"[148]格特鲁德·斯
泰因（Gertrude Stein）在海明威和他那些喝得醉醺醺的朋友身上看
到了同样的倦怠，并评论道："你们这些参过军的年轻人，你们就
是迷惘的一代。"[149]

　　好莱坞也不甘示弱，制作出了多部成功的反战电影，其中有些
至今仍是经典。例如，雷克斯·英格拉姆（Rex Ingram）执导的《启
示录四骑士》［*The Four Horsemen of the Apocalypse*（1921）］，此

片让演员鲁道夫·瓦伦蒂诺（Rudolph Valentino）一炮而红。金·维多（King Vidor）的《战地之花》（*The Big Parade*）是1925年票房最高的电影。威廉·韦尔曼（William Wellman）的《翼》[*Wings*（1927）]是第一部获得奥斯卡最佳影片奖的电影。刘易斯·迈尔斯通（Lewis Milestone）的杰作《西线无战事》[*All Quiet on the Western Front*（1930）]至今仍是最伟大的反战影片之一。

这场战争还在以其他许多微妙的方式打击着人们的信心。战前以人类进步信念为基石的文明进程，被一场极力展现人类的野蛮与邪恶的战争打断了。简而言之，对人类能力和尊严的信仰已经消失。这一点在大西洋两岸都显而易见。1920年代，在美国家喻户晓的西格蒙德·弗洛伊德（Sigmund Freud）就是一个典型的例子。一战爆发前，弗洛伊德的研究重点是快乐原则和现实原则之间的紧张关系，战后他的研究重点变成了人性悲观论，这是建立在他对死亡本能的关注之上的。

对人性的悲观看法还体现在对人类的基本能力丧失信心上。军队为心理学家提供了一个天然、巨大的实验室，让后者得以对人类智力进行测试，里面的300万名新兵就是一群特别的实验体。心理学家与军队进行合作，对172.7万名新兵进行智力测试，其中包括4.1万名军官。其中许多人在佐治亚州的奥格尔索普堡接受过测试训练。有关受教育程度的测试结果令人大开眼界：约30%的新兵是文盲；[150]不同群体的受教育程度差异很大，其中本土白人受教育年限中位数约为6.9年，移民约为4.7年，南方黑人则大约是2.6年。智力测试的结果更引人深思——47%的白人新兵和89%的黑人新兵都是"白痴"，尽管这些测试比较粗糙，且带有一定程度的偏见，但这个数据还是很惊人。[151]

没什么比战后的广告业更能体现人类智力退化论了。1920年代通常被认为是广告业的黄金时代，在这10年里，广告业繁荣发展，成为最能代表资本主义的艺术。正如默尔·柯蒂（Merle Curti）对广告业杂志《印刷者》（*Printer's Ink*）的研究显示的那样，1910 年以前，广告商普遍认为消费者是理性和利己的，会被基于这些原则的广告所吸引。然而，到了 1910—1930 年间，大量评论显示，广告商不再认为消费者都是理性的了。结果，商业广告逐渐抛弃理性诉求广告，转而向消费者提供幻想和刺激情感。[152] 1923 年，亚特兰大市举办了一场广告业大会。会上有人说道："如果在广告中仅诉诸理性，你只能吸引大约 4% 的消费者。"[153] 这种观点已被广大广告商接受。J. 沃尔特·汤普森（J. Walter Thompson）事务所的威廉·埃斯蒂（William Esty）指导下属，所有专家都认为"试图在理性或者逻辑基础上来吸引广大消费者是不可能成功的"。[154] 1927 年，美国广告代理协会主席约翰·本森（John Benson）表示："实话实说可能没什么吸引力。为了顾客的利益，夸张宣传是必须的，医生甚至牧师都理解这一点，在日常工作中也是这么做的。人们的平均智商低得出奇，通过引发潜意识的冲动和本能来打广告，效果比通过理性说服好得多。"[155]

战后的悲观情绪，在沃尔特·李普曼的作品里反映得再明显不过。战后 10 年里，他在许多方面都堪称美国的杰出公共知识分子。战前，李普曼是社会主义和进步运动的领军人物，战后他对人类理性的信念逐渐消退。1922 年，他出版了自己的经典著作《公众舆论》（*Public Opinion*），他在书中创造了"刻板印象"一词，描述人们脑中与现实并不相符的形象。他认为，世界已经变得相当复杂，民主制度下的公众难以招架，因此应让受过科学训练的专家来治国。两年后，他又出版了《幻影公众》（*The Phantom Public*）一书，反映出他对民主制度的信仰进一步消退。他认为，人们能做得最好的事情，就是选出一位好的领导人来领导他们。1929 年，他又出版了经典著作《道德序论》（*A Preface to Morals*），他在书中表示对人类在毫无意义的宇宙空间中存在的根本意义感到绝望。这种观念正是1929—1930年美国普遍存在的存在性危机的真实写照。

对民主制批评得最尖酸刻薄的，应属被称为"巴尔的摩圣人"的H. L. 门肯。门肯认为沉浸于宗教和其他迷信活动中的普通人是"蠢蛋"，而对那些被杰斐逊奉为"民主支柱"的自耕农，他同样表达了蔑视之意，声称"有人要求我们尊重这些笨蛋……把他们当作出类拔萃的公民，国家的栋梁！……让他见鬼去吧，愿他倒大霉"。[156]

到1920年代初期，杰斐逊、林肯、惠特曼和年轻的威廉姆·詹宁斯·布赖恩所代表的美国已经不复存在，取而代之的是被麦金利、西奥多·罗斯福、埃德加·胡佛和威尔逊掌控的美国。威尔逊的失败，从许多方面来说，是那个时期一块正好合适的顶石。当时的美国是一个独一无二的综合体，理想主义、军事极权、贪婪和现实政治结合，推动这个国家变成一个世界强国。威尔逊宣称"美国是世界上唯一的理想主义国家"，他也表现得仿佛相信这是真的。[157]他希望推广民主制，结束殖民统治，改变世界，但他的真实表现远不如他宣称的那么正面。他一边支持民族自决和反对旧帝国，一边又频繁干涉其他多个国家的内政，包括俄国、墨西哥和中美洲诸国。他鼓励改革，但又对那些能真正改善人们生活的根本性、有时甚至是革命性的变革保持着深深的不信任。他提倡社会正义，但又认为财产权神圣不可侵犯。他认同四海之内皆兄弟，但又认为有色人种乃劣等人种，并在国内实行种族隔离政策。他赞颂民主与法治，但又严重滥用公权侵犯人民自由。他一边谴责帝国主义，一边又批准维持全球帝国秩序。他倡导要缔造公平的、非惩罚性和平，最后却默许了一份严苛的惩罚性条约，无意中为希特勒和纳粹的崛起创造了先决条件。他在凡尔赛步步退缩的举动令人震惊，但回国后又寸步不让，导致签署条约和加入国联的提议在参议院受挫。

因此，第一次世界大战导致的后果远远不止战场的恐怖。美国没有加入国联，最终导致后者无力阻挡1930年代法西斯的崛起。美国以捍卫和平和民主的名义参加一战，结果却是银行家和军火制造商——被称为"死亡贩子"——牟取暴利。这一真相败露后，引发了美国民众对政府武装干涉他国内政的强烈质疑，而此时正需美国对付真正的邪恶轴心——德国、意大利和日本。而当美国终于展开行动，却是为时已晚。

不过，与法西斯主义战斗还是给了美国一个机会，让它得以重拾部分民主、平等主义的传统，而这些正是它早期之所以伟大且赢得道德权威的基础。尽管美国较晚才参加二战，它还是在打败欧洲法西斯的斗争中提供了重要帮助，并在击败日本的过程中扮演了决定性角色。然而，在战争结束阶段往日本广岛和长崎投下原子弹的事实再次证明，美国还不具备那种带领整个世界走出绝望所需的领导力。

注释

1 William Appleman Williams, *The Tragedy of American Diplomacy* (New York: W. W. Norton, 1988), 72.

2 Richard Slotkin, *Gunfighter Nation: The Myth of the Frontier in Twentieth-Century America* (New York: Harper Perennial, 1992), 240.

3 Richard Hofstadter, *The American Political Tradition and the Men Who Made It* (New York: Alfred A. Knopf, 1949), 237–241.

4 Lloyd C. Gardner, *Wilson and Revolutions: 1913–1921* (New York: J. B. Lippincott, 1976), 12.

5   Walter LaFeber, *The American Age: United States Foreign Policy at Home and Abroad Since 1750* (New York: W. W. Norton, 1989), 262; Lloyd C. Gardner, Walter F. LaFeber, and Thomas J. McCormick, *Creation of the American Empire: U.S. Diplomatic History Since 1893* (Chicago: Rand McNally, 1976), 305.

6   George C. Herring, *From Colony to Superpower: U.S. Foreign Relations Since 1776* (New York: Oxford University Press, 2008), 390.

7   Gardner, LaFeber, and McCormick, *Creation of the American Empire*, 306–307; LaFeber, The American Age, 278.

8   Williams, *The Tragedy of American Diplomacy*, 70.

9   Lars Schoultz, *Beneath the United States: A History of U.S. Policy Toward Latin America* (Cambridge, MA: Harvard University Press, 1998), 246.

10   Nicholas D. Kristof, "Our Broken Escalator," *New York Times*, July 17, 2011.

11   Howard Zinn, *A People's History of the United States* (New York: Harper Colophon, 1980), 350.

12   Nell Irvin Painter, *Standing at Armageddon: The United States, 1877–1919* (New York: W. W. Norton, 1987), 293.

13   Ray Ginger, *The Bending Cross: A Biography of Eugene Victor Debs* (New Brunswick, NJ: Rutgers University Press, 1949), 328.

14   Herring, *From Colony to Superpower*, 399.

15   Kathryn S. Olmsted, *Real Enemies: Conspiracy Theories and American Democracy, World War I to 9/11* (New York: Oxford University Press, 2009), 34.

16   "Notes Linking Wilson to Morgan War Loans," *Washington Post*, January 8, 1936.

17   Herring, *From Colony to Superpower*, 403, 409–410.

18   "Scene in the Senate as President Speaks," *New York Times*, January 23, 1917.

19   "Amazement and Bewilderment Caused by Proposal of Wilson for Peace Pact for the World," *Atlanta Constitution*, January 23, 1917.

20   LaFeber, *The American Age*, 278; Carter Jefferson, *Anatole France: The Politics of Skepticism* (New Brunswick, NJ: Rutgers University Press, 1965), 195.

21   Thomas J. Knock, *To End All Wars: Woodrow Wilson and the Quest for a New World Order* (New York: Oxford University Press, 1992), 118.

22   Ibid., 120.

23   Ibid., 121, 131.

24   David M. Kennedy, *Over Here: The First World War and American Society* (New York: Oxford University Press, 1992), 184–185.

25   Ibid., 60–62.

26   William Graebner, *The Engineering of Consent: Democracy and Authority in Twentieth-Century America* (Madison: University of Wisconsin Press, 1987), 42.

27   Victor S. Clark, "The German Press and the War," *Historical Outlook* 10 (November1919), 427.

28   "Shows German Aim to Control World," *New York Times*, December 3, 1917.

29   Stewart Halsey Ross, *Propaganda for War: How the United States Was Conditioned to Fight the Great War of 1914–1918* (Jefferson, NC: McFarland & Co., 1996), 241.

30   "Documents Prove Lenin and Trotzky Hired by Germans," *New York Times*, September 15, 1918.

31   Ross, *Propaganda for War*, 241.

32   "Creel Upholds Russian Exposure," *New York Times*, September 22, 1918.

33   "Spurns Sisson Data," *Washington Post*, September 22, 1918.

34   Ross, *Propaganda for War*, 241–242.

35   "The Sisson Documents,"*Nation*, November 23, 1918, in Philip Sheldon Foner, *The Bolshevik Revolution: Its Impact on American Radicals, Liberals, and Labor* (New York: International Publishers, 1967), 137.

36   George F. Kennan, "The Sisson Documents," *Journal of Modern History* 28 (June 1956), 130–154.

37   Charles Angoff, "The Higher Learning Goes to War," *The American Mercury*, May–August 1927, 178.

38   Harold D. Lasswell, *Propaganda Technique in the World War* (New York: Alfred A. Knopf, 1927), 14–15.

39   "Oust Traitors, Says Butler," *New York Times*, June 7, 1917.

40   "Columbia Ousts Two Professors, Foes of War Plans," *New York Times*, October 2, 1917.

41   "The Expulsions at Columbia," *New York Times*, October 3, 1917.

42   "Quits Columbia; Assails Trustees," *New York Times*, October 9, 1917.

43   Ibid.

44   Horace Cornelius Peterson and Gilbert Courtland Fite, *Opponents of War, 1917–1918* (Madison: University of Wisconsin Press, 1957), 104–112.

45   Carol S. Gruber, *Mars and Minerva: World War I and the Uses of the Higher Learning in America* (Baton Rouge: Louisiana State University Press, 1975), 213–214.

46   "War Directed College Course to be Intensive," *Chicago Tribune*, September 1, 1918.

47　Gruber, *Mars and Minerva*, 217–218, 237–244; Kennedy, *Over Here*, 57–59.

48　"Bankers Cheer Demand to Oust Senator La Follette; 'Like Poison in Food of Army,'" *Chicago Tribune*, September 28, 1917.

49　Gruber, *Mars and Minerva*, 208.

50　Zinn, *A People's History of the United States*, 356.

51　Painter, *Standing at Armageddon*, 335; Kennedy, *Over Here*, 76.

52　"Sedition Act of 1918," www.pbs.org/wnet/supremecourt/capitalism/sourcesdocument1. html.

53　Nick Salvatore, *Eugene V. Debs: Citizen and Socialist* (Urbana: University of Illinois Press, 1982), 292.

54　Zinn, *A People's History of the United States*, 358.

55　Ibid., 358–359.

56　Ibid., 359.

57　"The I.W.W.," *New York Times*, August 4, 1917.

58　Kennedy, *Over Here*, 67–68; Knock, *To End All Wars*, 133; Alan Axelrod, *Selling the Great War: The Making of American Propaganda* (New York: Palgrave Macmillan, 2009), 181–182.

59　Painter, *Standing at Armageddon*, 335.

60　"Stamping Out Treason," *Washington Post*, April 12, 1918.

61　Zinn, *A People's History of the United States*, 355–356.

62　Painter, *Standing at Armageddon*, 336.

63　John D'Emilio and Estelle B. Freedman, *Intimate Matters: A History of Sexuality in America* (Chicago: University of Chicago Press, 1998), 212–213.

64　Barbara Meil Hobson, *Uneasy Virtue: The Politics of Prostitution and the American Reform Tradition* (Chicago: University of Chicago Press, 1990), 169, 176–177; Mark Thomas Connelly, *The Response to Prostitution in the Progressive Era* (Chapel Hill: University of North Carolina Press, 1980), 143–145.

65　Allan M. Brandt, *No Magic Bullet: A Social History of Venereal Disease in the United States Since 1880* (New York: Oxford University Press, 1987), 59–60, 101; Connelly, 140; Kennedy, *Over Here*, 186.

66　Brandt, *No Magic Bullet*, 101–106; Kennedy, *Over Here*, 186–187.

67　Brandt, *No Magic Bullet*, 116–119.

68　Randolph Bourne, "Unfinished Fragment on the State," in *Untimely Papers*, ed. James Oppenheim (New York: B. W. Huebsch, 1919), 145.

69　Jonathan B. Tucker, *War of Nerves: Chemical Warfare from World War I to Al-Qaeda*

(New York: Pantheon Books, 2006), 10.

70 Wyndham D. Miles, "The Idea of Chemical Warfare in Modern Times," *Journal of the History of Ideas* 31 (April–June 1970), 300–303.

71 "Declaration (IV, 2) Concerning Asphyxiating Gases," Document 3 in Adam Roberts and Richard Guelff, ed. *Documents on the Laws of War*, 3rd ed. (New York: Oxford University Press, 2000), 60.

72 "Crazed by Gas Bombs," *Washington Post*, April 26, 1915.

73 "New and Peculiar Military Cruelties Which Arise to Characterize Every War," *Washington Post*, May 30, 1915.

74 "Topics of the Times," *New York Times*, May 8, 1915.

75 James Hershberg, *James B. Conant: Harvard to Hiroshima and the Making of the Nuclear Age* (New York: Alfred A. Knopf, 1993), 44.

76 David Jerome Rhees, "The Chemists' Crusade: The Rise of an Industrial Science in Modern America, 1907–1922," PhD Thesis, University of Pennsylvania, 1987, 169; Hershberg, *James B. Conant*, 45–49.

77 Hershberg, *James B. Conant*, 42.

78 James A. Tyner, *Military Legacies: A World Made by War* (New York: Routledge, 2010), 98–99.

79 Robert A. Millikan, "The New Opportunities in Science," *Science* 50 (September 26, 1919), 292.

80 John D. Moreno, *Undue Risk: Secret State Experiments on Humans* (New York: Routledge, 2001), 38–39; Andy Sagar, "'Secret, Deadly Research': Camp AU Scene of World War Training Trenches, Drill Field," *Eagle*, American University, January 15, 1965.

81 Sagar, "'Secret, Deadly Research.'"

82 Moreno, *Undue Risk*, 38–39; Sagar, "'Secret, Deadly Research.'"

83 Martin K. Gordon, Barry R. Sude, Ruth Ann Overbeck, and Charles Hendricks, "A Brief History of the American University Experiment Station and U.S. Navy Bomb Disposal School, American University," Office of History, U.S. Army Corps of Engineers, June 1994, 12.

84 Hershberg, *James B. Conant*, 46–47.

85 Richard Barry, "America's Most Terrible Weapon: The Greatest Poison Gas Plant in the World Ready for Action When the War Ended," *Current History* (January 1919), 125, 127.

86 Robert Harris and Jeremy Paxman, *A Higher Form of Killing: The Secret History of*

Chemical and Biological Warfare (New York: Random House, 2002), 35.

87   Barry,"America's Most Terrible Weapon,"127–128.

88   Dominick Jenkins, *The Final Frontier: America, Science, and Terror* (London: Verso, 2002), 38.

89   Tucker, *War of Nerves*, 19–20.

90   Barry, "America's Most Terrible Weapon," 128.

91   Yuki Tanaka, "British 'Humane Bombing' in Iraq During the Interwar Era," in Yuki Tanaka and Marilyn B. Young, ed. *Bombing Civilians: A Twentieth-Century History* (New York: New Press, 2009), 8, 11.

92   Spencer Tucker, ed., *Encyclopedia of World War I: A Political, Social and Military History* (Santa Barbara, CA: ABC-CLIO, 2005), 57.

93   Tanaka, "British'Humane Bombing' in Iraq," 13–29.

94   Jenkins, *The Final Frontier,* 2–3.

95   Ibid., 12.

96   Will Irwin, *"The Next War": An Appeal to Common Sense* (New York: E. P. Dutton & Co., 1921), 37–38 (quotes in original).

97   "The Chemical Industry Show," *New York Times*, September 26, 1917.

98   Daniel P. Jones, "American Chemists and the Geneva Protocol," *Isis*, September 1980, 432, 438.

99   Ibid., 433, 438; Tucker, *War of Nerves*, 21–22.

100 Tucker, *War of Nerves*, 20.

101 Gardner, LaFeber, and McCormick, *Creation of the American Empire*, 336.

102 "President Wilson's Message to Congress on War Aims," *Washington Post*, January 9, 1918.

103 Gardner, LaFeber, and McCormick, *Creation of the American Empire*, 343.

104 Ibid., 343; Herring, *From Colony to Superpower*, 423.

105 Robert David Johnson, *The Peace Progressives and American Foreign Relations* (Cambridge, MA: Harvard University Press, 1995), 82–83.

106 "Our Men in Russia at Foch's Demand," *New York Times*, January 10, 1919.

107 Johnson, *The Peace Progressives and American Foreign Relations*, 84, 320 (Table A.1, "Votes on Anti-imperialist Issues," Section J).

108 H. G. Wells, *The Shape of Things to Come* (New York: Macmillan, 1933), 82.

109 Donald Kagan, *On the Origins of War: And the Preservation of Peace* (Doubleday, 1995), 285.

110 LaFeber, *The American Age*, 297.

111 Ibid., 299.

112 Ibid.

113 Woodrow Wilson, *Woodrow Wilson: Essential Writings and Speeches of the Scholar-President*, ed. Mario DiNunzio (New York: New York University Press, 2006), 36.

114 Paul F. Boller, Jr., *Presidential Anecdotes* (New York: Oxford University Press, 1981), 220.

115 Gardner, LaFeber, and McCormick, *Creation of the American Empire*, 340–341.

116 Herring, *From Colony to Superpower*, 418, 426.

117 Gardner, LaFeber, and McCormick, *Creation of the American Empire*, 341.

118 Knock, *To End All Wars*, 223–224, 329, note 76.

119 Boller, *Presidential Anecdotes*, 220–221.

120 John Maynard Keynes, *The Economic Consequences of the Peace* (New York: Harcourt, Brace and Howe, 1920), 36–37, 268.

121 John Lewis Gaddis, *Russia, The Soviet Union, and the United States: An Interpretive History* (New York: Alfred A. Knopf, 1978), 77; John M. Thompson, *Russia, Bolshevism, and the Versailles Peace* (Princeton, NJ: Princeton University Press, 1966), 2; Herring, *From Colony to Superpower*, 422.

122 Gardner, *Wilson and Revolutions*, 341–342.

123 Ibid., 338–339.

124 Robert K. Murray, *Red Scare: A Study in National Hysteria, 1919–1920* (New York: McGraw-Hill, 1955), 124–129.

125 Jeremy Brecher, *Strike!* (1972; reprint, Boston: South End Press, 1977), 126.

126 Olmsted, *Real Enemies*, 19.

127 66th Congress, 1st Session, *Senate Documents: Addresses of President Wilson*, 11, 120 (May–November 1919), 206.

128 Leroy Ashby, *The Spearless Leader: Senator Borah and the Progressive Movement in the 1920's* (Urbana: University of Illinois Press, 1972), 101.

129 Herring, *From Colony to Superpower*, 429.

130 Knock, *To End All Wars*, 186.

131 Ron Chernow, *The House of Morgan: An American Banking Dynasty and the Rise of Modern Finance* (New York: Simon & Schuster, 1990), 206–208.

132 Sally Marks, *The Illusion of Peace: International Relations in Europe, 1918–1933* (New York: St. Martin's Press, 1976), 13, 38–39.

133 David F. Schmitz, *Thank God They're on Our Side: The United States and Right-Wing Dictatorships, 1921–1965* (Chapel Hill: University of North Carolina Press,

1999), 31–45.

134 Daniel Yergin, *The Prize: The Epic Quest for Oil, Money, and Power* (New York: Simon & Schuster, 1991), 176–183.

135 Ibid., 233.

136 Darlene Rivas, "Patriotism and Petroleum: Anti-Americanism in Venezuela from Gómez to Chávez," in *Anti-Americanism in Latin America and the Caribbean*, ed. Alan L. McPherson (New York: Berghahn Books, 2006), 87.

137 Stephen G. Rabe, *The Road to OPEC: United States Relations with Venezuela, 1919–1976* (Austin: University of Texas Press, 1982), 22.

138 Yergin, *The Prize*, 233.

139 Rabe, *The Road to OPEC*, 17, 38, 43.

140 Ibid., 17–18, 36, 38.

141 Nikolas Kozloff, *Hugo Chávez: Oil, Politics, and the Challenge to the U.S.* (New York: Palgrave Macmillan, 2007), 15.

142 Yergin, *The Prize*, 233–236.

143 B. S. McBeth, *Juan Vicente Gómez and the Oil Companies in Venezuela, 1908–1935* (New York: Cambridge University Press, 1983), 70.

144 Rivas, "Patriotism and Petroleum," 93; Rabe, *The Road to OPEC*, 94–116; Yergin, *The Prize*, 436.

145 "Favors Body with Teeth," *New York Times*, August 29, 1920.

146 "The Republic of Brown Bros.," *Nation*, June 7, 1922, 667.

147 John Dos Passos, *Three Soldiers* (New York: George H. Doran, 1921), 209–211.

148 F. Scott Fitzgerald, *This Side of Paradise* (New York: Charles Scribner's Sons, 1920), 282.

149 Ernest Hemingway, *A Moveable Feast: The Restored Edition* (New York: Scribner, 2009), 61.

150 Kennedy, *Over Here*, 187–189; Loren Baritz, *The Servants of Power: A History of the Use of Social Science in American Industry* (New York: John Wiley & Sons, 1974), 43–46.

151 Kennedy, *Over Here*, 188.

152 Merle Curti, "The Changing Concept of 'Human Nature' in the Literature of American Advertising," *The Business History Review* 41 (Winter 1967), 337–353.

153 Noble T. Praigg. *Advertising and Selling: By 150 Advertising and Sales Executives* (New York: Doubleday, 1923), 442.

154 Roland Marchand, *Advertising the American Dream: Making Way for Modernity*

(Berkeley: University of California Press, 1985), 69.

155 Ibid., 85.

156 H. L. Mencken, "The Husbandman," in H. L. Mencken, *A Mencken Chrestomathy* (New York: Alfred A. Knopf, 1967), 360–361.

157 Arthur M. Schlesinger, Jr., *The Cycles of American History* (New York: Houghton Mifflin Co., 1986), 16.

第 2 章

罗斯福新政：与大资本家的激烈拉锯战

1933 年 3 月 4 日，富兰克林·罗斯福宣誓就职美国总统，此时他所面临的世界，与他 13 年前竞选副总统时的已大不一样。1920年，一战结束，世界百废俱兴。而到了 1933 年，种种问题看起来似乎都无法解决。美国正挣扎于历史上最糟糕的经济危机，而此时已是危机爆发的第四年。美国的失业率达到 25%，国民生产总值下降了 50%，农业收入锐减了 60%，工业总产值也下降了 50% 以上。银行系统已经崩溃。等待领取食物救济的长队遍布城市和乡镇，无家可归者露宿街头。痛苦无处不在，绝望肆意流淌。[1]

其他大多数国家的情况比美国还要糟。大部分参战国不像美国那样，至少经历过 1920 年代那样一段相对繁荣的时期，它们始终未能从一战的创伤中完全恢复过来。它们的人民抵抗全球性经济危机的能力更弱。问题四伏，隐约将现。

在历经 11 年的独裁统治后，墨索里尼完全掌控了意大利。希特勒和他的国家社会主义工人党利用战后德国的经济困难和民怨沸腾篡夺了政权。在罗斯福就职美国总统前一周，希特勒利用国会大厦纵火案巩固了他的独裁统治，并对德国共产党、社会民主党、工会和左翼知识分子发动了恶毒的攻击。

麻烦也在亚洲蔓延。1931年9月，日本军队夺取了中国东北。那里毗连苏联和朝鲜，资源丰富，战略地位十分重要。作为对国际社会指责的回应，日本于1933年退出国联。

百日新政如何挽救大萧条？

尽管大萧条造成了巨大的破坏，但美国人民的士气还没有太低迷。在罗斯福就职总统的那天，《纽约时报》的一篇社论谈到了民众对新政府的期待：

> 美国人民是一个绝不屈服的群体……但以往很难看到他们像今年这样，极度渴望一位新总统上台……他们在忍受困难中展现出了非凡的耐心，数百万美国人不知为何，都十分笃定，只要罗斯福先生入主白宫，困苦就会减轻或者解除……罗斯福先生……面对着摆在他面前的种种错综复杂的问题，表现出了乐观的精神……即使是那些沉郁已久的市民……也保持了一些对新总统的敬佩之情，因为这位总统相信"在美国，没什么是不可能的"……美国历史上还没有哪位总统，像他这样遇到了一个千载难逢的机会，而且他还备受公众信任，又被寄予厚望。[2]

罗斯福决心大刀阔斧地改革。整个国家都支持他，参众两院以及改革者中满是民主党的人，人们也希望新政府有所作为。威尔·罗杰斯（Will Rogers）评论刚上任没多久的新总统说："如果他烧了国会大厦，我们大概也会高兴地说：'好吧，不管怎样，至少我们已经烧了一把火。'"[3]

罗斯福在备受期待的就职演讲中，号召全体国民团结起来抗

1933 年 3 月 4 日，新当选总统的富兰克林·罗斯福和即将卸任总统的赫伯特·胡佛在去往国会大厦出席总统宣誓就职典礼的路上。

争。他说："我们唯一要恐惧的就是恐惧本身。"回想起来，当时情况那么严峻，他这话说得有点脱离实际了。但罗斯福联系了一个更深层的现实，那就是美国此时迫切需要重燃希望和信心。而这正是他准备着手恢复的。

罗斯福向民众指出那些该为当前局面负责的罪魁祸首："银行家原本高居文明之圣殿，但如今已仓皇逃窜。现在我们可以来修复这座圣殿，以祭拜古老的真理。如何修复，就要看我们在多大程度上把社会价值看得比金钱利益更高贵。"他呼吁"严格监管所有银行、信贷和投资行为"，"禁止用他人的钱财从事投机行为"。[4]

罗斯福并没有说明他上任后会采取何种政策。在竞选期间，他曾批评胡佛总统花钱大手大脚，导致政府预算失衡。他曾指出人民正在痛苦中挣扎，并呼吁推出"新政"。现在，他不得不着手解决非常实际的问题。胡佛总统指责罗斯福，称他从总统大选到3月就任总统的4个月过渡期内，一直无视自己要求联合行动的请求，故意把局面弄得更糟糕。现在，过渡期已经结束，罗斯福首先要料理的是银行系统。

1930—1932年，美国银行倒闭了20%，许多剩下的也摇摇欲坠。1932年10月31日，内华达州州长前往华盛顿寻求联邦贷款，副州长莫利·格里斯沃尔德（Morley Griswold）宣布全州银行休假12天，禁止储户提取存款，防止银行挤兑。全国各地的市长和州长都密切关注形势的发展，琢磨着是否跟进。2月14日，密歇根州宣布全州银行放假8天，然后关闭了550家州级和国家级银行，局面开始崩溃。《纽约时报》向焦虑的读者保证："（密歇根州）没有理由被当作先例。"马里兰州、田纳西州认为有充足理由采取行动，肯塔基州、俄克拉何马州和亚拉巴马州也一样，因为这些州的储户惊慌失措，纷纷排起了长队，想趁着还能取钱的时候把钱取出来。[5]到罗斯福就职时，全国各地的银行都已经处于停业或半停业状态。

对银行系统进行重大改革的条件已经成熟。自股市崩盘后，公众对银行的不满与日俱增。此前一年，也就是1932年2月，《纽约时报》记者安妮·奥黑尔·麦科米克（Anne O'Hare McCormick）描述了全美各地对华尔街银行家的普遍反感："在这个去年有2000多家银行倒闭的国度……人们倾向于把国内外发生的所有事情都归咎于银行家……至少在一代人的时间里，从没有过对银行大亨如此强烈的反感……过去民众只是怀疑金融家的品行，现在他们的不信任有加无减，他们怀疑这些人的智商。"[6]

1933 年 2 月，一家银行正在营业，门外挤满了等待提款的储户。1930—1932 年，美国五分之一的银行已经倒闭。到罗斯福就职时，全国银行业几乎处于停业或者半停业状态。

1933 年，参议院对银行在加速经济崩溃中的作用展开了质询，导致国民对华尔街银行家的不信任达到顶峰。参议院银行和货币委员会（Senate Committee on Banking and Currency）主席彼得·诺贝克（Peter Norbeck）委派纽约郡助理检察官费迪南德·佩科拉（Ferdinand Pecora）主持听证会。在听证会上，佩科拉抨击了那些全国顶尖的银行家。2 月初，当世界最大的银行——国民城市银行（National City Bank）的董事会主席查尔斯·E. 米切尔（Charles E. Mitchell）被传唤到听证会作证的消息传出时，南达科他州的共和党代表诺贝克发表了一份声明："迄今为止的调查显示，国内一些大银行要对这场疯狂的股市泡沫负主要责任……好些银行参与了推广计划……这简直是对人民的公然抢劫，只不过方式相对文明。"诺贝克补充道："当华盛顿的联邦储备委员会（Federal Reserve Board）试图给股市降温时，纽约联邦储备银行（New York Federal Reserve Bank）的主席米切尔却阻挠储备委员会的行动，导致股市泡沫加速形成。他对储备委员会采取了一种'见鬼去吧'的态度，事后还侥幸逃脱了惩罚。"[7]

听证会的消息登上各大报刊头版并迅速传播。佩科拉还曝光了这些美国顶级银行家的欺诈和不法行为，包括天价工资、偷税漏税、藏匿资金、不合规贷款以及其他行为。在种种指责之下，米切尔，这个美国最有权势的人之一，被迫辞职。然而，他还是成功躲掉了骗取政府85万美元所得税的指控，如果这项指控坐实，他将被判处10年监禁。

杂志开始把这些银行家称为"银行家劫匪"。《国家》杂志评论称："如果你偷了25美元，你就是个小偷。如果你偷了25万美元，你就是个贪污犯。如果你偷了250万美元，那你就是个金融家。"[8]在这种社会氛围下，罗斯福几乎可以随心所欲地去做任何他想做的事。智囊团成员雷蒙德·莫利（Raymond Moley）指出："如果说还有哪个时刻我们危在旦夕，那就是1933年的3月5日了。当时，那些异端本会吸干资本主义制度的最后一点精气。"布朗森·卡廷（Bronson Cutting）议员得出结论：罗斯福可以在"毫无抗议的情况下"将银行收归国有。农业调整管理局（Agricultural Adjustment Administration）的局长雷克斯福德·盖伊·特格韦尔（Rexford Guy Tugwell）以及其他智囊团成员也都敦促罗斯福就该这么做。

不过，罗斯福选择了一种保守得多的方式。他宣布全国银行放假4天，并在他上任的第一个工作日就集齐国内大银行家进行协商，召开国会特别会议以通过一项紧急立法，并首次进行著名的炉边谈话来缓解民众的恐惧。随后，罗斯福签署了国会通过的《紧急银行法》①（Emergency Banking Act），该法案的大多数条款都是银行家自行起草的。如此一来，银行系统在没经历什么重大变革的情况下就得到了恢复。对此，国会议员威廉·莱姆基（William Lemke）评论道："3月4日，总统把银行家赶出了国会大厦，结果3月9日他们就又都回来了。"⁹罗斯福对银行业危机的解决方案成了他处理其他大多数问题的模板。从根本上来说，他的本性还是保守的。他会从资本家的手里拯救资本主义体系。正如劳工部长、美国历史上第一位女性内阁成员弗朗西丝·珀金斯（Frances Perkins）所解释的那样，罗斯福"把尽量维持经济体系的现状视作像维持家庭一样理所当然……他对这一点没有不满"。¹⁰但他用来拯救资本主义体系的手段大胆果敢、极具远见并且非常人道，这些政策将会影响美国几十年甚至更长时间。

罗斯福虽不激进，但仍在上任百日内就制定了一项雄心勃勃的复苏计划。其措施包括：成立农业调整管理局（Agricultural Adjustment Administration），振兴农业；成立民间资源保护队（Civilian Conservation Corps），安排年轻人进入林场和国家公园工作；成立由哈里·霍普金斯（Harry Hopkins）领导的联邦紧急救济管理局（Federal Emergency Relief Administration），为各州发放联邦救助物资；成立由哈罗德·伊克斯（Harold Ickes）领导的公共工程管理局（Public Works Administration），负责协调大型公共工程项目；通过《格拉斯—斯蒂格尔法案》（Glass-Steagall Banking Act），分离投资银行业务和商业银行业务，并设立联邦存款保险公司来为银行储蓄投保；成立国家复兴管理局（National Recovery

---

① 该法案延长了银行休假日（限制黄金外流），给予美联储和财政部巨大权力：向银行系统提供流动性和资本支持。最重要的是，该法案给予美联储凭借资产而非黄金印制美元的权力，打破了美元和黄金之间的关联，允许美联储放开印钱以支持流动性危在旦夕的银行。

民间资源保护队的成员在爱达荷州博伊斯的林场工作。

公共工程管理局组织工人为新泽西州建设中的一所高中运送砖头。

Administration），促进工业复苏。

罗斯福认为《全国工业复兴法》(National Industrial Recovery Act) 是"美国国会颁布的最重要、影响最深远的一部法案"。基于

《全国工业复兴法》被罗斯福认为是"美国国会颁布的最重要、影响最深远的一部法案"。国家工业复兴总署叫停了反垄断法，并强力推行国家计划，这些举动都宣告了自由放任的资本主义原则的消亡。

这部法案建立的国家复兴管理局，在一定程度上参考了一战期间伯纳德·巴鲁克领导的战时工业委员会（War Industries Board）。[11]国家复兴管理局叫停反垄断法，结束了自由放任式资本主义。紧接着，罗斯福以集中规划取而代之，试图重整形势。在国家复兴管理局的监管下，每个行业都制定了本行业的各项标准，包括工资标准、价格水平、生产规模和工作条件等。在制定行业标准的过程中，往往是该行业的最大企业起主要作用，劳工和消费者团体顶多扮演次要角色。

一开始，《全国工业复兴法》是紧急间拼凑起来的，没有提供更多的后续跟进指导细则。许多自由主义者为之鼓掌。《国家》杂志也表示欢迎，认为它是迈向"集体社会"的重要一步。[12]罗斯福任命休·约翰逊（Hugh Johnson）将军负责国家复兴管理局，赋予了这个机构独特色彩。约翰逊与巴鲁克交好，二人曾在战时工业委员会亲密合作。从军队退役后，约翰逊又成为巴鲁克的商业顾问。约翰逊对国家复兴管理局的领导激化了认为罗斯福新政具备法西斯性质的指控——这是一种荒谬而危险的说法，后来曾被罗纳德·里根大肆散布，最近又被保守派作家乔纳·戈德伯格（Jonah Goldberg）重新提起。里根在1976年竞选总统时曾表示，"法西斯主义是罗斯福新政的真正基石"，这触到了美国人的痛处。[13]

约翰逊是个特例，并非普遍现象。他并不掩饰自己对法西斯的同情。1933年9月，他观看了200万复兴大军在纽约第五大道的游行活动。《时代》（*Time*）周刊称："约翰逊将军举起手，不断地向队伍行法西斯式敬礼动作，并称这是他'所见过的最了不起的游行'。"[14]约翰逊还给了弗朗西丝·珀金斯一本拉法埃洛·维廖内（Raffaello Viglione）创作的法西斯宣传册——《公司制国家》（*The Corporate State*）。最终，他因古怪的行为、粗暴的性格、严重酗酒以及频繁与劳工叫板而被罗斯福撤职。随后，约翰逊还做了深情的告别演讲，称赞墨索里尼是个"光辉的名字"。[15]

罗斯福会把这个国家带往何方？这个问题存在着很大的不确定性。因而，一些观察家将美国与法西斯统治下的意大利进行比较。《商业评论季刊》（*Quarterly Review of Commerce*）在1933年的秋季号上写道："有些人说罗斯福的计划是把美国带往法西斯主义方向。事实上，总统手握高度集中的权力，通过《全国工业复兴法》限制竞争，规定工业生产中工人的最低工资和最高工时，制定了经济规划和生产协调的总方针，这一切都强烈暗示着新政具备和意大利的法西斯主义一样的本质特征。"作者还描述了约翰逊的反劳工倾向，包括他在10月10日发表的演讲，"以明白无误的措辞警告劳工，在罗斯福的计划下，'没有罢工的必要'，任何形式的反对行为都不会被容忍"。[16]

尽管1930年代涌现过很多右翼组织，但辛克莱·刘易斯（Sinclair Lewis）在其1935年出版的小说《这里不可能发生》（*It

Can't Happen Here) 中警示过的法西斯威胁从未在美国大行其道。不过，这也不是说墨索里尼和希特勒在美国就缺乏崇拜者。《时代》周刊和《财富》(*Fortune*) 杂志就毫不掩饰地支持墨索里尼。1934年，《财富》的编辑赞美意大利的法西斯主义，认为它体现了"该民族的某些古老美德，例如纪律、责任、勇气、荣耀和牺牲"。[17]许多美国退伍军人也有同样的感受。1923年，美国退伍军人协会(American Legion) 主席阿尔文·奥斯利 (Alvin Owsley) 就宣称："法西斯分子之于意大利，就像美国退伍军人协会之于美国。"1930年，该协会邀请墨索里尼在其全国代表大会上发表演讲。[18]宾夕法尼亚州参议员戴维·里德 (David Reed) 等民选官员都称赞墨索里尼，宣称"如果这个国家在什么时候需要一个墨索里尼的话，那就是现在了"。[19]

希特勒在美国也有众多捍卫者，其中最臭名昭著的应属宾夕法尼亚州的共和党议员路易斯·T. 麦克法登 (Louis T. McFadden)。1933年5月，麦克法登在众议院谴责国际犹太人在搞阴谋，他朗诵了《锡安长老议定书》(*The Protocols of the Elders of Zion*) ——这是一篇反犹长文，旨在证明犹太人企图阴谋统治世界——中的一些段落，此举被记录进了《国会议事录》(*Congressional Record*) 当中。同时，麦克法登宣称总统放弃金本位制，是"把这个国家的黄金和合法货币送给那些与罗斯福相熟的、拥有国际资金的犹太人"。"美国已经落入到国际银行家手里了。"麦克法登继续质问，"在今天的美国，非犹太人只能拿着些没用的钞票，而犹太人却能拥有黄金和大笔合法财富，这难道不是事实吗？难道放弃金本位的法案，不就是外国犹太银行家专门设计和编写出来永续其权力的东西吗？"[20]

密歇根州罗亚尔奥克市臭名昭著的"电台牧师"查尔斯·库格林 (Charles Coughlin)，通过电台广播来鼓吹其社团主义和日益反犹的宏图。他在自家创办的周刊《社会正义》(*Social Justice*) 上连载《锡安长老议定书》，并煽动追随者加入基督教阵线（Christian Front）武装民兵队。1938年的盖洛普民意调查报告显示，在拥有收音机的美国家庭中，有10%的家庭会定时收听库格林的布道，25%的家庭偶尔收听。83%的忠实听众认同库格林的布道。[21]即使到了1940年，《社会正义》每期的发行量仍然超过20万册。[22]

更具右翼色彩的应属"衬衫运动"，它们受墨索里尼的黑衫军和希特勒的褐衫军所启发而爆发。1933年，威廉·达德利·佩利（William Dudley Pelley）领导的银色军团（Silver Legion）可能有2.5万人之多。堪萨斯州的杰拉德·温罗德（Gerald Winrod）号称"纳粹游击队"（Jayhawk Nazi），其创办的《捍卫者》（*Defender*）报纸吸引了10万读者。1938年，他在堪萨斯的参议院共和党党内初选中获得21%的选票。[23]随着西弗吉尼亚的白山茶花骑士团（Knights of the White Camelia）、费城的卡其色衬衫军（Khaki Shirts）、田纳西的白衬衫十字军（Crusader White Shirts）以及纽约的基督教动员者（Christian Mobilizers）的出现，整个国家仿佛被极端分子给淹没了。[24]这些组织中最暴力的应数中西部的黑色军团（Black Legion），该组织于1925年从3K党分裂出来，成员皆穿一身黑色长袍，而非3K党的白色长袍。1935年，黑色军团的人数为6万—10万，领导者乃是电气工程师弗吉尔·埃芬格（Virgil Effinger）。埃芬格公开宣扬有必要大规模屠杀美国的犹太人，1937年联邦政府出兵将该组织取缔。[25]就连哈里·杜鲁门（Harry Truman）总统也曾冒失地申请加入3K党，当时他还只是个失败的杂货商。

事实上，约翰逊对罗斯福新政的影响转瞬即逝，极右派的影响更是不值一提。新政拒绝了法西斯式解决方案，也抗拒任何一种统一连贯的思想理念的强势干预。事实上，它更像是各种机构和思想的大杂烩。雷蒙德·莫利认为，把新政看作一项始终如一的计划之产物，"就像是相信一间男孩卧室里积攒的毛绒小蛇玩具、棒球海报、校旗、旧网球鞋、木匠工具、几何课本和化学仪器都是室内设计师摆放的"。比起意识形态，罗斯福更在意实际效果。他愿意让政府扮演一个更强大的角色，远超前任总统们之想象。[26]

罗斯福从一开始就把关注重点放在如何重振美国经济和让人民重返工作岗位之上，解决国际争端反倒位列其次。这一点在1933年7月伦敦举行的世界经济大会上表达得再清楚不过。这年4月，罗斯福就已发布行政命令，宣布美国放弃金本位制，美元与黄金脱钩。但他也表示，如果可能的话，美国以及世界其他国家还是会恢复金本位制的。然而，到了夏天，罗斯福改变主意了。他面临两难选择，一边是需要通过通货膨胀来实现国内经济复苏，一边是帮助欧洲保持货币稳定、恢复国际金本位制，罗斯福选择了前者。参与这次经济大会的世界其他54国领导人都满心以为罗斯福会赞同由英国和金本位国家牵头发表的联合声明并帮助恢复金本位制、遏制外汇投机。所以，当7月3日罗斯福宣布美国既不支持稳定汇率，也不支持金本位制时，他们都惊呆了。峰会没能取得成功，大多数欧洲领导人深感失望。包括希特勒在内的许多领导人都认为，美国正在退出世界事务。

在美国本土，罗斯福得到的回应褒贬不一。包括弗兰克·A. 范德利普（Frank A. Vanderlip）、J. P. 摩根和伊雷内·杜邦（Irénée du Pont）在内的一些商业和银行业巨头，至少在公开场合表示会为政府提供一定的支持。[27]莫利预测，90% 的银行家——"甚至曼哈顿下城区的银行家"——都会支持罗斯福放弃金本位制。[28]不过，前民主党总统候选人阿尔·史密斯（Al Smith）批评罗斯福的新政，尤其驳斥货币政策，认为这就是允许以"子虚乌有的美元"来替代"金本位的美元"。他表示："民主党注定是那些手攥绿钞、操纵汇率、动不动就要开动印钞机的人和疯子的政党了。"[29]

莫利的预测站不住脚，许多银行家坚决反对罗斯福的货币政策。由全国顶尖银行家组成的联邦储备咨询委员会（Federal Advisory Council）警告美国联邦储备委员会，称若想经济复苏，必须恢复金本位制。委员会指出："事实一次次证明，对货币通胀和更进一步的信用膨胀的需求，……将会是悲惨的幻象。"[30] 对罗斯福及其货币政策批评得最激烈的应属美国商会（U.S. Chamber of Commerce）。在拒绝支持罗斯福的货币政策后，纽约商会还直接赞同铁路大亨利奥诺·F. 洛里（Leonor F. Loree）对罗斯福货币政策的谴责："放弃金本位制是一种严重的失信行为，等同于否认钞票面值，其性质如同一战时德国入侵中立国家比利时。"[31] 到第二年5月，由于受到持续不断的抨击，罗斯福感到有必要给美国商会的年度大会修书一封，请求大会代表们"停止胡编乱造""团结合作，复苏经济"。[32] 但商界对罗斯福及其新政的攻击反而变本加厉。1934年10月，《时代》周刊指出，国内的商人对罗斯福的敌意逐步私人化："商界针对的不再是政府，而是富兰克林·罗斯福本人。"[33]

罗斯福注重国内事务的态度在各个方面都表现得很明显。他不再像之前那样支持美国加入国联，并乐意牺牲国际贸易以刺激国内经济。他甚至打算削减美国仅有14万人的陆军，此举促使战争部长乔治·德恩（George Dern）到访白宫。德恩带来了道格拉斯·麦克阿瑟（Douglas MacArthur）将军，后者告诉罗斯福，裁军之举是在危害国家安全。麦氏在回忆录中如此写道：

总统对我极尽挖苦。他一旦被激怒，说话就变得尖酸刻薄。紧张的气氛开始发酵……我大致描述了下战后会发生什么，话说得有些欠考虑。我说，当我们输掉下一场战争，会有个美国男孩躺在泥泞里，敌人的刺刀戳穿了他的腹部，脚踩在他气息奄奄的脖子上。这个时候，男孩口中会吐出最后一丝咒骂。我希望这个被咒骂的人不是麦克阿瑟，而是罗斯福。我说完这话后总统脸色铁青，对我咆哮："你怎么敢用这样的口气和总统说话！"[34]

麦克阿瑟道了歉，提出辞去参谋长一职，并且由于高度紧张而冲了出去，在白宫的台阶上呕吐不止。

苏联模式生机勃勃，美国迎来左倾时代

1930 年代，美国公开反对华尔街和军队乃明智之举，罗斯福也绝对是一个精明的政治家。1934 年的中期选举显示出美国激进到了何种程度。事实上，大多数选民都支持具有左翼色彩的新政。投票结果与以往明显不同——执政的民主党将反对党打得落花流水。在参议院 35 个席位的争夺战中，民主党夺下 26 个，这让他们在参议院总共取得了 69 个席位，明显领先于只占 25 个席位的共和党，剩下的 2 个席位则分别由进步党和农工党占据。在众议院，民主党得到了 322 个席位，而共和党只得到 103 个，余下还有 7 个属于进步党，3 个属于农工党。《纽约时报》称民主党取得了"美国政治史上的压倒性胜利，（赋予了）总统明确的权力……彻底地摧毁了共和党的右翼"。[35]

爱达荷州的共和党议员威廉·博拉将这次选举当作给共和党人敲响的一记警钟，他告诉记者："除非共和党摆脱它的反动领导，并按以往的自由原则进行重组，否则它会像辉格党那样因政治表现懦弱而消亡。"他批评共和党的领导，既然反对新政，为什么"不拿出自己的计划取而代之"。他抱怨称，全国的共和党人要求党领导拿出替代新政的方案，"高层却拿出了宪法，可宪法并不能解决民众的吃饭问题"。[36]

激进的思想正在四处蔓延。《屠场》（*The Jungle*）一书的作者厄普顿·辛克莱（Upton Sinclair）通过"终结加州贫困"运动，差

点当上加州州长。在这一运动中，他建议把荒芜的农场分配给农民经营，把闲置的工厂转让给工人搞生产。加州医生弗朗西斯·汤森（Francis Townsend）号召每月为60岁以上的老人发放200美元，以促进消费、刺激经济，此举赢得了众多支持。路易斯安那州州长休伊·朗（Huey Long）提出"分享财富"和"让富人缴更多税"计划，为财富再分配和建立一个更公正平等的社会提供了另一种思路。

实际上，1930年代早期，苏联的发展进一步加强了美国人对左翼改革的呼声。苏联共产主义似乎正在创造一个充满活力的平均主义社会，为死气沉沉的资本主义经济秩序提供一个可行的替代方案。1928年，苏联领导人宣布了他们的第一个五年计划，吸引了美国知识分子的兴趣。该计划承诺会打造一种理性的计划经济，并通过发展科学技术来实现物质财富的增长。长期以来，社会主义者和进步人士都偏好能提出明智计划的政府，而非所谓的无政府主义社会——在这种社会环境下，个体资本家根据利润最大化原则来做决定。计划的概念启发了从1888年爱德华·贝拉米的社会主义杰作《回顾》到1914年沃尔特·李普曼的进步运动权威著作《放任与掌控》（*Drift and Mastery*）等截然不同的作品。许多有识之士都同意《国家》杂志的编辑奥斯瓦尔德·加里森·维拉德（Oswald Garrison Villard）在1929年底的说法，称赞苏联是"人类有史以来最伟大的实验"。[37]

事实似乎印证了这一描述。在美国和其他资本主义国家陷入更严重的经济大萧条之时，苏联经济却焕发出勃勃生机。1931年初，《基督教科学箴言报》（*Christian Science Monitor*）报道称，苏联不仅是唯一摆脱大萧条的国家，而且工业总产值比前一年增长了25%，这在当时可是个天文数字。1931年底，《国家》杂志驻莫斯科记者将苏联边境描述为"一个魔圈，世界性经济危机无法越过它影响苏联……国外银行纷纷倒闭……苏联却在高歌猛进地发展和建设国家"。[38]我们可以因为《国家》的自由主义立场而对其不屑一顾，但当类似报道同样见诸《巴伦周刊》(*Barron's*)、《商业周刊》(*Business Week*) 以及《纽约时报》时，就不能对情况置若罔闻了。美国失业率接近25%，《纽约时报》报道说苏联正准备雇用外国工人，绝望的美国失业者纷纷涌向苏联驻美国办事处。《商业周刊》报道称苏联正计划向美国人开放6000个工作岗位，申请人数达到了10万。不过，此事遭到了苏联官方的否认。不管如何，苏联似乎正在经历一场惊人大转变，从落后的农业社会向现代化的工业社会大步迈进。[39]

许多美国知识分子也开始把苏联看作一个充满知识、艺术和科学活力的国度，而美国的资产阶级文化则单调乏味得多。1931年，经济学家斯图尔特·蔡斯 (Stuart Chase) 表示："对苏联人来说，世界是令人兴奋、十分刺激并充满挑战的地方。"第二年，他又问道："为什么只有苏联人感受到了重建世界的乐趣呢？"[40]《新共和》(*New Republic*) 杂志文学编辑埃德蒙·威尔逊 (Edmund Wilson) 发文指出，在访问苏联时，他感觉到自己就像是置身于"宇宙的道德之巅，那里的光永不熄灭"。全民医疗制、惊人的科学突破、炫目的经济增长率，这一切让许多美国人认为，苏联的进步令其资本主义对手相形见绌，毕竟它们如今还在大萧条的泥沼里苦苦挣扎。[41]

在许多美国人寻找替代方案的时候，苏联成功的迹象极大地提升了美国共产党的吸引力。充满活力的共产党对1930年代激进主义的发展做出了重大贡献，但这只是一个更大图景的一小部分。在这10年里，许多团体都变得十分激进，其中有些跟美国共产党没什么关系。很多团体都以不同的速度激进化。最初响应的是失业者。1930年3月6日，全国各地有成千上万的人游行示威，要求获得工作和救济。知识分子紧随其后，他们拒绝了1920年代美国生活中浅薄的物质主义，以及驱使众多作家和艺术家前往欧洲寻求文化救赎的反智主义。埃德蒙·威尔逊准确地捕捉到了这一点，他在1932年写道：

> 我们这一代的作家和艺术家，都成长于大企业横行的时代，他们对这些企业的野蛮行径深恶痛绝……这些年来，我们感受到的不是沮丧，而是一种刺激。面对这个愚蠢的巨大骗局突如其来的崩溃，人们忍不住欢欣鼓舞。这给了我们一种全新的自由感，给了我们一种继续坚持寻找自我的力量感。而此时，银行家却一反过去得意扬扬的常态，正在接受打击。[42]

1933年开始，参与罢工的工人数量剧增，这种现象持续了10年。同时，经济出现了复苏的迹象。1934年，托莱多、明尼阿波利斯发生大规模罢工，旧金山也爆发了全国性的纺织工人大罢工，工人们逐渐转向马斯特派（Musteites）、托洛茨基主义者和共产主义者寻求帮助。失业者协会和失业者同盟将失业工人组织起来支持罢工，叫他们不要做工贼接受工作。由于工人阶级得到了来自各行业工薪阶层的支持，罢工很快蔓延到其他领域，甚至整座城市都陷于瘫痪，就如同旧金山那样。《洛杉矶时报》（Los Angeles Times）报道称："人们认为旧金山是在发生一场'大罢工'，这种描述是错误的。那里其实爆发了起义，这是一场由美国共产党号召并领导的反政府起义。"[43]波特兰市的《俄勒冈人报》（Oregonian）呼吁总统出面干预："旧金山瘫痪了，整个城市都处于暴力起义造成的痛苦之中。未来几天内，波特兰也会爆发大罢工，同样会让这座城市陷于瘫痪。"《旧金山纪事报》（San Francisco Chronicle）抱怨道："激进分子不想要和解，他们想要的是革命。"[44]

这是一个可喜的变化，在此前的13年里，工会遭到了沉重打击，成员数量急剧下降。随着新政立法规定劳资双方地位平等，美

新泽西州卡姆登市的失业工人在举行大游行。

国产业工人联合会（Congress of Industrial Organizations）于1935年成立。之后，罢工运动甚至开始蔓延到重工业领域。在这些罢工中，美国共产党起到了重要的组织作用，而企业的镇压则往往导致暴力和血腥的对抗。随后，斗志昂扬的工人采取了静坐示威的全新方式，事实证明，这些策略在某些情况下尤为有效。

种族主义和歧视加剧了美国黑人的经济困境。大萧条让"黑人能参与的工作种类"纷纷消失，黑人失业率直线上升。1932年，美国南方的黑人失业率超过50%。北方也差不多，费城的黑人失业率高达56%。许多努力争取工作和民权的黑人认为，鉴于时代背景，全美有色人种协进会（National Association for the Advancement of Colored People）采取的法律手段过于缓慢，于是转而求助共产党以

密苏里州新马德里市公路旁无家可归的佃农。受到种族歧视的非裔美国人的生活更加窘迫。

及其他激进组织。美国共产党的领导层也许可以从莫斯科那里得到行动指令，但这些指令往往无法顺利传达到基层。

科学家，曾经是国内最保守的群体——1933年，社会主义者里德·贝恩（Read Bain）称他们是"共和国最糟糕的公民"，因为他们冷漠且缺乏社会责任感。而到了20世纪30年代末，他们已经转变成最激进的群体之一，站在反法西斯运动的前沿，质疑资本主义妨碍科学技术对社会的有益应用。[45] 1938年12月，美国最大的科学家团体美国科学促进会（American Association for the Advancement of Science）举行主席选举，其中得票最高的5位候选人都是左翼科学与社会运动的领袖；而最终胜出者，是哈佛大学心理学家沃尔特·坎农（Walter Cannon），他是全国有名的左翼科学活动家之一。[46]

在那些动荡岁月里，许多自由主义者开始自我标榜为社会主义者或激进分子。明尼苏达州州长弗洛伊德·奥尔森（Floyd Olson）

就宣称："我不是自由派……我是一名激进分子。"[47]对很多左翼人士而言，即使是自由主义这个词也意味着近乎懦弱的温和。莉莲·赛姆斯（Lillian Symes）1934 年在《国家》中写道："在当时，没什么（比被称为自由主义者）更侮辱人的了！"[48]许多人也对成为社会党人抱有这样的想法，因为共产党似乎提供了一种可行的也更激进的方案。1932 年，约翰·多斯·帕索斯在谈到为什么支持共产党时曾解释道："在现在这个时刻，成为一名社会主义者，就像喝一瓶淡啤酒一样自然。"[49]

但讽刺的是，1935—1939 年"人民阵线"时期，虽然是共产党获得了最大程度的支持，但诺曼·托马斯（Norman Thomas）领导的社会党比美国共产党更左倾，后者则刻意缓和平时的发言，希望建立一个广泛的反法西斯联盟。成千上万的美国人加入共产党，或效力于其附属组织。其中，有许多人还是这个国家最优秀的作家，比如海明威、厄斯金·考德威尔（Erskine Caldwell）、约翰·多斯·帕索斯、埃德蒙·威尔逊、马尔科姆·考利（Malcolm Cowley）、辛克莱·刘易斯、兰斯顿·休斯（Langston Hughes）、舍伍德·安德森（Sherwood Anderson）、詹姆斯·法雷尔（James Farrell）、克利福德·奥德茨（Clifford Odets）、理查德·赖特（Richard Wright）、亨利·罗思（Henry Roth）、莉莲·赫尔曼（Lillian Hellman）、西奥多·德雷泽（Theodore Dreiser）、托马斯·曼（Thomas Mann）、威廉·卡洛斯·威廉姆斯（William Carlos Williams）、纳尔逊·艾格林（Nelson Algren）、纳撒尼尔·韦斯特（Nathanael West）和阿奇博尔德·麦克利什（Archibald MacLeish）。

然而，到了 1930 年代末，时移世易，西方知识分子早期对苏联共产主义的热情开始消退。约瑟夫·斯大林（Josef Stalin）被虎视眈眈的资本主义国家环伺，又担心会爆发新的战争，因此开始推行求快且危险的工业化政策，导致许多人受害。于是，苏联陆续传出关于饥荒遍地、政治审判与镇压、官僚机构僵化等负面报道。即使是那些不相信这些可怕报道的人，也被斯大林在1939年与德国签订互不侵犯条约的背叛行为所震惊。基于以上种种原因，美国的共产党人纷纷脱离共产党，但还是有些忠诚的信徒将斯大林的转变归咎于西方资本主义国家拒绝帮助苏联阻止希特勒的入侵，此前斯大林一再呼吁集体防范法西斯进攻。

左倾的国会，活力足、觉悟高的民众，再加上一位反应迅速又富有同情心的总统，他们共同开启了美国有史以来最伟大的社会实验时期，尤其在1935年后，激进主义突飞猛进令罗斯福新政愈发左倾。1935年12月，哈罗德·伊克斯告诉总统，他认为"国民的整体情绪比政府激进得多"。罗斯福同意此判断，并更严厉地打击商界。1936年1月3日，他通过全国广播电台在晚间发表年度咨文。总统在晚间对国会发表演讲，这是自1917年4月2日——当时威尔逊在国会晚间联席会议上要求国会对德宣战——以来的头一次。在1936年1月3日晚的演讲中，罗斯福用最激烈的措辞痛斥右翼敌人："我们被那些无休止的贪婪者憎恨。他们正试图夺回权力再谋私利……如果给他们机会，他们就会重拾过去的独裁统治——权力留给自己，奴役留给人民。"[50]

在进步浪潮的推动下，罗斯福愈发左倾，他在1936年的竞选活动中延续了对商界的猛烈抨击。他高调宣扬进步运动取得的一连串成绩。公共事业振兴署（Works Progress Administration）以及其他政府项目让以百万计的失业大军重返工作岗位。经济和银行系统也完成了改革。政府首次站在劳工的一边（尽管只是试验性的）反对资本家雇主，推动工会发展。退休工人的生活有了些许保障，进步尽管不大，却是前所未有的。而赋税负担也更多地转到富人身上。

在大选前夕，罗斯福在麦迪逊广场花园对支持者发表演讲，表示将继续抨击资产阶级利益集团：

我们必须与和平的宿敌做斗争，它们是商业和金融垄断、各种投机行为、肆无忌惮的银行家、阶级敌视、地方本位主义，以及利用战争牟利的行为。他们把美国政府当成任由他们摆布的道具。我们现在已经知晓，一个金钱统治的政府，就像暴民统治的政府一样危险……他们都一样地憎恨我，而我，也欢迎他们的仇恨。[51]

当选举日到来之时，重振旗鼓的民主党在各个层面都给了共和党致命一击。在总统选举人团中，罗斯福以 523 票对 8 票的压倒性优势击败了共和党候选人——堪萨斯州州长阿尔夫·兰登（Alf Landon），赢下了缅因州和佛蒙特州以外的所有州。为此，民主党高兴地把美国老话"见缅因而知全国"改成了"见缅因而知佛蒙特"。[52] 在考虑了农工党和转为独立议员的乔治·诺里斯的票数后，民主党以 331 对 89 的优势控制了众议院，以 76 对 16 的优势控制了参议院。

《芝加哥论坛报》将这一压倒性投票结果视作人民对罗斯福新政的明确支持，"大选结果充分说明了人民对罗斯福及其新政的信任……他将带着一张由全国大多数人民签署的空头支票，开始他的第二任期"。保守的《芝加哥论坛报》对由民主党、农工党、美国劳工党、社会党和共产党组建的联合政府表示担心："我们非常想知道，罗斯福先生将如何履行他对那些激进合作伙伴的义务呢？"[53] 然而，这位一贯精明的总统其后在政治和经济上的误判，使人们对进一步改革近乎普遍的希望落空。由于最高法院一再否决新政措施，失望之下，罗斯福试图在最高法院任命进步法官，但这个计划注定失败。罗斯福失去了他大选之前不可阻挡的势头。如果说新政在最高法院是遭遇了挫折，那么 1937 年的经济危机则彻底把它给击倒了，批评家将此称为"罗斯福衰退"。罗斯福政府错误地认为，经济发展可以自我延续，大萧条时期即将结束，于是决定削减开支，平衡预算。他大幅削减了公共事业振兴署和公共工程管理局的预算，导致经济在一夜之间几近崩溃。事实上，经济崩溃得太过迅速，罗斯福及其内阁成员甚至认为，这是反对新政的资本家刻意破坏所致，目的就是把他从总统宝座上轰下来。股票市值骤减三分之一，公司利润下降80%，数百万失业大军转眼间重现美国。

改革者不得不由攻转守。尽管如此，许多美国人意识到，人们还有一项基本需求没得到解决，他们开始着手纠正这一疏忽。鲜为人知的是，美国在1938和1939年几乎就要实行全民医疗保障计划了。医生促进医疗保健委员会（Committee of Physicians forthe Improvement of Medical Care）是一个与保守的美国医学会（American Medical Association）迥然不同的激进组织，其成员几乎都是来自美国各大著名医学院的进步医生，他们共同掀起了一场旨在创建全民医疗保障体系的全国性运动。罗斯福政府很支持这一运动，表示医疗保障是一种人权，而非一种特权。这种立场得到了广大劳工和众多具有改革意向的组织的强力拥护。实际上，政府为此也费了好一番气力。《国家》杂志编辑因此相信，"没有哪个政府会"动员如此巨大的社会力量，"在这样一个项目中投入如此多的专业人士和时间，还让过半的内阁官员都参与进来，然后再放弃它"。[54] 1939年2月底，纽约州参议员罗伯特·瓦格纳（Robert Wagner）提交了一份纽约州政府支持全民健康计划的提案。提案表示，美国此前还没有哪项议案受到过国民"如此广泛的拥护"。[55]然而，面对美国医学会的激烈反对，再加之大选临近，为了避免一场恶战爆发，罗斯福最终还是放弃了这一为全民提供医疗保障的努力。新政改革也永远结束了。[56]

右翼大资本要推翻罗斯福

改革还激起了实力仍然雄厚的大资本家的强烈反对。罗斯福及其幕僚雷克斯福德·盖伊·特格韦尔、哈里·霍普金斯、戴维·利连索尔（David Lilienthal），以及进步派内阁成员亨利·华莱士、哈罗德·伊克斯和弗朗西丝·珀金斯成为大银行家和大企业家的眼中钉。尽管像约瑟夫·肯尼迪（Joseph Kennedy）这样的一些商人很感激罗斯福从急功近利的资本家手中挽救了资本主义，但更多的资本家还是把罗斯福当作敌人，百般阻挠新政推行。一项对美国商会的调查显示，97%的商界人士反对新政的理念。[57]

最极端的右翼商人准备证明《纽约时报》为共和党右翼所做的讣告为时过早。1934年8月，距离中期选举还有几个月，他们在经过长期准备后，宣布成立美国自由联盟（American Liberty League）。

美国自由联盟是杜邦家族的成员提议发起的，包括伊雷内·杜邦、皮埃尔·杜邦（Pierre du Pont）、拉莫特·杜邦（Lammot du Pont）三兄弟，以及他们的妹夫——杜邦公司高管罗伯特·"鲁利"·卡彭特（Robert "Ruly" Carpenter）。卡彭特宣称罗斯福已经被"菲利克斯·法兰克福特（Felix Frankfurter）和他的一帮信奉共产主义的犹太狂徒教授给控制了"。他还邀请到民主党全国委员会的前主席约翰·拉斯科布（John Raskob）加入联盟。一直以来，拉斯科布都致力于把富人的税负转嫁给穷人，他主持了杜邦公司对通用汽车的收购案，同时还担任这两家企业的首席财务官。其他加入联盟的还有通用汽车总裁阿尔弗雷德·斯隆（Alfred Sloan）、民主党前总统候选人阿尔·史密斯和约翰·W.戴维斯（John W. Davis），国家钢铁公司总裁欧内斯特·韦尔（Ernest Weir）、太阳石油公司总裁J.霍华德·皮尤（J. Howard Pew），以及通用食品公司总裁E. F.赫顿（E. F. Hutton）。联盟还邀请查尔斯·林德伯格

(Charles Lindbergh) 出任主席，不过遭到了拒绝。[58]

1934年8月22日，美国自由联盟正式成立，宣称其宗旨是打击激进主义，捍卫财产权，维护宪法。联盟执行委员会主席由民主党前执行委员会主席朱厄特·肖斯（Jouett Shouse）担任，5位执行委员是伊雷内·杜邦、阿尔·史密斯、约翰·W.戴维斯、纽约共和党前州长内森·米勒（Nathan Miller）和纽约州共和党议员詹姆斯·沃兹沃思（James Wadsworth）。肖斯宣布联盟准备招募200万—300万名会员和数十万资助人。在接下来的几年里，他们推行了一场声势浩大的"教育"运动，试图共同遏制自由主义浪潮，但收效甚微。联盟宣称拥有12.5万名会员和2.7万名捐助者，但这些数字与其目标相比还是相差甚远。大多数会员也并不活跃，其运作资金大多来自杜邦公司和少数右翼商人的捐赠。1934年和1935年，国会对该联盟进行了两次调查，让其声名狼藉。[59]

第一次调查持续时间短，但影响令人震惊。1934年11月，屡获勋章的海军陆战队退役将军斯梅德利·巴特勒告诉众议院非美活动调查委员会（House Special Committee on Un-American Activities），美国退伍军人协会马萨诸塞州分部的司令官威廉·多伊尔（William Doyle）和债券销售员杰拉德·麦圭尔（Gerald MacGuire）试图劝说他组织反罗斯福的军事政变。《纽约晚邮报》和《费城纪录报》（*Philadelphia Record*）记者保罗·康莉·弗伦奇（Paul Comly French）证实了巴特勒的说法。弗伦奇确切得知麦圭尔曾经说过："我们需要一个法西斯政府来对付共产党，以免他们毁掉我们辛辛苦苦建立的国家。能做到这件事的只有具有强烈爱国情怀的士兵，而斯梅德利·巴特勒则是最理想的带头人，他能在一夜之间召集到百万大军。"麦圭尔还曾到法国考察法西斯退伍军人运动，想把这些运动作为巴特勒在美国组建武装力量的参考模板。

巴特勒拒绝了麦圭尔的邀请。"如果你召来50万与法西斯沾边的部队，"他警告说，"那我就能再弄来 50 万人把你们揍得屁滚尿流。我们在美国就能荷枪实弹干一场。"证词显示，多伊尔和麦圭尔三番五次为诸多与摩根财团、杜邦公司关系密切的银行家和企业巨头打掩护，这些人正是美国自由联盟的根基。麦圭尔否认了这些指控。纽约市长菲奥雷洛·拉瓜迪亚（Fiorello LaGuardia）嘲笑这一闹剧简直就是一场"纸上谈兵式政变"。摩根财团的托马斯·拉蒙特也矢口否认："简直就是一派胡言！太荒唐了！"但后来成为国会议员的美国退伍军人协会主席詹姆斯·范赞特（James Van Zandt）支持巴特勒的说法，说"华尔街的大佬们"也拉拢过他。[60]

众议院非美活动调查委员会由马萨诸塞州议员约翰·麦科马克（John McCormack）担任主席。在听取证词后，该委员会报告称，除了麦圭尔直接邀请他组建武装力量，"巴特勒将军所作的其他陈述都可以被证实"，不过委员会认为组建武装力量一事也是事实。委员会的最后结论是："他们的确企图在美国组建法西斯组织……这一蓝图经过了讨论，也有相应的计划，如果再拉到资金，那就可以实施了。"[61]但奇怪的是，有许多涉案人员并未被传唤前来作证，比如格雷森·墨菲（Grayson Murphy）上校、道格拉斯·麦克阿瑟将军、阿尔·史密斯、美国退伍军人协会前任主席汉福德·麦克奈德（Hanford MacNider）、约翰·W. 戴维斯、休·约翰逊和托马斯·拉蒙特。这些人的名字甚至没有出现在委员会最终提交的报告上，巴特勒对此提出了强烈抗议。

罪恶交易：大军火商的杀人生意

第二次调查由北达科他州参议员杰拉德·奈（Gerald Nye）主持。这次调查开始得更早，但持续时间更长。奈在他的前任去世后就被任命为参议院议员，并两次连任。他很快就接受了乔治·诺里斯、威廉·博拉、罗伯特·拉福莱特等进步派的思想，和他们一样希望美国避免海外争端，以防卷入海外战争，也反对动用武力去保护美国商人在海外的投资。1934年2月，奈提议发起美国史上最惊人的国会调查之一。他提议参议院外交关系委员会（Senate Foreign Relations Committee）对参与制造和销售武器、弹药以及其他军事装备的个人和公司展开调查，调查对象包括钢铁、飞机和汽车制造商，武器和弹药制造商，以及造船商。把焦点放在军火商而非银行家的身上，代表着一种与哈里·埃尔默·巴恩斯（Harry Elmer Barnes）以及其他修正主义历史学家截然不同的观点，这些历史学家曾经撰文严厉批评美国卷入战争。巴恩斯在1934年写道，军火商"从来没像1914—1917年的美国银行家那样，对推动战争产生过如此可怕的影响"。[62]

发起调查的主意来自多萝西·德策尔（Dorothy Detzer），她多年来一直作为国际妇女争取和平与自由联盟（Women's International League for Peace and Freedom）美国分部的执行秘书不停奔走。一战期间，德策尔的孪生兄弟死于芥子毒气。为了寻找提案支持者，德策尔找了20位参议院议员，但都遭到拒绝。乔治·诺里斯建议她找奈试试，然后获得了后者的同意。全国各地的和平团体也都支持发起这一提案。4月，参议院授权就"军火信任"问题（munitions trust）举行听证会，重点集中在战争牟利行为、武器制造商在推动政府参战中的作用，以及政府是否该垄断全国军火制造以遏制有人想利用战争发财的动机上。该提案的另一发起人阿瑟·范登伯格（Arthur Vandenberg）议员承诺，将会找出政府是否希望"与国民、邻国和平相处，而不是人为煽动或者制造摩擦与误解，继而挑起冲突，最终令其演变成灾难"。他还想知道"这些在其他地方屡见不鲜的肮脏阴谋"是否也在美国发生了。[63]

奈、范登伯格和副总统约翰·南斯·加纳（John Nance Garner）

参议院议员杰拉尔德·奈领导了针对美国军工企业的调查，揭露了美国军火商通过不法手段谋取巨额战争利润的卑劣行径。

选择了 4 位民主党议员——华盛顿的霍默·博恩（Homer Bone）、密苏里州的贝内特·钱普·克拉克（Bennett Champ Clark）、佐治亚州的沃尔特·乔治（Walter George）和爱达荷州的詹姆斯·波普（James Pope），和 3 位共和党议员——奈、范登伯格和新泽西州的 W. 沃伦·巴伯（W. Warren Barbour）。克拉克提名奈担任军工企业调查特别委员会（Special Committee Investigating the Munitions Industry）的主席，波普表示支持。因为要给委员会调查的时间，此次听证会延期了。调查工作由斯蒂芬·劳申布施（Stephen Rauschenbusch）协调，他是著名的社会福音派牧师沃尔特·劳申布施（Walter Rauschenbusch）之子。委员会还从农业调整管理局的杰尔姆·弗兰克（Jerome Frank）那里借调了年轻的哈佛法学院毕业生阿尔杰·希斯（Alger Hiss）来担任法律事务助理。[64]

进步人士都团结起来支持这项事业。《铁路电报员》(*Railroad Telegrapher*) 的一篇文章记述了一战结束15年后，许多工人仍然对军火制造商十分不满："美国人民觉察到，目前的社会制度鼓励战争与杀戮，把数百万人拖入痛苦的深渊，只为了积累巨额财富；民众则背负着沉重的债务苟活于世……数百万劳工被强征入伍，在满是泥泞、虱子和鲜血的战壕里作战，而大资本家狂揽钞票，老板的儿子则成为军官。等战争结束后，劳工除了还钱还是还钱。"《新共和》杂志刊登了一篇名为《谋杀有限公司》("Murder Incorporated") 的社论，其中说道，调查人员需要跟踪调查以找出"那沾满血腥的财路……财路在哪里，滴着血的利润就在哪里，遍布世界的谋杀有限公司也就在哪里"。[65]

当全国上下都在期盼听证会召开的时候，两本揭露军火商内幕的著作恰逢其时地上市了。书里的内容进一步激起公众的怒火，也为检察官的调查提供了更多线索。其中一本是由 H. C. 恩格尔布雷希特（H. C. Engelbrecht）和 F. C. 哈尼根（F. C. Hanighen）合著的《死亡商人》(*Merchants of Death*)，获得了每月一书俱乐部（Book-of-the-Month Club）的精品推荐。另一本是乔治·赛尔迪斯（George Seldes）所著的《铁、鲜血、利润》(*Iron, Blood, and Profits*)。这两本书都发行于1934年4月的同一天，书中不仅详述了美国大军火商的罪恶交易，还揭露了他们分布在世界各地的同行的罪行。这年3月，《财富》杂志发表了一篇名为《武器和大佬》("Arms and the Men") 的文章，揭露了欧洲军工业的惊人内幕，字里行间流露出发自肺腑的愤慨。双日出版社在一本小册子上重印了这篇文章。文章开头是这样的：

权威数字显示，在一战战场上，每杀死1个士兵，就要花掉2.5万美元。在欧洲，有这么一撮大商人，他们从来不谴责政府在这方面的铺张浪费，去指出，如果杀人不受妨碍，那么匪徒杀 1 个人的花费很少会超过 100 美元。这些大商人保持沉默的原因很简单——杀人就是他们的生意。军火是他们的股票，政府是他们的客户，最终的消费者既有他们的敌人，也有他们的同胞。但这些都不重要，重要的是每当炮弹炸开，碎片插入一个前线士兵的头颅、胸腔或腹部，那 2.5 万美元里的绝大部分，就进了军火制造商的口袋。[66]

罗斯福赞成举行听证会，并敦促国际社会采取更有力的措施遏制他所说的"疯狂的军备竞赛，如果这种竞赛再这么搞下去，很有可能会引发战争"。"这一对世界和平的严重威胁，"他补充道，"很大程度上是由毁灭行动的发动机——军火制造商和贩卖商——不受控制的活动造成的。"[67]

该委员会的 80 名调查人员和会计对美国知名企业的财务报表进行了彻底调查，结果令人震惊。波普议员表示，在听证会上，人民会"为这些将被公之于众的贪婪、阴险、制造战争恐慌的宣传和游说行为感到震惊"。他补充道，这些信息"一旦披露，将震惊整个国家"。[68] 就在听证会召开前夕，《纽约时报》报道称，七人委员会中的多数都支持一旦发生战争，政府应全面接管军工企业。波普乐观地表示，这些证据如此触目惊心，一定会让"几乎所有民众"都支持委员会的提案。[69]

9 月 12 日，菲利克斯、拉蒙特·杜邦、伊雷内·杜邦和皮埃尔·杜邦一起出庭，就公司在战争期间所获的巨额利润接受质询。1915—1918 年间，杜邦公司接到了价值 12.45 亿美元的订单，比战前 4 年增长了 1130%。[70] 在整场战争期间，杜邦公司派发给股东 458% 的股利。听证会还揭露，时任陆军参谋长道格拉斯·麦克阿瑟曾于 1932 年去往土耳其秘密商议武器销售。据柯蒂斯·赖特（Curtis

Wright）公司一位高管的信件，麦克阿瑟"和土耳其总参谋部谈到了销售美国空战武器的问题"。在这一点上，奈插话表示："在我看来，这倒是挺像麦克阿瑟将军的，他像个销售代表。这让人不禁怀疑，美国的海陆军是不是已经沦为某些军火企业的销售机构。"[71]

听证会披露了一个又一个令人不安的消息。美国与外国军火商通过卡特尔协议瓜分了海外市场，他们共享情报和利润，为德国设计潜艇，这些潜艇在一战中频频击沉协约国的舰船。近些年来，美国的军火企业一直协助纳粹德国重整军备。美国联合航空公司和普拉特·惠特尼（Pratt and Whitney）集团的多位高管供述，他们曾经向德国出售飞机和相关设备，不过是出于商业用途而非军用。奈质疑他们的说法："你们的意思是说，在这些谈判中，你们一点都没怀疑德国购买飞机是用于战争？"[72]国务卿科德尔·赫尔（Cordell Hull）重申，美国的政策自1921年以来就一直反对向德国出售任何军事装备。

随着军事企业调查委员会接连出击，听证会得到了广泛支持，无关党派。9月下旬，美国退伍军人协会的立法代表约翰·托马斯·泰勒（John Thomas Taylor）宣布，他支持早年战争政策委员会（War Policies Commission）提出的一个计划，即政府应没收战时企业获得的非正常利润的95%。[73]随后，奈也宣布，他将建议立法对美国战争期间个人日收入超过一万美元的人士征收98%的所得税，以此来抵扣战争利润。[74]奈说，他和另外两位委员其实更希望政府在下一场战争到来时能将所有军工企业国有化。[75]

公众对听证会产生了极大的兴趣。英国也计划举行本国的听证会。拉丁美洲也有多个国家已经举行听证会，原因是人们得知了本国政府和军火制造商之间的可怕交易。给奈的贺信和电报如同雪花一般飞来，邀约演讲也源源不断。如此热情让《华盛顿邮报》坐不住了，它发表社论称，人们对听证会的热烈反响不足为奇，这是因为"调查揭露了很多令人惊骇的消息，加深了普通民众对那些不受控制的势力的认识。就算这些势力并非有意为之，但也实际上破坏了维护世界和平的努力。这种本质上是地下交易的行为得到广泛宣传和关注，在民众间唤起了建立更美好的世界秩序的共鸣"。《华盛顿邮报》勉强称赞了一句该委员会的"工作是出色的"。[76]

10 月上旬，奈通过美国全国广播公司发表面向全国听众的讲话，宣传他将军工企业国有化和征收巨额战争税的想法。他表示，"唯有如此，才能消灭好战分子"。如果真的采取了相关措施，"战争可能不像想象的那般无可避免"。最后，他对听证会的工作做了总结："委员们每天都听到一些人极力为自己的卑劣行径狡辩。他们发现这些人就是些国际诈骗分子，企图让全世界都武装起来，然后彼此争斗，他们便可以从中牟取暴利。"[77]

奈和其他委员呼吁军工企业国有化的提议，于 1934 年底在全国上下引发了一场激烈辩论。12 月，《华盛顿邮报》发文表示不支持奈的提议，并向读者推荐了另一篇专栏文章。该文章宣称军工企业国有化这个话题在过去 15 年里已经在日内瓦得到了彻底的讨论，最后的结论是，"开明的观点"是反对此种方案的，"这一事实无可辩驳"。杜邦公司和其他人也持类似观点。[78]评论家们指出奈的方案中的种种问题。沃尔特·李普曼质问道，如果军工企业国有化，美国该如何决定向其他国家出售武器？其他国家会效仿美国军工企业国有化的做法吗？如果效仿，那没有军工企业的国家该怎么办？有许多产品既可商用又可军用，这种产品该如何界定？《芝加哥论坛报》特别指出日本在美国购买了废旧金属，并援引杜邦公司的观点，说棉花在战时也是军事物资。还有人问，军工企业在和平时期该如何处置？如果弃之不用，那当国家遇到紧急事件时能否迅速组织生产？[79]

公众敦促政府采取果断行动的呼声越来越高，罗斯福决定尽早平息这一事态。12月12日，他宣布已邀请一批重要的政府高官和企业家，共同拟定一份旨在结束战争暴利的计划。罗斯福告诉记者："是到了该结束战争暴利的时候了。"三个小时后，这些人到达白宫并开展工作。战时工业委员会的前任主席伯纳德·巴鲁克和委员会执行理事休·约翰逊并肩进入会场。其他受到邀请前来协助起草法案的还有国务卿、战争部长、劳工部长、农业部长、财政部长、海军部长，此外还有铁路调度总长约瑟夫·B.伊斯门（Joseph B. Eastman）、陆军参谋长麦克阿瑟、海军助理部长小西奥多·罗斯福、农业助理部长特格韦尔、劳工助理部长爱德华·F.麦格雷迪（Edward F. McGrady），以及美国进出口银行总裁乔治·佩克（George Peck）。奈和其他委员被总统的这一举动激怒了，指责政府试图在调查完成前限制委员会的质询。[80]

其他人也对罗斯福的动机表示怀疑。《华盛顿邮报》的专栏作家雷蒙德·克拉珀（Raymond Clapper）列举了几种在华盛顿流传的说法。一种是，罗斯福想抢奈和范登伯格的风头，这两位共和党议员因为主持军工企业调查而名声大振，成为各大报纸头版的常客。另一种是"军火利益集团已经把触手伸到了政府那里，政府正试图把他们赶出去"。[81]

奈认为罗斯福的动机并不单纯。他表示，"政府的各个部门与军工企业以及其他利益集团沆瀣一气"，直到最近他才察觉到政府也一定程度上卷入了国际军火买卖当中。[82]

为了防止被政府抢风头，军工企业调查特别委员会将更多爆炸性内幕公之于众。杜邦公司依然是奈的靶心。阿尔杰·希斯揭露了更多杜邦公司贪婪无度的证据。1934年12月，《华盛顿邮报》刊登了一篇名为《调查披露800%的战争利润：杜邦公司的地下交易》（"800% War Profit Told at Inquiry: Du Pont Deal Up"）的头版文章。文中，希斯公布了一份清单，上面列有各种战争产品供应商的名单以及高到令人咋舌的投资回报。此外，他还公布了1917年收入超过100万美元的人员的名单。名单中共列了181人，其中41人是第一次出现，包括6名杜邦家族成员，4名道奇家族成员，3名洛克菲勒家族成员，3名哈克尼斯家族成员，2名摩根家族成员，2名范德比尔特家族成员，2名惠特尼家族成员，还有1名梅隆家族成员。[83]

奈的行为越激进，反对者的报复也就越激烈。《芝加哥论坛报》批评委员会这种攻击证人的方式"不公正、不光彩且令人生厌"。[84]但支持委员会的呼声依然很高。12月下旬，罗斯福与奈会面。那时，委员会已经收到超过15万封支持信。会后，奈公开表示，他此前误解了罗斯福平息事态的动机，总统其实一直支持调查，在调查完成之前，政府不会推出新的立法举措。[85]

委员会成员试图警醒公众，欧洲可能即将爆发战争。波普认为，各国政府扶持军火制造商的行为是"荒谬"的。他悲叹，一些国家"似乎被某种怪物控制住了，非得把自己推向毁灭。下一场战争的准备正密锣紧鼓地进行，人们都认为这几乎无可避免"。[86]

1935年2月初，南卡罗来纳州议员约翰·麦克斯温（John McSwain）提出一项立法提案，把战时物价限制在宣战当天的水平。巴鲁克和约翰逊都支持这项提案，并反对奈提出的将军工企业国有化的激进提案。

与此同时，伯利恒钢铁公司和伯利恒造船公司的总裁尤金·格蕾丝（Eugene Grace）在听证会上承认，战争开始后，公司的利润由战前的600万美元猛增至4800万美元，他个人得到过157.5万美元和138.6万美元的分红。博恩议员步步紧逼，质问伯利恒被财政部控诉的相关情况。之前，财政部曾起诉伯利恒，控告其"获利既不合理也不公正"。这一涉及1100万美元的诉讼已经在法庭搁置了数年。[87]

同样是在2月，委员会正在考虑是否发起一项新的调查。在美国全国教育协会（National Education Association）监督部门的年度大会上，美国历史协会（American Historical Association）前任主席查尔斯·比尔德义正词严地控告报业巨头威廉·伦道夫·赫斯特"暗中为战争推波助澜"。比尔德称赫斯特"迎合某些邪恶势力，一直与美国的优秀传统为敌"。据《纽约时报》报道，比尔德做完报告后，与会的1000名教育界代表"起立并致以长达数分钟的热烈掌声"。协会还通过了一项决议，宣布"奈领导的委员会揭露了美国军工企业的所作所为，其肮脏的堕落行为背后是对战争利润的巨大胃口，美国全国教育协会对此感到震惊和愤怒"。决议还呼吁委员会对"利用报纸、学校、电影和广播制造战争恐慌，以促进军火销售"的宣传行为进行调查，尤其要调查赫斯特旗下的报纸。奈回应说，这样的调查确实属于委员会的职权范围，并要求提供更多信息。不过，经过一番考量，最后奈还是放弃了发起此项调查。[88]

3月下旬，一项禁止利用战争牟利的提案开始成形。《纽约时报》将其称为"政府历史上公认的最激进的计划"。《华盛顿邮报》赞同此评价，认为其"在没收战时利润上相当激进，要是放在6个月前，这个计划会遭人嘲笑……就连杰拉德·奈议员，这位矮小精悍又激进的委员会主席也不曾做此设想"。研究员约翰·弗林（John Flynn）把这个计划交给委员会成员，由后者前去和总统商讨。令他们惊讶的是，罗斯福给出了积极的回应。不过，国务卿科德尔·赫尔建议他不要支持任何消除战争利润的专项立法。

但有了罗斯福的支持，委员会决定把这个建议付诸立法。初步条款包括：对所有日收入超过一万美元的人士征收100%的税；不够一万美元的，也要课以重税；企业单日利润，6%以内的征收50%的税，超出6%的部分征收100%的税。相关企业需要挑选部分高管参军，战争期间关闭所有证券交易所，禁止一切商品投机行为，并征用所有必要的产业和服务。弗林告诉委员会，"大发战争财，物价飞速攀升，无耻之徒利用国难攫取利益，这些问题只有一个解决办法，那就是从一开始就防止通货膨胀。1917年、1918年我们参加了一战，账单却由我们的儿辈和孙辈承担。在下一场战争中，我们作为有智慧、有教养的文明人，必须下定决心，当士兵们在前线厮杀的时候，留在后方的人就要支付战争费用"。[89]

弗林的提案经过些许修改后，在 4 月初便以《紧急战时法案》(Emergency Wartime Act) 的名义被提交。该提案授权政府可以没收所有军工企业超过3%的利润，以及日收入超过一万美元的个人收入。奈评价道："这项法案之所以这么激进，是因为战争是很残酷的事。税务局的人到你家征税，远没有征兵的人敲开你家门，强迫你儿子去参军那么冷峻和令人生畏。"[90]

正当众议院准备为相对温和的麦克斯温提案投票时，混乱又爆发了。反对声来自四面八方。《纽约时报》报道称："反战情绪席卷整个众议院，因此麦克斯温最初的提案被改得面目全非。"修正的条款包括：对战时利润所得征收100%的税，战时政府可控制全国财政和物资，可强制工业、商业、运输和通信领域的管理层入伍。[91]众议院通过的这项法案规定，所有年龄在21—45岁之间的男性都必须应征入伍，但企业高管被排除在外。这项法案是框架性的，因此很方便在最终的版本中加入更激进的奈提案中的一些条款。

阿瑟·克罗克（Arthur Krock）在《纽约时报》上猛烈抨击了这两个提案。他说："麦克斯温的提案具有绥靖色彩，奈的提案则带有工会主义、社会主义和共产主义色彩……这两个提案都试图让人相信，一旦宣战，富人就会遭殃，只有劳工和拒服兵役的人能得到善待，从而阻止战争。这两个提案的所有条款都是为了防止限制工资和罢工，或者防止征兵，半斤八两。"[92]巴鲁克也对奈的提案进行了猛烈抨击，说它会推高通货膨胀，使战时生产陷入瘫痪，让国家在面临重大攻击时毫无防御能力。奈则控诉巴鲁克是资本家的喉舌，并不是真的想遏制某些人发战争财。[93]

5月初，奈在参议院提出了他的提案，作为《麦克斯温战时利润法》(McSwain War Profits Bill) 的修正案。他承诺，这项提案只是委员会酝酿的几项提案中的第一个，"我们相信，这一提案体现了美国人民的民意。我们认为，目前整个世界都充斥着战争即将爆发的谣言，是时候提醒我们的人民以及全世界人民，美国不会为了一小撮人的利益而发动一场愚蠢而徒劳的战争"。[94]

该委员会向参议院提出了三个解决方案：第一，禁止为交战国或其公民提供贷款；第二，拒绝承认进入战区的公民的护照；第三，禁止向交战国家运送武器，除非确定此种行为不会让美国卷入战争。参议院外交关系委员会批准了前两项，在讨论第三项的时候，国务卿赫尔说服军工企业特别调查委员会的成员同意在与其他国家打交道时为美国保留一定的选择余地。考虑到埃塞俄比亚危机越来越严峻，他们决定在最终采取行动前重新考虑这三个方案。

直到国会9月休会时，参众两院关于战时利润法案的分歧仍然没得到解决。不过，这倒是让《芝加哥论坛报》松了一口气，它曾发文称这就是一项"共产主义式防御法案"，一旦发生战争，该法案将允许总统"将美国彻底赤化，就像列宁赤化俄国那样"。[95]

随着要求采取激进行动的呼声越来越大，威尔逊政府的战争部长牛顿·贝克跳了出来，他的行为破坏了整个进程。他回应了和平爱国者组织 (Peace Patriots) 负责人威廉·弗洛伊德 (William Floyd) 写给《纽约时报》的一封信，否认美国在卷入一战前有过任何关于保护美国私人商业或者金融利益的讨论，并断言"让银行家闭嘴或让军火制造商瘫痪，无法保障美国在未来战争中的安全"。[96]4天后，银行家托马斯·拉蒙特写道，他质疑弗洛伊德的证据，并将美国的参战归咎于德国的侵略，而非保卫美国的商业利益。[97]

华尔街为了贷款安全把美国推向一战？

这些问题正是军工企业特别调查委员会在1936年初重新展开调查的关键。摩根家族和其他华尔街大鳄为了收回借给协约国的巨额贷款而把美国推向战争，这是真的吗？争执双方剑拔弩张。1月7日，万众瞩目的对决时刻到来了。这天，J. P. 摩根及其合伙人拉蒙特、乔治·惠特尼，以及美国国家城市银行的前任总裁弗兰克·范德利普都来到了听证会现场。约翰·W. 戴维斯（John W. Davis）作为摩根的律师出席。委员会把听证会举行地点移到了参议院办公大楼的中心会议室，才能容纳下创新高的申请旁听席位数。在近一年来，委员会的调查人员已经仔细审查过这个银行巨头的财务报表和相关卷宗，包括200多万封信件、电报和其他文件。听证会召开前夜，摩根财团还邀请了多位记者到其位于肖汉姆酒店的宽敞套房参加拉蒙特和惠特尼的一场非正式的吹风会。奈则在广播中向全国听众申明他的立场。"在我们开始放松美国的中立政策，为商业利益而批准向参战国提供贷款时，"奈解释道，"协约国就知道美国最终会怎么做了。他们比我们更清楚，我们的钱包在哪里，我们的心就最终在哪里。"

摩根财团发表了一份长达9页的声明来否认这些指控。声明写道："我们要特别注意这些贷款的担保性质，因为在某些方面已形成这样一种印象——如果美国不参战，那么给协约国的贷款将变得毫无意义。放贷者敦促我们的政府参战，以'让贷款发挥价值'。这种奇谈怪论毫无证据可言。因为这些贷款一直收益良好，我们并不担心它们的安全。"声明辩解称，美国的商业已经因为向协约国提供物资而繁荣，让美国参战并不能带来其他物质报酬。[98]

输掉这场辩论将可能产生严重后果。奈和克拉克意识到，美国参加一战的证据，可能会决定委员会当周提出的那项重要的中立法案的命运。

在第一场听证会上，委员会公布的一些文件显示，威尔逊总统和战争部长罗伯特·兰辛①不顾国务卿威廉·詹宁斯·布赖恩的强烈反对，在1914年允许银行家向交战国提供贷款，而这一事件远在美国政策发生改变之前。休会前，克拉克议员问了范德利普最后一个问题："你认为，如果英国输掉了这场战争，它还会偿还贷款吗？"范德利普回答道："当然会，它就算输掉了战争，也会把钱还上的。"[99]

在接下来的听证会上，奈和其他委员努力证明，美国从来没有在战争中保持过中立，德国的潜艇战只是威尔逊总统参战的一个借口。奈还扔出了最后一枚重磅炸弹，他声称威尔逊在美国参战之前就已知晓协约国的秘密协定，然后"伪造"了记录，对参议院外交关系委员会撒谎，说自己是在巴黎和会上才知晓此事的。

委员会的调查显示，实际上，威尔逊用谎言把整个国家拖入了战争。他同意向协约国提供贷款和其他援助，故意夸大德国的暴行，掩盖他早已知晓协约国秘密协定的事实，这些行为都破坏了美国的中立原则。这场战争根本就不是一场捍卫民主的战争，而是一场帝国之间重新瓜分赃物的战争。

事实证明，质疑伍德罗·威尔逊的正直形象，是压倒许多参议院民主党人的最后一根稻草。在《华盛顿邮报》描述的"抗议和怨恨的龙卷风"中，民主党人对奈发起了猛烈的批评。打头阵的是得克萨斯州议员汤姆·康纳利（Tom Connally），他宣称："我不在乎

---

① 原文如此，但据相关资料，此时罗伯特·兰辛应担任国务院顾问一职。

这些指控是怎么来的。这都是些无耻谎言。某些玩玩跳棋、喝喝啤酒的低矮密室最适合我们这位来自北达科他州的议员所说的话了，这位委员会的主席，这个正准备引领我们走向和平的人——诬陷一个死人，一个伟大的人，一个善良的人，一个活着的时候有勇气直面敌人并与之硬碰硬的人。"康纳利指责奈和他的委员会"是在可耻地抹黑美国在一战中的表现"。激烈的批评让委员会内部产生了分裂。波普议员和乔治议员离开听证会现场，以示抗议。稍后，波普返回并宣读了一份声明。声明中说，他和乔治反对"任何怀疑伍德罗·威尔逊的动机和诋毁他伟大人格的企图"。他们痛惜的是，人们已经忽略调查的目的是什么，而且他们很担心修正立法的机会正在溜走。他们质疑委员会调查的公正性："这种诋毁威尔逊和兰辛的行为……暴露了调查过程中存在的偏见和歧视。"他们明确表示，他们不会从委员会辞职，并且还会回来就最终报告进行投票表决。另一位委员范登伯格议员则补充道，他十分尊敬威尔逊总统，但经济利益确实是美国卷入战争"不可避免和无可抗拒的动力"。范登伯格希望能确保这种事情不再发生，并且为委员会取得的成就感到自豪："在过去的48个小时里，历史已经被改写了。重要的是，历史应毫无保留地公诸于世，无论它是何种模样。"奈向波普和乔治保证，他无意诽谤威尔逊，他甚至在1916年把选票投给了威尔逊，他承诺"只要有可能减少我们被卷入战争的可能性"，他都会坚持下去。[100]

第二天，会议的气氛依然剑拔弩张。78岁的弗吉尼亚议员卡特·格拉斯（Carter Glass）曾在威尔逊最后几个月的任期里担任财政部长，他指责奈的行为"是无耻至极的诽谤"，是"对已故总统极其恶劣的指控，是在污损伍德罗·威尔逊的坟墓"。卡特气得直拍桌子，手都拍破了，鲜血洒在面前的文件上。他大吼道："啊，这个可悲的煽动家，提出这种可悲又虚假的指控，竟说摩根财团改变了伍德罗·威尔逊的中立立场！"最后，奈终于有机会在参议院做出回应。他表示，令他感到意外的是，像"早些时候集中火力"阻止委员会工作的事没有再出现，冲突也只是在摩根和他的合伙人出现后才变得明显起来。他没有道歉，而是朗读了信件和其他文件。他重申，正是这些文件，显示了美国在参战之时就已经知道协约国秘密分赃的协议，而我们却一直被告知这份如同炸弹一样的协议是在巴黎和会才达成的。[101]

两天后，奈通知摩根和他的合伙人，他们不需要再按原来的计划，在下一周到庭接受进一步调查了。委员会的工作受阻，参议院似乎无意继续拨付9000美元调查经费。奈谴责反对者利用他抨击威尔逊一事转移视线。他坚称，这些人的真正意图是"千方百计、不择手段地将任何可能阻止他们发战争财的立法扼杀于摇篮中"。[102]

但出乎所有人意料的是，听证会并没有被取消，这让奈喜出望外。1月30日，参议院一致通过决议，拨付7369美元作为委员会完成调查的经费。就连康纳利也改变了之前的立场，投票赞成继续拨款，但他也敦促委员会去调查活人而非侵犯死者的"墓地"。[103]《纽约时报》如此解释参议院的风向转变："威尔逊的支持者对诋毁他们领袖的行为感到愤怒，威胁用停止拨款来阻止调查，但要求公开1914—1918年全部事件真相的信件源源不断地飞向国会山。这体现了高涨的反战情绪，解释了为什么这项近些年来最令人痛苦的调查会得以继续。"《纽约时报》承认委员会已经取得了"显著的成就"。"它促成了一项立法，要求军火制造商要事先获得许可并向国务院报告所有出口货物；它促成了一系列提案，没收军火制造业和造船业赚取的过高利润，这些提案很有可能逐步变成各种立法。但它最主要的成就是让公众参与到对战争、和平和战时利润的讨论中来。"[104]

在后来的听证会上，摩根财团的代表们竭力为自己辩护，否认他们曾因向协约国提供贷款而鼓动美国参战。2 月 5 日，《纽约时报》刊登了一篇名为《摩根很高兴，朋友奈"证明了他的清白"》（"Morgan Leaves Happy，'Cleared'by Friend Nye"）的文章。《纽约时报》终于松了一口气。2 月 9 日，它又刊登了一篇社论，名为《这项调查已圆满结束》（"An Inquiry Ends Well"）。《纽约时报》指出，尽管委员会试图证明摩根财团"从售卖军火中获得了巨额利润"，"以其强大影响力"促使美国参战，但调查显示，这种说法完全不足信，并且，"摩根先生和'他的朋友奈'握手言欢，调查终于在友好的气氛中结束了"。文章最后总结道："这样一个结果合乎大多数公众的利益……不难想象，如果是相反的结果会产生怎样令人不安的影响。人们会绝望地得出一个结论——银行业的某些人某些事已经烂透了。"[105]

奈立刻驳斥了《纽约时报》的说法。"委员会中没有一个人认为这次调查证明了摩根的清白。"尽管无法证实摩根财团为了保护海外投资而鼓动美国参战，但奈指出："可以肯定的是，这些银行家是某种体系的核心，将美国推上了参战道路。"奈补充道，威尔逊一同意摩根向协约国提供贷款，"通往战争的道路就已经为我们铺好了"。[106]

3 月 7 日公布的盖洛普民调发布了惊人结果，充分显示听证会产生了预期影响。当人们被问到"是否应该禁止为谋取私利而制造和销售军火"时，82% 的美国人表示赞同，只有 18% 的人表示反对。支持率最高的是内华达州，99% 的人支持没收战时利润；最低的是特拉华州，那是杜邦家族的家乡，只有 63% 的人表示赞同。乔治·盖洛普（George Gallup）报告称，自去年 10 月公司开展调查以来，所有调查中只有养老金曾获得比这更高的支持率。盖洛普援引西部宾夕法尼亚州一位杂货店老板的话："军火商的战时利润会引导我们走向战争。"[107]就连奈在 17 个月前开始调查时也认为这种想法牵强附会。"我当时想，"他承认，"军火企业国有化就是我们在考虑的最疯狂的想法了。"[108]《华盛顿邮报》以及其他媒体承认奈和他的委员会成功地引导了公众关注"武器军火交易的泛滥，以及这种泛滥与战争之间的关系"。[109]第二天，在密歇根州大急流城，埃莉诺·罗斯福（Eleanor Roosevelt）呼吁没收所有军工企业的战时利润。而一直为摩根财团和军火制造商辩护的《纽约时报》则压根没报道盖洛普的民意调查结果。

4月，公众期待已久的调查军工企业特别委员会的第三份报告出炉。报告的结论是："委员会没有证据证明，美国参战仅仅是因为军火制造商及其代理人的活动，不过战争很少由单一原因推动，这也是事实。委员会认为，放任自私自利的团体组织自由地煽动恐吓国家卷入军事冲突，是不利于世界和平的。"[110]七人委员会中的4人——奈、克拉克、波普和博恩号召政府直接将军工企业收归国有，另外3人——乔治、巴伯和范登伯格则号召"对军工企业进行严格绝对的管控"。[111]但禁止战争牟利的提案落到了康纳利领导的小组手上，康纳利是奈最尖锐的批评者之一。提案在他那里被拖了很久，并且遭到多次修改，最终仍没获得可以通过的票数。在此后的5年，奈和其他委员的类似提案也没有获得通过。

为纳粹德国输血的商业巨头们

听证会上提出的诸多问题中有一个让调查人员耿耿于怀：一些美国商人尽管早就意识到希特勒政权的邪恶本质，仍继续为德国提供经济和军事援助。自1933年以来，希特勒一直在大肆捕杀共产党人、社会民主党人和劳工领袖，虽然此时距离他对犹太人实行种族灭绝还有几年，但狰狞的反犹面目已现。

早在希特勒上台之前，美国的商人、银行家就与德国同行建立了密切关系。以摩根银行和大通银行为首的金融巨头向德国提供贷款，为 1920 年代动荡不稳的德国经济提供了后盾。托马斯·沃森 (Thomas Watson) 领导的 IBM 公司收购了德国的迪霍玛格公司。斯隆的通用汽车公司在 1929—1931 年间收购了德国汽车制造公司亚当·欧宝。福特增加了对福特汽车德国子公司的投资，并宣布此举将为美德两国架起一座友谊的桥梁。[112]沃森同意这个观点，他最常说的一句话就是："让世界贸易促进世界和平！"[113]

对资本家来说，无论世界和平这个愿望有多崇高，都远不如抢占市场，进而攫取钱权来得有诱惑力。通过缔结一个个令人眼花缭乱的正式或非正式的商业协定，这些企业在美、英、德三国间编织了一张庞大的跨国公司利益网，企图秘密瓜分市场和控制价格。1939 年 3 月，英国工业联合会 (Federation of British Industries) 和德国工业集团 (Reichsgruppe Industrie) 在杜塞尔多夫签署一项贸易协议，宣称"本协议旨在避免恶性竞争，建立建设性合作关系，保证英国、德国和其他国家互惠共赢，促进世界贸易发展"。[114]直到战争结束后，大多数观察家才意识到这些协议影响之广泛。1945 年 5 月，斯坦福大学的西奥多·克雷普斯 (Theodore Kreps) 发现，"'卡特尔'这个在经济学论文中晦涩难懂的专业术语，最近经常出现在各大新闻报刊的头条中"。[115]这些协议中最典型的有：埃德塞尔·福特 (Edsel Ford) 成为德国化工巨头 IG 法本美国子公司——通用苯胺与薄膜公司——的董事，而法本公司的总经理卡尔·博施 (Carl Bosch) 则出任福特汽车欧洲子公司的董事。类似协议还将法本、杜邦、通用汽车、标准石油、大通银行绑在一起。

托马斯·沃森 1937 年与希特勒进行了会面。之后，国际商会 (International Chamber of Commerce) 在柏林举行了一次聚会，沃森在会上相当忠实地传达了元首的信息："战争不会发生。没有国家想开战，也没有国家承担得起。"[116]几天后，沃森迎来了他的 75

岁生日。当天，希特勒授予他大十字德意志雄鹰勋章，以表彰其对德国行动的支持——迪霍玛格公司向德国提供了穿孔卡片机，为后者编制1930年人口普查登记表，并由此确定犹太人身份提供了重要帮助。之后，迪霍玛格的计数机在数据组织方面取得前所未有的突破，后来该公司被纳粹控制，这一计数机协助前往奥斯维辛集中营的火车准时运行。

亨利·福特（Henry Ford）也担保希特勒确实希望世界和平。1939年8月28日，距离德国进攻波兰仅有4天，福特告诉《波士顿全球报》（Boston Globe），希特勒只是在虚张声势。他说，德国人"不敢打仗，他们知道这一点"。一周后，德国的入侵行动已经开始，福特居然还对他的一位朋友说："现在都没人开过一枪，所有事都是犹太银行家捏造出来的。"[117]

福特和沃森都应该更清楚事实到底是怎样。1937年，福特汽车的德国子公司曾为德国国防军生产重型卡车和运兵车。1939年7月，子公司更名为福特德国汽车股份公司，法本拥有该公司15%的股份。法本后来在奥斯维辛经营布纳橡胶厂，并为灭绝犹太人提供了臭名昭著的齐克隆B药丸，因而被判犯下反人类罪。1939年战争爆发之时，福特汽车和通用汽车仍然控制着它们的德国子公司，这些公司则控制着德国的汽车工业。尽管接下来他们宣称放弃了德国子公司的控股权，但实际上并没有这么做，还在德国政府的命令下更新了工厂设备以适应战时生产，同时却拒绝了美国政府对其更新国内工厂设备的类似要求。1939年3月，纳粹德国攻占捷克斯洛伐克后，斯隆为自己辩护称，德国的行动让他们"获利甚丰"。他坚称，德国的内政"不是通用汽车管理层该插手的事"。欧宝汽车公司把位于德国吕塞尔斯海姆面积达432英亩的工厂改为德国空军战机的制造厂，为德国的容克-88中程轰炸机提供了50%的推进系统部件，还帮助德国研制出世界上第一架喷气式战斗机Me-

262，它的时速比美国的 P-510 "野马" 战斗机还快 100 英里。1938 年，为了表彰这些汽车商的贡献，纳粹政府授予亨利·福特德意志雄鹰勋章，此时德国已经吞并了奥地利 4 个月；1 个月后，通用汽车公司的海外首席执行官詹姆斯·D. 穆尼（James D. Mooney）也被授予勋章。战时，福特汽车失去了对德国子公司的有效控制，后者沦为纳粹德国的武器供应商，并且奴役附近布痕瓦尔德集中营的囚犯为其工作。1998 年，曾经被因于布痕瓦尔德集中营的犯人埃尔莎·伊瓦诺瓦（Elsa Iwanowa）对福特汽车提起诉讼，福特汽车雇用了一支由研究员和律师组成的专业团队来洗白自己的罪行，并借此为自己 "民主兵工厂" 的良好形象添砖加瓦。然而，美国陆军调查员亨利·施奈德（Henry Schneider）在战后的一份报告中称福特德国汽车股份公司就是 "纳粹兵工厂"。[118]此外，正如布拉德福德·斯内尔（Bradford Snell）在国会调查汽车业垄断行为时所发现的那样，"通用汽车和福特汽车利用它们在汽车生产领域的跨国大公司地位，让自己成为法西斯军队和民主国家军队的主要供应商"。[119]

亨利·福特不仅仅给德军提供卡车，还帮助纳粹打磨其充满仇恨的意识形态。1921 年，他出版了一本名为《国际犹太人》（*The International Jew*）的反犹文章集子，后来的纳粹领导人几乎都阅读过此书。他还赞助印发了 50 万册《锡安长老议定书》，这其实是一本几乎已经被公认了的伪书，但并不影响福特传播它。希特勒青年团的前任负责人，后来成为纳粹占领时期维也纳最高长官的巴尔杜尔·冯·席拉赫（Baldur von Schirach），在纽伦堡审判中这样说道：

当时我读过的具有决定意义的反犹书籍是亨利·福特写的《国际犹太人》。正是读了它，我才成为一名反犹分子。这本书……对我和我的朋友都影响深远，因为我们把亨利·福特看作成功者的代表，

亨利·福特的反犹著作《国际犹太人》德文版书影，这是一部反犹文章集，后来的纳粹领导人几乎都读过。

也是社会进步思想的代表。那时的德国穷困潦倒，年轻人都向往美国……在我们看来，亨利·福特就是美国的象征……如果他说犹太人有罪，那我们自然相信他。[120]

希特勒在慕尼黑的办公室里挂了一张福特的画像，并在1923年向《芝加哥论坛报》一位记者透露："我想派些精干分子到芝加哥或者美国其他城市协助选举。我们很看好海因里希·福特[①]（Heinrich Ford），他有资格成为日益壮大的美国法西斯政党的领袖。"1931年，他告诉《底特律新闻报》（*Detroit News*）："亨利·福特总能给我灵感。"[121]

---

① 指亨利·福特，海因里希是亨利的德语形式。

德国还从美国20世纪二三十年代种族优生、"种族卫生"的罪恶运动中寻找灵感，这些运动盛行一时，但都以失败告终。加利福尼亚州首先推行强制绝育，在6万例强制绝育手术中占了三分之一，其他州也不遑多让。[122]洛克菲勒和卡内基还资助了相关研究，为这些行动裹上了体面的外衣。这些研究受到了德国人的关注。在《我的奋斗》一书中，希特勒赞扬了美国在优生研究领域的领导地位。他后来告诉他的纳粹同伙："我怀着极大的兴趣研究了美国几个州的法律，这些法律禁止那些后代很可能对种族没有贡献，甚至会拖累国家的人生育后代。"[123]

弗吉尼亚州就是这些州之一。弗吉尼亚州决定对一位"弱智的"年轻女性实施绝育手术，这促成了最高法院在1927年对著名的"巴克诉贝尔案"（Buck v. Bell）做出判决。①86岁的奥利弗·温德尔·霍姆斯（Oliver Wendell Holmes）是当时最高法院的大法官，也是一名南北战争时期的老兵。撰写主要意见书时，他声称，巴克为生育自由做出的牺牲，正如士兵为战争献身一样："我们不止一次地看到，公众福利的推行可能需要牺牲某些优秀公民的生命。如果不能让那些已经给国家造成麻烦的人来做这些较小的牺牲，那才奇怪呢！……这么做完全是为了防止我们国家出现更多弱智者。"

---

① 20世纪初的美国，社会犯罪率居高不下。人们认为，智力低下的人更容易犯罪。著名心理学家兼优生学主义者亨利·戈达德（Henry Goddard）提出，只要不让智力低下者繁殖后代，就可以解决犯罪率高企的问题。于是，各地的低能者收容所开始秘密对收容的女性进行强制绝育手术，但这一举措在当时的许多州是违法的。1927年，弗吉尼亚州立收容所的负责人阿尔伯特·普里狄（Albert Priddy）为了证明他向州议会递交的优生绝育法案并不违宪，决定冒险先做一例对低能者的绝育手术。被做手术的就是17岁的少女卡丽·巴克（Carrie Buck），此时她父亲已过世，母亲有智力缺陷，自己则因被强奸而怀孕生子。她被送进收容所，是因为强奸她的人为了逃脱制裁，以"智力可能存在问题"为由将她送进收容所。普里狄为巴克做了智商测试，认定她的智力只有9岁。她的母亲也接受了测试，被认定智力仅有12岁。而卡丽被迫生下的孩子不满周岁，还无法参加智力测试，仅凭社工个人印象，就被怀疑智力低下。随后，在一场几乎由优生学主义者组成的听证会后，普里狄被批准对巴克实施绝育手术。美国最高法院最终判决弗吉尼亚州政府的强制绝育措施并不违宪。"巴克诉贝尔案"导致美国境内有超过6万人因"智力低下"被施以强制绝育手术。

霍姆斯总结道，"社会应该尽早阻止那些明显不适合繁衍后代的人生育，而不是等着处决他们那些一定会犯罪的后代，或者让他们因为低能而饿死，这样对整个世界来说更好……三代都是弱智就已经够人们受的了。"[124]尽管弗吉尼亚州的强制绝育数量仅次于加州，但有些人认为力度还不够。1934年，约瑟夫·德贾尼特（Joseph DeJarnette）博士在推动州立法机构扩大绝育法的实施范围时抱怨道："在这个我们先玩的游戏里，德国人远远领先于我们了！"[125]

在1939—1940年，尽管大多数在纳粹德国做生意的美国公司纷纷撤掉了他们在德国子公司的美国高管，但子公司的控制权仍掌握在德国商人手里，这些德国商人依然将公司作为美国公司的子公司来经营。而那一时期子公司所创造的利润，都堆积在冻结的银行账户里。

这些跟纳粹商人联系密切的美国资本家中，最著名的应是普雷斯科特·布什（Prescott Bush），他是乔治·赫伯特·沃克·布什[①]（George Herbert Walker Bush）的父亲，小布什总统的爷爷。多年来，研究者一直试图搞清楚普雷斯科特·布什与富有的德国工业家弗里茨·蒂森（Fritz Thyssen）的关系。弗里茨·蒂森曾在其出版于1941年的回忆录《我替希特勒买单》（*I Paid Hitler*）中披露，他大力资助过希特勒。但蒂森最终因反对纳粹的独裁统治而被捕入狱。

尽管蒂森身陷囹圄，他在海外的巨额资产还是被保护起来了，其中大部分存储于布朗兄弟哈里曼投资公司控股的联合银行中，而账户就是联合银行的资深合伙人普雷斯科特·布什管理的。1942年，美国政府根据《对敌贸易法》（Enemy Act）查封了联合银行，因为该银行与位于荷兰鹿特丹的蒂森控股银行有关联。政府还查封了另外4家与蒂森有关的公司，分别是荷美贸易公司、无缝钢设备公司、

---

① 下文简称老布什，以跟他儿子小布什，即乔治·沃克·布什（George Walker Bush）区分开来。

西里西亚—美国公司和汉堡—美洲行李包裹航运股份有限公司。蒂森在这些公司的账户也都是由普雷斯科特·布什来管理的。[126]

战争结束后，大多数与纳粹有关的资金都被解禁了。联合银行的资产还给了普雷斯科特·布什；迪霍玛格被冻结的利润还给了 IBM 公司；福特汽车和通用汽车重新控制了它们的德国子公司，甚至还因欧洲工厂被盟军炸毁而收到赔款，仅通用汽车一家收到的赔款就高达 3300 万美元。[127]

与纳粹有染的商人并非少数。直到日军偷袭珍珠港，仍然有许多美国企业与纳粹德国做生意。福特汽车在 2001 年一项针对德国子公司的调查中指出，在二战初期，250 家美国企业拥有价值超过 4.5 亿美元的德国资产，其中的 58.5% 由排名前十的公司持有。其中有些名字家喻户晓，如标准石油、伍尔沃思公司、美国国际电话电报公司、胜家公司、国际收割机公司、伊士曼柯达公司、吉列公司、可口可乐公司、卡夫食品公司、西屋电气公司以及联合果品公司。其中，福特汽车排名 16，投资额只占美国总投资额的 1.9%。标准石油和通用汽车则位列榜首，其投资额占比分别为 14% 和 12%。[128]

这其中的许多公司，都由法律巨头苏利文·克伦威尔（Sullivan & Cromwell）律师事务所代理。事务所老板是日后当上国务卿的约翰·福斯特·杜勒斯，合伙人之一是约翰的弟弟艾伦·杜勒斯（Allen Dulles），日后成为中央情报局（Central Intelligence Agency，下简称"中情局"）局长。公司客户包括国际清算银行，该银行 1930 年成立于瑞士，是一家专门负责清算美德两国间战争赔款的银行。

德国宣战后，国际清算银行依然为其提供金融服务。在纳粹占领欧洲期间，其掠夺的黄金最终都存进了这家银行，纳粹还能通过该银行转移并接收那些因为《对敌贸易法》而被冻结的资金。有几位纳粹分子和他们的支持者都高度参与其中，包括亚尔马·沙赫特（Hjalmar Schacht）和沃尔瑟·芬克（Walther Funk）。这两人都在后来的纽伦堡审判中被推上被告席，但沙赫特最终被判无罪。国际清算银行的总裁托马斯·麦基特里克（Tomas McKittrick）也是一名律师，他对外宣称"保持中立"，却在暗中大力资助纳粹。国际清算银行如此劣迹斑斑，以至于美国财政部长亨利·摩根索（Henry Morgenthau）指责国际清算银行的14名董事中有12名都是"纳粹或受纳粹控制的傀儡"。[129]

大通银行、摩根银行、联合银行和国际清算银行都设法掩盖自己与纳粹的合作。大通银行继续与维希法国合作，后者是纳粹德国的附庸国和中介机构。战时，维希法国在该银行的存款翻了一番。1998年，大屠杀的幸存者起诉了大通银行，称其在二战期间冻结了他们的账户，且一直未归还。

孤立倾向助长法西斯气焰

当美国资本家从海外投资中攫取大把利益，并极力讨好德国政府时，[130]杰拉德·奈和他精明能干的调查团队揭露了有关军火制造商和银行大亨私下密谋的肮脏真相，曝光了隐藏在美国大兵们高歌着奔赴战场背后的丑陋事实。但事后看来，听证会还带来另外两个影响，都不免令人遗憾。第一，他们倾向于过分简化战争的起因。第二，他们恰恰在最坏的时刻加强了美国的孤立主义倾向——如果当时美国没有坚决奉行孤立政策，它完全有可能阻止战争爆发。听证会合法化了一种普遍的看法，即美国应该从纠缠不清的同盟关系中抽身，避免卷入国际事务。这也许是美国历史上唯一一次，强大的反战情绪弄错了打击目标，反而放过了人类的真正敌人——法西斯及其同盟。科德尔·赫尔后来写道，委员会举行的听证会产生了"灾难性影响"，那时，"本应放开双手，在天平上用影响力为正义加码"，但却催化了"孤立主义情绪，令政府束手束脚"。[131] 1935

年 1 月，《基督教世纪》（*Christian Century*）杂志评论道："当欧洲再次爆发战争，如果还有人认为美国应该参战，那么 99% 的美国人都会认为他是一个白痴。"[132]

欧洲的形势很快就会促使某些人开始反思。先是希特勒违反了《凡尔赛条约》中关于军事限制的条款，接着是 1935 年 10 月墨索里尼侵入埃塞俄比亚。那时美国刚通过一项中立法案，规定禁止向交战国及其公民出售武器。美国国内也因立场不同分成了泾渭分明的两派——意大利裔美国人普遍支持墨索里尼，而非裔美国人则支持埃塞俄比亚，美国政府选择中立。国际社会也没有太多的谴责声音。国联倒是谴责了意大利的侵略行为，并提出实施石油禁运方案，阻止侵略进一步扩大。国联协调委员会（League's Coordination Committee）也询问非国联成员国，是否对意大利实施石油禁运。彼时，美国控制了全世界一半以上的石油供应。如果这个时候美国配合的话，是可以有效遏制法西斯侵略的。但罗斯福屈服于国内的孤立主义情绪，决定置身事外，仅仅宣布对石油及其他重要物资实行"道义禁运"。然而，事实证明，"道义禁运"完全不起作用，因为在接下来的几个月里，美国售卖给意大利的物资增长了将近两倍。[133]国联屈从于英国和法国的绥靖政策，也担心惹恼意大利，只通过了力度有限的制裁措施。

墨索里尼的计谋得逞了。希特勒和日本都认为，英、法、美三国对战争没有兴趣，它们宁愿龟缩默认，也不会站出来反对法西斯。1936 年 1 月，日本宣布退出伦敦海军会议（London Naval Conference），开始了其野心勃勃的军国主义扩张历程。1936 年 3 月，德国军队攻占莱茵兰地区。这既是希特勒的一注豪赌，也是虚张声势，结果居然成功了。他后来承认，如果德国当时遭到抵抗，他将被迫选择撤退。他说，"进入莱茵兰后的 48 个小时，是我一生中最煎熬的时刻。如果法军也开到莱茵兰，我们就不得不夹着尾巴逃跑，因为我们手头的军事资源太少，根本不足以进行一般的抵抗"。[134]

国际社会对西班牙内战的软弱反应更让人沮丧。1936年7月，战争爆发，弗朗西斯科·佛朗哥（Francisco Franco）的军队企图推翻西班牙的民选政府①，建立法西斯政权。这个共和国因为采取进步政策和实行严格商业监管而得罪了不少美国官员和大资本家，有些人便借机报复，声称共和国深受共产主义影响，并且担心民选政府取得胜利后会让共产党上台执政。美国的天主教徒和教会高官也被共和国强烈的反教权主义激怒，纷纷要求支持佛朗哥。希特勒和墨索里尼同样支持佛朗哥，他们还提供了大量援助，包括飞机、飞行员和数千名士兵。德国把这场战争当作武器和战术的试验场，这些东西后来被用于进攻波兰和其他欧洲国家。斯大林为民选政府支援飞机和坦克，但数量上远不如希特勒和墨索里尼。罗斯福没有采取任何举动援助西班牙，英国、法国也是。美国效仿英法两国，禁止向交战双方运送武器，这让本就处于劣势的西班牙政府军雪上加霜。而福特汽车、通用汽车、费尔斯通橡胶制品公司和其他一些美国企业则为法西斯提供卡车、轮胎和机床。德士古石油公司的总裁是亲法西斯的陆军上校托基尔德·里伯（Torkild Rieber），他答应以赊账的方式为佛朗哥提供其所需的石油。罗斯福对此勃然大怒，威胁要对西班牙实施石油禁运，并对德士古公司进行罚款。但里伯并未被吓倒，而是继续给希特勒供应石油，并且还因此被《生活》(Life)杂志捧为偶像。[135]

进步的美国人自发团结起来支持西班牙共和国。令一些人意外的是，坚定的反战主义者杰拉德·奈一反常态，居然号召参议院为西班牙共和国军队提供其急需的武器。大约3000名勇敢的美国志愿兵赶赴西班牙，准备与法西斯战斗。他们先抵达了法国，然后悄

---

① 即西班牙第二共和国。

悄穿越比利牛斯山脉进入西班牙。其中最富传奇色彩的要数共产党人支持的亚伯拉罕·林肯旅（Abraham Lincoln Brigade），到战争结束时，这支450人的部队有120人牺牲，175人负伤。而杰出的黑人运动员、知识分子、演员和歌手保罗·罗伯逊（Paul Robeson）也来到西班牙为政府军加油助威。

西班牙内战持续了三年。1939年春，西班牙政府军战败，共和国陷落，和共和国一起被埋葬的不仅有超过10万名共和国士兵和5000名国际志愿军，还有许多人类的希望和梦想。直到1938年，罗斯福才意识到他的政策是多么愚蠢，并试图为共和国提供秘密援助，但不过杯水车薪，且为时已晚。他对内阁成员说，过去的政策是"一个严重的错误"，而他们将很快为此付出代价。[136]

传奇的亚伯拉罕·林肯旅老兵举行第一次聚会的场景。

在世界的东方，尽管许多旁观者震惊于1937年日本对中国的侵略行径，但诸大国并没有出手阻止。自1937年7月卢沟桥事变开始，战火迅速烧遍中国大地。随着蒋介石军队的溃逃，日本对中国的民众犯下了诸多残忍的暴行，包括疯狂的强奸、劫掠和杀戮，其中上海和南京受害尤甚。

法西斯和军国主义步步得逞，另一场世界大战已迫在眉睫。然而，或许是出于对法西斯的同情，或许是出于对苏联共产主义的嫉恨，又或许是害怕再次坠入世界大战的痛苦深渊，西方的民主国家都选择了明哲保身，任由意大利、日本、德国法西斯四处肆虐，彻底打破全球力量平衡。

注释

1 David M. Kennedy, *Freedom from Fear: The American People in Depression and War, 1929–1945* (New York: Oxford University Press, 1999), 163–164.

2 "Looking to Mr. Roosevelt," *New York Times*, March 4, 1933.

3 Arthur M. Schlesinger, Jr., *The Coming of the New Deal, 1933–1935* (New York: Houghton Mifflin Harcourt, 2003), 13.

4 "Text of New President's Address at Inauguration," *Los Angeles Times*, March 5, 1955.

5 "The Michigan 'Bank Holiday,'" *New York Times*, February 16, 1933; "More States Move to Protect Banks," *New York Times*, March 1, 1933; "Banks Protected in 5 More States," *New York Times*, March 2, 1933.

6 Anne O'Hare McCormick, "Main Street Reappraises Wall Street," *New York Times*, February 28, 1932.

7   "Mitchell Called in Senate Inquiry," *New York Times*, February 2, 1933.

8   Liaquat Ahamed, *Lords of Finance: The Bankers Who Broke the World* (New York: Penguin, 2009), 441; Jonathan Alter, *The Defining Moment: FDR's Hundred Days and the Triumph of Hope* (New York: Simon & Schuster, 2007), 150.

9   Barton J. Bernstein, "The New Deal: The Conservative Achievements of Liberal Reform," in *Towards a New Past: Dissenting Essays in American History*, ed. Barton J. Bernstein (New York: Pantheon, 1968), 268.

10 Francis Perkins, *The Roosevelt I Knew* (New York: Harper Colophon, 1946), 328.

11 Stephen K Shaw, William D. Pederson, and Frank J. Williams, ed. *Franklin D. Roosevelt and the Transformation of the Supreme Court*, vol. 3 (Armonk, NY: M. E. Sharpe, 2004), 83.

12 Robert S. McElvaine, *The Great Depression: America, 1929–1941* (New York: Times Books, 1983), 158; Gary Orren, "The Struggle for Control of the Republican Party," *New York Times*, August 17, 1976.

13 "The Nation: I've Had a Bum Rap," *Time*, May 17, 1976, 19.

14 "National Affairs: Not Since the Armistice," *Time*, September 25, 1933, 12.

15 Hugh S. Johnson, *Blue Eagle, from Egg to Earth* (New York: Doubleday, Doran, 1935), 405; Perkins, 206; McElvaine, 161.

16 Arthur G. Dorland, "Current Events: The Break Down of the London Economic Conference," *Quarterly Review of Commerce*, Autumn 1933, 36–37.

17 Michael Augspurger, "Henry Luce, Fortune, and the Attraction of Italian Fascism," *American Studies* 41 (Spring 2000), 115.

18 "Cites Harm to U.S. in 'Patriot Racket,'" *Baltimore Sun*, March 9, 1931.

19 Philip Jenkins, *Hoods and Shirts: The Extreme Right in Pennsylvania, 1925–1950* (Chapel Hill: University of North Carolina Press, 1997), 91.

20 Ibid., 118; "Ballot on Gold 283–5," *New York Times*, May 30, 1933.

21 Peter H. Amann, "A 'Dog in the Nighttime' Problem: American Fascism in the 1930s," *The History Teacher* 19 (August 1986), 572; Alan Brinkley, *Voices of Protest: Huey Long, Father Coughlin, and the Great Depression* (New York: Vintage Books, 1983), 266–277.

22 Michael Kazin, *The Populist Persuasion* (Ithaca, NY: Cornell University Press, 1998), 130.

23 Alan J. Lichtman, *White Protestant Nation: The Rise of the American Conservative Movement* (New York: Atlantic Monthly Press, 2008), 76; Leo P. Ribuffo, *The Old Christian Right* (Philadelphia: Temple University Press, 1983), 25–79, 80–127.

24 Lichtman, *White Protestant Nation*, 76; Jenkins, *Hoods and Shirts*, 101–104; Ribuffo, *The Old Christian Right*, 184–185.

25 Amann, "A 'Dog in the Nighttime' Problem," 566.

26 Kennedy, *Freedom from Fear*, 154; Raymond Moley, *After Seven Years* (New York: Harper & Brothers, 1939), 369–370.

27 "Defends Current Policy," *New York Times*, November 10, 1933; Franklyn Waltman, Jr., "Morgan Call on President Is Surprise," *Washington Post*, November 17, 1933; "More Loans Urged by Irénée DuPont," *New York Times*, December 31, 1933.

28 "Moley Says Banks Back Gold Policy," *New York Times*, December 4, 1933.

29 "Smith Hurls Broadside Against Gold Program," *Los Angeles Times*, November 25, 1933.

30 Howard Wood, "Fears for Nation's Future Lead Bankers to Speak Out," *Chicago Tribune*, September 29, 1934.

31 "Business Body Demands U.S. Return to Gold," *Washington Post*, November 4, 1933.

32 "Time to Stop Crying Wolf," *New York Times*, May 4, 1934.

33 "Business: Reassurance," *Time*, October 8, 1934, 56.

34 Kennedy, *Freedom from Fear*, 388–389; Douglas MacArthur, *Reminiscences* (New York: McGraw-Hill, 1964), 101.

35 Arthur Krock, "Tide Sweeps Nation," *New York Times*, November 7, 1934.

36 "Borah Demands a Rebuilt Party," *New York Times*, November 9, 1934.

37 Oswald Garrison Villard, "Russia from a Car Window," *Nation*, November 6, 1929, 517.

38 Louis Fischer, "Russia and the World Crisis," *Nation*, November 25, 1931.

39 "6,000 Artisans Going to Russia, Glad to Take Wages in Roubles," *Business Week*, September 2, 1931; "Amtorg Gets 100,000 Bids for Russia's 6,000 Skilled Jobs," *Business Week*, October 7, 1931.

40 Stuart Chase, "The Engineer as Poet," *New Republic*, May 20, 1931; Stuart Chase, *A New Deal* (New York: Macmillan, 1932), 252.

41 Edmund Wilson, *Travels in Two Democracies* (New York: Harcourt, Brace, 1936), 321.

42 Edmund Wilson, "The Literary Consequences of the Crash," *The Shores of Light: A Literary Chronicle of the Twenties and Thirties* (New York: Farrar, Straus & Young, 1952), 408; Peter J. Kuznick, *Beyond the Laboratory: Scientists as Political Activists in 1930s America* (Chicago: University of Chicago Press, 1987), 106–143.

43 "The Beleaguered City," *Los Angeles Times*, July 17, 1934.

44 "Strike Condemned by Coast Papers," *New York Times*, July 17, 1934.

45 Read Bain, "Scientist as Citizen," *Social Forces* 11 (March 1933), 413–414.

46 Kuznick, *Beyond the Laboratory*, 101–102.

47 Bernstein, "The New Deal," 271.

48 Frank A. Warren, *Liberals and Communism: The Red Decade Revisited* (Bloomington: Indiana University Press, 1966), 6.

49 John Dos Passos, "Whither the American Writer," *Modern Quarterly* 6 (Summer 1932), 11–12.

50 Kennedy, *Freedom from Fear*, 278–279.

51 "Text of Roosevelt's Closing Campaign Speech at Madison Square Garden," *Baltimore Sun*, November 1, 1936.

52 Kennedy, *Freedom from Fear*, 286.

53 "President Sets a Record with Electoral Vote," *Chicago Tribune*, November 4, 1936.

54 "Politics and Health," *Nation,* July 30, 1938, 101.

55 "National Health Program Offered by Wagner in Social Security Bill," *New York Times*, March 1, 1939.

56 Peter Kuznick, "Healing the Well-Heeled: The Committee of Physicians and the Defeat of the National Health Program in 1930's America" (1989), 未发表文件；另见 *Beyond the Laboratory*, 86–87。

57 Lichtman, *White Protestant Nation*, 68.

58 Ibid., 60–62.

59 Ibid., 69–70.

60 Arthur M. Schlesinger, Jr., *The Politics of Upheaval* (New York: Houghton Mifflin, 1960), 83. "Gen. Butler Bares Fascist Plot to Seize Government by Force," *New York Times*, November 21, 1934.

61 Lichtman, *White Protestant Nation*, 70.

62 Kathryn S. Olmsted, *Real Enemies: Conspiracy Theories and American Democracy, World War I to 9/11* (New York: Oxford University Press, 2009), 30.

63 "Probing War's Causes," *Washington Post*, April 14, 1934.

64 Wayne Cole, *Senator Gerald P. Nye and American Foreign Policy* (Minneapolis: Universityof Minnesota Press, 1962), 71–73.

65 John E. Wilz, *In Search of Peace: The Senate Munitions Inquiry, 1934–1936* (Baton Rouge: Louisiana State University Press, 1963), 37.

66 "Arms and the Men," *Fortune*, March 1934, 53.

67   "Congress Gets Message," *New York Times*, May 19, 1934.

68   "Greed, Intrigue Laid to War Materials Ring," *Washington Post*, June 23, 1934.

69   "Munitions Control by the Government Favored by Senatorial Inquiry Group," *New York Times*, August 30, 1934.

70   "$1,245,000,000 Work to Du Ponts in War," *New York Times*, September 13, 1934.

71   Robert C. Albright, "Du Ponts Paid 458 Per Cent on War Profits," *Washington Post*, September 13, 1934.

72   Robert Albright, "Reich Builds Big Air Force with U.S. Aid, Inquiry Hears," *Washington Post*, September 18, 1934.

73   "Plan of Legion to Curb Profits of War Hailed," *Washington Post*, September 25, 1934.

74   "Nye Plans to Abolish War Profit," *Los Angeles Times*, September 27, 1934.

75   "Arms Inquiry Just Starting, Nye Declares," *Washington Post*, September 29, 1934.

76   "Look Before Leaping," *Washington Post*, October 1, 1934.

77   "Nye Asks 98% Tax for War Incomes," *New York Times*, October 4, 1934.

78   Constance Drexel, "State Ownership Not Arms Problem Remedy," *Washington Post*, December 4, 1934.

79   "The Problem of Munitions," *Chicago Tribune*, December 18, 1934; Walter Lippmann, "Today and Tomorrow," *Los Angeles Times*, December 16, 1934.

80   "Roosevelt Asks Laws to Remove Profit from War," *Los Angeles Times*, December 13, 1934.

81   Raymond Clapper, "Between You and Me," *Washington Post*, December 14, 1934.

82   Cole, *Senator Gerald P. Nye and American Foreign Policy*, 80, 82.

83   "800% War Profit Told at Inquiry; Du Pont Deal Up," *Washington Post*, December 14, 1934.

84   "Senator Nye's Third Degree," *Chicago Tribune*, December 24, 1934.

85   "Roosevelt Backs Munitions Inquiry," *New York Times*, December 27, 1934.

86   "Urge Continuing Munitions Inquiry," *New York Times*, January 11, 1935.

87   "Grace Challenges 100% War Tax Plan," *New York Times*, February 26, 1935; "Huge War Profits Laid to Bethlehem," *New York Times*, February 27, 1935.

88   Eunice Barnard, "Educators Assail Hearst'Influence,'" *New York Times*, February 25, 1935; Eunice Barnard, "Nye Asks for Data for Press Inquiry," *New York Times*, February 28, 1935.

89   L. C. Speers, "Issue of War Profits Is Now Taking Form," *New York Times*, March 24, 1935; Robert C. Albright, "President Hears Drastic Plan to Take Profit Out of

War," *Washington Post*, March 24, 1935; Cole, *Senator Gerald P. Nye and American Foreign Policy*, 85.

90 "House and Senate Clash on Drastic Bills to End All Profiteering in War," *New York Times*, April 3, 1935.

91 "Hostility to War Rules House Votes as Army Parades," *New York Times*, April 7, 1935.

92 Arthur Krock, "In the Nation," *New York Times*, April 11, 1935.

93 "Hedging on Aims Denied by Baruch," *New York Times*, April 17, 1935.

94 "Nye Submits Bill for Big War Taxes," *New York Times*, May 4, 1935.

95 "The Communistic War Bill," *Chicago Tribune*, September 18, 1935.

96 Newton D. Baker, "Our Entry into the War," *New York Times*, November 13, 1935.

97 Thomas W. Lamont, "Mr. Lamont Excepts," *New York Times*, October 25, 1935.

98 "2 Morgan Aides Deny Blocking Arms Inquiry," *Washington Post*, January 7, 1936.

99 Ibid; "Morgan Testifies as Nye Bares Data on War Loans Curbs," *New York Times*, January 8, 1936.

100 Felix Bruner, "Nye Assailed as Senators Leave Arms Investigation," *Washington Post*, January 17, 1936.

101 "Southerner Shakes with Rage as He Defends Chief in Senate," *Washington Post*, January 18, 1936.

102 "Funds Spent, Nye Declares Arms Inquiry Is Postponed," *Washington Post*, January 20, 1936.

103 "Senate Votes Funds for Nye Wind-up," *New York Times*, January 31, 1936.

104 Ray Tucker, "Hard Road to Peace Revealed by Inquiry," *New York Times*, February 9, 1936.

105 "An Inquiry Ends Well," *New York Times*, February 9, 1936.

106 "Nye Denies Inquiry 'Cleared' Morgan," *New York Times*, February 10, 1936.

107 George Gallup, "82% Majority Votes to End Profit of War," *Washington Post*, March 8, 1936.

108 "Munitions Report May Challenge Arms Industry," *Atlanta Constitution*, March 8, 1936.

109 "On Nationalizing Munitions," *Washington Post*, March 9, 1936.

110 Cole, *Senator Gerald P. Nye and American Foreign Policy*, 91–92.

111 "Nye Group Urges U.S. Set Up Its Own Gun Plants," *Chicago Tribune*, April 21, 1936.

112 Max Wallace, *The American Axis: Henry Ford, Charles Lindbergh, and the Rise of*

the Third Reich (New York: St. Martin's Press, 2003), 226.

113 Richard S. Tedlow, *The Watson Dynasty: The Fiery Reign and Troubled Legacy of IBM's Founding Father and Son* (New York: Harper Collins, 2003), 129.

114 "British, Nazi Trade Groups Reach Accord," *Chicago Tribune*, March 17, 1939.

115 Theodore J. Kreps, "Cartels, a Phase of Business Haute Politique," *American Economic Review* 35 (May 1945), 297.

116 Kevin Maney, *The Maverick and His Machine: Thomas Watson Sr. and the Making of IBM* (New York: John Wiley & Sons, 2003), 206.

117 "Ford Says It's All a Bluff," *New York Times*, August 29, 1939; Wallace, *The American Axis,* 219.

118 通用汽车公司发言人约翰·米勒（John Mueller）表示，公司在 1939 年 9 月已经失去了对其德国公司的日常控制。参见 Michael Dobbs, "Ford and GM Scrutinized for Alleged Nazi Collaboration," *Washington Post*, November 30, 1998; Wallace, *The American Axis*, 332; Bradford Snell, "American Ground Transport," U.S. Senate, Committee on the Judiciary, February 26, 1974, 17–18。

119 Snell, "American Ground Transport," 16.

120 Edwin Black, *Nazi Nexus: America's Corporate Connections to Hitler's Holocaust* (Washington, DC: Dialog Press, 2009), 9.

121 Ibid., 10; Dobbs, "Ford and GM Scrutinized."

122 Paul A. Lombardo, *A Century of Eugenics in America* (Bloomington: Indiana University Press, 2011), 100; Robert N. Proctor, *Racial Hygiene: Medicine Under the Nazis* (Cambridge, MA: Harvard University Press, 1988).

123 Black, *Nazi Nexus,* 34–35.

124 Daniel J. Kevles, *In the Name of Eugenics: Genetics and the Uses of Human Heredity* (New York: Alfred A. Knopf, 1985), 111; Black, *Nazi Nexus*, 25.

125 Kevles, *In the Name of Eugenics*, 116.

126 Ben Aris and Duncan Campbell, "How Bush's Grandfather Helped Hitler's Rise to Power," *Guardian,* Sep. 25, 2004; Wallace, *The American Axis*, 349.

127 Black, *Nazi Nexus,* 119; Snell, "American Ground Transport," 22.

128 *Research Findings About Ford-Werke Under the Nazi Regime* (Dearborn, MI: Ford Motor Company, 2001), i, 121–122, http://media.ford.com/events/pdf/0_Research_ Finding_Complete.pdf.

129 Jason Weixelbaum, "The Contradiction of Neutrality and International Finance: The Presidency of Thomas H. McKittrick at the Bank for International Settlements in Basle, Switzerland 1940–1946," http://jasonweixelbaum.wordpress.com/#_ftn85.

130 Dobbs, "Ford and GM Scrutinized."

131 Johnson, *The Peace Progressives,* 292.

132 George C. Herring, *From Colony to Superpower: U.S. Foreign Relations Since 1776* (New York: Oxford University Press, 2008), 503–504.

133 Kennedy, *Freedom from Fear*, 395–396.

134 William L. Shirer, *The Rise and Fall of the Third Reich: A History of Nazi Germany* (New York: Simon & Schuster, 1960), 293.

135 Dominic Tierney, *FDR and the Spanish Civil War: Neutrality and Commitment in the Struggle that Divided America* (Durham, NC: Duke University Press, 2007), 68–69.

136 Kennedy, *Freedom from Fear*, 398–400.

第3章

二战：谁真正击败了纳粹德国？

　　大多数经历过二战的美国人都认为二战是一场"正义的战争"，美国及其盟友击败了德国的纳粹主义、意大利的法西斯主义和日本的军国主义。但世界其他国家的人们则认为，二战是人类有史以来最血腥的一场战争。战争结束之时，全世界超过6000万人死亡，其中包括2700万苏联人，1000万—2000万中国人，①600万犹太人，550万德国人，300万非犹太波兰人，250万日本人和150万南斯拉夫人。奥地利、英国、法国、意大利、匈牙利、罗马尼亚和美国也分别有25万—33.3万不等的人在战争中死亡。

　　与一战不同的是，二战是逐步蔓延开来的。这场战争的第一枪由日本打响——1931年日本关东军在中国东北击溃中国军队，侵占中国东三省。

---

① 关于抗日战争时期中国的人员损失情况，据军事科学院军事历史研究部著《中国抗日战争史（修订版）》下卷（解放军出版社，2015年，第625页），"中国军队伤亡380余万人，中国人民牺牲2000余万人，中国军民伤亡总数达3500万人以上"。

19世纪末，西方列强扩张其殖民统治范围，日本也通过明治维新开启高速的现代化、工业化进程，试图跻身世界强国之列。1894—1895年，日本在中日甲午战争中击败了中国的北洋水师；在10年后的日俄战争中，日本又打败了俄国。这是自成吉思汗时代以来近700年里，东方国家第一次战胜西方强国。这两次战争充分展示了日本的军事实力。俄国的战败大大削弱了沙皇的独裁统治，最终导致1905年俄国革命的爆发。沙皇的黑暗统治，加上一战中与德国的恶战带来的沉重负担，让俄国国内的激进运动进一步发酵，最终导致了1917年的十月革命。日俄战争也造成俄国和日本之间不睦长达数十年。

与此同时，德国磨刀霍霍，窥伺西方，准备为一战的惨败报仇。1936年，希特勒和墨索里尼结成轴心国联盟，并开始协助弗朗西斯科·佛朗哥颠覆西班牙共和国。西方民主国家对在埃塞俄比亚和西班牙发生的法西斯侵略的懦弱反应，更助长了希特勒征服欧洲其余地区的野心。这也令斯大林认为，英国、法国、美国都不打算采取集体行动来阻止纳粹扩张。

1937年，日本侵华战争全面爆发，火力强大的日军攻占了一座又一座城市。当年12月，日本在南京犯下惨绝人寰的战争暴行，30余万中国平民被杀，大约8万妇女遭到强奸。日军很快就控制了有2亿人口的中国东部沿海地区。

德国闪电连击，英法选择绥靖

1938年，德国吞并奥地利。慕尼黑会议上，英法向德国屈服，割让捷克斯洛伐克的苏台德地区给德国，国际局势进一步恶化。英国首相内维尔·张伯伦（Neville Chamberlain）恬不知耻地表示，《慕尼黑协定》（Munich Agreement）给"我们这个时代带来了和

平"。[1] 罗斯福则了解得更为透彻。他坚称，英法出卖了弱小无助
的捷克，并且"急于洗去他们手上因背叛而染上的鲜血"。[2] 但罗
斯福也清楚地知道，对于那些想反抗纳粹独裁者的人而言，美国并
未提供多少帮助。而对绝望的德国和奥地利犹太人群体，美国也帮
助甚少。1939 年，美国接纳了 2.73 万名来自德国和奥地利的难民，
这是美国能接纳的最高难民数量，也是接纳数量最多的一年。然
而，寻求庇护的犹太难民以数十万计，美国为他们提供的帮助仅是
杯水车薪。罗斯福也没有去修改美国在 1924 年制定的带有歧视性
的移民法规，以提高可接纳移民数量。[3]

　　1939 年 3 月，希特勒再次出兵，入侵了捷克斯洛伐克。斯大林
明白，德国的下一个目标就是苏联了。多年以来，苏联政府一直恳
求英法联合对抗希特勒和墨索里尼。为此，苏联甚至在 1934 年加入
了国联，但其请求一再遭到冷遇。德国袭击捷克斯洛伐克后，斯大

1936 年，组成轴心国联盟的墨索里尼和希特勒。

林再次敦促英国和法国加入保卫东欧的行列，但英法仍充耳不闻。

由于担心德国和波兰联军攻击苏联，斯大林决定以暂时妥协来争取时间。1939年8月，他与死敌达成了一份不甚道德的协议。希特勒和斯大林签署互不侵犯条约，并秘密瓜分东欧，此举震惊世界。事实上，斯大林也曾提议和英法结成类似的联盟，但这两个国家都不接受苏联的要求，即苏军开进波兰，最大限度地发挥威慑作用。9月1日，德国闪电入侵波兰。英法随即对德宣战。9月17日，苏联进入波兰，此后很快控制了波罗的海的爱沙尼亚、拉脱维亚、立陶宛，并入侵芬兰。

在短暂的休整后，希特勒在1940年4月再次发动横扫千军的闪电战。丹麦、挪威、荷兰和比利时相继陷落。6月22日，法国仅仅抵抗6周就投降了，因为它的有生力量早在一战中就已折损大半，而且当权的保守派政府极其反犹。至此，西方只剩下英国在孤零零地抵抗。1940年夏天，不列颠之战让英国损失惨重，大战前景堪忧。但德国未能彻底摧毁英国皇家空军，这使得德国在9月强渡英吉利海峡入侵英国的计划成为泡影。不过，德国空军对英国大城市的轰炸依然在继续。

罗斯福想伸出援手，但中立法案明文限制，军事准备十分不足，国内孤立主义情绪依然浓重，他只能望洋兴叹。他还受到了内阁成员和军界的阻挠，这些人都认为英国大势已去，美国应该集中力量保卫本土。不过罗斯福还是想方设法为英国争取更多的军事援助。他绕开参议院，单方面决定为英国提供50艘超龄的驱逐舰，条件是英国同意将它在西半球的8个殖民地租借给美国建立空军和海军基地，租期为99年。他因自己的这一非法行为受到抨击。随着不列颠之战愈演愈烈，罗斯福愿意接受抨击，以鼓励英国战斗到底。[4]

日军对中国各大城市狂轰滥炸，尽管各国领导人谴责不断，但也没有提供什么实质性帮助。1939年7月，美国终止了与日本在 1911 年签订的贸易条约。这一举动扼住了日本经济的咽喉，切断了其工业生产所需的重要原材料来源，美国还停止向日本出口其所急需的军备物资。同时，在中国东北地区，苏联和日本因为边境争端打了起来，格奥尔吉·朱可夫（Georgi Zhukov）将军领导的苏军让不可一世的日军第一次吃了败仗。这一战也让东方的局势更加紧张。

1940 年 9 月，德国、意大利和日本正式签署三国同盟条约，成立了轴心国集团。匈牙利、罗马尼亚、斯洛伐克和保加利亚随后加入。

《租借法案》会断送美国和平？

眼看着战争的阴云即将升起，罗斯福决定打破惯例，竞逐第三届任期。共和党提名的总统候选人是来自印第安纳州的企业律师温德尔·威尔基（Wendell Willkie），他在政治上是温和派，对新政的大部分政策持支持态度，并宣称会为英国提供军事援助。事实上，威尔基是刚加入共和党不久的前民主党成员，他的提名受到了前议员詹姆斯·沃森（James Watson）等共和党顽固势力的阻挠。沃森表示："如果一个妓女后悔并且想要加入教会，我会接受并亲自引领她加入。但是，我永远都不会，让她刚加入就去领导唱诗班！"5

由于事关重大，罗斯福对竞选伙伴的人选考虑了很久。这个国家即将面临一场大战。经过反复权衡，他最终选择了农业部长亨利·华莱士。罗斯福知道，此举会遭到民主党内的激烈反对，因为华莱士曾是知名的爱荷华州共和党员。华莱士的祖父创办了《华莱士农民》（Wallaces' Farmer），这是一本致力于提倡农业科学的权威农业杂志。而华莱士的父亲则在哈定总统和柯立芝总统任内一直担任农业部长，直到 1924 年去世。至于华莱士本人，尽管他在

1928年大选中支持史密斯，1932年大选中又改投罗斯福，但直到1936年才正式从共和党转入民主党，导致一些民主党高层质疑他的忠诚，就像威尔基在共和党内遭到质疑一样。

罗斯福则没有这样的疑虑。他了解华莱士的一贯立场。作为农业部长，华莱士一直是新政的坚定执行者，成功将美国的农业从萧条带入繁荣。1933年，在华莱士接任农业部长时，美国的农民虽然占全国人口的四分之一，处境却十分凄惨。市场上农产品过剩，压低了价格。这种情况贯穿了整个1920年代，1929年经济大萧条后更是每况愈下。1932年，美国的农业总产值只有1929年的三分之一。到1933年，整个美国的农村地区一片绝望。罗斯福清楚，农业的复苏是整个新政的基石。华莱士提出的解决办法颇受争议。他建议，给农民发补贴，让他们减少生产，因为理论上，供给减少，需求会上涨，价格也就随之抬高。1933年，他被迫采取了更激进的做法——当时的棉花价格已经跌至每磅5美分，库存大量积压，海外市场萎缩，而另一场大丰收又指日可待。面对这种形势，华莱士决定付钱给农民，让他们销毁地里25%正在生长的棉花。多年以来，华莱士一直致力于改良杂交玉米，他认为只有充足的食品供应，才能有力地维护世界和平，所以销毁棉花的想法连他自己也不敢相信。"不得不毁掉那些马上要收割的庄稼，"他叹惜道，"这是对我们文明最大的反讽。"那年8月，超过1000万英亩棉花被犁倒。

但接下来的问题更棘手——华莱士还要处理大量生猪。按照养猪户的提议，他提出一个计划——宰杀600万头体重在100磅以下的小猪。而市面上出售的成猪，平均体重为200磅。批评者谴责华莱士是"猪崽杀手"和对"猪进行强制节育"。华莱士反驳道："毫无疑问，杀猪崽跟杀成猪一样不人道，但养这些猪崽不是为了当宠物的。"他相信这一计划会产生有利影响。他将一亿磅猪肉、猪油和肥皂分发给急需的美国民众。华莱士说："当时没有多少人意识到这个办法是多么激进。政府从那些产品剩余者手里把东西买来，再把它们分给那些买不起的穷人。"

华莱士这些富有争议的措施产生了预期效果。棉花的价格翻了一番，农业收入在一年内增长了30%。不过，华莱士还是对这些政策的负面影响表达了遗憾："1933年8月，把1000万英亩的棉花毁掉。9月，又宰掉了600万头小猪。这在任何正常社会都是无法想象的。但1920—1932年，世界陷入无序发展，这是不得已采取的应急方案。"[6]尽管华莱士多番解释，但饥贫时期恣意毁坏庄稼和屠宰牲畜，令民众继续忍饥受饿的行为，还是给新政蒙上了一层对民众疾苦麻木不仁、通过减少供给来刺激经济的污名。

总之，就像小阿瑟·施莱辛格（Arthur Schlesinger, Jr.）后来写道的那样："华莱士是一位卓越的农业部长……他及时地从农业商品化的窠臼中脱离出来，更多地去关注农产品的自给自足和农民的贫困现象。对于城市贫民，他提供免费的食物券和学校午餐。他科学地安排耕地的使用，采取措施保护土壤，防止水土流失。他还推动了对植物病虫害、动物防疫的常态化研究，培育种植抗旱作物和杂交作物以增加粮食产量。"[7]

在担任农业部长的8年里，华莱士对内凭借一系列农业政策，成就了他富有远见的新政操刀人的美名，对外更是一名坚定的反法西斯主义者。1939年，他为民主和学术自由委员会（Committee for Democracy and Intellectual Freedom）提供支持。委员会由美国著名的人类学家弗朗兹·博亚斯（Franz Boas）在1938年发起，主要由左翼科学家组成。1938年底，博亚斯发表了《科学自由宣言》（Manifesto on Freedom of Science）。这份宣言由1284名科学家签名，强烈谴责了纳粹种族主义及其对科学家、教师的迫害，并敦促美国积极捍卫国内的民主和学术自由。科学家们高度赞赏华莱士，公认他是罗斯福政府中最具科学素养的高官，是科学家最好的盟友。在1939年10月纽约世界博览会上，科学家们还邀请他参加民主和学术自由委员会关于"科学家如何帮助打击种族歧视"的专家讨论。华莱士将"种族主义"定义为"某些特定群体试图通过编造支持其主张的虚假种族理论来统治他人的行为"。他还利用自己在植物遗传学方面的背景，重点阐述"科学家可以利用自己的学识，来戳穿种族理论的虚假面具，并阻止法西斯利用这些理论来破坏人类自由"。他号召科学家站出来领导这场战斗：

> 我们要在法西斯的毒牙咬坏我们的自由民主之体前与之战斗。在这场战斗中，科学家既有特殊动机，也肩负特殊责任。说其动机特殊，是因为如果没有个人自由，就没有学术研究自由。说其责任特殊，是因为只有他们能为人民提供打倒种族主义谬论的事实真相。只有他们能澄清我们的学校教育和大众传媒中充斥的种种虚假信息。只有他们能向人们说明，只有某个种族、某个国家或某个阶级才拥有上帝赋予的统治权的言论是如何缺乏事实依据。8

现在，欧洲的民主岌岌可危，罗斯福需要一个捍卫自由和民主的斗士来担任竞选伙伴。党内高层和保守势力阻挠华莱士的原因，正是罗斯福选中他的原因。这些人认为华莱士过于激进，比起政党立场，他们更怀疑他对原则的忠诚。一切似乎都预示着华莱士的提名可能会落得一场空。罗斯福既愤怒又沮丧，他给与会代表写了一封信，直截了当地以拒绝接受总统提名相威胁，告诫各位代表要谨慎、理智行事。他说：

> 民主党（必须）拥护……进步和自由的政策和原则……如果我们党被金钱左右，抛弃了……对人类价值的美好追求，那么我们将输掉

这场大选。如果我们党……不能够从保守势力、反动势力和绥靖势力的桎梏中摆脱出来……我们将无法夺取最后的胜利……民主党……将无法同时应对这些势力。（因此我）无法承担起代表民主党竞选总统这一大任。[9]

埃莉诺·罗斯福挽救了这一局面。作为第一夫人，她在大会上做了发言。她告诉这些心怀不满的代表，"我们正面临前所未有的危难时局"，并提醒大家现在并非"寻常时期"。[10]在巨大的压力下，那些手握提名大权的政党高层和代表妥协了，同意华莱士成为副总统人选。但他们并未善罢甘休，日后将伺机报复。

1940 年 11 月，罗斯福和华莱士轻松击败共和党的温德尔·威尔基和查尔斯·麦克纳里（Charles McNary），赢得了 55% 的选票。在投票之前，罗斯福承诺他将全力避免美国参战。他对波士顿花园如潮的支持者说："我曾经讲过，现在再次重申，你们的儿子不会被派往任何一个国家参战。"[11]但是，美国确实愈来愈靠近战争边缘，它已为英国提供了大量的军事援助，包括大炮、坦克、重机枪、步枪以及数千架飞机。

1941 年 1 月初，罗斯福再度加码，向国会提交了向英国提供军事援助的《租借法案》(Lend-Lease Act)，代号为富有爱国色彩的 H.R.1776①。这项法案赋予他很大的裁量权，让他得以向绝望中的英国提供战争之外的援助，而不必担心"无聊、愚蠢的金钱符号"。[12]法案受到了质疑，罗斯福必须让国会相信，支持同盟国是维护美国利益的最佳选择。在第二天的新闻发布会上，埃莉诺·罗斯福说，她听到共和党人冷漠的回应后，感到"非常震惊和悲哀"。[13]

---

① 1776 年，北美洲 13 个英属殖民地在费城发表《独立宣言》，宣告从大不列颠王国独立，美国诞生。因而这个代号颇有寓意。

准备运往英国的美国造榴弹炮。

　　共和党人的批评比以往任何时候都猛烈。后来成为共和党总统候选人的托马斯·杜威（Thomas Dewey）发出警告，称这一法案"将终结美国的自由政府，并让国会成为摆设"。阿尔夫·兰登称该法案是"罗斯福先生走向独裁的第一步，他正一步步地把我们引向战争"。[14]杰拉德·奈也指责说，如果法案通过，"战争将无可避免"。[15]

　　批评者担心，给英国提供贷款和其他援助会像1917年那样，让美国卷入战争。国会对此展开了一番激烈辩论。来自蒙大拿州的民主党议员伯顿·惠勒（Burton Wheeler）并不认为希特勒想和美国开战，他指责《租借法案》是"新政中非常危险的外交政策，它将葬送许多美国男孩的性命"。[16]罗斯福予以反击，指责惠勒的批评是"他在公开场合所听到的这一代人里最虚伪……最卑鄙、最反动……最恶毒的评价"。[17]

　　罗斯福的支持者认为，援助英国正是避免让美国卷入战争的最好办法。来自俄克拉何马州的议员乔舒亚·李（Joshua Lee）为罗斯福辩护："希特勒是个战争狂人，手握人类迄今为止杀伤力最强的战争机器，满目疮痍、哀鸿遍野的欧洲大陆就是他毫不犹豫地开动机器的铁证……美国想要避免法西斯铁蹄肆虐，唯一的机会就是英国，英国是使美国免于战争浩劫的唯一屏障。"[18]

　　国会在 3 月初通过的《租借法案》中有一个附加条款，禁止美国海军为运送货物的船只提供保护。但国会批准了第一笔 70 亿美元的租借拨款，为运送物资提供资金，之后国会的拨款总额更是达到了 500 亿美元。议员阿瑟·范登伯格表达了愤懑之情："我们破坏了美国 150 年来的外交传统。我们已经将华盛顿的告别演讲抛诸脑后。我们直接把自己扔进了欧洲、亚洲和非洲的强权政治和强权战争的旋涡当中。我们已经跨出了第一步，以后将永远无法再回头。"[19]

　　英国首相丘吉尔由衷地感激美国的出手相助。他给罗斯福发来电报说："我谨代表大英帝国全体国民向你致敬。"但英国很快意识到，罗斯福的慷慨和支持并非毫无代价。罗斯福在《租借法案》中加入了一些条款，美国因此可以进入大英帝国原本不对外开放的贸易领域，并阻止其在战后重建。面临将英国的海外资产作为交易的条件，英国人最初的兴奋减退了。丘吉尔抱怨道："我们不仅仅是被剥了皮，还被剥得只剩骨头了。"但他也明白，正如反对罗斯福的人所担心的那样，美国正在走向战争。他坦言道："我倒希望把他们拴得更牢些，但现在他们看起来还好。"[20]

　　事实证明，美国人也似乎越来越希望把自己拴到战车上。大部分美国人都同情同盟国。1939 年 10 月的盖洛普民意调查显示，84% 的美国人希望英国和法国能够获胜，只有 2% 的人支持德国。

当然，95%的人不希望美国卷入战争。[21]

从反战到出兵，美国如何结束孤立？

讽刺的是，是希特勒帮助英国结束了它孤军奋战的局面。1941年6月22日，战局发生了戏剧性变化。德国撕毁了1939年与苏联签订的互不侵犯条约，发动"巴巴罗萨行动"（Operation Barbarossa），全面入侵苏联。斯大林并没有听取国内人士有关"德国即将进攻苏联"的反复警告，还在此前的大清洗中除掉了大部分高级将领。因此，当320万德军越过长达2000英里的苏德边境线长驱直入时，苏军被打得措手不及。[22]德国很快就推进到苏联腹地。纳粹空军摧毁了苏联空军，德国地面部队也将苏军团团包围，苏军遭到重创。德军一路推进到列宁格勒、斯摩棱斯克和基辅附近。苏联被纳粹德国的闪电战打得溃不成军的消息引发了伦敦和华盛顿的不安，它们担心斯大林单独与德国媾和以换取和平，就像列宁在1918年所做的那样。

苏联对英法美自然没什么同盟之谊，这三个国家此前都曾以不同方式破坏俄国的十月革命。但从1925年出版《我的奋斗》以来，希特勒多次表达了他对苏联的敌意。1930年代中期，希特勒的扩张意图已经十分明显了。斯大林不得不请求与英法结成联盟，共同抗击德国，但一无所获。在西班牙内战中，苏联向政府军提供援助，帮助对付德、意支持的佛朗哥军队，丘吉尔等英国保守派却对佛朗哥的法西斯叛军表示同情。苏联还谴责英法在慕尼黑的怯懦行径，因其实际上给了德国摧毁苏联的自由。

几乎没人相信苏联能够扛得住纳粹的疯狂进攻。美国的军事专家认为，苏军可能会在三个月甚至是一个月内全军覆没。罗斯福和丘吉尔则迫切希望苏联能拖得久一点，因为这是英国存亡的关

　　1941 年 6 月，德国向苏联发动大规模进攻。在"巴巴罗萨行动"中，德国骑兵正在离开被大火焚烧的苏联农庄。

键。丘吉尔不得不暂时压下长期以来对共产主义的憎恨，承诺支援苏联，并请求盟友美国也提供支持。他表示"要把希特勒及其纳粹余孽彻底消灭干净"。[23] 美国代理国务卿萨姆纳·韦尔斯（Sumner Welles）根据罗斯福的授意发表了一份声明，暗示即将给予苏联必要的物资援助，只是援助因为《租借法案》而暂时不能落实。有些人试图阻挠这个计划。密苏里州议员哈里·杜鲁门煽风点火，进一步加剧对苏联的不信任，他建议："看到德国要赢了，我们就应该帮助苏联；如果是苏联要赢了，则应该帮助德国。总之，让它们彼此残杀，人死得越多越好。"[24]

　　罗斯福没有理会杜鲁门的建议，而是请苏联大使拟了一份需要美国提供的物资清单。7 月，罗斯福派特使哈里·霍普金斯前往莫斯科了解苏联的情况，评估苏联可以坚持多久。他捎话给斯大林，说对霍普金斯可以"完全放心，跟他说话就像跟我说话一样"。斯大林承认德军处于优势地位，但苏联可以利用寒冬进行休整，为次年春天的反攻做准备。他说："给我们一些高射炮和（制造飞机用的）铝，我们就可以坚持3—4年。"[25]霍普金斯相信斯大林能办到。8月，罗斯福下令向苏联提供100架战斗机作为第一批援助物资，还有更多的物资正在源源不断地输送过来。

意图构筑本国军事防线的美国军方高层，阻挠了罗斯福的对苏援助。英国也反对把原本给他们的援助物资改道运往苏联。罗斯福高瞻远瞩，命令战争部长亨利·史汀生和其他内阁成员加紧向苏联提供援助。他宣布 W. 埃夫里尔·哈里曼（W. Averill Harriman）将率美国代表团前往莫斯科，去商讨为苏联提供更多军事援助。这引起了右翼报业大亨、《芝加哥论坛报》老板罗伯特·麦科米克（Robert McCormick）的不满。他认为：

当前国家正处在非常时刻，我们没必要派代表团去血色的克里姆林宫，向这个时代最野蛮的人伸出援手。我们的国家利益或我们国家面临的危险并不要求我们与这样一个政权携手合作，它公然宣称永远蔑视我们的生活方式中所必需的一切，并计划对构成美国这个国家的人进行不懈而无情的战争。[26]

由于美国国内反苏情绪高涨，罗斯福不得不更谨慎地对待援苏计划。一项民调结果显示，与三个月前援助英国的民调结果相比，只有35%的美国人支持援助苏联，两者形成强烈反差。1941年11月7日，俄国十月革命胜利24周年之际，罗斯福宣布美国将增加对苏联的租借援助。他承诺，将为苏联提供10亿美元的贷款，并且战后5年内都免息。

但美国承诺的援助迟迟未到，苏联由喜转悲。《纽约时报》报道称，美国在 10 月和 11 月"运往苏联的物资与承诺的数量相去甚远"。事实上，美国实际援助的数量不及之前的一半。阿瑟·克罗克辩称这种情况是因特殊情况所限，只字未提某些反对者从中作梗、故意拖延的事。[27] 物资援助未到给苏联的前景带来了毁灭性打击，莫斯科和列宁格勒遭德军包围，乌克兰已经失守，红军遭受了前所未有的损失，也令苏联怀疑起美国的诚意。

罗斯福希望像之前的威尔逊那样，让美国不知不觉地参与到战争中。他认为，希特勒妄图统治世界，而这必须得到制止。1941 年初，美国和英国的军事将领们共同制定了一套计划——先集中兵力打败德国，再回头收拾日本。美国正式参战后便可实施这套计划。与此同时，德国的潜艇战大大干扰了美国援助英国的行动，击沉了无数英国物资运送舰船。4 月，罗斯福开始批准美国舰船为英国提供有关德军战舰和战机分布的重要情报。不久之后，罗斯福又授权美国舰船为在北非的英国军队运送物资，这导致了它们与德国潜艇之间的正面冲突。在某次事件后，德国发表公报指责罗斯福"不择手段，故意挑起事端，将美国拖入战争"。[28] 9 月，罗斯福以遭到无故袭击为由，宣布美国将会对任何行驶在美国水域的德国和意大利舰船执行"格杀勿论"的政策。[29]

1941 年 8 月，罗斯福和丘吉尔在纽芬兰秘密会面，两位领导人共同起草了《大西洋宪章》（Atlantic Charter）。如同威尔逊的"十四点和平原则"一样，《大西洋宪章》表示要在战后建立体现民主和进步的国际新秩序。这次美国能否做得比上一次好，还有待观察。该宪章草案宣称，拒绝承认违背人民意愿的领土扩张和领土变更，尊重民族自治，支持战胜国和战败国在对外贸易和获得资源方面享受平等机会，保障人民享受"免于恐惧和匮乏的和平"，实现公海航行自由，实行裁军，并建立持久全面的安全体系等。由于

1941年8月，《大西洋宪章》起草期间，丘吉尔和罗斯福在"威尔士亲王"号（Prince of Wales）上。

担心罗斯福的提议会影响英国的殖民帝国利益，丘吉尔增加了一个条款，规定必须在"彼此尊重……现存义务"的前提下，平等地实现世界经济的繁荣。

丘吉尔要求美国立即参战，罗斯福拒绝了，但丘吉尔的记录暴露了罗斯福的真实意图：罗斯福曾对他的内阁成员说，"他会参战，但不会率先宣战，他会挑衅得愈加明显。德国人如果接受不了，可以对美国发动攻击。一切都是为了制造一起'事件'，来迫使美国正式宣布参战"。[30] 尽管一些人为罗斯福诱引美国参战的行为辩护，称控制公众舆论是推行正义事业的必要手段，但就像25年前威尔逊所做的那样，这种手段让后来的美国总统可以继续仿效前者，玩弄欺骗伎俩，把国家带入战争。一旦实施这种政策的总统不够谨慎和缺乏远见（例如罗斯福在战争期间侵犯公民自由），这种政策就将对美国和共和政体构成严重威胁。

罗斯福最终如愿以偿，但并不是像大多数人预料的那样，因欧洲发生的事件而扣动扳机。1941年12月7日，在这个后来被罗斯福称为"耻辱日"的那天，日本海军对美国夏威夷的珍珠港海军基地发动突然袭击，造成将近2500人死亡，并击沉或重创了美国舰队的大部分舰只。那是一个星期天的早晨，大多数美国人还在睡梦之中。他们知道日本可能会对美国发动攻击，但没料到攻击会发生在夏威夷。这是一次巨大的情报失误。鉴于事前已有大量预警，再加上相关人员之无能过于夸张，与2001年的"9·11"事件十分相似。因此，一直有人认为，此事由罗斯福策划，目的就是把美国引向战争。但这种指控缺乏证据支持。[31]

1941年12月7日，美国在夏威夷的珍珠港海军基地遭到日本袭击。

12月8日，英国和美国同时对日本宣战。三天后，德国和意大利对美国宣战。流血冲突迅速席卷全球。

美国的存在妨碍了日本的征服计划。日本的领导人一直觊觎法国和荷兰资源丰富的殖民地，鉴于德国已经控制了欧洲大陆，现在日本采摘果实的时机已经成熟。尽管当时日本军界有些军官认为，应该先与德国联手打败北边的老对手苏联，但这种意见最终没被采纳。1941年7月，日本南下攻入法属印度支那，一边掠夺资源，一边建造基地巩固地盘。美国坚决回击，完全停止向日本出口石油。于是日本又决定从荷属东印度群岛获取石油，但它担心驻扎在珍珠港的美国太平洋舰队会横加干涉。

由于美国及其盟友在欧洲战场无暇分身，日本的侵略进程进行得异常顺利：泰国、马来半岛、爪哇岛、婆罗洲岛、菲律宾群岛、中国香港、印度尼西亚、缅甸、新加坡悉数被日本收入囊中。这些国家和地区的许多人还为此感谢日本，认为日本把他们从欧洲的殖民统治下解放了出来。罗斯福总统曾私下说："如果不是因为法国、英国和荷兰的短视与贪婪……就不会有美国人死在太平洋战场上。"[32]但很快，那些被占领地区的人们就从日本"解放者"的迷梦中清醒过来。

偷袭珍珠港并没有实现日本打垮美国太平洋舰队的凤愿。在太平洋战场上，由麦克阿瑟将军和切斯特·尼米兹（Chester Nimitz）上将领导的美军向日军发起了反攻。1942年6月，在中途岛战役中，美国海军击败了日本海军，随后开始实施跳岛战术。

从某些方面来看，相比一战，二战对世界的改变要剧烈得多。预计到战后要重建世界秩序，一些有影响力的美国人开始思考这一过程中会发生什么事，美国应发挥怎样的作用才能使之成为现实。最令人难以抗拒的构想勾勒于1941年初，出版业巨头亨利·卢斯在《生活》杂志上撰文，描绘了一幅美国主导下的战后世界图景。

彼时卢斯是《时代》周刊和《财富》杂志的老板，已经不再崇拜墨索里尼，他鼓吹 20 世纪将是"美国世纪"。他写道："我们必须利用这一有利时机，让美国承担起作为当今世界最强盛、最重要的大国的责任。我们要按照我们的意图和方法，最大限度地对世界施加影响。"[33]

有人赞扬卢斯的文章，认为其肯定了在不断发展的国际资本主义市场中的民主价值。担任过新政高级顾问的雷蒙德·莫利对此了解得更为透彻，力劝美国人拒绝这种"试图将合众国变成帝国"的诱惑。[34]

副总统亨利·华莱士更是谴责了所有帝国，不管是英国、法国、德国还是美国。1942 年 5 月，他批评了卢斯的民族主义和帝国主义愿景，同时提出一个进步的国际主义观点：

有人说现在是"美国世纪"。我认为……战后的新世纪，应该是，也一定是一个平民世纪……再也没有哪个国家敢打着为上帝服务的旗号来剥削其他国家……也不会有军事上或者经济上的帝国主义……那些为美国的贪婪和德国的权力意志服务的跨国垄断联盟必须被清除……过去 150 年来，人民一直是通过革命手段才争取到自由的。1775 年的美国独立战争，1792 年的法国大革命，玻利维亚时代的拉丁美洲革命，1848 年的德国革命，以及 1917 年的俄国革命。每一场革命都是为了普通人……有些革命或许过激了，但人民都是在黑暗中摸索着寻找光明……伴随着革命而生，又是人民革命重要组成部分的现代科学，让我们看到了全世界人民可以不用忍饥挨饿的希望……纳粹枷锁下的受害者一日不重获自由，我们的斗争就一日不停止……人民的革命正在进行中。[35]

三年后，这场人类历史上最血腥的战争即将结束时，美国人面临两条截然不同的道路：一条通往卢斯的"美国世纪"，另一条则华莱士的"平民世纪"。

美国在珍珠港事件后参战，令本就不足的战争物资变得更加紧张。由于要先满足本国的防御需要，美国就更难实现对苏联的军事援助承诺了。1941年12月底，埃夫里尔·哈里曼估计美国实际运往苏联的援助只有承诺的四分之一，且大部分还是有瑕疵的。到了1942年2月底，负责援助事务的官员爱德华·斯退丁纽斯（Edward Stettinius）给助理战争部长约翰·麦克洛伊（John McCloy）写信称："如你所料，我们政府和苏联政府之间的关系因为我们无法兑现诺言而持续恶化。"罗斯福明白美国无法兑现诺言将会把苏联推向一个怎样艰难的境地，也明白这将会对两国未来的关系造成怎样恶劣的影响。3月，罗斯福承认，"苏联的溃败"是美国的过错："我真不想像英国人那样，他们答应给苏联两个师，但他们食言了。他们答应支援红军在高加索的战斗，他们又食言了。英国对苏联所做的承诺，一个都没兑现。"[36]

1942年5月，罗斯福告诉麦克阿瑟："我发现，很难否认这个简单的事实……苏联红军杀死的敌人，摧毁的坦克和飞机，比我们其他25个同盟国加起来还多。因此，我们今年应该尽可能地为苏联的卓绝奋战提供枪支弹药。"[37]罗斯福知道，如果继续拖延本就答应的军事援助，他将失去斯大林的信任。但机会又突然降临了。斯大林向他的盟友提出了两个新的要求。如果抓住这次机会，美国也许会重新获得主动权。

斯大林寻求同盟国在领土上让步。他希望同盟国能够承认苏联在1939年与希特勒签订互不侵犯条约后实际控制的地区，包括波罗的海沿岸的立陶宛、拉脱维亚和爱沙尼亚，波兰东部，以及罗马尼亚和芬兰的部分地区。英国倾向于同意，但它又觉得自己在美苏间左右为难，因为它既需要苏联坚持作战以保证自己不会被德国颠覆，也需要美国支持其维护战后的殖民帝国。丘吉尔敦促罗斯福答应斯大林的领土要求，他警告罗斯福，如果和苏联决裂，现任美国政府就有可能被一个"信奉共产主义的亲苏"政府所取代。但美国拒绝让步，并对1941年底前往苏联访问的英国外交大臣安东尼·艾登（Anthony Eden）施压，让其不得对苏联做任何战后承诺。因此，艾登断然拒绝苏联的要求，令斯大林勃然大怒。丘吉尔只得再次恳求罗斯福。他坚持认为："《大西洋宪章》不应该理解成对战前苏联势力范围的否定。"[38]

英美不开辟西线战场的利益盘算

苏联既没有得到承诺的军事援助，也没有实现领土要求，誓不罢休的斯大林又提出了他的第三个，也是意义最重大的要求：在欧洲迅速开辟第二战场，以减轻被围攻的苏联红军的压力。他敦促英国进攻法国北部。1941年9月，他向盟军施压，要求向苏联派遣25或30个师的增援部队。斯大林质疑英国履行约定的诚意，说道："英国的消极态度就是在帮助纳粹。英国人知道这一点吗？我想他们明白得很。那么他们到底想干什么？我看他们就是想借此来削弱我们的实力。"[39]

孤立无援的苏联被折磨得羸弱不堪，但它拒绝投降。尽管苏联红军在战争刚开始的几个月遭受了重大损失，但还是在1941年秋冬的莫斯科保卫战中打败了德军。开战以来，势不可挡的纳粹铁军第一次停下了前进的脚步。

对罗斯福来说，在领土问题上让步带有签订秘密条约的意味。要知道，一战期间，正是与协约国签订秘密协定，威尔逊才束手束脚。他不想重蹈后者的覆辙，且这与《大西洋宪章》的精神相悖。罗斯福更希望能够尽早攻入欧洲西部。1942年初，为美国陆军总参谋长乔治·C. 马歇尔（George C. Marshall）工作的德怀特·D. 艾森豪威尔（Dwight D. Eisenhower）提出了进攻欧洲的计划，最迟在1943年春季，如果有必要的话，甚至可提前到1942年9月，以避免苏联红军崩溃——这是完全有可能的。正如艾森豪威尔在1942年7月强调的那样："我们不应忘记，我们原本追求的目标，是让800万苏军继续与纳粹作战。"[40]艾森豪威尔、马歇尔和史汀生都认为这是打败德国的唯一办法。罗斯福也同意了。他派哈里·霍普金斯、马歇尔将军去和丘吉尔协商。罗斯福写信给丘吉尔，说道："英国人民和美国人民都要求开辟新的战场，缓解苏联人民的压力。这些人民富有智慧，知道自己杀死的德国佬、摧毁的装备比我们加起来还要多。"[41]丘吉尔明白这个计划对罗斯福及其幕僚是何等重要，他发电报回复罗斯福："原则上，我以及我方参谋长都完全同意您的提议。"[42]

　　确信取得英国的支持后，罗斯福要求斯大林派遣外交人民委员维亚切斯拉夫·莫洛托夫（Viacheslav Molotov）及另一名亲信来华盛顿，商讨开辟西线战场的事宜。其间，莫洛托夫在伦敦短暂停留，但丘吉尔并未许诺开辟第二战场。1942年5月底，莫洛托夫抵达华盛顿。他直截了当地问罗斯福，美国是否计划在即将到来的夏天开辟第二战场。罗斯福把脸转向马歇尔，后者向莫洛托夫保证美国正在着手准备。美苏发表了联合公报，称"经过充分协商，美苏双方一致同意于1942年在欧洲开辟反法西斯第二战场"。[43]罗斯福也为战后合作描绘了一番令人心旷神怡的前景。他解释说，"战胜国将保留武装力量"，并组建"一支国际警察部队"。[44]美国、英国、苏联和中国这"四个警察"将解除德国及其盟友的武装，并"武装保卫和平"。斯大林为这一安排感到高兴。但当听到罗斯福表示，为了准备开辟第二战场，不得不将对苏的援助减至原来承诺的60%的时候，他就没那么高兴了。不过，开辟第二战场依然是苏联最关心的问题，而且罗斯福也已经答应要出兵了。他告诉丘吉尔："我有一种强烈的感觉，苏联目前很困难，而且形势会在未来几个月里变得越来越糟糕。因此，我比以往任何时候都担心'波莱罗行动'（Bolero，计划的第一阶段）能否在1942年开始实施。"[45]

消息传到苏联，人民欢喜雀跃。《纽约先驱论坛报》（*New York Herald Tribune*）报道说，苏联人每天早上都聚到收音机旁，希望听到盟军已经开始进攻欧洲的消息。但日子一天天过去，进攻的消息一直没有传来，苏联人的心开始慢慢沉下去。[46]后来获得普利策奖的美国驻莫斯科记者利兰·斯托（Leland Stowe）报道说，如果第二战场迟迟不能开辟，"给苏联人带来的打击将是无法估量的。如此一来，目前苏联、英国、美国政府及领导人之间稳步发展的宝贵合作将会受挫，这必将在外交、物资援助和抗战信心上对同盟国的反法西斯事业造成重大打击"。[47]美国驻苏联大使也发出了类似警告："这种拖延将使苏联人民怀疑美国的诚意，并造成"无法估量的伤害"。[48]

尽管莫洛托夫和英国方面就开辟第二战场达成了共识，但后者仍然无意实施这些计划。英国人说他们缺少足够的部队，因为他们如今陷在中东危机里了——不久前，在利比亚的托布鲁克，3.3万英军耻辱地向兵力只有其一半的敌军投降——他们也没有足够的船只把部队运输到英吉利海峡对岸实施登陆作战。丘吉尔说服罗斯福，让他同意推迟已经答应了的入欧作战计划，转而进攻维希法国控制下的北非。因为控制北非对控制石油丰富的中东十分重要，而英国在中东正好有重要的殖民利益，这些利益如今正受到希特勒军队的严重威胁。苏联高层对英国的背信弃义怒不可遏，他们认为这是英美有计划的阴谋，企图把苏联耗死在东线战场上，资本主义同盟就可以确保战后在全球的帝国利益。对苏联更不利的是，莫洛托夫在伦敦停留期间，出于对英美开辟第二战场的感激，并未反复强调苏联在领土上的要求。现在，苏联发现自己的三项要求都被拒绝了。1942年秋天，随着德国进攻斯大林格勒，苏联和美国、英国之间的关系跌到了谷底。苏联对西方盟国的不信任在莫洛托夫身上表现得淋漓尽致——他出访西方各国时，连睡觉也枪不离身。[49]

马歇尔对英国强行更改计划很生气，他反对进军北非，认为这只能"伤敌人皮毛"，但他的意见未获采纳。美国已经将它在太平洋战场的重要行动都推迟了，以便援救欧洲，取得胜利，但现在所有计划都搁浅了，仅仅是为了确保英国在中东、南亚和南欧的帝国利益。马歇尔怒火难消，建议改变战略方向，先对付太平洋的日本，再解决欧洲的德国。海军作战部长欧内斯特·金（Ernest King）十分赞同这一建议。他嘲笑说，英国人永远不会牺牲自己去解放欧洲，"除非有英格兰的风笛乐队在前面带路"。马歇尔对英国的嫌恶之情传遍了美军部队。阿尔伯特·韦德迈耶（Albert Wedemeyer）将军告诉马歇尔，英国的战争计划都是"围绕着如何确保大英帝国的全球利益来制定的"。空军总司令亨利·阿诺德（Henry Arnold）将军向马歇尔建议，美国也许应该像德国对付意大利那样处理与英国的关系。美国的军事将领们都认为，英国不像苏联，它不敢直接与德国作战。正如美国战争部长亨利·史汀生在1943年说的那样："英国在帕斯尚尔和敦刻尔克与德国的两次惨烈激战，至今仍让（丘吉尔）政府心有余悸。"[50]

艾森豪威尔、史汀生、霍普金斯和其他军事将领都在大力推动开辟第二战场，但收效甚微。1942年6月，在艾森豪威尔将军的命令下，美国司令官们勉强同意了盟军进攻北非的"火炬行动"（Operation TORCH）。1942年底到1943年初，虽然盟军可能确实缺少登陆艇、空中掩护和兵力去开辟第二战场，但这无法让苏联领导人和美军将领信服。艾森豪威尔预言，决定实施"火炬行动"计划的那一天，将是"有史以来最黑暗的一天"。[51]

不管英国方面是否因害怕而退却，他们都从来不打算与强大的德军面对面战斗，而是计划利用海军来攻击希特勒力量薄弱的南部防线，那里主要由实力较弱的意大利军把守。英国想拿下北非、地中海和中东地区，以控制波斯湾和伊拉克的石油，以及维持通过苏伊士运河和直布罗陀海峡到达印度和其他英属殖民地的通道。大战开始之前不久，在沙特阿拉伯、科威特和卡塔尔发现了巨量的石油储备，更加提升了这些地区的战略地位，英国、德国和意大利军队之间早期的恶斗多半都发生在这里。英国急于把轴心国势力从中东赶走，向那里调集了大批军队和坦克，尽管这些也是保卫英国本土免受德国突袭所急需的战斗力量。

丘吉尔:"苏联红军给了德军致命性打击"

在这几个月里，美国民众对苏联的态度经历了180度大转变。一开始，许多美国人认为《苏德互不侵犯条约》(Nazi-Soviet Non-Aggression Pact)证实了他们对苏联共产主义的严重怀疑，导致1939—1941年美国国内反苏情绪高涨。但其后苏联人民英勇抵抗纳粹的行为，又激起了美国人民的兴趣，赢得了他们的同情。很多人希望这种好感可以为战后两国的友谊与合作奠定基础。

在日本偷袭珍珠港后几天，苏联外交官马克西姆·李维诺夫(Maxim Litvinov)访问了美国。美国国务卿科德尔·赫尔借此机会赞扬苏联人民反纳粹侵略的"英勇斗争"。[52]很快，苏联抗击法西斯侵略的无畏精神就传遍美国。1942年4月，《纽约时报》的记者拉尔夫·帕克(Ralph Parker)评论道:"苏联人民如此迅速、如此彻底地投入到保家卫国的战争当中。"他赞扬了苏联人民不怕牺牲和不畏艰难的革命品格，"全国人民都满怀激情地为共同目标去做一些有建设性的事"。他表示:"他们那极力创造一切可能的英雄般

189

的韧劲，值得一位托尔斯泰那样的大师来书写和描述。"[53] 1942年6月，苏联卫国战争爆发一周年之际，《纽约时报》著名的书评人奥维尔·普雷斯科特（Orville Prescott）称赞苏联红军必将赢得战争，拯救全人类。他激动地说："苏联红军的强大战斗力、高超的作战技能以及非凡勇气，是把人类从纳粹的奴役中拯救出来的决定性因素。我们对在战争中牺牲的，以及现在仍然在英勇作战的数百万苏联战士表示无尽的感激。"[54] 麦克阿瑟将军称赞苏联红军的抗战是"有史以来最伟大的军事壮举之一"。[55]

好莱坞的电影工作者也投身其中。尽管他们曾一度小心翼翼地避免拍摄苏联题材的电影，但在1942年7月，米高梅、哥伦比亚、联美、20世纪福克斯以及派拉蒙等主要电影公司正在拍摄或者计划拍摄至少9部苏联题材的电影。[56] 最终，5部重要电影陆续公映，它们分别是《莫斯科使团》（*Mission to Moscow*）、《屠城浴血战》（*The North Star*）、《俄罗斯之歌》（*Song of Russia*）、《三个俄罗斯姑娘》（*Three Russian Girls*）以及《光荣岁月》（*Days of Glory*）。

人们正在形成一种共识——不开辟第二战场，反法西斯战争就不可能取得最终胜利。鉴于"苏联人民已经为这场战争进行了这么艰苦卓绝的斗争，做出了这么巨大的牺牲"，《大西洋宪章》中写道：虽然开辟第二战场会为许多美国家庭带来悲剧，但"若想取得战争胜利，就必须这么做"。利兰·斯托提醒读者，苏联不可能永远孤军作战："在过去的13个月里，苏联伤亡或被俘的人员已经超过450万……这个数字是英国开战近三年以来伤亡人数的6—7倍……是美国在一战期间伤亡人数的20倍。"[57] 他强调："如果我们想赢得这场战争，苏联就是最不可或缺的盟友……我们无法想象数百万苏联战士突然从战场消失是什么样子，他们的抵抗是无可替代的。"[58]

随着新闻持续报道苏联的情况和开辟第二战场的重要性，美国人民也纷纷站出来表示支持。1942年7月，盖洛普民调显示，48%

美国观察者注意到苏联红军和苏联人民反抗纳粹侵略的"英勇"斗争。图片按顺时针方向依次为：一群妇女和老人在挖壕沟以阻挡德军进攻莫斯科；在德军蹂躏下的乌克兰基辅，一群妇女悲痛欲绝；德军空袭下的基辅，一群惊恐的孩子正从掩体里抬头往上看；苏联的红军战士。

的美国人希望美国和英国立即进攻欧洲，只有34%的美国人希望等到盟军实力壮大后再开辟第二战场。[59]许多美国人把"立刻开辟第二战场"的标语贴在自家汽车身上，要求立即开赴欧洲痛击希特勒的读者来信也淹没了各家报纸。在《华盛顿邮报》发表的许多文章中，有一篇文章声称，受"勇敢的苏联人民独自抵抗并击退纳粹大军这一壮举"启发，要求英国和美国"开辟西线战场以分散希特勒兵力，与我们的苏联盟友一起消灭这个破坏全球自由和文明的巨大威胁"。[60]

支持的声音来自四面八方。产业工会联合会（Congress of Industrial Organizations）的38位领导人向罗斯福发出呼吁："只有立刻登陆西欧作战才能保证战争的胜利。"[61]5天后，联合会在纽约的麦迪逊广场公园举行了支持开辟第二战场的群众集会。一些美国劳工联合会（American Federation of Labor）的附属组织也表示支持。[62]纽约州参议员詹姆斯·米德（James Mead）、佛罗里达州参议员克劳德·佩珀（Claude Pepper）、纽约市市长菲奥雷洛·拉瓜迪亚、纽约州众议员维托·马尔坎托尼奥（Vito Marcantonio）等民选官员也加入了这股潮流。[63]9月，作家达希尔·哈米特（Dashiell Hammett）公布了美国作家联盟（League of American Writers）的500位作家的名字，宣称他们"全力支持罗斯福总统立即开辟第二战场"。[64]众议员马尔坎托尼奥和美国共产党总书记厄尔·白劳德（Earl Browder）在纽约联合广场向民众发表演讲，现场观众达到2.5万人。[65]1940年，共和党总统候选人温德尔·威尔基与斯大林在莫斯科会晤后也公开表示支持开辟第二战场。[66]

尽管民众纷纷要求在欧洲开辟新的战场，美英部队还是继续向北非挺进。被背弃的苏联红军顽强地挺了过来，取得了斯大林格勒战役的胜利，扭转了整个战局。交战双方都投入了逾百万部队。弗里德里克·保卢斯（Friedrich Paulus）元帅指挥的德国军团试图控

1942年9月24日，纽约联合广场的民众集会现场。

制苏联高加索地区储量丰富的油田。朱可夫元帅指挥的苏军，决心不惜一切代价阻止德军。持续半年的战争进行得异常惨烈，血流成河，尸横遍野。双方的伤亡人数都在75万以上，平民的死亡总数也超过了4万。经历了惨重失败的德军不得不从东线战场全面撤退。希特勒收到第6集团军9.1万士兵和23名将军投降的战报后大为吃惊，痛惜道："战神看起来已经开始庇佑对方了。"[67]

1943年1月，罗斯福和丘吉尔在卡萨布兰卡会面，这时整个战场形势已经逆转。苏联红军已进入反攻阶段，向西挺进。罗斯福起初是用给予苏联军事援助和及时开辟第二战场的条件来拒绝苏联的领土要求。从此刻开始，美国和英国在试图否认斯大林的成果时将处于守势。更糟糕的是，罗斯福和丘吉尔决定登陆意大利的西西里岛，再次推迟开辟第二战场，使得英美两国更难左右战局走向。

红军继续推进，但代价也十分惨重。1943年11月，斯大林在纪念十月革命胜利的集会上发表演讲，庆祝苏联转危为安，并由防御转入反攻。斯大林痛斥了纳粹德国的杀戮与掠夺行径，发誓要对德国侵略者进行复仇："在德国的占领区，德军屠杀了数十万苏联人。这些法西斯恶魔，如同中世纪阿提拉部落的野蛮人，他们占领我们的土地，烧毁我们的村庄和城镇，还破坏我们的工厂和文化场馆……我们的人民至死都不会忘记德国鬼子犯下的累累罪行。"68

1943年11月，美国总统和苏联元首在德黑兰进行了首次会面。1942年3月，罗斯福曾对丘吉尔说："比起你的外交部和我的国务院，我个人能更好地应对斯大林。斯大林很讨厌你们那群高官，他觉得他更喜欢我，我希望他能继续保持这种好感。"69在试图将丘吉尔排除在会议之外未果后，罗斯福接受了斯大林的建议，留在苏联大使馆。罗斯福事先表示过他会支持将寇松线①（Curzon Line）作为波兰的东部边境线。尽管如此，罗斯福还是发现在会议前三天，斯大林一直表现得很冷漠。他开始担心能不能如愿与苏联建立起友好关系。他决定用更人性化的方式与斯大林接触。他尽情地展现自己的幽默和迷人魅力，希望跟斯大林建立起私人友谊——这是罗斯福外交的显著特征。他向劳工部长弗朗西丝·珀金斯说过这样的话：

我想了一个通宵，决定赌一把了……我发现，当（我和丘吉尔）用同一种苏联人听不懂的语言交谈时，苏联人的表情就不对了。那天早上我在去会场的路上追上丘吉尔，跟他简短地说了一句："温斯顿，我希望你不要为我待会儿的举动生气。"丘吉尔换了支雪茄，哼了一声……我几乎是一踏进会场就开始了。我开始和斯大林窃窃私语。我

---

① 寇松线是英国外交大臣G. N. 寇松向苏俄和波兰建议的停战分界线。

还是重复过去的老话，但语气友好，带着推心置腹的意味，最后苏联代表团的人都在听我说话，但他们依然没有笑容。然后，我抬着手作私语状（当然是要经过翻译），向斯大林说："丘吉尔今天脾气暴躁，估计是起床时心情不好。"斯大林的眼睛里出现一丝笑意，我觉得我赌对了。于是，我只要一落座，就会拿丘吉尔开玩笑，说他保守，是个典型的英国佬，说他一天到晚叼个雪茄，说他的种种毛病。这招看来是管用了。丘吉尔气得脸红脖子粗，紧锁眉头。他越是这样，斯大林就越高兴。最终斯大林开怀大笑，三天来我第一次看到了曙光。之后我便一直这么做，后来斯大林终于跟我一起谈笑，我开始亲切地称他"乔大叔"。他前天还跟我很陌生，但那天他大笑着过来跟我握手。从那时起，我们的关系变得亲密起来，他也不时掷出几句很有意思的话。坚冰打破了，我们开始像兄弟一般交谈起来。[70]

在德黑兰会议上，罗斯福取得了重要进展。美国和英国承诺在1944年春天开辟已经拖了很久的第二战场。斯大林也答应打败德国后立刻加入对日本的作战。罗斯福答应了苏联一直想实现的在东欧的领土要求，并提醒斯大林审慎行事，以免惹恼世界舆论。他也提议苏联在波罗的海诸国举行全民公投，但遭到斯大林的拒绝。罗斯福表示，他可以允许苏联较自由地左右这些国家的未来。罗斯福在会议即将结束时颇受鼓舞，认为他与斯大林之间建立的信任关系将有助于约束后者，并说服斯大林在东欧举行自由选举，以便产生亲苏政府。

1944年1月，苏联红军挺进波兰。此时，美国战争部长史汀生和国务卿赫尔也在商量波兰的未来。赫尔认为，最重要的是建立一种"不诉诸武力"的原则。史汀生回忆说："我认为我们必须考虑其他更现实的因素，比如那些可能会刺激苏联的地方。一是苏联挽救了整场战争；二是苏联在1914年之前就控制了包括华沙在内的整个波兰，范围一直延伸到德国，但它现在都没提出要恢复对这些土地的主导权。"[71]

苏联很快就在波兰卢布林建立了一个亲苏政府，并驱逐了在伦敦的流亡政府的代表。同一年晚些时候，红军又陆续攻入罗马尼亚、保加利亚和匈牙利。当美英两国指责苏联，称在占领这些国家时他们只能扮演象征性角色，斯大林针锋相对地回应说，苏联在美英占领意大利时也仅是陪衬。

1944年6月6日，人们期待已久的第二战场终于开辟了，比原本承诺的晚了一年半。逾10万盟军部队和3万辆运输车在法国诺曼底登陆。9000名盟军战士在诺曼底登陆战中牺牲。同时，苏联虽然伤亡惨重，但也占领了中欧大部分地区。现在，盟军将从东、西两个方向同时逼近德国，胜利已经指日可待。

在诺曼底登陆之前，苏联几乎是单枪匹马地对付德军。其间，红军经常与德军200多个师交火，而美英盟军对阵的德军却很少会超过10个师。丘吉尔承认，"是苏联红军给了德军致命性打击"。德军在东线战场损失了600多万人，而在西线战场和地中海地区的损失只有约100万人。[72]

《雅尔塔协定》：三巨头关于战后世界的谋划

战场厮杀日益激烈之时，会议室里也已在密锣紧鼓地进行战后谋划。美国邀请其友好国家的政府代表来到新罕布什尔州布雷顿森林，共同商讨战后资本主义的经济新秩序。会议同意美国在战后成立两大经济组织：一是以发展为目的的世界银行（World Bank），初始资金为76亿美元；二是以资金援助为目的的国际货币基金组织（International Monetary Fund），初始资金为73亿美元。当时，美国控制着世界上三分之二的黄金储备，坚持主张"布雷顿森林体系"要以黄金和美元为基础，以确保美国在未来的经济霸主地位和世界债权人的角色。苏联代表也参加了这次会议，但拒绝在最后文件上签字，他们指责这两大经济组织是"华尔街的分支机构"。[73]一位苏联代表评论道，布雷顿的这两大组织"乍看"像"美味的蘑菇，但细看就会发现它们居然是有毒的"。[74]英国人也明白，这个新体系必将侵蚀他们的殖民利益。1942年底，丘吉尔曾经怒斥："我当国王的首相，不是为了消灭大英帝国的！"但尽管如此，力量的天平也已彻底倒向美国。[75]

战争期间，一些人曾怀疑罗斯福反殖民主义的诚意。尽管罗斯福并不像副总统华莱士那样坚定地反对殖民主义，但他的确在很多场合都表达了对殖民者苛刻残忍地剥削殖民地人民的控诉。罗斯福总统的儿子埃利奥特·罗斯福（Elliott Roosevelt）曾描述其父在1941年对英国殖民主义的严厉批评，使得丘吉尔"勃然大怒"。罗斯福说："我无法相信，我们明明是在打一场反法西斯奴役的战争，却无法解救那些处在落后殖民统治之下的人民。"[76]他敦促丘吉尔结束英国对印度及其他殖民地的统治。在1944年2月的一场新闻发布会上，罗斯福公开谴责了英国对西非冈比亚的殖民统治。就在1943年，罗斯福刚刚访问了这个国家。他说："这是目前我亲身经历过最恐怖的事情……这里的人民比我们要落后500年……这个国家已经被英国殖民了200年。英国在冈比亚每投下1美元，就要拿走10美元的回报。这是对冈比亚人民赤裸裸的剥削。"[77]

罗斯福曾多次谈到战后托管制度，这将恢复殖民地国家的主权。最早的受益国应数中南半岛诸国，罗斯福坚持战后不会把这几个国家归还给法国，丘吉尔和夏尔·戴高乐（Charles de Gaulle）则要求归还。1944年10月，罗斯福对国务卿科德尔·赫尔说："印度支那半岛不会再归还给法国。法国统治这里的3000万人民已将近百年，可这里的人民过得一天比一天差……这些国家的人民有权过上更好的生活。"[78]丘吉尔担心罗斯福会抓住印度支那半岛这一契机，要求全面废除殖民主义。丘吉尔明确表示，他完全不会考虑这种可能性。1944年底，他告诉艾登："我们决不能被哄骗发表任何会影响英国领土主权或殖民地主权的宣言……'不得干涉大英帝国事务'是我们的基本立场。绝不允许为了取悦国内哭哭啼啼的商人或任何派别的外国人而减少或玷污我们的帝国利益。"苏联对罗斯福的去殖民化主张表示支持，但由于担心与英国的战时军事同盟关系破裂，罗斯福没有积极推行这一主张。罗斯福甚至在他最为坚决的印度支那半岛问题上也做了让步，从长远来看，让步的理由并不充分，而且会带来更多悲剧性后果。然而，1945年4月5日，也就是罗斯福去世前一周，在佐治亚州沃姆斯普林斯，他最后一次出席的新闻发布会上，罗斯福在菲律宾总统塞尔希奥·奥斯梅尼亚（Sergio Osmeña）的陪同下，承诺一旦日军被赶出菲律宾，美国将"立即"承认菲律宾的独立。[79]战争结束后，丘吉尔扛住了美国的压力，没有承认印度独立，但这胜利是短暂的，因为印度人民自己解决了问题。

尽管老牌帝国及其封闭贸易圈不可能一夜之间消失，但作为世界经济的新霸主，美国不能容忍饱受战争蹂躏的欧洲和亚洲经济体再出现其他竞争对手。强大的军事实力是美国巩固美元对世界经济主导作用的坚强后盾。在政策制定的过程中，罗斯福的军事高参们扮演了极其重要的角色。1942年初，罗斯福创建了参谋长联席会议制度。7月，罗斯福任命海军上将威廉·莱希（William Leahy）作为总统参谋长，出任参谋长联席会议主席。罗斯福同时还特别倚重陆军总参谋长乔治·C.马歇尔，时常听取他的意见。

为了彰显美国强大的军事实力及自身地位，美国战争部需要一处气势恢宏的新办公地点。1941年夏天，美国战争部的2.4万名文官和武官在17座不同的办公楼里工作。布里恩·伯克·萨默维尔

(Brehon Burke Somervell) 准将告诉史汀生，如果这些人在同一栋办公楼里办公，工作效率会提高25%—40%。[80] 于是，当年9月11日，一栋新的战争部办公大楼在弗吉尼亚州阿灵顿破土动工。虽然大楼的最终选址换了地方，但为适应原址而设计的五角外形保留了下来。1942年9月，第一批战争部工作人员开始进驻，但整座大楼直到次年1月才全部完工。负责这一庞大工程项目的莱斯利·格罗夫斯（Leslie Groves）上校，后来还主持了一件彪炳战争史册的大事[①]。工程竣工后，美国五角大楼成了20世纪美国最大的办公大楼，占地29英亩，其中走廊的总长度就达17.5英里。到访者经常在里面迷路，还有送货人员称自己在里面绕了三天三夜才被救出来。[81]

　　1944年10月，丘吉尔飞越半个地球，到莫斯科和斯大林会面。这次会议的代号叫作"托尔斯泰"。丘吉尔希望能够打破在波兰问题上的僵局。美国驻苏联大使埃夫里尔·哈里曼以观察员的身份随行。但当两位领导人谈到紧要处时，哈里曼并不在场。丘吉尔坐在克里姆林宫的壁炉前讲起了他最喜欢的一些波兰笑话。他和斯大林开始明确英国和苏联在巴尔干半岛的势力范围，并为西方国家承认苏联在波兰的利益奠定基础。在一张纸的背面，丘吉尔就英苏双方在战后应该占据的势力范围写出了自己的建议：苏联在罗马尼亚占90%，在匈牙利和保加利亚占75%;[②] 英国在希腊占90%；南斯拉夫则五五平分。斯大林接过这张纸，盯着纸看了一会儿，用一支蓝色铅笔打了个大钩，再把纸递给丘吉尔。丘吉尔说："这样轻率地处理这些涉及数百万人命运的问题，会不会让人觉得我们太冷漠无情？还是把这张纸烧掉吧。但斯大林劝说丘吉尔保留这张极具历史价值的纸，这张纸后来被丘吉尔称为"淘气文件"（naughty

---

① 即负责研制原子弹的"曼哈顿计划"（Manhattan Project）。
② 此处疑有误。据相关资料以及下文图片，匈牙利也应该是五五平分。

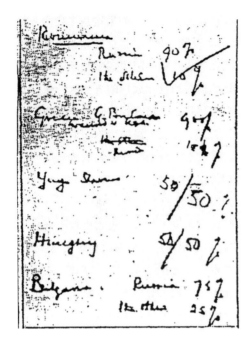

被丘吉尔称为"淘气文件"。1944年10月，丘吉尔和斯大林在这张纸上划定了英苏两国战后的势力范围。

document）。[82]

　　这正是罗斯福一心要阻止的那种交易。国务卿赫尔反对建立所谓的"势力范围"。丘吉尔指责美国虚伪："贵国的海军实力比其他任何国家都强一倍，这不叫'强权政治'？……贵国把全世界的黄金都收入囊中，这不叫'强权政治'？如果这都不叫'强权政治'，那么到底什么是'强权政治'？"[83]

　　苏联很快就兑现了自己的诺言。1944年12月，希腊爆发了一场由共产党领导的左翼起义。希腊共产党曾经领导了抗击纳粹的地下斗争，现在又与妄图恢复君主制的反动势力进行斗争。然而，当英军残忍镇压这次起义时，苏联却袖手旁观。

　　1945年2月初，在黑海沿岸的雅尔塔市，罗斯福、斯大林和丘吉尔三巨头再次相聚。虽然此时阿登战役在比利时打得正激烈，[①] 太平洋的战争也依然紧张，但盟军的胜利已经初见曙光。雅尔塔会议就是要最终敲定战后问题，而这次苏联占据了优势。红军陆续攻克了波兰、罗马尼亚、捷克斯洛伐克、匈牙利、保加利亚和南斯拉夫，并向柏林逼近。盟军内部也出现了明显的意见分歧，反映出各自根本不同的地缘政治观点和战略部署。苏联优先考虑领土安全。英国寻求维护其帝国统治。美国则希望苏联能协

　　1945年2月，雅尔塔会议上的三巨头，从左到右分别是丘吉尔、罗斯福和斯大林。

①　原文如此。但一般认为阿登战役在这年1月底已结束。

助结束太平洋战争，塑造对美国贸易和投资开放的世界经济，并成立维护世界和平的联合国。

苏联为抗击纳粹德国付出了高昂代价，上千万平民和军人血染黄沙，国家大部分地区都沦为废墟。虽然美国和英国帮助苏联打败了德国，但它们的努力和损失与苏联相比显得微不足道。战争结束后，美国的经济实力和军事实力比以往时候都要强大。但它在外交上声名狼藉，因为其在战争至暗之时未能兑现给予苏联军事援助和开辟第二战场的诺言。但此时，美国还有一张王牌可打，那就是兑现诺言，为苏联提供战后经济援助，助其重建满目疮痍的国家。曾经不可一世的大英帝国如今在三大国里处于最下风，丧失了独立发声的底气，战后还要依靠美国的善意和慷慨相助才能保住世界强国的地位。雅尔塔会议上出现的冲突最终会把三国同盟撕裂。但这种紧张关系不会摆在展示团结的台面上，也不会体现在各国民众的热情反应上，历经多年战争后，他们极其渴望听到好消息。

分歧主要出现在波兰问题上。雅尔塔举行了8次全体会议，有7次都聚焦在这个问题上。斯大林说："波兰的问题并不仅仅是荣誉问题，还关系到苏联的领土安全。纵观历史，波兰一直是敌国进入苏联的走廊地带。"这是一个"关系到苏联生死存亡的问题"。[84]

斯大林要求各国承认在波兰东部城市卢布林成立的共产党政府，彼时该政权暂管波兰。三巨头达成妥协，同意成立波兰民族团结临时政府（Polish Provisional Government of National Unity）。协定规定："在波兰成立的临时政府要在广泛的民主联合执政的基础之上重建，这既要包括波兰国内的民主力量，又要包括流亡国外的波兰政治力量。"英国、美国和苏联的特使都要为波兰新政府的领导人充当顾问，举行自由选举，所有"民主和反纳粹的政党"都可以参加选举。[85]三巨头不顾在伦敦的波兰流亡政府的反对，一致同意将寇松线作为波兰的东部边界。但在波兰的西部边界问题上，三国未能达成一致意见，只得将其留待日后解决。这些协议里的许多内容都规定得含糊其词，并不具体。海军上将莱希是一位参加过美西战争和一战的老兵，他在菲律宾、中国、巴拿马和尼加拉瓜等地都待过一段时间。退休回国后，他被罗斯福重新聘任，担任其参谋长。莱希提醒罗斯福："它规定得如此模糊，苏联甚至可以将其从雅尔塔延伸到华盛顿，还不会落下违反协定的把柄。"罗斯福表示同意，他说："我知道，比尔——我知道。但我目前只能为波兰做这么多了。"[86]

在德黑兰，罗斯福给斯大林写过一张纸条，承诺"美国政府绝不会以任何方式支持任何会侵犯苏联利益的波兰临时政府"。[87]然而，罗斯福支持的伦敦波兰流亡政府却是强硬的反共主义者，这显然是有违苏联利益的。

罗斯福明白，在雅尔塔，他施展影响力的空间很小。于是，他更热衷于劝说斯大林同意承认《关于被解放的欧洲的宣言》（Declaration on Liberated Europe）。该宣言承诺要在欧洲通过民主选举，建立具有广泛代表性的民选政府。

虽然三巨头在德国问题上仍未达成一致，但他们一致认定，要把这个即将被攻克的国家分为四个占领区，其中一个由法国管辖。由于未能就战后德国的战争赔款问题达成一致，他们又决定成立一个战争赔款委员会。委员会就总额为200亿美元的战争赔款进行讨论，其中有一半要赔给苏联。斯大林答应在欧洲战争结束后三个月内出兵日本。作为回报，美国答应在东亚的领土和经济问题上让步，这很大程度上恢复了俄国在1904—1905年日俄战争中因为日本损失的利益。

雅尔塔会议传来的消息点燃了人们已经消失了数十年的乐观情绪。美国前总统赫伯特·胡佛称这次会议给了"世界一个巨大的希望"。美国哥伦比亚广播公司的战地记者威廉·夏伊勒（William

Shirer），这位后来写出著名畅销书《第三帝国的兴亡》（*The Rise and Fall of the Third Reich*）的作家，将这次会议称为"人类历史的里程碑"。[88]罗斯福回国后发表了国会演讲，他在演讲中说：

> 我希望，克里米亚的会议是美国历史的转折点，也是世界历史的转折点……我们必须担负起引导世界和平发展的历史责任，否则就要担负起解决另一场世界大战的历史责任……我相信，国会和美国人民会接受会议的结果，视其为永久和平的原始框架。在这一框架下，我们以上帝之名，为你和我，为我们的子孙后代，为全世界人民的子孙后代，共同建设一个和平美好的世界。朋友们，这就是我今天唯一想告诉大家的，因我深有感触，我深知你们此时此刻也正感受着，并在未来会依然有此感受。[89]

罗斯福的顾问和密友哈里·霍普金斯也感受到了雅尔塔会议后人们的喜悦之情。他表示：

> 我们深信，这就是我们苦苦祈求并谈论多年的黎明曙光。我们无比确定，我们第一次赢得了人类和平的伟大胜利——我说的"我们"，是指我们所有人，世界所有人民。（苏联已经证明他们是）理性且具有远见卓识的，总统和我们每个人都毫不怀疑，我们能够与他们和平共处，共同走向美好的未来。但我想补充的是——我认为我们每个人的心里都有一些担心，我们无法预料万一斯大林那里出了什么问题，结果将会怎么样。我们相信斯大林是通情达理的，但我们永远无法确认他身后的克里姆林宫里有什么人或什么东西。[90]

被强硬派绑架，杜鲁门结束美苏蜜月

雅尔塔会议后的苏联也沉浸在一片喜悦之中，但他们同样在担心罗斯福的继任者将会如何行动。一观罗斯福的国会演讲，不难发现，罗斯福的健康状况一落千丈。经历了疲惫不堪的雅尔塔之旅后，罗斯福总统第一次坐着而不是站着，向国会发表演讲。在接下来的数周里，与苏联在波兰和其他问题上的分歧浮出水面，为这位总统带来种种可能影响未来两国关系的棘手问题。尽管如此，他还是从未放弃希望，坚信三个大国能和平友好地合作。在发给丘吉尔的最后一封电报中，罗斯福写道："我会尽可能地化解苏联提出的这些问题。这些问题似乎每天都会以这样或那样的形式冒出来。而其实，这其中的大多数问题都是可以解决的。"[91]

1945年4月12日，哈里·杜鲁门，这位1944年大选后接替华莱士的副总统，前往众议院议长萨姆·雷伯恩（Sam Rayburn）位于国会大厦的办公室，想到那里打打扑克、喝喝新运来的威士忌。刚到那里，杜鲁门就接到通知，让他立刻打电话给白宫的史蒂夫·厄尔利（Steve Early）。厄尔利让他立刻返回白宫。到了白宫，埃莉诺·罗斯福告诉杜鲁门一个惊人的消息：总统已经病逝了！过了好一会儿，杜鲁门才从悲伤失措中回神。他向埃莉诺·罗斯福表达了哀悼之情，然后询问她自己能够帮忙做些什么。但埃莉诺·罗斯福说："是我们能帮您做些什么，因为身陷困境的人是您。"[92]

这是杜鲁门始料不及的。他当副总统才刚满82天，这期间他只和罗斯福见过两次面，根本没有机会讨论国家正在面临的任何实质性问题。事实上，最令人吃惊的是，不管是罗斯福或其他高层官员，没有一个人告诉过杜鲁门，美国正在制造原子弹。接任总统的第一天，杜鲁门在国会大厦外遇到了一群记者。有人问他第一天当总统感觉怎么样，杜鲁门回答说："孩子们，如果可以，

罗斯福病逝后，哈里·杜鲁门在白宫宣誓就任美国总统。

你们现在就开始为我祈祷吧。我不知道你们有没有被一堆干草砸到身上过，反正昨天当他们告诉我发生了什么事的时候，我感觉月亮、星星和所有行星都砸到了我身上。我已经接下了一份人类所能承受的责任最重大的工作。"当一名记者大喊"祝你好运，总统先生"，杜鲁门回答道："我希望你不必这么称呼我。"[93]这并不是杜鲁门在假装谦卑。他是真的觉得困难重重，他告诉每一个他遇到的人，说他自己并不适合担任总统，这完完全全是一个错误的决定。

史汀生、华莱士和其他一些人担心，由于杜鲁门的立场和缺乏准备，他会成为一些强硬派的傀儡。史汀生预计最大的压力将会来自丘吉尔，他提醒马歇尔，他们"应该提高警惕，如今一位新人执政掌权，要保证他在总统任期内，在充分了解英美两国在如何处理战后问题上的分歧后，再做决策。"[94]

在 3 月 16 日的内阁会议上，罗斯福已经清晰阐明了或许是美英之间最重要的意见分歧。美国海军部长詹姆斯·福里斯特尔（James Forrestal）没有出席这次会议，但他让助理部长 H. 斯特鲁韦·亨塞尔（H. Struve Hensel）到场并做了记录。福里斯特尔在他的日记中写道："总统提出了与英国关系中存在的种种困难。他还半开玩笑说，英国特别希望美国能和苏联干上一仗。在罗斯福看来，如果按照英国人的计划，那美国将遭受灭顶之灾。"[95]

4 月 13 日，第一个去见杜鲁门的是国务卿爱德华·斯退丁纽斯。这位曾负责租借援助事务的官员，应杜鲁门的要求欣然前往报告当前的世界形势。斯退丁纽斯几乎从未对罗斯福产生过影响。事实上，许多人认为他是个无足轻重的人。罗斯福的一个朋友曾抱怨说："国务卿应该能读、会写、善言。他不一定要样样精通，但斯退丁纽斯一样都不行。"[96]斯退丁纽斯在向杜鲁门的汇报中，把苏联描述成背信弃义、弄虚作假的国家。当天晚些时候，他在备忘录中写道，自雅尔塔会议结束以来，苏联"几乎在所有重要问题上都坚持己见，不肯做出一点点让步"。他还控诉苏联人经常在已经解放了的欧洲某些地区擅自行动，还说丘吉尔比美国更反感苏联人的所作所为。[97]丘吉尔很快就发来电报并派外交大臣安东尼·艾登访问华盛顿证实了这个观点。经过与杜鲁门的接触，英国驻美国大使哈利法克斯勋爵（Lord Halifax）认为这位新总统是"老实、勤奋的平庸之人……笨拙，充其量也就是业余水平"，身边都是些"密苏里州县级法官水平"的朋友。[98]

4 月 13 日下午，杜鲁门还会见了他在参议院的导师——老议员詹姆斯·F."吉米"·伯恩斯（James F. "Jimmy" Byrnes）。杜鲁门承认他所知甚少，希望伯恩斯告诉他"从德黑兰到雅尔塔"的整个历程以及"所有事情"。[99] 由于伯恩斯是雅尔塔会议美国代表团的成员，杜鲁门认为他应该清楚会议期间到底发生了什么。数个月后，杜鲁门才发现事实并非如此。在这次以及随后的几次交谈中，伯恩斯支持斯退丁纽斯的观点，认为苏联正在违反《雅尔塔协定》(Yalta Agreement)，建议杜鲁门坚决予以制止，绝不能姑息。他还第一次向杜鲁门汇报了美国正在制造原子弹一事，他推测，原子弹"或许可以让我们在战争结束时拥有绝对的话语权"。[100] 但他并没有详细地说明美国将会对谁发号施令。杜鲁门十分信任伯恩斯，他明确表示，一旦斯退丁纽斯出任美国驻联合国代表，他将任命伯恩斯担任国务卿。杜鲁门的好友兼内阁秘书马修·康纳利 (Matthew Connelly) 后来写道："伯恩斯先生从南卡罗来纳州过来，跟杜鲁门先生谈了话，总统随后就决定任命他为新的国务卿了。我想，伯恩斯觉得杜鲁门无足轻重，他自视甚高，觉得自己聪明过人。"[101] 伯恩斯也许聪明过人，但在这对看似格格不入、却又将深深影响战后世界的搭档中，杜鲁门接受了更多正规教育，至少他已经高中毕业，而伯恩斯14岁时就辍了学。

美国特使哈里曼到克里姆林宫拜见了斯大林，这位苏联领导人得知罗斯福病逝后哀痛万分。斯大林握着哈里曼的手说，罗斯福的逝世是全世界人民的重大损失，他请求哈里曼代他向罗斯福的夫人和孩子们致以最沉痛的哀悼。哈里曼努力向斯大林保证，他会与杜鲁门总统一起进一步发展美苏关系，并称杜鲁门是"一位行动重于言语的实干家"。斯大林回应说："虽然罗斯福走了，但他的事业仍将继续。我们会尽我们所能去支持杜鲁门总统。"[102] 一贯多疑的哈里曼被斯大林的深情感动了。

莫洛托夫在前往旧金山参加联合国成立仪式的途中，在华盛顿短暂逗留了一会儿。他渴望与这位新总统面对面交流。哈里曼这时也匆忙回到国内，想赶在杜鲁门与苏联外长会晤之前向杜鲁门

从左到右分别是詹姆斯·伯恩斯、哈里·杜鲁门和亨利·华莱士，三人正在参加罗斯福总统的葬礼。

汇报工作。他及时赶到了，并提醒杜鲁门美国面临"欧洲人的野蛮入侵"。他劝说杜鲁门要立场坚定地告诉莫洛托夫，"美国绝不会容忍任何国家在波兰问题上发号施令"。[103]哈里曼补充说，这些建议是丘吉尔和艾登提出的。哈里曼还说，一旦苏联控制了某个国家，就会把自己的制度强加给那个国家，并且秘密警察也会一同入驻，取缔所有言论自由。他相信苏联不敢与美国翻脸，因为它迫切需要此前罗斯福提到的战后重建援助。斯退丁纽斯和海军部长詹姆斯·福里斯特尔也基本同意哈里曼的看法。他们三人都赞成美国要在波兰问题上采取强硬立场。

4月23日，在会见莫洛托夫之前，杜鲁门召集其外交政策幕僚，召开了最终会议。会上，史汀生、马歇尔和莱希发表了不同意见。

莱希重申，《雅尔塔协定》的条款规定得过于模糊，难以判断苏联是否违约。他表示，事实上，在《雅尔塔协定》达成以后，如果苏联表现得与之前不同，他会感到惊讶。德高望重的马歇尔在1943年被《时代》周刊评选为年度人物，他警告称，与苏联关系破裂将会造成灾难性后果，因为美国还需要苏联协助打败日本。史汀生则对苏联的困境给予了充分理解，并劝经验匮乏的总统一定要谨慎行事。他解释说，苏联一直是一位可以信赖的盟友，它给予的帮助时常比承诺的还多，特别是关涉重大军事事宜时更是如此。他提醒总统波兰对苏联的重要性，"在考虑自身安全问题上，苏联人要比我们务实得多"。他还讲到，在美英两国之外，即使包括那些受到美国影响的国家，也没有几个真正认同美国主张的那种自由选举。[104]杜鲁门没有听劝，还是一如既往地用咄咄逼人和虚张声势来竭力掩盖自己在这些关键问题上的无知。他表示自己将直面莫洛托夫，要求苏联停止破坏《雅尔塔协定》的错误行为。就成立联合国一事而言，美国将"继续按照为旧金山大会所做的计划行事，如果俄国人不和我们合作，就让他们都见鬼去吧"。[105]杜鲁门向哈里曼坦言，他并不要求苏联100%就范，但他的确期望苏联能做到85%地遵照其意见行事。[106]

　　意料之中的也许是，对苏联最猛烈的抨击者都有着类似的阶级背景，这令他们怀疑苏联的动机和意图，痛斥一切与社会主义沾边的东西。大使哈里曼是一位曾创建布朗兄弟哈里曼银行的铁路大亨的儿子。福里斯特尔也在华尔街发了大财。而斯退丁纽斯曾长期担任美国当时最大的钢铁公司——美国钢铁公司董事会主席。他们还把其他富有的国际银行家、华尔街大鳄、华盛顿的律师和其他企业主管等曾在两次世界大战期间继承财产或发家致富的同伙集合在一起，共同商议美国的战后政策。这里面包括科温顿和伯林（Covington & Burling）律师事务所的迪安·艾奇逊

(Dean Acheson)，布朗兄弟哈里曼银行的罗伯特·洛维特（Robert Lovett），克拉瓦斯、斯韦恩和穆尔（Cravath, Swaine & Moore）国际律师事务所的约翰·麦克洛伊，苏利文·克伦威尔律师事务所的艾伦和约翰·福斯特·杜勒斯，石油和金融富豪纳尔逊·洛克菲勒（Nelson Rockefeller），狄龙和瑞德公司的保罗·尼采（Paul Nitze），费迪南德·埃伯施塔特公司的费迪南德·埃伯施塔特（Ferdinand Eberstadt），以及通用汽车的总裁查尔斯·E. 威尔逊（Charles E. Wilson）。1944 年，时任战时生产委员会（War Production Board）主席的查尔斯·E. 威尔逊曾对陆军军械理事会（Army Ordnance Board）说过，为了防止 1929 年的经济大萧条重演，美国需要"一种永久性战争经济"。[107] 尽管这些人也曾在罗斯福政府任职，但他们对罗斯福的影响很小，罗斯福很大程度上自己充当着自己的国务卿。

当天晚些时候，杜鲁门会见了莫洛托夫。他摆出强硬姿态，直截了当地批评苏联已经违反了《雅尔塔协定》，特别是在波兰问题上。莫洛托夫进行了解释，试图令杜鲁门明白波兰作为与苏联接壤的邻国，对苏联的安全是多么重要，而且《雅尔塔协定》要求的是一个友好的波兰盟友，而不是伦敦那些仇恨卢布林共产党政府的波兰人。杜鲁门对这些解释置若罔闻。当莫洛托夫试图谈其他问题时，杜鲁门打断了他的话："就说到这里吧，莫洛托夫先生。请你把我的意见转达给斯大林元帅，我将不胜感激。"[108] 莫洛托夫答道："这辈子，还从来没有人这样对我说话。"杜鲁门反唇相讥："履行你们的协定，就不会有人这样跟你说话。"[109] 莫洛托夫被气得愤然离开白宫。数年之后，莫洛托夫还记得杜鲁门"蛮横的语调"和"极其愚蠢"地显示"谁才是老大"的样子。[110]

此后不久，杜鲁门还向前驻苏大使约瑟夫·戴维斯（Joseph Davies）吹嘘此事："我把话向他挑明了。让他尝尝我的厉害，直接冲着他的下巴就是左右两拳。"[111]

对于杜鲁门毫不委婉的指责和批评，斯大林立刻给予了回应。在过去的25年里，苏联已经被德国通过波兰和东欧侵犯过两次，斯大林坚持要在苏联的西边，特别是毗邻的波兰，组建亲苏政权。在杜鲁门会见莫洛托夫的第二天，斯大林向杜鲁门发去电报，大体说明了雅尔塔会议的真实情况。斯大林坚持认为，罗斯福已经同意以现有卢布林政府的成员为核心，成立新的波兰政府。由于"波兰和苏联接壤"，苏联有权在那里建立一个亲苏政府。斯大林说他不清楚比利时或希腊的政府算不算是真正的民主政府，他不想恶意攻击，因为它们对于英国的安全至关重要。斯大林还写道："我已经准备按照你的要求去做，尽一切可能达成和谐的解决方案。但你对我的要求太高了……你要求我放弃苏联的国家安全利益，背叛我的祖国，请恕我难以从命。"[112]

斯大林相信他和罗斯福已经就波兰问题达成了共识，美国尊重苏联的安全需求。事实上，在1943年10月于莫斯科举行的外交会议上，哈里曼想就波兰问题展开讨论时，国务卿赫尔制止了他，并提醒他关注美国真正的头等关切。赫尔说："我不想在这种小事上纠缠。我们必须集中精力处理大事。"[113]但是，杜鲁门上台后，对苏强硬派主导了政策走向。斯大林感觉自己被背叛了。

4月25日，美国旧金山召开了联合国成立大会。此次会议本应是庆祝国际和平与和解的新时代终于到来的大会，但在最初几天的会议中，这种气氛被战时主要盟友的紧张关系给破坏了。大会召开当天，哈里曼与美国代表团成员达成共识："每一个与会代表都明白……苏联不会履行战后协定。"哈里曼坚称，苏联会不择手段地控制东欧。当哈里曼在几场非正式的新闻发布会上重复这些指控的时候，一些记者悻然离席，并指责哈里曼是个"战争贩子"。[114]但美国代表没有质疑哈里曼的观点。莫洛托夫提出的由卢布林政府代表波兰出席会议的请求遭到拒绝，但美国联合拉丁美洲代表，支持同情纳粹的阿根廷加入联合国。

由于对苏强硬政策没达到预期效果，杜鲁门特地两次召见前驻苏大使约瑟夫·戴维斯，向他征求意见。戴维斯以前是一名保守的企业律师，曾因赞同苏联的社会主义实验而令自由派批评人士大感惊讶。杜鲁门对戴维斯坦言，在他发表了长篇演讲之后，莫洛托夫"身子明显地颤抖，脸色煞白"。苏联在旧金山会议上做出让步，没有要求国际社会承认卢布林共产党政府，因此杜鲁门觉得"强势策略"有了成效。但自那之后，美苏两国关系迅速恶化。杜鲁门问道："戴维斯，你怎么看这个问题，我这样做对吗？"

戴维斯解释说，在4月23日莫洛托夫与杜鲁门会面之前，莫洛托夫曾去看望他，并询问了他杜鲁门是否完全清楚雅尔塔会议的所有详情。莫洛托夫还说，罗斯福的病逝对于苏联来说是"一大不幸"，因为"斯大林和罗斯福相知相惜"。戴维斯对杜鲁门说，苏联一直"在盟国之间……坚定地奉行互惠互利原则"。因此，苏联接受了英国在非洲、意大利、希腊建立亲英政府，尽管这些政府代表的政治力量在其国内并不主张反法西斯。因为苏联明白，这些政治力量事关美英的"核心利益"。因此，苏联也同样希望美英在波兰问题上尊重苏联的安全需求。戴维斯提醒杜鲁门，当美国和英国谋划全球战略之时，苏联正在全力与法西斯战斗。当听到苏联甚至"因为罗斯福总统的建议"同意不向丘吉尔提出领土要求时，杜鲁门吃了一惊。杜鲁门承诺，他将把国务院中那些将他引向歧途的反苏分子"清除"出去。戴维斯说，在过去的6周里，在英国的煽动下，美苏关系恶化得相当厉害。

戴维斯提醒杜鲁门，如果苏联认定了美英"联起手来对付它"，那么苏联将会以牙还牙，与西方世界斗到底，就像苏联在知道西方世界不会帮它对付纳粹德国时，它就与希特勒签订了《苏德互不侵犯条约》。但戴维斯向杜鲁门保证，"如果我们对苏联伸出慷慨和友善之手，苏联将更积极地予以回应。'强硬'只会激怒苏联，导致其做出迅速而激烈的反应，与仇视他们的人'斗争到底'"。戴维斯同意为杜鲁门和斯大林安排一次会面。杜鲁门承认自己身陷困局，错误地处理了美苏关系。戴维斯在日记中记下了杜鲁门的自贬："我自然要关心此事。兹事体大，又是我最不擅长处理的。但不管如何，我都责无旁贷。我会尽力的。"他还自嘲道："这里有个乔·威廉，他已经尽其所能。没法做得更多了，但反应还是太慢。"[115]

曾在1942—1943年担任美国驻苏联大使的威廉·H. 斯坦德利（William H. Standley）将军也公开反对那些认为斯大林不怀好意的人。他在《科里尔杂志》（Collier's）上撰文指出，斯大林真心希望和美国合作建立长久和平的世界。他认为，苏联不仅"极其"渴望一个长久和平的世界，"而且我敢保证，斯大林是发自内心且热切地期盼和平到来的"。斯坦德利最后说："我们的世界根本承受不起另一场战争。"[116]

斯大林不支持全球革命

欧洲战场的战事进展顺利。4月26日，美军和苏军在托尔高附近的易北河会师。那里距离美国西海岸有4500英里，距离千疮百孔的斯大林格勒也有1400英里。会师的人们欢欣鼓舞，他们享受着各色美食，畅饮着各种美酒——香槟、伏特加、法国白兰地、葡萄酒、啤酒和苏格兰威士忌。上等兵利奥·卡辛斯基（Leo Kasinsky）描述其为"我一生中最美妙的欢乐时光……（苏联人）用美妙的盛宴招待我们，我们彼此干杯祝酒有60次之多"。他还写道："好家伙！就算是在纽约的布鲁克林区，也没这么个喝法。"[117]《纽约时报》报道说："美国人、苏联人和英国人为了永久的和平聚到一起，他们一起喝酒、唱歌，共同表达了对未来的美好愿望。"[118]

1945 年 5 月 7 日，德国投降了。一周前，希特勒和爱娃·布劳恩（Eva Braun）在柏林的地堡里自杀了。一位美国外交官写道，苏联人民的喜悦"难以言表"。许多群众聚集在莫斯科的美国大使馆门前，高喊着："罗斯福万岁！"[119] 斯大林在红场向两三百万集会群众发表了胜利的演讲。

美国人民也认识到苏联人民遭受的深重苦难和做出的巨大牺牲，向苏联送去友善的祝福。6 月，C. L. 苏兹伯格（C. L. Sulzberger）在《纽约时报》上撰文，描述了战争给苏联人留下的难以想象的创伤："在这片热爱劳动的土地，苏联人民耗费了许多时间与德国鏖战，他们经历了悲痛、创伤、疾病、灾荒，由此导致的损失无法估量。这是本土几乎没有遭遇战争的美国人难以想象的，也是受到重创的英国人无法想象的。即使是许多苏联人，也很难对此有全面的了解和认识。"苏兹伯格知道如此巨大的破坏将造成深远的影响："这种骇人听闻的痛苦和规模空前的破坏，不仅会在苏联人民和苏联大地上留下深深的印痕，而且对苏联未来的决策、政策以及心理情感都会有深远影响。"这意味着苏联会要求在东欧有"绝对可靠的盟友"，德国的军事力量遭到永久削弱，并和毗邻的中亚和远东各国建立友好关系。他预计，尽管苏联人民也渴望"过上更好的生活"，但他们未来会宁愿牺牲舒适的物质生活，也要换取在战争年代被摧毁的那种安全感。[120]

在这一年中，旨在帮助苏联解决物质匮乏问题的慈善活动迅速在美国开展起来。1946 年元旦当天，《华盛顿邮报》的编辑们号召美国人不要忘记那些同样在庆贺新年的苏联小朋友，"捐出一点钱物"来纪念"我们和苏联人民同舟共济的深厚友谊"。[121] 就连第一夫人贝丝·杜鲁门（Bess Truman）也积极参与其中。7 月，她为俄罗斯战争救助组织（Russian War Relief）的英语经典文丛项目担任名誉主席，该机构开始在全国范围内收集了100万册书籍，准备赠予苏联，以取代那些被纳粹德国毁掉的图书。每本赠送的图书扉页都印有美苏两国的国旗，下面印着一行小字："美国人民向英勇的苏联人民致意！"[122]

无数个故事处处流传，颂扬着苏联战士和普通民众的英勇与无私。《华盛顿邮报》详细报道了参与诺曼底登陆的伞兵部队军医欧内斯特·M. 格伦伯格（Ernest M. Gruenberg）上校的亲身经历。格伦伯格和另外两名美国军官从战俘营逃出去，仅仅历经14天就到达了莫斯科。格伦伯格回忆道："我们几乎没怎么走路。经常有卡车或者火车载着我们，从来没人向我们要钱或是要车票。我们什么都也没有，只因为是美国人，他们就对我们特别好，到哪儿都有人收留我们。我们坐了卡车又换篷车，进莫斯科的时候，我们还坐上了一辆为苏联军官准备的车。当然，这也是免费的。"苏联人和波兰人还慷慨地与他们分享本就不多的食物，格伦伯格相信他都把在狱中减掉的那25磅肉补了回来。[123]

这种与苏联人民结下的同志情谊让两国人民都对战后的友好关系满怀着美好希冀。3月的盖洛普民意调查显示，55%的美国人相信，战后苏联与美国会建立合作关系。[124]

尽管杜鲁门身边的许多幕僚认为斯大林会在红军所到之处建立共产党政权，但斯大林并不急于进行暴风骤雨式的革命。斯大林意识到，对大多数国家来说，共产党代表的力量还不广泛，尽管他们常在反法西斯战争中发挥领导作用。斯大林也曾说过，共产主义之于波兰，正如马鞍之于牛。[125]

苏联军队不仅在苏联国境内目睹了德国人的暴行，他们解放德国人建立的集中营时，更是无法遏制内心的愤怒。这些集中营中包括马伊达内克集中营、索比堡集中营、特雷布林卡集中营，还有他们在进攻柏林途中解放的奥斯维辛集中营。正如战地记者亚历山

俄罗斯战争援助组织呼吁美国人民
积极援助处在反法西斯战争前线的苏联
盟友。

大·沃思（Alexander Werth）所描写的那样："当苏联红军向西挺进
时，他们每天满耳都是暴行、羞辱和驱逐出境的故事，满眼都是满
目疮痍的城市，还有大片红军俘虏的死人坑，这些俘虏不是被杀死

的就是被饿死的……苏联红军脑海里的纳粹德国，什么希特勒，什么希姆莱，什么劣等民族的哲学，还有那些无法言说的暴虐行为，现在都变成了眼前残酷的现实。"[126]战士们也记录下了他们所看到的恐怖场景。V. 列特尼科夫（V. Letnikov）在 1945 年给妻子的信中写道：

> 昨天我们清理了一座关有 12 万人的死亡集中营，集中营四周布置了 2 米多高的通电的铁丝网。此外，德国人还到处埋放了地雷。岗楼每隔 50 米就有一个，配有武装警卫和机关枪。在离牢房不远的地方就是焚尸房。你能想象德国人在那里烧了多少尸体吗？在一处被炸开的焚尸房旁，到处都是尸骸，堆放的鞋子有几米高，其中还有孩子们的。太恐怖了，简直无法形容。[127]

苏联的报纸，包括士兵们所读的报纸，一直不间断地报道这些骇人听闻的暴行。当红军踏上德国国境，内心的愤怒终于失控了。斯大林既没有恐吓，也没有谴责红军的复仇，他只是冷眼旁观。

斯大林并不急于建立红色政权，而是试图限制那些在西欧和东欧各国寻求革命的人，鼓励他们组建广泛的民主联合政府。比起国际共产主义战士，斯大林更像一个民族主义者，他首先考虑的是苏联本国的利益。他仍期盼美国对战后苏联重建的支持，他需要与盟国合作以对抗德国强权复活，而那被他视作苏联的最大威胁。他提醒其他国家的共产党领导人，不要模仿苏联建立布尔什维克政权，而是要在其他"政治体制"下缓慢过渡到社会主义社会，"例如民主制、议会共和制，甚至君主立宪制"。[128]斯大林也从未想过要破坏与美英之间的联盟。因此，斯大林在苏联解放的东欧和中欧国家建立起的政权虽然亲苏，但并不都由共产党执政。

杜鲁门也倾向于缓和彼此的关系。在与戴维斯会谈以及与哈里·霍普金斯和商务部长亨利·华莱士进行磋商后，杜鲁门开始努力改善与苏联的关系。丘吉尔请求美英联合，将部队驻留于前沿阵地，直到苏联妥协让步，但杜鲁门和其军事将领们顶住了这种压力。杜鲁门渐渐发觉，斯大林对《雅尔塔协定》的理解要比自己的更加贴近事实。伯恩斯承认，他在达成最终协定之前就离开了雅尔塔，而且许多场关键会议他也没有参加。杜鲁门还了解到，罗斯福确实答应了苏联控制东欧的要求，而且没有理由在波兰建立一个卢布林政府以外的新政权。5 月底，他派哈里·霍普金斯去拜见斯大林，美苏共同就波兰问题达成一致，在波兰建立一个类似于南斯拉夫自治模式的政权。波兰重组政府的内阁由波兰前总理（现任副总理）斯坦尼斯拉夫·莫斯齐茨基（Stanislaw Mikolajczyk），3 位非共产党人，以及 17 位共产党员及其盟友联合组成。杜鲁门告诉记者这代表了斯大林方面一次"令人非常愉快的让步"，这对美苏未来的合作而言是个好兆头。[129]

7 月，当杜鲁门启程飞往波茨坦时，比起两个月前，盟国之间对于建立战后联盟的共识更加巩固了，前景也更乐观。但警告的声音依然不断。1945 年 7 月，在把斯大林作为封面人物的两年后，《生活》杂志发文警告读者："对美国来说，苏联是头号难题。因为它是当今世界唯一有能力挑战我们的真理、正义和美好生活的国家。"[130]

波茨坦会议期间，尽管表面上一团和气，但事实证明这次会议对长期合作很不利。杜鲁门得知了原子弹试验成功的消息，这让他确信美国不必再顾虑苏联，而他对待斯大林的行为举止也传递出这种傲慢。在乘坐"奥古斯塔"号（Augusta）战舰从波茨坦返航时，杜鲁门对一群军官说，如果苏联再不听话，美国也不用再迁就了，"因为美国现在已经研制出一种全新的武器。它的威力如此之大，我们已经不需要苏联，或者说任何一个国家的帮助了"。[131]

注释

1   "The Debate in Commons," *New York Times*, October 4, 1938.

2   David Reynolds, *From Munich to Pearl Harbor: Roosevelt's America and the Origins of the Second World War* (New York: Ivan R. Dee, 2001), 42–49.

3   United States Holocaust Memorial Museum, http://www.ushmm.org/wlc/en/article. php?ModuleId=10007411.

4   Frank L. Kluckhohn, "Line of 4,500 Miles," *New York Times*, September 4, 1940.

5   David M. Kennedy, *Freedom from Fear: The American People in Depression and War, 1929–1945* (New York: Oxford University Press, 1999), 456.

6   John C. Culver and John Hyde, *American Dreamer: The Life and Times of Henry A. Wallace* (New York: W. W. Norton, 2000), 123–125.

7   Arthur Schlesinger, Jr., "Who Was Henry A. Wallace? The Story of a Perplexing and Indomitably Na.ve Public Servant," *Los Angeles Times*, March 12, 2000.

8   Peter J. Kuznick, *Beyond the Laboratory: Scientists as Political Activists in 1930s America* (Chicago: University of Chicago Press, 1987), 184–186, 205–206.

9   Samuel I. Rosenman, *Working with Roosevelt* (New York: Harper & Brothers, 1952), 218.

10 Culver and Hyde, *American Dreamer*, 222–223.

11 Charles Hurd, "President Moves," *New York Times*, March 31, 1940.

12 George Bookman, "President Says Program Would Eliminate 'Silly Foolish Dollar Sign,'" *Washington Post*, December 18, 1940.

13 "Mrs. Roosevelt Rebukes Congressmen of G.O.P.," *Los Angeles Times*, January 8, 1941.

14 "Hoover Scores Surrender of Congress," *Washington Post*, January 11, 1941.

15 "Wheeler Sees War in Bill," *Los Angeles Times*, January 13, 1941.

16 Ibid.

17 Robert C. Albright, "President Calls Senator's 'Plow Under... Youth' Remark 'Rotten,'" *Washington Post*, January 15, 1941.

18 "Wheeler Asserts Bill Means War," *New York Times*, January 13, 1941.

19 George C. Herring, *Aid to Russia 1941–1946: Strategy, Diplomacy, the Origins of the Cold War* (New York: Columbia University Press, 1973), 5.

20 Kennedy, *Freedom from Fear*, 475.

21 "Basic Fear of War Found in Surveys," *New York Times*, October 22, 1939.

22 戴维·肯尼迪（David Kennedy）把这个数字提升到 360 万；参见 Kennedy, *Freedom from Fear*, 482。

23 "Text of Pledge by Churchill to Give Russia Aid," *Chicago Tribune*, June 23, 1941.

24 Turner Catledge, "Our Policy Stated," *New York Times*, June 24, 1941.

25 Herring, *Aid to Russia 1941–1946*, 12.

26 "Our Alliance with Barbarism," *Chicago Tribune*, September 2, 1941, 14.

27 Arthur Krock, "US Aid to Soviet Is Found Lagging," *New York Times*, December 3, 1941.

28 Charles A. Beard, *President Roosevelt and the Coming of the War* (Hamden, CT: Archon Books, 1968), 139.

29 Ibid., 141–142.

30 Walter LaFeber, *The American Age: United States Foreign Policy at Home and Abroad Since 1750* (New York: W. W. Norton, 1989), 381–382.

31 Justus D. Doenecke and John E. Wilz, *From Isolation to War, 1931–1941* (American History Series) (Arlington Heights, IL: Harlan Davidson, 1991), 159–161, 168–176.

32 Ronald H. Spector, *In the Ruins of Empire: The Japanese Surrender and the Battle for Postwar Asia* (New York: Random House, 2007), 95.

33 Henry R. Luce, "The American Century," *Life*, February 1941, 61–65.

34 LaFeber, *The American Age*, 380.

35 Henry A. Wallace, *The Price of Vision: The Diary of Henry A. Wallace 1942–1946*, ed. John Morton Blum (New York: Houghton Mifflin, 1973), 635–640.

36 Herring, *Aid to Russia 1941–1946*, 56, 58.

37 Herbert Feis, *Churchill, Roosevelt, Stalin: The War They Waged and the Peace They Sought* (Princeton, NJ: Princeton University Press, 1957), 42.

38 Lloyd C. Gardner, Walter F. LaFeber, and Thomas J. McCormick, *Creation of the American Empire, U.S. Diplomatic History Since 1893* (Chicago: Rand McNally, 1976), 425.

39 John Lewis Gaddis, *Russia, The Soviet Union, and the United States* (New York: McGraw-Hill, 1990), 149.

40 Kennedy, *Freedom from Fear*, 573.

41 Allan M. Winkler, *Franklin D. Roosevelt and the Making of Modern America* (New York: Longman, 2006), 235.

42 Kennedy, *Freedom from Fear*, 574.

43 Edward T. Folliard, "Molotov's Visit to White House, Postwar Amity Pledge Revealed," *Washington Post*, June 12, 1942.

44 Vladislov M. Zubok, *A Failed Empire* (Chapel Hill: The University of North

Carolina Press, 2007), 11.

45 Kennedy, *Freedom from Fear*, 575–576.

46 Mark Sullivan, "A Military Question," *Washington Post*, August 5, 1942.

47 Mark Sullivan, "Mark Sullivan," *Washington Post*, July 12, 1942.

48 John Lewis Gaddis, *The United States and the Origins of the Cold War, 1941–1947* (New York: Columbia University Press, 1972), 69.

49 George C. Herring, *From Colony to Superpower: U.S. Foreign Relations Since 1776* (New York: Oxford University Press, 2008), 547.

50 Mark A. Stoler, *The Politics of the Second Front: American Military Planning and Diplomacy in Coalition Warfare, 1941–1943* (Westport, CT: Greenwood Press, 1977), 55–58, 110.

51 Kennedy, *Freedom from Fear*, 579.

52 "Hull Lauds Soviet Stand," *New York Times*, December 12, 1941.

53 Ralph Parker, "Russian War Zeal Lightens Big Task," *New York Times*, April 4, 1942.

54 Orville Prescott, "Books of the Times," *New York Times*, June 22, 1942.

55 Barnett Nover, "Twelve Months," *Washington Post*, June 22, 1942.

56 Robert Joseph, "Filmland Salutes New Tovarichi," *New York Times*, July 5, 1942.

57 Leland Stowe, "Second Front Held Vital," *Los Angeles Times*, July 7, 1942.

58 Leland Stowe, "Second Front Decision Held Imperative Now: All Signs Point to Powerful Resistance in West if Allies Wait Until Spring," *Los Angeles Times*, August 25, 1942.

59 George Gallup, "Allied Invasion of Europe Is Urged," *New York Times*, July 17, 1942.

60 June Austin, "Letter to the Editor," *Washington Post*, July 10, 1942.

61 "C.I.O. Leaders Ask President to Open Second Front at Once," *Los Angeles Times*, July 18, 1942.

62 "C. I. O. Rally to Ask 2d Front," *New York Times*, July 13, 1942.

63 "Moscow's Newspapers Highlight Second Front," *Atlanta Constitution*, August 2, 1942; "Sees Stand Vindicated," *New York Times*, June 13, 1942.

64 "500 Writers Ask 2nd Front," *New York Times*, September 15, 1942.

65 "2d Front Demand Made at Red Rally," *New York Times*, September 25, 1942.

66 "43 May Be Too Late for 2nd Front — Wilkie," *Chicago Tribune*, September 27, 1942.

67 A. J. P. Taylor, *The Second World War: An Illustrated History* (New York: G. P. Putnam's Sons, 1975), 168.

68 Melvyn P. Leffler, *For the Soul of Mankind: The United States, the Soviet Union and*

the Cold War (New York: Hill and Wang, 2007), 26.

69 Susan Butler, ed. *My Dear Mr. Stalin: The Complete Correspondence of Franklin D. Roosevelt and Joseph V. Stalin* (New Haven, CT: Yale University Press, 2005), 63.

70 Frances Perkins, *The Roosevelt I Knew* (New York: Harper & Row, 1946), 83–85.

71 Lloyd C. Gardner, *A Covenant with Power: America and World Order from Wilson to Reagan* (New York: Oxford University Press, 1984), 63.

72 Winston Churchill, *Triumph and Tragedy: The Second World War,* vol. vi (Boston: Houghton Mifflin Company, 1953), 214–215; Gaddis, *Russia, The Soviet Union, and the United States*, 154.

73 Edward S. Mason and Robert E. Asher, *The World Bank Since Bretton Woods: The Origins, Policies, Operations, and Impact of the International Bank for Reconstruction* (Washington, DC: Brookings Institution, 1973), 29.

74 Elizabeth Borgwardt, *A New Deal for the World: America's Vision for Human Rights* (Cambridge, MA: Belknap Press, 2005), 252.

75 Warren F. Kimball, *Forged in War: Roosevelt, Churchill, and the Second World War* (New York: William Morrow, 1997), 140.

76 Elliott Roosevelt, *As He Saw It* (New York: Duell, Sloan and Pearce, 1946), 37.

77 Warren F. Kimball, *The Juggler: Franklin Roosevelt as Wartime Statesman* (Princeton, NJ: Princeton University Press, 1991), 144.

78 Lloyd C. Gardner, *Approaching Vietnam: From World War II through Dienbienphu* (New York: W. W. Norton, 1988), 25.

79 Kimball, *The Juggler*, 149, 154.

80 Stephen F. Vogel, *The Pentagon: A History: The Untold Story of the Wartime Race to Build the Pentagon — and to Restore It Sixty Years Late*r (New York: Random House, 2007), 42.

81 《纽约时报》将其形容为一个 " 巨型的混凝土油炸卷建筑 "。《新闻周刊》（*Newsweek*）对该建筑的外观提出批评，说它看起来 " 像监狱 "。若干年后，诺曼·梅勒（Norman Mailer）指出，堪称 " 军工联合体殿堂 " 的五角大楼那 " 浅黄色的墙体 "" 容易让人联想到在一种令人难以启齿的操作中，从一个肉洞中拔出的某种塑料塞 "。参见 "Mammoth Cave, Washington, DC," *New York Times*, June 27, 1943; Vogel, *The Pentagon: A History,* 306; Norman Mailer, *The Armies of the Night: History as a Novel, the Novel as History* (New York: Signet, 1968) 116, 132。

82 Churchill, *Triumph and Tragedy,* 227–228; Paul Johnson, *Modern Times: The World from the Twenties to the Nineties* (New York: Perennial, 2001), 434.

83　LaFeber, *The American Age*, 413.

84　Howard Jones, *Crucible of Power: A History of American Foreign Relations from 1897* (Lanham, MD: Rowman & Littlefield, 2008), 219.

85　Churchill, *Triumph and Tragedy*, 338.

86　Gaddis, *The United States and the Origins of the Cold War, 1941–1947*, 163.

87　H. W. Brands, *The Devil We Knew: Americans and the Cold War* (New York: Oxford University Press, 1993), 6.

88　Kenneth W. Thompson, *Cold War Theories: World Polarization, 1943–1953* (Baton Rouge: Louisiana State University Press, 1981), 103.

89　"Report of President Roosevelt in Person to the Congress on the Crimea Conference," *New York Times*, March 2, 1945.

90　Robert E. Sherwood, *Roosevelt and Hopkins: An Intimate History* (New York: Harper & Brothers, 1950), 870.

91　Tsuyoshi Hasegawa, *Racing the Enemy: Stalin, Truman, and the Surrender of Japan* (Cambridge, MA: Harvard University Press, 2005), 43.

92　William E. Leuchtenberg, *In the Shadow of FDR: From Harry Truman to George W. Bush* (Ithaca, NY: Cornell University Press, 1983), 1.

93　Harry S. Truman, *Memoirs by Harry S. Truman: 1945: Year of Decisions* (New York: New American Library, 1955), 31.

94　Lloyd C. Gardner, *Architects of Illusion: Men and Ideas in American Foreign Policy, 1941– 1949* (New York: Quadrangle Books, 1970), 56.

95　Walter Millis, ed., *The Forrestal Diaries* (New York: The Viking Press, 1951), 36–37.

96　LaFeber, *The American Age*, 417–418.

97　Truman, *Memoirs by Harry S. Truman: 1945*, 25–26.

98　Donald C. Watt, *Succeeding John Bull: America in Britain's Place, 1900–1975* (New York: Cambridge University Press, 1984), 105.

99　Robert H. Ferrell, ed. *Off the Record: The Private Papers of Harry S. Truman* (Columbia: University of Missouri Press, 1980), 17.

100　Truman, *Memoirs by Harry S. Truman: 1945*, 21, 104.

101　Gar Alperovitz, *The Decision to Use the Atomic Bomb and the Architecture of an American Myth* (New York: Alfred A. Knopf, 1995), 197.

102　Hasegawa, *Racing the Enemy*, 57.

103　Truman, *Memoirs by Harry S. Truman: 1945*, 86; Gardner, *Architects of Illusion*, 58–59.

104　Truman, *Memoirs by Harry S. Truman: 1945*, 95.

105 "Memorandum by Mr. Charles E. Bohlen, Assistant to the Secretary of State, of a Meeting at the White House, April 23, 1945," in *Foreign Relations of the United States,* 1945, vol. 5 (Washington, DC: U.S. Government Printing Office, 1967), 253.

106 Truman, *Memoirs by Harry S. Truman: 1945,* 87.

107 "WPB Aide Urges U.S. to Keep War Set-up," *New York Times,* January 20, 1944.

108 Robert H. Ferrell, *Harry S. Truman: A Life* (Columbia: University of Missouri Press, 1994), 200.

109 Truman, *Memoirs by Harry S. Truman: 1945,* 99.

110 Arnold A. Offner, *Another Such Victory: President Truman and the Cold War, 1945– 1953* (Stanford, CA: Stanford University Press, 2002), 33.

111 Gaddis, *The United States and the Origins of the Cold War, 1941–1947,* 205.

112 Truman, *Memoirs by Harry S. Truman: 1945,* 102–103.

113 Gaddis, *Russia, The Soviet Union, and the United States,* 157.

114 Gaddis, *The United States and the Origins of the Cold War, 1941–1947,* 227.

115 Martin J. Sherwin, *A World Destroyed: Hiroshima and the Origins of the Arms Race* (New York: Vintage, 1987), 172–174, 180–183; Elizabeth Kimball MacLean, Joseph E. Davies, *Envoy to the Soviets* (New York: Praeger, 1992), 136–140; Walter Isaacson and Evan Thomas, *The Wise Men: Six Friends and the World They Made: Acheson, Bohlen, Harriman, Kennan, Lovett, McCloy* (New York: Simon & Schuster, 1986), 279.

116 "Durable World Peace Fervent Aim of Stalin," *Atlanta Constitution,* June 22, 1945; "Russia Seen Eager for Lasting Peace," *New York Times,* June 22, 1945.

117 Don Whitehead and John Beals Romeiser, *Beachhead Don: Reporting the War from the European Theater, 1942–1945* (New York: Fordham University Press, 2004), 355–356.

118 Harold Denny, "First Link Made Wednesday by Four Americans on Patrol," *New York Times,* April 28, 1945.

119 Leffler, *For the Soul of Mankind,* 34.

120 C. L. Sulzberger, "What the Russians Want — and Why," *New York Times,* June 10, 1945.

121 Editorial, "Russia's Children," *Washington Post,* January 1, 1945.

122 "First Lady Gathers Books for Russians," *New York Times,* July 1, 1945.

123 "'I Am an American' Is Powerful Password in Poland or Russia," *Washington Post,* March 4, 1945.

124 George Gallup, "New Confidence in Russian Aims Shown in Poll," *Los Angeles Times,* March 11, 1945.

125 Melvyn P. Leffler, "Inside Enemy Archives: The Cold War Reopened," *Foreign Affairs* 75 (July–August 1996), 123.

126 Alexander Werth, *Russia at War* (New York: Dutton, 1964), 768.

127 Anita Kondoyanidi, "The Liberating Experience: War Correspondents, Red Army Soldiers, and the Nazi Extermination Camps," *Russian Review* 69 (July 2010), 438.

128 Leffler, *For the Soul of Mankind*, 29.

129 Offner, *Another Such Victory*, 54.

130 "America and Russia," *Life*, July 30, 1945, 20.

131 Gardner, *Architects of Illusion*, 58.

第4章

杜鲁门：原子弹事件始末

保罗·富塞尔（Paul Fussell）是一名年轻的少尉，当他正要从欧洲战场被调派到太平洋战场时，突然听到了广岛遭到原子弹轰炸的消息。1988年，他出版了《多亏扔下了原子弹》（*Thank God for the Atom Bomb*）一书。在书中，他写道："别看我们表面很像无畏的男子汉，但听到这个消息的时候，我们都高兴得又哭又笑。我们终于可以活下来了！我们终于不必担心还没长大就跟这个世界告别了！"[1]

到如今，一代代美国人被告知，为了避免美国遭到侵略，为了避免千千万万个像富塞尔那样的年轻人在战场上枉送性命，美国在二战进入尾声之际，不得已向日本扔下了原子弹。然而，事实却更加复杂，而且还十分令人不安。

由于盟军制定了先打败纳粹德国的战略，美国把大部分物资投入了欧洲战场。罗斯福坚持欧洲优先战略，反对"全力对日作战"。他表示，即使打败日本，德国也不会投降；但如果打败了德国，日本就离末日不远了，甚至可以"不开枪、不死人"就攻下日本。[2]

突袭珍珠港后，日本起初发动了凌厉的攻势。但1942年6月，美军在中途岛一役中取得重要胜利。此后，美国在太平洋战场采取了持续三年多的跳岛战术。日军奋力拼杀，美军想取得胜利必定要付出惨重代价。但美国强大的工业生产能力让美军占据了绝对优势。截至1943年，美国每年生产的飞机将近10万架，而日本的飞机产量在整个二战期间也才7万架。截至1944年夏天，美国在太平洋战场部署了将近100艘航空母舰，而日本在整个战争期间拥有的航空母舰不过25艘。

科学技术也在战争中发挥了举足轻重的作用。雷达技术和近炸引信技术的发展为盟军的胜利做出了重大贡献，不过最终是原子弹改变了历史的进程。

“曼哈顿计划”——核战争从科幻走向现实

科幻小说家和科学家长期以来一直在思考原子能服务于民用和军用的可能性。从1896年开始，亨利·贝克雷尔（Henri Becquerel）、居里夫妇（Marie and Pierre Curie）、弗雷德里克·索迪（Frederick Soddy）和欧内斯特·拉瑟福德（Ernest Rutherford）的一系列发现，激起了人们对放射性元素的兴趣。20世纪初，拉瑟福德、索迪和其他一些科学家关于原子核中蕴藏着巨大能量并可能炸毁宇宙的学说，引发了人们对未来的担忧。但也有一些人，包括这些科学家在内，认为这种巨大的能量也能造福人类，为人类建设一个美好的新世界。

在期待原子能为人类缔造新伊甸园的同时，民众们开始醉心于利用镭和其他放射性物质来治疗疾病。倡导放射性疗法的人宣称他们的产品包治百病，从脱发、风湿病，到消化不良、高血压，都不在话下。有一份清单记录了80种含有放射性物质的药剂，其使用方式五花八门：有的用作吸入剂，有的用于注射，有的做成药片口服，有的做成浴盐，有的用于外敷，有的用作栓剂，还有的做成了巧克力糖。威廉·贝利（William Bailey）宣称，新泽西州东奥兰治市的贝利镭放射实验室生产出来的产品，能够治疗从胃肠胀气到阳痿等一切疾病。在他的众多产品中，有一款叫放射内分泌器（Radioendocrinator）的，挂在脖子上可以治疗甲状腺疾病，系在腰上可以刺激肾上腺和卵巢，放在内裤里可以保护阴囊。由此，贝利的生意蒸蒸日上，他的液态放射性产品镭钍水更是备受欢迎。这款产品最可悲也最引人注目的受害者，要数富有的匹兹堡制造商、花花公子埃本·拜尔斯（Eben Byers）。1927 年 12 月的一天，胳膊受伤的拜尔斯听从家庭医生的建议，开始每天服用几瓶镭钍水疗伤。拜尔斯说，这种药不仅治好了他胳膊上的伤，还让他活力充沛，性欲高涨。于是，拜尔斯把镭钍水当成春药来喝，并让他的女伴们也开始服用。到 1931 年，他已经喝了 1000—1500 瓶镭钍水。在这之后，他开始生病了。他的体重急剧下降，头痛得厉害，牙齿也掉光了。专家们经过会诊，认为拜尔斯的身体正在慢慢腐烂。他的上颚和大半个下颚已经脱落，头骨上也出现了多处孔洞，这都是放射性物质中毒所致。出现上述症状后不久，拜尔斯就死了。[3]

在警告原子能存在破坏作用的人当中，就有赫伯特·乔治·韦尔斯，他在 1914 年创作了第一部描述原子战争的小说《解放全世界》（*The World Set Free*）。他在小说中预言，世界将会爆发一场原子战争，一方是德国和奥匈帝国，一方是英国、法国和美国。战争中，200 多个城市将会被"原子弹爆炸燃起的熊熊大火"彻底摧毁。[4]他后来还为自己写下了这样的墓志铭："天杀的，我早就告诉过你们了。"

才华横溢、性情古怪的匈牙利物理学家利奥·齐拉特（Leo Szilard）也受到了韦尔斯作品的启发。纳粹上台后不久，齐拉特便离开了德国，他就原子能的可能性展开了深入思考。齐拉特曾与拉瑟福德讨论过原子能的可行性，但后者认为那不过是"不着边际

1914年，赫伯特·乔治·韦尔斯创作了原子战争小说《解放全世界》。

的空话"，轻易地把齐拉特打发了。[5]但齐拉特并未气馁。1934年，他构思出关于核连锁反应作用方式的设想，并为此申请专利，他设想铍元素比铀元素更容易引起核裂变。

　　1938年12月，一条新闻在全球科学界引发轰动——两位德国物理学家成功实现了铀裂变，为制造原子弹提供了理论依据。这一进展引起了从纳粹铁蹄下的欧洲逃往美国的科学家们的高度警惕，他们担心这种武器落入希特勒之手，造成不堪设想的后果。他们建议美国加紧研制原子弹以加强威慑力，但这些流亡科学家的努力并没有唤起美国当局的兴趣。1939年7月，绝望的齐拉特和他的同事匈牙利物理学家尤金·威格纳（Eugene Wigner）向当时已经名满全球的阿尔伯特·爱因斯坦（Albert Einstein）求助。爱因斯坦答应他们给罗斯福总统写信，敦促后者授权开展美国的原子弹研制工作。爱因这是爱因斯坦写给罗斯福总统的三封请愿信之一。

斯坦后来为此倍感懊悔，他对化学家莱纳斯·鲍林（Linus Pauling）说："在那封建议罗斯福总统进行原子弹研究的信上签字，是我人生中犯下的重大错误。"[6]事实上，爱因斯坦为此给罗斯福总统写了三封信。

科学家的预感是正确的，德国的确开始了核研究计划。但直到战争将近结束，美国才知道，原来德国早就放弃了核研究计划，将精力集中在研制能立即投入使用的实战型武器上，例如 V-1 和 V-2 火箭。对于投入人力物力去研发不一定能应用在当前战争的武器，希特勒和阿尔伯特·斯皮尔（Albert Speer）根本就没兴趣。

尽管罗斯福同意了原子弹研制计划，但美国的研究进展缓慢。1941 年秋天，美国收到了英国负责核研发的莫德委员会的报告，研究进程才加快。该报告修正了美国以往认为的需要 500 吨纯铀才能制造原子弹的错误观点，这一观点让美国的研究工作裹足不前。事实上，负责战时科学工作的詹姆斯·科南特认为向核研究项目投入如此多资源并不明智。物理学家阿瑟·霍利·康普顿（Arthur Holly Compton）是一名诺贝尔奖获得者，他报告说，直到1941年夏天，"政府中那些负责此事的官员……非常倾向于将核裂变研究从战争项目中撤掉"。[7]然而，经过重新计算，一颗原子弹只需要5—10千克的铀，而且可以在两年内研制完成。

10月9日，美国科学工作的另一位负责人万尼瓦尔·布什（Vannevar Bush）拿着最新报告去见罗斯福和副总统亨利·华莱士。罗斯福在看到新的报告后，答应提供研究所需的各种帮助。

万尼瓦尔·布什任命康普顿负责原子弹的设计工作。康普顿在芝加哥大学建立了一所冶金实验室，目的是生产能持续进行连锁反应的核反应堆。康普顿邀请才华横溢、魅力非凡的理论物理学家J. 罗伯特·奥本海默（J. Robert Oppenheimer）召集其他超一流的理论学者，组成研究小组共同解决一个个重大难题。在奥本海默所说的科学精英中，就有爱德华·特勒（Edward Teller）和汉斯·贝特（Hans Bethe）。1942年夏天，他们乘坐同一列火车来到伯克利参加研究工作。特勒对贝特吐露了他心中所想。贝特回忆道："特勒告诉我，裂变式原子弹进展顺利，在理论上已经没有什么障碍，但实际工作却很难启动。特勒总喜欢过早下结论。他说我们真正应该考虑的是，如何用裂变核武器，来促成氘燃烧的聚变反应，制造氢弹。"[8]特勒热衷于研究聚变弹，他的同事甚至很难把他拉到目前正在进行的原子弹研究中来。因此，计划尚未完全启动，这些顶尖的科学家就已经意识到这条道路的尽头并不只是区区原子弹。原子弹已经可以对人类造成大规模杀伤，而氢弹则可以摧毁地球的所有生命。

在夏天的这次研讨会上，这些科学家心中产生了莫大的恐惧，导致他们一度停止了这一项目。在讨论过程中，物理学家们突然意识到，原子弹爆炸可能会点燃海水中的氢或空气中的氮，那将使整个地球坠入火海。尼埃尔·法尔·戴维斯（Nuel Pharr Davis）在其

有关奥本海默和物理学家欧内斯特·劳伦斯（Ernest Lawrence）的
著作中描述了当时席卷整个会场的极度恐惧："黑板上列着特勒算
出来的聚变弹所释放的能量。奥本海默惊呆了，直勾勾地盯着黑
板。屋子里的其他人，包括特勒本人，也都被这一结果惊呆了……
奥本海默说，无论有没有发生聚变反应，核爆都将引燃空气并烧
毁整个地球。会场上没有一个人能证明他的结论是错误的。"[9]奥本
海默赶紧去找康普顿商量此事。在回忆录《探索原子弹》（*Atomic
Quest*）一书中，康普顿写道，他和奥本海默达成一致："除非他们
确定原子弹不会引爆空气和海水，否则，他们永远不会制造这种炸
弹。"康普顿回忆道："就算是接受法西斯的奴役，也好过全人类都
被毁灭！"[10]回到伯克利，贝特重新计算后发现，特勒没有考虑到
辐射会吸收掉一部分能量，这样原子弹爆炸引燃整个地球的概率就
下降到百万分之三——这个风险他们还是可以冒一冒的。

　　1942 年 12 月 2 日，科学家们在芝加哥大学的冶金实验室成功
制造出世界上第一个核反应堆。考虑到当时的防护措施并不完善，

　　1942 年 12 月 2 日，科学家在芝加哥大学的冶金实验室观察第一个核反
应堆。

他们没有轰掉整个芝加哥真是万幸。齐拉特和意大利裔物理学家恩里科·费米（Enrico Fermi）在反应堆前握手庆贺。科学家们在纸杯中斟上基安蒂红葡萄酒，向费米举杯致意，感谢他的成功领导。然而，齐拉特却意识到这实际上是一个喜忧参半的时刻。他提醒费米，12月2日"将是人类历史上的一个黑暗时刻"。[11]齐拉特一语成谶。

因为起步晚，美国只好启动一项紧急计划。1942年底，在莱斯利·格罗夫斯将军的领导下，美国研制原子弹的"曼哈顿计划"启动。格罗夫斯任命奥本海默担任洛斯阿拉莫斯实验室的负责人，该实验室位于新墨西哥州美丽的桑格雷—德克里斯托山上，是"曼哈顿计划"的主要研究基地。在许多人看来，格罗夫斯与奥本海默的关系将非常糟糕。他们几乎在所有方面都天差地别。格罗夫斯体形壮硕，奥本海默身材瘦削，前者体重是后者的两倍还多。奥本海默身高6英尺[①]多，"曼哈顿计划"开始之初，他的体重就只有128磅，而到计划结束之时，他的体重更是下降到115磅。格罗夫斯出身贫寒，奥本海默家境优渥。他们的宗教信仰不同，饮食口味不同，喝酒和抽烟的习惯也各不相同，各自的政治立场更是相左。格罗夫斯是顽固的保守派，奥本海默则是坚定的左翼人士，他的大多数学生、朋友和家人都是共产主义者。他还说过他是美国共产党西海岸支部的成员。西班牙内战期间，他每月拿出10%的工资捐给共产党，支持内战中的共和国军队。

奥本海默和格罗夫斯的性格也截然不同。奥本海默深受身边人喜爱，格罗夫斯却常常遭到身边人鄙视。格罗夫斯的助手、陆军中校肯尼思·尼科尔斯（Kenneth Nichols）说他的领导是他"服务过的最大的混蛋"。他说格罗夫斯"苛刻、挑剔、粗暴、刻薄、狡

---

① 1英尺等于30.48厘米。

格罗夫斯与奥本海默在
"三一"核试验的原爆点。

猾"，"是我认识的最狂妄自大的人"。尼科尔斯还说，"大家都很
讨厌他"。[12]但格罗夫斯的蛮横粗暴、恃强凌弱及不留情面的风格
却与奥本海默的卓越领导才能形成了互补，共同鼓舞和团结了大多
数科学家，推动计划顺利实施并最终完成。

但这并不是说科学家和军方人员之间就没有因安全条款和其他
事宜而发生冲突。每当有冲突爆发，奥本海默总是代表科学家们出
面调解，缓和军方严苛的管制。他说话风趣幽默，同事们都亲切
地称呼他"奥皮"（Oppie）。有一次，格罗夫斯对奥本海默说，他
不想让奥本海默继续戴那顶刺绣卷边的低平顶毡帽，因为那样太显
眼。过后，当格罗夫斯再次来到奥本海默的办公室时，发现后者头

上缠着印度式头巾。奥本海默说，他会一直戴着这个头巾，直到战争结束。格罗夫斯最终还是妥协了。

在"曼哈顿计划"稳步推进的同时，太平洋战场上的盟军也势如破竹。到1944年，美军收复了越来越多曾被日本占领的地区，最终将日本驱逐到美军轰炸机的轰炸范围之内。1944年7月，由后来的美国国务卿和诺贝尔和平奖得主乔治·马歇尔领导的联合参谋长团（Combined Chiefs of Staff）制定了双管齐下的战略方针，准备赢取太平洋战争的最后胜利。战略是这样的：首先从空中和海上封锁日本，并用"密集的高空轰炸"重创日本本土；[13] 然后，日本战力削弱，士气下滑，美军将直接进攻日本。

1944年6月，随着盟军同时在欧洲战场和太平洋战场的推进，丘吉尔和罗斯福终于开辟了拖延已久的第二战场，发动10万部队在法国的诺曼底强行登陆。从苏联后撤的德军，不得不承受两线作战的巨大压力。

同年7月9日，美军攻取塞班岛。美日双方都付出了惨重代价。在近一个月的厮杀中，日军方面有3万名士兵和2.2万名平民被杀或自杀；美军方面也有大约3000名将士阵亡，超过1万人负伤，这是迄今为止美军在太平洋战场上伤亡最惨重的一役。对大多数日本领导人来说，这场惨败让他们彻底明白了日本必将战败的结局。7月18日，日本首相东条英机和他的内阁集体辞职。

华莱士被篡夺了副总统候选提名

就在第二天，东条英机辞职的消息传开时，美国民主党全国代表大会在芝加哥开幕。富兰克林·罗斯福毫不费力就获得了总统候选提名，参加第四届任期竞选，此乃史无前例。真正的竞争在副总统候选人之间展开。候选人亨利·华莱士号召全世界"人民起来革命"，为此美国和苏联将共同努力。[14]他还支持工会、妇女、非裔美国人和欧洲殖民主义受害者的事业。这些主张令民主党内的保守派勃然大怒。他的反对者主要是华尔街的银行家、其他反工会的工商企业家、南方的种族隔离主义者和英法殖民主义的拥护者。

英国驻纽约情报部门负责人威廉·斯蒂芬森 (William Stephenson)，让当时驻守华盛顿的英国皇家空军中尉兼日后的作家罗尔德·达尔 (Roald Dahl) 秘密监视华莱士。1944 年，达尔得到了华莱士即将刊印的宣传册《我们在太平洋的任务》("Our Job in the Pacific") 的草稿。他说，草稿内容让他"毛骨悚然"。华莱士号召解放"全世界的殖民地"，如英属印度、马来西亚和缅甸，法属印度支那，荷属东印度群岛以及许多太平洋岛屿。达尔从华莱士的朋友家中秘密窃取了这份草稿，并迅速交给英国政府官员复印，最终把复印稿交到英国的情报部门和丘吉尔的手上。达尔回忆说："我后来才知道，丘吉尔读完草稿后，简直不敢相信自己的眼睛。"华莱士①在日记中写道："整个英国的情报机构和外交部门都愤怒得浑身颤抖。"丘吉尔向罗斯福施压，要求他严厉批评华莱士，并不再任命他为副总统。斯蒂芬森说道："我渐渐觉得华莱士是个威胁，于是就采取了行动，让白宫清楚地知道，英国政府会高度关注华莱士的名字是否出现在 1944 年总统选举的候选人名单上。"达尔在华盛顿的主要工作就是监视华莱士的一举一动，他经常和华莱士一起散步、打网球。达尔曾说，他的这位"朋友""很可爱，就是对这个世界抱有不切实际的天真幻想"。[15]

华莱士如此有威胁，正是因为世界上大多数人并不认同达尔对华莱士的评价。1943 年 3 月，华莱士对拉丁美洲的 7 个国家进行了为期 40 天的友好访问。他用西班牙语进行演讲，立刻征服了台下

---

① 原文如此。疑应为达尔。

的听众。他首先访问了哥斯达黎加。在那里，6.5万哥斯达黎加人前来迎接他，占该国人口的15%。《纽约时报》报道称："华莱士先生受到了哥斯达黎加有史以来最隆重的接待。"但这仅仅只是个开始。在智利，华莱士一下飞机就被30万智利人民热情迎接。当他与智利总统胡安·安东尼奥·里奥斯（Juan Antonio Rios）并肩走过圣地亚哥的大街时，有逾百万人夹道欢迎。只能容纳8万听众的体育场里，一下子涌进了10万人，来聆听华莱士的演讲。克劳德·鲍尔斯（Claude Bowers）大使在给华盛顿的报告中写道："在智利历史上，还从未有外国人受到过如此盛大和满怀真情的接待……华莱士平易近人，能与不同的人打成一片。他在没有通知的情况下，探望工人的住所……还亲自视察住宅工程。他的来访，在广大智利人民中引起了强烈的反响。"

在厄瓜多尔，华莱士在瓜亚基尔大学发表了演讲，热切地描绘了战后的美好蓝图。他说："如果我们今天以年轻人的热血和工人的汗水为代价进行的解放事业，只换来明天的帝国主义和压迫，那么这场可怕的战争就是徒劳的。如果我们一次次抛头颅、洒热血，换来的还是财富高度集中在少数特权阶层手中、广大民众依然困苦的局面，那么民主就失败了，所有牺牲也将白费。"在秘鲁首都利马，华莱士受到了20万民众的欢迎。这趟出访不仅仅是华莱士个人的胜利，也是一次外交史上的壮举。这次出访结束后，12个拉丁美洲国家对德国宣战，20个国家宣布跟德国断交。[16]

回国后，华莱士也受到了同样的欢迎。在他出访时，有一项针对民主党选民的民调测试，内容是"如果罗斯福决定不再参选，那么在4名总统候选人里，你支持谁"，华莱士得到了57%的支持率，是第二名的两倍还多。[17]

华莱士的备受欢迎导致其反对者加紧行动。考虑到罗斯福健康状况糟糕，可能撑不过第四届任期，民主党领袖们决定把华莱士从总统候选人名单中剔除，换上一个更听党内保守势力安排的人物。1944 年，他们发动了内部人士所说的"波利政变"，这个名字来源于民主党的财务长、石油大亨埃德温·波利（Edwin Pauley）。[18] 波利曾讽刺说，他之所以进入政界，是因为他发现，自己成为国会议员的代价要比收买一个现任议员小得多。波利的同谋包括布朗克斯区的爱德华·弗林（Edward Flynn），芝加哥市长爱德华·凯利（Edward Kelly），泽西城市长弗兰克·黑格（Frank Hague），美国邮政部长、民主党前主席弗兰克·沃克（Frank Walker），民主党秘书长乔治·艾伦（George Allen）以及民主党全国委员会主席罗伯特·汉尼根（Robert Hannegan）。

在审阅备选的候选人名单后，民主党领袖们选中了名不见经传的密苏里州议员哈里·杜鲁门。他们选择杜鲁门，并不是因为他有能力担任总统一职，而是因为他作为议员一直表现得中规中矩，很少树敌，以后应该也不会捅娄子。这些大佬几乎就没考虑过，在这个充满挑战的动荡时代，要领导美国以及全世界，做出直接影响人类历史进程的决定，究竟需要具备怎样的素质。因此，杜鲁门登上总统宝座，就像他的大半政治生涯一样，都是这些腐朽的高层在幕后操纵的结果。

尽管哈里·杜鲁门在卸任之时支持率极低，只有小布什可以与之媲美，但现在人们却普遍认为他是一位近乎伟大的总统，常受共和党人和民主党人的一致好评。小布什曾评价他的前国家安全顾问及国务卿康多莉扎·赖斯（Condoleezza Rice）说："我所知道的关于苏联的一切都是她告诉我的"。[19] 而赖斯告诉《时代》周刊，她认为杜鲁门是 20 世纪的伟人。一些历史学家也对此表示认同，其中最有名的要算戴维·麦卡洛（David McCullough），他为杜鲁门作传，其中多加美化，该书还获得了普利策奖。

其实，真实的杜鲁门比历史学家麦卡洛笔下的有趣得多。杜鲁门的童年经历坎坷，这对他的心理产生了深远影响。他在密苏里州家中的农场里长大，自小就希望赢得父亲约翰·杜鲁门（John Truman）的宠爱。老杜鲁门虽然身高只有5.4英尺，却喜欢跟比他高得多的人打架，好一展雄风。他希望他的儿子们也能像他一样坚韧，他发现小儿子维维安（Vivian）继承了这一点。但哈里则因患有远视，被迫戴上瓶底厚的眼镜，无法像其他孩子一样参加体育活动或者放肆打闹。杜鲁门解释说："我担心这种打打闹闹的游戏过于激烈，会把我的眼睛打掉。说实话，我当时就是那种有点娘娘腔的小孩。"[20]他经常被别的孩子戏弄和欺负。那些孩子放学后，一边喊他"四眼""娘娘腔"，一边把他撵回家。更糟糕的是，当他跟跟跄跄、上气不接下气地跑回家时，他的母亲却宽慰他不必困扰，因为他一直

13岁的哈里·杜鲁门。

是被当作女孩子养的。1912 年，杜鲁门在一封信中写到过这么一件事："这事听起来实在是太女孩子气了。妈妈说我就是个女孩子，我听到这话简直要疯掉了。但转念一想，自己多少是有点娘娘腔。"他后来回忆说，被认为是"娘娘腔"对"一个男孩来说是无法接受的。这使得我越来越不合群，让我产生自卑感，我花了很长时间才走出来"。[21]毫无疑问，多年以来，性别问题一直困扰着他。杜鲁门经常向人提起他的女性化特征和倾向。后来，他不止证明了自己不是娘娘腔，还胆大到敢直接对抗斯大林，告诉他谁才是真正的老大。

经济上的拮据也困扰着杜鲁门。虽然他是个好学生，还酷爱历史，但家中经济窘迫，无力供他上大学。高中毕业后，杜鲁门四处闯了闯，最后还是回到父亲的农场工作。他曾三次经商，但都失败了。直到第一次世界大战，他才获得真正的成功——他在法国战场上英勇光荣作战。

1922 年，他经营的服装店倒闭了，这是他最后一次商业冒险。此时，38 岁的杜鲁门和妻子相依为命，前途一片黯淡。就在陷入人生低谷之际，民主党的头面人物汤姆·彭德格斯特（Tom Pendergast）向他伸出了援手，要帮助他竞选杰克逊郡的法官。在这次竞选活动中，偏执和反犹的杜鲁门还曾向 3K 党捐赠了 10 美元并请求入会，但因为他不愿意承诺以后不再雇佣天主教徒，3K 党便将他拒之门外。[22]

1920—1930 年代初期，杜鲁门一直是臭名昭著的彭德格斯特政治集团的忠实成员，但他感到自己的人生一事无成。1933 年，在 49 岁生日的前夜，杜鲁门自言自语道："明天我就 49 岁了，但这 40 多年来，我感觉自己是白活了。"[23]第二年，厌倦了政治的杜鲁门正打算返回家乡，集团首脑彭德格斯特突然推选他去竞选参议院议员——杜鲁门是他找的第五个人，前面四人都拒绝了他。杜鲁门的此次竞选，完全由彭德格斯特来策划和推进。当被问到为什么会挑选像杜鲁门这样一位不够格的人选去竞选议员时，彭德格斯特说："我就是想演示一下，高效运转的政治机器能把不起眼的勤杂人员都送入参议院。"[24]进入参议院后，杜鲁门一直因自己是"彭德格斯特旗下的议员"而受到同僚的嘲笑和疏远，他只能通过在华盛顿努力工作来赢得尊重。在第二届议员任期中，杜鲁门终于获得了一定声望。

杜鲁门差一点没能成功连任。1940年，杜鲁门未能获得罗斯福的支持，彭德格斯特又锒铛入狱，好在杜鲁门得到了圣路易斯市汉尼根—迪克曼政治集团的帮助，这才得以凭极微弱的优势，勉强再次当选参议院议员。此时杜鲁门欠下了两个贪婪的地方政治集团的人情。同时，罗斯福正在拿自己的政治前途押注，他选择了品格

1940年，哈里·杜鲁门勉强连任参议院议员。

高尚的华莱士作为副总统候选人，也是他的竞选伙伴。让罗斯福感到欣慰的是，他知道华莱士的进步理想将帮助他领导整个国家度过未来艰难坎坷的岁月。

美国民众展现出比民主党党阀们更好的判断力。1944 年 7 月 20 日，民主党全国代表大会在芝加哥举行。在此期间，盖洛普公司开展了一项关于谁有可能成为民主党竞选人的民调。当被问及心目中的副总统人选时，65% 的人选择了华莱士。南卡罗来纳州议员詹姆斯·伯恩斯后来对杜鲁门的冷战思维和投掷原子弹的决策都有极大的影响。他得到了 3% 的选票，华莱士在南方甚至以 6 比 1 的巨大优势将其击败。8 个候选人中，杜鲁门只得到 2% 的投票，排名垫底。然而，当时罗斯福体弱多病、疲惫不堪，需要依靠党内要员帮助才能再次赢得大选，他不想也没办法再像 1940 年那样为华莱士力争了。他只是简单地宣布，如果他是大会代表，他会将票投给华莱士。

民主党领袖相信他们能以铁腕手段操控整个大会。一些基层民主党成员不想坐以待毙，他们在会场上提出了激烈抗议。与会者中支持华莱士的呼声响彻全场，哪怕党阀们控制了会议进程且采取了强力手段，支持者仍然占据上风，在会场内发动了几乎持续一整天的抗议示威活动。在这场示威活动中，佛罗里达州议员克劳德·佩珀意识到，如果他那天晚上提名华莱士，华莱士将大获全胜。佩珀奋力从人群中挤过去，就当他离麦克风只有 5 英尺时，芝加哥市长凯利近乎歇斯底里地宣称，会场存在火灾隐患，让大会主席塞缪尔·杰克逊（Samuel Jackson）议员宣布休会。如果佩珀抢在党阀们违背代表意愿强行休会前，再上前几步，提名华莱士，那华莱士将在 1945 年成为美国总统，而人类历史也将被改写。如果那一幕真的发生了，就可能不会有原子弹轰炸，也不会有核武竞赛，更不会有美苏冷战。在最初的投票中，华莱士遥遥领先。党阀们进一步提高投票门槛并进行了必要的幕后交易。结果，杜鲁门在第三轮投票中领先。大使、邮政部长等职位被拿出来做交易，现金行贿亦不足奇。党阀们告知各州党主席，大局已定，罗斯福希望密苏里州议员杜鲁门来担任他的竞选伙伴。在罗斯福的力劝之下，华莱士同意留任内阁，担任商务部长。

第二天，杰克逊向佩珀致歉并进行了解释："我知道如果你采取了行动，大会将提名亨利·华莱士。但我前一天晚上从汉尼根那里得到指示，必须阻止大会提名副总统人选，所以我不得不当着你的面宣布休会，我希望你能理解。"佩珀在他的自传中写道："我理解的是，不论是好是坏，从芝加哥的那晚起，历史变得混乱起来。"[25]

极端的排日运动

与此同时，原子弹的研制计划进展迅速。科学家们一直担心进度赶不上德国人，所以他们夜以继日，拼命研制两种类型的原子弹，一种使用铀，一种使用钚。直到1944年底，盟军才发现德国在1942年就已经放弃了原子弹研制计划。美国研制原子弹，最初是出于对德国研制原子弹的反制，现在这个理由不复存在了，但在这些科学家中，只有波兰裔物理学家约瑟夫·罗特布拉特（Joseph Rotblat）退出该项目。其他科学家都着迷于这项研究，并相信它能让战争更快结束，因而干得比当初更起劲了。

就战后世界和平事业而言，如果说华莱士的落选意味着第一次重大打击，那么命运很快就送来第二次打击，而且这次是毁灭性的。1945年4月12日，德国即将投降之际，深受人们爱戴的战时领袖富兰克林·罗斯福总统与世长辞。他执政将近13年，是美国历史上任期最长的总统，曾带领这个国家度过了最艰难的岁月——经济大萧条和第二次世界大战。举国上下都沉浸在悲痛之中，此外，

波兰物理学家约瑟夫·罗特布拉特，在1944年底，盟军发现德国已经在1942年放弃了原子弹研制计划时，他是唯一退出"曼哈顿计划"的科学家。

大家也想知道谁将是罗斯福的继任者。

　　接下来的4个月中，重大的事情接踵而至，迫使新总统杜鲁门做出了几个将直接影响美国历史的重大决定。在4月12日紧急召开的内阁会议之后，战争部长亨利·史汀生终于向杜鲁门汇报了原子弹研制的秘密。第二天，杜鲁门派海军部长詹姆斯·福里斯特尔用飞机到南卡罗来纳州把他曾经的指路人伯恩斯议员接来，听取了他对原子弹研制更完整的报告。伯恩斯曾任最高法院法官，他在1944年副总统提名中落选，因为民主党领袖们认为他的种族歧视倾向过于浓厚，对竞选十分不利。伯恩斯告诉杜鲁门，美国正在制造一种炸弹，"其威力足以摧毁整个世界"。[26]

　　4月25日，杜鲁门又从史汀生和格罗夫斯那里听取了原子弹研制的详细情况。他们解释说，他们预计在4个月内完成"人类历史上威力最大的武器研制项目，一颗核弹就可以摧毁整座城市"。不久之后，其他国家也会研制自己的核弹。"当今世界科技发展迅猛无比，道德进步却难以比肩，终究还是要受制于这种武器。换言之，现代文明可能会被彻底摧毁。"[27] 他们警告说，人类的命运将取决于如何使用这种核武器以及今后采取什么措施去控制它们。杜鲁门的女儿在父亲死后出版了一本书，其中记叙了这次会面的详情和杜鲁门的焦虑："史汀生严肃地对我说，他并不清楚我们是否可以或应该使用原子弹，他担心这东西威力太过巨大，有可能毁灭整个地球。我也很害怕这种情况。"[28]

苏军从东边攻打柏林，盟军从西线逼近，双线夹击之下的德国终于在5月7日投降。按照《雅尔塔协定》，苏联将在8月7日加入太平洋战争，这个时间距离11月1日攻占日本本土只有不到三个月。

日军顽抗不降，拼死作战。他们相信战死沙场会带来至高无上的荣耀——永远安息在靖国神社。在塔拉瓦，2500名日本守军中最终只有8人活下来。在仅仅5周的硫黄岛战役中，美军战死6281人，伤约1.9万人。太平洋战场上规模最大的战役要数冲绳岛战役，在这场战争中，美军方面1.3万人战死或失踪，3.6万人受伤。日军则多达7万人战死，超过10万冲绳平民殒命，其中许多人是自杀。[29]一批批神风敢死队飞行员驾着飞机撞向美国的军舰，用同归于尽的方式来作最后一搏，颇为惊耳骇目。

1945年，日本即将战败，一些日本领导人开始高呼"一亿日本人玉碎"的口号，号召日本人就算战死，也不投降。但是，马歇尔和史汀生等美国高官并不理会日本的叫嚣，仍然认为日本一旦战败，必会投降。7月初，史汀生向杜鲁门提交了一份关于日本的报告，其中提到，尽管日本有能力"拼命反抗以守卫国土"，但他相信，"在如此危急时刻，日本会回归理性，且理性程度远高于当前报纸和其他时评文章所述。日本不是一个完全由神经质狂热分子组成的国家，其想法与我等并非全然迥异"。[30]

关于进攻日本本土所需代价的激烈辩论已经持续了数十年。在6月18日举行的参谋长联席会议上，联合参谋计划部（Joint Staff Planners）向会议提交了一份报告。报告中称，攻取日本本土，大概会有19.35万名将士伤亡。有人预计更高，也有人预计更低。杜鲁门起初说，大概会有几千名军人付出生命，又逐渐把数字增加。他后来还声称，马歇尔曾告诉他，大概会有50万军人为此丧命。但他的说法并无依据。事实上，马歇尔预测的数字要低得多，负责制订进攻日本本土计划的麦克阿瑟将军亦是如此。

但随着残酷的拉锯战打了一个月又一个月，进攻日本本土似乎遥遥无期。到1944年底，日本海军已折损大半，12艘战列舰损失7艘，25艘航空母舰损失19艘，160艘潜艇损失103艘，47艘巡洋舰损失了31艘，158艘驱逐舰损失118艘。日本空军也遭到重创。由于铁路被炸毁，粮食供应迅速减少，民众的斗志一落千丈。一些日本领导人担心会发生大规模民众暴动。1937—1941年期间三度担任首相的近卫文麿，在1945年2月向裕仁天皇递交的备忘录中称："很遗憾，我不得不说日本的战败无可避免。我们现在应该担心的是，可能跟战败一同到来的共产主义革命。"[31]至少在1944年8月，也就是美军取得塞班岛战役的胜利之后，日本就开始悄悄研究如何结束战争。日本人的绝望与日俱增，出版业巨头亨利·卢斯在1945年春天访问了太平洋前线，目睹了这种情况。他写道："广岛事件发生几个月前，在威廉·哈尔西（William Halsey）将军的舰队袭击日本海岸时，我和他们在一起。有两件事是非常清楚的，跟我谈话的那些高级将领也这么认为。第一，日本被打败了。第二，日本人知道这一点，而且有迹象表明，他们越来越希望赶紧停战。"[32]即使是理查德·弗兰克（Richard Frank），这个曾在《落日：日本帝国的毁灭》（*Downfall: the End of the Imperial Japanese Empire*）一书中为美国投掷原子弹辩护的作家，也发出了这样的感叹："我们有理由相信，就算没有原子弹，铁路系统的严重损毁，再加上海上封锁和空中轰炸双管齐下，严重威胁着日本国内秩序，迫使天皇寻求结束战争。"[33]

既然日本不是一个崇尚自杀的国家，侵略行动也不可能取得胜利，那为什么日本领导人不投降，以减轻士兵和民众的痛苦呢？问题很可能出在美国开出的投降条件上，当然，日本天皇及其政府阁僚也难辞其咎。

1943年1月，在卡萨布兰卡，罗斯福总统提出德国、意大利和日本必须"无条件投降"。[34]他后来说他是脱口而出，丘吉尔也对此感到吃惊。在一封写给传记作家罗伯特·舍伍德（Robert Sherwood）的信中，丘吉尔证实了这种说法："我第一次听到'无条件投降'一词，是在一次新闻发布会上，罗斯福总统亲口说的。"[35]尽管"无条件"这个词语并没有出现在新闻发布会的正式公报中，但可以确定的是，罗斯福和丘吉尔肯定之前就已经讨论过这事并达成了一致意见。但是，坚持这一要求，可能要付出比较大的代价。

日本人认为，"无条件投降"意味着日本必须结束天皇制，天皇可能会作为战犯受审并被处决。对大多数日本人来说，这样的结果太过可怕，简直难以想象。自公元前660年神武天皇时代开始，日本人就把天皇当作神来崇拜。西南太平洋地区盟军司令部的一份研究报告表明："无论是废黜还是绞死天皇，都将引起全体日本人的强烈反抗。对日本人来说，绞死天皇就像把基督钉死在十字架上一样。如果坚持这种处置，日本人可能会前赴后继地抗争，直到战死。"[36]意识到这一点后，许多人开始劝说杜鲁门放宽投降条件。代理国务卿约瑟夫·格鲁（Joseph Grew）曾任美国驻日大使，比其他高官更了解日本。他在1945年4月写道："如果日本民众希望保留天皇，那么总统就必须承诺，无条件投降不要求日本废除现有国体。

否则，日本就算战败，也不会投降。"[37]格鲁和史汀生、福里斯特尔，以及助理战争部长约翰·麦克洛伊一起劝说杜鲁门修改投降条件。美国的军事将领们也赞同保留天皇制以敦促日本投降。莱希上将在 6 月的一次参谋长联席会议说，他担心"如果我们坚持无条件投降，可能会让日本人拼死一搏，最终增加我方无谓的伤亡"。[38]

美方高官深知，投降条件对日本人来说非常重要，因为美军在参战之前就破译了日军的情报密码，截获了大量有关电报，其中频频强调投降问题。5 月，日本最高战争委员会（Japan's Supreme War Council）在东京召开会议。这个委员会由 6 人组成，也被称为"六巨头"，包括首相铃木贯太郎、外务大臣东乡茂德、陆军大臣阿南惟几、陆军参谋长梅津美治郎、海军大臣米内光政和海军参谋长丰田副武。他们决定请求苏联出面调停，以从美国手里争取到更好的投降条件。作为回报，他们将在领土问题上向苏联让步。早期与日本的几次接触让苏联政府相信日本正在寻求停止战争的方法，但苏联领导人并没有为这个消息感到高兴，他们期望得到同盟国承诺的让步。这是此前同盟国为换取苏联加入太平洋战争而许下的诺言，相应地，苏联要在 1945 年 8 月对日作战，此时距离 8 月尚有数月。6 月 18 日，裕仁天皇指示最高战争委员会，他希望日本尽早恢复和平。委员会表示赞同，并一致同意争取让苏联担当日本投降的调停人，来维持天皇制度和帝国国体不变。

7 月，日本外务大臣东乡茂德给在莫斯科的驻苏大使佐藤尚武发去电报，明确传达了此意。7 月 12 日，东乡茂德再次给佐藤尚武发去电报："天皇陛下希望战争早日结束……（但是）如果美国和英国坚持我们必须无条件投降，那我们别无选择，只能拼尽全力去维护大日本帝国的生存与荣耀。"[39]第二天，东乡又发去电报："天皇陛下终日为当下的战事担忧，战事的拖延会给战争双方带来更大的灾难和更多的牺牲，他发自内心地盼望战争能够早日结束。"[40]

尽管越来越多的证据表明，修改投降条件可以尽早结束战争，杜鲁门还是采纳了伯恩斯的建议。后者坚持认为，美国民众不会容忍在投降条件上让步。他告诫杜鲁门，如果他妥协，那他将遭到政界的猛烈抨击。[41]

无论在何种情况下，仅仅为了避免国内的政治批评，就向一个已经战败的国家投下两颗原子弹，都将受到道义上的谴责。但是，没有理由认为杜鲁门需要为保留天皇付出代价。事实上，共和党领导人已经为杜鲁门提供了一切他所需的政治掩护。1945年7月2日，缅因州议员、参议院少数党领袖华莱士·怀特（Wallace White）向参议院议员发表演讲，敦促杜鲁门总统阐明"无条件投降"的含义，以加快日本投降的进程。他认为，如果日本忽视或者拒绝总统提出的更有利的投降条件，"也不会增加我们的损失，更不会损害我们的正义事业。这样一个声明对我们有百利而无一害"。怀特的同事，来自印第安纳州的共和党议员霍默·凯普哈特（Homer Capehart），在当天晚些时候召开了新闻发布会，表示支持怀特的看法。凯普哈特告诉记者们，白宫已经收到日本的投降请求，唯一条件就是不得废黜裕仁天皇。"这已经不是我们恨不恨日本人的问题了。我当然恨他们。但是，如果我们拒绝了这个两年后他们同样会提的条件，而导致战争再拖延两年，又有什么好处呢？"[42]《华盛顿邮报》在6月刊登了一篇社论，其中谴责"无条件投降"是一个"很要不得的措辞"，会引发日本民众的恐慌，有碍于结束战争。[43]

即使不使用原子弹，修改投降条件也不是加速日本投降的唯一办法。因为日本人最担心的还是苏联会对日本宣战。1945年4月初，苏联通知日本，决定不再延长1941年两国签订的《苏日中立条约》（Soviet-Japanese Neutrality Pact），这使日本更加担心苏联将对其宣战。各方都明白这意味着什么。4月11日，参谋长联席会议的情报人员预测说："一旦苏联参战，所有日本人都会意识到失败在所难免。"[44] 5 月，日本最高战争委员得出了一个类似的结论："当前，日本正在与美英进行殊死搏斗。如果苏联参战，那将对帝国造成致命打击。"[45] 7 月 6 日，联合情报委员会（Combined Intelligence Committee）向即将在波茨坦会面的联合参谋长团代表递交了一份绝密报告，内容是对"敌方形势的评估"。其中有一段评估"投降的可能性"的文字，描述了苏联参战将会对已经绝望的日本人造成何种影响：

> 日本统治集团已经意识到目前军事形势严峻，他们极度渴求可以提条件的投降，但不接受无条件投降。日本政府目前的基本方针是尽可能拖延战争，尽可能抵抗，避免全面溃败，争取在和平谈判中捞到更多筹码……我们认为，相当一部分日本民众已经意识到，日军的彻底失败已经在所难免。海上封锁带来严重影响，战略轰炸造成巨大破坏，摧毁了日本重要城市的 25%—50% 的建筑物，导致数百万人无家可归，越来越多的日本人会认识到日本必败。而苏联对日宣战则会让日本人彻底相信，日本必将完败。尽管有少数日本人愿意为国捐躯，但我们无法确定是否全体国民都愿意这么做……但不管怎样，日本人还是认为，无条件投降等于整个民族灭亡。[46]

日方高层的"本土决战行动"（ketsu-go）正在紧张策划当中，他们希望能造成严重伤亡，好让已经被战争折磨得疲惫不堪的盟军放宽投降条件。日本领导人已经准确认定，盟军将会在九州岛登陆，因此加强了那里的防御，连居民都被要求手持锋利的竹矛，与士兵一起血战到底。

美国领导人清楚地知道，不同意保留天皇是日本投降的最大障碍，而苏联红军参战的日子也越来越近。那么，在这种情况下，美国为什么还要用两颗原子弹来轰炸几乎手无寸铁的日本人民呢？要想搞清楚这一点，就必须了解杜鲁门做出这一决定时美国人民的情绪。

美国人对日本人深恶痛绝。美国历史学家、普利策奖获得者艾伦·内文斯（Allan Nevins）在战后写道："恐怕翻遍整个美国历史，都没有哪个敌人像日本人一样遭到我们如此痛恨。"[47]美国的战时宣传会煞费苦心地区分"邪恶的纳粹头子"和"善良的德国民众"，但对日本人则没作这样的区分，正如1945年1月《新闻周刊》报道的那样："我国从来没打过这样一场战争，军队痛恨对方到想把他们斩尽杀绝。"[48]

历史学家约翰·道尔（John Dower）说，美国人普遍认为日本人就是一群害虫，是蟑螂、毒蛇和老鼠一样的存在。"野猴"这样的比喻更是比比皆是。海军上将威廉·哈尔西是南太平洋战区的司令官，他在这方面非常出名，他号召将士们去杀光这些"黄皮野猴"，并"扒下更多猴子肉"。民众甚至质疑日本人是不是真正的人类。《时代》周刊写道："日本人一般是不讲道理、愚昧无知的。他们或许是人，但……也没有明证。"英国驻华盛顿大使在给伦敦的报告中称，美国人把日本人看作"一大群无名臭虫"。这位大使还说："美国人普遍存在把日本人斩尽杀绝的想法。"1945年2月，广受欢迎的战地记者厄尼·派尔（Ernie Pyle）从欧洲战区调派到太平洋战区，他表示："在欧洲，我感觉，我们的敌人虽然也很可怕、凶残，但毕竟还是人。在这里，我很快就明白，日本人被当作某种令人厌恶的非人动物，给某些人一种蟑螂和老鼠的感觉。"[49]

这些厌恶部分可归因于种族主义的影响，但也有其他一些因素导致了美国人民的仇日情绪。在美国对日宣战之前，美国人民已经听说了日本在中国犯下的轰炸、强奸和其他暴行，尤其是骇人听闻的南京大屠杀。在日本偷袭珍珠港后，美国人对日本的仇恨更是如大火般熊熊燃烧起来。1944年初，美国政府公开了两年前巴丹死亡行军期间日军残酷虐待美国与菲律宾战俘的信息。很快，新闻媒体

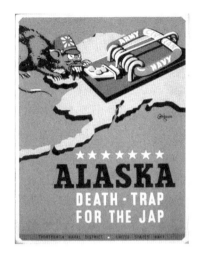
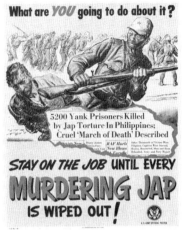

二战期间，美国对日本人的宣传展示。

大量报道了日本罄竹难书的罪行，如酷刑、拷打、阉割、肢解、斩首、活埋、火刑、活体解剖、把俘虏钉在树上练刺刀等。因此，随着太平洋战事白热化，美国人对待日本人的态度，也从战争初期的愤怒变成了带着鄙夷的仇恨。[50]

不过，杜鲁门总统早在日本的野蛮行径发生前就对亚洲人怀有偏见。早年间，年轻的杜鲁门追求他未来的妻子时曾经写道："我想，一个人只要诚实、正派，只要不是黑鬼或者中国人，就和其他人一样好。威尔叔叔说，上帝用尘土造了白人，用泥巴做了黑鬼，然后用剩余的边角料造了中国人。他一定不喜欢中国人和日本鬼子，我也是。我想，这就是种族偏见。"[51]杜鲁门还习惯性地称犹太人为犹太佬（kike），称墨西哥人为墨西哥佬（greaser）……凡是他看不上的民族，他都以污辱性词汇称之。杜鲁门的传记作家默尔·米勒（Merle Miller）说："私下里，杜鲁门先生常常说'黑鬼'，至少跟我谈话的时候，他总是这么说。"[52]

虽然杜鲁门带有种族主义思想，但他谴责日本人犯下泯灭人性的战争罪行却没有错。不过值得一提的是，美国人的行为也并非都那么光彩。1946年2月，美国太平洋战区记者埃德加·琼斯（Edgar Jones）在《大西洋月刊》（*Atlantic Monthly*）上刊登了一篇文章，详述了美军的种种暴行。"平民到底认为我们在打一场怎样的战争？我们无情地射杀囚犯，夷平医院，扫射救生艇，虐杀敌国平民，杀死敌军伤员，把垂死者扔进死人堆。在太平洋战场，甚至有人把敌人的头盖骨剥个干净，做成桌面摆件送给心上人，还有人把敌人的骨头做成开信刀。"[53]

太平洋战争爆发后，美国国内种族主义抬头，虐待日本人后裔的行为屡有发生。几十年来，日裔美国人在政治投票、就业和教育方面都受到不平等对待。《1924年移民法案》（Immigration Act of 1924）规定，1907年后在美国定居的日本人无权加入美国国籍，并禁止日本继续向美国移民。珍珠港事件爆发之前，美国西海岸的一些人就开始想象日裔美国人在战争中从事破坏活动。一名记者写道：

"当太平洋上的战争爆发的那一刻，日裔美国人也会行动起来。他们的渔船在我们港口入口处布下鱼雷。神秘的炸弹会摧毁我们的船坞、机场和一些舰队……日本的农民垄断了加利福尼亚的蔬菜生产，他们把注入砒霜的豌豆、土豆和南瓜送入市场。"珍珠港事件后，对日裔美国人的造谣和丑化更是成倍增长。加利福尼亚州的一家理发店打出了"免费为日本人剃须，但不承担事故责任"的标语。一家殡仪馆公然宣称："比起美国人，我更愿意为日本人服务。"[54]

加利福尼亚州的首席检察官厄尔·沃伦（Earl Warren）率先发难，建议驱逐西部各州的日裔美国人。沃伦警告说，加利福尼亚南部的日本人很可能成为"国内防御建设的最大隐患"。[55]美国陆军第4军的指挥官、西部防御司令部司令约翰·L. 德威特（John L. DeWitt）中校，曾在1941年战争计划处（War Plans Division）参与制订将所有"敌国侨民"拘禁在夏威夷的战略，他也支持沃伦的说法。1941年12月9日，德威特宣称，日本战机前一天晚上飞越旧金山，眼下旧金山随时面临被日本袭击的危险。德威特在国民自卫委员会（Civil Defense Council）的一次会议上说："死亡和破坏随时可能降临这座城市。"海军上将约翰·格林斯莱德（John Greenslade）告诉台下的听众，"是上帝的恩典"，让他们免于"一场可怕的灾难"。德威特承认："我不知道为什么炸弹没有落下来。"一个可能的原因是日本战机压根就没来过旧金山，这也是为什么美军没有击落任何战机，为什么搜寻不到日本的航空母舰。但德威特还是对没有严格执行灯火管制的旧金山市民大为恼火，谴责他们"愚蠢至极，并威胁说，"如果我的话不能让你们认清形势、遵守管制，那我就把你们送到警察局，让警察用棍棒帮你们认清形势"。[56]

德威特对旧金山民众的疑心还算无伤大体，但他对日裔美国人的疑心就有些病态了。德威特起初把要求大规模撤离日本侨民斥为"一派胡言"。但来自民众的压力与日俱增，特别是1942年1月下旬，由高等法院大法官欧文·罗伯茨（Owen Roberts）起草的日本偷袭珍珠港的政府报告公布之后，这种压力就更大了。报告称，间谍活动促成了日本的成功偷袭。大多数情报都是通过日本领事人员传送出去的，夏威夷的日裔美国人也参与其中。这份报告让民众更加怀疑日裔美国人的忠诚。

由此导致的民众抗议显然让德威特转变立场，大肆鼓吹重新安置日本侨民。德威特强调，国内的日本侨民，不管是不是美国公民，没有参与破坏行动，就有策划日后袭击之嫌。包括史汀生和麦克洛伊等人也同意德威特的说法，向罗斯福施压，敦促总统在为时已晚前采取行动。[57]

脱离"不能相信日本人"阵营的人里，有一人出乎意料——联邦调查局（Federal Bureau of Investigation）局长埃德加·胡佛。他告诉司法部长弗朗西斯·比德尔（Francis Biddle），没必要大规模撤出日本侨民。所以，当所有人都知道安全警戒级别已经提上来了，比德尔却对罗斯福说："无须大规模撤离日本侨民。"[58]

但罗斯福没理会他们的建议。尽管没有证据证明日裔美国人蓄意搞破坏，但1942年2月19日，罗斯福还是签署了第9066号行政命令（Executive Order 9066），指示做好加利福尼亚州、俄勒冈州和华盛顿州日本侨民及日裔美国人迁离和监禁的准备工作，这些人里有三分之二都是出生在美国的公民。尽管这道行政命令没有明确提到种族，但显而易见，这是冲着某个特定人群去的。

美国当局放弃了将夏威夷的大批日本侨民整体迁走的计划，因为富有的白人甘蔗和菠萝种植园主抱怨说这会让他们失去劳动力。但政府还是不顾人身保护法令，强制实行军事管制，关押了大约2000名来美接受教育和文化交流的第二代日本人移民。

在美国本土，特别是在加利福尼亚州，这里的日本人只占州人口总数的2%多一点，情况就大不相同了。第9066号行政命令迫

1942 年 2 月 19 日，罗斯福签署命令，指示做好加利福尼亚州、俄勒冈州和华盛顿州的日本侨民和日裔美国人的迁离和监禁准备工作。

使约 12 万日本人全部撤离家园，迁移到禁区之外定居。但他们的迁移举动又被邻近各州拒绝。爱达荷州州长蔡斯·克拉克（Chase Clark）说："日本人像耗子一样生活，像耗子一样繁殖，像耗子一样鬼鬼祟祟。我们不欢迎他们。"怀俄明州州长警告称，如果日本人迁到了他的州，那么"每棵松树上都将吊着一具日本人尸首"。爱达荷州的司法部长建议："把所有日本人……都关进集中营。""我们希望美国一直是白种人的天下。"[59]

1942 年 2 月 25 日，美国联邦调查局把所有日裔成年男性都关押到了加利福尼亚州的终端岛。美国海军要求其他日裔居民在 48 小时内必须全部撤离。1942 年 3—10 月间，战时公民管理机构（Wartime Civil Control Administration）建立名为集结中心的集中营，用来专门关押日本人，并为他们登记造册。在加利福尼亚州的圣塔安妮塔和坦弗兰，许多日裔家庭被关押在马厩里，每个马厩可以关押五六个人。之后，这些人会被送往集中营，并在那里关押更久。集中营的环境十分恶劣，经常缺少自来水、洗浴设施、像样的学校、单独的屋舍和遮风挡雨的屋顶，但带刺的铁丝网、机关枪和岗哨就有很多。战争搬迁管理局（War Relocation Authority）负责人米尔顿·艾森豪威尔[①]（Milton Eisenhower）得知集中营的虐囚事件后大为震惊，因而辞去了职务。[60]

美国西部的一些人出于贪婪而支持这种迁离日裔居民的政策。因为迁离者只被允许带走能带走的东西，所以老邻居们可以以远低于实际价值的价格买下他们的房产，或者白占被留下来的东西，包

日裔美国人正从加利福尼亚州圣佩德罗前往位于圣塔安妮塔的集中营。

---

① 后来的美国总统德怀特·D. 艾森豪威尔的弟弟。

括那些被废弃的庄稼。加州中部一位蔬菜种植运输协会（Grower-Shipper Vegetable Association）的负责人说："人们控诉我们为一己之私赶走日本人，我们还是诚实点，事实确实如此。问题是，太平洋的这片海岸到底是白种人的还是黄种人的。"据估计，当时日裔居民的损失总计约为4亿美元，按现在的价格计算，其损失更是高达54亿美元。[61]

自1942年3月开始，战争搬迁管理局将日裔因犯们转移到亚利桑那州、阿肯色州、加利福尼亚州、科罗拉多州、爱达荷州、犹他州以及怀俄明州仓促建起来的10个集中营。很快，亚利桑那州波斯顿（Poston）和希拉河的集中营就分别关押了17814人和13348人，几乎是在一夜之间就让它们变成了该州的第三大和第四大城市。而心脏山（Heart Mountain）也因此变成了怀俄明州的第三大城市。[62]

在集中营里，日裔人士在亚利桑那州和加利福尼亚州的烈日沙漠上，在阿肯色州泥泞如同沼泽的环境中，在怀俄明州、爱达荷州和犹他州的天寒地冻中辛苦劳作。但非技术工人的月薪仅有12美元，技术工人拿到的也不过是19美元。一个日裔医生的年薪是228美元，而一个白人高级医务人员一年可挣到4600美元。在黄石郡的医院，白人护士每个月可以挣到80美元，来到心脏山则可以挣到150美元，是日裔护士的8—10倍。[63]联邦政府派出摄影师安塞尔·亚当斯（Ansel Adams）和多罗西娅·兰格（Dorothea Lange）去拍摄集中营内的日常生活，并告诉他们不要拍摄那些带刺的铁丝网、瞭望塔和荷枪实弹的士兵。然而，亚当斯、兰格和一位日本因犯东洋宫武还是偷偷地拍了一些违禁的照片。[64]

1943年2月，美国政府对这些日裔居民的态度来了个毫无廉耻的大变脸。由于需要更多的人去参加战争，罗斯福号召美国出生的第二代日裔美国人加入实行种族隔离的第442步兵团，并把先前驻扎在密西西比州谢尔比集中营里由夏威夷日裔美国人组成的第

集中营中的日本人拿着低得可怜的薪水，在条件恶劣的环境下做苦工。

100步兵营合并进来。夏威夷士兵把他们的部队叫作"普卡普卡"（PukaPuka）。这支部队起初都是志愿者组成的，后来熬过了长期艰苦的斗争，才获得普遍的认可。1944年10月，第442步兵团在意大利和法国英勇作战，有1072人伤亡（其中有216人牺牲），是美国军事史上最光荣的部队之一。[65]

这些日裔美国人能为祖国做出如此巨大的牺牲，这显然超出了美国西部防御部司令官的理解范围。1943年4月，约翰·德威特告诉众议院海军事务小组委员会（House Naval Affairs Subcommittee），他并不担心德国人或者意大利人，"但我们需要时刻警惕日本人，直到他们从地球上消失"，"日本人就是日本人"。他这样说道，全然不顾那些人是不是已经成了美国公民。德威特的种族主义言论激怒了《华盛顿邮报》，后者立即发文批驳："应该告诫这位将军，美国的民主和宪法至高无上，不容任何战争狂热分子无视和亵渎……无论当初是以什么理由来驱赶和拘禁这些人，现在都不应该再继续了。"[66]

许多美国人也表示支持。一些人还将此与纳粹政策相提并论，尽管两者之间的差异远大于相似之处。1942 年 6 月，《基督教世纪》写道："整个集中营政策正在……破坏宪法赋予人们的权利……将种族歧视原则确立为美国政府的一个办事原则。这种做法正在向纳粹德国靠拢。"1945 年，尤金·德布斯在《耶鲁法学杂志》（*Yale Law Journal*）上发表了一篇措辞严厉的文章，文章中称："我们相信，德国民众对盖世太保和党卫军犯下的秘密罪行负有不可推卸的政治责任。那么，一项政策践踏了我们的每一种民主社会价值，却又得到国会、总统和最高法院的批准，此时我们扮演了什么角色呢？"[67]

1943 年 6 月，最高法院对之前发生的两起诉讼都做出了有利于政府一方的判决。尽管对"平林诉美国"案（Hirabayashi v. United States）的裁决并没有帮忙解决迁离和监禁日裔美国人这两个重大问题，但弗兰克·墨菲（Frank Murphy）法官的协同意见书还是流露出了批评之意：

> 说任何群体都不能被同化，等于承认伟大的美国实验失败了……在我的经验范围里，今天是我第一次感受到，我们基于种族或血统之分，对美国公民的个人自由进行实质性限制……从这个意义来说，日裔美国人的悲惨遭遇与犹太人在德国和欧洲其他地方所遭受的境遇十分相似，令人痛心。[68]

1945 年 1 月 2 日，战争搬迁管理局"结束"了对日裔美国人的强制监禁，但在他们试图重建破碎生活时，仅提供有限援助。有些日裔美国人决定尽可能远地搬离西海岸。根据国家公园管理局（National Park Service）的说法，这些日本人"每人只拿到了 25 美元和一张火车票，身上现金少于500美元的日本人拿到了一些路上吃食"。[69]

直到1952年《移民和归化法案》(Immigration and Naturalization Act) 通过后，第一代日本移民才被认为"适合成为美国公民"。此外，40多年后，美国政府才向集中营的幸存者道歉并提供总计15亿美元的赔偿。[70]

美国的道德水平——尤其是对所造成的大规模平民伤亡漠不关心——也因对平民狂轰滥炸，特别是对日空袭中的大肆攻击而严重下滑。对城市地区的轰炸始于一战。德国、英国、法国、意大利和奥匈帝国都互相轰炸过对方的城市，其中有些在一战结束后依然继续这种残酷行径。值得一提的是，美国曾强烈谴责1937年日本对中国城市的轰炸。1939年欧洲战事爆发后，罗斯福还呼吁战争双方应避免"非人道的野蛮行径"，不要轰炸手无寸铁的平民。[71]

但德国没有接受他的感召，开始轰炸英国的城市。英国也以牙还牙，出动近千架飞机空袭德国城市。到1940年代中期，巴塞罗那、马德里、上海、北京、南京、重庆、华沙、伦敦、鹿特丹、莫斯科、斯大林格勒、圣彼得堡、科隆、汉堡、柏林等城市都遭受过严重的轰炸。

相比之下，直到欧洲战事后期，美国都致力于对重要工业设施和交通网络进行精确轰炸。1942年8月，后来驾驶B-29轰炸机对广岛投下原子弹的保罗·蒂贝茨 (Paul Tibbets) 上尉，在率领美国轰炸机对沦陷的法国境内的德国目标进行首次日间轰炸当天，对可能引起平民伤亡表达了担忧。他告诉一名记者，"一想到这架机器扔下的炸弹会带给平民痛苦，［我］就感到恶心"。当他看着炸弹一批批落下，他想："我的天啊，妇女和孩子们正在被杀死！"[72]但随着战争的推进，美国人变得越来越没有顾忌了。1943年10月的明斯特轰炸就是一个重要转折点。严重背离战争初期制定的原则，则是美国在1945年2月参与盟军发动的德累斯顿大空袭。

美国对日采取了更为残酷的轰炸策略。第 21 轰炸机司令部海伍德·汉塞尔（Haywood Hansell）少将拒绝对大城市地区实施燃烧弹袭击，空军上将亨利·"哈普"·阿诺德（Henry "Hap" Arnold）用柯蒂斯·李梅（Curtis LeMay）将军取代了他。士兵们给李梅取了个"铁蛋"（Iron Ass）的绰号，就是因为他打起仗来无情而苛刻。李梅的名声是在欧洲的空战中树立起来的，在日本，他彻底改变了之前的轰炸策略，把本来已有"恐怖轰炸"之名的战术提升到一个前所未有的水平。

1945 年 3 月 9 日至 10 日晚间，李梅派出了 334 架战机，携带由凝固汽油弹、铝热剂、白磷等易燃材料构成的燃烧弹袭击东京。这些炸弹摧毁了 16 平方英里的土地，造成大约 10 万人死亡，伤者更是不计其数。熊熊燃烧的大火煮沸了河水，熔化了金属，更是将火海中的人们烧成焦炭。李梅报告说，受害者"或被烧死，或被煮熟，或被烤焦"。到了 5 月，投下的炸弹中有 75% 是特制的燃烧弹，目的是烧毁日本那些"纸一样的城市"。根据日本学者田中由纪的说法，美国用燃烧弹轰炸了超过 100 个日本城市。[73] 其中，对富山市的破坏程度达到 99.5%，以至于战争部长史汀生对杜鲁门说，他"不想让美国背上比希特勒还要残暴的罪名"，但他几乎没有采取任何措施来阻止这场屠杀。他只是欺骗自己相信阿诺德的承诺，即会控制"对平民的伤害"。[74] 后来成为美国国防部长的罗伯特·S. 麦克纳马拉（Robert S. McNamara），当时还在李梅将军手下任职，他同意上司的说法，即如果美国输掉了战争，他们都会被当成战犯送上法庭审判定罪。[75]

美国人对日本人的仇恨如此之深，因此美国国内几乎没人反对对日本平民进行大规模屠杀。奥本海默回忆起史汀生对美国人的冷漠感到失望："我记得史汀生先生跟我说过，他认为东京大轰炸造成如此巨大的生命损失，却没有一个人站出来抗议，这个现象

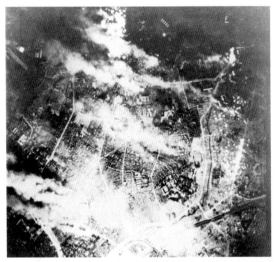

1945年3月9—10日晚间，李梅派出了334架战机，对东京投下大量含有凝固汽油弹、铝热剂、白磷和其他易燃物的燃烧炸弹。这些炸弹烧毁了16平方英里的建筑，烧死了约10万人，伤者更是无以计数。

非常可怕。他的意思不是说空袭不应该继续，而是认为没有一个人质疑屠杀正好说明这个国家出了问题。"[76]陆军准将邦纳·费勒斯（Bonner Fellers）也把这场空袭称为"历史上对非战斗人员进行的最残忍、最野蛮的屠杀之一"。[77]阿诺德将军觉得"90%的美国人都想杀死所有日本人"。[78]

"曼哈顿计划"是为了遏制苏联

格罗夫斯将军领导的目标委员会（Target Committee）决定，原子弹的投掷目标将会是之前从未被轰炸过的城市里围绕着工人住宅的军事设施。委员会决心要让原子弹的首次使用就产生举世震惊的效果，让全世界的人都认识到它的威力。史汀生所在的临时委员会围绕原子弹使用的相关事宜进行了仔细审查，提出数个替代方案，其中包括用核演示来逼迫日本投降，但遭到委员会的另一成员，也就是杜鲁门总统的个人代表伯恩斯的否决。

在5月31日的会议上，临时委员会还讨论了核武器的未来。科学家们知道，美国现有的原子弹是未来核弹中最基本、最简单的类型，这一前景让他们惊惶不已。奥本海默对在场的军政高官们说，美国三年内就可以生产出千万吨级至100兆吨级的原子弹，其威力相当于即将在广岛投下的原子弹威力的7000倍。[79]

5月底，齐拉特、诺贝尔化学奖获得者哈罗德·尤里（Harold Urey）、天文学家沃尔特·巴特基（Walter Bartky）试图面见杜鲁门，劝说他不要使用原子弹。他们又来到南卡罗来纳州斯帕坦堡劝说伯恩斯，但后者的回答让齐拉特惊骇不已。齐拉特表示："伯恩斯并未表明，有必要用原子弹轰炸日本城市来赢得战争，那个时候他和其他政府官员就已经知道，日本基本上已经战败了……伯恩斯先生更担心的是苏联的影响力在欧洲不断扩大。因此，他坚持，展示美国的原子弹及其威力能让苏联在欧洲不敢过于放肆。"[80]格罗夫斯也承认，在他心里，苏联一直是劲敌："从我主持这个项目开始，仅半个月的时间，我就坚定了我的看法——苏联是我们的敌人，这个项目就是为了对付他们而展开的。"[81] 1944年3月，格罗夫斯在一次晚宴上的发言震惊了约瑟夫·罗特布拉特，他说："你们应该知道，这个计划的主要目的就是遏制苏联人。"[82]伯恩斯和格罗夫斯的声明阐明了4月13日伯恩斯对杜鲁门所讲的话——原子弹"可以让我们在战争结束时随心所欲地要价"。[83]

在洛斯阿拉莫斯实验室的科学家们热火朝天地进入原子弹的完工阶段时，另一些人开始怀疑他们所做的一切是否明智。6月，芝加哥冶金实验室的科学家们成立了一系列委员会，对原子能的各个方面进行研究。其中，由诺贝尔奖获得者詹姆斯·弗兰克担任主席的社会和政治影响委员会（Committee on Social and Political Implications）发表了一份报告。这份报告深受齐拉特影响，对在当前战争中使用原子弹是否明智提出了疑问。报告警告说，使用原子弹奇袭日本不仅会损害美国的道德威望，还会开启与苏联的核军备竞赛，最终导致"双方同归于尽"。[84]报告还指出，由于原子弹的制造原理已经不是什么秘密，因此苏联很快就会迎头赶上。

齐拉特比任何人都更清楚其中的危险，他千方百计地阻止原子弹的使用。他把社会和政治影响委员会的报告传给了其他实验室的科学家们。当安全机构把这份报告列为秘密文件并禁止传播后，齐拉特向总统寄去了一封请愿信，信中称：

现在可供使用的原子弹仅仅是朝着这一方向迈出的第一步，在未来的发展过程中，这种核弹的破坏性力量更是几乎没有限制。那么，那个率先将这种新解放的恐怖力量用于破坏用途的国家，将必须承担起开启空前灾难的时代之门的罪责。[85]

　　来自芝加哥冶金实验室和橡树岭铀工厂的155位科学家在请愿书上签了名。但奥本海默没有让这份请愿书进入洛斯阿拉莫斯实验室，他还将此事告知格罗夫斯，后者确保在投掷原子弹的命令下达前这份文件不会送达史汀生和杜鲁门手中。在整个战争期间，格罗夫斯手下的安全特工一直在严密监视齐拉特的举动。有一次，格罗夫斯甚至给司法部长写了一封信，称齐拉特为"敌侨"，要求"将其控制起来，直至战争结束"。幸运的是，在康普顿说服下，他没有把这封信寄出。格罗夫斯对科学家进行了民意调查，结果发现有83%的科学家赞成在对日使用原子弹之前先进行一次实验展示。[86]恼羞成怒的格罗夫斯悄悄把这一结果藏了起来。

　　其他人也试图阻止使用原子弹，但不幸的是，他们都失败了。6月27日，临时委员会的海军代表、海军次长拉尔夫·巴德（Ralph Bard）在给史汀生的备忘录中写道："最近几周以来，我有一种非常清晰的感觉，日本政府可能正在寻找一些可以用作投降媒介的机会。"他认为，美国"作为一个伟大的人道主义国家"，应该提前通知日本，苏联即将参战，且美国研制出了原子弹，并说明投降的条款。一些历史学家认为，在递交辞呈的几天后，巴德曾面见杜鲁门重申他的以上观点，但缺乏这方面的明确证据。不过，有一点是清楚的，6月18日，当杜鲁门会见参谋长联席会议的代表时，助理战争部长约翰·麦克洛伊建议他通知日本人，"他们将被允许保留天皇和他们所选择的政体"，还要告诉他们"美国已经拥有一种毁灭性武器，如果日本拒不投降，我们将被迫使用这种武器"。[87]

　　当盟国的领导人在波茨坦——柏林附近一处被炸毁的郊区——聚首时，事情终于到了紧要关头。此时离美国投掷第一颗原子弹的预定日期已经不到一个月。7月15日，杜鲁门抵达波茨坦，紧张地期待着与丘吉尔、斯大林的第一次会面。大量报告显示，如果能允许日本有条件投降的话，日本将立即停战。美国高层清晰地捕捉到了东京方面释放的信号。杜鲁门明确指出，7月18日截获的电报表明，"日本天皇请求停战"，"盟军要求的无条件投降是唯一障碍"。[88]福雷斯特尔写道，"证据表明日本人渴望退出战争"。史汀生认为，"日本正在推动和平进程"。伯恩斯认为，"这是日本在试探和平的可能"。[89]战略情报局（Office of Strategic Services）官员，后来成为中情局局长的艾伦·杜勒斯在他于1966年出版的著作《秘密投降》（*The Secret Surrender*）一书中回忆说："我去参加了波茨坦会议，并在那里向史汀生部长报告了从东京传来的消息——如果日本可以保留天皇和帝国宪法，以保证日本人得知国家决定投降后局势稳定，那么他们就准备投降。"[90]波茨坦会议召开那周的《太平洋战略情报汇要》（"Pacific Strategic Intelligence Summary"）表示："可以说，日本现在虽然还没有公开宣布，但官方已经承认了自己的失败。他们放弃了长期以来期盼但已无法实现的胜利，转而寻求达成两个目的：一是调和民族自豪感和最终战败之间的矛盾；二是找到挽救其野心残骸的最佳方法。"[91]战争部下辖的军事行动局政策研究部（Operations Division Policy Section）部长查尔斯·"蒂克"·博恩斯蒂尔（Charles "Tick" Bonesteel）上校回忆说："可怜的日本混蛋正四处伸出试探和平的触角。"[92]

杜鲁门声称，他出席波茨坦会议主要是为了确保苏联按照承诺参加对日作战。他知道苏联参战将会成为对日本的致命一击，因此斯大林向他保证参战后，他表现得非常兴奋。他在7月17日的日记中写道："苏联将在8月15日对日本宣战，到时候日本人就完蛋了。"[93]第二天，杜鲁门给贝丝写信称："我们现在可以提前一年结束战争了，想想看，有好多孩子可以不用被杀死了！"[94]

杜鲁门还有一张牌可以打，但出牌时机必须准确。史汀生了解其中门道，他在5月15日的日记中写道，原子弹是个至关重要的外交工具，但在波茨坦会议召开前试验还无法完成。"我们认为很快就能使用了，但现在王牌还没真正抓到手里，因此现在就投下这么大一个外交赌注的话，那实在让人揪心。"[95]

杜鲁门把波茨坦会议的召开时间推后了两周，目的就是希望能在与斯大林谈判之前完成原子弹试验。奥本海默承认，"为了在波茨坦会议召开之前完成这项工作，我们承受了巨大的压力"。[96]事实证明，从杜鲁门的角度来看，等待是值得的。

7月16日，当杜鲁门正在柏林为第二天与斯大林的会谈做准备时，科学家们在新墨西哥州阿拉莫戈多外围的沙漠成功试爆了第一颗原子弹。"三一"核试验的试爆结果超出了所有人的预期。原子弹爆炸时释放出了18.6千吨当量的巨大威力，整个天空都被照亮了，有些科学家甚至担心爆炸是否真的把大气层点燃了。奥本海默说，当时他脑海里闪过《薄伽梵歌》（*Bhagavad Gita*）中的一句话，"我变成了死亡之神，世界的毁灭者"。副总指挥肯尼思·班布里奇（Kenneth Bainbridge）说得更直白："现在我们都成了混蛋了！"[97]

格罗夫斯将初步结果电告史汀生，后者急忙向杜鲁门和伯恩斯通报情况。他们都欢欣雀跃起来。7月21日，格罗夫斯发去一份更全面也更激动人心的报告。报告中称，"试验取得的成功是之前最乐观的预测都料想不到的"。据格罗夫斯估计，爆炸释放的能量相当于15千吨到20千吨 TNT 炸药同时爆炸释放的能量，远远超出了此前所取得的任何成果，几乎是不可想象的。史汀生把这段话念给总统和国务卿听。与格罗夫斯的报告一同出现的还有准将托马斯·法雷尔（Thomas Farrell）的报告，他描述了当时情况，一阵"有力、持续了很久的可怕的咆哮声，那是世界末日的警告"。[98]当丘吉尔读到这份报告时，他惊叹道："这是又一次天怒。"[99]

杜鲁门、伯恩斯和格罗夫斯都认为，现在美国已经可以在苏联不提供帮助的情况下，加速让日本按照美国的意思投降了，因此也就不需要再同意苏联提出的有关领土和经济补偿的要求。史汀生表示："总统被（报告）极大地鼓舞了，当我见到他时，他一次次地聊起这事。他说，核试验的成功给了他前所未有的信心。"[100] 在波茨坦会议早期，杜鲁门让丘吉尔和斯大林占据了主导地位，现在，他变得盛气凌人了。丘吉尔记下了核爆成功后召开全体会议时的一幕："我无法理解，读了那份报告后进入会场的杜鲁门，像变了个人似的。他告诉苏联人不要再讨价还价，并且基本上掌控了会议进程。"[101] 麦克洛伊也描述了原子弹在增强杜鲁门信心方面起到的作用："在整个过程中，'大炸弹'都发挥了作用，它让首相和总统都变得强硬起来。收到格罗夫斯的报告后，他们就像身上藏着大红苹果的小孩一样，欢天喜地参加下一场会议。"[102]

尽管杜鲁门从来没有勇敢地直面他的父亲、集团大佬彭德格斯特或是其他恶霸，但他现在可以勇敢地面对斯大林了。如果说，手里拿着一支左轮手枪可以让人身高变成6英尺的话，那原子弹试爆成功则让身材矮小的杜鲁门成了比斯大林还要高大的巨人。虽然杜鲁门在公开场合耀武扬威，但对着这个他将通过使用原子弹来开启的新世界，他有着更深层次的理解。他在波茨坦会议期间写下日记称："我们已经制造出了人类历史上最恐怖的炸弹。这可能是继诺亚和他传说中的方舟之后，幼发拉底河流域时代预言的大火之祸。"[103] 不幸的是，杜鲁门的末日预言并没有促使他在审判日到来之前，去寻找其他替代方案。

广岛核爆前后

与杜鲁门、伯恩斯和格罗夫斯这些决策者不同的是，史汀生对使用原子弹怀有深深的忧虑。他用"致命的""可怕的""悲惨的""恐怖的""恶魔般的"等词来形容原子弹，他认为这不仅是一种新式武器，更"将革命性地改变人类与宇宙的关系……甚至意味着人类文明的终结，它可能是一个会吃掉我们所有人的科学怪物"。[104]他多次试图劝说杜鲁门和伯恩斯向日本人保证会保留天皇，但这些努力都徒劳无功。当史汀生向杜鲁门抱怨他的意见没在波茨坦会议上受到重视时，杜鲁门告诉这位年迈而脆弱的战争部长，如果他不喜欢，那他大可以收拾包袱回家。

在波茨坦，史汀生通知盟军最高指挥官德怀特·D.艾森豪威尔，原子弹即将投入使用。艾森豪威尔听后反应强烈。他在接受《新闻周刊》采访时描述了自己的反应："当时，史汀生告诉我美国准备对日本投掷原子弹。我只是听着，没有主动请缨，因为，我的战场毕竟是在欧洲，而且它已经结束，日本的事不是我能决定的。但我想到这些，还是觉得心情越来越沮丧。然后，史汀生问我的意思，我告诉他我反对，理由有二：一是日本人已经准备投降，没有必要用那个可怕的东西去打击他们；二是我不希望看到我们国家成为第一个使用这种武器的国家。"[105]艾森豪威尔告诉历史学家斯蒂芬·安布罗斯（Stephen Ambrose），他已经直接向杜鲁门和他的高级幕僚们表达了反对意见。历史学家巴顿·伯恩斯坦（Barton Bernstein）怀疑艾森豪威尔的这种说法，不过，奥马尔·布拉德利（Omar Bradley）将军表示艾森豪威尔确实这么做过。[106]

既然原子弹已经试爆成功，杜鲁门、伯恩斯和史汀生也就不再欢迎苏联参战了，因为这会使苏联获得罗斯福在雅尔塔会议中承诺的让步。丘吉尔在 7 月 23 日表示："很明显，美国目前已经不希望苏联再参加对日作战。"[107]伯恩斯承认："得知试验成功后，总统和我都不急于让他们参战了。"伯恩斯还对他的助手沃尔特·布朗（Walter Brown）解释说他"一直都在期盼这一时刻，相信原子弹投下之后日本会立刻投降，苏联也就不会分走一杯羹了"。[108]对杜鲁门和他的顾问们来说，实现这一目标的方法似乎显而易见——使用原子弹。杜鲁门吐露心声："我相信日本人会在苏联人到来之前

美苏双方的领导人在1945年7月召开的波茨坦会议上合影，第一排的4个人，从左到右分别是：斯大林、杜鲁门、美国国务卿詹姆斯·伯恩斯和苏联外交部长维亚切斯拉夫·莫洛托夫。

就投降了。当曼哈顿［原子弹］出现在他们家乡上空的时候，我相信他们会的。"[109]

　　就在波茨坦会议结束之前，杜鲁门悄悄靠近斯大林，装作漫不经心地提起美国已经研制出一种"破坏力非同寻常的武器"。杜鲁门不知道苏联的情报部门一直向斯大林汇报"曼哈顿计划"的进展，因此，他对斯大林表面上的冷淡反应感到惊讶，并怀疑斯大林是否听懂了他的意思。斯大林知道的比杜鲁门意识到的多得多。他之前就已经知道美国会安排进行核试验，现在他也意识到，试验已经获得成功。他立刻打电话给苏联安全和秘密警察事务负责人拉夫连季·贝利亚（Lavrenty Beria），斥责他不知道美国已经完成了原子弹试验。苏联驻美大使安德烈·葛罗米柯（Andrei Gromyko）在报告中称，从波茨坦回到国内住所的斯大林说，美国人会利用他们在原子弹上的垄断地位在欧洲事务上发号施令，但他并不会屈服于他们的勒索。[110]斯大林命令苏联军队加快对日作战，并命令苏联科学家加快原子弹的研究步伐。

杜鲁门没有直接下达投掷原子弹的命令。7月25日，在波茨坦，他批准了一道由史汀生和马歇尔签署的指令——在天气条件允许的情况下，在8月3日之后尽快对日投掷原子弹。杜鲁门知道，日本人几乎不可能接受最终的《波茨坦公告》(Potsdam Declaration)，因为公告没有对日本的投降条件进行重大修改，也没有警告将使用原子弹，更没有提及苏联即将参战。不过，值得注意的是，与杜鲁门和史汀生后来的声明相反，授权投掷原子弹的命令是在日本拒绝接受《波茨坦公告》之前，而不是之后下达的。杜鲁门并没有邀请斯大林在公告上签字，尽管斯大林是为此而来并且还带来了一份苏联方面草拟的公告。斯大林在公告上签字，就意味着苏联即将参与对日作战。因为没有看到他的签名，所以在原子弹准备投入使用的过程中，日本人仍然在徒劳地争取苏联的帮助，来为日本换得更好的投降条件。

杜鲁门在波茨坦的表现让斯大林深信，美国想尽快结束战争并准备背弃当初的诺言。会议期间，斯大林告诉杜鲁门，苏联军队准备在8月中旬对日作战。苏军总参谋长阿列克谢·安东诺夫 (Aleksei Antonov) 对美国方面说，开战的时间很有可能是在7月底。斯大林命令亚历山大·华西列夫斯基（Aleksandr Vasilevski）元帅作好提前10—14天开战的准备。[111]

尽管杜鲁门要为许多重大决定承担责任，格罗夫斯在7月25日的备忘录中写道，但杜鲁门并没有真正下定决心使用原子弹轰炸日本，他只是默许了。他写道："在我看来，他的决定基本上是不干涉，不推翻现有的方案……""与其说杜鲁门不经常说'是'，倒不如说他没说'不'。"格罗夫斯轻蔑地形容杜鲁门是"一个坐在雪橇上的小男孩"。[112]

8月2日，杜鲁门离开了波茨坦。第二天，伯恩斯的助理在日记中写道："在军舰'奥古斯塔'号上，总统、莱希将军、伯恩斯都认为日本希望停战。"[113]杜鲁门也希望停战，但他首先还是想使用原子弹。

时任盟军太平洋战区总司令、美军二号人物道格拉斯·麦克阿瑟将军认为，"从军事角度来看，完全没有必要（使用原子弹）"。当他知道美国准备使用这一武器时，他既生气又沮丧。8月6日，在投掷原子弹的消息尚未发布之前，麦克阿瑟召开了一个新闻发布会。他告诉记者，日本"已经战败"，并且他认为"下场世界大战的可能性，其恐怖程度将是现在的一万倍"。[114]

8月6日凌晨2点45分，3架B-29轰炸机在距离日本1500英里的马里亚纳群岛的天宁岛起飞。长机是"伊诺拉·盖伊"号轰炸机，它携带了代号为"小男孩"（Little Boy）的原子弹。上午8点15分，"小男孩"投向日本广岛，其爆炸威力相当于1.6万吨TNT炸药同时爆炸。广岛大约有30万平民，4.3万军人，4.5万朝鲜奴隶劳工，还有几千名日裔美国人——这些日裔美国人多数都是孩子，他们的父母此刻还被拘禁在美国本土。此时，这些人才刚刚开始新的一天。美国轰炸机的目标是广岛市中心附近的T形大桥——相生桥。尽管广岛是个港口城市，也是第2陆军总部的所在地，但在早期的轰炸中，它一直未被列为优先打击军事目标。原子弹爆炸后，彻底摧毁了相生桥附近方圆3.2千米的所有区域。看到整个广岛市消失殆尽，"伊诺拉·盖伊"号上的飞行员们都惊恐不已。飞行员保罗·蒂贝茨以其母亲的名字命名了"伊诺拉·盖伊"号，他描述当时的情形称："巨大的紫色蘑菇云腾空升到4.5万英尺的高度，从我们的高度看也有3英里高，而且还在不断向上升腾，就像某种

站在"伊诺拉·盖伊"号（Enola Gay）前的保罗·蒂贝茨［居中叼着烟斗者］和他的机组成员们。

可怕的怪物。更可怕的是地面的情景。地面上火光冲天，夹杂着不少恐怖烟柱，如同滚烫的沥青在冒着气泡。"[115] 后来，他还回忆说："如果但丁与我们同在那架飞机上，他一定会被吓坏的。这座城市在几分钟之前还清晰可见，转眼间就变成一团丑陋污渍，完全被可怕的浓烟和烈火吞噬。"尾枪手鲍勃·卡伦（Bob Caron）称他"瞥见了地狱"。副驾驶员罗伯特·刘易斯（Robert Lewis）在飞行日志中写道："我的上帝！我们到底干了什么？"[116]

乘坐僚机"大艺术家"号（Great Artiste）的无线电技师阿贝·斯皮策（Abe Spitzer）以为自己产生了幻觉。他极其形象地记录下了飞行员们看到的恐怖情形：

1945 年 8 月 6 日，广岛在遭到原子弹轰炸后升起的巨大的蘑菇云。

　　我放眼望去，在我们下方，目之所及，尽是火海，但这不是普通的大火。它有着各种颜色，每一种颜色都亮得令人炫目，完全超越了我能想象到的世间的火焰颜色。位于中心最明亮的，是一个硕大的红色火球，看上去比太阳还大。事实上，当时看起来就像太阳从天空消失，掉落到地上，然后开始向上爬升，速度很快，直直向我们奔来。

　　同时，这个火球不断膨胀，直到覆盖整座城市。烈焰四处伸展，四面八方都是厚厚的、无法穿透的灰白色烟柱，延伸到城市之外的山麓，继续向外流溢，并且以不可思议的速度向我们涌来。

　　接着，港口的舰船开始摇晃，就像是一门巨大的机枪炮——一些大型的高射炮或加农炮——向我们开火，炮弹从四面八方向我们疯狂地袭来。

　　这时，紫色的光逐渐变成蓝绿色，边上微微泛着些黄。它们从火球下方，就是那个颠倒了的太阳下方，极速向我们冲来，后面还跟着大团烟雾。而我们，也在驶离这座城市的残骸，虽然速度没有它那么快。

突然间，我们到了烟柱的左边，它在不断地上升。我后来才知道，当时它的高度有5万英尺，看上去呈柱状，越高越窄，最后直入霄汉。科学家后来告诉我们，他们认为这种烟柱的底部有4—5英里宽，而顶部也有至少1.5英里宽。

我被眼前的景象迷住了。烟柱的颜色变了，从灰白变成了棕色，然后变成琥珀色。最后，三种颜色混合在一起，成了一道明亮、耀眼的彩虹。一时间它的赤焰看似很快就会消失，但几乎与此同时，一种蘑菇状的云腾空而起，向上升腾而去，最终到达了距离地面6万—7万英尺的高空……整个云柱沸腾着、喷射着，蘑菇云顶部的云浪四处汹涌，犹如遇到风暴的巨浪。

突然之间，蘑菇云的顶部裂开了，就像是被一把锋利的刀削过一样，但依然还在向外延伸。到底延伸了多远谁也不知道，甚至连照片也无法记录到，没有任何一种仪器可以准确地测量。有人说是8万英尺，有人说8.5万英尺，还有人说更远……在此之后，又一朵个头略小的蘑菇云，从云柱中炸开来。[117]

斯皮策听到有人说："我在想，也许我们并不是在掺和与我们无关的事。"[118]

从地面上看到的景象与空中的大为不同，情形更为惨烈。核爆中心的温度高达2982℃，火球"瞬间把人烧成焦炭，把所有脏器都融化掉"。[119]几万人立刻毙命。到1945年底，约有14万人因此死亡。到1950年，这一数字上升到20万。美国官方报告说，只有3242名日本军人死亡。伤亡者中还有大约1000名美国公民，大多数都是第二代日裔美国人。伤亡者中还有23名美国战俘，他们中的一些人躲过了核爆，却被愤怒的幸存者打死。另外几名美国战俘

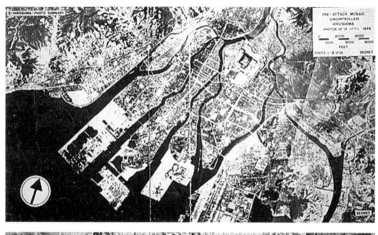

　　美国战略轰炸调查团（U. S. Strategic Bombing Survey）拍摄到的广岛在遭到原子弹轰炸之前和之后的情况，形象地展示了原子弹对广岛造成的破坏程度。

则在此次轰炸中被炸死。

　　受伤的幸存者遭受了极大的痛苦，他们将其经历描述为"从鬼门关走了一回"。街道上到处都是鬼一样的伤者，他们被严重烧伤，

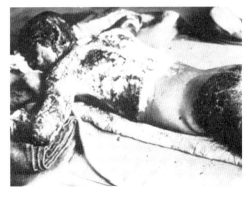

伤情严重的核爆
幸存者。

身上的衣服被烧光，皮肤稀稀拉拉地挂在骨头上。他们都万分绝望，
在找寻家人。在逃离还在蔓延的大火时，他们被烧成焦炭的尸体绊
倒，往往被冻死在半路上。日本诗人峠三吉是广岛核爆的幸存者，
但在1953年去世，享年37岁。他写过一首诗，名叫《八月六日》。

叫我如何忘记那闪光？
顷刻间，三万同胞从街上消失。

哀号，被无边的黑暗遮掩。

那时，
皮肤如破布般挂在骨头上，
双臂拢在胸前，
在破碎的尸骨间蹒跚。
……
人们成群地涌向河边，
挤上系在岸边的木筏，
却最终被炙热烤干。
……
大火飞旋，
烧焦了抱在一起苦苦挣扎的女学生，
只有上帝知道她们是谁。
叫我如何忘记那寂静？
在一座三十万人的城市回萦。
凄清中，叫我如何忘记？
垂死母亲和孩子的哀求，
透过他们的眼睛，
穿透我们的思想与灵魂！[120]

全体机组人员沉默着飞回了天宁岛。一些人开始安慰自己，眼前的一切是如此恐怖，战争一定会就此结束。"大艺术家"号的尾枪手阿尔·"帕皮"·德哈特（Al "Pappy" DeHart）说他希望自己从没见过这种情景："我不会跟我的子孙谈起这事，永远不会。我不认为这是一件可以跟孩子们讲的事。"[121]

核爆消息传来时，杜鲁门正在"奥古斯塔"号的甲板上用餐，该军舰正在从波茨坦返回美国的途中。得知消息后，他激动得跳起来大喊："这是有史以来最伟大的事。"[122] 他在宣布完美国用原子弹成功轰炸广岛的消息后说道，这是他所做的公告中"最让他开心"的一次。

杜鲁门的欢欣让一些人很不满。两天后，一位民主党委员会委员给他发来电报。"没有哪位美国总统会为导致众多无辜平民死亡的武器欢欣雀跃。请再予以澄清，让大家拍手相庆的不是毁灭，而是毁灭的结束。"[123]

日本投降并非因为原子弹

苏联领导人却高兴不起来。他们知道美国没必要对一个赢弱无力的国家使用这种武器，之所以这样做其实意在苏联。他们认为，美国人想尽快迫使日本投降，抢占苏联在亚洲的利益。更令人不安的是，他们推测美国在没必要使用核武器的前提下还使用了，真正意图是在向苏联发出警告——如果苏联敢威胁美国利益，那美国也会毫不犹豫地对它使用核武器。

苏联人接收到了这一信息。1941—1948年长驻莫斯科的《星期日泰晤士报》(*Sunday Times*) 记者亚历山大·沃思评论说："（来自广岛的）消息让这里的人都倍感沮丧。很显然，这是强权政治中的新力量，原子弹对苏联构成了威胁。那天，一些与我交谈的苏联人都悲观地说，苏联人做出了巨大牺牲才打败德国，可现在看来这些努力'都付诸东流了'。"[124]

正是由于这两起轰炸事件无理至极，朱可夫元帅才会在26年之后记忆犹新，也借此认清了美国的意图所在。他回忆说："当时已经很清楚，美国政府打算凭借原子弹在冷战中占据上风，实现其帝国主义霸权。这在8月6日和8日都得到了充分的证明。在没有任何军事必要的情况下，美国依然向人口稠密、没有战争爆发的广岛和长崎扔下了两颗原子弹。"其他苏联统帅也十分吃惊。葛罗米柯的儿子阿纳托利（Anatoly）回忆说，他的父亲告诉他，广岛事件"把苏联统帅们都给搞蒙了"。克里姆林宫、总参谋部里的气氛顿时紧张起来，他们对盟国的不信任感急剧攀升。有建议认为，要保留一支庞大陆军，加强对拓展疆土的控制，减少原子弹爆发可能造成的损失。[125]

苏联的政治领袖们，包括斯大林和外交部长莫洛托夫在内，都感到不安。物理学家尤利·哈里顿（Yuli Khariton）回忆说："苏联政府将（广岛事件）视为一场美国针对苏联进行的核讹诈，美国在威胁发动一种更恐怖、更具毁灭性的新战争。"核物理学家们被召集到克里姆林宫，汇报每天的研究进度。几天后，斯大林启动了一项紧急项目来研制苏联自己的核武器。[126]

广岛事件之后，日本领导人要求苏联尽快表态是否同意代表日本出面调停。他们收到了明确的回复。8月9日凌晨，强大的苏联红军向驻扎在中国东北、朝鲜、库页岛和千岛群岛的日军发起全面进攻，一路上几乎没有遭到日军的抵抗。

8月9日早上，日本外务省的4名高官来到铃木首相的住所，传达了这个坏消息。铃木叹息道："我们担心的终于来了。"[127]

就在那天早上晚些时候，在日本还没来得及对苏联的进攻做出反应之前，美国又向日本的长崎投下了一颗绰号为"胖子"（Fat Man）的原子弹。由于原定目标小仓市被云层覆盖，难以瞄准，飞行员查尔斯·斯威尼（Charles Sweeney）不得不飞往长崎市中心。结果是，"胖子"落到距离目标两英里的浦上地区，在当时亚洲最大的天主教堂上空爆炸，释放出2.1万吨TNT炸药同时爆炸所释放的能量。4万人当场死亡，包括250名军人。到1945年底，死亡人数上升至7万，在后来的5年中可能又有7万人因此死亡。

被原子弹轰炸后的长崎。

斯皮策说，在他和"大艺术家"号的其他战友一同见证了广岛的消失后，压根没想到还会有另一个城市以同样的方式从地球消失。"不需要再搞这样的任务，这样的轰炸，这样的恐怖和这样的死亡了。上帝呀，连傻瓜都看得出来。"[128]

日本官员对苏联的宣战十分沮丧，立即召开了紧急内阁会议。会议期间，他们被告知长崎遭到了核弹攻击。然而，无论是美国轰炸长崎的公告，还是陆军大臣阿南惟几说的美国拥有上百颗原子弹，东京将成为下一个目标的错误情报，都未能让与会者接受无条件投降。多数人认为，美国用300架飞机和数千枚炸弹摧毁一个城市，和用一架飞机加一颗核弹来轰平一个城市，几乎没什么差别，美国有能力并且将会摧毁日本的城市已经是一个不争的事实。反倒是苏联的进攻，彻底击垮了日本领导人的意志。这证明了日本的对苏外交和"本土决战行动"都彻底失败了。对正在考虑投降的日本领导人来说，原子弹是一个额外的推力，但还不能起到决定性作用，尽管部分领导人把它当作投降最方便的借口。天皇宣布愿意接受投降，接受《波茨坦公告》，唯一的条件是"不能包含任何损害天皇作为主权统治者拥有的特权的要求"。[129]

铃木认识到日本已走投无路。他说，日本必须立即投降，否则"苏联不仅会夺取中国的东三省、朝鲜、库页岛，还会占领北海道。这将彻底摧毁日本的基石。我们必须在还能与美国交涉之时结束战争。"[130]天皇的决定已经明确，所以之前坚持三项要求——自行解除武装，不得进行战犯审判和不占领日本本土——的"六巨头"中的三个顽固分子，也放弃了反对投降的立场。随着苏联红军快速向日本本土挺进，日本领导人决定向美国投降，他们认为美国更有可能让日本保留天皇。他们还担心红军的到来会促使日本国内的亲共力量发动革命，就像欧洲部分地区已经发生的那样。

杜鲁门和他的顾问们也在考虑日本的投降请求。伯恩斯提醒说，保留天皇可能会招致对"总统的责难"。史汀生不同意这一说法，声称"即使日本不提出保留天皇，我们也需要天皇继续存在……因为许多散在各处的日军只信奉天皇……保留天皇有助于将我们从硫黄岛和冲绳岛的鏖战中解救出来"。在日记中，史汀生还表达了他对伯恩斯的失望："不少人确实仇视天皇制度……这些人对日本的了解，仅限于吉尔伯特（Gilbert）和沙利文的歌剧《日本天皇》（*Mikado*），现在我才惊奇地发现，这种偏见竟然也深深地植根于政府高层的脑子里。"[131]经过进一步的讨论，他们就一个意思并不十分清晰的表述达成了妥协，该表述许诺："根据《波茨坦公告》的精神，日本最终的政权形式，将根据日本人民的意愿来建立。"[132]

战争结束后，日本高官将投降的原因归结为原子弹和苏联对日宣战。尽管谈话是美国占领当局组织的，但日本高官中依然有些人认为，是苏联的进攻，而非美国的原子弹和其他军事行动导致了日本投降。日本副总参谋长河边虎四郎解释说：

> 广岛沦为可怖废墟，是慢慢地为人所知的……与之相比，苏联参战是一个巨大打击。东京收到的电报称，大批苏军"遮天蔽日而来"，这让我们更感震惊和惶恐，因为我们一直都提心吊胆，总想着"欧洲战场上的大批苏联红军，现在正调转枪口，朝我们迎面而来"。[133]

海军上将丰田也认为："比起原子弹的攻击，苏联的对日宣战更有力地促成了日本的投降。"日本综合计划局（General Planning Agency）长官池田纯久中将说："一听到苏联参战，我就知道我们没机会了。"日本陆军部对盟军总司令部的回答更是简单直接："苏联的参战是导致日本决定投降的最直接原因。"[134] 1946 年 1 月美国陆军部的一项研究得出了同样的结论，"在做出投降决定的讨论过程中……极少提到美国的原子弹轰炸……这几乎可以认定，只要苏联参战，日本就会屈服"。[135]

由于错误地相信是原子弹导致日本投降，85%的美国人公开支持使用原子弹。23%的美国人甚至希望日本不要那么快投降，这样美国就可以扔下更多原子弹。但大多数民众并不知道的是，许多美国的高级军事将领都认为，使用原子弹从军事角度上来说根本没必要，从道义角度上也应该受到谴责。杜鲁门的参谋长威廉·莱希将军主持了参谋长联席会议，他义愤填膺地说，原子弹和生化武器一样，违反了"我所听说过的所有基督教伦理和所有已知的战争法"。他认为："日本早就被打败了，而且他们准备投降……在广岛和长崎使用如此野蛮的武器，对我们赢得对日作战的胜利没有提供实质性帮助。作为第一个使用这种武器的国家，我们的道德水平与黑暗时代的野蛮人没什么两样。从来没人教过我用如此残忍的方式打仗，我们不能用屠杀妇女和儿童来赢得战争。"[136] 1949年，莱希愤怒地告诉记者乔纳森·丹尼尔斯（Jonathan Daniels）："杜鲁门告诉我，他同意使用原子弹……仅仅是针对军事目标。当然，他们扔下了它，杀害了尽可能多的妇女和儿童，而这正是他们一直想要的。"[137]

麦克阿瑟经常提到，如果美国修改投降条件，战争可以提前几个月结束。1960年，他对早已卸任的胡佛总统说，如果胡佛在1945年5月30日递交杜鲁门的"明智而又宽宏"的建议——修改日本投降的条件——被杜鲁门采纳的话，那么"就可以避免广岛和长崎的大屠杀以及大量破坏。我始终相信，如果我们做了修改，日本就会立即投降"。[138]

亨利·阿诺德将军写道："我们认为，不管有没有原子弹，日本都已经处于崩溃边缘。"[139] 战争结束后不久，李梅将军说："即使不用原子弹，苏联不出兵，日本也会在两周内投降。""原子弹跟结束战争毫无关系。"[140] 在长崎遭到原子弹轰炸两天后，美国战略航空兵太平洋战区（U.S. Strategic Air Forces in the Pacific）卡尔·"图伊"·斯帕茨（Carl "Tooey" Spaatz）将军在日记中写道："第一次在华盛顿参与讨论使用原子弹的时候，我就表示了反对立场，就像我从未支持杀死所有居民来摧毁城市一样。"[141]

许多海军将领也支持空军方面的意见。美国海军总司令欧内斯特·金上将对副官说："我认为这么做不合时宜，没必要。"他还对来访的记者说："我不喜欢原子弹之类的东西。"[142]战后不久，太平洋舰队总司令切斯特·尼米兹海军上将，在华盛顿纪念碑前的一次集会中说："事实上，在美国用原子弹轰炸广岛和长崎以及苏联参战之前，日本就已经在为停战寻找出路了。"[143]1946年，南太平洋舰队司令威廉·哈尔西上将说："没必要研制原子弹……投下它更是一个错误……它杀死了这么多日本人，但在此之前，日本就已经通过苏联释放了许多祈求和平的信号。"[144]

正如负责情报收集整理工作的卡特·克拉克（Carter Clarke）准将所说："我们加速击沉他们的商船，让他们忍饥挨饿，就能让他们卑微地投降了。我们没必要扔下原子弹，日本人也清楚，但我们还是把他们当成了原子弹的试验品。"[145]

美国的7位五星上将中，有6位是在二战中获得最后一颗星的。他们分别是来自陆军的麦克阿瑟、艾森豪威尔，来自空军的阿诺德和来自海军的莱希、金、尼米兹。他们都认为没有必要使用原子弹来迫使日本投降。不幸的是，尽管如此，几乎没有证据表明，在原子弹投向日本之前，他们向杜鲁门总统表达过反对意见。

但格罗夫斯很清楚这些人的意见。在轰炸广岛之前，格罗夫斯下了一道命令，要求所有参与行动的指挥官清除战争部就原子弹所做的任何指示。格罗夫斯说："我不想让麦克阿瑟那帮人说，没有原子弹一样可以获得最终胜利。"[146]

到了8月底，连伯恩斯也承认没有必要使用原子弹来结束战争。

《纽约时报》报道说，伯恩斯"引用苏联人的证词说，日本承认，在第一颗原子弹投向广岛之前，他们就已经战败了"。[147]

梵蒂冈罗马教廷很快就使用原子弹一事进行了谴责。《天主教世界》（*Catholic World*）形容使用原子弹的行径是"凶残而令人憎恶……是有史以来对基督教文明和道德律令最沉痛的打击"。联邦基督教协进会（Federal Council of Churches）主席，后来在艾森豪威尔总统时期担任国务卿的约翰·福斯特·杜勒斯担心地说："如果美国，一个公认的基督教国家，都心安理得地这样使用原子弹，那么世界其他国家也会群起效尤。长此以往，核武器将会被视作常规战争武器，这迟早会毁灭所有人类。"[148]

还有一些人也痛斥美国投掷原子弹的行为。8月12日，长崎遭到轰炸后的第三天，美国全国广播公司播放了一场主题为"原子力——它对人类的意义"（"Atomic Force: Its Meaning for Mankind"）的讨论。这场讨论由芝加哥大学圆桌论坛发起，芝加哥大学校长罗伯特·哈钦斯（Robert Hutchins）也参加了这场讨论。哈钦斯表示："就算真的有必要，这样一种武器也应该作为最后的手段并且是出于自卫目的才投入使用。美国投下原子弹之时，当局已经知道苏联正准备参战。据说，日本已经被重重包围，城市也成为一片废墟。所有证据都表明，使用原子弹实属多余。因此，美国已经丢掉了它在道德上的声望。"[149]

许多像保罗·富塞尔一样勇敢的美国青年，和他们的苏联、英国战友们一道，在二战中打败了法西斯，许多人为此献出了生命。然而，杜鲁门、史汀生和其他人却营造了这样一种迷思：是原子弹促成了盟军的胜利；它使得美军不必进攻日本本土，从而挽救了成千上万美国人的生命。1991年，时隔多年之后，美国前总统老布什还在为杜鲁门辩护，称正是这一"艰难而慎重的决定，拯救了数百万美国人的生命"。[150]然而，事实并非如此。尽管原子弹的轰炸在一定程度上加快了日本的投降，但它是美国跳岛战术、空中轰炸和海上封锁战略的辅助手段，是苏联出兵的巨大影响让日本领导人相信在日本本土进行最后抵抗已变得毫无希望。此举也不是为了美国人，正如莱希将军所言："对一个已经被打得稀里哗啦的国家再进行这样的轰炸，从保卫国家的角度，我看不出美国有哪怕一丝正当的理由。"[151]

苏联卷入核军备竞赛

投向广岛和长崎的这两颗原子弹也未能使苏联任美国摆布。它反而让斯大林下定决心全力以赴，加快苏联研制原子弹的进程，以对抗磨刀霍霍的美国。

更讽刺的是，美国最后答应了日本的请求，保留了天皇。许多专家相信，保留天皇对稳定战后日本秩序至关重要。与伯恩斯的预料相反，杜鲁门并没有因此受到政治上的责难。

齐拉特和其他人担心的核军备竞赛正在变成现实。齐拉特对核武器有过梦魇般的设想，世界因此处在毁灭边缘，而杜鲁门让这变成了现实。1947 年，史汀生在为使用原子弹辩护时，表达了同样的观点。他写道："二战最后一场大规模军事行动给了我们这样一个结论——战争即灭亡。无论从哪方面来说，20 世纪的战争都变得越来越野蛮，越来越具破坏力，越来越没底线。随着原子弹的爆炸，人类毁灭自身的能力已经臻于顶峰。"[152]

杜鲁门总说自己并不懊悔，甚至扬言"从未为此失眠过"。[153] 当电视新闻记者爱德华·R. 默罗（Edward R. Murrow）问他："一点后悔都没有？"杜鲁门答道："一丁点儿——一丁点儿都没有。"[154] 当另一个采访者问他做出这一决定会不会良心上过不去，杜鲁门答道："没有，这就像是……"他打了个响指。[155]

道格拉斯·麦克阿瑟将军和日本裕仁天皇。

　　1945年10月25日，杜鲁门第一次见到奥本海默，询问他苏联何时会造出原子弹。奥本海默说他也猜不到，杜鲁门说出了他的猜想："永远没有那一天。"面对杜鲁门的野蛮和无知，奥本海默感到不安，他说："总统先生，我觉得我的手上沾满了鲜血。"这话惹恼了杜鲁门。后来，杜鲁门对迪安·艾奇逊说："我告诉奥本海默，那些鲜血沾在我手上，要担心也是我来担心。"之后，他又告诉艾奇逊："我再也不想看到那个狗娘养的出现在这个办公室了。"他后来还说奥本海默是"跟小娃娃一样爱哭的科学家"。[156]

二战的残酷和血腥让许多人变得越发铁石心肠，漠视他人的苦难。后来成为著名物理学家的弗里曼·戴森（Freeman Dyson），那时正作为老虎部队（Tiger Force）——一支由 300 架英国轰炸机组成的舰队——的一员，准备前往冲绳。他试图阐释这个过程：

> 我发现，不断杀死羸弱不堪的日军，比杀死防守严密的德军更让人作呕。但我还在坚持。这么多年来，战争已经让我记不起和平是什么感觉了。没有哪个在世的人可以描绘出那种灵魂的空虚，这种空虚让我在没有痛恨、不带任何懊悔之心的情况下，不停地杀戮。但莎士比亚明白我这种心情，他让麦克白说出了这样的话："……我的双足已深陷于血泊之中，就算不再踏血前行，回头的路也同样令人厌倦。"[157]

甚至在广岛灾难发生之前，作家兼社会评论家德怀特·麦克唐纳（Dwight Macdonald）就捕捉到了人性泯灭的痕迹。他记录了这个转变的过程。1938 年，佛朗哥的战机炸死了数百名西班牙平民，当时人们感到"难以置信的恐惧和难以遏制的愤慨"。而对东京数十万人的伤亡，人类却是如此冷漠。"我们已经对屠杀变得麻木了。米特拉达梯（Mithridates）国王曾经说，为了对毒物免疫，他会给自己注入少量毒剂，然后逐渐加大剂量。所以，这 10 年来不断增加的恐怖事件，已经让我们每个人在道德上都变成了米特拉达梯国王，最后都对他人不再抱有任何同情。"[158]

但并非所有人都无动于衷。许多科学家，其中包括曾经参与"曼哈顿计划"的，都成了终生的反核人士。齐拉特就从物理领域转向生物领域，还成立了宜居世界委员会（Council for a Livable World）。爱因斯坦 1946 年当选原子能科学家应急委员会

(Emergency Committee of Atomic Scientists) 主席。约瑟夫·罗特布拉特直到95岁去世之前，都在不知疲倦地为废除核武器奔走，并于1995年获得诺贝尔和平奖。

　　甚至连英国首相丘吉尔也承认，为使用原子弹辩护十分困难。丘吉尔曾在杜鲁门即将卸任时拜访他。当时，杜鲁门安排了一次小型聚餐，并邀请了罗伯特·洛维特、奥马尔·布拉德利 (Omar Bradley)、哈里曼和艾奇逊一同前来。杜鲁门的女儿玛格丽特 (Margaret) 描述过当时的情景："每个人都很高兴，尤其是父亲。但是，丘吉尔先生突然转过脸对父亲说，'总统先生，如果咱俩站在梵蒂冈圣彼得广场上，被教皇质问："我知道你们两位对投下那两颗原子弹负有责任。对此，你们有什么要说的吗？"我希望你已经想好了怎么说'。"[159] 但原子弹并不是丘吉尔唯一需要和杜鲁门说清楚的事，因为后面还有美国和大英帝国合起伙来对付苏联。

　　尽其所能阻止这场冲突的人，已经快被历史遗忘，他就是亨利·华莱士。很少有人记得，在1944年7月芝加哥那个闷热的晚上，华莱士差一点就被提名为副总统了。如果1945年4月是华莱士，而非杜鲁门接任罗斯福成为总统，那么这个国家将走向何方？原子弹还会在二战中被使用吗？我们是否能避免核军备竞赛和冷战？争取民权和妇女权利的斗争会在战后几年内取得胜利吗？殖民主义会不会提前几十年结束？科技成果会不会更加公平地福泽全球？我们永远不会知道答案了。

注释

1　Paul Fussell, "Thank God for the Atom Bomb: Hiroshima: A Soldier's View," *New Republic*, August 26 and 29, 1981, 28–30.

2　Robert E. Sherwood, *Roosevelt and Hopkins: An Intimate History* (New York: Harper & Brothers, 1950), 605.

3　Roger M. Macklis, "The Great Radium Scandal," *Scientific American* 269 (1993), 94–99; Spencer R. Weart, *Nuclear Fear: A History of Images* (Cambridge, MA: Harvard University Press, 1988), 50–52.

4　H. G. Wells, *The World Set Free* (New York: E. P. Dutton, 1914), 152.

5　Barton J. Bernstein, "Introduction" in *Toward a Livable World: Leo Szilard and the Crusade for Nuclear Arms Control*, ed. Helen S. Hawkins, G. Allen Greb, and Gertrud Weiss Szilard (Cambridge, MA: MIT Press, 1987), xxvi.

6　Allan M. Winkler, *Life Under a Cloud: American Anxiety About the Atom* (New York: Oxford University Press, 1993), 36.

7　Arthur Holly Compton, *Atomic Quest: A Personal Narrative* (New York: Oxford University Press, 1956), 49.

8　Jeremy Bernstein, *Hans Bethe, Prophet of Energy* (New York: Basic Books, 1980), 73.

9　Nuel P. Davis, *Lawrence and Oppenheimer* (New York: Da Capo Press, 1986), 130.

10　Compton, *Atomic Quest*, 128.

11　William Lanouette with Bela Silard, *Genius in the Shadows: A Biography of Leo Szilard, the Man Behind the Bomb* (Chicago: University of Chicago Press, 1992), 245.

12　Kai Bird and Martin J. Sherwin, *American Prometheus: The Triumph and Tragedy of J.. Robert Oppenheimer* (New York: Vintage Books, 2005), 185.

13　Michael S. Sherry, *The Rise of American Air Power: The Creation of Armageddon* (New Haven, CT: Yale University Press, 1987), 172, 236.

14　Henry A. Wallace, "The Price of Free World Victory," in Henry A. Wallace, *The Price of Vision: The Diary of Henry A. Wallace, 1942–1946*, ed. John Morton Blum (Boston: Houghton Mifflin, 1973), 636.

15　Anthony Cave Brown, *"C": The Secret Life of Sir Stewart Graham Menzies* (New York: Macmillan, 1987), 481–484; Wallace, *The Price of Vision*, 385. 1945 年 10 月，华莱士在他的日记里对达尔做了如下记述："他是个不错的男孩，我很喜欢他。不过，他必定是从英国政策的角度理解问题，而英国政策显然是要最大程度

地挑起美国与苏联之间的不信任，从而为第三次世界大战打下基础。" Wallace, *The Price of Vision*, 492–493.

16   Culver and Hyde, *American Dreamer*, 298–300; "Costa Ricans Mass to Cheer Wallace," *New York Times*, March 19, 1943; "Wallace Sees Evil If Few Hold Riches," *New York Times*, April 20, 1943.

17   George Gallup, "The Gallup Poll," *Washington Post*, March 19, 1943.

18   Edwin W. Pauley, "Why Truman Is President," as told to Richard English. Copy in Harry S. Truman Library, Papers of Harry S. Truman, White House Central Files, Confidential Files. "波利阴谋，"他评论说，"如果说这是一个阴谋，那么我就以自己作为它的组织者为荣。"

19   Steve Kettmann, "Politics 2000," www.salon.com/politics2000/feature/2000/03/20/rice.

20   Robert J. Lifton and Greg Mitchell, *Hiroshima in America: A Half Century of Denial* (New York: Avon Books, 1995), 196–197.

21   Harry S. Truman, *Dear Bess: The Letters from Harry to Bess Truman, 1910–1959*, ed. Robert H. Ferrell (Columbia: University of Missouri Press, 1998), 80, 83; Ronald Takaki, *Hiroshima: Why America Dropped the Atomic Bomb* (Boston: Little, Brown, 1995), 109–111; Merle Miller, *Plain Speaking: An Oral Biography of Harry S. Truman*, 34–35, 51. 居住在附近的一个名叫莫顿·奇利斯（Morton Chiles）的男孩回忆说，他们"以前管杜鲁门叫娘娘腔。他当时戴着眼镜，而且从不搭理我们。他手里抱着书，而我们手里拿着棒球棒。所以我们叫他娘娘腔"。后来，当一个年轻人问杜鲁门，他"小时候"是否"很受欢迎"时，他诚实地回答说:"哪有，我可算不上受欢迎。受欢迎的都是那些擅长运动，拥有一双大拳头的男孩子，我远不如他们。如果摘了眼镜，我会像只蝙蝠一样瞎。而且说实话，我还有点儿娘娘腔。如果有打架的风险，我总是会溜之大吉。"

22   Arnold A. Offner, *Another Such Victory: President Truman and the Cold War, 1945–1953* (Stanford, CA: Stanford University Press, 2002), 8.

23   Ibid., 9.

24   Arthur Sears Henning, "How Boss Rule and Roosevelt Named Truman," *Chicago Tribune*, July 25, 1944.

25   Culver and Hyde, *American Dreamer*, 364.

26   Harry S. Truman, *Memoirs of Harry S. Truman*, vol. 1 (New York: Signet/New American Library, 1955), 21.

27   Henry L. Stimson and McGeorge Bundy, *On Active Service in Peace and War* (Harper &Brothers, 1948), 635–636.

28 Harry S. Truman, "Why I Dropped the Bomb," *Parade*, December 4, 1988. 让我注意到这篇文章的巴特·巴恩斯坦（Bart Bernstein）提醒道，玛格丽特·杜鲁门的校订很有可能影响了这些话的意思。

29 Barton J. Bernstein, "A Postwar Myth: 500,000 U.S. Lives Saved," *Bulletin of the Atomic Scientists*, June–July 1986, 38; David M. Kennedy, *Freedom from Fear: The American People in Depression and War, 1929–1945* (New York: Oxford University Press, 1999), 834.

30 Henry L. Stimson, "The Decision to Use the Atomic Bomb," *Harper's Magazine*, February 1947, 97–107.

31 Tsuyoshi Hasegawa, *Racing the Enemy: Stalin, Truman, and Japan's Surrender in the Pacific War* (Cambridge, MA: Harvard University Press, 2005), 37.

32 Gar Alperovitz, *The Decision to Use the Atomic Bomb and the Architecture of an American Myth* (New York: Vintage Books, 1996), 328.

33 Richard B. Frank, *Downfall: The End of the Imperial Japanese Empire* (New York: Penguin, 1999), 354.

34 "Roosevelt in North Africa: The President Interrupts Historical Conference of Anglo-American High Command to Review U.S. Troops," *Life*, February 8, 1943.

35 Sherwood, *Roosevelt and Hopkins*, 696.

36 John W. Dower, *Embracing Defeat: Japan in the Wake of World War II* (New York: W. W. Norton, 1999), 282–283.

37 Hasegawa, *Racing the Enemy*, 52–53.

38 U.S. Department of Defense, *The Entry of the Soviet Union into the War Against Japan* (Washington, DC: U.S. Government Printing Office, 1955), 84.

39 John W. Dower, *Cultures of War: Pearl Harbor/Hiroshima/9-11/Iraq* (New York: W. W. Norton, 2010), 227.

40 Magic Diplomatic Summary SRS-1727, July 13, 1945, Records of the National Security Agency, Magic Files, Box 18, RG 457, National Archives.

41 Barton J. Bernstein, "The Perils and Politics of Surrender: Ending the War with Japan and Avoiding the Third Atomic Bomb," *Pacific Historical Review*, February 1977, 5.

42 "Senator Urges Terms to Japs Be Explained," *Washington Post*, July 3, 1945.

43 "Fatal Phrase," *Washington Post*, June 11, 1945.

44 Alperovitz, *The Decision to Use the Atomic Bomb*, 20.

45 Hasegawa, *Racing the Enemy*, 72–73.

46 Combined Chiefs of Staff, 643/3, "Estimate of the Enemy Situation (as of 6 July)"

July 8, 1945, RG 218, Central Decimal Files, 1943–1945, CCS 381 (6/4/45), sec. 2, pt. 5.

47   Allan Nevins, "How We Felt About the War," in *While You Were Gone: A Report on Wartime Life in the United States*, ed. Jack Goodman (New York: Simon & Schuster, 1946), 13.

48   Lisle Abbott Rose, *Dubious Victory: The United States and the End of World War II* (Kent, Ohio: Kent State University Press, 1973), 58.

49   John W. Dower, *War Without Mercy: Race and Power in the Pacific War* (New York: Pantheon, 1986), 54, 78, 79, 85; "World Battlefronts, THE ENEMY: Perhaps He Is Human," *Time*, July 5, 1943, 29.

50   Dower, *War Without Mercy*, 51–52.

51   Truman, *Dear Bess*, 39.

52   Peter Kuznick, "We Can Learn a Lot from Truman the Bigot," *Los Angeles Times*, July 18, 2003; Miller, 183.

53   Edgar Jones, "One War's Enough," *Atlantic Monthly*, February 1946, 49.

54   Greg Robinson, *By Order of the President: FDR and the Internment of Japanese Americans* (Cambridge, MA: Harvard University Press, 2001), 89–90; John Morton Blum, *V Was for Victory: Politics and American Culture During World War II* (New York: Houghton Mifflin Harcourt, 1976), 158.

55   Lillian Baker, *The Concentration Camp Conspiracies, A Second Pearl Harbor* (Lawndale, CA: AFHA Publications, 1981), 156.

56   Harry N. Scheiber, *Earl Warren and the Warren Court: The Legacy in American and Foreign Law* (New York: Lexington Books, 2007), 41; Roger Daniels, Sandra C. Taylor, Harry H. L. Kitano, and Leonard J. Arrington, *Japanese Americans, from Relocation to Redress* (Seattle: University of Washington Press, 1991), 242; "Bay City Warned Raid Peril Real," *Los Angeles Times*, December 10, 1941; Lawrence E. Davies, "Carrier Is Hunted off San Francisco," *New York Times*, December 10, 1941.

57   Kennedy, *Freedom from Fear*, 749–751.

58   Robert Asahina, *Just Americans: How Japanese Americans Won a War at Home and Abroad* (New York: Gotham, 2006), 20.

59   "Epilogue to a Sorry Drama," *Life*, April 28, 1967, 6; Kennedy, *Freedom from Fear*, 753.

60   John Howard, *Concentration Camps on the Home Front: Japanese Americans in the House of Jim Crow* (Chicago: University of Chicago Press, 2008), 120; Dower, *War Without Mercy*, 82.

61 Kennedy, *Freedom from Fear*, 751.

62 Eddie Yamaoka, "Sport Tidbits," *Heart Mountain Sentinel*, July 7, 1945.

63 Susan Lynn Smith, "Women Health Workers and the Color Line in the Japanese American 'Relocation Centers'of World War II," *Bulletin of the History of Medicine* 73 (Winter 1999), 585–586.

64 Linda Gordon and Gary Y. Okihiro, *Impounded: Dorothea Lange and the Censored Images of Japanese American Internment* (New York: W. W. Norton, 2008), 19–20.

65 Asahina, *Just Americans*, 43, 161–193.

66 "A Jap's a Jap," *Washington Post*, April 15, 1943.

67 Blum, *Victory*, 163, 166; Charles McClain, *The Mass Internment of Japanese Americans and the Quest for Legal Redress* (New York: Taylor & Francis, 1994), 189.

68 *Hirabayashi v. United States*, 320 U. S. 81, 1943, http://supreme.justia.com/us/320/81/case.html.

69 J. Burton, M. Farrell, F. Lord, and R. Lord, "Closing the Relocation Centers," www.nps.gov/history/history/online_books/anthropology74/ce3o.htm.

70 Michi Nishiura Weglyn, *Years of Infamy: The Untold Story of America's Concentration Camps* (Seattle: University of Washington Press, 1996), 268, 281–282.

71 Dower, *War Without Mercy*, 39.

72 Greg Mitchell, "On the Death of 'Hiroshima Bomb' Pilot Paul Tibbets," *Editor and Publisher*, November 1, 2007, http://editorandpublisher.com/Article/UPDATE-On-the-Death-of-Hiroshima-Bomb-Pilot-Paul-Tibbets. 关于蒂贝茨的更多讨论，参见 Peter J. Kuznick, "Defending the Indefensible: A Meditation on the Life of Hiroshima Pilot Paul Tibbets, Jr.," *The Asia Pacific Journal: Japan Focus*, January 22, 2008, http://japanfocus.org/-Peter_J_-Kuznick/2642。

73 Yuki Tanaka and Marilyn B. Young, *Bombing Civilians: A Twentieth-Century History* (New York: New Press, 2009), 5, 84–85, 117.

74 Lifton and Mitchell, *Hiroshima in America*, 133; Sherry, *The Rise of American Air Power*, 295.

75 Robert S. McNamara, "We Need International Rules for War," *The Gazette* (Montreal, Quebec), August 9, 2003.

76 Bird and Sherwin, *American Prometheus*, 291.

77 Alperovitz, *The Decision to Use the Atomic Bomb*, 352.

78 Ronald Schaffer, *Wings of Judgment: American Bombing in World War II* (New

York: Oxford University Press, 1985), 154.

79   Sherwin, *A World Destroyed*, 298.

80   Alperovitz, *The Decision to Use the Atomic Bomb*, 147.

81   Sherwin, *A World Destroyed*, 62.

82   Bird and Sherwin, *American Prometheus*, 284.

83   Truman, *Memoirs by Harry S. Truman:1945*, 104.

84   报告全文参见 the appendix to Alice Kimball Smith, *A Peril and A Hope: The Scientists' Movement in America: 1945–47* (Chicago: University of Chicago Press, 1965), 560–572。

85   Lanouette with Silard, *Genius in the Shadows*, 273.

86   Ibid., 527–528, note 42. 72% 的受访者赞成在使用原子弹前先展示一下它的威力，11% 的受访者赞成仅展示而不使用。

87   Bird and Sherwin, *American Prometheus*, 300.

88   Sherwin, *A World Destroyed*, 235; Harry S. Truman, *Off the Record: The Private Papers of Harry S. Truman*, ed. Robert H. Ferrell (New York: Harper & Row, 1980), 53.

89   Hasegawa, *Racing the Enemy*, 133–134.

90   Allen Dulles, *The Secret Surrender* (New York: Harper & Row, 1966), 255–256.

91   "Russo-Japanese Relations (13–20 July 1945)," Publication of Pacific Strategic Intelligence Section, Commander-in-Chief United States Fleet and Chief of Naval Operations, 21 July 1945, SRH-085, Record Group 457, Modern Military Branch, National Archives.

92   Alperovitz, *The Decision to Use the Atomic Bomb*, 27.

93   Truman, *Off the Record*, 53.

94   Truman, *Dear Bess*, 519.

95   Henry L. Stimson, diary, May 15, 1945, Sterling Memorial Library, Yale University.

96   Bird and Sherwin, *American Prometheus*, 304.

97   Ibid., 309.

98   Alperovitz, *The Decision to Use the Atomic Bomb*, 250–251.

99   Stimson, diary, July 21, 1945.

100 Ibid.

101 Stimson, diary, July 22, 1945.

102 Alperovitz, *The Decision to Use the Atomic Bomb*, 259.

103 Truman, *Off the Record*, 55.

104 Stimson, diary, May 31, 1945.

105 "Ike on Ike," *Newsweek*, November 11, 1963, 107.

106 Barton J. Bernstein, "Ike and Hiroshima: Did He Oppose It?" *Journal of Strategic Studies* 10 (September 1987), 377–389.

107 Alperovitz, *The Decision to Use the Atomic Bomb*, 271.

108 Robert L. Messer, *The End of an Alliance: James F. Byrnes, Roosevelt, Truman and the Origins of the Cold War* (Chapel Hill: University of North Carolina Press, 1982), 105.

109 Truman, *Off the Record*, 54.

110 Andrei Gromyko, *Memoirs* (New York: Doubleday, 1989), 110.

111 Hasegawa, *Racing the Enemy*, 177.

112 Fletcher Knebel and Charles W. Bailey, "The Fight over the Atom Bomb," *Look*, August 13, 1963, 20. 关于格罗夫斯向杜鲁门否认他说过这番话，参见 Alperovitz, *The Decision to Use the Atomic Bomb*, 780, note 39。

113 Alperovitz, *The Decision to Use the Atomic Bomb*, 415.

114 Dorris Clayton James, *The Years of MacArthur: 1941–1945*, vol. 2 (Boston: Houghton Mifflin, 1975), 774.

115 Richard Goldstein, "Paul W. Tibbets Jr., Pilot of Enola Gay, Dies at 92," *New York Times*, November 2, 2007.

116 Kuznick, "Defending the Indefensible."

117 Merle Miller and Abe Spitzer, *We Dropped the A-Bomb* (New York: Thomas Y. Crowell, 1946), 42–45.

118 Ibid., 45.

119 Hasegawa, *Racing the Enemy*, 179–180.

120 Robert Jay Lifton, *Death in Life: Survivors of Hiroshima* (New York: Random House, 1967), 441–442.

121 Miller and Spitzer, *We Dropped the A-Bomb*, 47. 关于机组人员及其对轰炸广岛和长崎的反应的更多讨论，参见 Kuznick, "Defending the Indefensible"。

122 Truman, *Memoirs by Harry S. Truman: 1945*, 465.

123 Lifton and Mitchell, *Hiroshima in America*, 169–170.

124 David Holloway, *Stalin and the Bomb: The Soviet Union and Atomic Energy 1939–1956* (New Haven, Conn.: Yale University Press, 1994), 127.

125 Georgii Konstantinovich Zhukov, *The Memoirs of Marshal Zhukov* (New York: Delacorte Press, 1971), 674–675; Vladislav M. Zubok, *A Failed Empire: The Soviet Union in the Cold War from Stalin to Gorbachev* (Chapel Hill: University of North Carolina Press, 2007), 27, 354, notes 120 and 121.

126 Ralph B. Levering, Vladimir O. Pechatnov, Verena Botzenhart-Viehe, and C. Earl Edmondson, *Debating the Origins of the Cold War: American and Russian Perspectives* (Lanham, MD: Rowman & Littlefield, 2001), 105; Zubok, 354 (notes 120 and 121).

127 Hasegawa, *Racing the Enemy*, 197.

128 Miller and Spitzer, *We Dropped the A-Bomb*, 57–59.

129 Sherwin, *A World Destroyed*, 237.

130 Hasegawa, *Racing the Enemy*, 237.

131 Stimson, diary, August 10, 1945.

132 Dower, *Cultures of War*, 239.

133 Tsuyoshi Hasegawa, "The Atomic Bombs and the Soviet Invasion: What Drove Japan's Decision to Surrender?," *The Asia-Pacific Journal: Japan Focus*, www. japanfocus.org/-Tsuyoshi-Hasegawa/2501.

134 Ibid.

135 Memorandum for Chief, Strategic Policy Section, S & P Group, Operations Division, War Department General Staff, from Ennis, Subject: Use of Atomic Bomb on Japan, April 30, 1946, "ABC 471.6 Atom (17 August 1945), Sec. 7," Entry 421, RG 165, National Archives.

136 William D. Leahy, *I Was There: The Personal Story of the Chief of Staff to Presidents Roosevelt and Truman Based on His Notes and Diaries Made at the Time* (New York: Whittlesey House, 1950), 441.

137 Alperovitz, *The Decision to Use the Atomic Bomb*, 326.

138 Douglas MacArthur, memorandum to Herbert Hoover, December 2, 1960, Herbert Hoover Presidential Library, Post-Presidential Papers, Individual File Series, Box 129 G, Douglas MacArthur 1953–1964, folder ［3212 (3)］. 多年以来，麦克阿瑟的这一坚定立场从未动摇。1946 年 5 月，在与麦克阿瑟长谈之后，胡佛在他的日记中写道："我向麦克阿瑟讲了我在 1945 年 5 月中旬提交给杜鲁门的一份备忘录，我在备忘录中表示，我们可以与日本达成和平，如此我们的主要目标也就实现了。麦克阿瑟说这是对的，我们本可以避免这些损失，包括原子弹，以及苏联出兵。" Alperovitz, *The Decision to Use the Atomic Bomb*, 350–351.

139 H. H. Arnold, *Global Mission* (New York: Harper & Brothers, 1949), 598.

140 "Giles Would Rule Japan a Century," *New York Times*, September 21, 1945; Alperovitz, *The Decision to Use the Atomic Bomb*, 336.

141 Alperovitz, *The Decision to Use the Atomic Bomb*, 343.

142 Ibid., 329.

143 Sidney Shalett, "Nimitz Receives All-Out Welcome from Washington," *New York Times*, October 6, 1945.

144 Alperovitz, *The Decision to Use the Atomic Bomb*, 331. 1949 年，哈尔西在国会接受听证时说："我相信，轰炸平民，特别是用原子弹轰炸平民，在道德上是不可原谅的。"Alperovitz, *The Decision to Use the Atomic Bomb*, 720, note 52.

145 Ibid., 359.

146 Lifton and Mitchell, *Hiroshima in America*, 11.

147 "Japan Beaten Before Atom Bomb, Byrnes Says, Citing Peace Bids," *New York Times*, August 30, 1945.

148 "Oxnam, Dulles Ask Halt in Bomb Use," *New York Times*, August 10, 1945.

149 Gerald Wendt and Donald Porter Geddes, ed. *The Atomic Age Opens* (New York: Pocket Books, 1945), 207.

150 Sadao Asada, "The Mushroom Cloud and National Psyches," in *Living with the Bomb*, ed. Laura Hein and Mark Selden (Armonk, NY: M. E. Sharpe, 1997), 182.

151 Leahy, *I Was There*, 384–385.

152 Stimson, "The Decision," 107.

153 Asada, "The Mushroom Cloud and National Psyches," 179.

154 Wayne Phillips, "Truman Disputes Eisenhower on '48," *New York Times*, February 3, 1958.

155 John Toland, *The Rising Sun: The Decline and Fall of the Japanese Empire, 1936–1945* (New York: Random House, 1970), 766 note.

156 Bird and Sherwin, *American Prometheus*, 332.

157 Freeman J. Dyson, *Weapons and Hope* (New York: Harper & Row, 1985), 121.

158 Dwight McDonald, *Memoirs of a Revolutionist: Essays in Political Criticism* (New York: Farrar, Straus, and Cudahy, 1957), 97.

159 Margaret Truman, *Harry S. Truman* (New York: William Morrow, 1973), 555.

第5章

谁挑起了冷战？

"100年后的人们很可能会认为，冷战是一场不明不白、令人费解的战争，正如我们今天对［欧洲］三十年战争的看法一样。300多年前，那场惨烈的冲突曾经摧毁了大半个欧洲，"小阿瑟·施莱辛格精辟地指出，"后人回溯20世纪时，也许会惊觉，冷战之起因，可以说是微不足道，而冷战之后果，却可能是历史的终结，两者是如此不成比例。"[1]冷战是否必须如此展开——美苏两国核武器随时待命，准备毁灭对方，而作为附带损失，全人类随之灰飞烟灭？这场战争是否可以完全避免？是否有政治家提出过截然不同的设想，将战后世界建立在和平友好的竞争之上，从而造福全人类？

冷战初期，对于美国应该在世界扮演什么角色，存在着两种截然不同的观点：其一带有霸权主义色彩，以亨利·卢斯为代表，认为20世纪是"美国世纪"；其二颇具乌托邦色彩，以亨利·华莱士为代表，把20世纪称作"平民世纪"。两种观点的对撞将牵涉巨大的利害关系。

1945年9月2日，第二次世界大战正式宣告结束。尽管各地的美国人闻讯欢呼，但随着人们对着广岛和长崎的残垣焦土展望未来，美国笼罩上一团古怪的阴影。8月12日，哥伦比亚广播公司记者爱德华·R.默罗指出："战争结束后，胜利者却感到恐惧和不安，觉得前途未卜，就连生存也无法得到保障。这种情况极为罕见，甚至闻所未闻。"公共话语中充斥着种种末日预言，正如历史学家保罗·博耶（Paul Boyer）所言，美国人被"对灭绝的原始恐惧"攫住了。[2]《圣路易斯邮报》（*St. Louis Post-Dispatch*）忧心忡忡地指出，科学可能已经"为整个哺乳动物世界签署了死亡证明"。《惊险科幻小说》（*Astounding Science Fiction*）杂志的主编约翰·坎贝尔（John Campbell）表示，早在15年前他就开始考虑这一后果，并且坦言："老实说，我很害怕。"这不仅仅是一种新型炸弹，他解释说，而是"一种足以消灭全人类的力量"。[3]《纽约时报》也不无痛惜地写道，人类现在能"将自己，甚至地球炸成齑粉了"。[4]《华盛顿邮报》哀叹，人类的平均寿命"在短短的两周内严重缩短"。[5]

二战结束后，欧亚大部分地区沦为瓦砾。约有7000万人在战争中丧生，死去的平民更甚于军人，比例高达3比2。由于德军在撤退时捣毁了沿途的一切，苏联蒙受的损失空前惨重。约翰·F.肯尼迪（John F. Kennedy）总统后来谈到："纵观战争史，没有哪个国家比苏联在二战中遭受的损失更大。它至少有2000万人丧生，不计其数的房屋被焚毁，财物被洗劫一空。全国三分之一的国土，包括三分之二的工业基地，全部化作废墟，这损失相当于自芝加哥以东的美国被夷为平地。"[6]

只有美国幸运地躲过了这种破坏。美国的经济蒸蒸日上，国民生产总值和出口额都比战前增加了一倍多。工业产值突飞猛进，战争期间年均增长率高达15%。美国拥有全球三分之二的黄金储备，四分之三的投资资金，生产的商品和服务占世界一半之多。然而，商人和决策者们担心，随着不再需要战时物资，美国经济也将复归萧条。他们

伦敦、华沙和
基辅的废墟。

尤其担心，欧洲会划定经济圈，将美国贸易和投资排除在外。

国务卿"揣着"原子弹来谈判

罗斯福掌权时，美国驾轻就熟地游走在英国与苏联之间。多数美国人对英帝国主义心存疑虑，不赞成后者对希腊、印度和其他国家实施镇压；很多人也不相信苏联模式的社会主义，谴责苏联对东欧列国采取高压手段。二战结束后，美国用37.5亿美元贷款打开了大英帝国的市场，为美国的资金和商品争取到平等的准入权，同时豁免了英国因《租借法案》而产生的债务。相较之下，在战时磋商中，美国曾以巨额贷款利诱苏联，但战后并没有为苏联提供与英国类似的援助，引起后者不满。

不幸的是，杜鲁门缺乏罗斯福那样高明的政治手腕，并未继续执行不偏不倚的中间路线，而是越来越倒向英国。彼时美国如日中天，苏联相对较弱，杜鲁门却无视苏联的关切。

1945年9月中旬，美国国务卿伯恩斯出访伦敦，会见了莫洛托夫与其他国家的外交部长。临行前，伯恩斯毫不讳言，他将利用美国的核垄断迫使苏联配合美国的要求。但每当伯恩斯要求苏联开放东欧时，莫洛托夫就指出美国在意大利、希腊和日本采取了排苏政策。伯恩斯的蓄意挑衅令人生厌，莫洛托夫终于问道，伯恩斯是否在上衣口袋里藏了一颗原子弹，后者回答道："你不了解南方人。我们口袋里随时装着大炮。如果你继续敷衍下去……我会从后兜里掏出原子弹，让你尝尝它的厉害。"[7]

在第一次尝试中，美国的核外交显然未能取得预期成果。战争部长亨利·史汀生明确反对这种赤裸裸的恫吓。在当年9月的一份备忘录中，史汀生告诫杜鲁门，利用核武器胁迫苏联将作茧自缚，只会促使该国加速研制原子弹：

原子弹问题不仅关系到……实质上也决定了我们与苏联的关系是否令人满意……如果我们揣着这件武器四处招摇，他们对我们意图和动机的疑虑就会与日俱增……有生以来，我得到的最大的教训是：若要对方值得信赖，唯一的办法就是信任对方；而若要对方靠不住，最有效的办法就是怀疑他，并且表现出来。[8]

史汀生大力呼吁，如果英国和苏联停止研发原子弹，美国也应如法炮制，并且收缴已经制造出来的原子弹。1945年9月21日，杜鲁门召开内阁会议，专门探讨史汀生的紧急敦促，即美国应在苏联研制出核弹前加强与该国的友好关系。当天是史汀生78岁寿辰，也是这位即将退休的政治家最后一次参加会议。内阁就史汀生的提案产生了严重分歧，以商务部长亨利·华莱士为首的一派表示支持，以海军部长詹姆斯·福里斯特尔为首的一派则极力反对。福里斯特尔将在促使美国对苏采取强硬政策上发挥重要作用。此人在华尔街发家致富，并迎娶了齐格菲歌舞团的一名女演员，随后于1939年到白宫任职。就像其他华尔街人士一样，福里斯特尔对苏联充满了戒心。他有意向媒体泄漏了不实的内阁会谈内容。次日，《纽约时报》报道，华莱士提出要与苏联分享"原子弹的秘密"。[9]尽管杜鲁门立即驳斥了这种公然的造谣并及时做出澄清，但华莱士还是看到了一丝不祥之兆。

参加完芝加哥大学召开的原子能会议后，华莱士比杜鲁门及其他内阁成员都更了解其中风险。与会专家一致认为，无论美国如何秘而不宣，从在广岛投下第一颗原子弹起，这个秘密就已经不复存在。他们清楚，苏联很快会研制出自己的核武器，这一点弗兰克委员会曾在1945年6月发出过警告。这些科学家明确表示，与即将问世的核武器相比，现有的核技术只会相形见绌。因此他们认为，当务之急是采取必要措施，限制两国开展军备竞赛。华莱士在会上发言说："任何国家只要违反了国际道德准则，迟早都会陷入麻烦。英国在殖民地问题上如此，美国在原子弹问题上也存在同样的危险。"随后，他向内阁成员转达了此言。[10]

数日后，华莱士收到了物理学家阿瑟·霍利·康普顿的一封来信。康普顿向他提到了核武器实验室取得的可怕进展。"如果集中力量追求科技发展，"他在信中写道，"就像曾经致力于研究原子弹一样，极有可能开发出某种破坏力惊人的超级炸弹。"他表示，临时委员会科学小组成员对此深感忧虑。"我们认为……不应继续开展这项研究……因为一旦使用这种武器……战争中的胜利将会以整个人类蒙受浩劫为代价，那样，我们宁愿战败。"为了证明这种新型核弹究竟有多大威力，康普顿列举了一组粗略的数据："1颗原子弹可以彻底摧毁4平方英里。在未来战争中，1000颗原子弹可以彻底摧毁4000平方英里。1000颗超级核弹可以彻底摧毁100万平方英里，而美国本土的面积仅有300万平方英里。"最令康普顿担忧的是："该项目中至少有4名研究人员研究出了超级核弹理论，并且各自向我做了汇报。这就意味着，这种情况同样可能发生在开展类似研究的其他国家。超级核弹一旦面世，其他大国就会竞相效仿。"华莱士和康普顿一致认为，唯有某种形式的世界政府才能应对这样的挑战。[11]

华莱士决定与这股将美国推向战争边缘的强大势力做最后一搏。可由于杜鲁门罢免了内阁中仅有的几名新政成员，再加上史汀生已经退休，华莱士愈发势单力薄。正如苏联情报机构所注意到的那样，杜鲁门的经济和外交政策幕僚出现了明显右倾的倾向。

但华莱士并没有因此退缩。10月15日，他在谒见杜鲁门时敦促总统在与苏联打交道时放低声调，并递交了一份题为《原子时代的重大意义》（"The Significance of the Atomic Age"）的报告。杜鲁门当着他的面逐字逐句读完了这份报告。报告警告道："如果掌握原子弹的国家越来越多, 只要一丁点儿的火星, 就能在世界范围内引发一场毁灭全人类的爆炸。我们必须立即采取措施, 以消除所有进攻性武器、共同使用原子能和对全球特定区域实施国际托管原则为基础, 建立一个重要的国际组织。"杜鲁门对此表示完全赞同, 并告诉华莱士, "这正是他一直以来想要表达的看法"。他还大度地宣称, "斯大林是个好人, 他想要做正确的事情"。杜鲁门甚至同意华莱士的说法, 即 "英国的目的就是在我们和苏联之间建立起一道不可逾越的鸿沟"。[12] 华莱士的努力没有白费。1945 年秋, 杜鲁门在一次新闻发布会上表示: "苏联与我们的利益并不冲突, 也从来没有任何冲突。我们过去一直是朋友, 我希望我们永远都是朋友。"[13]

由于核问题日益严峻, 一些科学家造访华盛顿, 呼吁对原子能实行国际管制, 防止军方掌控相关研究。华莱士对此鼎力支持, 并在参议院原子能特别委员会 (Senate Special Committee on Atomic Energy) 上作证称, "梅—约翰逊法案"(May-Johnson Bill) 规定由军方监管和平时期的核研究项目, 这将成为 "在重大立法措施中向国会提交的最独裁、最专制的协议"。[14] 这项议案一旦通过, 将有可能把美国人民送到 "军事法西斯主义" 手中。[15] 华莱士进一步施压, 希望杜鲁门解除格罗夫斯对美国核武器的掌控, 要求在动用核武器之前需要得到总统、国务卿、战争部长和海军部长的授权。他担心, 格罗夫斯一直对苏联怀恨在心, 再加上对核武器具有绝对控制权, 他有可能擅自对苏联发动核打击。

这种担心看似匪夷所思, 实际上却深中肯綮。1945 年底, 格罗夫斯公开呼吁对苏联实施先发制人的打击。他宣称, 美国现在面临两种选择。美国可以立即与苏联达成协议, 确保任何国家在任何情况下都不得使用原子弹。然而, 该协议必然导致 "包括美国在内的世界各国放弃所有隐私权, 包括家庭、实验室和工厂的"。反之, 如果未能达成协议, 那就意味着美国、英国和苏联都将拥有核弹。

在这种情况下，格罗夫斯宣称，"美国必须始终保持在核武器领域的绝对霸权，包括数量、规格、威力、效率、直接攻击手段以及对核打击的防御能力。此外，我们必须设立一个全球情报机构，时刻掌握其他国家在核领域的一切活动及其军事意图"。这无疑将导致核军备竞赛，但他并不认为"世界能够……在这种竞赛中长存"。因此，格罗夫斯认为，美国不应该允许任何潜在的对手"制造或拥有核武器。一旦有国家开始制造核武器，我们必须在它尚未危及美国之前彻底摧毁其制造核武器的能力"。[16]

在呼吁原子能国际管制并确保国内文官控制原子能的过程中，科学家们一致认为，华莱士是政界最值得信赖的同盟。1945年10月，奥本海默登门造访并向华莱士表示，对于美苏之间日趋紧张的态势以及伯恩斯"为了得到我们想要的东西而在国际外交中把原子弹当手枪用"的做法，科学家们深感忧虑。他很清楚，作为回应，苏联人会加快研发核武器。奥本海默抱怨说，科学家们"心神不宁"，"现在他们最担心的就是原子弹引发的社会和经济后果"。华莱士对奥本海默的不安情绪十分震惊："我生平从未见过有人像奥本海默那样处于极度紧张的状态。他似乎觉得，人类即将毁灭。"华莱士和奥本海默一样，非常担心国际局势的不稳定，他鼓励奥本海默直接向杜鲁门建言。在与奥本海默会面后，华莱士坐立不安。他说："这些原子弹科学家的负疚感之重，令人震惊。"[17]

奥本海默接受了华莱士的建议，于6天后面见了杜鲁门。然而，这次会面的结果十分糟糕。杜鲁门强调在通过原子能法案一事上考虑国家利益，而奥本海默却敦促实行国际控制，并坦承原子弹让他感到罪恶深重。最终两人不欢而散。

华莱士竭力想要减少杜鲁门受保守派幕僚的影响。较之于继续维持战时同盟，这些幕僚更倾向于对抗苏联。在他们看来，苏联的一举一动都居心叵测。华莱士希望杜鲁门能明白，苏联领导人会怎么看待他的言行。次日,内阁会议结束后,华莱士单独留下与总统交谈。他再次敦促杜鲁门,对英国与苏联要一视同仁,并向后者提供同等的贷款。随后,他将美国操纵古巴和墨西哥选举的做法与苏联控制巴尔干国家的行为做比较。一如既往,杜鲁门完全赞同华莱士对时局的分析。

尽管华莱士进行了不懈的干预,收效却微乎其微。杜鲁门的保守派幕僚认为苏联的行动十分危险,并成功说服总统从他们的角度看待世界格局。11月,他们将华莱士和杜鲁门朋友中的进步人士称作"赤色分子",并警告杜鲁门:"无论那些赤色分子想要您怎么做,您都不要理会。"[18]

与此同时,苏联领导人正在推行自己的计划:保障他们在东欧和亚洲的收益,重建在战争中受到重创的经济,确保德国和日本不会再对苏联的安全构成威胁。他们完全有能力为此采取行动。由于共产党在反法西斯抵抗运动中一马当先,陷入重围的欧洲国家将苏军视作解放者,纷纷对他们表示欢迎。欧洲共产党员的人数激增。1945年,共产党在法国、意大利和芬兰的选举中,得票率超过了20%。在欧洲,大量民众背井离乡,流离失所,食不果腹,无以为生,这种处境对共产党的发展似乎十分有利。意大利1945年的平均工资尚不及1913年的四分之一,国民生产总值仅相当于1911年的水平,共有170万人加入了共产党。美国副国务卿迪安·艾奇逊担心欧洲会转向社会主义,让美国陷入孤立。"他们遭受了如此之多的苦难,并深信为了减轻他们的痛苦,政府一定会有所作为,他们要求进一步加强国家控制和国家干预。"[19]

但苏联仍然坚持二战期间达成的协议,希望继续维持战时同盟关系,并一反常态,对在中国、意大利、法国和希腊等国的共产主义盟友进行压制,令上述国家感到异常愤懑。1946年初,一项盖洛普民意调查显示:仅有26%的美国人认为苏联正在谋求统治世界，而13%的人认为英国企图主宰世界。[20]

在二战结束的最初几个月里，杜鲁门对斯大林的态度始终摇摆不定，经常把后者比作堪萨斯城中的政客、他曾经的老板——汤姆·彭德格斯特。其他人的看法也大致如此。战时驻苏联大使埃夫里尔·哈里曼曾与斯大林共事，对杜鲁门的看法大加抨击，但就连他也承认斯大林的性格极为复杂：

> 那些与斯大林素未谋面的人只看到了他残暴的一面，而我却看到了另一面——他才智过人、善于把握细节、精明审慎，甚至善解人意，不能不令人感到惊异……我发现他比罗斯福更见多识广，比丘吉尔更明智务实，在某些方面他的做法是战时领导人中最行之有效的……在我认识的所有人当中，斯大林始终是最神秘莫测和自相矛盾的一个人物。[21]

随着因波兰问题导致的紧张局势有所缓和，德国成了早期战后合作的试验田。德国投降后分别由苏联、美国、英国和法国占领。一开始，罗斯福对"摩根索计划"（Morgenthau Plan）表示支持，其主张将德国变成"以农业和畜牧业为主"的国家，确保它不再对邻国构成威胁。"我们必须对德国采取强硬手段，"1944年8月，他对摩根索说，"我们要么阉割德国人，要么就以这种方式对待他们，来阻止他们生出继续走过去道路的人"。[22]然而，当美国开始认为重建德国经济是整个欧洲复苏的关键时，上述态度发生了巨大逆转。这一点也让西方各国与苏联发生龃龉，后者对德国复兴忧心忡忡，正忙于掠夺东德物资，将其装船运回国内。双方的利益冲突阻碍了德国统一，也为日后的摩擦埋下了隐患。无论住在哪个区域，德国人都不得不在夹缝中勉强求生。

超级大国间的第一次大规模冲突爆发于中东，而非欧洲。由于英国日渐式微，斯大林开始南下伊朗和土耳其，扩大苏联在当地的影响。随着1869年苏伊士运河开通和20世纪初长途航空问世，中东地区的战略价值日益凸显。英国历史学家阿诺德·汤因比（Arnold Toynbee）曾将其描述为"20世纪全球两大人口和权力聚集地之间距离最短的路线"：一侧是印度、东亚和太平洋，另一侧是欧洲、美国和大西洋。他解释说："控制中东就等于掌握了打通两大地极的权力，既可以强行将其关闭，也可以强行将其再次开启。"[23]长期以来，苏联一直关注土耳其海峡，因为那里是其通向地中海的入口。斯大林认为，在二战期间，他已经从罗斯福和丘吉尔那里赢得了妥协。现在，他不断向土耳其施压，要求在海峡地区建立联合军事基地。随后的冲突与石油有关，就像中东地区的所有争端一样。二战初期，美国的石油产量占全球总产量的61%。在中东，英国控制着72%的石油，而美国仅占10%。现在，美国希望获取更大的份额。对美国来说，要想实现这一野心，关键在于沙特阿拉伯。1943年，美国扩大了《租借法案》的援助范围，将这个盛产石油的酋长国包括在内。次年，沙特阿拉伯国王伊本·沙特（Ibn Saud）允许美国在达兰建立空军基地。[24]

1944年，在接见英国大使哈利法克斯勋爵时，罗斯福拿出一份中东地区的石油储备划分地图。他告诉哈利法克斯：伊朗的石油属于英国，沙特阿拉伯的石油属于美国，而伊拉克和科威特的石油属两国共有。翌年，罗斯福与伊本·沙特达成交易，为沙特阿拉伯提供支援，作为回报，美国将获得该国石油的独家开采权。杜鲁门深知，控制这一战略资源至关重要。1945年8月，国务院近东司司长戈登·梅里亚姆（Gordon Merriam）提醒杜鲁门称，沙特阿拉伯的石油资源是"战略力量的巨大来源，也是人类历史上最大的富矿之一"。[25]

另一座"富矿"是伊朗。1941年9月，由于厌倦了伊朗国王礼萨·汗（Reza Khan）反复无常的行为和三心二意的忠诚，英国和苏联率军进犯并占领了该国，迫使礼萨·汗流亡海外，并扶持其21岁的长子继位。[26]

自1920年代以来，美国就一直盯着伊朗极其丰富的石油储备。如今，为了扩大在伊朗的影响，美国根据《租借法案》为其提供援助，并向该国派出了文官和军事顾问。1943年，国务卿科德尔·赫尔向罗斯福表示，必须对英国和苏联的影响加以限制："任何大国在波斯湾的存在，都不能妨碍美国在沙特阿拉伯的石油开采，只有这样才符合我国的利益。"[27]

就像英国和美国一样，苏联也对伊朗的石油垂涎三尺。斯大林早就希望在伊朗北部进行开采。苏联的巴库油田位于苏伊边境以北仅100英里，由于担心油田的安全，斯大林逼迫伊朗在石油问题上对苏联做出与对英美同样的让步。

铁幕演说：丘吉尔极力挑拨美苏大战

丘吉尔是一名狂热的反共分子和赤裸裸的帝国主义者，一心想要与苏联决一雌雄。早在1918年，他就试图拉拢美国与苏联交战。虽然二战未能让丘吉尔如愿以偿，但当机会出现时，他立即做出了回应。苏联不断深入伊朗和土耳其，已经危及英国在中东地区和地中海的势力范围。与此同时，英国对印度的控制也岌岌可危。1946年2月初，苏联在加拿大的原子弹间谍组织暴露，进一步增强了福里斯特尔和莱希等强硬派发出的警告的说服力。斯大林在当月发表的一次演讲也激起了更多人的愤怒，但实际上这次演讲远没有苏联问题专家乔治·凯南等人所宣称的那样具有煽动性。

1946年3月初，在密苏里州的富尔顿，杜鲁门坐在讲台上，由丘吉尔发表演说。彼时反苏情绪显然日益高涨，丘吉尔激烈的措辞对战后任何缓和的前景都是一次沉重的，甚至是致命的打击：

> 从波罗的海的什切青到亚得里亚海边的的里雅斯特，一道横贯欧洲大陆的铁幕已经落下……在相当一部分国家……警察政府占据上风……对基督教文明来说，共产党，即第五纵队构成了日益严峻的挑衅和危险……我不相信苏俄渴望战争。他们渴望的是得到战争的果实，以及他们权力和主义的无限扩张。[28]

　　斯大林立即做出了回应。他怒斥丘吉尔与那些奉行种族论的战争贩子一样，认为只有英语国家才能"决定整个世界的命运"。[29]

　　这次演讲激起了各方的激烈情绪，各大报纸对此反应不一。《纽约时报》赞扬，丘吉尔严厉的措辞"就像早已被证实的预言一样有

杜鲁门和丘吉尔在一列开往密苏里州的火车上向人群挥手致意。

力"。³⁰《华盛顿邮报》虽然认为他的部分言论值得称赞，但也批评丘吉尔不应"不合逻辑地"呼吁组建一支"国际警察力量"，认为这是"过分强调武力"。³¹

《芝加哥论坛报》赞同丘吉尔对东欧局势的分析，但坚决反对他开出的药方，并对他为英帝国主义的辩解进行了猛烈抨击。"他提出，与代表奴隶制度的大英帝国结成半奴隶半自由的联盟。他一边乞哀告怜地恳求为这个古老邪恶的帝国提供援助，一边又直言不讳地表示要按它的方式来提供援助。"这种联盟意味着美国必须接受"英国对其数百万臣民的奴役和剥削"。《芝加哥论坛报》疾言厉色地指出，美国不应当"为了维持英国在世界各地的暴政"而动用美国的力量。"我们不能与英国同流合污，蓄养奴隶。"³²

一些参议员严厉谴责了丘吉尔捍卫帝国制度的行为。缅因州共和党人欧文·布鲁斯特（Owen Brewster）指出："我们不能延续英国外交部和殖民地部提出的殖民政策。世界上有90%的人不是盎格鲁－撒克逊人，我们必须思考如何才能赢得非斯拉夫或盎格鲁－撒克逊国家的信任。我担心，与英国结盟只会导致整个世界都反对美国。我们应根据苏联动向，自行调整美国政策。"佛罗里达州的克劳德·佩珀也表示："他在为帝国主义唱赞歌——但永远只有英帝国主义。我认为，由于他的保守主义观点，他有多反对英国的工党政府，就有多反对苏联。我们虽然希望英美合作，但不能以排挤世界上的其他国家为代价。"随后，佩珀与西弗吉尼亚州民主党议员哈利·基尔戈（Harley Kilgore）和爱达荷州民主党议员格伦·泰勒（Glen Taylor）发表联合声明，反对丘吉尔提出的"英美两国建立旧式强权政治和军事同盟"的建议，因为这一同盟将"扼杀联合国组织"。³³佩珀告诉记者："看到丘吉尔先生……与张伯伦等传统的保守党人为伍，我感到十分震惊，他们为了反苏，甚至推动了纳粹力量壮大……世界上真正希望和平的人们必须警惕英美两国这种保守主义倾向，这种倾向会引领我们走向战争。丘吉尔先生所提出并为之辩护的新型英美帝国主义，让我们背离了两国曾为之奋斗的理想。"[34]

美国公众也不支持丘吉尔的好战言论。正如《华盛顿邮报》的一名读者所言，"佩珀参议员及其同僚对丘吉尔的好战言论所做的回答应受褒奖。谁才是美国总统，是杜鲁门还是丘吉尔？连英国人都在上次大选中否决了丘吉尔的方针，他凭什么跑来告诉我们美国的政策应当是什么样的？丘吉尔就是战争贩子，佩珀参议员是时候这样回敬他了。我们需要再次发表《独立宣言》，以脱离英国的统治"。[35]

在与丘吉尔同乘火车前往密苏里州时，杜鲁门已经阅读了丘吉尔的演讲全文，并由衷赞同其中内容。然而，当外界纷纷谴责丘吉尔黩武好战时，杜鲁门却矢口否认自己事先看过他的演讲内容，但杜鲁门的无耻谎言很快就被记者们揭穿。

在罗斯福家族成员的领导下，新政改革派谴责了丘吉尔的提议，请求杜鲁门立即改变政策方针，以免后悔莫及。埃莉诺·罗斯福公开斥责了丘吉尔的煽动性言论。富兰克林和埃莉诺的长子詹姆斯·罗斯福也在艺术、科学与职业独立公民委员会（Independent Citizens' Committee of the Arts, Sciences and Professions）的一次集会上表达了同样的看法。他宣称，"我们要昭告全世界，当温斯顿·丘吉尔阁下——如今正在我国访问——危及世界和平，再次提议将人类划分为两大阵营时，他的言论仅代表个人。无论是在美国还是其他国家，他昔日的密友大都是彻头彻尾的保守分子。现在，我们和世界上所有热爱和平的人必须站起来，拒斥温斯顿·丘吉尔阁下的言论、方案和政治同盟。"詹姆斯·罗斯福知道，如果杜鲁门想缓解紧张局势，他可以采取什么行动。"我希望看到商务部长亨利·华莱士飞往苏联"，詹姆斯·罗斯福解释道，由于他素有"正直诚实、处事公正"之名，如果由他亲自面见斯大林，"将比任何措辞尖锐的备忘录或公报"都更有助于实现和平与达成谅解。[36]

詹姆斯·罗斯福是由长期担任罗斯福内政部长的哈罗德·伊克斯引荐给杜鲁门的。伊克斯是新政的坚定支持者，一直被杜鲁门的亲信视作眼中钉。前一个月，杜鲁门当着一群记者的面斥他为"混球伊克斯"，之后终于摆脱了后者。[37]伊克斯向总统递交辞呈，是因为他反对杜鲁门提名加利福尼亚州石油大亨埃德温·波利出任海军助理部长，但杜鲁门正是凭借后者的肮脏勾当才入主白宫的。伊克斯力图阻止波利上任，指控他为一桩政府诉讼案作伪证，后者自称从未向国会游说，反对美国沿岸石油归联邦政府所有。伊克斯称，波利"毫不掩饰地对我提议"：如果当局撤销伊克斯提出的潮淹区石油所有权归予各沿海州的议案，石油商人将在1944年向民主党捐赠30万美元。伊克斯透露，在上周召开的内阁特别会议上，杜鲁门曾恳请他"尽可能对埃德温·波利手下留情"，为了让波利得到提名，党主席罗伯特·汉尼根"已经用尽浑身解数"。然而，伊克斯并没有手下留情，而是选择了正直无私。他痛斥道："如果要我为了一党之私而作伪证，那我宁愿退出内阁。"伊克斯公布了在辞职问题上自己与杜鲁门之间数封措辞尖锐的信函。他警告说，除非当局改变这种有失检点的做法，否则必将招致另一起茶壶山丑闻①。他对杜鲁门说，内政部"必须时刻警惕任何钱权交易"。伊克斯还告诉记者，任何石油商人都不应担任与石油政策有关的公职。[38]《洛杉矶时报》在头版刊登了一篇题为《伊克斯如原子弹怒轰石油资本家》（"Ickes Blowup Rocks Capital like Atom Bomb"）的文章，描述了记者比尔·亨利（Bill Henry）所说的"华盛顿历史上规模最

---

① 指美国沃伦·哈定总统任内爆发的贿赂丑闻。内政部长阿尔伯特·B. 福尔（Albert B. Fall）未用公开招标方式处理茶壶山以及另外两处美国海军油矿，而是将其以低价租给石油公司。1922—1923年，参议员托马斯·J. 沃尔什（Thomas J. Walsh）主持展开这项承租案的调查工作，最后福尔承认接受过来自石油公司的贿款。

大的一次新闻发布会"。[39]

在引荐詹姆斯·罗斯福时,伊克斯就如何处理苏联问题向杜鲁门提了一些中肯的建议:"人们……希望杜鲁门总统力挺罗斯福总统的外交政策。他们对诋毁苏联感到十分不安,但现在这种做法正大行其道。他们深知,如果不是苏联,美国现在还在浴血奋战。因此,如果不能与苏联达成谅解,他们难以想象和平的未来。"

次月,在罗斯福逝世一周年之际,华莱士在纽约市政厅发表讲话,驳斥了丘吉尔的观点,并就美苏两国的竞争提出了截然不同的看法:

> 我们唯一希望与苏联展开的竞争,就是要在未来20年内,展示我们能比苏联更快地提高人民的生活水平。我们要与苏联比拼谁更能满足广大民众的精神和物质需求……要想在全球战胜共产主义,唯一的方法就是更好更平稳地扩大生产与合理分配……让我们将其打造成一场公平的竞争,一场毅然的竞争,但这首先是一场造福全人类的和平竞争……就像苏联不能在东欧肆意妄为并逃脱惩罚一样,我们也不能这样对拉丁美洲,英国也不能这样对印度和非洲……我们犯错的原因在于恐惧……苏联恐惧处于盎格鲁-撒克逊人的包围之中,我们恐惧共产党的渗透。如果任凭这些恐惧继续下去,总有一天,我们的子孙后代会为此付出血的代价……出于恐惧,大国就会行如困兽,只在意生存……一个月前,丘吉尔阁下为盎格鲁-撒克逊世纪摇旗呐喊。4年前,我批判了"美国世纪"这种说法。今天,我将更加激烈地批判所谓"盎格鲁-撒克逊世纪"。即使这些盎格鲁-撒克逊人手中握着原子弹,世界人民也决不会容忍帝国主义卷土重来。英语国家的使命不是去主宰世界,而是造福全球。[40]

掌握中东石油阀门的应当是美国！

丘吉尔演说过后，美苏关系迅速恶化。虽然苏联已经同意从伊朗撤军，但美国仍一再向联合国施压，要求出兵伊朗。当苏军在1946年3月2日的最后期限仍未撤离时，杜鲁门威胁要发动战争。他写道："如果让苏联控制伊朗的石油，无论是通过直接还是间接手段，世界原材料的供需平衡都会遭到严重破坏，并为西方经济带来巨大损失。"福里斯特尔随后指出，"谁坐在中东石油的阀门上，谁就有可能控制欧洲的命运。"杜鲁门决定明确表示，掌握石油阀门的应当是美国，而不是苏联。[41]

1931年诺贝尔和平奖得主、卡内基国际和平基金会（Carnegie Endowment for International Peace）主席、哥伦比亚大学前校长尼古拉斯·默里·巴特勒也明确表示，伊朗问题无关民主，而在于石油。"整个伊朗问题就是石油问题，"他解释说，"英国已经得到了大部分份额。我们应当在不引发政治军事骚乱的前提下，设法让苏联分一杯羹。"有人认为，这个建议十分合理。《华盛顿邮报》在一篇关于伊朗危机的社论中提议，"苏联也许在伊朗有合法的获利权利。例如，对于眼下的石油问题，我们曾反复表示，对中东的石油资源制订联合开采计划无疑是最合理的方案"。[42]

克劳德·佩珀出访中东并会见了斯大林，对这一日益显露的危机有了更深认识。返回美国后，佩珀在参议院发表演讲，表示苏联的做法无可非议，而谴责英国恃强凌弱、贪得无厌："某个世界大国在埃及、新加坡等国都驻扎着军队，却厚颜无耻地将另一个国家为了抵制石油垄断而向邻国边境内几英里处派遣少量军队的事件说成一场全球性灾难，因为这种垄断正是他们乐于享有的特权。""如果美国的外交政策是为这种帝国主义行径充当替罪羊，那么其愚蠢程度完全超出了我的想象。"《华盛顿邮报》报道，佩珀的演讲结束后，不少参议员和众议员纷纷走过来与他握手。[43]

美国公众并不想在伊朗石油问题上与苏联兵戎相见。《华盛顿邮报》刊登了一封发人深省的读者来信，这封来信分析了伊朗问题的利害得失，并反对采取任何军事行动：

> 我认为，伊朗油田的命运不足以成为我国与苏联开战的理由。如果油田位于北美洲或南美洲，美国就会对其进行保护，以备将来战时之需，并确保其他强国不得染指。如果伊朗石油所处的地理位置接近英国版图，就像毗邻苏联一样，我认为英国也会对其进行保护……维护伊朗人的自由过去从未成为美国发动海外战争的借口。按照我们对自由的理解，伊朗也从未存在过自由，因此，打着维护自由的名义发动战争不具备真正的理由……我坚信，绝大多数美国人并不希望为了子虚乌有的原因而与苏联开战。我也相信，大多数美国人都希望和认为，如果能够确保其边境安全，苏联会与我们携手维护世界和平，并为子孙后代开发自己丰富的自然资源。[44]

在美国和英国的压力下，苏军终于从伊朗撤军。杜鲁门后来对参议员亨利·"斯库普"·杰克逊（Henry "Scoop" Jackson）说，他曾传召苏联大使安德烈·葛罗米柯到白宫，并通知后者，如果苏军在48小时内仍未撤离，"我们会向你们投下原子弹"。杜鲁门称，苏军于24小时内全部撤退。[45]虽然苏联撤军的真实背景要复杂得多，但杜鲁门从这次事件中总结出经验：如果对峙上更强的力量，苏联就会偃旗息鼓。于是，美国决定乘胜追击。当年5月，它叫停了西德向苏联运输补偿货物，而这些货物正是苏联急需的。7月，美国决定保留在韩国的驻军。8月，美国决定维持在东地中海的海军力量。

杜鲁门向苏联亮出核威胁时，公众对可能爆发核战争感到不寒而栗。1946年初，《妇女家庭杂志》（*Ladies' Home Journal*）告诫读者，"无论是醒来后还是入睡前，在所有的事情当中，让你日思夜想的事情"就是阻止核战争爆发。[46]亨利·华莱士同样对此表示担忧，并敦促杜鲁门采取积极措施，促进对核武器的国际管制。1946年1月，杜鲁门委任持有同样看法的艾奇逊建立专门委员会，以解决这一问题。艾奇逊提名田纳西河流域管理局（Tennessee Valley Authority）局长戴维·利连索尔担任科学顾问委员会主席，并向后者坦言，杜鲁门和伯恩斯"既不了解原子能问题的事实，也不理解这一问题的实质，而原子能问题却是笼罩在世界上空的危险阴云"。美国过去已经做出了承诺，而伯恩斯当时正在伦敦，在对"有关事实一无所知的情况下"做出了新的承诺。艾奇逊哀叹："战争部，其实是战争部的一人，即格罗夫斯将军，他有权以'军事安全'为由行使否决权，因而才是相关外交政策的制定者甚至执行者。"

华莱士的和平攻势

随后出炉的艾奇逊—利连索尔报告（"Acheson-Lilienthal report"）主要是奥本海默的手笔。精明务实的艾奇逊表示，这是一份"才华横溢且意义深远的文件"。[47]该报告提出建立一个国际原子能开发机构，负责监管全球所有核原料的开采、提炼、利用，[向可裂变物质中]加入不可裂变物质，并确保其仅限于和平用途。上述"危险"领域的国家活动均会被视作非法。为了增加苏联接受这个方案的机会，报告有意将需要进行现场核查的情况降至最低。

然而，达成国际协定的希望化成了泡影，因为杜鲁门和伯恩斯委任后者在美国南卡罗来纳州的故交、75岁的金融家伯纳德·巴鲁克向联合国递交这项计划。为了偿还另一笔政治旧债，杜鲁门授权巴鲁克可以按照他认为合适的方式对报告进行修改。1940年，由于在参议院连任选举中得票落后，杜鲁门急需资金，巴鲁克曾经为他慷慨解囊。艾奇逊、利连索尔和奥本海默等当局者都清楚，巴鲁克是彻头彻尾的反共分子，经常宣称原子弹是美国"克敌制胜的法宝"。得知杜鲁门的委任后，他们十分愤怒，因为他们知道，巴鲁克一定会擅自改弦更张，好让苏联拒绝这一计划。利连索尔在日记中写道："昨晚看到这条新闻后，我大感失望……我们需要的是一个精力充沛、并不自负的年轻人，能让俄国人觉得，他不是单纯为了把他们置于窘境，而是真正心系国际合作。巴鲁克显然不符合上述要求。"为了制订这项计划，艾奇逊等人历尽艰辛，但巴鲁克选择了一批商人担当顾问，这进一步激怒了他们。巴鲁克决定将科学家们排除在外，原因正如他后来解释的那样："我之所以撇开科学家，是因为我告诉过他们，我已经了解了我想要知道的一

金融家伯纳德·巴鲁克，照片摄于1920年。

切。只要轰隆一声，它就可以让数百万人丧生。"曾在艾奇逊—利连索尔委员会任职的万尼瓦尔·布什对巴鲁克的顾问不屑一顾，称其为"华尔街佬"（Wall Streeter）。万尼瓦尔告诉巴鲁克，他认为后者及其团队根本不具备从事这项工作的资格。巴鲁克表示，他会请格罗夫斯和一批实业家提出技术层面的建议。面对人们的普遍质疑，巴鲁克最终不得不有所收敛，邀请奥本海默作为首席科学顾问加入委员会。"不要担心我那些助手，"他告诉奥本海默，"汉考克（Hancock）虽然很'右'，但（眨了眨眼）我会盯着他的。瑟尔斯（Searls）精明过人，不过在他眼里到处都是赤色分子。"巴鲁克说，他们现在就要开始"让美国人民做好被苏联人拒绝的准备"。奥本海默谢绝了他的邀请。[48]

巴鲁克着手修改原始方案，增加了武器核查项目和其他一些条款，而苏联人无疑会拒绝这些条款。艾奇逊和利连索尔试图说服巴鲁克删除上述条款，就连杜鲁门和伯恩斯也是如此。但巴鲁克态度顽固，甚至威胁说如果他的方案得不到采纳，他就递交辞呈。杜鲁门总统气势一萎，就此向巴鲁克妥协。6月14日夜，就在巴鲁克向联合国提交这项方案前，伯恩斯向艾奇逊坦言，选择巴鲁克是"我犯下的最严重的错误"。就连杜鲁门后来也私下承认，任命巴鲁克是"我铸成的最严重的大错"。[49]

美国向联合国递交提议10天后，苏联领导人才开始发难。《真理报》（Pravda）谴责巴鲁克计划是"核外交的产物，让美国追求世界霸权的意图暴露无遗"。该计划清楚表明，美国有意"加强在核武器制造上的垄断地位"。《真理报》指出，美国政府将核弹生产承包给"杜邦公司等私人垄断企业，而该公司战前与德国的法本公司存在千丝万缕的联系"。[50]随后，苏联向联合国提交了一项反制方案，提出禁止制造、储备和使用核武器，现存核武器要在三个月内销毁。

美国决定于1946年7月1日在马绍尔群岛的比基尼环礁进行核试验，这给苏联发出了另一个关于美国意图的令人不安的信号。普救派大会谴责这次核试验"彻底违背了基督精神的意旨"。[51]伊克斯称比基尼环礁的试验无异于"恫吓外交"，并且指出，如果是苏联人搞核试验，"美国就会对未来的世界和平感到忧心忡忡"。美国广播公司的雷蒙德·格拉姆·斯温（Raymond Gram Swing）告诉听众，包括原子弹科学家和国会议员在内的许多美国人都反对这项决定。"一方面，我们竭力想要消除这种足以让人类文明倒退几个世纪的武器……另一方面，我们却在训练自己如何使用这种武器。也就是说，我们一边力图拯救文明世界，一边却在学习如何将其摧毁，而这两件事情竟然发生在同一个周末。"苏联人的反应可想而知。《真理报》的鲍里斯·伊扎科夫（Boris Izakov）反问，如果美国真的想裁减军备，为什么还要竭尽全力发展核武器。[52]

一场疯狂的核军备竞赛即将拉开序幕。对于这一事件，没有人

1946年7月，比基尼环礁核试验的爆炸场景。

比刘易斯·芒福德（Lewis Mumford）在第一次听说上述核试验即将进行时表达得更为清楚。在诺曼·卡曾斯（Norman Cousins）的《星期六评论》（*Saturday Review*）上，芒福德发表了一篇题为《先生们，你们疯了！》（"Gentlemen，You Are Mad！"）的文章，其中写道：

> 在美国，我们生活在一群疯子当中。这群疯子以秩序与安全为名，管辖着我们所有的事务。其中，头号疯子收获了陆军上将、海军上将、参议员、科学家、政治家、国务卿甚至总统等头衔。他们疯狂的致命症状在于：虽然他们的一系列行动终将导致人类灭亡，但他们始终坚信自己精神正常、头脑清醒、恪尽职守，正在为理智的目标而奋斗。
>
> 日复一日，看似清醒地，这群疯子继续开展坚定不移的疯狂行动。由于人们对此司空见惯并习以为常，它们似乎成了正常人的正常行为，而不是那些醉心毁灭全球的疯子的巨大冲动。尽管公众没有对他们进行任何形式的授权，但这群疯子还是自行承担起了所谓的责任，逐步引导我们走向最后的疯狂。他们将夷平世界、消灭人类，甚至很可能终结地球上的所有生命。[53]

亨利·华莱士试图阻止这种疯狂的行为。1946年7月，他给杜鲁门写了一份长长的备忘录，反对"越来越多人认为……另一场战争已经迫在眉睫，唯一制胜的办法就是把我们武装到牙齿……整个人类过去的历史表明，军备竞赛只会让我们走向战争，而不是和平"。华莱士认为，"一些大国需要5—10年来用核武器武装自己，而接下来几个月极有可能是决定文明世界是否会在此后毁于一旦的关键时期"。他敦促杜鲁门认真考虑"其他国家会如何看待美国自二战胜利以来的种种做法，包括对战争部和海军部130亿美元的拨款、比基尼环礁的核试验、继续制造原子弹、计划用我们的武器武装拉丁美洲、生产 B-29 轰炸机、研制 B-36 轰炸机、空军基地遍布半个地球并足以将另一半地球夷为平地……这些看起来只有两种可能：其一，我们认为战争已经不可避免，而我们正是在为此做准备；其二，我们试图建立军事优势，以威慑其他所有国家。反之，如果掌握原子弹的不是我们而是苏联，我们会作何感想？如果拥有 1 万英里远程轰炸机并在距离对方海岸线 1000 英里处建立空军基地的不是我们而是苏联，我们又会作何反应？"

华莱士呼吁大幅削减国防开支，因为美国"不再可能通过军事优势"维护和平。1938 年，美国的国防开支不到 10 亿美元。但现在，战争部和海军部的花费以及包括战争清算、公债利息和退伍军人津贴在内的战争开支已经达到 280 亿美元，约占目前 360 亿美元预算的 80%。华莱士再次强调了科学家们的警告，虽然"核战争代价低廉"，但即使拥有相当于敌国 10 倍的原子弹，也无法取得决定性优势。"最重要的是，几个国家拥有核弹这一事实将不可避免地导致神经过敏、惶恐不安和蠢蠢欲动的心理状态……在这样一个遍布核武器的世界里，一起事件就会引发核战。"他强烈谴责那些鼓吹"预防性战争"的人，因为他们的"计划不仅有悖道德，而且十分愚蠢"。他总结道，唯一的解决办法就是国家间的互相信任、裁减原子武器以及行之有效的裁军制度。[54]

当年夏天，华莱士的和平攻势得到了两大著名刊物的声援。8 月底，《纽约客》（*New Yorker*）杂志用整整一期的篇幅刊登了约翰·赫西（John Hersey）的文章《广岛》（"Hiroshima"），这篇文章对原子弹爆炸遇难者的描写富有人情味，远超当时其他英语出版物。9 月，《瞭望》（*Look*）杂志连载了罗斯福总统之子埃利奥特·罗斯福（Elliott Roosevelt）的 4 篇文章，其中详细记录了杜鲁门与丘吉尔如何破坏了其父与斯大林制定的战后和平与合作计划。杜鲁门后来不屑地称埃利奥特为"尿呲的货色"。

华莱士深知局势危急，并盼望9月12日在纽约麦迪逊广场花园发表重要讲话。此前，华莱士已给杜鲁门审过稿，而后者也反复表示赞同他的观点。杜鲁门告诉记者，他已经看过华莱士的讲稿，并完全同意其中观点。有两万人参加了纽约的集会，在克劳德·佩珀发言时，华莱士和保罗·罗伯逊坐在一起。佩珀告诉人们："今天，是保守的民主党人，和反动的共和党人在制订我国的外交政策，而我们所能做的就是阻止这些鲁莽之徒发动一场希特勒式闪电战和往苏联人民头上扔原子弹。"[55]轮到华莱士时，他强烈呼吁人们维护世界和平：

今晚，我希望谈谈什么是和平，以及如何获得和平。世界各地的普通民众从来没有像今天这样渴望和平，也没有像今天这样恐惧战争……我们不能认为发明了原子弹就可以高枕无忧了……凡是相信原子弹战无不胜的人，迟早会因原子弹丧命……英国在近东的帝国主义政策，再加上苏联的反击，会将美国引向战争……仅靠所谓的"对苏强硬"政策不足以战胜我们面对的困境……但这并不意味着绥靖。我们希望相互妥协……我相信，我们完全可以合作，只要让苏联明白，我们的首要目标不是挽救大英帝国，也不是以美国士兵的生命为代价换取近东的石油。我们绝不允许国家间的石油竞争迫使我们走向战争……就像苏联与拉丁美洲、西欧和美国的政治事务无关一样，我们也与东欧的政治事务无关。我们也许不喜欢苏联在东欧的所作所为。苏联的土地改革、工业征用和对基本自由的压制触怒了大多数美国人……但与此同时，我们不得不承认，苏联比我们更靠近巴尔干地区，因此不会允许英国或美国左右该地区的政治事务……苏联追求社会经济公平的观念将统治世界上近三分之一的人口，而我们的自由企业民主制度会管辖剩余人口中的大部分。这两种观念都将竭力证明，在各自政治区域内，哪一种最令普通民众满意……和平友好的竞争会让苏联世界与美国世界逐步趋同。苏联将不得不给予人民越来越多的个人自由，而我们也不得不更多地顾及社会与经济公平。

我们必须让苏联相信，美国并没有计划与其开战；反之，苏联也必须让我们确信，它不打算进行领土扩张或称霸世界……联合国应当接管……美英两国遍及全球的战略空军基地，禁止所有国家制造原子弹、制导导弹和用于轰炸的军用飞机，禁止所有国家军事机构的开支超出其国家预算的15%……我们认为与苏联开战的想法不仅是愚蠢的，而且是可耻的。因此，我们必须站出来大声表达，将这一信息直接传达给所有人，哪怕会被称作共产党也在所不惜。[56]

这次演讲引起了轩然大波。共和党参议员罗伯特·塔夫脱（Robert Taft）指责杜鲁门背叛了伯恩斯，后者也因为在公开场合遭到如此驳斥而十分愤怒。《纽约时报》记者詹姆斯·雷斯顿（James Reston）写道，华莱士所倡导的观点与杜鲁门和伯恩斯所推崇的观念截然不同，但杜鲁门是华盛顿唯一看不到其中区别的人。[57]国务院宣扬道，此事让伯恩斯极为难堪，就像有人在巴黎会议上突然拽掉了他的裤子。英国官员同样怒不可遏。英国外交部专家称："世界上根本没有美国政府这种东西"，并在伦敦新闻发布会上讥讽，美国的外交政策仍"处于乡巴佬阶段"。[58]

很多人对华莱士表示支持。埃莉诺·罗斯福也赞同华莱士的观点："他试图澄清，我们既不赞成英国的帝国主义行为，也不赞成苏联的侵略行径。他表示，我们希望与苏联友好相处，也希望做出妥协，但苏联也必须做出相应的让步。"[59]

这起事件让杜鲁门成了一个国际笑柄。他试图向记者们表明，他只是想维护华莱士表达个人意见的权利，而不是认同演讲的内容。后来，杜鲁门甚至否认他事先读过讲稿并批准了这次演讲。

商务部长亨利·华莱士抵达白宫。

　　就在双方论战期间，有人向外界泄漏了华莱士7月23日写给杜鲁门的备忘录，他在其中指出，巴鲁克计划存在"致命缺陷"。几家苏联报纸全文刊登了这份备忘录。

　　这个计划的缺陷在于……试图"不费吹灰之力"达成国际协议。一面要求其他国家履行承诺，不从事原子能军事用途的研究并公开他们的铀和钍资源；一面却规定美国可以保留掌握原子弹技术信息的权利，直到国际控制核查制度令人满意为止。

　　苏联人对我们的计划不怎么感兴趣，这有什么奇怪的呢？……我认为，我们的反应应当像苏联人一样。我们应当提出反对建议并将其记录在案，但我们真正的努力方向却在于制造核弹，好在平等的基础上讨价还价……

……实际上，在与我们的磋商中，苏联的手中握有两张王牌：其一，我们不了解苏联在原子能研究上科技进展如何；其二，我们不清楚苏联有多少铀和钍资源。但这些与我们所掌握的王牌相比根本不值一提。我们拥有原子弹储备、能够用于实际生产的制造厂、B-29和B-36轰炸机以及覆盖半个地球的军事基地。但实际上，我们是在要求苏联人立即摊牌，并且告诉他们，只有在看到他们的王牌以后，我们才会决定是否继续进行这场竞赛。[60]

由于当时巴黎正召开战后外长会议，杜鲁门坚持要求华莱士停止讨论外交政策。伯恩斯从巴黎拍电报给杜鲁门，抱怨华莱士的言论和备忘录让会议陷入了一片混乱。伯恩斯和巴鲁克甚至以辞职相威胁。杜鲁门担心，福里斯特尔和战争部长罗伯特·帕特森 (Robert Patterson) 也会效仿。于是，他决定解除华莱士的职务，并写了一封言辞尖刻的信，要求后者递交辞呈。华莱士立即打电话给总统，称这封信一旦传扬出去，会对杜鲁门造成不利的影响。杜鲁门随即派人将信取回，没有留下任何副本。只能从杜鲁门当晚的日记隐约看出这封信的内容。他在信中把华莱士称作：

一个彻头彻尾的绥靖主义者。他希望我们遣散武装部队，将原子弹的机密拱手交给苏联，并且相信克里姆林官政治局的一帮冒险分子。我无法理解这种"空想家"。弗里茨·库恩 (Fritz Kuhn) 建立的"德裔美国人联盟"的危险程度还不及他的一半。这些赤色分子、伪君子与"只会空谈的左倾人士"沆瀣一气，正在成为国之大患。我担心，他们是乔叔叔 [斯大林] 的一个阴谋破坏阵线。[61]

华莱士辞职后，避免冷战与核军备竞赛的最后一线希望也宣告破灭。1946年9月20日夜，华莱士通过广播向全国听众发表了演讲：

> 赢得和平比赢得高官厚禄重要得多，比任何党派政治都重要得多。我们外交政策的成败将决定子孙后代的生死，决定文明社会的兴衰，甚至可能决定整个人类世界的存亡。因此，我们每一个人都应当加入这场维护和平的战斗，并将其视作自己神圣的职责，这一点至关重要……我想再次表明，我反对任何形式的帝国主义和侵略行为，无论是来自苏联、英国或美国……任何政策的成败最终都取决于人民的信任和意愿。人们应当清楚和理解问题的所在，应当得知所有事实，应该能通过全面公开的辩论来参与制定外交政策，否则政策的成功就无从谈起。在这场辩论中，我们必须尊重其他民族的权益，正如我们希望对方尊重我们的权益一样。我在纽约演讲时曾经说过，这场辩论的结果不是关系到我们能否生活在"同一个世界"，而是关系到我们是否能够生存下去。我希望将这场和平之战进行到底。[62]

在这场论战中，华莱士的支持者越来越多。爱因斯坦写道："对您在7月23日写给总统的书信，我不能不表达心中的无限钦敬。您对实际情况和双方心理状态都有深刻理解，对当今美国外交政策有远见卓识。您对此事的干预勇气可嘉，值得所有对当局态度深感忧虑的人表示感激。"[63]

随着华莱士离任，美国一头扎进了国内外的冷战当中。9月24日，白宫顾问克拉克·克利福德（Clark Clifford）及其助手乔治·埃尔西（George Elsey）的报告在众人的翘首企盼中终于出炉。这份报告对苏联的行动、意图和能力做了全面评估，旨在表明苏联经常违反协议。这份报告向人们描述了一个可怕的场景：苏联正致力于

"削弱和摧毁美国在欧洲、亚洲和南美洲的地位和威信",妄图称霸世界,并通过共产党在美国内部制造不和。作为反击,美国需要扩充核武器库、扩大海外基地网络、加强军事能力、调动资源"以援助所有受到苏联威胁或危害的民主国家"。然而,这份报告并没有记录苏联违反条约义务的具体行为,并且承认他们"很难列举苏联明显违反条约的直接证据"。[64]

历史学家梅尔文·莱弗勒(Melvyn Leffler)对这份扭曲事实的报告进行了驳斥,并一针见血地指出:"在克利福德和埃尔西看来,苏联的外交政策非黑即白,但他们忽视了其间可能的灰色地带,"比如苏联遵守有关协议或做得比协议要求的更多的部分、撤军、允许自由选举以及阻止反叛活动。"克利福德和埃尔西的报告里充斥着双重标准和自欺欺人,"他接着写道,

杜鲁门的诸位幕僚没有反躬自问,美国遵守条约的记录同样值得怀疑,而这又对苏联的行为造成了什么影响。他们不肯承认,卢修斯·克莱(Lucius Clay)将军和战争部的其他官员一直认为,美国在德国的问题主要源于法国而非苏联。他们怀疑,苏联在德国统一问题上的任何兴趣都只不过是为了让克里姆林宫获得更多筹码,以便控制整个德国。然而,对于美国试图削弱苏联在东德的影响并要求东西德都以西方为参照的做法,他们却视而不见。同样,克利福德和埃尔西虽然指出,苏军在伊朗滞留是苏联妄图控制伊朗和霸占中东石油无可辩驳的证据,但他们却没有提到(也许他们根本不知道),就在他们撰写报告之时,美国的国务院官员和军事决策者极力主张,美军必须在超出规定的最后撤军期限后继续留在冰岛、亚速尔群岛、巴拿马、加拉帕戈斯群岛等地,以增加美国在战后基地和军事过境权谈判中的交易筹码。

莱弗勒还指责他们提供了"对苏联实力全然错误的解读"。克

利福德后来承认，这种"非黑即白"分析方式正对杜鲁门的胃口。[65]

克利福德和埃尔西拒不考虑进一步与苏联磋商。"军事实力是苏联唯一能够听懂的语言。"两人写道。因此，他们发出了不祥的警告，"美国必须做好"对苏联"发动核战与生物战的准备"。[66]杜鲁门命令克利福德将该报告的10份复印件悉数收回并封锁起来。"这份报告一旦泄漏出去，"他声色俱厉地说，"就会掀翻白宫和克里姆林宫的屋顶。"[67]4天前刚刚被杜鲁门革职的华莱士曾经发出警告，美国政策正在走向强硬与对抗。事实证明，他的预言是正确的。

为了回应克利福德和埃尔西，海军上将莱希向杜鲁门和克利福德提供了沙皇彼得大帝（Peter the Great）遗嘱的副本。在这份遗嘱中，沙皇号召俄国征服亚洲与欧洲的大部分地区，并时刻保持枕戈待旦的精神。没有人质疑这份臭名昭著的18世纪伪造文书的真实性。杜鲁门也曾数次援引其中的内容，以证明眼下斯大林的政策与沙皇的独裁政策一脉相承。[68]

"杜鲁门主义"与"马歇尔计划"出台

当苏联在其势力范围内扶植温和友善的左翼政权时，英国正在其势力范围内安插右翼政权。在希腊，英军推翻了受人拥戴的左翼民族解放阵线（National Liberation Front），复辟了君主政体和右翼独裁统治。英国关押批评人士的做法和其他镇压措施很快激起共产主义者领导起义。南斯拉夫为希腊提供了支援，但苏联没有采取任何行动，因为二战期间，斯大林曾与丘吉尔达成协议，将希腊划入英国的势力范围。

1946—1947年的严冬过后，财政拮据的英国请求美国出兵镇压希腊的起义，并推动土耳其军队现代化。美国国务院的一名官员后来对此评价道："转瞬之间，英国将领导世界的重任拱手让给了美国。"[69]但民众早已产生了厌战情绪，再加上共和党控制着国会，并希望削减税收和减少国际行动，对杜鲁门形成了有力阻碍。在1946年11月的国会选举中，共和党采用"扣红帽子"的战术大败民主党，而这一战术也在随后10年变得广为流行。共和党全国委员会主席宣称，这次选举就是在"共产主义与共和主义"之间做抉择，并指责"一群异想天开的激进分子"已经夺取了民主党的控制权。[70]

国会不愿为杜鲁门在希腊和土耳其代价高昂的行动买单。苏军已经基本停止向地中海推进，美苏之间的紧张局势再次趋于缓和。参议员阿瑟·范登伯格告诉杜鲁门，如果总统希望赢得人们对全球反共战役的支持，让外交政策发生"彻底翻转"，就需要"让整个国家都吓破胆"。迪安·艾奇逊率先为当局发声，称这是一场自由与极权之间的斗争。仅在几个月前，他还抱怨美国不应支持希腊的"反动政权"。但土耳其海峡危机让他产生了截然相反的看法。[71]身为牧师之子，艾奇逊认为，人生是一场"生与死之间的朝圣之旅，充满了善与恶的斗争"。[72]他对一群国会领导人说："就像一个腐烂的苹果会害其他苹果跟着腐烂，希腊的腐败也会波及伊朗，然后一路向东。此外，它还会通过小亚细亚和埃及感染非洲，通过意大利和法国感染欧洲。而意法有西欧力量最强大的共产党，已经构成巨大威胁。"艾奇逊甚至将其称为"世界末日的善恶大决战"。[73]

但另一些人认为他是在危言耸听，其中包括国务院政策规划室（State Department Policy Planning Staff）主任乔治·凯南，接替伯恩斯担任国务卿的乔治·马歇尔，乔治·埃尔西，以及苏联问题专家奇普·波伦（Chip Bohlen）等。杜鲁门赞同艾奇逊的看法，反对对苏联假以辞色。杜鲁门对参众两院发表演讲，呼吁拨款4亿美元援助希腊和土耳其，并宣称美国必须支持"那些抵抗武装少数派或外部压力的自由民族"[74]，这一方针史称"杜鲁门主义"。

经过激烈的辩论，国会最终让步，但仍有很多议员对杜鲁门公然呼吁武装和支援不得人心的独裁政权而感到十分不安。伯纳德·巴鲁克称这次演讲"相当于宣布发动一场……意识形态或宗教战争"。[75] 马歇尔批评杜鲁门夸大其词。沃尔特·李普曼也对"杜鲁门主义"危言耸听的说法和无休止的干涉行动非常不满，为此他和艾奇逊还差点在华盛顿的晚宴上大打出手。乔治·凯南等人认为，杜鲁门援助土耳其师出无名，因为苏联并没有公开威胁后者。他们还担心，斯大林对此的反应，会和假如苏联出兵援助墨西哥时杜鲁门的反应如出一辙。

亨利·华莱士再次带头反对。杜鲁门讲话后的第二天，华莱士在美国全国广播公司电台发表演讲，斥责前者将土耳其和希腊称作民主政体的说法"纯粹是一派胡言"，并谴责杜鲁门"背叛"了罗

1947年3月，杜鲁门在国会联席会议上发表演讲。

斯福对世界和平的展望。"当杜鲁门总统宣称，东西方冲突正在世界范围内展开时，"他警告道，"他旨在告诉苏联领导人，我们准备与其决一死战。"全球仍有大量人口处于饥馑之中，他们毫无安全可言，并且希望发生改变。试图阻挠这场变革不仅徒劳无功，而且会适得其反。"美国一旦开始反对变革，"他预言说，"我们就输了。美国将成为全世界最令人憎恨的国家。"军事援助无法解决问题。"杜鲁门的政策会把共产主义传播到欧洲和亚洲，"他告诫道，"在杜鲁门为希腊国王乔治提供无条件援助时，他就成了有史以来最出色的共产主义推销商。"[76]

苏联愤怒回击。《真理报》谴责美国"打着仁慈的幌子进行帝国主义扩张"，妄图"将门罗主义延伸到旧世界"。[77]负责在莫斯科报道外长会议的哥伦比亚广播公司记者霍华德·K. 史密斯（Howard K. Smith）写道，杜鲁门所传达的信息改变了莫斯科乃至整个东欧的氛围。5 月底，在苏联的支持下，匈牙利共产党发动政变，推翻了当地民选政府。《纽约时报》表示："匈牙利政变正是苏联对我们在希腊和土耳其的行动所做的回应。"[78]

1947 年 6 月，在希腊内战的血雨腥风中，美国派遣人员进入交战区域。希腊成了他们新旧战术的实验场，这些后来被用于越南战场的战术包括捣毁工会、酷刑折磨、用凝固汽油弹炸毁村庄、未经审判和指控强行将大批囚犯驱逐到集中营、大规模监禁颠覆分子的妻子儿女、由军事法庭下令大规模执行死刑和审查新闻等，以确保希腊掌握在君主制拥护者和富商巨贾之手，他们中的大部分都是纳粹的帮凶，而受害者主要是反对纳粹的工人和农民。

这场鏖战持续了好几年。历史学家乔治·赫林（George Herring）写道："在这场极为残暴的冲突中，双方都犯下了暴行，就连儿童也成了他们的卒子。"[79]美国不仅向希腊派遣了大批"顾问"，还全力武装其右翼君主制政府。

苏联曾短暂支援过希腊的左翼力量，但随后终止了援助。1948年2月，斯大林命令南斯拉夫的约瑟普·布罗兹·铁托（Josip Broz Tito）元帅停止支援希腊的"游击运动"，这导致他与最亲密的盟友产生了明显的裂痕。当得知南斯拉夫继续推进时，斯大林勃然大怒："他们没有任何胜算。你想想看，英国和美国——美国是世界上最强大的国家——怎么会允许你切断它们通向地中海的交通线！简直是无稽之谈。我们也没有海军。希腊起义必须结束，而且要尽快。"当铁托拒绝服从苏联的命令时，共产党和工人党情报局（Cominform）开除了南斯拉夫。[80]美国国务院报告显示："有史以来我们也许第一次看到，国际社会中出现了一个独立于莫斯科之外的……共产主义政权……苏联的走卒可以公然违抗克里姆林宫的命令，这对世界共产主义运动产生了重大而深远的影响。"[81]美国虽然暗中支持铁托，但丝毫没有改变口风，而事实上，国际共产主义已经不像过去认为的那样是铁板一块了。

丘吉尔后来告诉一名美国记者："斯大林从未对我食言。我们曾对巴尔干半岛事务达成一致意见。我说过，他可以拥有罗马尼亚和保加利亚；他也说过，我们可以拥有希腊……他在那张纸上签了字，并且从未违背自己的诺言。我们就是这样拯救了希腊。"[82]

斯大林停止援助希腊起义，这对起义军来说意味着厄运临头。杜鲁门已经预见到，美国胜利在望。但希腊人民并不那么肯定，战争导致10万余人丧生，80万人沦为难民。希腊起义引发了一系列令人不安的后果。虽然这只是一场发生在希腊本土的起义，但杜鲁门将其视作苏联称霸世界计划的一部分，从而为美国以反共为名支持右翼政府的干涉行动铺平了道路。美国选择武力，摒弃外交，采取单边主义，抛却联合国，选择镇压公众不满，罔顾其背后的社会经济原因。历史学家阿诺德·奥夫纳（Arnold Offner）指出："这种做法遗留下的影响就是，在接下来大约30年中，历届希腊政府开始使用国家机器——政令、警察、军队和以美国中情局为蓝本建立的中央情报机构——系统地迫害之前的政敌，剥夺他们的基本权利和生存权。"[83]

为了应对欧洲危机，马歇尔采用了一个更积极的办法。他邀请欧洲国家制订经济复苏和发展计划，由美国进行资助。17 个欧洲国家一共提出了 270 亿美元的援助要求。1948—1952 年间，美国最终拨付了 130 亿美元。[84] 英国、法国和德国是该计划最大的受惠国，这让苏联越来越担心，为了建立西方阵营，美国正在不计后果地恢复德国的实力。苏联和东欧国家也接到了马歇尔的邀请，但美国决策者们知道，斯大林一定会拒绝其中附加的条款。苏联一度认为，西方国家的团结会在帝国主义的竞争中搁浅，但现在，苏联才逐渐

1948 年 6 月的西柏林，一名男子正在为"马歇尔计划"援助的一个项目工作(如背景中的标语所示)。

意识到，这一期望是错误的。

杜鲁门称，他所提出的新政策与"马歇尔计划"就像"一个胡桃的两半"那样相得益彰。[85] 在放弃所有继续与西方合作的希望后，苏联向东欧提出了"莫洛托夫计划"。此外，他们采取了更加严厉的手段对东欧进行镇压。保加利亚的最后一批非共产党人很快被排挤出政府。次年年初，红军推翻了捷克政府。

乔治·凯南为美国的新政策提供了理论依据。他的文章《苏联行为的根源》（"The Sources of Soviet Conduct"）刊登于7月的《外交事务》（*Foreign Affairs*）杂志上，署名为"X"。凯南20世纪三四十年代曾在莫斯科任职，是苏联问题专家。在这篇文章中，他强调苏联志在称霸全球，并制订了"遏制"苏联扩张的计划，以削弱苏联的实力和维持美国的霸权。但上一年10月，他的另一篇文章与上述观点存在细微差别。"有人认为，苏联领导人希望在苏联

20世纪三四十年代，作为苏联问题专家，乔治·凯南曾在美国驻莫斯科大使馆任职。

的西部和南部周边国家建立起共产主义形式的政府。在我看来,这是一种错误的说法。苏联真正希望的是在上述国家建立起服从其影响和权威的政府。最重要的是,这些政府应当拥护莫斯科的领导……在某些已经全面处于苏联影响之下的国家,譬如波兰,我们并没有见到苏联试图建立某种共产主义形式的政府。"[86]

这两种对苏联战后意图截然不同的解读,其中的区别尤为关键。苏联不仅没有制定使战后东欧苏联化的蓝图,而且希望继续与战时同盟维持友好合作的关系。苏联最不希望的就是与西方对抗。正如苏联学者弗拉季斯拉夫·祖博克(Vladislav Zubok)和康斯坦丁·普列沙诺夫(Constantine Pleshakov)所言:"克里姆林宫没有任何总体计划,苏联在二战期间遭受的严重破坏和美国的核垄断始终严重限制着斯大林的野心。"[87]

不幸的是,凯南在《外交事务》上的文章对苏联的分析过于片面,只看到了苏联热衷于扩张的一面。凯南将长期感到遗憾的是,他的言论被解读为支持对苏联采取军事回应,而这种做法正是他所憎恶的。事后回看,哪怕是对自己在电报中传达的已颇有分寸的信息,凯南仍然感到震惊,这让他觉得它仿佛出自美国革命女儿会(Daughters of the American Revolution)撰写的反共演讲。[88]记者沃尔特·李普曼批评凯南诉诸军事手段,抛却和平解决,他的遏制政策虽然一度席卷全球,但没有区分关键利益和表面利益。他担心,这一政策意味着"在所有被认为可以'遏制'苏联的国家开展无休止的干涉行动"。这将赋予作为最高统帅的总统过多的权力,有损于宪法。[89]

在杜鲁门利用国外的共产党吓唬美国民众时,共和党也正在利用国内的共产党做同样的事情。杜鲁门决定抢过共和党的风头。在呼吁对共产主义开展国际斗争仅9天后,他炮制了一份旨在根除联邦政府内"颠覆分子"的详细方案。但白宫助理克拉克·克利福德后来承认："总统并没有格外重视所谓的"红色恐慌"。他认为，这只是一堆鬼话。但迫于巨大的政治压力，他必须承认这一点……我们不相信真的存在什么问题。他们正在捏造一个问题，其中无疑存在幻想的成分。"[90]杜鲁门授权对所有政府雇员进行忠诚度调查。那些受到指控的人既不能与控告者当面对质，也无法查清控告的依据。凡是对宗教、性行为、对外政策和种族问题等持有错误看法的人都会被视作不忠。内政部忠诚委员会（Interior Department Loyalty Board）主席表示："当然，一个人提倡种族平等并不能证明他就是一名共产党员，但这会让他看起来更加可疑，难道不是吗？"联邦调查局对很多有嫌疑的雇员开展了背景调查。甚至连杜鲁门也开始担心，埃德加·胡佛执掌的联邦调查局有可能变成"美国版盖世太保"。克利福德认为，胡佛"很快就会成为美国的法西斯分子"。[91]当局开始组织大型集会，所有雇员都要高唱《上帝保佑美国》（"God Bless America"），并进行自由宣誓。1947—1951年间，忠诚委员会直接解雇了约300名政府雇员，并强迫10倍于这个数字的人辞职，从而使连坐制度化，并鼓励僵化式服从，在此情形下，大多数国民将持有异议与对国不忠画等号。

1947年10月，众议院非美活动委员会（House Un-American Activities Committee）就共产主义在好莱坞的影响举行了公开听证会。该委员会传唤了11名"不利证人"，其中包括好莱坞一些闻名遐迩的编剧和导演。其中10人援引宪法第一修正案（First Amendment）拒绝回答他们是不是共产党员的问题，虽然这种做法完全合法，但他们后来均因蔑视国会的罪名遭到传讯。第11个人名叫贝托尔特·布雷赫特（Bertolt Brecht），这名编剧否认自己加入过共产党，随后逃往东德。此前，为了躲避纳粹的迫害，布雷赫特搬到了好莱坞。然而，好莱坞制片厂的高管不但没有维护这些人的权益，反而正式指控上述10人的罪行，并承诺今后不再雇用任何党派属性可疑的人。在为好莱坞存在共产主义威胁出庭作证的诸多"有利证人"中，还包括电影演员工会主席罗纳德·里根。罗伯特·泰勒（Robert Taylor）、加里·库珀（Gary Cooper）和沃尔特·迪斯尼（Walt Disney）表示赞同，但更多好莱坞名流公开谴责国会此举无异于政治迫害，其中包括汉弗莱·博加特（Humphrey Bogart）、格利高里·派克（Gregory Peck）、吉恩·凯利（Gene Kelly）、威廉·惠勒（William Wyler）、露西利·鲍尔（Lucille Ball）、弗兰克·西纳特拉（Frank Sinatra）、伯特·兰卡斯特（Burt Lancaster）、爱德华·G. 鲁滨逊（Edward G. Robinson）、劳伦·白考尔（Lauren Bacall）、奥森·韦尔斯（Orson Welles）、凯瑟琳·赫伯恩（Katharine Hepburn）、皮特·西格（Pete Seeger）、亨利·方达（Henry Fonda）、埃塞尔·巴里莫尔（Ethcl Barrymore）、本尼·古德曼（Benny Goodman）和格劳乔·马克斯（Groucho Marx）。尽管如此，那 10 人在次年还是因蔑视国会被判入狱。

1947 年 7 月，经过 5 个月的听证和激烈辩论后，国会通过了美国历史上最重大的军事改革法案《国家安全法案》（National Security Act）。据此，美国成立了国家军事机构，即由陆军部、海军部和空军部组成的国防部，由国防部长和参谋长联席会议负责。杜鲁门任命反苏强硬分子詹姆斯·福里斯特尔出任第一任国防部长。美国创建了一支独立于陆军之外的空军力量，进一步证实了核战争在未来军事决策中的重要性。

这项法案还成立了国家安全委员会（National Security Council）、战争委员会（War Council）、国家安全资源委员会（National Security Resources Board）和中情局。马歇尔对此表示反对，因为这将给予军方过多影响外交政策的权力，同时缩减宪法赋予总统和国务卿的权限。就连杜鲁门也担心，中情局有可能发展成为一个"盖世太保"或"军事独裁机构"。[92] 艾奇逊对中情局的秘密性质感到十分不安，他这样写道："我对这个机构有着极为不祥的预感。早在其成立之初我就告诫总统，无论是他，还是国家安全委员会，又或其他任何人，都无法完全了解这个机构从事的活动并对其进行有效控制。"虽然该法案特别授权中情局搜集、分析和传播情报，但亦允许其履行"与可能影响国家安全的情报有关的其他职能和职责"。中情局正是利用这一含糊措辞，开展了数百次秘密行动，仅在杜鲁门的第二届任期内就有 81 次之多。

1947 年 9 月底，凯南敦促福里斯特尔建立"游击战队"，后者对这一建议衷心拥护，但参谋长联席会议反对成立"单独的游击战术学院和游击战队"。12 月，杜鲁门批准了国家安全委员会第 4-A 号秘密附件（NSC 4-A），授权中情局开展秘密行动。1945 年 9 月，他中止了战略情报局开展秘密准军事行动的职能，但现在他又将其恢复。1948 年夏，他又批准了国家安全委员会第 10/2 号文件（NSC 10/2），这份文件呼吁"开展宣传战和经济战；采取预防性直接行动，包括蓄意破坏、反蓄意破坏、爆破摧毁，撤离疏散；颠覆敌对国家，包括支援地下抵抗运动、游击队员和难民解放组织，在受威胁的自由世界国家支持本土反共人士等"。这些活动将在暗中开展，以便美国政府搪塞推诿。1948 年 8 月，杜鲁门批准了国家安全委员会第 20 号文件（NSC 20），授权中情局在苏联和东欧开展游击运动。[93]

"马歇尔计划"看似毫无恶意，实际上为颠覆活动提供了掩护。该计划 10% 的资金用于行政开支，其中一半被加以挪用，通过中情局政策协调处对秘密行动进行资助，由处主任弗兰克·威斯纳（Frank Wisner）负责向国防部长和国务卿汇报。因此，蒂姆·韦纳（Tim Weiner）将其称作"全球洗钱计划"。"马歇尔计划"远东处负责人 R. 艾伦·格里芬（R. Allen Griffin）上校坦言："我们睁一只眼闭一只眼，为他们提供了一些帮助。是我们让他们把手伸进我们的口袋。"这一方案的设计者凯南称其为"有组织的政治斗争之开端"。借助这笔资金，中情局建立了一系列虚假的前线机构，招募外国特工在之后的宣传战中充当急先锋。但有时候，他们的行动不仅限于开展宣传，他们还打入工会和其他机构，并建立地下组织。福里斯特尔和五角大楼希望深入开展这些项目，包括"游击运动……地下军队……蓄意破坏和暗杀行动"。[94]

部分从"马歇尔计划"挪用的资金被用于支援乌克兰一支名为"夜莺"（Nightingale）的突击队。这支突击队是1941年春纳粹德国国防军在"乌克兰民族主义组织"激进派领导人斯捷潘·班德拉（Stepan Bandera）的协助下建立的。次年，米科拉·列别德（Mykola Lebed）组建了该组织的恐怖武装力量乌克兰反抗军（Ukrainian Insurgent Army）。反抗军由乌克兰人中的极端民族主义者组成，包括一些纳粹勾结分子。他们对该地区造成了严重破坏，协助或直接参与了对成千上万犹太人、苏联人和波兰人的谋杀，有时还与德国人开战，因为后者反对激进派的乌克兰独立计划。1944年，列别德等人成立了该组织的政治机关乌克兰最高解放委员会（Supreme Ukrainian Liberation Council）。

二战结束后，列别德逃往罗马，并与同盟国取得了联系。1947年，美国陆军反情报部开始与他合作，并将他暗中送到慕尼黑。次年，列别德开始与中情局合作。1949年6月，中情局将其带往美国。后来，当司法部试图将列别德驱逐出境时，艾伦·杜勒斯称此人对中情局有着"难以估量的价值"，正在协助开展"极其重要的行动"。[95]

在这些行动中，威斯纳的"特别计划"由驻慕尼黑的中情局官员史蒂夫·坦纳（Steve Tanner）在幕后策划。1948年底，坦纳开始与乌克兰最高解放委员会合作。第二年，他准备了大批特工渗透乌克兰。1949年9月5日，中情局用降落伞将第一批特工空降到乌克兰境内。这次行动持续了5年，但收效甚微。尽管苏联迅速处理了大部分混进来的奸细，但此类行动无疑显示美国愿不计一切拔除苏联对东欧的掌控。[96]

苏联收紧了对东欧的控制，最后一批非共产党人已被排挤出保加利亚和捷克斯洛伐克政府。捷克斯洛伐克外交部长扬·马萨里克（Jan Masaryk）的离奇死亡——从浴室窗户跌落或被推落——在福里斯特尔的脑海里挥之不去。布拉格事件后，美苏关系跌入冰点。

中情局的第一次秘密行动涉及颠覆意大利1948年的选举，确保基督教民主党打败共产党。在那种情况下，就像在二战后的很多情况下一样，美国对"民主"的贡献也就仅此而已。凯南告诉马歇尔，一旦共产党获胜，"我们在地中海的整体地位"就会受到削弱。因此，他更希望看到意大利政府宣布共产党非法，发动血腥内战，好让美国获得军事干涉的借口。[97]

当中情局从美军手中接管在德国的盖伦组织（Gehlen Organization）时，民主也不是美国考虑的主要因素。曾经负责为希特勒提供东欧和苏联情报的前纳粹分子莱因哈德·盖伦（Reinhard Gehlen）将军从纳粹党、盖世太保和党卫军中招募了一批纳粹战犯。众所周知，盖伦组织负责提供有关东欧国家的情报，总是对苏联的行动和威胁添油加醋、夸大其词。一名退休的中情局官员坦言："中情局喜欢盖伦，因为他提供的正是我们想要听到的。我们经常采用他的情报，并将其传播给五角大楼、白宫和各大报纸，大家也都喜闻乐见。但这都是妖魔化苏联的夸张言辞，为这个国家带来了巨大的损失。"[98]

战争接近尾声时，美国决策者们认为，绝不能让他们隆隆作响的军事工业机器就此生锈。1948年，美国62%的联邦研究和发展项目都与军事有关。空军占据其中大半。卡尔·斯帕茨（Carl Spaatz）将军在国会作证时称："下一场战争极有可能是空战。"[99]美国开始进行导弹研究，并雇用了数百名从德国秘密运出的科学家，包括沃纳·冯·布朗（Wernher von Braun）在佩内明德的整个火箭研究团队。其中一些科学家参与过纳粹的人体实验和奴役劳工的计划。同样令人感到不安的是，在东京战犯审判期间，美国政府暗中豁免了参与臭名昭著的 731 部队实验的全部日本官员和研究者，以换取在 3000 名中国东北囚犯身上开展致命实验得到的结果。与此同时，为了争夺资金和特权，空军与陆军、海军展开竞争，成立内部智库制定提升空军重要性的战略。1948 年，这个部门独立了出去，更名为"兰德公司"。此后，美国的作战计划越来越倚重核武器和空战，因为较之于常规军事力量，前者的成本更低。截至 1950 年代中期，空军消耗的国防开支相当于陆军与海军之和。

美国是否应该支持以色列建国

美国军事战略的演变极大地提升了中东地区的战略地位。1947 年，美国的作战计划要求从中东、冲绳和英国的基地对苏联的目标发动空袭。其中最重要的是开罗—苏伊士基地，从这里美国的轰炸机能够抵达苏联 84% 的炼油厂。作为这项战略的一部分，美国协助加强了土耳其的军事实力，提高了该国在中东地区阻碍苏联进攻的能力。[100]

1948 年，巴以问题已经到了刻不容缓的危急关头，并在随后 60 多年里一直深深困扰着美国的外交政策。尽管美国的决策者们意图削足适履，但中东问题显然并不完全符合冷战模式，情况变得更加杂乱如麻。美国不得不设法协调众多存在根本利益冲突的派别：控制着该地区丰富石油资源以及战略基地和路线的阿拉伯反动派领导人；多数生活在恶劣条件中的广大阿拉伯民族主义者；深受以色列政策迫害的巴勒斯坦人；渴望重建家园的犹太大屠杀幸存者；美国国内的犹太裔和保守选民，包括坚定支持以色列行动的基督教福音派；团结一致的伊斯兰世界，包括反对以色列政策和反对在巴勒斯坦建立犹太国家的人们。早在该地区处于英国的控制之下时，上述问题就已经存在。

1915年，根据一贯分而治之的策略，为了煽动阿拉伯人反抗奥斯曼帝国，英国承诺帮助阿拉伯人建立一个独立的国家。1917年，英国外交大臣阿瑟·詹姆斯·贝尔福承诺援助犹太人在巴勒斯坦重建家园。当时，巴勒斯坦居住着75万阿拉伯人和6.5万犹太人。作家阿瑟·凯斯特勒（Arthur Koestler）说过，这无异于第一国向第二国许诺，给予后者第三国的土地。[101]

1919年，代表们在凡尔赛批准了《贝尔福宣言》（Balfour Declaration），授权英国对巴勒斯坦实行委任统治。1922年，美国国会也批准了该宣言。20世纪初，想要重建家园的欧洲犹太人大都选择了美国，而不是巴勒斯坦。在1930年代以前，仅有3%的欧洲犹太人移居巴勒斯坦，而68%迁往美国。但是，随着美国1921年和1924年的限制性移民法案出台后，迁往美国犹太移民大幅缩减。到了1930年代，为了躲避纳粹的迫害，迁往巴勒斯坦的犹太移民激增，触怒了当地的阿拉伯居民。犹太人迅速增加到50万，占当地人口的30%，阿拉伯人对犹太定居者的袭击有增无减，而犹太人也以牙还牙。

对于是否支持犹太人在巴勒斯坦地区重建家园，罗斯福始终犹豫不决。他不想疏远沙特阿拉伯人，因为美国急需他们的石油；同时希望在中东赢得立足之地，以便与英国开展竞争。于是，他对犹太人和阿拉伯人分别做了互相矛盾的承诺。在从雅尔塔回国途中，罗斯福会见了沙特阿拉伯国王伊本·沙特，对于后者反对犹太人建国的激烈反应，他感到大为惊讶。沙特让罗斯福在德国建立犹太人定居点："应当由罪犯来弥补他们犯下的过错，而不是无辜的旁观者。"罗斯福违背了之前的诺言，承诺沙特他"决不会援助犹太人反对阿拉伯人……决不会做出任何不利于阿拉伯人民的举动"。[102] 1933—1942 年，美国仅接收了 16 万欧洲犹太人，犹太人在美国总人口中的比例仅从 3.6% 上升到 3.7%。[103]

战争结束时，英国仍控制着巴勒斯坦地区，有 20 万军队驻扎在苏伊士运河基地、伊拉克和苏丹的空军基地、吕大〔巴勒斯坦〕的空军设施、巴林和亚丁的海军基地，此外英国还有一支在海法〔以色列〕的海军部队，并掌握着外约旦阿拉伯军团的 8000 名精兵。为了避免进一步激怒阿拉伯人和伤及英国利益，确保获得伊拉克和伊朗的石油，英国决定继续推行张伯伦在 1939 年制定的限制政策，之后很快叫停了犹太移民。然而，这一做法未能阻止大屠杀幸存者和其他犹太移民战后"非法"涌入巴勒斯坦。英国出面镇压并逮捕了 2000 多名犹太人后，犹太恐怖组织"伊尔贡"（Irgun）发起了报复，炸毁了英国在耶路撒冷大卫王酒店的秘书处和军事总部，导致 91 人死亡。

1946 年中，杜鲁门决定推行一项计划，允许 10 万名欧洲难民移居巴勒斯坦，但不是建立单独的犹太国，而是在一个独立的国家内分别成立犹太省和阿拉伯省。犹太领导人坚决反对这项计划。在一次内阁午餐会上，杜鲁门谈起了巴勒斯坦问题。艾奇逊和福里斯特尔敦促杜鲁门着手实施这项计划，但亨利·华莱士表示反对。华莱士在日记中描述了当时的讨论和杜鲁门的态度："杜鲁门总统表示，他对犹太人感到非常'恼火'。他说：'就连耶稣基督在世时也不能让他们满意，凭什么有人认为我能做到这一点？'杜鲁门表示，他不喜欢犹太人，也不关心他们身上发生的事情。"华莱士提醒他："你必须记住，他们很容易陷入这种情绪。几乎所有在巴勒斯坦的犹太人都有亲友住在欧洲，他们知道，600 万犹太人中有 500 万人遭到屠杀，其他任何一个民族都没有过这样惨痛的遭遇。"华莱士写道："福里斯特尔此前表示，波兰人比犹太人经历了更多痛苦。福里斯特尔还谈到了沙特阿拉伯的石油问题。他说，一旦再次开战，我们需要沙特阿拉伯的石油。杜鲁门总统回答，他希望从正义与否的角度处理这个问题，而不是只考虑是否能够为我们带来石油。"[104]

1947年初，英国宣布缩减在希腊和土耳其的驻军，同时终止对巴勒斯坦的委任统治，并将问题移交给联合国，且没有提供任何解决方案。5月，苏联外交部副部长安德烈·葛罗米柯在联合国大会上阐述了苏联的立场，令美国官员大为惊讶。在谈到惨绝人寰的大屠杀时，葛罗米柯表示，从历史上看，犹太人和阿拉伯人都有权拥有这块土地，这一事实再加上英国有失公允的处理方式加剧了两者之间的紧张态势。葛罗米柯说，因此苏联倾向于建立一个由两个民族组成的国家或联邦国家。但如果这项提议无法实现，他们将支持成立两个国家的方案。对于后者，犹太激进分子极力赞成，但阿拉伯人坚决反对。1947年底，尽管阿拉伯国家强烈抵制，但联合国还是通过了巴以分治的决议。苏联对此表示支持，英国和阿拉伯国家表示反对。美国的态度最初模棱两可，但最终也表示同意。当联合国宣布巴以分治的投票结果后，阿拉伯人在巴勒斯坦的暴力活动迅速升级。

1948年5月14日，以色列宣布建国。11分钟后，美国给予其外交承认。几个小时后，阿拉伯国家发动了全面战争，希望在新生政权壮大前将其消灭。人数众多的以军倚仗苏联和捷克等国的武器，在最初6个月里打败了阿拉伯人。在承认以色列的问题上，杜鲁门没有采纳马歇尔、福里斯特尔和洛维特的建议，这三人担心，承认以色列会导致该地区的石油输出国与美国断交。他们还担心，美国和英国将失去继续使用中东军事基地的机会，而一旦战争爆发，美国将无法从中东对苏联发动袭击。5月12日，在总统办公室的会议上，克利福德阐述了承认以色列的道义和战略原因。他认为，在这个动荡不安的地区，作为美国的盟国，以色列具有不可估量的价值。但马歇尔激烈反驳克利福德的观点，坚称这些观点是基于对国内政治状况的考虑：杜鲁门希望赢得犹太人的选票。马歇尔直言不讳地告诉杜鲁门，如果承认以色列，那么在1948年的总统选举中，他将不再支持杜鲁门。

马歇尔的看法不无道理。杜鲁门肯定清楚，他的行动在国内有何政治意味。"在我的政治生涯里，"他曾对一位好友说，"我不记得有哪一次阿拉伯人的选票能够左右一场势均力敌的选举。"[105] 1948年，杜鲁门正面临一场双方实力接近的选举，所以每一张选票都不能放弃。尽管杜鲁门经常发表反犹言论，公然蔑视犹太激进分子，但对于犹太人在大屠杀中遭受的苦难，他仍然颇受触动。

马歇尔提议，由联合国对巴勒斯坦进行托管，让犹太人和阿拉伯人生活在同一个国家。就像其他人一样，他也对以色列和苏联之间的密切关系忧心忡忡。在美国承认以色列后，5月15日，苏联随即承认以色列是合法政权。美国情报部门报告了苏联对伊尔贡和斯特恩帮①（Stern Gang）的影响，并注意到有犹太人共产党进入该地区。为了避免彻底激怒阿拉伯国家，美国和英国对交战双方实行了武器禁运。此外，美国还设法抢先向联合国递交议案，谴责阿拉伯国家的侵略行为。美国的决策者们担心，苏联会出兵单边干涉或者作为国际维和部队的一员介入该地区，因此不断向联合国施压，希望能够尽快达成决议。

尽管伊本·沙特威胁要取消德士古石油公司和加利福尼亚标准石油公司在沙特阿拉伯建立的阿拉伯—美国石油公司的特许权，但美国并不十分担心阿拉伯国家会报复。7月初，国务院的一份报告显示，除了伊朗，中东提供的石油仅占西方供应量的6%，因此这一损失完全可以承受，而且"不会对任何消费群体造成太大影响"。[106]

---

① 伊尔贡和斯特恩帮是犹太复国主义的两个准军事和恐怖组织。

虽然以色列与埃及、黎巴嫩、约旦和叙利亚在1949年签订了停火协议，但阿拉伯国家对于在中东建立犹太国家的怨恨一直持续到今天，造成1948年战争爆发的根源也仍悬而未决。大规模难民的出现让局势进一步恶化。大批阿拉伯人从以色列逃离，一些人是遵循了阿拉伯领导人的忠告，还有一些是被以色列人驱逐出境的。如今70多年过去了，难民问题仍不断造成该地区紧张局势升温。

阿拉伯和以色列在中东剑拔弩张之时，美国和苏联差一点在德国问题上兵戎相见。1948年春，美国和英国采取初步措施，准备单独成立西德政府。法国和其他西欧国家担心，德国有可能重新军事化并日渐强大，因而极不情愿，但最终还是妥协了。很多西德政治家也对此表示反对，担心这种做法会割裂与东德的经济、政治和个人联系。

6月底，美国挑衅性地在西柏林大胆进行货币改革，但西柏林位于苏占区之内，距离西占区边界有100英里。苏联认为，在击败希特勒仅三年后，西方就试图建立一个独立和重新军事化的西德，而货币改革不仅是实现这一目标的重要步骤，而且违背了从更繁荣的西德为苏联提供其急需的赔偿物资的承诺，因此苏联切断了通向西柏林的铁路和公路。斯大林表示，根据战时协议，盟国管制理事会（Allied Control Commission）是统一德国的最高权力机构，只有承认这一点，西方国家才有权进入西柏林。但现在，西方已经打破了这一框架，因而自动丧失了通行权。西方观察员公开谴责苏联实施的"柏林封锁"是一种野蛮而残忍的行为。柏林美占区指挥官弗兰·豪利（Fran Howley）认为，"切断德国东西部的联系并彻底孤立西柏林是一个严重错误的计划……是自成吉思汗以来历史上最野蛮的邪恶决定"。西方领导人惊呼，苏联正试图用饥饿让西柏林人屈服。苏联的残暴形象自此在全球留下了烙印，这种对柏林危机的认识至今仍在。

然而，事实却与这种广为流传的看法恰恰相反。苏联虽然犯下了种种错误，但根本没有过上述打算。事实上，他们已经竭尽全力确保西柏林人能够从东德或直接从苏联获取食物和煤炭。1948 年 10 月，美国的军事情报分析报告显示，"苏联对柏林公路、铁路和水路的封锁并非有意进行经济封锁，事实上也不足以构成经济封锁"。[107]

但人们记得的是，在接下来的 11 个月中，美国向西柏林的 220 万居民空投了 160 万吨食物和燃料。杜鲁门还向英国和德国的基地派遣了 60 架据称具备核打击能力的 B-29 轰炸机。他向福里斯特尔保证，如果有必要，他将批准动用核武器。当年 9 月，杜鲁门写道："我们已经接近战争的边缘。"[108] 当福里斯特尔请凯南对苏联的封锁进行分析时，凯南再次出语惊人："共产主义意识形态和苏联的举动清楚地表明，苏联领导人的最终目标是称霸世界。"[109] 虽然清楚其中风险，但美国还是刻意延长了这次危机，直到它为西德独立做好法律铺垫，以及在 1949 年 4 月成立了北大西洋公约组织（North Atlantic Treaty Organization）——这是美国有史以来第一次在和平时期与西欧缔结的军事同盟。1949 年 5 月，在如愿以偿后，美国同意就德国的未来举行谈判。直到此时，苏联才解除封锁，结束了自二战结束后双方最危险的一次对峙。美国笃定，核垄断可以使自己兵不血刃地达到目的，而事实证明，美国也的确赢得了这场赌博。

华莱士出局，美国最终选择了帝国路线

亨利·华莱士卸任后，转而担任自由主义刊物《新共和》（*New Republic*）的主编，继续批评杜鲁门的外交政策。1947 年 12 月 29 日，他宣布自己会继续为和平而战，并将参加 1948 年的总统选举，挑战杜鲁门。"美国成千上万的民众要我加入这场伟大的战斗，"华莱

士说，"人民正在行动。我们已经组建了一支勇者之师。我们虽然人数很少，但信念很坚定，并随时随地准备开展行动……人民的和平愿望将会带来一个平民世纪。""1948年的和平表决声势越大，世界就会越加确信，这种两党主张的战争政策，美国人民并不支持。正是这一反动政策将世界分裂成两大武装阵营，总有一天，美国的士兵会穿着防寒服，葬身于苏联的皑皑白雪之中。"[110]

为了应对华莱士的挑战，克利福德建议杜鲁门对社会和经济问题采取渐进策略，不理睬左翼人士对外交政策的攻击，让其他人对华莱士进行诋毁。克利福德写道："必须竭尽全力……在公开场合证明他与共产党勾结并将其孤立……当局必须说服知名自由主义者和进步党人——而不是其他任何人——公开参与这场论战。他们必须指出，华莱士支持者的骨干是由共产党及其同情者组成的。"随后，那些被明确视作属于自由阵营的人几乎无一例外地立即采用了"扣红帽子"战术。他们指责华莱士和进步党已经成了莫斯科的工具，就连杜鲁门本人也忍不住加入了这一行列。在圣帕特里克节的晚宴上，他对众人表示："我不愿也不会接受亨利·华莱士及共产党的支持。"[111]

华莱士再三否认自己与美国共产党存在任何瓜葛，并警告说有人正以反共为名削弱美国的自由，但他的澄清收效甚微。经常有暴徒闯进华莱士的集会，当局禁止他们进入校园，大学拒绝让华莱士在校园发表演讲，有时候他的支持者还会被解雇。《匹兹堡新闻》（*Pittsburgh Press*）刊登了在华莱士提名请愿书上签字的1000多名宾夕法尼亚州西部地区居民的姓名、住址和工作地点。华莱士的竞选搭档、爱达荷州参议员格伦·泰勒在亚拉巴马州伯明翰被捕并遭到警察殴打，原因是他违反了禁止举行种族混合会议的城市条例，还通过一扇标有"有色人种"的大门进入南方黑人青年代表大会（Southern Negro Youth Congress）会场。华莱士在发给泰勒的电报中写道："对外，我们耗资数十亿美元，打着维护自由的名义穷兵黩武；对内，我们的自由却遭到无情践踏。这一事件将政府的伪善本质体现得淋漓尽致。"[112]

各大报纸纷纷为华莱士贴上赤色分子的标签，并对其嗤之以鼻；杜鲁门在国内问题上开始向左转；由于担心共和党候选人托马斯·杜威获胜，很多民主党选民在最后一刻将票投给了杜鲁门。上述因素为华莱士的选战带来了灾难性后果。盖洛普调查显示，1948年初华莱士的民意支持率为7%。一些观察家预测，他可能赢得超过1000万张选票，而华莱士预计自己会赢得300万—500万张。同年10月，他的支持率跌至4%。最后统计结果为，华莱士排名第四，得票1157063张，仅占全国选票的2.38%，比南方民主党的斯特罗姆·瑟蒙德（Strom Thurmond）少了1.2万张。对于这次大选的结果，《华尔街日报》（*Wall Street Journal*）在一篇社论中做了倾向性明显的解释："有政治评论员称，因为华莱士先生得票寥寥，所以他出乖露丑了。但他们忽视了一点，华莱士成功让杜鲁门采纳了自己除外交事务领域以外的观点。从华莱士宣布竞选总统之日起，杜鲁门就开始日益采纳前者的国内问题解决计划，来对他加以阻碍。"[113]但在关键问题上，也就是会改变美国对外交往方式的政策上，美国选民还是选择了将这个国家引向帝国之路、核军备竞赛与全球对抗的候选人。华莱士也许不符合美国政治家的标准，但他向人们展示了一个进步的美国应该在世界上所扮演的角色。这位传奇人物的政治生涯就此画上了悲哀的句号。

在1948年的一份绝密备忘录中，乔治·凯南概述了美国决策者面临的困境，阐明了人们对华莱士的主张不屑一顾的原因：

我们拥有全球几乎一半的财富，但人口仅占世界的6.3%……所以很难不成为其他国家嫉妒和憎恨的对象。我们真正的任务是尽快设计出一种关系模式，使我们能继续维持这种悬殊状态……要做到这一点，就必须放弃所有的多愁善感与幻想……我们应当停止谈论含糊不清和……不切实际的目标，譬如人权、提高人们的生活水平以及民主化……我们必须直言不讳地推销实力的概念。因此，我们受到理想主义口号的干扰越少就越好。[114]

苏联成功试爆原子弹

1949年柏林危机的成功解决与北约组织的成立暂时让整个西方精神为之一振，但两大挫折扭转了这种势头。首先，毛泽东领导的中国共产党打垮了蒋介石的国民党政府，夺取了这个幅员辽阔、人口最多的国家的政权。《纽约时报》称，共产党的胜利"对西方世界来说，是一场无法预见结果的巨大悲剧"。[115] 当年年底，《纽约时报》总结："中国局势的发展是美国传统远东政策的重大失败，也是苏联的重大胜利。"[116]

有人认为，美国在亚洲的行动气数将尽，因为这个世界上人口最多的国家已经落入共产党之手。前飞虎队队长克莱尔·李·陈纳德（Claire Lee Chennault）少将预言："如果美国听任共产党征服中国……我们就会面临更加可怕的第三次世界大战。""我们即将与10亿人为敌。"[117] 中国领导人担心美国会采取军事行动。共和党指责杜鲁门"丢了"中国，并呼吁加强对蒋介石的支持。

虽然美国民众大感意外，但政界官员却早有预见。诚如杜鲁门所言，"我们选中了一匹劣马"，蒋介石政府是"试图经邦纬国的最腐败无能的政府"。[118] 蒋介石仓皇逃往台湾，准备在那里重新安邦立业，但美国官员预计共产党将在一年内占领台湾。此时苏联最担忧的不是世界革命的形势，而是当前自身的安全，因此对中国共产党的援助和支持十分有限。尽管毛泽东和斯大林在1950年2月结为同盟，苏联仍敦促中国领导人与美国维持友好关系，两国之间的贸易持续了好几个月。然而，由于中国致力于开展革命，而美国拒绝承认这个新生政权的合法地位，所有达成和解的努力都化成了泡影。

其次，1949年9月23日，杜鲁门总统的一句话令全国为之震惊："根据我们掌握的证据，最近几周苏联发生了原子弹爆炸。"[119] 多数科学家对此已有预料，并没有惊慌失措。早在1946年初，《洛杉矶时报》就援引化学家哈罗德·尤里（Harold Urey）等科学家的证词，称苏联将在5年内研制出原子弹来驳斥格罗夫斯，后者曾断言，苏联还要20年才能造出原子弹。有关专家早已意识到，苏联的困难不在科学层面，而在工程层面。《洛杉矶时报》指责格罗夫斯异想天开，宣称美国掌握了值得严加保守的"秘密"，"让美国人民陷入黄粱美梦之中"。该报清醒地呼吁美国政府利用"这5年时间开展建设性活动，而不是自私自利地囤积原子弹"，这一观点引起了科学界的广泛共鸣。[120] 1948年，奥本海默曾对《时代》周刊表示："我们的核垄断就像是一块在阳光下融化的冰。"[121] 在此之前，空军也刚刚预言，苏联在数年内不会进行核试验。杜鲁门早就告诉奥本海默，苏联不会研制出原子弹。一开始，他对苏联核试验的报告表示怀疑，但后来不得不相信那些在苏联工作的德国科学家的说法。

苏联科学界如释重负。物理学家尤利·哈里顿说："掌握了这种武器，我们就消除了其他国家利用其攻击苏联而不受惩罚的可能性。"他还表示，原子弹使"我们……得以保卫国家免遭真正的致命威胁"。物理学家伊戈尔·戈洛文（Igor Golovin）写道，他们的废寝忘食和艰辛努力都没有白费，因为"他们打掉了美国手中原子弹外交的王牌"。[122]

美国从未感到自己如此不堪一击。《原子科学家公报》（*Bulletin of*

the Atomic Scientist）将末日时钟①从11点53分拨到了11点57分。[123]
参议院多数党领袖斯科特·卢卡斯（Scott Lucas）也忧心如焚地表
示："我们也许正处于一个伟大文明的最后阶段，随之而来的将是
一场巨大的战争与整个社会的分崩离析。"[124]《纽约时报》反问："时
至今日，对于谁将赢得冷战，是否还有人会妄下结论？"[125]

　　另一方面，也有人从中看到一线希望。记者威廉·劳伦斯
（William Laurence）认为，假设苏联每周可以制造一颗原子弹，那
么一年就可以制造50颗，足以摧毁美国的50座城市和4000万人口。
但他还认为，苏联掌握原子弹反而会促使美苏达成期盼已久的国际
管制协议，因为较之于力量悬殊的双方，相互平等的双方之间开展
的谈判往往更能取得成果。[126]但这一次，头脑发热的一方再次占据
上风，美国政府将大量资金用于开展核研究和扩大核武库。原子能
联合委员会（Joint Committee on Atomic Energy）主席、参议员布
赖恩·麦克马洪（Brien McMahon）告诉戴维·利连索尔：美国现在
必须"将（苏联）从地球上炸飞"，而且要快。[127]

　　詹姆斯·福里斯特尔没有活着看到接下来对他来说可能是噩梦
一场的事态发展。迄今为止，关于他死亡的细节，人们仍然不得而
知。数年来，福里斯特尔一直是华盛顿最强硬的反共人士之一。正
是因为他的观点在华盛顿营造了紧张氛围，杜鲁门政府才一再宣称
苏联的行动包藏祸心。但在另外几场与杜鲁门展开的政策较量中，
福里斯特尔处于劣势，包括给予以色列外交承认、由军方还是文官
控制原子能、国防开支、加强德国的垄断联盟以及武装拉丁美洲国
家等。1948年10月，有报纸透露，当看到杜鲁门再次当选的希望
渺茫时，福里斯特尔私下拜见了杜威，并向其表示，如果杜威当选

---

① 末日时钟，即 Doomsday Clock，是《原子科学家公报》杂志于1947年设立的一个虚拟
时钟，12点整象征核战爆发。杂志社应世界局势将分针拨前或拨后，以表示世界受核武器
威胁的程度。

总统,他希望继续在内阁任职。[128]

所有这些都预示着他与杜鲁门的关系已经严重恶化。5 月 1 日,杜鲁门下令要求福里斯特尔辞职,令他感到"几乎崩溃了",并于 1949 年 3 月 28 日正式退休。次日,福里斯特尔的一名助手看到,他坐在办公桌前,两眼直瞪瞪地盯着墙壁。福里斯特尔立即被送往佛罗里达州的霍布桑德市,他的妻子正在当地拜会近日退休的副国务卿罗伯特·洛维特。见到洛维特后,福里斯特尔说:"鲍勃,他们正在追杀我。"但他没有说明"他们"是他认为正在跟踪他的犹太人和"锡安主义特工",还是共产党。4 月 2 日,海军将福里斯特尔从佛罗里达州送往哥伦比亚特区的贝塞斯达海军医院,据称原因是"精神崩溃"。广播主持人德鲁·皮尔逊(Drew Pearson)告诉听众:福里斯特尔已经"精神失常",有人发现他身穿睡衣站在街上,高喊"苏联人来了!"他认为,苏联人已经入侵美国。皮尔逊后来在报道中称,福里斯特尔在佛罗里达期间曾 4 次自杀未遂,包括上吊、割腕和吞食安眠药。[129]

虽然皮尔逊的说法很可能是杜撰的,也没有得到其他来源的证实,但对于"恐苏症"患者福里斯特尔精神失常之事,共产主义国家还是尽可能地进行了利用。据《华盛顿邮报》专栏作家马奎斯·蔡尔兹(Marquis Childs)记载,《真理报》在五一劳动节当天用 5 个专栏的篇幅刊登了一则题为《俱乐部入侵者》("Club Aggressors")的漫画。该漫画显示,福里斯特尔身穿医院的束身衣,正向温斯顿·丘吉尔和约翰·福斯特·杜勒斯等人夸夸其谈……一名护工将蜷缩着趴下的他摁在一张轮床上。旁边附有一行文字,大意是妨碍福里斯特尔行动自由的不是束身衣,而是那些不希望发动战争的人"。波兰共产党报纸《人民论坛报》(Tryhbuna Ludu)这样写道:"精神失常。诊断结论:被害妄想症。患者:美国战争部长詹姆斯·福里斯特尔,两周前刚刚退休。症状:数日前,一辆

美国第一任国防部长詹姆斯·福里斯特尔。

消防车经过该患者门前，当听到火警的警笛时，他穿着内衣冲上街头高喊：'苏联人正在入侵这座城市！'医生表示，该患者仍在职时就已经精神错乱。"这家波兰报纸援引皮尔逊的报道称，杜鲁门下令重新审查福里斯特尔近来所有的报告、提议和决定，以确定"福里斯特尔先生是否由于数年来从事冷战宣传不堪重负而精神失常，或者……是否由于长期以来精神失常而炮制出所有这些宣传内容。[130]

　　为了减少此事的影响并避免引人怀疑，医院将福里斯特尔安置在16层，而不是1层的精神病房。福里斯特尔孤零零地待在房间里，噩梦不断。他认为，他将遭遇与捷克斯洛伐克外交部长扬·马萨里克同样的厄运——被人推出窗外。但是，他的情况开始好转。1949年5月22日深夜，他仍然没有睡觉，而是在抄写古希腊悲剧诗人索福克勒斯（Sophocles）的《埃杰克斯》（*The Chorus from Ajax*）。在这部悲剧中，主人公正在遥远的异乡思索自己的命运。在抄到"夜莺"一词时，他突然搁笔，从楼上跳了下去。

更离奇的是，"夜莺"突击队的联络人以及其他一系列秘密行动的负责人弗兰克·威斯纳也染上了妄想症和精神病。尽管此事十分怪异，但也许能够揭露一些实情。1965年，在多次入院接受电击治疗后，威斯纳开枪打爆了自己的脑袋。

1950年元旦，世界各国在欢庆声中告别了40年代。由于共产党在中国的胜利和苏联首次原子弹试爆成功，美国在一片苦涩中结束了上一个10年。尽管美国实力强大，但仍感到内外交困。二战结束后的乐观情绪仅仅持续了数年，取而代之的是前所未有的恐慌和焦虑。

注释

1　Arthur Schlesinger, Jr., "Some Lessons from the Cold War," *Diplomatic History* 16 (January 1992), 47–53.

2　Paul Boyer, *By the Bomb's Early Light: American Thought and Culture at the Dawn of the Atomic Age* (New York: Pantheon, 1985), 7, 15.

3　Gerald Wendt and Donald Porter Geddes, ed. *The Atomic Age Opens* (New York: Pocket Books, 1945), 159.

4　"Everyman," *New York Times*, August 18, 1945.

5   "Last Judgment," *Washington Post*, August 8, 1945.

6   "Text of Kennedy's Address Offering 'Strategy of Peace' for Easing the Cold War," *New York Times*, June 11, 1963.

7   Gregg Herken, *The Winning Weapon: The Atomic Bomb in the Cold War* (New York: Vintage Books, 1982), 48.

8   Henry L. Stimson and McGeorge Bundy, *On Active Service in Peace and War* (New York: Harper & Brothers, 1948), 643–644.

9   Felix Belair, Jr., "Plea to Give Soviet Atom Secret Stirs Debate in Cabinet," *New York Times*, September 22, 1945.

10   "The Reminiscences of Henry Agard Wallace," Columbia University Oral History, p. 4379.

11   Arthur Compton to Henry A. Wallace, September 27, 1945, Arthur Compton Papers, Washington University in St. Louis Archives; Arthur Holly Compton, *The Cosmos of Arthur Holly Compton*, ed. Marjorie Johnston (New York: Alfred A. Knopf, 1967), 440.

12   Henry A. Wallace, *The Price of Vision: The Diary of Henry A. Wallace, 1942–1946*, ed. John Morton Blum (Boston: Houghton Mifflin, 1973), 489–490.

13   "Harry S. Truman, Press Conference, Oct. 8, 1945," www.presidency.ucsb.edu/ws/index.php?pid=12319#axzz1aJSeeAQ2.

14   Samuel A. Tower, "Truman for Civil Control over Atomic Energy in U.S.," *New York Times*, February 1, 1946.

15   "Secretary of Commerce Warns of Danger of Fascism Under Army," *Washington Post*, March 13, 1946.

16   Memorandum by the Commanding General, Manhattan Engineer District (Groves), January 2, 1946, *Foreign Relations of the United States, 1946*, vol. 1 (Washington, DC: U.S. Government Printing Office, 1972), 1197–1198.

17   Wallace, *The Price of Vision*, 496–497.

18   Ibid., 502–503, 517.

19   Melvyn P. Leffler, *A Preponderance of Power: National Security, the Truman Administration, and the Cold War* (Stanford, CA: Stanford University Press, 1992), 6.

20   Fraser J. Harbutt, *The Iron Curtain: Churchill, America, and the Origins of the Cold War* (New York: Oxford University Press, 1986), 152.

21   Melvyn P. Leffler, *For the Soul of Mankind: The United States, the Soviet Union and the Cold War* (New York: Hill and Wang, 2007), 55–56.

22   John Lewis Gaddis, *The United States and the Origins of the Cold War, 1941–1947*

(New York: Columbia University Press, 1972), 119.

23　Arnold Joseph Toynbee, *Survey of International Affairs : The Middle East in the War* (New York: Oxford University Press, 1954), 1.

24　Geoffrey Wawro, *Quicksand: America's Pursuit of Power in the Middle East* (New York: Penguin, 2010), 5; Michael T. Klare, *Blood and Oil: The Dangers and Consequences of America's Growing Dependency on Imported Petroleum* (New York: Owl Books, 2004), 33; Edward W. Chester, *United States Oil Policy and Diplomacy: A Twentieth Century Overview* (Westport, CT: Greenwood Press, 1983), 234.

25　Klare, *Blood and Oil*, 32.

26　James A. Bill, *The Eagle and the Lion: The Tragedy of American-Iranian Relations* (New Haven, CT: Yale University Press, 1988), 18.

27　Ibid., 19.

28　"Text of Churchill Plea for Alliance," *Los Angeles Times*, March 6, 1946.

29　"Soviet Chief Calls Churchill Liar, Warmonger," *Chicago Tribune*, March 14, 1946.

30　"Mr. Churchill's Warning," *New York Times*, June 7, 1946.

31　"Testament," *Washington Post*, March 6, 1946.

32　"Mr. Churchill's Plea," *Chicago Tribune*, March 7, 1946.

33　"Senators Shy from Churchill Alliance Plan," *Chicago Tribune*, March 6, 1946; "Senators Cold to Churchill's Talk of Alliance," *Los Angeles Times*, March 6, 1946.

34　"Churchill Plea Is 'Shocking' to 3 Senators," *Washington Post*, March 7, 1946.

35　John D. Eddy, "Churchill's Speech," *Washington Post*, March 8, 1946.

36　Francis M. Stephenson, "Churchill's 'Attack on Peace' Denounced by James Roosevelt," *New York Herald Tribune*, March 15, 1946.

37　Marquis Childs, *Witness to Power* (New York: McGraw-Hill, 1975), 45.

38　"Ickes, Truman Feud Flames Hotter in Two New Letters," *Chicago Tribune*, February 14, 1946; "Ickes Flays Truman as He Quits," *Los Angeles Times*, February 14, 1946; Thomas J. Hamilton, "Ickes Resigns Post, Berating Truman in Acid Farewell," *New York Times*, February 14, 1946.

39　Bill Henry, "Ickes Blowup Rocks Capital like Atom Bomb," *Los Angeles Times*, February 14, 1946.

40　Henry Wallace, April 12, 1946, RG 40 (Department of Commerce); Entry 1, General Records of the Department of Commerce, Office of the Secretary, General Correspondence; Box 1074, File "104251/6" (2 of 7), National Archives, Washington, D.C.

41 "Dr. Butler Urges Iran Oil Sharing," *Los Angeles Times*, March 25, 1946.

42 "Russia and Iran," *Washington Post*, March 7, 1946.

43 Robert C. Albright, "Pepper Urges Big 3 to Meet on 'Confidence,'" *Washington Post*, March 21, 1946.

44 E. Brook Lee, "Relations with Russia," *Washington Post*, March 20, 1946.

45 "Nation: Good Old Days," *Time*, January 28, 1980, 13.

46 Boyer, *By the Bomb's Early Light*, 30.

47 David E. Lilienthal, *The Atomic Energy Years, 1945–1950 : The Journals of David E. Lilienthal*, ed. Helen M. Lilienthal (New York: Harper & Row, 1964), 10, 27.

48 Ibid., 30; Herken, *The Winning Weapon*, 160–162.

49 Lilienthal, *The Atomic Energy Years, 1945–1950*, vol. 2, 59; Robert C. Grogin, *Natural Enemies: The United States and the Soviet Union in the Cold War* (New York: Lexington Books, 2001), 95.

50 Drew Middleton, "Baruch Atom Plan Spurned by Pravda," *New York Times*, June 25, 1946.

51 Lloyd J. Graybar, "The 1946 Atomic Bomb Tests: Atomic Diplomacy or Bureaucratic Infighting?" *Journal of American History* 72 (1986), 900.

52 "Red Sees Atom Test as Effort to Better Bomb," *Chicago Tribune*, July 4, 1946.

53 Lewis Mumford, "Gentlemen: You Are Mad!" *Saturday Review of Literature*, March 2, 1946, 5.

54 Wallace, *The Price of Vision*, 589–601.

55 James A. Hagerty, "Wallace Warns on 'Tough' Policy Toward Russia," *New York Times*, September 12, 1946.

56 Henry A. Wallace, "The Way to Peace," September 12, 1946, in Wallace, *The Price of Vision*, 661–668.

57 James Reston, "Wallace Speech Is Seen Embarrassing to Byrnes," *New York Times*, September 13, 1946.

58 "Hillbilly Policy, British Reaction," *Los Angeles Times*, September 15, 1946.

59 Eleanor Roosevelt, "My Day," September 17, 1946, www.gwu.edu/~erpapers/myday /displaydoc.cfm?_y=1946&_f=md0 00445.

60 Wallace, *The Price of Vision*, 593.

61 Robert J. Donovan, *Conflict and Crisis: The Presidency of Harry S. Truman* (New York: W. W. Norton, 1977), 227.

62 Wallace, *The Price of Vision*, 630.

63 Richard J. Walton, *Henry Wallace, Harry Truman, and the Cold War* (New York:

Viking, 1976), 114.

64 Clifford-Elsey Report, Septembner 24, 1946, Conway Files, Truman Papers, Truman Library.

65 Leffler, *A Preponderance of Power*, 130–138; Offner, *Another Such Victory*, 178–182.

66 Clifford-Elsey Report.

67 Walter Isaacson and Evan Thomas, *The Wise Men: Six Friends and the World They Made* (New York: Simon & Schuster, 1986), 376.

68 Offner, *Another Such Victory*, 180–181.

69 Lloyd C. Gardner, *Three Kings: The Rise of an American Empire* (New York: New Press, 2009), 48.

70 "Plan to Split U.S. Charged," *Baltimore Sun*, May 29, 1946.

71 Robert L. Beisner, *Dean Acheson: A Life in the Cold War* (New York: Oxford University Press, 2006), 53, 57.

72 Gardner, *Architects of Illusion*, 204.

73 Dean Acheson, *Present at the Creation: My Years in the State Department* (New York: Signet, 1969), 293.

74 "Text of President Truman's Speech on New Foreign Policy," *New York Times*, March 13, 1947.

75 Lawrence S. Wittner, *Cold War America: From Hiroshima to Watergate* (New York: Holt, Rinehart and Winston, 1978), 34.

76 "Henry Wallace Answers President Truman ［advertisement］," *New York Times*, March 18, 1947; "Truman Betraying U.S. Wallace Says," *New York Times*, March 14, 1947; Culver and Hyde, *American Dreamer*, 436–437.

77 "Pravda Opens Bitter Attack on U.S. Loans," *Washington Post*, March 16, 1947.

78 Gardner, *Architects of Illusion,* 221; Anne O'Hare McCormick, "Open Moves in the Political War for Europe," *New York Times*, June 2, 1947.

79 Herring, *From Colony to Superpower*, 616.

80 Lawrence S. Wittner, *American Intervention in Greece, 1943–49* (New York: Columbia University Press, 1982), 262–263.

81 Lorraine M. Lees, *Keeping Tito Afloat: The United States, Yugoslavia and the Cold War* (University Park, PA: Pennsylvania State University Press, 1993), 54; John Lewis Gaddis, *Russia, The Soviet Union, and the United States: An Interpretive History* (New York: Alfred A. Knopf, 1978), 192.

82 Lloyd C. Gardner, *Spheres of Influence: The Great Powers Partition Europe, From*

Munich to Yalta (Chicago: I. R. Dee, 1993), 265.

83   Offner, *Another Such Victory*, 209–211.

84   Walter LaFeber, *The American Age: United States Foreign Policy at Home and Abroad Since 1750* (New York: W. W. Norton, 1989), 479–480.

85   Offner, *Another Such Victory*, 213.

86   Gaddis, *The United States and the Origins of the Cold War*, 322–323.

87   Vladislav Zubok and Constantine Pleshakov, *Inside the Kremlin's Cold War: From Stalin to Khrushchev* (Cambridge, MA: Harvard University Press, 1996), 276–277; Melvyn P. Leffler, "Inside Enemy Archives: The Cold War Reopened," *Foreign Affairs* 75 (July– August 1996).

88   Gary Wills, *Bomb Power: The Modern Presidency and the National Security State* (New York: Penguin, 2010), 63.

89   Walter Lippmann, *The Cold War: A Study in U.S. Foreign Policy* (New York: Harper & Brothers, 1947), 15–16, 19, 44.

90   Ellen Schrecker, *Many Are the Crimes: McCarthyism in America* (Princeton, NJ: Princeton University Press, 1998), 287; Wills, *Bomb Power*, 74.

91   Offner, *Another Such Victory*, 202.

92   Ibid., 192.

93   Mark Perry, *Four Stars* (Boston: Houghton Mifflin, 1989), 88; Townsend Hoopes and Douglas Brinkley, *Driven Patriot: The Life and Times of James Forrestal* (New York: Alfred A. Knopf, 1992), 310–312; "NSC 10/2," June 18, 1948, in William M Leary, ed., *The Central Intelligence Agency: History and Documents* (Birmingham, AL: University of Alabama Press), 133.

94   Colonel R. Allen Griffin, recorded interview by James R. Fuchs, staff interviewer, February 15, 1974, Harry S. Truman Library, Oral History Program; Wills, *Bomb Power*, 78, 88–89; Tim Weiner, *Legacy of Ashes: The History of the CIA* (New York: Doubleday, 2007), 28–29.

95   Norman J. W. Goda, "Nazi Collaborators in the United States: What the FBI Knew," in *U.S. Intelligence and the Nazis*, ed. Richard Breitman, Norman J. W. Goda, Timothy Naftali, and Robert Wolfe (New York: Cambridge University Press, 2005), 249–253.

96   Weiner, *Legacy of Ashes*, 43–45.

97   Wills, *Bomb Power*, 87.

98   Christopher Simpson, *Blowback: America's Recruitment of Nazis and Its Effects on the Cold War* (New York: Weidenfeld & Nicholson, 1988), 65.

99 Walter A. McDougall, *The Heavens and the Earth: A Political History of the Space Age* (Baltimore: John Hopkins University Press, 1997), 88.

100 Leffler, *A Preponderance of Power*, 238–239.

101 Avi Shlaim, "The Balfour Declaration and Its Consequences," in *Yet More Adventures with Britannia: Personalities, Politics and Culture in Britain*, ed. W. Roger Lewis (London: I. B. Tauris, 2005), 251.

102 Herring, *From Colony to Superpower*, 569.

103 Wawro, *Quicksand*, 37–38.

104 Wallace, *The Price of Vision*, 607.

105 Steven M. Gillon, *The American Paradox: A History of the United States Since 1945* (Boston: Wadsworth, 2012), 25.

106 Daniel Yergin, *The Prize*, 408.

107 William Stivers, "The Incomplete Blockade: Soviet Zone Supply of West Berlin, 1948–1949," *Diplomatic History* 21(Fall 1997), 569–570; Carolyn Eisenberg, "The Myth of the Berlin Blockade and the Early Cold War," in Ellen Schrecker, ed. *Cold War Triumphalism: The Misuse of History After the Fall of Communism* (New York: New Press, 2004), 174–200.

108 Carolyn Woods Eisenberg, *Drawing the Line: The American Decision to Divide Germany, 1944–1949* (New York: Cambridge University Press, 1998), 440.

109 James Carroll, *House of War: The Pentagon and the Disastrous Rise of American Power* (New York: Houghton Mifflin, 2006), 148.

110 John C. Culver and John Hyde, *American Dreamer: The Life and Times of Henry A. Wallace* (W. W. Norton, 2000), 456–457.

111 Ibid., 466–467.

112 Ibid., 464–470.

113 Ibid., 502.

114 PPS/23, "Review of Current Trends: U.S. Foreign Policy," February 24, 1948, *Foreign Relations of the United States, 1948*, vol. 1, Part 2 (Washington, DC: U.S. Government Printing Office, 1975), 524–525.

115 "The Tragedy of China," *New York Times*, January 24, 1949.

116 "Duel for Asia," *New York Times*, December 18, 1949.

117 "Chennault Sees War in Loss of China," *Washington Post*, June 26, 1949.

118 Margaret Truman, *Harry S. Truman* (New York: William Morrow, 1973), 412.

119 Harry Truman, "Statement by the President on Announcing the First Atomic Explosion in the U.S.S.R., September 23, 1949," *Public Papers of the Presidents:*

Harry S. Truman, 1945–1953, Truman Library.

120 "Groves of Illusion," *Los Angeles Times*, February 28, 1946.

121 Kai Bird and Martin J. Sherwin, *American Prometheus: The Triumph and Tragedy of J. Robert Oppenheimer* (New York: Vintage Books, 2005), 417.

122 Gerard J. DeGroot, *The Bomb: A Life* (Cambridge, MA: Harvard University Press, 2005), 145–147.

123 "Public Was Deluded on Bomb, Dewey Says," *New York Times*, September 24, 1949.

124 "Lucas Blasts Gutter Politics over Red Atom," *Chicago Tribune*, October 10, 1949.

125 "Who Is Winning?," *New York Times*, October 9, 1949.

126 "Russ Bomb Heralds New Atom Era — as Predicted," William Laurence, *Los Angeles Times*, September 25, 1949.

127 Lilienthal, *The Atomic Energy Years, 1945–1950*, vol. 2, 584–585.

128 "Forrestal Hopes to Keep His Job," *Los Angeles Times*, October 10, 1948; Drew Pearson, "Pearson Replies," *Washington Post*, May 30, 1949.

129 "Four Forrestal Suicide Bids, Says Pearson," *Los Angeles Times*, May 23, 1949; Carroll, *House of War*, 151.

130 Marquis Childs, "Washington Calling: Food for Propaganda," *Washington Post*, May 5, 1949.

第6章
艾森豪威尔：反共与黩武的时代

1953年3月4日，美国人一觉醒来，得知苏联领导人约瑟夫·斯大林由于脑溢血而瘫痪。次日，这位74岁高龄的领导人撒手人寰。美国人紧张地屏住了呼吸。苏联人感到极度震惊。就在举国哀悼之时，苏联领导人秘密决定，缓和与西方资本主义国家之间的紧张局势，集中精力改善国内状况。斯大林的接班人格奥尔基·马林科夫（Georgy Malenkov）在斯大林的葬礼上发表讲话，呼吁与所有国家开展"国际合作"，建立经济关系，在资本主义和社会主义"长期共存与和平竞争"的基础上实现和平。[1]新一届苏联领导人已经伸出了橄榄枝。美国新任总统德怀特·D.艾森豪威尔及其国务卿约翰·福斯特·杜勒斯会接受吗？

为捍卫霸权，必须研制氢弹

二战结束后，美国的原子弹储备从1947年中期的13颗逐渐增加到1950年中期的300颗。最初的13颗中，只有1颗是可以在两

东德的德累斯顿在
为斯大林的逝世举行悼
念活动。

周内投入使用的，而现在美国投送原子弹的能力也大为加强。核
时代的到来彻底革新了战略思维。空军的地位突飞猛进。1947年，
美国空军（United States Air Force）成为一个由三个部门组成的
独立兵种，其中包括负责投送核武器的战略空军司令部（Strategic
Air Command）。1948年，二战期间策划恐怖轰炸日本的柯蒂
斯·李梅中将接管了该部，并将其打造成为一支可以随时对苏联发
动袭击的顶尖作战力量。"我们正处于战争状态！"他宣布。一旦战
争开始，他打算直接击溃苏联的防御力量，向70座城市投掷133
颗原子弹，摧毁苏联40%的工业，消灭270万人口。根据李梅制
订的战争计划，战略空军司令部将发动"大规模袭击"，一次性投

主张向苏联投放所有原子弹的柯蒂斯·李梅中将。

下美国所有的原子弹。[2]

　　陆军和海军都对故意轰炸平民所涉及的伦理问题提出了质疑，认为这种做法有悖于美国的道德准则。但参谋长联席会议支持空军，并于1948年底批准了这项计划。杜鲁门虽然心存疑虑，但还是对此表示赞同，部分原因在于对军事开支的担忧。为了保卫美国和西欧，抵御苏联可能发动的进攻，美国必须维持一定水平的常规军事力量，较之于仅仅依靠核武器，其成本要高昂得多。

　　国防部长詹姆斯·福里斯特尔委托撰写的一份报告对美国仅凭核武器战胜苏联的可能性提出了严重质疑。核武器所造成的破坏会远超苏联在二战期间的惨重损失。事实上，撰写该报告的委员会警告说，用原子弹轰炸“只会证实苏联的政治宣传……激起其他国家对美国的仇恨，促使人们团结起来反对美国”。此外，这种做法还会为将来使用“任何大规模杀伤性武器”树立起危险的榜样。但当这份报告出炉时，福里斯特尔已经下台，他的继任者路易斯·约翰逊（Louis Johnson）将报告扣留，没有递交给杜鲁门。[3]

1949年8月，苏联成功试爆原子弹，对美国的军事优势和防御能力造成了沉重打击。这一令人震惊的消息让美国大多数战争策划者都猝不及防。一开始，杜鲁门根本不相信眼前的证据。但当这条消息被证实后，他立即批准了扩充美国核军备的计划。

在物理学家爱德华·特勒、欧内斯特·劳伦斯和路易斯·阿尔瓦雷茨（Luis Alvarez）的支持下，参谋长联席会议要求研发氢弹，即"超级"炸弹。原子能委员会（Atomic Energy Commission）主席戴维·利连索尔称，这群来自科学界的核武器支持者"嗜血成性，并垂涎于成功的前景"。[4]在一次秘密会议上，原子能委员会军事应用部负责人詹姆斯·麦科马克（James McCormack）将军告诉国会议员，核弹的"规格可以无限大，甚至与太阳比肩"。[5]

利连索尔和其他许多知名科学家都对事态的发展感到震惊。10月，以奥本海默为首的原子能委员会总顾问委员会的8位科学家一致反对制造氢弹，因为它会"消灭整个文明社会"。委员会中大多数人认为，氢弹"与原子弹完全不同"，"有可能成为种族屠杀的武器"。它的破坏力难以估量，会对"人类的未来造成威胁"。委员会成员恩里科·费米和I. I. 拉比（I. I. Rabi）表示，它将"危及整个人类……从任何角度来看都邪恶万分"。[6]

国务院的苏联问题专家乔治·凯南也极力反对制造氢弹，他认为苏联也许愿意就全面核军备控制进行谈判，并敦促国务卿迪安·艾奇逊与苏联达成协议。艾奇逊不屑一顾，认为凯南应该"从外交事务处辞职，像个僧人那样手执锡杯，站在街角喃喃自语：'世界末日就快来了。'"[7]对于美国政策日益明显的黩武倾向，凯南感到十分厌恶，于1949年12月31日辞去了国务院政策规划室主任一职。

1950 年 1 月 31 日，杜鲁门宣布批准氢弹研制计划。两周后，阿尔伯特·爱因斯坦登上埃莉诺·罗斯福的电视节目，警告道："如果这项研究取得成功，从技术上讲，大气中的放射性污染可能导致地球上所有生命灭绝。"[8] 不久后，物理学家利奥·齐拉特带来了一则更令人害怕的消息。他告诉全国广播听众，一颗氢钴弹中 500 吨氚所产生的核聚变足以"杀死地球上的所有人类"。[9]

类似的警告接踵而至，敲响了人们心头的丧钟。1950 年 12 月，作家威廉·福克纳（William Faulkner）在发表诺贝尔奖获奖演讲时称："今天我们的悲剧是一种普遍存在的生理恐惧，由于不得不长期忍受这种恐惧，如今我们甚至能够漠然处之了。人们不再有任何精神上的困惑，只剩下这一个问题：什么时候我会被炸死？"[10]

凯南的继任者是福里斯特尔的门生保罗·尼采，他曾任华尔街著名投资银行狄龙和瑞德的副董事长，当时福里斯特尔是该银行董事长。尼采迅速领人起草了国家安全委员会第 68 号文件（NSC 68），这一文件将彻底转变美国的防守姿态。文件假定，苏联手握原子弹，心怀"前所未有的狂热信仰"，正在谋求"将其极权主义强加给其他国家"。面临生死存亡的威胁，美国首先考虑的不是苏联有可能怎么做，而是在最坏的情况下苏联有能力怎么做："其一，占领西欧……逼近近东和中东的石油产地，确保苏联在远东的利益；其二，对不列颠群岛发动空袭，对西方各国在大西洋和太平洋的交通运输线发动空中和海上打击；其三，动用核武器进行选择性攻击，目标包括……阿拉斯加地区、加拿大和美国本土。"正如该文件所述，无论苏联对上述任何地区发动袭击，美国都不应袖手旁观，因为"现在对自由制度的袭击是世界性的……自由制度在任何国家的失败都意味着在全球的失败"。国家安全与全球安全已经合为一体。如果苏联"认为它有足够的核能力对我们发动奇袭并摧毁我们的核优势，创造有利于苏联的军事形势，那么克里姆林宫就有可能铤而走险，悄悄地迅速出击"。[11]

面对如此劲敌，尼采认为，美国要保国安民，必须扩充核武库与常规军备，加强武装力量，巩固军事同盟，增加秘密行动，提高开展心理战的能力。在接下来的5年里，美国的军事开支将翻4倍至500亿美元，占国民生产总值的20%。杜鲁门虽然赞同国家安全委员会第68号文件对整体战略形势的评估和结论，在增加军事开支上却犹豫不决，因为此前他已经宣布在下一财年削减国防开支。艾奇逊和尼采辩称，大幅增加军事开支能够刺激经济发展，避免再次出现经济萧条。但国务院首席苏联问题专家乔治·凯南和查尔斯·波伦（Charles Bohlen）提出异议，认为斯大林既没有意愿也没有手段谋求艾奇逊和尼采所宣称的全球霸权。令艾奇逊和尼采感到失望的是，在1950年初，如此大幅的军事开支增长计划似乎已胎死腹中。

麦卡锡主义：歇斯底里的反共浪潮

日益恶化的国际局势触发了美国国内新一轮"扣红帽子"攻势。杜鲁门于1947年开展的雇员忠诚度调查已经打开了这扇大门。人们大肆指控间谍罪和叛国罪，并得到公开宣传，更是助长了这一风气。1950年1月，前国务院官员阿尔杰·希斯遭到国会议员理查德·尼克松（Richard Nixon）的无情声讨，最终以伪证罪被判刑。当月下旬，物理学家克劳斯·富克斯（Klaus Fuchs）因向苏联人提供核机密而被捕。富克斯一案暴露了一个更大的间谍组织，同年7月，罗森伯格夫妇（Ethel and Julius Rosenberg）被捕。

1950年2月，此前名不见经传的威斯康星州参议员约瑟夫·麦卡锡（Joseph McCarthy）恶名远扬，他向西弗吉尼亚州惠灵市的俄亥俄县妇女共和党俱乐部（Ohio County Women's Republican Club）

扬言："我手里握有一份205名共产党员的名单，且已告知国务卿。这些人仍在开展活动，并影响着国务院的政策。"[12]次日，在盐湖城发表演讲时，他将这一数字减少到57人。尽管这个数字一直变动不定，但他荒诞不经的指控迅速登上各大报纸的头版，引发了新一轮万众瞩目的听证会。受他迫害的人包括国务院数名亚洲问题专家，他们被指控协助毛泽东在中国取得胜利。这些人因此遭到罢黜，导致美国在随后的几十年中对亚洲的理解出现了严重偏差。

这位无耻的威斯康星州参议员喜好自吹自擂，因其捏造的战争功绩而被人们戏称为"尾炮手乔"。虽然他在这场政治迫害运动中恶名昭著，但真正呼风唤雨的是联邦调查局局长埃德加·胡佛。胡佛建立了一份国会议员的犯罪证据档案，但凡需要这些人听话时，他就会用这份档案恐吓他们。谈及此事时，胡佛的一名心腹助理说："一天晚上，我们偶然得知，某个参议员酒后肇事逃逸，而且和一个漂亮女人在一起。到第二天中午，这位道貌岸然的参议员就

威斯康星州参议员约瑟夫·麦卡锡，他是一位臭名昭著的反共分子。

知道，我们已经掌握了有关信息。从此以后，他再也没有在拨款问题上找过我们的麻烦。"[13]

官方和媒体警告民众，"邪恶而疯狂"的共产党人正致力于摧毁美国的生活方式，他们潜伏在这个国家的每一个角落。杜鲁门的司法部长警告说："今天，美国有许多共产党人。他们无处不在——工厂、办公室、肉店、街角和私人企业里都有他们的身影。"[14]大批科学家、作家、演员、导演、艺术家、教师以及各行各业的人们由于政治信仰而遭到迫害，全国上下笼罩在一片恐怖的气氛之中。数百人锒铛入狱，约12000人失去工作。在一项港口安全政治审查行动中，海岸警卫队开除了近3000名码头工人和水手，据称是为了在朝鲜战争期间保卫国家海防安全免遭敌人的蓄意破坏，但实际上，这项行动意在铲除共产党领导的海事工会。[15]

很多嫌疑人接到了国会委员会的传讯，调查人员要求他们指认其他共产党员及其同情者。作家玛丽·麦卡锡（Mary McCarthy）表示，召开这些听证会的目的不是为了打击颠覆活动，而是为了让美国人相信"出卖同胞才是良好公民的行为准则"。[16]记者 I. F. 斯通（I. F. Stone）也对这种"将一代美国人变成密探的风气"大加鞭挞。[17]很多人因为拒绝作证而被列入黑名单，遭到解雇或者监禁。由于拒绝配合反共调查，100多名大学教师被校方开除。好莱坞著名剧作家达希尔·哈米特因为拒绝列出人权代表大会（Civil Rights Congress）保释基金捐款者的姓名而遭到监禁，他担任该组织的荣誉理事。作家莉莲·赫尔曼后来透露，哈米特"并不知道任何一位捐赠者的姓名"，但他不愿在法庭上作此回答，因为在他看来，当局无权勒令他提供此类信息。[18]

1947年，著名的"好莱坞十君子"被指控蔑视国会，他们虽然多次上诉并向公众呼吁，但仍被判处一年徒刑。另外9名好莱坞激进分子也接到了众议院非美活动委员会的传讯，但并未被传唤到庭。这19人成了电影业黑名单的第一批受害者。此外，其他一些著名好莱坞进步人士也被列入这份黑名单。1951年，该委员会再次对电影业开展调查。截至1954年，因拒绝配合众议院非美活动委员会调查而被列入黑名单的人数猛增至212人。没有制片厂敢雇用黑名单上的艺人和制片人，很多人都不幸失业。在那些被逐出电影业的人员中，只有10%再次找到了工作。然而，也有很多人告发同事，因此逃脱了这种厄运。在1951年春被委员会传讯的110人中，有58人进行了"检举揭发"。[19]

当这一切结束时，麦卡锡主义已经摧毁了美国的左派。共产党虽然仍在，但很多相关组织都销声匿迹。红色恐怖还对推动了20世纪三四十年代改革的各种工会、政治组织和文化协会都造成了沉重打击。除了民权运动与反核运动，左派异见和渐进改革沉寂了十

右翼杂志《反击》（*Counterattack*）刊登了一篇题为《红色频道》（"Red Channels"）的文章，宣称共产党控制了美国的娱乐业。

"好莱坞十君子"中的9人。

多年，但它们在19世纪60年代再次以崭新的面貌和方式兴起。然而，工会运动却从此一蹶不振。因此，与欧洲工人相比，美国工人在很多方面都更弱势贫困。[20]

美国的黑人民权运动也遭受了重创。迫于当时反激进主义的巨大压力，许多组织都开除了左派成员，他们中的一些长期以来一直是为争取种族平等而奋斗的领袖人物。1948年，全美有色人种协进会甚至驱逐了民权运动先锋 W. E. B. 杜波依斯（W. E. B. Du Bois），理由是后者积极支持亨利·华莱士参加总统选举和呼吁联合国解决美国的种族主义问题。保罗·罗伯逊也遭到类似的排挤。麦卡锡主义扼杀的许多左翼组织都曾将美国的种族主义与等级制度及美国外交政策联系起来。声势浩大的"扣红帽子"运动瓦解了民权组织和工会之间的联盟，削弱了工会呼吁种族平等的声音，将民权组织从争取工资和劳工权利的斗争中分化了出去。麦卡锡主义肆虐后，黑人民权运动最有影响力的领袖也放弃了过去基础广泛的议题，转而关注司法改革等更加狭隘的目标, 并且放弃了推进经济体制改革与打击国外帝国主义的努力。尽管如此, 仍有一点值得人们铭记: 在阻止核军备竞赛上, 非洲裔美国人发挥了重要作用, 确保美国不会忽视核战争的危险。[21]

社会、经济和种族平等方面的激进分子和组织不是美国 20 世纪中叶政治迫害的唯一受害者。与红色恐怖如影随形的还有紫色恐怖——在这次运动中, 联邦政府对同性恋者进行了清洗。政府部门打着国家安全的幌子, 解雇了大批同性恋者或迫使其辞职, 理由是 "性变态者" 最容易受到国内外颠覆分子的敲诈勒索。据历史学家罗伯特・戴维・约翰逊估计, 在冷战初期, 约有 5000 名联邦雇员失去了工作。1953 年, 副国务卿唐纳德・B. 劳里 (Donald B. Lourie) 告诉国会委员会, 仅在他管辖的部门, 就在 "平均每天开除一名同性恋者"。然而, 这个数字仅包括了因紫色恐怖失业的部分人员。解雇原因有时未被记录在案, 据说是为了避免使雇员陷入尴尬。还有一些人选择在性取向被发现之前辞职。此外, 数千人申请联邦职位时因性取向遭到拒绝。就像红色恐怖一样, 同性恋清洗也延伸到私人企业。为了揪出包括男女同性恋在内的 "不良分子", 一些部门甚至雇用了职业调查人员。[22]

那些年里, 联邦调查局开展了多方面的活动, 并将有关信息泄露给其在媒体的 "资产", 激化了人们狂热的反共情绪, 这些 "资产" 包括沃尔特・温切尔 (Walter Winchell)、德鲁・皮尔逊、韦斯特布鲁克・佩格勒 (Westbrook Pegler)、小富尔顿・刘易斯 (Fulton Lewis, Jr.) 等人和美联社及《芝加哥论坛报》在华盛顿办事处的负责人。此外, 联邦调查局还向一些企业雇主通报了其雇员的政治派别, 导致数百人失业。大批持不同政见者受到政府监视。截至 1960 年, 联邦调查局对有关个人和组织开展了超过 43 万起调查。1954 年, 有 2.6 万人被认定为危险分子, 其中主要是

联邦调查局局
长埃德加·胡佛。

共产党员。这些人被列入了胡佛建立的"安全索引"，一旦出现
紧急情况，联邦调查局就可以立即将他们拘捕。1956年，联邦调
查局启动了"反情报计划"（Counterintelligence Program）。这是
一套肮脏把戏，旨在扰乱左翼组织的活动，而这些活动是完全合
法且应受宪法保护的。[23]

朝鲜战争：核威慑的极致秀场

1950年6月24日，朝鲜战争爆发，冷战突然变成热战。朝鲜位
于日本、中国和苏联之间，长期以来一直是这三个亚洲大国间竞争
的焦点。从1910年起，日本占领并统治朝鲜，直到1945年，朝鲜
沿北纬38度线被划分为北部的苏占区和南部的美占区。长崎遭到轰

炸后的次日，迪安·腊斯克（Dean Rusk）上校仓促划定了这条分界线。根据协议，这条分界线是临时的，朝鲜恢复统一后会取消。苏联在北方扶植金日成政权，后者在战争中率领游击队在中国东北抗击日本，而美国也在南方扶持李承晚政权。由于双方边境摩擦频繁，参谋长联席会议多次警告，反对美国卷入朝鲜战争。他们认为，位于苏中边境的朝鲜对美国几乎没有任何战略价值，因此建议将其排除在美国的防御圈外。艾奇逊也在1950年1月的一次重要演讲中表达了同样的观点，但一些批评家立即对他表示谴责，认为他是在故意引来攻击。

苏联人紧张地注意到，美国正在加强在日本的经济和军事力量，它不仅在日本领土上驻扎军队，而且正在没有苏联参与的情况下推行和平谈判。参谋长联席会议告诫总统，将苏联排除在和平条约之外，可能导致苏联对日本发动袭击。但苏联没有选择在日本问题上发难，而是选择了朝鲜。

由于一系列高压政策和经济失误，李承晚在南方并不受拥戴。迫于美国的压力，他同意在1950年举行大选。民意调查的结果令他的支持者备受打击。尽管挫折不断，李承晚仍然计划在接下来的几个月里，在他的指挥下武力统一朝鲜。金日成虽然也谈到了统一，但前提是由共产党执掌江山。李承晚不仅在选举中受挫，总体上也很不得人心，这成了金日成求之不得的进军借口。[24]

1950年春，经朝鲜民主主义人民共和国（下简称"朝鲜"）领导人多次恳求，斯大林终于同意金日成挥兵南下。斯大林认为，李承晚将很快对北方发动袭击，因此决定先发制人。现在，他信心再次迸发。苏联不仅拥有原子弹，而且刚与毛泽东结盟。金日成承诺将迅速取得胜利。

朝鲜进军南方的消息传来时，杜鲁门正在密苏里州。他立刻得出结论，这次袭击说明共产主义的侵略行为已经发展到了一个新阶段，因此他决定予以军事还击。《纽约时报》敦促杜鲁门迅速采取行动，否则美国将会"失去半个世界"。[25] 此外，迅速出击还可以让共和党闭嘴，后者一直将失去中国归咎于杜鲁门。当时，由于美国拒绝恢复共产党领导的中国在联合国的席位，苏联拒绝参加安理会会议，因此在杜鲁门的施压下，安理会很快便通过了一项决议。尽管美国向朝鲜半岛派遣了数万军队，但杜鲁门不愿将这次干预称为"战争"，而是借用了一名记者的说法。这名记者曾问，是否"有可能将其称作一次在联合国指挥下的警察行动"。[26] 虽然这在名义上是一次联合国行动，但美国提供了一半的地面部队和几乎所有的海上和空中力量。其他地面部队大都来自大韩民国（下简称"韩国"）。杜鲁门选择绕开国会授权，为未来的战争开创了先例。

在袭击发生的一个月前，约翰·福斯特·杜勒斯起草了一份备忘录，悲观地概述了美国日益下降的战略地位。"日本的局势可能变得难以为继，"他写道，"菲律宾也同样如此。我们有可能失去印度尼西亚丰富的自然资源，还有中东的石油。一旦人们认为共产主义是未来的大势，上述所有地方都不足以为我们提供立足之地。"但他也看到了一线希望："如果在某个危急时刻，我们能够迅速果断地表明坚定的立场，显示出我们的信心和决心，就有可能预防这一系列灾难发生。这也许是唯一的方法。"[27]

美国打算在朝鲜问题上表明立场。杜鲁门向国会领导人宣布："如果我们放弃朝鲜，苏联就会得寸进尺，一块块吞并亚洲。我们必须在某一时刻表明立场，否则将会断送整个亚洲。如果我们任凭亚洲失守，近东就会沦陷，更不用说欧洲会发生什么事情。因此……（我已经）下令出兵朝鲜……对我们来说，在印度支那、菲律宾和中国台湾划线也同样重要。"[28]

杜鲁门最担心的是苏联入侵伊朗。6月26日，他将朝鲜半岛比作"远东的希腊"。他转动地球仪，指着伊朗对手下说："如果我

从左至右分别杜鲁门、美国国务卿迪安·艾奇逊、英国首相克莱门特·艾德礼（Clement Attlee）和美国国防部长乔治·马歇尔。4 人正在讨论朝鲜危机。

们稍有不慎……他们就会从这里挑起事端……如果我们现在强硬起来，就像三年前在希腊那样坚决抵抗，他们就不会继续采取行动。反之，假如我们只是袖手旁观，他们就会攻入伊朗，接着控制整个中东。"[29]

　　共产党在中国的胜利增加了朝鲜半岛局势的变数。失去中国的市场后，日本把目光转向了朝鲜半岛和东南亚，但这两个地方的局势同样动荡不安。在越南，胡志明领导的共产党军队正在抗击法国统治者。在菲律宾，一支强大的叛军正在争夺政权。在马来亚，英国的殖民利益正受到严重威胁。艾奇逊解释说："美国必须在远东采取坚定不移的立场，这一点对政府来说已经很明显了"，尤其是

"很多西欧政府处在近乎恐慌的状态，因为它们想要看看美国是否会采取行动"。[30]

十余万经过苏联训练、配置苏联装备的朝鲜军队压境，将美国和韩国军队一路逼到釜山。尽管中情局早已发出警告，称袭击迫在眉睫，但麦克阿瑟仍对这些警告和证据视若无睹。

面对失败，麦克阿瑟要求越过三八线、解放朝鲜，并得到了华盛顿的批准。他在当年9月率领1.7万名士兵从仁川进行两栖登陆并发动奇袭。杜鲁门称赞麦克阿瑟的"精妙部署"，认为其在朝鲜的作战"于军事史上近乎无可匹敌"。[31]为了安抚脾气暴躁的麦克阿瑟，杜鲁门纡尊降贵、礼贤下士。在出兵朝鲜的问题上，只要杜鲁门稍有迟疑，共和党都会将其视作绥靖的表现。

麦克阿瑟向杜鲁门保证，中国不会参加战斗，但也同意了向中国边境推进时只动用韩国的军队。艾奇逊也排除了中国卷入战争的可能性，认为那是"完全疯了"。[32]麦克阿瑟甚至扬言，要在感恩节前结束战斗，让士兵在圣诞节前回国。尽管中国外交部长周恩来一再警告，如果美国继续向北推进，中国将会参战，但麦克阿瑟充耳不闻。此外，由于美国拉拢其他国家，拒绝恢复中国在联合国的席位，并声称将动用第七舰队为台湾地区提供保护，中国早已怒不可遏。毛泽东打算出兵朝鲜，但中央政治局对此意见不一。斯大林鼓励中国出兵。他向毛泽东承诺，苏联和中国要比美国、英国及其欧洲盟国更加强大，尤其是目前德国和日本尚未重新军事化。此前，斯大林曾向金日成表示，发动这场战争是为了报复"美国在欧洲、巴尔干半岛和中东地区阴险狡诈、背信弃义、傲慢自大的行为，尤其是为了回击美国成立北约的决定"。[33]

虽然麦克阿瑟曾答应杜鲁门在中国边境只动用韩国的军队，但实际上他对这个承诺不屑一顾。他命令空军轰炸接近中国边境的地区。当参谋长联席会议要求他不要在距中朝边境5英里内实施轰炸

道格拉斯·麦克阿瑟将军。

时，麦克阿瑟回答："我再怎么强调都不为过的是，你们施加的限制将会给我方将士在身心上带来灾难性影响。"[34]

10 月 25 日，中国军队在云山向联合国军发动袭击。11 月 8 日，参谋长联席会议电告麦克阿瑟，建议他重新考虑正在开展的行动。麦克阿瑟回答，现在许多英国人、法国人和美国人施压反对越过三八线，并提出割让一块朝鲜的土地给中国共产党，这"与他们当年在慕尼黑［同意把苏台德地区割让给德国］的所作所为一模一样"。"面对中国共产党的出击，哪怕是放弃朝鲜的一寸土地，"他咆哮道，"也将是当今时代自由世界的最大败笔。"[35]

杜鲁门和参谋长联席会议同意了麦克阿瑟的要求。11 月 24 日，麦克阿瑟发动了大规模攻势。他认为，这场战役将结束朝鲜战争。但是，数十万中国军队突然潮水般跨过鸭绿江，迫使美国及盟国军队疯狂撤退。这次挫折带来了灾难性后果。麦克阿瑟严肃地宣布："我们面临一场全新的战争。"[36]艾奇逊也告诉国会，美国正处在第三次世界大战的边缘。杜鲁门表示同意。他在日记中写道："第三次世界大战似乎已经来临。"奥马尔·布拉德利将军将这次失利称作"美国历史上最大的一场军事灾难"。[37]《时代》周刊也报道称，这是"美国遭遇过的最惨重失败"。[38]

在联合国安理会上，中国的特派代表表示，解放运动将在这个地区重新兴起。"不管美国帝国主义侵略者如何穷凶极恶，艰苦奋斗的日本人民，胜利前进的越南人民，英勇抗战的朝鲜人民，从未放下武器的菲律宾人民以及全东方被压迫的民族和人民，一定能亲密地团结起来……坚持战斗，取得伟大的民族独立斗争的最后胜利。"[39]英国政府希望尽快结束朝鲜战争，正如《芝加哥论坛报》所言，它认为这次战争"近乎疯狂，造成了惊人的浪费"。[40]但美国领导人志在必得，决定首先击溃朝鲜。

在朝鲜战争初期，麦克阿瑟等人曾经呼吁动用原子弹，为美军的战斗提供支援。"我发现了原子弹的一大特殊用途，那就是用来发动有力阻击，而重建工作需要6个月才能完成。让我的 B-29 大显身手吧。"他兴奋地提议。查尔斯·博尔特（Charles Bolte）将军计算出，美国核武库中有 10—20 颗原子弹可以使用。7月，杜鲁门向英国和关岛派出了配备原子弹的轰炸机。但参谋长联席会议认为，朝鲜大多数城市规模较小，因此常规轰炸就足以制胜。此外，他们还担心，使用原子弹会招致苏联的报复和舆论的反感。随着中国的参战，美国决定背水一战，中国成了更合适的打击目标。[41]1950年11月底，杜鲁门的一番言论令记者团大为震惊。他宣布，美国正在考虑采取一切手段，并明确表示不排除发动核打击：

如果朝鲜的侵略得逞，可以预见，这种行为将蔓延到亚洲、欧洲乃至整个西半球。在朝鲜半岛，我们是为了美国的国家安全和生死存亡而战……

记者：包括使用原子弹吗？

杜鲁门：包括使用我们掌握的所有武器。

记者：这是否意味着，我们正在积极考虑使用原子弹？

杜鲁门：我们一直积极考虑使用……

记者：总统先生，这是否意味着，用原子弹打击军事目标，或平民——

杜鲁门：此事将由军方做决定……前线的军事指挥官将负责如何使用武器，就如同以往一样。[42]

当天，空军中将乔治·斯特拉特迈耶（George Stratemeyer）命令战略空军司令部指挥官霍伊特·范登伯格（Hoyt Vandenberg）将军向远东派遣具有核打击能力的轰炸机分队。李梅自告奋勇指挥这次袭击。南卡罗来纳州众议员门德尔·里弗斯（Mendel Rivers）宣布："如果说什么时候要动用原子弹，那就是现在了。"[43]缅因州参议员欧文·布鲁斯特提议对中国人投掷原子弹，而俄克拉何马州众议员汤姆·斯蒂德（Tom Steed）倾向于打击"克里姆林宫"。南卡罗来纳州众议员约瑟夫·布赖森（Joseph Bryson）希望找到合适的目标："时机稍纵即逝，因此我们应当动用所有已知的力量，包括原子弹。"[44]得克萨斯州民主党副总统候选人劳埃德·本特森（Lloyd Bentsen）向总统进言："应当建议朝鲜军队的指挥官在一周内撤回……三八线以北，或者利用这一周的时间，将平民从朝鲜的某些城市疏散，令其免遭美国空军的核打击。"[45]

民意调查显示，民众以52%对38%的比例支持动用原子弹，这与早先的民调结果大相径庭。联合国代表团成员警告，使用原子弹会使亚洲人民"处于惊恐之中"。[46]克莱门特·艾德礼也火速飞越大西洋，向杜鲁门表示，欧洲国家同样处于惊恐之中。艾德礼的访问结束后，杜鲁门对一群国会议员称，朝鲜不过是莫斯科的代理人，对其发动袭击是错误的，因为克里姆林宫才是真正的幕后主使；如果美国动用原子弹，必将招致苏联对伦敦、柏林和巴黎的报复。

1950年12月9日，麦克阿瑟请求参谋长联席会议授予他自行决定动用核武器的权力。12月24日，他提交了一份包括26个轰炸目标的名单。他还请求对"侵略军"投掷4颗原子弹，对"敌军空中力量的关键集结地"投掷另外4颗原子弹。麦克阿瑟断定，如果美国向"中国东北的咽喉"投掷30—50颗原子弹，将会制造一个"放射性钴带"，就可以在10天内打赢这场战争，而这还只是短期效应。他推测，放射性钴带将从日本海扩散到黄海，"至少在60年内，朝鲜不会再从地面进军韩国"。[47]

就在麦克阿瑟打着末日核战的如意盘算之时，也有人开始哀叹，由于在朝鲜半岛的惨败，美国的国际声望遭受了重挫。《纽约时报》驻欧洲、亚洲和中东各国首都的记者纷纷报道，"人们对美国失去了信心"。法国人称，"美国威风扫地，不啻为一场灾难"。印度报道，美国"锐气大折"，很多人"正为西方国家被亚洲人击溃暗暗叫好"。[48]考虑到美军在面对中国时的蹩脚表现，一些人开始质疑，美国是否有能力阻止苏联占领欧洲。

随着美国和韩国的伤亡人数急剧上升，麦克阿瑟在东京发表声明，将军事失败归咎于他人，并呼吁对中国发动全面战争。1951年3月10日，麦克阿瑟要求授权使用核武器，来回应苏联对朝鲜和中国东北空中力量的支持以及中国军队在朝鲜边境的集结。"芬勒特（Finletter）和洛维特对动用原子弹发出了警告。他们认为事情已成定局。"范登伯格在3月14日写道。[49]1951年3月24日，麦克阿瑟明知杜鲁门正在力促停火，还是擅自向中国发出了最后通牒。杜鲁门一边怒喝"我要让这个狗娘养的知道究竟是谁说了算"，一边却听任情况继续恶化。[50]共和党众议员乔·马丁（Joe Martin）向众议院宣读了麦克阿瑟的一封来信，信中称："如果我们在亚洲输给共产党，欧洲的沦陷将不可避免。"[51]参谋长联席会议一致提议解除麦克阿瑟的指挥权。4月11日，白宫宣布免去麦克阿瑟的职务。

然而，急于使用核武器不是导致麦克阿瑟下台的原因。一周前，参谋长联席会议下令，如果中国再次派遣大规模军队进入朝鲜，美军将对中国东北地区军事基地发动核打击。4月6日，杜鲁门批准了这道命令，将9颗核弹头从原子能委员会运抵关岛和冲绳，移交给军方。[52]

革除麦克阿瑟的职务为杜鲁门带来了灾难性后果，令其支持率骤降至不足30%。《时代》周刊指出，"一个不得人心的人解雇一个备受拥戴的人，这种情况真是少见"。

参众两院的共和党领导人举行会议，开始讨论弹劾总统的问题。参议员威廉·詹纳（William Jenner）指责杜鲁门政府叛国："如今，这个国家已经落入由苏联间谍把持的秘密集团之手。我们唯一的选择就是弹劾杜鲁门总统。"[53]约瑟夫·麦卡锡也希望为了免职麦克阿瑟一事弹劾这个"狗娘养的"，并称杜鲁门当时肯定是喝多了"波旁威士忌和本尼迪克特甜酒"。他指责杜鲁门亲手签署了"西方文明的死刑执行令"。[54]

公众十分同情麦克阿瑟。在纽约的一场游行中，750万人走上街头声援他。在华盛顿、波士顿、旧金山和芝加哥，他都备受欢迎，像一位荣归故里的英雄。麦克阿瑟情绪激动地在国会联席会议上为自己在朝鲜战争中的行为辩护，并发表告别演讲：

有人说……我是一个战争贩子。再也没有比这更荒谬的说法了。当今在世的人，像我一样了解战争的寥寥无几。对我来说，没有什么比战争更令人憎恶。长期以来，我一直在呼吁完全废除战争。无论是

1951年，被杜鲁门解除职务后的道格拉斯·麦克阿瑟将军在芝加哥军人体育场发表告别演讲。

对友邦还是敌国，战争都会造成巨大的破坏。因此，作为一种解决国际争端的方式，战争毫无益处……自从我在西点军校宣誓就职以来，世界局势风云变幻……但我仍然记得当时一首广为传唱的军营歌谣的歌词，歌中自豪地唱道："老兵不死，只是凋零。"就像这首歌里的老兵一样，现在我结束了军旅生涯，日渐凋零。作为一名老兵，我曾经在上帝的指引下尽心竭力、恪尽职守。再见了！[55]

这次演讲在全国广播电台进行了现场直播。密苏里州众议员杜威·肖特（Dewey Short）说："我们仿佛看到了活生生的上帝，我们仿佛听到了上帝的声音。"[56]然而，杜鲁门却咆哮道，这帮"愚蠢透顶的国会议员"为了一篇"狗屁不是的东西"竟然"像一群女人一样哭哭啼啼"。[57]

麦克阿瑟提到军谣《老兵不死》（"Old Soldiers Never Die"）引发了一轮流行歌曲热潮。这首歌曲的版权所有者雷米克音乐公司的一位高管称人们的反应就像"遭遇了地震一样"，并立即发行了5万份乐谱。乡村歌手吉恩·奥特里（Gene Autry）特地离开片场，为哥伦比亚唱片公司录制了一个特别版本，一天就卖出2.5万张唱片。迪卡唱片公司也迅速发行了两个版本，分别由雷德·福利（Red Foley）和赫布·杰弗里斯（Herb Jeffries）演唱。胜利唱片公司发行了由沃恩·门罗（Vaughn Monroe）演唱的版本。国会唱片公司推出了吉米·韦克利（Jimmy Wakely）的单曲。宾·克罗斯比（Bing Crosby）在自己主持的广播节目中演唱了这首歌。此外，哥伦比亚公司和胜利唱片公司还录制了麦克阿瑟的演讲，没想到备货都赶不上人们抢购的步伐。

国会就麦克阿瑟的革职和亚洲政策举行的听证会持续了两个月。国会的民主党人和一些军方高级将领对麦克阿瑟的言论进行了反驳。布拉德利将军驳斥麦克阿瑟的言论，称与中国开战是"在错误的地点、错误的时间，与错误的敌人打响一场错误的战争"。此后，麦克阿瑟头顶的光环很快褪去，但杜鲁门的支持率却没有回升，而是降至有史以来的最低点——22%。艾奇逊称，这场战争"是美国外交政策一次巨大的失败，彻底摧毁了杜鲁门政府"。58

取代麦克阿瑟的是马修·李奇微（Matthew Ridgway）将军。1951年5月，李奇微请求向他提供38颗原子弹。但当年春夏，在斯大林的斡旋下，美国、中国、朝鲜和韩国开始谈判，这场谈判断断续续地进行了两年。其间，美国并没有停止发动空袭，就像5年前对日本进行的攻击一样。这一次李奇微选择的是凝固汽油弹。《纽约时报》记者乔治·巴雷特（George Barrett）记录了朝鲜安养北部一座200人的村庄遭到凝固汽油弹轰炸的惨状，并将其称为"对现代战争的死亡献礼"：

整个村庄和田野里的居民都没能逃脱厄运。在被凝固汽油弹炸死后，他们仍保持着遇袭时的姿势：一名男子正准备跨上自行车；50名男童和女童正在孤儿院内玩耍；一名普普通通的家庭主妇手里拿着从西尔斯—罗巴克百货公司目录上撕下来的一页纸，上面写着邮购订单号码3811294，以及"魅惑女士睡衣——珊瑚色"，单价2.98美元。[59]

朝鲜几乎所有的大城市都化作焦土，幸存者不得不躲进岩洞里。韩国的遭遇也好不到哪里去。据英国军队1951年的年鉴记载："交战期间没有人顾及目标是不是韩国人。他们的国家并未被视作一个有待解放的地区，而是被当作杀戮的竞技场。因此，这场战争异常惨烈，毫不夸张地说，韩国作为一个国家已经不复存在。所有城市都被摧毁，生计根本没有着落，人们只能郁郁寡欢地依靠救济度日。就像在三八线以北的同胞一样，韩国也被不幸地视作东方佬（gook）。"[60]各方对伤亡人数的统计不尽相同，但朝鲜有300万—400万人丧生，当时其总人口为大约3000万。中国的死亡人数超过100万，[①]美国为3.7万。

到1951年2月，只有39%的美国人仍然支持继续朝鲜战争。这场战争最终在双方的僵持中结束，美国人大惑不解，不明白为什么美国强大的现代化军队无法打败装备落后的朝鲜和中国军人。

李梅反对对军队施加种种限制。他还记得，在战争刚开始时：

> 我们把一张纸条塞到五角大楼的门缝下说："你看，我们要到那里去……轰炸朝鲜最大的5个城市——其实它们也不是很大——这应该能阻止他们的攻势。"好吧，很快就会传来四五声尖叫——"你们会炸

---

① 关于中国牺牲的人数，抗美援朝史有关专家经多次研究和比对核实，于2014年确认中国人民志愿军共牺牲了197653人。具体可参见《解放军报》2014年10月30日，第3版。

一架美军飞机正在向朝鲜投掷凝固汽油弹。

一群妇女和儿童正在汉城［后改称首尔］的瓦砾间翻寻。

死很多非战斗人员”，或者“这太可怕了”。但在大约三年里……我们
炸平了朝鲜和韩国的所有城镇……现在看来，三年下来他们倒是可以
接受了，但在刚开始时为了阻止战争而造成一些伤亡，很多人却接受
不了。[61]

在亚洲，朝鲜半岛并非唯一让美国溃不成军的地方。在印度支
那，美国决定加强对法国的援助，并为法国在越南扶植的傀儡国
王保大（Bao Dai）提供了1000万美元。菲律宾的麻烦也开始初露
端倪，美国支持的总统曼努埃尔·罗哈斯（Manuel Roxas）及其继
任者埃尔皮迪奥·基里诺（Elpidio Quirino）多次与“虎克”（Huks）
起义军发生冲突。罗哈斯先是与日本人勾结，随后又当地的大地
主和天主教结成同盟。

美国为菲律宾建立了军队，它在爱德华·兰斯代尔（Edward
Lansdale）少校的率领和美军空中力量的支援下，发起了成功的反
击。兰斯代尔是广告经理出身，性格招摇，曾先后在战略情报局和
中情局任职，因事迹被写进两部小说而一举成名。后来，兰斯代尔
还在越南和古巴领导了类似的镇压叛乱行动，但显然没有像在菲律
宾那样成功。即使在菲律宾，对“虎克”起义军造成重创的也不是
兰斯代尔，而是菲律宾总统拉蒙·麦格塞塞（Ramon Magsaysay）。
后者不仅在当地推行土地改革，而且还欢迎“虎克”军重新回到政
治体系之中。

朝鲜战争为美国社会惊人的再军事化铺平了道路。杜鲁门批准
了国家安全委员会第68号文件，而1951财政年度的国防预算也几
乎翻了两番，从135亿美元增加到482亿美元。在朝鲜战争最初的
6个月里，美国的国防开支猛增到540亿美元，极大地推动了美国
航空和国防领域的发展，尤其惠及加利福尼亚州。仅在洛杉矶县，
就有约16万人从事飞机制造业，当地55%的居民在国防和航空部

门工作。在圣迭戈，国防工业占制造业的将近 80%。[62]北约逐渐发展成为一个成熟的军事集团，美国不仅拥有最高指挥权，而且开始在欧洲大量驻军。

美国把苏联撇在一边，决定重新武装德国，并与日本签订了一份和平条约，进一步加深了美苏之间的敌意。新上任的美国驻苏联大使乔治·凯南忧虑地表示："我国的政策和声明过于军事化……导致莫斯科认为……我们正在谋求发动战争。"[63]

由于生活已经高度军事化，美国需要一位高级军官出任总统。因此，1952 年的选举在伊利诺伊州州长阿德莱·史蒂文森（Adlai Stevenson）和德怀特·艾森豪威尔将军之间展开。艾森豪威尔选择了加利福尼亚州参议员理查德·尼克松作为竞选搭档。在竞选期间，尼克松负责为艾森豪威尔干"脏活"。他公开指责阿德莱是一个"绥靖主义者"，"继承了迪安·艾奇逊懦弱无能的共产主义遏制政策"。[64]约瑟夫·麦卡锡参议员也表达了类似观点，将这位民主党候选人称作"阿尔杰"，[65]后者是指阿尔杰·希斯。麦卡锡怨恨乔治·马歇尔将军，认为正是后者在担任杜鲁门的国务卿期间"丢了"中国。在麦卡锡的家乡威斯康星州进行竞选活动时，面对上述恶语中伤，艾森豪威尔本应出面为这位朋友兼导师辩护，但为了避免与这些煽动人心的反共政客发生冲突，艾森豪威尔临阵退缩，删除了演讲稿中为马歇尔辩护的一段文字。他显然清楚，事实就摆在眼前，在众议院 221 位共和党议员中，在众议院非美活动委员会任职的就有 185 人之多。[66]

艾森豪威尔在竞选活动中一直对民主党的腐败进行猛烈抨击，但却在当年 9 月遭受重挫。因为有新闻称，保守派商人曾向尼克松提供了 1.8 万美元的秘密捐款。此事严重影响了艾森豪威尔的竞选活动。艾森豪威尔的幕僚迎合公众舆论，要求解雇尼克松。为了挽救自己的候选人资格，尼克松孤注一掷，面对 5500 万电视观众，发表了著名的"切克斯演讲"。

尼克松在演讲中的感伤情绪让他反败为胜，但艾森豪威尔并没有直接表态，而是告诉他在西弗吉尼亚州见面，令他备受煎熬。当时，尼克松已经拟好辞呈。他向一名助理大吼道："他还想要什么？我是不会跪在地上向他求饶的。"次日，艾森豪威尔在机场与尼克松见面。他说："迪克，你真是我的左膀右臂。"[67]尼克松闻言激动得失声痛哭。

艾森豪威尔一举拿下39个州，轻松赢得大选。1953年1月艾森豪威尔就职时，美苏关系极为紧张。在竞选活动中，艾森豪威尔和新任国务卿约翰·福斯特·杜勒斯不仅没有设法缓和双方的紧张态势，反而煽动人们的反苏情绪，呼吁从民主党的"遏制政策"转向共和党的"解放政策"。

但艾森豪威尔并不是一直都这么热衷于反共。1942年，他力促开辟第二战场，并与苏联元帅格奥尔基·朱可夫建立了友好关系。二战结束后，他相信美苏之间的友谊会持续下去。斯大林给了他很高的评价，并告诉美国大使埃夫里尔·哈里曼："艾森豪威尔将军是一位伟人，不仅因为他战功赫赫，而且因为他为人仁慈友善、和蔼率真。"[68]1945年8月，艾森豪威尔访问莫斯科时，受到了苏联人民英雄般的欢迎。斯大林授予他极大殊荣，他是第一个在列宁墓上方平台上观看红场阅兵仪式的外国人。随后，在辞去陆军参谋长职务的报告中，他反对轻率地将军事力量等同于国家安全：

国家安全并不意味着必须搞黩武主义或任何相关手段。我们不能以军备规模大小、军队数量多少或是否垄断某种强大武器来衡量国家安全与否。那是德国和日本的权力观，而战争已经证明这种观点是错误的。即使是在和平时期，将物质力量作为衡量指标也极不可靠，因为武器会被淘汰，变得毫无价值，大军会衰败，同时耗空本国的力量，而对某种武器的垄断也很快就会被打破。[69]

　　艾森豪威尔在任期间有多次机会终止冷战和军备竞赛。在也许是史上局势最紧张的漫长阶段担任全球头号强国的总统，他本可以采取大胆行动，将世界引上一条截然不同的道路。莫斯科曾经发出信号，暗示克里姆林宫可能会改变其外交路线。但由于意识形态分歧、政治上的盘算、实现国家军事化的迫切需要以及缺乏想象力，艾森豪威尔一再与转瞬即逝的机遇失之交臂。在这样一个剑拔弩张的时刻，他避免了与苏联走向战争，但也留下了一个比他上任之时危险得多的世界。

　　上任没多久，艾森豪威尔就迎来了一个扭转冷战局面的绝佳时机。1953 年 3 月 5 日，艾森豪威尔上台还不到一个月，约瑟夫·斯大林突然病逝。艾森豪威尔的心腹幕僚敦促他利用莫斯科国内的混乱局势，"把苏联吓个魂飞魄散"。国家安全委员会呼吁"利用此事发动心理战"，艾森豪威尔的心理战顾问 C. D. 杰克逊（C. D. Jackson）提议发动"大规模政治攻势"。[70]但苏联领导人迅速采取措施，缓和了与美国的紧张关系，并授意中国和朝鲜妥协以达成停火协议。3 月 15 日，格奥尔基·马林科夫公开宣布："没有什么争端或问题不能和平解决。"[71]中情局新任局长艾伦·杜勒斯在报告中称，苏联领导人确实希望"降低全球战争爆发的风险"。[72]他们甚至在苏联国内采取初步措施，开始推动自由化。丘吉尔于1951年再次当选英国首相，面对日益严峻的核威胁，他越来越警惕。丘吉尔敦促华盛顿抓住这个前所未有的机会，结束冷战对抗。他甚至力促与苏联领导人举行首脑会晤。[73]但在长达 6 周里，艾森豪威尔始终不置一词，直到他的幕僚拟好回应措辞，他才最终打破沉默。作为美国总统，他就冷战对美国造成的恶果发表了一次含义极为清晰的声明：

我们每制造一把枪、一艘战舰和一枚火箭，都是从那些食不果腹、衣不蔽体的人那里进行偷窃。这个世界……正在挥霍着劳动者的汗水、科学家的天才与孩子们的希望。制造1架现代重型轰炸机的成本……相当于在30多座城市里建立起现代化的砖房学校；相当于盖2座发电厂，其中每座都足以为一个6万人的城市供电；相当于2家技术先进、设施齐全的医院；相当于筑成50英里的水泥路。造1架战斗机的成本足以购买50万蒲式耳①小麦。造1艘驱逐舰的成本足以让8000余人住上新房……这根本不能称为生活……战争阴云之下，是全人类都在背负沉重的钢铁十字架。[74]

在这次演讲中，艾森豪威尔似乎一反常态，呼吁和平、裁军与第三世界的发展。但实质上，他仍然是一个公认的冷战斗士，并把危机重重的世界局势归咎于苏联。

《纽约时报》称，这次演讲"精彩绝伦、感人至深"。[75]《华盛顿邮报》希望，它预示着美国将摒弃杜鲁门式"挑衅性辞令""好战姿态""军事化政策"，以及"为所有反共人士提供援助的做法"。该报认为，艾森豪威尔仍然需要批驳"这样一种观点，即只要莫斯科挥动鞭子，无论是其卫星国的偏远之地，红色中国，还是共产主义蔓延的亚洲，都会俯首听命"。[76]

苏联广泛刊行了艾森豪威尔的演讲词，并提出了一些鼓舞人心的措施。但事实证明，这种乐观情绪没有持续很久。两天后，杜勒斯谴责马林科夫开展的"和平攻势"是对美国实力的"和平防御"。他指责苏联"无休止地密谋从内部推翻世界上所有真正的自由政府"。[77]

苏联人大惑不解，不清楚到底是艾森豪威尔还是杜勒斯代表着

---

① 美制单位中，1蒲式耳约为35.24升。

美国政府的意见。他们称赞艾森豪威尔阐述了美国为黩武而付出的代价，但也批评他遗漏了美国扩大核武库以及在世界各地建立数百个军事基地所耗费的惊人开支。

为结束朝鲜战争而采取的措施对双方未来的关系来说，也未必是吉兆。虽然谈判取得了一定进展，但艾森豪威尔仍威胁要扩大战争，并考虑使用战术核武器。1953 年 1 月，美国首次试验了这种武器。在 2 月召开的国家安全委员会会议上，艾森豪威尔指出，朝鲜的开城地区是使用这种新型武器的绝佳地点。5 月，陆军参谋长 J. 劳顿·柯林斯（J. Lawton Collins）将军表示，他"非常怀疑是否值得在朝鲜使用战术核武器"。艾森豪威尔冷酷无情地回答："从经济角度来看，也许在朝鲜使用核武器比继续使用常规武器成本更低。"[78] 当月，经参谋长联席会议提议，国家安全委员会同意对中国发动核打击。随后，艾森豪威尔和杜勒斯向共产党领导人发出了威胁。

与此同时，美国开始轰炸平壤附近的水坝，引发大规模洪灾，淹没了下游的稻田。1944 年纳粹德国曾对荷兰做出过类似举动，纽伦堡审判将之判定为战争罪。1953 年 6 月，双方终于签署协议，准备解决战俘问题和划定停火界限，但战斗仍在加剧，双方的伤亡人数剧增。联合国军士气低落，逃兵增多。为了离开战场，很多人甚至故意自残。1953 年 7 月 27 日，在谈判了两年又 17 天后，朝鲜、中国和美国终于达成停火协议，但韩国仍未在协议上签字。8 月，艾森豪威尔继续施压，作为"大棒行动"的一部分，他命令李梅向冲绳岛的嘉手纳空军基地派遣 20 架携带核弹的 B-36 轰炸机。轰炸机抵达时，李梅邀请媒体前往参观。

艾森豪威尔曾在总统任期内多次威胁使用原子弹。正如丹尼尔·埃尔斯伯格（Daniel Ellsberg）所言，如果有人拿枪对着另一个人的脑袋，那么无论是否扣动扳机，他都已经使用了这把枪。发现可以用核武器恐吓敌人投降的人还有理查德·尼克松。1968年，尼克松向鲍勃·霍尔德曼（Bob Haldeman）解释了他对北越采取的战略："我将其称为疯子理论，鲍勃。我想要北越人相信，为了阻止这场战争，我将不惜一切代价。我们只要无意间告诉他们：'看在上帝的份上，你们知道尼克松对共产党深恶痛绝。一旦他被惹火了，我们可无法阻拦——他的手里可是掌握着核按钮！'两天后，胡志明就会在巴黎乞求和平了。"

霍尔德曼称，尼克松"从艾森豪威尔总统的行动中看到了榜样……艾森豪威尔入主白宫之初，朝鲜战争陷入了僵局……他暗中传话给中国人称他将投掷核弹……没过几周，中国人呼吁停火，朝鲜战争终于结束"。

"这一招很管用，"尼克松说，"是原子弹让我们达到了目的。"他表示，是艾森豪威尔让他认识到了难以捉摸的行动有何价值。"如果对方认为你行事难以预料，甚至不顾一切，"他写道，"他就不会采取过火的行动。他失败的可能性大大增加，而那位行动难以预料的总统就会占据上风。"[79]艾森豪威尔显然不是一个疯子，但他没有注意到，尼克松之流将如何效仿他的做法。

朝鲜战争中既有赢家，也有输家。李承晚和蒋介石保住了摇摇欲坠的政权。日本渔翁得利。中国在对抗美国的过程中提高了自己的国际声望。但苏联的行动令人大失所望，从而加速了中苏关系的破裂。丘吉尔一针见血地指出了这场战争对美国的意义："朝鲜半岛现在无关紧要。我直到74岁才听说这么个鬼地方。朝鲜战争之所以重要，在于它让美国重新军事化。"[80]

这场战争的牺牲品还包括被指控为"原子弹间谍"并判处死刑的罗森伯格夫妇。在一份极有争议的判决书中，法官谴责道："你们的行为导致共产党入侵朝鲜半岛，并造成5万多名美国人丧生。"[81]

　　亨利·华莱士同样受到殃及。进步党 ① 在 1948 年的总统选举中失利后，其党员日益减少，并逐渐被美国共产党控制，而后者几乎从未批评过苏联。华莱士见识过太多斯大林主义，1950 年 2 月底，他告诉参加进步党大会的代表："美国和苏联是当今世界最残暴的两个大国。它们都认为自己处于道德高地，但在其他国家眼中，它们的指导原则是武力，而且只有武力。"

　　朝鲜进军韩国成了压垮华莱士的最后一根稻草。由于进步党领导人反对联合国采取行动，华莱士发表了他自己的"良知宣言"。华莱士坚持认为，如果苏联愿意，他们从一开始就能制止朝鲜进军，现在也同样能阻止。他宣布："我不会为美国和苏联过去的行为辩护，但当我的祖国参加了战争，而联合国也批准了这场战争，我会站在祖国与联合国的一边。"但他呼吁美国领导人改变近年来一直受他谴责的政策，因为"在亚洲，只要美国继续为那些由横征暴敛的地主和富商巨贾组成的封建政权撑腰，这就会是一场毫无胜算的战争。如果苏联帮助当地人民脱离这些压迫者的统治，它就拥有比原子弹更强大的武器。但如果我们美国人只为了人民使用这种武器，我们就会比苏联更强大"。三周后，华莱士从进步党辞职。数年来，他几乎是孤身一人在重重逆境中披荆斩棘，这位不屈不挠、富有远见的领导人最终选择了放弃。斯大林的背叛以及国内冷战斗士日渐扩大的影响力让他大伤元气，无力继续斗争。华莱士回到了他在纽约州北部的农场，在余生的大部分时间里，他种植玉米，豢养鸡群，这些是当时世界上大多数人的食物。[82]

　　有些人担心，朝鲜战争中还有一类受害者，那就是美国男性。一项战后研究显示，70% 的美国战俘曾经"崩溃"，并向俘虏他们

---

① 1948 年美国总统选举，华莱士退出民主党并成立进步党，他以进步党人的身份参选总统，试图与杜鲁门分庭抗礼。华莱士在总统选举中失败后，进步党逐渐解散。

的人屈服。一些人将这种现象归咎于共产党的宣传教化，而另一些人则发现了更令人不安的原因。一名曾到前线救治俘虏的军医在报告中写道："强者经常从弱者口中夺食……很多人在生病以后，不仅得不到他人的帮助和照料，反而被漠视，甚至更糟……在冬天的夜晚，一些患有痢疾、身体虚弱的俘虏被同伴丢到小屋外面，在严寒中等死。"美国俘虏中有38%的人死亡，这一数字令人触目惊心。很多人变得沉默寡言，不再去寻找食物，也不注意保持个人卫生。这名军医将这归因于"他们孩提时代和青春期接受的训练不足——让他们变得软弱"。[83]

"新面貌"政策如何降低霸权维护成本？

如果说美国男人开始变得软弱起来，那么美国的技术恰好弥补了这一缺陷。就在艾森豪威尔当选的前三天，美国在马绍尔群岛埃内韦塔克环礁的伊鲁吉拉伯岛进行了首次氢弹试验。这座岛屿在直径为100英里的蘑菇云下整整燃烧了6个小时后渐渐消失。氢弹的爆炸当量超过1000万吨，超出了所有人的预期。一名水兵描述道："简直就像整个世界都着了火。"[84]当时，物理学家哈罗德·阿格纽（Harold Agnew）站在25英里外的一艘船上。他说："最令我难忘的不是爆炸本身，而是爆炸产生的热量……当时热浪滚滚，一直持续。那场面真的恐怖极了。"[85]艾森豪威尔在他的就职演讲中承认了这一事实，他说："科学似乎准备赋予我们将人类从地球上消灭的力量。"[86]而在随后8年中，他的政策将人们更为灾难性地推向这一严峻威胁。早在1946年，刘易斯·芒福德曾在一篇精彩的文章里谈到美国领导人的疯狂行为，他简直就像是预料到未来的艾森豪威尔而写作的。

就像在反共问题上的转变一样，艾森豪威尔并不是从一开始就积极支持使用核武器。无论是从军事上还是道义上，他都反对向日本投掷原子弹。当得知广岛遇袭时，他正在莫斯科访问。艾森豪威尔告诉记者："在使用原子弹之前……我相信我们能与苏联维持和平。但现在，我不知道。我曾希望原子弹没有出现在这场战争中。在此之前，我可以说，我们这三个国家，英国……美国……和苏联……能在将来很长的一段时期内维护世界和平。但现在，我不知道。世界各地的人们都感到恐慌与不安。每个人都再一次感到缺乏安全。"[87]

二战结束后，他呼吁对原子弹进行国际控制，交由联合国统一销毁。他一再倡导由文职官员控制原子弹，反对军方掌握。对于使用类似武器的道义问题，他深表忧虑。1947 年，他在一次午餐会上声明："我不认为某种一夜之间导致数百万人丧生的武器能为我们带来安全，这是一种过于随意甚至幸灾乐祸的说法。"[88]

戴维·罗森伯格（David Rosenberg）认为："1953 年 1 月，德怀特·艾森豪威尔当选总统，他对核武器的了解，要比他之前或之后的任何一位总统都深刻得多。"作为陆军总参谋长、参谋长联席会议临时主席以及北约最高指挥官，艾森豪威尔参与了核战争的初期策划。在那段时期，他对核武器的憎恶虽然明显减少，但没有完全消失。1953 年 3 月，他警告内阁不要把原子弹当作"解决问题的廉价手段"。他提醒他们："对任何一名西欧公民来说，当他的祖国被颠覆，他的性命不复存在，无论再怎么向他保证会有人向克里姆林宫投掷原子弹，这种安慰都毫无意义。"[89]

他决心巩固美国在核军备竞赛中的领先地位。1953 年夏，中情局报告显示，没有证据显示苏联正在研制氢弹，这令人颇感宽慰。但 1953 年 8 月 12 日，苏联在哈萨克斯坦引爆了一颗据信爆炸当量为 40 万吨的氢弹，这让中情局大感窝火。虽然苏联氢弹的威力尚无法与美国的相比，但这颗氢弹不仅可以立即投入应用，而且是"干燥"的，即不需要冷冻。《原子科学家公报》把末日时钟拨到了23点58分。自从苏联1949年首次核试验后，时钟就一直停在23点57分的位置。[90]现在，苏联人正以惊人的速度缩小差距。

《纽约时报》认为，值得宽慰的是，美国仍在原子弹与氢弹制造上占据领先地位，但也意识到，"这一优势必定会随着时间推移而消失"。该报指出，就连国务卿杜勒斯也不得不宣布，"当务之急是拯救人类免于灭绝"。[91]

约翰·福斯特·杜勒斯及其亲属曾协助缔造了美利坚帝国，他的外祖父约翰·W. 福斯特（John W. Foster）和舅舅罗伯特·兰辛都担任过国务卿。作为长孙，约翰·福斯特·杜勒斯在童年时期受到了约翰·W. 福斯特的严厉教育，被灌输以美国要领导全球的坚定信念。约翰·福斯特·杜勒斯的祖父和父亲都是长老会的牧师，祖父曾经不远万里到印度传教。杜勒斯的弟弟艾伦后来出任中情局局长。当兰辛在第一次世界大战期间和战后担任威尔逊的国务卿时，杜勒斯是政府新成立的苏联局的财务处长，主要负责援助反布尔什维克力量对抗苏联革命。杜勒斯家族的故交、金融家伯纳德·巴鲁克认为这名年轻的律师是可造之材，因此提名他出任监督《凡尔赛条约》履约情况的协约国赔款委员会（Inter-Allied Reparation Commission）美国代表团的法律顾问。之后，杜勒斯回到苏利文·克伦威尔律师事务所重操旧业，负责这个新兴帝国的一些支柱企业的账目，包括 J. P. 摩根公司、布朗兄弟哈里曼公司、狄龙和瑞德公司、高盛公司、联合果品公司、国际镍公司、中美洲联合铁路公司和海外证券公司。[92]

有新闻报道称，在纳粹独裁统治初期，杜勒斯曾毫不掩饰对希特勒的崇拜，虽然这一点很难证实，但他确实与一些德国企业保持着生意往来。他积极投身于两次世界大战之间大规模的企业卡特尔化活动，从而稳定了美国摇摇欲坠的经济，减少了行业竞争，保证了企业利润。杜勒斯曾通过镍业卡特尔和化学业卡特尔与德国的 IG 法本公司进行过广泛交易。虽然他后来极力否认与纳粹政权有过任何瓜葛，但他的确于1934年、1935年、1936年、1937年和1939年多次出访柏林。[93] 在评价杜勒斯时，《纽约时报》和《波士顿环球报》（*Boston Globe*）著名驻外记者斯蒂芬·金策（Stephen Kinzer）援引南希·利萨戈（Nancy Lisagor）和弗兰克·利普休斯（Frank Lipsius）对苏利文·克伦威尔律师事务所的"详尽调查"，认为"该律师事务所'是从卡特尔和与新纳粹政权勾结起家的'，而杜勒斯在1934年的大部分时间里都'公开支持希特勒'；令他的同僚'震惊的是，为了替纳粹的镇压辩护，他经常漠视法律与国际条约'"。[94]

在维护美国的霸权和商业利益以及仇视共产主义的问题上，杜勒斯从未动摇过。尽管从外表上看，这位国务卿刻板僵硬，甚至有些好斗，而总统和蔼可亲、平易近人，但在重大政策问题上，他们几乎没有任何分歧。艾森豪威尔深知，即使是对最富有阶层征收90%的所得税，美国庞大的军事预算也难以为继，最终将导致国家破产。他忧心忡忡地表示："高昂的军事开支会扼杀整个国家。"[95]因此，他决定依靠核武器来控制不断膨胀的国防开支，因为比起维持一支数量巨大的常规军，核武器要便宜得多。1953年10月底，他批准了国家安全委员会第162/2号文件（NSC 162/2），这也是其"新面貌"（New Look）国防政策的核心方针。该政策规定："发生敌对行动时，除了使用其他军备，美国还将考虑使用核武器。"[96]"新面貌"战略认为，美苏之间的任何战争都有可能迅速演变成一场全面核战，基于此假设，该战略淡化美国常规军事能力的重要性，重视战略空军司令部，重视由该部实施的大规模核报复。因此，削减陆军规模所节约的开支大部分被用于发展空军和海军。最终，艾森豪威尔将国防预算从1954年杜鲁门时期的413亿美元削减到360亿美元。

但艾森豪威尔发现，对于使用核武器，无论是美国公众还是英国同盟都不像他和杜勒斯那样乐观，这令他颇感束手束脚。他开始着手消除常规武器与核武器之间的界限。根据1953年3月底的会议记录，国家安全委员会在讨论对朝鲜使用核武器时称："总统和国务卿一致认为，无论采取何种方式，必须打破使用核武器的禁忌。"[97]

杜勒斯鼓吹要破除常规武器与核武器之间的"错误区分"，并将这种区分归咎于苏联开展的宣传战。[98] 1954年5月，参谋长联席会议主席、海军上将阿瑟·拉德福德（Arthur Radford）在海军战争学院向听众解释说："目前核力量是我们的主要力量……其他地面、海上和空中军事力量都退居次要地位……核武器、核裂变与核聚变将在下一场大规模战争中得到使用。"[99]

1953年12月，在百慕大群岛会晤英国首相丘吉尔和法国总理约瑟夫·拉涅尔（Joseph Laniel）时，艾森豪威尔表示，如果朝鲜半岛再次发生冲突，希望盟国支持美国动用核武器。丘吉尔派他的私人秘书乔克·科尔维尔（Jock Colville）向艾森豪威尔转达了自己的忧虑，科尔维尔对艾森豪威尔的回答感到震惊："温斯顿认为原子弹是一种前所未有的恐怖武器，而艾森豪威尔认为这只是军事武器的最新进展。言下之意，在他看来，'常规'武器与核武器没有任何区别，因为所有武器最终都会发展成为常规武器。"[100]科尔维尔后来写道："我简直不敢相信自己的耳朵。"艾森豪威尔也对安东尼·艾登表达了同样的观点："小型核武器的发展与原子炮的应用让[核武器与常规武器之间的]区别不复存在。"[101]

1955年，一名记者提问艾森豪威尔是否会使用战术核武器，艾森豪威尔回答道："是的，当然会使用。只要是严格用于军事目标和军事目的，这些武器在任何战斗中都可以使用。我看不出为什么不能像使用子弹或其他武器一样使用核武器。"[102]

次日，尼克松进一步强调了这一观点："战术核轰炸现在属于常规手段。我们将对任何侵略力量使用战术核武器。"[103]几周后，艾森豪威尔向国会表示：如今，"各种各样的"战术核武器"已经在我们的武器库中获得了常规武器的地位"。[104]

为了便于使用，艾森豪威尔将核武库的控制权从原子能委员会移交军方。1951年，杜鲁门曾将9颗原子弹运抵关岛，但他坚持由文职官员掌管。他说，他不希望"由某个有勇无谋的中校来决定什么时候应该投掷原子弹"。[105]但艾森豪威尔没有这样的顾虑。1953年6月，他开始将原子弹从原子能委员会移交到国防部，以做好行动准备，避免这些核武器遭到苏联偷袭。1954年12月，他下令将42%的核弹和36%的氢弹部署到海外，很多部署地点距离苏联仅有咫尺之遥，足以对其构成威胁。截至1959年，军方接管了美国超过80%的核武器。

对于美国有可能发动核战争这一事实，美国的欧洲盟友感到十分恐惧，纷纷敦促艾森豪威尔缓和局势。1953年12月8日，艾森豪威尔给出回应，他在联合国对3500名代表发表了题为《原子能为和平服务》（"Atoms for Peace"）的演讲，迷惑了在场的所有人。他宣称，美国将"不遗余力地寻找解决问题的方法，人类具有不可思议的创造力，但其目的不应当是导致集体灭绝"，而是通过向国内外传播和平利用核能的益处而"使人类生生不息"。[106]

美国媒体对这次演讲交口称赞。《纽约时报》军事记者汉森·鲍德温（Hanson Baldwin）写道：艾森豪威尔有关和平"富于雄辩和鼓舞人心的观点……反映了美国停止核军备竞赛的诚意"。但鲍德温也遗憾地表示，成功的前景十分渺茫，因为"苏联的整个观念都建立在世界斗争和最终称霸世界上"。[107]

艾森豪威尔急于让使用原子弹得到盟国的认可，甚至忽视了不计其数的有关核扩散的危险的警告。原子能委员会唯一的核物理学家亨利·史密斯（Henry Smyth）谴责《原子能为和平服务》的演讲"完全是一个虚伪的提议"，因为它不仅忽视了核扩散的危险，而且夸大了核能的前景。[108] 很多人支持他的看法。

苏联领导人对核扩散的危险感到震怒。包括核物理学家伊戈尔·库尔恰托夫（Igor Kurchatov）在内的5名顶尖科学家认为，"开发原子能的工业用途不仅不能够阻止，而且将直接导致它的军事应用潜力的增长"。苏联外交部长莫洛托夫重申了与杜勒斯会晤时的主张，并且在备忘录中表明，"和平利用原子能的技术也可能被用于制造核武器"。在5月1日的会晤中，当莫洛托夫再次提出核扩散危险时，杜勒斯并没有领会他的意思，而是反唇相讥，让他"先找个科学家弄清楚再说"。[109]

如果说艾森豪威尔在联合国的演讲为人们带来了缓和国际紧张局势的一线希望，那么杜勒斯于1954年1月12日在外交关系协会上的讲话则让上述希望彻底破灭。他警告说，美国将发动"大规模报复"，"以我们选择的手段"在"我们选择的地方"支持世界各国对共产主义的防御。[110]

美国对核武器的倚重意味着对此前政策的完全背离。在广岛和长崎投掷原子弹后，杜鲁门认为，只有在极其严重的情况下才能使用核武器，而艾森豪威尔却将其作为美国国防战略的基础。《华尔街日报》报道："很多人担心，这种不顾后果的政策将会把每一次小型冲突都变成一场末日核战。"[111]《纽约时报》记者詹姆斯·雷斯顿也对艾森豪威尔和杜勒斯正在实施的新战略感到震惊，认为这项战略"比美国政府提出的任何政策都危险"，但没有一位国会议员对这种"突如其来的核报复"提出质疑。他担心，如此扩大总统的权力将会损害宪法。如果中国人进入印度支那或苏联人进入伊朗，他问道，该由谁下令对北京或莫斯科部署"大规模报复力量"？总统将如何"在不惊动克里姆林宫并使美国免遭突然核打击的情况下，获得国会的同意？"[112]

兰德公司分析师约瑟夫·洛夫特斯（Joseph Loftus）也感到十分不安，因为战略空军司令部的新目标瞄准了苏联的城市和平民。在洛夫特斯参观战略空军司令部位于奥马哈的总部时，司令部情报处负责人詹姆斯·沃尔什（James Walsh）将军曾邀请他到家中喝鸡尾酒。沃尔什向洛夫特斯表示必须对苏联发动大规模毁灭性打击，然后突然大发雷霆。"见鬼，洛夫特斯，对付苏联人只有一个办法，那就是用尽一切手段狠狠地打，"他一边咆哮，一边一拳砸在桌上那本厚厚的《圣经》上，"把他们的蛋都打飞！"[113]

到1954年春，战略空军司令部在战争计划中呼吁，动用600—750颗核弹对苏联发动袭击，"在两个小时内将其变成一片硝烟弥漫、布满辐射的废墟"。[114]这项计划包括炸死苏联118座主要城市80%的人口，约6000万人。当年晚些时候，美国开始在欧洲盟国部署核武器。截至1958年，美国仅在西欧就部署了近3000颗核弹。

与此同时，美国核武库也在继续以惊人的速度扩充，艾森豪威尔上台时，美国的核弹数略多于1000颗，而8年后他离任时，美国的核弹数已超过2.2万颗。

推翻摩萨台，换取伊朗石油开采权

美国的大规模报复战略也许能震慑苏联，但难以阻挠发展中国家汹涌澎湃的革命浪潮，而苏联正是利用了这些国家广泛存在的不满情绪。但第三世界最重要的几位领导人——埃及的贾迈勒·阿卜杜勒·纳赛尔（Gamal Abdel Nasser）、南斯拉夫的约瑟普·布罗兹·铁托和印度的贾瓦哈拉尔·尼赫鲁（Jawaharlal Nehru）——

却始终在资本主义与社会主义阵营之间保持中立。他们认为，在国家经济发展急缺资金的情况下，耗资数十亿美元和卢布用于发展军备，这简直骇人听闻。1953年5月，杜勒斯首次出访国外，就领教了亚洲和中东国家对美国的敌意。在亚洲，苏联的制度才真正具有吸引力。在访问期间，杜勒斯写信给艾森豪威尔，谈到阿拉伯世界的"怨恨"。美国在这里遭到"怨恨"，是由于其盲目支持以色列，以及被与英法帝国主义联系在一起。[115]

杜勒斯不能肯定，美国能否赢得第三世界人民的拥护。他指出，要让那些欠发达国家选择资本主义，就像让营养不良、身体佝偻的人去打橄榄球："你对他们说：'要建立自由竞争制度。'他们会答道："天哪，肯定还有别的更好的方式吧！'"[116]艾森豪威尔也为全世界穷苦大众对美国的深深敌意感到不安。1953年3月，他在一次国家安全委员会会议上提出了这个问题。他很不解，为什么不能"让这些受压迫的国家喜欢我们，而不是怨恨我们"。[117]

美国在伊朗冲突中所扮演的角色为艾森豪威尔提供了解答。上任伊始，他就面临伊朗危机。穆罕默德·摩萨台（Mohammad Mosaddegh）政府反对英国石油公司的前身、世界第三大原油生产商英伊石油公司对伊朗石油的垄断。该公司51%的股份为英国政府所有，且与礼萨·汗及其子穆罕默德·礼萨·沙阿·巴列维建立了融洽的关系。礼萨·汗在第一次世界大战后夺取政权，于1925年在伊朗称王。1941年，由于礼萨·汗同情纳粹，英国和苏联联合攻占了伊朗，沙阿·巴列维继承了王位。

英伊石油公司拿走了84%的收入，仅将微不足道的16%留给伊朗人。此外，该公司向英国而非伊朗纳税。事实上，它缴给英国的税款是缴给伊朗的使用费的两倍多。[118]英国人靠伊朗石油大发横财，而伊朗人却一贫如洗。当地石油工人的日薪不到50美分，还没有任何福利和假期。1950年，阿美石油公司与沙特阿拉伯签订合同，将从当地石油获得的 50% 收益给予后者，伊朗人怒火中烧。迫于压力，英伊石油公司提出改善合同条款，但伊朗首相摩萨台对英国的殖民主义深恶痛绝，因此拒绝考虑这项提议。伊朗议会反映了伊朗人对英伊石油公司的普遍反感，一致投票通过将石油工业收归国有，并对英国人的投资给予补偿。在英国，工党政府也曾将煤炭与电力企业和铁路收归国有，因此很难反对这项决定。

摩萨台曾担任伊朗的财政部长和外交部长，虽然他古怪的性格人尽皆知，但他不仅在伊朗备受拥戴，在国际上也享有盛誉。他是第一个从欧洲的大学获得法律博士学位的伊朗人。在凡尔赛会议上，他曾竭力反对英国人控制伊朗，但最终徒劳无功。在随后几十年中，他率领伊朗人展开了非殖民化斗争。1951 年，《时代》周刊提名他为当年的风云人物。美国大使在报告中称，摩萨台"受到全国 95%—98% 人口的支持"。[119] 他对英国殖民者的反抗让该地区的阿拉伯民众倍受鼓舞。

伊朗的石油产量占中东地区产油量的 40%，因此美国深知缓和当地局势的重要性。从 1948 年起，美国就开始敦促英国改善合同条款，以避免出现危机。杜鲁门轻蔑地将英伊石油公司的老板威廉·弗雷泽（William Fraser）爵士称为"一个典型的 19 世纪殖民剥削者"。[120]

英国内阁成员以典型的 20 世纪殖民剥削者的方式做了回应，并就入侵伊朗的利弊进行了讨论。他们认为，侵略战争不仅耗资巨大，而且还不一定成功。但也有人指出，向伊朗人屈服，无异于在大英帝国的棺材上钉最后一根铁钉。"如果听凭伊朗不受惩罚，埃及和其他中东国家就会受到鼓励并竞相效仿，"国防大臣伊曼纽尔·欣韦尔（Emanuel Shinwell）担心，"接下来，可能就轮到将苏伊士运河国有化了。"反对党领袖丘吉尔向首相克莱门特·艾德礼表示，更让他"感到震惊的是美国的态度，因为美国似乎尚未完全意识到该地区的重要性，这个地区从里海一直延伸到波斯湾，显然比朝鲜半岛更重要"。外交大臣赫伯特·莫里森（Herbert Morrison）也强烈反对这种"逃跑和投降政策"。[121]

由于担心英国在南方的军事行动会刺激苏联从北方介入，艾奇逊试图从中调停。虽然摩萨台决不妥协的态度让他感到恼火，但他还是十分同情伊朗人的处境。艾奇逊说服埃夫里尔·哈里曼前往德黑兰平息事态。哈里曼在报告中称："当地局势发展是一个悲哀的例子，一方面是管理缺位，另一方面是世界范围内不发达国家的民族主义高涨，两者共同导致了如今的局面。"[122]英国决定暂缓军事行动，转而打起经济战。他们禁止石油运出和货物进入伊朗。在获得美国同意后，英格兰银行中止了与伊朗的金融和贸易往来。伊朗经济逐渐陷入停滞。

1951年10月，丘吉尔及其保守党重新执掌大权，为采取军事干涉施压。丘吉尔在早先写给杜鲁门的一封信中称，"这个混账家伙"［摩萨台］是一个"老疯子，一心想搞垮这个国家，然后将其拱手交给共产党"。[123]当摩萨台风闻英国计划发动政变时，他立即关闭了英国大使馆，并将其所有雇员驱逐出境。

艾森豪威尔上任后，杜勒斯兄弟找到西奥多·罗斯福之孙、中情局中东问题专家克米特·罗斯福（Kermit Roosevelt），讨论消灭"疯子摩萨台"。[124]约翰·福斯特·杜勒斯承认，摩萨台不是共产党，但他担心一旦伊朗由倾向共产主义的人民党（Tudeh Party）掌权，就会将伊朗的石油送往苏联。他说，用不了多久，其他中东国家的石油就会处于苏联的控制之下。随着危机不断加深，摩萨台日益向人民党靠拢。美国大使洛伊·亨德森（Loy Henderson）称，艾森豪威尔政府将摩萨台视作一个反复无常的极端分子，认为他的神志"不太清醒"。[125]

中情局开始暗中实施由克米特·罗斯福领导的"埃贾克斯行动"

(Operation Ajax)。英国的军情六处为这项行动提供了支援，但事情并没有按照预期发展。中情局驻德黑兰情报站站长反对这项不道德的行动，认为有损美国在当地的长期利益。艾伦·杜勒斯随即将其解雇。摩萨台察觉沙阿·巴列维与美国勾结企图发动政变，于是迫使其流亡国外。

与此同时，中情局开始收买伊朗的记者、牧师、军官、警察和议会成员，利用他们煽动民众反对政府。此外，根据官方对这次政变的记载，中情局还雇用了恐怖主义极端组织。[126] 1953 年 8 月，罗斯福动用暴民在伊朗首都德黑兰制造混乱。他四处散布谣言，声称摩萨台是共产党和犹太人。一些街头恶棍装作人民党成员攻击毛拉① (mullah)，并焚毁了一座清真寺。这些骚乱分子中还有伊朗未来的领导人鲁霍拉·穆萨维·霍梅尼 (Ruhollah Musavi Khomeini)。1953 年 8 月 19 日，在一片混乱之中，罗斯福将法兹卢拉·扎赫迪 (Fazlollah Zahedi) 将军带出中情局的藏身之处。扎赫迪宣布，正在意大利流亡的沙阿已经提名他出任首相。武装冲突过后，政变者逮捕了摩萨台及其数以千计的支持者，其中一些人被处死。摩萨台被判叛国罪并投入监狱。随后，沙阿·巴列维返回德黑兰。在与罗斯福举行的最后一次会议上，沙阿·巴列维向他举杯致意："我能重登王位，要感谢真主、我的子民、我的军队——还有您。"[127]

对于这个结局，美国石油公司也求之不得。在此之前，他们一直被排斥在伊朗的石油生产之外，但现在 5 家美国石油公司获得了新建的伊朗石油开发企业 40% 的所有权。美国向沙阿·巴列维敞开了金库。政变发生两周内，美国向伊朗提供了 6800 万美元的紧急救援资金，随后又提供超过 1 亿美元。美国不仅赢得了一个新的盟

---

① 伊斯兰国家或地区对学者的一种尊称。

1953年2月，伊朗民众举行示威，支持首相摩萨台。

国，而且获得了丰富的石油资源。但这次政变激怒了伊朗的民众，美国推翻了该国广受拥戴的首相，扶植起另一个专制政权，当地民众的怨恨后来成了美国的噩梦。在美国的鼎力支持下，通过操纵选举和萨瓦克（SAVAK）的镇压，沙阿·巴列维继续统治了超过25年，萨瓦克就是他新成立的情报组织的简称。

中情局初试牛刀便推翻了伊朗政府，因此认为可以在其他地区如法炮制。在随后的数年里，中情局多次故技重施。苏联人发现，在斯大林逝世后，美国不仅没有缓和其对外政策，反而在与苏联有着1000公里共同边境的邻国安插了另一个傀儡政权，为其包围战略添砖加瓦。

推翻阿文斯，让危地马拉的土改计划流产

在伊朗大获全胜后，艾森豪威尔政府瞄准了中美洲一个贫穷的小国——危地马拉。在美国支持的独裁者豪尔赫·乌维科（Jorge Ubico）的残暴统治之下，危地马拉民不聊生。1944年，危地马拉人推翻了乌维科的统治。在改革派政府上台之前，全国2%的人掌握着60%的土地，而50%的贫民只能依靠3%的土地勉强维持生计。印第安人占危地马拉人口的一半，他们每天靠不足50美分的生活费艰难度日。1950年，在一场公平公正的选举中，38岁的哈科沃·阿文斯·古斯曼（Jacobo Árbenz Guzmán）上校当选危地马拉总统。阿文斯不仅相貌英俊，而且具有非凡的领袖魅力。1951年3月，阿文斯在就职演讲中宣布要致力于社会公正与改革：

> 比起危地马拉大多数贫困人口的生命、自由、尊严、健康和幸福，所有的财富都不重要……我们必须重新分配财富，让绝大多数贫困者从中受益，让极少数富有者也获得好处，但程度较小。考虑到我们的人民生活贫困、健康状况恶劣、缺乏教育，除此之外，我们还能怎样做呢？[128]

然而，阿文斯还没来得及实施其改革计划，美国媒体就立即大肆攻击危地马拉的共产主义"暴政"。当年6月，《纽约时报》强烈谴责他是"危地马拉的癌症"，对"阿文斯上校当选总统两个月来的政治趋势"，表达了"深深的失望和幻灭感"。报社主编对共产党在当地影响渐长尤其感到愤怒，抱怨"危地马拉当局的政策与苏联在中美洲的帝国主义行径并驾齐驱，甚至已经沦为后者的前哨战"。[129] 几个月后，《华盛顿邮报》也在一则题为《危地马拉的红色组织》（"Red Cell in Guatemala"）的社论中称，这位危地马拉

议会的新总统"彻底忠于党派政策"，充其量是一个工具。[130]

阿文斯对这些批评置之不理，开始了危地马拉的工农业现代化建设，并着手开发当地的矿产资源。为此，他必须对联合果品公司发出挑战，因为后者控制着危地马拉的经济命脉。被危地马拉人称作"章鱼"的联合果品公司已经将触角伸向铁路、港口、航运，尤其是香蕉种植园。阿文斯宣布了大规模土地改革方案，该方案的第一步就是将联合果品公司的23.4万英亩土地收归国有，其中超过90%的土地处于闲置状态。该公司一共拥有55万英亩土地，约占危地马拉可耕地的五分之一。阿文斯依照该公司此前纳税申报的价格（被该公司有意大幅压低），提出向联合果品公司补偿60万美元。联合果品公司要求提高补偿金额。阿文斯采取措施，征用了另外17.3万英亩土地。公共关系领域先驱、著名政治宣传家爱德华·伯奈斯（Edward Bernays）——著名心理学家弗洛伊德的外甥——发动宣传战，称阿文斯是共产党。伯奈斯拜访了《纽约时报》的发行人阿瑟·海斯·苏兹伯格（Arthur Hays Sulzberger），并与后者一拍即合。很快，《纽约时报》开始刊登文章，宣称危地马拉面临共产主义威胁。美国的一些知名国会议员也公开抨击危地马拉日益严峻的共产主义威胁，这些议员包括了参议员亨利·卡博特·洛奇。几十年来，洛奇家族从联合果品公司攫取了巨额利润。[131]

杜鲁门也注意到了危地马拉所谓的"共产主义威胁"。1952年4月，他设宴款待尼加拉瓜的独裁者阿纳斯塔西奥·索摩查·加西亚（Anastasio Somoza García）。长期以来，索摩查备受华盛顿冷遇。这一次，他向美国国务院的官员承诺，如果美国提供武器，他将与流亡在外的危地马拉上校卡洛斯·卡斯蒂略·阿马斯（Carlos Castillo Armas）一起干掉阿文斯。1952年9月，杜鲁门政府决定推翻阿文斯政府，但当美国的介入暴露后，杜鲁门政府改变了这一政策。[132]

　　艾森豪威尔则没有此类顾忌。他任命杰克·普里福伊（Jack Peurifoy）担任美国驻危地马拉大使。普里福伊不会讲西班牙语，在希腊服役期间，他曾协助当地国王复辟，人称"雅典屠夫"。他的桌子上至今仍然放着一张与希腊王室的合影。普里福伊喜欢在腰上别一把手枪，因此妻子称他为"荷枪实弹的普里福伊"。[133] 在到希腊服役之前，他还协助了美国国务院整肃院内自由派和左翼人士。阿文斯邀请这位新任美国大使及其夫人参加晚宴。席间，他们就共产主义对危地马拉政府、土地改革以及联合果品公司的影响展开了长达 6 个小时的讨论。事后，普里福伊给国务卿杜勒斯拍了一封长长的电报，详细叙述了双方的争辩。他说："就算阿文斯总统现在不是共产党，但一旦有共产党来到这里，他很快就会加入其中，对此我深信不疑。"[134]

　　在普里福伊看来，阿文斯无异于莫斯科的傀儡。"全世界的共产党都听命于克里姆林宫，那些不认同这一点的人根本就是在信口雌黄。"[135]实际上，危地马拉的共产主义土生土长，而危地马拉劳动党（Partido Guatemalteco del Trabajo）也独立于苏联。该党在国会 56 个席位中仅占 4 个，而且没有人在内阁担任职务。在总人口约 350 万的危地马拉，劳动党仅有 4000 名党员。

　　毫不夸张地说，联合果品公司与艾森豪威尔政府的高层深度勾连。杜勒斯兄弟的苏利文·克伦威尔律师事务所曾为联合果品公司撰写 1930 年和 1936 年与危地马拉的协议。艾伦·杜勒斯在中情局的继任者、副国务卿沃尔特·比德尔·史密斯（Walter Bedell Smith）于 1955 年出任该公司的副总裁。负责美洲事务的助理国务卿约翰·穆尔斯·卡博特（John Moors Cabot）是联合果品公司的大股东，其兄托马斯·达德利·卡博特（Thomas Dudley Cabot）是美国国务院国际安全事务主任，也曾担任联合果品公司的总裁。国家安全委员会主席罗伯特·卡特勒（Robert Cutler）将军也担任过联合果品公司的董事会主席。约翰·J.麦克洛伊（John J. McCloy）是联合果品公司的董事会前成员。美国驻哥斯达黎加大使罗伯特·希尔（Robert Hill）后来也加入了董事会。

出于对联合果品公司利益的关切，艾森豪威尔政府本就根深蒂固的反共倾向变得更为坚定了。1953年8月，当局决定开展秘密行动推翻阿文斯。一名美国官员告诫道："美国试图在危地马拉发动政变的事实一旦大白于天下，将为我们与西半球国家乃至世界各国的关系……带来灾难性影响。"[136]但艾伦·杜勒斯没有被吓倒，他邀请了伊朗政变的策划者克米特·罗斯福指挥这次"胜利行动"（Operation Success），但后者认为这次行动不可能成功，于是拒绝了。杜勒斯随后又选中了中情局驻韩国情报站站长阿尔伯特·黑尼（Albert Haney）上校担任前线指挥官，特雷西·巴恩斯（Tracy Barnes）负责开展政治战。正如蒂姆·韦纳在其关于中情局历史的作品中所写，巴恩斯有当时典型的中情局履历。他从小在纽约长岛的惠特尼庄园长大，庄园里有独立的高尔夫球场，随后他一路就读于格罗顿中学、耶鲁大学和哈佛大学法学院。二战期间，巴恩斯曾在战略情报局任职，因攻占一处德国要塞而荣获银星勋章。但巴恩斯一向毛手毛脚，因此杜勒斯委任自己的门生、中情局前局长沃尔特·比德尔·史密斯负责监管这次行动。[137]

1954年1月底，有消息传出，美国正在与卡斯蒂略·阿马斯上校合作训练侵略部队。危地马拉政府请求捷克斯洛伐克提供一船武器，美国则强烈谴责苏联试图对西半球进行渗透。参议院外交关系委员会主席亚历山大·威利（Alexander Wiley）称，这据称"一大批"货物是"世界共产主义总体规划的一部分"。[138]众议院发言人认为，这无异于在美国的后院投下了一颗原子弹。[139]

出人意料的是，《纽约时报》记者悉尼·格鲁森（Sydney Gruson）开始报道日益加深的危地马拉危机，准确反映了该国对美国恃强凌弱和指手画脚的愤慨。1954 年 2 月，格鲁森被危地马拉政府宣布为"不受欢迎的人士"驱逐出境，彼时刚被允许返回这个国家。[140] 5 月 21 日，他写道，美国现在"自食其果"，巨大的压力反而促进"危地马拉人民空前团结"。他写道，即使是"经常批评当局"的危地马拉报纸，"也众口一词地为政府的行动辩护"，"这两家报纸抨击美国一面自愿为西半球的右翼独裁者提供武器，一面却拒绝满足危地马拉的合法需求"。[141] 次日，在另一篇头版报道中，格鲁森称，危地马拉外交部长指责美国国务院正在支持国外流亡分子和国内异议人士，以推翻当地政府。他说，美国国务院向危地马拉施加压力，要求将对联合果品公司的补偿提高为 1600 万美元。格鲁森还援引危地马拉外交部长的话称，"危地马拉不是美国的殖民地，也不是美国的附庸国。危地马拉不需要经过美国政府许可来获取其国防和安全所必需的东西，也反对美国自称有权监督一个主权政府的合法行为"。[142] 5 月 24 日，格鲁森指出，与危地马拉政府对抗的立场是错误的，美国在危地马拉引发了"日益高涨的民族主义浪潮"和反美情绪。[143] 但格鲁森继续担当《纽约时报》驻危地马拉记者的时间已经进入了倒计时。在一次晚餐上，艾伦·杜勒斯向他的朋友《纽约时报》业务经理朱利叶斯·阿德勒（Julius Adler）谈起此事，后者很快向发行人苏兹伯格传达了美国政府的不满。没多久，格鲁森就被赶到了墨西哥城。[144]

与此同时，普罗福伊和其他美国官员开展了强大的宣传攻势，并故意向危地马拉及其邻国泄露虚假情报，以诋毁阿文斯政府并削弱其执政基础。1954 年 6 月，在美国空军的支援下，中情局训练的雇佣兵从洪都拉斯和尼加拉瓜的基地对危地马拉发动袭击。由于首次进攻出师不利，艾森豪威尔为卡斯蒂略·阿马斯提供了更多飞机。就连英国和法国官员都不愿为美国这种赤裸裸的侵略行为提供支援。美国驻联合国代表亨利·卡博特·洛奇找到两国大使，威胁他们如果不在危地马拉的问题上支持美国，美国就会在埃及和塞浦路斯撤回对英国的支援，在突尼斯和摩洛哥撤回对法国的支援。[145]

6月27日，阿文斯知道自己的抵抗徒劳无功，只得向以陆军参谋长为首的军政府移交权力。当晚，他发表了最后一次广播讲话，谴责"联合果品公司勾结美国的统治阶层，必须对正在发生的一切负责"。他警告人们将面临"20年血腥的法西斯暴政"。[146]当天夜里，中情局的情报站站长和另一名特工拜会了危地马拉军政府首领，告诉后者："你不太符合美国外交政策的要求。"[147]这名首领拒绝下台，中情局随即轰炸了危地马拉主要军事基地的阅兵场和政府的广播站。曾在堪萨斯州莱文沃思堡受训的卡斯蒂略·阿马斯乘坐美国大使馆的专机返回危地马拉，出任新一届政府首脑。6月30日，杜勒斯向美国民众发表讲话，称"民主制度"战胜了"苏联共产主义"。他宣称，"危地马拉已经自行解决了问题"。[148]对于杜勒斯令人作呕的谎言，一名英国官员表示，这番言论"听起来就像莫洛托夫在谈论……捷克斯洛伐克，或者希特勒在谈论澳大利亚"。[149]

卡斯蒂略·阿马斯很快出访华盛顿，并向尼克松保证效忠美国。"告诉我您想我怎么做，我就会怎么做。"他向这位副总统承诺。[150]在随后两年里，他从美国获得了9000万美元的援助资金，相当于过去10年里阿文斯政府所获援助的150倍。从此，他开始了残暴的军事独裁统治，并于三年后遭暗杀身亡。联合果品公司拿回了被征收的土地。

杜勒斯称，危地马拉得到了拯救，免遭"共产帝国主义"的荼毒。他宣布，"美国的伟大传统"增添了"一个崭新的辉煌篇章"。[151]曾经参与这场政变的一名海军陆战队上校后来写道："我们的'胜利'导致了31年的军事独裁统治和十多万危地马拉人死亡。"[152]实际死亡人数可能相当于这个数字的两倍。阿文斯早先预言危地马拉会遭受"20年血腥的法西斯暴政"，事实证明，这个说法还是乐观了。

1954年，危地马拉总统阿文斯对支持者发表演讲。

在危地马拉，血腥的法西斯专制持续了整整40年。

在额手称庆之余，艾森豪威尔政府的官员更坚定了一种观念，即秘密行动可以用来推翻受到民众拥戴的改革派政府，但也有一些人从中学到了截然相反的教训。在危地马拉"政权更迭"的见证者中，有一个名叫埃内斯托·切·格瓦拉（Ernesto Che Guevara）的年轻阿根廷医生。当时，他在危地马拉城观察到了阿文斯的改革活动。在随后的大屠杀中，他逃进阿根廷大使馆避难，并在那里写信给母亲。他认为，阿文斯犯下了一个重大错误："他本可以将武器交给人民，但他不想这样做——现在我们看到了结果。"[153]数年后，在参加古巴革命时，切·格瓦拉没有重蹈阿文斯的覆辙。1961年，美国支持的流亡军队从猪湾入侵古巴，成了古巴革命的最大威胁，但最后以惨败而告终。1954年危地马拉政变中的几名关键人物也在1961年的猪湾惨败中扮演重要角色，比如大使威廉·波利（William Pawley）、中情局特工 E. 霍华德·亨特（E. Howard Hunt）和理查德·比斯尔（Richard Bissell）、特雷西·巴恩斯和艾伦·杜勒斯。

美国为何全力支援法国入侵越南？

几乎与此同时，越南发生了一系列更为重大的事件。1954年4月，在武元甲将军的率领下，胡志明的农民解放军及其农民支持者拖着沉重的高射炮、迫击炮和榴弹炮，穿过了看似无法逾越的密林和山岭，在奠边府包围了绝望的法国军队。令人难以置信的是，为了维持法国的殖民统治，美国承担了其80%的开支。1953年8月，艾森豪威尔解释道："当美国投票决定是否要提供4亿美元支援这场战争时，我们不是在表决是否要白送钱。我们是以最小的代价，预防重大事件的发生。这些事件将危及美国的利益与安全，危及我们从富庶的印度尼西亚和东南亚获得我们想要的东西的实力和能力。"[154]在他看来，一旦该地区的国家像多米诺骨牌一样纷纷倒下，日本最终也会沦陷。尼克松对此表示赞同："如果印度支那失守，那么泰国就会难以企及。盛产橡胶和锡的马来亚同样如此，还有印度尼西亚。如果整个东南亚都处于共产党的控制或影响之下，为了生存，日本必须与该地区开展贸易往来，也将不可避免地倒向共产主义政权。"[155]《美国新闻与世界报道》（*U.S. News & World Report*）甚至抛开冠冕堂皇的老借口，不再宣扬为了被压迫民族的自由而战斗，而是直言不讳地承认："印度支那，这个世界上最富饶的地区之一，将向胜者敞开大门。锡、橡胶、大米和关键战略原料才是这场战争的真正焦点，这才是美国关心的事。在美国看来，这是一个要守住的地方——哪怕要付出一切代价。"[156]

法国向美国寻求援助。艾森豪威尔排除了派遣美国地面部队的方案，但和杜勒斯探讨了众多其他选择，以延缓法国即将面临的溃败。五角大楼拟定了"秃鹫行动"(Operation Vulture) 计划，准备对越南独立同盟（下简称"越盟"）所在地发动空袭。他们还讨论了动用两到三颗原子弹的可能性。空军参谋长内森·特文宁(Nathan Twining) 将军后来评论道：

> (拉德福德和我) 认为——现在我依然认为这是个好主意——可以用三颗小型战术原子弹。那是一个非常偏僻的地方……你可以花上一整天的时间去投弹，确保你投对了地方，也不会遇到任何抵抗。将共产党从那里清除出去，乐队就可以高奏《马赛曲》(Marseillaise)，法国人也可以毫发无损地撤出奠边府。那些共产党人会说："他们可能还会这样对付我们。我们还是小心为妙。"[157]

1954年4月30日，艾森豪威尔与尼克松和国家安全委员会的罗伯特·卡特勒讨论了使用原子弹的可能性。法国外交部长乔治·比多 (Georges Bidault) 和其他官员在报告中称，一周前杜勒斯曾表示要为他们提供两颗原子弹。艾森豪威尔和杜勒斯后来曾对这份报告表示质疑，但使用原子弹肯定是符合当时的美国政策的。但无论英国还是法国都认为，这不是一种明智可行的做法。此外，有证据显示，美国之所以决定不使用这种"新型武器"，是因为奠边府的越盟距离法军太近，法军可能会被置于危险之中。正如艾森豪威尔1961年对沃尔特·克朗凯特 (Walter Cronkite) 表示的那样，"我们不希望使用会摧毁方圆数英里甚至整个奠边府的武器"。[158]

虽然很多学者认同艾森豪威尔和杜勒斯的说法，但法国将军保罗·埃利 (Paul Ely)、外交部长比多与外交部秘书长让·肖韦尔

(Jean Chauvel) 的日记和回忆录都提到了美国提议使用原子弹。法国内政部长曾请求总理约瑟夫·拉涅尔去恳请美国使用原子弹予以援助。[159]麦乔治·邦迪（McGeorge Bundy）也认为杜勒斯很可能像比多所说的那样，向后者提出使用核武器的可能性，部分原因在于这一建议恰好与杜勒斯对北约将核武器常规化一事所做的表态相符合。4月底，国家安全委员会政策规划室再次讨论是否应当使用核武器。当罗伯特·卡特勒向艾森豪威尔和尼克松谈起这个话题时，会议记录显示，他们再次考虑为法国提供少许"新型武器"。数年后，艾森豪威尔在回忆此事时的说法却与上述说法截然相反。他告诉传记作家斯蒂芬·安布罗斯（Stephen Ambrose），他对卡特勒说："你们这些家伙肯定是疯了。我们不能在还不到10年里第二次对亚洲人使用那些可怕的东西。我的天哪。"[160]

尽管当时没有动用核武器，但艾森豪威尔的确批准了参谋长联席会议的建议，即一旦中国出兵干涉，作为回应，美国将投掷原子弹，而不是派遣地面部队。[161]

艾森豪威尔曾在新闻发布会上表示："这个地区的国家会像多米诺骨牌一样倒下。"在前一天，马萨诸塞州参议员约翰·肯尼迪在参议院发言，反对美国进行军事干涉。他驳斥了美国和法国官员过去三年里为了取悦民众而使用的过于乐观的说法，例如，阿瑟·拉德福德和国务卿杜勒斯最近承诺，法国一定会赢得越南战争。"无论美国在印度支那的军事援助有多强大，也无法打垮无处不在又神出鬼没的敌人，虽然我们称他们为'人民公敌'，但他们不仅受到了民众的普遍同情，还得到了人民的暗中支持。"[162]参议员林登·约翰逊（Lyndon Johnson）也表示，他"反对为了延续殖民主义统治和白人对亚洲的剥削，派遣美国士兵前往印度支那的污泥烂塘之中浴血奋战"。[163]

1954年5月7日，也就是战争开始的56天后，法国的驻防地沦陷。美国、法国、英国、苏联和中国代表在日内瓦举行会晤。杜勒斯也极为愤怒地参加了这次会议。他拒绝与中国外交部长周恩来握手或者坐在任何共产党代表旁边，反对所有提案。英国外交大臣安东尼·艾登的秘书称，杜勒斯"几乎处于一种病态的愤怒和沮丧当中"。[164]事实上，越盟已经控制了大部分领土，并且认为应当由它掌管全境，但迫于苏联和中国的压力，越盟的谈判代表还是接受了推迟占领全国的提议，以保全法国的颜面。双方同意暂时以北纬17度线为界，胡志明的军队撤回北方，法国支持的军队退到南方。双方在最后的《日内瓦协议》(Geneva Accords) 中清楚地声明："这只是一个临时性军事界线，不应当被视作任何政治边界或国境线。"[165]协议还规定，双方不得允许外国在本土建立基地或参加任何军事同盟。

越盟接受了上述条件，这在很大程度上是因为统一越南的全国选举将于1956年7月举行。美国拒绝在和解协议上签字，不过承诺不会干涉该协议的执行。但事实上，这些话刚从美国代表沃尔特·比德尔·史密斯嘴里说出来，美国就已经开始违背这一承诺。

如果继续由保大坐镇南方，美国就不可能控制越南。保大在越南农民里鲜有人知，还被越南知识分子唾弃为法国的傀儡，而胡志明却被奉为民族主义领袖和越南的救星。[166]当法国军队准备撤离越南时，在美国的操纵下，吴庭艳取代了保大。吴庭艳是一名保守的天主教徒，刚刚结束4年的流亡生涯回国，保大曾提名他出任总理。在爱德华·兰斯代尔的协助下，吴庭艳迅速击垮对手，对南方的越盟前成员开展了无情的镇压，数千名越盟成员被处以死刑。

1955年，吴庭艳呼吁在南越进行全民公决，由民众在保大与他之间做选择。在兰斯代尔的支持下，吴庭艳"赢得"了98%的选票。吴庭艳的支持者组成了"越南的美国友人"，其中包括红衣主教弗朗西斯·斯佩尔曼 (Francis Spellman)，约瑟夫·肯尼

艾森豪威尔和杜勒斯在华盛顿国家机场迎接南越总统吴庭艳。

迪，参议员迈克·曼斯菲尔德（Mike Mansfield）、休伯特·汉弗莱（Hubert Humphrey）和约翰·F. 肯尼迪。他们急于抗击共产主义，且相信这位苦行克己的天主教民族主义者能够在越南力挽狂澜，由此被蒙蔽了双眼，忽视了芝加哥大学政治理论家和外交政策专家汉斯·摩根索（Hans Morgenthau）等独立观察家早已看清的事。1956年初，摩根索出访越南。在他看来，吴庭艳是"一个……狡诈残忍的东方暴君……作为一名政客，他凭借反对共产主义起家，但实际上正在成为极权主义政权不折不扣的翻版，而这正是他在明面上反对的"。摩根索指出，在11个反对党中，有9个不敢公开运作，"根本不存在新闻自由"，"没有人知道，每天有多少人在何种情况下被当局的军队枪决"。[167]

在美国的支持下，吴庭艳推翻了《日内瓦协议》中最重要的条款，取消在 1956 年举行大选，而这次大选本会让越共掌权。艾森豪威尔后来说过："在与我交谈或接触过的人当中，凡是对印度支那事务有所了解的人都不会否认这种看法：当时一旦举行大选，可能 80% 的民众会投票给胡志明领导的共产党，而不是国家元首保大。"[168]很快，越南再次爆发起义。

"第五福龙丸"悲剧

在美国日益频繁介入越南事务时，核危机也变得愈加严峻。1954 年 2 月下旬，为了开展一系列新的氢弹试验，美国政府疏散了太平洋一大片区域的岛民，并清空了所有船只。尽管当时风向变换，但他们仍决定执行原计划。

3 月 1 日，在明知道会对很多人造成危害的情况下，"喝彩城堡"核试验如期进行。更糟糕的是，氢弹爆炸的当量为 1500 万吨，超出了预计的一倍，相当于摧毁广岛的原子弹威力的 1000 倍。橘红色的辐射云向马绍尔群岛的朗格拉普、朗格里克和乌特里克环礁飘去，236 位岛民和 28 名美国人受到辐射伤害。一些毫不知情的儿童仍在放射性沉降物中玩耍。三天后，很多未能被及时疏散的岛民出现了辐射中毒的症状。日本渔船"第五福龙丸"（Lucky Dragon No.5）上的 23 名渔民遭受了同样的厄运。整整三个小时，致命的白色灰烬不停地从空中飘落。13 天后，当他们带着被污染的金枪鱼靠岸时，一些船员出现了严重中毒的症状。几个月后，出现了第一例死亡病例。

美国的疏忽以及这种新型核武器不可思议的威力举世震惊。当人们意识到，这艘日本渔船上被污染的金枪鱼已经出售到 4 座城市供数十人食用后，日本全国陷入了恐慌。许多人停止购买鱼类，共有457吨重的金枪鱼被销毁。原子能委员会主席刘易斯·斯特劳斯（Lewis Strauss）告诉白宫的新闻秘书，这艘渔船实际上是一个正在为苏联从事间谍活动的"红色间谍组织"，但这个弥天大谎立即就被中情局戳破了。[169]在艾森豪威尔的新闻发布会上，施特劳斯强调，这次试验对美国的"军事地位"做出了巨大贡献，并指责渔民忽视原子能委员会的警告，一笔带过核试验对他们的健康造成的危害。[170]两个月后，乌特里克环礁的居民返回岛上。1957年，朗格拉普人才得以重返家园。他们一直在那儿待到1985年，当时科学研究证实了他们的怀疑，该岛仍然存在污染。

国际社会对此无比震惊。比利时外交官保罗－亨利·斯巴克（Paul-Henri Spaak）警告道："如果不采取措施重新唤起艾森豪威尔总统在此前的演讲中强调的想法，即美国希望和平利用核能，在欧洲，美国将成为野蛮与恐怖的同义词。"印度总理贾瓦哈拉尔·尼赫鲁也宣称，美国领导人是一群"危险的、以自我为中心的疯子"，他们将"炸平任何阻碍他们政策的民族或国家"。[171]

1954年5月，艾森豪威尔向国家安全委员会表示："似乎所有人都认为，我们是一群令人厌恶、穷兵黩武的战争贩子。"[172]杜勒斯补充说："我们正失去英国和其他盟国的支持，因为他们坚持认为我们是好战分子，并将我们与希特勒的军事机器相提并论。"[173]

核试验还产生了一些无法预见的后果。氢弹的恐怖威力让原本隐隐约约的核战争威胁变成了国际外交的当务之急。核威胁对日内瓦会议主要参与方的影响超出了大多数人的预料。核试验后不久，丘吉尔就向议会表示，这个话题在他的脑海里所占据的地位"无可比拟"。5月初，杜勒斯与丘吉尔再次举行会晤。回国后，杜勒斯告诉艾森豪威尔，他发现"对于苏联拥有核弹这一事实，英国人，尤其是丘吉尔，吓得心惊肉跳"。安东尼·艾登将这种恐惧与整个会议过程联系了起来。"这是我第一次在国际会议上强烈地意识到氢弹的威慑力,"他说,"我对此表示感激。我相信,如果不是因为氢弹,日内瓦会议将惨淡收场,而我们将难以避免一场大规模的战争。"[174]

"第五福龙丸"事件在全球掀起了一场反对核试验运动,并普及了"放射性沉降物"这一晦涩难懂的术语。此外,这一事件还引发了各国对艾森豪威尔"新面貌"战略的新一轮质疑。

在所有国家中,日本的反应尤为激烈。虽然美国在二战后,对日本国内有关原子能的讨论进行了严格审查,但并没有抹去当地人对美国在广岛和长崎的所作所为的记忆。一份禁止氢弹的请愿书在东京的家庭妇女间竞相传阅,最终签名人数达到惊人的3200万之多,占日本总人口的三分之一。

为了反击四处弥漫的反核倾向,国家安全委员会行动协调委员会提议美国"在原子能非军事用途方面发动积极攻势",援助日本建设实验性核反应堆。[175]原子能委员会主席托马斯·默里(Thomas Murray)称赞这是一种"巨大的转变和仁慈的展示",相信这种做法会"让所有人不再回忆起"发生在广岛和长崎的"大屠杀"。[176]《华盛顿邮报》也对此表示衷心拥护,认为这个项目将"分散人们目前对核军备竞赛的执迷",并大胆承认"如今许多美国人已经意识到……没有必要对日本投掷原子弹……为日本提供和平利用核能的途径,还有比这更好的弥补方式吗?这还可以消除亚洲对美国的不良印象,以为美国只不过把东方人当炮灰!"

默里和伊利诺伊州众议员悉尼·耶茨(Sidney Yates)提出在广岛建立首座核电站,这不能不说是一种极其残忍的讽刺。1955年初,耶茨呼吁立法在广岛建立一座6万千瓦的发电厂,而不到10年前,这里曾是第一颗原子弹的袭击目标。

在随后数年中,美国大使馆、中情局和美国新闻署(United

States Information Agency）联合发动了一场大规模的宣传教育活动，以扭转日本人对核能根深蒂固的敌意。但《每日新闻》痛斥这场运动："首先让日本经历放射性雨水的洗礼，然后再打着'原子能为和平服务'的幌子，从国外进行精明的商业主义宣传。"[177]

"喝彩城堡"核试验一个月后，《纽约时报》报道，最近一系列核试验证实了齐拉特和爱因斯坦此前对钴弹的担忧，该报道引发了一场对齐拉特修正过的预测的广泛讨论。齐拉特修正后的预测认为，400颗一吨重的氚钴弹所释放的辐射足以毁灭地球上的所有生命。[178]

两天后，《洛杉矶时报》也在头版报道了一条令人惊恐的消息。日本科学家浅田常三郎通知日本药理学协会称，苏联正在制造氮弹——一种包含氮和氚的氢弹。这种武器极其危险，"如果同时引爆30颗氮弹，人类就会在短短数年内灭绝"。[179]更可怕的是，次年2月，德国诺贝尔奖得主、首位分裂铀核的物理学家奥托·哈恩在一次欧洲大部分地区都能收听得到的广播讲话中，将齐拉特所说的400颗钴弹减少到10颗。[180]

虽然钴弹并未研制成功，但仅是其可能性就足以成为未来10年最可怕的梦魇。"第五福龙丸"的船员住院治疗了一年多，其中一人发出惨痛的警告："我们所遭受的命运是对全人类的威胁。把这句话告诉那些应对此负责的人，愿上帝保佑他们能听到。"[181]

注释

1　Melvyn P. Leffler, *For the Soul of Mankind: The United States, the Soviet Union and the Cold War* (New York: Hill and Wang, 2007), 91.

2　Gerard J. DeGroot, *The Bomb: A Life* (Cambridge, MA: Harvard University Press, 2005), 153.

3　Gregg Herken, *The Winning Weapon: The Atomic Bomb in the Cold War* (New York: Vintage Books, 1982), 279, 293–297.

4　David E. Lilienthal, *The Atomic Energy Years, 1945–1950: The Journals of David E. Lilienthal*, ed. Helen M. Lilienthal (New York: Harper & Row, 1964), 582.

5　Priscilla J. McMillan, *The Ruin of J. Robert Oppenheimer and the Birth of the Modern Arms Race* (New York: Viking, 2005), 24.

6　"USAEC General Advisory Committee Report on the 'Super,' October 30, 1949," in *The American Atom: A Documentary History of Nuclear Policies from the Discovery of Fission to the Present, 1939–1984*, ed. Robert C. Williams and Philip L. Cantelon (Philadelphia: University of Pennsylvania Press, 1984), 124–127.

7　Kai Bird and Martin J. Sherwin, *American Prometheus: The Triumph and Tragedy of J. Robert Oppenheimer* (New York: Vintage Books, 2005), 427.

8　Albert Einstein, *Einstein on Politics: His Private Thoughts and Public Stands on Nationalism, Zionism, War, Peace, and the Bomb*, ed. David E. Rowe and Robert Schulmann (Princeton, NJ: Princeton University Press, 2007), 404.

9　Leo Szilard, *Toward a Livable World*, ed. Helen S. Hawkins, G. Allen Greb, and Gertrud Weiss Szilard (Cambridge, MA: MIT Press, 1987), 84.

10　William Faulkner, Nobel Prize Banquet Speech, December 10, 1950, http://www.nobelprize. org/nobel_prizes/literature/laureates/1949/faulkner-speech.html.

11　"NSC 68: United States Objectives and Programs for National Security (April 14, 1950)," in *American Cold War Strategy: Interpreting NSC 68*, ed. Ernest R. May (New York: St. Martin's Press, 1993), 25, 28, 38, 55.

12　Robert Griffith, *The Politics of Fear: Joseph R. McCarthy and the Senate* (Lexington: University Press of Kentucky, 1970), 49.

13　Ellen Schrecker, *Many Are the Crimes: McCarthyism in America* (Princeton, NJ: Princeton University Press, 1998), 206.

14　Michael S. Sherry, *In the Shadow of War: The United States Since the 1930s* (New Haven, CT: Yale University Press, 1995), 174.

15 Schrecker, *Many Are the Crimes*, xiii, 267–268.

16 Mary McCarthy, "Naming Names: The Arthur Miller Case," in Mary McCarthy, *On the Contrary* (New York: Farrar, Straus, and Cudahy, 1961), 154.

17 I. F. Stone, "Must Americans Become Informers?" in I. F. Stone, *The Truman Era* (1953; reprint, New York: Random House, 1972), 99.

18 Richard H. Pells, *The Liberal Mind in a Conservative Age: American Intellectuals in the 1940s and 1950s*, 2nd ed. (Middletown, CT: Wesleyan University Press, 1989), 322.

19 Larry Ceplair and Steven Englund, *The Inquisition in Hollywood: Politics in the Film Community, 1930–1960* (New York: Anchor Press/Doubleday, 1980), 386–388, 403–407, 418–422.

20 Schrecker, *Many Are the Crimes*, 369–370.

21 Vincent Joseph Intondi, "From Harlem to Hiroshima: African Americans and the Bomb, 1945–1968," PhD dissertation, American University, 2009.

22 David K. Johnson, *The Lavender Scare: The Cold War Persecution of Gays and Lesbians in the Federal Government* (Chicago: University of Chicago Press, 2004), 166–168.

23 Schrecker, *Many Are the Crimes*, 208, 212, 216, 227.

24 Melvyn P. Leffler, *A Preponderance of Power: National Security, the Truman Administration, and the Cold War* (Stanford, CA: Stanford University Press, 1992), 365.

25 "War in Korea," *New York Times*, June 26, 1950.

26 David Halberstam, *The Coldest Winter: America and the Korean War* (New York: Hyperion, 2007), 2.

27 Lloyd C. Gardner, "The Dulles Years: 1953–1959," in *From Colony to Empire: Essays on the History of American Foreign Relations*, ed. William Appleman Williams (New York: John Wiley & Sons, 1972), 375–376.

28 Ibid., 371–372.

29 Halberstam, *The Coldest Winter*, 92–93.

30 Deborah Welch Larson, "Bandwagon Images in American Foreign Policy: Myth or Reality?" in *Dominoes and Bandwagons*, ed. Robert Jervis and Jack Snyder (New York: Oxford University Press, 1991), 96.

31 "Truman Lauds 'Brilliant' Victory by MacArthur," *Los Angeles Times*, September 30, 1950.

32 Robert L. Beisner, *Dean Acheson: A Life in the Cold War* (New York: Oxford

University Press, 2006), 404.

33 Vladislav M. Zubok, *A Failed Empire: The Soviet Union in the Cold War from Stalin to Gorbachev* (Chapel Hill: University of North Carolina Press, 2007), 78.

34 Harry S. Truman, *Memoirs: Years of Trial and Hope* (New York: Doubleday, 1956), 375.

35 Halberstam, *The Coldest Winter*, 14–16, 386, 390–391.

36 "Statement by Gen. MacArthur," *New York Times*, November 29, 1950.

37 Bruce Cumings, *Korea's Place in the Sun* (New York: W. W. Norton, 1997), 272; Joseph Gerson, *Empire and the Bomb: How the U.S. Uses Nuclear Weapons to Dominate the World* (London: Pluto Press, 2007), 288; Drew Pearson, "Korea Briefing Startled British," *Washington Post*, December 8, 1950.

38 Alan Brinkley, *The Publisher: Henry Luce and His American Century* (New York: Alfred A. Knopf, 2010), 365.

39 "Speeches by Warren Austin of U.S. and Wu Hsiu-chuan of Red China in Security Council," *New York Times*, November 29, 1950.

40 Arthur Veysey, "Attlee to Tell Truman: Don't Use Atom Bomb," *Chicago Tribune*, December 2, 1950.

41 Cumings, *Korea's Place in the Sun*, 272; Gerson, *Empire and the Bomb*, 81; Bruce Cumings, *The Origins of the Korean War: The Roaring of the Cataract, 1947–1950* (Princeton, NJ: Princeton University Press, 1990), 749–750.

42 Michael H. Hunt, *Crises in U.S. Foreign Policy* (New Haven, CT: Yale University Press, 1996), 217–218.

43 "Rivers Urges A-Bomb Against Reds," *Miami Daily News*, November 28, 1950.

44 "Congressmen Split on Use of Atom Bomb," *Chicago Tribune*, December 1, 1950.

45 Richard Lee Miller, *Under the Cloud: The Decades of Nuclear Testing* (The Woodlands, TX: Two Sixty Press, 1991), 101.

46 A. M. Rosenthal, "U.N. Circles Wary on Atom Bomb Use," *New York Times*, December 1, 1950.

47 Cumings, *The Origins of the Korean War*, 750.

48 C. L. Sulzberger, "U.S. Prestige Ebbs on Korea, Europe-Asia Survey Shows," *New York Times*, December 7, 1950.

49 Bruce Cumings, *The Korean War: A History* (New York: Modern Library, 2010), 156.

50 Arnold A. Offner, *Another Such Victory: President Truman and the Cold War, 1945–1953* (Stanford, CA: Stanford University Press, 2002), 402.

51　Max Hastings, *The Korean War* (New York: Simon & Schuster, 1987), 201.

52　Cumings, *The Origins of the Korean War*, 750–751.

53　Halberstam, *The Coldest Winter*, 607.

54　"McCarthy Charges Treason with Bourbon," *Los Angeles Times*, April 13, 1951.

55　Richard H. Rovere and Arthur Schlesinger, Jr., *General MacArthur and President Truman: The Struggle for Control of American Foreign Policy* (1951; reprint, New Brunswick, NJ: Transaction Publishers, 1992), 276–277.

56　Halberstam, *The Coldest Winter*, 609.

57　Beisner, *Dean Acheson*, 432.

58　Ibid., 433, 446.

59　George Barrett, "Radio Hams in U.S. Discuss Girls, So Shelling of Seoul Is Held Up," *New York Times*, February 9, 1951.

60　I. F. Stone, *The Hidden History of the Korean War* (New York: Monthly Review Press, 1969), 313.

61　Bruce Cumings, "American Airpower and Nuclear Strategy in Northeast Asia Since 1945," in *War and State Terrorism: The United States, Japan, and the Asia-Pacific in the Long Twentieth Century*, ed. Mark Selden and Alvin Y. So (Lanham, MD: Rowman & Littlefield, 2004), 76.

62　Bruce Cumings, *Dominion from Sea to Sea: Pacific Ascendancy and American Power* (New Haven, CT: Yale University Press, 2009), 340–341.

63　John Lewis Gaddis, *Russia, The Soviet Union, and the United States: An Interpretive History* (New York: Alfred A. Knopf, 1978), 212.

64　Thomas C. Reeves, *The Life and Times of Joe McCarthy* (1982; reprint, Lanham, MD: Madison Books, 1997), 451.

65　Ibid., 436.

66　Stephen E. Ambrose, *Eisenhower: The President*, vol. 2 (New York: Simon & Schuster, 1984), 55.

67　Samuel Shaffer, "Behind Nixon's Speech," *Newsweek*, October 6, 1952, 25.

68　Stephen E. Ambrose, *Eisenhower: Soldier and President* (New York: Simon & Schuster, 1990), 218.

69　Dwight D. Eisenhower, "The Long Pull for Peace: Extracts from the Final Report of the Chief of Staff General of the Army Dwight D. Eisenhower," *The Army Information Digest*, April 1948, 41.

70　Ira Chernus, *Apocalypse Management: Eisenhower and the Discourse of National Security* (Stanford, CA: Stanford University Press, 2008), 30–31.

71　Walter LaFeber, *America, Russia, and the Cold War, 1945–2006* (Boston: McGraw-Hill, 2008), 147.

72　Leffler, *For the Soul of Mankind*, 104.

73　Klaus Larres, *Churchill's Cold War: The Politics of Personal Diplomacy* (New Haven, CT: Yale University Press, 2002), 189–193.

74　"Text of Speech by Eisenhower Outlining Proposals for Peace in World," *New York Times*, April 17, 1953.

75　"Highway of Peace," *New York Times*, April 17, 1953, 24.

76　"Eisenhower's Peace Program," *Washington Post*, April 17, 1953, 26.

77　Lloyd Gardner, "Poisoned Apples: John Foster Dulles and the 'Peace Offensive,'" in *The Cold War After Stalin's Death*, ed. Klaus Larres and Kenneth Osgood (Lanham, MD: Rowman & Littlefield, 2006), 85.

78　Arthur M. Schlesinger, Jr., *The Cycles of American History* (Boston: Houghton Mifflin, 1999), 399.

79　II. R. Haldeman with Joseph DiMona, *The Ends of Power* (New York: Dell, 1978), 121–122; Richard Nixon, *The Real War* (New York: Simon & Schuster, 1990), 255.

80　Jon Halliday and Bruce Cumings, *Korea: The Unknown War* (New York: Penguin, 1990), 203.

81　Ibid., 204.

82　在退出政坛后，华莱士时常反思自己后来所谓的"过去的错误"。在1952年所写的一篇名为《我错在何处》（"Where I Was Wrong"）的文章中，他承认自己在1944年访问苏维埃亚洲的马加丹时被诓骗了。他本人以及随行成员，包括那些军官和亚洲专家都没有意识到，他们所参观的现代化农场其实就是一个劳工营，只是被改造成了一个徒有其表的"波将金村"（Potemkin Village）。他也后悔自己未曾针对苏联于1948年在捷克斯洛伐克发动的政变进行谴责，他认为这是自己在过去10年里所犯的最大错误。他解释说，自己在竭力推动实现和平前景的过程中低估了苏联的冷酷无情。斯大林在捷克斯洛伐克和朝鲜的行动改变了他之前对苏维埃信义的信任。Henry A. Wallace, "Where I Was Wrong," *This Week*, September 7, 1952.

83　Dwight MacDonald, "America! America!" in *50 Years of Dissent*, ed. Nicolaus Mills and Michael Walzer (New Haven, CT: Yale University Press, 2004), 50.

84　McMillan, *The Ruin of J. Robert Oppenheimer*, 142.

85　DeGroot, *The Bomb*, 179.

86　"Text of Eisenhower Inaugural Address Pledging Search for Peace," *New York Times*, January 21, 1953.

87　Edgar Snow, *Journey to the Beginning* (New York: Random House, 1958), 360–361.

88　"Ike Scouts Bomb as Full Defense," *Baltimore Sun*, February 25, 1947.

89　David Alan Rosenberg, "The Origins of Overkill: Nuclear Weapons and American Strategy 1945–1960," *International Security* 7 (Spring 1983), 27.

90　Peter J. Kuznick, "Prophets of Doom or Voices of Sanity? The Evolving Discourse of Annihilation in the First Decade and a Half of the Nuclear Age," *Journal of Genocide Research* 9 (2007), 424.

91　"The Central Problem," *New York Times*, September 19, 1953.

92　Richard H. Immerman, *Empire for Liberty: A History of American Imperialism from Benjamin Franklin to Paul Wolfowitz* (Princeton, NJ: Princeton University Press, 2010), 164–172.

93　Ronald W. Pruessen, *John Foster Dulles: The Road to Power* (New York: Free Press, 1982), 123–132.

94　Stephen Kinzer, *Overthrow: America's Century of Regime Change from Hawaii to Iraq* (New York: Times Books, 2006), 114.

95　Sherman Adams, *Firsthand Report: The Story of the Eisenhower Administration* (Westport, CT: Greenwood Press, 1974), 364.

96　John Prados, *The Sky Would Fall: Operation Vulture: The U.S. Bombing Mission in Indochina, 1954* (New York: Dial Press, 1983), 30.

97　Memorandum of Discussion at a Special Meeting of the National Security Council on Tuesday, March 31, 1953, *Foreign Relations of the United States, 1952–1954: Korea*, vol. 15 (Washington, DC: U.S. Government Printing Office, 1984), 827.

98　Appu K. Soman, *Double-edged Sword: Nuclear Diplomacy in Unequal Conflicts: The United States and China, 1950–1958* (New York: Praeger, 2000), 88.

99　Fred Kaplan, *The Wizards of Armageddon* (1983; reprint, Stanford, CA: Stanford University Press, 1991), 183–184.

100　Schlesinger, *Cycles of History*, 401.

101　Chernus, *Apocalypse Management*, 96.

102　Edward T. Folliard, "U.S. to Use A-Weapons in Any War," *Washington Post*, March 17, 1955; "President Says Atom Bomb Would Be Used like 'Bullet,'" *New York Times*, March 17, 1955.

103　"Record Shows U.S. Stands Ready to Use Its Nuclear Weapons Against Aggressor," *New York Times*, January 2, 1956.

104　Chernus, *Apocalypse Management*, 78–79.

105　William Lanouette, "Looking Back: Civilian Control of Nuclear Weapons," *Arms*

Control Today, May 2009, 45.

106 "Text of Eisenhower's Address to the U.N. Assembly," *New York Times*, December 9, 1953.

107 Hanson W. Baldwin, "Eisenhower's Bid Hailed," *New York Times*, December 10, 1953.

108 Shane J. Maddock, *Nuclear Apartheid: The Quest for American Atomic Supremacy from World War II to the Present* (Chapel Hill: University of North Carolina Press, 2010), 91.

109 David Holloway, *Stalin and the Bomb: The Soviet Union and Atomic Energy, 1939–1956* (New Haven, CT: Yale University Press, 1994), 349–350.

110 John Foster Dulles, "The Evolution of Foreign Policy," *Department of State Bulletin* 30, no. 761 (January 25, 1954), 108.

111 William Henry Chamberlin, "The New Strategy," *Wall Street Journal*, March 22, 1954.

112 James Reston, "Washington:'Massive Atomic Retaliation'and the Constitution," *New York Times*, January 17, 1954.

113 Kaplan, *The Wizards of Armageddon*, 212.

114 DeGroot, *The Bomb*, 190.

115 Leffler, *For the Soul of Mankind*, 112.

116 Gardner, "The Dulles Years," 391.

117 Kinzer, *Overthrow*, 122.

118 Beisner, *Dean Acheson*, 538; Kinzer, *Overthrow*, 117–118.

119 The Ambassador in Iran (Grady) to the Department of State, July 1, 1951, *Foreign Relations of the United States, 1952–1954*, vol. 10 (Washington, DC: U.S. Government Printing Office, 1989), 80.

120 Daniel Yergin, *The Prize: The Epic Quest for Oil, Money, and Power* (New York: Simon & Schuster, 1991), 457.

121 Ibid., 458.

122 Odd Arne Westad, *The Global Cold War: Third World Interventions and the Making of Our Times* (New York: Cambridge University Press, 2007), 121.

123 Beisner, *Dean Acheson*, 546.

124 Christopher Andrew, *For the President's Eyes Only: Secret Intelligence and the American Presidency from Washington to Bush* (New York: Harper Collins, 1995), 203.

125 The Ambassador in Iran (Henderson) to the Department of State, July 28, 1952,

Foreign Relations of the United States, 1952–1954, vol. 10 (Washington, DC: U.S. Government Printing Office, 1989), 417.

126 Tim Weiner, *Legacy of Ashes: The History of the CIA* (New York: Doubleday, 2007), 86.

127 LaFeber, *America, Russia, and the Cold War, 1945–2006*, 162.

128 Piero Gleijeses, *Shattered Hope: The Guatemalan Revolution and the United States, 1944–1954* (Princeton, NJ: Princeton University Press, 1991), 150.

129 "The Guatemalan Cancer," *New York Times*, June 8, 1951.

130 "Red Cell in Guatemala," *Washington Post*, March 4, 1952.

131 Kinzer, *Overthrow*, 134–135.

132 Nick Cullather, *Secret History: The CIA's Classified Account of Its Operations in Guatemala 1952–1954* (Stanford, CA: Stanford University Press, 1999), 28.

133 Peter Chapman, *Bananas: How the United Fruit Company Shaped the World* (New York: Canongate, 2007), 131–132.

134 Richard H. Immerman, *The CIA in Guatemala: The Foreign Policy of Intervention* (Austin: University of Texas Press, 1982), 181; Stephen C. Schlesinger and Stephen Kinzer, *Bitter Fruit: The Untold Story of the American Coup in Guatemala* (New York: Doubleday, 1982), 137–138.

135 Cullather, *Secret History*, 26.

136 John W. Young, "Great Britain's Latin American Dilemma: The Foreign Office and the Overthrow of 'Communist' Guatemala, June 1954," *International History Review* 8 (November 1986), 575.

137 Weiner, *Legacy of Ashes*, 461.

138 Walter H. Waggoner, "U.S. Wants Rio Pact Inquiry on Arms Sent to Guatemala," *New York Times*, May 19, 1954.

139 Weiner, *Legacy of Ashes*, 98.

140 "Guatemala Lifts Ban; Allows Times Correspondent to Re-enter Country," *New York Times*, May 21, 1954.

141 Sydney Gruson, "U.S. Stand on Arms Unites Guatemala," *New York Times*, May 21, 1954.

142 Sydney Gruson, "Guatemala Says U.S. Tried to Make Her Defenseless," *New York Times*, May 22, 1954.

143 Sydney Gruson, "U.S. Arms Stand Alienates Guatemalan Foes of Reds," *New York Times*, May 24, 1954.

144 Kinzer, *Overthrow*, 140.

145 Young, "Great Britain's Latin American Dilemma," 584.

146 Kinzer, *Overthrow*, 145.

147 Schlesinger and Kinzer, *Bitter Fruit*, 206.

148 "The Text of Dulles'Speech on Guatemalan Upset," *New York Times*, July 1, 1954.

149 Young, "Great Britain's Latin American Dilemma," 588.

150 Stephen Kinzer, "Revisiting Cold War Coups and Finding Them Costly," *New York Times*, November 30, 2003.

151 Kinzer, *Overthrow*, 147; "Dulles Hails Upset of Reds," *Chicago Tribune*, July 1, 1954.

152 Philip C. Roettinger, "For a CIA Man, It's 1954 Again," *Los Angeles Times*, March 16, 1986.

153 Westad, *The Global Cold War*, 149.

154 "Text of Talk by President Eisenhower at Governors'Conference," *New York Times*, August 5, 1953.

155 "Speech by Vice-President Nixon, December 23, 1953," transcribed in *Conflict in Indo-China and International Repercussions: A Documentary History, 1945–1955*, ed. Allan B. Cole (Ithaca, NY: Cornell University Press, 1956), 171.

156 "Why U.S. Risks War for Indochina: It's the Key to Control of All Asia," *U.S. News & World Report*, April 4, 1954, 21.

157 McGeorge Bundy, *Danger and Survival: Choices About the Bomb in the First Fifty Years* (New York: Vintage, 1990), 267.

158 Prados, *The Sky Would Fall*, 145–157; Fawn M. Brodie, *Richard Nixon: The Shaping of His Character* (New York: W. W. Norton, 1981), 322.

159 Frederick W. Marks, *Power and Peace: The Diplomacy of John Foster Dulles* (New York: Praeger, 1993), 197, note 41.

160 Bundy, *Danger and Survival*, 78.

161 Schlesinger, *Cycles of History*, 400.

162 "Cat in the Closet," *Chicago Tribune*, April 13, 1954.

163 Chalmers M. Roberts, "Our 25 Years in Vietnam," *Washington Post*, June 2, 1968.

164 Richard H. Immerman, *John Foster Dulles: Piety, Pragmatism, and Power in U.S. Foreign Policy* (Wilmington, DE: Scholarly Resources, 1999), 93.

165 Walter Lippmann, "Surrender Demands by Both Sides Make Vietnam Settlement Difficult," *Los Angeles Times*, April 4, 1965.

166 William L. Ryan, "Real Leader Needed to Rally Vietnamese," *Washington Post*, April 24, 1954.

167 Hans Morgenthau, "Vietnam Chief a Multi-Paradox," *Washington Post*, February 26, 1956.

168 Dwight D. Eisenhower, *Mandate for Change: The White House Years* (New York: Doubleday, 1963), 372.

169 Wittner, *Resisting the Bomb*, 147.

170 Robert T. Hartmann, "AEC Chief Bares Facts on H-Bomb," *Los Angeles Times*, April 1, 1954; "Text of Statement and Comments by Strauss on Hydrogen Bomb Tests in the Pacific," *New York Times*, April 1, 1954.

171 Chernus, *Apocalypse Management*, 87.

172 Maddock, *Nuclear Apartheid*, 96.

173 Chernus, *Apocalypse Management*, 88.

174 Bundy, *Danger and Survival*, 271–273.

175 John Swenson-Wright, *Unequal Allies: United States Security and Alliance Policy Toward Japan, 1945–1960* (Stanford, CA: Stanford University Press, 2005), 181. 关于这项工作的更多讨论，参见 Peter J. Kuznick, "Japan's Nuclear History in Perspective: Eisenhower and Atoms for War and Peace," *Bulletin of the Atomic Scientists*, April 13, 2011, http://www.thebulletin.org/web-edition/features/japans-nuclear-history-perspective-eisenhower-and-atoms-war-and-peace, or Toshiyuki Tanaka and Peter Kuznick, *Genpatsu to hiroshima-genshiryoku heiwa riyo no shinso* (*Nuclear Power and Hiroshima: The Truth Behind the Peaceful Use of Nuclear Power*) (Tokyo: Iwanami Shoten, 2011).

176 Stanley Levey, "Nuclear Reactor Urged For Japan," *New York Times*, September 22, 1954, 14.

177 "A Reactor for Japan," *Washington Post*, September 23, 1954, 18; Foster Hailey, "Tokyo Press Stirs Ire of Americans," *New York Times*, June 8, 1956.

178 William L. Laurence, "Now Most Dreaded Weapon, Cobalt Bomb, Can Be Built; Chemical Compound That Revolutionized Hydrogen Bomb Makes It Possible," *New York Times*, April 7, 1954.

179 "Russ Reported Making Deadly Nitrogen Bomb," *Los Angeles Times*, April 9, 1954.

180 "Cobalt Bomb's Peril to All Life Stressed," *Washington Post*, February 14, 1955.

181 DeGroot, *The Bomb*, 198.

第7章

肯尼迪：古巴导弹危机始末

1962年10月，美国和苏联将核导弹指向对方的军事基地和人口密集地，为战争做好准备。世界正在走向核毁灭的边缘，其危急程度远远超出了大多数人的想象。数十年来，公众一直被告知，在尼基塔·赫鲁晓夫（Nikita Khrushchev）清醒的现实主义态度推动下，约翰·F.肯尼迪以政治手腕和坚定决心阻止了一场浩劫。世界上最强大的两个国家的领导人致力于和平解决古巴导弹危机，但在全世界冲向核灾难之时，他们控制事态的能力却受到了严重限制。从这次恐怖的冲突中，两人得到了一个深刻的教训：他们确信，如果听任冷战继续，地球上的生命也许将无法存活。为了结束这场危机四伏且毫无意义的冲突，他们也许为自己招来了厄运，但这过程中也为其他受到冷战威胁的人们留下了可以稍稍喘息的余地。

实际上，赫鲁晓夫与肯尼迪的前任德怀特·艾森豪威尔有不少相似之处。两人均出身贫寒。在堪萨斯州阿比林市小学五年级的集体照上，小艾森豪威尔独自穿着工装裤，而其他同学都身着盛装。赫鲁晓夫是农奴的孙子、农民的儿子，他年轻时放过羊，还当过矿

图为赫鲁晓夫与艾森
豪威尔，两人有不少相似
之处。

工和机械工。作为党的高级官员，在20世纪三四十年代的乌克兰，以及1956年镇压匈牙利起义中，他均表现得残酷无情，但他也有风趣幽默、富有魅力、和蔼朴实和讨人喜欢的一面。赫鲁晓夫渴望为苏联开辟新的道路。1956年2月，在苏联共产党第二十次代表大会上，他指责斯大林以"怀疑、畏惧和恐怖"推行专断统治。[1]他抨击对斯大林的个人崇拜，并开启了当时急需的去斯大林化进程。就像艾森豪威尔一样，他亲眼见证了二战，对战争深恶痛绝。然而，正如艾森豪威尔对资本主义制度一样，他对苏联政治制度的优越性也深信不疑。为了证明社会主义比资本主义更优越，他开始大幅削减军费开支，以集中更多资源来改善苏联人民的生活水平。长期以来，为了对付看似不共戴天的敌人们，苏联人民的生活水平不得不让位于国防和自卫的迫切需要。

苏联已经领跑太空竞赛？

1957年8月，苏联成功试射世界上第一枚洲际弹道导弹。在苏联看来，洲际弹道导弹可以抵消美国因为在欧洲北约军事基地部署轰炸机而获得的巨大军事优势。此后不到两个月，1957年10月4日，当美国媒体热衷于报道阿肯色州小石城废除学校种族隔离引发的危机以及电视剧《天才小麻烦》(*Leave It to Beaver*) 的首播时，苏联R-7洲际弹道导弹将第一颗人造卫星发射升空，环绕地球轨道运行。这颗卫星被命名"Sputnik Zemlya"，意为"地球的伙伴"或"同行者"，重184磅，直径22.8英寸[①]，每96分钟17秒绕地球一周，向地面接收器传输一系列信号。苏联官员为苏联科技进步的成功而洋洋自得，他们声称这证明了苏联新社会主义社会的整体优越性。

1957年8月，苏联成功试射世界上第一枚洲际弹道导弹。

---

① 1英寸等于2.54厘米。

美国人曾经认为，美国的技术优势和苏联的落后是其赢得冷战的保证，而苏联的确打击了这一信心。正如作家约翰·冈瑟（John Gunther）所言："在那一代美国人当中，有一个颇为流行的说法是，苏联人甚至连拖拉机都不会开。"开罗广播电台宣布，苏联人造卫星"让很多国家在与美国的帝国主义政策挂钩之前，不得不三思而后行"。赫鲁晓夫嘲讽道："就连白痴都看得出来……他们倒不如把轰炸机和战斗机送进博物馆。"[2]每当苏联人造卫星经过小石城上空时，莫斯科广播电台就会尖锐地指出，目前世界上最引人瞩目的是苏联取得的成就和美国的种族问题。

一些美国人陷入了恐慌，认为苏联洲际弹道导弹的核弹头已经准备好攻击美国目标。人造卫星升空三天后，苏联宣布成功试射装有热核弹头的新型弹道导弹，从而进一步加剧了美国人的担忧。参议院多数党领袖林登·约翰逊警告说，"就像小孩从高速公路的立交桥上向汽车丢石子那样"，苏联人很快就会"从太空向我们投掷炸弹"。[3]爱德华·特勒也对这一事实感到悲哀，认为美国输掉了"一场比珍珠港事件更重要和伟大的战役"。[4]一名讽刺作家揶揄道："李梅将军正计划派遣一队轰炸机绕世界一周，好让苏联人刮目相看。我想他一定能够如愿——如果苏联人不嫌麻烦向下看看的话。"[5]

苏联人在太空战胜美国对美国本就脆弱不堪的自信造成了沉重打击。在朝鲜战争以及1950年代前半期国内外政策危机期间，这种信心已被动摇。有批评家谴责了美国人浅薄的物质主义和缺乏目标的生活，并历数美国教育体制的缺陷。共和党参议员斯泰尔斯·布里奇斯（Styles Bridges）呼吁美国人"不要再去关注阔幅毛毯绒毛的长度或新汽车尾翼的高度，如果美国和自由世界想继续生存下去，就要准备好挥洒热血、汗水和泪水"。[6]受人尊敬的苏联太空科学家列昂尼德·谢多夫（Leonid Sedov）向一位德裔美国同行评论："你们美国人的生活水平比我们高。美国人爱汽车、爱冰箱、爱住房，但不像苏联人那样热爱自己的国家。"[7]众议院女议员克莱尔·布思·卢斯（Clare Boothe Luce）称，苏联人造卫星从太空发出的信号就像是"来自外层空间的、对10年来美国自命不凡的一种跨越大陆的嘲讽，美国人的生活方式只不过是我们国家优越性的一种华而不实的保证。[8]

为了安抚民众，政府刻意淡化苏联取得的成就所造成的威胁。"我并不担心……人造卫星，"艾森豪威尔说，"一点儿也不。我看不出……他们把一个小球投到空中……有什么意义非凡的地方。"[9]为了证明自己的观点，一周之内，艾森豪威尔打了5场高尔夫球。但是，他还不能透露他不担心的真正原因。一年多来，绝密的U-2侦察机飞行在7万英尺的高空之上，多次飞越苏联领空。从其拍摄的照片来看，苏联在军备竞赛上远远落后于美国。对于这种非法的挑衅活动，美国民众一直被蒙在鼓里。1957年7月，苏联提出了正式抗议。艾伦·杜勒斯后来笑称："我甚至可以看清苏联的每一株青草。"[10]实际上，他的说法还要数年才能成为事实。

11月3日，苏联发射了"史普尼克2号"（Sputnik II），这颗重达6吨的大型人造卫星上还搭载了一条名叫莱卡（Laika）的狗。苏联人为这次成功发射欢呼雀跃，但赫鲁晓夫利用这个机会与美国领导人接触，呼吁和平开展太空竞赛并结束冷战：

> 我们的人造卫星……正等着美国与其他国家的人造卫星的加入，大家一起结成一个联合体。这种联合……比制造致命武器的竞赛要好得多……我们希望资本主义和社会主义国家的代表举行高级会晤……以达成共识……解决国际问题时不以战争为手段，结束冷战并停止军备竞赛，在共存的基础上建立国家之间的关系、解决争议……通过文化领域的和平竞争，并且最大限度地满足人类的需要和需求。[11]

"导弹差距论"引美国恐慌

艾森豪威尔虽然处于守势，但并不理会赫鲁晓夫的提议，而是强调了美国巨大的军事优势，并表明想继续在军备竞赛中保持领先的意图：

> 我国拥有……足够的战略反击力量，以摧毁任何国家发动战争的能力。我们正在制造核潜艇……数艘巨型航空母舰已投入使用，并配备有最强大的核武器以及用于投送核武器的远程轰炸机。我们已经开始建造核动力航母……我们的核武器数量不仅庞大，而且还在迅速增加……无论是在数量还是质量上……我们都远远超过苏联。我们希望继续保持这种领先地位。[12]

艾森豪威尔清楚，仅有这番言论是不够的。为了打败苏联，12月6日，美国使用"先锋"号（Vanguard）运载火箭试射了一颗人造卫星，但卫星仅在空中停留了2秒，达到了4英尺的高度。很多报纸纷纷出言嘲讽，将这个葡萄柚大小的圆球称为"故障卫星""落地卫星"和"静止卫星"。最终，艾森豪威尔释放了前纳粹火箭专家沃纳·冯·布朗及其"红石"团队，让他们把人造卫星送上天空。1958年1月31日，美国终于成功发射了一颗31磅重、名为"探险者"（Explorer）的人造卫星。

为了重振国威，美国甚至考虑要在月球上引爆一颗原子弹，其当量相当于在广岛爆炸的那颗。届时，地球上将可以看到爆炸产生的辐射云。从1958年5月至1959年1月，一个十人小组对此开展了研究，其中包括阿尔伯克基空军特种武器中心一位年轻的天文学家卡尔·萨根（Carl Sagan）。最后，科学家们与其他人一起说服当局，"没有必要破坏月球上的原始生态"。[13]

50 年代末，空军方面设想出了一系列更加宏伟的计划。1958年 2 月，在众议院军事委员会（House Armed Services Committee）作证时，唐纳德·帕特（Donald Putt）中将透露了一项在月球上建立导弹基地的计划。帕特解释说，一旦美国的军事能力被摧毁，"还可以从位于月球深处的发射井中发射核弹头"，从而为美国提供"一个对地球上的国家而言具有相当优势的反击基地"。要想在发动地面攻击前摧毁这些基地，敌国"必须在袭击美国本土一到两天前对上述基地发动压倒性核打击"，因此美国就可以明确预知即将受到攻击。空军助理部长理查德·霍纳（Richard Horner）后来也在证词中表示，类似基地可以打破地球上的核僵局，恢复美国先发制人的能力。帕特补充说，如果苏联建立月球基地以抵消美国的优势，美国还可以在其他更遥远的星球建设基地，并从那里对苏联及其月球基地发起还击。在评价上述计划时，独立记者 I. F. 斯通巧妙地指出，"月亮"在拉丁语中是"luna"①，建议军方设立分管太空战的第四个部门，并将其命名为"精神失常部"（Lunacy）。[14]

害怕被苏联人超越这种不理性的恐惧，让情报部门对苏联的军事能力做出了荒谬的估计。1957 年 12 月，一份国家情报评估报告预计，在未来两年内，苏联将拥有 100 枚可用于军事行动的洲际弹道导弹，最糟糕的情况是，到 1960 年将会有 500 枚投入使用。[15]

艾森豪威尔授权福特基金会（Ford Foundation）的 H. 罗恩·盖瑟（H. Rowan Gaither）成立专门委员会，开展了一项绝密的安全调查。委员会在报告中预计，截至 1959 年，"苏联可能使用携带有百万吨级核弹头的洲际弹道导弹发动袭击，从现有的情况来看，战略空军司令部将变得不堪一击"。[16]该委员会建议美国开始大规模

---

① luna 是即英语 lunatic（疯子）的拉丁词根。从古罗马时代起，西方就流传着精神病与月亮盈亏有关的说法，相传人们发狂是受到了月亮女神露娜（Luna）的影响。

扩充军备，以应对逐渐拉大的导弹差距，将1959年要部署的"泰坦"（Titan）和"阿特拉斯"（Atlas）洲际导弹的数量从80枚增加到600枚，将要在欧洲部署的"索尔"（Thor）和"朱庇特"（Jupiter）中程弹道导弹的数量从60枚增加到240枚。此外，该委员会还呼吁，斥资250亿美元打造国家防辐射避难所项目。当这份报告被泄漏给媒体后，《华盛顿邮报》描绘了一幅恐怖的场景：

> 至今仍被列为绝密的《盖瑟报告》（"Gaither Report"）显示，美国正处于有史以来最严峻的危险之中。该报告称，美国正走上一条令人恐惧的道路，将降为二等强国。报告表明，由于苏联的导弹数量剧增，美国已经受到了直接威胁。该报告认为，从长远来看，苏联飞速发展的军事实力和日渐强大的经济技术让美国面临灾难性危险……为了阻止这场不可避免的灾难，《盖瑟报告》紧急呼吁，大幅增加目前直至1970年的军事开支。[17]

苏联的人造卫星为民主党带来了巨大的政治契机。一名司法助理告诉林登·约翰逊："如果这一问题……处理得当，就能把共和党打得落花流水……而您将当选总统。"[18]参议院接受了他的暗示，对艾森豪威尔的国防项目发起了调查。

在热衷于谈论美苏之间"导弹差距"的人中，包括马萨诸塞州年轻的参议员约翰·肯尼迪。1957年底，肯尼迪警告道，美国在中程和远程弹道导弹的数量上可能落后于苏联数年。次年，在好友兼专栏作家约瑟夫·艾尔索普（Joseph Alsop）的鼓动下，肯尼迪使用了更耸人听闻的措辞。艾尔索普指责艾森豪威尔政府有关美国国防的说法是"弥天大谎"，并详细列举了预计的美苏间导弹差距。1959年，美国没有洲际弹道导弹，而苏联将有100枚。在接下来的几年里，1960年美国和苏联的导弹比例为30比500，1961年为70

比 1000，1962 年为 130 比 1500，1963 年为 130 比 2000。[19]

　　主要根据艾尔索普提供的信息，肯尼迪在参议院批评美国"在导弹上的滞后"将很快招致"比我们所知的任何战时威胁都更致命的危险"，增加苏联发动攻击的可能性，使核裁军变成当务之急。[20]由于 U-2 侦察机未能发现任意一处洲际弹道导弹的部署地点，对于那些试图利用导弹差距问题谋取进身之阶的华盛顿官员，艾森豪威尔显得极不耐烦，他将他们称作"道貌岸然的伪善杂种"。[21]

　　1959 年元旦，菲德尔·卡斯特罗（Fidel Castro）和切·格瓦拉领导的革命推翻了古巴的亲美独裁者富尔亨西奥·巴蒂斯塔（Fulgencio Batista），从而使美国的利益和声望再次遭到毁灭性打击。从 1898 年起，美国公司就控制着这座岛屿。1959 年，它们掌握了古巴 80% 以上的矿山、牧场、公共事业和炼油厂，50% 的

1960 年 9 月，菲德尔·卡斯特罗［居中者］参加联合国大会。

铁路与40%的制糖工业。美国仍然保留着在关塔那摩湾的海军基地。卡斯特罗很快开始改革教育体制和重新分配土地。古巴政府没收了联合果品公司和另外两家美国公司的100多万英亩土地。当美国试图从经济上扼杀这个新生政权时，卡斯特罗转而求助于苏联。1960年3月17日，艾森豪威尔指示中情局建立一支由古巴流亡者组成的"准军事部队"，以推翻卡斯特罗。

在随后的几个月里，经艾森豪威尔授权，美国参与了刚果总理帕特里斯·卢蒙巴（Patrice Lumumba）的暗杀行动。卢蒙巴是资源丰富的刚果的首任民选总理，被艾伦·杜勒斯称作"非洲的菲德尔·卡斯特罗"。次年1月，卢蒙巴遇刺身亡，但罪魁祸首主要是刚果的前殖民统治者比利时人。在中情局的扶植下，约瑟夫·蒙博托（Joseph Mobutu）取代了卢蒙巴。经过数年的斗争，蒙博托巩固了政权。正如蒂姆·韦纳在其获奖图书《中情局罪与罚》中所言："作为世界上最残暴和腐败的独裁者，他〔约瑟夫·蒙博托〕统治了整整30年，从该国窃取了数十亿美元，而这些收入均来自钻石、矿产和战略金属等富饶的矿藏。为了维护自己的权力，他屠杀了不计其数的刚果人。"当时，他是中情局在非洲最信赖的盟友。[22]

爱因斯坦引领反核热浪

不可否认，艾森豪威尔对第三世界独裁者的支持是不可原谅的，但较之于他在任期内其他令人恐慌甚至具有潜在毁灭性的举动，前者无疑相形见绌。为了在冷战中获得优势，他大量储备核武器，甚至依赖危险的核讹诈。他有意模糊常规武器与核武器的界限，开始发展威力惊人的热核武器。

没有任何文件比1955年的《罗素—爱因斯坦宣言》（*Russell-Einstein Manifesto*）更有力地谴责了艾森豪威尔的政策。这则宣言由哲学兼数学家伯特兰·罗素（Bertrand Russell）发起，得到了爱因斯坦的热情支持。爱因斯坦在临终前的这最后一封信里签上了自己的名字。这则宣言得到了世界上最杰出的11位科学家的署名，其中9位是诺贝尔奖得主。宣言由后来的诺贝尔和平奖得主约瑟夫·罗特布拉特起草，他强烈而迫切地呼吁："在此，我们不是作为哪一个国家、哪一个洲或哪一种宗教信仰的成员发言，而是作为人，作为生存受到威胁的人类物种的一员发言。"签名者敦促读者"作为有着非凡历史、不希望自取灭亡的生物物种的一员"进行反思。他们解释道："所有生命都将同样处于危险中，认识到这一点，我们就有希望共同阻止这一危险。"他们担心，大多数人仍然认为核武器只能"摧毁城市"，然而事实是，在氢弹战争中，城市的毁灭将是"我们面临的最小的灾难。假如伦敦、纽约和莫斯科的每一个人都被消灭，几个世纪以后，世界也许能够从爆炸中复原"，但现在，美国已经能够制造出威力相当于"小男孩"2500倍的核弹，"致命的放射性粒子"会四处扩散。"最权威的人士异口同声地表示，一场氢弹之战很可能导致整个人类的终结。他们担心，如果大量使用氢弹，人类就会全体灭亡——少数人会猝然死去，大部分人则要经历疾病和核衰变的漫长折磨"。签名者反问："我们应当让人类终结，还是人类应当放弃战争？"最后，他们写道："我们作为人类向全世界的人发出呼吁：记住你的人性，忘掉其他东西。如果能做到这一点，你们面前的道路将通向新的天堂；反之，你们将面临全体灭绝的危险。"[23]

不到一周后，科学家们在德国的林道市举行会议，发表了由18位诺贝尔奖得主签名的《迈瑙宣言》（Mainau Declaration）。宣言再次对"各地所有的人"警告道："在一场全面战争中，地球将充满放射性物质，所有的国家都将被毁灭。"所有国家要么不得不"放弃武力"，要么"不复存在"。[24]

艾森豪威尔和国务卿约翰·福斯特·杜勒斯却反其道而行之，公然挑战大多数人的共识。他们坚持认为，不顾一切地运用核威胁不仅合情合理，还行之有效。1956年1月初，《生活》杂志援引杜勒斯接受采访时的原话称，近年来艾森豪威尔政府曾三次"走到核战争的边缘"。[25]

杜勒斯乐于用核武器比试胆量引起了人们激烈的非议。众议院民主党发言人萨姆·雷伯恩抨击了杜勒斯这种"可鄙的做法"。[26]阿德莱·史蒂文森也谴责杜勒斯"拿美国人的生命当赌注，玩俄罗斯轮盘赌"。[27]《印度斯坦旗帜报》（*Hindustan Standard*）指责杜勒斯这种边缘政策"迫使数百万人长期处于恐惧和痛苦之中"。[28]12位知名新教牧师和重要宗教期刊的编辑致信艾森豪威尔，批评杜勒斯"不顾后果和不负责任的政策"让他们"深感震惊"。"杜勒斯先生确实惊恐地告诉世界，在核大战中美国政府曾三次逼近毁灭人类的边缘。"[29]

历史学家理查德·伊默曼（Richard Immerman）指出，杜勒斯的个人观点更为复杂。他深知核武器日益增加的破坏力所带来的危险，苏联核均势的挑战，国际社会对这种危及人类生存政策的日益强烈的抗议。1958年4月，杜勒斯向艾森豪威尔表示，依靠大规模报复战略"会让美苏之间在任何地点发生的任何冲突都有可能演变成一场大规模核战"。[30]然而，这没能阻止美国当局于1958年在金门和马祖的第二次冲突中，就像1955年那样再次利用核打击威胁中国；也没能阻止它在1956年的苏伊士运河危机中，当以色列、英国和法国在纳赛尔将苏伊士运河收归国有后入侵埃及时，威胁苏联要对其进行核报复。在苏伊士运河事件中，美国依靠这种战略战胜了苏联，副总统理查德·尼克松从中得到了一个危险的启示："1956年，我们考虑在苏伊士动用原子弹，我们通过外交手段进行了恐吓……艾森豪威尔……命令北约指挥官阿尔弗雷德·格伦瑟（Alfred Gruenther）

召开新闻发布会。格伦瑟宣布，如果赫鲁晓夫威胁要对不列颠群岛使用火箭，莫斯科'毫无疑问'会被摧毁。从此以后，美国在中东地区占据了优势地位。"[31] 1970 年，尼克松试图在约旦内战中故技重施。当时，与美国结盟的侯赛因国王将巴勒斯坦解放组织逐出了约旦。

1956 年，民主党总统候选人阿德莱·史蒂文森也在总统竞选中强调了日益增长的核威胁。史蒂文森坚持认为，他不能"接受当局的这种明显立场，即我们无力阻止这种不计后果并将导致人类灭绝的竞赛"，并将艾森豪威尔扩充核军备的做法称作"疯狂的举动"。[32] 他承诺，推动各国就禁止开展核试验达成协议，将成为"当选后的第一要务"。[33] 1957 年春，英国、美国和苏联开展的核试验引起了国际社会的愤怒。印度总理尼赫鲁敦促终止所有核试验，担心它们"有可能导致人类的终结"。[34]《纽约时报》报道，"继续开展核试验将对地球上所有生物的生存造成威胁，引发世界各国忧虑"。[35]

1957 年 11 月，新一轮核试验过后，稳健核政策全国委员会（National Committee for a Sane Nuclear Policy）在《纽约时报》上刊登了诺曼·卡曾斯等人创作的一则广告。在广告上签名的 48 位杰出公民，呼吁将终止核试验作为控制军备的第一步。美国民众对这则广告出人意料的响应最终促使这一重要的全国性反核组织发展壮大，人称"SANE"①。[36]

稳健核政策全国委员会的成立是 1957 年出现的几个反核活动之一。当年 7 月，第一届帕格沃什会议（Pugwash Conference）在加拿大的新斯科舍省召开。与会科学家来自世界各地，其中包括 5 名美国科学家和 3 名苏联科学家。他们一致呼吁避免战争，结束军备竞赛和终止核试验。[37]

作为对公众强烈抗议的回应，艾森豪威尔在国内外发起了一场

---

① 即 Security Against Nuclear Extinction 的缩略语，sane 一词在英语中意为"清醒的、明智的"。

名为"和平的原子能"（"The Peaceful Atom"）的运动，该运动趁1953年12月他在联合国的演讲引发的势头开展。原子能委员会营销核能不仅可以帮助人们对抗主张无神论的共产主义，它还是一剂神奇的灵丹妙药，可以为交通工具提供电力、为饥馑者提供食物、为城市提供照明、治疗病人和开采矿藏。美国邮政部专门发行了一枚邮票，以庆祝"和平的原子能：人类的创造性被赋予新生命的一种方式"。

1955年4月底，艾森豪威尔公布了一项建造核动力商船的计划。这艘商船将访问世界各地的港口，以展示美国致力于"公正与持久的和平"的承诺。7月，美国建立第一座商用核电站。1956年10月，艾森豪威尔宣布，"和平的原子能"计划初见成效。美国与日本以及其他36个国家达成了建立核反应堆的协议，并且正在与另外14个国家进行谈判。与此同时，美国着手发展核动力飞机，但一项建造海岸警卫队核动力破冰船的提议因需要6000万美元的高昂投入，最终被艾森豪威尔否决。

1958年，美国为了另一项更加野心勃勃、华而不实甚至十分荒谬的计划兴奋不已。根据原子能委员会的"犁头计划"（Project Plowshare），美国将对地球进行开掘。1957年9月，原子能委员会在内华达州的一座山中，引爆了一颗当量为2000吨的核弹。1954年，威拉德·利比（Willard Libby）取代富有主见的亨利·史密斯成为原子能委员会中唯一的科学家。1957年12月，他在报告中称，"雷尼尔核试验"产生的放射性沉降物完全被控制在山体内，使接下来一系列和平利用核爆活动成为可能。利比激动地说："我已经好多年没见过这么令我兴奋的事情了。"[38]原子能委员会主席刘易斯·斯特劳斯清楚这个项目的真正目的。当年2月，他承认"犁头计划"旨在"强调核爆破设施的和平用途，以创造有利于核武器开发与试验的世界舆论氛围"。[39]

3月14日，《纽约时报》在头版报道，"原子能委员会科学家推广了一个计划，几年之内，威力相当于二战期间投放到广岛的原子弹的10倍的核爆破或将在美国各地成为日常现象"。[40] 6月，原子能委员会宣布启动"战车计划"（Project Chariot），准备用4颗氢弹在北极圈以北的阿拉斯加州开辟一个深300英尺的港口。有官员希望利用核弹炸开沥青砂和页岩层内的石油矿床。还有人认为，类似核爆破可用于建立巨大的地下水库，提供蒸汽动力，淡化海水，开凿铜矿及其他难以穿透的矿床，生产用于医疗、生物、农业和工业领域的放射性同位素等。

一些专家希望炸出一条新的更大更好的巴拿马运河，也有人希望利用核弹改变气候模式。阿尔伯克基桑迪亚实验室的杰克·里德（Jack Reed）提议，在飓风眼旁引爆一颗2000万吨当量的核弹，以改变飓风的路线。他充满信心地表示，任何放射性物质最终会降到无害水平。美国气象局（U.S. Weather Bureau）科学家哈里·韦克斯勒（Harry Wexler）提出一个计划，在北极圈附近引爆10颗1000万吨当量的核弹，以加速融解北极的冰盖。根据他的测算，届时北极地区的温度将升高大约10华氏度。

1960年，原子能委员会把"犁头计划"的预算翻了一番。劳伦斯·利弗莫尔国家实验室（Lawrence Livermore National Laboratory）的近百名研究人员奉命为该项目工作。实验室负责人、物理学家爱德华·特勒对该项目的前景感到极为乐观。但随后，"犁头计划"陷入了困境。1958年9月，迫于国内和国际压力，艾森豪威尔曾宣布，美国支持苏联提出的暂停核试验的倡议。要想继续开展这项计划，艾森豪威尔必须违反暂停倡议。于是，他向苏联施压，要求达成一份协议，允许为和平目的开展核试验。1959年夏，看到苏联有可能让步，艾森豪威尔批准了"土地神计划"（Project Gnome）。该计划将引爆当量为一万吨的核弹，炸开新墨西哥州卡尔斯巴德附近的盐层，将热能储存在溶解的盐层间，以供发电之用。此外，爆炸还将产生宝贵的放射性同位素，美国将尝试回收这些同位素，以用于医疗目的。内政部的国家公园管理局负责管理卡尔斯巴德洞窟国家公园，一位部门发言人在报告中称，内政部对这一项目的宣布"感到瞠目结舌"。[41]

1960年夏，"战车计划"启动。有民众甚至设想出他们自己认为有价值的项目，作为"犁头计划"的一部分。一位女士向原子能委员会提议，使用氢弹杀死非洲所有的蛇。[42]

艾森豪威尔的政治遗产：三万枚核武器

尽管当局采取积极措施推广和平利用核能，但公众对核试验危险的认识却与日俱增。1957年4月，面对日益高涨的国际呼声，诺贝尔奖得主阿尔伯特·施魏泽（Albert Schweitzer）也加入了呼吁禁止核试验的队伍。施魏泽向大约50个国家播放了《良知宣言》（"Declaration of Conscience"）。[43]《纽约时报》报道："全世界都担心继续开展核试验将对地球上所有生物未来的生存造成威胁。"[44]5月，盖洛普民意调查显示，63%的美国人支持在国际上禁止开展核试验，27%的美国人反对这一举动，支持者比反对者多出一倍以上。而上一年秋，仅有24%的人赞同史蒂文森呼吁禁止核试验的提议。[45]

几个月后，内维尔·舒特（Nevil Shute）扣人心弦的小说《海滨》（*On The Beach*）的出版进一步助长了人们的反核声浪。该小说曾在《华盛顿邮报》《洛杉矶时报》和其他报纸上连载。小说描写了一场持续37天的核战中4000颗钴弹爆炸后的惨状，以及澳大利亚墨尔本的幸存者在辐射云即将来临时的最后日子。厄尔·布朗（Earle Brown）在《华盛顿邮报》上发表了一篇题为《面对必然的死亡》（"The Facing of Certain Death"）的评论文章，上面的主标题是《1960年代的末日核战》（"Atomic Armageddon of 1960s"）。文章开头如此写道："内维尔·舒特的作品是核时代最重要和最富戏剧性的一部小说。如果你今年只打算读一本书，就应当选这本。"布朗最后总结说："我希望将内维尔·舒特的这本书放进奠基石或时间胶囊里，一旦末日核战打响，未来的人们就会意识到，我们这一代人是在头脑清醒的情况下走上毁灭之路的。铁幕两边的人们都应当看一看这本书。"[46]

1957年9月，丘吉尔在法国卡普代尔郡比弗布鲁克勋爵的别墅内参加聚会时，众人开始讨论起舒特那本令人胆战心惊的小说。丘吉尔宣布，他准备送给赫鲁晓夫一本。当有人问他是否也准备送给艾森豪威尔一本时，丘吉尔回答："那纯粹是浪费钱。他现在已经昏了头了……我看地球很快就要被毁掉……假如我是上帝，我不会再创造地球，以免他们把他也毁掉。"[47]

1959年12月，斯坦利·克雷默（Stanley Kramer）拍的电影版同时在世界主要国家的首都首次公映，引起了空前的国际反响。《纽约时报》影评人博斯利·克劳瑟（Bosley Crowther）对其大加赞赏："除了娱乐性，这部影片的优点在于它反映了这样一种强烈的信念，即归根结底人类仍然值得被救赎。"[48]艾森豪威尔的内阁开始讨论如何抵消这部电影强有力的反核宣传。内阁、原子能委员会和国务院的官员试图诋毁这部电影，声称电影存在使其主要前提站不住脚的严重错误。[49]美国新闻署专门起草了一份文件，标题是《关于电影〈海滨〉可能遇到的提问以及推荐回答》"（"Possible Questions and Suggested Answers on the Film 'On the Beach'"）。[50]但是，无数观众——其中许多是含泪离开电影院的——可能对弗雷德·阿斯泰尔（Fred Astaire）成功饰演的科学家朱利安简单、直接地否定威慑理论更为印象深刻。在影片中，有人问朱利安，在他看来是谁挑起了这场战争。他回答："谁会相信人类竟会愚蠢到将地球炸平？"当提问者坚持要求他回答时，朱利安说：

> 当人们接受这种愚蠢的准则，也就是使用可能导致自取灭亡的武器进行防御以维护和平时，就是战争的开始。每个人都有原子弹，和反制这些原子弹的原子弹，和反制反制原子弹的原子弹。武器的发展已经超出了我们的承受能力。我们无法控制它们。我知道，是我帮助制造了它们。愿上帝保佑我。也许在某个地方，某个可怜的家伙正盯着雷达屏幕，并认为他看到了什么东西。他知道，如果他有千分之一秒的犹豫，他的国家就会被从地图上抹去……于是他按下了按钮，世界开始失控。还有……

这部电影的细节也许有误，但它对艾森豪威尔推动形成的世界局势的理解却分毫不差。对于艾森豪威尔的核政策，人们也许可以进行更善意的解读。毕竟当参谋长联席会议提议动用核武器时，他曾极力劝阻。他削减了民防系统的开支，限制了总体国防预算的增长。为了颁布禁止核试验的命令，他不遗余力。在苏联人造卫星上天后，他抵御了扩充军备的重重压力。他一面要对付强大甚至虎视眈眈的苏联，一面要竭力团结北约盟友。在众多强硬和极端的顾问中间，他的观点经常更为温和。

但是，在艾森豪威尔的任期内，美国的核武器从1000多枚增加到约2.2万枚，对准了苏联境内的2500个目标。但即使是2.2万这个数字也有误导性。艾森豪威尔授权的采购项目一直持续到1960年代，因此肯尼迪时期的3万多枚核武器也该归咎于他。仅在1959年至1961年间，美国的核武库就增加了1.95万枚核武器。此外，美国正在以每天75件的速度和低廉的成本制造更多新型武器。正如普利策奖得主理查德·罗兹（Richard Rhodes）所言，"美国的核弹头每颗耗资 25 万美元，其造价少于一架战斗轰炸机，少于一枚导弹，少于一艘巡逻艇，也少于一辆坦克"。[51] 核武器的当量在 5 年内增长了 65 倍，到 1960 年高达 20491 兆吨，相当于 136 万颗"小男孩"。1961 年，虽然随着 950 颗 1000 万吨当量的 B36 核弹退役，总当量开始下降，但由于弹道导弹问世使打击精确度提高，核弹的破坏力反而大大加强。也就是说，在无损于总体破坏力的前提下，投掷核弹的精确度每提高一倍，其产量就可以减少到原来的八分之一。[52]

鲜为人知的是，艾森豪威尔曾授权给包括战略空军司令部和北美防空司令部在内的战区司令和其他特定的指挥官，在他们认为情况紧急、无法与总统取得联系或总统丧失了指挥能力的情况下发动核打击。有了艾森豪威尔的批准，一些战区司令进而授权给更低一级的指挥官，包括空军、舰队海军的指挥官，在同样的情况下发动核打击。因此，能按下核按钮的手指有数十根，甚至更多。兰德公司分析师丹尼尔·埃尔斯伯格在为五角大楼研究核武器的指挥与控制时，发现这种层层委托授权的做法极其危险。"在授权制度下，这是一架一触即发的末日机器。"[53] 事实上，由于核武器没有加锁，很多人虽然未经授权，也同样能发起核打击，其中包括飞行员、飞行中队队长、基地指挥官和航空母舰指挥官。在随后 10 年中，欧洲的核武器以及战术核武器被陆续加锁，战略空军司令部的轰炸机携带的核弹后来也被加锁。但在 1980 年代以前，潜载导弹始终没有加锁，这就意味着任何潜艇指挥官都有能力消灭苏联。·

1960 年 8 月，艾森豪威尔总统批准编制国家战略目标清单和"统一作战行动计划"（Single Integrated Operational Plan），简称"SIOP"。首个"统一作战行动计划"的内容包括，在战争开始的 24 小时内，动用美国的战略核力量同时打击中苏两国。行动目的是造成最大程度的破坏，目标包括苏联的核力量、政府指挥中心与城市工业基地。在得知该计划巨大、超量的破坏性以后，艾森豪威尔向海军助理 E. P. 奥兰德（E. P. Aurand）上尉坦言，"我被吓得魂飞魄散"。[54] 他当然应该被吓得魂飞魄散。随后，参谋长联席会议被要求估算这样一次核打击造成的死亡人数，得出的数字令人心惊胆战：核辐射将导致苏联和中国的 3.25 亿人、东欧和西欧各 1 亿人以及包括芬兰、瑞典、奥地利、阿富汗、巴基斯坦和日本等邻国在内近 1 亿人死亡。这些数字还不包括苏联的核武器以及美国的战术武器造成的死亡人数。[55] 此外，当时人们还不清楚，这样一次核打击无疑会引发核冬天，从而导致人类灭绝。虽然一旦启动这项计划，将有数千百万计的人丧生的前景令人不寒而栗，但艾森豪威尔还是一字未易地将其交给了新一届政府。

艾森豪威尔政府将削减国防开支作为这种危险甚至疯狂的核扩军的理由，1960 年的联邦预算比第一财政年度仅增加了 20%，而同一时期内国民生产总值增长了近 25%。

艾森豪威尔时代相对和平与繁荣，但很多美国人担心国家停滞不前，渴望新的活力。于是，民主党找到了年轻的波士顿人约翰·肯尼迪。肯尼迪来自一个政治野心勃勃的显赫家族。他的父亲是饱受争议的约瑟夫·肯尼迪，既是一个成功的华尔街投机商人，也是富兰克林·罗斯福的主要金融靠山。作为驻英大使，约瑟夫·肯尼迪因为公开表示自己悲观看待英国对希特勒采取了绥靖政策，以及英国在战争中取胜的前景，在任期尚未结束时就被召回国内。

1952 年，约翰·肯尼迪当选议员进入参议院，但这段国会生涯并没有预示出他后来会达到的高度。作为冷战时期的自由主义者，他支持理查德·尼克松指责民主党进步分子海伦·加海根·道格拉斯（Helen Gahagan Douglas）是赤色分子的行动。1954 年 12 月，由于身体抱恙，他得以避开参议院谴责家族故交约瑟夫·麦卡锡的投票，他不愿批评后者。埃莉诺·罗斯福曾影射肯尼迪的普利策奖获奖作品《当仁不让》(*Profiles in Courage*) 一书，说她希望肯尼迪"少一些浮华，多一些勇气"。[56] 他的弟弟罗伯特甚至曾在麦卡锡手下任职。肯尼迪试图赢得埃莉诺·罗斯福—阿德莱·史蒂文森民主党自由派的支持，但从未获得其信任。出于投机心理，肯尼迪选择了林登·约翰逊作为竞选搭档，虽然从中可以看出他的政治嗅觉十分敏锐，但也证明自由派对他极不信任。

1960 年，肯尼迪以微弱优势击败尼克松当选总统。尼克松曾四处兜售自己作为副总统的经验以及对艾森豪威尔政府的重要贡献。但是当有记者问艾森豪威尔，尼克松参与了哪些重要决定时，艾森豪威尔回答，如果给他一周时间的话，他也许能想起一件。[57]

肯尼迪将自己定位为带来变革的总统候选人，但他许诺的变化并不都是积极的。上任后他采取了强硬立场，批评艾森豪威尔政府容忍卡斯特罗接管古巴，任由美苏之间危险的导弹差距扩大。

从某种程度上来说，艾森豪威尔清楚他所造成的潜在灾难性局面，并对自己传给继任者的末日战争机器感到懊悔。由于鹰派科学家和军事顾问的阻挠，他未能在离任前达成禁止核试验的条约，对此他深感失望。有鉴于此，艾森豪威尔发表了一次非同寻常的告别演讲以警告美国人，日渐强大和具有威胁性的"军工复合体"正在兴起。然而，这一警告不仅与他在任时的实际表现背道而驰，更是描述了一种艾森豪威尔个人亲手推动发展的现象。

艾森豪威尔在任期间最令人难忘的这次演讲，源自一场对话，发生在总统的首席撰稿人、约翰·霍普金斯大学政治学家马尔科姆·穆斯 (Malcolm Moos) 和退休的海军上尉，也就是另一位演讲词撰稿人拉尔夫·威廉姆斯 (Ralph Williams) 之间。1960 年 10 月 31 日，两人会面讨论如何撰写这篇告别演讲，并一致认为有必要揭露美国的"黩武好战的问题"。威廉姆斯在备忘录中清楚地阐明了他们的忧虑：

……有史以来第一次，美国出现了一个长期以战争为基础的产业……不仅如此，一些早年退役的海军军官和一般将领也到这些以战争为基础的产业复合体中任职，不仅影响了它们的决策，还为其高速增长指明了方向。危险之处在于，它让共产党一直以来对我们的指责有可能成为事实。因此，我们必须谨慎行事，以免"让军火贩子左右这个国家的政策"。[58]

艾森豪威尔在这次不朽的演讲中提到了一个特定的词语——军工复合体，该词出自劳伦斯·利弗莫尔国家实验室的前任负责人——物理学家赫伯特·约克（Herbert York）。1971年夏，在斯德哥尔摩国际和平研究所（Stockholm International Peace Research Institute）工作时，约克告诉一名年轻的美国同事，是他向艾森豪威尔总统提议在演讲中加入这个词的。[59]艾森豪威尔表示同意，并立即拉响了警报：

这种大型军事机构与大型军需产业的结合在美国前所未有。每一座城市、每一个州议会、每一个联邦政府办公室都能感受到它在经济、政治，甚至精神上的整体影响……我们必须理解它的重要影响，因为这将涉及我们的辛苦工作、资源、生活以及社会结构本身。在各级政府议会中，我们必须警惕军工复合体获得不恰当的影响力，无论这种影响是有意寻求还是无意获取的……我们绝不能让这种组合危及我们的自由或民主进程……只有警觉且有知识的公民群体才能迫使大型工业和军事防御机器与我们和平的手段及目的适当地结合，从而同时确保我们的安全与自由。[60]

直到很久以后，大多数美国人才理解其中的含义，但也有一些人显然是例外。沃尔特·李普曼敏锐地将艾森豪威尔与乔治·华盛顿的告别演讲进行了比较。华盛顿曾警告人们当心外国"对平民力量构成威胁"，而艾森豪威尔警告人们当心国内的军事威胁。[61]艾森豪威尔把华盛顿视作心目中的"英雄"。在《自由自在》(At Ease)一书中，艾森豪威尔坦承，华盛顿"在告别演讲中……所体现的优秀品质令我肃然起敬"。[62]

《纽约时报》的杰克·雷蒙德 (Jack Raymond) 对军工复合体进行了整版分析，利用大量图表详细描述了美国庞大的国防开支，其总额占当年 810 亿美元国家预算的 59%。他指出，五角大楼不仅耗费了联邦预算的一半，而且控制着价值 320 亿美元的不动产，包括军事基地和武器库等。雷蒙德还剖析了军事与工业是如何紧密结合做到这一点的。穷兵黩武有损美国在海外的形象，他说，"美国在挥舞大棒的同时，似乎忘记了西奥多·罗斯福箴言的另一部分，那就是要'语气温和'"。[63]

肯尼迪的心腹顾问和传记作家西奥多·索伦森 (Theodore Sorensen) 后来思索道："我认为，肯尼迪竞选总统的主要原因是他认为艾森豪威尔－杜勒斯的大规模报复政策以及诸如此类的一切，正在将这个国家引向核战争。他认为大规模报复政策是一种疯狂的做法——我们对苏联说，如果你们胆敢在西柏林或其他地方越雷池一步，我们的回应是用核武器消灭你们——好像这样就能维护和平。"[64]但是，在 1960 年的总统选举中，很少有观察家会相信，肯尼迪准备降低核战争的风险，或者新一届政府决不会助长美国的黩武倾向。肯尼迪谴责艾森豪威尔"将财政安全置于国家安全之上"，尤其是当时苏联的导弹很快就会以"2 到 3 比 1"的优势超过美国。[65]在竞选期间中，肯尼迪承认，他不希望苏联"利用这种优势威胁或对美国发动打击"，但也不会心存侥幸。肯尼迪呼吁增加国防开支，并宣称"那些反对增加开支的人们无异于在拿我们国家的生存冒险"。[66]

肯尼迪的就职仪式盛大并充满象征意味。86岁高龄的罗伯特·弗罗斯特（Robert Frost）成为有史以来第一位参加总统就职仪式的诗人。天才黑人歌唱家玛丽安·安德森（Marian Anderson）演唱了美国国歌。美国革命女儿会曾因其肤色而拒绝让她在宪法大厅演出。肯尼迪发表了铿锵有力的就职演讲，既呼吁苏联与美国建立友好关系，"不要等到科学所释放的危险破坏力量吞噬整个人类"；又欣然接受一个事实，即这一代人有机会"在最危险的时刻捍卫自由"，为了做到这一点，他将不惜"一切代价，忍受所有重负，直面任何艰辛"。[67]

新一届政府开始从主要的基金会、大型企业和华尔街投资银行招贤纳士，在一些次要职位上安排了少数进步人士来凸显他们。戴维·哈伯斯塔姆（David Halberstam）称他们为"出类拔萃之辈"，并记述了他们的聪明才智、成就和进取精神如何与傲慢自大和道德的彻底丧失结合在一起，导致美国陷入越南战争的泥潭。其代表人物包括国家安全顾问、哈佛大学人文与科学学院院长麦乔治·邦迪和国防部长罗伯特·麦克纳马拉，前者是第一个在耶鲁大学要求的三场入学考试中获得满分的申请人，后者凭借过目不忘的记忆力和杰出的管理才能闻名遐迩。在美国太平洋司令部就为越南筹备物资召开的会议上，麦克纳马拉中途突然关闭投影仪，并准确地指出第869张幻灯片与7小时前展示的第11张幻灯片上的数据不符。作为肯尼迪的顾问，他们的才智从未受到质疑，但他们的判断力却饱受诟病。曾在肯尼迪执政时期担任驻印度大使的约翰·肯尼思·加尔布雷思（John Kenneth Galbraith）惋惜道："外交政策仍然被外交关系协会的人把持。这些人一无所长……他们唯一懂得的就是共产党与反共者之间的区别……这就是他们的秘诀，而这个秘诀如今仍然在起作用。我们这些对他们表示质疑的人……就像印第安人一样，只能偶尔从营地外面发射几支弓箭。"[68]其结果是，这种傲慢与无知

约翰·肯尼迪发表了铿锵有力的就职演讲。

肯尼迪的两大心腹——麦乔治·邦迪、罗伯特·麦克纳马拉。

465

的奇怪结合让新一届政府从一开始就在外交政策领域铸成了大错。

猪湾惨败，肯尼迪与军方出现裂痕

肯尼迪着手实施艾森豪威尔制定的计划，让中情局在危地马拉秘密训练了一支由1500名古巴流亡者组成的入侵部队。最初，肯尼迪曾对这个方案表示怀疑，但艾伦·杜勒斯向他保证，这次入侵将激励反对卡斯特罗的古巴人揭竿而起，推翻当局。内阁官员切斯特·鲍尔斯（Chester Bowles）、小阿瑟·施莱辛格、理查德·古德温（Richard Goodwin）对这个方案提出了尖锐质疑，参议院外交关系委员会主席J. 威廉·富布赖特（J. William Fulbright）力劝肯尼迪彻底放弃这个计划。但是，上任伊始的总统缺乏经验，不敢阻止艾森豪威尔和参谋长联席会议支持的行动。行动开始前三天，美国出动了8架B-26轰炸机，摧毁了卡斯特罗的半数空中力量。入侵部队乘坐7艘舰艇抵达猪湾，其中2艘属于美国联合果品公司。但古巴军队轻而易举打败了这些入侵者，于是后者请求美国直接出兵支援。

杜勒斯所说的民众揭竿而起并没有出现。邦迪、腊斯克和肯尼迪本人反复向中情局的官员表明，美国不会进行空中支援。他们清楚，这次行动不仅有损于美国的国际形象，还有可能招致苏联对西柏林采取行动。4月18日午夜前几分钟，肯尼迪、约翰逊、麦克纳马拉和国务卿腊斯克在白宫会见了参谋长联席会议主席莱曼·莱姆尼策（Lyman Lemnitzer）将军、海军作战部部长阿利·伯克（Arleigh Burke）上将和中情局秘密行动负责人理查德·比斯尔。伯克和比斯尔花了三个小时试图说服肯尼迪派遣地面和空中部队支援。他们知道这是取胜的唯一希望，因此想让肯尼迪屈服于他们的压力。肯尼迪说："他们确信我会让步，下达出兵的命令。"[69]"但他们没有料到，"肯尼迪的顾问沃尔特·罗斯托（Walt Rostow）后来写道，"虽然总统大权在握，但他并不愿意看到这次行动成功。"[70]莱姆尼策也抨击说："这种意外之举令人难以置信……应当受到人们的谴责，几乎就是一种罪行。"但肯尼迪毫不妥协，他后来向好友解释道："我们不希望只是因为这个国家的某些狂热分子把所谓的民族自豪感置于国家利益之上而陷入一场不负责任的行动。"[71]这次行动共有114人丧生，1189人被俘，伤亡者中包括4名受雇于中情局的亚拉巴马州国民警卫队飞行员。

　　人们很快开始对此事进行分析。《芝加哥论坛报》一语中的地指出："入侵古巴的主要后果就是让卡斯特罗的独裁政权变得比以往更稳固，共产党人开始在全世界乘虚而入，让美国遭受了沉重的打击。"[72]《华尔街日报》宣布："美国发现自己处于一种可悲的困

在猪湾被俘的古巴反革命分子。

境……这个国家正在被世界各国咒骂……但我们怀疑更令人惊讶的是美国的软弱无能，这在共产主义国家的首都尤为明显。"[73]《纽约时报》担心美国"在西半球的霸权在一个世纪以来第一次受到威胁"，而古巴革命为其他拉丁美洲国家提供了"范本"。[74]

美国的无能表现和错误判断令世界震惊。迪安·艾奇逊从欧洲发回报告称这次惨败"粉碎了欧洲人的希望"，他们认为这是"一种完全未经深思熟虑和不负责任的举动。欧洲各国曾对新一届政府抱有很高期望，但……它们现在却大失所望"。[75]切斯特·鲍尔斯在日记中写道："美国在古巴的惨败证明，像肯尼迪这么才华横溢、意图良好的人，在缺乏基本道德准则的情况下，也会做出严重错误的决定。"[76]鲍尔斯很快就被毫不客气地排挤出国务院。肯尼迪为这次失败的入侵行动承担了责任，他发誓要不遗余力地对付共产主义：

> 对于这场日益加剧的全新斗争，我们决不能忽视其危险的本质。无论是在古巴还是南越，我们必须有新的观念、新的工具以及新的紧迫感，并与之开展斗争……古巴、老挝以及共产党在亚洲和拉丁美洲所发出的鼓噪之声——它们传达的信息都是一样的。自满、放纵和软弱的社会将作为历史的碎片被扫除……我在此声明，作为美国总统，无论要付出多少代价，无论要遭遇多少危险，我决心确保我们制度的生存与胜利。[77]

民主党参议员、参议院外交关系委员会成员阿尔·戈尔（Al Gore）呼吁"对参谋长联席会议做出重大调整，所有成员都应由更精明强干的新人代替"。《纽约时报》认为，这次行动的失败责任大部分在中情局，并呼吁对该部门进行"彻底重组"。[78]

古巴流亡者把这次惨败归咎于肯尼迪拒绝为他们提供空中支援，大多数人表示绝不会原谅他。虽然肯尼迪对这次事件的处理让他饱受非议，但他的总体支持率反而达到了就任以来的最高点。他表示："就像艾森豪威尔一样，我的表现越糟糕，就越受人拥戴。"[79]

猪湾事件虽然令人沮丧，但它对缺乏经验的新总统产生了深刻的影响。肯尼迪开始对其军事顾问和情报官员产生合理的怀疑。他对施莱辛格表示："如果有人在我面前对最低工资提案指手画脚，我会毫不犹豫地驳斥他们。但你总会假设这些情报官员具备一些普通人不具备的秘密本领。"[80]肯尼迪告诉记者本·布拉德利（Ben Bradlee）："我给我的继任者的第一个忠告就是，警惕那些将军，不要认为他们是军人，他们的军事意见就值得重视。"[81]肯尼迪在入侵后发表的这番言论似乎证明他开始逐渐理解艾森豪威尔的尖锐警告。但是要摆脱冷战思维的桎梏，他必须做出重大改变。

这次拙劣的入侵失败后，肯尼迪决定重组参谋长联席会议"这群狗娘养的"和"中情局的那帮杂种"，并扬言要将"中情局挫骨扬灰"。[82]他任命马克斯韦尔·泰勒（Maxwell Taylor）将军代替莱姆尼策出任参谋长联席会议主席，而为了安抚鹰派人士，他选择柯蒂斯·李梅担任空军参谋长，将来他会为此举后悔。在中情局，他任命保守的共和党商人约翰·麦科恩（John McCone）取代杜勒斯。肯尼迪还迫使副局长理查德·比斯尔和副局长查尔斯·卡贝尔将军（Charles Cabell）辞职。他将中情局所有特工以及其他海外工作人员置于当地大使的管辖之下。此外，他还采取措施削减中情局的预算，到1966年预计减少20%。

肯尼迪委任弟弟罗伯特·肯尼迪（Robert Kennedy）负责秘密行动的重大事项。由于任务重大，这位年轻的司法部长异常忙碌。在他的监督下，中情局三年内一共开展了163次重大秘密行动，仅比艾森豪威尔在8年任期内开展的秘密行动少了7次。[83]

泰勒将军在上任前就对猪湾事件开展了调查，试图找出这次行动失败的原因。沃尔特·比德尔·史密斯将军在作证时表示："民主国家不应发动战争。如果要发动战争，必须通过法律授予总统特别权力。但美国人民认为，当紧急状态结束后，临时赋予三军统帅的权利和权力将被收归各州、县和人民所有。"史密斯认为，中情局的作用可能已经结束了，美国需要建立一个新的秘密机构。他说："现在是时候给这瓶脏水换个新盖子了。"[84]

　　肯尼迪越来越不信任他的军事和情报顾问，因而断然拒绝了他们出兵老挝的主张，但艾森豪威尔警告过这是打败老挝共产党的必要措施。肯尼迪告诉西奥多·索伦森和小阿瑟·施莱辛格，如果不是因为猪湾事件，美国现在可能已经出兵老挝。参谋长联席会议坚持要求肯尼迪优先承诺同意大规模出兵，并批准在必要的情况下将战火烧到中国，即使这意味着要动用核武器。肯尼迪拒绝了他们的提议，选择了中立的解决方案，因而触怒了参谋长联席会议的将军们。"在猪湾事件后，"施莱辛格对戴维·塔尔博特（David Talbot）说，"肯尼迪对参谋长们不屑一顾……他轻蔑地称他们为一帮老头，并且认为莱姆尼策是个蠢货。"[85]

东德架起柏林墙

　　猪湾事件还余震未消，肯尼迪便已开始精心筹备6月与赫鲁晓夫在维也纳的会晤。此前，赫鲁晓夫曾向这位新总统提出，希望缓和局势，并在核试验、老挝和柏林问题上达成协议，但现在气氛阴沉。在维也纳会议上，苏联不停地对肯尼迪发难。赫鲁晓夫斥责这位年轻的美国总统在全球推行帝国主义。他坚称美苏关系取决于德国问题的解决，并谴责了西德的重新军事化及其在北约的重要地位。他要求在年底签订条约，承认两个德国。柏林作为一个"自由的非武装城市"，将处于东德的管辖之下，但会确保从西边进入柏林的通道。临别时，肯尼迪对赫鲁晓夫表示："我想这将是一个非常寒冷的冬天。"[86]他告诉一名记者："如果赫鲁晓夫想要当众揭我的疮疤，那一切就都结束了。"[87]乔治·凯南认为，肯尼迪在会晤期间表现得"出人意料地缄默"。[88]会后，这位受到惊吓的总统与詹姆斯·雷斯顿坐在一起，后者问道："谈得很难，是吗？"肯尼迪回答："这是我平生遇到的最艰难的事。"他解释说：

> 我有两个问题。首先，要弄清他为什么会这么做，而且还是用如此充满敌意的方式。其次，要弄清我们该怎么应对。我想……他这么做是因为猪湾事件……他认为，像我这样年轻又缺乏经验的人，或者任何人，参与其中却又没坚持到底，一定是因为胆小怕事。所以他对我大加抨击。所以，现在我遇到了个大麻烦……为了证明美国的实力仍值得信赖，越南成了我们最合适的选择。[89]

如果肯尼迪能够理解苏联对德国的深切担忧，他也许会明白赫鲁晓夫为什么咄咄逼人。赫鲁晓夫担心的不仅是美国可能在西德境内部署中程弹道导弹，也不仅是东德人潮水般地逃往西柏林，真正让他恐惧的是德国可能会拥有自己的核武器。因此，他威胁要与东德单独缔结和平条约，并切断英国、法国和美国进入西柏林的道路。

赫鲁晓夫向一名美国记者解释道：

> 我可以理解，美国人对德国的看法与我们有所不同……我们与德国的渊源久远得多。我们亲眼目睹了德国政府可以多快变卦并且多轻易就能变成大肆杀戮的机器。我们甚至难以计算，有多少人在上一场战争中被德国人杀害……苏联有句俗话："给德国人一支枪，他早晚会把枪口对准苏联人。"这不只是我个人的感受。我认为，没有比德国重新军事化更让苏联人民气愤的事了。在美国，你们会认为我们没有舆论可言。但不要那么肯定。在德国问题上，我们的人民有强烈的意见。

1961年6月，肯尼迪与赫鲁晓夫参加在维也纳举行的首脑会议。

我想在这里，如果违背民意，任何政府都将难以为继。我曾向你们美国的一位州长提起此事，他说他感到十分惊讶，苏联拥有原子弹和导弹，竟然会害怕德国。我告诉你们这位州长，他没有看到问题的实质。我们当然能摧毁德国，我们甚至可以在几分钟内摧毁德国。我们担心的是武装德国通过自己的行动表明对美国的忠诚，我们担心的是德国挑起世界核战争的能力。最令我困惑的是，美国人意识不到德国有许多人渴望摧毁苏联，你们要被烧伤多少次才会畏惧野火？[90]

在维也纳会议上就关键问题沟通失败，让1961年夏成了冷战期间最紧张的一个夏天。迪安·艾奇逊在为这次会议准备有关德国的背景材料时，曾建议肯尼迪在柏林问题上采取强硬、绝不妥协的立场，避免与苏联开展谈判。他认为，即使是面临核战争的威胁，也值得美国冒险。如果双方出现对抗，美国将向柏林派遣几个旅的兵力。如果华约组织进行军事抵抗，美国就会发动全面核战争。邦迪向肯尼迪解释说："目前的计划需要我们孤注一掷，这项计划一旦执行，再要换其他更灵活的方式就很难了。"[91]

在 7 月 20 日的特别会议上，莱姆尼策和其他军官向肯尼迪汇报了发动核战争的计划及后果。莱姆尼策评估了一份报告，报告详述了 1963 年底美国如何奇袭苏联。肯尼迪问，如果在 1962 年底发动战争，结果将会如何。艾伦·杜勒斯回答，在 1963 年 12 月之前，美国没有足够的导弹可用。肯尼迪问，如果发生战争，美国公民要在防辐射掩体里待多久。他得到的回答是两周。肯尼迪下令所有在场者严禁泄露会议主题。国防部副部长罗斯韦尔·吉尔帕特里克（Roswell Gilpatric）在报告中称，莱姆尼策汇报时"就像是在给幼儿园小朋友上课一样……最后，肯尼迪站起身直接中途退场。会议到此结束"。[92]

1990 年，迪安·腊斯克在回忆录中描述了肯尼迪当时的反应，"肯尼迪总统显然清楚核战争意味着什么，他感到震惊。在我们的多次会谈中，他从未担心过自己会被暗杀，但他偶尔会担心自己是否注定要按下核按钮"。[93] 9 月，莱姆尼策向肯尼迪、麦克纳马拉和腊斯克通报了"统一作战行动计划"第 62 号文件（SIOP-62），包括对苏联实施大规模先发制人攻击的方案。会后，肯尼迪憎恶不已地向腊斯克表示："我们竟敢说自己是人类。"[94]

肯尼迪虽然对这项方案有异议，但他的做法却加剧了危机。7 月 25 日，他向全国发表演讲：

对自由人民的直接威胁就在西柏林。但是，这个被孤立的地区不是单一的问题。这是对全世界的威胁……我们不希望开战——但我们也曾经参战。其他人此前也犯过同样危险的错误，即认为西方国家过于自私、过于软弱、过于分裂……全球问题和紧张局势的根源是莫斯科，而不是柏林。因此一旦开战，战争一定是从莫斯科，而不是从柏林打响。

肯尼迪宣布增加34.5亿美元的国防预算，扩大征兵数量，呼吁将军队规模扩大25%，启动预备役和国民警卫队计划，启动国家项目建设公共和私人防辐射掩体。他强调要为核战争做好准备，并提醒民众："在这个热核时代，双方对彼此意图的任何误判，都有可能在数小时内造成比人类历史上以往所有战争加起来都更严重的破坏。"[95]

华约国家对此给出了强烈反应，开始实施讨论了数月之久的方案。1961年8月13日，东德军队架起了带刺的铁丝网和路障，阻断东德人民的逃亡。很快，建筑工人用水泥代替了铁丝网。肯尼迪派遣1500名美国士兵从西德经过陆路前往西柏林，在那里他们受到了副总统约翰逊的接见。战争一触即发，整个世界都岌岌可危。18岁的詹姆斯·卡罗尔（James Carroll）正在五角大楼等候父亲约瑟夫·卡罗尔（Joseph Carroll），后者被任命为刚刚成立的国防情报局（Defense Intelligence Agency）的局长。卡罗尔的回忆录《美国安魂曲：上帝、父亲与我们之间的战争》（*An American Requiem:God,My Father,and the War That Came Between Us*）后来获得了美国国家图书奖，他在书中生动地记录了父亲令人不安的话语。

今晚父亲神色阴郁……他在抽烟，把烟灰弹到窗外，始终一言不发。最后，他在烟灰缸里摁灭烟头，转过头来看着我说："孩子，我有话对你说。我只说一遍，而且不希望你问我任何问题。好吗？你看报纸，知道正在发生什么。关于柏林发生的事，关于他们在上周击落的那架轰炸机。也许有一天晚上我会无法回到家里，我可能得到其他地方去。全体空军都要到那里去。如果真的发生这样的事，我就得靠你来替代我去照顾妈妈和弟弟们。""您说的是什么意思？""妈妈会明白的，但你也应当明白。我想要你让所有人都上车，然后一路向南行驶。开上1号公路，直奔里士满。到那以后，在你停下来之前，能走多远就走多远。"他没有再说什么……我也没有再说什么。在回家的路上，我们一直保持沉默。我记得非常清楚……我唯一感到的就是……恐惧……虽然很多人都在谈论战争，但我相信父亲和其他像他一样的人，比如柯蒂斯·李梅、汤米·怀特（Tommy White）、查尔斯·卡贝尔、布奇·布兰查德（Butch Blanchard），还有我们在将军路上的邻居，他们会保护我们，不让我们受到战争的伤害。现在，我发现父亲已经不再相信他们能做到这一点。我能感觉到父亲的恐惧，在此之前，我认为这是不可能发生的事。从那天晚上起，我开始担忧，这种担忧一直持续了很多年：先是我们的敌人会怎么做，然后我们会怎么做。[96]

40多年后，詹姆斯·卡罗尔在华盛顿特区举行的一次有关核威胁的会议上回忆起这段往事时，用了这样一句话作为结尾："从那以后，我就一直向南开。"

由于柏林墙消除了直接危险，赫鲁晓夫撤回了要与东德缔结挑衅性和约的威胁。肯尼迪向助手坦言："这虽然不是最佳解决方案，但一堵墙远比一场战争好得多。"[97]赫鲁晓夫深知西方国家在柏林问题上的弱点，称这里"就是西方的睾丸"。"每当我想让西方尖叫时，"他说，"我就会揉捏柏林。"[98]

1961年8月，赫鲁晓夫发现了另一个让肯尼迪尖叫的方式：他重新开始搞核试验。肯尼迪得知试验将很快进行后勃然大怒："他妈的，见鬼了！"顾问们劝他暂时不要以同样方式做回应，以便赢得宣传战的胜利，但肯尼迪毫不理会。他咆哮道："你们是什么？

和平主义者吗？他们刚刚朝我的蛋踢了一脚，难道我还要说这没关系吗？"[99]

肯尼迪在柏林危机期间发出的警告再度引发一场有关防辐射掩体的辩论。在1950年代，关于建立掩体的建议基本被置若罔闻。1960年3月，众议员、政府行动小组委员会（Government Operations Subcommittee）主席切特·霍利菲尔德（Chet Holifield）宣布，民防设施的状况恶劣，仅有35个州建立了1565个家用防辐射掩体。[100]很少有人负担得起或愿意花数千美元在家中建造防辐射掩体。诺贝尔奖得主、加利福尼亚大学洛杉矶分校核专家、原子能委员会前成员威拉德·利比提出了一个解决方案。他花30美元在加州贝莱尔的家中建了一个地下掩体，一时引起轰动。他告诉人们："如果你的命还值30美元，那就建一个像我这样的防辐射掩体。"利比在山体一侧挖了一个5英尺宽、5英尺深、7英尺长的洞穴，然后在洞穴周围、顶端和入口处放置了100个装满沙土的粗麻布袋，并用16根8英尺长的铁路枕木搭成顶部。不幸的是，1961年2月，一场大火横扫圣莫尼卡山，烧毁了他的家。利比太太只抢救出两件物品：丈夫的诺贝尔奖杯和一件貂皮大衣。一开始，媒体称利比的掩体完好无损，但后来《华盛顿邮报》悲伤地报道："利比的防辐射掩体在火灾中荡然无存。"[101]这件事发生的时间点令人遗憾。当时，各大报纸正在刊登利比的长篇连载文章《你可以躲过核战争》（"You Can Survive Atomic Attack"）。物理学家利奥·齐拉特在评价此事时说，这"不仅证明上帝是存在的，而且证明他很幽默"。[102]

1961年夏秋之际，美国全国范围内开展了一场伦理大讨论，即为了保证家用防辐射掩体的不可侵犯性、安全性，并保障有限的资源，是否能够杀死自己的朋友和邻人。在旁观者看来，美国人似乎开始变得失去理智。8月，《时代》周刊刊登了一篇题为《击毙你的邻人》（"Gun Thy Neighbor"）的文章，其中引用了芝加哥郊区

美国民众与防御动员办公室（U. S. Office of Civil and Defense Mobilization）
设计的家用防辐射掩体样板。

一位居民的原话："建好掩体后，我会在入口处安放一挺机枪，一
旦核弹落下，机枪可以防止邻居闯入。我这话是认真的。那些愚蠢
的美国人不愿意拯救自己，我可不会冒险让别人来抢我辛辛苦苦建
造的为了拯救我自己家人的避难所。"[103]

　　在公共集会上，一些建有掩体的人告诉附近的邻居和朋友，如
果有必要，他们会开枪射击。神职人员对此意见不一。曾在乔治敦
大学担任伦理学教授的 L. C. 麦克休（L. C. McHugh）牧师在耶稣
会杂志《美国》（*America*）上撰写的文章，使争论变得更激烈。他
写道："请你慎重行事，不要轻率地让朋友、邻人或者过路的陌生
人进入你的家庭避难所……其他人试图闯入……或许……采取一切

能击退别人的方式可以有效制止对方袭击……出于谨慎，你的救生包里是否要装一些'防身器械'，比如可以击散掩体门口拥挤人群的左轮手枪？这需要由根据你的情况来决定。"[104]

华盛顿特区圣公会主教安格斯·邓恩（Angus Dun）斥责这种"各扫自家门前雪"的做法"不道德、不正义，有违国家利益"。他断言，"战后世界最不急需的就是那种唯求挖洞自保却未给邻人留下容身之地的人"。[105]

很多人悲哀地注意到，冷战及人类灭绝的威胁扭曲了美国人的良知。《原子科学家公报》的编辑尤金·拉比诺维奇（Eugene Rabinowitch）认为在家中建造防辐射掩体是一种"可悲"的做法，并将有关是否击毙邻人的讨论视作"人性堕落的证明"。历史学家加布里埃尔·科尔科（Gabriel Kolko）称，政府在这场枪杀邻人大讨论中态度模糊，这暗示"当那些没有掩体的邻居卸掉有掩体邻居的过滤器，或者在通风口塞进一个塑料袋时"，当局会"装聋作哑"。[106]《纽约时报》报道了一部讽刺滑稽歌舞短剧，剧中掩体的主人被怂恿，与其坐等邻人闯入，不如现在将其击毙。鲍勃·迪伦（Bob Dylan）也为专辑《自由不羁的鲍勃·迪伦》（*The Freewheelin' Bob Dylan*）录制了一首名为《让我在我的足印上死去》（"Let Me Die in My Footsteps"）的歌曲。这首没有发行的歌曲开头唱道："我不会躲进地下室里／因为有人告诉我死神即将来临／我不会让自己倒下身亡／而是昂首走向我的坟茔。"在副歌部分，迪伦唱道："让我在我的足印上死去／在我躲进地下室之前。"一位抗议者带着一把雨伞出现在耶稣会刊物的办公室，雨伞上写着"便携式防辐射掩体"，箭头指向把手另一头的尖端，上面写着"可用于捅死没有掩体的邻居"——这也许是最有创意的抗议。[107]虽然政府一再施压，但奇怪的是，很少有美国人真的去建造防辐射掩体。他们显然已经意识到，这种掩体在核战争中所能提供的保护是微不足道的，或者人类并不值得从这样一场战争中生存下去。

美军差点射中苏联核潜艇

即便如此，在肯尼迪上任后两年内，核战争的阴云始终挥之不去。肯尼迪之所以能够赢得总统选举，部分原因在于人们对美苏导弹差距的恐惧心理。就任以后，肯尼迪立即要求麦克纳马拉确定这一差距究竟有多大。仅三周以后，调查结果显示，此前耸人听闻的导弹差距并不存在。

肯尼迪不希望向公众透露这一点，而是继续利用虚构的导弹差距作为大幅增加国防开支的理由。但在2月6日，当缺乏政治经验的国防部长宣布"不存在导弹差距"时，所有记者都当场瞠目结舌。麦克纳马拉因为这次失误提交了辞呈。肯尼迪解释说，所有此类判断都是"草率的"。这个问题很快就被人们遗忘。

1961年10月，肯尼迪决定全盘托出美苏军事实力的惊人差距。他授权吉尔帕特里克在弗吉尼亚州温泉城商业委员会的演讲中当众炫耀美国的军事优势。为此，兰德公司年轻的顾问丹尼尔·埃尔斯伯格精心准备了演讲稿。吉尔帕特里克宣布，美国"拥有致命的核报复能力，只要敌人敢轻举妄动，就等于自取灭亡……我们拥有数以万计的战术与战略核投送工具"。麦克纳马拉公开承认，美国掌握的"核武器数倍于苏联"。[108]说数倍都是谦虚。美国拥有大约45枚洲际弹道导弹，[109]而苏联仅有4枚，其当量对美国而言简直不堪一击。美国掌握着3400多可被潜艇和轰炸机携带的核弹头，以及1500多架重型轰炸机，而苏联仅有192架。此外，美国在土耳其、英国和意大利部署了大约120枚中程弹道导弹，还有1000架射程覆盖苏联的战术歼击轰炸机，并在北极星潜艇上装载了核弹。总之，美国拥有大约2.5万枚核武器，而苏联拥有的仅相当于这个数字的十分之一。[110]

战略空军司令部的托马斯·鲍尔（Thomas Power）将军对这次披露感到极为不满，只有美国面临严峻的危机，他才能拥有巨额的军事开支。因此，他拒绝就此事保持沉默，而是开始寻找苏联导弹的部署地点，它们被伪装成贮粮塔、修道院的铁塔，甚至是克里米亚战争纪念碑。在二战期间指挥过用燃烧弹袭击东京的鲍尔是李梅的门徒，他反对所有试图约束战略空军司令部的行动。1960年12月，当兰德公司的威廉·考夫曼（William Kaufmann）表示要避免以平民为袭击目标时，鲍尔怒斥道："你们为什么想要我们绑住自己的手脚，对我们进行限制？！你们为什么关心拯救他们的生命？我们的目的就是杀光这些混蛋！"他接着说道："听好了，战争结束后，如果只剩下两个美国人和一个苏联人，那胜利就是属于我们的！"考夫曼生气地回呛："那你最好保证他们是一男一女。"[111]

虽然美国拥有巨大的核优势，而且这一优势还在不断增长，但空军仍希望将导弹的数量增加到3000枚，战略空军司令部希望增加到1万枚。麦克纳马拉的研究显示，美国最多需要400枚导弹，但在当时的情况下，他最终敲定1000枚作为能够接受的最低数量。[112]

苏联国防部长罗季翁·马利诺夫斯基（Rodion Malinovsky）认为，吉尔帕特里克10月发表的声明意味着，"帝国主义正在策划……突然对苏联及其他社会主义国家发动核打击"。[113]苏联唯一领先美国的领域是导弹技术，但马利诺夫斯基并未选择利用这一领域的优势做出回应，而是在两天后，引爆了一颗3000万吨当量的核弹，这是苏联迄今为止引爆的当量最大的核弹。接下来的一周，苏联又试射了一颗5000多万当量的核弹。他们本来可以将当量增加到1亿吨，但最终决定停止第三阶段。麦克纳马拉后来承认，"统一作战行动计划"的方案之一的确包括突然发动核打击，这也是李梅将军公开讨论的一项方案。[114]李梅甚至嘲讽地主张制造一颗足以摧毁整个苏联的核弹。[115]

1961 年秋天，战争的危险迫在眉睫。罗伯特·洛厄尔（Robert Lowell）写道："整个秋天，有关核战争的议论甚嚣尘上。我们谈论的话题只有一个，那就是人类的灭绝。"[116]

肯尼迪坚定不移地致力于推翻古巴革命政府，进一步加剧了美苏之间的紧张关系。1962 年 1 月，罗伯特·肯尼迪告诉中情局局长约翰·麦科恩，推翻卡斯特罗是"美国政府的首要任务"。两个月前，肯尼迪兄弟启动了"猫鼬计划"（Operation Mongoose），这是中情局策划的针对古巴的恐怖行动。罗伯特·肯尼迪概括其主旨称："我的意思是通过古巴人开展间谍活动，蓄意破坏，引发公众骚乱……由此挑起事端。"[117]这项行动的目的是破坏古巴经济和刺杀卡斯特罗。肯尼迪委任反暴动和秘密行动专家爱德华·兰斯代尔负责指挥这次行动。中情局迅速集结了一支庞大的情报队伍，包括南佛罗里达州的 600 名中情局官员，近 5000 名中情局承包商，以及在加勒比海的第三大海军。[118]3 月，兰斯代尔请求参谋长联席会议为"美国在古巴的军事干涉寻找借口"。"猫鼬计划"负责人威廉·克雷格（William Craig）准将很快就炮制了一份令人震惊的行动目标清单，经参谋长联席会议批准后，由主席莱姆尼策负责推行。

宇航员约翰·格伦（John Glenn）即将驾驶"水星"（Mercury）号飞船环绕地球飞行。克雷格提议，如果这次飞行失败，美国就可以捏造证据，指责古巴实施了电子干扰。他还将这项行动命名为"肮脏伎俩行动"（Operation Dirty Trick），这真是一个恰如其分的名称。随后，他再次为兰斯代尔提出了"诺斯伍德行动"（Operation Northwoods）计划。这项行动包括效仿触发美西战争的"缅因"号（Maine）沉船事件制造一次类似事件；对古巴难民开展"恐怖行动"，击沉一艘逃往佛罗里达州、载满古巴人的船只；佯装劫持美国飞机，并嫁祸给古巴政府；导演一场古巴政府击落民用客机的戏，"乘客可以是一群外出度假的大学生"；炮制一起古巴的米格战斗机在国际水域无故击落美国空军飞机的事件；"在关塔那摩湾内外……制造一系列彼此呼应的意外事件，使之看起来就是敌对的古巴军队所为"，包括在关塔那摩湾基地炸毁军火库、纵火、焚烧飞机、投掷迫击炮弹、煽动骚乱和破坏船只等。[119]

1962年美国开展的一系列行动让苏联相信美国即将入侵古巴。当年1月，在美国的胁迫下，拉丁美洲国家取消了古巴在美洲国家组织（Organization of American States）的成员资格。4月，4万名美军开展了为期两周的军事演习，最终入侵了某个加勒比海海岛。5月，美国再次进行了两次小规模演习。从夏到秋，美国开始加紧制订入侵的应急计划。10月，美国宣布开展"奥特萨克行动"（Operation Ortsac）。在这次大规模演习中，7500名海军陆战队员将模拟入侵某个加勒比海岛国，并推翻当地政府。美国想要传达的信息再明确不过，因为卡斯特罗的名字倒过来拼写就是奥特萨克。按照计划，这次行动原定于10月15日开始，后来上演的危机迫使"奥特萨克行动"最终被取消。

此外，肯尼迪明知会面临重重困难，但仍然打算在越南对抗共产党。1951年出访越南后，他曾提议停止援助法国殖民者，随后又更广泛地谈到美国要赢得阿拉伯人、非洲人和亚洲人的支持，这些人"痛恨……压榨、殴打、剥削和统治他们的白人"。[120]他指出，美国一面反对苏联入侵匈牙利和波兰，一面支持法国殖民者统治越南、阿尔及利亚、摩洛哥和突尼斯，这是一种自相矛盾的做法。但没过多久，他就开始为吴庭艳取消全国选举辩护，并呼吁美国支持南越政权。美国"在亚洲的威信"已经岌岌可危。"越南就是自由世界在东南亚的基石，它是拱顶的拱心石，是堤坝的裂缝。"肯尼迪坚称："共产党的红潮一旦淹没越南、缅甸、泰国、印度、日本、菲律宾，还有老挝和柬埔寨等，这些国家的安全就会受到威胁。"[121]

1950 年代末，吴庭艳在南方的独裁统治激起了当地人民的武装反抗。1960 年 12 月，在河内政权的支持下，越南南方民族解放阵线（National Front for the Liberation of South Vietnam）逐渐发展成为反对吴庭艳的广泛联盟。该组织提出的"十点计划"要求驱逐美国顾问，推进国家和平统一，进行重大的社会改革。但吴庭艳对美国提出的实现越南民主化的要求置若罔闻，而是禁止公众集会、跳舞和组建政党。肯尼迪不仅没有借此减少美国的干涉，反而有意违反《日内瓦协议》，增加了在该国的军事人员，加强了对镇压行动的支援。

1961 年 5 月，肯尼迪派遣副总统约翰逊前往越南表明美国的决心。约翰逊称赞吴庭艳是"东南亚的温斯顿·丘吉尔"，[122] 并呼吁美国人坚定立场。10 月，肯尼迪再次派遣个人军事顾问马克斯韦尔·泰勒和国家安全事务副助理沃尔特·罗斯托出访越南。他们认为越南的前景堪忧，并敦促美国加大干预力度。泰勒和其他一些顾问向肯尼迪施加压力，要求在越南部署作战部队。麦克纳马拉和参谋长联席会议的成员完全同意泰勒的观点，认为只有美国的作战部队才有可能阻止越南共产党赢得胜利。就像泰勒一样，他们承认，美国一旦出兵越南，必然要派遣大批部队，这个数字可能十分庞大。肯尼迪明白这一点，因而断然拒绝。他向施莱辛格解释说："美军开进越南，凯歌奏响，民众欢呼，但不出 4 天，所有人都会忘记，然后他们就会要求我们派出更多部队。这就像喝酒一样，酒劲会消退，你还得再来一杯。"[123]

但肯尼迪批准了泰勒的其他提议，并加大美国的干预力度。美国在越南的军事人员从肯尼迪就任之际的 800 人猛增到 1963 年的超过 1.6 万人。美国拿枪逼迫村民，把他们重新安置在被带刺的铁丝网围住的战略村里，由吴庭艳的政府军负责看管。此外，美国还在越共游击队出没的地区喷洒落叶剂。无论对越南人还是美国人来说，这种做法造成的长期环境污染以及对健康带来的危害都是灾难性的。

真正让肯尼迪感到他强硬的冷战政策可能带来灾难性后果的是1962年10月的古巴导弹危机。10月14日，星期日，一架U-2侦察机从古巴带回了令人惊恐的照片。次日，照片分析人员确定，苏联在古巴部署了SS-4中程弹道导弹，该导弹有能力向美国本土投送100万吨级的核弹头。

肯尼迪陷入了困境。共和党的领导人和中情局局长早就警告过，总有一天苏联会把攻击性武器部署到古巴。肯尼迪也多次向这些批评者保证，如果苏联真的这样做了，他会采取果断的行动。

1962年，苏联并不希望与美国发生正面的军事对抗。苏联能

一架美国飞机正在越共游击队出没的地区喷洒落叶剂。

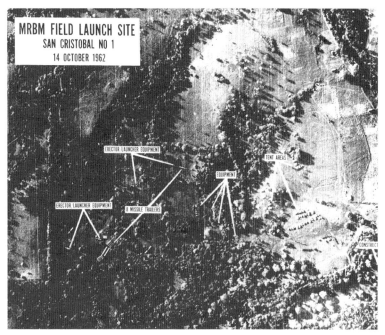

1962 年 10 月 14 日，美国 U–2 侦察机拍摄到的古巴照片，显示了苏联导弹的所在位置。

打到美国本土的洲际弹道导弹只有十几枚，核弹头也只有 300—500 枚，面对美国的 5000 枚核弹、近 2000 枚洲际弹道导弹和大批轰炸机，它根本毫无胜算。[124] 由于担心美国率先发动袭击，苏联决定孤注一掷，将导弹部署在古巴。这样既可以防止美国对苏联发动袭击，又可以保护古巴免遭意料之中的美国入侵。赫鲁晓夫也认为这是一个没什么代价的办法，可以安抚克里姆林宫的鹰派。他有意误导肯尼迪，承诺苏联无意在古巴部署攻击性武器。赫鲁晓夫说，他希望美国人"自讨苦吃"，好让他们知道"从很久以前开始，你们对我们就像大人揍小孩一样，现在轮到我们抽打你们的屁股了"。[125]

赫鲁晓夫将苏联在古巴部署导弹等同于美国在苏联与土耳其、西欧国家的边境地带部署导弹。他本来打算在11月7日布尔什维克革命胜利45周年纪念日宣布这些导弹的存在。[126]

10月16日，肯尼迪开始思索苏联的动机。苏联在古巴部署弹道导弹"有什么好处"，他询问众位顾问。"这就好像我们突然将大批中程弹道导弹部署到土耳其一样。我想，现在的局面极其危险。"房间里鸦雀无声，最后邦迪说："是啊，我们的确也这样做过，总统先生。"[127]

肯尼迪希望在导弹部署完毕之前阻止苏联。他与顾问交换了意见，以确定可行方案。10月19日，肯尼迪会见了参谋长联席会议成员。以李梅为首的大多数人倾向于对古巴发动空袭，摧毁苏联的导弹。李梅提议："这只俄罗斯熊总想把爪子伸向拉丁美洲水域，现在我们已经把它困住了，让我们把它的腿从胯下齐根斩断，再一想，我们让它连睾丸也不剩。"[128]李梅向肯尼迪保证，美国就算对古巴的导弹发动袭击，苏联也不会做回应。但肯尼迪反驳，他们很可能会有所回应，不是在古巴，就是在柏林。李梅希望看到这种局势，他认为时机已经成熟，美国不仅可以推翻卡斯特罗，还可以趁机消灭苏联。李梅对可能爆发核战争毫不在乎的态度让肯尼迪感到震惊。会后，他对助手肯尼思·奥唐奈说（Kenneth O'Donnell）："你能想到李梅居然说出这种话吗？这些高级军官有一个对他们有利的巨大优势，那就是如果我们听他们的，按他们的想法去做，那我们谁都别想活着回来，也就没人告诉他们是他们错了。"[129]

大多数参谋长和几名顾问希望在发动打击后入侵古巴，但也有一些人不愿冒战争风险，而是倾向于对古巴进行封锁。麦克纳马拉称，苏联在古巴部署的导弹并没有改变战略均势。肯尼迪同意他的看法，但认为继续让导弹留在古巴会在国外引发严重的政治后果，尤其是在拉丁美洲。肯尼迪向弟弟罗伯特坦言：如果不采取强硬行动，他就会遭到弹劾。但在接下来的几天里，他拒绝了高级军事将领、文职强硬分子艾奇逊和尼采，以及前总统艾森豪威尔的建议，决定对古巴实施封锁。为了淡化这也是一种战争行为的事实，肯尼迪将其称为"隔离"。李梅感到怒不可遏。"这与慕尼黑会议上的绥靖举动一样糟糕"，他在 10 月 19 日的会议上抨击道。[130] 10 月 22 日，总统郑重地向美国民众宣布发生了什么事。他指出："建立这些基地的目的，完全是为了提供针对西半球的核打击能力。"最后，肯尼迪令人不安地宣布："我们不会轻率或不必要地冒引发全球核战争的风险，如果发生了这样的大战，即使获得了胜利的果实，也会在我们口中变成灰烬。但如果必须面对危险，那么不管何时，我们都不会退缩。"[131]

随着危机久拖不决，双方的紧张局势日渐升级。10 月 25 日，苏联领导人决定撤走导弹，但希望能确保在这样做之前谈妥最佳条件。他们希望，如果苏联撤除在古巴的导弹，美国也要撤除布置在土耳其的"朱庇特"导弹。然而，就在苏联采取行动之前，赫鲁晓夫突然接到消息称美国即将入侵古巴。于是，赫鲁晓夫向肯尼迪发出了在麦克纳马拉看来"极不寻常的外交信息"。赫鲁晓夫警告说，美国和苏联正不可避免地走向战争。"战争一旦爆发，我们将无力阻止……只有当战争席卷了每一座城市与村庄，到处播撒死亡与毁灭的种子以后，它才会停止。"[132]

赫鲁晓夫在信中直接要求美国承诺绝不入侵古巴。虽然赫鲁晓夫得到的有关美国即将入侵古巴的信息有误，他仍然有足够的理由感到担忧。一系列事件接踵而至，任何一件都有可能引起核战争，而这正是他和肯尼迪不顾一切想要阻止的。战略空军司令部从范登伯格的空军基地向马绍尔群岛试射了一枚导弹，美国官方却误称坦帕和明尼苏达州遭到了攻击。

10 月 22 日，战略空军司令部宣布美国进入三级戒备状态。24

日上午10点30分，战略空军司令部有史以来第一次将戒备状态提高到二级，并准备对苏联的目标实施打击。鲍尔将军在未与总统商议的情况下自行决定，准备走向核战争的绝境。更糟糕的是，他没有按照规定将命令加密，而是直接下达，以确保苏联人能截获。此后，战略空军司令部的机群部分仍处于空中，在进行空中加油后，携带近3000枚核武器，准备发动袭击，预计将导致数亿人丧生。

整个局势剑拔弩张，一触即发。10月27日，又一起事件被施莱辛格准确地称之为"不仅是冷战期间最危险的时刻，也是人类历史上最危险的时刻"。[133]在"伦道夫"号（Randolph）航空母舰的引领下，一支海军舰队开始向为了保护其他靠近古巴的苏联船只的苏联B-59潜艇附近投掷深水炸弹。美国舰队的人员并不知道，这艘苏联潜艇携带有核武器。苏联通信官瓦季姆·奥尔洛夫（Vadim Orlov）后来描述当时的场景称："（深水炸弹）就在船体的一侧爆炸。那感觉就像你坐在一个金属桶内，有人拿着一把大锤不停地在外头敲。对全体船员来说，这种情况极为罕见，甚至令人胆战心惊。"

潜艇内的温度急剧上升，尤其是在发动机舱内。舱内一片漆黑，只有应急灯仍在闪烁。二氧化碳指数已经接近致命水平，人们几乎无法呼吸。"一名执勤人员晕倒在地，接着是另一名，然后是第三名……他们就像多米诺骨牌一样一名接一名地倒下。但我们仍在坚持，并伺机逃脱。这种情况持续了大约4个小时，我们备受煎熬。"随后，"美国人用某个更强力的东西击中了我们……我们心想——一切都完了"。

潜艇内一片恐慌。指挥官瓦伦丁·萨维茨基（Valentin Savitsky）试图联系总参谋部，但未能成功。他随即下令掌管核鱼雷的官员准备战斗，并高声喊道："也许战争已经在别处打响，但我们却在这里翻跟斗。我们现在就把他们炸死！让我们与他们同归于尽！我们决不会让海军蒙羞。"萨维茨基转向另外两名军官，但幸运的是，指挥官瓦西里·阿尔希波夫（Vasili Arkhipov）让他冷静下来，并说服他不要发射鱼雷，从而单枪匹马地阻止了一场核战争。[134]

在这场令人痛苦的对峙中，美国国家安全委员会执行委员会接到消息称，一架美国 U-2 侦察机在古巴上空被击落。参谋长联席会议认为苏联试图让美国失去侦察能力，要求肯尼迪授权发动空袭和入侵古巴。随后，侦察行动也引火上身，送来报告说苏联已将导弹置于发射架上。肯尼迪承认："时间不多了。"[135] 美国完成了它的准备工作，25 万军队已经动员起来，准备入侵古巴。在当地扶植新古巴政权的计划已开始运作，2000 架次的轰炸行动也已准备就绪。入侵行动似乎迫在眉睫。

卡斯特罗预言，美国将在 24—72 小时内发动袭击，他敦促赫鲁晓夫在美国袭击苏联之前，率先对美帝国主义发动核打击。与此同时，肯尼迪收到赫鲁晓夫的第二封来信，局面变得更加复杂。赫

古巴导弹危机期间，肯尼迪与国家安全委员会成员举行会议。

鲁晓夫的上一封信是极其私人化的，但这一封信似乎出自某个委员会。有人怀疑苏联发生了军事政变，赫鲁晓夫已被赶下台。信中要求美国承诺放弃入侵古巴，同时撤走北约部署在土耳其的导弹。美国副国务卿乔治·鲍尔（George Ball）和阿德莱·史蒂文森曾建议用撤走部署在土耳其的导弹换取苏联撤走古巴导弹。在这次危机发生前，肯尼迪已经两次赞同美国从土耳其撤出过期的"朱庇特"导弹。但现在，肯尼迪拒绝了苏联的交换要求，他担心在这种情况下妥协不仅会疏远土耳其，还将瓦解北约组织。

肯尼迪决定只回复第一封信，提出放弃入侵古巴。就在危机最严峻的时刻，一架 U-2 侦察机意外偏离航线，误入苏联领空，而在苏联边境戍卫的是装有空对空核导弹的战斗机。美国人不知道苏联已将装载核弹头导弹的炮台移到了距关塔那摩基地仅15英里的地方，准备将基地炸成碎片。战争再次一触即发。10月27日星期六，罗伯特·肯尼迪做了最后一次努力。他会见了苏联大使阿纳托利·多勃雷宁（Anatoly Dobrynin），向后者表示如果苏联不立即将导弹基地撤出古巴，美国将对其发动袭击。他承诺美国将在4—5个月内从土耳其撤出"朱庇特"导弹，但前提是苏联领导人不公开双方的这一秘密协议。在焦急地等待苏联回应的时候，忧心如焚的肯尼迪总统向一位年轻女伴坦承："我宁愿让自己的孩子们被赤化，也不愿意让他们死去。"这种离经叛道之见与艾森豪威尔更为传统的观点大相径庭。艾森豪威尔曾向英国驻美大使表示，他"宁愿被原子弹炸死，也不愿被赤化"。入睡前，麦克纳马拉心想，他也许活不到下个周六的晚上了。[136] 1953年，在第一次得知有关核武器的情况时，赫鲁晓夫一连数日寝食难安。[137] 对所有人来说，幸运的是，如今的他最终决定，为了挽回颜面而让数亿人死亡是不值得的。次日清晨，苏联宣布将从古巴撤出导弹。在1970年的回忆录中，赫鲁晓夫称，罗伯特·肯尼迪传来的信息更令人绝望。"虽然（肯尼迪）总统本人反对因为古巴问题发动战争，但一系列不可逆转的事件可能会违背他的意愿，"他警告道，"……如果这种局势持续下去，总统不确定军方是否会将其推翻并自行掌权。美国军队可能会失去控制。"[138]

这场危机到此结束，但也许还没有结束。虽然世界各地的人们如释重负，但实际上危机接着持续了三周之久。肯尼迪还要求苏联从古巴撤出"伊尔–28"（Il-28）轰炸机，理由是这些飞机有可能运载核武器，并要求苏联将在古巴的军事人员削减至3000名。但赫鲁晓夫很难满足这个要求，因为飞机现在属于古巴。11月11日，就像罗伯特·肯尼迪对多勃雷宁提出的条件那样，赫鲁晓夫也向美国提出了类似条件。赫鲁晓夫表示，他将按照"君子协定"，在未来某个时刻撤出"伊尔–28"轰炸机。[139]肯尼迪断然拒绝了他的提议，要求他公开宣布苏联将立即撤出轰炸机。在整个过程中，美国始终处于二级戒备状态，这戳中了苏联的弱点。11月20日，这场危机最终以苏联向美国妥协而宣告结束。

虽然美国差一点就要入侵古巴，但事实证明，美国官员并不清楚他们将要面对什么情况。侦察机只拍摄到苏联42枚SS–4中程弹道导弹中的33枚，没有发现部署在古巴的核弹头。SS–5中程弹道导弹也已经运往古巴，这种导弹可以飞行2200英里，击中美国本土的大部分地区。为了击退美国的入侵军，苏联在古巴部署了大约100枚战术核武器，但美国始终不了解这些。[140]在这些核武器中，包括80颗装载有1.2万吨当量核弹头的FKR巡航导弹，12枚装载有2万吨当量核弹头的"月神"地对地火箭，6颗可用"伊尔–28"轰炸机携带的1.2万吨当量核弹，其射程达750英里。美国推测，在这次入侵行动中，面对1万名苏联军人和由10万人组成的古巴部队，美军将有1.8万人受伤，4500人阵亡。麦克纳马拉后来得知，实际上苏联有4.3万名军人，古巴军队有27万人，因此他预计美国的阵亡人数将增至2.5万人。1992年，时隔30年后，麦克纳马拉发现，苏联不仅在古巴部署了战术核武器，还很可能将之用于抵抗美国的入侵。他脸色苍白地回答说，在这种情况下，10万名美国人将会死亡。作为回应，美国将冒着美苏之间爆发核战争的"巨大风险"消灭古巴，从而导致数亿人丧生甚至人类灭亡。[141]

丹尼尔·埃尔斯伯格敏锐地指出，赫鲁晓夫犯了一个重大的错误——他没有向外界透露在美国封锁古巴之前核弹头已经抵达该岛。更令人困惑的是，他也没有宣布在古巴部署了装有核弹头的战术巡航导弹和弹道导弹。赫鲁晓夫秘而不宣的做法实际上减弱了这些导弹的威慑力量。如果美国的决策者能够肯定，携带有核弹头的中程弹道导弹已经运抵古巴，他们很可能不会冒着遭到还击的危险发动袭击。同样，如果他们知道携带核弹头的战术导弹会向美军开火，他们很可能会直接放弃这次入侵行动。事实上，克里姆林宫最初曾授权当地的苏联指挥官，一旦美国入侵，他们可以自行决定是否发射战术导弹。虽然苏联后来撤销了这项决定，但这并不能排除未经授权发动袭击的可能。尽管细节上有所不同，但这种可怕的威慑失误造成了灾难性后果，这与一年多后斯坦利·库布里克（Stanley Kubrick）在他的讽刺杰作《奇爱博士》（*Dr. Strangelove*）中所呈现的场景惊人地相似。

对于这次危机未能以对古巴发动袭击告终，美国的军事将领非常愤怒。有几次，他们甚至指责肯尼迪没有采纳他们的建议是一种懦夫行为。麦克纳马回忆起，他们在苏联同意撤出导弹后的第二天与肯尼迪会面时的愤懑。"总统邀请参谋长与会，向他们在危机期间提供的支持表示感谢，但当时的场面混乱不堪。柯蒂斯·李梅跳出来说：'我们输了。我们现在就应该过去把他们干掉！'"[142]但肯尼迪对结果的看法截然不同，他曾私下吹嘘，他"吓破了赫鲁晓夫的狗胆"。[143] 赫鲁晓夫也因为表现克制而被诋毁。中国人指责他胆小怕事，屈服于美国的要求。一些苏联官员对此表示赞同，甚至四处传言，赫鲁晓夫"吓得尿了裤子"。[144] 很多美国官员认为，迫使苏联妥协的是美国不惜一战的决心，这种军事上的绝对优势可以在其他地方应用，例如越南。但苏联得到的教训却恰恰相反，他们决心再也不能因为处于弱势而甘受屈辱和被迫认输，因此苏联开始大规模增加核武器，以便与美国达成核均势。由于在这次危机中受到削弱，赫鲁晓夫于次年被迫下台。

转变：达成《部分禁止核试验条约》

整个世界与一场核浩劫擦肩而过，赫鲁晓夫为此感到胆战心惊。1962 年 10 月 30 日，他给肯尼迪写了另一封长信。"这次不幸事件也为我们带来了一些好处，"他反思道，"那就是，现在人们切切实实感受到了热核战争喷射的滚滚烈焰，更加清醒地认识到如果不停止军备竞赛，威胁将迫在眉睫。"他推测，"由于担心热核战争随时都有可能爆发"，美国人"与其他国家的人民一样处在焦虑之中"。有鉴于此，他提出了一系列大胆的建议，以消除"双方关系中所有可能引发新危机的因素"。他建议，北约和华约国家签订互不侵犯条约，他说，甚至还有更好的方案：为什么不"解散所有军事集团"？他希望迅速采取行动，达成暂停所有大气层、外层空间、水下和地下核武器试验的协议，最后过渡到彻底的核裁军。他还对日益严峻的德国问题提出了解决方案：以现有的边界为基础，正式承认两个德国。他敦促美国承认中国，支持中国获得联合国的合法席位。他鼓励肯尼迪提出他自己的意见，共同推进和平解决威胁人类生存的问题。[145] 但是，肯尼迪的回复不冷不热，并坚持在签署全面禁止核试验条约前进行额外的现场核查，这让赫鲁晓夫感到懊恼。

《星期六评论》的主编、反核活动人士诺曼·卡曾斯协助双方打破了僵局。赫鲁晓夫邀请经常参加苏美会议的卡曾斯于1962年12月初出访苏联。临行前，肯尼迪要卡曾斯想方设法让赫鲁晓夫相信，自己希望改善双边关系以及达成禁止核试验条约的诚意。这次会面持续了三个多小时，赫鲁晓夫告诉卡曾斯："和平是全世界最重要的目标。如果没有和平，核弹开始从天而降，那么无论我们是共产党、天主教徒、资本家、中国人、苏联人还是美国人，又有什么区别？谁能把我们分清楚？又有谁能活下来把我们分清楚？"[146]

赫鲁晓夫表示，他迫切希望尽快达成禁止核试验条约，并相信双方有可能"在武器核查问题上达成一致意见，让你们确信我们没有弄虚作假，也让我们确信你们没有秘密监视"。[147]双方签订条约的前景原本十分乐观，但随后谈判陷入了僵局。迫于美国鹰派的压力，肯尼迪将现场核查的次数增加到比原来的两倍还多。为了挽救这份条约，1963年4月，卡曾斯再次前往苏联，与苏联总理进行了6个小时的会晤。赫鲁晓夫向他描述了克里姆林宫的鹰派给他施加的压力。当卡曾斯将赫鲁晓夫所处的困境告诉肯尼迪时，总统说："整件事情最讽刺的是，赫鲁晓夫先生和我在各自政府内所持的政治立场大致相同。他希望阻止核战争，但受到了来自强硬派的强大压力，后者将他朝着这个方向努力的每项措施都视作绥靖，而我也遇到了同样的问题。"[148]当年4月，美国副国务卿、前苏联大使埃夫里尔·哈里曼在与赫鲁晓夫会晤后发电报给肯尼迪称，赫鲁晓夫"有关和平共处的说法是认真的"。[149]随后，哈里曼与赫鲁晓夫结束会议，前往列宁体育场观看美国业余田径联合会队和苏联队之间的田径比赛。当这两个刚刚从核战争的阴影中走出的国家的选手手挽手出现在赛场上时，人群中爆发阵阵欢呼。哈里曼与赫鲁晓夫也起立热烈鼓掌。哈里曼说，他看到赫鲁晓夫热泪盈眶。[150]

在两次会见赫鲁晓夫后，卡曾斯向肯尼迪表示，这位苏联领导人真诚地寻求与美国建立新的关系，但对肯尼迪的无动于衷感到愤愤不平。肯尼迪问卡曾斯，他如何才能打破僵局。卡曾斯建议总统发表讲话，"从全新的角度看待苏联人民，呼吁结束冷战以及重建美苏关系"。卡曾斯甚至向总统提供了讲话的草稿，其中大部分内容被特德·索伦森纳入了肯尼迪在美利坚大学毕业典礼上发表的历史性演讲的最终版本当中。[151] 虽然最初比起苏联领导人稍显犹豫，但肯尼迪也开始表示，他准备好对资本主义与共产主义世界的关系进行根本性重建。

肯尼迪认为，越南是双方走出对抗的最佳试验场，但他也知道这将十分艰难。驻印度大使约翰·肯尼思·加尔布雷思是最早对美国卷入越南事态提出质疑的官员之一。1962 年初，在读完加尔布雷思的报告后，肯尼迪指示哈里曼和国家安全委员会成员迈克尔·福里斯特尔（Michael Forrestal）"抓住任何有利时机，减少我们对越南的承诺"。参谋长联席会议强烈反对加尔布雷思的建议。麦克纳马拉要求保罗·哈金斯（Paul Harkins）将军制定计划，完成对南越军队的训练，并于 1965 年底之前撤出美国作战人员。值得指出的是，在麦克纳马拉看来，无论胜利与否，美国都应当从越南撤军。他在为国防部长办公室完成的口述史中阐明了他的态度："我认为，如果我们可以训练南越的军队，我们就应当这样做，并在任务完成后撤出。如果南越军队无法解决问题，有可能被北越政权推翻，那我们就不应当派遣美军支持他们，即使他们即将'失败'。"[152]

不久之后，肯尼迪又开始表达疑虑。1962 年底，他命令参议员迈克·曼斯菲尔德出访越南，评估当地的局势。曼斯菲尔德带着悲观的看法返回国内，建议美国从越南撤军。奥唐奈这样描述肯尼迪的反应："总统对参议员出人意料的回答深感困扰。我们后来谈及此事时，他对我说：'我很生迈克的气，因为他完全不赞同我们的政策。我也很生自己的气，因为我发现自己竟然赞同他的看法。'"[153]

1963年4月，肯尼迪告诉记者查尔斯·巴特利特（Charles Bartlett）："我们无意继续留在越南，我们也无意在那里取胜。那里的人痛恨我们，随时准备着把我们赶出去。但是，如果我让那里的土地落入共产党之手，那我怎能指望美国人民继续支持我连任。"[154]

与此同时，麦克纳马拉开始向抵抗的参谋长联席会议施压，要求后者制定分阶段从越南撤军的计划。1963年5月，肯尼迪批准了这项计划。第一批1000名美国军人将在年底离开越南。9月，肯尼迪派麦克纳马拉和泰勒前往越南进行为期10天的实况调查。10月2日，他们向总统递交报告，呼吁在1963年底前开始撤军，到1965年底前完成。肯尼迪坚持要在给媒体的声明中明确撤军日期。1963年10月11日，他签署了《第263号国家安全行动备忘录》（NSAM 263），对此做出正式承诺。[155]

然而，对于肯尼迪是否真的希望从越南撤军，很多人展开了激烈争论。肯尼迪自相矛盾的声明和前后不一致的表现增加了人们的困惑。显然，肯尼迪承受着巨大的压力，不得不在越南坚持到底。参谋长联席会议发出严厉警告，称失去南越将导致越共控制整个东南亚及其他地区，并敦促美国向越南派遣地面部队。肯尼迪又改变立场，向美国人民表示，他认为美国有必要在该地区取胜。1963年7月，他在新闻发布会上说："对我们来说，撤军不仅意味着南越失守，也意味着东南亚的沦陷。"[156]事实上，在谈到撤军时，他要求美国必须在胜利的情况下离开越南，因此很多人认为，他根本无意改变在越南的路线。

在私下场合，肯尼迪也向几位心腹顾问和密友表示，他希望从越南撤军，但政治上的考虑促使他决定将这一行动推迟到1964年大选之后。在一些情况下，此类政治考虑也说服肯尼迪的朋友们长期以来对这些信息守口如瓶，虽然泄露信息或许可以阻止接踵而至的难题。肯尼迪向奥唐奈解释了这一拖延战术背后的政治盘算："如果我现在彻底从越南撤军，就会有另一个约瑟夫·麦卡锡跳出来对我们大肆攻讦，但我可以在连任后再撤军。"[157]

那些后来站出来证实肯尼迪有意撤军的人包括罗伯特·肯尼迪、罗伯特·麦克纳马拉、小阿瑟·施莱辛格、特德·索伦森、迈克·曼斯菲尔德、蒂普·奥尼尔（Tip O'Neill）和助理国务卿罗杰·希尔斯曼（Roger Hilsman）。1967年，在"春节攻势"（Tet Offensive）以及人们对这场战争的舆论发生变化之前，丹尼尔·埃尔斯伯格采访了罗伯特·肯尼迪，后者表示，他的兄长已经"下定决心不向越南派遣地面部队"。埃尔斯伯格问总统是否愿意接受被共产党打败的结果，罗伯特·肯尼迪答道："我们可以模糊处理。我们可能会面对一个要求我们撤军或者愿意与北方谈判的政府。我们本可以像对老挝那样对待越南。"埃尔斯伯格接着问道，当大多数高级顾问都倾向于取得最终胜利时，为什么总统的决定是明智之举。罗伯特·肯尼迪的回答十分犀利，以至于埃尔斯伯格从椅子上跳了起来。"因为我们遇到过这种情况！1951年我们就遇到过这种情况。我们看到法国发生了什么事，我们亲眼看到。我哥哥态度坚决，他绝不会让类似事情发生在我们身上。"[158]肯尼迪总统甚至告诉国会中最直言不讳的反战人士韦恩·莫尔斯（Wayne Morse），他对自己的越南政策的批评"完全正确"。"我已经决定要撤军。毫无疑问！"他向莫尔斯保证。[159]

1963年6月，在美利坚大学的演讲中，肯尼迪对赫鲁晓夫的和平倡议做了最有力的回应。他和几名心腹顾问一起，在没有参谋长联席会议、中情局和国务院参与的情况下拟定了演讲词。这也许是20世纪所有美国总统发表过的最富启迪性的一次演讲。

我……选择此时此地来讨论一个问题，对这个问题，目前无知者太多，知道真相者太少。然而它却是天下头等重要的话题，那就是世界和平。我指的是什么样的和平呢？我们所寻求的又是什么样的和平呢？不是那种靠美国的战争武器强加给世界的美国统治下的和平……我所讲的是真正的和平，是使人活在世上有意义的那种和平，是使人和国家能兴旺发达、满怀希望，并为子孙后代创造更美好生活的和平；不仅是美国人的和平，更是世界上所有人的和平，不仅仅是我们这个时代的和平，而且是永久的和平。之所以要谈论和平，是因为战争的面貌不同了。在大国能够维持庞大而较难击破的核武力，并且拒绝在使用这些武力之前投降的时代里，在一枚核武器的爆炸威力几乎是二战期间所有盟国空军所投炸弹的爆炸威力总和的10倍的时代里，在核战争产生的致命毒素将被风、水、土壤和种子传播到地球每个角落并将影响尚未出世的后裔的时代里，全面战争已失去了意义……其次，让我们重新审视一下我们对苏联的看法。令人难过的是……意识到我们之间的鸿沟。但这也提醒美国人民不要……只用歪曲和绝望的观点看待对方，不要把冲突看成不可避免，不要把和解看成绝不可能，不要把对话看作只不过是相互威胁而已……今天，一旦再爆发全面战争……我们的建设成果，我们为之奋斗的一切，将会在最初24小时内被摧毁殆尽……简言之，美国及其盟国、苏联及其盟国都深切希望有公正而真正的和平，希望停止军备竞赛……尽管我们现在还不能消除所有分歧，至少我们可以为多元性创造更安全的全球环境。因为归根结底，我们最基本的共同点是都居住在这个星球上，我们都呼吸着同样的空气，我们都为子女的未来着想，而且我们都是凡人。

第三，让我们重新审视对冷战的态度……我们也会为建设一个弱者安全、强者公正的和平世界而尽我们的责任。要完成这个任务，我们并非无能为力；对实现这个目标，我们并非毫无信心。我们信心百倍，无所畏惧，努力奋斗——不是旨在消灭他人，而是旨在谋求和平。[160]

1963 年 6 月，肯尼迪在美利坚大学的毕业典礼上发表了他最著名的演讲。

　　麦克纳马拉相信，肯尼迪即将改变历史的进程。这位国防部长对一名采访者说："美利坚大学的演讲确切地阐明了肯尼迪的意图。如果他还健在，世界将会变得不同。对于这一点，我很有信心。"[161]

　　肯尼迪的这次演讲在苏联备受赞誉和广为流传。赫鲁晓夫认为，这是自罗斯福以来美国总统发表的最杰出的一次演讲。受到这番言论的激励，他第一次公开表态，支持签订禁止在大气层开展核试验的条约。[162] 7 月 25 日，美国、苏联和英国代表草签了这一历史性条约，这也是历史上第一份有关核武器控制的条约。

　　但肯尼迪并不确定美国参议院能否通过这个条约。1963 年 4 月，参谋长联席会议表示："只有通过在所有环境下积极开展核试验，美国才能在所有核武器技术领域赢得或维持优势。"[163]美国公众似乎对此表示同意。国会以15比1的投票结果反对签订这份条约。

肯尼迪担心，将来核武器会广泛扩散。他预见到"在1970年代……美国可能不得不面对这样一个世界，可能有15或20个甚至25个国家都拥有这些武器"。当年3月，他在新闻发布会上告诉记者："我认为这是最严重的潜在危险和危害。"[164]为了避免出现这种情况，肯尼迪不遗余力地设法通过这份条约，并向助理表示，即使通过这份条约的代价是丧失连任的机会，他也会"欣然"接受。[165]

他的努力没有白费。9月24日，参议院以80比19的投票结果通过了《部分禁止核试验条约》（Partial Nuclear Test Ban Treaty）。特德·索伦森说："肯尼迪在白宫取得的任何其他成就都比不上这个让他感到满足。"[166]这份条约将于1963年10月7日生效，当天是亨利·华莱士75岁的生日。《原子科学家公报》的编辑们认为这是一个意义深远的条约，并将末日时钟的指针拨回到午夜前12分钟。

推行去冷战政策，肯尼迪招来暗杀

肯尼迪希望消除所有长期以来导致美苏两国紧张的根源。苏联外交部长安德烈·葛罗米柯访问纽约，准备参加1963年9月召开的联合国大会。迪安·腊斯克会见了他。葛罗米柯回忆道：

> 他说："总统希望设法改善与苏联的关系，缓和双方之间的紧张局势。"他接着问："我们能不能开车到城外兜兜风，顺便继续讨论这个话题？"
>
> 我意识到有什么事情不对劲了，所以接受了这个请求。
>
> 我们驱车出了市区，腊斯克转达了总统的意思："肯尼迪正在考虑削减美国在欧洲的驻军人数。"

我们一边沿路走着，一边讨论这件事。

在我看来，关于这个问题的常识性认识最终在华盛顿占据上风。在战后几乎所有的苏美会议上，只要涉及北约的政策以及西德的重新军事化，这个问题始终存在，不论其是否可见。苏联的观点是，美国在西欧的军队和基地对和平造成了障碍。因此，肯尼迪的看法引起了我们的关注。

我向赫鲁晓夫转达了腊斯克的说法，并对他说："如果总统有政治魄力来实现他的想法，他将为欧洲、为世界和为美国做一件伟大的事情。当然，我们需要静观其变。"

但遗憾的是，肯尼迪总统已经时日无多。[167]

肯尼迪相信自己与赫鲁晓夫能够结束冷战。他向两位密友透露，他计划与苏联达成另一项武器控制协议，届时他将成为第一个在任期内访问苏联的美国总统。他相信，苏联人民会像对待凯旋的英雄一样欢迎他。

肯尼迪甚至宣布，他准备中止与苏联的太空竞赛，以合作取代竞争。这是另一次惊人的转变。在 1960 年的竞选活动中，他还强调苏联在太空取得的胜利极大地削弱了美国的国际地位：

> 世界人民尊重成就。在 20 世纪的大多数时间里，他们都欣赏美国首屈一指的科学与教育。但是，他们不知道未来将走向何方。第一个进入外层空间的人造卫星是"史普尼克"号，而不是"先锋"号。第一个将国徽放到月球上的是苏联，而不是美国。第一批安全返回地球的太空犬是斯特雷卡（Strelka）和贝尔卡（Belka），而不是罗弗（Rover）和菲多（Fido），更不是我的切克斯（Checkers）。[168]

苏联从这些胜利中获得了政治上的意外收获。1961 年 4 月

12日，就在猪湾入侵5天前，苏联宇航员尤里·加加林（Yuri Gagarin）成为第一个绕地球航行的人。在飞过非洲上空时，他对下面仍在与殖民主义做斗争的非洲人民表达问候。与这次航行相比，三周后艾伦·谢泼德（Alan Shepard）的亚轨道飞行无疑相形见绌。那次飞行后，40%的西欧人都认为，苏联在总体军事实力与科学成就上领先于美国。肯尼迪担心美国的威信岌岌可危，因此极为罕见地召开国会参众两院联席会议，宣布"我们想要赢得这场……自由与专制之间的战争……美国就应当致力于实现这一目标，即在60年代结束之前，让宇航员登上月球，并安全返回地球"。[169] 在近一年后的1962年2月，约翰·格伦成为第一个绕地球飞行的美国人。虽然这次绕地球三圈的飞行差点就成为一场灾难，但还是极大地振奋了美国人的精神。但同年8月，苏联发射了"东方3号"飞船，绕地球飞行17圈。次日，苏联再次发射了"东方4号"飞船。1963年6月，苏联第一位女宇航员瓦莲京娜·捷列什科娃（Valentina Tereshkova）驾驶宇宙飞船，执行为期一周的任务，成为举世瞩目的焦点。

肯尼迪将个人和国家的威望押在了赢得登月竞赛上，但1963年9月，他的态度发生了惊人的逆转，完全出乎意料。他声明：

最后，在这个美国与苏联所擅长的领域——太空领域——仍然存在新的合作空间，以及进一步联合管理与探索的余地。我不排除联合登月的可能性，太空不涉及主权问题。通过这一届联合国大会的决议，联合国成员放弃了对外层空间或任何天体的领土主权，并宣布其适用于国际法与《联合国宪章》（United Nations Charter）。那么，为什么人类的第一次登月要成为国与国之间的竞争？为什么美国和苏联在筹备类似远征时，要进行大量的重复研究与建设，投入大量不必要的开支？毫无疑问，我们可以考虑，美苏两国甚至全世界的科学家与宇航员能否携手共同征服太空。在这个 10 年里，有朝一日，登上月球的将不是某个国家的代表，而是来自所有国家的代表。[170]

　　在生命的最后几个月里，肯尼迪甚至考虑要改善与卡斯特罗领导下的古巴的关系。肯尼迪曾在古巴投入大量精力，并且始终坚持自己的错误政策。但是，就像他一面希望在越南大获全胜，一面采取措施撤军一样，他虽然批准了中情局在古巴开展新一轮破坏行动，但仍然对与卡斯特罗建立友谊与达成和解抱有希望。肯尼迪对卡斯特罗的矛盾态度是他对所有拉丁美洲国家态度的缩影。他一面大谈民主与改革，一面继续为专制的独裁者提供支援。直到 1963 年 3 月，他还对危地马拉的军事政变表示支持。

　　但即使是在拉丁美洲的问题上，肯尼迪也开始表露对美国政策的反思。1963 年 4 月，美国广播公司新闻记者莉萨·霍华德（Lisa Howard）采访了卡斯特罗。霍华德报道，卡斯特罗表示，如果美国感兴趣，他愿意恢复正常的双边关系。美国的情报官员非常清楚，由于苏联在古巴导弹危机期间对美国屈服，卡斯特罗已经失去幻想，正试图减少对这位昔日盟国的依赖。1963 年 9 月，肯尼迪请记者兼外交官威廉·阿特伍德（Wiliam Attwood）与古巴领导人探讨和解的可能性。虽然联合国大使阿德莱·史蒂文森授权阿特伍德与古巴驻联合国代表卡洛斯·莱丘加（Carlos Lechuga）进行"谨慎的接触"，以确定是否可能与卡斯特罗开展对话，但他仍不无遗憾地补充说，"在古巴问题上，中情局仍然是主导"，所以对这一提议，不要抱有太大希望。[171]

　　阿特伍德和莱丘加进行了多次富有成效的会谈，但当阿特伍德要求与卡斯特罗会面时却遭到拒绝，理由是这种会谈"在此时并无益处"。肯尼迪决定尝试另一种方式。阿特伍德的故交、法国记者让·达尼埃尔（Jean Daniel）准备前往古巴采访卡斯特罗。临行前，阿特伍德安排他采访了肯尼迪总统。在这次采访中，肯尼迪对古巴革命表现出巨大的同情：

> 我相信世界上没有哪个国家，包括所有非洲地区，包括所有仍处于殖民统治下的国家，它们的经济殖民化以及所遭受的屈辱和剥削更甚于古巴，而出现这种情况的部分原因在于我国在巴蒂斯塔掌权时期的政策……我同意菲德尔·卡斯特罗在马埃斯特腊山发表的宣言，他无可非议地呼吁正义，尤其希望消除古巴的腐败。我可以更进一步地表示：在某种程度上来说，巴蒂斯塔似乎是美国一系列罪恶的化身。现在，我们不得不为这些罪行付出代价。在巴蒂斯塔政权的问题上，我赞成第一次古巴革命。这一点非常清楚。[172]

达尼埃尔在古巴逗留了三个星期，但采访卡斯特罗一事没有任何进展。就在达尼埃尔即将离开古巴前，卡斯特罗意外地出现在他下榻的酒店。在长达 6 个小时的交谈中，卡斯特罗希望听到达尼埃尔采访肯尼迪的所有细节。尽管卡斯特罗对肯尼迪的行为提出了许多批评，就像肯尼迪批评他一样，但他仍然对新的出发抱有希望。肯尼迪遇刺前两天，他说：

> 我忍不住希望北美能出现一位领袖（为什么不是肯尼迪？有些事情对他有利！），他愿意面对不受欢迎的局面，努力赢得信任，愿意说出实情。最重要的是，他必须愿意让其他国家按照自己认为合适的方式开展行动。肯尼迪仍是最合适的人选。从历史来看，他仍然可能成为美国最伟大的总统，这位领导人最终可能明白，即使是在美洲，资本主义与社会主义也能共存。果真如此，他可能会成为比林肯更伟大的总统。[173]

古巴导弹危机结束后一年多的时间里，昔日的冷战斗士肯尼迪经历了显著的转变。他和赫鲁晓夫采取措施，以缓和冷战的紧张局势，这在1962年10月甚至过去16年间的任何时刻都是无法想象的。两人都有随时准备发动突袭的敌人。11月7日，纽约州州长纳尔逊·洛克菲勒宣布竞选共和党总统候选人。在接下来的两周，他一再攻击肯尼迪的政策。洛克菲勒谴责肯尼迪对共产主义过于软弱，称他天真地认为苏联领导人"通情达理、愿意妥协，并渴望与西方达成彻底和解"。其结果是，"我们安全的基础正在被削弱"。洛克菲勒指责肯尼迪未能阻止共产党进入老挝，在猪湾入侵期间没有提供空中支援，"在修建柏林墙时袖手旁观"，他签署的《部分禁止核试验条约》在美国的欧洲盟国中引起了"极度震惊"。[174]

但是，洛克菲勒远没有中情局和参谋长联席会议那样愤怒。从就任之日起，肯尼迪曾多次激怒他们。1962年夏，肯尼迪翻阅了弗莱彻·克内贝尔（Fletcher Knebel）和查尔斯·贝利（Charles Bailey）合著的小说《五月里的七天》（*Seven Days in May*）的预发本。在这本即将风靡一时的小说中，作者描述了一场发生在美国的军事政变。克内贝尔是在采访柯蒂斯·李梅时获得了灵感。肯尼迪对一位朋友表示：

这是有可能的。这有可能发生在这个国家……假如这个国家有一位年轻的总统，他也经历了猪湾事件，国内肯定会产生动荡。也许军方会在他的背后进行一些批评，但这将被视为军方对文官的惯常不满而不当一回事。假如再来一次猪湾事件，这个国家的反应会是："他是不是太年轻，太缺乏经验了？"军方也许会认为，他们有义务随时准备捍卫国家的安全，但大概只有上帝才知道，他们推翻民选政府捍卫的到底是哪门子的民主。假如有第三次猪湾事件，这种情况是有可能会发生的。[175]

在一些军方和情报界高官看来，肯尼迪的背叛远不止三件事：他没有在猪湾事件中言听计从，他剥夺了中情局的权力并解雇其负责人，他反对卷入老挝事态并提出中立的解决方案，他签订禁止在大气层进行核试验的条约，他计划从越南撤军，他儿戏般地想结束冷战，他放弃太空竞赛，他支持第三世界的民族主义，但最糟糕的罪行或许是在古巴导弹危机中接受协商解决。

1963年11月22日，这位年轻的总统还没来得及实现他与赫鲁晓夫重塑世界的梦想，来自一名或多名刺客的子弹就让他命丧达拉斯街头。我们也许永远不会知道谁该对此负责以及行刺的动机。沃伦委员会（Warren Commission）断定，李·哈维·奥斯瓦尔德（Lee Harvey Oswald）是唯一的刺客。委员会成员约翰·麦克洛伊坚称，委员会一致通过了报告，但7名成员中的4人——理查德·罗素（Richard Russell）、黑尔·博格斯（Hale Boggs）、约翰·舍曼·库珀（John Sherman Cooper）以及麦克洛伊本人——对于只有一名枪手的说法和"神奇子弹论"表示强烈怀疑。林登·约翰逊、受伤的州长约翰·康纳利（John Connally）和罗伯特·肯尼迪也对调查结果提出了质疑。民众认为这份报告缺乏说服力。

我们知道，肯尼迪有很多仇人，他们强烈反对肯尼迪做出的进步主义改变，他们就像1944年当亨利·华莱士试图引导美国和世界走向和平与繁荣时那些横加阻拦的人一样狂热。肯尼迪勇敢地抵抗了那些想把美国推向与苏联开战的强大力量。他的勇气与赫鲁晓夫相比有过之而无不及。未来几代人亏欠他们许多，甚至这些人的存在，也要归功于一个事实，即这两人凝视着深渊，眼前的情景让他们退缩。这几代人尤其应当感激苏联潜艇上的那位并不广为人知的指挥官，是他单枪匹马阻止了核战争的爆发。肯尼迪在就职典礼的演讲中说过，火炬已经传给了新的一代。但肯尼迪逝世后，这支火炬却传给了旧的一代——约翰逊、尼克松、福特、里根——这些领导人也许并不比肯尼迪年长太多，但他们却系统地粉碎了肯尼迪时代的承诺，让美国重新踏上了战争与压迫的故辙。

注释

1　　"Shedding New Light on the Stalin Regime," *Manchester Guardian*, March 17, 1956.

2　　Gerald J. DeGroot, *Dark Side of the Moon: The Magnificent Madness of the American Lunar Quest* (New York: New York University Press, 2006), 64, 67–68.

3　　Ibid., 69.

4　　Martin Walker, *The Cold War: A History* (New York: Macmillan, 1995), 114.

5　　Lloyd C. Gardner, "The Dulles Years: 1953–1959," in *From Colony to Empire*, ed. William Appleman Williams (New York: John Wiley & Sons, 1972), 418.

6　　DeGroot, *Dark Side of the Moon*, 73.

7　　"Science: Sputnik's Week," *Time*, October 21, 1957, 51.

8　　Fred Kaplan, *The Wizards of Armageddon* (1983; reprint, Stanford, CA: Stanford University Press, 1991), 135.

9　　Mathew Brzezinski, *Red Moon Rising: Sputnik and the Hidden Rivalries that Ignited the Space Age* (New York: Macmillan), 180.

10　David Halberstam, *The Fifties* (New York: Villard, 1993), 621.

11　"Khrushchev Speaks on Economic and Technical Progress," *Bulletin of the Atomic Scientists*, December 1957, 360.

12　Dwight D. Eisenhower: *Public Papers of the President of the United States: Dwight D. Eisenhower* (Washington, DC: U.S. Government Printing Office, 1961), 789–792.

13　William J. Broad, "U.S. Planned Nuclear Blast on the Moon, Physicist Says," *New York Times*, May 16, 2000.

14 Keay Davidson and Carl Sagan, *Carl Sagan: A Life* (New York: John Wiley & Sons, 1999), 86.

15 Special National Intelligence Estimate Number 11-10-57, "The Soviet ICBM Program," December 10, 1957, National Security Archive, Digital Collection, Soviet Estimate, 2.

16 Richard Rhodes, *Arsenals of Folly: The Making of the Nuclear Arms Race* (New York: Alfred A. Knopf, 2007), 109.

17 Chalmers M. Roberts, "Enormous Arms Outlay Is Held Vital to Survival," *Washington Post*, December 20, 1957.

18 DeGroot, *Dark Side of the Moon*, 69.

19 Joseph Alsop, "Matter of Fact: Untruths on Defense," *Washington Post*, August 1, 1958.

20 John G. Norris, "Power Shifts to Soviet, Kennedy Warns," *Washington Post*, August 15, 1958.

21 Michael S. Sherry, *The Rise of American Air Power: The Creation of Armageddon* (New Haven, CT: Yale University Press, 1987), 218.

22 Tim Weiner, *Legacy of Ashes: The History of the CIA* (New York: Doubleday, 2007), 162–163.

23 "Texts of Appeal by Noted Scientists for Abolition of War," *New York Times*, July 10, 1955.

24 Otto Nathan and Heinz Norden, ed. *Einstein on Peace* (New York: Schocken Books, 1960), 681.

25 "Policies Averted 3 Wars, Dulles Quoted as Saying," *New York Times*, January 12, 1956.

26 William S. White, "Rayburn Assails Stand by Dulles," *New York Times*, January 17, 1956.

27 "Dulles Risking U.S. Safety, Adlai Charges," *Washington Post*, January 15, 1956; Richard J. H. Johnston, "Stevenson Bids President Repudiate or Oust Dulles," *New York Times*, January 18, 1956.

28 Chalmers M. Roberts, "Political Pot-Shots Beset Dulles," *Washington Post*, January 17, 1956.

29 "Protest to Ike over Dulles' Step to the Brink," *Chicago Tribune*, January 29, 1956.

30 John Lewis Gaddis, "The Unexpected John Foster Dulles: Nuclear Weapons, Communism, and the Russians," in *John Foster Dulles and the Diplomacy of the Cold War*, ed. Richard H. Immerman (Princeton, NJ: Princeton University Press,

1990), 53–58.

31   "What the President Saw: A Nation Coming into Its Own," *Time*, July 29, 1985, 50.

32   Warren Unna, "Atoms and Politics," *Washington Post*, October 10, 1956; Bradford Jacobs, "Stevenson," *Baltimore Sun*, October 27, 1956.

33   Bradford Jacobs, "Democrat Again Urges Testing Ban," *Baltimore Sun*, October 16, 1956.

34   Henry R. Lieberman, "Nehru Again Asks End of Bomb Tests," *New York Times*, May 18, 1957.

35   "Focus on Atoms," *New York Times*, May 19, 1957.

36   Lawrence S. Wittner, *Resisting the Bomb: A History of the World Nuclear Disarmament Movement, 1954–1970* (Stanford, CA: Stanford University Press, 1997), 52–53.

37   Ibid., 35–36.

38   Warren Unna, "Libby Believes Man Can Tap Energy Sealed in Mountain by A-Bomb Blast," *Washington Post*, December 3, 1957.

39   Richard G. Hewlett and Jack M. Holl, *Atoms for Peace and War, 1953–1961: Eisenhower and the Atomic Energy Commission* (Berkeley: University of California Press, 1989), 529.

40   Gladwin Hill, "A.E.C. Considers Deep A-Blasting for Oil and Ore," *New York Times*, March 14, 1958.

41   "Underground Atom Blast Planned for U.S. for 1961," *New York Times*, March 17, 1960.

42   "'Plowshare' Seeks Uses for H-Bomb Explosions," *Washington Post*, August 23, 1959.

43   "Excerpts from Message by Schweitzer," *New York Times*, April 24, 1957; "Schweitzer Urges World Opinion to Demand End of Nuclear Tests," *New York Times*, April 24, 1957.

44   "Focus on Atoms," *New York Times*, May 19, 1957.

45   George Gallup, "Public Favors H-Tests' Halt, If — " *Washington Post*, May 19, 1957.

46   Earle P. Brown, "The Facing of Certain Death," *Washington Post*, July 28, 1957.

47   Gerard J. De Groot, *The Bomb: A Life* (Cambridge, MA: Harvard University Press, 2005), 211.

48   Bosley Crowther, "Screen: On the Beach," *New York Times*, December 18, 1959.

49   Spencer R. Weart, *Nuclear Fear: A History of Images* (Cambridge, MA: Harvard

University Press, 1988), 218–219.

50　Kenneth D. Rose, *One Nation Underground: The Fallout Shelter in American Culture* (New York: New York University Press, 2001), 43.

51　Rhodes, *Arsenals of Folly*, 101.

52　Robert S. Norris and William M. Arkin, "Estimated U.S. and Soviet/Russian Nuclear Stockpiles, 1945–94," *Bulletin of the Atomic Scientists*, November–December 1994, 58–59; Robert S. Norris and William M. Arkin, "Global Nuclear Stockpiles, 1945–2006," *Bulletin of the Atomic Scientists*, July–August 2006, 66.

53　Daniel Ellsberg, personal communication with Peter Kuznick.

54　David A. Rosenberg, "The Origins of Overkill: Nuclear Weapons and American Strategy, 1945–1960," *International Security* 7 (Spring 1983), 8.

55　Daniel Ellsberg, *Secrets: A Memoir of Vietnam and the Pentagon Papers* (New York: Viking, 2002), 58–59.

56　David Talbot, *Brothers: The Hidden History of the Kennedy Years* (New York: Free Press, 2007), 36.

57　W. H. Lawrence, "President Describes Nixon Role in Administration's Decisions," *New York Times*, August 25, 1960.

58　Charles J. G. Griffin, "New Light on Eisenhower's Farewell Address," *Presidential Studies Quarterly* 22 (Summer 1992), 472.

59　Milton Leitenberg, personal communication with Peter Kuznick, December 2010.

60　"Text of Eisenhower's Farewell Address," *New York Times*, January 18, 1961.

61　Walter Lippmann, "Today and Tomorrow: Eisenhower's Farewell Warning," *Washington Post*, January 19, 1961.

62　Griffin, "New Light on Eisenhower's Farewell Address," 475.

63　Jack Raymond, "The 'Military-Industrial Complex': An Analysis," *New York Times*, January 22, 1961.

64　Talbot, *Brothers*, 35–36.

65　Desmond Ball, *Politics and Force Levels: The Strategic Missile Program of the Kennedy Administration* (Berkeley: University of California Press, 1980), 18–19.

66　Christopher A. Preble, "Who Ever Believed in the 'Missile Gap'?: John F. Kennedy and the Politics of National Security," *Presidential Studies Quarterly* 33 (December 2003), 805–806.

67　"Text of President Kennedy's Inaugural Address," *Washington Post*, January 21, 1961.

68　David Halberstam, *The Best and the Brightest* (New York: Random House, 1972),

60.

69 Kenneth P. O'Donnell and David F. Powers, *"Johnny, We Hardly Knew Ye":* *Memories of John Fitzgerald Kennedy* (Boston: Little, Brown, 1970), 14.

70 Talbot, *Brothers*, 45.

71 Talbot, *Brothers*, 50–51.

72 "Curtains for Now in Cuba," *Chicago Tribune*, April 22, 1961.

73 "The Collapse in Cuba," *Wall Street Journal*, April 21, 1961.

74 "A Policy on Cuba," *New York Times*, April 27, 1961.

75 Douglas Brinkley, *Dean Acheson: The Cold War Years* (New Haven, CT: Yale University Press, 1994), 127; Jim Heath, *Decade of Disillusionment: The Kennedy-Johnson Years* (Bloomington, IN: Indiana University Press, 1975), 83.

76 Halberstam, *The Best and the Brightest*, 69.

77 "Kennedy's Address," *Baltimore Sun*, April 21, 1961.

78 Jack Raymond, "Gore Would Oust the Joint Chiefs," *New York Times*, May 20, 1961; "C.I.A. Under the Microscope," *New York Times*, May 9, 1961.

79 Arthur M. Schlesinger, Jr., *A Thousand Days: John F. Kennedy in the White House* (New York: Houghton Mifflin, 1965), 292.

80 Ibid., 258.

81 Benjamin C. Bradlee, *Conversations with Kennedy* (New York: W. W. Norton, 1975), 122.

82 Talbot, *Brothers*, 50–51.

83 Weiner, *Legacy of Ashes*, 180.

84 Ibid., 178–179.

85 Talbot, *Brothers*, 51.

86 W. J. Rorabaugh, *Kennedy and the Promise of the Sixties* (New York: Cambridge University Press, 2002), 24.

87 Schlesinger, *A Thousand Days*, 391.

88 T. Christopher Jespersen, ed. *Interviews with George F. Kennan* (Jackson: University Press of Mississippi, 2002), 88.

89 Halberstam, *The Best and the Brightest*, 76.

90 Melvyn P. Leffler, *For the Soul of Mankind: The United States, the Soviet Union and the Cold War* (New York: Hill and Wang, 2007), 163–164.

91 Kaplan, *The Wizards of Armageddon*, 297.

92 Heather A. Purcell and James K. Galbraith, "Did the U.S. Military Plan a Nuclear First Strike for 1963?" *American Prospect* 19 (Fall 1994), 88–96.

93 Dean Rusk, *As I Saw It* (New York: W. W. Norton, 1990), 246–247.

94 Roger Hilsman, *From Nuclear Military Strategy to a World Without War: A History and Proposal* (New York: Praeger, 1999), 52.

95 "Text of Kennedy Appeal to Nation for Increases in Spending and Armed Forces," *New York Times*, July 26, 1961.

96 James Carroll, *An American Requiem: God, My Father, and the War That Came Between Us* (Boston: Houghton Mifflin, 1996), 82–83.

97 Michael R. Beschloss, *The Crisis Years: Kennedy and Khrushchev 1960–1963* (New York: Edward Burlingame Books, 1991), 278.

98 Shane J. Maddock, *Nuclear Apartheid: The Quest for American Atomic Supremacy from World War II to the Present* (Chapel Hill: University of North Carolina Press, 2010), 131.

99 Ibid., 162–163.

100 "Fallout Defense Seen in 'Deplorable Shape,'" *Washington Post*, March 29, 1960.

101 "Fire Wrecks Libby's Bel Air Fallout Shelter," *Washington Post*, November 10, 1961.

102 Rose, *One Nation Underground*, 190; "Atom Shelter Builders Finding Business Poor," *Los Angeles Times*, June 4, 1961.

103 Rose, *One Nation Underground*, 97, 94.

104 L. C. McHugh, "Ethics at the Shelter Doorway," *America*, September 30, 1961, 826.

105 Louis Cassels, "Private A-Shelters Held 'Unjust' by Bishop Dunn," *Washington Post*, October 14, 1961.

106 Rose, *One Nation Underground*, 98.

107 Arthur Gelb, "Political Satire Invades Capital," *New York Times*, January 30, 1962; Emma Harrison, "Priest Unmoved on Shelter View," *New York Times*, November 22, 1961.

108 "U.S. Bares Atomic Might," *Chicago Tribune*, October 22, 1961; Beschloss, *The Crisis Years*, 331.

109 根据战略空军司令部 1991 年 12 月 7 日的报告 "Alert Operations and the Strategic Air Command, 1957–1991."，截至 1961 年 12 月 31 日，美国拥有一套 "泰坦" 洲际弹道导弹系统和 62 套 "阿特拉斯" 洲际弹道导弹系统。

110 Roy F. Houchin, *US Hypersonic Research and Development: The Rise and Fall of Dyna-Soar, 1944–1963* (New York: Routledge, 2006), 140; Robert S. Norris and William M. Arkin, "Global Nuclear Stockpiles, 1945–2006," *Bulletin of the Atomic Scientists*, July–August 2006, 66.

111　Kaplan, *The Wizards of Armageddon*, 246.

112　Ibid., 254–257.

113　James G. Blight and Philip Brenner, *Sad & Luminous Days: Cuba's Struggle with the Superpowers after the Missile Crisis* (Lanham, MD: Rowman & Littlefield, 2002), 8.

114　Ibid.

115　Gregg Herken, *Counsels of War* (New York: Oxford University Press, 1987), 37.

116　Allan M. Winkler, *Life Under a Cloud: American Anxiety About the Atom* (New York: Oxford University Press, 1993), 175.

117　Talbot, *Brothers*, 95.

118　Weiner, *Legacy of Ashes*, 184–185.

119　"Justification for U.S. Military Intervention in Cuba," March 13, 1962, National Security Archive, www.gwu.edu/~nsarchiv/news/20010430/doc1.pdf.

120　John F. Kennedy, "Remarks of Senator John F. Kennedy at the Fourth Annual Rockhurst Day Banquet of Rockhurst College in Kansas City, Missouri, Saturday, June 2, 1956," www.findingcamelot.net/speeches/1956/remarks-of-senator-john-f-kennedy-at-the-fourth-annual-rockhurst-day-banquet-of-rockhurst-college-in-kansas-city-missouri-Saturday-June-2-1956/.

121　Douglas A. Borer, *Superpowers Defeated: Vietnam and Afghanistan Compared* (New York: Frank Cass Publishers, 1999), 102.

122　Halberstam, *The Best and the Brightest*, 135.

123　Schlesinger, *A Thousand Days*, 547.

124　在古巴导弹危机期间，尽管美国对苏拥有 17 比 1 的核武器优势，但肯尼迪仍然认为，即使只有一两枚苏联（核）炸弹袭击美国城市，这种代价也是无法承受的，虽然美国的报复能力足以摧毁苏联。

125　Maddock, *Nuclear Apartheid*, 197.

126　Blight and Brenner, *Sad & Luminous Days*, 36. 感谢菲尔·布伦纳对赫鲁晓夫计划的 "12 月" 访问所涉及的参考文献进行澄清。

127　Weiner, *Legacy of Ashes*, 201.

128　Richard Rhodes, *Dark Sun: The Making of the Hydrogen Bomb* (New York: Simon & Schuster, 1995), 574.

129　O'Donnell and Powers, *"Johnny, We Hardly Knew Ye"*, 318.

130　Ernest R. May and Philip D. Zelikow, *The Kennedy Tapes: Inside the White House During the Cuban Missile Crisis* (Cambridge, MA: Belknap Press, 1997), 178.

131　"Text of Kennedy's Address on Moves to Meet the Soviet Build-up in Cuba," *New York Times*, October 23, 1962.

132 Robert S. McNamara, *Blundering into Disaster: Surviving the First Century of the Nuclear Age* (New York: Pantheon, 1987), 10; Dobbs, *One Minute to Midnight*, 163.

133 Marion Lloyd, "Soviets Close to Using A-Bomb in 1962 Crisis, Forum Is Told," *Boston Globe*, October 13, 2002.

134 Alexander Mozgovoi, "The Cuban Samba of the Quartet of Foxtrots: Soviet Submarines in the Caribbean Crisis of 1962," *Military Parade*, Moscow, 2002, National Security Archive, www.gwu.edu/~nsarchiv/nsa/cuba_mis_cri/020000%20 Recollections;%20 of%20Vadim%20Orlov.pdf.

135 "Khrushchev Note," *Los Angeles Times*, November 2, 1962.

136 Mimi Alford, *Once Upon a Secret: My Affair with President John F. Kennedy and Its Aftermath* (New York: Random House, 2012), 94; Andreas Wegner, *Living with Peril: Eisenhower, Kennedy, and Nuclear Weapons* (Lanham, MD: Rowman & Littlefield, 1997), 201; J. Anthony Lukas, "Class Reunion," *New York Times*, August 30, 1987.

137 William Taubman, *Khrushchev: The Man and His Era* (New York: W. W. Norton, 2003), 347.

138 Nikita S. Khrushchev, *Khrushchev Remembers* (Boston: Little, Brown, 1970), 552.

139 Aleksandr Fursenko and Timothy Naftali, *Khrushchev's Cold War: The Inside Story of an American Adversary* (New York: W. W. Norton, 2006), 500.

140 10 月 25 日，肯尼迪得知苏联已经安装了"月神"导弹，该导弹既可被用作战术核武器，也可被用作常规武器。肯尼迪和他的顾问们则认为"月神"导弹属于常规武器。当海军元帅乔治·安德森（George Anderson）请求在美国军舰上装载对应的核导弹时，肯尼迪拒绝了该请求，因为他相信苏联的"月神"导弹并非核武器。

141 Robert S. McNamara, *In Retrospect: The Tragedy and Lessons of Vietnam* (New York: Vintage, 1996), 338–342.

142 J. Anthony Lukas, "Class Reunion," *New York Times*, August 30, 1987.

143 Maddock, *Nuclear Apartheid*, 198.

144 Ibid.

145 Message from Chairman Khrushchev to President Kennedy, October 30, 1962, *Foreign Relations of the United States, 1961–1963*, vol. 11 (Washington, DC: U.S. Government Printing Office, 1997), 309–317.

146 Wittner, *Resisting the Bomb*, 416.

147 Leffler, *For the Soul of Mankind*, 161.

148 Arthur M. Schlesinger, Jr., *Robert Kennedy and His Times* (New York: Houghton

Mifflin Harcourt, 2002), 596.

149 Leffler, *For the Soul of Mankind*, 184.

150 Beschloss, *The Crisis Years*, 624.

151 关于《禁止大气层核试验公约》的讨论，参见 Wittner, *Resisting the Bomb*, 416–421。

152 Gareth Porter, *Perils of Dominance: Imbalance of Power and the Road to War in Vietnam* (Berkeley: University of California Press, 2005), 169–170.

153 John M. Newman, *JFK and Vietnam: Deception, Intrigue, and the Struggle for Power* (New York: Warner Books, 1992), 319–320.

154 James W. Douglass, *JFK and the Unspeakable: Why He Died and Why It Matters* (Maryknoll, NY: Orbis, 2008), 181.

155 关于麦克纳马拉和肯尼迪的军事调度的更多讨论，参见 Porter, *Perils of Dominance*, 165–179。

156 Tad Szulc, "Crisis in Vietnam: Repercussions Are Felt Throughout Asia," *New York Times*, August 25, 1963.

157 Kai Bird, *The Color of Truth: McGeorge and William Bundy: Brothers in Arms* (New York: Touchstone, 1988), 261.

158 Ellsberg, *Secrets*, 195–196.

159 Douglass, *JFK and the Unspeakable*, 182.

160 John F. Kennedy, *Public Papers of the Presidents of the United States: John F. Kennedy, 1963* (Washington, DC: U.S. Government Printing Office, 1964), 459–464.

161 Talbot, *Brothers*, 206.

162 Wittner, *Resisting the Bomb*, 421–422.

163 Memorandum from the Joint Chiefs of Staff to Secretary of Defense McNamara: Nuclear Test Ban Issue, April 20, 1963, *Foreign Relations of the United States, 1961–1963*, vol. 7 (Washington, DC: U.S. Government Printing Office, 1995), 684.

164 "Transcript of President Kennedy's News Conference," *Washington Post*, March 22, 1963.

165 Beschloss, *The Crisis Years*, 632.

166 Talbot, *Brothers*, 213.

167 Andrei Gromyko, *Memoirs* (New York: Doubleday, 1989), 137.

168 Walter A. McDougall, *The Heavens and the Earth: A Political History of the Space Age* (New York: Basic Books, 1985), 221–222.

169 "Transcript of Kennedy Address to Congress on U.S. Role in Struggle for Freedom," *New York Times*, May 26, 1961.

170 "Excerpts from the Speech of President John F. Kennedy Before the United Nations General Assembly, September 20," *Bulletin of the Atomic Scientists*, November 1963, 45.

171 Douglass, *JFK and the Unspeakable*, 69–70; William Attwood, *The Twilight Struggle: Tales of the Cold War* (New York: Harper & Row, 1987), 257–262.

172 Jean Daniel, "Unofficial Envoy: An Historic Report from Two Capitals," *New Republic*, December 14, 1963, 16.

173 Douglass, *JFK and the Unspeakable*, 84–89.

174 Jules Dubois, "Kennedy Soft on Reds: Rocky," *Chicago Tribune*, November 14, 1963; Donald Janson, "Rockefeller Says Kennedy's Policy Imperils Peace," *New York Times*, November 17, 1963; Foster Hailey, "Governor Scores U.S. on Atom Use," *New York Times*, November 21, 1963.

175 Talbot, *Brothers*, 151.

第8章

林登·约翰逊：帝国的脱轨

当卡斯特罗得知肯尼迪遇刺的消息时，他正在和法国记者让·达尼埃尔共进晚餐。"真是个坏消息！"他忍不住惊呼了三次。就在前一天，他还跟达尼埃尔说，肯尼迪可能会成为美国最伟大的总统，但现在一切都改变了。他预言道："你看着吧，我太了解他们了，他们肯定会想方设法把这事赖到我们头上的。"卡斯特罗看到报纸杂志纷纷把刺客奥斯瓦尔德称为"亲卡斯特罗的马克思主义分子"，不禁更加担忧。他问达尼埃尔约翰逊对猪湾事件怎么看，"他对中情局施加了什么影响？"[1]

赫鲁晓夫听到消息后，忍不住痛哭起来。此时离他恢复职务还有一段时日。美国驻苏大使馆的一位官员向白宫新闻秘书皮埃尔·塞林杰（Pierre Salinger）透露道："一连好几天，他都在自己的办公室里来回踱步，整个人魂不守舍的。"[2]之后，赫鲁晓夫前往美国大使馆，在吊唁簿上签名，并派苏联副总理阿纳斯塔斯·米高扬（Anastas Mikoyan）代表他参加葬礼。米高扬颤抖着走到迎宾队伍中的杰奎琳·肯尼迪（Jacqueline Kennedy）面前。总统夫人深受感动，紧紧握住他的双手。至于她当时说了什么，坊间流传着两个版本。不过，她记得自己说："请代我转告主席，我知道一直以来他和我丈夫都致力于世界和平，如今他和你必须继续我丈夫的工作了。"迪安·腊斯克表示，他听到总统夫人说："我丈夫去世了，现在和平要靠你们了。"[3]杰奎琳·肯尼迪还致信赫鲁晓夫，她在信中表示，尽管他和她丈夫互为"敌手"，但他们都有共识，认为"应该避免整个世界被炸毁"。[4]

粗俗、傲慢的新总统

不论从何种角度看，林登·约翰逊似乎都与其倒下的前任截然不同。1908年，他出生在得克萨斯州斯通沃尔县，当时他的父母是教师。他的父亲曾5次当选得克萨斯州众议院议员。约翰逊从西南得克萨斯州立师范学院毕业后，一路苦心经营，终于在得州政坛崭露头角。1937年，他当选美国国会众议院议员，并在1948年当选参议院议员。之后，他很快成为参议院多数党的领袖。在那里，"约翰逊式待遇"（Johnson treatment）一度成为传奇。专栏作家罗兰·埃文斯（Rowland Evans）和罗伯特·诺瓦克（Robert Novak）写道："只要约翰逊碰到一位参议员，他就会拉着对方说话，时间短则10分钟，长则4小时……语气或恳求，或指责，有时甜言蜜语，有时热情洋溢，有时语带嘲讽，有时又老泪纵横，有时不乏抱怨，有时又暗含威胁……总之，在约翰逊与他人的交谈中，人类所有的情绪和情感都展露无遗……对方很难插上话，因为往往他们还没开口，约翰逊就已经料到他们要说什么。"[5]他自负、傲慢、缺乏安全感，而且非常粗俗。他喜欢邀请同事一起进卫生间，然后坐在马桶上与人交谈。他并非深谋远虑的外交政策思想家，而是一名坚定的反共主义者。他喜欢打这样一个比方："如果你放任恶霸闯进你家

1963 年 11 月 22 日肯尼迪遇刺身亡，林登·约翰逊宣誓就职。

约翰逊正在对参议员理查德·罗素施展他声名狼藉的"约翰逊式待遇"。

的前院，那么第二天他就会霸占你的走廊，第三天他就会在你的床上强占你妻子。"[6]

约翰逊即刻强调，他"不会眼睁睁看着美国失去越南"。[7]然而，他真正的兴趣并非在远离美国本土的地方打一场战争，而是想在国内进行社会改革。"我并不想要成为一位能建立帝国、追求伟大或者扩张领土的总统。我希望自己能教育好年轻一代……能帮助人们摆脱饥饿，帮助穷人找到自己的路……保护每位公民在每次选举中投票的权利。"埃夫里尔·哈里曼曾断言，要不是因为越南战争，"他会成为美国有史以来最伟大的总统"。[8]遗憾的是，约翰逊从未接近过这一设想。

约翰逊在就职后的第二天，就向顾问表达了他的决心——积极地捍卫美国在越南的利益。中情局局长约翰·麦科恩立即意识到，约翰逊实际上否定了肯尼迪"强调的在越南进行社会改革的政策；他对我们花那么多时间在越南好心办坏事很不耐烦"，[9]他也不同意肯尼迪提出的在1965年底前从越南撤军的计划。约翰逊最初没想着要在大选年轰炸北越或者派遣作战部队进入越南，但美国扶持的南越政权不受欢迎、专制、腐败，并持续在越南南方民族解放阵线面前失去更多优势。

肯尼迪去世4天后，约翰逊就批准了《第273号国家安全行动备忘录》（NSAM 273），表明美国将会更积极地介入越南问题。该备忘录最初的草案明确规定，针对北越的秘密行动实施者仅限于南越军队，但最终通过的版本却为美军的秘密行动打开了大门。[10]

从一开始，约翰逊就犯了一个致命的错误，他相信了战争态势良好的不实评估，而不是那些认为军事和政治行动效果不佳的冷静描述。当中情局局长麦科恩想要提醒约翰逊南越的情况比他想象的要糟糕得多时，约翰逊当着他的面摔门而出。从此，麦科恩不再被总统办公室欢迎，只能通过书面报告与总统沟通，而且这些报告总统未必会看。[11]

开始的时候，约翰逊也质疑过在越南战争中坚持到底的意义。1964 年 5 月，他质问麦乔治·邦迪："越南对我们到底有什么意义？"[12]约翰逊自己在 1954 年的一篇时事通讯稿中给出过一个答案。他告诉选民，"印度支那半岛资源丰厚"，那里有丰富的锡矿和锰矿。[13]美国驻越南大使亨利·卡博特·洛奇的说法视野更宽广："谁控制了越南，或者在越南拥有话语权，他就能往东影响菲律宾和中国台湾，往西左右盛产粮食的泰国和缅甸，往南辐射橡胶、矿石和锡矿十分丰富的马来西亚和印度尼西亚。因此，越南并不存在于地理真空中——从这里可以控制大量的财富和人口。"[14]据投资者海外服务处（Investors Overseas Service）西贡办公室的阿瑟·滕内尔（Arthur Tunnell）预测："战争结束后，美国商人可以在这里大展拳脚。"[15]查尔斯·墨菲（Charles Murphy）在《财富》杂志上写道："基于目前越南拥有的广阔前景，这里必将成为寸土寸金之地。"参议员盖尔·麦吉（Gale McGee）将东南亚描述为"地球上最后一片蕴藏着丰富资源，却未被大国染指的土地"。但他也承认，越南人民的生活状况是"次要的"。[16]

同时，约翰逊也害怕越南战争失败可能造成的政治后果。如果他犹豫不决，如果美军在战争中失利，会有什么后果呢？这个问题一直如噩梦般困扰着约翰逊：

> 罗伯特·肯尼迪一定会告诉所有人……我违背了他哥哥约翰·F. 肯尼迪对南越许下的承诺……我是个懦夫，我缺乏男子气概，我是个没脊梁骨的人……每天晚上当我睡着时，就会梦见自己被绑在一个寂寥空旷的地方。我听到远处有成千上万的人的声音。他们怒骂着朝我跑过来："懦夫！叛徒！胆小鬼！"[17]

隐瞒战争局势，逐步增兵越南

约翰逊支持麦克纳马拉提出的对北越政权逐步施加压力的战略。参谋长联席会议对这种限制怒不可遏。

1964年8月，约翰逊和麦克纳马拉利用一起发生在北部湾的捏造事件升级战争。麦克纳马拉及其他内阁官员作证称，这些受指控的对美国驱逐舰的袭击是"蓄意且无缘无故的"。[18]美国媒体的报道重复了这一说法。

1964年美国总统大选，约翰逊以一副主张和平的候选人姿态出现，彻底击败对手——来自亚利桑那州的参议员巴里·戈德沃特（Barry Goldwater）。鹰派的戈德沃特威胁要在越南使用核武器。在竞选期间，约翰逊向选民保证："我们不会把美国的青年送到9000甚至1万英里以外，去做亚洲青年本该为他们自己做的事情。"他因此获得了绝大多数选民的支持。1965年1月一项针对83名参议员的调查显示，只有7名议员支持轰炸北越，或者直接在南越部署作战部队。副总统休伯特·汉弗莱（Hubert Humphrey）敦促约翰逊不要让战争升级。作为回应，约翰逊不准汉弗莱参加后续的决策会议，禁止他参加国家安全委员会的各项会议，时间长达一年，尽管根据法律，副总统本身就是国家安全委员会的成员。[19]

大选过后，约翰逊开始逐步升级战争。1964年12月，联合国秘书长吴丹（U Thant）提醒迪安·腊斯克，河内方面愿意开展秘密谈判。但美国完全无视其恳求，吴丹不得不在2月下旬宣布：

我相信，伟大的美国人民如果知道南越事态发展的真相和背景，一定会同意我的观点，即没有必要进一步发生流血冲突。谈判与协商的政治和外交手段能够创造条件，让美军体面地撤出越南。众所周知，在战火纷飞、充满敌意的时代中，第一个被牺牲的往往就是真相。[20]

约翰逊对和平解决方案不感兴趣。3月，他告诉乔治·鲍尔，在听取吴丹和英国首相哈罗德·威尔逊（Harold Wilson）提出更多关于和平解决的建议之前，他会"生病并离开这里"。[21]

与此同时，美国扩大了"自由开火区"，区域内任何移动的物体都被认为是射击的合法目标。美国军火库中的武器种类包括凝固汽油弹、集束炸弹和白磷。白磷能从皮肤烧至骨头，造成可怕而痛苦的死亡。

即便用上这样的手段，也未能减缓越南南方民族解放阵线在农村地区的稳步发展，这一结果日趋明显。约翰逊曾试图抵抗来自美国军方要求轰炸北越的压力，但最终还是答应了。首先，美国需要找个借口使战争升级。它决定制造一个。中情局极尽所能地"证明"是北越政权煽动了南越地区的叛乱活动。在中情局任职25年的特工拉尔夫·麦吉（Ralph McGehee）披露了当时他们为误导公众而干过的勾当："中情局从其仓库中取出许多共产党制造的武器，将它们装到一艘越南沿海船只上，随后导演了一起交火事件，并立刻通知西方媒体……借此'证明'北越政权在暗中援助越南南方民族解放阵线的部队。"[22]接着，美国国务院发表白皮书，用长达7页的篇幅描述了这一伪造的"证据"。1965年2月7日，越南南方民族解放阵线袭击了美国位于波来古的直升机基地，造成8名美国士兵死亡，100人受伤。邦迪从西贡发来电报告诉约翰逊及其顾问，河内政府这是在"下战书"。[23]但是，邦迪也向戴维·哈伯斯塔姆坦言，波来古战役与其他战役没什么不同。如他所说，"波来古战役就像街上的有轨电车"。[24]

约翰逊开启了一个新的、更残酷的战争阶段。他启动了"滚雷行动"（Rolling Thunder），这是一场针对北越的持续轰炸行动。

尽管战火升级，美军前景仍然暗淡。4月初，中情局局长麦科恩辞去职务，他告诉约翰逊，美国选择的道路极其愚蠢："我们会

美国从越南上空投放凝固汽油弹和白磷弹。

发现自己陷入丛林战的困境，我们无法取得军事上的胜利，从中脱身又极其困难。"[25]

对于那些不想听到的情报和信息，约翰逊通通予以驳回。事后他评论说："我来告诉你们情报人员都在干什么。我在得克萨斯州长大，曾经养过一头叫贝茜的奶牛。我常常把它拴在柱子旁，然后坐下来挤一桶鲜牛奶。有一天，我辛辛苦苦挤了满满一桶牛奶，但我没注意到老贝茜甩起了它那条脏兮兮的尾巴，把整桶牛奶都弄脏了。现在你们知道了吧，情报部门的那些家伙干的也是这种事。你辛辛苦苦地想出一个好项目或者推行一项好政策，他们就只会用一条脏兮兮的尾巴甩向它。"[26]

参谋长联席会议继续向约翰逊施压，要求他投入大量兵力，扩大轰炸行动。4月，约翰逊又下令派出4万美军。至此，前往越南的美国士兵已达7.5万。他清楚地意识到，一旦美国承诺派出作战部队，那么这些前期的部署就仅仅是冰山一角。6月，他问参谋长联席会议主席厄尔·惠勒（Earle Wheeler）将军，要派出多少军队才能取得胜利。惠勒回答："要想彻底把共产党赶出越南，需要七八十万甚至上百万美国士兵，并且需要作战7年。"[27]

麦克纳马拉开始向河内发出信号，美国或将考虑使用核武器。国际社会一片哗然，麦克纳马拉不得不修正其措辞。苏联驻联合国代表尼古拉·费德林（Nikolai Fedorenko）非常不满，他说道：

美国的好战分子并不排除在南越使用核武器的可能。看看今天麦克纳马拉先生发表的声明……他说，只是在目前形势下，才没有必要使用核武器。这意味着，只要美国认为越南的形势一旦恶化，就会使用大规模杀伤性武器。为了扼杀民族解放运动，美国已经做得过火了，它甚至不惜掀起威胁全人类的核战争。

他提醒联合国裁军委员会（U.N. Disarmament Commission）的代表，这不是美国第一次诉诸此种措施："美国并不反对对亚洲国家的人民……使用核弹头，他们以前就这样做过，这不可磨灭的耻辱将延续数个世纪。"[28]他还谴责美国对越共使用化学武器，并警告说，他们的子孙后辈每当想起这代人"的罪行，无法无天、残忍地违反国际政策和法律，践踏基本道德准则的行径"，就会"不寒而栗"。[29]

1965年5月，南越新政权建立，继一年半前吴庭艳政权被推翻后，这已是上台的第五任政权了，由空军元帅阮高祺（Nguyen Cao Ky）和阮文绍（Nguyen Van Thieu）将军领导。助理国务卿威廉·邦迪之后说道，新政权"在我们所有人看来，都是最糟糕的，绝对是最糟糕的"。阮氏政权对民主理念的承诺也极其脆弱，阮高祺曾表示："人们问我，我崇拜的英雄有哪些。我心目中的英雄只

从左至右分别是麦克纳马拉、阮高祺、约翰逊、阮文绍。

有一位：希特勒。"1967年竞选之前，他表达了自己对民主的看法，不管当选的人"是共产主义者还是中立主义者，我都会用武力对付他。在任何一个民主国家，你有权利不同意他人的观点"。但阮高祺在1965年接受《纽约时报》记者詹姆斯·雷斯顿的采访时也坦承，"人民渴望社会正义，渴望独立自主的生活，共产党政权"，就像雷斯顿所说的，比他的政府"更能实现人民的渴望"。[30]前军事顾问约翰·保罗·范恩（John Paul Vann）在接手越南战争和谈事宜时，也说过类似的话：

> 这个国家正在进行一场革命——实际上另一阵营的原则、目标和追求都更接近美国人的信念，而不是越南政府……虽然越南南方民族解放阵线是共产党主导的，但我相信……绝大多数人民群众之所以支持，是因为这是他们改变命运、改善生活的唯一希望。如果我是一名18岁的年轻人，或者是个农民，让我在越南政权和越南南方民族解放阵线中做选择，我会毫不犹豫地选择后者。[31]

面对岌岌可危的政治局势，约翰逊及其顾问决定再次增兵。7月22日的会议上，他们估计，假如中国不参战，从长远看，这次战争需要50万—60万美国士兵。如果中国参战，那么至少还要再加30万。在短期内，他们一致认为，到年底前起码需要准备10万兵力，到1966年1月时再加10万，这样才能阻止兵力下滑并防止失败。当约翰逊总统决定向人民坦承国家将参与一场大规模战争时，他们不禁松了口气。7月28日，约翰逊发表全国讲话。他宣布立即增兵5万，这样前往越南的美国士兵总数就达到12.5万。因为后续需要的士兵数量尚不明确，他把每月征兵数从1.7万提高到了3.5万，但决定不征召预备役部队。

中情局、联邦调查局联手监控反战浪潮

国会称赞约翰逊的克制，并为他适度增兵的承诺感到宽慰。然而，在五角大楼，无论是文官顾问还是军事顾问都大为震惊，因为约翰逊决定故意误导美国人民，使他们不了解越南的真正局势，以及美国即将陷入一场注定要持续数年的重大战争。参谋长联席会议主席惠勒后来解释说："我们认为最好征召一次预备役部队，以确保人民清楚我们正处于一场战争中，而不仅仅是一次微不足道的军事冒险。"[32]

最生气的要数陆军参谋长哈罗德·约翰逊（Harold Johnson）将军了。哈罗德穿上他最考究的制服去见总统，在车上把肩上的星级勋章一个个摘下来，但在见到总统前他又改变主意，把它们一个个别了上去——这个决定让他后来懊悔不已。他对一位同事说："我应该去见总统，我应该卸掉我的勋章，我应该辞职。可我临时变卦了，这是我此生做过的最糟糕、最罪恶的决定。"[33]

军事部署稳步升级。约翰逊很快派出了前方需要的10万兵力。与此同时，越南南方民族解放阵线继续在全国各地取得胜利。

并非所有人都支持派出作战部队。克拉克·克利福德多次尝试说服约翰逊和麦克纳马拉不要对越增兵。那时候有相当一部分人至少在私下里赞同他的观点，包括休伯特·汉弗莱、切斯特·鲍尔斯、威廉·邦迪、乔治·鲍尔、约翰·肯尼思·加尔布雷思、国防部助理部长约翰·麦克诺顿（John McNaughton）、国家安全委员会官员切斯特·库珀（Chester Cooper）、白宫新闻秘书比尔·莫耶斯（Bill Moyers）和国防部副助理部长亚当·亚尔莫林斯基（Adam Yarmolinsky）。

约翰逊选择了灾难，而非投降。不过他并没有选择参谋长联席会议主张的全力以赴，而是逐步展开。查尔斯·库珀（Charles

Cooper）少校是海军作战部长戴维·麦克唐纳（David McDonald）上将的副手，他陪同麦克唐纳出席了 1965 年 11 月举行的一次参谋长联席会议。会上，惠勒将军表达了其对战争局势的"严重担忧"，并敦促使用"大规模的海军和空军力量"，在海防港布雷，封锁北越海岸线，轰炸包括河内在内的北越地区。其他军方将领向约翰逊表示，他们赞同惠勒将军的提议。库珀回忆起约翰逊的回应：

> 约翰逊简直要气炸了……他开始骂脏话……诸如"你们这帮该死的混蛋。你们试图让我用你们愚蠢的废话——你们的'军事智慧'，发动第三次世界大战"。他一个个开始辱骂。"你这个蠢货，你指望我相信那些废话吗？我肩上扛着自由世界的重担，你却想让我发动第三次世界大战？！"他一直骂他们是白痴、自大的混蛋，一口脏话说得比新兵训练营里的海军陆战队队员还溜。他真的是在贬低和咒骂他们。过了一会儿，他的语气终于平静了些……"试想下，如果你处于我的位置，如果你是美国总统，突然 5 个无能之辈闯进你的办公室，试图说服你发动第三次世界大战……你会怎么做？"惠勒将军回答："总统先生，我不能替你做决定……这个主意你得自己拿，而且只有你自己能拿。"……约翰逊再次暴跳如雷。"这个风险实在太大了，你们想过中国可能会怎么做吗？你们这帮该死的混蛋，怎么能忽略这一点呢！留你们在这儿就是弄脏我的办公室，你们这群脑子被屎糊了的蠢货。马上给我滚出去！"

"我知道，记忆通常会被时间冲淡，"库珀在采访中强调，"但这一幕我永远不会忘记。那天有关林登·约翰逊总统的记忆，我永远历历在目。"[34]

美国逐步加大了对北越的轰炸力度，扩大攻击目标，以增加对河内的压力。约翰逊的顾问们担心这会激怒中国，但约翰逊却认为这种渐进的方式能降低中国卷入战争的可能性。他推断说：

> 对北方空袭缓慢升级和对胡志明不断增加的压力就像是引诱，而不是强奸。如果中国突然对此做出反应，就像一个女人对于男人的引诱尝试做出威胁性报复（如扇耳光），那么美国也还有足够的时间来减少轰炸。相反，如果美国对北方发动全面猛攻，这就是强奸而不单单是引诱了，那样美国就没有退路了，中国会立刻、全面做出反应。[35]

当参议员乔治·麦戈文（George McGovern）警告轰炸北方可能会引发中国和北越的强烈反应时，约翰逊回复："我正在密切注意着他们呢。我每天朝她大腿往上挪一寸……等他们意识到时，我已经得手了。"[36]

美国的轰炸行动在世界各地引发抗议。1965年3月，密歇根大学的师生联合起来，通宵达旦地举行了一场座谈会。接下来几个月，学生争取民主社会组织（Students for a Democratic Society）在华盛顿特区举行了反战示威游行，参与人数多达2.5万。

中情局认为，这些新生的反战运动是由共产党势力煽动的，于是开始对反战人士展开大规模的监视和情报搜集工作。约翰逊要求中情局提供证据，证明有共产党势力的参与。中情局在国内展开的非法监视行动代号为"混乱"（Chaos），由新成立的特别行动小组负责。这一行动整整持续了7年，用计算机编制了30万条公民和社会组织的索引，为7200人制作了大量卷宗。[37]尽管如此，约翰逊还是痛斥中情局局长理查德·赫尔姆斯（Richard Helms）未能证明共产党的参与。

联邦调查局的主要监视目标之一是诺贝尔和平奖得主马丁·路德·金（Martin Luther King）博士，他把美国政府称为"当今世界最大的暴力制造者"。[38]

美国新泽西州立罗格斯大学校园内，学生举行反战集会，本书作者之一彼得·库茨尼克在集会上发表演讲。

1967年，奥利弗·斯通（居中者）应征入伍，加入美国陆军，并自愿参加对越作战。

　　这时，包括麦克纳马拉在内的政府高层官员开始表达自己的怀疑。1967年6月，麦克纳马拉要求中情局评估敌军的兵力，并让国防部官员莱斯利·盖尔布（Leslie Gelb）监督1954年以来这场战争的绝密历史的编撰工作，这些历史文件后来被称为"五角大楼文件"。后来，当麦克纳马拉读到这份报告时，他对一位朋友说："你知道，他们会为了这里面的内容把人吊死。"[39]他把自己日益增长的疑虑告诉了总统。1967年8月，他终于把约翰逊激怒了，因为他告诉参议院委员会，轰炸北越并不会让河内政权回到谈判桌上。约翰逊无法容忍不服从命令的行为。"我需要的是忠诚，忠诚！"他对一名助手说。"我要让他在正午时分于梅西百货的橱窗里亲吻我的屁股，并告诉我那里泛着玫瑰般的芳香。我要他完全听命于我。"[40]11月，约翰逊宣布麦克纳马拉被任命为世界银行行长。这个消息让即将卸任国防部长的麦克纳马拉感到意外。

1968年2月，白宫内阁会议室内，垂头丧气的约翰逊和麦克纳马拉。

至此，由于约翰逊的外交政策急速右转，肯尼迪时期的官员班底差不多都离任了。罗伯特·肯尼迪很早就离职了。麦乔治·邦迪也于 1966 年被调任负责福特基金会。相对更听话的迪安·腊斯克留了下来。约翰逊比肯尼迪更加重用腊斯克，但他内心深处又极度鄙视国务院的官僚政治。他对埃德加·胡佛说道，国务院的官员都是"一帮斤斤计较的娘们"，就是"一群窝囊废"。[41]腊斯克多次表示要辞职，其中一次是 1967 年夏天，他告诉约翰逊，他的女儿要嫁给一名黑人。但他还是陪约翰逊走到了最后，全力支持总统的对越战争政策。

尽管腊斯克符合约翰逊心目中的忠诚标准，但越来越多的美国人已经受够了约翰逊的残酷战争及其对美国社会的扭曲作用。美国黑人处于近乎反叛的边缘。几年来，美国各大城市涌动着一股骚乱的暗流。1967 年夏天，这股暗流终于打破沉寂。持续两天以上的大规模暴乱多达 25 场，同时还有 30 场小规模骚乱。街头满是大火焚毁的痕迹，地上四处流淌着鲜血。警察和国民警卫队在纽瓦克杀害 26 名非洲裔美国人，又在底特律杀害 43 名。[42]

大学校园里到处充斥着激进主义言论。1967 年 2 月，中情局被曝资助国内外貌似自由派的社会组织，并对它们进行了猎獗和非法的渗透，早期的学生激进主义因此被点燃。据《堡垒》（*Ramparts*）杂志透露，中情局一直暗中资助全国学生联合会（National Student Association），学生运动因此高涨。《纽约时报》和《华盛顿邮报》又陆续曝光了其他一些受中情局扶持的团体。此外，其他出版物也相继报道，中情局一直在为有反共倾向的教授、记者、救援人员、传教士、劳工领袖以及民权活动人士提供资金，指使他们干一些见不得光的勾当。文化自由大会、福特基金会、自由欧洲电台和自由电台等组织都名誉扫地。

公众抗议的呼声日益强烈。沃尔特·李普曼指出，在美国人看来，中情局的秘密活动"开始像堵塞的粪坑一样，臭不可闻"。[43]

《堡垒》杂志的曝光让很多情报官员不寒而栗，他们害怕中情局的其他行动会因此受阻。詹姆斯·安格尔顿（James Angleton）在1954—1974年间担任中情局反间谍行动负责人，在他的领导下，中情局在许多国家一直积极参与创建和使用外国警察部队、安全部队和反恐部队。安格尔顿执着地认为苏联具有威胁性，一心想着主导、征服和渗透，这些活动在2007年解密的中情局内部历史中被披露出来。中情局有个"海外国内安全项目"（Overseas Internal Security Program），该项目在25个国家训练了771217名军人和警察，还帮助柬埔寨、哥伦比亚、厄瓜多尔、萨尔瓦多、危地马拉、伊朗、伊拉克、老挝、秘鲁、菲律宾、韩国、南越和泰国创建秘密警察。很多士兵都在巴拿马的美洲学校（School of the Americas）受过训练，包括后来洪都拉斯和萨尔瓦多暗杀队的领袖。在艾森豪威尔及肯尼迪时期担任中情局副局长的罗伯特·艾莫里（Robert Amory）担心这些行动及其盖世太保式战术会让中情局陷入危险境地。[44]

"春节攻势"：10万吨炸弹轰炸北越

1967年4月，数十万人在纽约市集会反对战争，当时美国驻军人数接近52.5万。1968年1月下旬，北越发动了大规模火箭和导弹攻击，进攻溪山。美国迅速做出回应，发动了战争史上最猛烈的一次空袭。B-52轰炸机向北越投下了10万吨炸弹、大量的火箭弹和炸药。越南南方民族解放阵线的一位领导人这样描述B-52轰炸机的可怕之处：

B-52从一公里开外怒吼而来，那震耳欲聋的轰鸣声撕裂了耳膜，让许多丛林里的居民永久失聪。冲击波把方圆一公里以内的人们震得失去知觉。半公里之内的任何打击能摧毁未经加固之掩体的外墙，把里面的人生生活埋。近距离观察，能看到这些弹坑巨大，足有 30 英尺宽，深度也将近 30 英尺……我最初几次经历 B-52 轰炸机的袭击时……仿佛身临末日灾变，那种恐惧是全方位的。大脑尖叫着发出难以理解的指令让我们逃跑，可我们却无法控制自己的身体。[45]

77 天的围攻刚刚拉开序幕，当所有人的目光都投向溪山之时，越南南方民族解放阵线发动了"春节攻势"，打了美国一个措手不及，但它也因此损失惨重。尽管北越和越南南方民族解放阵线在军事上未获胜利，但对河内政权及其南方同盟而言，"春节攻势"却取得了政治上的巨大成功，华盛顿及西贡的气氛从乐观转向心灰意冷。当局一直虚假宣传胜利在望，现在这种信念遭到了沉重打击，因为美国人发现战争远未结束，而且可能无论如何都赢不了。

美国考虑在溪山使用核武器，再次引发争议。英国首相哈罗德·威尔逊利用白宫晚宴上祝酒的时机猛烈抨击美国的政策太过草率。在接受美国哥伦比亚广播公司新闻节目《面对国家》(*Face the Nation*) 的采访时，他更是直言不讳地表示："任何企图升级这场战争的做法都是极其危险的……至于使用战术核武器的提议，完全是疯狂至极。这不仅会对美国的地位造成灾难性影响，还会让全世界都陷入巨大的危机中。"[46]

约翰逊终于成功制止了猜测。1964—1968 年间在越南担任美军指挥官的威廉·威斯特摩兰 (William Westmoreland) 将军事后一直后悔当初没有使用核武器。他在回忆录中写道："如果华盛顿的官员下定决心向河内'释放信号'，那么小型战术核武器肯定是向河内表明立场的一种方式。"[47]

与此同时，随着美国民众的反战情绪暴涨，联邦调查局开始在胡佛的带领下千方百计地破坏反战运动，就像它多年来对付民

约翰逊和国家安全顾问沃尔特·罗斯托正在研究南越溪山村的地图。

国务卿迪安·腊斯克正在向约翰逊提建议。

权运动一样。数百名特工渗透到各种反战及新左派团体中。1968年，联邦调查局的活动逐步升级，特意将新左派团体也纳入他们正在进行的反间谍计划（COINTELPRO program）中。丘奇委员会（Church Committee）报道了联邦调查局在整个新闻界选用了友好的新闻来源的情况。[48] 1965年，联邦调查局在芝加哥地区已经拥有25家媒体机构，在纽黑文有28家。[49] 中情局也拥有自己稳定的媒体资源。联邦调查局和中情局联手竭尽全力为战争做宣传，将反战论调边缘化，并抨击他们缺乏爱国主义精神。

"春节攻势"后，威斯特摩兰要求再派遣20.6万名士兵。约翰逊委派即将于3月1日代替麦克纳马拉担任国防部长的克拉克·克利福德设立特别工作组评估战争局势。他猜想，这位可靠的鹰派高级顾问一定会支持战争进一步升级的，但克利福德对此犹豫不决，他召集了两党的"智者"共同讨论。这些资深的政治家讨论了整整两天，迪安·艾奇逊总结大多数人的观点，认为美国不应该"在目前的道路上越走越远，我们应该及时悬崖勒马，立刻撤出越南"。[50] 对于这个猝不及防的结论，约翰逊十分愤怒。"人人都建议我们投降"，他抱怨道。[51]

"春节攻势"后，约翰逊的民众支持率直线下降。3月31日，他宣布不再参加总统连任竞选。可以说，约翰逊是这场战争的又一个受害者，但他远不是最后一个。

将巴西改造为拉美反革命基地

1960年代，美国的对外政策造成的灾难性后果，绝不仅仅体现在越南问题上。之前在《时代》周刊担任记者的《新闻周刊》编辑约翰·杰拉西（John Gerassi）描述了秘鲁的赤贫状况，这是整个拉丁美洲的典型情况：

1967年10月，五角大楼前的反战游行。

两党的"智者"在白宫内阁会议室开会。

1968 年 3 月 31 日，约翰逊召开新闻发布会，宣布不再参加总统连任竞选。

半数以上的人依然生活在货币经济之外……另外一半人中，有 80% 年收入才 53 美元，全国 90% 的财富都掌握在大概 100 个家族手中……其中 80% 的财富又被 30 个家族掌握。同时，全国有 65% 的人是文盲，45% 的人从来没看过病。再看首都利马，到处都是带有华丽木制阳台的殖民时期豪宅，它也因此成为世界上最美丽的城市之一。

利马共有 130 万居民，其中一半住在鼠患成灾的贫民窟。一个叫埃尔蒙顿（El Montón）的贫民窟就建在这座城市的垃圾场里。我到那里的时候，看到很多孩子光着身子，有些年幼的甚至都不会走路，在垃圾堆里与猪争抢清洁工无意间丢弃的食物残渣……那些生活在货币经济之外的秘鲁人……靠咀嚼……古柯叶缓解饥饿带来的痛苦，他们平均每天仅摄入 500 卡路里。哪儿有草，秘鲁安第斯山的印第安人就会赶过去吃那里的草。他们宰了吃掉的羊也是这样，如果羊太饿了，就会开始咬其他羊身上的毛充饥。在白人土地上干活的劳工平均每天挣1索尔（相当于4美分），他们不仅要从早到晚地从事劳作，还要到主人的庄园或者利马的豪宅里为奴为仆。[52]

各种社会动荡在南美大陆此伏彼起，美国决策层害怕出现更多卡斯特罗式革命，于是要求对拉丁美洲地区的军队和警察加强培训。巴西就是其中的典型。巴西是美国的长期盟友，它也许是拉美地区战略地位最重要的国家。巴西是世界第五大国，其7500万人口占据的国土面积比美国本土还要广阔，而且蕴藏着丰富的资源。1961年8月，巴西总统下台，将权力交给民选的副总统若昂·戈拉特（João Goulart）。戈拉特主张推动经济和土地改革，扩大民主权利，还承认了共产党的合法地位。于是美国开始策划将他驱逐下台。

美国采取了一系列旨在破坏政府稳定的措施，并促使右翼军事势力接管。《华尔街日报》推波助澜地报道戈拉特"极度狡猾，且雄心勃勃地想要永久霸占权力，建立一个法西斯国家"。1963年6月，美国切断了对巴西中央政府的所有援助，却增加了对巴西军方的援助。只要是反对戈拉特的地方各州，进步联盟（Alliance for Progress）都会为它们提供财政资助。7月，"美国国家情报评估"的一篇报告称"在戈拉特的领导下，共产党人及其同情者的势力已经实现了对巴西政策的影响……这可能最终会导致巴西出现一个极端左翼政权，具有强烈的反美特征"。[53]

1963年11月25日，约翰逊约见中情局局长麦科恩，他清楚地表示他的拉美政策就像他的越南政策一样，也与肯尼迪时期截然不同。12月，他任命负责美洲事务的助理国务卿托马斯·曼恩为拉丁美洲事务协调员。在曼恩的领导下，美国彻底放弃了所有促进改革的借口。在他看来，拉丁美洲的军事领导人是"一群正派之人"。[54]约翰逊认为对拉美进行军事援助比经济援助更明智，美国的拉美政

1962年4月，巴西总统若昂·戈拉特在纽约。

策正是反映了他的这种偏好。3月18日，在国务院的一次闭门会议上，他向美国所有驻拉美的大使和援助拉美事务的负责人抛出了"曼恩主义"。他表示，判断拉美国家是敌是友，要看他们是否促进了美国的利益，而不是看他们是否促进了自己国家人民的利益。美国将不再歧视那些通过军事政变上台的右翼独裁政权。美国将积极保护它在拉美的90亿美元投资。肯尼迪曾声称要促进民主，而约翰逊将只支持反共。

1964年，美国要求戈拉特对其受苦的人民实施财政紧缩政策。

戈拉特置之不理，反而推行土地改革，并控制外国资本。他还在外交上承认了古巴。美国旋即切断了对巴西的援助，试图破坏其国民经济。巴西的通货膨胀因此迅速飙升。戈拉特查封了美国在巴西的财产。美国驻巴西大使馆的官员立即教唆巴西右翼势力推翻戈拉特的统治。3月27日，林肯·戈登（Lincoln Gordon）大使敦促麦科恩、腊斯克、麦克纳马拉等高层官员，支持巴西陆军陆军参谋长温贝托·卡斯特洛·布朗库（Humberto Castelo Branco）将军"帮助巴西避免一场重大灾难……因为它有可能导致巴西像1960年代的中国一样"。[55]中情局立即在暗中开展工作。

戈拉特政府倒台后，戈登立即发电报给华盛顿，声称将军们完成了一场"民主起义"，[56]这是"自由世界的伟大胜利"。[57]它有效阻止了"失去所有南美洲共和国会带来的惨重损失"，也为"私人投资"营造了良好环境。约翰逊向巴西的新国家元首表达了他"最温暖的祝福"，并称赞他"在宪政民主的框架下巧妙地解决了这一难题，没有引发内乱"。曼恩对约翰逊说："我希望您能像我一样对巴西现在的局势感到满意。""我很满意，"约翰逊肯定地说道。[58]就在当天晚些时候，腊斯克告诉国家安全委员会和国会领导人"美国并没有策划这次起义，一切都是巴西国内努力的结果"。[59]

几天之内，新政府就宣布全国进入戒严状态，限制国会权力，并授权总统可以剥夺任何被视为国家安全威胁的人的公民权利。于是，3位前总统、2位联邦最高法院大法官、6位州长、55位国会议员，以及300位政治活跃分子都很快被剥夺公民权利。4月11日，卡斯特洛·布朗库将军接管政权。约翰逊告诉邦迪，他想在卡斯特洛·布朗库的就职典礼上发去友好贺电。邦迪警告他，巴西国内刚刚才实施了镇压措施。约翰逊回答："我知道，但我不在乎。我觉得……有些人……不管在哪都应该被关押。"[60]新政权上台的首月就逮捕了5万多人。在接下来的几年里，大量资金从美国国际开发署

(United States Agency for International Development)、世界银行、美洲开发银行（Inter-American Development Bank）和美国大公司等机构和组织流入巴西。在 1964—1966 年间，在美国国际开发署拨出的资金中，将近一半给了巴西。专制的巴西军政府在美元的支持下，整整统治了这个国家 20 年。巴西也一跃成为世界上贫富差距最大的国家。同时，巴西的独裁者也被算作美国最亲密的盟友之一，时刻准备着军事干预、武力镇压其他拉美国家的进步运动。

秘鲁则出现了相反的情况，文官政府为了提高贫困人口的生活水平，试图接管国内最大的石油公司，该公司恰好是新泽西标准石油公司的子公司。于是，美国切断了对秘鲁政府的援助，但仍继续对军方给予财政支持。对照巴西与秘鲁的情况，纽约州参议员罗伯特·肯尼迪指出："进步联盟当时的行为可以归结为，你可以关闭报社、废除国会、逮捕宗教异见人士……你会得到很多帮助，但是如果你玩弄一家美国石油公司，我们会一分钱都不给你。"[61]

兵发多米尼加，杜绝西半球被染红

多米尼加共和国的形势对美国而言又是一个新的挑战。约翰逊上任后，马上承认了推翻胡安·博施（Juan Bosch）政权的军政府，而胡安·博施是 1962 年 12 月通过民主选举上台的。1965 年，中层军官、自由主义者和左派人士联合策动了一场民众起义，想要恢复宪政秩序，让博施重掌政权。起义爆发当天，正好是中情局新任局长威廉·雷伯恩（William Raborn）走马上任之日。约翰逊不顾顾问们的强烈反对，挑选了这位同样来自得克萨斯州的已经退休了的海军上将。他的一位前同事在回忆当时的宣誓仪式时这样说："总统说了一些关于他的好话，认为把整个国家找遍了，而'雷德'雷伯恩是唯一能够胜任的人。雷伯恩感动得老泪纵横，泪水从他的脸颊流下，有几滴慢慢地从下巴处滑落。"[62]

雷伯恩任职不过一年，但已足以摧毁多米尼加的民主。他对约翰逊说："在我看来，这无疑是卡斯特罗势力扩张的开始。"约翰逊问道："卡斯特罗在那儿部署了多少恐怖分子？"雷伯恩回答，8名，完全不提中情局备忘录在提到这个数字时，还备注了一句话："目前没有证据显示卡斯特罗政权直接参与了当前的暴动。""毫无疑问，就是跟卡斯特罗有关，"约翰逊告诉他的律师阿贝·福塔斯（Abe Fortas），"……他们正在改变这个半球的其他地方，也许这是整个共产主义模式的一部分，与越南相配合。"[63]

麦克纳马拉怀疑这份报告的准确性，但约翰逊的特别助理杰克·瓦伦蒂（Jack Valenti）警告他："如果亲卡斯特罗分子控制了多米尼加共和国，那么该国无疑将遭受最严重的国内政治灾难。"[64]约翰逊派出2.3万美军干涉多米尼加事务，另外还有1万美军在该国近海处待命。约翰逊还发表了全国讲话："很多在古巴受过训练的共产党领导人，绝不会放过任何制造混乱的机会，他们总会建立根据地，汇合革命。他们控制了越来越多的地方，开始时是一场人民民主革命，致力于民主和社会正义，很快……一群共产主义同谋们接管、夺取、主导了这场革命……美洲各国不能、不应该、也决不允许西半球再出现另一个共产主义政权。"[65]

在联合国安理会面前，苏联代表抨击这次干预"严重违反"了《联合国宪章》。他谴责美国所找的借口"肮脏且无耻"，与"戈培尔及其党羽的所作所为"相比，有过之而无不及。他质问道，为什么美国向多米尼加共和国派遣军队远比向"种族主义盛行的"亚拉巴马州派兵"更自由"。[66]拉丁美洲一位外交官指责美国重回"炮舰外交"的老路。[67]

博施谴责美国的"宣传颠倒黑白"，美国的军事干预不道德。他说道："一场民主革命，就这样被世界上最重要的民主国家亲手

1965年美军入侵多米尼加共和国，洪都拉斯军队前去支援美国。

毁掉了。"[68]即便在美军控制了多米尼加后，改革者们也拒绝恢复军事专制政权。邦迪努力协调未果，约翰逊随即派福塔斯前往波多黎各，逼迫博施下台。福塔斯后来成为美国最高法院的大法官，他抱怨道："博施这家伙像极了拉丁诗歌中的英雄人物，他始终忠于这部该死的宪法。"[69]之后的调查结果显示，叛军中只有不到50个共产党员。

屠杀百万左翼，阻止印尼去殖民化

印度尼西亚是具有重要战略意义的国家，在这点上，很少有其他国家能与其比肩。它是个巨大的群岛，由6个大岛和几千个小岛组成，人口数量居世界第五位，也是穆斯林人口最多的国家。印尼是东南亚海上交通的要冲，出口石油、橡胶、锡和其他重要资源。乔治·凯南在1948年时这样写道，"印度尼西亚问题"是"目前我们与克里姆林宫斗争的最重要议题。印度尼西亚是从北海道至苏门答腊岛的岛链上的要塞，我们应将其发展成为一股对抗共产主义的政治经济力量"。1949年，印度尼西亚终于驱逐了荷兰殖民者，结束了荷兰人长达4个世纪的殖民统治（二战时日本也曾占领印尼）。殖民地独立运动领袖苏加诺（Sukarno）当选总统，并很快成为美国的眼中钉。[70]

1955年，29个亚洲、非洲及中东国家召开万隆会议，苏加诺担任主持，会议发起了不结盟运动。该运动呼吁亚非等国在美苏两个冷战超级大国之间保持中立，支持去殖民化运动，鼓励第三世界国家加强对本国资源的控制。

美国国务卿的约翰·福斯特·杜勒斯对苏加诺带头进行这一行动特别不满。1955年，中情局相应地制定代号为"改善健康委员会"（Health Alteration Committee）的计划，考虑暗杀苏加诺。"当时的确有这个计划"，中情局副局长理查德·比斯尔对此供认不讳。万隆会议结束后，苏加诺慢慢地向共产主义靠拢，他出访苏联和中国，还从东欧购买武器。在苏加诺组建的联合政府内，印尼共产党开始起关键作用。中情局试图通过散布谣言来削弱苏加诺，说苏加诺与一名俄罗斯的金发美女有染，并被她所控制。中情局甚至还计划发行一部色情电影，影片中的情侣酷似苏加诺及其情妇。由于没有找到合适的模仿者，中情局只好寄了一张苏加诺的面具给色情演员，让他戴着拍摄。不过，这部电影即使拍成了，也没有真正发行。[71]

经艾森豪威尔批准，美国中情局积极支持叛军军官于1957年底策划的政变。中情局飞行员向叛军提供物资，还轰炸印尼的军用和民用目标。5月下旬，一名曾在交战中被击落的中情局飞行员艾伦·波普（All Pope）出席了一场新闻发布会，让美国十分难堪。[72]

艾森豪威尔曾公开否认美国参与了印尼政变，《纽约时报》也尽职尽责地发文附和了这一保证。[73]

美国导演的这场军事政变似乎与其导演的色情电影一样失败。中情局在报纸杂志大幅刊登报道，谎称其在印尼的受训人员是被迫卷入起义的大型猎物猎人和寻找舶来蝴蝶的科学家。在这次失败的行动中，弗兰克・威斯纳是受害者之一，他是中情局计划分局 (Directorate of Plans) 秘密行动的负责人，之前已有些情绪不稳定，此时更是彻底疯了。被诊断出患有"伴有精神病性症状的躁狂症"后，他开始接受为期 6 个月的电击治疗，之后又被调任中情局伦敦办事处负责人。政变之后，苏加诺除掉了大多数反对派政党，并更强烈地公开反对美国的外交政策，尤其是美国的越南政策。[74]

军事政变失败后，印尼共产党的成员数量迅速增长，影响力突飞猛进，苏加诺进一步加强了印尼与中国之间的联系。中情局依然坚持推翻这位印尼领袖。比斯尔把苏加诺和帕特里斯・卢蒙巴一同称为"公共生活中两个最糟糕的人……像疯狗……是美国的威胁"。[75]但肯尼迪迫使政策发生彻底转变。1961 年，苏加诺访问白宫，第二年罗伯特・肯尼迪回访印度尼西亚。同时，肯尼迪总统还从中斡旋，帮助印尼及其前殖民者荷兰达成一项协议，有效规避了两国间的战争。1961 年苏加诺访美之前，肯尼迪说，根据罗杰・希尔斯曼的描述，"如果你考虑到中情局对 1958 年叛乱的支持，那么苏加诺的反美态度就是可以理解的了"。苏加诺闻讯，对之大加赞赏。他立刻邀请肯尼迪总统访问印尼，并承诺"以前所未有的最高规格接待他"。1963 年 11 月 19 日，就在肯尼迪遇刺前三天，他决定第二年年初出访印尼。[76]

然而，约翰逊再次改弦易辙。当他扬言要停止对印尼的经济援助时，苏加诺指责他说："别在公开场合像对待宠坏的小孩一样对待苏加诺，老是威胁他，如果不乖乖听话就不给糖吃。因为苏加诺

1956年，印尼的苏加诺总统访问美国。

别无选择，只能说'让你的援助见鬼去吧'。"[77] 约翰逊最终让步，他害怕过分削减援助会使印尼转向共产主义阵营，危及大量的美国投资。他决定等待更有利的时机。

1964年10月，全球相继发生了两大令人瞩目的事件。10月16日，赫鲁晓夫下台，举世为之震惊，其职务由他的两位高级助手接替：列昂尼德·勃列日涅夫（Leonid Brezhnev）担任苏共中央总书记，阿列克谢·柯西金（Alexei Kosygin）任总理。这一变化让华盛顿措手不及。苏联经济的持续放缓以及一系列外交政策的失败是导致赫鲁晓夫下台的主要原因，包括他轻率地将导弹运送到古巴，而后又灰溜溜地撤回。人们指责他过于重视与美国的和平共处。同时，这也象征着苏联对华的妥协，因为中国把赫鲁晓夫下台作为修复两国关系的首要条件。

就在莫斯科传出劲爆消息的同一天，中国在罗布泊试验基地成功试爆原子弹。美国当局对此早有预料。事实上，肯尼迪曾多次试探苏联，看其是否愿意与美国一道，对中国的核试验基地发动先发制人的袭击。约翰逊顶住了五角大楼要求单方面采取行动的压力，转而试探苏联是否愿意发动联合攻击。就在两周前，腊斯克还提醒公众，中国有可能进行核试验。但是，当事情真的发生了，腊斯克的话并没有起到什么缓冲作用。专家估计此次核爆为 1 万—2 万吨当量，但约翰逊坚持认为中国要多年后才会拥有"足够可靠的武器和有效的运载系统"。[78]但美国官员担心核试验的成功会提升中国的威望，鼓励中国在东南亚问题上采取更强硬的立场。

中国的成功让印尼变得更有底气。到 1965 年，印尼共产党已有 350 万党员，成为继苏共和中共之后的世界第三大共产党。备受鼓舞的苏加诺反复宣称印尼可能很快会在中国的援助下研制原子弹。与此同时，印尼国内激进分子占领了美国新闻署的图书馆、洗劫了美国领事馆，还征用 16 万英亩土地，包括美国橡胶公司的橡胶种植园和加德士公司的土地。加德士公司由得州公司和加利福利亚标准石油公司拥有。美国官员考虑挑起一起事件，让军队与印尼共产党直接对峙。美国驻印尼大使霍华德·琼斯（Howard Jones）认为，一次失败的印尼共产党政变尝试将是最好的导火索。这年 7月，他的继任者马歇尔·格林（Marshall Green）抵达雅加达。格林向华盛顿递交的第一份报告便指出"苏加诺有意在印尼推动共产主义事业"。

1965 年 10 月 1 日，一群低级军官在总统卫队长的领导下，杀害了 6 名将军。因为他们怀疑这些将军受中情局指使，密谋推翻苏加诺。但国防部长阿卜杜勒·哈里斯·纳苏蒂安（Abdul Haris Nasution）和陆军战略后备（Army Strategic Reserve）司令苏哈托（Suharto）却神秘逃脱。这天结束之前，苏哈托领导军队镇压了苏加诺的拥护者。但是，苏哈托却指控印尼共产党策划了整起事件。美国副国务卿乔治·鲍尔表示，希望印尼军方"更进一步肃清共产党"。美驻印尼大使格林敦促军方领导人采取强有力的行动。美国竭力火上浇油，尽管没有证据证明该事件是印尼共产党所为。[79]

新的军方领导人四处散布将军们惨死的照片，声称一切都是共产党，尤其是是女共产党员所为，她们将这些军官处以宫刑，并挖出了他们的眼珠。美国推动这些指控到处流传。之后的尸检表明上述指控都是捏造的，但对印尼共产党的伤害已经造成。

在新统治者的煽动下，暴徒们开始残害印尼共产党员及其支持者，《纽约时报》称这是"现代政治史上最野蛮的大屠杀之一"。极端分子化身暗杀队，常常用尖木棒戳着受害者的头颅在街上耀武扬威。《纽约时报》报道了其中一起事件："大约100名共产党或疑似共产主义人士被赶往镇上的植物园里，然后被等在那儿的机关枪疯狂扫射……一名校长的头颅……被插在杆子上，拿到他以前教过的学生当中游行展示。"事后，美国外交官承认，美国的确向印尼军方提供了一份数千名共产党员的名单，让他们除掉。英国和澳大利亚又增加了不少名单。美国驻印尼大使馆官员罗伯特·马滕斯（Robert Martens）却固执地承认："这对军方帮助很大。他们也许杀害了许多人，也许我的双手沾满了鲜血，但这并不全是坏事。在某些关键时刻，你必须采取强硬手段。"美国大使格林坦承，美国情报机构掌握的有关印尼共产党的信息要比印尼军方所掌握的更全面和翔实，而后者依赖的是美国提供的信息。美国国务院的印尼问题专家霍华德·费德施皮尔（Howard Federspiel）表示："根本没人在乎他们惨遭毒手，只要他们是共产党员，似乎没有人对此感到愤慨。"美国与印尼军方建立亲密关系的努力终于有了成效。印尼总参谋部三分之一的高级将领，以及近一半的军官都曾接受美国的训练。随后，在接受参议院质询时，麦克纳马拉为美国介入印尼事件辩护，他向听众保证，美国的"援助是完全正当的"，而且带来可观的收益。[80]

接下来几个月，印尼军方开始大规模屠杀共产党员和左翼人士，死亡人数多达50万—100万，所用武器多由美国提供。另外还有约100万人锒铛入狱，有些甚至被关押长达几十年。麦乔治·邦迪对约翰逊说道，10月1日之后发生的事是对"美国政策的有力辩护"。[81]

苏加诺的势力大大削弱，1967年他被迫下台，由苏哈托接替。美国的商人们终于松了口气。1965年12月，美国驻雅加达使馆发电报给华盛顿："印尼政府多年来一直施压，要禁止外国公司直接控制采掘原材料产品。"如果没有这次政变，"清剿外国石油公司必是板上钉钉之事"。[82]大屠杀之后，希望获得特许权的外国人包括右翼派石油大亨 H. L. 亨特（H. L. Hunt）。亨特宣称，印尼是冷战期间美国唯一的亮点，他还把推翻苏加诺称为"二战后自由世界最伟大的胜利"。1968年底，"国家情报评估"对印尼的分析报告指出：

> 苏哈托政府经济政策最基本的组成部分……就是重新吸引外资。已经有大约25家美国和欧洲公司恢复了对矿场、地产和其他在苏加诺时期被国有化的企业的控制。此外，印尼还通过立法变革，吸引新的外国私人资本。新政府提供税收优惠政策，允许外国公司控制企业经营和管理权，利润可汇回本国；如果公司被收购，政府保证提供相应的赔偿。外国私人资本在采掘业的投资前景十分光明……目前已经有大量外国资本流入镍、铜、铝矾土和木材等资源的开发。不论从外国资本的收益还是从印尼本国的经济发展来看，最有前途的行业都是石油开采。原油生产主要来自苏门答腊中部的加德士5号油田，目前那儿日均产油60万桶，而且其日均产量在未来三年内极有可能突破100万桶。[83]

1968 年，美国中情局承认，"从被杀害的人数看，印度尼西亚的反共运动是 20 世纪最惨重的大规模屠杀之一"。[84]美国驻印尼大使格林在参议院外交关系委员会的一次秘密会议上透露，根本没人知道实际的死亡人数："我们只是根据村庄的人数减少情况进行了推算。"[85]

苏哈托及其他军事独裁者掌权长达几十年。虽然该国自然资源极其丰富，但普通的印尼人仍深陷于贫困之中。就连多年来对苏哈托从不吝溢美之词的《纽约时报》也在 1993 年报道了这样一个事实："印尼人日均收入只有 2—3 美元，最基本的通电和室内下水管道在他们眼中都成了难以想象的奢侈品。"[86]然而，1965 年以后，在美国经济顾问的帮助下，在残暴军队的保驾护航下（哪怕是最不足道的反抗都会被暴力镇压）印尼的商业投资环境极其优渥，美国公司因此得到了繁荣发展。

固执、自负、粗鄙、短视的约翰逊执着于在越南、印尼以及世界其他地方反共，甚至因此牺牲了成为一名伟大的国内政治改革家的梦想。1970 年，当约翰逊回首往事时，他告诉历史学家多丽丝·克恩斯·古德温（Doris Kearns Goodwin），自己面临痛苦的两难选择，最终牺牲了"我真正所爱的女子——'伟大社会'，就为了涉足世界另一端的那场该死的战争"。但是，他解释道，如果自己不那么做的话，他就会被世人指为"懦夫"，美国也会被视为"绥靖主义国家"。[87]约翰逊声称，自己做决定时清醒地知道这对他意味着什么，也清楚地理解之前的战争是如何摧毁前几代人的希望和梦想的：

哦，我已经料到接下来发生的事了。历史上有太多的前车之鉴，战争的号角一旦吹响，就会立刻终结许多伟大改革者的希望和梦想：美西战争让平民党人的精神走向末路；一战让伍德罗·威尔逊的新自

印尼总统苏哈托与时任美国副总统尼克松亲切握手。

由主义幻灭；二战让罗斯福新政终止。战争一旦打响，国会中的保守主义者就会用它作为武器攻击我们建设"伟大社会"的构想……他们已经这样用了，他们反对我的计划，并不是因为他们反对穷人……而是必须优先考虑战争。我们先要打败主张无神论的共产主义分子，然后才能关心那些无家可归的美国人。至于那些将军们，哦，他们爱死战争了。没有战争就很难成为军事英雄。英雄需要战斗、炸弹、子弹，才能凸显英雄本色。所以我才不信任军方人员。他们评估事情的视角总是那么狭隘。他们从军事角度看待一切问题。

当他终于走到十字路口时，约翰逊做了抉择，这个抉择将成为他的政治遗产，并成为其领导的美国军队的耻辱。"放弃'伟大社会'是一个可怕的决定，"他痛心地说道，"但远不如为美国在战争中输给共产党负责任来得可怕，这才是最糟糕的事情。"[88]

1968年7月，约翰逊听着一盘从越南传来的磁带不禁心烦意乱起来。

有人说，美国在越南丛林中丧失了灵魂。而且，它将为此付出双倍的代价。尽管约翰逊一再努力，美国最终还是可耻地输掉了这场战争，同时也宣告了美国社会和政治改革最后一个重要时期的终结。美国曾承诺提供枪支和黄油，事实证明，它只兑现了前者。战后，美国繁荣的脚步首先会放缓，然后骤然停滞。

注释

1 Jean Daniel, "When Castro Heard the News," *New Republic*, December 7, 1963, 7–8.

2 David Talbot, *Brothers: The Hidden History of the Kennedy Years* (New York: Free Press, 2007), 33.

3 James W. Douglass, *JFK and the Unspeakable: Why He Died and Why It Matters* (Maryknoll, NY: Orbis, 2008), 381.

4 Melvyn P. Leffler, *For the Soul of Mankind: The United States, the Soviet Union and the Cold War* (New York: Hill and Wang, 2007), 192; Michael Dobbs, *One Minute to Midnight: Kennedy, Khrushchev, and Castro on the Brink of Nuclear War* (New York: Random House, 2009), 350.

5 Jim F. Heath, *Decades of Disillusionment: The Kennedy-Johnson Years* (Bloomington, IN: Indiana University Press, 1975), 36.

6 Doris Kearns Goodwin, *Lyndon Johnson and the American Dream* (New York: Harper & Row, 1976), 95.

7 David Halberstam, *The Best and the Brightest* (New York: Random House, 1972), 298.

8 Goodwin, *Lyndon Johnson and the American Dream*, 230, 251.

9 John McCone, Memorandum, November 24, 1963, http://www.presidency.ucsb.edu/vietnam/showdoc.php?docid=7.

10 Gareth Porter, *Perils of Dominance: Imbalance of Power and the Road to War in Vietnam* (Berkeley: University of California Press, 2005), 182–183.

11 Tim Weiner, *Legacy of Ashes: The History of the CIA* (New York: Doubleday, 2007), 237–239.

12 Leffler, *For the Soul of Mankind*, 213.

13 John Prados, *The Hidden History of the Vietnam War* (New York: Ivan R. Dee, 1995), 15.

14 Sidney Lens and Howard Zinn, *The Forging of the American Empire* (London: Pluto Press, 2003), 422.

15 Carl Oglesby and Richard Shaull, *Containment and Change* (New York: Macmillan, 1967), 116.

16 Jeffrey P. Kimball, ed. *To Reason Why: The Debate About the Cause of U.S. Involvement in the Vietnam War* (Philadelphia: Temple University Press, 1990), 271.

17 Lloyd Gardner, *Pay Any Price: Lyndon Johnson and the Wars for Vietnam* (New York: Ivan R. Dee, 1995), 233.

18　Marilyn B. Young, *The Vietnam Wars, 1945–1990* (New York: Harper Perennial, 1991), 120.

19　John Prados, *Vietnam: The History of an Unwinnable War, 1945–1975* (Lawrence: University Press of Kansas, 2009), 114.

20　Young, *The Vietnam Wars*, 129.

21　Fredrik Logevall, *Choosing War: The Lost Chance for Peace and the Escalation of War in Vietnam* (Berkeley: University of California Press, 1999), 357.

22　Loren Baritz, *Backfire: A History of How American Culture Led Us into Vietnam and Made Us Fight the Way We Did* (Baltimore: Johns Hopkins University Press, 1998), 156.

23　Prados, *The Hidden History of the Vietnam War*, 296.

24　Halberstam, *The Best and the Brightest*, 533.

25　Gardner, *Pay Any Price*, 203.

26　Robert M. Gates, *From the Shadows: The Ultimate Insider's Story of Five Presidents and How They Won the Cold War* (New York: Simon & Schuster, 1996), 566.

27　Daniel Ellsberg, *Secrets: A Memoir of Vietnam and the Pentagon Papers* (New York: Viking, 2002), 92.

28　"Russia Says U.S. Claims Right to Start A-War," *Washington Post,* April 27, 1965.

29　"Red Raps U.S. in U.N.," *Chicago Daily Defender*, April 27, 1965.

30　Rupert Cornwell, "Obituary: William Bundy," *Independent*, October 12, 2000; "Ky Warns of Fight If 'Reds' Win Vote," *New York Times*, May 14, 1967; "Ky Is Said to Consider Hitler a Hero," *Washington Post*, July 10, 1965; James Reston, "Saigon: The Politics of Texas and Asia," *New York Times*, September 1, 1965.

31　Neil Sheehan, *A Bright Shining Lie: John Paul Vann and America in Vietnam* (New York: Random House, 1988), 524.

32　Ellsberg, *Secrets*, 96.

33　Ibid., 97.

34　Christian G. Appy, *Patriots: The Vietnam War Remembered from All Sides* (New York: Viking, 2003), 122–123.

35　Rowland Evans and Robert D. Novak, *Lyndon B. Johnson: The Exercise of Power* (New York: New American Library, 1966), 539.

36　Young, *The Vietnam Wars*, 141.

37　Weiner, *Legacy of Ashes*, 285.

38　David J. Garrow, *Bearing the Cross: Martin Luther King, Jr., and the Southern Christian Leadership Council* (New York: William Morrow, 1986), 560.

39　Halberstam, *The Best and the Brightest*, 633.

40　Ibid., 434.

41　John Dumbrell, *President Lyndon Johnson and Soviet Communism* (Manchester, England: Manchester University Press, 2004), 12.

42　总体而言，1967 年爆发的少数民族居住区骚乱导致 88 人丧生，1397 人受伤，16389 人被捕，2157 人被定罪，造成了近 6.65 亿美元的损失；参见 Weiner, *Legacy of Ashes*, 286。

43　Walter Lippmann, "Today and Tomorrow: The CIA Affair," *Washington Post*, February 21, 1967.

44　Weiner, *Legacy of Ashes*, 278–280; Tim Weiner, "Angleton's Secret Policy," *New York Times*, June 26, 2007.

45　Nhu Tang Tr..ng, David Chanoff, and Van Toai Doan, *A Vietcong Memoir: An Inside Account of the Vietnam War and Its Aftermath* (New York: Harcourt Brace Jovanovich, 1985), 167.

46　"Wilson Warns Against Use of Nuclear Arms," *Los Angeles Times*, February 12, 1968.

47　General William C. Westmoreland, *A Soldier Reports* (New York: Doubleday, 1976), 338.

48　Jules Boykoff, *The Suppression of Dissent: How the State and Mass Media Squelch USAmerican Social Movements* (New York: Routledge, 2006), 202.

49　Jules Boykoff, *Beyond Bullets: The Suppression of Dissent in the United States* (Oakland, CA:AK Press, 2007), 180–181.

50　Walter LaFeber, *The Deadly Bet: LBJ, Vietnam and the 1968 Election* (Lanham, MD:Rowman & Littlefield, 2005), 60.

51　Robert D. Schulzinger, *A Time for War: The United States and Vietnam, 1941–1975* (New York: Oxford University Press, 1997), 266.

52　John Gerassi, *The Great Fear in Latin America* (New York: Collier, 1965),19–20, 129.

53　Britta H. Crandall, *Hemispheric Giants: The Misunderstood History of U.S.-Brazilian Relations* (Lanham, MD: Rowman & Littlefield, 211), 98; David F. Schmitz, *Thank God They're on Our Side: The United States and Right-Wing Dictatorships, 1921–1965* (Chapel Hill: University of North Carolina Press, 1999), 272–273.

54　Schmitz, *Thank God They're on Our Side*, 265.

55　Joseph Smith, *Brazil and the United States: Convergence and Divergence* (Athens: University of Georgia Press, 2010), 161.

56 Noam Chomsky, *Hegemony or Survival: America's Quest for Global Dominance* (New York:Henry Holt, 2003), 92.

57 William Blum, *Killing Hope: U.S. Military and CIA Interventions Since World War II*(Monroe, ME: Common Courage Books, 1995), 168.

58 James N. Green, *We Cannot Remain Silent: Opposition to the Brazilian Military Dictatorship in the United States* (Durham, NC: Duke University Press, 2010), 22.

59 H. W. Brands, *The Wages of Globalism: Lyndon Johnson and the Limits of American Power*(New York: Oxford University Press, 1995), 49.

60 Guian A. McKee, ed. *The Presidential Recordings: Lyndon B. Johnson*, vols. 4–6 (New York:W. W. Norton, 2007), 18.

61 Ronald G. Hellman and H. Jon Rosenbaum, *Latin America: The Search for a New International Role* (New York: Wiley, 1975), 80.

62 Michael Wines, "William F. Raborn Is Dead at 84; Led Production of Polaris Missile,"*New York Times*, March 13, 1990.

63 Weiner, *Legacy of Ashes*, 250–251.

64 Schmitz, *Thank God They're on Our Side*, 284.

65 "Text of Johnson's Address on U.S. Moves in the Conflict in the Dominican Republic,"*New York Times*, May 3, 1965.

66 Thomas J. Hamilton, "Sharp U.N. Clash," *New York Times*, May 4, 1965.

67 "Dominican Issues," *New York Times*, May 9, 1965.

68 Homer Bigart, "Bosch Gives His Version of Revolt," *New York Times*, May 8, 1965.

69 Odd Arne Westad, *The Global Cold War: Third World Interventions and the Making of Our Times* (New York: Cambridge University Press, 2005), 152.

70 Melvyn P. Leffler, *A Preponderance of Power: National Security, the Truman Administration, and the Cold War* (Stanford, CA: Stanford University Press, 1992), 260.

71 Blum, *Killing Hope*, 102.

72 Weiner, *Legacy of Ashes*, 151.

73 Blum, *Killing Hope*, 103; "Aid to Indonesian Rebels," *New York Times*, May 9, 1958.

74 Weiner, *Legacy of Ashes*, 142–154.

75 Douglass, *JFK and the Unspeakable*, 259; Evan Thomas, *The Very Best Men: Four Who Dared: The Early Years of the CIA* (New York: Touchstone, 1995), 232–233.

76 Douglass, *JFK and the Unspeakable*, 257–259, 376.

77 Westad, *The Global Cold War*, 186.

78　Samuel B. Griffith, *The Chinese People's Liberation Army* (New York: McGraw-Hill, 1967), 286.

79　David F. Schmitz, *The United States and Right-Wing Dictatorships, 1965–1989* (New York: Cambridge University Press, 2006), 45.

80　Blum, *Killing Hope*, 193–196.

81　Schmitz, *The United States and Right-Wing Dictatorships*, 48.

82　Bradley R. Simpson, *Economists with Guns: Authoritarian Development and U.S.-Indonesian Relations, 1960–1968* (Stanford, CA: Stanford University Press, 2008), 171.

83　Edward C. Keefer, ed. *Foreign Relations of the United States, 1964–1968: Indonesia, Malaysia-Singapore, Philippines* (Washington, DC: U.S. Government Printing Office, 2001), 571.

84　Schmitz, *The United States and Right-Wing Dictatorships, 1965–1989*, 48.

85　Weiner, *Legacy of Ashes*, 261.

86　Philip Shenon, "Indonesia Improves Life for Many but the Political Shadows Remain," *New York Times*, August 27, 1993.

87　Young, *The Vietnam Wars*, 106.

88　Goodwin, *Lyndon Johnson and the American Dream*, 251–252, 259–260.

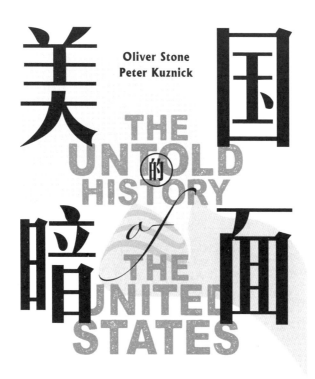

美国的暗面

Oliver Stone
Peter Kuznick

THE UNTOLD HISTORY of THE UNITED STATES

战争、军火生意与
帝国扩张
（1914－2018）

[美] 奥利弗·斯通 彼得·库茨尼克——著

潘丽君 王祖宁 张朋亮 张波——译

下

GUANGXI NORMAL UNIVERSITY PRESS
广西师范大学出版社
·桂林·

第9章
越南战争：一个漫长的噩梦

理查德·尼克松和亨利·基辛格（Henry Kissinger）这对组合几乎完全主导了一个时代，在这点上，鲜有其他组合能望其项背。他们大胆的举措让世界向和平迈进了一大步，但他们也带来了残酷和报复性的政策，这远远抵消了他们获得的成就。在身居高位的人当中，他俩最不可能成为搭档。基辛格觉得尼克松"性格古怪……不好相处……总是一副紧张兮兮的样子……有些虚伪做作……而且讨厌见陌生人"。他觉得很奇怪，为什么这么孤僻的人"竟成了一位政治家，他真的很讨厌别人"。[1] 与尼克松共事多年的白宫办公厅主任鲍勃·霍尔德曼说，他"从来没把我当回事，甚至……没把我当人……直到今天，他都不知道我有几个孩子，也不知道我的其他私事"。[2]

尼克松与基辛格："疯子"遇上"神经病"

基辛格和尼克松私底下都瞧不起对方，不断地为功劳到底该归

基辛格与尼克松在白宫南草坪。

谁而争执。基辛格背地里称尼克松为"那个疯子""我们那位喝醉的朋友""笨蛋"，但当面却对他极尽阿谀奉承。尼克松把基辛格称作"犹太小子""精神变态的"。[3]但这对"疯子"和"精神病"组合有一个共同点，那就是他们都认为美国是全球霸主。尼克松评价伍德罗·威尔逊是"20世纪最伟大的总统"，因为他"前所未有地预见了美国在世界上担任的角色"。威尔逊声称美国将是世界的救世主，基辛格也持类似看法："我们的经历让我们认为自身以及我们所做的事情是具有普遍意义的，其意义超越国界，涉及全人类的福祉。美国的意义在于其超越自身的影响力。这就是为什么美国人总是把他们在世界上扮演的角色，视为上帝恩典的外在彰显。"[4] 然而，尼克松和基辛格都没有意识到，美国在行使这种权力时，应该注意最起码的礼节。

劳伦斯·伊格尔伯格（Lawrence Eagleburger）与基辛格共事多年，认为"基辛格是个均势论思想家，他坚信稳定论。这些目标又与美国过去的经验背道而驰，美国……想追求一套道德准则。他对美国政治体制并没有天生的好感，那些基本的价值观和预设并未成为他思考的起点"。[5] 尼克松和基辛格将会经历截然不同的命运。尼克松会因卑鄙、以权谋私、多疑和野心勃勃而从高位跌落，而基辛格虽然也有诸多缺点，却将获得诺贝尔和平奖。但是，不堪的谴责与被控犯有战争罪的威胁，一直困扰着基辛格的余生。

1968 年是整个 20 世纪最不寻常的年份之一。美国，乃至整个世界都因为能源而局势紧张，到处弥漫着一股变革的氛围。在这场至关重要的大选中，共和党候选人理查德·尼克松和民主党候选人休伯特·汉弗莱展开了较量。汉弗莱在约翰逊时期担任副总统，多年来谄媚地捍卫约翰逊的越南政策，导致其形象受损。令人惊讶的是，种族隔离主义者、亚拉巴马州州长乔治·华莱士（George Wallace）以右翼平民主义者的身份参选，他请已经退役的柯蒂斯·李梅将军出山，担当他的竞选搭档。在距离大选仅剩一个月时，民调显示他的支持率高达 21%。华莱士宣扬法治，引起了广大白人选民的共鸣，因为他们一直担心贫民区的骚乱、校园混乱和犯罪率上升的问题。

1964 年，战后婴儿潮时期出生的孩子大都已进入大学。在民权运动的鼓舞下，他们怀揣着青春的理想主义，对冷战不屑一顾，青年学生的抗议活动迅速席卷全国。1968 年 4 月，哥伦比亚大学的学生占领了几栋教学楼，以抗议学校对待周边黑人社区的方式，反对学校为国家军事研究提供支持。校长格雷森·柯克（Grayson Kirk）控诉道："我们的年轻学生似乎反对一切权威，人数之多令人不安……他们在动荡和不成熟的虚无主义中寻找庇护，而这种思潮的唯一目标就是破坏一切。据我所知，在我国历史上，两代人之间的鸿沟从未像今天这么巨大，也从未像现在这样暗含危险。"[6]

柯克对代沟问题的阐述是正确的，但他对虚无主义的指控则与事实相去甚远。8天后，纽约警察暴力地将抗议者拖出教学楼。800名学生被捕，另有100多人受伤。尼克松称这些抗议活动是"革命斗争中的第一次严重的小规模冲突，其目的是攻占美国的高校，将它们变成激进主义的庇护所，与实现革命政治和社会目标的工具"。[7]袭击之残酷似乎印证了激进派学生的观点，即一旦事态严重，美国官员就会动用暴力对待自己的人民，就像他们为了保卫在越南和印尼的美国公司还有海外的地缘政治利益而采取的行动一样。

学生和青年工人的造反震动了全世界各个工业国家。布拉格、巴黎、东京、西柏林、都灵、马德里、罗马和墨西哥城都发生了大规模示威游行，尤其是墨西哥城，由美国提供装备的警察和士兵屠杀了数百名抗议学生。

在美国，反战势力向民主党当权者发起挑战，他们开始支持罗伯特·肯尼迪和尤金·麦卡锡（Eugene McCarthy）参选。6月，罗伯特·肯尼迪在赢得加利福尼亚州初选后不久便遇刺身亡，民主党又把希望寄托在汉弗莱以及他那索然无味的"喜悦政治"上。8月，反战代表和一万名抗议者聚集在芝加哥民主党全国代表大会上。等着他们的是1.2万名芝加哥警察、6000名国民警卫队士兵和1000名联邦调查局特工，另外还有7500名美军士兵被派往黑人社区巡逻。电视画面显示，警察挥舞着棍棒，不分青红皂白地袭击

1968 年 8 月，芝加哥民主党全国代表大会会场发生大规模抗议。

抗议者、围观群众和媒体记者。事后，蓝带委员会（Blue Ribbon Commission）将这次事件称为"警察暴动"。

公众以惊人的 2 比 1 的比例支持警察而非抗议者。尼克松把这部分美国人称为"沉默的大多数"，并利用他们的怨恨，最终以微弱的优势击败汉弗莱，入主白宫。约翰逊本以为民主党全国代表大会陷入僵局后，最终会请他出面帮忙，但这次警察暴动抹杀了他的最后一丝希望。但他仍然牢牢控制着会议的进程，甚至故意阻挠汉弗莱迫切需要的关于越南问题的温和的政治纲领。克拉克·克利福德把温和党纲的难产视作"汉弗莱的灾难"。[8] 汉弗莱的竞选没有起色，直到 9 月底才和约翰逊不得人心的越南政策稍微拉开距离。而尼克松却声称自己有个可以结束战争的秘密计划，但拒绝透露过多的具体细节。事实上，就如国防部长梅尔文·莱尔德（Melvin Laird）所承认的那样，这个所谓的"计划"不过就是连续猛攻北越，直到其投降为止罢了。[9]

　　总统竞选的最后那几周，约翰逊大力推动之前一度陷入僵局的和谈，他命令美军停止轰炸，将河内带回到谈判桌前。尼克松担心这个"十月惊喜"会打乱他的计划，于是派二战美军名将克莱尔·陈纳德的遗孀陈香梅（Anna Chennault）代表他接触南越政府。约翰逊对陈香梅进行监视，10月底，他发现陈香梅要南越总统阮文绍退出谈判，因为尼克松会给他更优厚的条件。约翰逊认为尼克松的行为属于叛国。但由于缺乏确凿证据，汉弗莱愚蠢地拒绝揭发尼克松的阴谋。"约翰逊暴跳如雷"，白宫助理约瑟夫·卡利法诺（Joseph Califano）在接受采访时说道。约翰逊认为，不揭露尼克松的"叛国罪"是"世界上最愚蠢的事"，它证明了"休伯特没有胆量，没有骨气，一点也不硬气"，也让汉弗莱与总统宝座失之交臂。[10]

　　距离总统竞选不到一周时，南越总统阮文绍及副总统阮高祺果

1968年参加总统竞选的尼克松。

然退出了停战谈判，这决定了汉弗莱落败的命运。几年后，陈香梅承认了她在越南问题上扮演的角色，她曾是支持尼克松竞选的共和党妇女委员会主席之一。直到陈香梅介入谈判这件事在大选前几天被发现之前，约翰逊几乎没有为汉弗莱提供任何帮助，因为他觉得尼克松更有可能继续他的越南政策。约翰逊害怕汉弗莱会不惜一切代价在越南问题上寻求和平，他甚至还让联邦调查局窃听汉弗莱的电话，这样一来，如果汉弗莱打算公开反对战争，他就能提前得到消息。

尼克松还有另一个重要的信息源——亨利·基辛格。这位哈佛大学教授在共和党初选期间，担任尼克松的劲敌——纽约州州长纳尔逊·洛克菲勒的贴身竞选顾问。尼克松赢得竞选提名时，基辛格冷笑着说道："这个人……是个祸害……他绝对不能当选，否则对整个国家而言，是一场灾难。"他对周围的人说："那个人不适合当总统。"[11] 然而，这并不妨碍他向尼克松提供有关巴黎和谈的秘密信息，尼克松利用这些信息破坏和谈。10月初，当巴黎和谈取得重大突破，停止轰炸即将实现的时候，基辛格提醒尼克松，在巴黎的美国代表已经"开了香槟在庆祝呢"。[12]

与此同时，基辛格也在讨好汉弗莱及其选战团。他告诉兹比格涅夫·布热津斯基（Zbigniew Brzezinski），"你看，我讨厌尼克松好多年了"。他还主动向汉弗莱提供洛克菲勒用来攻击尼克松的"黑料档案"。[13] 汉弗莱天真地认为基辛格是在为他工作，之后甚至透露将会任命基辛格担任国家安全顾问。

体面结束越战的最佳方案？

尼克松似乎对国内政策没有太多兴趣，他曾将之斥为"在皮奥里亚建户外厕所"。[14] 他的国内政策多半是迎合温和派，而疏远顽

固的保守派。他更希望在外交政策上有所作为。他和基辛格决定
绕过国务院那些"难以对付的老顽固"[15]，在白宫之外掌控外交政
策。尼克松就是按此目标选择国务卿的：他任命律师威廉·罗杰斯
（William Rogers）为国务卿，罗杰斯告诉尼克松他对外交政策知之
甚少。尼克松坦率地表示："正是因为这种无知，他才得到这份工
作。"[16]基辛格挖苦道："很少有国务卿上任，是因为总统相信他对
外交政策一无所知。"[17]基辛格成功架空了罗杰斯，使他对一些关
键情报和决策毫不知情。事实证明，尼克松—基辛格的外交政策比
人们料想中的少了许多意识形态色彩。尼克松在1967年宣称："对
于广大亚、非及拉丁美洲等背景截然不同的国家和人民来说，美式
民主并不一定是最好的政府政治形式。"[18]他建议基辛格忽略非洲。
"亨利，"他说道，"把那些黑鬼留给罗杰斯去处理吧，我们负责世
界其他地区。"[19]

在新旧总统过渡时期，基辛格委托兰德公司制订一整套对越政
策。兰德公司把这项任务交给了丹尼尔·埃尔斯伯格，后者刚刚帮
助罗伯特·麦克纳马拉完成了有关美国如何卷入越南战争的秘密报
告，也就是后来名声大噪的"五角大楼文件"。在起草对越政策时，
埃尔斯伯格没有把动用核武器列入其中，没有把它列为基本项或制
胜选项，因为他认为美国根本不可能获胜。

埃尔斯伯格在他的第二份报告，即《第1号国家安全研究备忘
录》（NSSM 1）中提出了一系列问题。对此，参谋长联席会议主席
表示，对美国来说，最好的结果是在8—13年内控制南越，这当然
会付出沉重的金钱和生命的代价。面对这种预期，尼克松决定让美
国尽快从越南脱身，但他强调要"体面"地结束战争，即便这个过
程可能意味着让东南亚大部分区域沦为荒芜之地。[20]

当时卷入越南战争的美军已经达到54.3万人，尼克松逐渐将
战斗的重任从美军转移到由美国训练和提供装备的南越人身上。与

此同时，他向河内表示，这种转变并不意味着美国决心的减弱。起初，他加强了对南越和老挝地区的轰炸，到 1969 年 3 月，他又开始轰炸北越在柬埔寨的避难所。

尼克松此举是为了显示自己并不想受之前的情况束缚，而且必要时他会采取非常手段。1968 年，尼克松在向鲍勃·霍尔德曼解释他的"疯子理论"时，着重强调了核威胁的价值。[21]

人们很难判断尼克松到底是不是在虚张声势。在向当时还是副总统的尼克松就核武器问题做简报后，奥本海默回去便告诉他的一位朋友，他刚刚"和一位他有生以来见过的最危险的人会面"。[22] 事实上，尼克松曾支持使用原子弹，以帮助法国从奠边府战役脱身。

尼克松政府害怕轰炸柬埔寨会引发大规模的公众抗议，于是精心设计了一套双重目标报告系统，以毁灭证据。每天下午，负责美

1970 年，正在接受美军训练的南越士兵。

军在越南边和空军基地雷达配置点的哈尔·奈特（Hal Knight）少校都会收到一个轰炸目标，将之交给他的飞行员，这些飞行员之前都宣过誓会保密。也就是说，无论是发出袭击号令的无线电操作员，还是记录军情报告的情报官员，都不知道最初拟定的越南目标未被轰炸。奈特知道这种做法违反了《军事司法统一法典》（Military Code of Justice），最终在1973年向国会报告了此事。[23]

1969年4月，《纽约时报》曝光了美军轰炸柬埔寨避难所的行动，基辛格怒斥梅尔文·莱尔德是"狗娘养的"，并指责他泄漏了消息。尼克松同样怒不可遏，命令埃德加·胡佛对基辛格的三位高级助手、一位国防部官员和四位记者进行窃听。之后，被监控的人越来越多。[24]

尼克松担心自己的轰炸和威胁战术无法迫使越南南方民族解放阵线和北越就范，于是和基辛格商议发动一场残酷的攻击。尼克松瞒着莱尔德，让海军作战部长托马斯·穆勒（Thomas Moorer）上将秘密起草了"鸭钩行动"（Operation Duck Hook）作战方案。[25]基辛格通知国家安全委员会特别委员会负责评估这份方案。他说："我就不信北越这个小小的四流政权没有可以攻破的软肋……你们这个小组一定要好好研究，看看我们如何对北越发动一次残酷的决定性袭击。你们必须抛开全部成见。"[26]

罗杰·莫里斯（Roger Morris）是规划小组的研究协调员，他看到方案选定了北越的两处地点作为核轰炸目标。他写道："野蛮是一个被反复使用的词……要坚持不懈地野蛮地打击北越，让他们乖乖就范。"[27]鲍勃·霍尔德曼告诉总统特别顾问查尔斯·科尔森（Charles Colson），"1969年春天和秋天，基辛格一直为核打击方案游说"。莱尔德指出，核威胁"一直……是基辛格主张的一项方案"。[28]然而，即便不使用核武器，"鸭钩行动"也已经够残酷的了。该行动方案包括入侵北越，对河内、海防地区实施密集轰炸，捣毁海防港，轰炸北越的防护堤，从而切断他们的粮食供应。8 月初，基辛格与越南代表在巴黎秘密会晤，他向对方发出最后通牒："如果到 11 月 1 日为止，越南和平解决方案还没有重大进展，那么我们将极不情愿地采取措施，后果必将不堪设想。"[29] 10 月 2 日，基辛格向尼克松发送了一份最高保密级的备忘录，里面说道："我们必须准备好采取一切手段……要彻底影响河内方面的看法，就必须采取残酷手段。"[30]

9 月底，基辛格与苏联大使阿纳托利·多勃雷宁的会谈被尼克松预先安排好的电话打断。基辛格接完电话后，提醒多勃雷宁："很遗憾，我们为了把双方带到谈判桌上而进行的努力全部都失败了。总统刚刚在电话中告诉我，木已成舟，无须再论。"[31]

值得庆幸的是，事情还有转机。出于多方面的因素，包括莱尔德和罗杰斯的反对，对有效性的担忧，日益汹涌的反战情绪和重大的反战抗议活动，尼克松最终决定取消"鸭钩行动"。"我的最后通牒要想获得成功，"他解释说，"唯一的希望就是让共产党相信，如果他们敢跟我叫板，我可以依靠国内的坚定支持。但就目前的形势看，反战运动席卷各地，这意味着我获得民众支持的希望也越来越渺茫了。"[32] 但尼克松依然不顾一切地表达着自己的强硬和决心。

1969 年 10 月 13 日，尼克松让美军秘密处于核戒备状态。战略空军司令部配备了核武器的轰炸机，它们被部署到各大军事基地和民用机场，等待攻击命令。32 架 B-58 战机、144 架 B-52 轰炸机以及 189 架 KC-135 加油机都已整装待发。尼克松此举是向苏联释放信号，让他们向河内方面施以强压，劝其回到谈判桌上。[33] 莱尔德认为，对越南来说此举纯属徒劳，而且一旦苏联误读了美国的意图，后果将不堪设想。威慑不成，美国又于 10 月 25 日将行动升级，在更多的飞机上装载了核武器，并将它们停放在战略空军司令部的机场跑道上。次日，战略空军司令部出动装载了核武器的 B-52

轰炸机飞越极地冰盖，有意靠近苏联领空。美国领导人浑然不知，其实此时苏联与中国正因边界争端而处于战争边缘。苏联甚至还试探美国的意图，看其是否愿意联手先发制人攻击中国的核设施，10年前，肯尼迪和约翰逊也曾向苏联这样试探过。中国已经调动了近百万兵力，准备动用核武器应对苏联袭击。苏联可能会将尼克松的挑衅行为理解成了美中联合对付苏联，而不是美国对越政策的升级。

莫里斯后来承认，"鸭钩行动"的确太过草率："多年来，参谋长联席会议一直反复推销这套垃圾方案，其实是想速战速决，只可惜这不是一场能够速战速决的战争……这是军事和政治上的双重惨败，可它实实在在地……在五角大楼发生了。坦率地说，那里有许多不太聪明的人将军事方案作为解决这些问题的办法。"[34] 即便是鹰派人士爱德华·特勒也觉得核轰炸方案并"不理智"。他在接受采访时表示："只有少数傻子——他们真的是傻子——才会建议对越南使用核武器。"[35]

反战升级：民众拒绝充当杀人犯

尼克松竭尽全力镇压10月及11月的反战游行。白宫散布谣言，声称有共产党混入了反战队伍。各种支持战争的团体在白宫的组织下突然冒出来，谴责反战集会游行，对反战团体的渗透也进一步加强。国会中的反战成员成为被攻击的目标。饱受指责的总统为了平息反战运动，不得不宣布进一步的撤军计划，暂停征兵计划，还解雇了令人厌恶的选征兵役委员会（Selective Service Board）负责人刘易斯·赫希（Lewis Hershey），后者曾声称征兵局要对抗议者的记录进行审查，也因此成为激进分子的矛头所向。

尽管政府采取了前所未有的措施来控制反战示威人数，但10月15日，仍有近200万抗议者聚集在全国各地的城镇。尼克松回忆道："尽管我在公开场合继续无视这些日益激烈的反战言论，我仍不得不面对这样一个事实，这些运动可能已经摧毁了我对河内下达的最后通牒的可信度。"[36]

美国社会对战争及其他议题变得如此意见分裂，以至于有人认为这是一场内战。大学校园是这股思潮的最前线，全国数百所高校爆发了示威、集会、罢课、罢工等运动。政府和产业代表踏入校园都要冒着危险。

激进人士谴责了利用科学来推动实现国家军事目标的不道德行为。科学家们在反战运动中发挥了作用，往往成为此类抗议活动的先锋。美国科学促进会（American Association for the Advancement of Science）是国内最大的科学团体，拥有超过10万名成员。1965年12月，该机构成为国内首个通过反战决议的专业团体。决议声明：

> 越南战争的延长，以及其演变成全球性灾难的可能性不断增加，威胁到的不仅仅是数百万人的生命，更摧毁了我们一直努力维护的人道主义价值观和目标……除了这个我们与所有公民共同关注的问题，我们作为科学家还负有一个特殊责任——对于保持科学研究的活力而言，战争会造成巨大的不良后果。像所有学科一样，如果一个社会中，越来越多的资源被用于军事目的，那么科学不但无法蓬勃发展，甚至还有可能受到严重破坏。[37]

在接下来的几年里，科学家们反战的呼声愈演愈烈。1966年1月，哈佛大学、麻省理工学院及其他科研机构的29位科学家发表联合声明，谴责美国在战争中使用化学药剂摧毁农作物的做法。这份声明由哈佛大学生物化学家约翰·埃德萨尔（John Edsall）牵头起草，声讨美军"野蛮地使用"这种滥杀型武器。"事实上，我们现在的做法，"科学家们指控，"显示了我们的道德标准沦丧到令人震惊的程度，这些袭击也与人类文明的基本标准背道而驰。这种做法会在亚洲和世界其他地区给我们招来仇恨。"[38] 美国科学促进会敦促麦克纳马拉立即停止喷洒化学药剂，约翰逊也收到一份有大约5000位科学家签名的请愿书，其中不乏诺贝尔奖获得者，他们都要求约翰逊收手。

1967年4月，美国科学促进会主办的杂志《科学》（Science）报道，国防部陷入人才困境，很难招募到科学家进行军事研究。斯坦福大学前国防研究员哈罗德·亚当斯（Harold Adams）解释说："学术界对越南政策已经心生厌恶，学者们更愿意支持挽救生命的力量，而非制造死亡的力量。"[39] 在接下来的几年里，科学家越来越频繁地使用"挽救生命的力量"和"制造死亡的力量"这两个比喻，来表达他们对军事研究的厌恶。

1968年4月，约翰逊宣布不再寻求连任，科学家们开始纷纷支持反战候选人尤金·麦卡锡。5月，支持麦卡锡竞选科学家和工程师组织（Scientists and Engineers for McCarthy）正式成立，拥有5000名交纳会费的会员，其中包括逾115名国家科学院（National Academy of Sciences）的著名科学家和12名诺贝尔奖得主。汉弗莱的支持者万分沮丧，他们坦承已经放弃了努力，不再尝试组织科学家支持团队。至于共和党方面，理查德·尼克松和纳尔逊·洛克菲勒都没有这方面的打算。

1969年1月，麻省理工学院的研究生和教职工呼吁在3月4日举行全国性的学者罢工，以提醒公众"滥用科学和技术知识是如何对人类的生存构成巨大威胁的"。[40] 近30所高校陆续加入声援。在麻省理工学院发生的事件掀起了全国反战运动的高潮。一个又一个演讲者强调，科学家需要为他们所从事研究的社会后果担负起责任。哈佛大学的生物学家乔治·沃尔德（George Wald）在演讲中说道，政府的真正目的应该是保护生命，但"我们的政府现在满脑子都是死亡，以及如何送人们去死。作为科学家，我们选择生命"。[41]这场演讲激情澎湃，《波士顿环球报》甚至称其或许是"这个时代最重要的演讲"。

这年春季发生的一系列事件加剧了公众对科学的不信任，其中最引人注目的是对斯坦福大学的应用电子实验室为期 9 天的占领，以及人们对于美军使用化学和生物武器的愤怒日益增加。在强大的压力之下，尼克松政府只好宣布在越南部分停止使用这些武器。

与此同时，尼克松的威胁仍然继续，但莫斯科和河内方面都没有拿它当回事。北越外交部长阮基石（Nguyen Co Thach）说他读过基辛格的书。"这是基辛格的想法，如果能让敌人把我们的假意威胁当成真的，那就是成功。如果我们发出真的威胁，敌人却当成假的，那就是莫大的失败。我告诉基辛格，'不管是真是假，我们越南人都不介意。一定有第三种情况——对于那些不在乎威胁是真还是假的人来说'。"基辛格曾说在 8 月对越南下了最后通牒，但阮基石推翻了这一说法："基辛格从未在秘密会谈中威胁过我们。因为如果他威胁我们，我们肯定会拂袖而去，我们会退出谈判。他们也威胁不了我们，因为我们知道他们不会永远留在越南，而越南却一直在这片土地上。"[42]

阮基石明白了一个美国领导人从未了悟的基本道理：越南战争胜负的关键在于看谁更能耗得起时间，它并不是一场关于领土或兵力的较量。美国造成了巨大的破坏，赢得了每一场重大战役，但它不可能赢得这场战争。因为时间是站在越南人这一方的，他们不需要打败美国，只需要拖垮美国。也许，越南人会为争取独立和自由付出可怕的代价，但胜利最终会属于他们。北越军事领导人武元甲回忆时表示：

我们赢得了这场战争，因为我们宁死也不愿受人奴役。历史已经证明了这一点。越南人民最渴望的就是民族自决。正是这种精神，让我们在面对强大敌人时始终满怀毅力、勇气和创造力。

从军事力量看，美国人的确比我们强大得多。但他们犯了和法国人一样的错误，他们低估了越南人民抵抗外敌的决心。当美军发起空袭时，胡叔叔说："美国可以派遣几十万甚至几百万的士兵，这场战争也许会持续10年、20年甚至更长时间，但我国人民会坚持战斗，直到取得胜利。房屋、村庄和城市可能会被摧毁，但我们不会被打倒。在重获独立之后，我们将从头开始，重建一个更加美丽的国家。"[43]

美国的政策制定者傲慢地认为，美国在财富、科技和武器装备上的优势可以给越南人造成巨大痛苦，越南一定会理性计算，因为越南赢得战争所要付出的代价远比得到的收益多得多。美国人对越南历史和文化的无知，尼克松多少该负些责任。尼克松是华盛顿的中国游说团创始成员，该组织集合了来自国会、军队、媒体和商界的许多反共狂热分子，他们指责国务院在1949年时"丢掉"了中国。1950年代，尼克松还把许多了解中国和东亚问题的专家逐出国务院。事后，在解释美国对越政策失误时，麦克纳马拉坦承：

我从未到访过印度支那，对那里的历史、语言、文化或价值观知之甚少。肯尼迪、腊斯克、邦迪、泰勒还有其他许多人，对这一带都或多或少存在知识盲点……当谈到越南时，我们发现自己正为一个不甚了解的地区制订政策。

更糟糕的是，政府并没有相关的专家可供咨询，以弥补我们的无知……这或许有些讽刺。之所以会如此，很大程度上是因为国务院的顶级东亚及中国问题专家，如小约翰·巴顿·戴维斯（John Patton Davies, Jr.）、约翰·斯图尔特·谢伟思（John Stewart Service）和约翰·卡特·文森特 (John Carter Vincent) 都在1950年代麦卡锡主义泛滥时期被清洗掉了……我们——当然主要是我——严重误读了中国的目标，以为它释放出好斗言辞是要寻求地区霸权。我们也完全低估了胡志明领导的运动中民族主义的一面。[44]

对敌人的一无所知也渗透到美国普通士兵中。相反，越南人却在倾尽全力了解美国。因创作小说《帕克的故事》(*Paco's Story*) 而获国家图书奖的美国步兵拉里·海涅曼 (Larry Heinemann)，在1990年赴河内参加文学研讨会。在那里，他见到了河内大学美国文学教授阮连 (Nguyen Lien)。海涅曼回顾了他们当时的谈话：

> 我问他，战争时他在干什么……他说他的任务是去北京学习英语，然后再到莫斯科大学阅读和学习美国文学。然后他又回到河内，被派往"胡志明小道"，给即将南下的战士们介绍美国文学……他为越南士兵讲解了惠特曼、杰克·伦敦 (Jack London)、海明威、福克纳、菲茨杰拉德等人的作品。
>
> 许多越南士兵随身带着美国文学的译本。黎明奎 (Le Minh Khue) 是一名在"胡志明小道"上负责拆除炸弹的年轻女兵，她兜里一直揣着海明威的书。阮连教授问我："你在军队里学到了哪些关于越南文学的知识？"我笑得太厉害，差点把啤酒都呛到鼻子里了。[45]

在美国领导人和他们部署的部队对他们所入侵的国家依旧一无所知的时候，美国人民发现了他们缴纳的赋税正在支持一场丑恶的战争。随着11月15日动员行动的临近，自由记者西摩·赫什 (Seymour Hersh) 报道美军在南越的美莱村屠杀了多达500名平民。这个村庄因非常同情越共而被美军称为"粉红村庄"。村里的很多女性遭到强奸，屠杀持续了很长时间，以至于美国士兵中途还暂停奸淫和杀戮，以便吃顿午饭和抽口烟。而越军方面并未向美国步兵发射哪怕一枚炮弹以反击。

那天，美军在美莱村执行了一次常规的搜索并摧毁的任务。他们到达后发现，这里除了少数几个人，其他几乎都是妇女、幼儿和老人。屠杀基本都是由威廉·凯利（William Calley）中尉指挥下的陆军第一排的士兵执行的。当休·汤普森（Hugh Thompson）将他的直升机降落在横冲直撞的士兵和因为即将被屠杀而吓得四散奔逃的越南人之间时，屠杀终于停止了。汤普森命令随机成员拉里·科尔伯恩（Larry Colburn）和格伦·安德烈奥塔（Glenn Andreotta），如果美军胆敢再伤害他刚从掩体中救出的越南村民，那么就向美军开火。科尔伯恩回忆此事时说道："那些人都是老弱妇孺……他们就这么闯进村子，强奸妇女、屠杀婴儿、杀光所有人……这不单单

大屠杀后的美莱村，到处都是越南平民的尸体。

是谋杀平民，他们是在屠杀人类，就差把人煮了吃掉。他们为什么会这么疯狂？"[46]

这起骇人听闻的事件被掩盖了一年多，要不是越南战争老兵罗纳德·莱登豪尔 (Ronald Ridenhour) 的一再坚持，真相也许永远不会浮出水面。莱登豪尔在听说大屠杀事件后一直耿耿于怀，回到美国后，他把相关过程写成了一封 2000 字的长信，寄给了 30 位国会议员、政府及军方官员。

在莱登豪尔没寄出信之前，包括高级将领在内至少有 50 名军官知道这起屠杀事件和军队在刻意隐瞒，但军方还是设法压下了此事。主流媒体一直无视此事，直到赫什最终通过电讯新闻社 (Dispatch News Service) 将之揭露，而此前主要的出版物都拒绝发表他的故事。

事情披露后，美国人大为震惊，他们对这场战争的荒唐和美军日渐曝光的非人行径感到愤怒。一位美莱村大屠杀参与者的母亲是印第安纳州的农民，她告诉记者："我把一个好孩子交给军队，可他们却给我带回来一个杀人犯。"[47]

对于大屠杀消息引发的负面效果，尼克松抱怨不停，他不止一次地对副助理亚历山大·巴特菲尔德 (Alexander Butterfield) 说："一定是纽约那些卑鄙、堕落的犹太人在暗中搞鬼。"[48]

美莱村屠杀事件只是极端个例，但美军滥杀平民却是家常便饭。曾在迫击炮排服役的陆军四级专业军士汤姆·格伦 (Tom Glen) 写过一封信给美军对越作战总指挥克赖顿·艾布拉姆斯 (Creighton Abrams) 将军，信中如此描述美军士兵在越南的日常暴行：

普通士兵对待越南人民的态度和行动往往与我们国家一直期望实现的目标背道而驰……甚至违背了他们自己的人性……

（美国人）就为了图一时之乐，不分青红皂白地向越南平民的家开火，无缘无故且毫无理由地射杀人民……他们被不合理的仇恨驱动着疯狂开火。士兵以"你们越共"这样的话语来武装自己，用残暴殴打、刀子威胁等手段进行"审讯"……

格伦的信辗转到了驻守在越南朱莱的科林·鲍威尔（Colin Powell）少校手中，后者对格林的指控不以为然。"与信中描述的情况正好相反，"鲍威尔说，"美国士兵与越南人民相处得很愉快。"[49]

反战运动持续发酵。1969年11月，多达75万抗议者齐集华盛顿参加反战游行，另有15万余人在旧金山举行抗议。尽管抗议队伍十分庞大，但战争的反人道效应已经蔓延到战场之外，让美国社会整体变得日益铁石心肠。民调显示，65%的美国人声称并未为美莱大屠杀感到困扰。美国对日本的大城市进行恐怖轰炸，德怀特·麦克唐纳曾雄辩地指出，这将导致美国社会习惯于反人道行为。现在，对人道主义的冷漠再次在这个国度扩散。

关于美莱村的消息为一连串的恐怖故事打开了大门。公众了解了"自由开火区"，士兵可以击毙区内的任何移动物。公众得知中情局在"凤凰计划"（Phoenix Program）中杀害了几万人，把政治犯关在"老虎笼"里严刑拷打。公众得知了美军让500多万越南农民背井离乡，迁移到他们设立的用铁丝网围住的难民营。公众还得知美军在战争中肆无忌惮地使用酷刑并犯下其他罪行，这些行为至少激怒了部分还有良知的美国人，他们呼吁进行战争审判。

持续高涨的反战浪潮迫使尼克松取消了"鸭钩行动"，但在1970年4月30日，他宣布美军和南越联合入侵柬埔寨，以摧毁越柬边境的北越驻地。尼克松坚称美国绝不能做"可怜兮兮的无能巨人"。[50]

尼克松靠不停地酗酒，反复观看电影《巴顿将军》（Patton）来坚定自己的决心。第二天早上，他去五角大楼听取简报时情绪显得

1970年4月30日，尼克松召开新闻发布会，宣布入侵柬埔寨。

1970年11月，一枚炸弹在柬埔寨的奥达尔（O Dar）爆炸。

十分激动。一开始，他把抗议的学生称为"游手好闲者……［他们］掀翻校园……焚毁书籍"。[51]接着，他打断参谋长联席会议的简报，并反复声称要"摧毁所有这些庇护所"。他强调："必须做出大胆决策振奋民心。大胆的决策能够创造历史。比如西奥多·罗斯福曾在圣胡安山战役冲锋陷阵，这场战争虽然规模很小，但很惨烈，美国人民也注意到了。"最后，尼克松用"让我们把他们炸得屁滚尿流"结束他充满咒骂的发言，参谋长联席会议的成员、莱尔德和基辛格目瞪口呆、难以置信地看着这一切。[52]

校园再次沸腾了，学生罢课，老师罢工。超过三分之一的美国高校都停课了，校园内暴力事件频发。在俄亥俄州的肯特州立大学，国民警卫队向抗议者开枪，打死4人，打伤9人。密西西比州的警察在杰克逊州立大学对一群抗议者开枪扫射，结果杀死2人，打伤12人。

7700多所高校都发生了抗议和暴力冲突事件。《华盛顿邮报》报道称，"学生们的满腔怒气似乎难以控制，全国正见证一场由大学青年发起的几乎是全面的、未经协调的罢课"。[53]数以万计的抗议者从四面八方赶来华盛顿。基辛格把此时的首都称为一座"被围困的城市"，"政府的组织架构……濒临解体"。[54]内政部长沃伦·希克尔（Warren Hickel）提醒尼克松重视抗议者。他的信件被媒体曝光后，尼克松解雇了他。

200多名外交官员签署了联名请愿书，反对美军入侵柬埔寨。尼克松下令让一名副部长"把他们全部开除！"基辛格的4位高级助手纷纷辞职以示抗议，国家安全委员会顾问莫顿·霍尔珀林（Morton Halperin）也辞去了职务。莫里斯很后悔自己没把相关文件交给媒体曝光，因为他坚信基辛格会约束尼克松。他对丹尼尔·埃尔斯伯格说道："我们早就该打开保险柜让人看，大胆指责这种血腥谋杀行为，这就是谋杀。"[55]他后来得出结论，基辛格的冷酷是没有底线的。

一个由基辛格在哈佛大学的朋友组成的代表团告诉基辛格，他们不想再担任政府顾问了。其中一位名叫托马斯·谢林（Thomas Schelling）的顾问解释说："我们只看到了两种可能性。要么，总统并不明白出兵柬埔寨意味着入侵另一个国家；要么，总统清楚地意识到了这一点。我们不敢想象，这两种可能性到底哪种更可怕。"[56]

尼克松的行为变得越来越古怪。他早上 5 点就与贴身随从一道参观了林肯纪念堂，和抗议的学生进行了一次尴尬的交流。基辛格担心尼克松可能会精神崩溃。面对着越来越大的压力，尼克松宣布所有作战部队将在 6 月底前撤离柬埔寨。正如参谋长联席会议主席穆勒承认的那样："吵吵嚷嚷的激进团体的反应一直都是左右决策的重要因素。它能抑制和约束决策者。"[57]尽管如此，美军的轰炸行动仍进一步加剧，柬埔寨的大部分地区都遭到了毁火性打击。

白宫宣称有权突破法律的约束，以遏制异议。白宫内部安全事务负责人汤姆·休斯顿（Tom Huston）在参议院作证时解释说："我当时认为，针对总统处理涉及内部安全或国家安全问题的情形，第四修正案的确不适用。"[58]当戴维·弗罗斯特（David Frost）质问尼克松他的违法行为时，后者简单地回答："如果总统干了某事，那就说明这件事并不违法。"[59]这与许多年后小布什在为自己的非法手段辩护时的说法非常相似。

阿连德状告美企，中情局复制印尼策略

尼克松还为推翻智利的民选政府辩护。智利自 1932 年以来就建立了民主政体，这在拉丁美洲实属罕见，但尼克松和基辛格很快就把局面搅乱了。智利是世界第一大铜生产国，其产铜量几乎都被肯尼科特（Kennecott）和阿纳康达（Anaconda）这两个美国企业垄断，这更加放大了智利的重要性。中情局自 1958 年起就开始干

预智利内政，1964年更是帮助温和派的爱德华多·弗雷（Eduardo Frei）打败社会党人萨尔瓦多·阿连德（Salvador Allende），成功成为智利总统。接下来几年，美国又花费了数百万美元支持智利的反共团体，同时还向其提供价值1.63亿美元的军事援助，使智利在拉美的重要性仅次于巴西（1964年美国协助推翻了巴西的改革政府）。与此同时，美国还在巴拿马运河区的美国陆军美洲军事学校和军事基地培养了大约4000名智利军官，重点教授他们如何镇压叛乱。[60]

肯尼迪，某种程度上还有约翰逊，曾试图与当地的民主人士合作，但尼克松和基辛格却倾向于赤裸裸地使用武力。尼克松告诉国家安全委员会："我绝不同意任何试图降低我们对拉丁美洲军队的影响力的政策，这个领域必须受我们管控。其他的，例如知识分子，我们可以不管。"[61]

1970年，阿连德再次参加大选，他承诺上台后会重新分配财富，并将控制智利经济命脉的美国公司，如国际电话电报公司（ITT）等收归国有。在美国大通银行的戴维·洛克菲勒（David Rockefeller）和中情局前局长、ITT公司董事会成员约翰·麦科恩的推动下，基辛格令美国驻智利大使爱德华·科里（Edward Korry）和中情局站长亨利·赫克舍（Henry Hecksher）设法阻止阿连德。赫克舍向智利的权力掮客阿古斯汀·爱德华兹（Agustín Edwards）求助，后者拥有几座铜矿、开办了百事可乐装瓶厂，还创办了智利最大的报纸《水星日报》（El Mercurio）。中情局发起大规模的宣传攻势，努力让智利人民相信阿连德意图破坏民主。事后，科里谴责中情局无能："我从未在世界其他地区的选举中见过这么可怕的宣传。我觉得中情局的那些白痴是在帮助制造'恐怖竞选'……他们根本不了解智利，不懂智利人民，他们早就该被解雇了。"[62]尽管美国非常努力地阻挠，但最后阿连德还是以微弱的优势击败了两大竞争对手。当基辛格告诉尼克松，罗杰斯想"看看我们（和阿连德）合作会是什么样"时，尼克松狠狠地反击，"别让他们这么做"。[63]

9 月 15 日，尼克松与司法部长约翰·米切尔（John Mitchell）将军及基辛格举行了一次会谈。会上，尼克松指示赫尔姆斯"要阻止阿连德上台，就算上台了，也要把他拉下来"。他让赫尔姆斯动用"最能干的人"，并许诺"付出什么代价都在所不惜"。"让经济大乱"，他下达命令。尼克松让赫尔姆斯秘密发动政变，不要让罗杰斯、莱尔德以及"40 委员会"（40 Committee）知道。"40 委员会"是由基辛格主持的五人审查小组，负责授权和监督中情局的所有秘密行动。麦科恩告诉基辛格，ITT 公司的首席执行官哈罗德·吉宁（Harold Geneen）已经赞助了 100 万美元，用于支持发动秘密政变。[64]

尼克松命令中情局采取双轨行动。第一轨行动有两个组成部分：发动宣传攻势，恐吓智利民众阿连德当选将会带来可怕后果，同时贿赂智利国会议员，阻挠国会确认阿连德获胜。第二轨是发动军事政变。负责美洲事务的助理国务卿查尔斯·迈耶（Charles Meyer）、赫克舍以及基辛格的拉丁美洲问题首席顾问维伦·瓦基（Viron Vaky）都强烈反对发动军事政变。瓦基特意写信劝说基辛格："现在的提议显然违背了我们的基本原则和政策原则……那些原则应该具有重要意义，只有当我们面临最严重的威胁时，我们才能背弃它们，比如威胁到我们的生存。但对美国而言，阿连德是个致命威胁吗？很难这么认为。"[65]

很显然，阿连德并没有对美国人民造成"致命威胁"。基辛格委托专家组起草了一份国家安全研究备忘录，文件表明"美国在智利没有核心利益"，阿连德政府也不会明显打破目前的均势格局。[66]此前，基辛格本人还把智利轻蔑地称为"一把直指南极洲心脏的匕首"。[67]但现在，他害怕智利这个成功的民主社会主义政府会引发其他地区也发生类似的人民起义。"智利发生的事情，"他说道，"会对其他拉美国家和发展中国家产生影响……放眼世界，它甚至会影响……与苏联的关系。"[68]

在基辛格看来，智利是否有民主传统，智利人民是否有自由表达意愿的权利，这些都不重要。在主持"40委员会"的一次会议时，基辛格说："我不明白我们为什么要袖手旁观，我们为什么要看着一个国家因为其人民的不负责任而投向共产主义的怀抱。"[69]

赫尔姆斯让中情局巴西站的站长戴维·阿特利·菲利普斯（David Atlee Phillips）担任智利特遣行动组组长。菲利普斯很适合这项工作，因为他曾参与推翻危地马拉的民主政府，还在多米尼加共和国镇压过民主起义。尽管菲利普斯手中有23名外国记者可供调遣，但他还是觉得第一轨行动无法成功。智利的民选官员都太诚实了，根本不会接受贿赂。他也怀疑第二轨行动的可行性。因为赖内·施奈德（René Schneider）将军领导的智利军队坚决拥护宪法，鲜少参与政治事务。

中情局的宣传在美国国内产生的影响要远大于其在智利的作用。10月19日，《时代》周刊封面用显眼的红色刊登了一幅阿连德的特写，并发表了一篇重磅文章——《美洲的马克思主义威胁：智利人萨尔瓦多·阿连德》（"Marxist Threat in the Americas—Chile's Salvador Allende"）。《时代》周刊宣扬中情局的说法，警告公众称如果阿连德"成功当选（从上周的票选结果来看，这几乎已成定局），那智利在很长时间内都不可能再有自由选举的机会了"。文章指出，更糟糕的是，这之后共产党将不可避免地接管这个国家。[70]

但在随后一期的《时代》周刊中，来自明尼苏达州圣保罗市的精明读者迈克尔·道奇（Michael Dodge）直截了当地指出周刊的报道存在偏见：

先生：贵刊头条《美洲的马克思主义威胁》充满了冷战意味，出

1970 年 10 月 24 日，阿连德在自家门口接受胜选采访。

于好奇，我拜读了一下，想看看究竟谁受到了威胁。显然，只是美国的几家铜业公司、电话公司和各色军阀。不知何故，我并没有对此感到恐慌。我只是恼怒于贵刊简单而偏执地认为，任何形式的马克思主义在世界任何一个地方通过任何一种形式获得成功，在事实上都是一种威胁。正是这种思维模式，让我们陷在越南的泥潭里。但它却忽略了一个显而易见的事实：非马克思主义政治家通常无法满足大众的切实需求。我在此建议，让我们摒弃冷战思维，本着人道主义精神，让拉丁美洲的人民找到解决他们问题的办法。我们不需要帮什么忙。[71]

第一轨行动落败已成定局，重心就落到了第二轨行动上。在爱德华兹等盟友的协助下，美国从政治和经济方面双管齐下，试图破坏智利的稳定。"你们确实要求我们在智利煽动内乱"，赫克舍在给中情局总部的一封电报中坦承。科里大使警告智利国防部长塞尔希奥·奥萨（Sergio Ossa）："我们将想尽一切办法让智利和智利人民陷入最大程度的贫困和窘迫。"但即便是科里本人事后也发电报给基辛格表示他被政变"震惊"了。基辛格并未被吓倒，他让赫尔姆斯发电报给中情局驻圣地亚哥的站点："联系军方，告诉他们美国政府希望寻求军事解决方案，我们从现在开始会一直支持他们……至少营造一种政变的氛围……准备发起军事行动。"[72]

10月13日，在与基辛格会面后，中情局秘密服务处主任托马斯·赫拉克勒斯·卡拉梅辛斯（Thomas Hercules Karamessines）电告赫克舍："发动军事政变推翻阿连德，这个政策会继续执行。"卡拉梅辛斯通知圣地亚哥站站长，要鼓动罗伯托·维奥（Roberto Viaux）将军加入卡米洛·巴伦苏埃拉（Camilo Valenzuela）将军和其他军队政变策划者的行列。中情局向巴伦苏埃拉的两名亲信提供武器和资金，作为绑架施奈德将军计划的一部分——这是发动政变的第一步。但是，10月22日，沃克斯的手下先行一步找到施奈德并将之刺杀。就在一周前，尼克松咬牙切齿地对科里说，他要将"那个狗娘养的阿连德碎尸万段"。[73]

阿连德以153比24大幅领先的票选优势成功当选总统，并于1970年11月3日正式就职。两天后，尼克松向国家安全委员会发出指令，推翻阿连德政府："如果我们听之任之……南美洲其他未来的领导人就会觉得，他们也能像智利那样行动……我们就会陷入麻烦……不能让拉丁美洲的国家形成印象，它们这样做可以逃脱惩罚，这样做能安然无恙。"[74]

中情局未能阻止阿连德上台，对尼克松的军事政变计划响应也不是太积极，尼克松大怒，决定进行人事整顿。基辛格的副手亚历山大·黑格（Alexander Haig）早就怂恿尼克松除掉"赫尔姆斯下面主要的左翼分子"，并对整个秘密行动服务处进行改组。尼克松威胁赫尔姆斯，如果不进行彻底清洗的话就解雇他，并削减中情局的财政预算。黑格知道，这将会成为他记忆中"最受争议的一场内斗"。赫尔姆斯解雇了6位副手中的4位。尼克松命令他把中情局的控制权交给副局长罗伯特·库什曼（Robert Cushman）将军，他自己则作为傀儡留任。赫尔姆斯拒绝执行，他还拒绝让中情局当水门事件的替罪羔羊。尼克松最后把他开除了。[75]

美国进出口银行、国际开发署、美洲开发银行和麦克纳马拉领导的世界银行都切断了对智利的经济援助和贷款。美国在智利的商业团体有效地帮助华盛顿搞垮了智利政府。这时，中情局介入，资助反对派政党和组织，同时操控当地舆论，传播虚假消息，发动反政府的示威和暴力行动。1971年7月，智利国会做出回应，将肯尼科特、阿纳康达和赛罗矿业等美国企业收归国有，还夺取了ITT的管理权。据智利当局计算，肯尼科特和阿纳康达多年来已经获取了丰厚的利润，因此无权获得任何赔偿。阿纳康达的一位律师抱怨道："过去通常是我们作践别人，现在轮到我们被作践了。"[76]专栏作家杰克·安德森（Jack Anderson）曝出了ITT曾试图阻止阿连德上台，还参与破坏智利稳定，这个公司也无法获得补偿。

1972年12月4日，阿连德向联合国提起诉讼，控告美国及其跨国公司。在联合国会议大厅，阿连德慷慨激昂地进行了长达90分钟的控诉演讲，听众一致疯狂高呼"阿连德万岁！"在演讲中，这位智利总统详细描述了美国各个机构试图联手阻止"智利的民选政府上台就职……自那时起就试图将其推翻"。他痛斥道："美国企图切断智利和世界的联系，封锁我们的经济，使我们的主要出口贸易——铜的出口陷入瘫痪，还剥夺我们获得国际资金的机会。"他道出了所有不发达国家被跨国公司残酷剥削的困境：

一个国家有80%以上的出口产品都被少数几家大型外企垄断，而这些外企一味追求自己的利益，丝毫不顾它们从中攫取丰厚利润的东道国的死活，我们再也不能容忍这样的从属地位了……那几家企业多年来一直开采智利的铜矿，仅在过去的42年里，它们就攫取了40多亿美元的利润，而它们的初期投资连3000万都不到……我们发现背地里有股黑暗势力一直在反对我们，它们来自有巨大影响力的地方，没有旗帜却拥有强大的武器……我们有变成富裕国家的潜力，却一直生活在贫困中。我们东奔西跑，四处乞求贷款和援助，可事实上我们却是很大的资本输出国。这真是资本主义经济体系的一个经典悖论。[77]

因为智利"决定收回对本国基础资源的控制权"，阿连德争辩道，各大国际银行串通一气，叫停了对智利的贷款。"总之，"他指出，"这就是我们常说的帝国主义的傲慢。"他还指出了ITT公司令人难以置信的行为，"它的资本甚至比好几个拉美国家的全国预算加起来还要多"。他指出，肯尼科特铜业公司在1955—1970年间平均每年的投资利润为52.8%。他谴责这些庞大却完全不负责任的跨国企业对主权国家发动战争。"整个世界的政治结构，"他警告说，"都在被破坏。"[78]

阿连德代表数百万拉美人发言，这些人几十年来一直被美国外交、军事和情报部门支持的美国企业无情地剥削。几十年前，斯梅德利·巴特勒将军和亨利·华莱士都慷慨激昂地做过相同的控诉。

据《芝加哥论坛报》报道，美国驻联合国代表老布什也起立鼓掌，他有些苍白无力地辩解："我们认为自己并不是帝国主义者。""美国私营企业在海外搞帝国主义，这一指控让我很困惑，因为跨国企业正是让我国伟大和强大的原因之一。"他还声称，美国并没有参与任何抵制智利的活动，美国人只是想看到那些被智利国有化的企业获得应有补偿。

ITT公司的回应也同样虚伪。该公司的新闻发言人表示："ITT从未以任何方式介入或干预智利内政……ITT一向尊重东道国想将本公司财产收归国有的意愿。"[79]

敢在联合国大会发表这样大胆的演讲，阿连德相当于签署了自己的死刑执行令。1973 年初，中情局敦促在智利的特工"教唆尽可能多的军方人员，推翻阿连德政府，取而代之"。[80]智利国内的罢工和反政府抗议活动迅速升级。1973 年 9 月 11 日，智利军队指挥官奥古斯托·皮诺切特（Augusto Pinochet）将军领导其他军官，发动了军事政变。阿连德得知军事暴乱蔓延到全国时，在总统府做了最后一次广播讲话："我绝不会辞职……外国资本—帝国主义和我国反动派联合起来，鼓动军方做出这种违背军人传统的叛逆行为……智利万岁！人民万岁！这是我的遗言。我相信，我的牺牲不会白费。我相信，我的死至少能给他们留下道德的教训，这是对罪恶、懦弱和叛国行为的有力控诉。"[81]接着，阿连德用别人送给他的礼物——一把来复枪结束了自己的生命。那把枪的握把上嵌着一块金牌，上面写着："送给我最好的朋友萨尔瓦多·阿连德，菲德尔·卡斯特罗赠。"[82]

皮诺切特夺取了智利的政权。军事政变后，尼克松和基辛格对政变可能造成的危害进行了评估。已经准备好参加红皮队①季赛开幕式的基辛格在电话中抱怨，"媒体的心在滴血，因为一个亲共产党的政权被推翻了"。尼克松咕哝道："这太了不起了！这太了不起了！"基辛格回答："如果在艾森豪威尔时代，我们干这样的事该被视为英雄，但现在我们恐怕不能大肆庆祝了。"尼克松说："唉，我们也没干什么，你知道的，在这件事上，我们没留下什么蛛丝马迹。"基辛格修正了这一说法："我们没干什么，我们就是帮他们——尽可能地创造了最佳的条件。"尼克松回应道："是的……就人们而言……他们不会相信自由主义者在这个问题上的这些废

---

① 美国橄榄球队名称。

1976年6月，奥古斯托·皮诺切特接见基辛格。

话……那可是个亲共政府，他们就是那样的。""就是这样。而且亲卡斯特罗。"基辛格附和道。"好吧，现在最主要的事情是，先忘记他们是亲共的吧，他们就是彻头彻尾的反美政权。"尼克松补充道。"是的，疯狂反美。"基辛格表示赞同。他向尼克松保证，他只是在报告批评意见，这些东西并没有影响到他。尼克松说道："是的，你在报告它，因为这只是我们所要面对的典型的胡扯。""还有令人难以置信的肮脏虚伪。"基辛格声称。[83]

　　皮诺切特在恐怖统治中铲除了3200多名反对者，对数万人实施监禁和严刑拷打，其中包括被称为"死亡大篷车"的智利军队行刑队的行动。基辛格注意到了这种情况，但他建议美国政府迅速承认这个残暴政权并为之提供援助。1976年6月，他拜访了这位智利独裁者，向他保证："我们非常支持你现在在智利进行的努力。"[84]

皮诺切特的杀戮并不局限在智利本土。基辛格访问智利三个月后，皮诺切特指使杀手暗杀了阿连德时期的智利驻美大使奥兰多·莱特列尔（Orlando Letelier），以及莱特列尔在政策研究所的同事龙尼·莫菲特（Ronni Moffitt）。这起汽车爆炸案的事发地与白宫只隔 14 条街，是代号为"秃鹰计划"（Operation Condor）的恐怖暗杀行动的一部分，其实施者是总部位于智利的拉美联合情报机构。机构成员包括智利、阿根廷、乌拉圭、玻利维亚、巴拉圭和巴西等国的右翼政府人员。美国至少助推了各国情报负责人之间的信息沟通。该行动由智利情报局局长曼努埃尔·孔特雷拉斯（Manuel Contreras）上校策划，他曾是中情局的线人，至少为中情局提供过一次有偿情报服务。被暗杀的目标大多数都是左翼游击队的领导人。但负责美洲事务的助理国务卿哈里·施劳德曼（Harry Shlaudeman）告诉基辛格，其实暗杀的目标"几乎包括所有反对当局政策的人"。[85]

基辛格本来是可以阻止"秃鹰计划"的，包括暗杀莱特列尔和莫菲特。1976 年 8 月 30 日，施劳德曼给他发了一份备忘录，其中写道："我们正试图阻止一系列国际谋杀行动，因为它们有可能严重损害所涉及国家的国际地位和声誉。"[86]基辛格同意向智利、阿根廷和乌拉圭的国家元首发出外交抗议，表示"我们深切关注""在南锥体国家本土及国境外暗杀颠覆分子、政治家和杰出人物的计划"。但这份抗议一直没有发出去，因为基辛格在 9 月 16 日取消了警告，并发电报告知施劳德曼，他已"指示对此事无须采取进一步行动"。[87]

按照"秃鹰计划"，暗杀小组跟踪并杀害了超过 1.3 万名在国外活动的异见分子。另外，还有成千上万的人被关进集中营。[88]

达成《反导条约》，美苏开始限制战略武器

尽管尼克松和基辛格因其在越南、老挝、柬埔寨和智利等地的邪恶政策而备受世人谴责，但他们也因在其他地区缓和了紧张局势而为人称道。实现对华关系正常化便是其中最明显的例子。

1972年2月，尼克松成功访华，接着又在5月出访苏联。苏联担心美国与中国交好会威胁自身，于是特别热情地接待了尼克松。尼克松和苏共总书记列昂尼德·勃列日涅夫在莫斯科签订了《第一阶段限制战略武器条约》（Strategic Arms Limitation Treaty, SALT）。这是史上第一份关于限制战略武器的协议，条约规定美苏双方只能部署两种防御性反弹道导弹系统，还限制进攻性洲际弹道导弹和潜射弹道导弹的数量。条约未能减缓核弹头数量的增长，因为它没有限制多弹头分导式再入飞行器（MIRV）的数量，这种飞行器可以装载多个弹头，同时轰炸多个目标。条约也没有规定如何减少双方现有的大量武器库，这些武器库存储的武器弹药能将对方摧毁好几次。但作为第一步，这份条约具有重要的象征意义。勃列日涅夫和尼克松还着手解决其他问题——美国承认东欧边界现状，换取苏联尊重1975年《赫尔辛基协定》（Helsinki Accords）中相关的人权条款。双方发表了一份联合公报和"基本原则"的联合声明。这份声明首先规定，"两国承认，在核时代，必须在和平共处的原则上发展双边关系，别无他法"。[89]回国后，尼克松在国会参众两院联席会议上发表讲话，他说：

> 世界不再笼罩着恐惧、欲望和战争的阴影，新的希望正在冉冉升起……对数百万美国人来说，在过去的25年里，克里姆林宫对我们珍惜的一切都怀有滔天敌意；同样，对苏联人来说，美国的国旗一直都被视为邪恶的象征。没有人相信，即便在不久之前，这两个明显势不

两立的符号会一同出现，像我们这几天看到的那样……当今世界有五分之三的人一生都生活在核战争的阴影之下……但就在上周五，我们在莫斯科目睹了那个旧时代即将结束的序幕。[90]

尼基塔·赫鲁晓夫为了实现这个具有历史意义的变革做出过不懈努力，但他无法亲眼看到这一刻的到来，因为在前一年的 9 月，他就因心脏衰竭而离世。赫鲁晓夫常年住在一间小木屋里，他敢于批评苏联政府及其严厉镇压异见人士的行为。他也因私自将回忆录流传到国外激怒了苏联高层，这份回忆录后来以《赫鲁晓夫回忆录》(*Khrushchev Remembers*) 之名在西方出版，并迅速成为畅销书。在书中，他怅然地谈论了他和肯尼迪想要实现的和平世界。苏联中央委员会 (Soviet Central Committee) 决定低调处理他的葬礼，将他埋在莫斯科公墓的一个角落，并且长达 4 年都没有为其立碑。

推动日本军事化，日本离拥核仅差一步

1971 年 6 月 17 日，美国和日本签署了一项条约，同意于 1972 年 5 月将冲绳归还给日本。日本不满但允许美国将冲绳作为越南军事行动的后方基地，并用作核武器的存放地点。冲绳人民同意了。根据这项新条约，美国将冲绳出售给日本，但保留其在岛上的军事基地，用作美国在该地区战斗的根据地。日本不仅要花高价从美国手中"买回"冲绳岛，还同意每年替美国支付其在岛上保留的军事基地的花费。而在其他地方，美国若要建立军事基地，一般要向东道国支付费用，或者至少是与东道国共同承担军事基地的花费。更糟糕的是，日本首相佐藤荣作还暗中允许美国在冲绳岛部署核武器，破坏了双方的协议。

围绕冲绳岛的冲突可以追溯到十多年前。1960 年，美国和日本

签订了《共同合作和安全条约》（Treaty of Mutual Cooperation and Security），又称《日美安保条约》，条约规定美国继续占领冲绳，并保留美国在日本其他地方的军事基地。条约引起了日本国内的普遍反对和抗议，日本首相岸信介，即佐藤荣作的哥哥被迫辞职。岸信介还犯了一个错误——他告诉日本国会，日本宪法并未禁止发展核武器，这个观点引起了大多数日本人的憎恶。美国驻日本大使道格拉斯·麦克阿瑟二世抱怨道："日本的知识分子和教育工作者中普遍存在反军国主义情绪、和平主义、浑浑噩噩、核神经症和马克思主义倾向，这些思潮孕育着一股潜在的中立主义。"就在前一年，他向日本最高法院的首席大法官施压，要求推翻东京地方法院的一项裁决，因为该裁决认定驻日美军代表着"潜在的战争威胁"，违反了日本和平宪法中的第九条，即反军国主义条款。这部宪法恰恰是道格拉斯·麦克阿瑟将军，也就是此时美国驻日大使麦克阿瑟的叔叔率美军占领日本时帮助起草的。《日本宪法》第九条款规定："日本人民永远放弃以国家主权发动的战争"，日本"永远不持有海、陆、空军以及其他战争力量"。这期间，日本政府还与美国达成了第一批"秘密协议"，其中包括日本政府支持美国的核战略和军事筹备活动。其中最恶劣的要数"默示协议"（tacit agreement），即"美军无须与日本进行事先磋商，随时可将运载核武器的军舰开进日本领海或停靠在日本港口"。[91]

但在尼克松时期，美日两国被压抑已久的紧张关系终于爆发。美国突然向中国开启建交大门让日本十分惊愕和意外，而这又反过来加剧了美日长期以来的军事和经济分歧。美国领导层不断施压，要求日本废弃和平宪法第九条，并在地区安全防备方面发挥更大的作用。美国还威胁要对日本的纺织品实施进口配额，迫使日本削减纺织品出口，更多地进口美国产品，并进一步向美国投资者开放市场。尼克松私底下抱怨"日本背叛美国"，还表示很想"修理日本"。[92]

　　在美国推动日本重新军事化的过程中，佐藤荣作向来乐于配合，从某种意义上说，他太过积极了。1964 年 11 月，他出任日本首相，而就在一个月前，中国的原子弹试验获得成功。1965 年 1 月，他会见了美国总统约翰逊，声称"如果中共拥有核武器，那么日本也应该拥有"。他补充道："日本的公众舆论目前还不允许这样做，但我相信公众，尤其是年轻一代，是可以被'调教'的。"当时执政的自民党高层都普遍拥有这种想法。时任日本防卫厅厅长、后又出任首相的中曾根康弘委托日本防卫厅出具一份报告，里面指出："日本有可能在不违反宪法的前提下，合法地拥有小当量、战术性、纯粹以防御为目的的核武器。"但是，当时日本防卫厅反对这种做法，正好合了约翰逊的意。[93]

　　日本首相佐藤荣作与美国总统尼克松合影。佐藤积极协助美国推动日本重新军事化，暗中允许美国在岛上重新部署核武器。

1967年12月，佐藤在国会发表了"三个无核化原则"的讲话，试图蒙蔽日本人民，让他们相信政府在反核问题上的诚意。这些原则规定，日本绝不会制造、拥有或允许核武器进入日本。但佐藤三番四次地违背这个承诺，还对美国驻日大使 U. 亚历克西斯·约翰逊（U. Alexis Johnson）表示这些原则是"一派胡言"。1970年，当日本签署《不扩散核武器条约》(Treaty on the Non-Proliferation of Nuclear Weapons) 时，美国向其保证，"绝不干涉东京方面在其民用核设施项目中独立回收处理的能力"。[94]鉴于日本的技术能力和存储的乏燃料，它将一直扮演离拥有核弹只有"一步之遥"的国家。

并非所有人都乐意看到尼克松和中国、苏联修好。北越开始担心自己会被晾到一边。《纽约时报》发表的一篇社论指出："美军对北越展开新一轮大轰炸后不久，毛泽东主席就会见了尼克松总统；美军炸毁北越港口不久，苏共总书记勃列日涅夫又接见了美国总统。不用说，河内方面肯定觉得中国和苏联领导人都会将本国利益放在首位。"[95]

尽管大多数美国人都称赞尼克松的大胆举措，但他的右派前盟友却很反感他的举动。他们认为，尼克松访华、签订允许苏联保持核均势的军控条约、从越南撤出大部分美军、废除美元金本位制、调控工资和物价、奉行凯恩斯主义理论等做法，都是背叛行为。尼克松还同意建立职业安全和健康局（Occupational Safety and Health Administration）以及环境保护署（Environmental Protection Agency），支持为所有家庭提供一份年收入保证、支持《平等权利修正案》(Equal Rights Amendment) 和《濒危物种法案》(Endangered Species Act)，还进一步巩固了《投票权法案》(Voting Rights Act)，这些做法都让他们十分不满。

以兰德公司前核武器问题专家阿尔伯特·沃尔斯泰特（Albert Wohlstetter）为首的反对缓和政策及军备控制的人士发起了反击。

沃尔斯泰特运用博弈论和系统分析法分析国防政策，他预测的前提不是苏联可能做什么，而是苏联能够做什么——不管这种做法有多么不理智，有多么具有自我毁灭性。他担心战略空军司令部的轰炸机和洲际弹道导弹面对苏联突然的核攻击会极其脆弱，于是主张部署反弹道导弹系统来防御。麦克纳马拉也曾提议建立大规模的反弹道导弹系统，但当得知部署防御系统的花费是攻击他们的导弹的 5 倍，并且只要发射更多的洲际弹道导弹就能轻易摧毁防御系统时，他放弃了这个念头。全国各地的科学家都动员起来反对部署反弹道导弹系统，他们认为这不仅代价高昂、没有必要、并不可行，还会进一步推动军备竞赛。麦克纳马拉知道美国的核威慑能力已经足够了。在 1964 年他宣称 4 亿吨当量的核武器足以摧毁苏联时，美国的核储备其实已是这种当量的 42.5 倍，而且还在快速增长。

沃尔斯泰特和资深鹰派人士保罗·尼采成立了专业人士委员会，主张采取谨慎的国防政策，并开始破坏《反弹道导弹条约》(Anti-Ballistic Missile Treaty)。他们还招募了理查德·珀尔（Richard Perle）、爱德华·勒特韦克（Edward Luttwak）、彼得·威尔逊（Peter Wilson）和保罗·沃尔福威茨（Paul Wolfowitz）等人加盟。迪安·艾奇逊是该委员会的热情拥护者，他将上述 4 人奉为"我们的 4 个火枪手"。[96]威尔逊和沃尔福威茨是沃尔斯泰特的学生，当时后者在芝加哥大学教授政治学。珀尔还在高中时就已经是沃尔斯泰特的信徒了。

阻止《反弹道导弹条约》未遂后，珀尔转而为民主党参议员亨利·"斯库普"·杰克逊旗下一个强大的常设调查委员会——"地堡"（The Bunker）工作。杰克逊的外交政策团队逐渐吸纳了一群新保守派的重要人物。战略武器限制谈判使得苏联在导弹数量和投掷重量上获得了暂时的优势，杰克逊及其追随者对此十分不满。但他们忽略了一个事实，即美国在核弹头数量和技术上都遥遥领先。在轰炸机数量上，美国也以3比1的优势领先苏联。杰克逊谴责美国谈判代表向苏联代表"认输"。他为战略武器限制谈判增加了一个修正案，规定未来谈判达成的任何条约都不得允许美国在任何种类的武器数量上逊于他国。杰克逊敦促白宫对军备控制和裁军署（Arms Control and Disarmament Agency）进行比例为四分之一的裁员，包括12名参加战略武器限制谈判的官员。军备控制和裁军署的新署长弗雷德·伊克尔（Fred Ikle）行事更加保守，他让沃尔福威茨来填补其中一个空缺的岗位。1974年，杰克逊的盟友通过了《杰克逊—瓦尼克修正案》（Jackson-Vanik Amendment），其中规定不得给予那些限制公民自由移民的共产主义国家任何贸易利益。基辛格十分愤怒，声称该修正案"是今后美苏关系正常化的绊脚石"，但杰克逊、珀尔等人恰恰有这个意思。[97]

五角大楼案发，侵略越南内幕曝光

1971年6月，《纽约时报》开始公布"五角大楼文件"，这是国防部有关越南战争的秘密文件，文章表明政府多年来一直向公众刻意隐瞒越南战争的真相。1969年夏天，兰德公司的分析师丹尼尔·埃尔斯伯格成为极少数几个得以接触这项研究的人之一。他越是了解法国侵略越南的历史及美国介入越南战争的情况，就越觉得美国的对越政策在道德上根本站不住脚。1969年9月，他得出了几个关键结论："几乎从一开始，这就是一场美国人在打的战争"。它是一场"越南人……反抗美国政策、资金、代理人、技术人员、武器、军队和飞行员的战争"。正是因为美国的资金、武器和人力，才得以让这场始于1954年的政治冲突演变成大规模战争。最重要的是，他明白了：

如果说美国支持法国再次征服越南殖民地是在打一场"内战"，那么在1955年或1960年之后，越南战争就不再是"内战"。战争一方的武器装备和资金完全由外国提供，且这股外国势力完全按照自己的利益摆布当地政权，这样的战争绝不是内战。到今天为止，大多数美国学者甚至是自由派批评人士都指责我们"干涉了一场真正的内战"，这其实掩盖了一个更令人痛心的事实，这个事实和美国官方早期声称的"北越对南越的侵略"一样神秘。按照《联合国宪章》以及美国公开承认的理念，这就是一场外国侵略战争，是美国对越南的侵略。

据埃尔斯伯格回忆，他在五角大楼任职时的上司约翰·麦克诺顿对兰德公司的研究人员说："如果你们说的都是真的，那么我们其实帮错了对象。"埃尔斯伯格意识到，对方这样说还是"没有认清自1954年以来的现实，即我们本身就是错误的一方"。因此，在他看来，这场战争是"犯罪""恶行"和"大规模屠杀"。他还知道尼克松所说的结束战争也是谎言。事实上，尼克松通过轰炸政策向北越表明，为了取得"胜利"，他可以不择手段。[98]

许多年轻人选择入狱以抗议战争，他们越来越渴望结束这场绝望的流血冲突。他们的举动鼓舞了埃尔斯伯格，于是他影印了多达47卷麦克纳马拉的研究报告，试图说服一些参议员将这些报告纳入公开信息。他的努力失败了，他只好去找《纽约时报》的记者尼尔·希恩（Neil Sheehan）。1971年6月13日周日，《纽约时报》刊登了第一期"五角大楼文件"。6月15日，司法部向纽约联邦地方法院申请禁制令。接着，法官对《纽约时报》发布一项临时限制令。这样的举动堪称史无前例，在美国，禁制令从未被用于阻止媒体。

埃尔斯伯格绕过禁制令，将文件交给了《华盛顿邮报》，后者接替报道了《纽约时报》无法发表的后续部分，直到该报也被禁止刊登。但埃尔斯伯格预见到了这一点，将副本交给其他17家报社。

兰德公司的前分析师丹尼尔·埃尔斯伯格。

《华盛顿邮报》被禁止刊登文件后，"五角大楼文件"的影印内容又不断在《波士顿环球报》和《圣路易斯邮报》刊登。最终，总共有19家报社登载了"五角大楼文件"的部分内容。与此同时，联邦调查局对埃尔斯伯格进行了为期13天的围追堵截，但后者早就把自己藏起来了。《底特律新闻报》采访了埃尔斯伯格的父亲，这位共和党人两次都把票投给了尼克松。老埃尔斯伯格为儿子的行为感到自豪："为了结束这场愚蠢的杀戮，丹尼尔放弃了一切……如果他确实把报告交给媒体曝光了，如果政府因此指控他犯罪……那么至少，他挽救了一些可能会被送到越南的年轻人的生命。"[99]

6月28日，埃尔斯伯格向当局自首。当他朝联邦政府大楼走去时，有记者问："马上就要进监狱了，现在你有什么感受？"埃尔斯伯格回答说："你难道不会为了帮助结束战争而去坐牢吗？"[100]6 月29 日，阿拉斯加州的民主党参议员迈克·格拉韦尔（Mike Gravel）试图在国会发言时宣读这些文件，但没有成功。后来，他在一次晚间紧急召开的小组委员会会议上终于成功宣读这些文件，使它们记录在册。他还向媒体公开了大量此前从未公开过的绝密文件。第二天，最高法院的判决支持《纽约时报》，允许该报及《华盛顿邮报》继续刊登文件。然而，埃尔斯伯格被指控犯下重罪，面临 115 年的监禁。

尼克松其实是乐于看到信息泄漏的，因为它揭发了民主党政府多年来在越南战争问题上撒过的谎。他甚至希望更多与肯尼迪、吴庭艳被杀案有关的文件被泄漏出去。基辛格认为这的确是个"金矿"，但当他犹豫是否要以身犯险泄漏文件时，尼克松把任务交给了查尔斯·科尔森。

尼克松和基辛格决定彻底搞垮埃尔斯伯格。基辛格对尼克松说："丹尼尔·埃尔斯伯格是当今美国最危险的人。我们必须不惜一切代价阻止他。"7 月下旬，基辛格在尼克松面前大骂埃尔斯伯格："那个狗娘养的——起初我对他还抱有一些幻想——我太了解他了……我知道他还有很多信息……我敢打赌，他为这次审判一定准备了更多信息。是美国历史上的战争罪行刺激他这么干的。"[101]

7 月，尼克松批准成立白宫特别调查小组。联邦调查局前特工G. 戈登·利迪（G. Gordon Liddy）和中情局前特工霍华德·亨特奉命进入调查组工作。他们的办公室门上挂了一个"水管工"的标牌，然后开始动手堵住可能走漏消息的缺口。9 月，他们闯入埃尔斯伯格的心理医生的办公室，希望能找到一些有价值的东西，以堵住埃尔斯伯格的嘴。因为尼克松怀疑埃尔斯伯格掌握了他威胁对越使用核武器的秘密文件。但这次非法闯入一无所获，他们只好制订进一步的计划，试图让埃尔斯伯格闭嘴。这些计划包括了一系列肮脏的伎俩和一些犯罪活动，这些活动东窗事发后招致多项起诉，尼克松也颜面无存，被迫辞职。

报复性轰炸越南、柬埔寨和老挝

1972年河内的春季攻势沉重打击了南越军队。为了避免在大选之前出现对越战争失败的状况，尼克松考虑采取极端措施，甚至连基辛格都表示反对。"……发电厂……码头……我还是觉得现在我们该把堤坝也炸毁。那会把人淹死吗？"尼克松问。"大概会淹死20万民众"，基辛格告诉他。"不，不，不……我宁可使用核弹"，尼克松说道。基辛格迟疑了一下，说道："我觉得，这有些过分了。""你是说核弹？你害怕使用核弹？"尼克松问，"亨利，看在上帝的分上，我希望你考虑大局。"[102]

尼克松自1968年以来轰炸北越的城市、南部的一些据点，还在海防港布雷。他想把河内"炸得粉碎"，宣称"要让那些混蛋承受一次前所未有的轰炸"。[103]越南的平民伤亡人数激增。尼克松毫无悔意，他对基辛格说："你我之间唯一的分歧……就是这次轰炸。你居然关心起平民来了，但我不在乎。我一点也不在乎。"基辛格告诉尼克松，他之所以建议尼克松保持克制，完全是出于政治考量，而不是对人道主义的关怀："我关心那些平民，是因为我不想全世界都被动员起来像反对屠夫一样反对你。"[104]

10月，陷入僵局的巴黎谈判突然重启了。基辛格宣布："和平指日可待。"[105]但是，尼克松赢得总统连任后，再次向河内和海防地区发起了为期12天的大规模"圣诞节轰炸"行动，这是越南战争开始以来强度最大的轰炸行动。国际社会的抗议声震耳欲聋，和平谈判得以恢复。1月23日，尼克松宣布双方达成协议，将"体面地结束战争，迎来和平"。[106] 1月27日，双方签署《巴黎和平协定》（Paris Peace Accords）。至此，美国叫停军事行动。1973年3月29日，最后一支美国作战部队撤出越南。大约15万北越士兵仍留在南部，不过他们已经同意停火。在全民选举结果出来之前，阮文绍暂时保有执政权，但实际上他也没花什么心思去举行选举。尼克松安抚阮文绍，如果共产党还敢发动新的进攻，那么美国一定会加大军事援助力度，对他们展开新一轮轰炸。

4月，就在美军撤离后的几周内，尼克松和基辛格又下令恢复对越南北部和南部的轰炸，强度要高于以往任何一次。命令最终被取消了。据《时代》周刊报道，当尼克松得知约翰·迪安（John Dean）向检察官披露了水门事件的内情后，他决定停止对越南的轰炸，因为他不想在与国会斗争时还激怒公众。为了余下的总统任期，他下定这一决心。

越南战争又断断续续拖了两年。1975年4月30日，北越占领西贡，战争终于宣告结束。据统计，到战争结束时，美国在越南这块弹丸之地扔下的炸弹，比各国在过去的所有战争中用掉的炸弹总量还要多，是各国在二战期间耗费炸弹数量的三倍。越南农村地区到处是未爆弹。1900万加仑的除草剂毒害着越南的环境。南部1.5万个村庄中有9000个被美军摧毁。在北越，美军炸毁了6个工业城市，30个城镇中有28个被夷为平地，116个乡镇中96个被彻底摧毁。1969年，胡志明去世后，黎笋（Le Duan）上台接管北越政权，他在接受记者采访时表示，美国曾在13个不同的场合威胁要使用核武器。这场战争造成的死亡人数令人惊愕。超过5.8万名美国士兵死亡，但这与越南的死伤人数相比则是小巫见大巫了。罗伯特·麦克纳马拉后来告诉美利坚大学的学生，在战争中死去的越南人多达380万。[107]

美国在柬埔寨制造的恐怖更甚于越南。1972年12月，尼克松向基辛格下达指示："我想让所有能飞的武器都飞到那里去，把他们炸得稀碎。要不计成本、全方位地轰炸他们，清楚了吗？"[108]

基辛格向他的副手亚历山大·黑格将军转达了总统的命令："他希望大规模轰炸柬埔寨。他什么也不想听，这是命令，你们照做就是。调动一切武器，轰炸所有移动物体，明白了吗？"[109]

轰炸一直持续到1973年8月15日，当时国会削减了战争经费。美国用超过300万吨炮弹，轰炸了柬埔寨10万多个地方，造成数十万平民死亡。柬埔寨经济瘫痪，通货膨胀，食品价格飙升，生产锐减。水稻产量几乎只达到战前的六分之一，饿殍遍野。当然，并非人人都在遭受苦难，富裕的精英阶层依旧在肆意享乐。大批难民涌入金边，人道主义危机爆发。柬埔寨约有95%的收入来自美国。1974年初，美国提供的人道主义援助总额为250万美元，而军事援助金额则高达5.165亿美元。

战争爆发前，红色高棉还是一支弱小的军队，它利用美国的暴行不断发展壮大，就像伊拉克和阿富汗的反美势力一样。红色高棉的官员杜奇（Chhit Do）说道：

> 每次轰炸后，他们就带人们去看弹坑，看看弹坑有多大多深，看看土地是怎么被炸翻、烤焦的……炸弹、炮弹飞来时，普通人有时候是真的会被吓到失禁。他们的脑子完全麻木了，三四天都不说一句话。处于恐惧和半疯癫状态的他们，无论别人说什么都会相信。正是因为痛恨美军的狂轰滥炸，他们才愿意加入红色高棉，把自己的孩子也送进来……有时候，炸弹掉下来，炸死了孩子，这些孩子的父亲就会彻底支持红色高棉。[110]

虽然美国没有在老挝造成类似的破坏，但这并不表示它没有尝试过。自1964年以来，美国一直"秘密"轰炸老挝。这在老挝人眼中已经不是什么秘密了。1967 年以后，轰炸行动进一步加剧，越来越多的平民经受战乱之苦。尼克松上台后，轰炸行动更是肆无忌惮。比利时的联合国顾问乔治·沙普利耶（Georges Chapelier）采访了幸存者，在此基础上还原了当时的很多细节：

> 1967 年之前，轰炸是轻微的，还远离人口密集区。到 1968 年时，轰炸强度已经很大了，村子里的人们根本无法进行任何有序的生活。村落开始往偏远地区迁徙，当轰炸在 1969 年达到巅峰时，很多人甚至躲进了深山老林。喷气式飞机每日都盘旋在空中，摧毁了所有建筑物。一切都轰然倒塌。村民们住在战壕、地洞或山洞里，只敢在晚上出去干农活。无一例外，所有参与访谈者所在的村庄都被完全摧毁。在最后阶段，袭击主要是为了系统破坏平民社会的物质基础。庄稼被毁，粮食也颗粒无收。[111]

1965—1973 年间，美国在此投放了 2756941 吨军火，共在 113716 个地方进行了 230516 架次袭击。巴特寮①控制的石缸平原地区是美军的重点进犯区，当地年轻人大都背井离乡加入了巴特寮，美国的盟友苗军驱散了剩下的村民。到 1969 年 9 月，该地区基本沦为一片废墟。弗雷德·布兰夫曼（Fred Branfman）采访了 1000 多名难民后，写道："石缸平原有 700 年历史可考的记录，之后就完全消失了。"老挝的大部分地区都遭遇了类似的厄运。[112]

水门事件曝光，尼克松遭弹劾

1972 年尼克松成功获得连任，但他还没来得及享受胜利的喜

---

① 1950 年成立的老挝左翼民族主义反抗组织。

悦就迎来了水门事件丑闻，他也因此断送了总统生涯。国会的调查揭露了腐败和滥用权力的恐怖程度。亚历山大·巴特菲尔德公布了白宫的录音带，此举犹如打开了拦住山洪的闸门。如果没有这些录音带，尼克松或许不会遭到弹劾。当时，巴特菲尔德表示，他希望自己不要被问到关于录音带的事，一旦被问到，他绝不会作伪证。他后来在私底下承认，他其实是希望委员会问这个问题的。他说，当自己与尼克松、埃利希曼（Ehrlichman）、霍尔德曼等人坐在一起，听着他们讨论该把水门事件归咎于何人之时，他觉得这些人卑鄙无耻、冷酷无情，并决定不再维护他们。[113] 于是，公众很快就知道了水门事件，约翰·米切尔称其为"白宫恐怖故事"。[114]

10 月，副总统斯皮罗·阿格纽（Spiro Agnew）因其在马里兰州当州长时收受贿赂和回扣被迫辞职。尼克松任命有亲和力但默默无闻的众议院少数党领袖杰拉德·福特（Gerald Ford）取代阿格纽担任副总统。一位观察家指出："很少有人比福特更适合当副总统，因为这个职位需要一无是处的人。"[115]

众议院司法委员会（House Judiciary Committee）起草三项弹劾条款，分别是妨碍司法公正、滥用总统权力、拒绝向委员会提供相关的必要信息。各方纷纷施压，要求总统辞职。许多观察家发现，尼克松变得越来越偏执。因为担心总统会做出出格的事，国防部长詹姆斯·施莱辛格（James Schlesinger）私下告知参谋长联席会议主席，没有他的批准，任何军事部门都不得执行白宫发来的指令。8 月初，国会中再无人支持尼克松。穷途末路的尼克松，只好于 1974 年 8 月 9 日宣布辞职。

杰拉德·福特宣布，"美国漫长的噩梦终于结束了"。他后来特赦了"疯子"尼克松，引发了不小的争议。但是，40 位尼克松政府的官员和他连任竞选委员会的成员却被判重罪。锒铛入狱的人包括迪安、米切尔、霍尔德曼、埃利希曼、总统政治助理查尔斯·科尔森、埃吉尔·克罗（Egil Krogh）、杰布·斯图尔特·马格鲁德（Jeb Stuart Magruder），以及总统的律师赫伯特·卡姆巴克（Herbert Kalmbach）。尼克松的模仿者戴维·弗莱（David Frye）打趣道："水门事件也有光明的一面，至少我的政府把那些罪行从街道上挑了出来，放到白宫里，这样我就能随时监控它。"[116]

"神经病"基辛格毫发无损。1973 年 10 月，他和北越的黎德寿（Le Duc Tho）一起被授予诺贝尔和平奖。美国杰出的政治讽刺作家汤姆·莱勒（Tom Lehrer）宣布，基辛格获得和平奖让政治讽刺剧彻底被淘汰，自此拒绝任何表演。与基辛格不同，黎德寿知道和平远未实现，他得体地拒绝接受和平奖。

历史学家卡罗琳·艾森伯格（Carolyn Eisenberg）恰如其分地指出："理查德·尼克松是美国历史上唯一一位不征求公众、媒体、政府官僚机构和外国精英的意见，而对三个国家采取持续军事行动的总统。"[117]

注释

1   Stephen E. Ambrose, *Nixon: Ruin and Recovery, 1973–1990* (New York: Simon & Schuster, 1991), 488; Lawrence Martin, *The Presidents and the Prime Ministers: Washington and Ottawa Face to Face* (Toronto: Doubleday, 1982), 259.

2   H. R. Haldeman with Joseph Dimona, *The Ends of Power* (New York: Dell Books, 1978), 108, 111.

3   Robert Dallek, *Nixon and Kissinger: Partners in Power* (New York: Harper Collins,

2007), 93, 250.

4   Walter LaFeber, *The American Age: United States Foreign Policy at Home and Abroad Since 1750* (New York: W. W. Norton, 1989), 602; Henry A. Kissinger, *American Foreign Policy*, exp. ed. (New York: W. W. Norton, 1974), 183.

5   Walter Isaacson, *Kissinger: A Biography* (New York: Simon & Schuster, 2005), 764.

6   "Dr. Kirk Urges U.S. to Leave Vietnam," *New York Times*, April 13, 1968.

7   Rick Perlstein, *Nixonland: The Rise of a President and the Fracturing of America* (New York: Scribner, 2008), 265.

8   Dallek, *Nixon and Kissinger*, 68.

9   John Prados, *Vietnam: The History of an Unwinnable War, 1945–1975* (Lawrence: University Press of Kansas, 2009), 288.

10   Joseph A. Califano, Jr., *The Triumph and Tragedy of Lyndon Johnson* (New York: Simon & Schuster, 1992), 328; Jules Witcover, *The Making of an Ink-Stained Wretch: Half a Century Pounding the Political Beat* (Baltimore: Johns Hopkins University Press, 2005), 131.

11   Isaacson, *Kissinger*, 127–128.

12   Seymour M. Hersh, *The Price of Power: Kissinger in the Nixon White House* (New York: Summit Books, 1983), 20.

13   Ibid, 14.

14   Dallek, *Nixon and Kissinger*, 99.

15   Carolyn Eisenberg, "Remembering Nixon's War," in *A Companion to the Vietnam War*, ed. Marilyn B. Young and Robert Buzzanco (Maiden, MA: Blackwell, 2002), 263.

16   Anne Hessing Cahn, *Killing Détente: The Right Attacks the CIA* (University Park: Pennsylvania State University Press, 1998), 21.

17   Henry Kissinger, *White House Years* (Boston: Little, Brown, 1979), 26.

18   Odd Arne Westad, *The Global Cold War: Third World Interventions and the Making of Our Times* (New York: Cambridge University Press, 2007), 196.

19   Hersh, *The Price of Power*, 111.

20   Isaacson, *Kissinger*, 160.

21   Haldeman with DiMona, *The Ends of Power*, 122.

22   Fawn M. Brodie, *Richard Nixon: The Shaping of His Character* (New York: W. W. Norton, 1981), 322.

23   William Shawcross, *Sideshow: Kissinger, Nixon and the Destruction of Cambodia* (New York: Simon & Schuster, 1979), 30–32.

24　Isaacson, *Kissinger*, 213.

25　Jeffrey Kimball, *Nixon's Vietnam War* (Lawrence: University Press of Kansas, 1998), 159.

26　Ibid., 163; Young, *Vietnam Wars*, 239.

27　Hersh, *The Price of Power*, 127.

28　Kimball, *Nixon's Vietnam War,* 163; Hersh, *The Price of Power*, 126, 129.

29　Hersh, *The Price of Power*, 124.

30　Henry A. Kissinger, Memorandum for the President, "Contingency Military Operations Against North Vietnam," October 2, 1969, http://www.gwu. edu/~nsarchiv/NSAEBB/NSAEBB195/VN-2.pdf.

31　"Editorial Note," *Foreign Relations of the United States, 1969–1976*, vol. 7, Vietnam, January 1969-July 1970, Document 125, http://history.state.gov/ historicaldocuments/frus1969-76v06/d125.

32　Richard Nixon, *RN: The Memoirs of Richard Nixon* (New York: Grosset & Dunlap, 1978), 398.

33　Hersh, *The Price of Power*, 124–125.

34　Tom Wells, *The War Within: America's Battle over Vietnam* (Berkeley: University of California Press, 1994), 358.

35　Gregg Herken, *Counsels of War* (New York: Oxford University Press, 1987), 217.

36　Nixon, *RN,* 401.

37　AAAS, Minutes of the Meeting of the AAAS Council, December 30, 1965, AAAS Archives, Washington, D.C.

38　"Scientists Protest Viet Crop Destruction," *Science*, January 21, 1966, 309.

39　Bryce Nelson, "Military Research: A Decline in the Interest of Scientists?" *Science*, April 21, 1967, 365.

40　Bryce Nelson, "Scientists Plan Research Strike at M.I.T. on 4 March," *Science*, January 25, 1969, 373.

41　Max Tishler, "The Siege of the House of Reason," *Science*, October 3, 1969, 193; Bryce Nelson, "M.I.T's March 4: Scientists Discuss Renouncing Military Research," *Science*, March 14, 1969, 1175–1178.

42　Hersh, *The Price of Power*, 134.

43　Christian G. Appy, *Patriots: The Vietnam War Remembered from All Sides* (New York: Viking, 2003), 122–123.

44　Robert S. McNamara, *In Retrospect: The Tragedy and Lessons of Vietnam* (New York: Vintage, 1996), 32–33.

45 Appy, *Patriots*, 243–244.

46 Ibid., 348–349.

47 Hersh, *The Price of Power*, 135.

48 Ibid.

49 Robert Parry and Norman Solomon, "Colin Powell's My Lai Connection," 1996, www.consortiumnews.com/2009/120209b.html.

50 Thomas S. Langston, ed. *The Cold War Presidency: A Documentary History* (Washington, DC: Congressional Quarterly Press, 2007), 297.

51 Perlstein, *Nixonland*, 482.

52 Isaacson, *Kissinger*, 269.

53 Bernard D. Nossiter, "Thousands of Students Protest War," *Washington Post*, May 6, 1970.

54 Kissinger, *White House Years*, 511, 513.

55 感谢丹尼尔·埃尔斯伯格提供该信息。

56 Isaacson, *Kissinger*, 280.

57 Wells, *The War Within*, 579.

58 Testimony of Tom Charles Huston, *Hearings before the Select Committee to Study Governmental Operations with Respect to Intelligence Activities of the United States Senate*, 94th Cong., 1st Sess., "Huston Plan," September 23, 1975, 20.

59 Ambrose, *Nixon*, 508.

60 Stephen Kinzer, *Overthrow: America's Century of Regime Change from Hawaii to Iraq* (New York: Times Books, 2006), 175–176.

61 Ibid., 176.

62 Tim Weiner, *Legacy of Ashes: The History of the CIA* (New York: Doubleday, 2007), 307–308.

63 "New Kissinger 'Telecons' Reveal Chile Plotting at Highest Levels of U.S. Government," National Security Archive, www.gwu.edu/~nsarchiv/NSAEBB/NSAEBB255/index. htm.

64 Peter Kornbluh, *The Pinochet File: A Declassified Dossier on Atrocity and Accountability* (New York: New Press, 2003), 1–2, 18, 36; Westad, *The Global Cold War*, 201; Weiner, *Legacy of Ashes*, 309.

65 Kornbluh, *The Pinochet File*, 11.

66 Ibid., 8.

67 Weiner, *Legacy of Ashes*, 355.

68 Westad, *The Global Cold War*, 201.

69 Seymour M. Hersh, "Censored Matter in Book About C.I.A. Said to Have Related Chile Activities," *New York Times*, September 11, 1974.

70 "World: Chile: The Expanding Left," *Time*, October 19, 1970, 23.

71 Michael Dodge, Letter to the Editor, *Time*, November 16, 1970, 13.

72 Kornbluh, *The Pinochet File*, 17, 20–21, 58–59.

73 Ibid., 25, 26, 28–29, 64, 72.

74 Ibid., 79, 119.

75 Weiner, *Legacy of Ashes*, 364.

76 Kinzer, *Overthrow*, 187.

77 Ibid., 189.

78 James D. Cockcroft and Jane Carolina Canning, ed. *Salvador Allende Reader: Chile's Voice of Democracy* (Melbourne, Australia: Ocean Press, 2000), 201–220.

79 Robert Alden, "Allende, at U.N., Charges Assault by U.S. Interests," *New York Times*, December 5, 1972; Kinzer, *Overthrow*, 189; Joseph Zullo, "Allende Hits U.S., I.T.T.," *Chicago Tribune*, December 5, 1972; Don Shannon, "Chile President Accuses U.S. Firms of 'Indirect Aggression,'" *Los Angeles Times*, December 5, 1972.

80 Kinzer, *Overthrow*, 190.

81 Ibid., 194.

82 Tim Weiner, "Word for Word/Covert Action," *New York Times*, September 13, 1998.

83 "TelCon: 9/16/73 (Home) 11:50, Mr. Kissinger/The President," National Security Archive, www.gwu.edu/~nsarchiv/NSAEBB/NSAEBB123/Box%2022,%20File%20 3,%20Telcon,%209-16-73%2011,50%20Mr.%20Kissinger-The%20Pres%20 2.pdf.

84 Kornbluh, *The Pinochet File*, 265.

85 ARA Monthly Report (July), "The 'Third World War' and South America," August 3, 1976, National Security Archive, www.gwu.edu/~nsarchiv/NSAEBB/NSAEBB125/ condor05.pdf.

86 Ambassador Harry W. Shlaudeman to Secretary Kissinger, action memorandum, "Operation Condor," August 30, 1976, Department of State, National Security Archive, www.gwu.edu/~nsarchiv/NSAEBB/NSAEBB312/1_19760830_Operation_ Condor.PDF.

87 FM USDEL Secretary in Lusaka to Henry Kissinger, cable, "Actions Taken," September 16, 1976, Department of State, National Security Archive, www.gwu. edu/~nsarchiv/NSAEBB/NSAEBB312/2_19760916_Actions_Taken.pdf.

88 John Dinges, "Pulling Back the Veil on Condor," *Nation*, July 24, 2000, www.

thenation.com/article/pulling-back-veil-condor.

89　Raymond L. Garthoff, *Détente and Confrontation: American-Soviet Relations from Nixon to Reagan* (Washington, DC: Brookings Institution, 1985), 290.

90　Richard Nixon, "Address to a Joint Session of the Congress on Return From Austria, the Soviet Union, Iran, and Poland," June 1, 1972, www.presidency.ucsb.edu/ws/index.php?pid=3450#axzz1aJSeeAQ2.

91　关于冲绳县的讨论，参见 Gavan McCormack, "Ampo's Troubled 50th: Hatoyama's Abortive Rebellion, Okinawa's Mounting Resistance and the U.S.-Japan Relationship (Part 1)," *The Asia-Pacific Journal: Japan Focus*, 22-3-10, May 31, 2010, www.japanfocus.org/-Gavan-McCormack/3365/; Gavan McCormack and Satoko Oka Norimatsu, *Resistant Islands: Okinawa Confronts Japan and the United States* (Lanham, MD: Rowman & Littlefield, 2012), 55–57。

92　Herring, *From Colony to Superpower*, 783–784.

93　Kurt M. Campbell and Tsuyoshi Sunohara, "Japan: Thinking the Unthinkable," in *The Nuclear Tipping Point: Why States Reconsider Their Nuclear Choices*, ed. Kurt M. Campbell, Robert J. Einhorn, and Mitchell B. Reiss (Washington, DC: Brookings Institution, 2004), 221–222.

94　Ibid., 225.

95　"The New Equilibrium," *New York Times*, June 3, 1972.

96　Jacob Heilbrunn, *They Knew They Were Right: The Rise of the Neocons* (New York: Anchor Books, 2009), 122.

97　Henry Kissinger, *Years of Upheaval* (Boston: Little, Brown, 1982), 249.

98　Daniel Ellsberg, *Secrets: A Memoir of Vietnam and the Pentagon Papers* (New York: Viking, 2002), 255–256, 258–260.

99　Ibid., 398.

100　Ibid., 408.

101　Ibid., 434, 440.

102　Ibid., 418.

103　Herring, *From Colony to Superpower*, 793.

104　Ellsberg, *Secrets*, 419.

105　Isaacson, *Kissinger*, 459.

106　"Transcript of the Speech by President on Vietnam," *New York Times*, January 24, 1973.

107　Robert McNamara lecture to Peter Kuznick's class at American University, October 21, 1999.

108 Mr. Kissinger/The President (tape) ［telephone conversation］, December 9, 1970, 8:45 p.m., National Security Archive, www.gwu.edu/~nsarchiv/NSAEBB/NSAEBB123/Box%2029,%20File%202,%20Kissinger%20%96%20President%20Dec%209,%20 1970%208,45% 20pm%20%200.pdf.

109 Mr. Kissinger/General Haig (tape) ［telephone conversation］, December 9, 1970, 8:50 p.m., National Security Archive, www.gwu.edu/~nsarchiv/NSAEBB/NSAEBB123/Box%2029,%20File%202,%20Kissinger%20%96%20Haig,%20Dec%209,%201970%20 8,50%20pm%20106-10.pdf.

110 Ben Kiernan, *The Pol Pot Regime: Race, Power, and Genocide Under the Khmer Rouge* (New Haven, CT: Yale University Press, 2003), 23.

111 Georges Chapelier and Joysane Van Malderghem, "Plain of Jars: Social Changes Under Five Years of Pathet Lao Administration," *Asia Quarterly* 1 (1971), 75.

112 Marilyn B. Young, *The Vietnam Wars, 1945–1990* (New York: Harper Perennial, 1991), 234–236; Fred Branfman, *Voices from the Plain of Jars: Life Under an Air War* (New York: Harper & Row, 1972), 3, 18–20.

113 Daniel Ellsberg, personal communication with Peter Kuznick.

114 "Excerpts from Mitchell's Testimony," *Los Angeles Times*, July 11, 1973.

115 *New Yorker*, vol. 49, 1973, 173.

116 Mark H. Lytle, *America's Uncivil Wars: The Sixties Era from Elvis to the Fall of Richard Nixon* (New York: Oxford University Press, 2006), 1.

117 Eisenberg, "Remembering Nixon's War," 263.

第10章

卡特时期：右翼当道，缓和梦碎

  吉米·卡特（Jimmy Carter）是一位非常了不起的前总统，也许正如他自己所说，是美国历史上最好的总统。尽管约翰·昆西·亚当斯对卡特成为最佳总统构成了巨大威胁，前者卸任后当选国会议员，充满激情地与奴隶制做斗争，但卡特也极具竞争力。1982年，卡特创立了卡特中心（Carter Center），该机构致力于促进民主，改善不发达国家的医疗卫生事业，确保因犯获释。卡特还帮助海地民选总统让－贝特朗·阿里斯蒂德（Jean-Bertrand Aristide）重掌政权。在古巴电视台直播的演讲中，他呼吁美国结束对古巴的贸易禁运，并恳请卡斯特罗保障公民自由权利。

  1994年，卡特与金日成谈判，双方达成一项核问题协议，大大减缓了朝鲜半岛的核武库发展。此外，他还密切关注世界各地的选举形势。2004年，委内瑞拉选举委员会宣布对总统乌戈·查韦斯（Hugo Chávez）进行罢免公投，结果查韦斯获胜。反对派声称选举中存在欺诈情形，卡特公开否认了这种指控。他试图理性分析长期处于恶劣状态的阿以冲突，对包括以色列在内的各个冲突参与者发出批评，引发了极大的争议。他谴责小布什入侵伊拉克，呼吁关闭关塔那摩湾监狱，他还指责"布什—切尼"政府是"史上最糟糕的一届政府"。[1]他号召国际社会废除核武器，他还是第一位访问日本广岛的美国总统。① 因为勇敢的立场和杰出的全球领导力，他获得了 2002 年诺贝尔和平奖。

尽管卸任后卡特的表现堪称典范，但他在担任总统期间的表现却十分糟糕，他甚至背弃了自己的信念，让支持者们十分失望。民调显示，他在卸任之时的支持率只剩下可怜的 34%。卡特作为总统所留下的最经久不衰的遗产，并非其虚伪的人权运动，而是他打开了一扇通往黑暗的大门，使得他的继任者罗纳德·里根的很多野蛮政策具备了合法依据。这些政策重新引爆了冷战，从危地马拉到阿富汗再到世贸中心，许多无辜的人沦为受害者。这些都是怎么发生的呢？那些毁坏了其他民主党总统政府，包括威尔逊、杜鲁门、约翰逊、克林顿和奥巴马等总统的力量是不是也在卡特时期起作用了呢？

福特经济封锁越南

1974 年 8 月，尼克松辞去总统职务，美军撤离越南，这为美国认真评估出了什么问题，扭转引导国家误入歧途的国内外政策铺平了道路。但上述举动却很少出现——更不会出现在和蔼、友善但却极受约束的福特时期。林登·约翰逊曾说，福特是个没办法一边走路一边嚼口香糖的人。从上任开始，福特就错漏百出。

第一个错误便是，他宣布亨利·基辛格继续担任国务卿和国

_____

① 奥巴马于 2016 年 5 月 27 日造访日本广岛，成为唯一一位于在职期间访问日本广岛的美国总统，而卡特则是以前总统的身份去的。

1974年8月尼克松辞职后，杰拉特·福特宣誓就任美国总统。

新总统福特与继续留任的基辛格。

家安全顾问。基辛格深知，当时的美国经济和政治都面临严峻挑战。美国在经历了连续70年的贸易顺差后，于1971年首次出现逆差，并且赤字越来越大。中东的石油输出国联合成立了欧佩克组织（OPEC），决心报复美国、西欧和日本，因为在1973年阿以战争中，这些国家都站到了以色列的一边。第二年，石油价格就翻了两番。1950年代，美国的石油还基本能自给自足，但现在有三分之一的石油供应需要依赖进口，所以很容易受到经济施压措施的影响。全球的财富和权力逐渐流向中东，美国的几个盟国纷纷出台了对阿拉伯国家友好的政策，基辛格对此十分"鄙视"。[2]他和其他高官考虑了其他完全不同的应对措施，甚至提议入侵沙特阿拉伯。

但美国真的想打另一场战争吗？这个国家现在还在被越南打败的耻辱中挣扎，而越南曾被基辛格轻蔑地称为"小小的四流政权"。[3]难怪基辛格对美利坚帝国的未来感到悲观。在福特政府任职约两个月后，基辛格接受了《纽约时报》记者詹姆斯·雷斯顿的采访。他表示："作为历史学家，你必须明白这样一个事实，任何一个文明，不管它曾经多么辉煌，最终都会走向崩溃。历史总在书写着人类未竟的事业、落空的野心，或者当愿望终于实现了，却发现与预期相去甚远。因此，作为一名历史学家，我们必须平静地看待悲剧的必然降临。"[4]

1975年3月，北越发起了最后一次大规模进攻，南越几乎没有任何反抗。失去了美军的支撑，南越军队变得不堪一击。南越的一名官员将这场战役称为"世界军事史上独一无二的"大溃败。随着南越军队的全面溃逃，整个国家大部分地区陷入混乱之中。士兵们失去控制，大肆残害军官、昔日的战友和无辜的平民。美国国防部长詹姆斯·施莱辛格对福特说，只有动用战术核武器才能防止南越彻底失败。福特扛住了这种诱惑。记者乔纳森·谢尔（Jonathan Schell）指出，最后的大溃逃揭露了"这场战争的本质"。他如此

南越落败之时，基辛格在国家安全副顾问布伦特·斯考克罗夫特（Brent Scowcroft）的办公室内打电话。

描述南越："这是一个完全没有内在凝聚力的社会，它只有靠外国的武器、资金和政治意愿才勉强维持。当这些支持完全撤离，它独自面对敌人之时，政治幻景就瞬间破灭了。"[5]

在美国的压力之下，阮文绍于 4 月 21 日辞职。4 月 30 日，杨文明（Duong Van Minh）将军向北越陆军上校裴信（Bui Tin）投降。杨文明说："我从今天早上开始就一直在等待，等着把权力转让给你。"裴信回答道："你没法让出不属于你的东西。"[6]在接下来的几十年里，绝望的越南人试图爬上最后一架从驻越大使馆屋顶起飞的美国直升机逃跑，却被美国海军陆战队射倒，以及底下南越士兵杀出一条血路直奔飞机的恐怖画面，一直停留在美国人的脑海中，成了不可磨灭的印象。在战争结束两年前的巴黎和谈中，尼克松签署了一项秘密协议，承诺在战后为越南提供 42.5 亿—47.5 亿美元的援助，并且"不附带任何政治条件"。但事后尼克松和国务卿威廉·罗杰斯对此事矢口否认。罗杰斯坚称："我们从未对越南的重建工作做出过任何承诺。"[7]福特则认为，北越的胜利证明河内违背了《巴黎和平协定》，他以此为借口撤销了承诺过的对越援助。他还对整个印度支那半岛实施禁运，冻结了越南在美国的资产，对越南加入联合国投了否决票。

越南人在美国入侵期间遭受重创，现在他们不得不独自在这片满目疮痍的土地上重建家园。近400万越南人在战争中丧生，众多景观被毁，大片美丽的三叶丛林消失殆尽。2009年，越南战争期间埋下的地雷和未爆炸弹依然污染着这个国家中部6个省份超过三分之一的土地。在越南政府、美国越南战争退伍军人基金会（Vietnam Veterans of America Foundation）以及美国越南战争退

逃难的南越民众。

伍军人协会（Vietnam Veterans of America）的不懈努力下，越南3000多英亩土地的安全隐患得以排除，例如广治省的清除活动就是由查克·瑟西（Chuck Searcy）这样具有献身精神的越战老兵领导的。但还有1600多万英亩的艰巨任务等在前方。除了战争本身带来的伤亡，还有超过4.2万名越南人，其中包括很多孩子，在战争结束后的几年里，被残余的炸药炸死。美国的越南战争退伍军人也是受害者。[8]据统计，战死的美国士兵超过5.8万人，但战争结束后自杀的美国退伍军人甚至远远多于这个数字。

福特并没有帮助美国人从这段可怕的历史中吸取教训，反而鼓励他们"重拾越南战争之前的民族自豪感"。[9]美国不应该支持腐败的独裁政府，去压迫人民的正当请求，但美国没有吸取这个教训。这一事实将在未来几年里反复困扰这个国家。

在越南战争中饱尝挫败的美国，竭力在该地区培养反共盟友。1975年12月初，福特和基辛格出访印尼，会见了印尼右翼政府独裁者苏哈托将军。就在他们离开的那天，苏哈托的军队入侵了刚刚才摆脱葡萄牙殖民统治而获得民族独立的国家东帝汶。苏哈托曾向他的美国客人要求，在推翻东帝汶的左翼政府的问题上，"如果我们认为有必要迅速采取行动，希望贵国能够给予理解"。福特向他保证："我们一定会理解，不会在这个问题上给你们施加压力。"基辛格则希望苏哈托推迟入侵计划，等他和福特回到美国后再采取行动，而且一定要速战速决。这次侵略战争被证明是血腥的，占领也是长期的。据估计，因战争、饥荒和疾病导致的死亡人数为10万—20万，甚至可能更多。30万东帝汶人民，即该国一半以上的人被迫迁移到由印尼军队控制的集中营中。美国向印尼提供军事援助，一直持续到1999年。直到2002年，东帝汶才完全获得独立。[10]

右翼渗透政府与情报机构

尼克松下台后，保守派开始清洗中情局内部那些并不相信苏联意图称霸世界的人士。以空军情报局（Air Force Intelligence Service）局长乔治·基根（George Keegan）少将为首的保守派，说服中情局局长老布什给予中情局内的反苏强硬派（被称为"B队"）前所未有的权限，让他们可以查看国家最高保密级别的情报，这样就能好好查问中情局有关苏联的发现了。但在中情局分析师看来，基根已经因充满虚假信息的苏联定向能源计划报告而使自己名誉扫地——他的报告声称定向能源计划将赋予苏联远超美国的巨大优势。军方和情报部门专家都否定了基根的报告，后者退休后向媒体公布了自己的古怪理论。1977年5月，他说服《航空与空间技术》（*Aviation Week & Space Technology*）周刊的编辑刊登了一篇报道，里面写道："苏联已经取得了高能物理应用的技术突破，并且很快会应用于制造定向能量光束武器，届时美国的整个弹道导弹系统将被消解，国家的战略原则也可能遭到挫败……完善定向能量武器的军备竞赛已成为现实。"[11]尽管苏联并不存在这样的技术工程，但美国还是于1978年在国防高级研究计划局（Defense Advanced Research Projects Agency）的领导下，启动了太空激光武器项目。最终，一个大肆宣传且花费惊人的战略防御计划（Strategic Defense Initiative）诞生了。基根还错误地坚持认为，苏联正在建造大规模的民防系统，以在核战争爆发期间保护大部分苏联人。负责监督针对苏联的国家情报评估的霍华德·斯托尔茨（Howard Stoertz）解释了为什么他和中情局其他人都反对基根的这种外部审查："我们大多数人都反对，因为我们觉得它是一种意识形态和政治突袭，并不是科学的学术评估。我们很清楚那些人提倡这种方式的真正意图。"[12]

哈佛大学的俄国史学者理查德·派普斯（Richard Pipes）是波

兰移民，具有强烈的反苏倾向，受命担任 B 队负责人。派普斯立即邀请保罗·尼采和保罗·沃尔福威茨加盟其团队。卡特执政时期在军备控制和裁军署任职的安妮·卡恩（Anne Cahn）说，B 队成员有一个共同点，"那就是他们都极度仇视苏联"。[13] B 队成员大大高估了苏联的军费支出和军事能力，据他们预测，苏联将在 1984 年初拥有大约 500 架"逆火"（Backfire）轰炸机，这是实际数量的两倍多。他们总是对苏联的意图做最邪恶的解读，指责苏联以缓和彼此关系为幌子来谋取世界霸权。中情局的评估报告认为，苏联的核设施主要是防御性质的，旨在威慑和反击，而不是进攻。B 队否认了这种说法。

派普斯抱怨中情局的评估"碰巧迎合了缓和政策，并且认为把该政策成功的主要负担放在美国身上"。他认为，之所以会有这样的评估，是因为中情局的"分析师……与美国的学院派人士一样，对哲学实证主义、文化不可知论和政治自由主义范式情有独钟"。派普斯认为，苏联的实际行为"毫无疑问地表明，苏联领导层……认为核武器是一种战争工具，适当运用……可以确保胜利"。[14]

派普斯的报告显示，苏联在所有战略性武器发展上都已遥遥领先。中情局认为这是"一派胡言"。安妮·卡恩总结道："如果你仔细看看 B 队关于武器系统的大部分具体分析，……你就会发现，那都是错的。"[15]

11 月 5 日，B 队成员与中情局的苏联情报分析师进行了激烈的辩论，后者几乎都是年轻人，缺乏经验。参与辩论的一名中情局分析师后来回忆道："我们输了，尼采等人把我们说得哑口无言。"一位中情局官员说道："这就好比让沃尔特·惠特曼高中的橄榄球队与红人队进行比赛。"派普斯洋洋得意地表示，中情局犯了一个严重的错误，让"一群乳臭未干、有些才刚刚毕业的小子"，去对阵"政府高级官员、资深将军和大学教授"。他说，当 A 队的"主力"、年轻的分析师特德·彻丽（Ted Cherry）批评 B 队的分析结果时，尼采"反问了一个问题，让他顿时方寸大乱，我们有些尴尬地看着他。他则坐下来，很长时间都张着嘴，什么话都说不出来"。[16]

尽管老布什及其继任者斯坦斯菲尔德·特纳（Stansfield Turner）都与基辛格一样，并不同意 B 队的分析报告，但老布什还是决定把这份误读苏联能力和意图的文件纳入情报系统中。

1978 年 9 月，对中情局事务的不幸干涉变得更加不祥。中情局前高官约翰·佩斯利（John Paisley）前往切萨皮克湾航海后神秘失踪。佩斯利曾任中情局战略研究处副主任，是苏联核武器和其他武器项目的专家，可以授权发射间谍卫星。他担任中情局与 B 队之间的联系人。他的儿子声称，是佩斯利向媒体透露了 B 队的存在。[17]

一周后，一具严重腐烂的尸体被马里兰州警方从海湾中打捞出来，并确认是佩斯利。死者头部有枪伤，警方很快就断定这是一起自杀案件。但如果真是自杀，那就太奇怪了，因为尸体腰部两侧绑着两条重达 19 磅的潜水腰带。佩斯利身高大约是 5 英尺 11 英寸，而潜水腰带比佩斯利的身高短了大约 4 英寸。作家尼古拉斯·汤普森（Nicholas Thompson）写道："如果那真是他的尸体，并且他真的是自杀，那么他其实选了一个很不方便的方式。佩斯利惯用右手，他要把腰带系上去，然后侧身像执行死刑一样，对着自己的左太阳穴开枪。"[18]

除了马里兰州警方的调查，中情局、联邦调查局和参议院情报委员会（Senate Intelligence Committee）也展开了调查。与此同时，中情局还刊登了各种封面报道，不过很快就被证明并不可信。中情局表示，佩斯利于 1974 年离开中情局，当时"是局内的兼职顾问，很难接触到机密信息"。总统对外情报顾问委员会（President's Foreign Intelligence Advisory Board）的一位前高级职员称这种轻描淡写的说法"令人震惊"。他在接受《巴尔的摩太阳报》（*Baltimore Sun*）采访时说道："毫无疑问，佩斯利在去世之前有权访问高度机密的情报。"该报对此事进行了长达三个月的调查。

据总统对外情报顾问委员会的一位白宫前工作人员透露："B队成员的名单是佩斯利拟定的，他的工作就是赋予这些人许可……与我们讨论他们的背景情况。这个队伍组建后，他将安排简报会议。整个团队的运作都由他负责。"据《巴尔的摩太阳报》报道，佩斯利死前正在撰写 B 队工作"回顾性分析"，以供内参。在船上发现的文件都是佩斯利记录的有关这个项目历史的笔记。此外，他还拥有苏联国防开支和苏联军事准备方面的高度机密文件。[19]

人们纷纷猜测，一定发生了一些更邪恶的事情。中情局的一些内部人士告诉记者，他们认为是克格勃谋杀了佩斯利。还有人认为佩斯利是克格勃的"间谍"，被中情局发现后遭到暗杀。[20]佩斯利的妻子出来指认说，尸体并不是她那位分居的丈夫的。她聘请了律师和调查员进行调查。她说："我觉得，有一些阴谋正在进行当中。"她还指责中情局在她丈夫的事情上"撒谎"。两家著名的保险公司起初拒绝向佩斯利太太支付赔偿金，因为他们怀疑她的丈夫可能还活着。参议院情报委员会经过长期调查后，决定对结果保密。这个谜底至今未被揭开。[21]

与此同时，强烈反对缓和政策的人士开始在多个层面上兴风作浪。1976 年 3 月，尼采、詹姆斯·施莱辛格和美国前助理国务卿尤金·罗斯托（Eugene Rostow）开始行动，于 11 月成立了当前危险委员会（Committee on the Present Danger）。早在 1950 年美国就成立过一个同名委员会，以支持尼采起草的国家安全委员会第 68 号文件。B 队的三名成员，即尼采、派普斯和威廉·范克利夫（William Van Cleave）都是当前危险委员会执行委员会的成员。早期的支持者有梅隆家族的继承人理查德·梅隆·斯凯夫（Richard Mellon Scaife）和后来的中情局局长威廉·凯西（William Casey）。

委员会成员包括理查德·珀尔、迪安·腊斯克、罗纳德·里根和《评论》（*Commentary*）杂志的编辑诺曼·波德霍雷茨（Norman Podhoretz）。当前危险委员会在立会声明中提出警告，苏联正通过"大规模投入军事建设"来寻求全球主导地位，它在控制军备口号的掩护下，正在积极备战，以期赢得核战争。[22]

B队和当前危险委员会努力颠覆情报机构，引导国家政策向右转，许多新成立的基金会和智库也获得资金支持，为这种努力助威。斯凯夫家族（Scaife family）、库尔斯家族（Coors family）和约翰·M.奥林基金会(John M.Olin Foundation) 主席威廉·西蒙（William Simon）等纷纷慷慨解囊，受到资助的有美国传统基金会（Heritage Foundation）、美国企业研究所（American Enterprise Institute）、哈德逊研究所（Hudson Institute）、曼哈顿研究所（Manhattan Institute）、联邦主义者协会（Federalist Society）、华盛顿法律基金会(Washington Legal Foundation）、司法研究所（Institute for Justice）、胡佛研究所（Hoover Institute）、自由之家（Freedom House）、道德与公共政策中心（Ethics and Public Policy Center）等。这些利益集团还支持了一系列右翼出版物，包括《国家利益与公共利益》(*National Interest/ Public Interest*)、《评论》和《美国观察家》(*American Spectator*)。

对相对温和的杰拉德·福特而言，这股蓬勃发展的右翼势力并无助益，因为他们渴望让里根那样真正强硬的右派人物入主白宫。福特和他的白宫办公厅主任唐纳德·拉姆斯菲尔德试图平息外界的批评。1975 年 10 月，他们对内阁进行大换血，被称为"万圣节大屠杀"。拉姆斯菲尔德接替施莱辛格担任国防部长；布伦特·斯考克罗夫特将军取代基辛格担任国家安全顾问；老布什替威廉·科尔比（William Colby）担任中情局局长；拉姆斯菲尔德的副手迪克·切尼（Dick Cheney）出任白宫办公厅主任；副总统纳尔逊·洛克菲勒被告知他已被剥夺1976年美国大选的候选资格。怒不可遏

白宫办公厅主任唐纳德·拉姆斯菲尔德正在向福特总统做汇报。

的基辛格当即起草了一封辞职信，但他并未提交。此次人事调动，处处可见拉姆斯菲尔德的痕迹。尼克松曾将拉姆斯菲尔德称为"无情的混蛋"，[23]基辛格后来也说拉姆斯菲尔德是他见过的最冷酷无情的人。

拉姆斯菲尔德一改往日的温和派作风，开始稳步向右翼势力靠拢。他成了 B 队的坚定捍卫者，强烈反对基辛格的缓和政策。1976年初，他阻止了新一轮战略武器限制谈判。福特后来写道："国防部长拉姆斯菲尔德和参谋长联席会议反对谈判，我认为他们手中必定握有王牌。"[24]拉姆斯菲尔德警告，苏联威胁要在军事力量上超越美国，缓和政策不符合美国利益。福特心领神会，于1976年3月宣布："我们将放弃缓和政策。"[25]

但这样的投降仍不足以安抚党内重新崛起的右翼势力。里根痛斥尼克松、福特和基辛格等人主张的"温和"政策，认为这只会削弱美国的力量，让它难以与死敌苏联搏斗。3月底，他指责基辛格说过的一番话，即"美国的时代已经过去，如今是苏联的时代……作为国务卿，我的职责是通过谈判获得最能够接受的天下第二的位置"。[26] 不出所料，基辛格否认自己说过那样的话。[27]

福特设法躲过了全是新保守主义者的共和党右翼的攻击，但在1976年11月的选举中以微弱的劣势输给了佐治亚州前州长吉米·卡特。卡特出生于佐治亚州的普莱恩斯县，是位家财万贯的农场主，主要种植花生，并且长期担任主日学校的老师。他是福音派浸信会教徒，以平民主义和自由选举人的身份参选，在黑人、农民和心怀不满的年轻人中拥有广泛的支持率。比起小农场主，卡特更像是

总统大选期间，吉米·卡特在佛罗里达州杰克逊维尔一家教堂门口与民众握手。

1976年，民主党全国代表大会在纽约举行，一名卡特的支持者高举竞选旗帜。

个新南方农商企业主。历史学家利奥·里布福（Leo Ribuffo）指出，卡特的政见与一战前的进步人士相似，强调科学效率和公共道德，而不是新政和"伟大社会"的改革者们提倡的福利国家。[28]卡特承诺重建政府信任，弥合因水门事件、越南战争、代际冲突、性别争论、种族歧视等问题造成的裂痕。

卡特对国家外交政策的了解主要来自于三边委员会（Trilateral Commission），这是美国大通银行董事会主席戴维·洛克菲勒在1972年成立的一个机构。与此同时，洛克菲勒还是曾经颇具影响力的外交关系协会的负责人。近期一些事态的发展令洛克菲勒及其许多当权派密友感到困惑。美国在越南遭遇前所未有的滑铁卢，同时面临一场可能破坏稳定的经济危机。尼克松的回应在许多人看来是另一个危险信号。他放弃了美元金本位制，实施工资和价格调控，还征收进口关税，这些措施削弱了自1945年以来主导美国经济的自由国际主义理念。劳工组织和国会向来努力限制进口，并主张惩罚跨国企业向国外输出工作机会的行为，尼克松的经济措施显然符合他们的要求，但外交关系协会的成员担心这会导致经济民族主义重新抬头，甚至引发国际贸易战。[29]

外交关系协会成员在越南战争问题上分歧明显，所以在整个阶段都没发挥多大作用。因此，洛克菲勒想寻找一个新的工具来帮助稳定国际秩序，他听取了哥伦比亚大学教授兹比格涅夫·布热津斯基的建议。1970年，布热津斯基出版了著作《两代人之间的美国》（*Between Two Ages*），他在书中呼吁西欧、美国、日本组成"发达国家共同体"，共同引导国际秩序。[30]这两个纽约人在海豹港度假期间刚好住附近，于是他们私下策划了一个能将上述目标实现的组织。

1972年6月，秘密组织彼德伯格俱乐部（Bilderberg Group）在荷兰奥斯特贝克的彼德伯格酒店召开年会。会上，洛克菲勒提议成立一个组织，通过加强三大洲国家领导人之间的联系，来巩固世界资本主义秩序。布热津斯基既是彼德伯格俱乐部的成员，也是外交关系协会的一员，他非常赞成这个提议。7月，该俱乐部的17名成员齐集纽约，在洛克菲勒庄园举行策划会议。会议决定，将在三大洲各招收60名初始会员，分别在纽约、巴黎和东京等地设立办事处。多数成员都反对当前危险委员会本能的反共意图，他们希望将苏联纳入国际体系中，以促进各国经济相互依存，实现资本和贸易的自由流动。第三世界国家的经济和政治问题应在冷战框架之外讨论和解决。[31]

布热津斯基曾担任三边委员会北美分支的执行主管。身为一位波兰外交官的儿子，他可能是该委员会的创始成员中最顽固的反共分子，并把卡特也发展成会员。[32]他和洛克菲勒看到了卡特的潜力，这位来自美国南部的州长虽然眼下还是无名之辈，但他极度渴望认识世界。卡特自信且怀有雄心壮志，他已经开始与自己的贴身顾问讨论竞选总统事宜。然而，他还没有引起全国选民的注意。1973年12月，当他出现在电视节目《名人猜猜看》（What's My Line?）上时，阿琳·弗朗西斯（Arlene Francis）、吉恩·沙利特（Gene Shalit）、索比·赛尔斯（Soupy Sales）等节目组成员甚至都不知道他是干什么的。也许给布热津斯基留下深刻印象的是卡特在1972年民主党全国代表大会上的表现，他提名了强硬的反共分子——参议员亨利·"斯库普"·杰克逊为总统候选人，这是新保守主义者最喜欢的候选人。

布热津斯基和洛克菲勒在卡特身上看到了某种闪光点，认为他值得培养，并早早成为他的竞选支持人。卡特的竞选副经理彼得·伯恩（Peter Bourne）透露："戴维·洛克菲勒和兹比格涅夫·布热津斯基都认定卡特能成长为一位理想的政治家。"[33]在竞选期间，布热津斯基担任卡特的外交政策顾问，并为他撰写演讲稿。卡特上台后，有26名三边委员会的成员进入政府任职，其中包括副总统沃尔特·蒙代尔（Walter Mondale）、国务卿塞勒斯·万斯（Cyrus Vance）、国防部长哈罗德·布朗（Harold Brown）、财政部长迈克尔·布卢门撒尔（Michael Blumenthal）和美国联邦储备委员会主席保罗·沃尔克（Paul Volcker）。卡特让三边委员会的另一位成员斯坦斯菲尔德·特纳代替老布什担任中情局局长，其他三边委员会成员，如沃伦·克里斯托弗（Warren Christopher）、安东尼·莱克（Anthony Lake）和理查德·霍尔布鲁克（Richard Holbrooke）等也都身居要职。最重要的是，卡特任命布热津斯基为国家安全顾问，而同样是三边委员会成员的基辛格在卡特任期内没获得一官半职。

布热津斯基如何塑造冷战式总统？

虽然缺乏经验，但与三边委员会关系密切和本能的中间派立场，让卡特得以带着一种"美国未来应取得某种进步的愿景"入主白宫。他的首要任务之一是削减国防开支。早在竞选期间，他就曾谴责美国在核问题上的虚伪："我们自己在发展核武器，却又限制其他国家发展这种武器，这种自相矛盾的做法连我们自己都接受不了。"卡特反对这种大国强加给弱国的双重标准，他认为美国"没有权利让其他国家放弃发展这种武器"，除非美国能积极主动地销毁自己的核武库。他意识到，"全世界都在翘首以待，但不会等太久；有效的武器削减拖得越久，其他国家发展核武器的可能性就越大"。[34]

卡特的坦诚让人耳目一新，他还承诺要恢复美国在世界上的道德公信力，要从越南战争中吸取教训。他宣称："美国不该再以军事手段干涉他国内政，除非这个国家直接和明显地威胁到美国或美国人民的安全。"[35]他发誓不会重复前任用来粉饰美国入侵越南的"虚假的声明甚至是赤裸裸的谎言"。他宣布："美国将协助人类塑造一个公正、和平和真正人道的世界……我们保证会……限制全球军备……今年，我们将朝着消灭世界上所有核武器这一终极目标迈进一大步。我们呼吁其他国家的人民与我们一同携手，因为实现这一目标意味着生存而不是死亡。"[36]他的豪言壮语仿佛重新点燃了人类的希望。

卡特对越南战争的评价到底有多少发自肺腑的成分？这很难确定。这番话确实显示了他欣然背离了其前任和继任者的辩护说法，但也可能是一种掩饰，其目的是让新总统看起来比他实际或者以后的行事作风显示出来的更偏自由派一些。1976年参加竞选的时候，卡特在回应记者关于越南的问题时称他在1971年3月时就"提议全面撤军"，而此前他是典型的支持战争的南方人。然而，同年8月，卡特专门撰写了一篇文章表示，自己最初支持美国卷入越南战争以对抗"共产主义侵略"，但"既然我们做不到为了取胜而不惜一切，那现在就该回家了"。第二年，他支持尼克松轰炸北越、捣毁海港的政策，呼吁美国人"不管是否赞同该决策，都要全力支持尼克松总统"。即便到了1975年4月，当西贡准备向共产党及其支持者缴械投降时，他依然告诉记者，他支持美国再向西贡政权提供5亿—6亿美元的军事援助以巩固该政权。[37]

因此，卡特在外交政策上也许从来都不是大家想象的那么自由主义。不过，他确实通过让鸽派人士保罗·沃恩克（Paul Warnke）担任军备控制和裁军署署长，自由派人士、非裔美国人、亚特兰大前市长安德鲁·扬（Andrew Young）担任美国驻联合国代表，以及（至少在一开始）同意万斯的律师式实用主义做法，承诺推进缓和政策，竭力冷却布热津斯基之流的反共激情，成功激怒了当前危险委员会。卡特上台初期的确取得了一些成绩。他重新谈判《巴拿马运河条约》（Panama Canal Treaty）取得成功。1978年，他推动签订《戴维营协议》（Camp David Accords），该协议规定以色列必须从1967年中东战争期间占领的埃及领土上撤军，还促成以色列与埃及建立外交关系。卡特还在军备控制上取得一定进展。沃恩克与苏联开始了第二轮限制战略武器谈判，以减少核导弹和轰炸机的数量，他说服卡特扛住五角大楼要求建造 B-1 轰炸机的压力。1979年6月，美国与苏联签订《第二阶段限制战略武器条约》(SALT II Treaty)，当时的宣传阵势浩大，但这项条约的象征意义大于实际作用。因为条约允许美苏两国继续发展核武器，只不过速度稍有减缓。到1985年之时，美苏可再添加4000颗核弹头，并在条约生效的5年内部署一个新的武器系统。当前危险委员会的成员一致谴责该条约，声称这会让苏联获得"战略优势"，并打开了"一扇易受攻击的窗户"。[38]他们呼吁大规模增加国防和民防开支。斯凯夫基金会向当前危险委员会注资30多万美元后，《第二阶段限制战略武器条约》的反对者数量更是以15比1的优势大幅超过支持者。

卡特与勃列日涅夫签订《第二阶段限制战略武器条约》。

在外交政策方面缺乏经验，最终会给卡特造成困扰，让他对布热津斯基及其他鹰派顾问的依赖日渐加深，最终导致他的改革路线画上句号，让卡特时期的外交政策彻底陷入冷战正统思潮的汪洋大海中。布热津斯基很快对工作程序进行了重大调整，以便对总统施加极度的影响。过去通常由中情局高官给总统做每日汇报，现在布热津斯基亲自接手汇报工作，并且规定汇报时不许其他人在场。他写道："自卡特总统上任第一天起，我就坚持每天早上亲自汇报情报工作，而不是让其他人代劳。中情局想找一位官员和我共同汇报，但我觉得这不利于坦诚地讨论问题。"布热津斯基驳回了特纳的反对意见。[39]

布热津斯基在回忆录中透露，他精心设计了整个过程，以便系统地塑造卡特对外交政策的思考模式：

卡特与布热津斯基。

实际上，每天早上的汇报涉及一些基础问题，我会鼓励总统思考那些我认为需要注意的问题，会上我还可以向总统植入一些基本理念，特别是在他最初上任的几个月，也可围绕一些概念或战略性问题与他展开深入讨论。这在开始阶段尤为重要，因为这个阶段我们要制定长远目标，设定好优先事项。我有时会在早会期间，向卡特建议他在做公开声明时应该强调哪些重点，包括表达方式和措辞等。他极其擅长挑选措辞，很多时候他会把我们在汇报会上讨论的成果用于之后的新闻发布会或公众见面会，几乎一字不差，这一点常常让我感到惊讶。

布热津斯基一向以将卡特变成自己的传声筒为荣，他通常还会采取附加措施确保卡特完全听取了他的意见。除了每天早上的汇报会，他还开始每周向卡特递交一份国家安全委员会报告，这份报告"是极其个性化的私人文件，仅供总统参阅"。报告首页通常是布热津斯基的评论，他会在文中"随意点评卡特政府的表现，提醒总统可能会出现的问题，偶尔写上一些批评意见，并尝试向他提供一个全球视角"。[40]

布热津斯基指出，有时候卡特并不同意他的分析，甚至会为报告感到"恼火"。但政府记录显示，布热津斯基对反共的执着——他吹嘘自己是"300年来第一个敢于与苏联人正面对峙的波兰人"——最终说服了卡特，让后者采纳了他的反共立场。[41]

卡特上任时承诺促进人权事业，但他把人权作为攻击苏联的工具，导致美苏关系恶化。苏联很为自己近年来扩大了公民自由、减少了政治犯的数量而自豪，它反驳称苏联人拥有许多美国人并不享有的权利。在克里姆林宫的指示下，苏联驻美大使阿纳托利·多勃雷宁质问国务卿万斯，如果苏联把美国结束种族歧视或改善失业作为美苏缓和的前提，那么美国人心里是怎么感觉。[42]

对于苏联支持埃塞俄比亚的门格斯图·海尔·马里亚姆

（Mengistu Haile Mariamin Ethiopia）政权，卡特也反应激烈。1974年埃塞俄比亚发生政变，皇帝海尔·塞拉西（Haile Selassie）被推翻，门格斯图上台执政。在那些年里，苏联利用非洲及其他第三世界国家的动荡局势，团结各进步党派，努力推动社会主义模式的发展。但是过度卷入第三世界事务，又令苏联在经济、政治和军事上都陷入僵局，干涉埃塞俄比亚就是其中一例。1977年底，卡斯特罗支持非洲解放运动的事迹使苏联领导人深受鼓舞，他们对门格斯图的求助给予了积极回应。当时门格斯图四面楚歌，一方面邻国索马里正在侵犯埃塞俄比亚，另一方面索马里支持的厄立特里亚也反对其统治，要求民族独立。尽管苏联屡次批评门格斯图的残酷行径，但还是大幅增加了对埃塞俄比亚革命政府的支持，提供了价值超过10亿美元的军事装备，并派遣1000名军事顾问。他们还协助将1.7万名古巴军事和技术人员送往埃塞俄比亚进行支援工作。大多数非洲国家支持苏联的干涉行动，在它们看来，这是对索马里侵略行为的合法回应。

起初，卡特反应比较平淡，因为他同苏联领导人一样，认为美苏缓和与控制军备是美国对外政策的第一要务。然而，布热津斯基敦促总统摒弃"软弱"外交，强势地面对苏联。这位国家安全顾问认为，"总统不仅要受人爱戴和敬重，还必须能令人感到害怕"。他建议卡特"刻意挑选一些有争议的话题，在这些话题上表达一定程度的愤怒，甚至表现得粗暴些，从而产生冲击效果"。[43] 卡特认为埃塞俄比亚事件就是一个很好的起点。卡特不顾万斯的强烈反对，指责苏联利用"军事力量和军事援助"在海外"扩大影响力"。[44] 卡特谴责苏联的行为令布热津斯基十分振奋。他后来在多个场合表示："《第二阶段限制战略武器条约》的美丽谎言都在［埃塞俄比亚的］奥加登埋葬了。"[45] 右翼势力更是猛烈抨击苏联在非洲的冒险主义行为。里根警告：

从目前的发展来看，苏联人极有可能成功。如果他们成功，那么整个非洲之角都将沦陷。即便不是直接控制，苏联人至少也能在那儿施加巨大影响。只要他们愿意，就可以威胁往西欧和美国运送石油的海上航线。更重要的是，一旦控制了非洲之角，莫斯科将有能力摧毁阿拉伯半岛那些具有强烈反共倾向的政权……也许几年后，我们将面对一个强大的苏联帝国，从亚的斯亚贝巴到开普敦将布满苏联模式的门徒和附庸国。[46]

苏联领导人没有料到美国会有如此强烈的反应，因为美国也在其势力范围采取过类似行动。不过，苏联确实高估了美国允许苏联与其平起平坐的意愿。苏联的精英阶层和许多知识分子开始质疑苏联介入阿富汗、安哥拉、埃塞俄比亚、莫桑比克、索马里和南也门等地的举动是否明智，因为这些国家的专制领导人一再声明不愿在政治和经济问题上唯苏联马首是瞻。

卡特四处宣扬人权，也招来苏联的反击。1978年7月，苏联认为异见人士阿纳托利·夏兰斯基（Anatoly Sharansky）涉嫌为中情局从事间谍活动，判其入狱13年，此举引来卡特的"痛惜"与"谴责"。卡特的指控让苏联领导人备感羞辱。不过，美国驻联合国代表安德鲁·扬在接受法国记者采访时说的一番话，削弱了卡特对苏联的指控。安德鲁表示，美国的监狱里也关押着"几百甚至是成千上万所谓的政治犯"。[47]

干涉伊朗革命酿人质危机

批评苏联的人权状况，但又支持其他国家肆意侵犯人权，这种矛盾的立场就是一场危险的游戏，产生了适得其反的效果。1967年，英国宣布了从苏伊士运河以东地区撤军的计划，美国决定填补这一空白。它在印度洋的迪戈加西亚岛上建立了一个军事基地，该岛有将近2000名土著居民在1968—1973年间被英国人驱逐。美国将该基地作为跳板，保护自己在波斯湾的利益。[48] 美国还将自己的命运与伊朗国王密切地联系在一起。此时，伊朗国王和以色列已经化身美国在波斯湾地区经济和地缘政治利益的坚定捍卫者。波斯湾拥有世界石油探明储量的60%，这些年，石油资源丰富的海湾国家开始在世界经济事务中扮演着重要角色，它们不但从美国和欧洲进口大量商品，还在美国银行投资了数十亿石油外汇[①]。

20世纪六七十年代，美国向伊朗提供了大量先进武器，甚至敦促伊朗建设大型核能项目，以节省其储量丰富的石油，这些事实肯定会令后人感到讽刺。美国领导人在中情局推翻了深受民众爱戴的伊朗民选领导人后，热情拥抱专制的伊朗国王的行为触怒了广大伊朗民众。伊朗国王及其现代化计划的主要反对者鲁霍拉·穆萨维·霍梅尼说："告诉美国总统，他强加给伊斯兰世界的非正义行为，使他成为伊朗人民心目中当今世界最可恶的人。"[49] 正因为霍梅尼的各种反美和反政府言论及活动，1964年伊朗当局将他驱逐出境。在之后的15年里，这位被迫流亡海外的伊朗宗教领袖，在伊拉克和巴黎不断指责和控诉伊朗国王及其美国支持者。

伊朗人民的不满情绪持续发酵，1970年代的经济放缓更是加剧了这种趋势。伊朗国王继续无视人权，但卡特还是支持向伊朗出售更多武器，后者获得的美国武器比其他任何国家都多。《纽约时报》描述伊朗国王是"近来表现得与专制君主没有什么区别的统治者"，卡特与他过从甚密，因而被许多人谴责在人权问题上表现虚伪。[50] 1977年11月，伊朗国王夫妇会见卡特夫妇，下榻白宫。双方会谈期间，卡特初步同意向伊朗出售6—8座轻水核反应堆。加

---

① 或称石油美元，即石油输出国在国际市场销售石油所得，这些外汇大多用于国外投资。

伊朗爆发革命，民众抗议伊朗国王。

上伊朗国王正在洽谈的从法国和西德处购买的14—16座，伊朗的核能项目规模相当可观。

为了表示对这位处境堪忧的伊朗盟友的支持，卡特总统夫妇前往德黑兰，与伊朗王室度过了一个华丽又奢华的新年前夜。两国首都民众都因此爆发了游行示威。400人的宴会厅极尽奢华，每张餐桌上的5个水晶葡萄酒杯显得格外耀眼。卡特热情洋溢地赞美主人的款待，他说："我们的会谈取得的成果是无价的，我们建立了无可替代的友谊。本人十分感激伊朗国王，他的睿智和统治经验对我这个初出茅庐的新总统来说很有帮助。本人对他感激之至，也与他建立了无可比拟的私人友谊。"[51]

随后几个月中，伊朗各地再次掀起大规模抗议。9月，伊朗国王宣布实施戒严令。布热津斯基敦促卡特要么积极支持国王，要么在伊朗策动一场军事政变。他担心苏联会趁机加强对海湾地区的渗

1978年，卡特总统夫妇前往德黑兰与伊朗王室欢度新年前夜。

透，于是要求五角大楼拟定占领伊朗产油区的方案。12月，他又警告卡特，美国正面临"冷战以来最大规模的溃败，其后果甚至比越南战争失利还要严重"。[52] 布热津斯基开始在幕后操纵，研究在伊朗发动政变的可能性。据美国驻伊朗大使威廉·沙利文（William Sullivan）回忆："我接到电话，对方转达了布热津斯基的意思，问我能否策动军事政变镇压伊朗革命……很遗憾，我当时的回答有些见不得光。"[53]

1979年1月，伊朗国王被迫出逃。布热津斯基担心共产主义势力接管伊朗。美国中情局和国务院严重低估了宗教极端主义的威胁，这被证明是一个巨大的情报失误。国务院负责伊朗事务的官员亨利·普雷希特（Henry Precht）回顾了当时的情形：

1978年11月底，我们召集了所有伊朗问题专家……讨论如何应对伊朗形势，预测接下来会发生什么……就在前一天晚上，我应邀前往美利坚大学的一门课上做讲座，听众中有很多伊朗学生……当我问到他们觉得伊朗接下来会发生什么的时候，他们不约而同地回答："建立伊斯兰政府。"第二天，我们国务院的会议上，整个房间的专家都在讨论伊朗局势，他们的说法是这样的："可能会建立一个自由政府，包括国民阵线在内，而霍梅尼将退至［伊朗北部的］库姆。"轮到我发言时，我回答："会建立伊斯兰政府。"整个房间没一个人赞同我的说法。[54]

1979 年 2 月，77 岁的霍梅尼回到德黑兰，人们像欢迎英雄凯旋一样恭候他归来。霍梅尼立即根据伊斯兰教法着手建立伊斯兰共和国，目标是创建新的哈里发政权。中情局总部伊朗事务的负责人向该局驻德黑兰情报站的工作人员保证："不用担心美国驻伊朗大使馆会再受袭击。现在唯一会引发袭击的因素就是允许伊朗国王进入美国，但在这个节骨眼上，没人会蠢到去做这种事。"[55]的确，没有人会这样做，除了卡特，因为他迫于基辛格、戴维·洛克菲勒、布热津斯基以及伊朗国王的其他朋友的压力。伊朗公众勃然大怒。11 月，伊朗学生闯入美国大使馆，抓走了 52 名美国人质，并扣押他们 444 天。卡特担心苏联出面干预平息极端主义高涨的浪潮，于是下令派遣 25 艘军舰进入波斯湾，包括 3 艘装备了核武器的航空母舰和 1800 名海军陆战队员。他还冻结了伊朗在美国的资产，并且下令停止从伊朗进口石油。

当这些措施都无法迫使伊朗释放人质时，美国公众开始变得焦躁不安。参谋长汉密尔顿·乔丹（Hamilton Jordan）提醒卡特："美国政府对释放人质无能为力，也无法用一种使我们感到更好的方式对伊朗进行报复，美国人民对此感到很失望。"[56]但卡特继续保持克制。霍梅尼对苏联及伊朗左翼盟友的不信任，导致苏联也很难利用这一局势。1979 年 12 月，苏联入侵阿富汗，霍梅尼的反苏情绪加深；1980年9月，苏联盟友伊拉克入侵伊朗事件更进一步加剧了霍梅尼的反苏倾向。

在伊朗问题上，美国人至少有一点是幸运的。作为艾森豪威尔的"原子能为和平服务"计划的一部分，美国向包括伊朗在内的世界多国出售了几十个研究反应堆，并一直提供高浓缩铀燃料，有些核反应堆使用的浓缩铀浓度甚至高达93%。伊朗国王下台前不久，美国还向伊朗出售了58磅的武器级铀。幸运的是，伊朗革命政府夺取政权时，这些燃料尚未交付，交易因此搁置。[57]

危机似乎在世界各地蔓延。中美洲地区的右翼独裁者在美国的支持下实施高压统治，经受了几十年的贫困后，这些地区终于在1970年代末爆发革命。在尼加拉瓜，以英勇就义的游击队领袖奥古斯托·桑地诺命名的桑地诺民族解放阵线（Sandinista National Liberation Front），扬言要推翻总统阿纳斯塔西奥·索摩查·德瓦伊莱（Anastasio Somoza Debayle）。索摩查家族对尼加拉瓜实行了长达43年残酷而腐败的统治，最终导致广大的贫穷民众团结起来反抗。卡特政府担心桑地诺运动的成功会刺激邻国的革命武装力量，特别是危地马拉、洪都拉斯和萨尔瓦多。布热津斯基主张进行军事干预，认为"如果我们在自己的后院都无法平息事端"，那将是奇耻大辱。[58]正当卡特考虑这个建议时，桑地诺民族解放阵线于1979年7月夺取了政权——这是自20年前古巴革命成功以来拉丁美洲第一个成功上台的革命政权。新政府随即开始了雄心勃勃的土地、教育和医疗改革，并释放出寻求改善与美国关系的信号，美国国会积极响应，很快就向新政府拨付了7500万美元的紧急援助。之后，有媒体报道，尼加拉瓜暗中从古巴运送武器到萨尔瓦多，于是卡特下令停止援助，这时距离1981年1月里根上台只剩下12天。

在萨尔瓦多，卡特也面临清算时刻。萨尔瓦多被一小群富裕地主（40个家族）统治了一个多世纪，他们穷尽手段剥削劳苦大众。

1970 年代，为了平息日益增长的民众反抗，萨尔瓦多的暗杀队四处谋杀反抗者。1980 年奥斯卡·罗梅罗（Oscar Romero）大主教遭到暗杀后，各种叛乱组织联合起来，组成了马蒂民族解放阵线（Frente Faribundo Martípara la Liberación Nacional）。1980 年底，在马蒂民族解放阵线即将取得全国胜利之际，卡特迫于布热津斯基的压力，决定恢复对独裁政府的军事援助。

1979 年阿富汗战争中的美苏交锋

风暴也即将肆虐阿富汗，这个落后的国家在 1974 年的人均年收入才 70 美元。1976 年，美国国务院宣布，美国"不会也不应该在任何方面保卫阿富汗"。[59]然而，1978 年 4 月，当努尔·穆罕默德·塔拉基（Nur Muhammad Taraki）和哈菲祖拉·阿明（Hafizullah Amin）领导的亲苏叛军发动叛乱夺取政权后，形势发生了变化。新任国家元首塔拉基宣称："阿富汗人民的未来将一片光明。"《纽约时报》记者威廉·博德斯（William Borders）对此表示怀疑："用世界上其他任何地方的标准衡量，阿富汗的未来似乎都并不光明。该国的人均平均寿命才 40 岁，婴儿死亡率高达 18%，全国只有不到 10% 的人能读书认字。"博德斯继续写道："阿富汗几乎没有高速公路，也没有铁路，大多数人要么是游牧民族，要么就是生活在泥泞村庄里的贫穷农民，其境况与 2000 多年前亚历山大大帝经过此处之时并无太多不同。"[60]

苏联与阿富汗前一届政府关系良好，因此在事实上是反对这次军事政变的，尽管阿富汗前统治者镇压阿富汗共产党的事情时有发生。新政府上台实施改革，重点推进提升女性教育，推行土地改革和工业化，同时严厉镇压反叛者，这一切都促使阿富汗的圣战者队伍不断壮大，此刻他们正藏身于巴基斯坦。一场内乱即将爆发。美国把赌注都放在了圣战者身上。卡特很反感他们的宗教狂热和反动观点，他最初拒绝了布热津斯基提出的反对新政府的秘密行动计划。布热津斯基则与中情局合作训练叛军，确保他们的资金来源。2月，极端分子在喀布尔绑架了美国大使阿道夫·"斯派克"·达布斯（Adolph "Spike" Dubs），当阿富汗警方和苏联顾问冲进他被扣押的那家酒店时，达布斯已经遇害。随后，美国加深了对这个国家的介入。

在日益高涨的极端主义运动中，布热津斯基看到的更多是机遇，而非危险。几年来，美国一直与伊朗和巴基斯坦的情报机构合作，在巴基斯坦境内扶植右翼极端主义势力，以便对抗亲苏的阿富汗政府。布热津斯基后来承认，甚至在苏联入侵阿富汗之前，美国就支持阿富汗的圣战者，他说："那是1979年7月3日，卡特总统签署了第一份关于秘密援助喀布尔亲苏政权的反对者的指令。当天，我写了一张便条给总统，告诉他这一援助在我看来会刺激苏联采取军事干预。"[61]

布热津斯基理解苏联的担忧，即阿富汗爆发叛乱会引发苏联控制的中亚地区的4000万穆斯林起义。阿富汗领导人一直催促莫斯科，要求其派军队镇压叛乱活动。苏联方面多次拒绝，勃列日涅夫还反过来敦促他们缓和与政敌的关系。苏联领导人已经敏锐地判断出，是美国与伊朗和巴基斯坦的极端分子合作煽动叛乱。但苏联不敢轻举妄动。葛罗米柯道出了他们的担忧："如果妄加干预，我们千辛万苦取得的成就可能化为泡影，美苏缓和局面会遭到破坏；第二阶段限制战略武器的谈判也将就此搁浅，不会达成任何协议（不管你们怎么看，对苏联来说，这始终是政治上的重中之重）；勃烈日涅夫与卡特的会面也不太可能了……我们与西方国家，尤其是联邦德国的关系也会受到影响。"[62]

苏联决定推翻主张镇压的军队首领阿明的势力，由塔拉基取而代之。奈何事与愿违，塔拉基不幸身亡，阿明政权得到进一步稳固。此后，阿明不但加剧了对国内叛乱的镇压，还转而向美国寻求帮助。苏联害怕这个南部邻国出现亲美政权，边境上布满美国军队和"潘兴二号"(Pershin II) 导弹，因此决定扶持巴布拉克·卡尔迈勒 (Babrak Karmal) 上台，取代阿明政权。当然，苏联也知道这可能会导致阿富汗局势动荡，最终苏联将不得不出兵平息事态。苏联军方反对进行军事干预，担心这会触怒伊斯兰世界，从而让苏联在一块毫无利益瓜葛的土地上纠缠数年。但勃列日涅夫愚蠢地认为，这场战争三四周内就能结束。这时美苏缓和早已名存实亡，美国国内反对第二轮限制战略武器谈判的呼声日益高涨，北约决定在欧洲部署新一轮中程弹道导弹，因此勃列日涅夫出兵干涉的决定比较容易通过。不过，历史学家梅尔文·莱弗勒告诉读者："当苏联决定插手阿富汗事务时，他们看到的是威胁，而不是机遇。"[63]

1979 年圣诞节当天，勃列日涅夫不顾谨慎的军事顾问的反对，紧急调遣 8 万多名苏联士兵。直到苏联入侵阿富汗前夕，中情局官员还在向卡特保证，苏联绝不会采取这种行动。整个世界都在嘲笑苏联政府的判断，后者认为自己是在抵御美国的秘密行动，因为美国此时正试图破坏苏联边境上一个亲莫斯科的政权的稳定。布热津斯基为此次入侵欢呼雀跃，认为莫斯科已经进入他设置好的越南式圈套。

当时美苏冷战正进行得如火如荼，卡特立即将苏联入侵阿富汗的行为称为"自二战以来对世界和平的最大威胁"，这种说法太过夸张，连《纽约时报》的专栏作家罗素·贝克 (Russell Baker) 也忍不住提醒总统，类似的事件还有柏林封锁、朝鲜战争、苏伊士运河危机、古巴导弹危机以及越南战争。[64] 1980 年 1 月 23 日，卡特发表国情咨文，他说道：

目前受到苏军威胁的阿富汗地区具有重要的战略意义，全世界可供出口的石油中有三分之二以上产自此地。苏联占领阿富汗后，其军事力量将推进到距印度洋不到300英里处，还邻近海上石油运输的枢纽霍尔木兹海峡。目前，苏联正在试图巩固其战略地位，这对中东石油的自由出口构成了极大威胁……

我们要明确我们的立场：任何外国势力试图控制波斯湾地区都将被视为损害美国的核心利益，美国一定会动用一切必要手段，包括军事手段在内，杜绝这种损害。[65]

最后一句话被奉为"卡特主义"，克里姆林宫将之视为明确的战争威胁，甚至是不惜发动核战争的宣言。万斯试图将它从演讲词中删掉，在国务院交给白宫的演讲草案中他特地做了删除标记。但布热津斯基一再强调保留这句话，还告诉白宫新闻秘书乔迪·鲍威尔（Jody Powell），如果没有这句话，整篇演讲就会空洞无物。鲍威尔向卡特表示，布热津斯基的话言之有理。[66]

2月，助理国务卿威廉·迪埃斯（William Dyess）在接受全国广播公司的电视新闻采访时重申了这一威胁，他指出："苏联人知道，人类历史上这种可怕的武器只被使用过两次，而这两次都是美国总统下的命令。"[67]

苏联认为美国指控苏联入侵中东地区实属荒谬。但卡特却召回了美国驻苏大使，提出停止第二轮限制战略武器谈判，切断了美苏两国的贸易往来。他还禁止美国运动员参加即将在莫斯科举行的奥运会，下令增加国防支出，并派国防部长哈罗德·布朗访华打探中国领导人是否愿意加强美中两国的军事合作。

正如勃列日涅夫的很多军事顾问警告的那样，苏联的军事干涉确实在阿富汗内外的伊斯兰世界都引发了大规模起义。巴基斯坦白沙瓦的反抗组织与来自沙特阿拉伯、埃及和巴基斯坦其他地方的极

端分子一道，携手援助阿富汗境内的抵抗组织。在伊斯兰堡，35
个伊斯兰国家共同谴责苏联的侵略。布热津斯基开始伺机煽动苏联
控制下的中亚地区的穆斯林的不满情绪。早在几十年前，美国就利
用极端主义对抗世俗阿拉伯的民族主义，现在又故伎重演，欲利
用极端主义对抗苏联，这就意味着要与巴基斯坦总统穆罕默德·齐
亚－哈克 (Muhammad Zia-ul-Haq) 将军合作。齐亚政府蔑视人权，
又执意发展核武器，因此 1977 年卡特切断了对该专制政府的援助。
但现在形势有变，苏联出兵阿富汗不久，卡特又开始向齐亚政府提
供价值数亿美元的军事和经济援助，条件是齐亚政府要支持叛军在
阿富汗的反苏行动。1980 年 2 月，布热津斯基亲自前往巴基斯坦和
沙特阿拉伯，达成经济援助和军事合作事宜。沙特的图尔基·费萨
尔 (Turki al-Faisal) 亲王对中情局一名官员说："我们不采取行动，
我们不知道怎么行动，我们只知道开支票。"最终，沙特同意对美

1980 年 3 月，布热津斯基［穿便服者］与巴基斯坦士兵在交流。

国做出相应的配合。[68]

虽然卡特放出狠话，但美国毕竟无法直接将苏联军队赶出海湾地区，除非发动核战争。卡特只得设法改善局面。他迅速在索马里、肯尼亚、阿曼等地建立新的军事基地以部署美国军队，一旦海湾地区发生危机，数千美国军队可以迅速前往控制局势。他还进一步加强与沙特阿拉伯等海湾地区与美友好国家的联系。卡特发布第59号总统令（Presidential Directive 59），对核战略做出重大调整，从原先相互毁灭的核战争策略转变为确保美国获胜的"灵活""有限"的核战争策略。卡特消除核武器的努力不但一败涂地，这个指令更导致常规武器和核武器数量的大幅增加。在这种情况下，美国准备打一场持久的核战争，首要目标是对抗苏联领导人，同时在许多悬而未决的城市助攻。

于是，卡特口口声声要让世界更安全、更和平的誓言瞬间成了泡影。在卡特任内，他支持对中子炸弹的研究，授权在欧洲部署核武器巡航导弹，下令第一艘"三叉戟"（Trident）潜艇投入使用，还将瞄准苏联的核弹头增加了一倍。至此，当前危险委员会在卡特入主白宫前后试图阻止的第二阶段战略武器限制谈判和增加国防开支的愿望远超预期地全部实现。事实上，在卡特任期结束前，他的态度已经与上任之初南辕北辙，他完全同意了当前危险委员会提出的遏制苏联的观点。美苏缓和以失败告终。卡特还否认了其早年对越南战争的批判，如今，在他口中，越南战争老兵已成为自由战士，"他们前往越南，并没有想侵犯别国领土，或者试图把美国的意志强加给越南人民"。[69]尽管他当初带着美好的意图，但他的实际行为却为里根接任总统后白宫走向极端奠定了基础。安妮·卡恩在《扼杀缓和》（Killing Détente）一书中做了以下总结：

1980年总统大选时，竞选双方主张的外交政策和国防政策并无本质差别。一边是卡特政府所提出的发展 MX 洲际导弹系统、"三叉戟"潜艇、快速部署部队、"隐形"轰炸机和巡航导弹，确保先发制人和反击的能力，国防开支增加5%；另一边是罗纳德·里根等共和党人主张的在以上基础上再发展中子炸弹、反弹道导弹、B-1轰炸机和民防，国防经费增加8%。[70]

卡特不但未能实现大幅削减国防开支的承诺，反而明显增加了开支，他任期之初的国防预算为1152亿美元，任期结束时，预算已增加到1800亿。[71] 他从未为自己的未能履诺道歉。在连任选举中，他甚至因为谁该为国防开支的降低负责，而与共和党人卷入一场激烈的代理人争执。7月初，国防部长哈罗德·布朗在节目《今日秀》(Today) 中公开指责共和党于1969—1976年间将国防开支减少了35%以上，而卡特政府在第一任期内将预算增加了10%，卡特还打算在第二任期内再提高25%。前国防部长梅尔文·莱尔德对布朗提出的数字表示质疑，不过他也承认美国国防开支在卡特任内的确比在尼克松和福特任内增长得要快。[72]

从苏联的有利形势来看，美国的表现着实令人担忧。后来担任中情局局长的罗伯特·盖茨 (Robert Gates) 承认："到1980年时，苏联人看到的卡特与大多数美国人心目中的截然不同，他们看到的似乎带有更多的敌意和威胁。"[73] 那时，苏联人甚至不知道卡特下一步会做出什么事来。1979—1980年初，美国的预警系统出过4次故障，甚至触发了美国战略部队的战斗警报。苏联克格勃认为这并非系统故障，而是五角大楼有意操作，目的是麻痹苏联，使其陷入虚假的自满，以便在未来战斗警报真正拉响时出奇制胜。苏联并非唯一的惊弓之鸟。盖茨在回忆录中记录了布热津斯基对1979年11月9日事件的反应：

那天凌晨3点，布热津斯基被他的军事助理威廉·奥多姆（William Odom）的电话惊醒了。奥多姆告诉他，苏联已经朝美国发射了220枚导弹。布热津斯基知道，总统需要在苏联袭击后3—7分钟内做出是否进行报复性打击的决定。于是他告诉奥多姆，自己将打电话进一步确认苏联是否真的发动了袭击，并了解其预定的打击目标，然后再向总统报告。布热津斯基认为我们必须反击，所以他告诉奥多姆让战略空军司令部准备启动战斗机。过了一会儿，奥多姆回电话报告说，他已进一步确认，苏联已经发射了2200枚导弹，这是一次全面的攻击。就在布热津斯基打算报告总统的前一分钟，奥兰多又来第三个电话。他说其他预警系统并未发现有来自苏联的袭击。布热津斯基没有唤醒妻子，就这么一人在黑夜里独坐，他几分钟前还认定半个小时内所有人都必死无疑。这是一次误报，有人不小心把军事演习的磁带插入了计算机系统。事情弄清楚后，布热津斯基才回到床上。不过，我相信他应该睡不了多长时间。[74]

这一危险事件被泄露给媒体后，引起了克里姆林宫的警惕。苏联驻美大使多勃雷宁向华盛顿转达了勃列日涅夫的"深切担忧"。布热津斯基和国防部起草了对此事的回应报告，但美国国务院高级顾问马歇尔·舒尔曼（Marshall Shulman）认为此回应令"美国无缘无故又受到了一场羞辱，这并不适合卡特、勃列日涅夫这种国家元首级别的沟通往来"。舒尔曼认为回应过于"幼稚，不符合美国的身份"，他质问道："为什么我们要这么低声下气？"[75]

扶植萨达姆搅局中东

受到经济困境和一系列处理不当的外交政策的困扰，随着1980年大选的临近，卡特显得软弱无力、与现实脱节。或许真正

宣判他的政治生涯"死刑"的是1980年4月的伊朗人质救援行动的
失败。在那次行动中，一架直升机与加油机相撞，造成8名美国人
在伊朗沙漠丧生。伊朗政府还挑衅地展示了美国人烧焦的尸体，进
一步羞辱美国。国务卿塞勒斯·万斯一直反对这个草率的救援方案，
他递上辞职信以抗议，成为自威廉·詹宁斯·布赖恩后第一个以辞
职抗议的国务卿。在他递交辞呈的4天后，那场结局悲惨的突袭行
动发生了。专栏作家玛丽·麦格罗里（Mary Mcgrory）指出，万斯
还曾在约翰逊政府时期任职期间反对另一场战争，他很清楚自己
在关键时刻辞职会导致政府内部出现严重的意见分歧。事实上，她
写道："他显然是有意为之。他很久以前就发现，在讨论疯狂的决
策时保持沉默，就是对国家最大的伤害。"[76]此时，卡特总统的支
持率跌至40%。

虽然万斯被认为是政府中最受人尊敬的官员，但他所有的外交
努力屡次被布热津斯基的强硬观点所瓦解，在相当长的一段时间

国务卿塞勒斯·万斯和布热津斯基。

里，万斯越来越被边缘化。他的影响力持续减弱，直至1970年代末已经完全消失。《华盛顿邮报》评论："万斯先生与总统逐渐貌合神离。国务卿与早期的卡特，都主张建立一个和谐和理性的世界，在这个世界里，美国会满足其他国家的某些合法要求，以便为自己找到合适的位置。但如今卡特先生所寻求调整的世界，远比万斯先生主张的充斥了更多的权力和罪恶。"[77]《华尔街日报》指出，万斯辞职的原因是1978年以来"卡特政府日趋强硬的外交政策"，总统一味"听取布热津斯基的方案"。[78] 几天后，万斯接受了媒体采访，他表示国家安全顾问应该是不同观点的协调者，"而非外交政策的制定者或对外宣布者"。[79]

几天后，卡特本人也加入了这场口水战。他有些小家子气地在费城市政厅会议上声称，新任国务卿埃德蒙·马斯基（Edmund Muskie）是一位比万斯"更强大、更有经验的政治家，将是更有说服力的我们国家政策的发言人"。然而，卡特本人却在伊朗人质危机期间躲在白宫里，成为了他自己制造的象征性人质。费城市政厅的讲话，是他在人质危机发生后半年里，第一次在华盛顿之外的地方发表重要的公开讲话。[80]

伊朗革命后，美国高层尽力迎合伊拉克独裁者萨达姆·侯赛因（Saddam Hussein），将他视为中东地区制衡敌对的伊朗政权的法宝。美国担心伊朗式极端主义威胁科威特、沙特阿拉伯和约旦等地的亲美政权。布热津斯基还设法割断伊拉克与苏联的联系。1980年9月，萨达姆在美国至少是默许的态度下入侵邻国伊朗，控制了通往波斯湾的阿拉伯河航道。但是，伊拉克并没有像美国情报机构预测的那样轻易取得胜利。不到一周，联合国就呼吁停火。10月底，两面三刀的卡特宣布，如果伊朗释放美国人质，美国就交付伊朗上一届政府从美国处订购的价值3亿—5亿美元的武器。里根竞选团队认定，这个"十月惊喜"可能会帮助卡特成功连任。据悉，里根竞选团队与伊朗政府达成了一项秘密协定，卡特政府的伊朗问题专家、哥伦比亚大学的政治学者加里·西克（Gary Sick）将之称为"一场政变"。那时候，总统竞选还处于胶着态势。10月中旬的一项民意调查甚至显示，卡特暂时领先。许多细节很模糊，无法核实，但已知的材料显示，里根的竞选官员会见了伊朗领导人，并承诺如果伊朗把人质扣留到里根赢得竞选之后，就允许以色列向伊朗运送武器。1992年，印第安纳州的国会议员李·汉密尔顿（Lee Hamilton）对此事发起质询，苏联国防及安全问题最高国防委员会（Supreme Soviet's Committee on Defense and Security Issues）提交了一份回应报告，显示当时里根团队的高级竞选官员与伊朗官员在欧洲进行了一系列秘密会谈，其中涉及的人员包括：里根竞选团队经理，即后来的中情局局长威廉·凯西；中情局前局长，即副总统候选人老布什；国家安全委员会官员，即后来的中情局局长罗伯特·盖茨。他们都参加了会谈，并且向伊朗当局表示，里根上任后会为伊朗提供比卡特时期更多的军事物资。[81] 1981年1月21日，里根就职第一天，伊朗释放了扣押的美国使馆工作人员。之后的几年，美国持续通过以色列向伊朗出售武器，通常都以私人交易的方式进行。萨达姆曾提出过早日结束两伊战争，伊拉克交出阿拉伯河航道的控制权，换取伊朗不干涉伊拉克的承诺，但这个方案没有实现。美国还从中火上浇油，导致两伊战争持续了8年，造成100多万人死亡，损失超过1万亿美元。

注释

1 "Carter Criticizes Bush and Blair on War in Iraq," *New York Times*, May 20, 2007.

2 Walter LaFeber, *America, Russia, and the Cold War, 1945–2006* (Boston: McGraw-Hill, 2008), 293.

3 Marilyn B. Young, *The Vietnam Wars, 1945–1990* (New York: Harper Perennial, 1991), 239.

4 Gregory D. Cleva, *Henry Kissinger and the American Approach to Foreign Policy* (Lewisburg, PA: Bucknell University Press, 1989), 40.

5 Jonathan Schell, *The Real War: The Classic Reporting on the Vietnam War* (New York: Da.Capo Press, 2000), 53.

6 Ibid., 55.

7 Graham Hovey, "He Calls '73 Pledge of Aid to Hanoi Invalid," *New York Times*, May 20, 1977.

8 "Vietnam Report Details Unexploded Ordnance," *New York Times*, August 1, 2009.

9 Douglas Brinkley, *Gerald R. Ford* (New York: Macmillan, 2007), 91.

10 Odd Arne Westad, *The Global Cold War: Third World Interventions and the Making of Our Times* (New York: Cambridge University Press, 2007), 247; Clair Apodaca, *Understanding U.S. Human Rights Policy: A Paradoxical Legacy* (New York: Routledge, 2006), 60.

11 Robert Hotz, "Beam Weapon Threat," *Aviation Week & Space Technology*, May 2, 1977, 11.

12 Anne Hessing Cahn, *Killing Détente: The Right Attacks the CIA* (University Park, PA: Pennsylvania State University Press, 1998), 138.

13 Ibid., 152.

14 Richard Pipes, "Team B: The Reality Behind the Myth," *Commentary*, October 1986, 29, 33.

15 Thom Hartmann, "Hyping Terror for Fun, Profit — and Power," www.commondreams.org/views04/1207-26.htm.

16 Cahn, *Killing Détente*, 158.

17 Nicholas Thompson, *The Hawk and the Dove: Paul Nitze, George Kennan, and the History of the Cold War* (New York: Henry Holt, 2009), 260.

18 Ibid., 260–261.

19 Tom Nugent and Steve Parks, "New Evidence Clouds Paisley 'Suicide' Verdict," *Baltimore Sun*, April 2, 1979; "Paisley's Death Believed Linked to CIA, Majority

Security Breach," *Baltimore Sun*, January 26, 1979; James Coates, "CIA Spy Mystery: How Did He Die and Why?" *Chicago Tribune*, October 8, 1978.

20 Coates, "CIA Spy Mystery."

21 Nugent and Parks, "New Evidence Clouds Paisley 'Suicide' Verdict"; "Wife Probing Death of Ex-CIA Official," *Los Angeles Times*, November 26, 1978; "The Paisley Mystery," *Baltimore Sun*, May 22, 1979; Timothy S. Robinson, "Full Report on Paisley to Be Secret," *Washington Post*, April 24, 1980.

22 Cahn, *Killing Détente*, 188.

23 Alexander Cockburn, *Rumsfeld: His Rise, Fall, and Catastrophic Legacy* (New York: Simon & Schuster, 2007), 20, note 18.

24 Gerald R. Ford, *A Time to Heal: The Autobiography of Gerald R. Ford* (New York: Harper & Row, 1979), 357.

25 Sean Wilentz, *The Age of Reagan: A History, 1974–2008* (New York: Harper Collins, 2008), 64.

26 Westad, *The Global Cold War*, 247–248.

27 Ibid., 443, note 102.

28 Leo P. Ribuffo, "Writing About Jimmy Carter as if He Was Andrew Jackson: The Carter Presidency in (Deep) Historical Perspective," delivered January 2007 at the University of Georgia, http://gwu.academia.edu/leoribuffo/Papers/168463/.

29 John B. Judis, "Twilight of the Gods," *Wilson Quarterly*, Autumn 1991, 46–47.

30 Zbigniew Brzezinski, *Between Two Ages: America's Role in the Technetronic Era* (Westport, CT: Greenwood Press, 1982), 297.

31 Judis, "Twilight of the Gods," 47–50.

32 Zbigniew Brzezinski, *Power and Principle: Memoirs of the National Security Adviser, 1977– 1981* (New York: Farrar, Straus and Giroux, 1983), 5.

33 Howard Zinn, *A People's History of the United States* (New York: Harper Colophon, 1980), 551.

34 Jimmy Carter, *A Government as Good as Its People* (New York: Simon & Schuster, 1977), 99–100.

35 Walter L. Hixson, *The Myth of American Diplomacy: National Identity and U.S. Foreign Policy* (New Haven, CT: Yale University Press, 2008), 258, n. 23.

36 Lawrence S. Wittner, *Towards Nuclear Abolition: A History of the World Nuclear Disarmament Movement, 1971–Present* (Stanford, CA: Stanford University Press, 2003), 41.

37 Rowland Evans and Robert Novak, "Jimmy Carter: No Apology on Vietnam,"

Washington Post, July 7, 1976.

38　Alan Lichtman, *White Protestant Nation: The Rise of the American Conservative Movement* (New York: Atlantic Monthly Press, 2008), 334.

39　Brzezinski, *Power and Principle*, 64.

40　Ibid., 65–66.

41　LaFeber, *America, Russia*, 300.

42　Melvyn P. Leffler, *For the Soul of Mankind: The United States, the Soviet Union, and the Cold War* (New York: Hill and Wang, 2007), 268–269.

43　Ibid., 284.

44　"Speech of the President on Soviet-American Relations at the U.S. Naval Academy," *New York Times*, June 8, 1978.

45　Brzezinski, *Power and Principle*, 189.

46　Westad, *The Global Cold War*, 283.

47　John Drumbell, *The Carter Presidency: A Re-evaluation* (Manchester, England: Manchester University Press, 1995), 102.

48　David Vine, *Island of Shame: The Secret History of the U.S. Military Base on Diego Garcia* (Princeton, NJ: Princeton University Press, 2009).

49　Westad, *The Global Cold War*, 292.

50　"Tears and Sympathy for the Shah," *New York Times*, November 17, 1977；另见 Ronald Lee Ridenhour, "America Since My Lai: 10 Years on a Tightrope," *Los Angeles Times*, March 19, 1978.

51　Lloyd C. Gardner, *The Long Road to Baghdad: A History of U.S. Foreign Policy from the 1970s to the Present* (New York: New Press, 2008), 51.

52　Leffler, *For the Soul of Mankind*, 301.

53　Gardner, T*he Long Road to Baghdad*, 54–55.

54　Robert Dreyfuss, *Devil's Game: How the United States Helped Unleash Fundamentalist Islam* (New York: Henry Holt, 2005), 221.

55　Tim Weiner, *Legacy of Ashes: The History of the CIA* (New York: Doubleday, 2007), 371.

56　Leffler, *For the Soul of Mankind*, 308.

57　"Nuclear Know-how: A Close Call," *Los Angeles Times*, March 12, 1979.

58　Robert A. Pastor, *Condemned to Repetition: The United States and Nicaragua* (Princeton, NJ: Princeton University Press, 1987), 148.

59　Steve Galster, "Afghanistan: The Making of U.S. Policy, 1973–1990," National Security Archive, www.gwu.edu/~nsarchiv/NSAEBB/NSAEBB57/essay.html.

60 William Borders, "Afghanistan Vows 'Active Neutrality,'" *New York Times*, May 5, 1978.

61 Chalmers Johnson, *Blowback: The Costs and Consequences of American Empire* (New York: Henry Holt, 2004), xiii.

62 Leffler, *For the Soul of Mankind*, 310–311.

63 Ibid., 332.

64 Russell Baker, "A Bone in the Throat," *New York Times*, May 3, 1980.

65 Jimmy Carter, State of the Union Address 1980, January 23, 1980, www.jimmycarter library.gov/documents/speeches/su80jec.phtml.

66 Robert M. Gates, *From the Shadows: The Ultimate Insider's Story of Five Presidents and How They Won the Cold War* (New York: Simon & Schuster, 1996), 113.

67 Robert J. Lifton and Greg Mitchell, *Hiroshima in America: A Half Century of Denial* (New York: Avon Books, 1995), 220, 402.

68 Geoffrey Wawro, *Quicksand: America's Pursuit of Power in the Middle East* (New York: Penguin, 2010), 382.

69 "Transcript of President's News Conference on Foreign and Domestic Affairs," *New York Times*, March 25, 1977.

70 Cahn, *Killing Détente*, 49.

71 David Walsh, *The Military Balance in the Cold War: US Perception and Policy* (Abingdon: Routledge, 2008), 183.

72 Melvin R. Laird, "Defense Secretaries Shouldn't Play Politics," *Washington Post*, August 17, 1980.

73 Gates, *From the Shadows*, 113.

74 Ibid., 114–115.

75 State Department cable 295771 to U.S. Embassy Moscow, "Brezhnev Message to President on Nuclear False Alarm," 14 November 1979; Marshal Shulman memo to Secretary of State Cyrus Vance, 16 November 1979; Marshal Shulman memo to Cyrus Vance, 21 November 1979, National Security Archive Electronic Briefing Book No. 371, March 1, 2012, http://www.gwu.edu/~nsarchiv/nukevault/ebb371/index.htm.

76 Mary McGrory, "Vance Departs Knowing the Full Implications," *Baltimore Sun*, April 30, 1980.

77 "The Vance Resignation," *Washington Post*, April 29, 1980.

78 "Leaving Well," *Wall Street Journal*, April 29, 1980.

79 "Vance Says National Security Adviser Should Stop Making Foreign Policy,"

Washington Post, May 5, 1980.

80 Steven R. Weisman, "Carter Sees Muskie as 'Much Stronger' in the Job than Vance," *New York Times*, May 10, 1980.

81 Robert Parry, "The Crazy October Surprise Debunking," November 6, 2009, www.consortiumnews.com/2009/110609.html.

第11章
里根时代：拉美成为冷战新赛场

1987年，罗纳德·里根总统在柏林发起了挑战："戈尔巴乔夫（Mikhail Gorbachev）总书记，如果你寻求和平，如果你寻求苏联和东欧的繁荣，如果你寻求自由化，那就来这里吧！戈尔巴乔夫先生，打开这扇门！推倒这堵墙！"

1989年11月9日，距离里根说出这番激动人心的话不到两年半，柏林墙轰然倒塌。1991年，苏联解体，冷战就此结束。许多人称赞里根，认为他赢得了冷战，有人甚至将他奉为美国最伟大的总统之一。但里根真的是播撒自由和民主的英雄吗？真的是他结束了人类历史上最危险的时期吗？里根及其政府是否有不为人知的阴暗面，以至于他的话都成了笑柄？这位史上最不像总统的总统，其微笑面具背后又隐藏着什么？

史上最无知的总统

罗纳德·里根曾是一位很有亲和力的电影演员，后来还成为通用电气的代言人。1967—1975年间，他担任加利福尼亚州州长。他有强烈的家庭观念，却与自己的孩子关系疏远，也是历史上第一位离婚的美国总统。他才疏学浅，却有很强的宗教信仰，极端保守，很少对国家政策提出建设性意见，也没有兴趣了解和把握细节。副总统老布什向苏联驻美大使阿纳托利·多勃雷宁坦承，他首次听到里根对国际关系的看法时，"几乎不敢想象"。多勃雷宁写道，布什"惊讶地发现，里根的话语中充满好莱坞式陈词滥调，他的思维深受其加州朋友的影响，这些人大多富有却保守且没受过多少教育"。[1]国家安全委员会的苏联问题专家理查德·派普斯坦言，在国家安全委员会的会议上，总统看起来"真的很迷茫，很不明白，他无法理解会上讨论的话题"。新政府上台后，反恐协调员安东尼·昆顿（Anthony Quainton）就被召去向总统汇报工作。昆顿说："我向总统汇报工作，在场的还有副总统、中情局局长、联邦调查局局长以及几位国家安全委员会成员。总统吃了几颗糖后，就打起瞌睡来。那情形真是……令人不安。"[2]

里根这种心不在焉的样子也让吉米·卡特深受困扰。卡特要告知新总统他将面临的挑战、各国领导人概况、对核武器的指挥和控制等。据卡特的助手乔迪·鲍威尔回忆道："老板真的认为让里根在宣誓就职前了解这些情况非常重要，但在他介绍情况时，里根居然没有任何疑问。他还以为里根不做笔记是因为没带笔和纸，就递给了他一套。没想到里根说，谢谢，不用了，他能记住。这简直糟透了。"[3]

里根的许多亲信都被他惊人的无知所震撼。1982年底，里根出访拉美回国，他在接受记者采访时表示："嗯，我此行收获良多……你一定会感到惊讶，它们竟然都是独立的国家。"[4]当里根总统告诉加拿大总理皮埃尔·特鲁多（Pierre Trudeau）："苏联带了一名美国牧师到莫斯科，就是为了把他送回美国当演员权益保障协会的发言人。"⁵特鲁多调侃道："这人到底是从哪个星球来的？"里根对众议院议长蒂普·奥尼尔的书桌甚是喜欢，后者告诉他这是格罗弗·克利夫兰（Grover Cleveland）用过的，里根就很兴奋地告诉奥尼尔，他在电影《百胜雄心》（*The Winning Team*）中正好饰演克利夫兰。奥尼尔听后简直惊呆了，他告诉里根，这张桌子是克利夫兰总统用过的，而不是投球手格罗弗·克利夫兰·亚历山大。在众议院任职34年的奥尼尔说："里根是我所见过的最无知的总统。"⁶

里根极度简单的世界观很像东拼西凑的大杂烩，里面掺杂了贺曼贺卡、柯里尔和艾夫斯石版画、好莱坞史诗大片、本杰明·富兰克林（Benjamin Franklin）的名言警句，还有中餐里的幸运饼干。他写道："我总是觉得，我们应该用实际行动清楚地告诉世界，美国是有高尚道德的民族……我们一直只将我们的力量用于造福世界。"⁷

罗纳德·里根是最没文化、最不好学的白宫主人。

他总是表现得难以分辨现实和幻想。1983年底，他在总统办公室会见以色列总理伊扎克·沙米尔（Yitzhak Shamir）。其间，他告诉沙米尔，他在二战时期是一名摄影师，拍摄过盟军解放纳粹死亡集中营的场景，当时的痛苦场面让他深深动容，于是他保存了胶卷，以防有人怀疑大屠杀的真实性。沙米尔被里根的事迹感动了，回国后把事情重述给内阁同僚，以色列报纸《晚报》（Ma'ariv）还专门刊登了此事。后来里根又把故事的另一个版本告诉了西蒙·威森塔尔（Simon Wiesenthal）和拉比马文·希尔（Marvin Hier），他对他们说自己曾与陆军通信兵一起拍摄了死亡集中营的惨状，还在战争结束一年后把照片展示给别人看。听到这个故事后，《华盛顿邮报》记者卢·坎农（Lou Cannon）指出，里根在二战期间或战后初期都并未离开过美国。这个故事纯属虚构。[8]

随后，记者们又大张旗鼓地报道了里根说过的其他瞎话。有人认为，总统的幻想症可能是年纪大了，记性不好所致，但《芝加哥论坛报》专栏作家迈克·罗伊科（Mike Royko）推翻了这种说法，他说自己早在1968年就见识过里根造谣的能力，当时里根为了强调社会上违法乱纪行为的猖獗，声称仅在近一个月内芝加哥就有8名警察被杀。罗伊科很好奇，就展开了调查，发现最近几个月都没有发生芝加哥警察被杀的事件，一年才偶尔出现一两例。[9]里根经常讲述芝加哥"福利女王"①（welfare queen）的故事，说她有80个名字、30个家庭住址、12张社会保障卡，收入超过15万美元，且不用缴税。但他每一次讲述，这些数字都会发生变化，有时说她有127个名字，收到过100多张不同的支票，但中心思想倒是没变，那就是对贪婪、不诚实，一味从辛勤工作的白人那里窃取劳动成果

---

① "福利女王"是里根时期出现的一个词语，把黑人妇女认定为专靠揩政府的油过好日子的人，是明显的种族偏见。

的黑人的攻击。[10]

历数里根的种种不靠谱发言已成为当时全体美国人的消遣。里根经常捏造不实的名人名言，包括奥利弗·温德尔·霍姆斯和温斯顿·丘吉尔的。也许有时用得恰到好处，他的新闻秘书拉里·斯皮克斯（Larry Speakes）后来承认，是自己捏造了那些名言，然后交给里根以备不时之需。[11]

会见访客，甚至是与自己的内阁官员谈话时，里根都常常手持工作人员为他准备好的3英寸×5英寸的资料卡，然后照着念。有时，他不小心弄错了卡片，读出来的内容与来访者毫无关系，场面就会变得很尴尬。他凭着个人的经验进行推理，从而形成了自己的世界观。当事实无法为他的观点服务时，他就选择性地忽略或反驳。1982年，原先的加利福尼亚州最高法院大法官威廉·克拉克（William Clark）担任总统的国家安全顾问，当他发现里根对世界知之甚少时，不禁为之震惊。他立即指示五角大楼和中情局制作相关影片，详细解释安全问题，向里根介绍他将要会见的世界各国领导人的情况。[12]

里根团队的"牛鬼蛇神"

里根闲散的作风，再加上缺乏外交经验，为他的下属开了搞阴谋诡计的大门，这些人都想争得幕后指挥棒。副总统布什家族与洛克菲勒、摩根和哈里曼等大利益集团渊源颇深，其坚定甚至邪恶的建制派资历表露无遗。从耶鲁大学毕业后，老布什搬到得克萨斯州，成为一名石油商人，1970年他竞选参议员失败。理查德·尼克松曾精心策划，任命他为共和党主席。

珍妮·柯克帕特里克（Jeane Kirkpatrick）在里根时期的外交政策中发挥了突出作用。这位保守的民主党人是乔治敦大学的政治学

里根会见美国驻联合国代表珍妮·柯克帕特里克。

者，她之所以支持里根，是因为后者坚定的反共立场，而她后来也被任命为美国驻联合国代表作为奖励。柯克帕特里克向里根竞选团队提议，用"威权主义政权"（authoritarian）代替"极权主义政权"（totalitarian），从而巧妙地为他们支持右翼独裁统治的行为开脱。她与她的同事，乔治敦大学伦理与公共政策中心主任欧内斯特·勒菲弗（Ernest Lefever）一道，轻蔑地无视了吉米·卡特的人权和改革计划。勒菲弗是萨尔瓦多到南非一带专制政权的坚定拥护者，当上了负责人权事务的助理国务卿。《纽约时报》认为他是"一名极端保守主义者，在谈到人权保护法时，他嘲笑现有政策只是毫无意义的妇人之仁，认为讨论人身保护法令让无论何种专制程度的盟友都感到难堪，是极大的错误"。他不以为然地驳斥了人们对盛行于阿根廷和智利的酷刑的深切关注，认为这些都是"伊比利亚传统遗留的产物"。他掌舵的研究中心受到不少批评，因为它收了雀巢公司一大笔钱，违心地做了一项有助于其产品推广的研究。这份研究报告卖力地劝说广大母亲用配方奶粉代替母乳喂养婴儿，然而证据却显示，使用配方奶粉使得不发达国家的婴儿营养不良的比例提高了两倍。[13]1981 年 6 月，参议院外交关系委员会认为勒菲弗不适合继续担任助理国务卿，委员会的 9 名共和党议员中有 5 名和 8 名民主党成员都投票反对他继续任职。继任者是同样充满争议的埃利奥特·艾布拉姆斯（Elliott Abrams）。

里根的不专业似乎让下属有更多左右国家大政的机会，但并非所有人都乐意看到这种情况。国家安全顾问弗兰克·卡卢奇（Frank Carlucci）的助手科林·鲍威尔将军回首往事时说道："总统被动的管理风格给我们造成了巨大的负担。在习惯这种风格之前，我们对执行没有明确决定的建议感到不安……有一天早上……弗兰克发出慨叹……'天呐，我们不是受雇来管理这个国家的！'"担任过里根竞选经理、白宫办公厅主任和财政部长的詹姆斯·贝克（James Baker）将由此形成的外交政策团队称为"各怀鬼胎的奇怪混乱局面……基本各干各的"。[14]虽然里根的高级顾问们在政策的控制上经常互相掐架，但他们对秘密行动有着共同的热情。他们与国务卿亚历山大·黑格、副总统老布什一起，通过国家安全计划小组（National Security Planning Group）在中美洲和非洲发起了一系列行动，并在阿富汗扶植苏联集团里的不同政见者，进一步扩大卡特的计划。

这一时期的全球经济疲软客观上为他们的行动扫清了障碍。1960—1970 年代初期，第三世界国家凭借丰富的资源，经济获得高速发展，这一趋势到 1970 年代中期逐渐停滞，因为全球经济衰退影响了它们靠出口原材料获得收入。第三世界国家的债务激增，持续发展的前景黯淡，使得原本就陷于贫困的人们的境况雪上加霜。那些通过革命推翻殖民主义政权，并尝试社会主义道路的国家成为重灾区，许多人开始质疑这种左翼发展模式的可行性。里根将这种混乱视为机会，认为美国可以趁机推翻对美不友好的政府，展现资本主义制度的优越性。

1970年代末，苏联经济也开始走下坡路，进入一段停滞和衰退期，到1982年国际油价暴跌时，形势更是急剧恶化。苏联的军事开支约占国内生产总值的四分之一，进一步拖垮了经济。里根决心好好利用这个机会。1981年1月29日，他在自己首次参加的新闻发布会上发表反共言论，使得近20年来美苏共同努力缓和冷战紧张局势所取得的成果毁于一旦：

> 迄今为止，缓和政策一直是苏联人为了实现他们的特定目标而强加给我们的单行道……他们想要推进世界革命，企图到处建立社会主义国家，或者共产主义国家，看你喜欢用哪个词……他们还公开宣扬，他们唯一认可的道德就是看其能否促进他们的这项事业。也就是说，他们会不择手段，甚至不惜犯罪、撒谎、欺骗，只要能达到这一目的，那就是道德的。而我们秉持的却是另一套截然不同的价值标准。[15]

卡特时期，中情局基本上受制于总统，但到了里根时期，它却在新反共运动中发挥了重要作用。中情局分析师向来以专业和与行动部门保持距离为傲，但到了里根时期，事情发生了变化。老布什的B队发起的进攻在凯西任中情局局长时期开始收获果实。里根政府的强硬派希望中情局提供能够支持他们指控苏联的情报，即苏联是危险的、敌对的、有扩张欲望的，不管这种认知离现实有多远。凯西曾是华尔街一位腰缠万贯的大律师，也是虔诚的爱尔兰天主教徒。据他的副手罗伯特·盖茨所言，凯西入主中情局，"就是要发起一场反对苏联的战争"。盖茨透露："里根的班底将他们的到

中情局局长威廉·凯西与里根。

来视为一场充满恶意的接管。"[16]凯西读了克莱尔·斯特林（Claire Sterling）的《恐怖网络》（*The Terror Network*）一书后，相信苏联是一切国际恐怖主义的源头。中情局苏联事务处负责人梅尔文·古德曼（Melvin Goodman）表示："我们有好几个人都去见过凯西局长，试图告诉他斯特林书中很多所谓的证据都是中情局故意抹黑苏联的宣传，目的是在欧洲媒体上宣传反共思想。"但是，他补充道："凯西很轻蔑地指出……他从斯特林身上学到的远比从我们身上学到的多得多。"将斯特林的话奉为圭臬的还有黑格、沃尔福威茨、国务院顾问迈克尔·莱丁（Michael Ledeen）、国务院官员罗伯特·"巴德"·麦克法兰（Robert "Bud" McFarlane）。[17]然而，中情局的专家们都心知肚明，虽然苏联人有种种过错，但他们实际上阻止了恐怖主义。

凯西和盖茨开始清洗中情局内部拒不肯与之同流合污的分析师。如果他们提交的报告与里根政府的口径不一致，凯西就会肆意篡改。古德曼于1966—1986年间在中情局担任苏联情报高级分析师，他观察到，"中情局将苏联军队夸张地描绘成一只章鱼，其触手遍布世界各地，这个形象符合里根政府对苏联'邪恶帝国'的指控"。古德曼接着谴责道，"中情局忽视了苏联历史上最重要的发展时期，即苏联帝国和苏联本身的崩溃"，而这主要是因为"盖茨当家期间形成的文化和办事流程"。[18]

开展秘密行动，整治拉美后院

中情局的情报部门正被拆分之时，行动部门却在胡作非为。驻萨尔瓦多的美国军事顾问团团长约翰·瓦戈德斯坦（John Waghelstein）上校曾表示："真正的反叛乱技术就是变成原始人。"这种理念可以用于解释美国暗中支持和训练萨尔瓦多、危地马拉的政府军镇压叛乱，以及美国在尼加拉瓜发动的叛乱。这些被里根称为"自由战士"的人，经常对受害者进行强奸、折磨、阉割、斩首或肢解的恐怖行径。[19]危地马拉士兵曾在1981—1983年屠杀了大约10万名玛雅农民。为了练就他们杀人不眨眼的素质，这些士兵在刚入伍时都会接受残酷的魔鬼训练，比如被毒打、侮辱，被按进污水中，或者强迫其长时间浸泡在粪坑中。长期受到羞辱和迫害的士兵终于失去人性，变得残酷至极。1982年12月，危地马拉军队在北方一个名为多斯·埃尔雷斯（Dos Erres）的村庄屠杀了160多人。士兵们拎起65个孩子的脚，把他们的头狠狠地撞向岩石。而就在前一天，里根访问洪都拉斯，这是他的拉丁美洲之行中的一站。当时，他在为危地马拉总统埃弗拉因·里奥斯·蒙特（Efrain Rios Montt）鸣不平，认为这位通过军事政变上台掌权的重生的福音派教徒受到了"很不公平的指控"。里根向记者保证，这位独裁者"诚挚承诺建设民主"。他还认为蒙特是一个"非常正直且有奉献精神的人"。[20]里根还说道，鉴于危地马拉近期人权状况大幅改善，他正在考虑恢复对其进行军事援助。早在1977年，因为该国政府不堪的人权记录，卡特政府切断了对它的援助。里根还对蒙特所说的"我们没搞焦土政策，我们搞的是把共产党人烤焦的政策"非常满意。[21]美国大使弗雷德里克·蔡平（Frederic Chapin）宣布，"杀戮已经停止……危地马拉政府已经走出黑暗，步入光明"。[22]

当天，里根还会见了洪都拉斯总统罗伯托·苏阿索·科尔多瓦（Roberto Suazo Córdova），后者当时正在美国的支持下发动反叛乱战争。据《洛杉矶时报》报道，"会面在洪都拉斯东部一个戒备森严的军用机场里进行，那是一栋'土褐色的建筑'。士兵们在跑道边的甘蔗地里架起高射炮，军用直升机在跑道上空盘旋……天气如此炎热潮湿，白宫官员们身上穿的细条纹西装显得很不合时宜"。国务卿乔治·舒尔茨（George Shultz）低声对一名记者说："这是我见过的最奇怪的场面。"

这次出访还碰到一些意想不到的情况。在哥斯达黎加，人民革命运动领袖塞尔希奥·埃里克·阿尔东（Sergio Erick Ardón）在国家剧院的包厢里突然起身，大声指责美国总统在"中美洲搞军事活动"。[23]

在哥伦比亚，里根被贝利萨里奥·贝坦库尔·夸尔塔斯（Belisario Betancur Cuartas）摆了一道。这位哥伦比亚总统在祝酒时批评里根将古巴和尼加拉瓜从西半球和平与发展的努力中"孤立"和"排挤"出去，与此同时却大肆纵容右翼政府的暗杀行为："作为一国首脑，不能对有人每天在我们共同的土地上开掘坟墓无动于衷。仅仅在萨尔瓦多一国，就新增了3万座坟墓，强烈冲击了许多领导人沉睡的良知。"里根的随从对这种攻击深感愤怒，也对波哥大市出现的骚乱和示威活动感到不满。当时街道两边的群众看到里根车队后不断大喊"滚蛋！""美国佬滚回家去！"[24]由于没搞清楚美洲的所有"独立国家"，里根在出访巴西时，向"玻利维亚人民"大声致敬，极大地侮辱了东道国巴西。[25]

里根宽待凶残独裁者的离谱行为在美国本土引起了不小反响。《纽约时报》专栏作家安东尼·刘易斯（Anthony Lewis）以一篇名为《你好，成吉思汗》（"Howdy, Genghis"）的文章打响了批评总统的头炮。他在开头写道："在'反共'的名义下，美国总统刚刚友好地会见了一名制定大规模屠杀政策的暴君。尽管美国人一直坚信，他们的国家代表了当今人类的基本道义，但友好会见暴君这种事的的确确就发生在眼前里根执掌的美国。"刘易斯在文章中详细描述了危地马拉士兵乘直升机降落在农村，然后用砍刀把村中妇女砍死，焚烧屋舍，把人的眼珠子抠出来，企图从游击队手中夺回村子的情形。刘易斯援引《波士顿环球报》对这次反游击运动的评论，称这是一次"介于大屠杀和种族灭绝之间"的行动。刘易斯指出，里根对"虐待狂和杀人魔"的支持不仅是对危地马拉和萨尔瓦多的领导人，他还热情地款待其他残忍的统治者，包括最近出访华盛顿的韩国和菲律宾的独裁者，以及即将到访的巴基斯坦独裁者穆罕默德·齐亚－哈克。齐亚－哈克自1977年掌权以来，"极尽所能地排除异己，还经常使用酷刑"。在文章最后，刘易斯写了一段很尖锐的批评，这段话也贯穿了美利坚几十年来的帝国史："这是我们所有人的耻辱。也许里根政府愚蠢的经济政策会随着时间的流逝被人们淡忘，但它对人类残忍行为的麻木不仁将永远玷污美国的声望。"[26]

刘易斯雄辩地表达了愤怒，许多媒体和组织机构纷纷发声支援，美洲观察组织（Americas Watch）、半球事务委员会（Council on Hemispheric Affairs）以及其他人权组织都发布报告，详细描述正在上演的种种的谋杀与暴行。美国人类学协会（American

Anthropological Association) 特别安排了新闻发布会，让危地马拉耶稣会的牧师里卡多·法利亚（Ricardo Falla）发表公开演讲。法利亚曾在乔治敦大学接受过培训，他指出，对印第安人有组织的大屠杀的目的是"消灭幸存者"，这样就"不会有人记得"曾经发生过什么了。他解释道："这就是为什么那些婴儿和孩子会惨遭毒手。实在令人难以置信，如果那些孩子幸存下来，他们长大后必定会替父母报仇……所以那些小家伙要么惨遭屠刀分尸，要么头被人撞向石头或房梁。"法利亚讲到其中一场对印第安人的大屠杀足足持续了 8 个小时，刽子手中途还休息了一下，吃了顿晚饭。他说道："士兵们杀死了妇女和儿童，然后停下来，从他们刚到不久就杀了的公牛身上割下肉来烤着吃了。他们嘲笑那些没能被钝刀割破喉咙，而像绵羊一样哀嚎的老人。在晚上，大屠杀结束后，他们打开从印第安人手中抢来的收音机，一边听一边高声歌唱。"[27]

1983 年 1 月，里根结束了对军事援助的禁令，开始授权出售军事装备。但国会的抵制迫使危地马拉不得不先靠美国的盟友以色列提供军事援助。以色列还向萨尔瓦多和尼加拉瓜反政府武装组织提供军事援助。中情局对危地马拉的军事援助有增无减。1983 年 8 月，奥斯卡·温贝托·梅希亚·维克托雷斯（Óscar Humberto Mejía Victores）通过政变推翻了蒙特政权，一段被称为"暴力统治"的时期结束了，但暴力并未真正离去。政变后，中情局和国务院提交报告，指出危地马拉的政治谋杀和绑架事件与日俱增。1984 年 2 月，美国驻危地马拉大使弗雷德里克·蔡平致电华盛顿，声称"危地马拉的人权现状十分可怕"。[28]第二天，负责人权事务的助理国务卿埃利奥特·艾布拉姆斯与两名国务院官员批准了一份秘密报告，敦促国会根据危地马拉人权状况改善的记录，恢复对它的军事援助。

1986 年，美国国务院在一份秘密报告中承认"安全部队和右翼准军事组织"系统地绑架和谋杀农村社会工作者、医务人员和农场工人，这些秘密行动最早可追溯到1966年，在1984年达到顶峰。危地马拉官方主办的历史澄清委员会（Historical Clarification Commission）于1999年发布一份报告，详细说明了危地马拉军队对玛雅村庄进行的626起大屠杀，里面称之为"种族灭绝"。报告指控美国中情局以及其他美国政府机构为危地马拉屠杀者提供了直接或间接的支持，这些暴行导致约20万人丧生。[29]

美国在尼加拉瓜犯下的又是另一种暴行。索摩查领导下的凶狠的尼加拉瓜国民警卫队的一些前成员越过边境，在洪都拉斯聚集，他们在中情局局长凯西的协助下密谋重新掌权。这些反政府武装自称"反革命军"。在尼加拉瓜，就像其他地方一样，凯西将卡特时期初步发展的秘密行动变成了大规模行动。他设立中美洲特遣队执行这些行动，还任命杜安·科拉里奇（Duane Clarridge）为拉丁美洲事务负责人。科拉里奇堪称最完美的傀儡，对拉丁美洲一无所知，从未有过在该地区任职的经验，也不会说西班牙语。

美国驻尼加拉瓜大使安东尼·昆顿在一次采访中指出战争的起点："这场秘密战争始于1982年3月15日，当天中情局指使尼加拉瓜特工炸毁了连接尼加拉瓜与洪都拉斯的桥梁。"事实上，战争在更早之前就开始了。1982年12月，美国国会禁止政府将资金用于推翻尼加拉瓜桑地诺政权。在里根时代，像舒尔茨这样的温和派在外交政策上毫无发言权，而强硬的右翼分子不断地为尼加拉瓜及周边地区制定残酷的政策。里根对国会隐瞒了中情局的行动。凯西多次撒谎，故意误导众议院和参议院的情报委员会。盖茨说道："凯西从入职那天开始就一直藐视国会。"[30]舒尔茨后来说他在1987年1月时已经对国家安全顾问弗兰克·卡卢奇抱怨过："我告诉他，我对情报部门没有信心，他们一直误导我、欺骗我、排挤我。"[31]尽管如此，国会还是大幅度提高了情报预算，其中大部分都拨给了中情局。

为了成功绕过国会，凯西和国家安全委员会官员奥利弗·诺思

（Oliver North）精心策划了一次非法行动。在以色列军火商的牵线搭桥之下，美国把导弹以高价卖给它在伊朗的敌对势力，所得利润用于资助拉丁美洲的反政府武装，而拉丁美洲的毒贩往往在这一环节中充当中间人，他们得到的回报是可以更容易地进入美国市场。拥有美国的资金和中情局的指导，尼加拉瓜的反政府武装发展到1.5 万人。中情局还从危地马拉和萨尔瓦多招募雇佣兵，从尼加拉瓜的近海处发起攻击，轰炸和破坏沿海地区的目标和商业港口。

　　里根为美国的秘密战争辩护时，其异想天开的说辞与1984 年的实际情况南辕北辙。他说："尼加拉瓜人民被困在了极权政府打造的牢笼里，军事独裁统治让他们一贫如洗，而统治者却过着穷奢极欲的逍遥生活，还公然吹嘘他们的革命之火会燃烧到邻国去。由于古巴、苏联集团和阿拉伯激进主义者的瞎掺和，尼加拉瓜的独裁统治变得更加放肆，也更加危险。"[32]里根甚至将反政府武装称为"道德品质堪与开国元勋齐平的标兵人物"，这个令人作呕的比较招致美国历史学家组织的强烈批评。里根所说的"道德标兵人物"，恰恰是以折磨、残害和屠杀平民而臭名昭著。反政府武装采用恐怖战术摧毁学校、医疗机构、公共合作社、桥梁和发电站，战争中丧生的三万平民大多数是死于反政府武装之手。参谋长联席会议的一名顾问称尼加拉瓜的反政府武装是"当今世界最奇怪的民族解放组织"。在他看来，他们"只是一群杀手"。[33]据美国大使馆透露，一位尼加拉瓜的反政府武装前任领导人声称，如果平民不肯加入反政府武装组织，就会被"枪杀或者捅死"，其他人则会"被丢进熔炉里活活烧死"。这位领导人还说，被绑架的年轻女性则"日日夜夜遭到强奸"。[34]

　　暴行也蔓延到萨尔瓦多，美国领导层决定在此地实践他们的后越南战争反叛乱理论，试图在不投入大量美军的前提下镇压萨尔瓦多起义。首先，美国大规模扩充萨尔瓦多军队并对其进行现代化

美国国内一些呼吁支持尼加拉瓜反政府武装的传单，称这些人是"自由战士"。

改造，到1983年时，这支军队人数已达5.3万，其中大多数士兵都在美国佐治亚州的本宁堡或美国在巴拿马开办的美洲学校接受过训练。在卡特和里根时期都担任美国驻萨尔瓦多大使的罗伯特·怀特（Robert White）向国会证实：

50年来，萨尔瓦多一直被一个腐败而残暴的富人和军方的联盟所统治。1979年，有一批年轻的军官发动起义，试图打破这一联盟。正是在此时，里根纵容和接受了右翼极端势力的发展，才导致萨尔瓦多民族主义共和联盟（National Republican Alliance）的出现，其领导人——前陆军少校罗伯托·达布松（Roberto D'Aubuisson）迅速声名鹊起。

民族主义共和联盟是仿照纳粹党和一些激进团体而建立起来的暴力法西斯党派……其创始人和主要支持者是一些流亡于美国迈阿密

的富人和活跃在萨尔瓦多本土的民间人士。民族主义共和联盟的武装力量主要由萨尔瓦多军队的现役士兵和安全部队构成……我国大使馆曾投入大量资金，试图查明这些右翼暴力分子的身份，以及他们在佛罗里达州迈阿密地区的接头人……该团体在迈阿密的 6 个富人头目表示……要重建国家，必须先彻底摧毁它，搞垮经济，使得大量工人失业，推翻当前的军政府，让一个"好"军官取而代之，然后来个大清洗运动，除掉三四十万甚至五十万人……这些疯子都是些什么人啊！他们内部到底是怎么运作的？……为首的 6 个人曾是萨尔瓦多非常富有的大地主……他们策划阴谋，经常开会，并将意思传达给罗伯托·达布松。[35]

1981 年 3 月，中情局向副总统老布什报告，"在过去一年中，富有地主的走狗（罗伯托·达布松）率领右翼暗杀队，杀害了数千名疑似左翼分子和左翼势力同情者"。就在里根总统宣誓就职后不久，曾参与人道主义救援工作的三名美国马利诺修女和一名天主教信徒遭到强暴，最终被杀害。美国驻联合国代表珍妮·柯克帕特里克坚称"这些修女并不仅仅是修女"，她们还是"马蒂民族解放阵线的政治活动家"。国务卿亚历山大·黑格称她们为"佩枪修女"，还在国会安全委员会上暗示道："也许修女们想利用所乘的交通工具来穿越路障。"[36]

有一宗暴行需要特别指出。1981 年底，由美国训练并武装的萨尔瓦多军队屠杀了埃尔·莫佐特村（El Mozote）的 767 名村民，受害者包括 358 名 13 岁以下的儿童，他们或被刺死，或被斩首，或死于机关枪的扫射，而女孩和妇女则遭到强奸。《纽约时报》记者雷蒙德·邦纳（Raymond Bonner）试图揭露此事，《华尔街日报》和其他亲里根的报纸则质疑邦纳报道的可信度。《纽约时报》不堪舆论压力，将邦纳调离萨尔瓦多。政府官员串通一气，掩盖这起大

在暗杀队屠刀下丧生的人们，头骨被抛在萨尔瓦多的岩石堆里。

屠杀丑闻，形势变得更加恶劣。1982 年底，半球事务委员会有报告显示，萨尔瓦多和危地马拉发生了拉丁美洲地区最严重的侵犯人权事件："斩首、酷刑折磨、挖取内脏、灭尸和其他形式的残忍刑罚据说是准军事部队的行为准则，且得到萨尔瓦多政府的许可。"[37] 然而，负责人权事务的助理国务卿埃利奥特·艾布拉姆斯却表示，有关暗杀队卷入其中的报告"不可信"。[38]

老布什似乎没办法同情美国后院人民遭受的苦难。早在教皇约翰·保罗二世（John Paul II）访问中美洲之前，老布什就说，他不理解为什么天主教神父能做到让自己的宗教信仰和马克思主义哲学、策略相互协调，并支持叛乱分子。圣母大学校长西奥多·赫斯伯格（Theodore Hesburgh）神父解释道，贫困以及社会不公很容易让人支持马克思主义者或其他能改善现状的人。老布什回答说："也许这会让我像个右翼极端分子，可我真的很疑惑，我就是不明白。"[39]

1984 年，基辛格受命担任中美洲问题委员会（Commission on Central America）主席。在这个机构的推动下，美国对中美洲的经济和军事援助在之后的数年里持续增长。杰西·赫尔姆斯（Jesse Helms）参议员在其中起到了关键作用。政府官员故意隐瞒了涉及萨尔瓦多国家警察、国民警卫队和国库警察的美国政府文件，好让国会继续拨款。在卡特和里根时期，国会拨了近 60 亿美元资助这个弹丸小国，萨尔瓦多成为该时期人均接受美国援助最多的国家。与此同时，右翼暗杀队继续屠杀生灵，死亡人数高达 7 万。1980 年代，约有 50 万萨尔瓦多人为了逃避暴力迁往美国，但大多数人都被遣返。1984 年，美国移民局官员承认，这些前来寻求庇护的萨尔瓦多人，美国大概只接纳了其中的四十分之一，而与此同时，美国却接纳了几乎所有逃离尼加拉瓜的反共申请者。

1980 年，美国新保守主义先锋杂志《评论》发表了一系列文章，谴责保守派所谓的越南综合征，即美国人因害怕重蹈越南战争的覆辙而束手束脚，不敢使用武力解决国际冲突。里根表示赞同，他说："长久以来，我们一直生活在越南综合征的阴影之下……在将近 10 年的时间里，这种病症不断向我们暗示，我们是帝国主义侵略者……现在是时候认识到，我们实际上是在开展一项神圣的事业……如果我们一直背负着罪恶感，那么我们就对不起在越南战争中献身的 5 万多名美国年轻士兵。"[40]

因深陷在尼加拉瓜和萨尔瓦多旷日持久的代理人战争中，里根开始渴望一场军事上的轻松胜利，以重振美利坚民族的自信，消除越战阴影。1983 年，他终于等到了机会。当时格林纳达的一个激进团体推翻了莫里斯·毕晓普（Maurice Bishop）领导的革命政府，并杀害了政府领导人。格林纳达是加勒比海上的一个小岛国，人口大约 10 万。毕晓普去世之前宣称，美国"这头帝国主义洪水猛兽"正在发起一场运动，破坏格林纳达的稳定。[41]美国官员不顾联合国、美洲国家组织以及英国首相玛格丽特·撒切尔（Margaret Thatcher）的强烈反对，以格林纳达现行政局不稳为由，决定出兵入侵，颠覆新政府。他们还强迫加勒比国家呼吁请求美国介入。

事实证明，这个时机对里根政府来说是幸运的。正当美国准备出兵时，黎巴嫩的美国海军陆战队兵营发生了一起恶性卡车爆炸事故，导致241人死亡。美国国内群情激昂，为了转移公众的注意力，里根宣布入侵格林纳达以拯救在该岛国医学院的美国留学生，因为他们面临生命危险。然而，事实上，所谓的危险是子虚乌有。该医学院的院长发起一项调查，有90%的美国留学生表示，他们愿意留下来。为了避免受到越南战争时的那种哪怕是最简单的审查，美国官员为了自己的"安全"，禁止媒体随同入侵部队前往格林纳达，还同意由官方提供战事素材。出乎意料的是，7000名美国入侵士兵居然在途中遭遇了一小撮装备简陋的古巴士兵的强烈抵抗，导致整个行动出师不利——29名美国士兵死亡，100多人受伤，9架直升机坠毁。最后，大多数部队迅速撤回。

来自怀俄明州的国会议员迪克·切尼参加了入侵格林纳达后的第一次国会代表会议，他在会上高度赞扬了美国在全世界树立的新形象。当另一位代表团成员，来自华盛顿的众议员唐·邦克（Don Bonker），嘲笑解救身处危险中的学生的借口十分拙劣时，切尼在《华盛顿邮报》上狠狠抨击了他一番。就像是为20年后美国在伊拉克问题上撒谎彩排一样，切尼声称，"美国人面临迫在眉睫的危险"，"我们通过种种外交途径确保他们安全撤离"，格林纳达新政府"威胁着整个地区的安全"。[42]代表团的另一名成员，来自加利福尼亚州的众议员罗恩·德勒姆斯（Ron Dellums）批评切尼歪曲事实。他指出，这场入侵"就是几乎不加掩饰地利用美国留学生以及加勒比的一个黑人小国，来掩饰美国外交政策进一步军事化"。德勒姆斯还推翻了保护学生的说法，他说："我们的代表团根本找不

美国入侵格林纳达之时，医学院的美国留学生正在等待疏散。

1983 年底，美国以格林纳达的局势不稳为由入侵了这个小岛国，推翻其革命政府。在一次后勤支援混乱的行动中，29 名美国士兵死亡，100 多人受伤。9 架直升机坠毁。最后，大多数部队迅速撤回。

到证据，证明格林纳达的美国留学生在入侵之前面临人身安全方面的威胁。事实上，那个……校园距离不设防的海滩不过20米，如果美军的首要目标是保护学生，为什么花了三天才到那？"[43]联合国大会以10比1的票数通过决议，"强烈谴责"美国"武装干涉格林纳达"是"公然违反国际法"。[44]

美军错误地轰炸了医院，导致至少21名精神病人丧生。美军第82空降师的指挥官爱德华·特洛巴夫（Edward Trobaugh）将军告诉记者，格林纳达人民革命军在战斗中表现很差，而在该岛国修建飞机跑道的一小撮古巴人倒是很会打仗。他告诉来访的国会议员，没有证据表明医学院的美国留学生受到过威胁。里根批评媒体将这次行动称为"入侵"，因为它实际上是一次"营救行动"。[45]

里根在向美国人民演讲时一再强调美国安全受到了威胁，"该国的军火库中装满了武器和弹药，多到几乎堆到天花板，足够让上万恐怖分子使用"。里根还推翻了格林纳达这个与世无争的热带岛国是旅游胜地的说法："我们曾以为格林纳达是个友好的旅游天堂，但其实不是。它是苏联和古巴的殖民地，是助长恐怖活动、破坏民主的重要军事堡垒。"他断言，"我们介入得正是时候"，及时制止了一场即将到来的灾难。[46]

接着，里根自豪地宣告："美国屈居弱势的时代结束了。我们的军队重新站起来了，而且昂首挺胸。"[47]就连越南战争的耻辱感也得到缓解。他声称，参加越战的美国士兵"被否认取得了胜利"。他坚称："我们没有输掉越南战争，只有当战争全部结束，士兵们都返回之时，才能说这场战争失败了。"1988年12月，国防委员会（National Defense Commission）的一份报告总结道："越南战争失利的阴影依然影响着美国在其他地方的干预活动。"[48]

美国试图为在黎巴嫩被杀的海军陆战队员报仇，但最后又搞砸了。1985年，凯西与沙特阿拉伯政府合作，决定暗杀黎巴嫩真主党领袖穆罕默德·侯赛因·法德拉拉（Muhammad Hussein Fadlallah）。他们在法德拉拉的住所外制造了一起大规模汽车炸弹爆炸事件，导致80人死亡，200人受伤，但法德拉拉却安然逃脱。[49]

里根政府残酷践踏中美洲和加勒比地区人民，同时也剥削美国工人阶级和穷人的利益，使他们沦为美国大规模军事建设的牺牲品。而美国当前危险委员会的50多名在政府任职的成员却对此感到欢欣鼓舞。1980年总统大选之后，国防部前部长梅尔文·莱尔德发出警告，"国防开支激增"将是"美国可能发生的最糟糕的事"。[50] 里根对此置若罔闻，开始鼓动传播一种虚假观念，认为美国军事力量弱小，容易受到苏联的攻击。他说："今天我们面临更大的危险，形势比日军偷袭珍珠港后更加严峻。我们的军事力量完全没能力保护这个国家。"[51]

里根的恐吓战术奏效了。1985年，美国的国防开支比1980年增加了惊人的51%。为了增加军费，里根将酌情可用的国内项目的联邦经费支持削减了30%，顺利将本该用于国内建设的700亿美元转移到军事领域。[52]

参议员霍华德·M. 梅岑鲍姆（Howard M. Metzenbaum）称赞预算局局长戴维·斯托克曼（David Stockman）削减预算的高超技巧。但他接着说道："但是，我觉得你很残忍、不人道、不公平。"到1983年，48万人失去了接受抚养未成年子女家庭援助的资格，另外29.9万人的福利被削减。里根敦促国会将120亿美元食品券预算减掉20亿，原本的35亿美元学校午餐预算减掉10亿。医疗补助、儿童营养、住房和能源援助的预算也被大幅削减。用于城市基建的联邦基金几乎削减了一半。[53] 里根在大力剥削穷人的同时，却大幅减少了最高所得税税率，税率从他上任之初的70%减少到他离任时的28%。

经过升级的全新武器系统迅速投入生产，包括此前因耗资巨大而一度被搁置的 MX 洲际导弹。这种导弹可以通过在循环轨道中不断移动而隐藏准确位置，能很好地躲避苏联率先发动的核攻击。里根深知苏联经济停滞不前，很难跟上美国的扩军步伐。

核武器预算也迅猛增长。1981 年，美国遏制政策的总设计师乔治·凯南谴责了毫无意义地增加核武器的行为："我们不停地生产武器、发展导弹，新武器带来的破坏性比过去的更强。我们无助地、几乎无法自控地生产和研发，就像被催眠了一样，就像人在梦游，就像直奔大海的旅鼠。"[54]

里根和老布什在军备建设方面并非束手无策。他们不接受核战争会导致彼此毁灭的普遍看法，并开始计划着要赢得核战争。1980 年，核武器狂热分子科林·格雷（Colin Gray）和基思·佩恩（Keith Payne）等人提出了一个方法。"美国应该做好打败苏联的计划。"他们认为这个过程可能要牺牲 2000 万美国人民的生命。他们断言，在核战争中幸存下来的关键，是建立有效的指挥和控制结构，以防止出现混乱、保持沟通顺畅。军方将这一结构称为"C3"：指挥、控制与通讯。[55]为确保这一体系无懈可击，里根投入了大量资金。他执意将苏联当作假想敌。他认准了苏联拥有一个庞大的民防系统，但实际上并不存在。

里根推出"星球大战计划"

五角大楼在 1984—1988 年的总体规划中，将中东地区的防卫重要性列为仅次于北美和西欧的防卫。计划如是解释：

我们的首要目标是保证持续获得波斯湾地区的石油，防止苏联直接或通过代理人控制石油产区。最重要的是，如果苏联要获得海湾地区的石油，它必将面临一场大规模冲突。不论如何，我们都应该做好

　第 11 章　里根时代：拉美成为冷战新赛场

准备，一旦海湾地区石油出口的安全受到威胁，我们应让美军直接进驻该地区。[56]

　　为了实现这一计划，美国斥资10亿美元对军事基地进行现代化改造，并在意大利的科米索部署带核弹头的巡航导弹，以确保它们能够覆盖整个中东地区的目标。美国还卷入了两伊战争。美国向伊朗提供武器，帮助它逐步扭转战局，1982年中期，伊朗开始向伊拉克第二大城市巴士拉进军。这时，美国政府官员又改弦易辙，决定"通过一切必要、合法的手段"阻止伊朗获胜。他们清楚地知道，伊拉克正在使用化学武器。11月1日，美国国务院高级官员乔纳森·豪（Jonathan Howe）告诉国务卿舒尔茨，伊拉克"几乎每天都在用化学武器"攻击伊朗。1983年12月，里根派特使唐纳德·拉姆斯菲尔德前往巴格达会见萨达姆·侯赛因。据美国大使馆汇报，萨达姆对拉姆斯菲尔德的来访及里根总统的信件感到"明显的高兴"。拉姆斯菲尔德向萨达姆保证，美国将尽其所能停止对伊朗出售武器。[57]

　　次年3月，拉姆斯菲尔德再次出访伊拉克，主要是向萨达姆表明，美国的首要任务是击败伊朗，而不是惩罚伊拉克使用化学武器。里根政府国家安全委员会伊拉克问题专家霍华德·泰歇（Howard Teicher）后来在一份法庭证词中承认，美国"积极支持伊拉克，向伊拉克提供数十亿美元贷款，提供军事情报和建议，密切监控其他国家向伊拉克出售武器的情况，确保伊拉克拥有足够的军备"。美国国防部情报部门的60多名军官都为伊拉克提供过作战方案。泰歇表示，凯西利用一家智利公司向伊拉克运送集束炸弹，这种炸弹能有效攻击伊朗的人海战术。[58]美国、英国和德国的军火商很乐意向伊拉克提供军火，以满足其不断增长的需求。一些美国企业在商业委员会的许可下，向伊拉克提供炭疽菌株和杀虫剂，后来被伊拉克用来发展生化武器，继而开展化学战。1984年2月，伊拉克军方厚颜无耻地发出警告："入侵者应该明白，每一种有害昆虫都有相应的杀虫剂可以将之灭杀，无论它的数量有多庞大，伊拉克就握有这种可以灭杀它们的杀虫剂。"[59]

伊朗要求联合国安理会开展调查。尽管情报部门的报告已经证实了伊朗方面的指控，但美国在接下来的几个月都保持沉默，直到3月初才发声批评伊拉克使用化学武器。当伊朗提议发起联合国决议，谴责伊拉克使用化学武器时，美国驻联合国代表柯克帕特里克还游说其他国家投弃权票。在伊拉克大使的建议下，美国抢先伊朗一步，于3月底在安理会通过了一项反对使用化学武器的主席声明，但声明未提及伊拉克是有罪的一方。1984年11月，美国恢复了与伊拉克的外交关系。伊拉克一直持续对伊朗使用化学武器，直到两伊战争结束；1987年底，伊拉克空军还对本国库尔德人民投放化学武器，因为伊拉克政府指控他们支持伊朗。1988年3月，伊拉克对哈莱卜杰（Halabjah）村发动化学武器攻击，标志着伊拉克对叛军控制的村庄的打击达到巅峰。此举在美国引起公愤，许多政府官员也怒不可遏。尽管如此，美国情报部门在1988年时对伊拉克的情报援助实际上还增加了。1988年12月，美国政府授权陶氏化学公司向伊拉克出售价值150万美元的杀虫剂，陶氏化学公司也是美国对越战争凝固汽油炸弹的制造商。

伊拉克使用化学武器以及美国暗中支持这种令人发指的行为让伊朗领导者鲁霍拉·霍梅尼十分愤怒，他在1979年上台执政后叫停了前伊朗国王发起的秘密研制核武器计划，他谴责核武器有悖于伊斯兰教教义。到了1984年，他的态度发生变化，重新启动了这一项目。

在美国加强其对伊拉克萨达姆政权的支持的同时，里根继续他夸张的反苏论调和挑衅行为。1983年，他出席了在佛罗里达州奥兰多市举行的全国福音派协会（National Association of Evangelicals）年度大会，他在会上敦促听众"要公开反对将美国置于军事和道德劣势地位的国家……决不能无视历史，不能忽视邪恶帝国的好斗性"。[60] 1983 年 11 月，美国在英国部署地面发射的巡航导弹，在西德部署"潘兴二号"导弹，同月，美国还进行了"优秀射手 83"军事演习，这是一次大规模核武器演习。这年年底，美苏两国关系跌至 20 多年来的低谷。两国在世界各地展开代理人战争，如今两国正面交锋似乎也近在眼前。苏联的一些官员认为，美国即将发动对苏攻击。

里根好斗的言辞吓坏了公众。包括大卖的《浩劫后》(The Day After) 在内的众多描述核战争的电影，令观众对核战争的危害有了更高的警惕，由此掀起一场要求停止发展核武器的大规模民众运动。有精神病学家称，美国和苏联的孩子当中正在爆发核战争噩梦，这是自 1960 年代初以来就再没见过的现象。

即便是核武器的设计者也无法习惯不断增长的核战争威胁所带来的影响。物理学家西奥多·泰勒（Theodore Taylor）首次出访苏联时便有所顿悟。他将自己的切身体验告知精神病学家罗伯特·杰伊·利夫顿（Robert Jay Lifton），后者的调查研究在核研究领域引发了一场革命：

走在莫斯科红场，泰勒看到很多年轻人在举行婚礼时参观了列宁墓和无名烈士之墓，他们脸上洋溢的幸福令泰勒印象深刻。他突然想起很多年前，他的孩子出生的那个夜晚，自己没有陪在妻子身边，而是在五角大楼仔细研究情报数据，包括观看那些与潜在核袭击计划有关的莫斯科市中心航拍照片。站在红场上，泰勒突然无法自控地哭泣起来："我看到那些满脸幸福的人，从四面八方来到陵墓前拜祭。那些想要用炸弹毁掉这一切的人，简直是疯了……是精神错乱了。"他曾有过类似的感触，"但现在我是第一次真真切切地站在苏联的大地上，这才意识到我曾经究竟做了些什么，它们被填进了那么多细节"。在此之前，莫斯科不过是"一组不同程度的辐射线……压力、热量……"，需要用"尺寸合适的炸弹"来与之"匹配"。

泰勒决定放弃武器研究，投身于更能保全人类生存的研究领域。[61]

里根一直大言不惭，但他也担心核战争爆发，尽管他对核武器的认知有限。1983年，当他说轰炸机和潜艇都不能运载核武器时，着实震惊了一群国会议员。但他对核武器的厌恶是发自内心的，也是真诚的。他反复告诉已经不知所措的顾问，他觉得核武器很"邪恶"，希望销毁它们。从很大程度上来说，里根的恐惧深受其宗教信仰影响，尤其是他对世界末日说深信不疑。《圣经》上记载了一场血腥灾难，导致了历史的终结和耶稣的重生，他认为这样的灾难也可能在现实世界中上演。他想到的是核战争，他认为自己有责任保护美国人民。里根总统的国家安全事务副顾问罗伯特·麦克法兰说道："从他相信世界末日说开始，他就认为这场灾难会以核战争的形式发生。那么，该怎么办呢？里根的回答是，搭一个帐篷或圆形罩子，保护自己的国家。"[62]

里根决定建造一个环绕全国的高科技、未来主义式大气防护罩，以保护美国未来免受导弹侵袭。但这个看似无害的防御盾实际上是对苏联的重大挑衅。这样一个防御盾，即使它能发挥作用，或许也无法在苏联首先发动的打击中保护美国，但若是美国率先攻击苏联，致其元气大伤，那么此时它倒是有可能抵御来自苏联的有限的报复性回击。

里根很清楚引发国际危机有多么容易。1983年9月，苏联军事人员误把一架进入苏联领空的大韩航空客机当成侦察机，苏联几番警告，对方都置若罔闻，最后苏联将客机射了下来，机上269人全部遇难，其中包括 61 名美国人。里根指责大韩航空惨剧是一次"野蛮行为"，犯了"反人类罪"。[63] 但他在回忆录中得出了一个不同的教训："如果我们能从大韩航空事故中得到些什么启示的话，那就是这个世界很容易就走到剑拔弩张的边缘，所以我们需要控制好核武器。如果像一些人猜测的那样，苏联飞行员只是误把客机当成军用飞机就造成了这种劫难，那么如果苏联军人当时按下的是核武器的启动按钮，又会造成怎样不堪设想的后果呢？"[64]

在接下来的一个月里，他对核战争的担心更加强烈了。看了电影《浩劫后》的试映后，里根在日记中写道："电影让堪萨斯州的劳伦斯市在与苏联的核战争中被夷为平地。这部 700 万美元的年度巨制深具震撼力，让我对自己所做的事感到非常沮丧。"[65] 一向淡定的里根一连消沉了好几天。[66] 他的顾问很担心，于是请了温伯格的苏联问题专家、负责国家安全政策的国防部长助理理查德·珀尔来开导里根。

尽管珀尔和其他人有时也能操纵里根支持核发展计划，但这并不符合里根内心深处的真实愿望，他的担忧也并未减弱。也正是在这个时候，即 1983 年秋天，他了解到苏联领导人把他的那些好战言论和军事演习当真了，认为他正在准备发动战争。

里根 11 月 18 日的日记内容透露了一些信息。他担心苏联"陷入了被攻击的疯狂妄想之中"，所以打算安抚他们："在美国，没有人想那么做，他们怎么会认为有人想发动核战争呢？"之后他才注意到《浩劫后》播出后，舒尔茨将出席美国广播公司的节目，不过他现在更关心的是，这部电影是否会引爆公众对他发展核武器政策的更强烈反对："我们知道这是'反核'宣传，但我们要因势利导，告诉公众这部电影恰恰告诉我们为什么要继续发展核武器。"就在同一天的日记中，里根还写道："与卡斯帕·温伯格和［小约翰·W.］维西将军在军情室的一次最发人深省的经历，就是向我介绍美国应对核攻击的全盘计划。"[67]

里根后来在回忆录里写道："三年来，我对苏联人有了很多意外的认识：苏联领导层的很多人都由衷地害怕美国和美国人。这本来不是什么新鲜事，但我确实感到惊讶。事实上，我一开始还很难接受我自己得出的结论。"他就职时还没有认识到苏联实际上是担心美国率先发动打击。"但是，随着我与苏联领导人及其他了解他们的国家元首打交道的经验越来越丰富，我开始意识到，苏联官员不但害怕美国这位强劲的竞争对手，还担心美国会成为潜在的攻击者，对他们率先扔下核武器。"[68]

尽管里根觉得这种想法不可思议，但他确实发现"五角大楼还是有部分人坚信美国能在核战争中'胜出'"。他认为这帮人"疯了"，但他也开始明白为什么苏联会当真了。10月，他对舒尔茨说道："也许我该见见尤里·安德罗波夫（Yuri Andropov），提议消除所有核武器。"[69]

苏联领导人担心会发生第59号总统令里提及的斩首式率先发动打击的情况，这份指令由当前危险委员会的成员炮制。苏联人还采取具体步骤来确保其能在核威慑情况下继续生存，即一种类似于早前艾森豪威尔采取过的向下授权的形式。1983年，美国在欧洲部署"潘兴二号"导弹和巡航导弹，更是加剧了他们的担忧，因为这意味着苏联启动报复性打击的时间更少了。戴维·霍夫曼（David Hoffman）在他于2009年获得普利策奖的著作《死亡之手》(*The Dead Hand*)中详细描述了苏联领导人考虑构建一个完全自动化的系统，即"死亡之手"，如果领导人丧失指挥能力，计算机将自动发起核反击。电影《奇爱博士》展现的前景让人害怕，苏联战略火箭部队的瓦列里·亚林尼奇（Valery Yarynich）上校表示："这完全就是疯了！"但现实中，他们反而选定了一套系统，地下掩体里的一小群当值人员可以授权启动。该系统于1984年11月进行测试，随后很快投入使用。[70]

亚林尼奇很快便碰到了一个令人不安的深刻问题，这个问题也同样困扰着美国的核规划者：他想知道，如果祖国已被摧毁，那么苏联的当值人员是否真的会启动核武器？他解释道：

> 我们派一名年轻的陆军中校坐在那儿，如果通讯系统已经被破坏，他只听到"隆隆声"，一切都在摇晃抖动，那么他可能就没办法启动系统。如果他不启动程序，那就不会发动报复。如果半个地球都毁了，那么报复又为了什么？为了摧毁另一半地球吗？根本毫无意义。在此情况下，那位中校可能会说："不，我不想启动。"没有人会因此谴责他，或者将他处死。如果我是他，我不会启动。

亚林尼奇明白，操作者临场反应的不可预测性限制了这套系统的威慑效果。他还觉得，苏联千方百计地隐瞒这套系统，而非公开其存在是非常不理智的举动。[71]

里根把他废除核武器的承诺追溯到第一次有关核武器的总统简报会议上：

> 我刚刚担任总统之时，看到过一组数据，那是我听到过的最骇人的一组，我此生都难以忘怀。五角大楼的报告指出，如果美苏发生核战争，即便美国"赢了"，也至少会有1.5亿美国人丧生。我很难想象，那些幸存的美国人此后将过着什么样的生活。整个地球都被严重污染了，幸存者将无处生存。也许核战争并不意味着人类的灭绝，但一定意味着人类文明的消亡。没有人能真正在核战争中"获胜"。[72]

尽管里根痛恨核战争，但又抱有一个阴暗的想法，就是利用核武器打败敌人。他在一次电台广播的试音时打趣，不小心流露了这种想法，引发公众哗然。"我的美国同胞们，很高兴告诉你们，今天我已经签署了一项命令，将永久取缔俄国。轰炸将在5分钟后开始。"里根并不知道，他在说这些话的时候，磁带正在转动。[73] 讲话播出后，迅速在国内外引起强烈反响。科罗拉多州参议员加里·哈特（Gary Hart）认为，里根的这次"判断失误"可能是连任竞选压力太大所致，但他更担心的是"如果那个时候他说的是真心话，那就更令人惊讶和担忧了"。[74] 据《纽约时报》报道，这则消息成了当天欧洲各大媒体的头版头条。巴黎《世界报》（Le Monde）认为，应该请心理学家进行鉴定，里根"到底是表达了内心压抑已久的欲望，还是走火入魔中邪了"。西德社会民主党认为里根"不再是生命之神，不再是全西欧的强心剂"，而是"一位不负责任的老者……他可能已经分不清自己是在拍恐怖片还是在指挥一个超级大国"；而绿党则喊道："这个荒谬的笑话让每个正常人都毛骨悚然。"[75] 苏联的塔斯通讯社援引一位西方领导人的话，称里根是一个"会微笑地看待大规模灭绝人类行为"的人，并谴责"里根的和平论调十分虚伪"。《消息报》（Izvestia）称这是"一份可怕的声明"。[76]

在美国国内，争议依旧持续。批评者质疑里根能否继续胜任总统职位。白宫办公厅副主任迈克尔·迪弗（Michael Deaver）承认，里根经常在内阁会议上打盹，但这并没有让事情好转。《纽约时报》前资深编辑约翰·奥克斯（John Oakes）诘问，美国人有何信心认为一个"判断力如此肤浅、鲁莽"的人能带领人们走出危机？他与其他传媒人士一道指出里根在基本政策问题上思维混乱，包括在税收政策上自相矛盾的声明。他们认定里根无法胜任总统之职。[77] 麻省理工学院前校长杰尔姆·威斯纳（Jerome Wiesner）曾在肯尼迪和约翰逊执政时期都担任过科学顾问，他将里根的"黑色幽默"称为"口头版罗夏墨迹测验"①，并质疑他是否具有妥善处理核问题的能力。[78] 有些人甚至怀疑总统的脑筋是否还清醒。在那段时间里，里根在他的农场就军备控制问题接受过记者采访，但让记者感到困扰的是拍不到合适的照片。《洛杉矶时报》记者罗伯特·希尔（Robert Scheer）描述了当时的情形："他什么都没回答，这位美国总统似乎茫然了，光做手势不说话，场面多次陷入尴尬。然后，一直陪伴在侧的总统夫人南希低声救场，她几乎不可发觉地动了动嘴唇，说道：'会尽力而为。'里根重复了她的话：'我们会尽力而为。'"[79]

里根身边的人出面干预，试图竭尽全力保全他。乔治·舒尔茨培养了里根倾向于谈判而非交战的一面。在南希·里根和迈克尔·迪弗的支持下，舒尔茨与政府中的好战分子展开了激烈交锋。里根授权舒尔茨改善美苏关系。1982 年中，美国和苏联开始谈判一项大幅削减战略力量的新条约——《削减战略武器条约》（Strategic Arms Reduction Treaty，START）。但另一方面，里根继续认同当前危险委员会的看法，慨叹美国的军备处于劣势。他在 1982 年底说："你经常会听到这样的说法，认为美国和苏联正在进行军备竞赛。实际上是苏联在参赛，我们没有……今天，不论从何种标准衡量，苏联的军事力量都处于绝对优势。"[80]这种言论显然有些耸人听闻，因为美国在军事上仍然保持微弱优势。1985 年，美国武器库有 11188 枚战略核弹头，苏联只有 9907 枚。从弹头总量看，算上战略、中程和战术性弹头，美国以 20924 枚领先于苏联的 19774 枚。全球核武库继续增长，在 1986 年达到顶峰，核武器超过 7 万件，总体破坏力相当于 150 万颗"小男孩"。[81]

① 罗夏墨迹测验，由瑞士精神病学家赫尔曼·罗夏（Hermann Rorschach）创立的著名人格测验，也是少有的投射型人格测试。通过向被测试者呈现标准化的由墨渍偶然形成的模样刺激图版，让被测试者自由地看并说出由此联想到的东西，然后将这些反应用符号进行分类记录加以分析，进而对被测试者人格的各种特征进行诊断。

据科学家测算，哪怕一次小规模的核交战都会释放出大量的烟雾、灰尘，它们进入大气，遮挡太阳，导致地球进入漫长的低温期，从而造成许多植物死亡，所以军备控制重新变得迫在眉睫。有人甚至得出了可怕的预言，认为核战争引发的核冬天会导致可怕的后果，甚至造成地球上生命的终结。

军备竞赛正在榨干苏联最后一滴血

正当美苏两个军事超级大国的关系高度紧张之时，苏联的一个非同寻常的发展改变了历史的进程。1985年3月，康斯坦丁·契尔年科（Konstantin Chernenko）去世，他成为两年半里第三位在任内辞世的苏联领袖。54岁的米哈伊尔·戈尔巴乔夫继任，为苏联政局注入了新的气息和思路。戈尔巴乔夫年轻时就目睹过战争的恐怖。作为一名共产党员，他游历过西方世界的许多地方。担任总书记后，他希望实现梦想，重振苏维埃社会主义民主，改善人民生活。像赫鲁晓夫和其他先前的改革者一样，他深知，如果不遏制军费的持续激增，上述一切都无法实现。

后来，他这样形容自己刚上台时面临的局面："国防支出正在榨干国民经济的最后一滴血。"他在兵工厂和农业器具生产基地目睹的事实就能充分证实这一点。"正在制造现代化坦克的兵工厂车间……拥有最先进的设备。而农具生产车间正在落伍的传送带上制造旧式拖拉机模型。"造成这种差异的原因显而易见。戈尔巴乔夫写道："在前一个5年计划期间，军费开支的增速是国民收入的增速的两倍，这个吸血鬼吞噬了人们辛勤劳动的果实。"即使是戈尔巴乔夫也很难获得全面评估现状所需的数据。他说："更糟糕的是，我们无法具体分析问题。所有与军工厂有关的数据都是严格保密的，即便是政治局成员也无权过问。"[82]

直到今天，人们依然无法得到确切数据。中央委员会成员维塔利·卡塔耶夫（Vitaly Katayev）可能保存着最详细、准确的记录。据他估计，1985 年苏联国防部门的预算占经济总量的 20%。国防部下辖 9 个部门，并非所有部门都能通过名称识别其功能，比如负责苏联核项目的部门，名叫"中型机械制造部"。军工生产消耗了 50 多个城市创造的经济效益，据美国国家安全局（National Security Agency）局长威廉·奥多姆（William Odom）测算，它占去了苏联总体预算的 20% 到 40%。[83]

为了实现民族振兴，戈尔巴乔夫必须结束军备竞赛，将资源重新分配到生产领域。他还必须结束苏联军队在阿富汗的战争，他认为这场冲突从一开始就是个"致命错误"，现在则成了一个"流血不止的伤口"。[84]实现这些目标无疑将重塑苏联的国际形象，因为在过去 10 年中，苏联的形象已严重受损。戈尔巴乔夫的一位外交政策顾问谢尔盖·塔拉先科（Sergei Tarasenko）评论道："戈尔巴乔夫政府面临的首要问题是修复苏联的形象，让苏联不再被视为'邪恶帝国'。"为此，戈尔巴乔夫准备好迎接来自国防部门的抵制。[85]

戈尔巴乔夫给里根写过数封非同寻常的信件。1985 年 3 月 24 日，他写了第一封。40 年前亨利·华莱士很有可能写出这样的信件：

贵我两国在社会制度和意识形态方面都截然不同。但我们认为，双方不能因此而相互敌视。每种社会制度都有它存在的权利，它应该与其他社会制度和平竞争，而不是诉诸武力和军事手段以证明其优越性。任何国家的人民都有权自行选择其发展道路，其他国家的人民不应该向其强加本国意志。

10 月，戈尔巴乔夫在写给里根的信中，重复了肯尼迪在美利坚大学毕业典礼上的讲话，他在信中写道："尽管存在分歧，但我们必须从客观现实出发，因为我们生活在同一个星球，我们必须学会彼此相处。"[86]

戈尔巴乔夫面临的一个重大问题在于，在实现他世界和平与繁荣之愿景的过程中，美国总统是否会成为他的伙伴。里根并不否认自己在上任前曾告诉过理查德·艾伦（Richard Allen）："在美国对苏政策上，我的看法很简单，或者说很单纯。那就是，我们赢，他们输。"[87]艾伦后来成了他的首任国家安全顾问。但是，里根最初对戈尔巴乔夫的回应是非常积极的，这使美苏交流的大门得以一直敞开。他请这位苏联领导人接见访苏的美国代表团，其中包括众议院议长蒂普·奥尼尔。

戈尔巴乔夫感觉到，赢得冷战的决心让里根更执着于他的战略防御计划，也就是后来被人们称为"星球大战"（Star Wars）的计划。这位苏联领袖清楚，如果苏联发射成千上万颗导弹对付美国，这个系统根本没什么用，所以它的真正目的在于防止苏联在遭到美国发动的第一次打击后发起有限反击。他也知道，苏联多发射一些导弹和核弹头就能让这个系统瘫痪，或者使用隐形战机就能避开系统侦察。而且制造更多的导弹和隐形装备所需经费远低于建造反制战略防御系统设备所需的成本。戈尔巴乔夫写信给里根："'星球大战'计划已经严重破坏了稳定。我们迫切建议你逐步停止这项破坏稳定的危险计划。"10月，戈尔巴乔夫在华沙条约领导人会议上谴责美国的战略防御计划和黩武倾向："他们企图通过战争和军事讹诈战胜社会主义。战略防御计划的好战性质昭然若揭……这是为了确保西方的永久性技术优势，不仅要超越社会主义社会，还要超越（美国的）盟友。"[88]

尽管戈尔巴乔夫与里根在战略防御计划、人权、军事建设和第三世界冲突等问题上存在严重分歧，但11月，双方还是在日内瓦举行了友好峰会。他们虽然并未在政治或意识形态层面达成共识，

里根总统发表全国电视演讲，解释他的战略防御计划。

在1985年日内瓦峰会全体会议上，里根与戈尔巴乔夫握手。

却在人性层面进行了沟通。晚宴上，他们热情地互相敬酒。戈尔巴乔夫引用了《圣经》里的格言："抛掷石头有时，堆聚石头有时。"他继续说道："现在是时候，把那些抛掷出去的石头捡回来了。"里根指出，当天正好是斯大林格勒战役胜利43周年的纪念日，于是顺水推舟地说道，他希望这次峰会"是全人类的另一个决定性转折点，一个让世界变得更加和平和自由的转折点"。[89]

会后，双方都有了希望，但同时也保持着警惕之心。苏联领导人担心里根痴迷于他的"星球大战"计划，害怕这会让美国陷入到危险的自满情绪之中。戈尔巴乔夫担心，里根没有真正的话语权，就像他曾担任通用电气的代言人一样，他现在也许不过是美国军工复合体的传话人。

戈尔巴乔夫及其支持者真诚地渴望裁军、实现缓和、实行民主改革。戈尔巴乔夫最信任的外交政策顾问之一阿纳托利·切尔亚耶夫（Anatoly Chernyaev）之后一再表示："缓和政策是真诚的。我们渴望缓和、希望和平，我们热切盼望着……看看中央委员会书记叶戈尔·利加乔夫（Yegor Ligachev），他是个保守派，对吧？他甚至有些反动，然而就连他……也会站起来，对着戈尔巴乔夫大声问道：'我们到底要眼睁睁地看着军工产业继续吞噬我们的经济、农业和消费品行业到何时？我们到底要忍受这个怪物到何时？我们什么时候才可以不再把本该属于我们孩子的食物送进它的血盆大口中？'"[90]

戈尔巴乔夫决定更加积极地推进"和平攻势"。1986年1月，他写信给里根，大胆提出了"一个具体的计划，准备在本世纪结束之前……完整清算世界各地的核武器"。[91]他提出清除部署在欧洲的所有美国和苏联的中程弹道导弹，停止核试验，大幅削减战略武器，修改《反弹道导弹条约》，允许美国继续研究战略防御计划，但禁止其在15年内进行部署。前一年的8月，他已经单方面宣布暂停苏联的一项核试验。

美国方面的回应加深了苏联对里根真实意图的怀疑。美国宣布了一系列新的核试验计划。它还增加了对阿富汗圣战者的援助，在其他很多地方采取了挑衅行动。

1986年4月26日，乌克兰切尔诺贝利核反应堆的灾难性事故进一步推动戈尔巴乔夫的反核运动。这场事故本身是灾难性的，造成了约8000人死亡，受直接影响的人口达数十万。事故导致大量放射性粒子外溢到西欧及其周边地区，但政府试图淡化事件的严重性，因此在国际社会上颜面尽失。更重要的是，这次事故让苏联人民更真切地认识到，就算是一场小规模的核战争都孕育着巨大的危险。据苏联总参谋长谢尔盖·阿赫罗梅耶夫（Sergei Akhromeyev）元帅回忆，切尔诺贝利事故"使苏联人民认识到，核危机不再是一个抽象概念，而是触手可及的现实"。[92] 苏联外交部副部长亚历山大·别斯梅尔特内赫（Alexander Bessmertnykh）指出："切尔诺贝利事故相当于最小的核爆炸的三分之一，即便如此，其危害也已经波及几乎半个欧洲。试想一下，如果我们把所有核武器都用上，将造成什么后果？"1986年7月，戈尔巴乔夫在政治局会议上表示："全球核战争不再是理性政治的延续，因为它将导致所有生命的终结，而所有国家的政治也将就此消亡。"[93]

切尔诺贝利事件提供了苏联陷入困境的具体证据。5月，舒尔茨向里根提了一个建议，既能很好地利用苏联的弱点，又能推动里根的核军控议程。他告诉总统："苏联并非中情局和国防部说的无所不能，也没有无处不在的能力，可以不断地取得进展，然后威胁要消灭我们。相反，我们正在取得胜利。事实上，我们已经遥遥领先。"舒尔茨强调，苏联只在一个领域领先美国——弹道导弹，因此，减少弹道导弹的数量很符合美国的利益。[94]

功败垂成的冰岛会晤

1986 年 10 月，里根和戈尔巴乔夫在冰岛会面。戈尔巴乔夫提出了一整套裁军的大胆举措，令人目瞪口呆。在开幕式上，戈尔巴乔夫的表现令里根措手不及。据戈尔巴乔夫回忆，里根总统笨拙地寻找着合适的应对方式：

里根的反应是翻阅或阅读他写在资料卡上的笔记。我多次想就我提出的上述问题与他进行讨论，但都以失败告终。于是，我决定尝试问些具体问题，但还是没有得到什么答案。里根总统一直在翻看笔记。卡片被弄乱了，有些还掉到地上。他开始整理卡片，想从中寻找答案，应对我的问题，但没有找到。根本没有现成的答案，美国总统及其助手所准备的是一场完全不同的对话。[95]

戈尔巴乔夫提出将战略武器削减一半，消除美苏部署在欧洲的所有中程弹道导弹，允许英法保持原有的军火库，终止短程导弹，停止核试验，允许按美国要求的现场核排查，在未来 10 年里将战略防御系统测试限制在实验室内。起初里根还没有完全明白戈尔巴乔夫这些提议的意义，也没有意识到后者实际上同意了美国长期以来坚持的要求。里根的漠然让戈尔巴乔夫十分沮丧。休会期间，里根到美国大使馆咨询他的顾问。保罗·尼采说，据他观察，这是"我们在近 25 年里收到过的最好的苏联提案"。[96]

第二天，讨论继续。戈尔巴乔夫敦促里根抓住这一千载难逢的机会。里根在某些问题上妥协了，但在战略防御计划上态度坚决。戈尔巴乔夫反驳道，如果里根坚持破坏《反弹道导弹条约》，那么他就无法说服苏联人民及其盟友大幅削减战略武器。里根提出，自己愿意在时机成熟的时候，与苏联分享战略防御计划。里根的顾问

戈尔巴乔夫和里根在雷克雅未克峰会期间会面。

杰克·马特洛克（Jack Matlock）回忆当时的情景："戈尔巴乔夫最后气炸了，他的声音越来越高，说道：'不好意思，总统先生，我不能将你所说的分享战略防御计划当真。有很多东西，你们都不愿与我们分享，比如油井设备、数控导向机床，甚至挤奶机。分享战略防御计划恐怕会引发第二次美国革命吧！我们还是务实些，面对现实吧！'"[97]

专家谈判代表们彻夜会谈，试图早日敲定一项双方都能接受的协议。美方由尼采带队，苏方由谢尔盖·阿赫罗梅耶夫率领。美国军备控制与裁军署副署长肯尼思·阿德尔曼（Kenneth Adelman）表示："界定战略武器系统，将轰炸机武器排除在外，双方达成接近的数量限额，这些我们只花了一个晚上就达成了。毫无疑问，这比我们在过去5年里花了数千个小时进行了几百次谈判所取得的成果都大。"[98]

但到了第二天早上，谈判再次陷入僵局。正如戈尔巴乔夫总结的那样，他们同意减少战略武器和中程核武器，却无法就全面禁止核试验和遵守《反弹道导弹条约》达成共识。戈尔巴乔夫万分沮丧地说："我们回家吧，什么成果都没有。"讨论完其他事项后，戈尔巴乔夫做了最后一次努力，提出让美国国务卿舒尔茨和苏联外交部长爱德华·谢瓦尔德纳泽（Eduard Shevardnadze）一起吃午饭，看看能否解决双方的分歧。[99]

在午餐期间，反对苏联迄今为止做出所有让步动作的苏联外交部长，敦促美国在战略防御计划上做出妥协。美方想了一个方案，既能实现预期的效果，又能保留战略防御计划。当天下午的会议上，戈尔巴乔夫提出，《反弹道导弹条约》的有效期为10年，任何一方都不能中途退出，不能在实验室之外的地方进行反弹道导弹系统或组件测试，双方还需在5年内将进攻性战略武器减少一半，余下部分在之后的5年内消除。美苏领导人就细节问题进行进一步讨论后，各自会见了自己的心腹顾问。里根向团队中最保守的成员珀尔咨询，美国能否在苏联设置的限制下继续研究战略防御计划。珀尔担心大规模的军备控制协议会振兴苏联经济和社会，于是答道："总统先生，如果我们同意他们的提议，那我们就再也不能进行战略防御计划研究。这个计划将就此终结。"随后，里根又征求了舒尔茨和尼采的意见，他们两人都不同意珀尔的说法，敦促里根接受戈尔巴乔夫的提议。[100]

双方回到谈判桌前，戈尔巴乔夫注意到里根的措辞有所改变，从"消除所有战略武器"变成了"消除所有进攻性的弹道导弹"，而后者恰恰是苏联的强项，因此戈尔巴乔夫表示反对。里根最终让步了，问道："我们是否考虑到……在这两个5年期限结束后，所有的核爆炸装置都要被销毁，包括炸弹、战场系统、巡航导弹、潜艇武器、中程系统导弹等？"戈尔巴乔夫点头同意："我们可以在上面列出所有武器。"舒尔茨回答："那就这么办吧！"戈尔巴乔夫表示，如果里根肯将战略防御计划的试验控制在实验室内，他愿意签署"消除核武器的协议"。里根犹豫不决，他听从了珀尔的建议，坚持保留在大气层进行核试验的权利，谈判又陷入僵局。戈尔巴乔夫最后一次呼吁：

> 如果我们签署了一揽子协议，里面包含了苏联在许多基本问题上的重大让步，那么毫不夸张地说，你将成为一位伟大的总统。现在，你离目标只剩两步之遥了……如果谈不拢，那么我们就此分道扬镳，忘掉雷克雅未克吧。以后再也不会有这样的机会，至少，我觉得自己没有这样的机会了。
>
> 我坚信我们可以达成协议，否则我不会提出立即与你会面，我也不会以苏联领导人的身份，带着我们做出妥协的众多严肃的方案来到这里。我希望这些方案能得到你们的理解和支持，相信我们可以解决一切问题。如果事成了，我们实现了大幅削减和销毁核武器的目标，那么所有批评你的人都将闭嘴。否则他们就是与全世界绝大多数人民为敌，因为整个世界都希望我们成功达成协议。另一方面，如果我们不能达成协议，那这显然将成为下一代领导人的职责，你和我都没有太多时间了。
>
> 美方几乎没做出任何让步，也没有迈出任何关键的一步让大家妥协，这种情况下，很难达成协议。

苏联外交部长谢瓦尔德纳泽"颇为激动"地插话说，如果后代人看到今天的会议记录，发现双方在消除核武器上的立场如此接近却没有达成协议，恐怕永远不会原谅他们。里根说，在文本中加上"实验室"这个词，会让他在国内的政治形象严重受损。戈尔巴乔夫回应说，如果他允许美国将军备竞赛带到大气空间，并且在10年后部署战略防御系统的话，苏联人一定会唾弃他是不负责任的傻瓜。双方都要求对方让步，但谁也不肯。[101]

会谈结束了。美国和苏联就差一个词便能达成消除核武器的协定了。可现实是，核武器的阴霾将继续困扰整个世界。里根受新保守主义者代表珀尔的挑唆，牺牲了人类的希望，选择了幻想——一个星球大战的幻想。理查德·罗兹认为那不过是空想罢了，"1986年甚至连实验室内的测试都做不了，更别提实验室之外了"。[102]

里根和戈尔巴乔夫走出会议大楼。戈尔巴乔夫这样描述当时的场景：

> 天色已晚，我的心情无比沮丧。里根责备我："这个结果你早有预谋，是你把我逼到这种境地的。"
>
> 我回答："不，总统先生，如果你愿意停止将大气空间军事化，那么我随时可以回到会议厅，就我们已经商定的问题签署协议。"

里根和戈尔巴乔夫失望地离开雷克雅未克。

里根回答："我非常抱歉。"[103]

戈尔巴乔夫在公开场合表现得很乐观，重点强调双方取得了什么进展。他宣称："双方看问题的视野第一次有所突破。"但私底下，他对美国的顽固不化表示深深的失望。他在政治局说道，自己不仅在与"阶级敌人"（即美国的资本主义）做斗争，还要与里根总统斗法，"他表现出了一种极端的原始主义，就像是穴居人，智力欠缺"。但这还不是主要障碍。他断言，首要问题是战术性的：美国误判了苏联"内部困难"的程度，认为戈尔巴乔夫迫切希望达成协议，即便是按照美国提出的条件。第二个是战略性问题：美国认为"可以通过军备竞赛拖垮苏联经济，为戈尔巴乔夫和整个苏联领导层设置障碍，从而破坏苏联解决经济和社会问题的计划，引起广大民众的不满"。他说，美国领导人希望破坏苏联与第三世界国家的关系，并企图"通过战略防御计划……取得军事优势"。最后，戈尔巴乔夫表达了对美国谈判代表的痛恨，他说："美国代表根本就是一群没有良心、没有道德的人，他们的路线充满了压迫、欺骗和贪婪的重商主义意味。"[104]

双方都希望重启谈判。但在这之前，里根政府就爆发了丑闻，陷入动荡。

"伊朗门事件"曝光

1986 年 10 月 5 日，桑地诺政府击落了一架飞机。机上有三名美国人，正为尼加拉瓜的反政府武装运载物资。事故的唯一幸存者承认自己受雇于美国中情局。随着参议院情报委员会和托尔委员会（Tower Commission）的听证会举行，更多消息被披露出来。这次事件牵扯出了一系列骇人听闻的违法、腐败和欺诈行为，涉及美国在黎巴嫩的人质问题、美国向伊朗出售武器问题、叫停酷刑未果和防止中情局驻贝鲁特站长被谋杀的问题，以及美国试图在德黑兰扶植并不存在的温和派问题。在两伊战争中，美国暗中支持伊拉克对付伊朗，还与包括作恶多端的巴拿马强人曼努埃尔·诺列加（Manuel Noriega）在内的流氓团体合作，向尼加拉瓜反政府武装输送战争物资，这公然违反了1982年的《博兰修正案》（Boland Amendment），该法案禁止美国向反对桑地诺政权的势力提供财政援助。

事件牵涉的主要成员除了里根和老布什，还有中情局局长凯西、国家安全顾问麦克法兰和奥利弗·诺思中校。诺思是一位功德累累的越战老兵，从越南回来后表现出明显的精神崩溃，在贝塞斯达海军医院住了22天。诺思于1981年进入国家安全委员会任职，这位狂热的海军军官说话夸张，为人自大，从越南战场回来并接受入院治疗后，他成了基督教原教旨主义者。诺思几乎每天都为这项秘密行动奔波劳碌，他笼络了一帮声名狼藉的右翼募款者、秘密特工和军火商来执行这次行动。

中情局试图绕过国会的约束自主行动，但未能成功掩饰自己与此事的关联。它犯了一个错误，即聘用了曾在越南战争中服役的退役特种部队老兵。其间发生了一件很尴尬的事，老兵们说服中情局把一本连环画册翻译成西班牙语，画册讲的是越南农民通过谋杀市长、警察局长和民兵等办法，最终成功占领一个小村庄的故事。中情局把这本"自由战士手册"的西班牙语译本交给了尼加拉瓜反政府武装集团，其中有一些落到了中美洲一些反对美国干涉的人士手中，他们将译本公之于众。[105]美国人还得知，中情局炸毁了尼加拉瓜港口，保守派的元老级人物巴里·戈德沃特（Barry Goldwater）为此痛骂凯西，他写道："我非常生气！这违反国际法，是一种战争行为。"[106]

从左到右分别是尼加拉瓜反政府武装领袖阿道夫·卡莱罗（Adolfo Calero）、奥利弗·诺思中校和里根总统，三人正在国家安全顾问罗伯特·麦克法兰的办公室里商讨事情。

1984年10月，国会做出回应——强化《博兰修正案》的效力，切断对反政府武装的所有援助。为了进一步束缚凯西的手脚，国会明确禁止情报机构向"任何国家、团体、组织、运动或个人"筹集资金。白宫办公厅主任詹姆斯·贝克担心政府内部的"疯子们"会继续向其他国家募资，而凯西、麦克法兰和诺思的确正在这么干。沙特阿拉伯提供了最大份额，南非、以色列等地都承诺提供数百万美元。舒尔茨警告里根，继续批准对反政府武装的援助可能会引发弹劾总统的动议，但凯西、布什和里根对此嗤之以鼻。[107]

里根指示其高级助手极尽所能地提供帮助。他对国家安全顾问麦克法兰说："请你务必想尽一切办法，让反政府武装继续存活下去。"[108]麦克法兰心领神会，很快便想到了一个办法。1985年夏天，他会见以色列外交部长戴维·金奇（David Kimche）。金奇对麦克法兰说，他正与伊朗的"温和派"接触，他们准备在年事已高的霍梅尼离世后夺取政权。他建议伊朗人帮助被黎巴嫩真主党扣押的美国人质获释，因为这是一个亲伊朗的什叶派组织，作为回报，美国将向伊朗出售武器。中情局驻贝鲁特情报站站长威廉·弗朗西斯·巴克利（William Francis Buckley）也是其中一位被扣押的人质，但美国人不知道，他其实早在6月就已经被拷打死了。1985年中期，里根不顾公众反对参加了与挟持人质者的谈判，他授权以色列转运由美国研制的陶氏反坦克导弹到伊朗。在之后的14个月里，以色列一直充当着美国对伊朗销售武器的中间人。这期间，伊朗陆续释放了一些美国人质，但同时又挟持了更多人质，这样它就能够持续不断地讨价还价。以色列也暗中向霍梅尼政权提供自制的武器。[109]

接触伊朗"温和派"的想法在美国高层官员中流行开来，他们开始思考如何重塑"后霍梅尼时代"的伊朗。1985年6月，中情局提出了一份有关伊朗的国家情报评估，题为《伊朗：近期内不甚稳定的前景》（"Iran: Prospects for a Near Term Instability"），报告暗示伊朗内部局势并不稳定，霍梅尼时代即将结束。国家安全委员会在一份国家安全指令上也提及这个话题，他们暗示伊朗的"温和派"可能会亲美国。国防部长卡斯帕·温伯格在报告中写道："这简直太荒唐了！它的前提是伊朗将发生重大变故，而我们可以理性应对。这就好比邀请穆阿迈尔·卡扎菲（Muammar al-Qaddafi）共进一顿舒适的午餐。"[110]

在伊朗的索要下，美国向其输送"猎鹰"（HAWK）防空导弹及其他武器。1986年两伊战争期间，应伊朗的要求，美国向其提供有关伊拉克的战场情报。伊朗也为美国的援助付出了高昂的代价。中情局从对伊售武中获得了大量资金，加上沙特阿拉伯的资助，它开始利用这些资金进一步扩大对拉丁美洲反政府武装的军事支持，反卡斯特罗的古巴人费利克斯·罗德里格斯（Félix Rodríguez）和路易·波萨达·卡里莱斯（Luis Posada Carriles）在这当中起了重要作用。罗德里格斯是唐纳德·格雷格（DonaldGregg）的密友，后者是副总统老布什的国家安全顾问，也是中情局的前高层。波萨达曾因制造了 1976 年的古巴客机爆炸，导致 73 人死亡而在委内瑞拉入狱，随后又逃脱了监禁。切尼推动废除《博兰修正案》后，国会还拨款一亿美元支持中情局在中美洲的行动。

10 月 5 日，美国的秘密行动开始浮出水面。当天，一名尼加拉瓜年轻士兵击落了 C-123 运输机，里面装载着支援反政府武装组织的武器。唯一的幸存者是海军陆战队前队员尤金·哈森弗斯（Eugene Hasenfus），他向抓捕他的桑地诺人承认自己受雇于中情局，向反政府军提供武器。在举行大选的 11 月 4 日，伊朗专家会议长阿里·阿克巴尔·哈希米·拉夫桑贾尼（Ali Akbar Hashemi Rafsanjani）公开了美国与伊朗武器交易之事。第二天，老布什在日记中写道："这次行动一直高度保密，我希望它不会泄露出去。"[111]

但那已经太晚了。这一阴暗而复杂的行动的所有细节都出现在各大报章杂志和电视屏幕上，让白宫的否认显得苍白无力。11 月 13 日，里根承认转运了"少量防御性武器"，但他指出："我们没有，真的没有用武器贸易或其他条件来交换人质，我们将来也不会这么做。"

凯西和海军少将约翰·波因德克斯特（John Poindexter）在国会作伪证，谎言继续。波因德克斯特、诺思、理查德·西科德（Richard Secord）将军等涉案者开始大举销毁手中数千页记载了犯罪事实的文件。11 月 25 日，里根对记者团说了一番话，用历史学家肖恩·威伦茨（Sean Wilentz）的话说："这就算不是他整个职业生涯中最糟糕的一次表现，也一定是他总统任期内最糟糕的一次。"

里根向记者团表示，根据司法部长埃德温·米斯（Edwin Meese）的初步发现，他"并不完全清楚此次行动的性质，不知道它与解救人质计划有关系"。他宣布免去波因德克斯特国家安全顾问之职，诺思也被解职。他补充道："就像我先前说过的，我相信我们对伊朗的政策目标是有充分依据的。然而，就我昨天注意到的信息来看，我们在政策实施的某个方面出了严重差池。"读完这段简短的声明后，他把话筒交给了米斯，完全不理会提问题的记者，转身离开了。[112] 一周之后，盖洛普民意调查显示，里根总统的支持率骤降21个百分点，当月支持率跌至46%。

调查继续进行，很多证据都直接表明里根与之有关，但又明确显示，他对下属的行动既不了解，也没有什么控制权。国会调查委员会总结道："总统并不知道他的国家安全顾问在做什么，但其实他应该知道。"独立检察官劳伦斯·沃尔什（Lawrence Walsh）说："里根总统创造了让别人犯罪的条件，他秘密偏离了已公布的对伊朗及解救人质的国家政策，擅自决定全心全意扶持尼加拉瓜反政府武装组织，尽管美国明文禁止这种做法。"[113]

被判犯罪的人员包括自杀未遂的国家安全顾问罗伯特·麦克法兰，他的继任者海军少将约翰·波因德克斯特，整个事件的幕后策划者、中校奥利弗·诺思和助理国务卿埃利奥特·艾布拉姆斯。国防部长卡斯帕·温伯格也遭到起诉但最后被赦免；中情局局长威廉·凯西在国会听证会开始的第二天死于脑瘤；副总统老布什尽管在这桩愚蠢而鲁莽的行动中起了不小的作用，却还是设法避免了被起诉的下场；中情局副局长罗伯特·盖茨也基本上逃过诉讼，尽管他在任内不断操控情报、将情报政治化，为里根的灾难性政策铺平了道路。[114] 事后，麦克法兰后悔自己没有"勇气"警告里根。他说："说实话，我之所以没那么做，是怕比尔·凯西、珍妮·柯克帕特里克和卡斯帕·温伯格说我支持共产党。"[115]

美国输血孕育"基地"组织

这起肮脏事件使得重启美苏核裁军谈判的希望破灭。戈尔巴乔夫决定将中程弹道导弹问题搁置，着重探讨长期措施，以求多少挽救局面。1987 年 12 月，他访问华盛顿，签署了《美苏消除两国中程和中短程导弹条约》(Intermediate-Range Nuclear Forces Treaty)，这是美苏关系的一个重要里程碑。戈尔巴乔夫指出："这是历史上第一个双方都同意销毁一大类核武器的协议。"[116]

与此同时，苏联在阿富汗的行动也终于结束。里根和凯西把卡特试探性支持阿富汗叛乱分子的举动转变成迄今为止中情局规模最大的秘密行动，总花费超过 30 亿美元。中情局请巴基斯坦总统齐亚从中斡旋，把美国的武器和资金输送给古勒卜丁·希克马蒂亚尔(Gulbuddin Hekmatyar)领导下的阿富汗极端党派手中，后者是出了名的残忍之徒。据西点军校恐怖主义研究学者詹姆斯·福里斯特(James Forest)称，希克马蒂亚尔"经常拿着硫酸在喀布尔集市上巡逻，如果看到女性胆敢不用长袍遮脸就走在路上，他就会把硫酸泼过去"。[117]他还以时常活剥囚犯的人皮而闻名。[118]国务院高级官员斯蒂芬·科恩(Stephen Cohen)承认："我们支持的对象是圣战分子中那些更恶劣、更狂热的人。"[119]中情局驻巴基斯坦伊斯兰堡站站长霍华德·哈特(Howard Hart)回忆："我是第一个带着这样美妙的使命驻外的站长：'去杀掉苏联士兵。'你能想象吗？我真是太爱这项任务了。"[120]中情局甚至还提供了 2000—2500 枚美国研制的"毒刺"(Stinger)防空导弹。据维基解密透露，这批导弹中的其中一些在 30 年后被用来攻击北约的直升机。

戈尔巴乔夫从任职初期就决心让苏联军队撤出阿富汗，他甚至为此寻求美国方面的协助。他向里根保证，苏联"无意利用阿富汗进入不冻港，从而增强在海湾地区的影响力，或用任何方式侵害美国利益"。[121]

但美国与沙特阿拉伯、巴基斯坦合作，尽可能拖住苏联军队，并尽一切努力阻止联合国从中调停，同时他们还向叛军输送大量资金和武器。这些叛乱分子还从突然蓬勃发展的鸦片生产和销售中获得大量资金。英国、埃及等国也捐献了数百万美元的武器。中情局将资金和武器交给巴基斯坦的情报部门。巴基斯坦从中拿走了一部分，然后将剩余的运往白沙瓦，交给那里的阿富汗叛军领袖。这些首领拿到物资后也扣下一部分，再将其余的送往前线。这些被扣下的物资和武器，后来多用于对付美国。[122]

因为长年累月的战事，大约500万阿富汗人——占其总人口的三分之一——逃往巴基斯坦和伊朗。1988年2月，戈尔巴乔夫宣布，苏联军队将从阿富汗撤出。撤军从5月15日开始，持续了10个月。美国、苏联、阿富汗和巴基斯坦都签署了《日内瓦协议》，但只有苏联信守承诺。齐亚向里根保证，巴基斯坦将继续为阿富汗叛军供

阿富汗士兵演示手持地对空导弹用法。

应物资且有增无减。他说："我们就撒个谎吧，反正 8 年来我们都是这么做的……为了正义的事业，穆斯林有权说些善意的谎言。"[123]

100 多万阿富汗人在战乱中丧生。巴基斯坦独裁政权却从中获利，成了美国对外援助的第三大受益者。巴基斯坦在发展核武器方面进展神速，美国却视而不见。

成千上万的阿拉伯人涌入巴基斯坦，然后加入反对异教徒的圣战组织，其中包括富裕的沙特阿拉伯人乌萨马·本·拉登（Osama bin Laden）以及埃及医生艾曼·扎瓦希里（Ayman al Zawahiri）。他们和数千名未来的恐怖分子一起在巴基斯坦营地接受军事训练，学习暗杀和引爆汽车炸弹等技能。许多人涌入巴基斯坦的宗教学校，接受激进教义的洗脑，然后加入圣战者队伍。1980 年代，沙特阿拉伯斥资 750 亿美元在各地建立宗教学校，传播极端派教义，这所宗教学校就是其中一个产物。人们再三警告凯西，他一味纵容这种宗教狂热最终会威胁美国的利益，但凯西对此置若罔闻。相反，他坚持认为基督教和伊斯兰教之间的"邪恶伙伴关系"能够持续下去，并且可以在整个地区对苏联形成打击。事实上，在 1980年代中期，凯西曾在苏联边境发动圣战者袭击，试图煽动苏联境内的穆斯林起义。[124]

从阿富汗撤军后，苏联试探美国意愿，希望双方合作，遏制阿富汗的极端主义，但美国不为所动。控制阿富汗的顽固分子开始与巴基斯坦情报部门密切合作。美国在达成目标后，仍然为当地提供秘密援助，但最终还是打算从自己制造的混乱中逐步脱身。前美国驻沙特大使查尔斯·弗里曼（Charles Freeman）抱怨道："我们在不知道如何结束战争的情况下发动了战争。现在，阿富汗战争已经转变成内战，但我们基本上都不关心了。"他说他曾和美国驻巴基斯坦大使罗伯特·奥克利（Robert Oakley）请求中情局的威廉·韦伯斯特、罗伯特·盖茨两位局长好好想想，怎么让美国、沙特阿拉伯和巴基斯坦脱身，但他们那儿的人是这样回应的："为什么我们要到那去与那些头缠布巾的人打交道呢？"[125] 兰德智库专家谢丽尔·贝纳德（Cheryl Benard）的丈夫扎尔梅·哈利勒扎德（Zalmay Khalilzad）时任美国驻阿富汗大使，据她观察：

> 我们做了一个谨慎的选择。起初，人人都认为我们没有办法击败苏联。因此，我们只好找了我们所能找到的最疯狂的疯子去对付他们，这必然会造成许多附带伤害。我们很清楚那帮人，很清楚他们的组织都干了些什么勾当，但我们不在乎。然后，我们放纵他们杀死所有"温和派"领导人。今天，我们之所以在阿富汗没有了可信任的"温和派"领导人，就是因为我们纵容那些混蛋把他们都杀光了。这些暴徒杀掉了左派人士、"温和派"和中间路线者。他们都在1980年代及之后一段时间内被清洗掉了。[126]

里根离任时已是个脑筋糊涂了的老人，他对眼下发生的事知之甚少，然而许多人都称赞他让美国重获自信，使美国逐渐摆脱了约翰逊、尼克松、福特和卡特等人失败的任期的阴影。甚至在里根的第二届任期开始之前，保守派就开始把他奉为美国最伟大的总统之一。1984年，共和党的一份竞选备忘录这样写道："把里根描绘成美国一切正义的英勇化身。让蒙代尔陷于一种境地——如果攻击里根，那就等于攻击美国本身的理想和信念。"[127]

那么，里根真正留下的政治遗产是什么？作为美国历史上最缺乏见识、最少操心国事的总统，他纵容了一批强硬的右翼反共人士卷土重来，使得美国的外交政策走向军事化，并重新点燃了冷战。他口口声声要宣扬民主，暗地里却不断武装和支持专制独裁者。他把中东和拉丁美洲的地区冲突当成美苏冷战的竞技场，放纵恐怖统治压制人民运动。他大幅削减针对穷人的社会福利项目的开支，却

急剧扩大军费开支。他大幅降低对富人的税收负担，将美国国债增
加了两倍，使美国从 1981 年的世界最大债权国，到 1985 年变成世
界最大债务国。1987 年 10 月，他目睹了股票市场发生了自大萧条
以来最严重的崩溃。他让消除世界上所有进攻性核武器的机会从指
缝中溜走，仅仅因为他不肯放弃一个幼稚的幻想。至于他被大肆吹
嘘为结束冷战中的关键人物，正如我们所知道的，其实很大一部分
都归功于苏联领袖米哈伊尔·戈尔巴乔夫。

注释

1　Anatoly Dobrynin, *In Confidence: Moscow's Ambassador to America's Six Cold War Presidents (1962–1986)* (New York: Times Books, 1995), 530.

2　Melvyn P. Leffler, *For the Soul of Mankind: The United States, the Soviet Union and the Cold War* (New York: Hill and Wang, 2007), 349; Tim Weiner, *Legacy of Ashes: The History of the CIA* (New York: Doubleday, 2007), 388.

3　Bob Schieffer and Gary Paul Gates, *The Acting President* (New York: E. P. Dutton, 1989), 91.

4　Lou Cannon, "Latin Trip an Eye-Opener for Reagan," *Washington Post*, December 6, 1982.

5　William E. Pemberton, *Exit with Honor: The Life and Presidency of Ronald Reagan* (Armonk, NY: M. E. Sharpe, 1997), 150.

6　Schieffer and Gates, *The Acting President*, 175.

7　Ronald Reagan, *An American Life* (New York: Simon & Schuster, 1990), 588.

8　Joanne Omang, "President, Nazi Hunter Discuss the Holocaust," *Washington Post*,

February 17, 1984; Lou Cannon, "Dramatic Account About Film of Nazi Death Camps Questioned," *Washington Post*, March 5, 1984.

9   Mike Royko, "What Prez Says Ain't Necessarily So," *Chicago Tribune*, April 6, 1984.

10 James M. Perry, "…While Candidate Stays True to Form by Spreading the Word, and the Words," *Wall Street Journal*, January 15, 1988; Carl P. Leubsdorf, "Cornerstone of Reagan Election Appeal Is Promised Return to 'Good Old Days,'" *Baltimore Sun*, April 30, 1980.

11 Larry Speakes, *Speaking Out: The Reagan Presidency from Inside the White House* (New York: Scribner, 1988), 136.

12 Lou Cannon, *President Reagan: The Role of a Lifetime* (New York: Simon & Schuster, 1991), 156–157.

13 "Wrong Turn on Human Rights," *New York Times*, February 6, 1981; John M. Goshko, "Ultraconservative May Get Human Rights Post at State," *Washington Post*, February 5, 1981; Jack Anderson, "U.S. Human Rights Post Goes to a Foe," *Washington Post*, February 28, 1981; "The Case Against Mr. Lafever," *New York Times*, March 2, 1981.

14 Pemberton, *Exit with Honor*, 151.

15 Cannon, *President Reagan*, 241.

16 Robert M. Gates, *From the Shadows: The Ultimate Insider's Story of Five Presidents and How They Won the Cold War* (New York: Simon & Schuster, 1996), 191, 199.

17 Melvin Goodman, *Failure of Intelligence: The Decline and Fall of the CIA* (Lanham, MD: Rowman & Littlefield, 2008), 303.

18 Robert Parry, *Secrecy & Privilege: Rise of the Bush Dynasty from Watergate to Iraq* (Arlington, VA: Media Consortium, 2004), 192–193.

19 Colman McCarthy, "They Are Less than Freedom Fighters," *Washington Post*, March 2, 1985.

20 George Skelton, "Reagan Pledges to Back Guatemala," *Los Angeles Times*, December 5, 1982; Greg Grandin, *Empire's Workshop: Latin America, the United States, and the Rise of the New Imperialism* (New York: Holt Paperbacks, 2006), 101.

21 Mary McGrory, "Learning Diplomacy from Movies," *Chicago Tribune*, December 9, 1982.

22 Walter LaFeber, *Inevitable Revolutions: The United States in Central America* (New York: W. W. Norton, 1993), 322.

23　Skelton, "Reagan Pledges to Back Guatemala"; Lou Cannon, "Reagan Praises Guatemalan Military Leader," *Washington Post*, December 5, 1982.

24　Steven R. Weisman, "Reagan Criticized by Colombia Chief on Visit to Bogota," *New York Times*, December 4, 1982; Anthony Lewis, "Howdy, Genghis," *New York Times*, December 6, 1982.

25　Lou Cannon, " 'Unseemly Pressure' from Nofziger Reported to Annoy Reagan," *Washington Post*, December 6, 1982.

26　Lewis, "Howdy, Genghis."

27　Frank P. L. Somerville, "Guatemala Atrocities Reported by a Jesuit," *Baltimore Sun*, December 8, 1982.

28　Eric Alterman, *When Presidents Lie: A History of Official Deception and Its Consequences* (New York: Penguin Books, 2004), 246.

29　"Secret Guatemala's Disappeared," Department of State, 1986, Kate Doyle and Jesse Franzblau, "Historical Archives Lead to Arrest of Police Officers in Guatemalan Disappearance," March 17, 2009, National Security Archive Electronic Briefing Book No. 273, http://www.gwu.edu/~nsarchiv/NSAEBB/NSAEBB273/index.htm.

30　Gates, *From the Shadows*, 213.

31　George P. Shultz, *Turmoil and Triumph: My Years as Secretary of State* (New York: Scribner, 1993), 864.

32　Ronald Reagan, "Remarks to an Outreach Working Group on United States Policy in Central America," July 18, 1984, www.reagan.utexas.edu/archives/speeches/1984/71884d.htm.

33　Grandin, *Empire's Workshop*, 115, n. 75.

34　Harry E. Bergold, Jr., to United States, "Ex-FDN Mondragon Tells His Story," May 8, 1985, Department of State, http://gateway.proquest.com/openurl?url_ver=Z39.88-2004&res_d at=xri:dnsa&rft_dat=xri:dnsa:article:CNI02471.

35　Robert S. Leiken and Barry Ruin, ed. *The Central American Crisis Reader* (New York: Summit Books, 1987), 562–563.

36　Walter LaFeber, "Salvador," in *Oliver Stone's USA: Film, History, and Controversy, ed. Robert Brent Toplin* (Lawrence: University Press of Kansas, 2000), 101.

37　"Research Group Calls Salvador, Guatemala Worst Rights Violators," *Baltimore Sun*, December 30, 1982.

38　Sean Wilentz, *The Age of Reagan: A History, 1974–2008* (New York: Harper Collins, 2008), 156.

39　John M. Goshko, "Catholic Aid to Marxists Puzzles Bush," *Washington Post*, March

3, 1983.

40   Ronald Reagan, "Peace: Restoring the Margin of Safety," delivered at the Veterans of Foreign Wars Convention, Chicago, IL, August 18, 1980, www.reagan.utexas.edu/archives/reference/8.18.80.html.

41   Stephen Kinzer, *Overthrow: America's Century of Regime Change from Hawaii to Iraq* (New York: Times Books, 2006), 227.

42   Dick Cheney, "What Bonker Missed," *Washington Post*, November 14, 1983.

43   Ronald V. Dellums, "And Then I Said..." *Washington Post*, November 15, 1983.

44   Richard Bernstein, "U.N. Assembly Adopts Measure 'Deeply Deploring' Invasion of Isle," *New York Times*, November 3, 1983.

45   "Grenada Act a 'Liberation,' Not Invasion, Reagan Insists," *Los Angeles Times*, November 3, 1983.

46   Ronald Reagan, "Address to the Nation on Events in Lebanon and Grenada," October 27, 1983, www.reagan.utexas.edu/archives/speeches/1983/102783b.htm.

47   Robert Timberg, " 'Days of Weakness Over,' Reagan Tells War Heroes," *Baltimore Sun*, December 13, 1983.

48   Marilyn B. Young, *The Vietnam Wars, 1945–1990* (New York: Harper Perennial, 1991), 316.

49   Bob Woodward, "CIA Told to Do 'Whatever Necessary' to Kill Bin Laden," *Washington Post*, October 21, 2001.

50   Martin F. Nolan, "American Defense: Spending," *New York Times*, June 28, 1981.

51   Michael Kramer, "When Reagan Spoke from the Heart," *New York*, July 21, 1980, 18.

52   Wilentz, *The Age of Reagan*, 274.

53   Pemberton, *Exit with Honor*, 140.

54   Anthony Lewis, "Abroad and at Home: Nuclear News in Moscow," *New York Times*, June 4, 1981.

55   Colin S. Gray and Keith Payne, "Victory Is Possible," *Foreign Policy*, Summer 1980, 18, 21, 25.

56   Richard Halloran, "Special U.S. Force for Persian Gulf Is Growing Swiftly," *New York Times*, October 25, 1982.

57   Joyce Battle, ed. "Shaking Hands with Saddam Hussein: The U.S. Tilts Toward Iraq, 1980–1984," National Security Archive, www.gwu.edu/~nsarchiv/NSAEBB/NSAEBB82/.

58   Declaration of Howard Teicher before the United States District Court, Southern

District of Florida, January 31, 1995, National Security Archive, www.gwu.
edu/~nsarchiv/NSAEBB/NSAEBB82/iraq61.pdf.

59 Jonathan B. Tucker, *War of Nerves: Chemical Warfare from World War I to Al-Qaeda*
(New York: Pantheon, 2006), 256.

60 "Excerpts from President's Speech to National Association of Evangelicals," *New
York Times*, March 9, 1983.

61 Robert Jay Lifton and Eric Markusen, *The Genocidal Mentality: Nazi Holocaust and
Nuclear Threat* (New York: Basic Books, 1990), 272.

62 Cannon, *President Reagan*, 290.

63 Robert Timberg, "Reagan Condemns 'Massacre' by Soviets, Spells Out Sanctions,"
Baltimore Sun, September 6, 1983.

64 David E. Hoffman, *The Dead Hand: The Untold Story of the Cold War Arms Race
and Its Dangerous Legacy* (New York: Doubleday, 2009), 86.

65 Ronald Reagan, *The Reagan Diaries*, ed. Douglas Brinkley (New York: Harper
Collins, 2007), 186.

66 Edmund Morris, *Dutch: A Memoir of Ronald Reagan* (New York: Random House,
1999), 498–499.

67 Reagan, *The Reagan Diaries*, 199.

68 Reagan, *An American Life*, 588; Hoffman, *The Dead Hand*, 96.

69 Reagan, *An American Life*, 586; Hoffman, *The Dead Hand*, 92.

70 Hoffman, *The Dead Hand*, 152–153.

71 Ibid., 153–154.

72 Reagan, *An American Life*, 550.

73 "Reagan in Radio Test, Jokes About Bombing Russia," *Baltimore Sun*, August 13,
1984.

74 Fay S. Joyce, "Mondale Chides Reagan on Soviet-Bombing Joke," *New York Times*,
August 14, 1984.

75 "President's Joke About Bombing Leaves Press in Europe Unamused," *New York
Times*, August 14, 1984; "European Reaction Is Uniformly Grim," *Baltimore Sun*,
August 14, 1984.

76 Dusko Doder, "Moscow Calls Reagan's Quip 'Self-Revealing,'" *Washington Post*,
August 15, 1984; "Soviets Hit 'Hostility' of Reagan Joke," *Los Angeles Times*,
August 15, 1984.

77 John B. Oakes, "Mr. Reagan Bombs," *New York Times*, August 18, 1984.

78 Jerome B. Wiesner, "Should a Jokester Control Our Fate?" *Los Angeles Times*,

August 30, 1984.

79 Robert Scheer, "White House Successfully Limits News," *Los Angeles Times*, August 20, 1984.

80 "Transcript of President's Address on Nuclear Strategy Toward Soviet Union," *New York Times*, November 23, 1982.

81 Gerard J. DeGroot, *The Bomb: A Life* (Cambridge, MA, Harvard University Press, 2005), 308–309.

82 Hoffman, *The Dead Hand*, 207–208.

83 Richard Rhodes, *Arsenals of Folly: The Making of the Nuclear Arms Race* (New York: Alfred A. Knopf, 2007), 205.

84 Wilentz, *The Age of Reagan*, 247.

85 Leffler, *For the Soul of Mankind*, 377.

86 Ibid., 380.

87 Wilentz, *The Age of Reagan*, 151.

88 Vladislav M. Zubok, *A Failed Empire: The Soviet Union in the Cold War from Stalin to Gorbachev* (Chapel Hill: University of North Carolina Press, 2007), 284; Leffler, *For the Soul of Mankind*, 380.

89 Leffler, *For the Soul of Mankind*, 385.

90 Rhodes, *Arsenals of Folly*, 129.

91 Ibid., 4.

92 Zubok, *A Failed Empire*, 288.

93 Rhodes, *Arsenals of Folly*, 26.

94 Shultz, *Turmoil and Triumph*, 716–717.

95 Rhodes, *Arsenals of Folly*, 242.

96 Ibid., 248.

97 Jack F. Matlock, *Reagan and Gorbachev: How the Cold War Ended* (New York: Random House, 2004), 222.

98 Kenneth L. Adelman, *The Great Universal Embrace: Arms Summitry — a Skeptic's Account* (New York: Simon & Schuster, 1989), 53.

99 Rhodes, *Arsenals of Folly*, 257–258.

100 Jay Winik, *On the Brink: The Dramatic, Behind-the-Scenes of the Saga of the Reagan Era and the Men and Women Who Won the Cold War* (New York: Simon & Schuster, 1996), 515.

101 Russian transcript of Reagan-Gorbachev Summit in Reykjavík, October 12, 1986 (afternoon), in FBIS-USR-93-121, September 20, 1993, "The Reykjavik File,"

National Security Archive, www.gwu.edu/~nsarchiv/NSAEBB/NSAEBB203/index. htm.

102　Rhodes, *Arsenals of Folly*, 266–269.

103　Mikhail Gorbachev, *Alone with Myself (Reminiscences and Reflections)* (Moscow, 2010), unpublished memoir without page numbers.

104　"Session of the Politburo of the CC CPSU," October 14, 1986, National Security Archive, www.gwu.edu/~nsarchiv/NSAEBB/NSAEBB203/Document21.pdf.

105　Philip Geyelin, "And CIA Comics," *Washington Post*, August 12, 1984; Weiner, *Legacy of Ashes*, 399.

106　Wilentz, *The Age of Reagan*, 167.

107　Ibid., 212, 214–215.

108　Pemberton, *Exit with Honor*, 173.

109　Lloyd C. Gardner, *The Long Road to Baghdad: A History of U.S. Foreign Policy from the 1970s to the Present* (New York: New Press, 2008), 67.

110　Doyle McManus and Michael Wines, "Schultz Said to Seek Ouster of Poindexter," *Los Angeles Times*, November 21, 1986.

111　Weiner, *Legacy of Ashes*, 403–408.

112　Wilentz, *The Age of Reagan,* 228; "Reagan: I Was Not Fully Informed," *Washington Post*, November 26, 1986.

113　Pemberton, *Exit with Honor*, 191–192.

114　Robert Parry, "The Mysterious Robert Gates," May 31, 2011, http://consortiumnews .com/2011/05/31/the-mysterious-robert-gates.

115　Pemberton, *Exit with Honor*, 174; Lawrence E. Walsh, *Firewall: The Iran-Contra Conspiracy and Cover-up* (New York: W. W. Norton, 1998), 120.

116　Gorbachev, *Alone with Myself.*

117　James J. F. Forest, ed. *Countering Terrorism and Insurgency in the 21st Century: International Perspectives*, vol. 2 (Westport, CT: Greenwood Publishing Group), 468.

118　Robert Dreyfuss, *Devil's Game: How the United States Helped Unleash Fundamentalist Islam* (New York: Henry Holt, 2005), 267.

119　Stephen Buttry and Jake Thompson, "UNO's Connection to Taliban Centers on Education UNO Program," *Omaha World-Herald*, September 16, 2001, 1.

120　Weiner, *Legacy of Ashes*, 384.

121　Leffler, *For the Soul of Mankind*, 405.

122　Alfred W. McCoy, "Can Anyone Pacify the World's Number One Narco-State? The

Opium Wars in Afghanistan," March 30, 2010, www.tomdispatch.com/blog/175225; Weiner, *Legacy of Ashes*, 384.

123 Leffler, *For the Soul of Mankind*, 411.

124 Steve Coll, *Ghost Wars: The Secret History of the CIA, Afghanistan, and Bin Laden, from the Soviet Invasion to September 10, 2001* (New York: Penguin, 2004), 104; Thomas L.Friedman, "Bad Bargains," *Washington Post*, May 10, 2011.

125 Dreyfuss, *Devil's Game*, 290.

126 Ibid., 291.

127 Wilentz, *The Age of Reagan*, 173.

第12章

冷战结束：指缝中溜走的机遇期

"突然间，和平之季开始温暖整个世界。"《纽约时报》在1988年7月31日以欢欣鼓舞的口吻报道。不管是阿富汗、安哥拉、柬埔寨和尼加拉瓜等地，还是伊朗和伊拉克两国之间，旷日持久的血腥战争终于画上句号。[1] 同年晚些时候，在莫斯科的压力之下，巴勒斯坦解放组织领导人亚西尔·阿拉法特（Yasser Arafat）也宣布放弃恐怖主义，隐晦地承认以色列的存在。但最令人瞩目的巨变还在后头。1988年12月，苏联领导人戈尔巴乔夫宣布冷战结束：

> 使用或威胁使用武力再也不能……作为外交政策的利器。这首先指的是核武器……下面让我转入今天的主题——裁军，这个问题不解决，未来一个世纪的很多问题都很难解决……苏联已经决定减少武装部队的数量……要减少50万士兵……我们决定到1991年底从东德、捷克斯洛伐克和匈牙利撤回并解散6个坦克师……驻扎在上述国家的苏联军队将减少5万人，坦克也会减少5000辆。余下的苏联部队……主要起防御作用。

1988年12月，苏联领导人戈尔巴乔夫在联合国总部纽约发表演讲，他宣布结束冷战，倡导一系列和平改革和裁军措施。

倡议裁军与自决，苏联从第三世界退场

戈尔巴乔夫承诺苏联将开始"从军备经济过渡到裁军经济的时代"，并通过联合国呼吁其他军事大国也做出类似转变。他提议将进攻性战略武器减少50%，呼吁各国联合起来消除"全球环境面临的威胁"，禁止武器进入外太空，停止对第三世界国家的剥削和压迫，他提议"最不发达的国家可以在最高100年内暂停偿还债务"。

不过，他的要求还不止这些。他呼吁联合国从中斡旋，希望能在1989年1月1日调停阿富汗战争。在过去9年的战争中，尽管苏联部署了10万军队，与当地的阿富汗人密切合作，建立了阿富汗军队和警察，但还是未能击败阿富汗叛乱分子。他提议就阿富汗中立和非军事化问题召开国际会议，还向即将成为美国总统的老布什

抛出橄榄枝——提出双方"共同努力结束战争、对抗和地区冲突频发的时代，结束侵害大自然的行为，结束饥饿、贫困和政治恐怖主义。这是我们的共同目标，我们只有共同努力，才能实现它们"。[2]

《纽约时报》描述此次戈尔巴乔夫长达一小时的精彩演讲，体现了高超的政治家素养，堪比1918年威尔逊提出"十四点和平原则"，以及1941年罗斯福和丘吉尔提出《大西洋宪章》，他的演讲"从根本上重塑了国际政治"。《纽约时报》进一步指出："他还承诺会单方面做出表率，表现出惊人的胆识，显得有些冒险、大胆、天真、吸引大家的注意力，又不失英勇……他的想法值得，实际上是促使新当选的总统老布什和其他领导人给予最严肃的回应。"《华盛顿邮报》称这是"联合国有史以来最举世瞩目的一次演讲"。[3]

虽然老布什在最近的选举中狠狠击败了马萨诸塞州州长迈克尔·杜卡基斯（Michael Dukakis），但还未搬入白宫。那年夏天的民调显示，老布什的支持率整整落后了17%，他需要努力克服公众质疑他"懦弱"的形象问题。有一段时间，总统选举的焦点落在了老布什是否太软弱以至于无法胜任总统之职上。有些人觉得难以理解：老布什曾于二战期间在太平洋战区出色地执行过58次战斗飞行任务，并因此获得杰出飞行十字勋章，他怎么会被如此嘲笑？《新闻周刊》认为，他有一个"潜在的巨大缺陷，即人们认为老布什不够坚强、能干，无法应对总统办公室面临的无限挑战"。[4]甚至连曾担任耶鲁大学棒球队队长这一事实也无法帮老布什赢得公众的信任。《华盛顿邮报》的记者柯特·萨普利（Curt Suplee）写道："他懦弱、暴躁又胆小，就像每个女人选择的第一任丈夫，乏味又墨守成规。这些迂腐、陈旧的负面评价正好说中了他在美国大众心目中的形象，人们虽没有什么具体细节，却强烈地认为，这位副总统太软弱无能，无法担起领导自由世界的重任。"[5]老布什的二儿子杰布·布什（Jeb Bush）抱怨道："他成了漫画讽刺的对象。"[6]

在评论家看来，老布什之所以有此形象，是因为他出身富有家庭，自小娇生惯养地长大，又顺利进入美国名校学习。孩提时代的老布什沉静、内敛，因而得了个"波比"（Poppy）的昵称。他辞去了外交关系协会和三边委员会的职务，但仍然无法摆脱他是最重要的权势集团候选人的身份——戴维·洛克菲勒支持他。[7]除此之外，他的大多数政治职位都是靠任命得到的。里根的公众魅力十足，作为他副手的老布什却没因此沾到多少光。结果也表明，里根并不喜欢老布什，不想让他上位，不过，里根偏爱的参议员保罗·拉克索尔特（Paul Laxalt）和众议员杰克·肯普（Jack Kemp）也不成气候。老布什对里根以及自己以前一直反对的右翼政策卑躬屈膝，包括他批判是"巫毒经济学"的那一派，这使他显得软弱且没有原则。在获得总统提名后，老布什告诉一位记者："我一直追随里根——盲目地追随。"[8]他甚至还把自己曾经十分鄙视的奥利弗·诺思奉为"英雄"。一位评论员指出，老布什"为了更靠近总统办公室……尝试使用右翼势力粗鄙的政治哲学"。[9]老布什在新罕布什尔州的初选中首战告捷，他的主要对手鲍勃·多尔（Bob Dole）很是沮丧，愤愤地说道："那儿什么都没有。"[10]

人们认为老布什缺乏家庭或社区意识，因为据称他一直居住在休斯敦的一家酒店；人们还指责他说话总喜欢用"不管怎么样"和"诸如此类"等含糊其词的词语结尾，并嘲笑他"连说话都不通顺：句子残缺、语序混乱、舌头打结"。[11]争强好胜的得克萨斯州州长安·理查兹（Ann Richards）在民主党全国代表大会上打趣道："可怜的乔治，他含着金汤匙出生，汤匙却有脚那么大。"[12]

老布什尝试鼓吹自己的战争经历，声称自己捍卫持枪权利，也参加烧烤活动，无耻地迎合右翼势力。然而，这些还是无法帮他扭转形象，于是他决定采取其他策略。他质疑杜卡基斯的爱国主义，并利用一条讲述杜卡基斯允许杀人犯威利·霍顿（Willie Horton）

在监禁期间短暂休假的竞选广告，来刺激选民对罪犯的害怕心理，大打种族牌。但是，对老布什最致命的一击恐怕来自哥伦比亚广播公司的新闻主播丹·拉瑟（Dan Rather），他揭露老布什曾卷入"伊朗门"事件。老布什准备猛烈反击，他认为这并不公平，于是愤怒地反驳道："重弹'伊朗门'事件的老调，以此来评判我的整个职业生涯并不公平。如果我仅通过你离开纽约片场 7 分钟就轻率地评判你的事业，你会作何感想？"这个策略奏效了。记者称在"拉瑟与老布什的论战"中，老布什"横行霸道"。[13] 似乎没有人注意到拉瑟质疑老布什在"伊朗门事件"中所起的作用是完全合情合理的。竞选期间，老布什坚称自己在此次非法行动中"置身事外，没有参与其中"，然而，在他的录音日记中，这位美国中情局前局长却坦承："我是少数几个知道所有细节的人之一。"[14] 老布什后来特赦了前国防部长温伯格，以免他在国会证实自己在这起丑闻中扮演了角色。

　　老布什的外交政策团队班子主要包括国务卿詹姆斯·A. 贝克三世（James A. Baker III）、国防部长迪克·切尼以及国家安全顾问布伦特·斯考克罗夫特将军。斯考克罗夫特选择让罗伯特·盖茨担任他的副手。保罗·沃尔福威茨担任国防部副部长，负责制订政策。

　　在联合国纽约总部发表讲话期间，戈尔巴乔夫曾与里根、老布什会晤，希望在军备控制和撤军问题上得到美国的帮助，但老布什的顾问对此持怀疑态度。中情局因常年遭到右翼势力的无情打击，其情报触觉已日渐退化，完全误读了正在发生的事情。盖茨后来在回忆录中承认："美国政府，包括中情局，在 1989 年 1 月时都没有意识到，历史转折的大浪潮正向我们袭来。"[15] 在这群人中，盖茨和切尼是最怀疑戈尔巴乔夫的倡议的，他们千方百计地利用戈氏的改革意愿来瓦解苏联体制。在很大程度上，切尼的意见起了重要作用，他一直反对美国与戈尔巴乔夫合作。切尼反对过早举行美苏峰

在联合国总部纽约发表讲话期间，戈尔巴乔夫与里根、老布什在总督岛会晤。

会，他担心戈尔巴乔夫的倡议会动摇西方反苏的决心。老布什通过了一项进一步削弱苏联军事力量的战略——当戈尔巴乔夫提出消除在欧洲的战略核武器，而大多数欧洲人都举手赞成时，美国反驳道，苏联应该撤出32.5万部队以换取美国削减3万兵力。老布什和戈尔巴乔夫之后又过了一年都再没会晤。

在忽视苏联的同时，老布什继续打中国牌，他进一步巩固了里根与中国领导人缔造的美中经济和政治关系。老布什担任过美国驻华大使，他打算上台后继续与中国保持密切关系。

戈氏放弃东欧，北约承诺不东扩

戈尔巴乔夫希望振兴自 1970 年代末以来就停滞不前的苏联经济。他知道，苏联难以承受继续陷在阿富汗战争和支持第三世界盟友的代价，而庞大的军事建设更是消耗了国民生产总值的 30%，占政府总支出的一半以上。苏联领导层决定减少他们的损失，于是不再继续支持安哥拉和埃塞俄比亚的古巴驻军以及柬埔寨的越南驻军。1989 年初，苏联军队撤出阿富汗。而第三世界这个 10 年前看起来充满诱惑的竞技场，如今正在散场。苏联人已经厌倦了昂贵且不明智的冒险活动。阿富汗战争夺走了超过 1.4 万苏联士兵和数十万阿富汗人的生命，消耗了大量珍贵的资源，并在整个伊斯兰世界激起了反共情绪。曾经靠拢社会主义的年轻穆斯林，如今转向激进的极端主义。脆弱疲惫的苏联经济无法再为第三世界各国提供可供效仿的发展模式。戈尔巴乔夫受够了苏联第三世界盟友压迫性的、耗费巨大的政策，要求它们改变，但后者却拒绝这一要求。于是，他提议美苏都停止干涉第三世界事务，让这些国家自行解决争端。

在 1988 年 5 月的莫斯科峰会上，戈尔巴乔夫邀请里根共同签署一项声明，承诺和平共处，不再对其他国家的内部事务进行军事干预。但里根拒绝签署。戈尔巴乔夫并未气馁，而是决定单方面采取行动。历史学家文安立（Odd Arne Westad）理解到了这一转变背后的非凡意义："戈尔巴乔夫及其顾问们……明白了民族自决的重要意义，而 20 世纪其他大国的领导人却没领会这一点。20 世纪初自由派和革命派大声疾呼的理念得到了苏联领导人的践行，这是理想主义者终其一生都渴望实现的愿景：让各国人民在不受外国干预的情况下，自行决定他们自己的命运。"[16]

美国不但不接受这个原则，还想方设法破坏它，肆无忌惮地利用苏联撤出第三世界留下的权力真空。美国继续对中东的激进主义煽风点火。很多受美国支持、曾在阿富汗反抗苏联的圣战分子在车臣、波斯尼亚、阿尔及利亚、伊拉克、菲律宾、沙特阿拉伯、克什米尔及其他地方加入激进教派，开始进行极端活动。非洲和巴尔干半岛也爆发了种族和部落冲突。

戈尔巴乔夫敦促东欧各国进行改革，波兰率先采取行动。1989年4月，波兰最高领导人沃依切赫·雅鲁泽尔斯基（Wojciech Jaruzelski）将军同意举行自由选举。6月，在美国中情局的秘密支持下，来自团结工会联合会（Solidarity Trade Union Federation）的候选人彻底打败共产党，后者和平地放弃了权力，还同意参与团结工会领导的联合政府。有别于1956年的匈牙利和1968年的捷克斯洛伐克，这一次苏联没有干预。5月，爱沙尼亚和立陶宛宣布主权独立。紧接着的7月，拉脱维亚也宣布独立。戈尔巴乔夫鼓励了改革者。7月下旬，苏联外交部长爱德华·谢瓦尔德纳泽向美国国务卿贝克解释了苏联对这些变化的接受："如果我们使用武力，那么改革就会终结，也意味着我们失败了，未来的任何希望也都就此破灭，我们为创造一个基于人道价值的新体系所进行的所有努力也将毁于一旦。如果我们武力干涉，那就意味着反对改革的人赢了，这样一来，我们和前人也没什么两样了。所以，这次我们绝不能重蹈覆辙。"[17]

其他东欧国家也纷纷效仿。1989年10月，匈牙利执政党共产党宣布自己为社会民主党，并将国名改为匈牙利共和国。同月，戈尔巴乔夫访问柏林，之后，东德爆发游行示威，领导人埃里希·昂纳克（Erich Honecker）被迫下台。1989年11月9日，东、西柏林的人民一起开始拆除柏林墙，冷战期间备受诟病的标志性建筑物就此坍塌。戈尔巴乔夫的外交政策顾问阿纳托利·切尔亚耶夫在日记中写道："柏林墙倒塌了，苏联式社会主义制度的整个历史时代结束了……雅尔塔体系和斯大林主义遗产也成为过去……一切都是戈

1989年11月9日，人们在兴高采烈地庆祝柏林墙倒塌。

尔巴乔夫做的……"但欧洲的变革远未结束。捷克爆发了大规模游行示威和罢工，议会对此做出回应，选举了诗人和剧作家瓦茨拉夫·哈韦尔（Václav Havel）担任总统。所有东欧共产主义政权一个接一个地倒台，全世界的人都不敢相信眼前发生的一切。一场和平的革命悄然席卷整个社会主义阵营。长期以来，苏联认为控制东欧对苏联的安全至关重要，戈尔巴乔夫抛弃了这个观点。他认为卸下东欧这个包袱，苏联及其盟友就能迅速建立起人道的、民主的社会主义制度。

戈尔巴乔夫把所述一切认为是一个新的开端，但美国的许多决策者却弹冠相庆，认为这证明了西方资本主义终于在历时几十年的冷战中赢得最终胜利。国务院政策规划者弗朗西斯·福山（Francis Fukuyama）表示："这是历史的终结。"他宣称西方的自由民主才是"人类统治的最后形态"。1990年9月，美国外交关系协会东西方问题研究中心主任迈克尔·曼德尔鲍姆（Michael Mandelbaum）兴高采烈地说："苏联……让冷战结束成为可能，这意味着40年来头一次，我们可以在中东大胆地开展军事行动，而不用担心引发第三次世界大战。"[18]美国很快就要验证这一假设。

7月，老布什出访波兰和匈牙利，他刻意保持低调，以免激起苏联的反应。他之前曾嘲笑"远见卓识"，就连拆除柏林墙这样令人欢欣鼓舞的事，他也显得不动声色。老布什解释说："我不是那种感情用事的人。"他告诉戈尔巴乔夫："我尽量不给你添麻烦，所以没拿柏林墙问题来大做文章。"戈尔巴乔夫答道，"是的，我们已经注意到了"，并表示"十分感激"。[19]

戈尔巴乔夫允许东欧发生根本性变革，同时也希望随着冷战的结束，北约和华约也能一同解散。当意识到这纯属妄想后，他又坚持北约至少不能再东扩了。他甚至同意东西德统一，只要北约的军队和武器不进入前东德的领土范围。他和其他俄罗斯领导人认为，他们已经得到了美国和德国的庄严承诺，北约不会继续东扩。但当克林顿和小布什时代，北约不断逼近，直到俄罗斯家门口时，他们才猛然醒悟。俄罗斯领导人有种遭到背叛的感觉，他们表示强烈的愤慨。多年来美国官员坚称，美国从未做过这方面的承诺，但最近解密的档案似乎证实了俄罗斯的说法。

1990 年 2 月，老布什、贝克和德国总理赫尔穆特·科尔 (Helmut Kohl) 试图说服戈尔巴乔夫撤出在东德的 38 万苏联驻军，放弃自 1945 年德国投降以来对该地区的合法占领权。他们不希望看到越来越多中东欧新独立的国家提出去军事化的要求，因为这将动摇美国在欧洲的统治地位。2 月 9 日，贝克会见戈尔巴乔夫，问他："你希望看到一个不受北约束缚、没有美国驻军的统一德国，还是受制于北约框架、保证不会向东染指一寸土地的统一德国？"贝克记得，当时戈尔巴乔夫的回答是："绝不接受北约的任何扩张。"

第二天，赫尔穆特·科尔会见戈尔巴乔夫，声称"北约当然不会将势力扩大"到东德。2 月 10 日，德国外交部长汉斯－迪特里希·根舍 (Hans-Dietrich Genscher) 向苏联外交部长爱德华·谢瓦尔德纳泽传达了同一信息。他表示："我们知道德国统一后加入北约会引起麻烦，但对我们来说，有一件事是可以肯定的：北约不会东扩。"为了让苏联领导人明白这条原则适用于整个东欧而不仅仅是德国，根舍又补充说道："不扩大北约这一条，适用于该地区所有国家。"

得到科尔的保证后，戈尔巴乔夫同意德国统一，但并没有签署任何具有法律约束力的文件，故这笔交易并没有落笔成文。到了 9 月，戈尔巴乔夫甚至同意北约扩充到东德，以换取德国对苏联的紧急财政援助，这使问题变得更加复杂。

很显然，戈尔巴乔夫认为协议已经达成，但后来他突然意识到自己受骗了。他坚持声称，美国和西德答应过不会让北约"往东扩张哪怕是一根拇指的宽度"。后来，俄罗斯总统德米特里·梅德韦杰夫 (Dmitri Medvedev) 也在 2009 年发出同样的感慨，苏联"曾经得到的承诺没有一样是兑现的，你们不是说北约不会无休止地向东扩张，会考虑我们的利益吗？！"美国驻莫斯科大使杰克·马特洛克也承认，苏联的确得到了"明确的承诺"。2009年底，德国《明镜》（Der Spiegel）周刊就此事展开调查，在"采访了许多相关人员，并仔细查阅英国和德国解密档案后，《明镜》周刊发现，西方确实费了九牛二虎之力让苏联相信，像波兰、匈牙利和捷克斯洛伐克等国要加入北约是不可能的"。历史学家玛丽·爱丽丝·萨罗特（Mary Elise Sarotte）写过一本关于这段历史的获奖著作，她表示："总之，戈尔巴乔夫连续两天听到贝克和科尔表示北约不会东扩后，他同意让德国统一。"[20]

美国一方面很感谢戈尔巴乔夫在东欧的克制，另一方面却毫不犹豫地在自家后院动用武力。巴拿马强人曼努埃尔·诺列加一向是美国在中美洲的走狗，他曾两次进入美国在巴拿马运河区的美洲学校接受训练，自1960年代起受雇于美国中情局。他贪得无厌，做事不择手段，因协助哥伦比亚的麦德林贩毒集团而攫取了大量财富，他还把麦德林的竞争对手出卖给了美国缉毒局。因为援助尼加拉瓜的反政府武装，他赢得了里根政府高层的保护，包括威廉·凯西、埃利奥特·艾布拉姆斯和奥利弗·诺思。但是，1988年他被美国联邦政府指控涉毒，并遭到起诉。1989年，他试图取消巴拿马的总统选举，老布什逐渐将他视作包袱而非资产。在美国的怂恿下，巴拿马的一群军官试图发动政变，但美国没有提供任何援助。众议院特别情报委员会主席戴维·麦柯迪（David McCurdy）哀叹"懦弱势力重新抬头"。[21]

1989年12月，老布什决定绕过国会采取单边行动，这违反了1973年出台的《战争权力法案》（War Powers Act）。他增派1.2万兵力，加上已经驻扎在巴拿马的1.2万美军，合力推翻了诺列加政权，击败了巴拿马国防军和准军事部队，他将此称为"正义事业行动"（Operation Just Cause）。老布什极力为这次军事入侵辩护，声称他"确认了其他途径都被关闭，而美国公民的生命又受到严重威胁，这才被迫采取行动"。[22]有记者向切尼发难，要求他解释为何发动这场战争："部长先生，在巴拿马政变失败后，你曾走进这个房间，说了很多话，要求美国别介入过多。你……说在世界各地推翻政权并不是美国的责任……所以，你两个月前在这间屋子里发表的看法，现在不算数了么？"切尼板着脸回答，"我认为，我们政府一直在竭尽全力避免采取军事行动"，不得已入侵巴拿马是因为意识到"美国人的生命处于危险之中"。[23]

拉丁美洲人愤怒地谴责美国重拾炮舰外交政策。墨西哥表示："打击国际犯罪不是干预主权国家事务的借口。"[24]古巴谴责这是"新帝国主义侵略"，是"美国对国际法的公然蔑视"。[25]美洲国家组织以20比1的结果通过决议，要求"强烈谴责"美国的入侵行为。[26]在联合国，美国投出否决票以阻止安理会采取类似的谴责举动。

拉美国家对这种违反《美洲国家组织宪章》(Charter of the Organization of American States) 的侵略行为痛恨了许多年。"基地"组织发动"9·11"袭击后不久，尼加拉瓜杂志《船舶》(*Envío*) 写道："1989年12月，老布什政府下令军事入侵巴拿马。在那次军事行动中，美国政府为了捉拿曼努埃尔·诺列加，不惜轰炸居民区，杀死成千上万的巴拿马人……"它发问："这不就是在搞国家恐怖主义吗？"[27]

苏联的美国问题专家乔治·阿尔巴托夫 (Georgi Arbatov) 发出警告，美国入侵他国的行为会刺激苏联的强硬派重新抬头，因为他们会看穿美国的虚伪，认为它一方面称赞苏联的不干涉政策，另一方面又推翻当地政府。他们有理由这样怀疑。这次入侵的确证明了苏联单方面的不干涉并不能遏制美国的好战本性；事实上，这会让美国变得更加肆无忌惮。《华盛顿邮报》记者鲍勃·伍德沃德 (Bob Woodward) 指出，科林·鲍威尔支持入侵巴拿马的立场对老布什

美国缉毒局官员用飞机押送曼努埃尔·诺列加。

最终拍板起到了关键作用。鲍威尔说道："不管苏联做什么，就算是从东欧撤出也好，我们都必须清楚地告诉世界，'美国才是超级大国'。"[28]新保守主义者埃利奥特·艾布拉姆斯总结道，美国应该更早介入巴拿马事务，并推断军事升级危险的降低让"采取有限军事行动的可能性增大而不是减少"。[29]

诺列加逃避美军逮捕将近一周，之后逃到梵蒂冈大使馆寻求庇护。美军迅速包围大使馆，不顾梵蒂冈人的抗议，用扬声器昼夜不停地播放《我与法律斗（结果法律赢了）》["I Fought the Law (And the Law Won")]、《无处可逃》("Nowhere to Run")以及《你不行》("You're No Good")等摇滚歌曲。最终，诺列加以毒品走私罪在美国被判入狱。这次军事行动看似成功了，也深得民心，但暴露了国会的消极无为，它未能追究总统无视《战争权力法案》的责任。

根据该法案，白宫必须获得国会的批准才能对他国使用武力。

海湾战争完胜，展现美国实力

但老布什的麻烦还没完。里根政府为了取悦萨达姆，曾把伊拉克从美国国务院的恐怖主义国家名单上删除，还支持伊拉克对付伊朗。即使萨达姆使用化学武器镇压库尔德人的反抗，美国也没有多少谴责之声，还拙劣地将罪名扣到伊朗头上。当科威特要求伊拉克偿还它借给伊拉克发动对伊朗战争的款项时，老布什又额外批准了12亿美元贷款给伊拉克。在伊拉克迫切需要收入来偿还累积的400多亿美元外债时，科威特拒绝遵守欧佩克石油配额的规定，故意压低石油的价格。更让萨达姆恼火的是，科威特这个直到1961年才摆脱英国殖民统治的小国，居然拒绝在与伊拉克有争议的边境问题上让步。

1990年7月25日，美国驻伊拉克大使阿普丽尔·格拉斯皮（April Glaspie）在巴格达会见了萨达姆并向他保证，老布什"想更好、更深入地发展与伊拉克之间的关系"，对伊拉克与科威特的边境争端"没有意见"，科威特也不是美国的朋友。[30]美国驻联合国前大使兼参议员丹尼尔·帕特里克·莫伊尼汉（Daniel Patrick Moynihan）对其他同僚描述称，科威特"是对美国危害特别严重的敌人"，"其国内的反犹主义已达到令人发指的地步"。[31]萨达姆将格拉斯皮的言论解读成美国默许他占领科威特。在接下来的一周里，伊拉克的三个师开进科威特。如此一来，伊拉克得以掌握世界五分之一的石油供应。9月，格拉斯皮在事实上证实了自己引导萨达姆入侵科威特，她告诉《纽约时报》："我没想到，也没人会想到，伊拉克会全面占领科威特。"[32]

切尼、鲍威尔和诺曼·施瓦茨科普夫（Norman Schwarzkopf）

将军紧急会见沙特阿拉伯国王法赫德（Fahd）。他们把伪造的照片拿给法赫德看，照片显示伊拉克军队和坦克进犯了与科威特接壤的沙特领土，他们希望法赫德允许美军进入沙特，并在该地区长期驻扎。但是，骗局很快被戳穿了。日本一家报社获取的卫星照片表明，伊拉克并未在沙特边境集结过。这一消息引起了美国媒体的极大兴趣。接下来的一个月，美国广播公司新闻网购买了其他卫星照片，再次确认了日本媒体的判断。《新闻周刊》称这是"驻军失踪谜案"。"事实上，"《新闻周刊》报道，"所有人都只清楚地看到美国在沙特阿拉伯派驻了军队。"美国驻沙特阿拉伯大使查尔斯·弗里曼（Charles Freeman）警告说："这是行不通的。只要拍一张美国士兵往清真寺的墙壁小便的照片，沙特政府就会被推翻。"[33]五角大楼向媒体施压，要求封锁有关消息，《圣彼得堡时报》(*St.*

国防部长迪克·切尼会见沙特阿拉伯国防与航空大臣苏丹亲王。

Petersburg Times）资深记者琼·赫勒（Jean Heller）决定继续追查，她拿到了更多照片，并把它们拿给物理学家兼国防分析师彼得·齐默尔曼（Peter Zimmerman）看，最终他们揭露了美国政府的谎言。《新闻报道》报道，美国一位高级指挥官承认："围绕这场战争存在大量的虚假信息。"[34]

没有证据显示萨达姆曾打算入侵沙特阿拉伯。鲍威尔承认，在最初的三周里，如果伊拉克想入侵的话，它可以畅通无阻地进入沙特阿拉伯。他同意土耳其和阿拉伯领导人的看法，只有制裁才能迫使萨达姆改弦易辙。前国防部长罗伯特·麦克纳马拉敦促参议院制裁伊拉克，而不是对其发动战争。事实上，联合国施加的制裁已对伊拉克造成巨大损失。10 月，美国中情局局长威廉·韦伯斯特报告称，制裁措施已经让伊拉克的石油出口量缩减了 98%，它的进口量也减少了 95%。兹比格涅夫·布热津斯基证实，入侵可能会"适得其反"，会引起阿拉伯世界和欧洲盟友的反对，造成地区混乱。[35]

各方纷纷施压要求老布什做出强硬回应，以色列媒体打响了第一炮。《新闻》（*Hadashot*）发表了一篇观点很典型的社论，它尖锐地抨击道："科威特的亲伊拉克傀儡政府的作为展现了美国的无能和老布什总统的软弱。到目前为止，老布什的做法很像向希特勒投降的张伯伦。"[36]

老布什则把这种慕尼黑类比引到他人头上。在 8 月 8 日的全国电视讲话中，他说萨达姆是"一个咄咄逼人地威胁邻国的独裁者"，并将他比作希特勒。[37] 他狂热地使用这一类比。《华盛顿邮报》编辑查尔斯·保罗·弗罗因德（Charles Paul Freund）这样剖析老布什的策略："老布什用希特勒的类比来表示自己反对侵略……萨达姆的媒体形象突然希特勒化……这是美国继最近几年打击类似人物，例如巴拿马'强人'诺列加、伊朗'狂热分子'霍梅尼和利比亚'疯子'卡扎菲之后，又新出的一招。"[38]

将萨达姆与20世纪最遭世人唾弃的人物相提并论，这种行为令很多观察家觉得不合理，甚至很荒谬。在波士顿郊区的竞选演讲中，老布什甚至暗示萨达姆比希特勒更可恶，因为他利用人质当作"肉盾"来攻击潜在的军事目标。当被问及这为什么会让他比酿造了大屠杀的希特勒更可恶时，老布什含糊其词地说道："我没有在说大屠杀，我的意思是，大屠杀令人发指，但在科威特的广场上虐待孩子也很令人发指。据我所知，希特勒至少没有为了对付潜在的军事目标而监视他人，他甚至算得上尊重大使馆的合法性。所以，两者差别在此。"[39]

老布什还宣布，美军正朝波斯湾进军，准备进驻沙特阿拉伯。他决定在沙特想出解决危机的办法之前就采取行动，以防沙特的举措削弱美国对海湾地区及其石油的控制。再加上沙特向来唾弃科威特的寡头政治，老布什担心"阿拉伯式解决方案"会让伊拉克处于十分强势的地位。[40]

与此同时，科威特官方聘请了世界上最大的公关公司——伟达国际公关顾问公司来炒作这场战争。该公司华盛顿区负责人克雷格·富勒（Craig Fuller）是老布什任副总统时的幕僚长，他协助策划了一场有史以来规模最大的外资操纵美国公众舆论的活动。10月10日，在国会人权问题核心小组（Congressional Human Rights Caucus）发起的听证会上，一名15岁的女孩作证说，她正在科威特一家医院当志愿者，伊拉克军队突然闯了进来。她描述了自己当时看到的场景："他们把婴儿从保育箱里拿出来，把保育箱拿走，让婴儿在冰冷的地板上等死。"老布什多次引用这个故事，以此作为入侵伊拉克的理由："听听这些逃脱萨达姆魔爪的幸存者怎么说吧！真让人反胃！大规模的绞刑，把婴儿拽出保育箱，像扔柴火一样随意扔到地上。"后来调查发现，这名女孩并没有在医院当过志愿者，她其实是科威特驻美国大使的女儿，是科威特统治家族的一员。[41]当这个谎言被揭穿之时，美国早已开始轰炸巴格达。

11 月 29 日，联合国安理会最后通过决议，准许使用"一切必要手段"迫使伊拉克从科威特撤军。该决议的赞成票来得并不便宜。为此，美国免去了埃及将近 140 亿美元的债务以及海湾地区国家 67 亿美元的债务。叙利亚收到了来自欧洲、日本、沙特阿拉伯及其他阿拉伯国家的 20 多亿美元援助。沙特阿拉伯给苏联贷款 10 亿美元，由美国提供担保。

也门因与古巴一道投票反对该决议而受到严惩。美国一位高级外交官告诉也门大使："你们将为这次投反对票付出最高昂的代价。"[42]三天后，美国削减了也门急需的 7000 万美元援助。世界银行和国际货币基金组织开始排挤也门，沙特阿拉伯将 80 万也门工人驱逐出境。

为了让入侵获得合法性，美国领导者深知取得国际支持的重要性，但同时他们明确表示，不会任由联合国或其他国家牵着鼻子走。老布什和斯考克罗夫特在他们的回忆录中说道："接触其他国家很重要，但更重要的是，把控制权牢牢地攥在手中。"[43]

美国公众的意见分歧也越来越严重，支持老布什对这场危机的处理方式的人数在三个月内下降了 30%。尽管老布什到处宣扬美国的动机高尚，但将沙特阿拉伯和科威特的专制领导人美化成民主的典范实在缺乏说服力。而且，要说服公众此事关乎美国核心利益也并非易事。不像西欧和日本，美国几乎不依赖科威特的石油。实际上，伊拉克和科威特的石油加起来只占美国石油进口总量的 9%。而且，欧洲和日本并不急于干涉科威特战争。

面对甚嚣尘上的反对声，美国政府官员开始采取另一种策略：吓唬美国公众和犹豫不决的联合国官员。11 月底，切尼和斯考克罗夫特出现在美国星期天的脱口秀节目中，大谈核威胁。切尼讲述了伊拉克在核武器方面取得的进展，认为该国可能一年内就能完成

"某种粗糙的核装置"。斯考克罗夫特告诉戴维·布林克利（David Brinkley），萨达姆可能在几个月内就能达成这个目标。他补充道："我们不得不做这样的猜想，他比其他拥核国领导人更倾向于使用核武器。"斯考克罗夫特显然已经忘记，是哪个国家率先在敌人的土地上扔下原子弹，而且这些年来几十次威胁要使用核武器。斯考克罗夫特注意到核威胁好像没有起到足够的震慑效果，于是又开始谈恐怖主义威胁。主持人问道："我们听说萨达姆召集了一批恐怖分子进入伊拉克，随时听候他的差遣。请问这是真的吗？"斯考克罗夫特回答："千真万确。"[44]

切尼坚持认为，没有必要等到国会批准才使用武力，但老布什还是决定把战争提案交给国会。尽管大街小巷都充斥着反战抗议，参众两院还是在1月12日，分别以52对47和250对183的投票结果通过了战争决议。

到1月中旬，美国在中东地区的军队已经达到56万人，到战争结束时，兵力几乎达到70万。这股庞大的军力也是合理的，因为据估计，伊拉克的军力更加强盛。鲍威尔估计约为50万，而切尼和施瓦茨科普夫认为至少有100万。

安理会通过决议，要求伊拉克在1991年1月15日之前从科威特撤军。如果萨达姆再精明能干一点，他本可以智取一心想打仗的美国人。《纽约时报》记者朱迪思·米勒（Judith Miller）早些时候在报道中引用了一位欧洲外交官描述的美国人的"噩梦场景"：伊拉克撤军，萨达姆继续掌权，他的军火库也毫发无损；他可能还会要求科威特举行选举，以决定其未来的政治结构。如果这些事发生了，那么美国精心策划的行动计划就会崩溃，而萨达姆也会幸存下来。沙特人会不得不要求所有外国军队撤出该国，因为老布什对法赫德国王承诺过，只有危险存在，才能持续驻军。科威特的执政党萨巴赫家族（Sabah Family）要么被推翻，要么权力严重受限。如

1991 年 1 月，街道上挤满了反战抗议者。

此一来，美国在海湾地区长期驻军的计划就会受阻。[45]

　　萨达姆未能从军事失败中抓住契机获得外交胜利，伊拉克人将为此付出惨重代价。1991 年 1 月 17 日，"沙漠风暴行动"（Operation Desert Storm）开始。美国使用巡航导弹、战斧导弹和激光制导炸弹等高科技武器，对伊拉克进行了长达 5 周的轰炸。伊拉克在通信设施和军事基础设施被毁坏后受到重创，士气一蹶不振。美国和沙特联合部队乘胜追击，迅速攻打科威特境内人数远少于联军的伊拉克军队，几乎没有遇到抵抗。美军沿着后来被称为"死亡之路"的道路一路屠杀逃跑的伊拉克人。他们还部署了一种新型贫铀武器，其放射性和化学毒性能残留多年，使人患癌，且会导致婴儿先天性缺陷。战争的受害者还包括美国士兵，很多人罹患"海湾战争综合

　　科林·鲍威尔、诺曼·施瓦茨科普夫和保罗·沃尔福威茨在"沙漠风暴行动"期间，听取迪克·切尼的新闻发布会。

1991年1月17日，"沙漠风暴行动"开始。

征"①。但还是有众多的共和国卫队人员成功躲过这场屠杀，这也确保了萨达姆之后能继续掌权。

老布什总统及其顾问们决定不再继续攻打巴格达以推翻萨达姆政权，因为此举导致的占领代价极为高昂，局势也会变得更复杂，而且还会强化伊朗在该地区的霸权，招来阿拉伯盟友的抗议。切尼警告道："一旦我们越界，开始卷入伊拉克内战……我们很可能会陷入一个令人恐惧的泥潭，那就是我们得搞清楚谁更适合统治伊拉克。"在另一个场合，他阐述道：

目前还不清楚什么样的政府能够取代现有政权，是一个什叶派政权、一个逊尼派政权还是一个库尔德政权？或者是倾向于复兴党的政权，还是支持极端恐怖主义者的政权？如果美国通过军事行动将其扶植上台，那这个政府的可靠性有多大？美军要在那儿待多久才能有效保护支持该政权的当地人民？如果我们走了，又会发生什么情况？[46]

科林·鲍威尔同意切尼的看法。美国不想占领伊拉克，"复兴党中也没有杰斐逊式民主党人在等着接管政权"。他认为，美国最好不要"陷入到美索不达米亚的混乱中去"。[47]

沃尔福威茨和另一位国务院官员 I. 刘易斯·"斯库特"·利比（I. Lewis "Scooter" Libby）不同意这种看法，但老布什拒绝了他们的请求。他事后解释道："消灭萨达姆……将花费不可估量的人力和政治成本，我们将被迫占领巴格达，并在事实上统治伊拉克。"他补充道："没有什么可行的'退出策略'。"[48]

---

① 1991年海湾战争结束后，参战的美英法等国士兵先后出现的多种身体不适症状，这些病症被统称"海湾战争综合征"。

美国官员怂恿伊拉克人起来推翻萨达姆，什叶派和库尔德人纷纷响应。但当伊拉克政府使用毒气和武装直升机镇压起义时，美国却袖手旁观。不过，这场战争的确展示了美国的军事实力。老布什宣布建立了新的世界秩序，他夸张地说："在越南战争中牺牲的亡灵终于得以在阿拉伯的沙漠中安息了。"[49]白宫演讲稿撰写人对文字处理器进行了编程，老布什只需按一个命令键，就能打出"世界新秩序"这几个字。[50]批驳这种"突然爆发的必胜信念"十分空洞的人中，有个名叫乔治·威尔（George Will）的保守派专栏作家，他写道："如果那场战争，美国及其花钱买来的波将金①（Potemkin）式盟友粉碎了一个国民生产总值仅仅相当于肯塔基州的国家，就能……让美国'自我感觉良好'的话，那么美国真的大可不必。"他指出："老布什为了打这场战争，差点就修改宪法，剥夺国会发动战争的一切权利。直到最后，老布什才不情愿地……寻求宪法的批准，发动了美国历史上规模最大的军事行动，去攻打一个并未对我们宣战的国家。"[51]在两个月的轰炸中，美国摧毁了伊拉克的许多基础设施，包括道路、桥梁、卫生设施、水路、铁路、通信系统、工厂和电网，给当地人造成了巨大的痛苦。3月，联合国称这次轰炸"简直就是世界末日"，伊拉克立刻退回到"前工业化时代"。[52]哈佛大学的一个研究小组报告称这是一场"公共卫生灾难"。[53]联合国的持续制裁使伊拉克雪上加霜，当地居民的实际收入减少了超过90%。尽管各种统计数字的出入很大，但有可靠信源显示，战争及余波造成了20多万伊拉克人死亡，其中将近一半是平民。而美军的死亡人数仅为158。

---

① 当指格里戈里·亚历山德罗维奇·波将金（Grigory Aleksandrovich Potemkin），俄罗斯帝国女皇叶卡捷琳娜二世的情夫，官至陆军元帅、俄军总指挥。波将金为了使女皇对他的领地的富足有个良好印象，在女皇必经的道路旁建起一批豪华的假村庄。于是，波将金村成了一个世界闻名的、做表面文章和弄虚作假的代名词，常用来嘲弄那些看上去富丽堂皇实际上却空洞无物的东西。

"上帝庇佑，我们终于彻底摆脱了越南综合征！"老布什欢欣鼓舞地宣布，但私下里他显得更谨慎些。战争即将结束时，他在日记中表示"没有欣喜的感觉"。他遗憾地写道："战争结束得并不彻底。没有发生类似'密苏里'号战舰投降的事情。正是这种缺憾才使得这场战争无法与二战类比，也是将它与朝鲜战争和越南战争区分开来的原因。"[54] 萨达姆依然安然无恙地掌权，这场胜利似乎是空洞而不完整的。

俄罗斯寡头上演世纪"大掠夺"

戈尔巴乔夫就更没有什么可庆祝的了。1991 年 8 月 18 日，就在他签署《第一阶段削减战略武器条约》(START I Treaty) 几天后，他准备给予苏联的加盟共和国更大的自治权，苏共的强硬派将他软禁起来。俄罗斯共和国总统鲍里斯·叶利钦 (Boris Yeltsin) 发动群众起义，使得戈尔巴乔夫重新掌权。但戈尔巴乔夫掌权的日子也已不多，他决定利用余下的时间继续推进核军备控制议程。《第一阶段削减战略武器条约》规定双方的战略核弹头数量限额为 6000 枚，运载系统限额为 1600 套。戈尔巴乔夫还提议消除美苏部署在欧洲的 4.5万枚小当量战术核武器。尽管这些武器的危险性不如那些正在逐渐减少的强力型战略武器，其中一些的当量还是可以达到 100 万吨，威力相当于近 70 颗"小男孩"。美国参谋长联席会议主席科林·鲍威尔曾委托开展一项研究，建议消除战术核武器，但被五角大楼拒绝了。鲍威尔在回忆录中写道："报告落到五角大楼负责制定政策的官员手中，这些人是里根时期强硬派的后台，包括保罗·沃尔福威茨，他们对报告不屑一顾，于是此事就搁浅了。"切尼也很不满鲍威尔的提议。[55] 尽管挫折重重，美苏双方在削减其核武库方面还是取得了显著成效，虽说没有完全消除，但至少降低了核毁灭的风险。

老布什和戈尔巴乔夫在克里姆林宫签署《第一阶段削减战略武器条约》。

1991年圣诞节那天，彻底失去统治基础的戈尔巴乔夫宣布辞职。苏联也解体了，冷战正式宣告结束。美国有些人开始感激他的巨大贡献。1990年9月，詹姆斯·贝克曾对他说："总统先生……在当今世界上，还从未有人尝试过你们今天正在尝试做的事……我也算经历了诸多世事沧桑，但我还从来没有见过像你这样勇敢的政治家。"[56]

冷战虽然劳民伤财且危险重重，但它也造就了一种结构与稳定。接下来会发生什么状况？和平与安宁会重现吗？在过去的46年里，美国一直将社会和政治动荡归咎于苏联，但实际上，苏联的表现比它克制得多。接下来，美国庞大的军事和情报机构会如何演变？它们原本是为了对抗刻意夸大的苏联威胁而建立的。几十年来，鹰派打着对付苏联的幌子不断提升军事预算，将经费和资源从必要的发展中转移过来，花在昂贵的武器和各种区域防御计划上，现在他们要如何解释这样的预算？戈尔巴乔夫承诺会把苏联的核弹头数量减少到5000颗以下，此举将产生什么影响？

答案很快就会揭晓。1992年，保罗·沃尔福威茨主持制定了新的《国防规划指南》（Defense Planning Guidance），预测未来美国面临的挑战。最初的草案坚称美国不允许出现任何可威胁其全球霸权的竞争对手。如果任何国家试图发展大规模杀伤性武器，美国将会采取单边行动，先发制人。该草案列出7种潜在的战争情形，并警告说，美国必须准备好同时对朝鲜、伊拉克开战，并抵抗俄罗斯进犯欧洲。《纽约时报》报道称，这些"机密文件暗示，到1990年代中期，这些布置所需的人力和武器，令美国的军事开支不太可能出现下降的趋势，更可能与之前持平"。[57]

这份文件在国内外引发了猛烈的批评。参议员约瑟夫·拜登（Joseph Biden）指责道，这是公然宣扬"美国治下的和平"，是一种"美国是世界警察的老观念"。参议员罗伯特·伯德（Robert Byrd）认为五角大楼的战略"目光短浅、肤浅、令人失望"。文件的基本意思似乎是这样的："我们热衷于成为世界上唯一的超级大国，为了维持这一身份，我们甚至愿意拿经济健康发展和人民的福祉去冒险。"后来的总统候选人帕特·布坎南（Pat Buchanan）表示："按照这个逻辑，美国将无休止地陷于干涉外界的纠纷和战争中，即便它在那些遥远的地方根本没有重要利益。"《纽约时报》谴责其"赤裸裸地宣扬单边主义"。五角大楼很快就改了口风，并在自己编织的谎言中摔了跟头。五角大楼的一位发言人坚称，沃尔福威茨还没看过这份草案，实际上这就是他起草的；发言人还称切尼也没看过，不过他承认，这份草案很符合切尼的想法。[58]

海湾战争结束时，老布什的支持率高达91%，民主党人理所当然地认为他会顺利连任，所以民主党党内候选人提名竞选就没那么激烈。于是，阿肯色州州长比尔·克林顿（Bill Clinton）的机会来了。克林顿是主张温和政策的民主党领导委员会（Democratic Leadership Council）的主席，以"新民主党人"的形象参选，其政见介于自由派和保守派之间。他承诺将组建一个积极支持商业发展的政府，将会减低财政赤字，减少中产阶级的税额，加强军事力量，"结束我们所知的福利"。罗斯·佩罗（Ross Perot）在普选中抢走了19%的选票，而在选举团竞选中克林顿击败了老布什。

民主党入主白宫的欣喜没过几天就荡然无存。共和党人试图削弱克林顿的势力，他们首先公然反对总统接纳同性恋入伍服役的意图，但更有力的打击在于，他们让克林顿的卫生保健系统改革计划破产。在发达工业国家中，只有美国和实行种族隔离政策的南非还没有建立起全民医疗保健系统。共和党人及其商界盟友花了5000万美元恐吓美国公众，反对建立惠及数千万公民的医疗保健制度。众议院共和党会议主席理查德·阿米（Richard Armey）认为，"这是半个世纪以来最重要的一次国内政策辩论……是反对大政府自由主义过度膨胀之战"。他相信，"克林顿计划的失败将导致……这位总统被大大削弱，他的……支持者也会备受打击，而共和党的声威则会大振。我们以市场为导向的构想会突然变得可行起来，不只是在医疗保健领域，还在其他许多命题上……历史学家可能会把这看作……共和党复兴的开端"。[59]

1994年的中期选举中，共和党人大获全胜，同时控制了国会参众两院，这在40年来还是头一回。两院的政策进一步右倾。克林顿屈服于保守派的压力，叫停了未成年子女家庭援助计划，这是一项自大萧条以来就致力于帮助贫困家庭抚养孩子的计划。他还被迫支持对毒品宣战和严厉打击犯罪的立法。美国的服刑人员数量从1980年的50万激增到20年后的200万。45%的监禁人员为非裔美国人，15%为拉美裔。

苏联解体后的俄罗斯也开始右倾。叶利钦向哈佛大学经济学家杰弗里·萨克斯（Jeffrey Sachs）以及其他受美国国际开发署资助的哈佛大学专家寻求经济私有化方面的帮助。萨克斯曾在波兰从社会主义过渡到资本主义时提供过建议，他的计划使得波兰在两年内贫困人口翻番，据一些人估计，到 2003 年时，会有超过一半的波兰人口陷入贫困。萨克斯及其同事们鼓励俄罗斯第一副总理叶戈尔·盖达尔（Yegor Gaidar）和副总理阿纳托利·丘拜斯（Anatoly Chubais）在俄罗斯实行比波兰更加激烈的"休克疗法"。戈尔巴乔夫曾拒绝过七国集团、国际货币基金组织和世界银行提出的类似方案。另一个关键人物是美国财政部副部长劳伦斯·萨默斯（Lawrence Summers）。作为世界银行的首席经济学家，他近期签署了一份颇有讽刺意味的备忘录，引发了一场轩然大波。备忘录称："向最低工资的国家倾倒有毒废物……这背后的经济逻辑简直无可挑剔。"他进一步补充道："我一直认为，人口稀少的广大非洲国家，其污染一定也少。"巴西环境部长对萨默斯说："你的推理逻辑很完美，但完全是疯了……是令人难以置信的异化主义的具体案例……体现了社会的残酷和传统'经济学家'的傲慢无知。"[60]

　　俄罗斯的权贵资本主义政策也同样疯狂。俄罗斯人尚未意识到是什么打击了他们，叶利钦就已经解除了国家对经济的管制，将国有企业和资源私有化，取消了急需的政府补贴和价格控制，建立了私有垄断企业。杰弗里·萨克斯承诺的西方援助和债务减免也从未兑现。后来，萨克斯还责怪切尼和沃尔福威茨追求"美国……对俄罗斯的长期军事支配"。[61]克林顿入主白宫后，形势更加恶化。在那场被俄罗斯人称为"大掠夺"的运动中，国有工厂和资源以低廉的价格抛售给私人投资者，许多人一夜之间成了千万富翁。

　　叶利钦在公众的强烈抗议中，解散议会、中止宪法，在接下来的 10 年主要靠法令统治俄罗斯。世界银行的俄罗斯问题首席经济学家在接受《华尔街日报》采访时表示："我此生从未见过这么有趣的事。"[62]

俄罗斯民众却未从这些草率的政策中获益。俄罗斯经济崩溃，恶性通货膨胀夺走了人们的毕生积蓄。数千万工人失业。男性的平均寿命从66岁暴跌至57岁。到1998年，80%以上的俄罗斯农场宣告破产。俄罗斯国内生产总值减少了将近一半。俄罗斯的经济规模萎缩到仅与荷兰相当。2000年，俄罗斯的资本投资仅相当于10年前的20%。50%的俄罗斯人月收入达不到官方贫困线35美元，许多人才刚刚达标。俄罗斯迅速沦为第三世界国家。

萨克斯之流的经济政策在其他苏联的加盟共和国也创造了类似的"奇迹"，贫困人口数量从1989年的1400万猛涨到1998年彻底崩溃时的1.47亿。俄国著名小说家亚历山大·索尔仁尼琴（Alexander Solzhenitsyn）在被流放20年后回到俄罗斯，他描述了2000年时俄罗斯的情形：

> 经过了叶利钦时代，我国在所有基础建设方面，不管是经济、文化还是道德生活都遭到了破坏或掠夺。我们在一片废墟上苟延残喘，但我们假装拥有正常的生活……我国正在推行的"伟大改革"……是场错误的改革，导致了一半以上人口陷入贫困……我们还要继续掠夺和破坏俄罗斯，直到它一无所有吗？……上帝应该禁止继续进行这样的改革。[63]

公众对叶利钦的蔑视引发了反美浪潮。美国势力进入能源丰富的里海盆地，北约吸纳匈牙利、波兰和捷克实现东扩，俄罗斯人对此感到十分不满。92岁的乔治·凯南将北约东扩称为"巨大的历史性战略失误"。俄罗斯谴责以美国为首的北约于1999年轰炸南斯拉夫。一项调查指出，96%的俄罗斯人认为此次轰炸是"反人类罪行"。2000年，81%的俄罗斯人认为美国的政策是反俄的，大多数

1995年10月23日，俄罗斯总统鲍里斯·叶利钦和美国总统比尔·克林顿在纽约海德公园的罗斯福总统故居。

受访者认为，美国正在俄罗斯的边境上强行安装上一道"翻转的铁幕"。[64]在经济陷入困境的情况下，俄罗斯更加依赖其核武库，将之作为最后一道防线，扩大了核武器的可使用范围，并开始对核武库进行现代化改造。

危险的事件发生了。1995年，苏联雷达操作员误将挪威的火箭发射视为弹道导弹袭击，叶利钦首次动用了核武器。他和高级军事顾问开始讨论是否对美国发动核反击，直到俄罗斯的9颗预警卫星证实俄罗斯没有受到攻击，危机才结束。到2000年，只有2颗卫星还在运行，这使得俄罗斯在一天的大多数时间里都无法预判危险。

民意调查显示，相比民主，俄罗斯人更希望活得安稳有序，越来越多的人开始怀念斯大林时期的"美好生活"。尽管克林顿赞扬叶利钦是民主制度的建筑师，但俄罗斯人对叶利钦谴责不断，因为他非法取缔并武装袭击民选议会，1994年对分裂的车臣共和国发动血腥战争，还导致了俄罗斯经济崩溃。戈尔巴乔夫谴责叶利钦为"骗子"，他拥有的特权比俄罗斯沙皇还多。[65] 1999年12月31日，支持率不到10%的叶利钦宣布辞职，取而代之的是克格勃前成员弗拉基米尔·普京（Vladimir Putin）。

塔利班与"基地"崛起

1992年，俄罗斯支持的阿富汗政府倒台后，美国顿时对那片遥远、贫瘠、人均寿命只有46岁的土地失去了兴趣。伊斯兰的不同派系和民族群体间爆发了血腥的内战。其中有一派的成员主要是从沙特阿拉伯资助的巴基斯坦宗教学校出来的阿富汗难民。这些狂热的宗教分子在巴基斯坦情报部门的帮助下形成了塔利班集团，其中许多人都在中情局资助的营地接受过军事训练。大多数人学习过由内布拉斯加大学奥马哈分校的阿富汗研究中心编写的教材，1984—1994年间美国国际开发署拨款5100万美元资助这一教材编写项目。这些教材以达里语和普什图语这两种阿富汗的主要语言写成，旨在煽动极端主义，抵抗苏联入侵者。书里每一页都布满了激进教义和暴力图片。孩子们学习数数用的图片，上面画的都是导弹、坦克、地雷、卡拉什尼科夫步枪和死去的苏联士兵。一位杰出的阿富汗教育家说："对学生来说……这些图片太可怕了，但上面的文字更糟糕。"例如，有张图片是一名士兵佩戴着子弹带，拿着一把卡拉什尼科夫步枪，他的上方是一段《古兰经》的经文，下方则是一段圣战者的宣言："信仰真主的人不惜牺牲自己的生命和财富，迫使政府推行伊斯兰教法。"学生们通过学习圣战者的故事来学习阅读技能。1996年，塔利班占领喀布尔，他们继续使用同样的圣战暴力教材，只是简单地删去了人物肖像，因为他们认为这是亵渎神明。[66]女孩倒是幸免于难，不会看到这样的教材，因为她们根本就没有上学的权利。塔利班命令所有阿富汗人遵守最极端的伊斯兰教法，禁止传播视觉图像，违者将被公开砍断手脚、殴打或处决。妇女被剥夺了一切权利，她们不能参加工作，也不能在没有男性陪同的情况下单独外出。

同样是1996年，塔利班迎来了一位名叫乌萨马·本·拉登的沙特年轻人，他回到了阿富汗。他是以"基地"组织领导人的身份回归的，这是一个致力于将美国及其盟友逐出伊斯兰世界并重建哈里发统治的极端组织。他也曾暗中受雇于中情局，招募并培训那些涌入阿富汗与苏联异教徒作战的外国武装分子。"基地"组织的运作资金主要来自沙特阿拉伯皇室成员的捐赠，这些人急于传播极端派

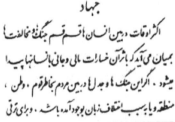

图选自阿富汗的达里语教材，由美国内布拉斯加州奥马哈分校的阿富汗研究中心编写。

教义。本·拉登的父亲是沙特阿拉伯的大财主之一。最重要的是，本·拉登谴责美国异教徒在沙特阿拉伯驻军，认为其玷污了伊斯兰教最神圣的土地，他还谴责美国对以色列的支持。他公开声明要消灭美国在沙特阿拉伯、约旦、埃及、巴勒斯坦等地的盟友。1992年，他发布了第一道追杀令，号召发动圣战，反对西方国家占领伊斯兰土地。

本·拉登及其盟友兑现了他们的威胁。1995年，他们轰炸了美国在沙特阿拉伯利雅得的军事基地，造成5名美国飞行员死亡，34人受伤。1996年6月，他们用一枚威力巨大的卡车炸弹炸毁了沙特阿拉伯霍巴塔的一栋建筑，造成19名美国飞行员死亡，372人受伤。沙特政府与本·拉登家族关系密切，因而在美国调查此事时，故意把调查方向引向与伊朗有联系的沙特什叶派。联邦调查局局长路易斯·弗里（Louis Freeh）多次会见沙特驻美大使班达尔·本·苏丹（Bandar bin Sultan）亲王，后者不断强调此事与伊朗有关。本·拉登在公开场合撇清了与该事件的关联，但他告诉巴勒斯坦的一名编辑，"基地"组织是这两起爆炸案的幕后黑手。联邦调查局和中情局的两名研究本·拉登的专家在调查中被捕。

但沙特阿拉伯的爆炸案、美国国内右翼恐怖分子发起的轰炸俄克拉何马州联邦政府大楼案，以及日本奥姆真理教用沙林毒气袭击东京地铁等事件引起了一些美国政府官员的注意。1996年1月，中情局反恐中心设立新的办公室，其职责是追踪调查本·拉登，后者当时正在阿富汗建立恐怖分子训练营。

克林顿政府很少承认存在"基地"组织的威胁，他们对在该地区的投资可能性相当警惕。克林顿推动了铺设管道的项目，以期绕过伊朗和俄罗斯，从中亚的前苏联加盟共和国直接向美国输送石油和天然气。研究表明，中亚的石油和天然气储量价值在3万亿到6万亿美元之间。美国政府还支持石油公司优尼科建造从土库曼斯坦到巴基斯坦和印度的天然气运输管道，其造价达 20 亿美元。美国国务院一名官员指出："随着优尼科不断深入开发该地区，我们的影响力也会得到进一步巩固，俄罗斯的影响力则会被削弱，还可以阻止伊朗从中受益。"[67]优尼科公司热烈庆祝塔利班占领喀布尔，因为他们指望塔利班能为这个饱受战争蹂躏的国家带来稳定。优尼科的执行副总裁认为这是一个"非常积极的进展"。优尼科公司顾问、新保守主义者扎尔梅·哈利勒扎德同意其说法，他曾先后在沃尔福威茨领导下的美国国务院和切尼领导下的国防部工作。巴基斯坦记者艾哈迈德·拉希德（Ahmed Rashid）指出，一些美国外交官将"他们视为救世主般的行善者，就像来自美国圣经地带的重生基督徒"。[68]

　　为了能获准建造管道，优尼科公司使出了浑身解数。它聘请了内布拉斯加大学的阿富汗研究中心来为它打造善意的商业形象，并提供必要的职业培训。该中心传授 14 种基本技能，至少有 9 种能直接用于管道建设。为了保证事情顺利进行，研究中心必须获得阿富汗两个主要敌对派系的好感：北方联盟和塔利班。《奥马哈世界先驱报》（Omaha World-Herald）报道称，北方联盟"因搞恐怖主义、强奸、绑架妇女儿童、虐待囚犯以及在战争中滥杀平民，受到了美国国务院、联合国以及人权组织的批评"，但按大多数人的标准衡量来看，他们都是好人。当时，塔利班控制了阿富汗 75% 的区域，包括管道沿线地区。它被一些人权组织指控实行"性别隔离"，并且推动了全世界近一半新增鸦片的供应。当时有人问，除了优尼科提供的巨额报酬，还有没有别的原因促使阿富汗研究中心这样一个学术机构答应承担这样一个角色？该中心的主任托马斯·哥特尔勒（Thomas Gouttierre）回答道："我不认为私营公司就是邪恶的。"他对塔利班也并不反感，甚至还把塔利班组织描述为"怀揣着威廉·詹宁斯·布赖恩精神的平民主义者……他们没有到处压迫群众"。[69]

1998年，"基地"组织袭击了美国驻肯尼亚内罗毕大使馆以及在坦桑尼亚达累斯萨拉姆的大使馆，爆炸事件受害者的家人对塔利班及"基地"组织持悲观态度。这两枚炸弹引爆的时间仅相隔10分钟，共造成200多人死亡。两年后，"基地"组织在亚丁港对美军的"科尔"号（Cole）驱逐舰发动自杀式袭击。接着，克林顿下令在本·拉登的阿富汗营地将其击杀。在这些爆炸案发生后，优尼科公司退出管道协议谈判，但其他公司仍然很感兴趣。安然公司首席执行官肯·莱（Ken Lay）是小布什总统的主要支持者，他曾设想修建一条管道，向经营状况不佳的印度安然达博电厂供应廉价的天然气。迪克·切尼此时已成为哈里伯顿公司的首席执行官，他也盯上了此地丰富的石油资源。1998年，他在一次石油行业的高管聚会上说："我觉得现在正是我们进入里海这片具有重大战略意义的石油产区的最佳时机。"[70]

极致的单边主义："新美国世纪计划"

尽管美国还未面临来自敌对国家的明确威胁，但克林顿政府还是违背了先前的和平承诺，掀起了新一轮军费增长的浪潮。2000年1月，他批准增加1150亿美元支持五角大楼的5年国防计划，使资金总额达到1.6万亿美元，这证明民主党在国防问题上比它的共和党对手更强硬。克林顿政府继续斥巨资发展导弹防御系统，尽管有专家警告说，这套昂贵的系统永远不会像预想的那样发挥作用，还会让对手和盟友都担心美国正在努力追求先发制人的打击能力。克林顿还拒绝签署《渥太华禁雷公约》（Ottawa Land Mines Treaty），提出将美国军售的市场份额从1987年的29%增加到10年后的58%，其中大部分武器流向那些人权记录十分恶劣的国家。

要求增加军费开支的最大压力来自以威廉·克里斯托尔和罗伯

特·卡根（Robert Kagan）为首的顽固的新保守主义集团，他们于1997年提出了"新美国世纪计划"(Project for the New American Century)。这不禁让人想起亨利·卢斯提出的美国全球霸权不容挑战的愿景。该集团的创始声明谴责美国在克林顿的领导下已经失去方向，呼吁美国恢复"里根时期那种加强军事力量和道德权威的政策"。创始成员的理念与斯库普·杰克逊的"地堡"、中情局的 B 队和当前危险委员会简直一脉相承，但与卡特时期的三边委员会相去甚远。该集团的创始会员有埃利奥特·艾布拉姆斯、威廉·贝内特(William Bennett)、杰布·布什、迪克·切尼、埃利奥特·科恩(Eliot Cohen)、米奇·德克特(Midge Decter)、商人史蒂夫·福布斯(Steve Forbes)、弗朗西斯·福山、弗兰克·加夫尼(Frank Gaffney)、弗雷德·伊克尔、历史学家唐纳德·卡根(Donald Kagan)、扎尔梅·哈利勒扎德、I. 刘易斯·"斯库特"·利比、诺曼·波德霍雷茨、前副总统丹·奎尔(Dan Quayle)、亨利·罗恩(Henry Rowen)、唐纳德·拉姆斯菲尔德，以及保罗·沃尔福威茨。[71] 其他成员与合作者还包括理查德·珀尔、肯尼思·阿德尔曼、理查德·艾伦、理查德·阿米蒂奇(Richard Armitage)、约翰·博尔顿(John Bolton)、珍妮·柯克帕特里克、查尔斯·克劳塞默、丹尼尔·派普斯(Daniel Pipes)以及中情局前局长詹姆斯·伍尔西(James Woolsey)。在小布什政府时期，上面这些人共同主导制定了美国政府的方针大政，就像三边委员会主导了卡特时期的政府政策一样。结果表明，这些人主政给人类社会带来的破坏力要远大于布热津斯基主导的卡特政府实施的错误政策。[72]

"新美国世纪计划"的支持者在一系列报告、信件和声明中详细阐述了他们的计划。他们要求增加国防支出，确立美国在太空领域的主导地位，建立全方位的导弹防御系统。他们坚持必须确保美国"在几个主要战区同时作战且取得决定性胜利的能力"，管制好"关键地区"，尤其是盛产石油的中东地区。他们提出，第一要务是推翻萨达姆政权，并建立一个由艾哈迈德·沙拉比（Ahmed Chalabi）及伊拉克国民大会（Iraqi National Congress）领导的新政府。1998年1月，"新美国世纪计划"的支持者敦促克林顿绕过联合国安理会，采取单边军事行动，但此时萨达姆尚未提供足够充分的军事挑衅。

自海湾战争以来，联合国武器核查人员就开始密切监控伊拉克的大规模杀伤性武器销毁工作。美国及英国提出设立禁飞区，敦促联合国对其进行严厉制裁，这些措施已给当地造成巨大痛苦。莱斯利·斯塔尔（Lesley Stahl）在采访国务卿马德琳·奥尔布莱特（Madeleine Albright）时指出："我们听说已经有50万儿童死亡……这比广岛轰炸致死的儿童还多，付出这么惨痛的代价值得吗？"奥尔布莱特回答："这的确是个艰难的抉择，但我们认为，这是值得的。"

专家们围绕联合国制裁导致伊拉克儿童死亡的确切人数展开了辩论。1995年12月，联合国附属机构的两名研究者在英国医学杂志《柳叶刀》（The Lancet）上撰文称，死亡人数达到了56.7万，但他们随后又降低了这个数量。2003年，英国首相托尼·布莱尔（Tony Blair）在一次与小布什共同出席的新闻发布会上表示："在过去5年里，有40万名5岁以下的伊拉克儿童死于营养不良和疾病。"他们以此为借口捍卫他们入侵伊拉克的举动，结果却导致更多人死于战争。[73]

尽管克林顿顶住了各方压力，拒绝下达入侵命令，但他和国务卿的所作所为却为小布什和切尼后来直接攻打伊拉克的决策做好了铺垫。国务卿奥尔布莱特发出警告："虽然伊拉克远离（美国），但那里的任何风吹草动都切切实实影响着美国，因为这个流氓国家的领导人可能会用核武器或生化武器对付我们或我们的盟友，这是美国面临的最大安全威胁。"[74]奥尔布莱特还在另一个场合大胆声明：

"如果我们必须使用武力，那是因为我们美国是无可取代的国家，我们站得高，比其他国家的视野更具前瞻性。"[75]

显然，奥尔布莱特和克林顿都没有从刚过去不久的历史中吸取教训。1998年10月底，克林顿签署了《解放伊拉克法案》(Iraq Liberation Act)，该法案声称"支持伊拉克推翻萨达姆政权，建立新的民主政府，应该成为美国的国策"。[76]作为回应，萨达姆立即叫停了联合国的武器检查。但11月中旬，在攻打伊拉克的战争威胁下，他又允许核查小组继续检查。

奥尔布莱特的鹰派作风激怒了政府中其他较为理智的官员。在一次讨论会上，奥尔布莱特问道："如果我们整日空谈这些超级武器，却不能使用它们，这有什么意义？"鲍威尔回忆道："恐怕当时我的头脑不太清醒，但我认为，美国大兵不是某些全球战争游戏棋盘上任人摆布的玩具士兵。"[77]

史上最丑陋的总统竞选

2000年大选是美国历史上最丑陋的一次竞选。小布什在共和党初选中击败了约翰·麦凯恩 (John McCain)，为他在大选中使用的策略奠定基础。小布什背弃了"富有同情心的保守主义"，迅速向右翼靠拢，并疯狂攻击麦凯恩。他投向新邦联主义者的怀抱，后者是一群冥顽不灵的种族隔离主义者，主张让叛军的旗帜飘扬在南卡罗来纳州议会大厦的上空。小布什在鲍勃·琼斯大学发表演讲，该大学因禁止不同种族的学生约会而闻名。最恶劣的是，卡尔·罗夫 (Karl Rove) 和小布什的智囊团到处宣扬麦凯恩是"同性恋候选人"，还有一个黑人私生女，其妻辛迪 (Cindy) 是瘾君子。麦凯恩回应道："打着宗教、共和党或国家的幌子，去撕裂民族和诽谤他人，这种策略不是我们应有的价值观……这是在让我们的信仰、政党及国家蒙羞。"[78]麦凯恩说得很对，但这些策略在立场极速右转的共和党阵营内很奏效。

小布什选择了意外进入团队负责发掘潜在候选人的迪克·切尼作为他的竞选搭档。切尼是资深政治家，曾在多届政府中任职，还6次当选国会议员，共和党人希望这位资深老将的人气能帮到不被重视、缺乏经验的得克萨斯州前州长。切尼在哈里伯顿公司担任首席执行官之时发了大财，2000年他从公司离职，获得3400万美元的遣散费。1998年，他将哈里伯顿与德莱塞工业公司合并，成立了世界上最大的石油服务公司。哈里伯顿还是美国主要的国防承包商，业务由其子公司布朗和鲁特（Brown & Root）负责。"小布什—切尼"与"副总统阿尔·戈尔—参议员乔·利伯曼（Joe Lieberman）"两大阵营呈对峙态势，改革派代表拉尔夫·纳德（Ralph Nader）和保守主义者帕特·布坎南的加入使竞选变得更复杂。

随着大选的临近，一项民意调查结果显示，各方支持率很接近。小布什的顾问们担心小布什即便能赢得普选，恐怕也将在选举团竞选中失利。于是他们精心策划了一场民众暴动，指责戈尔利用过时的选举团制度来阻挠公众表达真正的意愿。

选举结果的确很接近。在全国范围内，戈尔以54.4万张选票赢得普选，只要拿下佛罗里达州就意味着他也能在选举团中获胜，而大多数佛罗里达州选民显然打算投给戈尔。但是，西棕榈滩出现了令人困惑的"蝶式选票"，许多年迈的犹太选民无意间把票错投给了布坎南，布坎南曾几次被指控有反犹倾向，其实这些选民们都很讨厌他。在这个民主党人占多数的贫穷选区，因为采用了这种指向不明的选票，加上"蝶式选票"的打孔机过于陈旧，导致选民们没有明确指出自己选中的候选人或投票超过一次，最后选举官员宣布18万张选票作废。最麻烦的是，数以万计支持戈尔的非裔选民在共和党选举官员的强烈要求下被清除出投票名单。这些选举官员受小布什佛罗里达州竞选团队联合主席，也就是佛罗里达州州务卿凯瑟琳·哈里斯（Katherine Harris）的指示，哈里斯以这些选民经常犯错且被判过刑为由，剥夺了他们的选举权。最终，超过10%的非裔美国人被取消投票资格，而共和党依仗的白人只有2%被取消资格。假设这些人都有投票资格，那么佛罗里达州就有5万多非裔选民，戈尔会取得压倒性胜利，从而确保他赢得大选。但由于一系列违规行为，加上有9.7万张选票投给了拉尔夫·纳德，最终，在全国600万张选票中，小布什仅以不到1000张的微弱优势赢得普选。如果这一结果通过核查的话，小布什将以271票对266票的结果赢得选举团选票。

形势对戈尔很不利。小布什的弟弟杰布是佛罗里达州州长。哈里斯是一名激进的党派人士，负责核查投票结果。部分选票经过重新计票后，小布什的领先优势减少到不到600张。小布什竞选团队担心戈尔会要求对全国的选票进行重新统计，导致最终结果翻盘，于是安排家族顾问，即老布什的竞选经理和国务卿詹姆斯·贝克积极部署，动用一切可用的司法手段，阻止戈尔重新计票。小布什的竞选团队（包括国会议员、国会办公室的工作人员和律师）也乘专机到各处进行实地活动，因为小布什与安然公司的关系，以及切尼与哈里伯顿公司的关系，很多直升机都由这两家公司租给竞选团队。

这些实地活动由众议院共和党党鞭汤姆·迪莱（Tom DeLay）统筹。大约750名共和党人涌进三个提出要重新计票的民主党郡县，他们加入集会队伍，声称自己是当地人，对戈尔窃取选票的行为很愤怒。亲共和党的媒体也在一旁煽风点火。11月22日，在古巴裔右翼分子的保护下，这些共和党"野战军"强行扰乱迈阿密—戴德郡要求审查1.1万张有争议选票的活动，《华尔街日报》称这是一场"踹门、敲窗的抗议运动"。50名暴徒，其中包括汤姆·迪莱和参议员特伦特·洛特（Trent Lott）的部下，在纽约国会议员约

2000年11月22日，在迈阿密—戴德郡总统选举重新计票现场，共和党的捣乱分子强行闯入，扰乱现场重新计票的活动。

翰·斯威尼（John Sweeney）的带领下，强行闯入计票委员会，他们高喊："住手！""三只瞎眼老鼠！""欺诈！舞弊！捣鬼！"计票委员会成员被殴打，选举主管戴维·莱希（David Leahy）也挨了拳头。闯入者还告诉他们，有1000多古巴裔美国人正在赶来的路上。因为叛乱分子穿着考究，所以这次事件被称为"布鲁克斯兄弟暴动"[1]（Brooks Brothers Riot）。最后，这些"布鲁克斯兄弟"如愿以偿，计票委员会决定放弃重新计票。《华尔街日报》报道，本来这次计票有望帮助戈尔"逐渐消弭"小布什的领先地位。

在民主党占优势的布劳沃德郡，这些捣乱分子故技重施，他们聚集在郡法院门外的人数是民主党抗议人数10倍。《华尔街日报》评论家保罗·吉戈特（Paul Gigot）是众多关注暴力关闭迈阿密—戴

---

[1] 布鲁克斯兄弟为美国知名服装品牌。

德郡重新计票程序的人之一，他表示："如果说有可能发生中产阶级暴乱的话，那么这周三就已经发生了，它可能最终会让小布什保住总统宝座。"[79]

哈里斯阻止了其他重新计票的请求，宣布小布什以537票的优势获胜。尽管在佛罗里达州有些寡不敌众，但戈尔并不放弃，他继续上诉法院要求重新计票。12月8日，佛罗里达州最高法院下令在全州范围内重新计票，对所有记录为没有投票或多投了的选票进行核查和登记。这时，小布什的领先优势已跌破200张，于是他上诉到美国最高法院，要求停止重新计票。9位大法官中有7位是共和党总统任命的，这7位中又有5位是老布什担任总统或副总统期间获得任命的。最高法院最终以5比4的投票结果下令停止重新计票，小布什获胜。鲁思·巴德·金斯伯格（Ruth Bader Ginsburg）和斯蒂芬·布雷耶（Stephen Breyer）这两位大法官持有异议，他们愤慨地说："尽管我们可能永远都无法确定谁赢得了这次选举，但输家是谁却一目了然。民众对于法官维护司法公正已经失去了信心。"[80]其他人则表示这是一场公开的政变。

危险的信号

小布什曾许诺执政时会展现"富有同情心的保守主义"。但切尼选择右翼分子和新保守主义者担任政府要职的举动已经清楚地表明，"同情心"和"妥协"恐怕是这届政府的稀有元素。这位老谋深算的副总统挑选了他的导师唐纳德·拉姆斯菲尔德担任国防部长，基辛格曾把拉姆斯菲尔德形容为"我见过的最冷酷无情的人"。[81]詹姆斯·贝克提醒小布什："你知道他对你父亲做了什么。"他是在暗示拉姆斯菲尔德曾在1970年代给老布什的政治生涯设置重重障碍。[82]但小布什对于挑选这位公然反对他父亲的人担任国防部长，居然有种反常的开心。异常傲慢的拉姆斯菲尔德和悲观、脾气暴躁、对秘密行动有病态般执着的切尼，共同主导了这一时期的美国外交政策，肆意践踏国务卿科林·鲍威尔的尊严。

切尼肩负着恢复政府行政权的使命，他认为，自1973年《战争权力法案》出台以及水门事件以来，政府行政部门的权力不断被削弱。小布什跟切尼一样，都对公众舆论嗤之以鼻，他身边的人不是唯唯诺诺之徒，就是真正的信徒。他对鲍勃·伍德沃德说："我不需要解释为什么我要这么说，这是当总统最有趣的地方。也许其他人需要向我解释，但我觉得我没必要向任何人解释。"[83]他在任期间召开的新闻发布会，比其他任何一位现代总统召开的都少。听他讲话的观众要预先筛选，而且他出现时还要设置特殊区域，以便把他与抗议者远远隔开。

这次竞选从一开始就几乎没有关于国内政策的严肃辩论。约翰·迪卢利奥（John Dilulio）是少数几个试图发起这种讨论的人之一，他在小布什时期担任白宫信仰与社区倡议办公室（White House Office of Faith-Based and Community Initiatives）主任。迪卢利奥是宾夕法尼亚大学的一位受人尊敬的政治学家，曾先后在哈佛大学和普林斯顿大学任教。在小布什政府内，迪卢利奥显得特立独行，只有他和财政部长诺曼·峰田（Norman Mineta）是民主党成员。记者罗恩·萨斯坎德（Ron Suskind）称他为小布什政府的"大脑"，小布什称赞他是"美国最有影响力的社会企业家之一"。他也是极少数认真履行"富有同情心的保守主义"承诺的人之一，比如，他经常说要拯救"贫困者、落后者、迷失者"。[84]

在新保守主义和宗教右翼势力的围攻下，迪卢利奥任职仅8个月就离职了。2002年10月，他在写给萨斯坎德的信中真诚地表达了对总统的赞赏，他说："其实小布什总统比许多人想象的……聪明得多。"但他同时也指出白宫的政治氛围很糟糕，那里从总统开始，几乎没人有心思讨论实质性国内政策问题：

> 没有实际的国内问题政策白皮书，总统办公室只有少数几个人对政策的实质和分析现状感到担忧……大多数人连对政策的基本认知都没有……这给了那些你可能称为"梅伯里·马基雅维利们"（Mayberry Machiavelli）的人——即全体雇员，无论是级别高的还是级别低的，他们持续以这样一种方式说话和行动，仿佛高超的政治手腕就在于把每一个问题都简化为最简单的、非黑即白的术语，然后提交给公众选择，以此把立法倡议或政策建议引导得尽可能右倾——崛起的机会。[85]

尽管老布什和克林顿在外交政策和组建国际联盟方面做了一些努力，但小布什却采用了"不折不扣的单边主义"，新保守主义势力几十年来的夙愿终于实现。小布什宣布自己不会将《国际刑事法院规约》（International Criminal Court Treaty）送交参议院批准，虽然克林顿已经签署，而且几乎所有西方民主国家都已加入。也许他和切尼认为，加入这个世界上第一个针对战争罪的条约会妨碍他们未来的计划。接着，小布什拒绝签署世界上150个国家已经签署的《全面禁止核试验条约》（Comprehensive Nuclear Test Ban Treaty）；他还拒绝接受针对全球变暖的《京都议定书》（Kyoto Protocol）；他废除了与俄罗斯签订的《反弹道导弹条约》，这样就可以放开手脚发展昂贵但效果未经证实的导弹防御计划；他拒绝推进中东和平进程，中止了与朝鲜在远程导弹计划方面的对话。切尼很有策略地在官僚体系中安插心腹，还与拉姆斯菲尔德进行密切合作，进一步扩大五角大楼的作用和影响。利用美国自1920年代以来首次出现的由共和党人同时执掌白宫和国会参众两院的局势，小布什和切尼在没有得到任何民众支持的情况下，继续肆意地压制反对派。

用拉尔夫·纳德的话说，小布什政府算是"泡在石油里了"。[86]
掌舵的两个人都是石油商人出身，国家安全顾问康多莉扎·赖斯是
雪佛龙石油公司董事会成员，拥有一艘以她的名字命名的双壳油
轮。切尼迅速组建了一个能源小组，开始制订新的国家能源政策，
目标是控制波斯湾和里海地区的石油。后来，他强烈反对公开能源
小组的成员名单及其讨论内容。国家安全委员会的一名高级官员指
示委员会成员要积极配合能源小组，因为他们试图将审核对伊拉克
等"流氓国家的政策"和"控制新发现的和现有的石油、天然气盛
产区的行动"结合起来。[87] 1999年，切尼对一群石油行业的高管
说："保守估计，在未来几年里，全球石油需求平均年增长率为2%，
而现有石油产地的产油量平均每年减少3%。这就意味着到2010年，
我们每天需要额外订购5000万桶的石油。那么，这些石油从哪里
来呢？……中东，那里有世界上三分之二的石油储量，而且成本低
廉，所以仍然是一座富矿。"[88]能源小组敦促政府向那些由政府控
制石油行业的中东国家施压，让它们"向外资开放能源领域"。[89]

国会议员丹尼斯·库西尼奇（Dennis Kucinich）阐明了其重要
意义：

> 石油始终是美国的海湾地区政策必须考量的重要因素。我们扪心
> 自问：占海湾地区出口总额83%的商品是什么？美国派出2.5万军人、
> 6个歼击机中队、6个轰炸机中队、13个空中控制和侦察中队、1个航
> 空母舰战斗群永久性驻扎在海湾地区，另外还有1个水陆两栖战斗群
> 在周边11个军事基地巡逻，以随时候命，到底是为了保护什么？……
> 美国在中东投入那么多军力，不是为了保护仅占世界总人口2%的当
> 地人的安全的。[90]

小布什和切尼上任的头8个月都在积极推动"新美国世纪计

划"，他们几乎没怎么注意到恐怖主义的威胁。否则，2001 年 9 月 11 日的恐怖袭击是可以而且应该被制止的。从他们上任第一天开始，国家安全委员会反恐负责人理查德·克拉克（Richard Clarke）就试图警告切尼、赖斯和鲍威尔等政府高层官员，"基地"组织可能威胁美国安全。他警告说："一场袭击近在眼前。"1 月 25 日，他要求赖斯紧急召集内阁政要，开会讨论如何应对恐怖主义的威胁。可是直到 9 月 4 日，这场会议才得以召开。

　　2001 年夏天，各种危险信号此起彼伏。被拦截到的"基地"组织的消息显示，即将发生"一些冒险行动"。[91]联邦调查局特工报告称，有形迹可疑的人想知道如何驾驶飞机，却没兴趣学习如何降落。中情局局长乔治·特尼特（George Tenet）在 8 月收到一份题为《伊斯兰极端分子学习开飞机》（"Islamic Extremist Learns to Fly"）的简报，报告称飞行学校的高层发现了萨卡里亚斯·穆萨维（Zacarias Moussaoui）的怪异行为，警方在明尼苏达州将他逮捕。[92]克拉克作证说，中情局局长乔治·特尼特在华盛顿四处奔走，"火急火燎"，试图引起小布什的注意。[93]6 月底，特尼特对克拉克说："我感觉它就要来了，这会是一个大事件。"[94]情报机构发出了不少提醒有威胁的警报，诸如《本·拉登的威胁是真的》（"Bin Laden Threats Are Real"）、《本·拉登计划高调袭击》（"Bin Laden Planning High Profile Attacks"）、《本·拉登在策划多起行动》（"Bin Laden Planning Multiple Operations"）、《本·拉登的公众形象暗示可能发起袭击》（"Bin Laden Public Profile May Presage Attack"）以及《本·拉登集团的计划在不断推进》（"Bin Laden's Network's Plans Advancing"）。[95]情报机构继续发出预警，表明近期很有可能发生"极度危险的"袭击，将会导致大量人员伤亡，引发世界动荡。作家托马斯·鲍尔斯（Thomas Powers）表示，在"9·11"事件发生前的 9 个月，情报人员"曾警告美国政府多达 40 次，称本·拉登是极大威胁，但政府并不想听这样的话，全都置若罔闻"。[96]

8月6日，小布什在他位于得克萨斯州的克劳福德农场里听取情报部门的每日汇报，题目是《本·拉登决意袭击美国》（"Bin Laden Determined to Strike in US"），汇报指出"基地"组织可能会劫机。小布什一如既往地不感兴趣，冷冷地对中情局汇报人员说道："好了，你已经完成免责声明了，现在出去吧。"[97]特尼特后来证实："当时的预警等级已经是最高的红色级别了。"[98]尽管如此，小布什还是在2004年4月的一次新闻发布会上大言不惭："如果我预先得到提示，知道有人会劫机撞楼的话，我们会竭尽全力拯救国家的。"[99]

赖斯撒了谎，她也同样应对此事故负责。2001年夏天，特尼特和中情局反恐小组组长 J. 科弗·布莱克（J. Cofer Black）敦促她采取措施，阻止本·拉登即将发动的恐怖袭击，但赖斯一心扑在弹道导弹防御计划上。灰心丧气的布莱克事后说道："该做的我们都做了，就差用枪指着她的脑袋了。"[100]赖斯后来却说："我觉得没人会预测到……他们居然用飞机当导弹，他们劫持了一架飞机当导弹来攻击我们。"[101]

小布什政府的其他人也像小布什和赖斯一样对此毫不留意。美国联邦调查局代理局长托马斯·皮卡德（Thomas Pickard）告诉"9·11"委员会，他曾在2001年夏天两次向司法部长约翰·阿什克罗夫特（John Ashcroft）汇报恐怖主义威胁事宜，但第二次汇报时，阿什克罗夫特说，他再也不想听到这种消息了。[102]国防部副部长保罗·沃尔福威茨也对这些警告持怀疑态度。拉姆斯菲尔德更过分，直到9月9日，还威胁让总统否决参议院武装委员会（Senate Armed Services Committee）将用于导弹防御的6亿美元预算转到反恐上的计划。

那时，也没多少人料到小布什、切尼、赖斯、拉姆斯菲尔德、沃尔福威茨及其亲信会以这次袭击为借口对两个伊斯兰国家发动战争，而战争给美国带来的伤害远比本·拉登造成的更深，或者说，这两场战争开始撕毁美国宪法和《日内瓦公约》(Geneva Convention)。

注释

1　"Stirrings of Peace," *New York Times*, July 31, 1988.

2　"Excerpts from Speech to U.N. on Major Soviet Military Cuts," *New York Times*, December 8, 1988.

3　Robert G. Kaiser, "An Offer to Scrap the Postwar Rules," *Washington Post*, December 8, 1988.

4　Jennifer Lowe, "Whither the Wimp?" *Washington Post,* November 30, 1987.

5　Curt Suplee, "Sorry, George, But the Image Needs Work," *Washington Post*, July 10, 1988.

6　Margaret Garrard Warner, "Bush Battles the 'Wimp Factor,'" *Newsweek*, October 19, 1987, 28.

7　Sidney Blumenthal, "George Bush: A Question of Upbringing," *Washington Post*, February 10, 1988.

8　Sean Wilentz, *The Age of Reagan: A History, 1974–2008* (New York: Harper Collins, 2009), 265.

9　Thomas Hardy, "'Wimp Factor,' Joins Poor George Bush at the Starting Line," *Chicago Tribune*, October 18, 1987.

10　Wilentz, *The Age of Reagan*, 266.

11　Suplee, "Sorry, George, But the Image Needs Work."

12　"Transcript of the Keynote Address by Ann Richards, the Texas Treasurer," *New York Times*, July 19, 1988.

13　Tom Shales, "Rather, Bush and the Nine-Minute War," *Washington Post*, January 26, 1988; Richard Cohen, "The 'Wimp' Becomes a Bully," *Washington Post*, November 1, 1988.

14　Tim Weiner, *Legacy of Ashes: The History of the CIA* (New York: Doubleday, 2007), 408.

15　Robert M. Gates, F*rom the Shadows: The Ultimate Insider's Story of Five Presidents and How They Won the Cold War* (New York: Simon & Schuster, 1996), 449.

16　Odd Arne Westad, *The Global Cold War: Third World Interventions and the Making of Our Times* (New York: Cambridge University Press, 2007), 386–387.

17　Richard Rhodes, *Arsenals of Folly: The Making of the Nuclear Arms Race* (New York: Alfred A. Knopf, 2007), 287.

18　Leffler, *For the Soul of Mankind,* 436; Clifford Krauss, "U.S. Officials Satisfied with Soviets' Gulf Role," *New York Times*, September 20, 1990; Daniel T. Rogers, *Age of Fracture* (Cambridge, MA: Harvard University Press, 2011), 246.

19　Leffler, *For the Soul of Mankind*, 450.

20　Mary Elise Sarotte, "Enlarging NATO, Expanding Confusion," *New York Times*, November 30, 2009, 31; Uwe Klussman, Matthias Schepp, and Klaus Wiegrefe, "NATO's Eastward Expansion: Did the West Break Its Promise to Moscow?" www. spiegel. de/international/world/0,1518,druck-663315,00.html; Noam Chomsky, *Hopes and Prospects* (Chicago: Haymarket Books, 2010), 278–280.

21　Stephen Kinzer, *Overthrow: America's Century of Regime Change from Hawaii to Iraq* (New York: Times Books, 2006), 253.

22　"A Transcript of Bush's Address on the Decision to Use Force in Panama," *New York Times*, December 21, 1989.

23　"Cheney's Reasons for Why the U.S. Struck Now," *New York Times*, December 21, 1989.

24　R. W. Apple, "War: Bush's Presidential Rite of Passage," *New York Times*, December 21, 1989.

25　James Brooke, "U.S. Denounced by Nations Touchy About Intervention," *New York Times*, December 21, 1989.

26　John B. Quigley, *The Invasion of Panama and International Law* (Vienna: International Progress Organization, 1990), 3.

27　Noam Chomsky, *Hegemony or Survival: America's Quest for Global Dominance*

(New York: Owl Books, 2004), 107.

28　Gary J. Dorrien, *Imperial Designs: Neoconservatism and the New Pax Americana* (New York: Routledge, 2004), 26.

29　Elliott Abrams, "Better Earlier," *Washington Post*, December 22, 1989.

30　"Excerpts from Iraqi Document on Meeting with U.S. Envoy," *New York Times*, September 23, 1990.

31　George F. Will, "Gorbachev, Hussein and Morality," *St. Petersburg Times*, January 16, 1991.

32　Elaine Sciolino, "Deskbound in U.S., the Envoy of Iraq Is Called Scapegoat for a Failed Policy," *New York Times*, September 12, 1990.

33　Lloyd C. Gardner, *The Long Road to Baghdad: A History of U.S. Foreign Policy from the 1970s to the Present* (New York: New Press, 2008), 81.

34　Ned Zeman, "Where Are the Troops?" *Newsweek*, December 3, 1990, 6; Craig Unger, *House of Bush, House of Saud* (New York: Scribner, 1994), 139–140.

35　Andrew J. Bacevich, *American Empire: The Realities and Consequences of U.S. Diplomacy* (Cambridge, MA: Harvard University Press, 2002), 63–64; David Hoffman, "Baker Calls Iraqi Threat to 'Economic Lifeline,' " *Washington Post*, November 14, 1990.

36　Joel Brinkley, "Israelis Praising Decision by Bush," *New York Times*, August 9, 1990.

37　R. W. Apple, Jr., "Bush Draws Line," *New York Times*, August 9, 1990.

38　Charles Paul Freund, "In Search of a Post-Postwar Rhetoric," *Washington Post*, August 12, 1990.

39　Maureen Dowd, "President Seeks to Clarify Stand," *New York Times*, November 2, 1990; Lloyd Gardner, "The Ministry of Fear: Selling the Gulf Wars," in *Selling War in a Media Age: The Presidency and Public Opinion in the American Century*, ed. Kenneth Osgood and Andrew K. Frank (Gainesville: University Press of Florida, 2010), 232–233.

40　Gardner, *The Long Road to Baghdad*, 77.

41　Ibid., 83–84.

42　Thomas L. Friedman, "How U.S. Won Support to Use Mideast Forces," *New York Times*, December 2, 1990.

43　George Bush and Brent Scowcroft, *A World Transformed* (New York: Knopf, 1998), 491.

44　Ruth Marcus, "U.N. Debate to Cap U.S. Lobby Effort," *Washington Post*, November

26, 1990.

45　Judith Miller, "Iraqi Pullout? Election in Kuwait? Prospects Worry Hawks," *New York Times*, October 8, 1990.

46　Patrick E. Tyler, "U.S. Juggling Iraq Policy," *New York Times*, April 13, 1991.

47　Dorrien, *Imperial Designs*, 35.

48　Bush and Scowcroft, *A World Transformed*, 489.

49　George C. Herring, *From Colony to Superpower: U.S. Foreign Relations Since 1776* (New York: Oxford University Press, 2008), 912.

50　Gardner, *The Long Road to Baghdad*, 78.

51　George F. Will, "The Emptiness of Desert Storm," *Washington Post*, January 12, 1992.

52　Paul Lewis, "U.N. Survey Calls Iraq's War Damage Near-Apocalyptic," *New York Times*, March 22, 1991.

53　Patrick E. Tyler, "U.S. Officials Believe Iraq Will Take Years to Rebuild," *New York Times*, June 3, 1991.

54　"Quotation of the Day," *New York Times,* March 2, 1991; Bacevich, *American Empire*, 62.

55　Rhodes, *Arsenals of Folly*, 292.

56　Ibid., 296.

57　Patrick E. Tyler, "Pentagon Imagines New Enemies to Fight in Post-Cold-War Era," *New York Times*, February 17, 1992; Patrick E. Tyler, "Lone Superpower Plan: Ammunition for Critics," *New York Times*, March 10, 1992.

58　Barton Gellman, "Keeping the U.S. First," *New York Times*, March 11, 1992; "America's Not the Only Cop," *New York Times*, June 7, 1992.

59　Alan Lichtman, *White Protestant Nation: The Rise of the American Conservative Movement* (New York: Atlantic Monthly Press, 2008), 410.

60　Jim Vallette, "Larry Summers' War Against the Earth," *CounterPunch*, June 15, 1999, www.counterpunch.org/1999/06/15/larry-summers-war-against-the-earth/; "Furor on Memo at World Bank," *New York Times*, February 7, 1992.

61　Jeffrey Sachs, *The End of Poverty: Economic Possibilities for Our Time* (New York: Penguin Books, 2005), 139.

62　Naomi Klein, *The Shock Doctrine: The Rise of Disaster Capitalism* (New York: Metropolitan Books, 2007), 291.

63　Stephen F. Cohen, *Failed Crusade: America and the Tragedy of Post-Communist Russia*, updated ed. (New York: W. W. Norton, 2001), 4–5.

64 Ibid., 36–37.

65 "Yeltsin Is a Liar, Says Gorbachev," *Times* (London), December 26, 2001.

66 Joe Stephens and David B. Ottaway, "From the U.S., the ABCs of Jihad," *Washington Post*, March 23, 2002; Stephen Buttry, "UNO's Afghan Textbooks Face Criticism," *Omaha World-Herald*, March 23, 2002.

67 Kenneth Freed, "Odd Partners in UNO's Afghan Project," *Omaha World-Herald*, October 26, 1997.

68 Ahmed Rashid, *Taliban: Militant Islam, Oil and Fundamentalism in Central Asia* (New Haven, CT: Yale University Press, 2000), 176.

69 Freed, "Odd Partners in UNO's Afghan Project."

70 Marjorie Cohn, "The Deadly Pipeline War: U.S. Afghan Policy Driven by Oil Interests," *Jurist*, December 8, 2001, www.commondreams.org/views01/1208-04.htm.

71 Project for the New American Century, "Statement of Principles," www.newamericancentury.org/statementofprinciples.htm.

72 Dorrien, *Imperial Designs*, 142–143. 1998 年，18 个人向克林顿写了一封名为《新美国世纪计划》的联名信，呼吁"推翻萨达姆·侯赛因及其政权的统治"，其中有 11 人都在后来的小布什政府任职。在小布什政府任职的上述联名者及一些杰出的新保守主义者包括迪克·切尼（副总统）、唐纳德·拉姆斯菲尔德（国防部长）、保罗·沃尔福威茨（国防部副部长）、理查德·阿米蒂奇（副国务卿）、埃利奥特·艾布拉姆斯（国家安全委员会负责近东、西南亚和北非事务的高级主管）、约翰·博尔顿（主管军控和国际安全事务的副国务卿和美国驻联合国代表）、葆拉·多布里扬斯基（Paula Dobriansky，主管全球事务的副国务卿）、扎尔梅·哈利勒扎德（美国总统的阿富汗特使和自由伊拉克人无任所大使）、理查德·珀尔（五角大楼半自治防务政策委员会主席）、彼得·罗德曼（主管国际安全事务的国防部部长助理）、小威廉·施奈德（William Schneider, Jr.，五角大楼国防科学委员会主席）、罗伯特·B. 佐利克（Robert B. Zoellick，美国贸易代表）、斯蒂芬·坎博内（Stephen Cambone，五角大楼项目分析与评估办公室主任）、埃利奥特·科恩（国防政策委员会）、德文·加夫尼·克罗斯（Devon Gaffney Cross，国防政策委员会）、I. 刘易斯·利比（副总统切尼的幕僚长）、威廉·卢蒂（William Luti）和艾布拉姆·舒尔斯基（Abram Shulsky，五角大楼特别计划办公室主任）、詹姆斯·伍尔西（防务政策委员会）和戴维·沃姆泽（David Wurmser，主管军控事务的副国务卿的特别助理）。

73 John W. Dower, *Cultures of War: Pearl Harbor/Hiroshima/9-11/Iraq* (New York: W. W. Norton, 2010), 91–92.

74   "Transcript: Town Hall Meeting on Iraq at Ohio State February 18," February 20, 1998, www.fas.org/news/iraq/1998/02/20/98022006_tpo.html.

75   Gardner, *The Long Road to Baghdad*, 111.

76   Ibid., 112.

77   Colin Powell with Joseph Persico, *My American Journey* (New York: Random House, 1995), 576.

78   "Excerpt from McCain's Speech on Religious Conservatives," *New York Times*, February 29, 2000.

79   Nicholas Kulish and Jim Vandehei, "Politics & Economy: Protest in Miami-Dade Is a Well-Organized GOP Effort," *Wall Street Journal*, November 27, 2000; Paul Gigot, "Burgher Rebellion: GOP Turns Up Miami Heat," *Wall Street Journal*, November 24, 2000; Wilentz, *The Age of Reagan*, 423–424.

80   Edward Walsh, "Ruling Marked by the Words of a Dissenter," *Washington Post*, December 17, 2006.

81   "Profile: Washington Hawk Donald Rumsfeld," http://news.bbc.co.uk/2/hi/americas/2247256.stm.

82   Robert Draper, *Dead Certain: The Presidency of George W. Bush* (New York: Free Press, 2007), 282.

83   Bob Woodward, "A Course of 'Confident Action,'" *Washington Post*, November 19, 2002.

84   Elizabeth Becker, "Head of Religion-Based Initiative Resigns," *New York Times*, August 18, 2001; Ron Suskind, "Why Are These Men Laughing?," *Esquire*, January 2003, 97.

85   "John Dilulio's Letter," October 24, 2002, www.esquire.com/features/dilulio.

86   Joel Achenbach, "Nader Puts His Mouth Where the Money Is," *Washington Post*, August 4, 2000.

87   Jane Mayer, "Contract Sport: What Did the Vice-President Do for Halliburton?" *New Yorker*, February 16, 2004, www.newyorker.com/archive/2004/02/16/040216fa_fact.

88   "Full Text of Dick Cheney's Speech at the IP Autumn Lunch," http://web.archive.org/web/20000414054656/; http://www.petroleum.co.uk/speeches.htm.

89   Antonia Juhasz, "Whose Oil Is It, Anyway?" *New York Times*, March 13, 2007.

90   Dennis Kucinich, "Obviously Oil," March 11, 2003, www.alternet.org/story/15359/.

91   Herring, *From Colony to Superpower*, 940.

92   David Johnston and Jim Dwyer, "Pre-9/11 Files Show Warnings Were More Dire and Persistent," *New York Times*, April 18, 2004.

93 "Clarke 'Would Welcome' Open Testimony," www.msnbc.msn.com/id/4619346/ns/
    us_news-security/t/clarke-would-welcome-open-testimony/#.TpJrlajEMhA.

94 Richard A. Clarke, *Against All Enemies: Inside America's War on Terror* (New York:
    Free Press, 2004), 235.

95 Johnston and Dwyer, "Pre-9/11 Files Show Warnings Were More Dire and
    Persistent."

96 Thomas Powers, "Secret Intelligence and the 'War on Terror,'" *New York Review of
    Books*, December 16, 2004, www.nybooks.com/articles/archives/2004/dec/16/secret-
    intelligence-and-the-war-on-terror.

97 Ron Suskind, *The One Percent Doctrine: Deep Inside America's Pursuit of Its
    Enemies Since 9/11* (New York: Simon & Schuster, 2006), 2.

98 Wilentz, *The Age of Reagan*, 440.

99 "Transcript of Bush's Remarks on Iraq: 'We Will Finish the Work of the Fallen,'"
    New York Times, April 14, 2004.

100 "Two Months Before 9/11, an Urgent Warning to Rice," *Washington Post*, October 1,
    2006.

101 Frank Rich, "The Jack Welch War Plan," *New York Times*, September 28, 2002.

102 Johnston and Dwyer, "Pre-9/11 Files Show Warnings Were More Dire and
    Persistent."

第13章

小布什—切尼灾难：伊拉克战争始末

小布什以其虚伪发言和用词荒唐而闻名。但有时，在他磕磕巴巴的表达中，一不留神还是会吐露出一点真相来。2004年，他在某个场合宣称："我们的敌人很有创新精神，又足智多谋，我们也是。他们从来没停止过想出新招数来伤害我们的国家和人民，我们也是如此。"[1]

2008年，在共和党被毫不客气地赶下台后，历史学家将小布什列为美国历史上不是最最糟糕，也是最糟糕的总统之一。[2]他的声望和支持率跌至冰点，创下了近代以来的新低，不过事实上，小布什还是比他的副总统迪克·切尼稍胜一点点。小布什和切尼让美国陷入了社会混乱、经济崩溃以及国际声誉处于历史最低点的局面。在此期间，美国入侵了两个国家，还威胁过其他许多国家，在国内外肆意践踏法治。曾经令人赞赏的美国，此时引起各国恐惧，招来国际社会一片谴责。人们很想知道，到底是什么导致了小布什—切尼政府的错误政策，是因为该政府的无能、傲慢和盲目的野心呢，还是因为他们在酝酿什么针对美国和世界的邪恶计划？

尽管一向谨慎的奥巴马总统决定不调查其前任的罪行，但还是有其他人坚持以国际法的名义责难小布什。2011年2月，小布什因为担心民众会大规模抗议其先前的酷刑政策，被迫取消了在瑞士的演讲计划。激进分子还打算向瑞士的检察官提起刑事诉讼。宪法权利中心（Center for Constitutional Rights）的凯瑟琳·加拉格尔（Katherine Gallagher）说："水刑是一种酷刑，但小布什却毫无悔意地承认他曾批准使用水刑……这样的施暴者应该受到法律的制裁，就算他是美国前总统，也不能例外。不能让小布什逍遥法外。"[3]组织者让示威游行的群众高举一只鞋子，以纪念2008年因当众向小布什扔鞋而锒铛入狱的伊拉克记者。1998年，智利独裁者奥古斯托·皮诺切特在伦敦被捕，有鉴于此，欧洲宪法和人权中心（European Center for Constitutional and Human Rights）的专家加文·沙利文（Gavin Sullivan）说道："我们要把握住瑞士这个机会，抓到另一个皮诺切特。"有人权机构还号召《联合国反对酷刑公约》（UN Convention Against Torture）的147个签约国，只要小布什前去，立即将之逮捕。[4]

"9·11"是"新美国世纪计划"的机遇？

"9·11"事件及美国对此事件的反应，改变了历史进程。当日，极端分子给了美国致命一击。当总统及其高级顾问们还在玩忽职守时，"基地"组织成员劫持了一架客机，撞向了象征着美利坚帝国权力的世界贸易中心和五角大楼。此次袭击导致纽约市2750多人死亡，其中包括来自91个国家的大约500名外国人。双子塔在熊熊火焰中轰然倒塌，整个美国陷入恐慌之中，五角大楼中的125人殒命。于是，小布什政府对"基地"组织发起了疯狂反击，导致了一系列灾难性后果。与这些灾难性后果相比，美国在"9·11"中受到的伤害简直是微不足道。

随后，小布什无视了人们要求调查为何会造成如此巨大的情报和领导失误的呼声。最终压力变得太大时，小布什转向亨利·基辛格求助，请他为官方粉饰。就连《纽约时报》都怀疑，选择基辛格这位"完美的华盛顿内部人士"，凭借其"固有的交情和商业往来"，主持的调查委员会不过是"白宫为遏制长期以来它所反对的调查，而设的狡黠一计"。[5]

基辛格接待了一群新泽西州的妇女，她们因为"9·11"袭击失去丈夫，当中有人问他有个合作对象叫本·拉登是否属实。基辛格听完后打翻了手中的咖啡，整个人差点从沙发上摔下来。来访者忙着上去帮他收拾，基辛格谎称自己"眼神不好"，以此掩饰内心的慌张。第二天早上，他便辞去了委员会的职务。[6]

取而代之的是新泽西州前州长托马斯·基恩（Thomas Kean），他和副主席，即印第安纳州前议员李·汉密尔顿，在 2004 年递交了一份极力为政府辩解的报告。《纽约时报》记者菲利普·谢农（Philip Shenon）在他的书中表示，委员会之所以包庇白宫有关责任人，是因为委员会中占据话语权的执行主任菲利普·泽利科（Philip Zelikow）是康多莉扎·赖斯的知己，手下们甚至认为他是"白宫派来的奸细"。[7]《华盛顿邮报》报道国际内容的记者格伦·凯斯勒（Glenn Kessler）称他是"赖斯的私人智囊"和"智识上的灵魂伴侣"。[8]赖斯无视"9·11"事件发生之前的种种预警信息，这是不可否认的事实。

对大多数美国人而言，"9·11"事件是一个可怕的悲剧，但对小布什和切尼而言，它又是一个千载难逢的机会——他们的新保守主义盟友精心准备了几十年的计划终于有机会实现了。"新美国世纪计划"近期发布的报告《重建美国防御》（"Rebuilding America's Defenses"）指出："变革的过程……可能会很漫长，因为缺少珍珠

2002年7月，士兵在向小布什总统讲解重型机枪。

港袭击这样灾难性和催化性事件。"[9] "基地"组织正好为"新美国世纪计划"的规划师们提供了最佳契机。袭击发生几分钟后，小布什的手下在总统缺席的情况下，决定立即采取行动。副总统切尼和他的法律顾问戴维·阿丁顿（David Addington）负责牵头。阿丁顿、蒂莫西·弗拉尼根（Timothy Flanigan）和约翰·柳（John Yoo）认为，作为战时总司令，总统几乎不受任何法律约束。[10]正是基于这一论调，小布什大幅提高行政部门的权力，限制公民自由，扬言"我才不在乎国际律师会说什么，我们准备狠狠教训一些人了"。[11]

小布什和"新美国世纪计划"的发起者当然清楚地知道他们要教训哪些人。9月12日，小布什虽然已经知道"基地"组织的奥萨

"9·11"袭击发生的两天后的世贸中心大楼，现场几乎是一片废墟。

马·本·拉登及阿富汗的塔利班是幕后主谋，但他还是对反恐小组负责人理查德·克拉克说道："查一下是不是萨达姆干的，看看他是否与此事有关。"克拉克以怀疑的口吻回应道："可是，总统先生，这是'基地'组织干的。"小布什坚持他的要求。克拉克仍清楚地记得当时的场景，小布什走后，克拉克的助手莉莎·戈登－哈格蒂(Lisa Gordon-Haggerty)"目瞪口呆地看着他的背影"，她说："一定是沃尔福威茨怂恿的。"[12]

国防部副部长保罗·沃尔福威茨的确起了很大作用。他的上司唐纳德·拉姆斯菲尔德已经下令，让军方制订一份攻打伊拉克的作战计划，他说："规模要大，杀他个片甲不留，管他跟袭击有没有关系。"[13]当拉姆斯菲尔德说伊拉克有比阿富汗更合适的打击目标时，克拉克以为他是开玩笑，但他其实是认真的。9月12日上午，中情局局长乔治·特尼特在白宫西翼碰到了刚要离开的理查德·珀尔，后者宣称："伊拉克要为昨天发生的事情付出代价！他们要为此负责！"[14] 9月13日，沃尔福威茨宣布，美国对"9·11"袭击的回击范围会远远超出阿富汗，"捣毁那些支持恐怖主义的国家"。[15]

当天下午，拉姆斯菲尔德宣布要扩大行动范围，"拿下伊拉克"，但国务卿科林·鲍威尔坚持应该集中精力对付"基地"组织。克拉克对他表示感谢，并对军方如此执着于伊拉克表达了疑惑："发动袭击的是'基地'组织，而现在我们的回应却是攻打伊拉克，这就像日本袭击珍珠港后，我们去入侵墨西哥。"鲍威尔清楚知道自己对付的是谁，所以摇摇头说："事情恐怕不会轻易结束。"[16]

鲍威尔猜得没错。新保守主义者很快就扔掉了怀疑伊拉克卷入"9·11"事件这块遮羞布。9月20日，"新美国世纪计划"的发起

从左至右分别是沃尔福威茨、拉姆斯菲尔德、鲍威尔、利比。2001年9月12日，这4人在内阁会议室商议如何应对"9·11"事件。

人致信小布什，信中写道："即使没有证据表明伊拉克直接参与了这次袭击，但在任何消灭恐怖主义及其支持者的战略中，都应该包含坚定且努力地推翻萨达姆在伊拉克的政权。"[17]威廉·克里斯托尔主办的《旗帜周刊》在 10 月 15 日刊登了一则封面报道，题为《为美利坚帝国辩护》（"The Case for American Empire"）。在文中，马克斯·布特认为，"9·11"袭击之所以会发生，是因为美国没能充分将自己的意愿施加给世界。布特还提出了补救措施："争论萨达姆是否卷入'9·11'恐怖袭击只会模糊焦点，谁会在乎萨达姆是否真的参与了此次暴行？"[18]

遭到阿富汗的"基地"组织袭击后，美国准备对伊拉克进行报复，而伊拉克的领袖萨达姆是"基地"组织和伊朗反美政权的敌人。克拉克承认："起初我听到他们在谈论对付别人而不是'基地'组织时，我还以为自己听错了。后来我才极其痛苦地意识到，拉姆斯菲尔德和沃尔福威茨企图利用这次国难来推进自己攻打伊拉克的计划。"[19]

但是，克拉克低估了小布什、切尼、拉姆斯菲尔德和沃尔福威茨，他们的目标远不止伊拉克。在世贸中心大楼的废墟之上，小布什宣布："我们的历史责任已经很明确，就是要对这些袭击发起反击，消除世界上的邪恶。"[20]

切尼出席了节目《与媒体见面》（*Meet the Press*），他表示："我们也要采取行动，甚至有些行动可能要在暗面……许多情报活动都必须秘密进行。如果想要成功，很多事情都要悄悄完成，要利用好情报机构的一切资源和手段，决不能有任何议论。那伙人就是这么干的，所以我们也要用尽一切手段来达到我们的目的，这一点至关重要。"[21]

新型战争：不打击某个国家，而是打击一种战术

当局政府迅速转向"暗面"。第二天，小布什授权中情局在美国境外设立拘留中心，后来很多的酷刑和严刑逼供都在那里上演。4天后，小布什在国会联席会议上宣布，美国要发动全球反恐战争，反恐行动要扩展到"所有窝藏或支持恐怖主义的国家"。[22]根据非常规引渡政策，美国中情局绕过法律诉讼的环节，在世界各地抓捕嫌疑人，并将他们关到中情局设在各地的"黑牢"。

中情局要求前往世界各地追捕、俘获和击杀"基地"组织成员及其他恐怖分子，这一要求得到了总统的批准。10月，一位美国高官在接受《华盛顿邮报》记者鲍勃·伍德沃德的采访时表示，总统授意中情局"开展该局自1947年成立以来最全面、下手最狠的秘密活动"。这位官员说道："一切束缚都被松绑了，总统给中情局一路开绿灯，他们可以做任何必要的事情。'9·11'袭击之前无法想象的致命行动正在悄然进行。"切尼指出了另一个重要变化，他告诉伍德沃德："这与海湾战争不一样，在某种意义上，它可能永远不会结束。至少，在我们有生之年内无法结束。"[23]

事实上，很多"9·11"袭击之前不可想象的事情都在发生。首先以及最重要的是，白宫开始谋取前所未有的权力，这些权力甚至威胁到了美国的宪政秩序。为了使之成为可能，小布什充分利用了"9·11"事件发生后美国社会充斥的恐惧感和不确定性。袭击发生后的几天里，政府在美国境内逮捕并拘留了1200人，其中大部分是穆斯林及中东或南亚人的后裔，另有8000人接受审讯。来自威斯康星州的参议员拉斯·范戈尔德（Russ Feingold）要求停止这种定性。他警告说："这是美国公民自由的黑暗时刻，我听闻了许多美国穆斯林、阿拉伯及南亚后裔对政府的恐惧，其程度前所未有。"[24]

小布什催促国会尽快通过《美国爱国者法案》(USA PATRIOT Act)。于是，该法案就在没经过讨论、辩论和听证等程序的情况下，直接在参议院投票表决。在这种刻意渲染危机的氛围下，只有范戈尔德有反对的勇气，他一再坚称："保证我国的公民自由至关重要，否则，我担心恐怖主义会不战而胜。"法案在众议院以337比79的票选结果通过。[25] 2001年10月26日，经小布什签字，该法案正式成为法律。《美国爱国者法案》扩大了政府监控和调查的权力。2002年，小布什授权国家安全局窃听美国公民电话，监控他们的电子邮件，这违反了《外国情报监视法案》(Foreign Intelligence Surveillance Act) 规定的进行此类活动必须先进行法庭审查的要求。[26]

为了说服美国人民接受这种公然侵犯隐私和自由的行为，政府不断向公众发出安全预警。政府设置了一套警报系统，用5种不同的颜色显示每日的恐怖袭击危险系数。这套系统很明显是由拉姆斯菲尔德和司法部长约翰·阿什克罗夫特在幕后操纵，而小布什政府的国土安全部长汤姆·里奇 (Tom Ridge) 在经历了一次特别恶劣的事件后决定辞职。[27]政府还列出了一些容易遭到恐怖主义袭击的地点，将160处地点列为恐怖分子的潜在袭击目标。到2003年底，这个数字上升到1849。一年后，又增加到28360处。到2005年，猛增至7.8万处，2007年又扩大为30万处，甚至连美国的腹地都没能幸免。令人惊讶的是，印第安纳州以8591个易受袭击目标位列榜首，数量是加利福尼亚州的将近三倍。抚摸动物园（petting zoo）、甜甜圈店、爆米花摊位和冰淇淋店甚至田纳西州哥伦比亚市的骡子节都在名单之上。[28]

小布什清楚地表示，这是一场新型战争，打击的目标不是某个国家，也不是某种意识形态，而是一种战术，即恐怖主义。前美国大使罗纳德·施皮尔斯 (Ronald Spiers) 指出，这种说法显然是蓄意为之且用心险恶。他在2004年写道："用'战争'作比喻，不但不准确，而且很有害，因为战争意味着终究会有结束的时候，不论胜利还是失败……而'反恐战争'是永无止境的，没有退出策略，敌人不是固定的具体目标，而是一种战术……总统发现这种借口简直是万能的，可以为他所有想做或不想做的事辩护……它让我想起奥威尔《1984》里老大哥说的模糊又无尽的战争。"[29]

这也是一种新型战争，因为并不需要绝大多数美国人做出牺牲。战斗主要由来自社会底层的成员组成的志愿军承担，而战争要付出的代价则由未来几代人承担。

在二战爆发之初，罗斯福曾警告过："战争要花钱……这就意味着要不断增加税收和债务，意味着要减少奢侈品以及其他非生活必需品。"[30]然而，小布什却有截然不同的看法。他为富人减税，鼓励美国人游览"旅游胜地……以我们想要的方式享受生活"。[31]《纽约时报》的专栏作家弗兰克·里奇（Frank Rich）描述了当时有悖常理的情景："没有人要求我们为支出庞大的航空安全、生物恐怖主义买单，也没有人要求我们减少油耗，从而帮助美国降低对沙特阿拉伯产油区的依赖，因为那里的另一种重要出口产品就是恐怖主义。相反，政府鼓励我们逛街购物、观看演出、去迪士尼乐园。"[32]

小布什总统要求美国人民做出"艰难抉择"：是看迪士尼电影还是逛迪士尼乐园。他也让阿富汗的塔利班做出选择：要么推翻"基地"组织领导人，要么美国轰炸这片大多数阿富汗人从未离开过的土地，让它重返石器时代。塔米姆·安萨里（Tamim Ansary）是在美国生活了35年的阿富汗人，也是本·拉登和塔利班的眼中钉，他写道："把阿富汗炸回石器时代……苏联已经完成了这事。要让阿富汗人受苦？他们已经在受苦了。把房子夷为平地？已经是平地了。把学校炸成废墟？已经是一片废墟了。让医院瘫痪？已经瘫痪了。摧毁其基础设施？让他们无法享受医疗卫生保障？一切都太迟了，早就有人把这些事都干完了，新的轰炸不过就是折腾先前已经炸毁的废墟而已。那么，美国至少能搞掉塔利班吧？也不见得。"[33]

其他反对鲁莽发动战争的人指出，19名劫机者中并没有阿富汗人，其中15个是沙特人，1个是黎巴嫩人，1个是埃及人，另外2个来自阿拉伯联合酋长国（以下简称"阿联酋"）。他们住在汉堡，主要在美国接受训练和学习飞行。

滥用酷刑，小布什犯下战争罪

2001年10月7日，恐怖袭击发生后不到一个月，美国及其盟友发动了"持久自由军事行动"（Operation Enduring Freedom）。塔利班领导人很快便收到消息，抢着要求谈判。10月15日，塔利班政权的外交部长瓦基勒·艾哈迈德·穆塔瓦基尔（Wakil Ahmed Muttawakil）主动提出将本·拉登交由伊斯兰会议组织（Organization of the Islamic Conference）审判。美国驻伊斯兰堡大使馆认为，穆塔瓦基尔与塔利班领导人穆罕默德·奥马尔（Mullah Muhammad Omar）关系密切。有证据表明，奥马尔试图控制本·拉登势力已有一段时间，阿富汗与"基地"组织的关系已经破裂。事实上，在过去三年里，美国代表已经与塔利班官员举行了20多次会议，以讨论审判本·拉登的问题。但美国官员认为塔利班在故意拖延。美国中情局驻巴基斯坦站前站长米尔顿·比尔登（Milton Bearden）对此有不同看法，他曾亲历1980年代的阿富汗秘密战争，他指责美国方面太过迟钝、不够灵活。他在接受《华盛顿邮报》采访时表示："我们从来都没有好好聆听他们说的话，双方沟通有障碍。我们说的是'交出本·拉登'，而他们说的是'做点什么，好让我们把本·拉登交出去'。"直到2001年8月，美国国务院和大使馆官员还会见

美国海军 F-14D "雄猫"（F-14D Tomcat）战斗机正在加油，为轰炸阿富汗做准备。

美国空军 B-1 "枪骑兵"（B-1 Lancer）轰炸机从迪戈加西亚岛的美军基地起飞前往阿富汗。

了塔利班政权的安全部长哈米德·拉索里（Hameed Rasoli）。比尔登在 2001 年 10 月表示："我并不怀疑他们想摆脱本·拉登的诚意。"但美国从未给塔利班提供过一个可以下的台阶。[34]

拉姆斯菲尔德的高科技战争确实大幅减少了美军的伤亡，但在 2001 年 12 月，当美国将"基地"组织人员困在托拉博拉山区时，由于缺乏地面部队的实地追击，本·拉登、奥马尔以及他们的许多支持者都成功逃脱了。阿富汗平民就没那么走运了，据新罕布什尔大学教授马克·赫罗尔德（Marc Herold）的统计，约有 4000 人遇难，多于世贸中心及五角大楼的遇难者。[35]实际上，此后几个月因饥饿和疾病死亡的阿富汗人大约是战争死难人数的 5 倍。

小布什很快就对阿富汗失去兴趣，他的注意力转向了伊拉克，但阿富汗战争的影响却阴魂不散，一直在他往后的总统生涯内缠绕。哈米德·卡尔扎伊（Hamid Karzai）通过残酷的军阀与腐败的官僚统治阿富汗，使阿富汗一跃成为世界上最大的鸦片供应国。到 2004 年，阿富汗供应的鸦片占世界总量的 87%。[36] 2009 年，该国腐败指数位居全球第二，仅次于索马里。[37]阿富汗人厌倦了腐败和战争的折磨，许多人开始欢迎塔利班的回归，尽管早些时候他们也厌恶塔利班的压制政策。

"9·11"事件的策划者轻而易举地从中情局和美国军方的眼皮底下溜走，不过他们在阿富汗等地的几千名党羽却被逮捕了。这些人之后的遭遇足以证明，小布什和切尼为了所谓的美国安全，什么狠招都能使得出来，尽管美国一向以人道对待囚犯来标榜其道德高尚。小布什称这些扣押人员为"非法敌方战斗人员"，而非权利需得到尊重的"战俘"。他们有的被关进了美军在古巴关塔那摩湾的海军基地，有的则被无限期关押在中情局的"黑牢"里。更倒霉一点的则被交给那些以酷刑闻名于世的美国盟友处置了，比如胡斯尼·穆巴拉克（Hosni Mubarak）领导的埃及和巴沙尔·阿萨德

（Bashar al-Assad）领导的叙利亚。《日内瓦公约》规定，逮捕国应该举行听证会确定被俘者是平民还是参战人员，但小布什无视了此种要求。结果，一些伊拉克人和阿富汗人为了得到美国政府提供的现金奖励，肆无忌惮地围捕许多与"基地"组织或塔利班毫无瓜葛的人。这些无辜入狱的人没有申诉的途径。在白宫法律顾问阿尔伯托·冈萨雷斯（Alberto Gonzales）的建议下，小布什宣布，美国1955年批准的《日内瓦公约》中涉及战俘权利的条款并不适用于塔利班和"基地"组织疑犯。[38]小布什无视《日内瓦公约》的做法激怒了不少人，参谋长联席会议主席理查德·迈尔斯（Richard Myers）将军就是其中之一。

中情局获得授权可以使用10种残暴的审讯方法，其中不少是50多年来心理折磨方面的研究成果。中情局1963年发布的一份名叫《库巴克：反间谍审讯指南》（*Kubark:Counterintelligence Interrogation Manual*）的材料阐明了这些手段，其中集齐了美国在亚洲和拉丁美洲的盟友于1960—1980年代所用的各种刑讯逼供方法。这样的心理折磨术在冷战结束时就已经被弃用，而且在美国于1994年签署《联合国反对酷刑公约》时再次被否定。但"9·11"恐怖袭击后，它们又复活了，还超出了严格意义上的"心理折磨"范畴。[39]

小阿瑟·施莱辛格在接受记者简·迈耶（Jane Mayer）的采访时表示，这些新的酷刑政策构成了"美国法治史上最戏剧性、最持久、最激烈的挑战"。[40]中情局详细阐述了审讯程序。嫌疑人被捕后，将被蒙上眼罩、戴上耳罩，以剥夺其"视觉和听觉"。如果嫌犯拒不合作，就会被扒光衣服，对着强光，忍受高达79分贝的噪声，并且持续180个小时都不许睡觉。一旦确认囚徒失控，严讯也就开始了。士兵会铐住囚犯的胳膊和腿，在他脖子上套一个项圈，拿掉他头上的罩后，审讯人员会扇他一个耳光，有时还扇好几个，拉扯他脖子上的项圈，不停拽着他的头往墙上撞，甚至多达30次。接下来的审讯手段还包括：不断用水浇到犯人脸上，不许他上厕所，只让他穿肮脏的尿布，把他吊在天花板上，令他用痛苦的姿势站或跪很长时间。[41]红十字会国际委员会发布的报告称，关塔那摩湾的囚犯们被告知他们将"生不如死"。[42]

　　特殊情况下，还要动用水刑，有时还反复使用。事实上，二战期间美国还因为日本军事审讯人员对美军战俘使用水刑起诉过日本。马尔科姆·南斯（Malcolm Nance）曾是美军"生存、躲避、抵抗和逃避"课程的教练，该课程主要是训练美国士兵如何应对审讯：

　　除非你被绑到板上，忍受水流冲击导致呕吐反射的痛苦感觉，感觉喉咙打开，让水－品脱－品脱不可抗拒地灌进你的肺，否则你将不知道这个词的含义。水刑是一个人工控制的溺水过程，在美国的做法中，通常由一名医生、一名心理学家、一名审讯员和一名技法熟练的施刑人员共同完成。它不是模拟溺水，因为肺部确实灌满了水，没有办法进行模拟，受害者是真的溺水。至于溺水到什么程度，取决于想要的结果（也就是对着受害者的脸叫嚷提问所得到的回答），以及囚犯的顽抗程度。[43]

　　2002年8月，阿布·祖巴耶达赫（Abu Zubaydah）被扣押在曼谷短短四五天，就遭受了至少83次水刑，尽管审讯人员相信他说的是实话。中情局总部反恐中心的官员要求将这个过程重复一个月，但最后审讯人员以辞职相威胁，这才停止继续使用酷刑。祖巴耶达赫被捕后，小布什政府认定他是"'基地'组织的行动主谋"。[44]但实际上祖巴耶达赫不过就是个无名小卒，甚至连"基地"组织的正式成员都不是，他可能还患有精神疾病。2009年《华盛顿邮报》报道："密切关注此次审讯的美国政府前官员表示，酷刑很快让祖巴耶达赫服软了，他供出了'基地'组织的恐怖主义阴谋，于是中情局官员满世界去寻找线索。最终，没有一个重大阴谋因阿布·祖巴耶达赫的酷刑供词而被挫败。"《华盛顿邮报》承认，在水刑开始之前，调查人员得到的任何信息都可能产生边际效应。水刑的确能让犯人供出很多信息，据《华盛顿邮报》报道："阿布·祖巴耶达赫开始吐露各种'基地'组织阴谋的细节，包括动用大规模杀伤性武器等。阿布·祖巴耶达赫的爆料触发了一系列预警，中情局和联邦调查局派出了数百名特工对他的供词进行核实。"一名前情报官员承认："我们为了追查这些假警报，花掉了数百万美元。"[45]

传说中的"9·11"事件主谋哈立德·谢赫·穆罕默德（Khalid Sheikh Mohammed）被施以183次水刑，好像他在第183次的时候就会透露一些之前182次中从未透露的信息。[46]心理学家利用囚犯的恐惧心理，完善了审讯技巧。审讯人员还利用阿拉伯文化中的敏感点逼他们就范，比如让囚犯在公共场合裸露身体，让狗在囚犯面前咆哮等。[47]

2004年2月，少将安东尼奥·塔古巴（Antonio Taguba）坦承，他的调查发现，在阿布格莱布拘留中心存在大量"残暴、明目张胆和肆无忌惮的虐俘行为"，包括强奸男女囚犯。[48]而就在4个月前，小布什宣称："伊拉克没有强奸室和酷刑室。"[49]总统恐怕言之过早了。

2004年，阿布格莱布监狱丑闻曝光后，在国际上引发了轩然大波，司法部撤回了授权使用酷刑的法律备忘录。美国的国际声誉遭到不可估量的损害。小阿瑟·施莱辛格表示："小布什的酷刑政策令美国的声誉遭受有史以来最大的重创。"[50]然而，中情局很快又抓获了另一名"基地"组织疑犯，并再次请求允许采用严刑逼供。赖斯回答道："这是你的猎物，去做吧！"[51]

记者帕特里克·科伯恩（Patrick Cockburn）采访了美国在伊拉

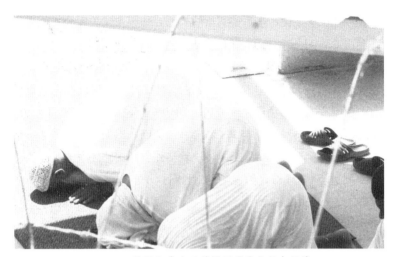

一些囚犯在古巴关塔那摩湾监狱中祈祷。

抗议海报将小布什政府时期美国对古巴关塔那摩湾囚犯实行的水刑与西班牙宗教法庭时期的水刑做了对比。

克的高级审讯人员，他曾获得消息，帮助美国抓获在伊拉克的"基地"组织头目阿布·穆萨布·扎卡维（Abu Musab Al-Zarqawi）。他告诉科伯恩，酷刑不但无助于得到有用信息，而且从伊拉克的经验来看，往往"还会产生适得其反的效果，使得大量美军死亡，人数甚至与'9·11'事件中丧生的平民相当"。[52]

尽管有官员试图将罪责归咎于几个"害群之马"，如是虐待性的无赖审讯员自作主张，但使用酷刑其实是得到政府高层批准的。国家安全委员会的主要成员，即切尼、赖斯、拉姆斯菲尔德、鲍威尔、特尼特和阿什克罗夫特等多次会面，以明确哪些方法可用于哪些囚犯。有一次，阿什克罗夫特突然打断国家安全委员会的讨论，问道："为什么我们要在白宫探讨这个问题？历史是不会善意评价我们今天的举动的。"[53]巴里·麦卡弗里（Barry McCaffrey）将军表示赞同："我们残忍地折磨别人，这个过程中可能会导致很多人丧命，包括武装部队和中情局人员。"[54]多年来，有770多名关塔那摩湾囚犯和数千名在伊拉克及阿富汗的犯人被剥夺申请法律顾问、传召证人为自己辩护的权利。截至2008年底，真正受到指控的只有23人。500多名没被指控的囚犯获得释放，但他们大多是经历了多年的酷刑和羞辱。[55]联邦调查局反恐专家证实，关塔那摩湾的囚犯中，最多只有50人值得被扣押。[56]少将塔古巴表示："现任政府是否犯了战争罪，这已经不用再有任何怀疑。唯一有待解答的问题是，是否要追究那些下令使用酷刑的人的责任。"[57]

使用酷刑的法律基础可追溯到1990年代，由当时司法部的律师提供。约翰·柳和副司法部长杰伊·拜比（Jay Bybee）在一份特别骇人的备忘录中，将酷刑定义为"与器官衰竭、身体功能受损甚至死亡的痛苦强度相类似的折磨"，[58]而且审讯的目的就是要造成这种痛苦。

2004年，美国最高法院裁定，被拘留者有权向联邦法院提起诉讼，质询其拘留的合法性。小布什建立了战斗人员身份审查特别法庭（Combat Status Review Tribunal）和年度审查委员会（Annual Review Board）以规避这项裁决。最后，在2008年6月，美国最高法院裁定，被拘留者有权利向联邦法院要求审查其拘留依据。[59]

美国人的权利也经常遭到践踏。为了镇压抗议活动，联邦和地方政府在很多场合大肆逮捕合法抗议者，包括在2004年及2008年的共和党代表大会期间。

小布什极尽所能回避那些确实出现了的抗议活动。在少数情况下，当他冒险出现在公众场合时，都由特勤局人员提前清场，将批评者赶到很远的抗议示威区，无论是小布什还是媒体都见不到他们。那些在指定区域外举着标语抗议的人往往遭到逮捕。2003年小布什访问伦敦期间，伦敦的《标准晚报》（*Evening Standard*）报道称，白宫要求英国"对伦敦市中心进行为期三天的戒严，以防反战抗议者破坏和干扰访问"。[60]

在切尼的暗示之下，小布什总是将白宫的讨论内容捂得严严实实、密不透风，这在美国历史上实属罕见。《信息自由法案》（Freedom of Information Act）规定的一些文件访问范围大幅缩减，之前被公开的文件再次被保密或者干脆消失了。白宫频繁搬出国家安全和国家机密的借口，阻挠那些试图提起诉讼的人。科林·鲍威尔的参谋长劳伦斯·威尔克森（Lawrence Wilkerson）上校说，他从未见过这样的保密法，并将其描述为切尼和拉姆斯菲尔德绕过正常渠道的"阴谋"。[61]就连保守派人士也反对这种做法，司法观察组织（Judicial Watch）负责人拉里·克莱曼（Larry Klayman）在2002年表示："本届政府让我们见识了前所未有的保密程度……我们认为这让人非常不安，真正的保守主义者不会做这样的事。"[62]

如何炮制两大入侵理由？

小布什在美国国内采取的镇压措施，与其对世界其他国家采取的措施相比，则是小巫见大巫。最糟糕的事情还在后头，美国决策者准备入侵伊拉克，实际上，在"9·11"事件发生之前，这件事就已经在筹划当中了。沃尔福威茨对伊拉克的执着最早可追溯到1979年，当时他牵头制定了一份五角大楼关于海湾地区的战略评估报告，里面强调伊拉克对邻国的威胁，尤其是对沙特阿拉伯和科威特。报告提出要在该地区增加美军以应对这一威胁。它的开篇是这样写的："我们以及我们主要的工业化盟国，在海湾地区有着至关重要且日益增长的利益，因为我们需要那里的石油，而且该地区的事件会影响阿以冲突。"[63] 根据该报告，美国已经开始在该地区部署满载军事装备的货船。

在此期间，沃尔福威茨的海湾情结持续发酵。他和盟友们将对付伊拉克作为"新美国世纪计划"的重中之重。担任国防部副部长后，他仍念念不忘要打击伊拉克。据一位政府高级官员观察："如果你们讨论世界其他地区的问题，他是不参与的。在其他问题上，他也不是主要参与者。"这位官员继续说道："实际上，他甚至并不清楚国防部在其他问题上的立场。"[64]

几乎是从小布什上任的那一刻起，伊拉克问题就成了美国政府最关心的问题。2001年1月30日，他召集首次国家安全委员会会议。会上，他问："赖斯，我们今天要讨论的主题是什么？"赖斯回答："伊拉克如何破坏地区稳定，总统先生。"[65]

政府中的新保守主义者从一开始就参与其中了。两天后，国家安全委员会重要人物再次碰头，拉姆斯菲尔德打断了鲍威尔正在讨论的对伊朗实施"有针对性的制裁"。他插话道："制裁的想法很好，但我们真正考虑的是抓捕萨达姆。"他后来补充道："想象一下，如果该地区没有萨达姆，取而代之的是一个与美国利益一致的政权，会怎么样？它将改变该地区以及周边地区的形势。这才是美国政策的要义所在。"回首往事，财政部长保罗·奥尼尔（Paul O'Neill）承认，从一开始，伊拉克的命运就已经注定："我们很早就开始拟订推翻萨达姆的计划，研究了除掉他的办法，将伊拉克改造成一个新的国家。如果我们成功了，那么一切问题也就迎刃而解。一切都在于找出实现这一目标的方法。这就是背景基调。总统说，'好，那你们就赶紧给我找到这样一个方法'。"[66]

奥尼尔告诉罗恩·萨斯坎德，早在 2001 年 3 月政府官员就在讨论入侵和占领伊拉克的具体计划了。[67]切尼的能源特别小组在其中扮演了重要角色。支持入侵的人还有：沃尔福威茨的门生 I. 刘易斯·"斯库特"·利比，他也是切尼的国家安全顾问；赖斯的副手斯蒂芬·哈德利（Stephen Hadley）；五角大楼国防政策委员会现任主席理查德·珀尔。9 月 19 日和 20 日，国防政策委员会成员决定在处理完阿富汗问题后，立即把攻打伊拉克提上日程。《纽约时报》报道称，推动入侵的内部人士被称为"沃尔福威茨阴谋集团"。[68]

阴谋集团的成员四处寻找伊拉克与"9·11"袭击的联系。拉姆斯菲尔德至少在 10 个不同场合向中情局下达指令，要求它找出证据证明伊拉克与"9·11"事件有关。[69]他们严刑拷打囚犯，希望得到相关信息，但都无功而返。拉姆斯菲尔德和切尼严厉斥责那些认为两者毫无瓜葛的中情局分析师。

找不到证据，他们就开始动手制造。切尼和利比一再提到，劫机犯穆罕默德·阿塔（Mohamed Atta）曾经和一名伊拉克情报官员在布拉格会见，但其实特尼特已经证实，他们所提到的那次会面期间，阿塔人在美国，就住在邻近中情局总部的弗吉尼亚州。[70]

沃尔福威茨向劳丽·迈罗耶（Laurie Mylroie）求助。迈罗耶写过一些站不住脚的文章，直指伊拉克与近期发生的每次恐怖事件都脱离不了干系，包括 1995 年的俄克拉荷马城爆炸案。迈罗耶抱怨道，克林顿政府认为她是个"神经病"。[71]美国有线电视新闻网分析师彼得·伯根（Peter Bergen）称她为"疯婆子"，美国情报机构也持同一看法。伯根嘲笑她这是"恐怖主义的统一场论"。但沃尔福威茨和珀尔却很看重迈罗耶，《纽约时报》的记者朱迪思·米勒也是，米勒甚至还在1990年与她合著了一本关于萨达姆的书。沃尔福威茨派中情局前局长詹姆斯·伍尔西到海外开展徒劳无功的调查，试图证实她的那些荒谬理论。尽管小布什政府的大多数新保守主义者对迈罗耶所说的"'基地'组织其实是伊拉克的情报前线"的论断表示怀疑，[72] 但小布什和切尼反复暗示伊拉克参与了"9·11"恐怖袭击。2003年9月，切尼告诉《与媒体见面》节目的蒂姆·拉瑟特（Tim Russert）说，伊拉克是"是'基地'组织的心脏，或者你可以这么说，是恐怖分子地理上的基地，多年来一直袭击我们，尤其是制造了'9·11'事件"。[73]

同时，中情局还利用反常而古怪的方法来抹黑萨达姆和本·拉登。中情局伊拉克行动小组考虑伪造一段视频，内容为萨达姆猥亵十几岁的男孩，然后"在伊拉克铺天盖地地播放这段视频"。一名前任官员说道："视频看起来要像偷拍的一样，要非常模糊，就像是偷录的不雅视频一样。"中情局的确制作了一段视频，模拟本·拉登和"基地"组织的伙伴围坐在篝火旁，一边喝酒一边分享彼此与男孩发生性关系的故事。[74]

与在策划战争期间收集到的实际"情报"相比，以上做法还不够离奇。小布什政府最喜欢的一位线人叫艾哈迈德·沙拉比，他是伊拉克国民大会的主席。伊拉克国民大会接受了小布什政府数百万美元的资助，然后转发了一份伊拉克叛逃者在发展大规模杀伤性武器的虚假报告，报告显示许多叛逃者显然在挑衅美国发动攻击。后来，当美国占领巴格达时，沙拉比吹嘘道："我们阴差阳错地成了英雄，就我们来说，我们已经大获全胜了。"[75]

国防情报局前高级官员帕特里克·兰（Patrick Lang）上校在这件事里看到到处都是国防部的活动印记。他不无痛心地抱怨道："五角大楼里的人现在都沆瀣一气，试图控制政府的外交政策。他们成功了，他们操控着沙拉比，国防部情报局受到了惊吓，被搞得遍体鳞伤。中情局里的人就是一帮懦夫。"[76]

政府利用下三滥的虚假信息，质疑中情局分析师及联合国武器核查人员的调查结果，还乐此不疲地将其作为入侵伊拉克的借口。拉姆斯菲尔德坚持说："我们知道他们有大规模杀伤性武器，这是毋庸置疑的。"[77]之后赖斯也发出了类似的警告。2002年10月上旬，小布什对此做出回应，他宣布："我们不能再眼睁睁地等待最终的证据了，最终的确凿证据可能会以一朵蘑菇云的形式出现。"[78]但要论捏造证据、信口开河的本领，恐怕无人及得上切尼，他说道：

> 伊拉克政权……一直忙于加强其在化学战和生物战领域的作战能力，并且继续发展核武器……凭借军火库中满满当当的恐怖武器，再加上坐拥世界10%的石油储量，萨达姆·侯赛因完全可以谋求统治整个中东地区，继而控制世界能源供应带的很大一部分，直接威胁美国在该地区的盟友，美国及其他国家都将面临萨达姆的核讹诈。简而言之，毫无疑问，萨达姆现在拥有大规模杀伤性武器；毫无疑问，他将用它们来对付我们的朋友、盟国和我们自己。[79]

基于这种虚构的威胁评估，情报机构在2002年10月发布的国家情报评估也做了类似分析——小布什一边积极备战，另一边则假装要寻求和平解决。[80]2002年3月，他突然闯入赖斯与一个两党参议员的讨论会，气愤地说道："他妈的萨达姆！我们一定要灭了他！"[81]5月，他对新闻发言人阿里·弗莱舍（Ari Fleischer）说："我就算翻遍整个中东，也要将他找出来，杀他个片甲不留！"[82]

但是，有些专家明白，小布什关于伊拉克拥有大规模杀伤性武器的说法，就算不是全错，也一定严重夸大其词。2002年，联合国前首席武器核查员斯科特·里特（Scott Ritter）接受美国有线电视新闻网采访时表示："并没有确凿的证据，证明伊拉克拥有或试图制造大规模杀伤性武器。"美国有线电视新闻网记者菲奥努瓦拉·斯威尼（Fionnuala Sweeney）指出："如果你无法进入这个国家，那就很难证实这件事。"里特对此的回应以及随后提出的问题，对小布什政府使用伊拉克拥有大规模杀伤性武器作为开战理由做出了重要阐释：

> 你说得对。那么美国为什么要在1998年12月打电话命令核查人员撤出伊拉克？我们要记得当时萨达姆并没有赶他们走。美国命令核查人员撤出，48小时后就发动了"沙漠之狐行动"（Operation Desert Fox）。这次行动在没有联合国安理会授权的情况下，利用核查人员搜集的信息去对付伊拉克……截至1998年12月，我们已经查明伊拉克90%—95%的大规模杀伤性武器，也就是说，"我们"自己充当了武器核查人员。我们摧毁了所有工厂、生产资料，有些武器我们不太清楚，但化学武器的保质期只有5年，生物武器的保质期只有3年。如果要拥有大规模杀伤性武器，他们必须重建工厂，并从1998年12月起开始生产这些武器。

"那些武器排查点，你了解到什么程度？"斯威尼问道。"我完全了解。"里特向她保证。[83]

虽然里特不受小布什政府欢迎，随便把他的话当耳旁风，但汤米·弗兰克斯（Tommy Franks）的提醒则不能忽略，因为他是美国中央司令部负责人，受拉姆斯菲尔德的委托负责拟订作战计划。在2002年9月召开的国家安全委员会上，弗兰克斯坦率地表示："总统先生，10年来，我们一直在寻找'飞毛腿'（Scud）导弹和其他大规模杀伤性武器，可至今仍一无所获。"[84]

很多建制派人物，其中不乏老布什的亲信，都试图说服小布什，入侵伊拉克是极其愚蠢之举。这些人包括：布伦特·斯考克罗夫特将军（老布什的国家安全顾问）、詹姆斯·贝克、劳伦斯·伊格尔伯格和乔治·凯南。军方的反对声也很强烈。参谋长联席会议行动组负责人、海军中将格雷戈里·纽博尔德（Gregory Newbold）回忆道："都不知道有多少高级军官问过我：'我们到底在做什么？'他们想知道'为什么打伊拉克？为什么要现在打？'"[85]

英国首相托尼·布莱尔也站出来向小布什施以援手。2002 年 9 月，被嘲讽为"小布什的宠物狗"的布莱尔公布了一份关于伊拉克大规模杀伤性武器的档案，里面充满了谎言，其后被证明是可耻的虚假消息。然而，布莱尔坚持让联合国发布决议，为他在英国提供政治掩护，因为英国国内的反战情绪仍然很强烈。[86]

联合国安理会投票决定，再次派核查人员进入伊拉克。萨达姆无条件接受了这一安排。11 月，核查开始。之后的三个半月里，联合国核查人员排查了 500 个地方，有些地方还反复核查，其中包括中情局认为最有可能窝藏大规模杀伤性武器的地点，但什么也没找到。联合国首席武器检查员汉斯·布利克斯（Hans Blix）想知道，"如果这就是调查结果，那接下来要怎么办？……总不能说，我们百分之百确定伊拉克有大规模杀伤性武器，但对藏匿地点的了解却是百分之零吧？"[87]布利克斯后来将小布什政府的官员比作中世纪的猎巫人，他们"非常确定有巫师，所以只要出去找，就能找到"。[88]

最新一轮的核查过后，伊拉克向联合国提交了一份长达 11800 页的武器档案。霍萨姆·穆罕默德·阿明（Hossam Mohammed Amin）中将表示："伊拉克没有大规模杀伤性武器。"但小布什轻蔑地反驳称任何声称伊拉克不存在大规模杀伤性武器的声明都是骗人的。他告诉来访的西班牙首相何塞·马里亚·阿斯纳尔（José María Aznar）："这份声明什么都不是。它就是一纸空文，是个笑话。在未来某个时刻，我们会得出最后的结论，那就是：行了行了，去把他干掉吧。"伊拉克驻联合国代表穆罕默德·阿尔杜里（Mohammed Aldouri）要求美国提供可以证实其指控的证据。美国不仅没有可靠的证据，还将伊拉克的报告在送交安理会10个非常任理事国之前，删掉了8000多页内容，试图隐藏美国政府及24家美国大公司在支持伊拉克武器计划中扮演的角色。[89]

经过严格检查，布利克斯驳回了美国牵头发起的指控，指控称伊拉克因违反联合国第1441号决议，要求伊拉克解除其武装。2003年3月3日，《新闻周刊》报道指出，萨达姆的女婿侯赛因·卡迈勒（Hussein Kamel）在1995年叛变之前的10年里，一直负责管理伊拉克的大规模杀伤性武器研制计划。他向美国中情局、英国情报机构和联合国武器核查人员透露，海湾战争后伊拉克已经摧毁了所有的化学和生物武器。1991—1997年间，罗尔夫·埃克乌斯（Rolf Ekéus）担任联合国核查小组组长，他说道："卡迈勒提供的信息令人尴尬，因为它讲得太宽泛了。"[90]

1991—1998年间，在联合国武器核查人员的监督下，伊拉克销毁了819枚违禁中程导弹中的817枚、9辆拖车、14个发射装置和56个固定导弹发射场。伊拉克还摧毁了75枚化学和生物弹头中的73枚、163枚常规炸药弹头、8.8万枚填满或未填满的化学弹头、4000吨化学毒剂前体、600多吨武器化的散装化学武器药剂以及980个生产这些武器的设备零件。伊拉克摧毁了在哈卡姆（Al-Hakam）一个重要的生物武器生产设施，以及取自其他三个设施中的60件相关设备和22吨生物武器生长培养基。[91]

如果单凭中东、南亚国家拥有大规模杀伤性武器就足以成为美国入侵的理由，那么美国在该地区恐怕还有好几个潜在目标。2002年，在一份题为《中东地区的大规模杀伤性武器》（"Weapons of Mass Destruction in the Middle East"）的报告中，国际战略与国际问题研究中心专家安东尼·科德斯曼（Anthony Cordesman）还列出了以下国家：埃及（化学武器）、印度（化学、生物及核武器）、伊朗（化学、生物武器）、以色列（化学、生物及核武器）、利比亚（化学武器）、巴基斯坦（化学、生物及核武器）和叙利亚（化学、生物武器）。[92]

实际上，伊拉克并没有构成威胁。1991—1998 年间，伊拉克销毁了这么多的武器，它其实已经是该地区军事实力较弱的国家，其军费支出要远低于周边的一些国家。2002 年，伊拉克的军费大约是 14 亿美元，而美国的军费支出是它的 300 多倍。[93]

尽管如此，恐吓战术还是奏效了。为了确保成功，小布什政府有意在 2002 年中期选举之前就让国会进行投票，并威胁称在国家面临严重危机的时刻，任何反对仓促发动战争的人都将背上不爱国和懦弱的罪名。许多人不得不屈从于压力，包括希拉里·克林顿（Hillary Clinton）和约翰·克里（John Kerry）。2002 年 10 月 2 日，参议院以 77 对 23 的投票结果通过授权使用武力决议，众议院也以 296 对 133 的投票结果通过。该决议认为，伊拉克与"基地"组织存在直接关系，并声称伊拉克威胁美国安全。

参议院的共和党议员中，只有来自罗得岛的林肯·查菲（Lincoln Chafee）投票反对。事后，他谴责民主党高层懦弱，居然屈从于小布什的道德绑架："在后'9·11'时代里，他们害怕共和党人给他们贴上软弱的标签。他们这种政治利益上的考量，促成了小布什给成千上万的美国士兵以及无数无辜的伊拉克人带来灭顶之灾。"查菲目睹了畏缩的民主党人多次"前往白宫和五角大楼开会，然后又回到办公室商议。他们眉头紧锁，然后严肃地表示，必须阻止萨达姆。阻止他什么呢？他们心里根本没有自己的主意，也没有证据。他们只是在鹦鹉学舌，重复小布什政府的无稽之谈"。[94]

美国以色列公共事务委员会（American Israel Public Affairs Committee）是游说国会支持战争的其中一个团体。该组织很有影响力，代表了美国犹太人的主流意见，具有右翼倾向，在中东问题上与新保守主义者步调一致。2003年1月，美国以色列公共事务委员会执行主任霍华德·科尔（Howard Kohr）在接受《纽约太阳报》（*New York Sun*）采访时表示，"悄悄游说国会批准对伊拉克使用武力"，是过去一年中"美国以色列公共事务委员会的一项功绩"。[95]

该组织很多人都拥护政府新保守派的激进主张，他们认为这符合以色列的利益，这其中必然包括推翻萨达姆。沃尔福威茨再次成为先锋人物。据《耶路撒冷邮报》（*Jerusalem Post*）报道，小布什任命沃尔福威茨为国防部副部长，让"犹太人以及支持以色列的团体……高兴得跳了起来"。2002年，《前进报》（*Forward*）将他称为"小布什政府中最强硬的亲以色列分子"。除了他，还有珀尔、利比、博尔顿，以及另一位国防部副部长道格拉斯·费思（Douglas Feith）等。[96]

敦促国会通过决议后，小布什政府继续兜售完全不可信的欺诈性声明。2003年1月，小布什发表了最臭名昭著的国情咨文演讲，他宣称："英国政府收到消息，萨达姆最近将从非洲进口大量的铀。"[97]约瑟夫·威尔逊（Joseph Wilson）曾任美国驻伊拉克代表团副团长，又先后担任美国驻三个非洲国家的大使，他证实上述消息是假的。当他揭穿小布什政府的谎言后，利比等政府高级官员发起了报复，非法揭发威尔逊的妻子是中情局的秘密特工，摧毁了她的事业，还使许多人处于危险之中。

依赖费思提供的屡次被中情局和国防情报局分析师逐条推翻的"证据"，切尼和利比经常到中情局总部，迫使中情局分析师重新慎重考虑他们的论断，即伊拉克与"基地"组织毫无关系。政府鹰派与情报分析人员之间的紧张关系升级。作为负责中东事务的国家情报官，保罗·皮勒（Paul Pillar）掌管着情报机构对伊拉克局势的评估事宜。他表示当时的气氛"令人窒息"，小布什的支持者们指责他和其他情报官员"试图破坏总统的政策"。[98]有一次，哈德利要求中情局副局长"修改"伊拉克与"基地"组织关系的调查结果，特尼特一怒之下给哈德利打电话，喊道："我们不会重写这种狗屁报告的！他妈的，就这样。你听到了吧！别他妈再这样对待我的手下！永远都不许！"[99]

2003年2月5日，最耻辱的时刻到了。小布什政府最受人尊敬和信任的成员——国务卿科林·鲍威尔来到联合国，发表了发动战争的理由。小布什亲自挑选鲍威尔来负责这项工作，他对鲍威尔说："你有崇高的声望，也许他们会相信你说的话。"[100]

鲍威尔在联合国讲了75分钟。他带来了很多道具，包括录音磁带、卫星照片、艺术家制作的效果图和一小瓶像含有炭疽杆菌的白色粉末，他想证明这种粉末只要一点点就可以杀死无数人。他说服代表们道：

> 我的朋友们，今天我说的每个观点，都是有证据支撑的，切切实实的证据。这些都不是主观臆断。我们展示的，是基于可靠情报的事实和结论……我们有关于伊拉克生物武器工厂正在运行的第一手资料……我们得到消息，伊拉克至少有7个这样的生物制剂移动工厂。这些移动工厂通常由两到三辆卡车组成，车上满载生产设备……用来生产炭疽和肉毒杆菌毒素。事实上，他们一个月内就能生产出足够的干生物剂，这些东西足以杀死成千上万的人……据我们保守估计，伊拉克目前有100—500吨化学武器库存……（萨达姆）还决心弄到核武器……今天我还想提醒大家注意的是，伊拉克和"基地"组织恐怖分子之间还存在着更为邪恶的关系。[101]

这场演讲极为可耻，鲍威尔事后称此举是自己职业生涯的最低谷。[102]里面的很多观点都已被情报机构和联合国的检察人员否认，另外一些说法则依赖于沙拉比和柯夫博尔（Curveball）等知名的谣言捏造者所提供的信息。柯夫博尔是沙拉比一位助手的表亲，此人酗酒成性，曾向德国情报机构提供过超过100份关于大规模杀伤性武器的虚假报告，后来该机构发现他是一名骗子。柯夫博尔事后承认："我曾有机会捏造信息，推翻萨达姆政权。"德国官员提醒中情局，柯夫博尔不可信。实际上，切尼办公室给了鲍威尔更多的压力，让他指控萨达姆与"基地"组织之间存在更直接的关系，但鲍威尔顶住了压力，认为利比等人送过来的很多信息是"无中生有的"。[103]

五角大楼新保守派拦截、扭曲、捏造情报的行为激怒了情报部门。伊拉克拥有大规模杀伤性武器的观点纯属虚构，并没有确凿证据。《纽约时报》专栏作家纪思道（Nicholas Kristof）称新保守主义者"极为震怒"，渴望上场公开发表自己的发表观点。有知情者透露："作为国防情报局的员工，我知道这届政府是怎样向公众撒谎，来获得对攻打伊拉克的舆论支持的。"[104]

鲍威尔的演讲并未在海外起到什么作用，但对美国国内公众舆论却产生了预期的影响。《华盛顿邮报》称这些证据是"无可辩驳的"。公众对战争的支持率从原来的三分之一提高到一半。第二天，当鲍威尔前往参议院外交关系委员会时，约瑟夫·拜登称赞他："我想提名国务卿鲍威尔做下一任美国总统。"[105]

美国仍然需要获得安理会15个成员国中9个的支持，而且要劝阻法国行使否决权。它向发展中国家施加了巨大压力，这些国家都知道1990年也门与古巴一道反对美国出兵伊拉克后发生的事情。美国的联合国公关差点就要成功了，但年轻的英国情报官员凯瑟琳·冈（Katharine Gun）冒着极大的个人危险，勇敢地揭露美国国家安全局非法监视联合国代表，并向他们施压以支持美国发动战争。[106]这一消息震惊了英国人，但美国媒体基本没有报道。美国威胁、贿赂，施加了长达几周的压力，最后只有美国、英国、西班牙和保加利亚支持开战决议。喀麦隆、智利、几内亚、安哥拉和墨西哥等反对美国。[107]

对于法国、德国反对战争的做法，美国官员极尽嘲讽。拉姆斯菲尔德轻蔑地称他们为"欧洲老顽固"。[108]众议院的自助餐厅将法式薯条改名为"自由薯条"，这不禁让人想起一战期间对德国一切事物的诋毁。《纽约时报》专栏作家托马斯·弗里德曼（Thomas Friedman）呼吁让印度取代法国在联合国安理会的席位："他们都说，法国人从幼儿园开始就没办法和别人好好相处。"[109]

很多年来，小布什依然对"欧洲老顽固"反对战争的做法耿耿于怀。他在2010年的回忆录中指责德国总理格哈德·施罗德（Gerhard Schröder）背弃了他在2002年1月做出的支持入侵伊拉克的承诺。施罗德愤怒地反驳道："正如我们今天所知，当时小布什政府攻打伊拉克的理由都是捏造的。"这一观点得到了其他德国官员的支持。施罗德当时的新闻发言人乌韦－卡斯滕·海耶（Uwe-Karsten Heye）批评小布什对国际形势的了解有限："我们注意到，作为世界最重要的国家的总统，小布什的智力水平相当低。出于这个原因，我们很难与他沟通。他根本不知道世界上发生了什么事，只是一味专注于得州事务。我想他大概认识得州的每一头长角牛。"[110]

小布什政府决定于2003年3月10日入侵伊拉克。在鲍威尔发表演讲的5天前，小布什会见了布莱尔，提出了几种引发冲突的方法，包括：把美国侦察机涂上联合国的代表色，刺激伊拉克开火；制造一名叛逃者，公开披露伊拉克有大规模杀伤性武器的信息；暗杀萨达姆。[111]

随着战鼓逐渐敲响，美国媒体开始彻底放弃伪装的客观立场，大肆鼓吹黩武主义，压制批评人士发言，后者彻底从媒体销声匿迹。在入侵前三周，通用电气控股的微软全国广播公司取消了菲尔·多纳休（Phil Donahue）主持的黄金时段节目。全国广播公司的一份备忘录解释说，多纳休"似乎很乐于采访反战、反小布什、怀疑政府作战动机的嘉宾"。全国广播公司的高层担心这个节目会"沦为滋长反战自由主义情绪的温床，而与此同时，我们的竞争对手正在利用每一个机会摇旗呐喊"。[112]

于是，他们也开始摇旗呐喊。美国有线电视新闻网、福克斯电视台、全国广播公司以及其他电视网、广播电台连番邀请一批退役的将军出席节目。后来人们发现这些将军都事先拿到了五角大楼的谈话要点。五角大楼招募了超过75名军官，这些人几乎都在军方承包商那里供职，能从战争中捞到油水。拉姆斯菲尔德亲自批准了这份名单。许多人飞抵巴格达、关塔那摩湾监狱和其他地方参观考察。2008年《纽约时报》披露："五角大楼的内部文件反复将军事分析人士称为值得信赖的'信息战力倍增器'（message force multiplier）或'代言人'，他们从政府处接收了'意图和信息'，然后转变成'他们自己的观点'，向数百万美国公众转达。"

这些离任的军方官员向轻信的听众和曲意逢迎的电视节目主持人保证，胜利是很简单的事。他们每次出镜说些假消息就能从电视台获得500—1000美元的出场费。布伦特·克鲁格（Brent Krueger）是负责公共事务的助理国防部长托丽·克拉克（Torie Clarke）的高级助手，他目睹这一切后得意洋洋地说："你看，他们都在逐字逐句重复着国防部和技术专家们的话，他们还反复不断地说。"过了几天，他又指出："我们打开每个频道，看到到处都是我们的人，在那儿传达我们的意思。我看着他们，然后欣慰地对自己说'起作用了'。"

有些人后来后悔为了兜售战争而散布谎言。福克斯电视台评论员、"绿色贝雷帽"退伍军士罗伯特·贝韦拉夸（Robert Bevelacqua）少校抱怨道："他们说：'我们要把手贴在你们的背后，指挥你的嘴说话。'"全国广播公司军事评论员肯尼思·阿拉德（Kenneth Allard）上校将播放这个节目称为"刺激类固醇分泌的心理战"。他承认："我觉得我们上了贼船。"[113]

主流媒体也开始连篇累牍地发表同样的说辞。2004年，《纽约时报》负责公共事务版块的编辑丹尼尔·奥克伦特（Daniel Okrent）猛烈抨击《纽约时报》刊登的报道"咄咄逼人地宣传五角大楼的主张，你几乎能感觉到编辑们的肩膀上也挂上了勋章"。[114]

伊拉克只是开胃菜，帝国目标有7个！

对新保守派来说，伊拉克只是开胃菜。吃完伊拉克这盘开胃菜，他们开始计划上主菜了。2002年8月，一名英国高级官员告诉《新闻周刊》："每个人都想去巴格达，而真正的勇士想去德黑兰。"[115]副国务卿约翰·博尔顿提议叙利亚和朝鲜。"新美国世纪计划"的发起人诺曼·波德霍雷茨提醒小布什可以更大胆些。诺曼在《评论》杂志中这样写道："应该被推翻和取代的政权并不只有三个邪恶轴心国，这个轴至少可以扩展到叙利亚、黎巴嫩、利比亚以及美国的'老朋友'——沙特王室、埃及的胡斯尼·穆巴拉克以及巴勒斯坦的阿拉法特或他的追随者。"[116]前美国国家安全官员及新保守主义战略家迈克尔·莱丁若有所思地说："我认为，不管我们愿不愿意，我们都不得不打一场局部战争，这场战争可能会重塑整个世界。"[117]

2001年11月，退役将军韦斯利·克拉克（Wesley Clark）访问五角大楼，他发现这些都是不切实际的空想。一名高级军事参谋告诉他："我们现在还在纠结攻打伊拉克的事……不过范围会扩大的。他说，他们正在讨论5年作战计划，总共有7个打击目标，首先是伊拉克，然后还有叙利亚、黎巴嫩、利比亚、伊朗、索马里和苏丹。我想，这就是他们说的'把沼泽抽干'的意思吧。"[118]

对该地区形势了如指掌的人员，包括国务院和中情局的官员，都试图消除新保守派的这种幻想。美国驻沙特前任大使查尔斯·弗里曼说："这是一群对中东一无所知的人发起的战争，挑选战争对象就跟转动万花筒一样随意。"[119]安东尼·科德斯曼说："以色列人抱有这种幻想是情有可原的……但作为美国决策者，只能说这些人从'新保守主义'过渡到了'新疯狂主义'。"[120]普林斯顿大学国际关系专家 G. 约翰·伊肯伯里（G. John Ikenberry）对新保守派的"帝国野心"感到十分惊讶：他们居然期待"美国一手遮天的单极世界"，在这个世界里，"任何国家或国家联盟都将无法挑战美国作为全球领导者、保护人和执行者的地位"。[121]

随着战争的临近，一些人注意到，好战分子极少在冷战期间或越南战争中真正为国家服务，于是他们被贴上了"小鸡鹰派"的标签。不管他们如何用心支持越南战争，但大多数人在战斗打响时都想方设法躲得远远的。而现在，他们又愉快地把其他年轻男女派往阿富汗和伊拉克，去杀人或送死。来自内布拉斯加州的共和党参议员查克·哈格尔（Chuck Hagel）是一名越战老兵，他反对政府煽动战争，说道："那些忙着让我们的国家陷入战争，且认为我们能迅速轻易赢得战争的人，其实对战争一无所知，我觉得这就很值得玩味了。他们只是从理论视角进行分析，从来不知道躲在丛林里或散兵坑里作战、眼睁睁地看着战友被子弹打得脑袋开花是什么滋味。"[122]受勋颇丰的海军陆战队将军安东尼·津尼（Anthony Zinni）发现，"有趣的是，为什么所有将军都看法一致，而那些从未愤怒地开过一枪却执意要开战的人却有不同看法。历史上这样的情况比比皆是"。[123]

现在形势更是如此。迪克·切尼称越南战争是一项"崇高的事业"，但在离开耶鲁大学前往怀俄明州的卡斯珀社区学院学习后，他曾4次申请并获批延期服兵役，后来又因结婚再一次获得延期。他解释道："在60年代，我有比服兵役更重要的任务。"[124]有人认为，切尼夫妇在1966年7月生下第一个孩子绝非偶然，因为就在9个月前，约翰逊政府宣布将开始招募已婚但没有孩子的男人入伍。[125]小布什利用家族关系进入国民警卫队，而在那里服役的非裔美国人只占1%。小布什甚至没能完成6年兵役就被调到亚拉巴马州，在那里他开始涉足政坛。[126]四星上将科林·鲍威尔是参谋长联席会议前任主席，他在1995年出版的自传中写道："我很生气，那么多权势名门出身的子弟……可以通过预备役部队和国民警卫队来逃脱兵役义务，而大多数越战的死难者都出身寒微。我认为，这种赤裸裸的阶级歧视是对美国人人生而平等、对国家负有同等效忠义务这一理想的最大破坏。"[127]后来担任众议院议长的纽特·金里奇（Newt Gingrich）也获得过一次因上大学而延期服役的机会。他告诉记者，"越南战争就是在对的时间里发动的一场对的战争"。有记者提问为什么要他参战时就不对了，他回答："我参不参加有什么差别？国会这个战场可比越南战争更重要。"[128]但是，直到美国从越南撤出所有军队的4年后，他才当选为国会议员。约翰·博尔顿在耶鲁大学就读时也支持越南战争，他应征加入了马里兰州国民警卫队，以此避免被调往前线作战。在耶鲁大学毕业25周年的纪念册上，他写道："我承认，我不愿意死在东南亚的稻田里。"[129]保罗·沃尔福威茨、I. 刘易斯·"斯库特"·利比、彼得·罗德曼（Peter Rodman）、理查德·珀尔、前白宫办公厅主任安德鲁·卡德（Andrew Card）、约翰·阿什克罗夫特、乔治·威尔（George Will）、纽约市前市长鲁道夫·朱利亚尼（Rudolph Giuliani）、菲尔·格雷厄姆（Phil Graham）、众议院前议长丹尼斯·哈斯泰特（Dennis Hastert）、乔·利伯曼、参议员米奇·麦康奈尔（Mitch McConnell）、最高法院大法官克拉伦斯·托马斯（Clarence Thomas）、特伦特·洛特、理查德·阿米，以及前参议员唐·尼克尔斯（Don Nickles）也都曾延期服役。约翰·阿什克罗夫特还延了7次。埃利奥特·艾布拉姆斯借口背部有毛病，司法部前副部长肯尼思·斯塔尔（Kenneth Starr）长牛皮癣，肯尼思·阿德尔曼得皮疹，杰克·肯普说自己膝盖有伤，转头却能在全国橄榄球联盟打了8年的四分卫。后来成为共和党多数派领袖、超级鹰派人物汤姆·迪莱当时是一名负责驱除虫害的工作人员。他向批评者表示，如果不是因为最好的位置都被少数人占据了，他就会参战了。鲁什·林博（Rush Limbaugh）因患毛囊肿或肛门囊肿而"错过"了越南战争。[130]

随着战争的临近，全世界800多个城市的抗议者走上街头游行，抗议者人数在600万—3000万。单在罗马就有300万人上街抗议，吉尼斯世界纪录将其列为历史上最大规模的反战游行。[131]伦敦的抗议游行者有100多万名，纽约也有数十万人参与游行。在大多数欧洲国家，80%以上的人反对美国入侵伊拉克。土耳其有94%—96%的人反对，而东欧的反对率则从捷克的65%到波兰接近80%不等。[132]

在阿拉伯世界，美国发动了一场舆论攻势，但反对派人数也最为庞大。根据佐格比国际调查公司的报告，沙特阿拉伯"特别讨厌美国"的人的比例在一年中从87%上升到97%。[133]《时代》周刊对超过30万欧洲人进行了调查，发现有84%的受访者认为美国是世界和平的最大威胁，只有8%认为伊拉克是最大威胁。[134]专栏作家罗伯特·塞缪尔森（Robert Samuelson）写道："在外国批评者眼中，［小布什］以一己之力挑战世界的做法证实了他们对美国人最糟糕的刻板印象：愚蠢、轻率、嗜血。"[135]

小布什无视全球舆论，于2003年3月20日对伊拉克发动大规模空袭，这一举动的代号是"震慑行动"（Shock and Awe）。行动的理论基础是1996年哈伦·阿尔曼（Harlan Ullman）和詹姆斯·韦

反战示威者聚集在华盛顿纪念碑前。

德（James Wade）的一项研究，他们写道："要整垮一个国家，必须从物理上摧毁这个国家的基础设施，并阻断和控制所有重要信息流通，迅速毁掉相关商业，从而给这个国家造成冲击，就像美国用原子弹炸掉日本广岛和长崎时所引起的震撼和冲击一样。"他们解释道，此举的目的是"通过即时的、几乎不可思议的大规模破坏，对政权造成震慑，显然，打击的目标是整个社会，包括领导层和公众，而非直接针对军事或战略目标"。他们警告道，这种战略"极其野蛮和无情"，"很容易违背美国秉持的文化传统和价值观"。[136]

但在小布什和切尼领导时期，美国的文化传统和价值观已经发生了根本的变化。全国广播公司的新闻节目主持人汤姆·布罗考（Tom Brokaw）兴奋地说："我们最不想干的事之一，就是摧毁伊拉克的基础设施，因为用不了几天，我们就会占领那个国家。"[137]

拉姆斯菲尔德前往巴格达感谢军队的牺牲，他宣布："你们与世界上其他国家的军队不同，你们不是来征服和占领的，你们是来解放的，伊拉克人民知道这一点……很多人……都上街来欢迎你们。他们推倒了萨达姆的雕像，来庆祝他们失而复得的自由。"[138]但或许拉姆斯菲尔德的乐观有些过早了。

拉姆斯菲尔德所提到的，经过精心安排以展示美国实力和伊拉克民众喜悦的影像很快就被伊拉克人从巴格达博物馆抢夺古代珍宝的画面所取代。事实证明，那次欢欣鼓舞的庆祝活动并没有表面看上去那样欢乐，也并非出自民众真心。伊拉克人推翻了萨达姆雕像这一著名场面的幕后策划，其实是美军心理战部队，他们雇用了一帮伊拉克人演了这出戏。[139]

伊拉克战争已经胜利在望，美国下一步要推翻的政权分别有伊朗、叙利亚、沙特阿拉伯、黎巴嫩、巴勒斯坦解放组织、苏丹、利比亚、也门和索马里。珀尔早些时候就曾得意地叫嚣："我们可以发条短信通知他们，不说废话：'下一个就是你。'"[140]在威廉·克里斯托尔和劳伦斯·卡普兰（Lawrence Kaplan）合著的《伊拉克战争》（The War over Iraq）中，他们写道："我们站在一个新时代的风口浪尖之上。"他们认为，"这是决定性时刻"，"很多事情已经很清晰了。包括伊拉克、中东地区以及反恐战争的未来，它决定了在21世纪的世界中美国打算扮演什么样的角色"。他们认定："这种使命是从巴格达开始的，但不会在此结束。"[141]

难怪叙利亚总统巴沙尔·阿萨德在3月1日的阿拉伯联盟峰会上说道："我们都被盯上了……我们都身处险境。"[142]朝鲜吸取了类似的教训，但提出了一个截然不同的解决方案。金正日表示，伊拉克最大的错误在于没有核武器。他认为，如果有了核武器，美国就永远不会入侵。朝鲜执政党党报《劳动新闻》坚持表示，朝鲜既不能屈从于核查人员，也不能解除武装，如果朝鲜"像伊拉克一样

美国的坦克正在驶入伊拉克首都巴格达。

妥协……接受帝国主义及其走狗提出的进行核武器检查和裁军的要求，就会落得与伊拉克一样的悲惨下场……任何人都不要指望（朝鲜）会做出丝毫妥协或让步"。[143]

除了拥有核武器，朝鲜还有一个伊拉克不曾拥有的"优势"：他们并没有已探明的位居世界第二的石油储量。伊拉克人根本就不相信美国提出的那些冠冕堂皇的动机。只要美国领导人谈到自由，伊拉克人听到的便只有一个词："石油"。超过四分之三的伊拉克人在接受民意调查时表示，美国入侵的动机为了控制伊拉克的石油。2002 年 11 月，拉姆斯菲尔德在接受某电台采访时断然否认："胡说！根本就不是！的确流传着这样的谣言……不过这与石油无关，跟石油一点关系都没有。"[144]

一直担任美国联邦储备委员会主席的艾伦·格林斯潘（Alan Greenspan）认为这样的否认很荒谬。他写道："我很悲哀，伊拉克战争主要就是为了石油，这是个人人都知道的事实，但承认它确实会在政治上陷入被动。"[145]

专家估计，沙特阿拉伯和伊拉克的已探明石油储量分别为2590亿桶和1120亿桶，约占世界石油总供应量的三分之一。一些人认为，伊拉克的石油储量实际上可能超过4000亿桶。[146]

"新美国世纪计划"的联合创始人罗伯特·卡根认为，要守护那些石油可能需要长期驻军。他说："我们可能要在中东地区长期保持大量兵力。我国所发生的经济问题都是石油供应中断造成的，如果我们在伊拉克驻军，就不会发生这种事了。"[147]常年研究该问题的迈克尔·克莱尔（Michael Klare）比卡根的视野似乎更开阔些，他表示："控制伊拉克是因为美国将石油视作权力，而不是燃料。控制了波斯湾就相当于控制了欧洲、日本和中国，等同于控制住了水龙头。"[148]

许多人想废除伊拉克国有公司，将石油资源交到国际石油公司手中，却遭到了一系列挑战，包括叛乱分子的破坏、石油工人工会的抗议和伊拉克议会的反对。哈里伯顿的子公司——凯洛格、布朗和鲁特公司虽然在2004年获得了重建伊拉克南部的石油设施的合同（价值12亿美元），但具体操作却由伊拉克人负责。美国继续向伊拉克政府施加压力，希望它尽快通过搁置已久的石油化工法案。

地狱之门在伊拉克打开了

事实证明，美国庆祝胜利为时过早。击败伊拉克士气低落的军队很简单，但要维持秩序却不太可能。平民和军方警告傲慢的战争策划者，想要在占领伊拉克之后管理好这个国家并非易事。2003年1月，国家情报委员会（National Intelligence Council）出炉了两份篇幅很长的评估报告，分析入侵之后的形势。这两份报告吸收了

16 个情报机构的观点，题目分别为《后萨达姆时代伊拉克面临的主要挑战》（"Principal Challenges in Post-Saddam Iraq"）和《伊拉克政权更迭给该地区造成的影响》（"Regional Consequences of Regime Change in Iraq"）。[149]报告警告说，美国挑起的这场战争会增加伊朗在该地区的影响力，会让"基地"组织流入阿富汗和伊拉克，会唤醒沉睡已久的宗派暴力斗争，使得宗教政治复兴。由于"穆斯林对美国行动的愤怒"，他们会为恐怖组织筹集资金提供便利。建立民主制度将是"极其漫长、困难的过程，甚至可能发生动荡"，因为伊拉克"并没有忠诚的反对派的概念，也没有权力更迭的历史传统"。[150]

1999 年 4 月，美国搞了一系列旨在评估美国入侵后伊拉克会发生什么的军事演习，代号为"穿越沙漠"（Desert Crossing）。[151]在这之后，行动方得出了类似的结论。这次演习的负责人是津尼将军，他坚决反对发动战争。他痛斥鹰派人士无视伊斯兰世界的舆论的重要性："我不知道这些人住在哪个星球上，反正不是我生活的地球。"[152]中情局本·拉登研究办公室的第一位负责人迈克尔·朔伊尔（Michael Scheuer）也出来声援，他指出"中情局一再警告特尼特，伊拉克战争将不可避免地引发一系列灾难，包括导致本·拉登主义的扩散，引发逊尼派和什叶派之间的血腥战争，从而破坏该地区的稳定"。[153]

总统在制订战争计划的时候，显然没有考虑过这些后果。入侵开始前不久，小布什会见了三名伊拉克裔美国人，其中一名后来成为战后伊拉克第一个派驻美国的代表。他们担心，后萨达姆时代可能会出现逊尼派与什叶派的内斗，但他们发现总统根本不明白他们在讲什么。于是，他们进一步解释，伊拉克有两个潜在的敌对派系。小布什显然不明白，他很可能将一个什叶派主导的伊拉克拱手奉送给伊朗。[154]

"基地"组织领导人感谢安拉，让美国的新保守主义战略家犯下了这么大的战术和战略失误。2003年9月，时值"9·11"事件两周年纪念日，"基地"组织领导人艾曼·扎瓦希里（Ayman al-Zawahiri）兴高采烈地说："感谢真主在伊拉克和阿富汗的困境中安抚了我们。美国在这两个国家都面临极其微妙的局面。如果他们撤军，他们将失去一切；如果他们留下来，只会继续流血，直至死亡。"[155]第二年，本·拉登也援引相同的"流血"比喻来解释他的战略，声称他们让"苏联流了10年的血，搞到破产，最后被迫撤军"。他声称，他要"继续推行这种策略，让美国人流血，直到破产"，并指出"基地"组织花了区区50万美元策动的"9·11"恐怖袭击，居然导致美国经济出现一万多亿美元的"财政赤字"。[156]

小布什、切尼和拉姆斯菲尔德又接连做了一系列灾难性决策。在萨达姆倒台后不久，五角大楼无视国务院的反对，将新保守主义者最喜欢的艾哈迈德·沙拉比及其数百名支持者送回巴格达。但杰伊·加纳（Jay Garner）中将不允许沙拉比担任拉姆斯菲尔德和切尼预想的角色。[157]美国后来才知道，沙拉比的忠诚确实值得怀疑。证据显示，他与伊朗领导人以及与伊朗有密切联系的伊拉克什叶派激进组织正义联盟（League of the Righteous）暗中都有往来。正义联盟涉嫌绑架和谋杀外国人，包括在2007年对5名美国海军陆战队队员进行了处决式杀戮。2008年5月，美国政府断绝与沙拉比的合作关系。三个月后，美国逮捕了他的一位高级助手，罪名是他涉嫌担任过正义联盟的联络员。[158]

从小布什总统往下的所有政府官员都只是在妄想。2003年4月，美国国际开发署署长安德鲁·纳齐奥斯（Andrew Natsios）接受了《晚间在线》（Nightline）记者特德·科佩尔（Ted Koppel）的采访，他说美国纳税人将为此付出17亿美元的代价。[159]科佩尔表示不敢相信。沃尔福威茨坚持认为，伊拉克的石油收入足以应付战后重建。因为据他观察，伊拉克是一个"漂浮在石油上的国家"。[160]
截至小布什卸任之时，美国已为伊拉克战争投入了约7000亿美元，
这还不包括借款产生的利息以及退伍军人的长期护理费，这些人在
战争中遭受了严重身心伤害。

5月初，L. 保罗·布雷默（L. Paul Bremer）接替加纳后，伊拉
克的局势更是每况愈下。布雷默很快解散了伊拉克军队和警察部
队，并下令将复兴社会党的前成员开除出政府。由于军队人手不
足，无法维持秩序，巴格达街头抢劫事件频发。伊拉克博物馆的国
宝失窃，但美军和坦克只顾着保护石油部大楼。伊拉克迅速陷入混
乱，断电、断水，污水漫过街头，医院里满是病人和伤员。虽然布
雷默和驻伊联盟临时管理当局（Coalition Provisional Authority）重
兵把守绿色管制区，也发布了一些乐观报告，但一些对美国心怀不
满的伊拉克退役士兵（即被拉姆斯菲尔德轻蔑地称为"垂死挣扎的
余党"者）发动了更严重的武装叛乱，战争成本也不断飙升。[161]五
角大楼要求为伊拉克和阿富汗追加870亿美元的预算。

截至2003年11月，联军平均每天都要遭受35次袭击。伊斯兰
世界的叛乱分子纷纷涌入伊拉克，他们愤怒地发誓，要将异教徒
驱逐出境。本·拉登和扎瓦希里敦促同胞们"将美国人埋葬在伊拉
克"。9月，估计有1000—3000名叛乱分子进入伊拉克，另外还有
数千人正在赶来的途中。一名美国高级官员指出："现在伊拉克已
成为圣战者的竞技场，它是原教旨主义者的圣地，这是他们的超级
碗①（Super Bowl），根本不可能有西方人的容身之地……还有无穷
无尽潜在的新选手正在前来加入。"[162]

布雷默着手重组伊拉克经济，基本思路是将国有石油企业和其
他200家国有企业私有化。这在入侵前就已经计划好了，当时美国

---

① 美国职业橄榄球联盟的年度冠军赛。

国际开发署拟定了"战后伊拉克发展规划"。5家基础设施工程公司收到了9亿美元的合同，包括凯洛格、布朗和鲁特以及贝克特尔。财政部在财务顾问中大肆宣传它的"大规模私有化"项目。

2003年5月27日，布雷默宣布，伊拉克再次"放开商业"，并开始发布命令。第37号命令规定，收取15%的统一税率，大幅减轻了富人和企业的税收负担，这部分人之前的税率大约是45%。第39号命令规定，将国有企业私有化，允许外资完全拥有伊拉克公司的所有权；公司获取的利润可以全部转移到国外；租约和合同的有效期可达40年，并且可以续签。第40号命令规定，将伊拉克的银行私有化。拉姆斯菲尔德认为这些改革创造了"自由世界中一些最开明、最吸引人的税收和投资法"。据估计，重建成本将高达5000亿美元，难怪《经济学人》（The Economist）杂志称之为"资本主义的梦想"。[163]诺贝尔奖得主、世界银行前任首席经济学家约瑟夫·斯蒂格利茨（Joseph Stiglitz）指出，伊拉克采用的是"一种比苏联更激进的休克疗法"。[164]

叛乱让美国措手不及，五角大楼派出的美军及装甲车辆没有足够的保护，常常沦为叛乱分子握有的简易爆炸装置轰炸的目标。小布什政府派出的官员，其无能程度有时候让人难以置信。据《华盛顿邮报》报道，求职者得到职位是因其"认同右翼政治观点、忠诚于小布什政府，而非具备经济社会发展、冲突解决或中东问题的相关专业知识"。小布什任命的政府官员吉姆·奥贝恩（Jim O'Beirne）往往通过询问求职者如下几个问题就轻率做出选择：是否投票支持小布什？是否支持反恐战争？是否支持罗诉韦德案？据《华盛顿邮报》报道："一位年仅24岁，从未接触过金融行业的年轻人申请了白宫职位，然后就被派到巴格达负责重启当地的证券交易所。一名著名的新保守主义评论员的女儿和一个刚从福音派大学家庭教育学专业毕业的学生被派往巴格达，管理伊拉克130亿美元的预算，但他们都没有任何会计学专业背景。"《华盛顿邮报》指出，那些负责重建伊拉克的官员，大都只关注"实行统一税……出售政府资产……结束粮食配给制"，[165] 但对经济崩溃、失业飙升问题束手无策。

2003 年 5 月，据司法部的执法专家报告，伊拉克需要 6000 名外国顾问来改造其警察部队。白宫临时任命纽约市警察局前局长伯纳德·克里克 (Bernard Kerik) 为内政部长，带领 12 名顾问前往伊拉克。克里克拖了三个月才前往履职，到达时发现伊拉克的形势比他想象得更加糟糕。后来，克里克因为犯了 8 项重罪被判入狱。事实证明，小布什派出的那些参与伊拉克国家建设的人，就像是"启斯东警察"①。这些人固守一个简单的想法，认为伊拉克当地政权无法给人民带来保障，他们着手证明他们理念的正确性。到 2004 年 9 月，伊拉克的形势急剧恶化，阿拉伯联盟秘书长阿姆鲁·穆萨 (Amr Moussa) 不无感慨地说："伊拉克的地狱之门已经打开了。"[166]

由于缺少足够的警力来维持基本秩序，政府雇用了一群私人保安和民间承包商承担大部分工作，这耗去了大笔经费，而且这些人缺乏监督。到 2007 年，这批人员的数量达到 16 万。其中包括许多黑水公司的安保人员，这些人曾在拉丁美洲参与右翼军事活动。[167] 他们像其他外交人员一样获得了伊拉克当局的豁免权。政府所需的其他服务则外包给了像哈里伯顿这样的公司，这些公司在伊拉克、阿富汗和科威特等国大发横财。哈里伯顿公司在伊拉克有 4 万名员工，到 2008 年时，伊拉克分公司的利润就超过了 240 亿美元，大部分利润来自非竞标所得的合同。美国入侵伊拉克后，哈里伯顿公司在美国军队承包商名单的排名从第 19 名迅速蹿升到第一名。[168] 当参议员帕特里克·莱希 (Patrick Leahy) 在参议院就哈里伯顿公

---

① 启斯东制片厂是好莱坞喜剧片的摇篮，启斯东警察是他们的招牌滑稽角色。

司无耻的牟利行为质问切尼时，切尼勃然大怒："去你妈的！"[169]哈里伯顿及其子公司凯洛格、布朗和鲁特不但向政府漫天要价，而且其在美军基地铺设的电气工程质量低劣，造成了数百起火灾，令无数士兵触电身亡。[170]

2006年2月22日，一枚炸弹摧毁了萨马拉什叶派圣地——金顶清真寺，局势进一步恶化。怒不可遏的什叶派开始疯狂攻击逊尼派及其在全国各地的宗教场所。[171]自杀式炸弹袭击和杀害平民司空见惯。这个动荡的国家濒临内战的边缘。

获奖记者海伦·托马斯（Helen Thomas）直面小布什，尖锐质问："总统先生，你发动了这场战争，这是你做出的选择，你也可以亲手结束它。但今天……200万伊拉克难民从自己的国家出逃，还有200多万人无家可归，不计其数的人死于非命。你难道不觉得，是你把'基地'组织带到伊拉克的吗？"小布什回应道："其实，我原本想通过外交手段解决伊拉克的问题，所以我去了联合国，与安理会合作，在那里我们一致通过了一项决议。决议要求伊拉克公开核武库及其他大规模杀伤性武器，解除武装，否则将面临严重后果。"[172]

小布什早前表示，曾在入侵伊拉克之前给过萨达姆一次机会，"让他允许联合国武器核查人员入境检查，但他不让他们进入"。针对这种说法，连《华盛顿邮报》也忍不住发表评论："总统声称战争发生的原因是伊拉克阻止核查人员进入，这有悖于导致今年春天战争的事实：实际上，萨达姆允许核查人员检查，但小布什反对他们继续开展工作，因为他不相信他们的检查结果有效。"[173]

布鲁斯·巴特利特（Bruce Bartlett）曾先后在里根和老布什政府任职。2004年，他向记者罗恩·萨斯坎德描述了小布什的心理：

这就是为什么小布什对"基地"组织和极端恐怖主义有很清晰的

看法。他认为必须把他们都杀了，因为他们不可能被说服，他们是极端分子，被一个黑暗的愿景驱动。他理解他们，因为他自己也这样……这就是为什么他不跟那些总是用无可辩驳的事实来质问他的人打交道。他真的认为自己肩负着上帝的使命，这种绝对的信念压倒了对分析的需求。所谓信仰，就是相信没有经验证据的东西。但是，管理世界不能光凭信仰。

萨斯坎德指出，人们经常质疑小布什的政策完全脱离现实："总统或许会说，他是靠'胆识'或'直觉'来掌舵的，然后他还'为国家祈祷'。"小布什的一位高级顾问指责萨斯坎德"过分现实主义"，他说："世界已经变了，我们现在是帝国，我们可以通过自己的行为来创造现实……我们是历史的缔造者……而你们，你们这些人只能在一边看着，研究我们做了什么。"[174]

但并非所有人都像他们那么自信地藐视现实，第 82 空降师的 7 名士官在 2007 年 8 月接受《纽约时报》采访时这样描述伊拉克的形势：

纵观美军占领伊拉克后 15 个月以来的情况，在华盛顿进行的政治辩论确实是超现实的……他们认为美国这次不受欢迎的占领和驻军，能够赢得当地本来就桀骜不驯的民心，并且成功镇压叛乱，这种想法是一厢情愿的……逊尼派……组建了自己的民兵，有些还是在我们的默许下组建的……在这个问题上，伊拉克政府在与我们合作时怀着极其复杂的目的，因为它有理由担心，如果美国人离开，逊尼派民兵会转攻自己……绝大多数伊拉克人感到越来越不安全，他们将我们视为占领军，而且占领了 4 年都还不能让当地恢复常态，并且随着我们继续武装各个敌对势力，要恢复正常秩序似乎变得越来越不可能……要镇压叛乱，最重要的是能改善基本的社会和经济条件，可在这方面，我们恰恰干得最糟糕。有200万伊拉克人生活在邻国的难民营中。城市缺乏常规的电力、通信和卫生服务……人们目无法纪，扛着一把枪就可以在街头横行霸道，平常的生活就是在玩命。在我们占领的4年里，我们之前的承诺一个都没有兑现……现在伊拉克民众基本只关心一个问题，那就是他们会在什么时候、以怎样的方式死去……我们的驻军……剥夺了他们的自尊。他们很快就会意识到，重获尊严的最好方法，就是让我们这支占领军撤离。[175]

2008年初，据约瑟夫·斯蒂格利茨和哈佛大学经济学家琳达·比尔姆斯（Linda Bilmes）的统计，伊拉克战争的实际花费将达到三万亿美元，是纳齐奥斯预估数值的1765倍。[176]那么，伊拉克人民和美国纳税人得到了什么回报呢？2008年，国际红十字会的报告指出，伊拉克出现了一场"人道主义危机"，数百万人没有洁净的水、卫生设施和医疗保健服务："该国大部分地区的人道主义状况都处于最严峻的形势。"1990年曾有3.4万医生在伊拉克行医，现在已有2万人离开该国，2200名医生被杀，250名遭到绑架。[177]2010年，透明国际①（Transparency International）发起的全球最腐败国家排名中，伊拉克位列第四，仅次于阿富汗、缅甸和索马里。[178]

如果要说美国在伊拉克取得了什么成就，2008年3月发生的一幕恐怕是最好的诠释了。当时巴格达相继迎来了两位著名的不速之客：迪克·切尼和伊朗总统马哈茂德·艾哈迈迪－内贾德（Mahmoud Ahmadi-nejad）。切尼在强大安保部队的保护下，悄悄潜入巴格达，又在行踪公开前迅速撤离。内贾德则提前预告了他的出行计划，于是从机场开始就有人开车前来迎接。《芝加哥论坛报》报道称：

---

① 透明国际是一个致力于推动全球廉政建设的国际组织。

内贾德此次出访伊拉克具有历史意义，到达的第一天，迎接他的都是拥抱和亲吻……标志着曾经势不两立的两个国家在这一天戏剧性地和解了，美国在伊拉克的影响力面临新的挑战……内贾德计划在巴格达达待两天。他在绿色管制区外相对安全的地方下榻……伊拉克和伊朗预计周一宣布一系列双边协定，涉及贸易、电力和石油。伊拉克总理努里·卡迈勒·马利基 (Nuri Kamal al-Maliki) 告诉记者："我们打算全面开放与邻国伊朗的合作。"内贾德是第一个受到伊拉克政府以国宾规格招待的国家领导人。伊拉克总统贾拉勒·塔拉巴尼 (Jalal Talabani) 与内贾德手牵着手检阅仪仗队，一旁的铜管乐队欢快地演奏着英国进行曲。孩子们向伊朗总统献花，伊拉克内阁成员列队欢迎他的到来……接下来的每一步，内贾德和他的伊拉克东道主都强调两国间的共同利益，他们之前长期的敌对关系终于因为美国入侵伊拉克后，当地出现了一个由什叶派领导的政府而有所改变……内贾德庄严承诺："伊拉克和伊朗两国人民将共同努力，使伊拉克摆脱当前危机。""……伊拉克早晚会落到伊朗手中，只是时间问题。"独立的逊尼派议员米萨·阿鲁希 (Mithal al-Alusi) 说道，"内贾德传递的信息是：'小布什先生，我们赢了，而你将一败涂地。'"

在伊拉克总理的陪同下，内贾德站在美国控制的绿色管制区上，有力地驳斥了小布什曾经反复强调的伊朗特工正在武装和训练什叶派民兵这一断言，他要求美国"接受这个地区的事实：伊拉克人民并不喜欢也不支持美国"。[179]

他说对了。美国是最大的输家，而伊朗则是大赢家。它的劲敌被消灭了，而现在，它在该地区的影响力无与伦比。

身陷两场灾难性战争的美国，几乎对伊朗这个"邪恶轴心国"的创始成员毫无办法，顶多就是美国总统出来发表煽动性言论，反复谴责伊朗扩大核计划、干涉伊拉克事务、支持恐怖主义。因为一心要对抗伊朗，小布什错过了本世纪初一个修补两国关系，而且是按照美国的条件修补关系的历史性机会。

"9·11"事件发生后，伊朗协助美国打击塔利班，这是它们在阿富汗的共同敌人。经过多次非正式讨论后，2003年5月，伊朗提出一揽子重大交易。为了增强领土安全、相互尊重，并获得和平发展核能技术的权利，伊朗提出承认以色列是两国和解的一部分；"全面公开"核发展项目；帮助稳定伊拉克；支持打击伊朗的恐怖组织；停止对巴勒斯坦反对派（包括哈马斯）的物质援助，迫使他们停止在以色列进行"针对平民的暴力行为"；双方共同努力将真主党转变成"黎巴嫩境内纯粹的政治组织"。但是，小布什政府新保守派一心想推翻伊朗政权，而不是与之改善关系，于是他们拒绝了伊朗的提议，并准备对其开战。[180] 这是个巨大的错误。

2005年，中情局前高级情报官菲利普·吉拉尔迪（Philip Giraldi）报告称，"五角大楼根据切尼办公室的指示行事"，向美国战略空军司令部下令，准备"用常规和战术核武器，大规模空袭伊朗"。[181] 核武器则计划用来对付那些坚固的地下设施，以及位于纳坦兹的铀浓缩工厂。参谋长联席会议的强烈反对迫使小布什和切尼取消这一方案。2007年，小布什政府又开始打搅乱伊朗的主意了。那年10月，小布什警告，如果伊朗决意发展核武器，可能导致第三次世界大战。12月初，小布什煽动战争情绪的做法受阻，当时情报机构发布了新一期国家情报评估报告，里面"很有信心"地表示，伊朗在2003年就已经停止了核武器项目，这份报告推翻了自己在两年前的调查结果。[182]

对美国利益更大的威胁来自伊朗的邻国巴基斯坦，该国对塔利班的创建和发展起了关键作用。巴基斯坦的情报机构三军情报局（Inter-Services Intelligence）与"基地"组织也保持着密切联系，它甚至把激进分子派往"基地"组织训练营接受训练。这些武装分子随后还在克什米尔争议区发动恐怖战争，试图驱逐控制该地区的印度人。就在"9·11"事件发生的两天后，小布什向巴基斯坦下达最后通牒。副国务卿理查德·阿米蒂奇向三军情报局局长马哈茂德·艾哈迈德（Mahmood Ahmad）递交了一份文件，上面列出了 7 项不容商量的要求，其中包括：结束巴基斯坦对阿富汗塔利班的支持，与其断绝外交关系；允许美国飞机飞越其领空，允许进入当地海军基地和机场；公开谴责恐怖主义。据佩尔韦兹·穆沙拉夫（Pervez Musharraf）总统所说，阿米蒂奇告诉艾哈迈德，如果巴基斯坦不遵守上述规定，那么后果就会"被炸回石器时代"。巴基斯坦不信任美国，并将它面临的许多问题都归咎于美国，例如巴基斯坦驻联合国代表及前外交部长沙姆沙德·艾哈迈德（Shamshad Ahmad）曾说："苏联人被赶出阿富汗后，你们让我们承受了战争导致的众多恶果：大批难民涌入、毒品和军火交易猖獗，以及一种卡拉什尼科夫文化。"[183] 尽管如此，此时除了遵守要求，巴基斯坦似乎别无选择。巴基斯坦的默许，虽然充其量是三心二意的，为美国的大批军事援助涌入打开了大门，因为小布什解除了对印度和巴基斯坦的军售禁令——1998 年这两个国家搞了核试验之后，时任总统克林顿对它们实施了军售禁令。尽管巴基斯坦承诺会协助美国，但其战略重点仍是印度，而巴基斯坦三军情报局则继续支持在阿富汗的反美塔利班武装分子。

2001 年 12 月，伊斯兰激进分子袭击印度议会，印度和巴基斯坦之间的紧张关系再次升级。两个拥核国之间的战争似乎一触即发。在克什米尔分界线上，双方共有 100 万士兵对峙。专家担心，印度军队会先发制人，巴基斯坦受到威胁后会用核武器发起报复。五角大楼估计，如果动用核武器的话，可能导致 1200 万人立即丧命。局势有多紧张，可以从两国军方高层的一些言论看出来。巴基斯坦前陆军总参谋长米尔扎·阿斯拉姆·贝格（Mirza Aslam Beg）说："我不知道你们在担心什么。你过马路会被车撞死，也可能会死于核战争。人总是要死的。"[184]印度方面则相对温和些。印度陆军参谋长达拉拉詹·帕蒂马纳班（Sundararajan Padmanabhan）将军说道："如果我们必须开战，那很好。如果我们不开战，我们也有办法应对。"[185]

美国向巴基斯坦提供大量武器进一步加剧了紧张态势。尽管危机暂时得到解决，但是仅在2006年，美国对巴基斯坦的大规模武器转让就增加到35亿美元以上，巴基斯坦成为美国武器的第一大接收国。2003年披露的一个消息令事情变得更加让人恼火。巴基斯坦核工业之父A. Q. 汗（A. Q. Khan）暗地里经营着一笔生意，在15年里将核弹设计和制造材料出售给朝鲜、利比亚、伊朗及其他国家。据悉，汗及其同伙还访问了叙利亚、沙特阿拉伯、埃及、乍得、马里、尼日利亚、尼日尔和苏丹。有证据表明，巴基斯坦军方高层和政府官员暗中支持汗的行动。而美国对巴基斯坦的核武器项目睁一只眼闭一只眼，以换取巴基斯坦支持美国在阿富汗的反苏活动，这一政策由布热津斯基建议，并在里根时期颁布。汗公开承认了他的犯罪行为。第二天，穆沙拉夫总统赦免了他，并称他为"我的英雄"。汗实际上被软禁了5年，但巴基斯坦当局从来没有对他提出指控，也拒绝让美国官员审问他。有位巴基斯坦参议员笑着说："美国想用他的血向众神献祭，但穆沙拉夫对A. Q. 汗说：'弯腰，我们要打你的屁股'。"[186]

这实际上超出了美国对穆沙拉夫的要求。一位美国前高级情报官员向记者西摩·赫什抱怨道："汗居然出售设计图、离心机和最新式武器。他是世界上最糟糕的核武器扩散者，可他却得到了赦免，白宫居然也对此不吭一声。"[187]相反，美国继续为穆沙拉夫提供慷慨的军事援助和政治支持。穆沙拉夫在1999年通过军事政变上台，之后一直实行铁腕统治，直到2008年被罢黜为止。美国对这位独裁者及其军队的支持似乎并没有赢得这个贫困国家的好

巴基斯坦核工业之父 A. Q. 汗。

感。[188] 2007 年，皮尤民意调查发现，只有 15% 的巴基斯坦人对美国有好感，而就在前一年，该调查发现有 23% 的巴基斯坦人对他们的劲敌印度有好感，尽管这两个国家曾四度交火。2007 年，被调查者中喜欢本·拉登的有 40%，而喜欢小布什的只有 9%。[189]

北约持续东扩，俄罗斯重建核力量

小布什在俄罗斯也没有多少支持者。虽然他说他看透了也喜欢俄罗斯总统普京的灵魂，但他还是像其前任克林顿一样蔑视俄罗斯。小布什上任不久，便无视俄罗斯的强烈反对，退出了 1972 年签订的《反弹道导弹条约》，以推行他的导弹防御计划。但令人惊讶的是，2001年6月，他和普京进行了一次友好会面。"9·11"恐怖袭击事件后，普京是第一批致电小布什表达哀悼之情的外国领导人之一。9月24日，他宣布"五点计划"，支持美国的反恐战争。他说，俄罗斯将与美国分享情报，向美国开放俄罗斯领空，他还默许甚至推动美国在中东地区的驻军，而这引起了俄罗斯军方和情报机构许多人的强烈反对。

对于普京的慷慨，小布什给予了"另类回报"，他背弃了他父亲当年向戈尔巴乔夫许下的承诺，将北约不断扩大，更加接近俄罗斯边境，而且还在俄罗斯周围布满了美国和北约的军事基地，一些军事基地甚至就在原来的苏联地区。2002年底，北约第二次东扩，并在2004年3月前将保加利亚、罗马尼亚、斯洛伐克、斯洛文尼亚、立陶宛、拉脱维亚及爱沙尼亚纳入其中。俄罗斯表示强烈反对。将保加利亚和罗马尼亚等前华约成员国纳入北约已经够令人讨厌的了，更何况还要将立陶宛、拉脱维亚和爱沙尼亚等前苏联加盟共和国纳入其中，这简直让俄罗斯蒙受了奇耻大辱。

小布什公然无视俄罗斯的意见，推动继续扩大北约。克罗地亚和阿尔巴尼亚于2008年加入。他明确表示，还要将格鲁吉亚和乌克兰吸纳进来，尽管俄罗斯强烈抗议，其他北约成员国也纷纷发出警告，这将严重损害俄罗斯与西方国家的关系。俄罗斯认为，美国在格鲁吉亚、乌克兰和白俄罗斯推广民主，只不过是一种进一步扩大北约、孤立俄罗斯的策略。

2001年，美俄关系前景看起来很有希望，但当2003年美国决定入侵伊拉克时，两国关系遭到严重破坏。俄罗斯官员威胁，如果小布什一意孤行，俄罗斯就要在联合国否决战争决议。俄罗斯对美国的不信任度急剧加深，以至于它撤回了旨在大幅削减核武器的战略武器条约。

2005 年 4 月，普京在他的年度国情咨文演讲中对苏联解体表示遗憾，认为这"是 20 世纪最大的地缘政治灾难"。由于俄罗斯在资本主义制度下经历了种种困难，许多普通的俄罗斯人开始怀念苏联时代的生活。[190] 俄罗斯的部分地区出现了一股斯大林复兴思潮，很多市民想要纪念他对苏联的历史贡献，尤其是他在二战中起到的作用，他们愿意宽恕他的罪行。俄罗斯国家杜马第一副议长柳博芙·斯利斯卡（Lyubov Sliska）说："西方绝不会放过任何一个改写历史的机会，会极力贬低我国在世界反法西斯战争中的作用，所以我们现在更有理由不能忘记斯大林。"[191]

俄罗斯人也感觉到了小布什的核威胁，后者正一边痛斥伊拉克子虚乌有的大规模杀伤性武器，一边又大幅降低使用大规模杀伤性武器的门槛。2002 年，他在《核态势评估》（"Nuclear Posture Review"）报告中故意模糊常规武器和核武器之间的界线，并企图用来对付无核国家。这不但消除了无核国继续坚持不发展核武器的动力，而且还鼓励它们获取核武器以避免成为目标。《核态势评估》报告指出，如果出现以下情况，美国就有权使用核武器：（1）美国受到大规模杀伤性武器的攻击；（2）常规武器无法摧毁坚硬的或隐藏在地下的目标；（3）美国发现某个国家出现"令人惊讶的军事发展"。[192]《纽约时报》洞悉了这项新政策隐含的可怕意义，在 3 月 12 日刊登了一篇强有力的社论，题为《美国是核流氓》（"America as Nuclear Rogue"）。该社论坚称："如果有国家计划开发新的核武器，并考虑对一系列无核国家先发制人，那么华盛顿就可以义正词严地指责那个国家是危险的流氓国家。这就是上周末小布什总统公布的一份五角大楼新计划……这份计划最大的错误在于，它大大降低了使用核武器的门槛，严重破坏了《不扩散核武器条约》。"[193] 根据该条约，美国和其他核大国有义务逐步消除核武库。小布什不仅忽视这项规定，还提倡开发新一代微型核武器和碉堡克星炸弹，它们较小的尺寸有利于在战斗中更好地发挥作用。

小布什的核政策似乎要破坏整个不扩散核武器机制。2003年8月6日，广岛的市长秋叶忠利发表了举世瞩目的《和平宣言》(Peace Declaration)，他猛烈抨击美国的鲁莽行为："《不扩散核武器条约》这一指导消除核武器的重要国际协议，现在正处于崩溃的边缘。主要原因是美国的核政策公开宣称可能会发动先发制人的核打击，还呼吁恢复微型核武器及其他所谓的可用型核武器的研究，这显然是要像崇拜上帝一样崇拜核武器。"[194]

俄罗斯领导人就《核态势评估》的若干方面提出异议，但与2006年春季《外交事务》3—4月刊上的一篇引起世人震惊的文章相比，他们的反应似乎更温和些。《外交事务》是美国外交关系协会下属机构主办的期刊。在那篇文章中，来自圣母大学的基尔·利伯（Keir Lieber）和来自宾夕法尼亚大学的达里尔·普雷斯（Daryl Press）分析了美国、俄罗斯和中国核力量的优势和劣势，并得出结论：由于冷战后美国核能力的急剧发展，加上"俄罗斯核武库的急速萎缩，中国核力量现代化发展速度极其缓慢"，造成了一种无论是俄罗斯还是中国都无法对美国的核攻击发动有效打击报复的局面。因此，美国已经具备了长期以来一直寻求的先发制人的打击能力，它可以摧毁俄罗斯或中国而不必担心遭到报复。美国的宿敌无法采取报复，这种形势在可预见的未来会持续下去。

作者还猜测了美国坚持发展导弹防御系统背后的真正原因。这种防御系统不会像通常假设的那样，面对俄罗斯的大规模导弹轰炸具有独立防御的价值。它的价值只有在发生攻击的背景下才能显现出来，也就是当美国率先发动核打击之后，它可以防止美国遭到俄罗斯或中国少量核武器的报复性攻击。[195]

实际上，利伯和普雷斯在学术界表达这些看法已经有多年。但他们的文章在《外交事务》上一发表，就如同一记重锤激起了千层浪。《华盛顿邮报》报道称，这篇文章就像是"《奇爱博士》里的末日核战场景一样"，把俄罗斯敲得"晕头转向"。[196]俄罗斯经济学家和前代理总理叶戈尔·盖达尔在《金融时报》(Financial Times)上发文称："美国的权威杂志发表这些观点产生了爆炸性影响。即使俄罗斯那些人再冷静，再没有反美思想的记者和分析人士，也会将其看作美国政府立场的官方宣示。"[197]

　　普京立即宣布，俄罗斯要不惜一切代价，维持其威慑能力。曾任苏联军事情报机构格勒乌战略分析师的维塔利·什雷科夫 (Vitaly Shlykov) 表示，文章的发表是对"普京声望的重大打击"。什雷科夫预测："现在他将全力以赴、用尽一切代价促进俄罗斯核威慑力量的现代化。"一些俄罗斯专家指出，可以穿透美国导弹防御系统的新一代核导弹即将问世。它们是对2001年小布什退出《反弹道导弹条约》的回应，包括"托普尔-M"(Topol-M) 洲际弹道导弹和稍后上线的用于核潜艇的"布拉瓦"(Bulava) 导弹。[198]

　　俄罗斯专家开始讨论，美国外交关系协会在这个时候发表这篇文章试图释放什么信号？莫斯科的外交和国防政策委员会的独立分析师德米特里·苏斯洛夫 (Dmitri Suslov) 说："很多人认为这并非偶然，一定是有人'指示'的。"德米特里表示，因为文章说的基本属实，它让安全专家"非常紧张"。他认为很奇怪，在世界上所有的核大国中，只有美国和俄罗斯仍然拥有核武库，并且在相互瞄准对方，准备将对方消灭。而文章的刊发意味着这种情况暂时不会改变。他指出："至少，这篇文章导致我们大大延迟了从我们与美国的关系中移除核威慑相关内容的时机。"

　　其他人则认为，这是在警告俄罗斯，不要与中国走得太近。俄罗斯原子能部 (Russian Nuclear Energy) 前部长、现任战略稳定研究所 (Institute of Strategic Stability) 所长维克托·米哈伊洛夫 (Viktor Mikhaiov) 驳斥文章指出的俄罗斯核能力退化的观点，他提出了另一种解释："该文章写于我国总统普京访问中国期间……美国人对我们两国走得太近充满了恶意和敌意……但是俄中两国的确缔结了友好关系，而且将会继续发展它。"盖达尔认为，如果这才是文章的真正意图，那么效果只会适得其反。他写道："如果有人想挑拨阻止俄罗斯和中国在导弹和核武器技术上密切合作，恐怕很难找到比这更巧妙和体面的方式了。"[199]

小布什政府手忙脚乱地试图缓和紧张局势。负责国际安全政策的国防部副部长彼得·弗洛里（Peter Flory）在《外交事务》9—10月刊上又发表了一项声明，对之前文章的准确性和意图做了说明。他声称，实际上美国正在弱化其第一次核打击能力。在2002—2003年间担任国防部副部长并且负责军事政策的基思·佩恩坚持认为，美国从罗伯特·麦克纳马拉担任国防部长之时起，就不再发展"可靠的第一次核打击能力了"。佩恩愤怒地指出："他们断章取义地谎报了有关美国军力发展的情况……以符合自己制定失当的政策，漠然无视美国裁军，以及那些与他们表述不符的明显不足……他们严重曲解美国政策，这种曲解正在破坏美俄关系的稳定。"[200]

俄罗斯科学院世界经济和国际关系研究所国际安全研究中心主任阿列克谢·阿尔巴托夫（Alexey Arbatov）认为，利伯和普雷斯点出了很重要的一点。他承认，俄罗斯的核武器大多数都是冷战时期的遗产，很多已经失效，并且即将要被销毁，且很快就要退役了。现代化的核武库中只有三四艘新的弹道导弹核潜艇，以及100枚"托普尔-M"导弹，只足以作为最低限度的核威慑，而且必须确保其处于危险的一触即发的警戒状态。鉴于双方这种日益严重的战略不平衡，阿尔巴托夫担心两国间的某一场危机很容易演变成一场意外的核战争。他警告说："如果俄罗斯担心美国的第一次核打击，那么莫斯科就可能做出鲁莽举动，比如让军队进入戒备状态。这反过来又会挑起美国的袭击……"他总结道："利伯和普雷斯有理由担心这种风险。"[201]

利伯和普雷斯用令人信服的方式回应了弗洛里、佩恩及帕维尔·波德维格（Pavel Podvig）。波德维格是斯坦福大学研究俄罗斯核项目的专家，他认为俄罗斯的实力比文章指出的要强大得多。利伯和普雷斯承认，五角大楼的确削减了弹道导弹潜艇舰队的规模，但他们也指出，潜射导弹弹头的当量比原来的增加了4倍多，而且精度也大幅提高。结果是，原来一枚潜射导弹弹头摧毁一台坚固的俄罗斯导弹发射井的概率是12%，现在提高到了90%，其他核弹头的命中率甚至达到了98%。升级后的"民兵III"（Minuteman III）洲际弹道导弹，命中率也大幅提高。

接下来，他们在回应佩恩时指出，美国的核战争计划保留了先发制人的选项，并指出最近解密的一份1969年的档案显示，其中包含了5个全面核攻击的选项，3个属于先发制人型。他们又回应了波德维格，表示俄罗斯的预警系统与美国的差距很大，大到足以让美国发射潜射导弹，并击中俄罗斯境内的任意目标。[202]他们的回应并没有平息俄罗斯人的恐惧，也没有阻止美国在东欧部署导弹防御系统的计划。

五角大楼的军事基地超过1000个

俄罗斯还对小布什政府努力将太空军事化的做法发出了尖锐的批评。小布什似乎是想实现当上美国太空司令部司令的梦想，他曾在1996年预言："总有一天，我们将从太空打击地面目标，包括船只、飞机及地面设施……我们将从太空发起战斗，我们将把战斗发展到太空……所以美国会发展定向能量工程和击杀机械装置。"[203]世界上的其他国家都联合起来反对美国扩大战争范围的计划。2000年，联合国以163票赞成0票反对的结果通过了一项防止太空军备竞赛的决议，只有密克罗尼西亚、以色列和美国弃权。2001年1月，拉姆斯菲尔德领导的一个委员会无视世界舆论，发出警告称，如果美国不主导太空，美国将会遭遇"太空版珍珠港事件"，并建议军方"确保总统拥有在太空部署武器的选项"。[204] 那一年，美国空军副部长彼得·蒂茨（Peter Teets）在一次太空作战研讨会上表示："我们还没有想好如何从太空发起轰炸和扫射，但是，我们正在探究这种可能性。"[205]

2006年，联合国成员国以166票赞成1票反对的结果通过该决议，只有美国反对。在联合国裁军谈判会议上，美国不断阻挠俄罗斯和中国禁止将外太空军事化的努力。美国空军正在研发各种稀奇古怪的项目，其中一个叫"上帝之杖"（Rods from God），主要用二三十英尺长、直径为一两英尺的钨金属棒部署到太空中的卫星上，然后以极高的速度发射，可以轻易摧毁地球上的任何目标。[206]

因为北约扩张，美国的核政策、太空军事化政策以及美国对伊拉克和阿富汗战争等问题，美俄双方关系急剧恶化。戈尔巴乔夫热切期望的俄美友谊、创造另一个不同世界的愿景现在确定已被扔进了历史的垃圾堆。1961年艾森豪威尔曾深刻警告过要提防出现噩梦般的高度军事化的国家，而小布什政府似乎正在创造这样的国家。小布什政府时期，美国的军事开支增加了一倍多，达到了7000亿美元。五角大楼越来越多地取代国务院在制定外交政策方面的角色，而这一过程始于肯尼迪时期。

五角大楼也蚕食了中情局的情报收集职能，越来越多地参与海外秘密行动。在准备入侵伊拉克的准备阶段，小布什政府基本将中情局边缘化了。2004年7月，小布什任命国会议员波特·戈斯（Porter Goss）取代乔治·特尼特担任中情局局长，标志着几十年来破坏国家情报搜集能力的缓慢过程终于完成。早在45年前，戈斯还是耶鲁大学的一名本科学生时就加入了中情局。但他很快成为一个言辞尖锐的反对派，根据霍华德·哈特所说，他曾谴责中情局的特工"是一群功能失调的混蛋"和"一群白痴"。[207]担任局长后，他开始了该机构历史上最大的一次清除异己的行动。因述中情局历史而获奖的蒂姆·韦纳指出："新局长身边环绕了一群他从国会山挖过来的政治打手。他们认为自己正在执行来自白宫甚至是更高权力机构的使命，即除掉中情局里的左翼颠覆分子。"[208]当年晚些时候，小布什任命约翰·内格罗蓬特（John Negroponte）担任新设立的国家情报总监一职，中情局的地位被进一步削弱。

2006 年底，当中情局前局长罗伯特·盖茨成为国防部长时，中情局局长、主管情报工作的国防部副部长、国务院反恐行动负责人、中情局秘密行动负责人这些长期由文官担任的职位，全部改为由将军出任。退役的海军上将迈克·麦康奈尔（Mike McConnell）也很快就取代内格罗蓬特，正式担任国家情报总监。

五角大楼拥有或租赁了联邦大楼 75% 以上的办公室。[209]它操纵着一个庞大、分布广泛的办事机构网，拥有 700 多个基地，也有统计说是 1000 多个。这些基地分布在南极洲之外 130 多个国家。此外，在美国本土及其属地还有 6000 个。国防部 2008 年年度基地结构报告指出："美国国防部仍然是世界上最大的'地主'之一，在全球 5400 多个地方拥有 545700 多个实体设施（包括建筑物、构筑物和线性构筑物），占地面积大约 3000 万英亩。"[210]它的 13 个航母战斗群在世界各大海洋不断巡逻。美国企业研究所呼吁将这种海外基地网变成一系列"边寨"，作为"全球骑兵"的行动基地，就像"旧西部的骑兵一样……这些人既是战士又是警察"。[211]

道格拉斯·费思在众议院军事委员会的会议上概述了新的军事态势："我们正在对海外美军进行自那时［1953 年］以来最彻底的重组。""我们希望……我们的部队有更大的灵活性，他们有能力在世界任何需要他们的地方迅速发挥强大的影响力。"菲斯遗憾地表示，"9·11"事件已经证明当前的军事部署已经过时。他作证称："目前我们的军事部署，大部分仍然反映了应付冷战的心态和现实，以防守、牵绊和在基地附近发起打击为主。"但现在，这些部队需要"向那些可能远离他们所在基地的战区投射力量"。"过去15年的经验告诉我们，"他详细地说明，"我们经常需要在预想不到的地方开展军事行动……我们的目标是让部队提前部署好，以便在将来必要时迅速前往危机地区。"这就需要重新考虑当前的军事基地部署。他指出，例如，"我们应该在欧洲部署更轻便、更容易调度的地面部队，还有精锐的空军和海军力量，先进的训练设施，以及加强特种作战部队，所有这些都是为了能够更快地前往中东和其他热点地区"。[212]

詹姆斯·斯特恩戈德（James Sterngold）在《旧金山纪事报》上写道："小布什政府建立了被一些专家称为'现代历史上最军事化的外交政策机器'。这种政策不仅牵涉到诉诸武力或威胁使用武力，还包括了在乌兹别克斯坦、巴基斯坦、卡塔尔和吉布提这些地方构筑一系列新设施，五角大楼将之称为'浮动基地群'（lily pads）。这类设施不仅突破了冷战时期保护东道国的传统角色，还是未来'预防性战争'和军事行动的主要据点。"[213]

美国不仅是世界警察，也是世界的军火商，它经常在各冲突方间煽风点火，并最终以"人道主义"为由进行干预。2008年，美国签署了总额多达378亿美元的武器销售协议，占世界武器销售总额的68%以上。意大利以37亿美元位居第二。在这378亿美元的武器中，有近300亿的流向了发展中国家，后者超过79%的武器都是从美国那里购买的。[214]

能准确评估小布什发起的灾难性反恐战争给美国民主造成多大损害的不是别人，正是兹比格涅夫·布热津斯基。布热津斯基有充分的理由做到这一点，因为他在挑起对苏联的冷战恐惧时发挥了类似的作用。2007 年 3 月，他写道，所谓的反恐战争，其实是故意制造一种"恐惧文化"，这本身就已经对"美国的民主、美国的精神以及美国在世界的地位造成致命影响"。这种伤害远比"9·11"事件本身造成的"大得多"。他担心政府正利用公众的恐惧来为与伊朗开战辩护，并将美国"5 年来在恐怖主义问题上几乎持续不断地对全国人民洗脑"的行为，与其他恐怖主义受害者，包括英国、西班牙、意大利、德国和日本等国"更温和的反应"进行了对比。他嘲笑小布什"发动伊拉克战争的理由"站不住脚，还嘲笑小布什"要继续这场战争，以免'基地'组织跨过大西洋，到美国发动一场恐怖战争"的荒谬言论。小布什制造恐慌的做法得到了"恐怖企业家（的加持）……反恐专家的任务就是说服公众相信他们面临新的威胁，这就让暴力行为变得越来越恐怖，而针对这些行为呈现出令人信服的场景也变得越来越有价值"。结果是，美国人变得越发"缺乏安全感，也越来越偏执"。为了证明这一点，布热津斯基提到了国会关于美国各地潜在的恐怖分子袭击目标的名单，这份名单还在不断地增加。他还谴责了疯狂增加"安全检查"的行为、"敦促司机'报告可疑行为'的电子广告牌（是针对戴头巾的司机吗？）"，以及"反派角色是留着大胡子的恐怖分子"的电视节目，这些节目"让人们越发认为生活中潜藏着未知但一定存在的危险……正日益威胁着所有美国人的生命安全"。布热津斯基遗憾地表示，电视和电影对阿拉伯人的刻板印象，"令人悲伤地想起了纳粹的反犹运动"，使得阿拉伯裔美国人频频被骚扰和虐待。

他指出，小布什政府侵犯公民权利的骇人记录对国内造成了严重影响，反恐战争则在国际上对美国的声誉造成了重大损害。他写道："对穆斯林而言，美军粗暴对待伊拉克平民的做法与以色列人对巴勒斯坦人的做法并无二致，这两者都引发了穆斯林群体对美国的强烈敌意。"他特别指出，"最近英国广播公司对 27 个国家的 2.8

万人开展了一项民意调查"，结果受访者认为，以色列、伊朗和美国是"对世界造成负面影响最大的三个国家"。他着重强调："唉，对某些人来说，这些国家就是新一代邪恶轴心国！"

布热津斯基以提问作为总结："美国领导人打算什么时候才说'别疯了，别再妄想了'？"他敦促道，"即使未来不可避免地要面对恐怖袭击，我们也要理性对待。让我们忠于我们的传统"。[215]正如布热津斯基多次强调的那样，恐怖主义是一种战术，而不是一种意识形态，对一种战术开战根本毫无意义。

华尔街再迎镀金时代

与此同时，在自由市场资本主义的意识形态面纱之下，最富有的美国人正继续掠夺国家财富。小布什和切尼竭尽所能予以配合，他们其实完全清楚会有什么后果。在2000年总统大选前不久，小布什对他的一些富有追随者们开玩笑说："多么令人钦佩的一群人——富人和富豪。有些人称呼你们为精英，但我认为你们就是我的坚强后盾。"[216]

上任几个月后，小布什就签署了一项为最富有的美国人减税的法案。2002年和2003年，他又先后通过另外两项减税法案。与此同时，联邦政府的支出却大幅增加，仅在他的第一个任期就增加了17%。而在克林顿执政时期，以定值美元计算，两个任期内联邦支出总共只增长了11%。到2004年，小布什把他从克林顿那继承下来的1280亿美元盈余，变成了4130亿美元的赤字。《纽约时报》报道说，对华尔街而言，小布什时期是新的镀金时代。《纽约时报》透露，银行家们用价值高达5位数的盛宴来庆祝他们多得骇人的奖金。[217]政府审计局（Government Accountability Office）报告称，1998—2005年间，三分之二的美国公司都没有（其中至少有四分之一的资产超过2.5亿美元）缴纳所得税。[218] 这些年来，美国的收入差距大到了史上最离谱的程度。2005年，收入位于前10%的人控制着全国44.3%的财富，超过1929年的43.8%，与1975年的32.6%也相距甚远。[219] 2005年，全国最富有的300万人的收入，与1.66亿平民，也就是美国一半以上的人口的总和相当。[220] 美国亿万富翁的人数从1985年的13人，增加到2008年的450多人。仅在2005年，就有22.7万人成为百万富翁。但普通工人的工资涨幅几乎跟不上通货膨胀的速度，3600万人生活在贫困线以下。几乎所有新创造的财富都直接流向最富有的那10%的人群，而其中大多数又都流向那最富有的0.1%的人。2006年，美国排名前25位的对冲基金经理，平均每人赚了5.7亿美元。[221] 2007年，他们的人均收入跃升至9亿美元。[222]

国际劳工组织（International Labour Organization）报告称，2003—2007年间，企业总经理的薪酬实际上增长了45%，普通高管的薪酬平均增加了15%，而普通员工的薪酬仅增长了3%。2003年，美国前15家企业的总经理的收入是普通工人的300倍。到2007年，这一差距增加到了500多倍。[223]

小布什对包括个人收入、资本收益、股息等征税对象的最高税率做了削减，资本收益主要来自于股票获利，而股息的税率则从39.6%下降到了15%。小布什对最富有的美国人征收36%的边际税率，这是美国80多年来的最低水平，与艾森豪威尔时期的91%相去甚远。但是，就连这36%的边际税率，也很少有对冲基金或私募股权基金经理按规定缴纳。如果把他们的收入当成资本收益，那他们平均只缴纳17%的所得税。形势变得如此严峻，以至于包括比尔·盖茨（Bill Gates）和沃伦·巴菲特（Warren Buffett）在内的亿万富翁都公开谴责这种巨大的"收入不平等"现象。巴菲特是世界第三大富豪，他指出，他的应税收入的税率是17.7%，而他秘书的则是30%。[224] 只有最富有的2%的人需要缴纳的遗产税也被大幅削减。

与此同时，1997—2007年，美国的最低工资却一直保持在每小时5.15美元。2007年，在财富天平的另一端，美国约有200万个家庭的资产在1000万—1亿美元之间，还有数千个家庭的资产额超过了1亿美元。

赵小兰（Elaine Chao）是美国100多年来最公然反对工会的劳工部长。她废除了职业安全与健康管理局（Occupational Safety and Health Administration）以及矿山安全与健康管理局（Mine Safety and Health Administration）。工会受到劳工部前所未有的审查，雇主无视法律却不会受到惩罚。结果，工会成员人数暴跌至历史最低水平，到小布什任期结束时，只有区区12%的劳动者有代表，他们多数还是政府的工作人员。

世界其他国家的收入不平等现象甚至更极端。2006年12月，美国、加拿大、英国和芬兰的经济学家发布了一份报告，指出全球最富有的1%的人掌握了全球财富的40%，最富有的10%的人掌握了全球财富的85%，而最贫穷的50%的人仅靠着区区1%的财富艰难地生存。2000年，日本的人均资产为180837美元，美国为143727美元，而印度为1100美元，刚果民主共和国为180美元。到2008年，世界上最富有的1100人（亿万富翁）的净资产，大约为最贫穷的25亿人的两倍。[225] 一些分析人士估计，全球最富有的300人拥有的财富，比最贫穷的30亿人拥有的还多。

跟大多数美国人所持的错误看法不同的是，美国基本没有通过提供对外援助来改善这种情况。事实上，根据经济合作与发展组织（Organization for Economic Co-operation and Development）的数据，2008年美国的发展援助总额还不到其国民总收入的0.2%，是全球22个发达工业国家中最少的，全球发达国家对外援助额占其国民总收入的比重平均为 0.47%。瑞典的对外援助额比重最高，是美国的 5 倍多，卢森堡、挪威、丹麦和荷兰紧随其后，就连爱尔兰的也是美国的 3 倍多。[226]

在小布什任内，政府官员和他们在华尔街的盟友，以及像美国企业研究所这样的保守团体，都对不受监管的金融市场赞不绝口，他们相信这能创造经济繁荣和私人财富。在国家债务从克林顿任期结束时的 5.7 万亿美元飙升至小布什卸任时的 10 万多亿之时，他们却对金融骗局、毫无节制的投机行为视而不见。[227]

2007 年 12 月，美国经济开始衰退，形势急剧恶化。收入和个人资产富直线下降，贫困人口急剧增加。哈佛大学经济学家劳伦斯·卡茨（Lawrence Katz）简明扼要地描述了当时的形势，他说："对普通的美国家庭来说，21 世纪的头十年是一场灾难。"[228]甚至在 2008 年经济崩溃之前，小布什时代的就业率和收入增长率都是二战结束以来最低的。

到 2009 年底，超过 4000 万美国人生活在贫困中。1988 年，26% 的美国人告诉盖洛普民意调查团队，美国已经出现了贫穷和富有两大阵营，其中有 59% 认为自己是富人，只有 17% 认为自己是穷人。2007 年夏天，当皮尤研究中心再次问同样的问题时，有 48% 的受访者认为美国的贫富差距巨大，其中 45% 的人认为自己是富人，34% 的人认为自己是穷人。[229]

美国已经成为一个富豪统治的国家，几乎四分之一的收益都掌握在最富有的 1% 的人手中，而最富有的 0.1% 的人，其收入与最贫穷的 1.2 亿人的总量相当。前劳工部长罗伯特·赖克（Robert Reich）指出了新贵们的身份："除了少数像比尔·盖茨这样的企业家，其余的都是大企业的高管、华尔街的对冲基金经理和私募基金经理。"[230]

到 2008 年 11 月，大多数美国人都清楚地认识到，小布什—切尼的外交和国内政策是一场彻头彻尾的灾难。哥伦比亚广播公司和《纽约时报》联合发起的一项民意调查显示，小布什在任期结束时的支持率为22%，远远低于"9·11"袭击发生后的90%，切尼的支持率只有可怜的13%。[231]

美国人渴望改变。他们受够了美国不断卷入战争，厌倦了失控的国防开支，担心宪法赋予的权利一再遭到践踏，对偏袒富人的政策愤怒不已，对日益严重的经济崩溃感到担忧。但很少有人意识到，美国军工复合体和"国家安全至上国"（national security state）的受益者已经变得多么强大，一旦有人威胁到他们的统治，他们将会发起多么强烈的反击。不过，人们很快就能见识到了。

注释

1   George W. Bush, *Public Papers of the Presidents of the United States: George W. Bush, 2004, Book 2, July 1 to September 30, 2004* (Washington, DC: Government Printing Office, 2004), 1494.

2   Robert S. McElvaine, "HNN Poll: 61% of Historians Rate the Bush Presidency Worst," History News Network, March 5, 2009, http://hnn.us/articles/48916.html.

3   Devin Dwyer, "George W. Bush Cans Swiss Trip as Groups Promise Prosecution for War Crimes," February 7, 2011, http://abcnews.go.com/Politics/george-bush-cancels-swiss-trip-rights-activists-vow/story?id=12857195.

4   Ewen MacAskill and Afua Hirsch, "George Bush Calls Off Trip to Switzerland," *Guardian* (London), February 6, 2011.

5   "The Kissinger Commission," *New York Times*, November 29, 2002.

6   Philip Shenon, *The Commission: The Uncensored History of the 9/11 Investigation* (New York: Twelve, 2008), 9–14.

7   Ibid., 39, 107, 324.

8   Glenn Kessler, "Close Adviser to Rice Plans to Resign," *Washington Post*, November 28, 2006.

9   "Rebuilding America's Defenses: Strategy, Forces, and Resources for a New Century," Project for the New American Century, September 2000, www. newamericancentury.org/RebuildingAmericasDefenses.pdf, 51.

10   David Cole, "What Bush Wants to Hear," *New York Review of Books*, November 17, 2005, www.nybooks.com/articles/archives/2005/nov/17/what-bush-wants-to-hear/; Chitra Ragavan, "Cheney's Guy," U.S. *News & World Report*, May 21, 2006, www. usnews.com/usnews/news/articles/060529/29addington.htm.

11   Joseba Zulaika, *Terrorism: The Self-Fulfilling Prophecy* (Chicago: University of Chicago Press, 2009), 214.

12   Richard A. Clarke, *Against All Enemies: Inside America's War on Terror* (New York: Simon & Schuster, 2004), 32.

13   Paul Krugman, "Osama, Saddam and the Ports," *New York Times*, February 24, 2006.

14   George Tenet, *At the Center of the Storm: My Years at the CIA* (New York: Harper Collins, 2007), xix.

15   Elisabeth Bumiller and Jane Perlez, "Bush and Top Aides Proclaim Policy of 'Ending' States That Back Terror," *New York Times*, September 14, 2001.

16   Clarke, *Against All Enemies*, 30–31.

17   Michael Cooper and Marc Santora, "Mideast Hawks Help to Develop Giuliani Policy," *New York Times*, October 25, 2007.

18   Max Boot, "The Case for American Empire," *Weekly Standard*, October 15, 2001, 30.

19   Clarke, *Against All Enemies*, 30.

20   Robert D. McFadden, "A Day of Mourning," *New York Times*, September 15, 2001.

21   "Vice President Dick Cheney Discusses the Attack on America and Response to Terrorism," NBC News Transcript, *Meet the Press*, September 16, 2001.

22   "Transcript of President Bush's Address," *Washington Post*, September 21, 2001.

23   Bob Woodward, "CIA Told to Do 'Whatever Necessary' to Kill Bin Laden," *Washington Post*, October 21, 2001.

24   Ruth Rosen, "Could It Happen Again?" *San Francisco Chronicle*, May 12, 2003.

25   Robin Toner, "Not So Fast, Senator Says, as Others Smooth Way for Terror Bill,"

New York Times, October 10, 2001.

26　1975年，参议员弗兰克·彻奇（Frank Church）对国家安全局在这一时期过度的受宪法限制的监视活动所带来的危险发出了警告："这种［监视］能力可以随时被运用到美国人身上，所有美国人将不再拥有任何隐私，这种能力足以监视一切：电话交谈、电报，都不在话下。［我们的隐私］将无处可藏……我知道这种能力能够在美国制造十足的专制统治，我们必须确保该机构（国家安全局）和一切掌握这种技术的机构必须在法律框架内和适当的监管下工作。"Marjorie Cohn, *Cowboy Republic: Six Ways the Bush Gang Has Defied the Law* (Sausalito, CA: PoliPoint Press, 2007), 100–101.

27　科南·奥布莱恩（Conan O'Brien）开玩笑说，预警系统很容易成为喜剧片的攻击对象。杰伊·莱诺（Jay Leno）讽刺说："香槟紫［预警灯］表明我们正在遭受玛莎·斯图尔特的攻击。① 他们还加了一条苏格兰披肩，以防我们将来遭到苏格兰的攻击。" John Schwartz, "U.S. to Drop Color-Coded Terror Alerts," *New York Times*, November 25, 2010.

28　Eric Lipton, "Come One, Come All, Join the Terror Target List," *New York Times*, July 12, 2006; Zbigniew Brzezinski, "Terrorized by 'War on Terror,'" *Washington Post*, March 25, 2007.

29　Katrina vanden Heuvel, "With Osama bin Laden Dead, It's Time to End the 'War on Terror,'" The Nation Blogs, May 2, 2011, www.thenation.com/blog/160310/osama-bin-laden-dead-its-time-end-war-terror.

30　H. W. Brands, *Traitor to His Class: The Privileged Life and Radical Presidency of Franklin Delano Roosevelt* (New York: Random House, 2008), 650.

31　George W. Bush, *Public Papers of the Presidents of the United States, George W. Bush, 2001, Book 2, July 1 to December 31, 2001* (Washington, DC: U.S. Government Printing Office, 2004), 1172.

32　Frank Rich, "Journal: War Is Heck," *New York Times*, November 10, 2001.

33　Tamim Ansary, *West of Kabul, East of New York: An Afghan American Story* (New York: Picador, 2003), 291.

34　David B. Ottaway and Joe Stephens, "Diplomats Met with Taliban on Bin Laden," *Washington Post*, October 29, 2001; Gareth Porter, "U.S. Refusal of 2001 Taliban Offer Gave bin Laden a Free Pass," May 3, 2011, http://ipsnews.net/news.

---

① 香槟紫（Champagne-fuchsia）是由美国著名家居设计师玛莎·斯图尔特（Martha Stewart）设计的一款颜色。

asp?idnews=55476; Gareth Porter, "Taliban Regime Pressed bin Laden on Anti-U.S. Terror," February 11, 2001, http://ipsnews.net/news.asp?idnews=50300.

35   Karen DeYoung, "More Bombing Casualties Alleged,'" *Washington Post*, January 4, 2002.

36   Stephen Kinzer, *Overthrow: America's Century of Regime Change from Hawaii to Iraq* (New York: Times Books, 2006), 310.

37   Transparency International, Corruption Perceptions Index 2009, www.transparency. org/policy_research/surveys_indices/cpi/2009/cpi _2009_table.

38   James P. Pfiffner, *Power Play: The Bush Presidency and the Constitution* (Washington, DC: Brookings Institution Press, 2008), 146–149.

39   Alfred W. McCoy, *A Question of Torture: CIA Interrogation, from the Cold War to the War on Terror* (New York: Metropolitan Books, 2006), 10–11, 25–50, 101–107, 108–150; Jane Mayer, The Dark Side: *The Inside Story of How the War on Terror Turned into a War on American Ideals* (New York: Doubleday, 2008), 159–181.

40   Mayer, *The Dark Side*, 8.

41   Joby Warrick, Peter Finn, and Julie Tate, "CIA Releases Its Instructions for Breaking a Detainee's Will," *Washington Post*, August 26, 2009.

42   Joby Warrick, Peter Finn, and Julie Tate, "Red Cross Described 'Torture' at CIA Jails," *Washington Post*, March 16, 2009.

43   Karen J. Greenberg, "Visiting the Torture Museum: Barbarism Then and Now," February 21, 2008, www.tomdispatch.com/post/174897/karen_greenberg_ barbarism_lite.

44   George W. Bush, *Decision Points* (New York: Crown, 2010), 169.

45   Peter Finn and Joby Warrick, "Detainee's Harsh Treatment Foiled No Plots," *Washington Post*, March 29, 2009.

46   Scott Shane, "2 Suspects Waterboarded 266 Times," *New York Times*, April 20, 2009.

47   McCoy, *A Question of Torture*, 132–135.

48   Seymour M. Hersh, "Torture at Abu Ghraib," *New Yorker*, May 10, 2004.

49   "Remarks by the President at the 2003 Republican National Committee Presidential Gala," October 8, 2003, http://georgewbush-whitehouse.archives.gov/news/releases /2003/10/20031008-9.html.

50   Mayer, *The Dark Side*, 8.

51   "Sources: Top Bush Advisors Approved 'Enhanced Interrogation,' " April 9, 2008, http://abcnews.go.com/TheLaw/LawPolitics/Story?id=4583256&page=3.

52   Noam Chomsky, *Hopes and Prospects* (Chicago: Haymarket Books, 2010), 265–

266.

53 George Hunsinger, ed. *Torture Is a Moral Issue: Christians, Jews, Muslims, and People of Conscience Speak Out* (Grand Rapids, MI: William B. Eerdmans, 2008), 71; "Decisions from on Low," *Star-Ledger* (Newark), April 15, 2008.

54 Glenn Greenwald, "The Suppressed Fact: Deaths by U.S. Torture," June 30, 2009, www.salon.com/news/opinion/glenn_greenwald/2009/06/30/accountability; Antonio Taguba, "Preface to 'Broken Laws, Broken Lives,'" June 2008, http://brokenlives. info/?page_id=23.

55 Roger Cohen, "A Command of the Law," *New York Times*, November 27, 2008.

56 Mayer, *The Dark Side*, 187.

57 Taguba, "Preface to 'Broken Laws, Broken Lives.'"

58 Seymour M. Hersh, *Chain of Command: The Road from 9/11 to Abu Ghraib* (New York: Harper Collins, 2004), 5.

59 Linda Greenhouse, "Justices, 5–4, Back Detainee Appeals for Guantánamo," *New York Times*, June 13, 2008.

60 Patrick Sawer, "Yard Fury over Bush Visit," *London Evening Standard*, October 11, 2003.

61 Sidney Blumenthal, "Dick Cheney Was Never a 'Grown Up': A Hard Look at How One Man Changed the Face of Neoconservatism," April 14, 2008, www.salon.com /2008/04/14/cheney_10/.

62 Alan Lichtman, *White Protestant Nation: The Rise of the American Conservative Movement* (New York: Atlantic Monthly Press, 2008), 447.

63 James Mann, *Rise of the Vulcans: The History of Bush's War Cabinet* (New York: Penguin Books, 2004), 80.

64 Sam Tanenhaus, "Bush's Brain Trust," *Vanity Fair*, July 2003, 169.

65 Ron Suskind, *The Price of Loyalty: George W. Bush, the White House, and the Education of Paul O'Neill* (New York: Simon & Schuster, 2004), 72.

66 Ibid., 85–86.

67 Ibid., 129.

68 Elaina Sciolino and Patrick E. Tyler, "A National Challenge: Saddam Hussein," *New York Times*, October 12, 2001.

69 Daniel Eisenberg, "We're Taking Him Out," *Time*, May 5, 2005, www.time.com/ time/world /article/0,8599,235395,00.html.

70 Ron Suskind, *The One Percent Doctrine: Deep Inside America's Pursuit of Its Enemies Since 9/11* (New York: Simon & Schuster, 2006), 23, 189–191; Lloyd C.

Gardner, *The Long Road to Baghdad: A History of U.S. Foreign Policy from the 1970s to the Present* (New York: New Press, 2008), 134–135, 202–203.

71　Dilip Hiro, *Secrets and Lies: Operation "Iraqi Freedom" and After* (New York: Nation Books, 2004), 8.

72　Peter Bergen, "Armchair Provocateur: Laurie Mylroie: The Neocons' Favorite Conspiracy Theorist," *Washington Monthly*, December 2003, www. washingtonmonthly.com/features/2003/0312.bergen.html.

73　*Meet the Press*, September 14, 2003.

74　Jeff Stein, "Spy Talk," *Washington Post*, May 25, 2010.

75　Jack Fairweather and Anton La Guardia, "Chalabi Stands by Faulty Intelligence That Toppled Saddam's Regime," *Daily Telegraph* (London), February 19, 2004.

76　Seymour Hersh, "Selective Intelligence," *New Yorker*, May 6, 2003.

77　Tim Weiner, *Legacy of Ashes: The History of the CIA* (New York: Doubleday, 2007), 486.

78　David E. Sanger, "Threats and Responses: The President's Speech," *New York Times*, October 8, 2002.

79　"In Cheney's Words: The Administration Case for Removing Saddam Hussein," *New York Times*, August 27, 2002.

80　Gardner, *The Long Road to Baghdad*, 153–154.

81　Todd S. Purdum and *New York Times* staff, *A Time of Our Choosing: America's War in Iraq* (New York: Henry Holt, 2003), 37.

82　Michael Isikoff and David Corn, *Hubris: The Inside Story of Spin, Scandal, and the Selling of the Iraq War* (New York: Crown, 2006), 3.

83　"Scott Ritter: Facts Needed Before Iraqi Attack," http://archives.cnn.com/2002/ WORLD/meast/07/17/saddam.ritter.cnna/.

84　Kinzer, *Overthrow*, 294.

85　Thomas Ricks, *Fiasco: The American Military Adventure in Iraq* (New York: Penguin Press, 2006), 40–41.

86　Gardner, *The Long Road to Baghdad*, 141–143, 154.

87　Hans Blix, *Disarming Iraq* (New York: Pantheon Books, 2004), 156–157.

88　Lloyd C. Gardner, "Present at the Culmination: An Empire of Righteousness?" in *The New American Empire: A 21st Century Teach-in on U.S. Foreign Policy*, ed. Lloyd C. Gardner and Marilyn B. Young (New York: New Press, 2005), 3.

89　Rajiv Chadrasekaran, "Baghdad Delivers Weapons Data to U.N.," *Washington Post*, December 8, 2002; Kinzer, *Overthrow*, 295; Chalmers A. Johnson, *The Sorrows of*

Empire: Militarism, Secrecy, and the End of the Republic (London: Verso, 2004), 224.

90　John Barry, Howard Fineman, Jonathan Adams, Tara Pepper, William Underhill, and Michael Isikoff, "Periscope," *Newsweek*, March 3, 2003.

91　Walter Pincus, "U.S. Lacks Specifics on Banned Arms," *Washington Post*, March 16, 2003.

92　Anthony H. Cordesman, *Weapons of Mass Destruction in the Middle East: Regional Trends, National Forces, Warfighting Capabilities, Delivery Options, and Weapons Effects* (Washington, DC: Center for Strategic and International Studies, 2002), 17–19, 22, 27–31, 37–40, 53–59, 90–94, 98–103.

93　Paul Krugman, "Things to Come," *New York Times*, March 18, 2003.

94　Frederik Logevall, "Anatomy of an Unnecessary War," in *The Presidency of George W. Bush: A First Historical Assessment*, ed. Julian E. Zelizer (Princeton, NJ: Princeton University Press, 2010), 110.

95　John J. Mearsheimer and Stephen M. Walt, *The Israel Lobby and U.S. Foreign Policy* (New York: Farrar, Straus and Giroux, 2008), 242–243. 形形色色的犹太人团体加入到支持战争的行列。美国以色列公共事务委员会继续为战争鼓噪，尽管大部分美国人，包括大部分犹太裔美国人已经对此表示反对。2007 年，弗吉尼亚州的民主党代表吉姆·莫兰（Jim Moran）指出："犹太裔美国人，作为一个选民群体以及对美国的对外政策拥有影响力的群体，绝大多数都是反对战争的。在反对战争这件事上，没有哪个少数民族比犹太裔美国人更加坚定。但是，美国以色列公共事务委员会是一个强大的游说团体，它从一开始就在推动这场战争。"实际上，盖洛普在这一年根据其从2005年以来所做的13次民意调查报告表示，77% 的犹太裔美国人反对战争，而在全体美国人中反对战争的人数比例为52%。美国以色列公共事务委员会对外政策问题前主任史蒂文·罗森（Steven Rosen）吹嘘说，他可以在任何问题上提供70个参议员的投　票。"Representative Jim Moran on the Power of AIPAC," *Tikkun*, September-October 2007, 76; Mearsheimer and Walt, *The Israel Lobby and U.S. Foreign Policy*, 240–243. Jeffrey Goldberg, "Real Insiders: A Pro-Israel Lobby and an F.B.I. Sting," *New Yorker*, July 4, 2005, www.newyorker.com/archive/2005/07/04/050704fa_fact#ixzz1LilbqLAj.

96　Mearsheimer and Walt, *The Israel Lobby and U.S. Foreign Policy*, 238–240.

97　"President's State of the Union Message to Congress and the Nation," *New York Times*, January 29, 2003.

98　Paul R. Pillar, "Intelligence, Policy, and the War in Iraq," *Foreign Affairs*, March-April 2006, 24.

99　Ron Suskind, *The One Percent Doctrine*, 191.

100　Karen DeYoung, *Soldier: The Life of Colin Powell* (New York: Alfred A. Knopf, 2006), 439.

101　"Powell's Address, Presenting 'Deeply Troubling' Evidence on Iraq," *New York Times*, February 6, 2003.

102　"Colin Powell on Iraq, Race, and Hurricane Relief," 20/20, September 8, 2005, http://abcnews.go.com/2020/Politics/story?id=1105979.

103　Ivo H. Daalder and James M. Lindsay, *America Unbound: The Bush Revolution in Foreign Policy* (Washington: DC: Brookings Institution Press, 2003), 158; Martin Chulov and Helen Pidd, "Curveball: How US Was Duped by Iraqi Fantasist Looking to Topple Saddam," *Guardian* (London), February 16, 2011; Gardner, *The Long Road to Baghdad*, 157.

104　Nicholas D. Kristof, "Cloaks and Daggers," *New York Times*, June 6, 2003, 33.

105　DeYoung, *Soldier*, 450–451.

106　关于凯瑟琳·冈事件的完整记述，参见 Marcia and Thomas Mitchell, *The Spy Who Tried to Stop a War: Katharine Gun and the Secret Plot to Sanction the Iraq Invasion* (Sausalito, CA: PoliPointPress, 2008)。

107　Colum Lynch, "U.S. Pushed Allies on Iraq, Diplomat Writes," *Washington Post*, March 23, 2008.

108　Steven R. Weisman, "U.S. Set to Demand That Allies Agree Iraq Is Defying U.N.," *New York Times*, January 23, 2003.

109　Thomas L. Friedman, "Vote France off the Island," *New York Times*, February 9, 2003.

110　Toby Harnden, "Gerhard Schroeder Accuses George W. Bush of 'Not Telling Truth' in Memoirs," *Telegraph* (London), November 10, 2010.

111　Don Van Natta, Jr., "Bush Was Set on Path to War, Memo by British Adviser Says," *New York Times*, March 27, 2006.

112　Matthew Yglesias, "Democrats and the World," in *In Search of Progressive America*, ed. Michael Kazin with Frans Becker and Menno Hurenkamp (Philadelphia: University of Pennsylvania Press, 2008), 13.

113　David Barstow, "Behind TV Analysts, Pentagon's Hidden Hand," *New York Times*, April 20, 2008; "Instruments of War: Transcript," April 25, 2008, www.onthemedia.org/transcripts/2008/04/25/01.

114　Daniel Okrent, "The Public Editor: Weapons of Mass Destruction? Or Mass Distraction?" *New York Times*, May 30, 2004.

115 John Barry, "Beyond Baghdad: Expanding Target List," *Newsweek*, August 18, 2002.

116 Norman Podhoretz, "In Praise of the Bush Doctrine," *Commentary*, September 2002, 19.

117 Linda Diebel, "Bush Doctrinaires," *Toronto Star*, April 13, 2003.

118 Wesley K. Clark, *Winning Modern Wars: Iraq, Terrorism, and the American Empire* (New York: PublicAffairs, 2004), 130.

119 Robert Dreyfuss, "Just the Beginning: Is Iraq the Opening Salvo in a War to Remake the World?," *American Prospect*, April 1, 2003, 26.

120 Barbara Slavin, "Iraq a Harsh Climate to Try to Grow Democracy," *USA Today*, November 11, 2002.

121 G. John Ikenberry, "America's Imperial Ambition," *Foreign Affairs*, September–October 2002, 49–50.

122 Michael Hirsh, "Hawks, Doves and Dubya," *Newsweek*, September 2, 2002, 25.

123 Anthony Zinni, "Comments of Gen. Anthony Zinni (ret.) During a Speech before the Florida Economic Club, August 23, 2002," www.npr.org/programs/morning/zinni.html.

124 George C. Wilson, "Cheney Believes Gorbachev Sincere," *Washington Post*, April 5, 1989.

125 Phil McCombs, "The Unsettling Calm of Dick Cheney," *Washington Post*, April 3, 1991.

126 Robert H. Swansbrough, *Test by Fire: The War Presidency of George W. Bush* (New York: Palgrave Macmillan, 2008), 27; James E. Westheider, *Fighting on Two Fronts: African Americans and the Vietnam War* (New York: New York University Press, 1997), 29–30.

127 Colin L. Powell with Joseph E. Persico, *My American Journey* (New York: Random House, 1995), 148.

128 Stephen J. Whitfield, "Still the Best Catch There Is: Joseph Heller's *Catch 22*," in *Rethinking Cold War Culture*, ed. Peter J. Kuznick and James Gilbert (Washington, DC: Smithsonian Institution Press, 2001), 188.

129 Ross Goldberg and Sam Kahn, "Bolton's Conservative Ideology Has Roots in Yale Experience," *Yale Daily News*, April 28, 2005.

130 Paul D. Colford, *The Rush Limbaugh Story: Talent on Loan from God* (New York: St. Martin's Press, 1993), 14–20; Whitfield, "Still the Best Catch There Is," 188.

131 Craig Glenday, ed. *Guinness World Records 2010: Thousands of New Records in the Book of the Decade!* (New York: Bantam, 2010), 47.

132 Robert J. Samuelson, "The Gulf of World Opinion," *Washington Post*, March 27, 2003.

133 Michael Dobbs, "Persuasion: Why Success Requires More than Victory," *Washington Post*, March 30, 2003.

134 Nicholas D. Kristof, "Flogging the French," *New York Times*, January 31, 2003.

135 Samuelson, "The Gulf of World Opinion."

136 Harlan K. Ullman and James Wade, *Shock and Awe: Achieving Rapid Dominance* (Washington, DC: NDU Press, 1996), www.au.af.mil/AU/AWC/AWCGATE/ndu/shocknawe.

137 Arundhati Roy, *An Ordinary Person's Guide to Empire* (Cambridge, MA: South End Press, 2004), 64.

138 Donald Rumsfeld, "Remarks as Delivered by Secretary of Defense Donald H. Rumsfeld, Baghdad, Iraq, Wednesday, April 30, 2003," www.defense.gov/speeches/speech.aspx?speechid=382.

139 Gardner, *The Long Road to Baghdad,* 170; John W. Dower, *Cultures of War: Pearl Harbor/Hiroshima/9-11/Iraq* (New York: W. W. Norton, 2010), 397–398.

140 Richard Perle, "Next Stop, Iraq: Remarks of the Hon. Richard Perle at the FPRI Annual Dinner," November 14, 2001, www.fpri.org/transcripts/annualdinner.20011114.perle.nextstopiraq.html.

141 Lawrence F. Kaplan and William Kristol, *The War over Iraq: Saddam's Tyranny and America's Mission* (San Francisco: Encounter Books, 2003), vii–viii, 124.

142 Robert Fisk, "American Billions Keep Arab Regimes Sweet," *Independent* (London), March 2, 2003.

143 Doug Struck, "Citing Iraq, N. Korea Signals Hard Line on Weapons Issue," *Washington Post*, March 30, 2003.

144 Gardner, *The Long Road to Baghdad*, 223.

145 Alan Greenspan, *The Age of Turbulence: Adventures in a New World* (New York: Penguin, 2007), 463.

146 Robert Dreyfuss, "The Thirty-Year Itch," Mother Jones, March–April 2003, http://motherjones.com/politics/2003/03/thirty-year-itch?page=2.

147 *Congressional Record, Proceedings and Debates of the 108th Congress, First Session, April 3, 2003*, 8544.

148 Dreyfuss, "The Thirty-Year Itch."

149 "Report on Prewar Intelligence Assessments About Postwar Iraq," Select Committee on Intelligence, United States Senate, 110th Cong., May 25, 2007, 27, 57, http://intelligence.senate.gov/11076.pdf.

150 Walter Pincus and Karen DeYoung, "Analysts' Warnings of Iraq Chaos Detailed," *Washington Post*, May 26, 2007.

151 Roger Strother, "Post-Saddam Iraq: The War Game," November 4, 2006, National Security Archive, www.gwu.edu/~nsarchiv/NSAEBB/NSAEBB207/index.htm.

152 Nicholas D. Kristof, "War and Wisdom," *New York Times*, February 7, 2003.

153 Michael F. Scheuer, "Tenet Tries to Shift the Blame. Don't Buy It," *Washington Post*, April 29, 2007.

154 Peter W. Galbraith, *The End of Iraq: How American Incompetence Created a War Without End* (New York: Simon & Schuster, 2006), 83.

155 Bruce Hoffman, *Inside Terrorism* (New York: Columbia University Press, 2006), 292.

156 "Bin Laden: Goal Is to Bankrupt U.S.," November 1, 2004, http://articles.cnn.com/2004-11-01/world/binladen.tape_1_al-jazeera-qaeda-bin?_s=PM:WORLD.

157 Aram Roston, *The Man Who Pushed America to War: The Extraordinary Life, Adventures, and Obsessions of Ahmad Chalabi* (New York: Nation Books, 2008), 252–253, 255–256; Gardner, *Long Road to Baghdad*, 205.

158 Eli Lake, "Chalabi Aide Tied to Shi'ite Terrorists," *Washington Times*, August 28, 2009.

159 "Interview with Andrew Natsios, Administrator for the US Agency for International Development, with Ted Koppel, *Nightline*, ABC News, 23 April 2003 on the Costs of Iraqi Reconstruction," www.mtholyoke.edu/acad/intrel/iraq/koppel.htm.

160 Bruno Coppieters and Boris Kashnikov, "Right Intentions," in *Moral Constraints on War: Principles and Cases,* ed. Bruno Coppieters and Nick Fotion (Lanham, MD: Rowman & Littlefield, 2008), 94.

161 Eric Schmitt, "2 U.S. Officials Liken Guerrillas to Renegade Postwar Nazi Units," *New York Times*, August 23, 2003.

162 James Risen and David Johnston, "Bin Laden Is Seen with Aide on Tape," *New York Times*, September 11, 2003.

163 关于美国私有化计划的讨论，参见 Dower, *Cultures of War*, 411–416。

164 Naomi Klein, *The Shock Doctrine: The Rise of Disaster Capitalism* (New York: Henry Holt, 2007), 432–436.

165 Rajiv Chandrasekaran, "Ties to GOP Trumped Know-how Among Staff Sent to Rebuild Iraq," *Washington Post*, September 17, 2006.

166 "'Gates of Hell' Are Open in Iraq, Warns Arab League Chief," Agence France Presse, September 19, 2004.

167 Jeremy Scahill, *Blackwater: The Rise of the World's Most Powerful Mercenary Army*

(New York: Nation Books, 2008), 59–60.

168 James Risen, "U.S. Splits Controversial Contractor's Iraq Work 3 Ways, but Costs May Soar," *New York Times*, May 24, 2008; Robert O'Harrow, Jr., "Halliburton Is a Handy Target for Democrats," *Washington Post*, September 18, 2004.

169 Helen Dewar and Dana Milbank, "Cheney Dismisses Critic with Obscenity," *Washington Post*, June 25, 2004.

170 James Risen, "Electrical Risks Worse than Said at Bases in Iraq," *New York Times*, July 18, 2008.

171 Robert F. Worth, "Blast Destroys Shrine in Iraq, Setting Off Sectarian Fury," *New York Times*, February 22, 2006.

172 Gardner, *The Long Road to Baghdad*, 245.

173 Dana Priest and Dana Milbank, "President Defends Allegation on Iraq," *Washington Post*, July 15, 2003.

174 Ron Suskind, "Without a Doubt," *New York Times Magazine*, October 17, 2004, 44, 51.

175 Buddhika Jayamaha, Wesley D. Smith, Jeremy Roebuck, Omar Mora, Edward Sandmeier, Yance T. Gray, and Jeremy A. Murphy, "The War as We Saw It," *New York Times*, August 19, 2007.

176 Joseph E. Stiglitz and Linda Bilmes, *The Three Trillion Dollar War: The True Cost of the Iraq* Conflict (New York: W. W. Norton, 2008).

177 *Iraq: No Let-up in the Humanitarian Crisis* (Geneva: International Committee of the Red Cross, 2008), 3.

178 Transparency International, "Corruption Perceptions Index 2010 Results," www .transparency.org/policy_research/surveys_indices/cpi/2010/results.

179 Liz Sly, "In Iraq, Ex-Foe Is New Friend: Historic Visit by Iran Leader Showcases Ties," *Chicago Tribune*, March 3, 2008.

180 Gareth Porter, "Burnt Offering," *American Prospect*, May 25, 2006, www.prospect. org/cs/articles?articleId=11539.

181 Philip Giraldi, "Deep Background: In Case of Emergency, Nuke Iran; Give Tenet Another Medal; Iraq's Police Brutality," *American Conservative*, August 1, 2005, www.amconmag.com/article/2005/aug/01/00027/.

182 "Iran: Nuclear Intentions and Capabilities," National Intelligence Estimate, November 2007, www.dni.gov/press_releases/20071203_release.pdf, 6.

183 James Risen and Judith Miller, "A Nation Challenged," *New York Times*, October 29, 2001; Tim Reid, "We'll Bomb You to Stone Age, US Told Pakistan," *Times* (London), September 22, 2006, www.timesonline.co.uk/tol/news/world/middle_east/article

647188.ece.

184 Celia W. Dugger, "The World: Unthinkable," *New York Times*, June 2, 2002.

185 Roger D. Hodge, "Weekly Review," *Harper's Magazine*, January 15, 2002.

186 Hersh, *Chain of Command*, 291, 312; Statement of Leonard Weiss, Ph.D., to the House Subcommittee on International Terrorism and Nonproliferation, "The A. Q. Khan Network: Case Closed?: Hearing before the Subcommittee on International Terrorism of the Committee on International Relations," 109th Cong., 2nd Sess., May 25, 2006, 10; John Lancaster and Kamran Khan, "President Won't Submit to Nuclear Inspections," *Washington Post*, February 6, 2004.

187 Seymour M. Hersh, "The Deal: Why Is Washington Going Easy on Pakistan's Nuclear Black Marketers?" *New Yorker*, March 8, 2004, 32.

188 Pew Research Center, "Pew Global Attitudes Project: Spring 2007 Survey of 47 Publics" (Washington, DC: Pew Research Center for the People & the Press, 2007), 88; Pew Research Center, "Publics of Asian Powers Hold Negative Views of One Another," September 21, 2006, http://pewglobal.org/2006/09/21/publics-of-asian-powers-hold-negative-views-of-one-another/.

189 "Poll: Bin Laden tops Musharraf in Pakistan," September 11, 2007, http://articles.cnn.com/2007-09-11/politics/poll.pakistanis_1_approval-rating-poll-qaeda?_s=PM:POLITICS.

190 Nick Allen, "Soviet Break-up Was Geopolitical Disaster, Says Putin," *Daily Telegraph* (London), April 26, 2005.

191 Nick Allen, "Why Russia Is Putting Stalin Back on His Pedestal," *Daily Telegraph* (London), April 20, 2005.

192 William M. Arkin, "Secret Plan Outlines the Unthinkable," *Los Angeles Times*, March 9, 2002.

193 "America as Nuclear Rogue," *New York Times*, March 12, 2002.

194 Tadatoshi Akiba, "Peace Declaration, August 6, 2003," www.pcf.city.hiroshima.jp/declaration/English/2003/index.html.

195 Keir A. Leiber and Daryl G. Press, "The Rise of U.S. Nuclear Primacy," *Foreign Affairs*, March–April 2006, 42, 52.

196 Peter Finn, "Russians Sense the Heat of Cold War," *Washington Post*, April 3, 2006.

197 Yegor Gaidar, "Nuclear Punditry Can Be a Dangerous Game," *Financial Times* (London), March 29, 2006.

198 "Russian and U.S. Citizens See Each Other as Potential Enemies?," *Pravda*, April 24, 2006.

199 "National Security," program broadcast by Radio Russia on April 5, 2006, supplied by BBC Worldwide Monitoring; Fred Weir, "In Moscow, Buzz over Arms Race II," *Christian Science Monitor*, April 24, 2006; Gaidar, "Nuclear Punditry Can Be a Dangerous Game."

200 Peter C. W. Flory, "Does Washington Really Have (Or Want) Nuclear Primacy?" *Foreign Affairs*, September–October 2006, 149–150; Keith Payne, "A Matter of Record," *Foreign Affairs*, September–October 2006, 152.

201 Alexei Arbatov, "Cutting a Deal," *Foreign Affairs*, September–October 2006, 153–154.

202 Keir A. Lieber and Daryl G. Press, "Lieber and Press Reply," *Foreign Affairs*, September– October 2006, 154–157.

203 William B. Scott, "USSC Prepares for Future Combat Missions in Space," *Aviation Week & Space Technology*, August 5, 1996, 51.

204 *Report of the Commission to Assess United States National Security Space Management and Organization* (Washington, DC: U.S. Government Printing Office, 2001), viii, xii.

205 Sean Kay, *Global Security in the Twenty-First Century: The Quest for Power and the Search for Peace* (Lanham, MD: Rowman & Littlefield, 2006), 187.

206 Jonathan Shainin, "Rods from God," *New York Times Magazine*, December 10, 2006, 70.

207 Weiner, *Legacy of Ashes*, 502.

208 Ibid., 503.

209 Nick Turse, "Planet Pentagon How the Pentagon Came to Own the Earth, Seas, and Skies," July 11, 2007, www.tomdispatch.com/post/174818.

210 "Department of Defense Base Structure Report, Fiscal Year 2008 Baseline," www.acq.osd.mil/ie/download/bsr/BSR2008Baseline.pdf.

211 Thomas Donnelly and Vance Serchuk, "Toward a Global Cavalry: Overseas Rebasing and Defense Transformation," American Enterprise Institute for Public Policy Research, July 1, 2003, www.aei.org/outlook/17783.

212 Douglas J. Feith, "Prepared Statement Before the House Armed Services Committee," June 23, 2004, www.defense.gov/speeches/speech.aspx?speechid=133.

213 Tom Engelhardt, *The American Way of War: How Bush's Wars Became Obama's* (Chicago: Haymarket Books, 2010), 42.

214 Thom Shanker, "Despite Slump, U.S. Role as Top Arms Supplier Grows," *New York Times*, September 7, 2009.

215 Brzezinski, "Terrorized by 'War on Terror.'"

216 Mike Allen and Edward Walsh, "Presidential Rivals Feast on Jokes, Jabs," *Washington Post*, October 20, 2000.

217 Louise Story, "Wall St. Profits Were a Mirage, but Huge Bonuses Were Real," *New York Times*, December 18, 2008.

218 David Goldman, "Most Firms Pay No Income Taxes — Congress," August 12, 2008, http://money.cnn.com/2008/08/12/news/economy/corporate_taxes.

219 Lichtman, *White Protestant Nation*, 446.

220 James T. Patterson, "Transformative Economic Policies: Tax Cutting, Stimuli, and Bailouts," in Zelizer, *The Presidency of George W. Bush*, 130.

221 Paul Harris, "Welcome to Richistan, USA," *Observer* (London), July 22, 2007.

222 Louise Story, "Top Hedge Fund Managers Do Well in a Down Year," *New York Times*, March 25, 2009.

223 International Labour Organization, *World of Work Report 2008: Income Inequalities in the Age of Financial Globalization* (Geneva: International Institute for Labour Studies, 2008), www.ilo.org/public/english/bureau/inst/download/world08.pdf, xi.

224 Tomoeh Murakami Tse, "Buffett Slams Tax System Disparities," *Washington Post*, June 27, 2007.

225 David Rothkopf, "They're Global Citizens. They're Hugely Rich. And They Pull the Strings," *Washington Post*, May 4, 2008; David Brown, "Richest Tenth Own 85% of World's Assets," *Times* (London), December 6, 2006, www.timesonline.co.uk/tol/news/world/asia/article661055.ece.

226 "Giving More Generously: What Rich Countries Gave in Foreign Aid Last Year," *Economist*, March 31, 2009, www.economist.com/node/13400406?story_id=13400406.

227 Mark Knoller, "President Bush by the Numbers," February 11, 2009, www.cbsnews.com/stories/2009/01/19/politics/bush_legacy/main4735360.shtml.

228 Carol Morello and Dan Keating, "Millions More Thrust into Poverty," *Washington Post*, September 11, 2009.

229 Jodie T. Allen, "A Nation of 'Haves' and 'Have-Nots'?" Pew Research Center, September 13, 2007, http://pewresearch.org/pubs/593/haves-have-nots.

230 Robert Reich, "America Is Becoming a Plutocracy," October 18, 2010, www.salon.com/news/feature/2010/10/18/the_perfect_storm.

231 "Bush's Final Approval Rating: 22 Percent," www.cbsnews.com/stories/2009/01/16/opinion/polls/main4728399.shtml.

第14章
奥巴马：帝国的十字路口

"我们是一个有吸引力的帝国，人人都想加入。"[1]新保守主义者马克斯·布特在"9·11"事件后吹嘘道。但现在，美国经历了两场漫长的战争灾难，耗费了数万亿美元的军费开支，在国外建立了由1000多个军事基地组成的军事网络，在几个大洲对因犯实施酷刑和虐待，践踏国际法和美国宪法，国内经济几近崩溃；美国的无人机袭杀了所谓的恐怖分子和平民；这个发达工业国家的贫富差距到了前所未有的地步；学生的考试成绩低得可怕；政府的监控之严密史无前例；国内的基础设施崩溃；左翼和右翼势力的抗议活动此伏彼起；美国在国际社会声名狼藉。凡此种种，让美利坚帝国看起来没那么有吸引力了。

2011年，小布什取消了他原计划要在瑞士发表的演讲，避免引发大规模的抗议活动，以及被指控为战争犯。对于这一可悲的事态，他身边那些支持帝国路线的顾问们应该负很大责任。他们留给奥巴马和美国人民一个难以收拾的烂摊子。奥巴马曾对他最亲近的顾问倾吐："我所接手的，是一个随时能以6种方式爆炸的国家……"[2]

奥巴马接手的美国的确一团糟，但从某些方面看，奥巴马的执政甚至令这种局面雪上加霜。奥巴马在民众的欢呼声中入主白宫，他在竞选过程中以令人振奋的言辞、卓越的智慧、鼓舞人心的生平、致力于捍卫公民自由的承诺、拒绝单边主义的姿态以及强烈反对伊拉克战争的立场迷惑了众多支持者，这些特点令他似乎与小布什形成了鲜明对比。巴拉克·侯赛因·奥巴马的父亲是肯尼亚黑人，母亲是美国堪萨斯州白人，他在印度尼西亚和夏威夷长大，后来毕业于哥伦比亚大学，成为哈佛大学学术期刊《哈佛法律评论》（*Harvard Law Review*）的主编。他当选美国总统，仿佛是这个臭名昭著的国家对自己所犯罪行的一种救赎。就像本书处处揭露的，这些罪行包括种族主义、帝国主义、黩武主义、核武器主义、破坏环境，还有永无止境的贪婪。美国错误的政策造成了巨大的痛苦。对许多人来说，奥巴马的当选是一种救赎，展示了美国的另一面及其在历史上的地位，这一面的特征是理想主义、平等主义、宪政主义、共和主义、人本主义、环保主义，以及拥抱自由和民主，将之作为普世原则。进步人士希望奥巴马能够继承富兰克林·罗斯福、亨利·华莱士以及古巴导弹危机后约翰·F.肯尼迪等人所代表的美国传统。

然而，奥巴马并没有推翻小布什及其前任们的政策，反而使之延续下来。他没有削弱华尔街和大企业在美国社会的影响力，反而给了它们继续此前大多数掠夺行为的自由。除了极少数情况，奥巴马没有恢复"9·11"事件后被小布什剥夺的公民自由，也没有限制小布什执政时期政府篡夺的行政权力。相反，奥巴马加强了对国内安全和审查机构的控制，扼杀了公民自由和表达异见的权利。

在1939年上映的那部电影佳作《史密斯先生到华盛顿》（*Mr. Smith Goes to Washington*）中，导演弗兰克·卡普拉（Frank Capra）

2008 年 2 月，奥巴马在卡罗琳·肯尼迪 (左二) 和爱德华·肯尼迪 (左三)
等资深民主党人的拥护下，在康涅狄格州首府哈特福德演讲。

用片头的整整 11 分钟揭露了一张由权力、阴谋和秘密交易结成的
邪恶网络，展现了天真的理想主义者杰斐逊·史密斯 (Jefferson
Smith) 试图改变华盛顿行事之道时遇上的隐秘世界。奥巴马也会
遇到类似的既得利益集团，但他比史密斯精明许多，也显然更犬
儒。他有意让建制派的核心人物环绕在自己身边，充当国内外政策
顾问，从而先发制人地关闭了大胆创新的大门，并打破了他在竞选
期间许下的与过去做切割的承诺。

　　奥巴马背叛了此前的承诺，成为大选中第一个拒绝联邦政府提
供的公共竞选资金的总统候选人，转而向资金雄厚的华尔街投资
者，诸如高盛、花旗集团、摩根大通、世达国际律师事务所和摩根
士丹利等财团求助。对奥巴马的竞选贡献靠前的还有通用电气和其
他国防承包商。美国制药行业——大型制药公司——改变了多年来

支持共和党的传统，为奥巴马提供的赞助是给麦凯恩的三倍多。[3]

奥巴马的基层支持者在很大程度上忽略了这些令人不安的事实。进步人士将自己的希望和期望寄托在奥巴马身上，而保守派也向他投以最深的恐惧。但他们都错了。奥巴马在竞选过程中走的是中间派路线，主张安全而务实的政策举措。他一贯支持中产阶级，而工人阶级和穷人（包括黑人、拉美裔、亚裔、美国原住民以及白人），在他与希拉里和约翰·麦凯恩的辩论中似乎成了次要问题。他没有抓住机会解释，是制造业的衰落，和一个由大企业及华尔街主导、已经功能失调的体系核心的其他结构性因素，加剧了所有穷人特别是非洲裔美国人的困境。相反，他指责贫穷黑人没有承担起更多"个人责任"。他高调反对希拉里投过赞成票的伊拉克战争，显得比后者还左；但他又在阿富汗问题上表现得比小布什还右，这一点他的支持者们往往习惯性地忽略。奥巴马在参议院投票支持《外国情报监视法案》，该法案赋予电信公司在为小布什窃听时享有司法豁免权，这表明了奥巴马可能不愿轻易放弃小布什和切尼窃取的某些行政权力。

站队富豪，引爆"占领华尔街"运动

在奥巴马任内，最大的赢家是华尔街。银行家们用各种投机性创新手段破坏经济，包括信用违约互换、债务抵押债券等，又可怜兮兮地向政府乞求援助。奥巴马的经济顾问几乎都是比尔·克林顿时期的财政部长罗伯特·鲁宾（Robert Rubin）的门徒，毫不奇怪，他们非常乐意伸出援手，一个7000亿美元的金融救助计划就此出炉。鲁宾自2005年起就开始系统地培养奥巴马，他在进入财政部任职之前，曾是高盛集团的联合主席。他担任财政部长时筹划了两项政策，间接酿成了他的门徒如今要应对的金融危机。那两项政策就是：放松对衍生品市场的管制；1999 年废除《格拉斯—斯蒂格尔法案》(Glass-Steagall Act)，该法案将投资银行业务与商业银行业务分离开来。鲁宾因为在财政部时帮华尔街干了不少肮脏勾当，离职后得到了花旗集团的最高职位。在花旗集团掌舵的 8 年里，他总共获得了 1.26 亿美元的报酬。2008 年 11 月底，《纽约时报》报道："随着奥巴马经济顾问团队的组建，一个实质上的鲁宾阵营逐渐形成。"鲁宾的财政部办公厅主任、花旗集团高管迈克尔·弗罗曼 (Michael Froman) 负责组建这个团队。奥巴马经济班底中的两个最高职位都由鲁宾的门徒担任：纽约联邦储备银行行长蒂莫西·盖特纳 (Timothy Geithner) 被任命为财政部长，白宫高级经济顾问则由劳伦斯·萨默斯出任。鲁宾任财政部长时，盖特纳在他手下任职，萨默斯则曾在《格拉斯—斯蒂格尔法案》被正式废除时担任财政部长。就像鲁宾一样，公开宣称要放开监管的萨默斯，在卸任后也投入了华尔街的怀抱，并获得不菲的回报。2008 年，他进入德邵对冲基金工作，每周只工作一天，年薪 520 万美元。另外，他还得到 270 万美元的演讲出场费，邀请他演讲的大多数是华尔街的企业。高盛集团请他演讲的费用是单次 13.5 万美元，调查记者格伦·格林沃尔德 (Glenn Greenwald) 将这称作"高明的贿赂"。[4]但是，相比于盖特纳—萨默斯主管经济时期华尔街攫取到的巨额财富，高盛和其他"银行流氓"出这么点钱已经算是占了大便宜。奥巴马委任鲁宾的门徒彼得·欧尔萨格 (Peter Orszag) 担任美国国家管理及预算办公室主任。《纽约时报》报道："盖特纳、萨默斯和欧尔萨格都信奉一种后来被称为鲁宾经济学的经济准则：主张平衡预算、自由贸易和放松金融管制。"经济决策团队的较低梯次也都有鲁宾的盟友。只有少数显眼的例外者，即经济顾问委员会 (Council of Economic Advisors) 主席克里斯蒂娜·罗默 (Christine Romer) 以及拜登的首席经济政策顾问杰里德·伯恩斯坦 (Jared

Bernstein）。这两人在短暂的任期里，都曾反对鲁宾阵营的一些新自由主义经济主张，但都没有成功。

曾在民主党担任战略家戴维·西罗塔（David Sirota）准确地指出了鲁宾派将如何打造奥巴马的经济策略："鲍勃·鲁宾，这些家伙，他们都是典型的'富有的自由主义者'。他们基本上都从经济投机中攫取了巨额财富，但他们想说自己是善良的民主人，因为他们愿意多给穷人一点小恩小惠。这就是民主党的模式——让富人大块大块吃肉，穷人也能喝一点点汤。"

2008年11月23日，小布什政府宣布可能会为即将崩溃的花旗集团提供3060亿美元的债务担保。之前不久，花旗集团已经根据政府的问题资产救助计划（Troubled Asset Relief Plan）获得了250亿美元的救助，这项计划旨在为金融行业提供大规模救助。《纽约时报》明确指出，盖特纳在谈判中起到了"关键作用"，小布什政府的财政部长亨利·保尔森（Henry Paulson）也与奥巴马的过渡团队合作得非常密切。华尔街为这项计划兴奋不已，道琼斯指数连续两天出现了20多年来的最大涨幅，而花旗银行的股价在过去一年里从30美元暴跌至3.77美元，又突然在一天内大涨66%。前劳工部长罗伯特·赖克惊呼："如果你以前不信华尔街的地位比平头百姓的高，现在就可以把怀疑收起来了。"之后还会有源源不断的证据冒出来。2009年4月初，《华盛顿邮报》报道称，财政部曲解了法律，也违背了国会要求限制企业高管薪酬的意愿："据政府官员透露，奥巴马政府正在设计新的救助计划。根据该计划，一些企业能够避开国会施加的限制，包括对企业高管的限薪。"[5]

得克萨斯大学经济学家詹姆斯·加尔布雷思（James Galbraith）痛斥奥巴马，说他被银行家牵着鼻子走，仿佛再无其他方法可以解决危机：

……没人能为奥巴马团队上任后的行为开脱。法律、政策和政治都指向一个方向：把有系统性风险的银行交给希拉·贝尔（Sheila Bair）掌舵的联邦存款保险公司。为储户投保、更换管理层、解雇游说者、审计账目、起诉欺诈行为、重组并精简机构，只要执行这些操作，就可以把金融系统清理干净，而操控政治的大银行家们也能被打压下去。

但奥巴马团队没采取这些举措。相反，他们宣布进行"压力测试"①，显然就是为了掩盖银行的真实情况。他们迫使联邦会计标准委员会（Federal Accounting Standards Board）允许银行忽略有毒资产的市场价值。管理团队还是原班人马，没有人遭到起诉。美联储将资金成本降低到零。总统多次为这些做法辩护，反复声称这一政策的目标是"使信贷重新流动起来"。

银行举行了一场庆功宴，宣布利润飙升，奖金也提高了。得到免费的援助资金，银行通过把钱借给财政部，从而毫无风险地赚钱。他们可以繁荣股市，可以通过自营交易攫取巨额利润，而他们在抵押贷款中的损失则被掩盖……⁶

美联储前主席保罗·沃尔克（Paul Volcker）建议奥巴马采取强硬措施。他说："现在，趁他们露出破绽之时，趁你的机会来临之时，你应该用长矛扎穿华尔街这些人的心脏，他们当中的大多数多年来都在倒卖债务。"但是，奥巴马没有与华尔街对抗，而是于2009年3月拜倒在美国最大的13家银行的首席执行官面前，告诉他们："我想帮忙。我没想追杀你们，我在保护你们。但如果我帮你们摆脱公众和国会的怒火，你们要让我在薪酬问题上有所交

---

① 2009年2月10日，美国财政部长盖特纳提出对全美最大的19家银行进行压力测试，旨在判定银行"缺血"程度，其最终目标是让这些金融机构在未来两年内继续持有充足资本，同时仍能提供消费信贷。

代。"[7]银行家们嘴上说愿意自我约束，但之后继续发放了创纪录的奖金。因此，与欧洲限制银行家薪酬的做法不同，奥巴马政府甚至没有限制那些接受政府救助的企业高管的薪酬。高得离谱的收益随之而来。《华尔街日报》报道，华尔街银行、投资银行、对冲基金、资产管理公司和证券交易所的薪酬和福利总额，在2009年达到1280亿美元，2010年达到1350亿美元，创下了历史纪录。[8]最大的受益者是前25位顶级对冲基金公司的经理，他们的平均收入从2006年的区区5.7亿美元飙升至2009年大为可观的10亿美元。[9]2010年，纽约一位名叫约翰·保尔森（John Paulson）的对冲基金经理获得49亿美元的报酬。

记者罗恩·萨斯坎德事后报道，幕后其实发生了一场更复杂的内部谈判。奥巴马同意罗默和其他人的看法，认为有必要从花旗银行入手，进行一场彻底的银行重组。但盖特纳和白宫办公厅主任拉姆·伊曼纽尔（Rahm Emanuel）竭力破坏这一计划。萨斯坎德指出，奥巴马曾要求盖特纳拟订计划，但盖特纳拒绝了，并最终说服总统采纳了他提出的亲华尔街的政策。伊曼纽尔在1999年离开克林顿的白宫后，在华尔街的投资银行佩雷拉集团工作了两年半，获得超过1800万美元的收入。他坚决主张大家都接受盖特纳的建议。奥巴马没有抵抗便缴械投降了。[10]

始于2008年的金融危机没能让中产阶级和工人阶级在企业里少受压榨。2010年，标普指数500强公司的首席执行官的平均总薪酬上涨了23%，达到1140万美元。2010年，首席执行官的薪酬相当于中等工薪阶层的343倍，自1980年以来两者的差距增长了逾8倍，当年的差距还只是42倍。相比之下，其他工业国家的首席执行官的报酬则要少得多。英国和加拿大的首席执行官的平均工资是该国工人的22倍，日本的仅为11倍。探索通信公司的首席执行官戴维·扎斯拉夫（David Zaslav）是从中牟利的一员。他的薪水从

2008 年的 790 万美元攀升至 2009 年的 1170 万，到 2010 年时达到 4260 万美元。

其他劳动者大多只能自谋出路了。奥巴马的经济刺激计划只有克里斯蒂娜·罗默所倡议的 1.2 万亿美元的大约一半。她的建议被萨默斯排除在自己的方案之外。[11] 奥巴马执政初期的经济复苏计划不仅无力创造新的就业机会，而且它的好处还完全被美国最富有的那小群人占据了。东北大学的经济学家安德鲁·萨姆（Andrew Sum）及其研究小组调查发现，从 2009 年第二季度到 2011 年第一季度，美国国民收入增长了 5050 亿美元。公司税前利润增长了 4650 亿美元。然而，工资和福利却下降了 220 亿美元。[12] 这个问题值得深思。他们发现，在经济触底的 9 个月后，到了 2009 年第二季度，在增加的利润和工资中，公司利润占 85%。而 1981—1982 年经济衰退后的同一恢复期内，公司利润只占了 10%。2010 年，93% 的国民收入增长被最富有的 1% 的家庭占有，其他 99% 的家庭分享不到 7% 的增长成果。收入最高的那 0.01%，也就是大约 1.5 万个家庭，其收益甚至更好，卷走了惊人的 37% 的新收益。与此同时，社会福利继续下调。2010 年的一项调查发现，在过去的一年里，员工的健康保险费增加了 13.7%，但雇主的缴费则下降了 0.9%。[13]

克里斯·赫奇斯（Chris Hedges）所说的"企业掠夺美国"的现象已经持续了好几十年。[14] 据美国的劳工统计局（Bureau of Labor Statistics）统计，在高管薪酬飞涨的同时，普通员工的平均工资却自 1970 年代以来下降了超过 10%。国会预算办公室（Congressional Budget Office）估计，1979—2005 年间，收入最高的那 1% 的富人，其收入增长了 480%。[15]

到 2007 年，最富有的 1% 的人，获得了 25% 的国民收入，几乎占有美国财富的 40%。2007 年工会只代表 7% 的私人劳动者，他们的实际工资，如果将通货膨胀考虑在内，实际上还低于 30 年前的水平。2007年，收入最低的80%的人只占有全体收入的15%。经济政策研究所（Economic Policy Institute）的报告称，总的来说，到2011年，最富有的1%的人群，掌握的财富比最贫穷的90%的人拥有的总额还要多。很多家庭勉强维持与1970年持平的生活水平，靠的是让女性加入劳动力大军（1966年，抚养年幼孩子的同时还要外出工作的年轻女性比例为24%，到1990年代末，这一比例增加到60%）、大幅提升工作时长（相比于20年前，奥巴马时代的男性工人每年多增加了100个小时的工作时长，而女性工人则每年多增加了200个小时），并以无节制且终究不可持续的利率借款（在2002—2007年间，银行单从家庭方面就榨取了2.3万亿美元）。[16]

2011年10月贝塔斯曼基金会（Bertelsmann Stiftung Foundation）发布的《经合组织成员国社会公正指数比较》（"Social Justice in the OECD—How Do the Member States Compare"）报告显示，美国的排名大幅下降，在31个成员国中排第27位，仅领先于希腊、智利、墨西哥和土耳其。该报告考察了许多测量指标，包括贫困预防、儿童和老人的贫困率、收入不平等、学前教育支出、医疗和其他关键指标。在总体贫困率上，美国排第29位；在儿童贫困率和收入不平等方面，美国排第28位。[17]哥伦比亚大学国家贫困儿童中心的报告表明，42%的儿童生活在低收入家庭，其中一半在贫困线以下。2011年12月，美联社报道称，接近一半的美国人都生活在贫困中或者属于低收入者。2010年，美国人口普查局（Census Bureau）的报告表明，4620万美国人生活在贫困线以下，这是自52年前该机构开始发布这些数据以来的最高值。

不仅越来越多的美国人陷入贫困，能摆脱贫困的人也越来越少。对流动性的研究打破了一个神话，即美国是一个阶层具有流动性，且比较容易向上跃升的社会。事实上，美国的社会保障处处都是漏洞，学校教育质量不佳、加入工会的工人比例较低，社会的阶层流动性要比其他发达国家低很多。[18]

贫富之间的巨大收入差距激怒了美国人，他们要养家糊口，还要努力支付医疗保险费用，偿还抵押贷款。国会很不情愿地采取了行动，在2010年通过了《多德—弗兰克华尔街改革和消费者保护法案》(Dodd-Frank Wall Street Reform and Consumer Protection Act)，该法案要求上市公司的高管向股东报告他们的薪酬情况以获得不具约束力的审批。美国国家金融服务公司首席执行官安杰洛·莫齐洛 (Angelo Mozilo) 就是反对这种限制企业发薪做法的其中一人。在他肆无忌惮的贪婪和非法交易加速房地产市场下跌之前的5年里，莫齐洛通过股票交易赚取了超过4.7亿美元的现金和收益。莫齐洛谴责"左翼媒体和眼红的工会领导人"向公司董事会施压的做法，指责他们压制了公共部门的"企业家精神"。[19]

虽然《多德—弗兰克华尔街改革和消费者保护法案》朝着正确的方向迈出了一步，但它几乎没有纠正导致经济崩溃的深层次问题，未能解决鼓励冒险行为的激励机制，也未能逆转让银行规模发展到"大而不倒"的势头。联邦存款保险公司前主席威廉·艾萨克 (William Isaac) 在《福布斯》(Forbes) 杂志中坦承，该法案"无法阻止眼下的金融危机，也无法阻止下一次"。他写道："事实上，这项法案对改变功能失调的监管系统起不了什么作用，而这个监管系统在过去40年里已经引发了三次严重的银行危机。"[20]

在华尔街及盖特纳那种"让他们吃点东西"的态度上，奥巴马没有"为愤怒的广大民众发声，也没能有建设性地疏导这种怒火"。对此，《华盛顿邮报》财经专栏作家史蒂文·帕尔斯泰因 (Steven Pearlstein) 感到非常震惊。在他看来，2009年11月便是一个"很能说明问题的时刻"，当时盖特纳"拒绝在全球范围内征收金融交易税，此举可以筹集资金以稳定经济，还能抑制大量短期的投机行为"。帕尔斯泰因写道，如果奥巴马真在乎民众的疾苦，而不是那些经济掠夺者的话，他可以让司法部对华尔街的巨额利润发起反垄断调查，也可以向国会施压，要求堵住对冲基金和私募基金经理交税比其秘书还低的税收漏洞，他还可以推动20国集团把"交易税重新提上议程"。[21]

　　帕尔斯泰因想知道，"奥巴马到底站在哪一边？"随着2012年大选的临近，这个问题变得尤为尖锐。人们对恶劣的经济形势怒不可遏，"占领华尔街"（Occupy Wall Street）运动爆发，抗议者在全国各地的城镇聚集，发起了一场自1930年代以来从未有过的草根运动。奥巴马如履薄冰，他试图向反华尔街的抗议者和被抗议者唾骂的华尔街大亨两头发出信号，表示自己与他们同在。2011年6月，据《纽约时报》报道，奥巴马已经得罪了华尔街富豪，因为他称呼他们为"'阔佬'，并批评他们发放了巨额的奖金"，还大胆地提出了限制他们贪婪的措施。但现在，据《纽约时报》称，奥巴马和他

在曼哈顿附近一栋豪华住宅楼的广告牌前，正躺着一个无家可归的人。

的高级助手又开始向华尔街求助，希望他们支持他的连任竞选，他也试图抚慰银行家们受伤的感情。[22]富兰克林·罗斯福曾把忘恩负义的资本家比作某个溺水的老人，他在获救后非但没有感恩，还斥责救援者为什么不帮他找回帽子；而现在奥巴马就手里拿着帽子，来到他们面前乞求宽恕。罗斯福通过由政府创造大规模就业，实施全面的金融监管和改革，与华尔街的金融巨头势不两立，但奥巴马不同，他不但纵容华尔街的内部人士享有比工薪阶层更多的特权，还为伤害了他们的感情而道歉。

　　奥巴马也偿还了对其他企业捐助者的债务。诺贝尔经济学奖得主约瑟夫·斯蒂格利茨（Joseph Stiglitz）指出："制药公司不应惊讶于获得一份价值上万亿美元的豪礼：国会通过立法禁止政府这一最大的药品买家与制造公司讨价还价。除非对富人的大规模减税措施到位，否则国会就无法通过税收法案，这也没什么好奇怪的。鉴于美国最富有的1%的人所具有的影响力，你可以预料到，这就是这个体制的运作方式。"斯蒂格利茨引用了银行家查尔斯·基廷（Charles Keating）的回答，基廷曾在1980年代的储贷危机中陷入困境。当国会委员会代表问他向当选官员捐献的150万美元能否买到影响力时，他回答："我当然希望如此。"[23]2010年，最高法院对"联合公民"案做出裁决，取消了对企业竞选支出的限制，确保了企业和银行利益集团对美国政府的影响力迅速扩大。

　　奥巴马在阐明革新图景方面的失败也明显表现在医疗改革之争上，这本该是他的标志性举措。奥巴马一早就打定主意，避免与医疗保险和制药行业起冲突，因为它们不仅在他的竞选过程中立下汗马功劳，还在挫败希拉里的医改方案中发挥了重大作用。为了赢得他们的支持，他只好屈从其要求，排除了民主党一些核心倡议的立法，如药物再进口和批发价格谈判。他还放弃了对单一付款人医疗保健计划的讨论，尽管他承认这个计划是为所有人提供的负担得起的医疗服务体系的最佳选择，正如大多数发达国家的长期实践证明的那样。他没亲自领导这场改革，而是让国会细化方案。他还取消公众选择，拒绝扩大医保覆盖范围，进一步安抚了医疗保险行业，尽管这两项举措其实得到了公众的全力支持。

医疗行业完成了剩下的工作。为了去除可能减少企业利润的规定，代表1500多个团体的3300名游说者竭力而为，他们的人数是规定试图保留的游说者的三倍。这些游说者为打造能影响美国17%经济总量的政策而努力，这个人数6倍于国会成员的群体，在2009年上半年就为游说花费了2.634亿美元。最终，立法扩大了没有保险的美国人的保险范围，但在某种程度上，这也让保险公司得了一笔意外之财。[24]

白宫指责国会中像乔·利伯曼这样的"中间派"，认为他们迫使白宫接受了多数民主党人唾弃的妥协。大力支持公众选择的参议员罗素·范戈尔德（Russell Feingold）对这个借口并不买账。他表示："这项法案似乎是总统一开始就希望通过的立法，所以我并不认为把矛头指向利伯曼就当真触及到了问题的根本。"[25]奥巴马在医疗改革上的糟糕表现——以甚至无力反驳共和党关于总统想设立"死亡小组"的指控为标志——是如此不得人心，以致在2010年的中期选举中，这成了套在民主党人颈上的一个沉重枷锁。正如罗伯特·库特纳（Robert Kuttner）指出的那样："这本来应该是总统与民众共同对抗利益集团的战争，但越来越多选民发现，这成了总统与利益集团共同对抗民众的战争。"而民主党人也为这种被广泛感知到的背叛付出了代价。[26]

预算之争也上演着同样的戏码。奥巴马继续争取与反对派实现两党合作，可这些反对派不但要打败他，而且要质疑任何认为本届政府有能力解决社会问题的想法。《华盛顿邮报》的专栏作家哈罗德·迈耶森（Harold Meyerson）在2011年4月撰文表示："别的且不论，众议院共和党人公布的预算计划……给出了共和党人21世纪第一项真正的计划，即抛弃20世纪的老路。"[27]

然而，奥巴马与共和党人达成的最终协议，实际上比共和党人一开始主张的还要糟糕：不但延续了小布什时期对美国最富有者的减税政策，还削减了最弱势群体急需的社会项目。早在10年前，小布什"暂时"实施了减税政策，他很清楚这些政策永远不会过期。布什的前新闻发言人丹·巴特利特（Dan Bartlett）承认："我们知道，从政治角度来说，一旦你把它写入法律，就几乎不可能被废除了。这是个不错的遗产。说实话，看到我们当初设下的圈套起到了作用，这个感觉很不错。"[28]以奥巴马为首的民主党政府愉快地往圈套里钻，这个事实对美国公众来说并不好受，绝大多数人反对在预算赤字巨大的情况下，延续对美国最富有者的减税政策。

诺贝尔奖得主、普林斯顿大学的经济学家保罗·克鲁格曼（Paul Krugman）哀叹，奥巴马曾经"鼓舞人心的形象"已经远去，他质问道："现在这个平庸胆小、特别是谁也代表不了的家伙到底是谁？"他这样描述奥巴马与共和党人讨价还价的方式："他先跟自己谈判，说服自己先做出让步，然后与老大党［即共和党］进行第二轮谈判，导致进一步的妥协。"克鲁格曼批评奥巴马未能挑战新共识，他对新共识做了如下描述："这种理念认为穷人必须接受医疗补助和食品券的大幅削减；中产阶级必须接受医疗保险的大幅削减（实际上是整个医疗保险体系被破坏）；企业和富人必须接受应缴纳税收的大幅削减。好一个全社会共同牺牲！"[29]

奥巴马对批评声置若罔闻，继续大踏步向右靠拢。首先，他任命摩根大通前高管威廉·戴利（William Daley）取代伊曼纽尔担任白宫办公厅主任。更雪上加霜的是，他任命通用电气公司的董事长兼首席执行官杰弗里·伊梅尔特（Jeffrey Immelt）担任总统的就业与竞争力委员会（President's Council on Jobs and Competitiveness）

主席，使之成为自己的首席编外经济顾问。这一切都明确无误地表明了奥巴马的立场。2010年，通用电气获得142亿美元的利润，却没有缴纳联邦税。事实上，通用电气拥有32亿美元的税收抵免额。该公司在2008年金融危机期间，还从美联储处获得了161亿美元流动资金。奥巴马选择伊梅尔特负责帮助他解决创造就业事务的首席顾问之际，通用电气正因将就业岗位外包、降低新员工的医疗和退休福利而大受抨击。伊梅尔特为满足个人贪欲而不顾社会责任，这位元老级员工的年薪从2009年的989万美元上涨到2010年的2140万美元，涨幅超过100%。为了确保华尔街能清楚地意识到对伊梅尔特的这项任命所释放的信号，奥巴马随后向美国所有进步团体的对手——美国商会做了安抚性演讲，还命令联邦机构审查监管条例，以废除某些条款。[30]

2010年国会选举临近时，共和党与民主党之间的选民热情有巨大差距。奥巴马的妥协和倦怠严重挫伤了民主党的士气，以致共和党获得压倒性优势，促使他进一步倒向对手。他很快违背了执行更严格的环境标准的承诺，宣布将放弃有关锅炉烟雾和有毒物质排放标准的新规定，继续实行小布什政府时期的环保政策。

但是，即便这样的做法也没能安抚住华尔街和企业精英们。对于奥巴马的慷慨援助，他们的回应是——在2012年的选举中齐刷刷地支持共和党候选人米特·罗姆尼（Mitt Romney）。2012年4月，美国国内顶尖银行的高管、对冲基金的运营商、私募股权的投资人，这批2008年以2比1的比例支持奥巴马的人，以4倍于奥巴马资助款的阵仗资助罗姆尼，这还不包括他们对罗姆尼的"超级政治行动委员会"的大额资助。2008年，通用电气的员工提供给奥巴马的捐助额是给麦凯恩的5倍，但截至2012年夏天，他们资助罗姆尼的款项总额是奥巴马的4倍。伊梅尔特则宣称他不会支持这两方的任何一方。[31]

极端反恐政策常态化

对奥巴马的支持者来说，最令他们失望的一件事是，奥巴马拒绝降低日益提升的国家安全防御状态，这种状态严重侵犯了美国的公民自由。实际上，他在这方面的开局表现良好。上任第一天，奥巴马便废除了 2001 年小布什关于限制查阅前总统档案的行政命令，推翻了 2001 年阿什克罗夫特备忘录，这项备忘录赋予政府机构拒绝按公众要求公开信息的权力。他承诺，新一届政府会坚持信息透明。他坦承："很长一段时间里，这座城市藏了太多秘密，本届政府不支持大规模地隐瞒信息，而是主张信息公开。拥有保密的合法权利这一事实，并不意味着你应该一直使用这种权利。透明和法治将是本届政府的标准。"[32]

奥巴马坚持透明的承诺没能持续多久。2010 年夏天，美国公民自由联盟（American Civil Liberties Union）警告称："奥巴马政府将继续奉行小布什时期被广泛认为是极端和非法的政策和做法，这是非常现实的危险。换句话说，奥巴马政府将着手建立一种'新常态'。"[33]

这正是奥巴马的所作所为，完全背弃了他竞选时主张的捍卫宪法、反对布什侵害行为的承诺。例如，他曾批评小布什多次援引国家机密特权来阻止诉讼。但上任后，他改变了过去的立场，多次阻碍对小布什政府实施酷刑和虐待的起诉，还积极推进《纽约时报》所指出的"行政部门事事保密"。他也多次援引国家机密特权，来阻止涉及酷刑、非常规引渡、国家安全局非法窃听的法律诉讼。他继续执行中情局的非常规引渡计划，否认阿富汗因犯的人身保护权利，支持军事委员会，未经正当程序授权中情局在也门杀害一名被控与"基地"组织有联系的美国公民。[34] 他拒绝调查和起诉小布什政府中犯下酷刑罪的人，这种行为本身就违反了国际法。

小布什的司法部官员杰克·戈德史密斯（Jack Goldsmith）很快意识到，迪克·切尼指责奥巴马背弃小布什时代的反恐政策的说法是完全错误的。戈德史密斯在《新共和》杂志上表示："事实恰好相反，新一届政府复制了小布什时期的大部分政策措施，有些政策还变本加厉，只有一小部分有所收敛。奥巴马所做的改变，几乎只体现在包装、论证、象征和修辞上……"他总结道："奥巴马的策略可被视为试图让小布什核心的反恐政策，在政治上和法律上变得更容易被接受，从而得以保留。"[35]

公民自由意志论者目瞪口呆，他们原本对这位前宪法学教授寄予厚望。奥巴马在芝加哥大学法学院时的同事、美国宪法协会（American Constitutional Society）理事会会长杰弗里·斯通（Geoffrey Stone）谴责奥巴马的政策与他的竞选承诺存在巨大差距，他遗憾地表示，奥巴马"是在步小布什总统的后尘，真是令人失望"。乔治·华盛顿大学的法学教授乔纳森·特利（Jonathan Turley）失望地表示："巴拉克·奥巴马的当选或许是我国公民自由史上最具破坏力的事件之一。"[36]

积极追剿美国罪行泄密者

小布什—切尼政府有种病态的保密心理，但从很多方面看，奥巴马政府有过之而无不及。奥巴马政府将更多的信息予以保密，对《信息自由法案》做出回应的速度也比其前任更慢。但他起诉政府告密者的案件却比历届政府都多，曾在6起独立案件中援引《1917年间谍法》，而在他就任之前的92年里总共只有3起。

最臭名昭著的案件是二等兵布拉德利·曼宁（Bradley Manning）案。布拉德利·曼宁22岁，是一名派驻伊拉克的陆军情报分析员。他被指控向维基解密泄露机密文件，还涉嫌犯下另外

34 项罪行，包括违反《1917 年间谍法》和"通敌"，这有可能使他
被判处死刑。泄密的文件中，据称包括一段美军"间接谋杀"的视
频，显示了美军冷酷而有预谋地枪杀了 12 名伊拉克平民，其中包
括 2 名路透社记者，这证明美国犯下了战争罪。据称，曼宁还涉嫌
泄露了伊拉克战争日志，里面详细描述了美军暴行，并显示平民死
亡人数远远超过官方公布的数据。

　　虽然曼宁还没被定罪，但他被赤身裸体地关押了数日，并且在
被许多人认为是在经受酷刑的条件下被单独关押了 9 个月。很多人
对曼宁遭到的可怕对待感到愤怒，国务院首席发言人 P. J. 克劳利
(P. J. Crowley) 便是其中一位。克劳利在麻省理工学院对学生们说，
如此对待曼宁是"可笑、愚蠢的，而且只会适得其反"。三天后，
为政府工作了 30 年的克鲁利递交了辞呈。[37]

　　2011 年 12 月，在被军事羁押了 19 个月后，曼宁终于等到了一
场听证会，以确定是否有足够的证据将他送上军事法庭接受审判。
奥巴马政府决定起诉披露真相的曼宁，而让说谎、实施酷刑、入侵
主权国家和犯下其他战争罪的小布什、切尼和他们的同伙逍遥法外，
这种做法令人感到悲伤，但也清晰地反映了新一届政府对正义和透
明度的看法。法学教授玛乔丽·科恩 (Marjorie Cohn) 指出："如果
曼宁是犯下战争罪，而不是揭发他们，那么今天他就是自由人。"[38]

　　同样令人愤慨的还有奥巴马政府对维基泄密案的反应。朱利
安·阿桑奇 (Julian Assange) 通过维基解密发布了超过 25 万份美国
政府的外交电报，他声称这些电报都是从曼宁手中获得的。阿桑奇
犯了一个错误，他在发布第一批电报的时候，没有隐去其中涉及
的名字。这引起了人们的强烈反应，因为电报暴露了美国政府在
很多关键问题上撒下弥天大谎，包括入侵伊拉克和阿富汗。电报
还进一步披露了美国的盟友们大搞腐败和镇压行动，引发了埃及、
利比亚、也门和突尼斯等地的民众运动，即广为人知的"阿拉伯之

春"（Arab Spring）。维基泄密案对国际新闻行业和公众舆论也产生了前所未有的影响。世界各地的主流媒体几乎每天都刊登基于泄密文件的文章。格伦·格林沃尔德一针见血地指出："维基解密发布的独家新闻，其新闻价值比过去一年里其他媒体加起来的还要多。"为了表彰这一贡献，2011年11月，维基解密获得了由沃克利基金会授予的"新闻界最杰出贡献奖"，相当于澳大利亚的普利策奖。该基金会的托管人称赞维基解密披露了"大量令人不快的真相，犹如雪崩一般震动了全球出版行业。它所揭露的信息，不管是发动反恐战争的手段，还是外交上的无耻勾当，不管是政府高层间的博弈扯皮，还是他们对他国内政的干涉，都产生了无可辩驳的重大影响"。[39]

然而，司法部却尽可能地援引《1917年间谍法》，试图惩罚阿桑奇以及其他与维基解密事件有关的个人。一些此前曾谴责其他国家限制互联网访问和打压新闻自由的人，现在成了"抓住阿桑奇"运动最坚定的支持者。参议院情报委员会主席戴安娜·范斯坦（Dianne Feinstein）要求"以间谍罪严厉起诉"阿桑奇。[40]对此，乔·利伯曼表示同意。纽特·金里奇认为阿桑奇是"敌方战斗人员"。萨拉·佩林（Sarah Palin）提出，要将阿桑奇视作"基地"组织的成员，将之当成"双手沾满鲜血的反美特工"来追捕。[41]曾为《纽约时报》刊登五角大楼泄密案信息提供咨询的前法律顾问詹姆斯·古德尔（James Goodale）指出，这么做会对美国的新闻自由产生恶劣影响。他警告说："指控朱利安·阿桑奇'密谋从事间谍活动'，实际上是开了一个应该被更准确地描述为'密谋从事新闻工作'的指控的先例。"[42]

奥巴马坚持要将告密者和"泄密者"赶尽杀绝。但他的努力在2011年6月受到了严重打击，检察官撤销了根据《1917年间谍法》对托马斯·德雷克（Thomas Drake）提起的重罪指控。这位国家安全局员工曾经勇敢地向《巴尔的摩太阳报》透露，国安局挥霍了十多亿美元开发"开拓者"系统，可这个数字通信监控项目却有重大的漏洞。他承认自己犯了未经授权使用政府计算机的轻罪，但最后没被判处罚款或监禁。德雷克案是在奥巴马时期美国司法部根据《1917 年间谍法》提起诉讼的第一起案件。国防部的内部监督机构发布了一份报告，证实了德雷克的说辞，使其摆脱罪名。政府发誓要加紧处理其他案件，即使这些案件中的大多数，其依据同样站不住脚。[43]

普利策奖获得者、《纽约时报》记者詹姆斯·里森（James Risen）于 2005 年揭露了美国国安局的大规模窃听活动，政府对他的报复给了所有拒绝透露机密信息来源（这是政府意图向公众隐瞒的信息的命脉）的记者一则令人不寒而栗的信息。遭到令人难堪的揭露后，恼怒的切尼迫使司法部调查里森的活动，但没能将其起诉。对于这件在小布什时期就停滞不前的案件，奥巴马再一次采取了主动措施，并试图用笨手笨脚的小布什政府只能想想的方式来完成。2010 年 4 月，司法部传唤里森出庭。里森明确表示，他宁可坐牢也不会透露信息来源。2011 年 1 月，美国政府起诉前中情局官员杰弗里·斯特林（Jeffrey Sterling），指控他涉嫌向里森泄露机密信息，内容涉及该局在 2000 年破坏伊朗核计划未遂的行动。里森在他于 2006 年出版的图书《战争状态：中情局与布什政府的秘史》（*State of War:The Secret History of the CIA and the Bush Administration*）中透露了详情。坚决捍卫公民自由的格林沃尔德谴责奥巴马前所未有的恶意攻击，他指出："就像其他许多事情一样，奥巴马政府似乎快要完成迪克·切尼的邪恶愿望了，其程度甚至连切尼都做不到。"[44]

世界各地的政治领导人和记者嘲笑美国民主的虚伪。伦敦《卫报》的撰稿人主导了攻势，该报像《纽约时报》《明镜》一样刊登过泄密文件。《卫报》的约翰·诺顿（John Naughton）抨击美国关闭维基解密网站的行为是"一种绝妙的讽刺"。谢默斯·米尔恩（Seumas Milne）写道，美国官方的反应反映了它"正在走向精神错乱"。他讥笑道："这片自由国土上，没有多少信息自由。"诺顿指出，2009年希拉里谴责中国干涉互联网自由的言论，如今"看起来就像是一篇讽刺杰作"。[45]

奥巴马也没有采取任何措施来限制庞大且急速扩充的安全复合体。2010年，《华盛顿邮报》在一个分四部分发表的深度报道中，公布了一项为期两年的调查的结果，称调查的是"另一个美国，一个隐藏于公众视野之外、缺乏全面监管的绝密美国"。在这个世界里，共有85.4万人（实际上接近120万人）拥有参与最高机密事务的资格，他们在美国大约一万个地方的1271个政府组织和1931个私营企业工作，从事内容涉及反恐、国土安全和情报的项目。在这些项目里，五角大楼主导的占据了三分之二。2009年，美国的情报预算远远超出了750亿美元，是"9·11"事件发生之前的2.5倍多。国安局每天拦截和存储的电子邮件、电话和其他通信多达17亿封。[46]

在这个报道的最后一部分，《华盛顿邮报》的达纳·普里斯特（Dana Priest）和威廉·阿金（William Arkin）指出："美国正在组建一个庞大的国内情报机构，利用联邦调查局、地方警察、国土安全办公室和军事犯罪调查人员收集美国人的信息。"很多被调查的目标"没有被指控有任何不当行为"，只是因为形迹可疑就被盯上了。这项监控活动由3984个地方、州和联邦的机构进行，它们经常使用在伊拉克和阿富汗用过的方法。联邦调查局还收集了9600万组指纹，存放在其位于西弗吉尼亚州克拉克斯堡的数据园区中。[47]

2011年5月，在国会关于延长《美国爱国者法案》期限而展开的辩论中，民主党参议员罗恩·怀登（Ron Wyden）和马克·尤德尔

(Mark Udall) 这两位情报委员会成员对奥巴马政府解读该法案某些条款的方式表示愤慨。怀登警告道："当美国人民发现他们的政府是如何秘密解读《美国爱国者法案》的时候，他们一定会感到震惊和愤怒。"就如同人们过去发现诸如1970年代的国内间谍活动、"伊朗门事件"和小布什未经授权的监视活动等暴行时的反应一样。[48]

但美国人没有对此给予足够重视。于是，国会将《美国爱国者法案》的监视权延长到2015年。联邦调查局又大幅扩大了1.4万名特工的调查权，最高法院也扩大了搜查和监视的权力。总之，开国元勋们一直认为神圣不可侵犯的权利遭到了严重侵蚀，包括美国宪法第四修正案保障的隐私和禁止不合理搜查和扣押等权利。[49]

公民自由意志论者有理由对"9·11"以来美国政府获得的新权力感到惊恐。法学教授乔纳森·特利历数了如下10项权力：

1）总统有权下令刺杀美国公民；

2）无限期拘留；

3）总统有权决定囚犯是在联邦法院还是在军事法庭受审；

4）未经授权进行监听；

5）可以在拘留和审讯中使用秘密获得的证据，并援引政府的保密权强行撤销针对美国的案件；

6）拒绝起诉战争罪犯；

7）增加秘密的外国情报监视法庭的使用；

8）未经授权而监视美国公民的企业享有司法豁免权；

9）可未经法院授权监控公民；

10）可将个人以非常规程序引渡到其他国家，包括那些犯有酷刑罪的人。

虽然奥巴马否认使用了上述某些权力，但他的克制不代表未来的白宫主人也会搁置不用。特利恰如其分地指出："独裁国家的定义，不仅看这个国家是否使用了独裁权力，还要看它能否使用。

如果总统可以凭自己的权力，剥夺他人的自由或生命，那么相当于所有的公民权利都得取决于行政意志的自由裁量。"[50]

无人机：维护霸权的新杀器

奥巴马的国内和安全政策令人失望，但他的外交政策也许更糟糕。他最初的外交政策顾问团队主要是克林顿政府的班底，包括国家安全顾问安东尼·莱克、助理国务卿苏珊·赖斯（Susan Rice）、海军部长理查德·丹奇格（Richard Danzig）、财政部长罗伯特·鲁宾的办公厅主任迈克尔·弗罗曼，以及国务院官员格雷戈里·克雷格（Gregory Craig）。另外，吉米·卡特的国家安全顾问、狂热的反共分子兹比格涅夫·布热津斯基也发挥了重要作用。然而，据《华盛顿邮报》报道，竞选时与奥巴马走得最近的是两个新人：哈佛大学肯尼迪政府学院公共政策教授萨曼莎·鲍尔（Samantha Power）和退役空军少将斯科特·格雷申（Scott Gration）。格雷申在服役的大多数年头里都是一位战斗机飞行员，曾在海军陆战队司令詹姆斯·琼斯（James Jones）任欧洲盟军最高指挥官期间，在其麾下担任战略和规划部主任。[51]大部分人都把政府外交政策新思维的希望寄托在鲍尔和奥巴马本人身上。鲍尔因著有《来自地狱的问题：美国和种族灭绝的时代》（*"A Problem from Hell":America and the Age of Genocide*）一书而声名鹊起。在书中，她提倡在发生了种族灭绝事件之时可自由干涉的观点。在竞选期间，她因称呼希拉里为"怪物"而被迫辞职；之后又以国家安全委员会高级助手的身份回归，并积极推动美国干预利比亚事务。

奥巴马自身的外交政策经验非常有限，他的观点是传统的，有时甚至显得很混乱。他在宾夕法尼亚州竞选时，曾对一名观众说："实际上，我在外交政策上倾向于回归到以前两党务实合作的模式，就像小布什的父亲、约翰·F. 肯尼迪或者说某种程度上的罗纳德·里根时期那样。"[52] 要弄清楚奥巴马所说的古怪的两党融合到底是什么意思可不容易，但可以确定的是，他并不打算与一个多世纪以来的帝国征服决裂。他采取的是一种中间派做法，以便更好地管理美利坚帝国，而不是让美国在迅速变化的世界中发挥积极作用。他打算减少对中东事务的介入，更多地参与亚洲事务，因为在这里美国的霸权受到了复兴且日趋强大的中国的挑战。负责东亚和太平洋事务的助理国务卿库尔特·坎贝尔（Kurt Campbell）指出："在过去的10 年里，我们在中东问题上走了些弯路，而我们的未来从根本上说将完全取决于我们在亚太地区的发展。"奥巴马的副国家安全顾问本杰明·罗兹（Benjamin Rhodes）说："头两年我们主要是有效解决历史遗留问题，如伊拉克战争、阿富汗战争和针对'基地'组织的战争，并重新调整我们的海外军事资源和立场。简而言之，就是平息两场战争、重建美国的全球领导地位，聚焦于一系列更重要的事项，从亚洲事务到全球经济，再到核不扩散等问题。"[53]

带着这种想法，奥巴马迅速采取行动，他纠正了小布什政策中一些有问题的方面。上任的第一天，他就讨论了从伊拉克撤军的问题，并明确提出要积极推进巴以和平谈判。他签署命令，禁止行政人员接受游说团体的礼物，也禁止行政人员在离任后回来游说。第二天，他再接再厉，禁止了刑讯逼供，关闭了中情局的"黑牢"，宣布计划在一年内关闭关塔那摩湾军事监狱。

由于种种原因，奥巴马无法兑现其中的许多承诺。步调一致的共和党人、保守的民主党人，有时甚至连他的顾问都提出了反对意见。《华盛顿邮报》称，奥巴马的外交政策团队是"经验丰富的中间派"。[54] 他的首席顾问希拉里担任国务卿，共和党人、小布什第二任期的国防部长罗伯特·盖茨继续留任国防部长，约翰·麦凯恩的盟友詹姆斯·琼斯将军担任国家安全顾问，美国太平洋司令部前司令、海军上将丹尼斯·布莱尔（Dennis Blair）担任国家情报总监。这些人也许经验丰富，但不幸的是，"中间派"的说法恐怕言过其实了。

奥巴马曾经说，如果他必须带一本书进白宫，那它会是多丽丝·克恩斯·古德温（Doris Kearns Goodwin）的《对手的团队》（*Team of Rivals*），这本书称赞了亚伯拉罕·林肯将他的政敌和批评者纳入内阁的明智做法。奥巴马在选择强硬的希拉里和盖茨加入团队时遵循了上述做法，但他忘了将同样强大的帝国批评者也纳入团队进行平衡。

结果可想而知。2009年8月，新保守主义者埃利奥特·科恩在《华尔街日报》上发表专栏文章，题为《奥巴马的外交政策有什么不同》（"What's Different About the Obama Foreign Policy"），文中指出其趋向保守的政策与之前相比没什么变化："政策的基底结构没有变……此外，由于奥巴马的外交政策高级团队由来自民主党的中间派专家组成，所以它在世界事务和美国利益的问题上不太可能做出与其前任截然不同的判断。"[55]

盖茨是保持帝国政策连续性的主要角色。他是坚定的冷战斗士，与新保守主义有着密切的联系。盖茨曾卷入几起丑闻当中，包括涉嫌在1980年鼓动伊朗暂缓释放被扣押的美国人质，在灾难性的两伊战争期间分别向伊朗和伊拉克出售武器。这些事件都没有被彻底调查。在里根执政时期，他在改革中情局情报收集工作时发挥了重要作用，清洗掉那些见解独立的分析师，因为他们不赞成苏联威胁论，而这正是美国大搞军事建设的理由。他是里根在中美洲的血腥政策的关键支持者，主张采取非法秘密行动颠覆尼加拉瓜的桑迪诺政权。[56]

盖茨与希拉里一起挫败了那些希望重新评估美国在全球所担任角色的人。希拉里告诉美国外交关系协会："人们很想知道，在未来国内外的形势到底是怎样的，因此，让我来清楚地说明一下：美

国务卿希拉里和国防部长罗伯特·盖茨在一次内阁会议中。作为小布什政府的留任者，盖茨与鹰派的希拉里一起挫败了那些希望重新评估美国在世界所担当角色的人。

国能够、必须而且一定会在这个新世纪中发挥领导作用。"[57] 2010年 11 月，盖茨附和道："正如我们以前就说过的那样，从本质上讲，我们依然是不可或缺的国家。"[58] 但是，在外交关系协会面前宣布"新美国时刻"之时，希拉里以出奇的简单乏味叙述了美国历史："二战后，这个修建了横贯大陆的铁路、装配线和摩天大楼的国家，开始把注意力转向构建全球合作的支柱。许多人担心的第三次世界大战没有到来。数以百万计的人摆脱了贫困，并且首次享受了人权。这些都是全球架构带来的好处，而这个架构就是美国的两党领导人多年来打造的成果。"[59]

在布拉格、开罗、奥斯陆和其他地方发表的演讲中，奥巴马明确地表达了他对美国在世界上所扮演角色的更细致入微的理解，但他最终传递的信息与希拉里和盖茨的基本相同。没有什么能比他在2009年12月接受诺贝尔和平奖时发表的演讲更让人失望的了。发动了两场战争的国家的总统居然获得了诺贝尔和平奖，这件事本身就很荒谬。但是，让评选委员会更懊恼的恐怕是，奥巴马在宣布他要增兵阿富汗后没几天，又发表了捍卫美国黩武行为的演讲。一场关于世界面临之复杂问题的深思熟虑的演讲被捍卫战争、单边主义和先发制人的言论给败坏了。

奥巴马主张总统权力的方式恐怕连迪克·切尼看了都会眼红。2011年，奥巴马不顾高级律师的反对，坚称他不需要获得国会基于《战争权力决议案》(War Powers Resolution) 的批准，从而继续在利比亚的军事活动，此军事行动已经超过了决议案规定的60天期限。奥巴马声称，美国的军事行动不属于法律界定的"敌对行动"，这个解释很奇怪，有人会说这是奥威尔式①的，让人想起小布什对"酷刑"的定义和比尔·克林顿对"性"的定义。奥巴马认为继续轰炸利比亚，是为了暗杀卡扎菲并推翻他的政权，这不构成"敌对行动"，如此说法连强硬派的众议院议长约翰·博纳 (John Boehner) 都大感吃惊。博纳指出："白宫表示没有发生任何'敌对行动'，但我们的无人机仍在发动袭击，我们每天的战争花费是1000万美元。我们在为轰炸卡扎菲的住所而努力。这样还说我们没有进行'敌对行动'，在我看来，这是无法通过测谎实验的。"奥巴马拒绝了五角大楼法律总顾问杰赫·约翰逊 (Jeh Johnson) 及司法部法律顾问办公室代理主任卡罗琳·克拉斯 (Caroline Krass) 的意见。总统在这种事务上无视法律顾问办公室的意见，简直是前所未闻。[60]

---

① 指受严格统治而失去人性的社会，英国小说家乔治·奥威尔 (George Orwell) 的作品对此有所描述。

2008 年总统初选时，有人问奥巴马总统是否可以在没有国会授权的情况下下令轰炸伊朗，奥巴马回答："根据宪法，如果国家没有受到事实性或迫在眉睫的安全威胁，总统是没有权力单方面授权发动军事袭击的。"[61]联合国决议对北约进行有限授权，要求其保护利比亚平民，但北约大肆越界，开创了一个非常危险的先例。

尽管利比亚政权实现了更迭，但种种迹象表明美利坚帝国的实力已严重下滑。美国掌控局势的能力已经遭到削弱。2010 年 11 月，维基解密披露了美国国务院的大量机密电报，英国《卫报》的西蒙·詹金斯（Simon Jenkins）据此谴责美国外交政策的无能和错误："资金浪费的情况让人心惊……给我们留下的印象是，这个世界超级大国无助地游荡于一个没有人按要求行事的世界里。伊朗、俄罗斯、巴基斯坦、阿富汗、也门、联合国都脱离了美国的掌控。华盛顿的反应就像一只受伤的熊，它还残留着帝国的本能，但它的力量投射却没有收到效果。"[62]

这一点在阿富汗表现得最为明显。美军自 2001 年起一直深陷阿富汗泥潭，一心想要剿灭"基地"组织。奥巴马继承了这项任务，他在竞选期承诺要结束伊拉克战争，这样就可以把更多资源投入到阿富汗。许多人都劝他不要做这种蠢事。2009 年 6 月 30 日，奥巴马在白宫与 9 位研究竞选的一流历史学家共进晚餐，希望他们传授历任总统成功和失败的经验教训。奥巴马表示希望以后继续举行这样的晚宴，所以参与者对于当晚讨论了什么一直讳莫如深。一年多以后，西北大学的加里·韦尔斯（Garry Wills）终于打破沉默。他沮丧地写道："第一次晚餐后，就再也没有后续了。很明显，总统没有从那次晚餐中吸取到任何教训。他唯一的'成就'是，完全压制住了那天客人们试图表达的一个重要观点，即如果他要继续打阿富汗战争，下场会跟林登·约翰逊发动越南战争一样。"当晚餐接近尾声时，奥巴马再次请求他们给出最后忠告。韦尔斯回忆说："轮到我时，我也像很多人一样提醒他警惕阿富汗泥潭。我说，像阿富汗这样腐败、野蛮、以制造和贩卖毒品为国家根基的政府，是不可能稳定下来的。他回答说，他并不天真，他知道这些困难，但他认为应该能找到一个切实的解决方案。我本来想补充说'除非猪会飞'，但我忍住了。"[63]

在6月的那次会面之时，奥巴马已经使从小布什手中接过的烂摊子变得乱上加乱。在小布什政府的最后几天，一位美国高级军事指挥官向《华盛顿邮报》透露："我们没有战略计划，从来都没有。"[64]奥巴马就职时，美国在阿富汗有3.4万兵力。2月，他下令增加2.1万兵力，以"稳定不断恶化的局势"，后来又增派了1.3万人。[65]5月，盖茨在地区指挥官戴维·彼得雷乌斯（David Petraeus）将军的敦促下，解除了戴维·麦基尔南（David McKiernan）的驻阿富汗美军总司令之职，由斯坦利·麦克里斯特尔（Stanley McChrystal）中将接任。

麦克里斯特尔似乎是被斯坦利·库布里克选来扮演这个角色的。《纽约时报》描述他是"一个苦行僧……为了避免懒散，通常每天只在晚上吃一顿饭"，"只睡几个小时"，他跑步"上下班，一边跑还一边用 iPod 听有声读物"。他曾作为秘密联合特种作战司令部（Joint Special operations Command）的司令，监管伊拉克的"秘密突击行动"长达5年，并奉行切尼办公室的指令，指挥被西摩·赫什称为"暗杀团伙"的队伍。据《纽约时报》报道，"前情报官员说，他对恐怖分子的生活了如指掌，甚至对此研究得有些痴迷，他鼓励手下杀掉尽可能多的恐怖分子"。有些人认为他是一个"好战的学者"，还有人把他称为"干净十足的工作狂"。[66]

麦克里斯特尔在阿富汗境内实施了彼得雷乌斯式反叛乱策略，不过，他也努力减少平民的伤亡，他对巴基斯坦则采取更为激进的手段。与麦基尔南不同，麦克里斯特尔认为阿富汗和巴基斯坦"属于同一个棘手问题"，他曾支持突击队袭击巴基斯坦的塔利班避难所。[67]尽管麦克里斯特尔在任的日子屈指可数，但在这期间，定点暗杀已成为美国全球战略的重要手段。

奥巴马深知巴基斯坦的重大战略意义。2009 年 11 月 25 日，奥巴马在总统办公室召开会议时说："毒瘤就在巴基斯坦。"他认为，必须在阿富汗取得成功，"如此癌细胞才不会扩散到那里"。[68]

美国和巴基斯坦的关系则充满投机意味。1980 年代，美国与巴基斯坦的三军情报局密切合作训练圣战者，并将他们送到阿富汗与苏联作战。为了感谢巴基斯坦的帮助，美国当时故意对巴基斯坦刚起步的核项目睁一只眼闭一只眼，在小布什和奥巴马时期，该国的核项目获得了惊人的进展。到 2011 年，巴基斯坦的核武库估计已有差不多 110 枚核武器，其可裂变物质也足以再造 40—100 多枚核武器，巴基斯坦正在取代法国，成为世界第五大核大国。尽管美国在确保这些核武器和可裂变材料的安全方面提供了大量协助，但巴基斯坦松懈的安全措施，导致用于制造核弹的材料屡屡失窃，这埋下了一个巨大的安全隐患。而这些极端分子中的许多人，在美国的支持下，在阿富汗战场上变得更加顽固。[69]

美国和巴基斯坦的联盟关系是脆弱的。苏联从阿富汗撤军后，美国支持的圣战者又花了三年时间，终于在 1992 年推翻了阿富汗与苏联结盟的纳吉布拉政府。此后，美国对该地区的兴趣减弱。巴基斯坦的佩尔韦兹·穆沙拉夫总统此前是巴基斯坦的陆军参谋长，1999 年通过政变上台。他表示，巴基斯坦人觉得他们被美国"利用并抛弃了"。1990 年代，由于巴基斯坦的核项目进一步加剧了紧张局势，美国又恢复了对它的制裁。[70]

"9·11"事件发生以后，美国再次寻求巴基斯坦的援助。但这次，巴基斯坦人显得不那么热心了。美国威胁道，如果巴基斯坦人不按美国的要求做，包括停止对阿富汗塔利班的支持，就把他们炸

"回石器时代"。[71] 美国每年向巴基斯坦支付20多亿美元，让他们协助把塔利班赶出巴基斯坦临近阿富汗边境的偏远避难所，塔利班曾在那里与北约军队交战。事实证明，巴基斯坦并不是很想合作，它在打击境内叛乱分子的同时，又秘密庇护在阿富汗活动的两个最大的塔利班组织。

眼看着巴基斯坦拖后腿，美国单方面采取了行动。美国特种部队和中情局的反恐追击队——一支由3000人组成的阿富汗秘密军队——向巴基斯坦境内叛乱分子聚集的部落地区（不受政府管控）发起攻击。[72] 巴基斯坦人对美国侵犯了他们的主权感到愤怒不已。

尤其让巴基斯坦人愤怒的是，美国在巴基斯坦境内不断地发起无人机袭击，据《华盛顿邮报》报道，在奥巴马执政的头三年里，这种袭击已经导致1350—2250人死亡。无人机可用于监测和袭击，当它配备上"地狱火"（Hellfire）导弹时，就日渐成为美国在巴基斯坦和阿富汗境内发起攻击的首选武器。奥巴马在执政的头9个月里授权的无人机袭击次数，几乎与小布什执政头3年里授权的一样多。这些袭击导致了许多无辜平民丧生。

戴维·基尔卡伦（David Kilcullen）在2006—2008年间担任戴维·彼得雷乌斯将军的反叛乱顾问，安德鲁·埃克萨姆（Andrew Exum）于2002—2004年间先后在伊拉克和阿富汗担任军官。2009年5月，这两人就巴基斯坦人的愤怒提出了自己的看法。他们引用了巴基斯坦媒体的报道，指出在过去三年里，美国的无人机袭击共杀害了700名平民，而杀掉的恐怖分子头目只有14人，也就是说，每杀掉1名恐怖分子就要牺牲50名无辜平民，"命中率才2%"。基尔卡伦和埃克萨姆注意到美国官员"激烈地"否认了这些数字，他们承认自己可能夸大了平民的伤亡比例，但同时也警告道："每一个死去的非战斗人员，都代表着有一个家庭被推到对立面，代表着又多了一份复仇的欲望，也代表着这场激进运动招募到的新人呈指数级增长，尽管美国无人机袭击的次数也在增加。"而且，在巴基斯坦境内远离袭击地的其他地方，人们也表现出了一股"发自内心的反对"。[73]

很难精确得出平民伤亡的真实数字。巴基斯坦摄影师努尔·贝拉姆（Noor Behram）来自瓦济里斯坦的部落地区，大部分袭击都发生在那里。2011 年夏天，他在伦敦举办了一场展览，展出了 27 场无人机空袭后拍到的可怕场景。贝拉姆将平民与恐怖分子的死亡比例降低了少许，他表示："每杀死 10—15 人，里面或许有 1 个是恐怖分子。"新美国基金会（New America Foundation）估计平民的死亡率是 20%。贝拉姆描述的后果与美国在其他地区轰炸后导致的结果惊人地相似："袭击过后，只剩下一堆堆肉块，你找不到完整的尸体。所以当地人捡起肉块，诅咒美国。他们说，美国居然在我们自己的国家，在我们自己的家里，杀掉我们的同胞，仅仅因为我们是穆斯林。突袭地附近的年轻人都疯了。那些目睹过袭击的人心里的仇恨不断堆积。美国人觉得这种办法很有效，但实际上他们造成的破坏更大。"[74]生于巴基斯坦的美国公民费萨尔·沙赫扎德（Faisal Shahzad）便是最好的例子，他以"时代广场炸弹客"的名号广为人知。他被捕不久后，问道："假如有人袭击美国，你们有什么感觉？但你们一直在攻击巴基斯坦这个主权国家。"在审判中，法官问他为什么要冒险杀害无辜的妇女和儿童。他回答道，美国人在发起无人机袭击时"也看不到孩子，他们看不到任何人。他们杀死妇女、儿童，杀死每一个人"。[75]对巴基斯坦人来说，受害者是人，但对无人机操作员来说，他们不过是"任人拍打的虫子"。[76]

难怪有 97% 的巴基斯坦人告诉皮尤研究中心的调查人员，他们对美国的无人机持负面态度，而将美国视为敌人的巴基斯坦人也从 2009 年的 64% 上升至 2012 年的 74%。难怪有那么多人被 2010 年 5 月奥巴马总统那番有些挑衅意味的讲话激怒。当时，白宫举行记者协会晚宴，奥巴马在观众席中发现了很受美国青少年欢迎的乔纳斯兄弟乐队的成员。奥巴马对他们提起了自己的两个女儿，打趣道："萨莎和玛丽亚是你们的铁杆粉丝，不过男孩们，你们想都别想。给你们几个字：'捕食者'（Predator）无人机。它来的时候你们可预料不到。"2012年春天，只有7%的巴基斯坦人对奥巴马持正面看法。[77]

奥巴马那些空洞乏味的调侃至少可以看作一种故作幽默，尽管这看起来就跟6年前其前任小布什假装在总统办公室的桌子底下寻找大规模杀伤性武器一样。2011年6月，奥巴马的反恐顾问约翰·布伦南（John Brennan）板着脸宣称，近一年以来，无人机袭击"没有造成过任何一起额外的死亡"。《长期战争杂志》（The Long War Journal）的编辑比尔·罗焦（Bill Roggio）一直很关注无人机袭击的动态，他也是无人机袭击的支持者，但就连他也认为上述言论"很荒谬"。此后不久，英国的新闻调查局（Bureau of Investigative Journalism）报道称，根据对部落地区的访问，在过去的一年里，至少有45位平民在10次袭击中丧生。[78]布伦南之所以会说出这么荒谬的言论，部分原因在于奥巴马把正好在被突袭地区的适龄男青年都划成了战斗人员。2012年2月，新闻调查局又报告称，这其中显然包括了那些试图帮助救援受害者的平民或是判断失误、前往参加战斗人员葬礼的平民，其中有数十人是被中情局的无人机炸死的。[79]

2010年，巴基斯坦人的愤怒爆发，美国驻巴基斯坦大使卡梅伦·芒特（Cameron Munter）抱怨称，行动正在"失控"。他的一位同僚评论称："他没有意识到自己的主要任务就是杀人。"[80]在不增派军队的承诺下，奥巴马和拜登将增加无人机攻击作为惩罚塔利班和"基地"组织的手段，但其他人却认为这种定点清除行为的合法性存疑，以及担心这种致命技术一旦被广泛使用将对世界未来产生不良影响。事实上，在"9·11"之前，美国曾反对其他国家实施"定点清除"。2000 年，美国驻以色列大使马丁·因迪克（Martin Indyk）谴责以色列人攻击巴勒斯坦人，他说："美国政府明确表示反对搞有针对性的暗杀活动。这是非法处决，我们并不支持。"[81]

奥巴马在上任之前就表示，他不仅要积极推进小布什总统的反恐战争，还支持增加无人机的使用。一位前中情局官员透露，奥巴马的过渡团队曾向局内人员保证："他们至少会像小布什的人一样强硬……他们基本上架空了审讯委员会。他们想向他人清楚地表明，他们不是一群温顺的左翼娘们，他们会在无人机项目上不遗余力地加料加量。"[82]

2012 年 2 月，美国将菲律宾的叛乱分子也加入到无人机袭击的名单中。在接下来的三年多时间里，就在奥巴马的眼皮子底下，无人机的使用范围，从巴基斯坦——小布什卸任之时无人机袭击的唯一目标国——扩大到了 6 个。评论家们赞同汤姆·恩格尔哈特（Tom Engelhardt）的敏锐观察，他指出："无人机……就像小布什时代关塔那摩湾原则的延伸，这些举动都表明，华盛顿拥有不可剥夺的权利，是全球法官、陪审团和刽子手，不受任何法庭的管辖。"[83]

直到后来总统亲自参与攻击官方"死亡名单"上的特定目标，这种行为才开始为人所重视。2006 年，前副总统阿尔·戈尔对小布什滥用权力表示愤慨，他想知道对总统的行为是否还有任何限制。戈尔问道："如果总统可以未经授权就随意窃听美国公民，可以一声令下就关押美国公民，可以绑架和酷刑折磨他人，那么他还有什么不能做的？"[84]奥巴马的定点暗杀行动提供了一个令人不寒而栗的答案。格伦·格林沃尔德警告说："下令将人（包括美国公民）处决的权力过于极端和危险，不能在没有任何检查、审核、监督或透明度的情况下，把这种权力授予某一个人。"毕竟，他提醒读者，"民主党人有一个共识，那就是小布什总统在监视或逮捕扣押公民之前，必须事先通过司法审查，更别说是命令中情局将他人处决这种事了"。[85]

奥巴马政府对这项行动严格保密，拒绝透露任何有关打击目标或人员伤亡的信息。在巴基斯坦执行袭击任务的中情局甚至拒不承认存在这项行动。但是，无人机战争为这个"9·11"事件之后已经名存实亡的机构注入了新的活力。一位前政府官员宣称："你们把一个摇摇欲坠的机构变成了一台可怕的杀人机器。"在"9·11"事件发生后的10年里，中情局反恐中心的人员规模扩大了7倍。大约有20%的中情局分析师转变成"目标设置员"，有35%的人支持无人机行动。[86]

无人机袭击的成本高昂，操作也十分复杂。每一架投入战斗的无人机，其维护团队至少需要150人，为之做好打击目标的准备。在伊拉克和阿富汗用无人机发动袭击的空军，每年需为此花费50亿美元，这笔费用还在快速攀升。2012年，五角大楼要求再追加50亿美元的军费开支。联合特种作战司令部在也门和索马里也发动了无人机袭击。2011年底，美国分散在世界各地的60多个军事基地发动空袭，无人机的驾驶员穿着与真实战斗机飞行员一样的绿色飞行服，通过操纵杆和类似电子游戏界面的电脑屏幕操纵无人机。另外，军方还计划在舰载机上配备这些陆基无人机，将之部署在太平洋，其瞄准攻击射程是海军战斗机的三倍。美国正致力于缩小这些可以远程收集情报和进行杀戮的机器，使它们的尺寸达到鸟类甚至是昆虫大小，并将之推广为未来战争的代表性工具。2011年，五角大楼透露，它计划在未来10年里斥资近400亿美元，增加700多架中型和大型无人机。但到2012年，美国的无人机总量已超过1.9万架，其中还包括微型无人机。美国空军学习驾驶无人机的飞行员，其人数已经超过学习驾驶飞机的了。同时，他们还计划向士兵们提供数千架可以手抛发射的微型无人机，用于勘察地形和俯冲袭炸敌军。[87]

但美国的盟友和联合国官员都质疑这种定点暗杀行为的合法性。2011 年 9 月底，美国在也门击毙了出生于美国的"基地"组织支持者安瓦尔·奥拉基（Anwar al-Awlaki）以及归化为美国公民的萨米尔·汗（Samir Khan），进一步引发了人们对合法性的担忧。接下来的一个月，奥拉基出生于美国的儿子在另一场袭击中丧生，年仅 16 岁。2012 年 7 月，受害者家属与美国公民自由联盟和宪法权利中心一起，对国防部长莱昂·帕内塔（Leon Panetta）、中情局局长彼得雷乌斯和两名军方特种作战部队高级指挥官提起非正常死亡诉讼，理由是他们的"杀戮行为侵犯了全体美国公民享有的基本权利，包括未经正当法律程序不得剥夺公民生命的权利"。[88]

美国在也门的无人机袭击杀死了众多受害者，奥拉基和汗只是其中两个。就像在巴基斯坦一样，美国无人机在也门制造的敌人要远多于其消灭的敌人。2009 年，美国开始发起无人机袭击之时，也门的"基地"组织成员还不到 300 个。到 2012 年中，这一数字已跃升至 1000 多。正如《华盛顿邮报》报道的那样，加大对也门南部的打击力度，"越发激起人们对'基地'组织武装分子的同情，促使更多的部落成员加入到恐怖主义反美活动网"。也门有一位商人在袭击中失去了两个兄弟，一个曾经是老师，另一个则是手机修理工。《华盛顿邮报》援引这位商人的话称，"这些袭击让人们不得不说，现在我们相信'基地'组织是正义的了"。成百上千的部落成员加入了战斗，不是出于对"基地"组织的同情，而是出于对美国的仇恨。当地一名人权活动人士警告说："无人机正在消灭'基地'组织的头目，但同时也在把他们塑造成英雄。"[89]

对美国的政策制定者而言，无人机代表了一种低成本、低风险的杀戮机器，可以帮助美军在毫发无伤的情况下，杀死数千英里外的敌人。但批评人士却谴责这种远程遥控杀戮的行为太过懦弱。泰国的《国家报》尖锐地写道："无人机……可以满足我们自私又胆小的需要，我们可以窃听、杀戮和破坏，却不用面对哪怕是最微弱的反击。"[90]军队还在试验其他杀戮机器，以补充或替代真人作战。佐治亚州的本宁堡正在测试一种可以与无人侦察机协同作战的机器人，还配有榴弹发射器和机关枪。许多人担心，在机械化的战争年代，这些新技术虽然可以减少美军伤亡，但同时也降低了发动战争的门槛。温德尔·沃勒奇（Wendell Wallach）是耶鲁大学生物伦理学跨学科中心的技术和伦理研究小组组长，他警告说："发动战争将变得相当容易，而且成本也很低。"[91]

对恩格尔哈特而言，无人机只是美国一连串"神奇武器"中最新的一种，这些武器一起确保了美国的军事霸权，它们包括原子弹、氢弹、越战时期的电子战、里根时期的导弹防御系统，以及第一次海湾战争中出场的"智能炸弹"。[92]2011年底，美国人有些怀疑他们的神奇武器了。当时，伊朗人展出了一架完好无损的RQ-170"哨兵"（Sentinel）侦察机，这架飞机是在他们的领土内进行侦察时被击落的。在此之前，有20多架美国侦察机被击落，但没有一架被如此大张旗鼓地示众，并造成这么尴尬的后果。

一些人担心伊朗会对这架无人机进行逆向分析，以破解其机密。迪克·切尼要求奥巴马派遣飞机将之摧毁。但是已经太迟了，机密已经泄露。超过50个国家（既有亲美的，也有反美的）已经购买无人机，还有几个自身已经拥有先进的无人机项目。大部分国家购买的都是无人侦察机，但美国也曾向亲密盟友出售攻击型无人机。2009年，美国因以色列向中国出售了一架攻击型无人机而惩罚了以色列，该国在无人机制造技术方面仅次于美国。维基解密披露，以色列因向俄罗斯出售先进的无人机模型而激怒了美国当局。其他声称已经掌握攻击型无人机制造技术的国家还有俄罗斯、印度，甚至伊朗。2010年夏天，伊朗总统马哈茂德·艾哈迈迪－内贾德展示了一架被他称为"死亡大使"的无人机模型机。

但是，美国认为对其雄心壮志和帝国抱负构成挑战的主要是中国，因为中国是美国之外拥有最新技术的国家。到2011年，在首次公开展示无人机的5年后，中国号称已经拥有超过24种无人机机型，另外还有更多机型正在研发中。中国航空工业集团公司向前来购买的客户提供了一款名为"翼龙"的无人机，兼具作战和侦察功能，性能足以媲美美国的"捕食者"。排队向中国购买攻击型无人机的国家，还不乏美国的盟友，比如巴基斯坦。

通用原子航空系统公司是美国主要的国防承包商，它生产的"捕食者"无人机和MQ-9"收割者"（Reaper）无人机性能先进，每架售价超过1000万美元。像它这样的国防承包商鼓噪着要加入这个市场，并向美国政府施压，要求放松出口管制。海军中将威廉·兰迪三世（William Landay III）是国防安全合作局（Defense Security Cooperation Agency）局长，负责监督此类武器的销售，他指示下属要提前确定好哪些国家可以购买具有何种性能的无人机，这样美国制造商在得到进出口许可后便能马上行动起来。[93]

美国以打击"基地"组织和塔利班的战斗不能局限于"热战"为由，在多个国家发起定点暗杀行动，这种做法开了一个很危险的先例。正如人权观察组织指出的那样，美国这么做了，那以后人们还能凭什么阻止俄罗斯除掉在伦敦的车臣武装分子？

国家情报总监丹尼斯·布莱尔上将曾试图遏制无人机袭击和中情局的其他秘密行动，他认为这些会玷污美国的声誉。2010年，他的职位由退役的詹姆斯·克拉珀（James Clapper）中将接替。克拉珀曾任美国的国家地理空间情报局（National Geospatial-Intelligence Agency）局长，他支持此类行动。布莱尔抱怨白宫一味痴迷无人机袭击，再也不认真制定击败"基地"组织的战略。他说："白宫不断地强调'这是最好的方式'，这让我想起了越战的死亡人数。[94]

在阿富汗上空执行战斗任务的无人机 MQ-1"捕食者"和 MQ-9"收割者"。

从撤军到增兵：奥巴马的进退失据

在阿富汗，美国官员宣称，相对于战争早期的空中轰炸，无人机袭击是一种升级。2010 年 3 月，《纽约时报》报道称"美军和美国的炸弹杀死了大量平民，导致当地人愤怒不已，这为叛乱活动提供了理由"。[95]美国的炸弹杀死了成千上万的阿富汗平民，还有许多人在检查站内被射杀。在阿富汗的北约高级士官迈克尔·霍尔（Michael Hall）透露，许多被囚禁在巴格拉姆空军基地的人都是得知熟人被杀后才纷纷加入叛乱活动的。他对部下说："有无数故事告诉我们这些人是怎么变成叛乱分子的。每一次战争的升级，我们都发现有无辜者被杀。"[96]

奥巴马和他的顾问一直在研究戈登·戈德斯坦（Gordon Goldstein）的《灾难的教训》（*Lessons in Disaster*），该书对美国逐步深陷越南战争做了警示性研究。戈德斯坦展示了外交政策制定者未能质疑共产主义威胁和多米诺骨牌理论这两个基本假设是如何导致美国误入歧途的。奥巴马决心在对付"基地"组织和塔利班时不犯同样的错误。

奥巴马明白，深陷阿富汗战争会毁掉他的连任机会，就像越战断送了约翰逊的连任机会一样。他已经承诺会往阿富汗战场增派军队，也宣称赢得这场战争对美国的国家利益至关重要，但现在他想寻求限制美国参与并退出战争的策略。但正如《华盛顿邮报》的特约撰稿人鲍勃·伍德沃德巧妙地指出的那样，奥巴马已经被他的高级军事顾问包围了，也就是迈克·马伦、彼得雷乌斯、麦克里斯特尔等人。这些人在盖茨和希拉里的帮助下，推动了增兵 4 万的计划，并扩大了任务范围，包括对阿富汗进行以军事为主导的国家建设，开展全面的反叛乱行动，以及要求得到不设限期的承诺。奥巴马要求他们提供更多选择。但在 9 月 30 日的一次会议上，他取消了唯一一个有点道理的方案，然后告诉他的国家安全顾问："我不想再讨论从阿富汗撤军的问题了。"[97]尽管如此，他还是明确表示，他不希望再继续一个长达10年、耗资达上万亿美元的任务了。在2009年11月11日的战略回顾会议上，奥巴马生气地指责军方领导人只提供了一个鲁莽的选择。更糟糕的是，上述三人都曾公开表示，如果增兵没有达到他们期望的水平，美国将蒙受战败的耻辱。这一观点立即被新保守主义势力的头面人物以及他们的盟友在媒体上大肆宣扬。

《纽约时报》和《华盛顿邮报》的编辑们都竭尽所能地支持鹰派人士。媒体观察组织"公正与准确报道"（Fairness & Accuracy in Media and Reporting）对2009年前10个月《纽约时报》和《华盛顿邮报》发表的所有涉及美国对阿富汗政策的专栏文章展开了调查。结果发现，尽管《纽约时报》曾为朱迪思·米勒（Judith Miller）在推动美国入侵伊拉克过程中所起的作用感到愤慨，但在这10个月中，它还是刊登了36篇支持战争的专栏文章，只有7篇是反对战争的。《华盛顿邮报》的这一比例超过了10比1，编辑们很明确地表达了自己的立场。该报于2009年9月发表了一篇社论，称中断麦克里斯特尔将军的战争政策"将会令这个国家蒙受耻辱，而且还会危害国家安全"。[98]

拜登和参谋长联席会议副主席、海军陆战队上将詹姆斯·卡特赖特（James Cartwright）提出了一个相对折中的方案，即仍增派两万名美军，但不进行国家建设，不为当地人民提供保护，这样就能保证美国可以更快地撤出。他们提出集中力量削弱和分裂塔利班，以期实现和解，并训练阿富汗军队。后来，盖茨和马伦因为这一异议惩罚了卡特赖特，阻挠他升任参谋长联席会议主席，即便奥巴马已经通知他任职。[99]

阿富汗真正需要的是经济援助和社会改革，而不是更多的美军。阿富汗的贫困程度令人震惊。截至2009年，尽管已有大量美元涌入，阿富汗还仍然是世界第五大贫困国，也是贫富差距最大的国家之一。它的人均收入只有426美元；68%的人每天的生活费不到1美元；只有23%的人能获得干净的饮用水；人均预期寿命只有43岁；24%的成年人能读书认字，但女性的比例只有14%。即使在2011年，也就是战争爆发10年之后，也只有30%的女孩能上学。[100]尽管社会经济需求如此之大，但美国每年向该国投入的军事花费超过了1000亿美元，而用于社会可持续发展的费用却只有20亿美元。美国进步中心（Center for American Progress）报告称，比起美国，"即便是苏联，在阿富汗重建方面也花得更多"。[101]但即使是这么微不足道的一笔钱，也远远超出了阿富汗政府的能力。战略与国际研究中心的安东尼·科德斯曼在2009年曾是麦克里斯特尔文职顾问团的一员，他写道："外部援助提供的资金大约是喀布尔政府创收的14倍。"[102]

阿富汗妇女的处境尤其悲惨。苏联支持的政权提倡男女平等，这是它在阿富汗不受欢迎的原因之一，在这个政权被美国及其盟友推翻后，阿富汗的妇女承受了巨大的痛苦。刚开始时，美国把将妇女从塔利班政权的压迫中解放出来作为入侵阿富汗的理由之一。但正如阿提克·萨尔瓦里（Atiq Sarwari）和罗伯特·克鲁斯（Robert Crews）提醒读者的那样，"在过去的25年里，阿富汗妇女一直是4个不同政权的解放对象：苏联共产党、圣战者、塔利班和美国领导的联盟，他们都提出要改善妇女境况，并以此作为其统治合法性的依据"。[103]而在绝大多数阿富汗人生活的农村地区，一切都没发生什么变化，婴儿和产妇的死亡率依然是世界最高的，尽管这与阿富汗的人均预期寿命一样，近期稍有改善的迹象。[104]在一些塔利班控制的南部省份，只有不到1%的女孩上到中学。戴维·怀尔德曼（David Wildman）和菲莉丝·本尼斯（Phyllis Bennis）写道："武装一群严重蔑视人权的人，帮助他们推翻另一群严重践踏妇女权益的人，这对改善妇女的困难处境几乎没有任何帮助。阿富汗女性在法律、卫生保健和生活中仍然无法获得平等的权利。"2009年，联合国的性别发展指数评估报告（包括女性识字率、受教育机会和预期寿命等指标）显示，阿富汗在全球排倒数第二。[105]而这已经是经过美国8年占领和改革的结果。

在这种情况下，阿富汗最不需要的就是增派美军。很多人试图阻止奥巴马犯下大错。11月初，美国驻阿富汗大使卡尔·艾肯伯里（Karl Eikenberry）写了两份秘密备忘录给希拉里，警告称反叛乱政策正在走向失败，增兵会适得其反。艾肯伯里曾在2006—2007年间担任驻阿富汗美军司令18个月，他警告道："上次我们增派了大量军队，即在2008—2009年间总计增派了3.3万兵力，结果加剧了阿富汗的暴力冲突，导致局势更加动荡。"他还明确表示："只要巴基斯坦的避难所还在，增派部队就无法结束塔利班的叛乱活动。"阿富汗总统哈米德·卡尔扎伊的腐败，以及阿富汗军队和警察的无能，只会让局势更加令人绝望。[106]

其他了解该地区情况的人也表示赞同。2009年9月，4名前高级情报官员提醒《纽约时报》的纪思道，"我们在普什图地区的驻军就是问题所在"，增兵只会"向普什图人证明塔利班是正确的。我们的领导人对常识的无知，将会导致许多优秀的美军士兵死在阿富汗，不会产生任何积极效果"。[107]4人中有一位名叫霍华德·哈特，曾任中情局驻巴基斯坦情报站站长，他竭力主张美军迅速撤出阿富汗。他在演讲时告诉弗吉尼亚大学的学生，美国可以派遣数十万部队，花费"无数亿"美元，但依然无济于事。"他们永远不会停止与我们作战，"他说，"他们此前也从来没有停止过与苏联作战。他们甚至从来没有停止过彼此互相争斗。"[108]

阿富汗人不仅痛恨外国入侵部队的存在，还痛恨他们的战术，

2010年3月，奥巴马与阿富汗总统哈米德·卡尔扎伊在喀布尔总统府邸用餐期间进行交谈。

尤其是在反叛乱战争的白热化阶段。阿富汗人反感美国和阿富汗军队搞夜间突袭，他们强闯民宅，破门而入，打破阿富汗人关于侵犯女性隐私的禁忌。奥巴马上任后，美军夜间突袭的次数呈指数级增加，其目标是塔利班领导人和可疑的叛乱分子，试图摧毁塔利班在全国运作的"影子政府"。以色列地理学家埃亚勒·魏茨曼（Eyal Weizman）对在巴勒斯坦和伊拉克采用策略的描述，也适用于阿富汗，他说："就像在伊拉克一样，巴勒斯坦的平民经历了战争突然渗透到家庭的私人领域，这是最深刻的创伤和羞辱。"[109]

更糟糕的是，夜间突袭也像无人机一样经常误杀无辜。2011年5月，北约军队在午夜对贾拉拉巴德城外的一栋民居发起突袭，误将一名当地警察当成塔利班领袖杀死了。军队还将他12岁的外甥女内洛伐（Nelofar）也杀了，当时她因为屋里太闷热而睡在外面的院子里。北约一名官员立刻为这次意外悲剧道歉，但内洛伐的父亲悲痛欲绝，难以从道歉中得到安慰。"他们杀了我无辜的12岁女儿，杀了我的小舅子，然后对我说'我们很抱歉'，"他说，"这是什么意思？一句'对不起'就能抚平我的伤痛吗？"[110] 在那一年，尽管塔利班杀害的平民比外国侵略者的多，但这丝毫没有减轻阿富汗人对北约军队的愤怒。

关于美国士兵多次越界，无故杀害阿富汗无辜平民的报道不断浮出水面，就像早些时候在伊拉克发生的那样。一名在加拿大擅离职守的20岁士兵描述了人类的同理心是如何被侵蚀掉的：

我发誓，我再也不能把这些人当人了。制造像我这样一个年轻刺头（dick）——dick是"专门的步兵作战杀手"（dedicated infantry combat killer）的首字母缩写——的最好方法其实很简单，那就是利用种族主义。你可以从洛杉矶、布鲁克林的街头或田纳西州的某个偏僻小镇带走一副空壳，那时美国有很多这样的青年，我就是这些"不让一个孩子掉队"中的一个。

不管怎样，你带走这副空壳，把他吓得屁滚尿流，让他觉得自己一无是处，然后再让他与那些和他一同受苦的人培养兄弟情谊，在他的头脑中灌输些关于种族主义的谬论，比如"所有阿拉伯人、伊拉克人和阿富汗人都是哈吉（Hajj，意为朝圣者）"，"哈吉憎恨你"，"哈吉想伤害你的家人"，"小哈吉是最坏的，因为他们一天到晚都在乞讨"。就是这类荒谬的仇恨宣传，你会惊讶地发现，它能有效培养我们这一代士兵。[111]

在阿富汗，一群被教唆得精神错乱的年轻人组成了一支12人的杀人小队，专门杀害无辜的阿富汗人，然后伪造证据，让他们看

起来似乎是出于自卫。其中一名被告后来承认了谋杀罪行，他们与
尸体的合影被《明镜》周刊曝光，惹得美国当局很不高兴。

阿富汗领导人糟糕透顶的行为更加剧了美国驻军带来的伤害。
2009 年 9 月，美国驻阿富汗查布尔省的高级外交官马修·何（Matthew
Hoh）宣布辞职，他曾作为海军陆战队上尉在伊拉克服役。在离职
之时，他写道，卡尔扎伊政府充斥着"明目张胆的腐败和无耻的贪
污"，卡尔扎伊"这位把毒枭和战犯当作亲信和高级顾问的总统，
真是对我们致力于法治建设和打击毒品努力的讽刺"。[112]

艾肯伯里大使也反对向腐败不堪的卡尔扎伊政权提供美元和武
器。这个政权由卡尔扎伊的朋友、家人和政治盟友主导，他们贪婪
地挥霍着涌入这个贫穷国度的资金。主导者还有一些军阀，阿富汗
议会前议员兼人权斗士马莱拉·久雅（Malalai Joya）认为这些人就
是"塔利班的复制品"。[113]《经济学人》报道说，在"阿富汗的部
分地区，叛乱分子已经被驱逐，政府的统治已经恢复，但居民们有
时仍渴望军阀的管理，因为他们至少没有卡尔扎伊的人那么腐败和
残暴"。[114]

2010 年，透明国际将阿富汗列为世界第二大腐败国，仅次于
索马里，比伊拉克领先两位。联合国报告称，2009 年，阿富汗人
花费了 25 亿美元去贿赂警察和政府官员，这相当于阿富汗全国合
法收入的四分之一。对一个人均国内生产总值才 426 美元的国家来
说，每人每年需要花 158 美元去贿赂官员，这个数字着实惊人。[115]

2010 年 11 月，维基解密将获得的 25 万多份机密外交电报中的
一些公之于众。事实证明，这些电报包含了很多十分不堪的惊天秘
密。腐败无处不在，阿富汗的领导人几乎全部沦陷。卡尔扎伊政权
的"反腐先锋"艾扎图拉·瓦西菲（Izzatullah Wasifi）因在拉斯维
加斯贩卖海洛因而被判入美国监狱服刑 4 年。卡尔扎伊努力保护自
己的家族成员和支持者，经常撤销对他们的指控，即使他们是在犯

案时被当场抓获的。

阿富汗商务部长向外交官透露，交通部每年能收取2亿美元运输费，但最后进入国库的只有3000万美元。为了获得收取运输费的岗位，人们愿意支付高达25万美元的贿赂费用。美国驻喀布尔大使馆报告称，2004—2009年间担任阿富汗第一副总统的艾哈迈德·齐亚·马苏德（Ahmad Zia Massoud）在2009年访问阿联酋时，被海关官员发现携带了5200万美元现金。尽管马苏德否认了贿赂指控，他仍然无法解释为什么自己月薪不过几百美元，却能与其他阿富汗官员一样住得起迪拜的豪华小区朱美拉棕榈岛的海滨别墅。另一份电报显示，总统的异母兄弟艾哈迈德·瓦利·卡尔扎伊（Ahmed Wali Karzai）在2011年7月遇刺前一直是坎大哈地区最有权势的人，他长期为美国中情局效力，"是公认的蛀虫和毒贩"。[116]哈米德·卡尔扎伊的其他盟友也大多都从事毒品贸易。英国军队逮捕赫尔曼德省省长时，在他的办公室里搜出了两万磅鸦片。此人虽被罢去省长之职，后来却进了参议院成了议员。[117]

事实上，塔利班掌权时在控制毒品交易方面表现良好。但美军入侵阿富汗后，当地的毒品开始泛滥成灾。鸦片产量从2001年的185吨激增到2007年的8200吨，创收占整个国民经济总量的53%，为近20%的阿富汗人口提供了就业岗位。[118]毒枭都居住在别墅区色彩缤纷的豪宅里，这些豪宅被称为"罂粟宫殿"，其"毒枭建筑"风格与阿富汗格格不入。与此同时，许多阿富汗人却深受毒品滥用之苦。据统计，2005年阿富汗的吸毒人数为92万，之后，这个数字大幅上升。[119]

在卡尔扎伊时期，非法的毒品交易为塔利班提供了稳定的收入来源，他们向每笔交易收取10%的费用，接着又借保护毒品运输收取额外费用。塔利班还间接从美国和北约获得了数亿美元。据记者琼·麦肯齐（Jean MacKenzie）报道，在阿富汗的许多地方，承包商们至少要把工程合同款的20%交给塔利班才能继续施工。一名阿富汗承包商透露："当时我正在修建一座桥梁，当地的塔利班头目打电话跟我说：'别在那里建桥，我们会把它炸掉的。'我请求他们先让我把桥修完，等拿到钱后他们想什么时候炸掉就什么时候炸掉。我们达成了共识，我才得以继续完成我的项目。"[120]

2010年，为了向阿富汗的美军基地运送物资，美国政府向美国和阿富汗的卡车运输公司支付了22亿美元。这些运输公司会联系与政府高层有联系的安保公司押送物资，后者按照每辆车800—2500美元的标准收费。安保公司又会反过来伪造战斗，以夸大安保服务的必要性，它们还贿赂塔利班不要攻击它们押送的卡车。一位驻喀布尔的北约官员抱怨说，"我们实际上是在给战争双方送钱"。[121]

喀布尔银行是阿富汗最大的银行，在这里，一些有权势的内部高管和股东在没有任何担保和抵押的情况下获得了9.25亿美元的贷款。涉案人员还牵扯到政府部长和议会成员，其中便有总统哈米德·卡尔扎伊的兄弟马哈茂德。总统指派了一个委员会来调查这起大规模欺诈活动，但最后该委员会宣布马哈茂德无罪。委员会报告称马哈茂德已经偿还贷款，但阿富汗中央银行行长阿卜杜勒·卡迪尔·菲特拉特（Abdul Qadeer Fitrat）告诉议会马哈茂德还欠2200万美元。马哈茂德不是唯一牵涉其中的政府高层的兄弟。阿卜杜勒·侯赛因·法希姆（Abdul Hassin Fahim）是阿富汗颇有权势的第一副总统的兄弟，他拿到了超过一亿美元的贷款，但他向委员会保证，自己会抵押足够多的财产来偿还这笔债务。

2011年6月，菲特拉特辞职并逃离阿富汗。他因向议会提供证词而导致银行欺诈受到调查，之后，他也受到卡尔扎伊的盟友越来越多的攻击，担心自己会有生命危险。阿富汗的总检察长对他提起了检控，而这得到了调查委员会主席阿齐祖拉·卢丁（Azizullah Ludin）的支持。此前，卢丁作为独立选举委员会的主席为卡尔扎伊效力——在2009年那场竞争激烈、被公认存在舞弊行为的总统大选中，他批准选举结果有效。[122]

那次以及其他选举的舞弊程度被证明让美国和北约感到极为尴尬。联合国的选举投诉委员会否决了100多万张违规选票，占卡尔扎伊总票数的28%。联合国副特使彼得·加尔布雷思（Peter Galbraith）宣称："选举欺诈让塔利班在与美国及其阿富汗盟友的8年斗争中获得了最大的战略胜利。"[123]卡尔扎伊企图将五人委员会中的三名外国成员换成他精心挑选的阿富汗人，却遭到阿富汗议会的拒绝，他随即威胁要加入塔利班。

在阿富汗，直接购买选票的舞弊行为十分猖獗，这种现象在2010年9月的议会选举中简直毫不掩饰。在坎大哈，用1美元就能买到一张选票，在东部的加兹尼省则可能要花18美元。大多数省份的选票价格是5—6美元。在某些地区，只要获得2500张选票就能赢得选举，所以这笔投资看起来颇为划算。《纽约时报》解释说："许多富有的阿富汗独立候选人都想掏钱购买议会的席位，那可是个肥缺，不仅俸禄优厚，月薪大约是2200美元，还有大量可以贪污的机会。"女性选民的登记卡尤其抢手，因为卡上没有照片，而且由于女性被禁足在家，通常由男性替她们投票。[124]

当奥巴马试图决定在阿富汗采取行动时，他其实已经对许多这样的腐败和欺诈见怪不怪。2009年11月25日，他会见了拉姆·伊曼纽尔、国家安全顾问琼斯将军，以及琼斯的副手托马斯·多尼伦（Thomas Donilon），表达了他的沮丧之情："对我来说，走出去跟大家说：'你们知道吗？美国人民已经厌倦了这场战争，我们会派一万名训练人员过去，因为这样我们才能从那里撤走。'这样可容易多了。"伍德沃德认为，如果奥巴马有勇气对抗他的军事顾问的话，他可能真的想这么说。[125]

"跟数字没关系，"拜登解释道，"是策略的问题。"奥巴马仍然举棋不定，他在感恩节期间的周末接见了最贴身的国家安全委员会顾问，一起评估最终决定。陆军上校约翰·田（John Tien）警告说："我觉得你没法违背军方的意思。"他暗示奥巴马，军方的最高司令部，包括马伦、彼得雷乌斯、麦克里斯特尔和盖茨，可能会集体辞职以示抗议。多尼伦和中情局局长莱昂·帕内塔也表达了类似的看法。帕内塔警告道："没有哪位民主党的总统能拒绝军方的建议，特别是当他向他们寻求建议的时候。"他建议："所以就这么做吧，按他们说的做。"

眼看着奥巴马再次被逼到墙角，做出与他原本更好的判断相违背的决定，国家安全委员会阿富汗及巴基斯坦事务的协调员道格拉斯·卢特（Douglas Lute）将军提醒道："总统先生，你不必这么做。"就在前一天，科林·鲍威尔也说了同样的话，他告诉总统："你不必忍受这些，你是总司令，这些人在为你工作，他们意见一致并不代表他们就是对的。将军尚有人在，但总司令就只有一位。"

当最后要做决定的时候，奥巴马却没有古巴导弹危机时期约翰·F. 肯尼迪的那份勇气和正直。他同意增兵 3 万人，几乎同意了军方领导提出的所有要求，甚至比他们期望的还要多。[126]

入侵阿富汗 10 年的得与失

奥巴马借鉴了小布什煽动爱国主义情绪的招数，选择于 12 月 1 日在西点军校发表演讲，阐述将驻阿富汗的美军人数增加到大约 10 万人的计划。他解释说，美国及其盟友入侵阿富汗，是因为阿富汗为制造"9·11"恐怖袭击的"基地"组织提供避难所。但他忘了提到至少三个非常重要的事实。第一，"基地"组织分布在全球各地的 300 名骨干分子中，只有 50—100 名在阿富汗，其余大部分的力量都已被严重削弱，他们活动在巴基斯坦以外的地区，而支持他们的民众大多来自得到美国支持的政权，如沙特阿拉伯、科威特、也门和阿联酋。第二，塔利班的领导人奥马尔实际上反对发动针对美国的"9·11"事件。根据"9·11"事件调查委员会的报告，"2001年夏天，在袭击事件的最后准备阶段，阿富汗的'基地'组织领导人对是否继续进行袭击产生了分歧。塔利班领导人奥马尔反对袭击美国。但本·拉登不顾多名高级副官的反对，一意孤行，发动了袭击"。[127] 第三，恐怖分子不需要布满训练营的避风港来策划秘密行动。正如中情局反恐中心前副主任保罗·皮勒指出的那样，"对未来的恐怖袭击至关重要的活动并不需要有这样一个基地，再严重的恐怖主义活动都很少需要招募新的成员来执行。请注意一点：'9·11'事件最重要的准备工作不是在阿富汗的训练营，而是在德国的公寓楼、西班牙的酒店房间和美国的飞行学校中完成的"。[128]

奥巴马的逻辑让美国有线电视新闻网评论员法里德·扎卡瑞亚（Fareed Zakaria）感到困惑："如果在阿富汗的'基地'组织成员最多只剩下100人，那么我们为什么要打这样一场大战？"他引用了上个月有100名北约士兵被杀，每年为战争花费1000多亿美元的数据，最后断定：在这场战争里，"为了杀死阿富汗的每一位'基地'组织成员，至少每个月需要支付一名盟军士兵的生命"，而每年"为阿富汗可能存在的每位'基地'组织成员需要投入10亿美元"。那些支持发动这场战争的人认为，塔利班是"基地"组织的盟友。对此，扎卡瑞亚回应道："这就像是在二战时期希特勒政权倒台、柏林沦陷后，我们去打意大利，仅仅因为意大利曾与德国结盟。"[129]

美国海军战争学院的吉姆·莱西（Jim Lacey）根据14万盟军士兵的销做了一番推算，得出结论：为了追杀在阿富汗的每一位"基地"组织的成员，实际上，每年需要支付15亿美元。他感到惊讶，问道："有人算过吗？世界上有哪个战略家会认为这样的代价是值得的？"[130]

历史学家安德鲁·巴切维奇（Andrew Bacevich）指出了最矛盾的地方。如果阿富汗真的对美国的安全和保障那么重要（他认为"这个说法很荒谬"），"那么为什么要限制美军在那里的参与？……为什么不是增兵10万，而是3万？为什么不发誓'要不惜一切代价'，而是暗示希望早日退出？为什么不提高税收、恢复征兵？……为什么在总统的讲话里看不到'争取胜利'的意思？"[131]

成本确实犹如天文数字，而且还在不断攀升。2006年，国会研究人员估计，在阿富汗，每个士兵每年要花费39万美元。到2009年，这一数字已攀升至每年100万美元，因为防地雷的运兵车和监控设备的成本提高了，而且在翻越叛乱分子聚集的崇山峻岭时，还要加上每加仑400美元的燃料运输成本。[132]

奥巴马试图安抚支持他的进步人士，他宣布从2011年7月开始撤军，在2014年之前全部撤出。在《誓言》（*The Promise*）一书中，乔纳森·奥尔特（Jonathan Alter）写道，奥巴马曾对彼得雷乌斯和马伦说："我要你们跟我说实话，你们能不能在18个月内完成撤军？"彼得雷乌斯回答道："总统先生，我相信我们能在规定时间内把阿富汗国民军训练好，并将国家移交给他们。"奥巴马继续追问："如果18个月后你们完不成你们承诺的这个目标，你们也不会再要求留下来，是不是？"彼得雷乌斯向他保证："是的，总统先生，我们同意。"马伦也附和道："是的，总统先生。"[133]

但是，正如《华盛顿邮报》专栏作家达纳·米尔班克（Dana Milbank）所讽刺的那样，"奥巴马总统设定的18个月内完全撤离阿富汗，就连18个小时都撑不到"。奥巴马发表讲话后的第二天，政府官员在参议院军事委员会作证时明确表示，这个撤军时间太过理想化了。盖茨说出了实话："我们目前的计划是……在2011年7

月开始过渡。我们将在2010年12月评估能否达成预期目标。"盖茨告诉参议员，总统有权改变他的想法。马伦表示同意。希拉里补充道："我认为，我们并没有咬定要离开。"[134] 2010年5月，在希拉里为卡尔扎伊和他的一些高级内阁部长举办的晚宴上，盖茨向阿富汗人保证："我们不会过早离开阿富汗。事实上，我们根本不会彻底离开。"[135] 确实，五角大楼正计划在阿富汗保留1万—3万人的部队，并认为这很有可能实现，因为阿富汗严重依赖外国援助。

从阿富汗撤军的前提是，美军能训练、打造并装备好一支能够提供安全保障的阿富汗国民军和警察力量。麦克里斯特尔游说组建一支40万人的联合部队。据估计，维持一支如此规模的阿富汗安全部队，每年需要花费大约100亿美元，但阿富汗的税收总额才大约20亿美元，而且四分之三的国家预算要靠外来援助。对此，约翰·克里质问道："谁来支付这些费用，以免这些全副武装的士兵和警察沦为下一批叛乱分子？"[136]

政府的内部审查清楚地表明，组建这样一支部队即便不算异想天开，也是一项艰巨的任务。经过这么多年的训练，也没有多少阿富汗军队或警察部队能够独立运作，各个层级都缺少骨干领导。威廉·考德威尔（William Caldwell）中将是北约联军中负责训练阿富汗部队的美方将领，他在2011年报告说，每年有30%的阿富汗士兵逃跑，最需要士兵作战的地区逃兵比例最高。另外还有差不多比例的人从警队离职。考德威尔估计，新兵的识字率大约为10%。腐败现象异常严重。兵营条件恶劣。阿富汗士兵为了在祈祷前洗脚，往往会把水槽从墙上拆下来，破坏了新建筑；房子里明明有厨房和锅炉，可他们偏偏在地上烧火做饭和取暖。之后的建筑修葺既花时间又费金钱。[137]

另一个问题是驱动力。托马斯·弗里德曼责备奥巴马没有勇气拒绝一场他和他的顾问都不想要的战争，他写道："你知道你遇到了麻烦，因为你陷入了一场战争，其中目标明确、言论一致、斗志始终不减的那一方，却是你的敌人：塔利班。"他问："我们为什么一定要招募和训练我们的盟友——阿富汗军队——怎么去打仗呢？……如果说有一件事是阿富汗男人不需要训练也会做的，那就是打仗。经历了30年内战，又经历了几个世纪抵御外国侵略的战争，这可能是他们唯一全都会做的事了。说到底，塔利班又是谁训练的呢？他们一直与美军打成平手，可他们的很多指挥官甚至连大字都不识一个。"[138]

2011年1月，那些好奇阿富汗政府军平时不读书、不打仗，那他们到底在干什么的人了解到了一些令他们不安的事。据《华盛顿邮报》报道，当时阿富汗政府与联合国签署了一项协议，停止招募儿童进入警队，禁止把小男孩当成性奴泄欲——这种做法很常见，且日益增多。据《纽约时报》报道，"阿富汗有个传统名为 bacha bazi，即'男童游戏'，其中一种就是把9岁左右的男孩打扮成女孩，教他跳舞以取悦男性观众，最后在拍卖会上把他卖给出价最高的人。许多有权势的人，尤其是军队和警队的指挥官们，都豢养有这样的男孩。他们经常让这些男孩穿着制服，充当他们的固定性伴侣，来满足他们的兽欲。"在美国支持叛军对抗苏联的时期，"男童游戏"在叛军中流行开来，其中最猖獗的要数坎大哈地区。《纽约时报》指出，"塔利班在那里崭露头角……就是因为阻止了两个有娈童癖的军阀之间的争斗，当时那两人都垂涎一名跳舞的男孩"。塔利班掌权后，下令禁止玩弄男童。[139]

在阿富汗的指挥官们逍遥快活之时，美军却在身体和心理上付出了巨大代价。大多数受伤士兵在返回美国之前都会到德国的兰施图尔地区医疗中心接受治疗，那里的医生进行了一项研究，发现由于简易爆炸装置的广泛使用，2009—2010年间截肢的士兵比例急剧上升。2010年，11%的伤员接受了截肢手术，其中38%的截肢人员接受了多项截肢手术。

其中最可怕的是生殖器和尿道受伤，此类伤员的人数在一年里几乎增加了两倍。已经退伍的陆军上校约翰·霍尔库姆（John Holcomb）博士拥有丰富的战斗医疗队经验，他认为这项研究的结果"令人难以置信"。他说："大家都为如此高的受伤比例感到震惊：双腿截肢、阴茎和睾丸受伤。以前从未发生过这样的事。"[140]

还有些伤亡没被公开报道。到2010年中期，美军报告称，有11.5万士兵因路边炸弹的冲击波而造成轻微的脑损伤，并且可能遭受长期的心理和生理伤害。Pro Publica① 和全国公共广播电台的一项联合调查发现，实际受伤人数远比军方公布的多，数以万计的伤员未被纳入官方的统计数字。[141]

心理受创的士兵数量也很庞大。2009年11月，退伍军人事务部（Department of Veterans Affairs）部长埃里克·新关（Erik Shinseki）指出："自2001年以来，自杀的退伍军人比战死在伊拉克和阿富汗的军人还要多。"[142]

2010年，约瑟夫·斯蒂格利茨和哈佛大学公共政策教授琳达·比尔姆斯发表报告称，在伊拉克和阿富汗服过役的210万士兵中，有60万人曾向退伍军人事务部寻求治疗，有50万人申请了伤残补助，比最初估计的高出约30%。接受创伤后应激障碍及其他健康问题治疗的人数会随着时间的推移和年龄的增长不断增加，他们估计，阿富汗战争和伊拉克战争的真实成本可能超过4万亿美元。相较于"基地"组织发动"9·11"事件花费的大约50万美元，美国的反击却花费了数万亿美元，本·拉登要让美国破产的目标的确实现了。[143]

为了打败老巢设在巴基斯坦、实力已被严重削弱的敌人，美国花了10年时间，付出天价来发动阿富汗战争，这真的很不合逻辑，

---

① 一家总部设在纽约的非营利性独立新闻网站，为公众利益进行调查报道。

因而有些人认为美国一定别有用心。2010 年，他们似乎找到了一个可能的答案。当时，五角大楼宣布，一个由地质学家和其他调查人员组成的美国团队已经证实阿富汗存在大量矿产资源。五角大楼预计，阿富汗可能成为"锂矿资源方面的沙特阿拉伯"，锂是各种电子设备所需电池的关键成分。伦敦银行家、摩根大通的矿业专家伊恩·汉纳姆（Ian Hannam）则更进一步，对"阿富汗可能成为世界主要的铜、黄金、锂和铁矿石生产国之一"的前景垂涎不已。即将取代麦克里斯特尔担任驻阿富汗美军总司令的彼得雷乌斯也深表赞同，他说："阿富汗有惊人的潜力。"阿富汗官员预估本国的矿产资源大概价值 3 万亿美元，对一个国内生产总值约 120 亿美元，经济上严重依赖毒品交易和外国援助的国家来说，这实在是笔惊人的财富。[144]

尽管人们对这一"发现"议论纷纷，但阿富汗蕴藏着丰富的矿产资源早已不是新鲜事。1911 年 1 月，《芝加哥每日论坛报》（*Chicago Daily Tribune*）报道称，阿富汗"拥有丰富的自然资源，它出产铜、铅、铁，甚至黄金"。[145] 1928 年，刚刚成立的阿富汗—美国贸易公司宣布，它获得了开采阿富汗石油和矿产的独家特许权。[146] 在随后的几年里，人们也没看到什么采矿行动，但阿富汗和外国投资者都知道，这一天终将到来。

西方投资者想等局势稳定后再伺机下手，但渴求资源的中国投资者却半路杀出，一家中国国有企业获得了阿富汗东部一座铜矿的开采权。[147] 2006 年 3 月，穆罕默德·易卜拉欣·阿德尔（Mohammad Ibrahim Adel）被总统卡尔扎伊任命为矿业部长，因为其前任拒绝将阿富汗唯一运行的高瑞（Ghori）水泥厂私有化并卖给卡尔扎伊总统的兄弟马哈茂德。阿德尔上任后的第一件事，就是把工厂卖给卡尔扎伊的阿富汗投资公司。[148]

投资者还对中亚潜在的能源资源垂涎三尺。排在首位的是土库曼斯坦的天然气，该国发现了可能是迄今为止已探明的第五大天然气田。当地政府设想修建一条穿越阿富汗的管道来运输天然气。

与此同时，巴基斯坦也在想方设法削弱美国和印度的影响力，让自己成为阿富汗这个竞技场上的优秀选手。他们决定利用美国与卡尔扎伊日益加深的裂痕，因为后者说过，他不再觉得美国和北约能够赢得战争并最终撤军。巴基斯坦的高官多次与卡尔扎伊会面，向其转达塔利班主要领导人西杰拉丁·哈卡尼（Sirajuddin Haqqani）、奥马尔和古勒卜丁·希克马蒂亚尔（Gulbuddin Hekmatyar）的意思，双方分权而治，结束冲突。阿富汗国家情报局局长阿姆鲁拉·萨利赫（Amrullah Saleh）和内政部长哈尼夫·阿特马尔（Hanif Atmar）强烈反对与塔利班武装分子谈判，卡尔扎伊将他们双双免职，这种做法表明，他就像阿富汗大多数普什图族人一样，也对谈判很感兴趣。[149]但是，占该国人口将近一半的塔吉克族、乌兹别克族和哈扎拉族是亲美的，他们也强烈反对。这些人在普什图塔利班统治期间承受了最多的苦难，当中很多人成了如今阿富汗国民军中最激进的战士，他们坚决反对谈判的立场让阿富汗爆发内战的可能性急剧提升。[150]

经历了10年的流血战斗，消耗了大量财富之后，美国人民终于厌倦了这场徒劳无功的战争。2011年3月，美国广播公司新闻频道与《华盛顿邮报》联合发起的一项民意调查显示，三分之二的美国人认为阿富汗战争不值得打。一年后，美国有线电视新闻网报道，反对战争的人数比例已上升到72%。

最激烈的批评来自美国的市长，他们看到，由于财政收入和联邦政府补助减少，他们的城市预算被削减得厉害。2011年6月，他们齐聚巴尔的摩，参加全美市长会议。其间，他们向政府表达了自己的真实想法。他们呼吁尽快结束伊拉克和阿富汗战争，并将每年节省出来的1260亿美元用于美国的城市建设。洛杉矶市长安东尼奥·维拉戈沙（Antonio Villaraigosa）说："我们将要在巴格达和坎大哈建桥梁，却不在巴尔的摩和堪萨斯城建，这种想法实在让人觉得匪夷所思。"[151]

2011 年 5 月 1 日，美国海豹突击队击毙了本·拉登，后者当时正在巴基斯坦最重要的军事学院附近的阿伯塔巴德舒舒服服地过日子。之后，要求美国撤军的压力急剧增加。许多美国人认为，巴基斯坦官方肯定早就知道本·拉登的下落，于是纷纷要求切断对巴基斯坦的援助。美国对巴基斯坦领导人极不信任，以至于他们压根没有通知巴方他们已经发现本·拉登并打算发起袭击，因为他们担心巴方会暗中向本·拉登通风报信。

这次突袭令巴基斯坦政府陷入巨大的尴尬，他们的政权只比邻

奥巴马总统和他的国家安全团队正在白宫军情室监控刺杀本·拉登行动的最新动向。

国阿富汗的稍微稳固一点。美国驻巴基斯坦大使安妮·帕特森（Anne Patterson）在2010年初曾报告说："巴基斯坦的文官政府依然软弱、无能、腐败。"总统阿西夫·阿里·扎尔达里（Asif Ali Zardari）是美国的主要盟友，他早前曾向拜登透露，巴基斯坦军方和三军情报局这两大握有巴基斯坦实权的机构想"赶我下台"。[152]陆军总参谋长阿什法克·帕尔韦兹·卡亚尼（Ashfaq Parvez Kayani）也是泥菩萨过江，因为他手下的军官反对他与美国交往过密。在压力下，卡亚尼宣布巴基斯坦将不再配合美国无人机袭击境内的叛乱分子，并且要大幅限制美国情报人员在巴基斯坦的行动范围。

2011年11月，北约的一次空袭导致24名巴基斯坦士兵死亡，美国与巴基斯坦间的"盟友"关系进一步受到打击。美国的官员拒绝道歉，巴基斯坦政府便关闭了通往阿富汗的补给线，北约不得不选择速度更慢、成本更高昂的路线。2012年5月，巴基斯坦的一个法庭以叛国罪判处一名巴基斯坦医生33年监禁，因为他协助中情局追捕本·拉登。美国参议院立即发起报复，在已经削减12亿美元对巴军事援助的基础上，再削减3300万美元。2012年7月初，巴基斯坦在得到国务卿希拉里的道歉后，终于重新开放补给线。

在国会，共和党人和民主党人都以本·拉登已被暗杀为由，要求美国迅速从阿富汗撤军。参议院外交关系委员会的资深共和党人理查德·卢格（Richard Lugar）认为，"不知道我们为什么还继续留在那里"。他反对美国参与阿富汗"如此宏大的国家建设"。[153]民主党党鞭、参议员迪克·德宾（Dick Durbin）也持相同意见，他问道："如果你认为军事手段无法解决当前的冲突，也不符合美国政策，那我们为什么还要再派哪怕一名美国士兵到阿富汗去战斗并送死呢？"[154]

美国和卡尔扎伊政府之间的裂痕也在继续扩大。2011年6月中旬，卡尔扎伊在阿富汗青年国际会议的讲话中谴责联军部队。他说："你们记得，几年前我说过感谢外国军队的帮助，我们时时刻刻都在感谢他们，但现在我再也不说这样的话了……"他在全国电视广播上抱怨："他们是为了自己的企图、为了自己的目标来到这里的，他们为此利用我们的国土。"卡尔扎伊指出，北约的轰炸不断地造成大量平民伤亡，还破坏环境，尤其是使用了贫铀武器。[155] 几周前，卡尔扎伊还对北约发动的一起造成数名儿童和其他平民死亡的袭击表示愤怒。他威胁说，如果北约继续轰炸阿富汗人的家园，他将采取"单边行动"。他警告道："如果他们继续袭击我们的房子……历史会见证阿富汗人是如何对付入侵者和占领者的。"[156] 美国官员对他的忘恩负义感到吃惊。即将离任的艾肯伯里大使回应道："当我们听到自己被叫作'占领者'或是其他更糟糕的称呼时，听他们说我们慷慨的援助项目完全没用，反而成了腐败的根源时，我们的自尊心受伤了，也失去了继续待下去的动力。"[157]

卡尔扎伊的挑衅言辞招致美方愤怒的反击，在接下来的几个月里，他的措辞变得谨慎许多。但在 10 月，他在接受一名巴基斯坦的记者采访时又说："如果巴基斯坦和美国之间爆发战争，我们将站在巴基斯坦一边。我不想看到任何一个美国士兵再踏入阿富汗人的家园。"[158] 这番话再次激怒了他的美国支持者。

正如参议员德宾所说的那样，无论增兵与否，军事手段都解决不了阿富汗的问题。仅 2011 年 7 月和 8 月，塔利班就暗杀了 181 名阿富汗政府高官，其中包括卡尔扎伊总统的另一位异母兄弟艾哈迈德·瓦利。其他最近的受害者还有坎大哈市长，坎大哈宗教理事会负责人，卡尔扎伊总统的一位亲密顾问，以及和平谈判代表、前总统布尔汉丁·拉巴尼（Burhanuddin Rabbani）。[159] 2012 年 7 月底，北约公布的数据显示，在过去的三个月里，叛乱分子的袭击次数实际上比前一年增加了 11%，证明之前反复声称的成功遏制叛乱活动的说法纯属无稽之谈。[160]

阿富汗不断传出坏消息。2012年9月，人权观察组织报告称，美国训练和资助的阿富汗地方警察和村庄民兵不仅没有保护村民，反而对他们暴力相向。有据可查的暴行包括谋杀、强奸、绑架、任意拘留和强行征地。组建这些警察部队是美国稳定阿富汗计划的关键。彼得雷乌斯曾告诉美国参议院，阿富汗地方警察"可以说是我们帮助阿富汗发展自卫能力的最关键因素"。[161]

稳定计划的另一支柱——阿富汗国家警察也同样糟糕。人权观察组织发布上述报告不到一个月，联合国驻阿富汗的援助机构就发现了"确凿"证据，证明阿富汗的情报机构、国家安全局和阿富汗国家警察在审讯中，对被拘留者（包括未满18岁的孩子）实施"一系列"酷刑。报告特别强调的几项酷刑包括：拧囚犯的生殖器直到他们昏厥；吊住囚犯的手腕把他们悬在半空，用缆绳和橡皮管殴打囚犯；拔掉囚犯的趾甲；对囚犯进行电击和使其处于高压状态；威胁对其进行性侵。[162]

联合国禁毒机构的报告显示，北约试图削减阿富汗毒品交易的努力也正在失败。尽管2011年北约禁毒的力度增加了65%，但这一年阿富汗罂粟的种植面积反而实现了两连增。种植罂粟的土地增加了7%，由于价格飙升，扩大种植后的作物带来了14亿美元的收入，是前一年的两倍。罂粟种植就像叛乱一样蔓延到了北部和东部省份，这些地方以前从来没有种植过此类作物。对消灭罂粟种植地工作队的袭击也比前一年翻了两番。[163]

2011年10月，奥巴马宣布美军将在年底前撤出伊拉克，这预示着美国入侵阿富汗也终将惨淡收场。实际上，12月31日这个撤离时间是小布什在2008年商定的。不过，奥巴马还是因为履行了竞选承诺而受到赞扬，大多数美国人都赞成结束失败的伊拉克战争。

但有不少五角大楼的内部人士不满这一声明。军方领导人之前坚持在伊拉克保留1万—2万人的兵力，现在将人数降低到3000—

在阿富汗国家警察学院毕业典礼上，阿富汗国家警察指挥官正在检阅各学员。

阿富汗法拉省波杰曼地区的村民们正在捣毁罂粟地。

5000。他们与奥巴马和希拉里一起向伊拉克施压，要求给予留驻的美军司法豁免权。但以穆克塔达·萨德尔（Muqtada al-Sadr）为首的议会什叶派阵营拒不服从，最后美国只好开始撤军。

可以肯定的是，美国不会完全撤出在伊拉克的驻军。美国国务院估计，可能有多达1.6万—1.7万的美国人员留在伊拉克，其中包括5500名全副武装的军事承包商。美国在世界上面积最大的大使馆位于巴格达，占地104英亩，周围有围墙高高耸立。它和美国在巴士拉以及埃尔比勒的领事馆将不断地提醒伊拉克人美国对他们家园的入侵、破坏、征服和占领。在过渡时期协助国务院开展工作的陆军旅指挥官约翰·S.拉斯科迪（John S. Laskodi）上校注意到，"国务院正在执行其历史上最重要的任务"。参议员约翰·克里担心美国正在"用私人雇佣军取代正规军"。剩余的少量美军将负责监督美国用于武装伊拉克军队的价值100亿美元合同的履行，武器涵盖坦克、战斗机和其他武器，其中30亿美元由美国政府支付。美国还将每年花费近10亿美元训练伊拉克警察。[164]

最终的统计结果显示，在伊拉克战争中，有将近4500名美国士兵阵亡，超过3.2万人受伤，还有数万人罹患创伤后应激障碍以及其他心理疾病。据估计，伊拉克的死亡人数为15万—100多万。2006年10月，一个由美国和伊拉克的流行病学家组成的小组发布报告，称美国的入侵还导致了"额外的"65.5万伊拉克人死亡。[165]美国已经花了将近一万亿美元，但与最终的成本相比，这只是一小笔首付款而已。

奥巴马在布拉格堡欢迎美军回国。但是，在那里，他没有真诚地把伊拉克战争当成美国经历的一场彻头彻尾的灾难来反思，没有从中吸取到一些深刻的教训，没有感谢那些为此牺牲的人们。他反而重弹爱国主义的老调，来掩饰这场战争的惨淡结局，这不禁让人想起了鲁德亚德·吉卜林（Rudyard Kipling）那些令人难忘的语句。

吉卜林曾经是帝国主义的坚定支持者，怂恿自己的儿子报名参加一战，结果他的儿子在上战场的第一天就战死了。在《战争墓志铭》（"Epitaphs of the War"）中，吉卜林写道："如果有人问我们为何死亡／告诉他们，因为我们的父辈撒谎。"[166]奥巴马的谎言也将造成同样深刻的痛苦。他告诉士兵们："我们留下的，是一个拥有主权、稳定和能够自力更生的伊拉克，它由一个民选的代议制政府所领导。"他赞扬他们取得了"非凡成就"。他声称"最重要的经验"是"关于我们的国民性的……只要我们美国人团结一致，我们就无所不能……这就是为什么美国军队是我们国家最受人尊重的机构"。他称赞士兵们愿意"为一个你们甚至从未见过面的民族做出如此巨大的牺牲"，他认为"这是我们美国人之所以特别的其中一个原因。我们不像那些老牌帝国，我们不是为了领土或资源牺牲。我们之所以这么做，是因为这是正确的。我们离开伊拉克，把国家留给它的人民，这充分证明了美国支持民族自决。这也说明了我们是什么样的人"。在改写了伊拉克战争的历史后，他把话锋转向阿富汗，声称军队也"挫败了塔利班的气焰"。他向士兵们保证，这些战争已经让"美国变得更强大，世界也变得更安全"。他深入美国的神话宝库，颂扬美国之所以伟大的源头："这些理念被写进了我们的建国法典，这是一种诸国中独一无二的价值观，愿意……为推动人类的自由和尊严付出巨大的代价。我们就是这样的人，这就是我们作为美国人共同做出的牺牲。"他提醒士兵们，他们是"延续了两个世纪的英雄队伍的一员——从推翻帝国统治的新大陆移民，到对抗法西斯主义和共产主义的你们的祖父母和父母，再到现在的你们，你们在费卢杰和坎大哈为了同样的理念而战，直到将'9·11'事件的肇事者绳之以法。"

乍一看，读者可能不知道该从哪里开始反驳这番歪曲事实的话，也不知道要怎么揭穿这种迷思，但正如我们在整本书中阐述的那样，美国人的利他主义、仁慈、自我牺牲等概念，可能就是很好的突破口，特别是他们明确否认对他人的领土和资源感兴趣。奥巴马认为美国在诸国中显得独特的地方在于它"愿意……为推动人类的自由和尊严付出巨大的代价"。他荒谬地宣称，这些战争已经让"美国变得更强大，世界也变得更安全"。他把那些在费卢杰屠杀了数百名伊拉克平民的军人比作"推翻帝国统治"的美洲新移民，以及"对抗法西斯主义"的二战一代。也许他没有看到在美军离开伊拉克时，费卢杰的人民焚烧美国国旗，庆祝他们赢得反抗的胜利，并获得自由；也许他没看到过关于美国海军陆战队员在哈迪塞和伊拉克其他地方肆意滥杀平民（包括妇女和儿童）的报道；也许他也没看到驻安巴尔省的美军指挥官解释为什么他不调查美军在哈迪塞随意杀害24名伊拉克平民时的窘境——这名指挥官解释道："在全国各地，这种事一直在发生……"奥巴马祝贺美军"在费卢杰和坎大哈为了同样的理念而战，直到将'9·11'事件的肇事者绳之以法"，这番话如果不是自小布什政府执政以来最卑劣的谎言，那就是令人遗憾的粗率无心之辞。实际上，这是在替小布什—切尼政府为入侵伊拉克编造的谎言增添可信度，即入侵伊拉克在某种程度上是正当的，因为萨达姆支持"基地"组织；同时，也让一种危险的错觉永远延续下去，即截至2011年，美国对这两个国家的占领都与当初"基地"组织的恐怖袭击有关。[167]

奥巴马的话音刚落，他口中"稳定"的伊拉克就重新陷入混乱。几天之内，该国就爆发了一系列自杀式炸弹袭击，造成数十人死亡，数百人受伤，伊拉克再次站在内战爆发的边缘。逊尼派特别不满。2010年大选过后8个月左右，美国好不容易拼凑起来的伊拉克联合政府实际上坍塌了。什叶派总理努里·卡迈勒·马利基下令逮捕逊尼派的副总统塔里克·哈希米（Tariq al-Hashimi），马利基指控哈希米秘密组织暗杀队，试图将逊尼派的副总理赶下台。哈希米

被溅上鲜血的 5 岁伊拉克小男孩萨马尔·哈桑（Samar Hassan）嚎啕大哭，他父母在黄昏时分驾车误撞了在伊拉克塔尔阿法巡逻的美军，随即遭到杀害。

为此逃往库尔德地区。在接下来的几周，马利基的安全部队逮捕了数百名逊尼派的反对派领导人以及前社会复兴党成员，同时，马利基还加强了对军队和警察的控制。反对派指责马利基是独裁者，逊尼派和世俗批评者则开始抵制议会。一连好几个月，逊尼派控制的省份纷纷要求更大的自治权，就像库尔德人在生产石油的库尔德斯坦建立的那样，拥有自己的议会、总统和安全部队。伊拉克国家面临分裂成三个独立政权的危险。

伊拉克人对美国的"牺牲"并不领情，后者虽然帮他们除掉了一个可憎的独裁者，但也导致数十万伊拉克平民无辜受伤或死亡。这种不领情反映在一个事实上，即大多数受邀参加被《华盛顿邮报》称为"看起来没完没了的军事仪式"的伊拉克高官都拒绝出席。实际上，在前一年春天，美国已经叫停举行大规模的军事基地关闭典礼，因为叛乱分子常常会在这种场合发动袭击。有一次集会令人印象特别深刻。那是在12月17日，当时美国和伊拉克官员聚集在一起，举行将原先的应急作战基地移交给伊拉克空军的签字仪式，这个基地是美国在伊拉克的最后一个军事基地，曾经驻扎了1.2万名美军和国防承包商。《华盛顿邮报》记者格雷格·贾菲（Greg Jaffe）描述了当时的场景。首先入场的是"6个伊拉克人组成的乐队，他们穿着肮脏的蓝色制服，用破破烂烂的小号和长号演奏了一首音调参差不齐的进行曲"。接着，"一名伊拉克军官用阿拉伯语欢呼，又是鼓掌，又是跺脚。很快，以伊拉克人为主的人群跟着他一起高喊、欢呼"。贾菲特别指出，"一名美国军官僵硬地坐在舞台上，他前面的牌子上写着'上校'"。那名伊拉克军官接着喊道："美国人的占领结束了！愿真主怜悯我们的烈士！"剩余的美军趁着夜深人静偷偷溜走了，《华盛顿邮报》说他们"在黎明前秘密潜入了科威特"。[168]

这两场战争就是彻头彻尾的灾难，就连盖茨也在某种程度上承认了美国再次陷入了一场侵略战争这一事实无可辩驳。2011年2月，他告诉西点军校的学生："在我看来，未来如果还有国防部长建议总统再次派遣大批美国陆军进入亚洲、中东或非洲国家，他就应该'检查下脑袋是否正常'，就像麦克阿瑟将军所说的那样。"[169]

中东与西半球进入后美国时代

美国多年来的错误和短视的政策造成了恶劣后果，并在世界各地都遭到了报应。这一点在中东表现得最为明显。此前美国曾为塑造那里的局势耗费大量精力，但后来"阿拉伯之春"引发了民主巨变，从根本上改变了这个地区，此时，美国在很大程度上已沦为旁观者。几十年来，美国一边毫无原则地支持以色列，另一边又武装、训练和扶植一个又一个阿拉伯独裁者，并在"9·11"事件后利用埃及人、利比亚人和其他国家的人作为代理人替自己实施酷刑，这些做法已经严重损害美国的道德权威，让它宣称的民主听起来十分空洞。在美军直接或间接地杀害或致残了数十万伊拉克和阿富汗的平民以后，再也没有人把美国对专制政权向人民动武的愤慨当真了。

即便是奥巴马在开罗演讲中营造的友好氛围，也很快荡然无存。美国巴勒斯坦问题工作组（American Task Force on Palestine）的执行组长盖斯·奥马里（Ghaith al-Omari）说出了巴勒斯坦地区激进分子的心声："现在'贬低'美国人已经成为一种时尚，人们普遍认为美国不再重要，'阿拉伯之春'的发生并非美国出手相助的结果。"[170]前任国际原子能机构总干事、诺贝尔和平奖得主穆罕默德·巴拉迪（Mohamed El-Baradei）为整个地区几十年来的落后状态和各种镇压谴责美国。他控诉道："美国支持镇压的错误政策，事实上推动了埃及和整个阿拉伯世界走向激进。[171]

一方面，美国以阻止可能发生的暴行为借口，支持利比亚的政权更迭和对穆阿迈尔·卡扎菲的刺杀；另一方面，它又长期对巴林、也门、叙利亚以及其他地方的政府的暴行漠然处之，也不理会沙特阿拉伯激烈的内部镇压，这里极端分子继续资助"基地"组织和其他全球圣战。这种做法显示了美国的虚伪，人们似乎只能得出这样的教训：只有美国的盟友可以屠杀和镇压其人民。

事实上，在批评中东的专制政权时，奥巴马刻意避而不谈沙特阿拉伯。60年来，为了得到沙特阿拉伯的石油，美国一直扶持该国。沙特阿拉伯长期以来一直是美国先进武器的最大买家。《华尔街日报》估计，2010年奥巴马批准出售的武器可能超过600亿美元。现在，随着沙特阿拉伯协助阻挠该地区的民主改革——用政治和财政等手段横加干涉，甚至在巴林还动用了武力——美国证明了自己并非那些寻求进步变革的国家的可靠盟友。

美国也因为继续支持急速右倾的以色列政府而陷入困境。奥巴马似乎比其前任们更同情巴勒斯坦，他选择乔治·米切尔（George Mitchell）担任中东特使，似乎让人看到了这样的希望：美国将支持以更公正的方式处理悬而未决的中东问题。在这个问题上，最主要的就是有50万犹太人定居在以色列占领的东耶路撒冷和约旦河西岸地区。2006年，在哈马斯当选后，以色列封锁了加沙，这使得局势变得更加紧张。除了本雅明·内塔尼亚胡（Benjamin Netanyahu）领导的以色列右翼政府和美国的保守派以色列游说团成员，所有人都意识到以色列的上述举动不但不公正、站不住脚，而且还威胁到这个国家日益脆弱的民主制度能否继续存在。

然而，在政府内部辩论中占上风的并非米切尔，而是奥巴马的中东问题首席顾问丹尼斯·罗斯（Dennis Ross）。罗斯是沃尔福威茨的门徒，自里根时代起就为总统建言，是以色列的忠实卫士。2011年5月，约旦国王阿卜杜拉二世抱怨，美国国务院和五角大楼"给了我们积极的回应"，"但白宫方面没有，我们知道问题出在丹尼斯·罗斯身上"。对美国是否应为该地区提出一个全面的和平计划，罗斯和米切尔出现了严重的分歧。米切尔认为应该向内塔尼亚胡政府施加压力，后者正在继续推行非法定居点政策，并抵制可以有效解决两国问题的方案。罗斯则反对向以色列施压。有组织的以色列游说团竭力影响美国的以色列政策，它们支持罗斯的观点。奥巴马向来自美国以色列公共事务委员会的压力屈服了，米切尔十分受挫，于2011年4月宣布辞职。[172]

联合国安理会发起决议，谴责以色列在巴勒斯坦领土建立定居点的行为不但违法，而且阻碍和平，但美国再次无视世界舆论，对决议投出了否决票。该决议由至少 130 个国家发起，并得到安理会其他 14 个成员国的一致支持。但奥巴马政府试图巴结美国富有影响力的以色列游说团中最保守的机构，即美国以色列公共事务委员会，投出了反对票。尽管美国和以色列强烈反对，大多数国家仍旧期望联合国投票承认巴勒斯坦国的独立地位。

虽然以色列和美国设法打消了他国的努力，但以色列也变得越来越孤立。随着埃及总统胡斯尼·穆巴拉克下台，以及土耳其日益支持巴勒斯坦人，以色列失去了两个最亲密的地区盟友。极端主义者在整个地区迅速崛起。托马斯·弗里德曼将此归咎于"阿拉伯 50 年来的独裁统治，他们只允许伊斯兰教徒在清真寺组织活动，却不允许独立、世俗、民主的政党在政治领域发展"。[173] 邻国叙利亚爆发了反对阿萨德残暴政权的起义，虽然这对伊朗和真主党而言是一个重大挫败，但也让以色列边境多了一个不稳定因素，而叙利亚库存的大量化学武器落入极端分子手中的可能性更是加剧了这种不稳定。不过，内塔尼亚胡和他的右翼盟友仍不妥协，他们无视奥巴马乃至世界舆论的呼声，继续在东耶路撒冷和约旦河西岸扩建定居点，尽管他们清楚地知道，这会妨碍巴以问题的和平解决。

连以色列议会前议长亚伯拉罕·伯格（Avraham Burg）都想知道以色列领导人是否真的想要一个公平的解决方案。他问道："难道我们在没有宿敌、不被迫害的情况下，就不能继续存在了吗？"以色列著名学者泽夫·斯汤奈尔（Zeev Sternhell）在以色列《国土报》上发表了题为《以色列右翼需要持久的战争》（"Israeli Right Needs Perpetual War"）的文章，为上述疑问提供了一个答案。[174]

与伊朗开战，这是以色列右翼最希望发生的事情。以色列鹰派努力为攻击伊朗核设施寻求支持，他们声称伊朗的核设施正被用来制造核弹。阻止伊朗研制核武器是有充分理由的，特别是因为它可能引发整个中东地区的核军备竞赛，沙特阿拉伯、土耳其、埃及、叙利亚会迅速效仿，可能还有其他国家。2011年9月，伊朗为布什尔的核电站举行揭幕仪式，这是中东第一座核电站，是仿照俄罗斯的建造的。其他中东国家也不甘落后，有几十个核反应堆将于2017年或2018年投入使用。伊朗坚称无意制造核弹，还不断邀请国际核查人员进入国内核查。另一方面，人们普遍认为，以色列拥有大约200枚核武器。美国情报委员会坚持其2007年国家情报评估报告的结论，即伊朗在2003年就已经停止发展核武器，而且没有重新启动的打算。美国官员警告以色列，对伊朗发起先发制人的攻击不仅无法达到预期效果，还可能给该地区及其周边带来灾难性的、动荡的后果。他们希望通过加强对伊朗石油出口和伊朗中央银行的制裁，来平息以色列要求对其采取军事行动的压力。

2010年，以色列差点就发动这样的攻击了。梅尔·达甘（Meir Dagan）8年来一直担任以色列情报机构摩萨德的负责人，直到2010年9月才卸任，他于2011年6月透露，他、以色列军事参谋长加比·阿什克纳齐（Gabi Ashkenazi）和以色列国家安全总局（辛贝特）局长尤瓦尔·迪斯金（Yuval Diskin）成功阻止了内塔尼亚胡及以色列国防部长埃胡德·贝拉克（Ehud Barak）的鲁莽行为。但是，他们三人如今都离任了，达甘很担心以色列领导人可能会有所动作。他解释说："我决定说出来，是因为我在任之时，阿什克纳齐、迪斯金和我能阻止任何冒险举动。但现在，怕是再也没有人能阻止内塔尼亚胡和贝拉克了。"其他报道显示，以色列总理西蒙·佩雷斯（Shimon Peres）、以色列国防军高级指挥官加迪·艾森克特（Gadi Eisenkot）以及最近退休的军事情报负责人阿莫斯·亚德林（Amos Yadlin）也反对进攻伊朗。[175]

绝大多数以色列人也反对军事打击。2011年11月的一项民意调查显示，尽管90%的以色列犹太人认为伊朗会成功发展出核武器，但只有43%的以色列犹太人赞成发动袭击。64%的人支持中东无核化，尽管这意味着以色列要废弃其核武库。[176]

美国在拉美地区的权力和影响力也明显下降。像中东一样，一个世纪以来，美国持续支持该地区将美国的商业和政治利益置于本国人民福祉之上的独裁者，这种做法导致了21世纪初席卷拉美大陆的反美浪潮。除了眼睁睁地看着洪都拉斯总统曼努埃尔·萨拉亚（Manuel Zelaya）被赶下台，美国基本上也无力阻止左翼浪潮席卷中南美洲。甚至连美国最亲密的伙伴哥伦比亚，也在重新评估其与这个北方"巨人"的关系。哥伦比亚总统胡安·曼努埃尔·桑托斯（Juan Manuel Santos）自2010年上任以来，不但致力于缩小该国巨大的贫富差距，还修补了与委内瑞拉和厄瓜多尔的关系，现在他称委内瑞拉总统查韦斯是"最好的新朋友"。[177]

2011年12月，查韦斯在加拉加斯召开了为期两天的拉丁美洲和加勒比国家首脑峰会。这位富有传奇色彩且备受争议的委内瑞拉领袖公开表示，他的目标是建立一股能与美国主导的美洲国家组织相抗衡的西半球力量。与美洲国家组织不同的是，这个组织——由33个成员国组成的拉美和加勒比国家共同体（Community of Lati American and Caribbean States）——包括了古巴，但把美国和加拿大排除在外。查韦斯宣称此次峰会的举行"是我们美洲地区100多年来最重要的政治事件"。古巴领导人劳尔·卡斯特罗（Raul Castro）的说法更夸张，他认为这个组织的成立可能是"我们经历了200年半独立的历史之后发生的最重大的事件"。新组织旨在进一步削弱美国在该地区的影响力。尼加拉瓜总统丹尼尔·奥尔特加（Daniel Ortega）宣布："我们正在给门罗主义判死刑。"他所说的门罗主义于1823年由美国总统詹姆斯·门罗提出，后者声称西半球是美国的势力范围。巴拉圭总统费尔南多·卢戈（Fernando Lugo）在接受记者采访时表示："很高兴能来到玻利瓦尔的故乡。"他所说的玻利瓦尔指的是西蒙·玻利瓦尔（Simon Bolívar），出生于委内瑞拉首都加拉加斯，是19世纪南美洲著名的解放者。他补充道："玻利瓦尔的梦想正在一点点地变成现实。"[178] 甚至连美国的盟友，如墨西哥总统费利佩·卡尔德龙（Felipe Calderón）、哥伦比亚总统胡安·曼努埃尔·桑托斯和智利总统塞瓦斯蒂安·皮涅拉（Sebastián Piñera）也出席了首次峰会。

2012年4月，奥巴马出席美洲国家首脑会议的时候，美国进一步被孤立。会议在哥伦比亚海滨城市卡塔赫纳举行，西半球国家的领导人受到拉美加拉加斯峰会的鼓舞，用前所未有、令人振奋的方式公开反对美国。争论集中在两个对西半球关系至关重要的问题上：排挤古巴以及美国支持的反毒品战争。在过去，美国一直是议程的设置者，决定议题的讨论条件，但今非昔比。墨西哥总统费利佩·卡尔德龙形容这一变化——讨论问题时的坦率程度——是"激进和不可想象的"。《牙买加观察家报》（*Jamaica Observer*）刊登了一篇关于此次峰会的文章，标题是《峰会显示美国的影响力已下滑到何种程度》（"Summit shows how much Yanqui influence had waned"）。

拉丁美洲领导人明确表示，过去他们屈从美国的压力，禁止古巴参与拉美国家组织，其实这种做法只有美国和加拿大真正认同。美洲玻利瓦尔联盟（Bolivarian Alliance for the People of Our America）是一个成立于2004年的拉美国家组织，其成员国表示，如果美洲国家首脑会议继续排斥古巴，那它们下次就不参加这个峰会了。桑托斯驳斥美国对古巴的政策是"不合时宜的"，也是"无效的"，并要求会议让古巴出席。巴西总统迪尔玛·罗塞夫（Dilma Rousseff）也表示，如果不让古巴参会，她也不再出席。尽管奥巴马为美国的政策辩护，但他也指出，这次讨论让他想起了"炮舰外交、洋基人和冷战"。

一些领导人还对美国的毒品政策提出了质疑。尽管奥巴马承认自己年轻时也吸过毒，他还是为美国的毒品政策辩护。危地马拉总统奥托·佩雷斯·莫利纳（Otto Perez Molina）宣布 40 年来的反毒品战争失败，呼吁将毒品合法化。桑托斯表示，哥伦比亚自己是成功地减少了古柯的种植，但却导致秘鲁和玻利维亚的古柯产量飙升，哥伦比亚的毒品暴力冲突也有所下降，但这种冲突如今却蔓延到墨西哥、危地马拉和洪都拉斯。[179]

2012 年 8 月，厄瓜多尔总统拉斐尔·科雷亚（Rafael Correa）向维基解密创始人阿桑奇提供政治庇护，激怒了美国、英国和瑞典当局，这被视为一种前所未有的挑衅。阿桑奇躲藏在厄瓜多尔大使馆，以避免被引渡到瑞典，那里正在调查他的性侵案。阿桑奇担心自己一旦到了瑞典，就会被引渡到美国。英国对厄瓜多尔的举动感到十分恼火，威胁要直闯厄瓜多尔大使馆，逮捕阿桑奇，这无疑是公然违反国际法。

2012 年 6 月，巴拉圭的右翼势力通过发动议会政变重新在这个赤贫国家上台，他们弹劾了左翼总统费尔南多·卢戈，因为后者推行的温和版土地改革威胁到了巴拉圭富人的土地利益和跨国农业企业。《国际先驱论坛报》（International Herald Tribune）专门发表评论指出一个事实：过去在拉丁美洲发号施令的美国，如今已逐渐淡出该地区的政治发展进程。[180]然而，美国没有像其西半球邻居们那样谴责这次行动，这实际上是释放出了支持的信号。其他拉美国家则不然。阿根廷、巴西、乌拉圭投票暂定巴拉圭在南美自由贸易协会——南方共同市场——的席位，并邀请委内瑞拉以正式成员的身份加入。巴拉圭此前一直反对委内瑞拉加入该协商运作的贸易组织。

战略转移：重返亚太

尽管美国在中东和拉丁美洲频繁受挫，其军事实力仍然无人能敌。正像查默斯·约翰逊多年前透露的那样，美国保持其全球霸权不是通过由殖民地构成的帝国，而是通过遍布全球的基地所组成的帝国。记者尼克·特斯（Nick Turse）发现无法确定美国军事基地的确切数量，但有证据表明，总数应该超过1000个。这个庞大基地网的维护成本高达数百亿美元。2010年，美国在日本仍有124个基地，仅在冲绳就有38个；在韩国仍有87个。[181] 2012年，人类学家戴维·维恩（David Vine）证实，虽然伊拉克已经关闭了505个军事基地，但美国的基地总数仍然超过1000个，每年维护全球军事基地网和25.5万海外驻军的费用大约是2500亿美元。在很大程度上，美军基地部署的情况也有所改变，从冷战时期的庞大基地，转变成被称为"浮动基地群"的分布广泛、较为小型的基地，后者可作为高度机动的美军的出发地。在中东、亚洲和拉丁美洲，这样的基地大幅激增。[182] 美国正在迅速扩大其在非洲的军事存在。

美国陷入了进退两难的境地。冷战结束后的世界拒绝按照它设定的规则行事。不管是前所未有的军事实力还是独占鳌头的经济实力，都没有转化为以美国领导人想要的方式改变历史的能力。整个世界似乎越来越脱离美国的掌控。中国的崛起便是最明显的例子，这个拥有14亿人口的大国，其经济正在蓬勃发展（大约40%为国有企业）。中国的经济增长从任何角度来看都是非凡的，更与美国经济的停滞和衰退形成鲜明对比。2011年，中国的人均国内生产总值虽然相当于美国的9%，但已比4年前翻了一番。中国领导人预计未来4年还会翻一番。中国已经取代日本，成为世界第二大经济体，而在2003年时它的排名是第七。城市土地研究所（Urban Land Institute）和安永会计师事务所（Ernst & Young）的报告指出，中国将国内生产总值的9%都用于基础设施建设，是美国在这方面投入金额的三倍多，这预示了中国未来的大好前景。[183]

2011年10月，欧洲请求中国帮助拯救欧元，邀请它向欧洲紧急稳定基金投资数百亿美元，极大地彰显了中国的经济影响力。实际上，中国被要求承担起世界金融领袖的角色，而这长期都是由美国担任的。中国已经购买了欧洲的一些关键经济资产，欧洲成了中国最大的贸易伙伴。虽然中国在欧洲经济形势如此不明朗的情况下不愿大举投资，但它的重要性已经毋庸置疑。而在此前几周，美国财政部长蒂莫西·盖特纳提议召开欧洲财长会议，却遭到了断然拒绝。《纽约时报》的头版文章标题一语中的：《想对欧洲债务提建议？欧洲建议美国还是省省吧》（"Advice on Debt? Europe Suggests U.S. Can Keep It"）。

中国相信，最近的发展已经证明了自己的经济和政治制度比正在衰落的西方更优越，它在其他方面也一直坚持自己的主张。最令它的邻国和美国领导人感到不安的是，中国正在迅速推进军事现代化，其国防开支在10年间增加了两倍，达到1600亿美元。它正在组建一支远洋海军，增添了军舰、潜艇、战斗机和进攻性导弹，并武装了第一艘航空母舰，虽然这艘航母距离进入战备状态还需很多年。

中国的军事建设以及其对能源和原材料的积极追求，让美国找到了一直寻求的机会。美国领导人没有帮助和平地解决争端，而是决定利用地区紧张局势，夸大中国威胁。美国官方大肆炒作中国提升军力之事，却绝口不提中国在过去20年里已经大幅削减军队规模，减少空军的飞机以及舰队的潜艇的事实，更不提中国的国防支出占国内生产总值的比例基本与日本和韩国持平。

美国似乎已经准备好利用这种人为制造的危机，来重新确立自己在亚洲的霸权，为其即便有所收缩也仍然庞大的国防预算辩护，同时阻止自己的实力和威望整体下滑。它开始在经济、军事和政治上遏制中国，并要求其他亚洲国家与其携手，种种迹象表明美国正在开启新冷战。

2011年11月，国务卿希拉里在《外交政策》杂志上发表了一篇题为《美国的太平洋世纪》（"America's Pacific Century"）的文章，很不客气地向中国发出了挑战。文章开头写道："随着伊拉克战争接近尾声，以及美国开始从阿富汗撤军，美国如今正站在一个十字路口上。"她所预言的剧烈变化是美国将"大幅加强在亚太地区的外交、经济、战略和其他方面的投入"，这包括了印度洋和太平洋。[184]

当月晚些时候，奥巴马对太平洋国家进行了为期8天的访问，这期间的发言也强调了上述信息。他告诉澳大利亚议会："在这个亚太世纪，美国将全力以赴……我经过深思熟虑，做出了战略决定，作为一个太平洋国家，美国将在塑造亚太地区及其未来方面发挥更大、更长远的作用。"他说："美国是一个太平洋大国，我们会一直在这里待下去。"他向澳大利亚人保证，美国即将削减的国防开支"不会——我再重申一遍，不会以牺牲亚太地区为代价"。为了证明自己的观点，奥巴马宣布美国将在澳大利亚部署2500名海军陆战队队员，这是越南战争之后美国首次在亚洲增加其长期驻军，此举结束了过去几十年里该地区的美军人数持续下降的局面。[185] 在此之前，美国已经在该地区部署了8.5万军人、美国11艘航母里的7艘以及18艘核潜艇。

离开澳大利亚后，奥巴马前往印度尼西亚的巴厘岛，参加由10个国家组成的东南亚国家联盟（Association of Southeast Asian Nations）年会。同时，他也是首位出席比东盟规模更大的东亚峰会（East Asia Summit）的美国总统。在峰会期间，奥巴马跟其他国家一起挑衅中国对南海的主权主张。他还承诺要与每个与会国加强联系，并宣布向印尼空军出售24架F-16战斗机。他还宣布计划派国务卿希拉里前往缅甸修复关系，这令与会国感到十分惊讶。

当奥巴马访问澳大利亚时，希拉里正在菲律宾。她站在马尼拉湾一艘美国军舰的甲板上，表示美国支持菲律宾在南海争端中的立场。此前，美国曾在6月与菲律宾举行联合军演，7月又与越南举行联合军演。9月，美国与越南签署了一份国防合作谅解备忘录。这对曾经的死敌甚至讨论了美国海军进入金兰湾港口的可能性。越南宣布2012年将在国防开支方面增加35%。美国还透露了在新加坡部署一些濒海战斗舰的计划。

12月，菲律宾重新启用了其最大和最现代化的军舰，即一艘美国的海岸警卫队快艇。泰国一家报纸这样描述当时的场景："随着海军铜管乐的奏响，罗马天主教神父将圣水洒到这艘粉刷一新的军舰的甲板上。这艘军舰配备了高射炮，飞行甲板上还有一架翻新过的侦察直升机。当军舰开始执行任务之时，海军的三架飞机从上空飞过，军官们在船头开了一瓶甘蔗酒庆祝。"官员们还公开了菲律宾第一艘载有士兵和坦克的军舰，并宣布计划从美国购买另一艘海岸警卫队快艇以及战斗机。[186] 2012年7月，随着争议岛屿再次引发紧张局势，总统阿基诺三世宣布将会购买直升机和其他可用于军事对抗的飞机。马来西亚也通过展示新购入的潜艇来显示其军事力量已经增强。马来西亚在南海有着丰富的石油和天然气资源。

美国太平洋司令部司令、海军上将罗伯特·威拉德（Robert Willard）表示，为了制衡实力日益增强的中国，将加强美国与印度的战略关系。[187] 在遏制中国的努力中，印度显得尤为重要。尽管印度在1998年5月进行核试验后遭到了美国的制裁，但它又在2000年3月迎来了克林顿，后者成为22年来首位访问新德里的美国总统。《纽约时报》形容此次访问是一次"充满友爱的会面"。小布什更是大力度加强美印关系。"9·11"事件之后，他取消了所有对印度的制裁，后来更是与之建立军事联盟。2006年，他与印度签署了核合作协议，虽然印度并非《不扩散核武器条约》的签约国。虽然它限制印度的核研究仅限于民用范围，但此举显然是违反了《不扩散核武器条约》，并使印度获得了加强核武器发展计划的自由。美国首先必须获得核供应国集团45个成员国的批准，这是美国在1974年印度进行非法核试验后组建的联盟。《纽约时报》的一篇社论批评道："为了达成与印度的这项欠考虑的核协议，政府用威逼哄骗的手段，获得了国际社会的批准。"美印商业委员会主席罗恩·萨默斯（Ron Somers）称两国关系出现了"结构性调整"。[188]这也是国际社会在防止核扩散过程中出现的重大倒退。

奥巴马加快了建立美印战略伙伴关系的步伐，他的第一次白宫国宴就邀请了印度总理。他不顾自己的一些顾问的强烈反对，推动了核协议的实施，并进一步巩固小布什建立的军事联盟。希拉里宣称，"决定世界走向"是美国和印度的共同责任。[189] 2010年11月，奥巴马对印度进行了为期三天的访问，继续加强两国的合作。

2011年11月，印度国防部批准了一项规模高达120亿美元的军事现代化项目，其中包括扩大印度军队规模，这是自1962年中印边界战争结束后最大规模的一次扩军。战略与国际研究中心估计，到2015年，印度的国防支出将达到800亿美元。2006—2011年，印度已成为世界最大的军火进口国。为了应对中国日益增长的海军实力，印度计划在未来20年里，花费450亿美元购买103艘新战舰。[190]

考虑到印度国内持续存在的普遍贫困和巨大的贫富差距，它提升国防开支的举措备受争议。2012年初，一项对印度9个贫困邦7.3万户家庭的调查发现，5岁以下的儿童有42%营养不良。印度总理曼莫汉·辛格（Manmohan Singh）承认："孩子们营养不良确实是国家的耻辱。"但他还是继续把钱挥霍在并不急需的武器购置之上。[191]

美国对那些犹豫不决的人没有耐心，这一点日本首相鸠山由纪夫领教过了。他试图举行重新谈判，把冲绳境内的美国海军陆战队航空基地从普天间迁移到边野古。尽管冲绳人强烈反对，但奥巴马仍然坚持日本应该遵守承诺。最后，鸠山向美国施加的压力屈服了，他的政府也因此垮台。

鸠山由纪夫的继任者菅直人吸取了教训。2010年12月下旬，日本宣布调整军事策略，淡化北边来自俄罗斯的威胁，转移资源对抗中国和朝鲜。日本自卫队也将与美国、澳大利亚和韩国进行更密切的合作。新的《国家防卫计划大纲》（"National Defense Program Guidelines"）要求将日本的潜艇从16艘增加到22艘，同时增加多架新战斗机，减少坦克的数量，建立一支更机动的部队，以便能迅速派遣其前往中国海域或朝鲜半岛处理危机。2011年12月，日本宣布向洛克希德·马丁公司购买40架F-35隐形战斗机，费用在60亿－80亿美元之间，尽管此时日本更需要把钱花国家重建之上，因为它在3月才刚经历了毁灭性的地震、海啸和核泄漏事故。

中国领导人指责美国试图包抄他们，坚称在亚太地区不断投放军事力量的是美国而不是中国。他们认为，中国试图和平解决与邻国的争端。他们对奥巴马继前一年批准了64亿美元的对台军售后，又批准58亿美元的军售表示愤怒。美国国会的共和党人则要求更多，对此，一位政府高级官员回应称，比起小布什，奥巴马"在一半的时间里提供了两倍的量"。中国官方报纸《人民日报》提醒美国别想在其他全球性问题上与中国合作了："如果美国政客认为他们可以一边不负责任、肆无忌惮地损害中国的核心利益，另一边又要求中国在其他问题上扮演负责任大国的角色，与他们一同合作的话，他们完全想错了。"[192]

美国还无意中透露，它正在为亚洲研究一个名为"空海一体战"（Air Sea Battle）的新战争策略。这个策略的具体运作仍然高度保密，其首次露脸是在美国2010年的四年防务评估报告

（"Quadrennial Defense Review"）。该策略旨在协调美国的海军和空军，以对抗中国对美国高科技武器和通信系统日益增强的干扰能力，从而影响后者在冲突中投放军事力量的能力。美国军方领导人指出，中国的"反介入"战略对美国构成了威胁，它将限制美国为盟友提供军事援助的能力。据战略和预算评估中心（Center for Strategic and Budgetary Assessments）的安德鲁·克雷皮内维奇（Andrew Krepinevich）所说，他们担心中国的以上能力会让它得以控制西太平洋的海上航线。[193]国防部长罗伯特·盖茨在美国空军学院发表演讲时表示，这种威胁"似乎将会消除美国自冷战结束以来一直享有的军事优势，即不受限制的行动自由，以及通过激增的飞机、军舰、部队和物资向全球任意地区投放军事力量的能力"。[194]

中国领导人明白，真正受到威胁的是他们，因为美国加强了对南海的控制，而中国进口的大部分石油都要靠油轮运载，而南海是必经之路。在12月对中央军事委员会的一次讲话中，胡锦涛主席告诉海军要"为战争做好充分的准备"。[195]

中美开战也被纳入了考量。战略与预算评估中心一直在为五角大楼就与中国发生大规模战争进行评估。它为海军陆战队指挥官准备的一份报告警告道："以空海作战为重点的海军和空军的建设成本将昂贵得离谱"，如果用于中美之间的战争，将会造成"不可估量的人员和经济损失"。[196]

在推动与中国的对抗的过程中，美国及其太平洋地区的盟国在玩一场非常危险的游戏。它们在经济上对中国的依赖使它们特别容易遭到中国的报复。中国持有一万多亿美元的美国国债，这扼住了美国经济的咽喉。美国与它最大的债权国为敌，它真的担得起这样的风险吗？令事态更为复杂的是，中国已经取代美国，成为所有亚洲国家最大的贸易伙伴。2004年，美国还是东盟十国最大的贸易伙伴。到2011年，中国跃居第一，美国退居第四。12月，日本和中国宣布，两国的货币将可直接兑换，而无需通过美元。这一举措如果成功实行，不仅会扩大中日两国间的贸易，还象征着中国在促进人民币成为美元的替代储备货币上迈出了重要一步。

美国并不气馁，它继续努力巩固其经济地位。2011年秋天，它与亚洲、拉丁美洲和北美等地的盟友，组建了一个自由贸易组织——跨太平洋伙伴关系协定（Trans-Pacific Partnership Agreement）。但美国没有邀请中国加入，这让高盛集团大中华区前任主席、投资咨询公司春华资本集团现任董事长胡祖六感到困惑："如果把最大的贸易国排除在外，你怎么可能建立一个值得信赖的贸易组织呢？"

与此同时，美国在军事方面也有所动作。美国太平洋司令部邀请俄罗斯和印度参加其于2012年6月在夏威夷附近海域举行的大规模海军演习。中国未被邀请。[197]

美国的霸权野心依然雄厚，但它巡查亚洲和全球其他地区的能力因其预算有限而大受影响。2010年，美国的预算是3.8万亿美元，结果却超支了整整1.6万亿。这部分资金缺口主要由来自中国和日本的借款填补，单是债务还本付息就花掉了2500亿美元。包括秘密行动、情报、对外军事援助、私人承包商和退伍军人福利等在内的军费开支超过一万亿美元。美国国家优先项目（National Priorities Project）的克里斯托弗·赫尔曼（Christopher Hellman）计算出，把所有与军事和安全相关的费用都考虑在内，在美国每年3万亿美元的预算中，实际上有1.2万亿花在了"国防"之上。[198]

这个数字差不多相当于世界其他国家的国防开支之总和。即便是在冷战进行得最激烈的时期，美国的军费开支也只占世界总额的26%。正如国会议员巴尼·弗兰克（Barney Frank）观察到的那样："我们的敌人越来越少，可我们的花费却越来越多。"美国的军费开支大约占美国税收的44%，军事基地的维护费用大约为2500亿美元。据《华盛顿邮报》报道，五角大楼雇用的私人承包商大军多达120万人，花费差不多也是2500亿美元。最新研制的高科技武器成本高昂，更是加剧了负担。这些支出让美国人更安全了吗？弗兰克评论道："我不认为有哪个恐怖分子是被核潜艇打死的。"[199]

2011年，奥巴马政府宣布，计划在未来10年里将五角大楼的预算削减至少4500亿美元，如果国会未能实现其他收入目标，这个预算还将再削减5000亿美元。但是，奥巴马和已经从中情局调任国防部的莱昂·帕内塔都明确表示，这种调整不会影响美国重返亚洲的战略。他们拒绝了将航母数量从11艘减少到10艘的方案，计划增加对远程隐形轰炸机和反导系统的投资，它们被认为对打击中国很重要，另外还要加投武装无人机、网络空间系统和快速部署飞机等项目。2012年6月，帕内塔在有28个亚太国家的国防官员参加的会议上表示，美国将"重新调整"美军的部署。到2020年，美军会把60%的海军部队部署到太平洋，把40%部署到大西洋，相对于2012年这两个地区的五五平均分配，这是一个重大改变。帕内塔解释道，美军将在太平洋部署"6艘航空母舰、大多数的巡洋舰、驱逐舰、濒海战斗舰和潜艇"。为了防止有人错过重点，帕内塔又强调了美国的某些优先发展项目："我们正集中对……先进的第五代战斗机、增强版弗吉尼亚级攻击潜艇、新电子战和通信能力等进行投资，并改善精确制导武器。在那些我们的进入和行动自由可能受到威胁的地区，以上投入将会保证我方部队的行动自由。我们已经认识到跨越太平洋开展远距离行动所面临的挑战，这就是为什么我们要加强对新型空中加油机、新型轰炸机和先进的海上巡逻和反潜作战飞机等的投资。"帕内塔还嫌不够，竟好意思专门提醒听众，包括来自中国、菲律宾、日本、韩国、印度尼西亚、老挝、柬埔寨和越南的官员，"在过去的历史长河里，美国打了多场战争，我们流过血，我们一次次地部署我们的军队，来捍卫我们在亚太地区的切身利益"。[200] 他面无表情地坚称，美国加强在该地区的军事投入，并不是为了遏制中国。连《纽约时报》都发文指出，"在场的几乎没人相信这句话"。印度尼西亚外交部长表达了很多不满美国逼他们选边站的人的心声："我们担心的是不得不选边站——我们不想被置于那样的境地。"[201] 这依稀让人想起了约翰·杜勒斯在 1950 年代对那些不站在美国一边的国家的攻击。"

美国将该地区军事化的计划也遇到了其他阻碍。美国的一些亚洲盟友也面临同样的预算限制，这影响到了美国的努力。2012 年 5 月，澳大利亚——奥巴马几个月前的亚洲之旅的首站——宣布，它将在未来 4 年里把国防开支削减掉 10.5%，也就是 55 亿美元。澳大利亚战略政策研究所（Australian Strategic Policy Institute）认为，这意味着澳大利亚的国防支出在国内生产总值中的占比到达了自 1938 年以来最低的水平。澳大利亚的《悉尼先驱晨报》（*Sydney Morning Herald*）发出警告："堪培拉和华盛顿的军费预算大幅缩减，使得人们非常怀疑这两个联盟伙伴能否实现彼此的宏伟愿景。对澳大利亚而言，事情已经很清楚了。吉拉德政府决定将国防开支减少到 74 年以来的最低水平……政府权衡完各种事的轻重缓急之后，把国防排到了最后。"[202]

对美国来说，对太平洋的投入是不能动的，因此，某种程度上，削减国防开支只能从其他地方入手，比如把陆军从 57 万人削减到 49 万人，同时降低在欧洲的驻军人数。2012 年 1 月初，奥巴马和帕内塔在五角大楼宣布："我们正在翻开一场将持续 10 年的战争的新篇章，在这场战争里，我们要做到能以较小规模的地面部队来确保我们的安全。我们将继续抛弃冷战时代留下的过时系统，这样才能把更多资源放在建设未来需要的军事能力之上。"[203]

虽然美国削减了国防开支，从伊拉克撤出作战部队，并开始从阿富汗撤军，表明美国放弃了小布什—切尼时代的黩武主义——这是人们喜闻乐见的。但是，这些动作不代表美国与帝国彻底决裂——这正是世界人民希望看到的，也是结束了苏联帝国的米哈伊尔·戈尔巴乔夫鼓励奥巴马追求的目标。戈尔巴乔夫曾敦促奥巴马采取大胆举措改变历史，就像他那样。2009年，戈尔巴乔夫说："美国现在需要改革，因为它要处理的问题并不容易。"他呼吁取缔不受监管的自由市场政策，这种政策导致全球经济衰退，并让世界范围内的贫富差距长期持续下去。他警告说，美国再也不能对其他国家发号施令了："大家过去都习惯了听美国这个牧羊人的，它怎么说，各国就怎么做。但这样的时代已经结束了。"他谴责克林顿和小布什政府将国际政治军事化的危险行为，敦促美国从阿富汗撤军，就像20多年前苏联所做的那样。当时，戈尔巴乔夫也像奥巴马一样，接手了一场不受欢迎的灾难性战争。[204]

在美国，"占领华尔街"运动让人们注意到迫切需要关注的事，即最富有的1%的人与其余99%的人之间存在的巨大且不断扩大的贫富差距。2012年1月，皮尤研究中心的报告显示，有三分之二的美国人认为富人和穷人之间存在着"强烈"冲突，这个比例相比2009年7月增加了19%。有30%的人认为存在"非常强烈的突"，这个比例也在两年半内增加了50%。[205]这其实是意料中的事。美联储每三年发布一次的《金融资源调查》（"Survey of Financial Resources"）报告显示，美国家庭的净资产中值在三年中下降了39%，从2007年的12.64万美元下降到2010年的7.73万美元。那些连高中文凭都没有的人，净资产更是暴跌了54%。2012年，约瑟夫·斯蒂格利茨计算出，沃尔玛家族6位继承人的总资产为900亿美元，相当于美国收入最低的30%的人的资产总额。[206]"占领华尔街"运动还揭示了美国在金融危机之后在国家优先事项方面的深刻而引人不安的问题。预算削减尽管往往未经深思熟虑，但也迫使美国人重新思考，帝国大业是否明智。在失业率飙升、基础设施衰败、社会服务大幅减少的时代，美国真的还有余力维持其庞大的全球帝国吗？充当世界警察真的符合美国的利益吗？美国真的还要入侵那些并不威胁美国人民安全的国家吗？

国内改革的前景也更为明朗。"占领华尔街"运动让人回想起1930年代和1960年代的工人权利、社会主义和反战斗争，它们都让全国数百万人，尤其是美国青年心潮澎湃。数十年来，美国人首次看到了实现某种乌托邦社会的可能性，他们开始思考一个公平、公正和正义的社会应该是什么样的。他们再也无法忍受富人滥用权力和影响力支配公共和私人生活的各个领域。"占领华尔街"运动的影响已远远超出了发起者的阶层，它对平等和财富再分配的主张重塑了美国的政治话语。美国这些再次涌现的进步人士与全球范围内追求民主的努力日益广泛地联结起来，这昭示了未来或许会出现某种美好的前景。

但还有很多重大问题需要引起关注。全球变暖严重威胁着地球生命的未来，这种威胁以前只有核战争做到过。它已经引发北极和南极的冰盖融化，抬高了海平面，导致洪水和干旱，扩散了致命疾病，还破坏了全球食品和淡水资源的供应。美国也经历了种种灾难：前所未有的高温天气、灾难性的飓风、洪水、森林火灾和危害程度堪比1930年代那场沙尘暴的大干旱。核威胁依然没有丝毫缓解，核扩散，甚至是核无政府状态的危险依然存在。专家们认为，核武库仍在发展，其吨位已经远超足以导致生命灭绝的核冬天所需的百万吨。尽管奥巴马公开承诺，但大幅削减核武器的前景似乎很渺茫，更别提完全销毁核武库了。

如果这种形势持续下去，或许预示着未来会出现重大变革。就连奥巴马似乎也表现出要重拾2008年竞选期间所展现的变革派角色的迹象。在"占领华尔街"运动成功表态、共和党继续拒不妥协、经济停滞、预算有限和支持率不断下滑等因素的刺激下，2011年底，奥巴马似乎稍稍恢复了一些他原有的活力。平民主义的痕迹开始悄悄出现在他的演讲中。他公开支持结束伊拉克战争和削减国防开支，尽管这些对他而言都是无奈之举。那么，他是否有可能出现肯尼迪式洗心革面的转变？他能否意识到美国的黩武行为和帝国主义对美国以及世界人民来说都同样糟糕？遗憾的是，前景似乎很黯淡，他在布拉格堡的演讲，以及他愿意签署极其危险的2012年国防授权法案，都让人感觉不到乐观。趋于明确的事情是，改变美国——帮助其重拾民主、平等和革命精神——的真正希望在美国人民自己身上，他们应该与世界各地的被压迫民族一起，从历史中吸取教训，包括他们自己的历史和全人类的历史，这些历史已经不再不为人知。他们应该要求创造一个代表绝大多数人利益，而不是只代表一小撮最富有、最贪婪、最有权力者之利益的世界。发展这样的运动也是把美国民主从这个不断扩张、不断侵犯他国的"国家安全至上国"的魔爪下解放出来的唯一希望。那样的暴政就是人类的威胁，美国的革命先驱们都非常清楚。1787年，美国制宪会议结束后，有位女性询问本杰明·富兰克林："那么，博士，我们现在是什么政体——是共和制还是君主制？"富兰克林的回答时至今日依然合乎时宜："是共和国，女士，要是你们能维持它的话。"[207]

注释

1 Emily Eakin, "Ideas & Trends: All Roads Lead to D.C.," *New York Times*, March 31, 2002.

2 Bob Woodward, *Obama's Wars* (New York: Simon & Schuster, 2010), 11.

3 Steven S. Clark, "Pharma Makes a Pragmatic Left Turn in this Election," WTN News, November 3, 2008, wtnnews.com/articles/5185.

4 Glenn Greenwald, "Larry Summers, Tim Geithner and Wall Street's Ownership of Government," April 4, 2009, http://www.salon.com/2009/04/04/summers. Dan Froomkin, "White House Watch," *Washington Post*, April 6, 2009.

5 Matt Taibbi, "Obama's Big Sellout," December 13, 2009, *Rolling Stone*,www. commondreams.org/headline/2009/12/13-8; Jackie Calmes, "Obama's Economic Team Shows Influence of Robert Rubin — With a Difference," *New York Times*, November 24, 2008; Eric Dash, "Citigroup to Halt Dividend and Curb Pay," *New York Times*, November 23, 2008; Amit R. Paley and David Cho, "Administration Seeks an Out on Bailout Rules for Firms," *Washington Post*, April 4, 2009.

6 James K. Galbraith, "It Was the Banks," November 5, 2010, www.commondreams. org/view/2010/11/05-13.

7 Dan Froomkin, "Suskind's 'Confidence Men' Raises Questions About Obama's Credibility," *Huffington Post*, December 2, 2011, www.commondreams.org/ view/2011 /12/02-8.

8 Eric Alterman, "The Ingrates of Wall Street," *Nation*, June 15, 2011, www.thenation. com/article/161447/ingrates-wall-street.

9 Nelson D. Schwartz and Louise Story, "Pay of Hedge Fund Managers Roared Back Last Year," *New York Times*, April 1, 2010.

10 Michael Luo, "In Banking, Emanuel Made Money and Connections," *New York Times*, December 4, 2008.

11 Ryan Lizza, "Inside the Crisis: Larry Summers and the White House Economic Team," *New Yorker*, October 12, 2009, www.newyorker.com/reporting/2009/10/12/091012fa_ fact_lizza?printable=true#ixzz1Q gGbqGCw.

12 Andrew Sum, Ishwar Khatiwada, Joseph McLaughlin, and Sheila Palma, "The 'Jobless and Wageless' Recovery from the Great Recession of 2007–2009: The Magnitude and Sources of Economic Growth Through 2011 and Their Impacts on Workers, Profits, and Stock Values," May 2011, www.clms.neu.edu/publication/

documents/Revised_Corporate_Report_May_27th.pdf; Jeff Madrick, "When Will Obama Sound the Alarm About Jobs?" June 9, 2011, www.huffingtonpost.com/jeff-madrick/when-will-obama -sound-the_b_874426.html.

13　Harold Meyerson, "The Unshared Recovery," *Washington Post*, September 6, 2010; Steven Rattner, "The Rich Get Even Richer," *Washington Post*, March 25, 2012.

14　Chris Hedges, "Nader Was Right: Liberals Are Going Nowhere With Obama," August 10, 2009, www.truthdig.com/report/item/20090810_nader_was_right_liberals_are _going_nowhere_with_obama.

15　Paul Krugman, "The Social Contract," *New York Times*, September 23, 2011.

16　Robert B. Reich, "How to End the Great Recession," *New York Times*, September 3, 2010; Edward N. Wolff, "Recent Trends in Household Wealth in the United States," March 2010, www.levyinstitute.org/pubs/wp_589.pdf, 11.

17　Charles M. Blow, "America's Exploding Pipe Dream," *New York Times*, October 29, 2011; www.sgi-network.org/pdf/SGI11_Social_Justice_OECD.pdf.

18　Jason DeParle, "Harder for Americans to Rise from Economy's Lower Rungs," *New York Times*, January 5, 2012.

19　Peter Whoriskey, "Executive Incentives," *Wall Street Journal*, November 20, 2008, online.wsj.com/public/resources/documents/st_ceos_20081111.html.

20　William M. Isaac, "Obama's Financial Reform Weak and Ineffective," *Forbes*, April 22, 2010, www.forbes.com/2010/04/22/financial-reform-barack-obama-chris-dodd -opinions-contributors-william-m-isaac.html.

21　Steven Pearlstein, "Whose Side Is Obama On?" *Washington Post*, November 25, 2009.

22　Nicholas Confessore, "Obama Seeks to Win Back Wall St. Cash," *New York Times*, June 13, 2011.

23　Joseph E. Stiglitz, "Of the 1%, By the 1%, For the 1%," *Vanity Fair*, May 2011, www.vanityfair.com/society/features/2011/05/top-one-percent-201105.

24　Jonathan D. Salant and Lizzie O'Leary, "Six Lobbyists Per Lawmaker Work on Health Overhaul (Update 2)," Bloomberg.com, August 14, 2009, www.bloomberg.com/apps/news?pid=newsarchive&sid=aqMce51JoZWw.

25　Glenn Greenwald, "White House as Helpless Victim on Healthcare," December 16, 2009, www.salon.com/news/opinion/glenn_greenwald/2009/12/16/white_house.

26　Robert Kuttner, "A Wake Up Call," January 17, 2010, www.huffingtonpost.com/robert-kuttner/a-wake-up-call_b_426467.html.

27　Harold Meyerson, "Who's Hurt by Paul Ryan's Budget Proposal," *Washington Post*,

April 5, 2011.

28 Thomas L. Friedman, "Still Digging," *New York Times*, December 7, 2010.

29 Paul Krugman, "The President Is Missing," *New York Times*, April 10, 2011.

30 Doug Cameron, "GE's Immelt Receives Cash Bonus," *Wall Street Journal*, March 14, 2011, online.wsj.com/article/SB10001424052748704893604576200850366030310.html; Sheryl Gay Stolberg, "Obama Sends Pro-Business Signal with Adviser Choice," *New York Times*, January 21, 2011.

31 Harold Meyerson, "Wall St. Attacks Obama for Tactic It Uses," *Washington Post*, April 4, 2012; Zachary A. Goldfarb, "Obama Support for GE, Boeing, JPMorgan Doesn't Always Go Both Ways," *Washington Post*, July 19, 2012.

32 Margaret Talev, "Obama Retakes the Oath of Office After Busy First Day," *McLatchy News*, January 21, 2009, www.mcclatchydc.com/2009/01/21/60448/obama-retakes-the-oath-of-office.html.

33 "Obama Administration in Danger of Establishing 'New Normal' with Worst Bush-Era Policies, Says ACLU," July 29, 2010, www.aclu.org/national-security/obama-administration-danger-establishing-new-normal-worst-bush-era-policies-says-a.

34 Charlie Savage, "Court Dismisses a Case Asserting Torture by C.I.A.," *New York Times*, September 9, 2010.

35 Jack Goldsmith, "The Cheney Fallacy," *New Republic*, May 18, 2009, www.tnr.com/article/politics/the-cheney-fallacy?page=0,0&id=1e733cac-c273-48e5-9140-80443ed1f5e2&p=1.

36 Jonathan Turley, "Taking Liberties: Obama May Prove Disastrous in Terms of Protecting Our Rights," *Los Angeles Times*, September 29, 2011.

37 Paul Richter, "State Department Spokesman P. J. Crowley Resigns," *New York Times*, March 14, 2011.

38 Marjorie Cohn, "Bradley Manning: Traitor or Hero," *Consortium News*, December 24, 2011, www.consortiumnews.com/2011/12/24/bradley-manning-traitor-or-hero.

39 "WikiLeaks Wins Australian Journalism Award," AFP, November 27, 2011, www.google.com/hostednews/afp/article/ALeqM5gQRUCe6qxRkV8J7Q8Ix6HUPcD_Eg; Glenn Greenwald, "WikiLeaks Wins Major Journalism Award in Australia," November 27, 2011, www.salon.com/2011/11/27/wikileaks_wins_major_journalism_award_in_australia.

40 Robert Scheer, "From Jefferson to Assange," *Nation*, December 28, 2010, www.thenation.com/article/156909/jefferson-assange.

41 Thomas R. Eddlem, "Gingrich Calls Assange an 'Enemy Combatant,'" *New*

American, December 9, 2010, www.thenewamerican.com/usnews/foreign-policy/5454-gingrich-calls-assange-an-enemy-combatant; Martin Beckford, "Sarah Palin: Hunt WikiLeaks Founder Like al-Qaeda and Taliban Leaders," *Telegraph* (London), December 26, 2011, www.telegraph.co.uk/news/worldnews/wikileaks/8171269/Sarah-Palin-hunt-WikiLeaks-founder-like-al-Qaeda-and-Taliban-leaders.html.

42 James C. Goodale, "WikiLeaks Probe: Pentagon Papers Injustice Déjà Vu," *Daily Beast*, June 12, 2011, www.thedailybeast.com/articles/2011/06/13/wikileaks-probe-spoils-pentagon-papers-anniversary.html; Trevor Timm, "Cablegate One Year Later: How WikiLeaks Has Influenced Foreign Policy, Journalism, and the First Amendment," Electronic Freedom Foundation, November 28, 2011, www.eff.org/deeplinks/2011/11/cablegate-one-year-later-how-wikileaks-has-influenced-foreign-policy-journalism.

43 R. Jeffrey Smith, "Classified Pentagon Report Upholds Thomas Drake's Complaints About NSA," *Washington Post*, June 23, 2011.

44 Glenn Greenwald, "Climate of Fear: Jim Risen v. the Obama Administration," June 23, 2011, www.salon.com/news/opinion/glenn_greenwald/2011/06/23/risen.

45 Steven Erlanger, "Europeans Criticize Fierce U.S. Response to Leaks," *New York Times*, December 10, 2010.

46 Dana Priest and William M. Arkin, "A Hidden World, Growing Beyond Control," *Washington Post*, July 19, 2010.

47 Dana Priest and William M. Arkin, "Monitoring America," *Washington Post*, December 20, 2010.

48 Charlie Savage, "Senators Say Patriot Act Is Being Misinterpreted," *New York Times*, May 27, 2011.

49 Charlie Savage, "F.B.I. Agents Get Leeway to Push Privacy Bounds," *New York Times*, June 13, 2011; David K. Shipler, "Free to Search and Seize," *New York Times*, June 23, 2011.

50 Jonathan Turley, "Ten Reasons We're No Longer the Land of the Free," *Washington Post*, January 15, 2012.

51 Karen DeYoung, "Familiar Faces and Some Prominent Newcomers," *Washington Post*, March 3, 2008.

52 Joshua E. Keating, "The Audacity of What?" *Foreign Policy*, January 24, 2011, www.foreignpolicy.com/articles/2011/01/24/the_audacity_of_what.

53 Ryan Lizza, "How the Arab Spring Remade Obama's Foreign Policy," *New*

Yorker, May 2, 2011, www.newyorker.com/reporting/2011/05/02/110502fa_fact_lizza?currentPage=all.

54　Michael Abramowitz, Shailagh Murray, and Anne E. Kornblut, "Obama Close to Picking Clinton, Jones for Key Posts," *Washington Post*, November 22, 2008.

55　Eliot Cohen, "What's Different About the Obama Foreign Policy," *Wall Street Journal*, August 2, 2009, online.wsj.com/article/SB10001424052970203946904574 300402608475582.html.

56　Robert Parry, "The Secret World of Robert Gates," November 9, 2006, www.consortiumnews.com/2006/110906.html; Robert Parry, "How the War Hawks Caged Obama," November 30, 2009, www.consortiumnews.com/2009/113009.html; Robert Parry, *Secrecy & Privilege: Rise of the Bush Dynasty from Watergate to Iraq* (Arlington, VA: Media Consortium, 2004).

57　Mark Landler, "Clinton Speech Offers Policy Overview," *New York Times*, September 8, 2010.

58　Elisabeth Bumiller, "Gates on Leaks, Wiki and Otherwise," *New York Times*, November 30, 2010.

59　Andrew J. Bacevich, "Hillary Clinton's 'American Moment' Was Nothing But American Blather," *New Republic*, September 13, 2010, www.tnr.com/blog/foreign-policy/77612/hillary-clintons-american-moment-was-nothing-american-blather.

60　Charlie Savage, "2 Top Lawyers Lost to Obama in Libya War Policy Debate," *New York Times*, June 18, 2011.

61　Charlie Savage, "Mostly in Echo, Rivals Discuss Reach of Power," *New York Times*, December 30, 2011; Steve Chapman, "Mirror Images," *Chicago Tribune*, January 5, 2012.

62　Simon Jenkins, "U.S. Embassy Cables: The Job of the Media Is Not to Protect the Powerful from Embarrassment," *Guardian*, November 28, 2010.

63　Garry Wills, "Obama's Legacy: Afghanistan," *New York Review of Books*, July 27, 2010, www.nybooks.com/blogs/nyrblog/2010/jul/27/obamas-legacy-afghanistan/.

64　Karen DeYoung, "Afghan Conflict Will Be Reviewed," *Washington Post*, January 13, 2009.

65　White House Press Release, February 17, 2009, www.whitehouse.gov/the_press_office/Statement-by-the-President-on-Afghanistan.

66　Elisabeth Bumiller and Mark Mazetti, "A General Steps from the Shadows," *New York Times*, May 12, 2009; Tom Engelhardt, *The American Way of War: How Bush's Wars Became Obama's* (Chicago: Haymarket Books, 2010), 141.

67　Eric Schmitt and Mark Mazetti, "Switch Signals New Path for Afghan War," *New York Times*, May 12, 2009.

68　Bob Woodward, "Obama: 'We Need to Make Clear to People That the Cancer Is in Pakistan,' " *Washington Post*, September 29, 2010.

69　David E. Sanger and Eric Schmitt, "Pakistani Nuclear Arms Pose Challenge to U.S. Policy," *New York Times*, February 1, 2011.

70　K. Alan Kronstadt, "Pakistan-U.S. Relations," February 6, 2009, Congressional Research Service, www.fas.org/sgp/crs/row/RL33498.pdf.

71　Tim Reid, "We'll Bomb You to Stone Age, US Told Pakistan," *Times* (London), September 22, 2006, www.timesonline.co.uk/tol/news/world/middle_east/article647188.ece.

72　Woodward, "Obama: 'We Need to Make Clear to People That the Cancer Is in Pakistan.' "

73　David Kilcullen and Andrew McDonald Exum, "Death from Above, Outrage down Below," *New York Times*, May 17, 2009.

74　Saed Shah and Peter Beaumont, "Human Face of Hellfire — Hidden Cost of America's Remote-Controlled Missiles," *Guardian* (London), July 18, 2011; Jemima Khan, "Under Fire from Afar: Harrowing Exhibition Reveals Damage Done By Drones in Pakistan," *Independent* (London), July 29, 2011.

75　Mehdi Hasan, "U.S. Drone Attacks Are No Laughing Matter, Mr. Obama," *Guardian* (London), December 29, 2010.

76　Glenn Greenwald, "Bravery and Drone Pilots," July 10, 2012, www.salon.com/2012/07/10/bravery_and_drone_pilots.

77　Nico Hines, "Obama Schmoozes the Fourth Estate with Gags and Gaffes at Charity White House Bash," *Times* (London), May 3, 2010; Jamie Crawford, "Pakistani View of U.S. Reaches New Low," CNN, June 29, 2012, security.blogs.cnn.com/2012/06/29/pakistani-view-of-u-s-reaches-new-low/?iref=allsearch.

78　Scott Shane, "C.I.A. Is Disputed on Civilian Toll in Drone Strikes," *New York Times*, August 12, 2011.

79　Chris Woods and Christina Lamb, "Obama Terror Drones," Bureau of Investigative Journalism, February 4, 2012, www.thebureauinvestigates.com/2012/02/04/obama-terror-drones-cia-tactics-in-pakistan-include-targeting-rescuers-and-funerals.

80　Karen DeYoung, "Secrecy Defines Obama's Drone War," *Washington Post*, December 20, 2011; Jo Becker and Scott Shane, "Secret 'Kill List' Proves a Test of Obama's Principles and Will," *New York Times*, May 29, 2012.

81 Tom Junod, "The Lethal Presidency of Barack Obama," *Esquire*, July 9, 2012,www .esquire.com/features/obama-lethal-presidency-0812-3.

82 Ibid.

83 Akbar Ahmed and Frankie Martin, "Deadly Drones Come to the Muslims of the Philippines," Al-Jazeera, March 5, 2012; Tom Engelhardt, "Obama's Bush League World," July 12, 2011, www.tomdispatch.com/post/175416/tomgram%3A_ engelhardt %2C_making_earth_a_global_free-fire_zone.

84 Glenn Greenwald, "Excuses for Assassination Secrecy," July 12, 2012, www.salon. com/2012/07/12/excuses_for_assassination_secrecy.

85 Glenn Greenwald, "Obama's Killings Challenged Again," July 18, 2012, www.salon. com/2012/07/18/obamas_killings_challenged_again.

86 Greg Miller and Julie Tate, "Since Sept. 11, CIA's Focus Has Taken Lethal Turn," *Washington Post*, September 2, 2011.

87 Michael Hastings, "The Rise of the Killer Drones: How America Goes to War in Secret," *Rolling Stone*, April 26, 2012, www.rollingstone.com/politics/news/the-rise-of-the-killer-drones-how-america-goes-to-war-in-secret-20120416?print=true.

88 Charlie Savage, "Relatives Sue Officials Over U.S. Citizens Killed by Drone Strikes in Yemen," *New York Times*, July 18, 2012.

89 Sudarsan Raghavan, "In Yemen, U.S. Airstrikes Breed Anger, and Sympathy for Al-Qaeda," *Washington Post*, May 29, 2012.

90 "As Nature Is Displaying More Bipolar Behaviour — Floods One Day, Drought the Next — and Man Is Traversing More into the Realm of Boundless Greed and Shamelessness, Mutants Calling Themselves Politicians Are Saying Things Unplugged from Logic and Unlinked," *Nation* (Thailand), December 15, 2011.

91 John Markoff, "War Machines: Recruiting Robots for Combat," *New York Times*, November 29, 2010.

92 Tom Engelhardt, *The American Way of War: How Bush's Wars Became Obama's* (Chicago: Haymarket Books, 2010), 172–174; Elisabeth Bumiller and Thom Shaker, "War Evolves with Drones, Some Tiny as Bugs," *New York Times*, June 20, 2011.

93 William Wan and Peter Finn, "Global Rush Is On to Match U.S. Drones," *Washington Post*, July 5, 2011.

94 Becker and Shane, "Secret 'Kill List' Proves a Test of Obama's Principles and Will."

95 Thom Shanker, "Joint Chiefs Chairman Readjusts Principles on Use of Force," *New York Times*, March 3, 2010.

96 Richard A. Oppel, Jr., "Tighter Rules Fail to Stem Deaths of Innocent Afghans at

Checkpoints," *New York Times*, March 26, 2010; Ben Kiernan and Taylor Owen, "Roots of U.S. Troubles in Afghanistan: Civilian Bombing Casualties and the Cambodian Precedent," *Asia-Pacific Journal*, June 28, 2010, www.japanfocus.org/-Ben-Kiernan /3380.

97　Peter Baker, "How Obama Came to Plan for 'Surge' in Afghanistan," *New York Times*, December 6, 2009.

98　Steve Rendell, "In Afghan Debate, Few Antiwar Op-Eds," *FAIR*, December 2009, www.fair.org/index.php?page=3949; "Wavering on Afghanistan?" *Washington Post*, September 22, 2009.

99　Craig Whitlock, "Gen. Cartwright, Poised to Lead Chiefs, Had His Shot Derailed by Critics," *Washington Post*, May 28, 2011.

100　World Food Program data,www.wfp.org/countries/afghanistan; Anthony H. Cordesman and Adam Mausner, "Is a 'Population-centric' Strategy Possible?" Center for Strategic & International Studies, April 26, 2010, csis.org/publication/agriculture-food-and-poverty-afghanistan; John Hanrahan, "About Living Standards in Afghanistan," December 3, 2009,niemanwatchdog.org/index.cfm?fuseaction=ask _this.view&askthisid=00435; Karin Brulliard, "Affluent Afghans Make Their Homes in Opulent 'Poppy Palaces,' " *Washington Post*, June 6, 2010.

101　David Wildman and Phyllis Bennis, *Ending the US War in Afghanistan: A Primer* (Northampton, MA: Olive Branch Press, 2010), 72–74.

102　Anthony H. Cordesman, "What's Our Long-Range Afghan Plan?," *Washington Post*, September 23, 2011.

103　Atiq Sarwari and Robert D. Crews, "Afghanistan and the Pax Americana," in *The Taliban and the Crisis of Afghanistan*, ed. Robert D. Crews and Amin Tarzi (Cambridge, MA: Harvard University Press, 2008), 315–16.

104　"Afghan Life Expectancy Rising as Healthcare Improves, Survey Shows," *Guardian* (London), November 30, 2011.

105　Wildman and Bennis, *Ending the US War in Afghanistan: A Primer*, 88–90, 94; Dana Burde, "It Takes a Village To Raise a School," *New York Times*, September 17, 2010.

106　Karl Eikenberry, memo to Hillary Clinton, November 6, 2009, documents.nytimes.com/eikenberry-s-memos-on-the-strategy-in-afghanistan.

107　Nicholas D. Kristof, "The Afghanistan Abyss," *New York Times*, September 6, 2009.

108　Andrew Shurtleff, "Former CIA Station Chief in Afghanistan Calls for Withdrawal," *Daily Progress*, www.votersforpeace.us/press/index.php?itemid=3419.

109　Conn Hallinan, "Afghanistan: Killing Peace," January 12, 2011, dispatchesfromtheedge blog.wordpress.com; Wildman and Bennis, *Ending the US War in Afghanistan: A Primer*,160.

110 Alissa J. Rubin, "Girl, 12, Killed in NATO Raid on Wrong Afghan Home," *New York Times*, May 13, 2011.

111 Tariq Ali, "Operation Enduring Disaster: Breaking with Afghan Policy," November 16, 2008, www.tomdispatch.com/post/175003/tariq_ali_flight_path_to_disaster_in_afghanistan.

112 Matthew P. Hoh, letter to Ambassador Nancy J. Powell, September 10, 2009, *Washington Post*, www.washingtonpost.com/wp-srv/hp/ssi/wpc/ResignationLetter.pdf?sid =ST2009102603447.

113 Chris Hedges, "Opium, Rape and the American Way," November 2, 2009, www.truthdig.com/report/item/20091102_opium_rape_and_the_american_way/.

114 "Losing Afghanistan?" *Economist*, August 20, 2009, www.economist.com/node/14258750?story_id=14258750.

115 "UN Afghanistan Survey Points to Huge Scale of Bribery," *BBC News*, January 19, 2010, news.bbc.co.uk/2/hi/8466915.stm; Alfred W. McCoy, "America and the Dictators: From Ngo Dinh Diem to Hamid Karzai," April 16, 2010, www.tomdispatch.com/blog/175233.

116 Scott Shane and Andrew W. Lehren, "Leaked Cables Offer Raw Look at U.S. Diplomacy," *New York Times*, November 28, 2010; Scott Shane, Mark Mazzetti,and Dexter Filkins, "Cables Depict Afghan Graft, Starting at Top," *New York Times*, December 2, 2010; Declan Walsh, "Flower Power," *Guardian*, August 16, 2008, www.guardian.co.uk/lifeandstyle/2008/aug/16/drugstrade.afghanistan; Dexter Filkins, Mark Mazzetti, and James Risen, "Brother of Afghan Leader Said to Be Paid by C.I.A.," *New York Times*, October 28, 2009.

117 Alissa J. Rubin and Matthew Rosenberg, "U.S. Efforts Fail to Curtail Trade in Afghan Opium," *New York Times*, May 26, 2012.

118 James Risen, "Propping Up a Drug Lord, Then Arresting Him," *New York Times*, December 11, 2010; "New Measures Against the Afghan Opium Tsunami," *United Nations Information Service*, October 31, 2007, www.unis.unvienna.org/unis/pressrels/2007/unisnar1013.html; Alfred W. McCoy, "Can Anyone Pacify the World's Number One Narco-State? The Opium Wars in Afghanistan," March 30, 2010, www.tomdispatch.com/blog/175225.

119 Walsh, "Flower Power"; Brulliard, "Affluent Afghans Make Their Homes in Opulent 'Poppy Palaces.' "

120 Jean MacKenzie, "Funding the Afghan Taliban," August 7, 2009, www.globalpost. com/dispatch/taliban/funding-the-taliban; Hugh Gusterson, "Why the War in Afghanistan Cannot Be Won," *Bulletin of the Atomic Scientists*, September 21, 2009, www.thebulletin.org/web-edition/columnists/hugh-gusterson/why-the-war-afghanistan-cannot-be-won.

121 Dexter Filkins, "Convoy Guards in Afghanistan Face an Inquiry," *New York Times*, June 6, 2010.

122 Rod Nordland, "Afghan Bank Commission Absolves President's Brother in Fraud Case," *New York Times*, May 29, 2011.

123 Ben Farmer, "U.S. Diplomat Claims UN Tried to Gag Him," *Telegraph* (London), October 4, 2009, www.telegraph.co.uk/news/6259530/US-diplomat-claims-UN-tried -to-gag-him.html.

124 Rod Nordland, "Afghan Votes Come Cheap, and Often in Bulk," *New York Times*, September 17, 2010.

125 Bob Woodward, "Military Thwarted President Seeking Choice in Afghanistan," *Washington Post*, September 27, 2010.

126 Bob Woodward, "Biden Warned Obama During Afghan War Review Not to Get 'Locked into Vietnam,' " *Washington Post*, September 28, 2010; Bob Woodward, *Obama's Wars*, 247, 311.

127 "Final Report of the National Commission on Terrorist Attacks Upon the United States," www.9-11commission.gov/report/911Report_Exec.htm.

128 Paul R. Pillar, "Who's Afraid of a Terrorist Haven?," *Washington Post*, September 16, 2009.

129 "Fareed Zakaria Criticizes 'Disproportionate' Afghanistan War on CNN," July 4, 2010, www.huffingtonpost.com/2010/07/04/fareed-zakaria-criticizes_n_635170. html.

130 George F. Will, "The War That Wasn't," *Washington Post*, May 3, 2011.

131 Andrew J. Bacevich, "Obama's Afghanistan Speech and Strategy," *Washington Post*, December 2, 2009.

132 Christopher Drew, "One Million Dollars to Keep One Soldier in Afghanistan for One Year," *New York Times*, November 16, 2009.

133 Robert Dreyfuss, "Getting Out in 2010," *Nation*, June 17, 2010, www.thenation.com /blog/getting-out-2011.

134 Dana Milbank, "A Deadline Written in Quicksand, Not Stone," *Washington Post*, December 3, 2009.

135 Woodward, *Obama's Wars*, 354.

136 Karen DeYoung and Scott Wilson, "With bin Laden Dead, Some Escalate Push for New Afghan Strategy," *Washington Post*, May 11, 2011; Wildman and Bennis, *Ending the US War in Afghanistan: A Primer*, 72–74.

137 David E. Sanger and Thom Shanker, "Military Seeks to Make Case Against Too-Hasty Reduction of Troops," *New York Times*, June 7, 2011; Thom Shanker and John H. Cushman, Jr., "Reviews Raise Doubt on Training of Afghan Forces," *New York Times*, November 6, 2009.

138 Thomas L. Friedman, "What's Second Prize?" *New York Times*, June 22, 2010.

139 Rod Nordland, "Afghans Plan to Stop Recruiting Children as Police," *New York Times*, January 29, 2011; Ernesto Londono, "Afghanistan Sees Rise in 'Dancing Boys' Exploitation," *Washington Post*, April 4, 2012.

140 Tony Perry, "U.S. Troops in Afghanistan Suffer More Catastrophic Injuries," *Los Angeles Times*, April 6, 2011.

141 T. Christian Miller and Daniel Zwerding, "Brain Injuries Remain Undiagnosed in Thousands of Soldiers," June 7, 2010, www.propublica.org/article/brain-injuries-remain-undiagnosed-in-thousands-of-soldiers.

142 Wildman and Bennis, *Ending the US War in Afghanistan: A Primer*, 28.

143 Leo Shane III, "Study: Wars Could Cost $4 Trillion to $6 Trillion," *Stars and Stripes*, September 29, 2010, www.stripes.com/blogs/stripes-central/stripes-central-1.8040/study-wars-could-cost-4-trillion-to-6-trillion-1.120054.

144 James Risen, "U.S. Identifies Vast Riches of Minerals in Afghanistan," *New York Times*, June 13, 2010.

145 George A. Dorsey, "Ikyber Pass Key of Nations' Fate," *Chicago Tribune*, January 24, 1911.

146 "Americans Acquire Afghanistan Oil," *New York Times*, May 8, 1928.

147 James Risen, "World's Mining Companies Covet Afghan Riches," *New York Times*, June 17, 2010.

148 Joshua Partlow, "Afghan Minister Accused of Taking Bribe," *Washington Post*, November 18, 2009.

149 Jane Perlez, Eric Schmitt, and Carlotta Gall, "Pakistan Is Said to Pursue Foothold in Afghanistan," *New York Times*, June 24, 2010; Joshua Partlow, "Haqqani Insurgent Group Proves Resilient Foe in Afghan War," *Washington Post*, May 29, 2011; Jane Perlez, "Official Admits Militancy's Deep Roots in Pakistan," *New York Times*, June 2, 2010.

150 Alissa J. Rubin, "Pakistan Urged Afghanistan to Distance Itself from the West, Officials Say," *New York Times*, April 28, 2011.

151 Michael Cooper, "Mayors See End to Wars as Fix for Struggling Cities," *New York Times*, June 18, 2001.

152 Jane Perlez, David E. Sanger, and Eric Schmitt, "Nuclear Fuel Memos Expose Wary Dance with Pakistan," *New York Times*, November 30, 2010.

153 John T. Bennett, "Pressure Builds to End Afghan War," May 4, 2011, thehill.com/homenews/administration/159123-pressure-builds-to-end-the-afghan-war.

154 George Zornick, "Senator Dick Durbin Questions Sending 'One More' Soldier to Die in Afghanistan," May 3, 2011, www.thenation.com/blog/160377/senator-dick-durbin-questions-sending-one-more-soldier-die-afghanistan.

155 Rod Nordland, "Karzai Takes Another Shot at NATO Coalition," *New York Times*, June 19, 2001.

156 Ray Rivera and Ginger Thompson, "Karzai Is Testing U.S. Patience, Envoy Says," *New York Times*, June 20, 2011.

157 Ray Rivera and Ginger Thompson, "U.S. Envoy Responds to Karzai's Criticisms," *New York Times*, June 19, 2011.

158 Laura King, "Karzai Quote Taken Wrong Way, Aide Says," *Los Angeles Times*, October 25, 2011.

159 Alissa J. Rubin and Taimoor Shah, "Attack Kills Police Officers in Afghanistan," *New York Times*, September 29, 2011.

160 "NATO: Militant Attacks in Afghanistan Up 11 Percent in Past Three Months," *Washington Post*, July 27, 2012.

161 Human Rights Watch, "Afghanistan: Rein in Abusive Militias and Afghan Local Police," September 12, 2011, www.hrw.org/news/2011/09/12/afghanistan-rein-abusive-militias-and-afghan-local-police.

162 UN News Centre, "Systematic Torture in Afghan Detention Facilities — UN Report," October 10, 2011, www.un.org/apps/news/story.asp?NewsID=39985.

163 Jack Healy, "Afghanistan Sees Increase in Cultivation of Poppies," *New York Times*, October 11, 2011.

164 Tim Arango, "Premier Places Power-Sharing at Risk in Iraq," *New York Times*, December 22, 2011; "Iraq Withdrawal: After Troops Leave, A Substantial American Presence," *International Business Times News*, December 9, 2011; Farirai Chubvu, "Iraq — Uncle Sam's Unfinished War," *Herald* (Harare, Zimbabwe), December 15, 2011; Michele Keleman, "Huge Embassy Keeps US Presence in Iraq," National

Public Radio, December 11, 2011.

165 David Brown, "Study Claims Iraq's 'Excess' Death Toll Has Reached 655,000," *Washington Post*, October 11, 2006.

166 David Gilmour, *The Long Recessional: The Imperial Life of Rudyard Kipling* (New York: Farrar, Straus and Giroux, 2002), 251.

167 "Obama's Speech to Troops at Fort Bragg," *New York Times*, December 15, 2011; Michael S. Schmidt, "Junkyard Gives Up Secret Accounts of Massacre," *New York Times*, December 15, 2011.

168 Greg Jaffe, "A War Without an Iconic Ending," *Washington Post*, December 25, 2011.

169 Thom Shanker, "Warning Against Wars Like Iraq and Afghanistan," *New York Times*, February 26, 2011.

170 Helene Cooper and Ethan Bronner, "Focus Is on Obama as Tensions Soar Across Mideast," *New York Times*, May 19, 2011.

171 David D. Kirkpatrick and Michael Slackman, "Egyptian Youths Drive the Revolt Against Mubarak," *New York Times*, January 27, 2011.

172 Helene Cooper and Mark Landler, "Obama's Peace Tack Contrasts with Key Aide, Friend of Israel," *New York Times*, May 22, 2011.

173 Thomas L. Friedman, "The Arab Awakening and Israel," *New York Times*, November 30, 2011.

174 Ira Chernus, "Israel and the Palestinians Through the Looking Glass," May 26, 2011, www.tomdispatch.com/blog/175397/tomgram%3A_ira_chernus,_ass-backwards_in _the_middle_east.

175 Ethan Bronner, "A Former Spy Chief Questions the Judgment of Israeli Leaders," *New York Times*, June 4, 2011; Gareth Porter, "Obama Seeks To Distance U.S. from Israeli Attack," January 3, 2012, ipsnews.net/news.asp?idnews=106361.

176 Shibley Tehlami and Steven Kull, "Preventing a Nuclear Iran, Peacefully," *New York Times*, January 16, 2012.

177 Simon Romero, "Colombia Leader Seeks Wide-Ranging Changes, and Looks Beyond the U.S.," *New York Times*, March 5, 2011.

178 Tom Phillips and Virginia Lopez, "US Not Invited as Chávez Launches Latin Group," *Guardian* (London), December 3, 2011; "Venezuela: New Regional Group Meets," *New York Times*, December 3, 2011; "New Americas Summit Dominated by Criticism of US," Agence France Press, December 2, 2011.

179 Sibylla Brodzinsky, "Cuba and Drug Policy Headline Summit of the Americas,"

Christian Science Monitor, April 16, 2012; Scott Wilson, "Americas Summit Ends Without an Agreement," *Washington Post*, April 16, 2012; Noam Chomsky, "Cartagena Beyond the Secret Service," *In These Times*, May 2, 2012, inthesetimes. com/article/13136/cartagena_beyond_the_secret_service_scandal.

180 Francisco Toro, "The Incredible Shrinking State Department," *International Herald Tribune*, July 5, 2012.

181 Nick Turse, "Empire of Bases 2.0," January 9, 2011, www.tomdispatch.com/blog /175338; Engelhardt, *The American Way of War*, 53.

182 David Vine, "The Lily-Pad Strategy," July 15, 2012, www.tomdispatch.com/ post/175568/tomgram%3A_david_vine%2C_u.s._empire_of_bases_grows/?utm_ source=TomDispatch&utm_campaign=d027c16bb5-TD_Vine7_15_2012&utm_ medium =email#more.

183 Charles M. Blow, "For Jobs, It's War," *New York Times*, September 27, 2011.

184 Hillary Clinton, "America's Pacific Century," *Foreign Policy*, November 2011, www .foreignpolicy.com/articles/2011/10/11/americas_pacific_century?page=full.

185 Matthew Franklin, "Obama Pledges Leadership," *Australian*, November 18, 2011; Peter Harcher, "Toothless Among Asian Tigers," *Sydney Morning Herald*, July 21, 2012.

186 "Philippines Launches Its Most Modern Warship," *Nation* (Thailand), December 15, 2011.

187 Bill Gertz, "Military to Bolster Its Forces in Pacific," *Washington Times*, February 18, 2011.

188 Celia W. Dugger, "U.S. Envoy Extols India, Accepting Its Atom Status," *New York Times*, September 7, 2001; "A Bad Deal," *New York Times*, September 9, 2008; Peter Baker, "Senate Approves Indian Nuclear Deal," *New York Times*, October 2, 2008.

189 Plenary Session of the U.S.-India Strategic Dialogue, June 3, 2010, www.state.gov/ secretary/rm/2010/06/142623.htm.

190 "Arms Race Growing in Asia," *Toronto Star*, December 3, 2011.

191 Jim Yardley, "Malnutrition Widespread in Indian Children, Report Finds," *New York Times*, January 10, 2012.

192 Frank Ching, "China-US Power Play That Confuses Audiences," *New Straits Times* (Malaysia), September 29, 2011.

193 Paul McLeary, "Securing the Western Pacific," *Defense Technology International*, June 1, 2010.

194 Greg Torode, "Beijing Wary as New US Military Strategy Emerges," *South China*

Morning Post, April 25, 2011.

195 "Hu Tells Navy to Prepare to Fight," *Hobart Mercury* (Australia), December 8, 2011.

196 Greg Jaffe, "U.S. Model for a Future War Fans Tensions with China and Inside Pentagon," *Washington Post*, August 1, 2012.

197 Jane Perlez, "Clinton Makes Effort to Rechannel the Rivalry with China," *New York Times*, July 7, 2012.

198 Christopher Hellman, "The Real U.S. National Security Budget," March 1, 2011, www.tomdispatch.com/post/175361/tomgram%3A_chris_hellman%2C_%241.2_trillion _for_national_security/.

199 Eric Margolis, "Obama the President Is Fighting Battles His Country Cannot Afford," *Toronto Sun*, February 7, 2010, www.torontosun.com/comment/columnists/eric_ margolis/2010/02/05/12758511-qmi.html; Lawrence Wittner, "How Much Is Enough? America's Runaway Military Spending," August 23, 2010, www.huffingtonpost.com /lawrence-wittner/how-much-is-enough-americ_b_683600.html.

200 William Wan, "Panetta, in Speech in Singapore, Seeks to Lend Heft to U.S. Pivot to Asia," *Washington Post*, June 1, 2012; Leon E. Panetta, Speech to Shangri-La Security Dialogue, June 2, 2012, www.defense.gov/Speeches/Speech.aspx?SpeechID=1681.

201 Jane Perlez, "Panetta Outlines New Weaponry for Pacific," *New York Times*, June 2, 2012.

202 Harcher, "Toothless Among Asian Tigers."

203 Greg Jaffe, "Obama Announces New, Leaner Military Approach," *Washington Post*, January 5, 2012.

204 Amanda Andrews, "America Is in Urgent Need of Its Own 'Perestroika,' Says Gorbachev," *Telegraph* (London), March 12, 2009, www.telegraph.co.uk/finance/g20-summit/4980262/America-is-in-urgent-need-of-its-own-peristrokia-says-Gorbachev.html; Anton Fedyashin, "Gorbachev's Great Expectations," *Washington Post*, April 13, 2009.

205 "Rising Share of Americans See Conflict Between Rich and Poor," Pew Research Center Publications, January 11, 2012, pewresearch.org/pubs/2167/rich-poor-social-conflict-class.

206 Binyamin Appelbaum, "Family Net Worth Drops to Level of Early '90s, Fed Says," *New York Times*, June 11, 2012; Joseph E. Stiglitz, "The 1 Percent's Problem," *Vanity Fair*, May 31, 2012, www.vanityfair.com/politics/2012/05/joseph-stiglitz-the-price-on-inequality.

207 Turley, "Ten Reasons We're No Longer the Land of the Free."

第15章
2012—2018：失控与重置

俄罗斯军事复兴

2018年3月1日，俄罗斯总统普京向美国及其欧洲盟友发出了挑战。在年度国情咨文演讲中，普京披露了一系列令人眼花缭乱的新式武器和导弹发射系统，其性能是此前包括俄罗斯在内的任何国家都未曾达到过的。他这样做并无炫耀或威胁之意，相反，他是在向美国及其盟友发出严正警告，要求它们放弃正在将世界推向战争的政策，这样的战争对全人类来说将是一个可怕的悲剧。

这次披露的时机并非偶然。当时，美国和俄罗斯之间的紧张关系已急剧升级，在叙利亚、波罗的海和乌克兰地区的冲突极有可能演变为两个军事超级大国之间的直接战争。美国总统唐纳德·特朗普（Donald Trump）对朝鲜的核武器和导弹试验做出了挑衅性回应，因此引发朝鲜半岛危机，也将世界带到了战争的边缘。此外，特朗普誓要撕毁《伊朗核问题协议》只会加剧全世界的担忧。1月，核专家们将《原子科学家公报》设立的末日时钟的指针拨到了午夜前两分钟的位置，这意味着世界距离核战争引发的世界末日比1950年代以来的任何时候都要近。《原子科学家公报》科学与安全委员会（Science and Security Board）警告说："之所以把世界核形势说得岌岌可危，是为了让人们理解该问题的危险性和紧迫性。"就在前一周，美国国防部长詹姆斯·马蒂斯（James Mattis）宣布，在过去的近20年里，美国的国防首要任务都是打击恐怖主义，如今美国正在将重点转向应对俄罗斯和中国造成的军事威胁。紧接着在2月，特朗普政府发布了一份极具煽动性的《核态势评估》报告。

普京的回应震惊了全球的军事专家。普京表示，苏联解体后，俄罗斯失去了23.8%的领土、48.5%的人口、41%的国内生产总值、39.4%的工业产能和44.6%的军事力量。自苏联解体以来，俄罗斯一直处于防守态势。正如本书之前所概述的以及普京再次表明的那样，俄罗斯在经济上已经陷入困境，需要依靠国际货币基金组织和世界银行来维系。随着俄罗斯国民预期寿命和生活水平的直线下

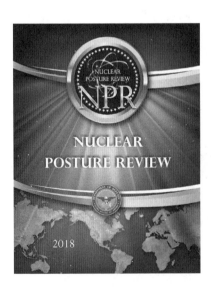

2018年2月发布的《核态势评估》报告，长达75页，内容极具煽动性。

降，国内的混乱状况将社会搅得四分五裂，西方充分利用了俄罗斯的这种虚弱，在世界各地为所欲为。2001 年，美国宣布将退出《反弹道导弹条约》。自 1972 年该条约签署以来，俄罗斯一直将该条约视为"国际安全体系的基石"。这份条约曾建立在一个共识之上，即当一个超级大国的防御系统变得越来越坚不可摧时，另一个超级大国将通过增强其进攻性导弹能力来加以抗衡，从而引发一场无休止的军备竞赛。俄罗斯国家杜马国防委员会副主席阿列克谢·阿尔巴托夫称美国的退约是一起"影响极为负面的历史性事件"。虽然俄罗斯表达了强烈反对，但令普京感到遗憾的是，美国置若罔闻，继续追求其"终极的单边军事优势以寻求在未来各个领域都占据主导地位"。

2002 年 6 月，美国正式退出《反弹道导弹条约》，这样一来美

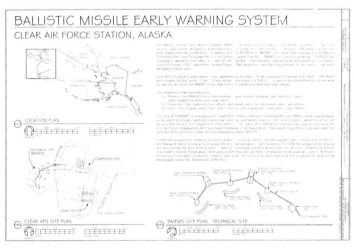

阿拉斯加州安德森西南部一个弹道导弹［早期预警系统］安装点的设计方案。美国在 2002 年正式退出《反弹道导弹条约》后，类似的安装点开始大量出现。

国就可以在阿拉斯加、加利福尼亚和罗马尼亚等地着手部署一个全面的全球导弹防御系统。

捷克最终选择退出该导弹防御计划，但在波兰的防御系统则几乎已经安装完毕。美国在日本和韩国也安装了新型导弹，并在接近俄罗斯边境的地方虎视眈眈地部署了5艘巡洋舰和30艘驱逐舰。美国声称这样做是为了防范由伊朗或朝鲜发起的有限的导弹袭击，但普京对此予以反驳。他认为，美国的目标是对俄罗斯的所有导弹进行拦截，从而使俄罗斯在事实上陷入毫无防御能力的状态。专家们清楚，如果美国率先对俄罗斯发起削弱其实力的打击，那这样一个补足了漏洞的防御系统将能有效地保护美国免遭俄罗斯的有限反击。普京指责说，除两国在2010年签署的《第三阶段削减战略武器条约》，美国还数次拒绝俄罗斯的武器控制谈判提议，并采取了更具攻击性的核战略。

鉴于事态的发展，俄罗斯在2004年启动了一个可以绕过美国导弹防御系统的计划，该计划最初的目标是在沿高空弹道飞行的战略武器抵达目标前将其摧毁。如今，普京向世界宣告的5款俄罗斯新式武器，能够使美国的弹道导弹防御系统显得过时。这5款武器包括：射程无限的贴地式核动力巡航导弹，俄罗斯独立军事分析人士亚历山大·戈尔茨（Aleksandr Golts）称之为"一个巨大的成就"；RS-28"萨尔马特"（Sarmat）重型洲际弹道导弹，可携带15颗弹头，射程几乎无限，以取代苏联时期的SS-18重型洲际弹道导弹；高超音速巡航导弹，能够以快到令人难以察觉的速度飞行；可通过潜艇发射的"斯塔图斯-6"（Status-6）核鱼雷；以及RS-26"先锋"（Avangard）高超音速滑翔飞行器，能在火箭的推动下以20倍音速飞入太空，避开导弹防御系统。[1]

俄罗斯已透露了建造无人潜艇的计划，这种潜艇可作为水下核鱼雷攻击沿海城市，其释放的核辐射云能使被攻击地区变得不再宜居。此种无人驾驶潜艇的设计可追溯至 1960 年代。这款被称为"斯塔图斯－6"的新武器系统最初是由俄罗斯一家电视台曝光的。2015 年 11 月 9 日，普京与一群将军在索契市开会，该电视台在报道这次会议时，摄像机的镜头扫过了一份简报中的其中一页，从而曝光了这种鱼雷的存在。该文件披露，这种鱼雷可由潜艇发射，射程达 5400 海里。它能破坏"敌方沿海地区经济的重要组成部分，并制造出广阔的核辐射区，使其在长期内不再适宜开展军事、经济或其他活动，从而对一国领土造成难以承受的损失"。[2]

普京直言不讳地警告说，对俄罗斯盟国的核攻击将被视为对俄罗斯本土的攻击，俄罗斯将迅速做出反应。"我希望我今天所说的话能够惊醒某些潜在的侵略者，"他表示，"以前没有人听我们的话，现在可要听好了。"[3]

确实有人在仔细聆听。戈尔茨表示，与他交流过的所有武器专家都"和我一样感到震惊"。兰德公司的俄罗斯问题专家爱德华·盖斯特（Edward Geist）承认，他对核动力巡航导弹"感到颇为吃惊"。他表示："我猜，他们并没有虚张声势，而是已经对这东西进行了飞行测试。"莫斯科卡耐基中心（Carnegie Moscow Center）主任德米特里·特列宁（Dmitri Trenin）警告说，"对美关系已经到了一个重要关口，唯一需要时刻确保的就是防止引发冲突"。卡内基国际和平基金会（Carnegie Endowment for International Peace）的核专家詹姆斯·阿克顿（James Acton）提醒那些对俄罗斯的新武器感到震惊的人们，"即使没有这些新武器，俄罗斯也有能力让美国化为一堆带有放射性的灰土"。盖斯特也警告说，"他们是在向我们发出信号，表明他们非常不喜欢我们的导弹防御系统，他们不介意像电影里的奇爱博士一样，和我们打一场核大战"。《华盛顿邮报》报道说，普京的"对抗论调似乎部分是对特朗普政府在核武器研发上更显鹰派的做法的一种回应"，但俄罗斯的不满不止于此。[4]普京轻蔑地表示："对于那些在过去15年里试图加速推进军备竞赛，寻求对俄的单边优势的人，那些用有违国际法的种种限制和制裁来限制我们国家发展（包括在军事领域）的人，我要说：你们想要通过这些措施来阻止的一切都已变成现实。没有人能够限制得了俄罗斯。"[5]

隐忧兑现：多极化时代回来了

相较于普京在2000年元旦履职时俄罗斯衰落之深，如今俄罗斯的恢复确实很令人瞩目。美国的前景一度也不太光明。正是在普京就职前14年的1986年，戈尔·维达尔（Gore Vidal）写下了《美利坚帝国的挽歌》（"Requiem for the American Empire"）一文。他在文中将美利坚帝国的灭亡日期确定为1985年9月16日，因为就在这一天，美国商务部正式宣布美国已经成为一个债务国。他指出，这个帝国存活了71年，但从1968年起就不再健康了。他把帝国的开端定为1914年，因为在这一年，美国取代伦敦成为世界金融中心。帝国衰落的部分原因是美国在军事上过度挥霍，这种挥霍因其充满想象力地将苏联描绘成一个"可怕的敌人"而显得合理。维达尔写道："自童话剧《绿野仙踪》（Wizard of Oz）问世以来，美国的政论家们提出了一个狂乱的想法，那就是苏联是一个无所不能的庞大帝国，触手遍及全球，一心想要毁灭我们，如果我们不能在战争机器和情报机构上保持对它的模仿，这种毁灭就必将发生。"[6]维达尔设想美国和苏联将实现联合，唯有如此，昔日的这两位冷战老对头才能扛住来自中国和日本日益崛起的挑战。他在两年后的一篇文章中还把美国人和苏联人斥为"（北半球的）两大傻瓜，连一辆人人都想开的汽车都造不出来"。[7]

不过，在1991年12月26日，美利坚帝国得以重生，因为被维达尔恰如其分地描述为"一个具有第一世界的军事实力的第二世界国家"的苏联，在这一天突然走向终结，使美国这个巨人成为世界舞台上唯一无可匹敌的霸主。2004 年，新保守主义重要战略家查尔斯·克劳萨默（2018 年去世）选择把美国经济学会（American Economic Institute）欧文·克里斯托（Irving Kristol）的年度讲座作为阐述这一巨变之意义的最佳平台：

> 后来它就终结了，成为历史上的一大出人意料的转折。未发一枪，没有革命，甚至连一则新闻稿都没有，苏联就这样终止和消失了。
>
> 它的消失成为一切的终结——共产主义的终结、社会主义的终结、冷战的终结以及欧洲战事的终结。不过，一切的终结也是一个新的开始。1991 年 12 月 26 日，在苏联解体的同时，一个全新的事物诞生了：由一个超级大国主导的单极世界，这个超级大国不受任何限制，其决定性的影响力遍及世界的每一个角落。[8]

克劳萨默这种夸耀胜利的愿景最早在 1990 年 9 月的亨利·M. 杰克逊 (Henry M. Jackson) 纪念讲座上首次提出，后以《单极时刻》（"The Unipolar Moment"）为标题出现在《外交事务》杂志上。在演讲中，克劳萨默驳斥了那些预测和欢迎后冷战时代多极世界的观点，并兴奋地推测美国将在未来几十年内成为"唯一的超级大国"，因为美国是"唯一在世界任意地方、任意它愿意卷入的冲突中，无论从军事、外交、政治还是经济角度，都能成为决定性玩家的国家"。不过，他担心美国会进入"一段战争威胁不减反增的时期"。这种威胁并非来自一个实力相当的超级大国，而是来自"拥有大规模杀伤性武器和相应发射手段的好斗小国"。他推断，在这种"非常时期"，在这个"大规模杀伤性武器诞生的时代"，"对安全的最大希望"取决于"美国去领导一个单极世界的实力和意愿，……去坦然无愧地制定世界的规则，并做好准备去执行这些规则"。[9]

老布什政府内外的几位重要的新保守主义者——迪克·切尼、保罗·沃尔福威茨、I. 刘易斯·"斯库特"·利比、扎尔梅·哈利勒扎德、理查德·珀尔和阿尔伯特·沃尔斯泰特等人经过共同谋划，为这样一个强健、极受军力影响的单极世界勾勒了相应的对外政策。

根据他们的报告，美国不但不允许出现可能挑战其全球霸权的竞争对手，也不允许对手去主导任何"拥有……足以产生世界强国之资源的地区"。因此，它的军队才会变得如此专横霸道，以阻止和恐吓"潜在的竞争对手立志去扮演更大的区域或全球性角色"。美国将先发制人地阻止任何国家获得大规模杀伤性武器，并且需要发展实力，使其能够在与伊拉克和朝鲜开战的同时，还能阻止俄罗斯入侵欧洲。[10]

1993 年 3 月，有人把这份新版《国防规划指导》（Defense Planning Guidance）泄露给了《纽约时报》，进而引发广泛的批评，迫使切尼、沃尔福威茨等人公开对该报告做出澄清。但这些新保守主义者并未就此罢休。1997 年，他们组建"新美国世纪计划"。2000 年，美国联邦最高法院无视大选结果，任命小布什为美国总统，这也成为最高法院的一个永久性污点。"新美国世纪计划"的成员占据了新一届政府班底的大部分职位，并开始传播他们的世界观。小布什政府上任一周后，《洛杉矶时报》记者罗宾·怀特（Robin Wright）对他们提出的这种极具破坏力的单极结构做了准确描述："这个新结构的前提是，美国可以在相当程度上为所欲为，因为它复杂而巧妙的民主制度使其在政治上和道德上优于世界其他国家——有时甚至可以使其不受国际准则和条约的约束。"8 个月后，"9·11"事件又成了他们梦寐以求的"新珍珠港事件"。[11]在事发后短短一个月内，美国入侵了阿富汗。一年半后，美国又将枪口对准伊拉克。这些新保守主义者开始公开为美利坚帝国歌功颂德。

"9·11"事件发生4天后，小布什在戴维营会见国家安全委员会的成员。从左至右分别为副总统迪克·切尼、总统小布什、国务卿科林·鲍威尔、国防部长唐纳德·拉姆斯菲尔德和国防部副部长保罗·沃尔福威茨。

　　还未等到萨达姆的社会复兴党政权倒台，克劳萨默就开始对美国无与伦比的实力大加赞美。他在2002年底发表了一篇文章，在文中回顾了自己在1990年接受单极论的过程，并承认自己低估了美国统治范围的广度。他激动地说："从未有过如此悬殊的力量差距，从来没有。"美国在科索沃战争中的表现就不错，而入侵阿富汗更是一个完美范例，确认了美国是有史以来实力最强的霸主。不必再为它在国际上的合法性感到纠结和担忧了，也不必再执迷于退出战略。克劳萨默曾在1990年写下了"单极世界可能持续三四十年"的论断，这种论断"在当时显得十分大胆"。但如今看来，这一预测似乎显得"谦逊"了，因为"单极时刻已经变成了单极时代"，并且可能会无限期地延续下去。他总结说，"选择权在我们手中。冒昧地套用本杰明·富兰克林的说法：历史给了你们一个帝国，要是你们能维持它的话"。[12]

2003年，新保守主义夸耀胜利愿景的思潮失去约束，有关帝国的言论甚嚣尘上。新保守主义的战略家们仔细盘算着哪些国家应当被列入政权应该变更的名单，伊拉克、叙利亚、利比亚、伊朗、朝鲜、黎巴嫩、索马里和苏丹赫然在列。《评论》杂志的编辑诺曼·波德霍雷茨还将沙特阿拉伯、埃及和巴勒斯坦民族权力机构①加了进去。

但事实证明，这种志骄意满的愉悦是短暂的。打败伊拉克政权并不难，但治理伊拉克却没那么容易。2004年9月，阿拉伯联盟秘书长阿姆鲁·穆萨表示："伊拉克的地狱之门已经打开了。"[13]

又过了两年，克劳萨默也终于认清现实。2006年底，他为这个单极时代书写了讣告。他宣布，美国的单极地位在2005年达到了顶峰，如今美国霸权的"巅峰时期已经过去"。[14]单极时代已经退回到单极时刻，而这一单极时刻很快也会变得岌岌可危。[15]

小布什政府的大溃败对美国的领导地位和声望造成了巨大损害。在小布什领导下开始显现的颓势一直延续着，虽然在奥巴马当政时期有所放缓，但到了另类的唐纳德·特朗普总统任职初期，这一趋势获得了新的动力。2018年1月18日，盖洛普民调结果显示，在特朗普上台后的一年里，134个国家对美国领导力的支持率的中位数骤跌了18%，从奥巴马任职最后一年的48%降到了特朗普任职时期的30%，创下历史新低。对美国领导力的反对率则上升了15%，达到43%，分别比俄罗斯和中国的对应评分高出7%和13%。对美国领导力的支持率降幅最大的地区是拉丁美洲，降幅为

---

① 也译作"巴勒斯坦自治政府"，成立于1996年1月20日。

25%，而该地区对美国领导力的反对率则骤增了31%，达到58%。欧洲和加拿大对美国支持率的降幅也很明显，其中降幅最大的是葡萄牙，下降了51%。国际支持率评分曾在前一年落后美国7%的德国如今跃居榜首，达到41%。曾以17%的评分落在后面的中国，如今也获得了31%的支持率，比美国高1%。而在上一年曾落后美国22%的俄罗斯，如今已经把差距缩小到了3%。[16]

2018年2月，北约前秘书长杰维尔·索拉纳（Javier Solana）对一个日益深化的认识表达了同感："多极化时代回来了，大国之间的战略对抗也随之出现。"他指出，"中国的复兴和俄罗斯重返全球政治大国前沿，是本世纪到目前为止最突出的两大国际动态"。索拉纳还指出，"在特朗普就任总统的第一年里，美国与这两个国家之间的紧张关系显著加剧。随着美国国内政治环境恶化，美国与这两个被视为其主要对手的国家的关系也在逐步恶化"。[17]

2017年9月，俄罗斯外交部长谢尔盖·拉夫罗夫（Sergei Lavrov）在联合国大会的"领导人会议周"期间表示："创造一种多中心的世界秩序的进程是一个客观趋势。"他尖锐地指出："每个人都要去适应它，包括那些过去常常欺压别人的人。"中国外交部长王毅也表达了相同的态度，他对与会代表们说："我们生活在一个朝着多极化世界发展的趋势不断加深的时代……国际形势和力量均衡正在发生深刻变化。"他呼吁联合国在这一转变中发挥核心作用，"如此各国才能实现平等，如此各国才能共同管理全球事务"。[18]

特朗普政府对中、俄两国的政策往好里说，也只能算得上反复无常。事实上，早在奥巴马时期，美国与这两个地区性大国的关系就已经变味了。中国和俄罗斯走得更近了。中国已成为俄罗斯主要的贸易伙伴，中俄贸易在2017年占俄罗斯对外贸易总额的15%，双边贸易额在2018年预计将达到1000亿美元。近期，中国同意将从俄罗斯进口的石油数量增加50%。

1997年，布热津斯基曾警告说，"中国与俄罗斯，或许还有伊朗组成一个大联盟，一个'反霸权'联盟，这个联盟不是靠意识形态结成的，而是基于对美国的不满，彼此能够互为补充"，对美国的安全利益来说，这将成为"最危险的局面"。他继续说道，这种联合"在规模和范围上容易让人回想起中苏同盟曾经发起的挑战，尽管这次中国可能会成为领导者，而俄罗斯将成为追随者"。[19]

这两个国家的复兴在形式上有所不同。俄罗斯主要是军事上的。中国在经济上占优势，但它的军事实力也在上升。这个曾经严重依赖农业的国家，如今已变成一个工业强国。人们往往容易忘记的一点是，尽管在"大跃进"时期（1958—1960年）、"文化大革命"前期（1966—1968年）遭受了挫折，但中国的人均国内生产总值在1953—1978年间增长迅猛，年均增长率保持在6%。在1978—2009年间，中国的国内生产总值更是以每年近10%的速度快速增长，从1473亿美元骤增至4.9万亿美元。2009年，中国超越德国成为世界最大的出口国。它已经取代美国，成为亚洲各国的第一大贸易伙伴，中非贸易额超过2000亿美元，远超美国或任何欧洲国家的对非贸易额。[20]

《经济学人》的智库成员拉扎·凯基奇（Laza Kekic）曾经预言，中国的崛起和美国的衰落将是未来几十年里会出现的"一个惊人的全球产能分布大转移"的一部分。据她预测，美国和西欧在全球国内生产总值中所占的比重将从2012年的40%降至2050年的21%，而亚洲所占的比重将翻倍，达到48%以上。[21]

真正令人吃惊的是中国经济发展的步伐。正如历史学家阿尔·麦科伊（Al McCoy）指出的那样，2012年的国家情报评估表明，在1820—1870年的国力上升期，英国占全球国内生产总值的比重提高了1%。在1900—1950年间，美国占全球国内生产总值的比重提高了2%，而日本在1950—1980年间的比重提高了1.5%。相比之下，中国在2000—2010年间占全球国内生产总值的比重增长了惊人的5%，并且在2010—2020年间可能会重复这一壮举。[22]世界银行将中国的经济增长描述为"历史上由一个主要经济体保持的最快增长"。[23]普华永道会计师事务所在2017年2月发布的经济增长预测显示，到2050年，中国将成为全球最大经济体，排在后面的依次为印度、美国、印度尼西亚、巴西和俄罗斯。[24]

这一趋势在曾长期受美国主导的风险投资领域表现最为明显。2008年，中国在全球初创企业投入的风险投资中仅占5%。但随着被美国消费者新闻与商业频道描述为"中国资金流入朝阳初创企业的一波浪潮"，中国在科技研发上的投资正以18%的速度快速增长，这意味着到2019年，中国在科技研发上的投入规模将超越美国。[25]

由于不愿放弃其在二战结束以来一直占据的主导地位，美国开始着力于重新确立其区域性霸权地位并遏制中国。2011年，希拉里宣布了21世纪是"美国的太平洋世纪"，美国的"战略中心"将从中东和欧洲转向亚洲，这一策略很快就被奥巴马的举措所证实。

重返亚洲战略大大加强了美国在该地区的安全同盟和增加了驻军，但当特朗普宣布退出《跨太平洋伙伴关系协定》后，美国遭受了重大打击。该协议旨在引导亚洲贸易脱离中国、重返美国。2018年3月，有11个国家签署了该协议，但美国并不是其中之一。[26]

美国霸权的日渐衰落在中东和中亚地区也有明显表现。多年来，美国在这些地区进行了耗费巨大的军事干预，但只造成了该地区的混乱、动荡和数百万穆斯林的仇恨。在奥巴马当政时期，随着美国将攻击目标扩大至也门和索马里等国，美国发动的无人机攻击次数较小布什时期增长了10倍。特朗普时期则更是有增无减。虽然特朗普急于抹杀奥巴马在大部分领域的政治遗产，但不幸的是，他对无人机作战的态度不在此列。在特朗普就任总统的第一年里，他将索马里的无人机攻击次数增至原来的两倍，也门的无人机攻击次增至原来的三倍。此外，这三位总统还在另一件事上具有共同点，那就是他们都在平民伤亡数字上造了假，持续和有意地对这一数字进行了漏报。[27]

2017年，特朗普还将在阿富汗的无人机攻击次数增至原来的两倍。美国自2001年开始对阿富汗这个贫穷国家的入侵为其赢得了美国历史上持续时间最长战争的"殊荣"。2017年4月，为了展示实力，不择手段的特朗普政府向"伊斯兰国"（ISIS）位于阿富汗楠格哈尔省的一处地下掩体投掷了重达2.1万磅的"炸弹之母"——GPS制导的GBU-43炸弹，用历史学家杰里米·库兹马罗夫（Jeremy Kuzmarov）的话说，它引燃了"易燃燃料，其蒸腾出来的热气足以抹平相当于9个街区的区域，同时产生了一朵像广岛核爆炸一样的蘑菇云"。《纽约每日新闻》（New York Daily News）的记者格什·孔茨曼（Gersh Kuntzman）将由此引发的媒体报道热潮描述为展现了一种近似于"死亡色情片"的"杀戮欲"，以一种"令人作呕的"欢庆和窥淫狂般的卑劣心态，对这枚价值1600万美元的超级武器表达盲目崇拜。阿富汗前总统哈米德·卡尔扎伊在事后发布推特表示，"这不是什么反恐战争，而是以惨无人道和野蛮至极的方式，将我国当成新式危险武器的试验场"。[28]

特朗普费尽心思要将他在阿富汗的政策与奥巴马的区分开，他宣称："你们将看到，我们在这个问题上会有巨大的差别，巨大的差别。"[29]实际上，局势只是变得更加令人绝望而已。兰德公司的政治学家，美国国务院阿富汗和巴基斯坦问题前任特别代表劳蕾尔·米勒（Laurel Miller）在2017年夏天承认："我不认为会有任何对阿富汗局势做过认真分析的人，认为这场战争是可以打赢的。"[30]至2018年初，塔利班已经在该国70%的国土上公开活动。政府军控制的领土面积已从2015年的72%缩小至大约30%。

尽管奥巴马批准了增兵计划，在4万北约部队的基础上，将美军的驻军人数提高到 10.1 万，但他明白，这场战争是打不赢的。2014 年，他宣布美军的所有作战部队将在 2016 年底前撤离。他明智地指出："美国人已经认识到，结束战争比发动战争更困难。"[31] 不过，在对外政策机构和军方的施压下，奥巴马再次妥协了，他推翻了自己的言论，宣布在他离任后还将有 5500 人的部队驻守。而最终在他离任时，留守兵力几乎是这一数字的两倍。2016 年 9 月，他承认，美国尝试在刀尖和无人机的威胁下进行阿富汗国家建设的努力被证明是一个惨痛的失败。"在我们出兵之前，阿富汗曾是世界上最贫穷的国家之一，识字率最低。现在它仍然如此。在我们出兵之前，阿富汗被各种族群和部落派别搞得四分五裂，现在仍然如此。"[32]

2013 年，特朗普发布推特表示："我们应该立即离开阿富汗。不要付出更多无谓的牺牲了……重建美国是当务之急。"不过，尽管特朗普在推特和竞选承诺中做了如此表态，他在 2017 年还是往阿富汗派遣了更多美军，从 1.1 万人增至超过 1.5 万人，并扩大了他们的战斗任务。至此，美国在阿富汗问题上已经花费了超过一万亿美元，损失了超过 2350 名士兵，另有 2 万多名伤员，其中许多人伤势严重。[33] 阿富汗平民死亡人数的统计数据从数万到数十万人不等，另有超过 150 万人流离失所。

特朗普在阿富汗问题上的转变或许反映了他日益看重该国庞大的矿产资源。据《纽约时报》报道，"他［特朗普］的顾问们和阿富汗的官员告诉他，［这些矿藏］可以由西方的公司进行开采，利润丰厚"。为了劝说心存疑虑的总统不要只是保持现有的驻军规模，还要进一步增加驻军，政府内的一些鹰派人物与阿富汗总统阿什拉夫·加尼（Ashraf Ghani）一起，向总统兜售阿富汗的稀土金属开采权。另一个事实让这件事变得更加诱人，那就是在相当大程度上垄断了全球稀土金属供应的中国已签署了一份价值 30 亿美元的合同，来开发阿富汗的一处铜矿。不过，由于自2010年以来大宗商品价格下跌了三分之二，再加上储量最丰富的矿藏位于赫尔曼德省内的塔利班控制区，阿富汗估值上万亿美元的矿产资源的吸引力还是有所降低。[34]

阿富汗国民的处境依然十分悲惨。2018年，世界正义工程的法治指数对113个国家进行了评估，作为世界70%—80%的非法鸦片供应源头的阿富汗排名第111位。联合国儿童基金会（United Nations International Children's Emergency Fund）报告称，尚有350万名儿童未能接受学校教育。阿富汗的教育领域和社会的其他领域一样，腐败现象十分猖獗。想要争取到一份教师岗位的工作，可能需要支付相当于5个月工资的贿赂金。[35]

"史上最大规模的贸易战"

2013年9月，中国国家主席习近平宣布了一项计划，该计划后来发展为"一带一路"倡议，这是一项规模宏大的事业，旨在将中国与欧亚大陆和非洲连接起来。这项投资规模达万亿美元的计划包含了超过68个国家，涵盖世界65%的人口以及全球（在2017年）40%的国内生产总值。中国与德国、俄罗斯共同构建了新欧亚大陆桥，与巴基斯坦建立了中巴经济走廊。它开始建设一个横贯大陆的油气管道网。2016年1月，中国成立了亚洲基础设施投资银行，为中国在海外的重要开发项目提供资金支持，与以美国主导的世界银行相竞争。中国持有该行28%的股份。美国和欧盟都未加入。美国也向盟友施压以阻止它们加入，但包括韩国、英国、德国和澳大利亚在内的很多国家都无视了美国的恳求。正如中国分析专家邓肯·麦克法兰（Duncan McFarland）所说的那样，西方要求实行"新自由主义政策、结构性调整和紧缩性预算政策"，相对于这种做法，许多国家更喜欢中国"不附带任何条件的"贸易和投资政策。[36]

2017 年 5 月 14 日，习近平主席在召开于北京、为期两天的"一带一路"国际合作高峰论坛上发表了演讲。他表示，"一带一路"倡议是"世纪工程"，将造福世界各国人民。他着重提到了数个已在推进中的旨在促进基础设施互联互通的重大项目，包括雅加达—万隆高铁、中老铁路、亚的斯亚贝巴—吉布提铁路铁路和匈牙利—塞尔维亚铁路。他强调了这一愿景的实现需要和平的环境。他指出："古丝绸之路，和时兴，战时衰。'一带一路'建设离不开和平安宁的环境。"习近平主席表示："我们要构建以合作共赢为核心的新型国际关系，打造对话不对抗、结伴不结盟的伙伴关系。"他认为各国应该尊重彼此的领土完整、发展道路和社会制度。他还明确表示，贫富差距的鸿沟有待弥合。[37]

中国在国内事务上也取得了长足进展。中国积极支持《巴黎气候协议》(Paris Climate Accord)，已成为绿色能源发展领域的领导者，在削减煤炭用量的同时，致力于发展可再生能源。这些举措已经改善了中国污染最严重的城市的空气质量。中国决心在 2030 年前实现可再生能源占能源生产总量 20% 的目标。此外，中国的基础设施发展成就惊人。在高速铁路领域，中国领先世界，其拥有的高速铁路总里程占世界高速铁路总里程的 60% 以上。

在竞选期间，特朗普猛烈批评中国操纵汇率，制定不公平的贸易规则，导致美国出现巨大的贸易逆差以及制造业岗位的大量流失。他威胁要在就职后的第一天宣布中国为汇率操纵国，并对从中国进口的货物征收 45% 的关税。他甚至无视一个中国政策，接听了中国台湾省的领导人蔡英文打来的祝贺电话。当特朗普任命的第一任国务卿雷克斯·蒂勒森 (Rex Tillerson) 主张拒绝承认中国在南海岛礁上的权利时，战争论调不断上升。为了进一步对抗中国，特朗普还任命了曾写出《即将到来的中国战争》(*The Coming China*

Wars）和《被中国杀死》（*Death By China*）等书的彼得·纳瓦罗（Peter Navarro）担任白宫国家贸易委员会（White House National Trade Council）的主任。

不过，特朗普在上任初期，措辞还是有所缓和，明显是向那些视中国为投资机会而非危险竞争者的政策制定者们示好，而且这些决策者也清楚，中国手中持有大量的美国国债。不过，这种谦逊姿态并未维持很长时间。2018年春夏，特朗普对中国发动了一场全面的贸易战，其力度远大于他对欧洲国家、加拿大及其他国家已经开展的一些小规模贸易战。他先从进口的钢铁和铝材下手，但很快便宣布对价值近500亿美元的1333种中国产品加征25%的关税。7月6日，对价值340亿美元进口货物加征关税的命令正式生效。中国也立即对价值500亿美元的106种美国产品加征同样幅度的关税作为报复。9月，特朗普进一步升级，对另外价值2000亿美元的货物加征10%的关税。他本打算在2019年1月1日将这一税率提高至25%，但在11月30日于布宜诺斯艾利斯召开的G20峰会期间，在与习近平主席共进晚餐时，他又同意将加征关税计划延后90天。尽管如此，据估计，综合关税仍然涵盖了从中国进口的近50%的货物。特朗普还嫌不够，威胁要对额外价值2670亿美元的货物再加征关税。他告诉记者："先是340〔亿美元的货物加征关税，下同〕，两周内又有了160，而且你们知道，我们还有2000亿美元处于待定状态，在这之后我们还有3000亿美元待定。对吧？因此我们有500加2000再加上将近3000〔亿美元的货物加税计划〕。"中国指责特朗普发动了历史上"最大规模的贸易战"，并通过对从美国进口的价值600亿美元的货物加征关税实施报复，使加征关税的美国进口货物总额达到1100亿美元。[38]

特朗普的支持者们要求特朗普把这场他扬言要打的贸易战继续下去。其中包括蒙大拿州的参议员史蒂夫·戴恩斯（Steve Daines），此人在参议院的听证会上严厉指责美国财政部长史蒂文·姆努钦（Steven Mnuchin）："我们不能把这个看成是与中国的一场常规贸易纠纷。我们必须时刻牢记中国的长期战略意图以及在军事和经济上成为世界超级大国的长远目标。"特朗普选择了站到仇视中国的一边，拒绝了姆努钦帮助起草的协议。[39]

中美两国都开始感受到特朗普发动的这场贸易战带来的刺痛。中国驻美大使崔天凯指出，2015 年，中美贸易使美国消费者的物价水平降低了将近1.5%，相当于平均为每个家庭节省了850美元的开支。[40]举例而言，沃尔玛的货物有80%来自亚洲，其中大部分源自中国。其实早在美国与中国的贸易战的效果开始显现之前，代表美国商会和51个贸易团体的商界领袖就向美国的立法者请愿，恳求他们通过一项法案，要求总统提出的任何新关税征收计划都必须经过国会批准，以此阻止特朗普不计后果的行动。

中国也在对价值超过10亿美元的美国企业进行投资，拥有纽约的华尔道夫酒店、AMC 电影院、摩托罗拉移动电话、通用电气旗下的家电业务和史密斯菲尔德食品公司。2015 年，中国公布了鼓励私人投资者收购美国科技公司的"中国制造2025"战略。但特朗普指责中国试图"窃取"美国的技术，并一再阻挠中国公司收购美国企业。他曾考虑阻止外资占有25%以上股份的公司收购拥有先进工业技术的美国企业。[41]不过，他最终还是决定加强现有的美国外国投资委员会（Committee on Foreign Investment in the United States）的审查力度，这同样能帮助他达到限制中国企业收购的目的。[42]

在非洲的隐秘战争：46个军事前哨站

在长期以来遭受欧洲殖民者和本土暴君奴役的非洲大陆，民主制度曾竭力在这里生根发芽。在这种双重钳制下，非洲在基础设施建设和资源开发方面十分落后。中国将这种情形视为对非投资和贸易的一大良机。不过，美国断然不愿将非洲拱手让给中国，更不必说交给非洲人自己了。2017年10月4日，美国军事人员在尼日尔靠近马里边界的地区执行侦察任务，遭到了约50名"伊斯兰国"武装分子的伏击。在这场武装冲突中，4名美国特战队成员和数名尼日尔队员丧生，另有2名美军士兵伤势严重。这些美国士兵是在这个西非小国执行任务的千人部队的成员。美国参谋长联席会议主席约瑟夫·邓福德（Joseph Dunford）上将为这支部队的部署辩护。他解释说，这支部队参与了打击"伊斯兰国"组织、"基地"组织和尼日利亚的"博科圣地"组织的叛乱活动。他表示，在尼日尔部署的这支部队是在所有非洲国家中最大的一处驻军。[43]

美国各界人士都对美军在该地区乃至整个非洲执行任务感到十分惊讶，这个地区居然有超过6000名军事人员。参议员林赛·格雷厄姆（Lindsey Graham）、约翰·麦凯恩、鲍勃·凯西（Bob Casey）和查克·舒默（Chuck Schumer）等人都对这一消息感到震惊。格雷厄姆对《与媒体见面》节目说，"我不知道在尼日尔有1000人的部队"，"这是一场没有边界的永无止境的战争，没有时间和地理上的限制"。作为美国参议院军事委员会中著名的鹰派成员，格雷厄姆向该节目的主持人查克·托德（Chuck Todd）保证说，根据2001年的《授权使用军事力量法》（Authorization of Use of Military Force），这些部署是完全合法的，这份文件也被用作美军在叙利亚以及世界各地开展军事行动的依据。[44]

国会女议员芭芭拉·李（Barbara Lee）是唯一在2001年对该授权进行表决时投了反对票的成员，她在2017年2月推动立法来废除这一决议时表示，截至当时，该授权已经被用作美国在14个国家的37次军事行动的法律依据。对美国在尼日尔的军事部署同样表示毫不知情的舒默也对《授权使用军事力量法》在法律上的正当性表示质疑："我们生活在一个美丽新世界当中，你知道，我们没有规划好的战斗计划。"在美国参议院，尽管有议员一再呼吁重新审视这一授权，包括两党发起的联合提案，但懦弱的国会仍拒绝处理这一问题，麻木的美国民众也未能阻止他们的"代表"跳进火坑的脚步。

经过超过 16 年的不断斗争，厌倦战争的美国民众似乎已经对他们国家的侵略行为见怪不怪了。这就像雷·布雷德伯里（Ray Bradbury）在 1953 年的经典小说《华氏 451 度》（*Fahrenheit 451*）变成了现实。在布雷德伯里描写的反乌托邦的未来社会里，低劣的大众文化打败了崇尚知识的生活。消防员负责焚烧书籍，学校的教学时间被削减，政府压制叛逆思想。家庭成员用电视"墙"将自己团团围住，使用特殊的附属设备和文字来让自己沉浸在"客厅家庭"的故事当中。一些喷气式飞机于不经意间从人们头顶飞过，去投入一些不为人知的战争。具有反叛思想的消防员盖伊·蒙泰戈（Guy Montag）开始思考："它们是如何在我们毫不注意的情况下，飞到那里打仗的？"如今，这个问题仍然值得一提。

弗吉尼亚州参议员蒂姆·凯恩（Tim Kaine）是希拉里 2016 年的竞选搭档，他曾与鲍勃·科克（Bob Corker）在参议院共同发起废除《授权使用军事力量法》的提案，他提出"迫切需要对我国当前在世界各地的军事行动进行公开讨论"，试图唤醒尚处于梦游状态的美国民众。凯恩补充说："16 年来，国会基本上对这一问题保持沉默，容许政府在任何时间、任何地点挑起战端。"[45] 与奥巴马政府的官员们一样，特朗普政府的官员们坚持认为 2001 年的这份授权法案有存在的必要，因为"伊斯兰国"组织、"博科圣地"组织和索马里青年党都与"基地"组织有松散的联系。但凯恩驳斥了这种逻辑，他指出，小布什政府、奥巴马政府和特朗普政府都允许

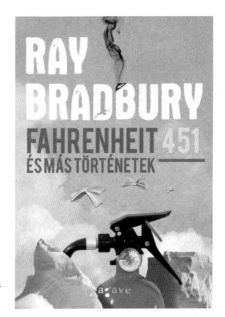

匈牙利语版《华
氏451度》书影。

"这份法案的授权范围扩大，以至于只要你把他们称为恐怖分子，就可以在世界的任何地方对他们采取武装行动……这种开放式无休止战争的理念，我不认为是宪法起草者们曾经考虑过的"。[46]

不过，科克与凯恩的提案也好不到哪儿去，因为它提议授权总统使用"一切必要和适当的武力"打击伊拉克、阿富汗、叙利亚、也门、利比亚、"基地"组织、"伊斯兰国"组织、塔利班、索马里青年党、哈卡尼网络和"相关武装"。宪法权利中心认为，"《授权使用军事力量法》篡夺了国会的战争授权权，并将其转交给行政部门，从而在实际上篡改了宪法"，它还"允许总统对列明的6个组织以及未来新增的组织发动战争，这些战争在地理空间和时间上都未做任何限制"。[47]国会代表芭芭拉·李和北卡罗来纳州的共和党议员沃尔特·琼斯（Walter Jones）向参议院外交关系委员会递交了一封有49名议员签名的两党联名信，谴责科克—凯恩的战争授权提案。李写道，她"担心这份……提案将进一步限制国会对我们发动无休止战争的监管。用一张更大的空白支票去取代另一张空白支票，这将引来无穷灾难"。[48]《纽约时报》表示赞同，认为这项授权"过于宽泛"，它"将允许不断地授权发动军事行动"。[49]法律学者玛乔丽·科恩也警告说，新议案将允许总统"把反对美国使用军事力量的人关起来"。[50]

如今，尼日尔和其他一些非洲国家已经沦为美国全球战场的一部分。美国在西非地区的军事计划中，尼日尔占有十分重要的地位，一方面是由于其在军事战略上具有非常优越的地理位置，另一方面也是因为它是世界第五大铀矿出产国。这里出产的大部分铀矿可以为法国核反应堆提供燃料，不过，也有一些正在被中国开采，后者还在尼日尔的石油领域和基础设施项目上投入了数十亿美元。[51]

2012年，尼日尔领导人允许美国从尼日尔的首都尼亚美放飞"捕食者"无人机。相关飞行任务始于2013年2月。此时，美国的特种部队已经抵达当地开展训练，并在尼日尔军方的配合下开展秘密反恐行动。最终，尼日尔成为该地区唯一欢迎美国为MQ-9"收割者"无人机修建军事基地的国家，该机型是"捕食者"的改进版。美国斥资一亿美元在阿加德兹市郊区修建了无人机基地，并将武器和军事装备运入该国。

但尼日尔并非个例。10月27日，《华盛顿邮报》提到了"美国在非洲的黑暗战争"。[52]1993年，美军在索马里首都摩加迪沙的一场军事行动遭遇惨败，屈辱地从非洲大陆撤离了超过2.5万名军事人员，在此次撤军之后，美国在非洲的军事存在又呈指数级增长。"9·11"事件发生后，美国在该地区发起了新的反恐行动，并大大增加了军事援助的力度。小布什在2007年设立了非洲司令部（African Command），但有17个非洲国家反对这一举措，非洲司令部的总部仍然位于德国的斯图加特。2012年9月，美国驻利比亚班加西市的外交使团遭袭后，军事行动大幅增加。

美国声称在非洲只拥有一个军事基地——位于吉布提、占地600英亩的莱蒙尼尔军营。但调查记者尼克·特斯（Nick Turse）通过《信息自由法案》提出查询申请并经其他调查研究发现，美国在非洲实际上拥有46个军事前哨站，而莱蒙尼尔军营和另一个位于马达加斯加海岸附近的英属阿森松岛上的设施则完全具备军事基地的特征。[53]

这些努力加上美国花费的数亿美元都未使情况有所好转。实际上，它们可能使情况恶化了，因为非洲在2001年面临的小规模恐怖主义威胁，如今已经裂变为地区性叛乱，是由为数众多且大体上各自为战的组织发动的，目前还看不到结束的迹象。这场危机部分源自利比亚的大崩溃，后者是美国和北约在幕后推波助澜的结果。就在《华盛顿邮报》报道"美国在非洲的黑暗战争"的前一天，它报道称："自从位于北部的利比亚在2011年陷入内战以来，发展武力和对外征战的思想以前所未有的方式蔓延到马里和尼日尔。"[54]《华盛顿邮报》未提及的是，利比亚"陷入"内战是由在美国支持下的北约于2011年轰炸穆阿迈尔·卡扎菲引发的。卡扎菲在被反政府武装杀死前被人用刺刀插入肛门，他曾在2003年宣布放弃发展大规模杀伤性武器，以换取安全保障以及对美关系正常化的预期。

扎进叙利亚内战

作为"阿拉伯之春"运动兴起的一部分，利比亚内战在国内外引发了骚乱和冲突，证明了卡扎菲关于宗教极端恐怖主义者的警告并非虚言。深知其中风险的非洲联盟反对北约的颠覆行动，同样表示反对的还有普京，他将联合国安理会关于进行军事制裁的决议比作"中世纪对十字军的召唤"，"所谓的文明集团凭借其强力对一个小国家进行突袭，摧毁了数代人建造的基础设施"。《纽约客》刊载了一篇长文，解读了普京针对美国的讽刺，文章写道："从普京的角度看，这可以当作西方干预的案例研究：先是煽动抗议者，为他们提供声援和外交庇护，如果这些还不奏效，就派出战斗机。"[55]

普京曾在俄罗斯的中东盟友——叙利亚身上见过类似的模式。美国以人道主义干预为借口，挑起一场潜在的灾难性对抗。2018年4月13日，美国对叙利亚进行了当年的第二次轰炸。英国和法国也参与了这次轰炸。此次轰炸与阿萨德政权声称在大马士革郊区杜马使用化学武器有关，杜马是叛军仅存的几处据点之一。雷神公司生产的价值5亿美元的"爱国者"(Patriot)导弹击中了三栋建筑，这些建筑曾是叙利亚用于化学武器研制计划的设施。幸运的是，西方国家在此次更具象征意义的轰炸行动中做得十分小心，以确保不会伤及俄罗斯人。

奥巴马曾在2012年8月也面临类似的抉择，此前美国曾警告叙利亚政府，使用化学武器将构成跨越红线的行为，会面临军事报复。一年后，当叙利亚被指控使用沙林毒气造成超过1000人死亡时，大家都把目光投向了奥巴马。[56]奥巴马在动武问题上犹豫了，然后宣布将寻求国会的授权。不过，十多年无休止的战争已经使美国人民认识到战争的扩大升级是徒劳的。在左翼反战势力和右翼自由派力量的领导下，厌战且头脑清醒的民众对这次轰炸计划表示了明确的反对。心领神会的国会正准备否决奥巴马的提议，这也将成为反战运动在几十年里所获得的最大胜利。不过，普京带着一份计划介入进来，也就是将化学武器从叙利亚清除出去。奥巴马非常识趣地表示赞同。虽然奥巴马可能会因此而在未来几年内受人嘲笑，认为他这样做有损美国声望，但他毕竟还是做了正确的事。不过，对于奥巴马不倾向于动武的决定，也有看起来意想不到的支持者，其中就包括中情局前局长和国防部长罗伯特·盖茨。他直言最近几届的总统"在解决国际问题时动不动就要拔枪"，他反问道："军事行动一旦发起后，往往会产生难以预计的后果，难道伊拉克、阿富汗和利比亚给我们的教训还少吗？"希拉里、约翰·克里和其他一些人曾支持入侵伊拉克，现在又倡导对叙利亚发动导弹袭击。与这些人不同的是，盖茨清楚这种行动不仅相当于"在十分复杂的中东局势上火上浇油"，而且还会给人们一种印象，即美国"取代阿萨德成为恶棍"。[57]

始于2011年的叙利亚内战，使这个拥有2400万人口的国家四分五裂。截至2018年，大约有50万叙利亚人死亡，另有1000万或更多人流离失所。数百万叙利亚人逃离家园，加入到浩荡难民潮中，使欧洲多数地区动荡不安，并刺激当地右翼民族主义运动抬头。对叙利亚人而言，这是一场无法估量损失的人道主义悲剧，此外，它还会使美国、俄罗斯、以色列、伊朗、土耳其、黎巴嫩、沙特阿拉伯、卡塔尔和约旦卷入一场更广泛的地区战争甚至更糟糕的情况中。[58]

当前这场危机的根源可以追溯至2003年美国对叙利亚邻国伊拉克的入侵，这导致此前受约束的宗派狂热思想蔓延开来，如今已席卷伊斯兰世界的大部分地区，这也是一些头脑清醒的分析人士曾经告诫过的。至2011年，叙利亚国内局势已经变得高度紧张。2009年，20%的叙利亚人失业，44%的人生活在贫困当中。之后，这两个数据又大幅上升。更糟糕的是，2011年的叙利亚正在遭遇一场历时6年的毁灭性大旱灾。叙利亚60%的土地被烤干，75%的农民绝收。在一些地区，85%的牲畜死亡，至少160座村庄被废弃。叙利亚每年的人均国内生产总值从近5000美元降至2900美元。

当时，有 150 万人被迫转移到国内的其他地区。城市里挤满了绝望的难民。德拉市是受灾最严重的城市之一，2011 年 2 月，这里爆发了反对总统巴沙尔·阿萨德政府的起义。巴沙尔政府因在水资源问题上处置失当而使问题恶化，不过，根据美国的国家海洋和大气管理局（National Oceanic and Atmospheric Administration）在 2011 年的一份报告，这次干旱的源头是人为的气候变化。[59]

2010 年 12 月，"阿拉伯之春"运动爆发并横扫了整个阿拉伯世界，该运动导致突尼斯和埃及政府迅速倒台。叙利亚的反抗运动也是该运动的一部分。在逊尼派占主导地位的叙利亚，阿萨德出身于少数派的阿拉维派，他的父亲是叙利亚前总统哈菲兹·阿萨德（Hafez al-Assad）。2000 年，哈菲兹·阿萨德去世，巴沙尔·阿萨德接替其父开始在叙利亚掌权，并持续执政十多年。老阿萨德是从 1971 年开始统治叙利亚的，并出任世俗的民族主义复兴社会党领袖。虽然出身于阿拉维派，但巴沙尔与一位逊尼派的女士成婚，而且在他的政府里，逊尼派的代表也不在少数。在军队里，逊尼派人员在过去和现在都占据多数。在 2000 年大选中获胜的巴沙尔分别在 2007 年和 2014 年以较大优势获得连任。不过，面对因挥之不去的宗派仇恨而加剧的深重经济问题，巴沙尔的日子并不好过。[60]

不过，最初力图触发起义的尝试还是失败了。《时代》周刊在 2011 年 3 月初报道说，"甚至连批评者们都承认，阿萨德是受欢迎的，并且人们认为他在情感上、意识形态上都与该国庞大的青年群体比较接近，当然，年代上也较近"。[61]《时代》周刊的拉尼亚·阿布泽伊德（Rania Abouzeid）报道说："在叙利亚，没有人盼望出现大规模起义，尽管不时会有抗议活动，但真正想参与的人非常少。"她采访过两名青年，一个 17 岁，一个 18 岁，他们肯定地表示，尽管"他们理解其他地区阿拉伯青年人的不满，但他们认为这些问题在别处同样存在。他们说叙利亚的年轻人真的没有理由去反抗巴沙尔的复兴社会党政权，该政权从1963年就开始统治这个国家了"。这位戴穆斯林头巾、涂着红色指甲油、画着亮蓝色眼线的17岁女孩还说："政府为年轻人提供了很多帮助，给我们免费的书，上免费的学校，免费的大学。为什么还要闹革命呢？或许有1%的可能性。"[62]

在2011年初发起的抗议活动虽然总体上是和平的，但也有一些暴力分子，他们纵火焚烧政府大楼，并朝政府的安保部队开枪。在3月之前，圣战组织"沙姆自由人组织"和与"基地"组织有关联的"努斯拉阵线"以及穆斯林兄弟会曾在其中活动。长期居住在叙利亚的荷兰耶稣会神职人员弗兰斯·范德卢格特（Frans van der Lugt）在2014年4月被杀害于霍姆斯市，他曾报告说："这些抗议运动从一开始就不是完全和平的，从一开始我就看到有持枪的示威者混进抗议人群中，是他们先朝警察开枪的。安保部队的暴力行为通常是针对持枪反叛者的残酷暴力行动的一种回应。"然而，西方媒体只是在强调政府的残忍。[63]

对这些抗议者的镇压活动激起了更大规模的抗议游行，随着外国圣战者纷纷加入阿萨德政府的反对派当中，局势演变为一场全面的叛乱。反对派内部十分混乱，分成了上千个不同的团体。威廉·波尔克（William Polk）2013年12月在《大西洋月刊》上撰文，对由此引发的这场内战的性质进行了澄清："毫无疑问，不论各反对派内部之间如何不和（很明显它们确实互不相容），所有的反对派都从根本上把叙利亚国内的冲突视为一个宗教问题……如果像一些外部观察者那样，把叙利亚战争看作自由力量与暴君统治之间的争斗，这将是错误的。如果说反政府人士是在为某种形式的民主而战的话，那外界还没有听到他们在这方面的诉求。"[64]实际上，反对派所表现的残酷暴力比平叛的阿萨德政权有过之而无不及，前者包括与"基地"组织有关联的"努斯拉阵线"以及手段更残暴的"伊斯兰国"。"伊斯兰国"是一个逊尼派叛乱组织，极其残暴，它是在伊拉克的反美势力中成长起来的，在叙利亚爆发冲突后传入叙利亚。

政府军和反政府武装双方骇人听闻的暴力事件，未能阻止美国一头扎进叙利亚内战。美国的新保守主义者与以色列关系密切，幻想着可以重塑该地区的版图，至少自"9·11"事件以来，他们就梦想着颠覆叙利亚政权。当时，美国副国务卿约翰·博尔顿设想，一旦美国解决了阿富汗问题和伊拉克问题，叙利亚和朝鲜将成为接下来的颠覆目标。实际上，在大部分新保守主义者的目标清单上，叙利亚都赫然在列。《华盛顿邮报》的罗宾·怀特曾在2006年报道："对美国来说，更大的目标是粉碎由黎巴嫩真主党、哈马斯、叙利亚和伊朗构成的轴心。"[65]对新保守主义者来说，推翻阿萨德政权是一个更加大胆的地区性战略的一部分，该战略最终引发了大规模骚乱。

由于意识到了局势的危险性，奥巴马在武装干涉方面反应谨慎。不过，在2011年8月，当叙利亚政府因镇压抗议者而遭受声势日益高涨的谴责之时，奥巴马顶不住来自参议院鹰派和人权组织的压力，宣布支持阿萨德下台，并对叙利亚实施新的制裁。对此，国务卿希拉里表示，新制裁将"对叙利亚政权造成致命打击"。法国、德国和英国也急忙跳上了这辆宣扬推翻叙利亚政权的巡游花车。据《华盛顿邮报》报道，在美国对叛乱表达支持的初期，已有"数百名"叙利亚平民被杀死。据《纽约时报》报道，反对派仍然"组织涣散"。但美国的行动给这些叛乱者带来了希望，一位重要的积极分子喜出望外地表示："在听了奥巴马的讲话后，抗议活动变得更加泛滥。我觉得我们将会看到更多人走上街头。"[66]

叛乱活动确实增加了，但叙利亚军队也让反对派损失惨重。2012年夏天，希拉里、中情局局长戴维·彼得雷乌斯和莱昂·帕内塔向奥巴马施压，要求他采取更多行动。他们支持在叙利亚设立禁飞区。在2016年竞选期间，希拉里始终坚持这一立场，尽管许多军方领导对此表示反对，邓福德也明确警告说，设立这样一个禁飞区将"迫使我们对叙利亚和俄罗斯宣战"。已退役的海军军官约翰·库恩（John Kuehn）曾在波斯尼亚和伊拉克执行禁飞区飞行任务，他表示，他希望希拉里只是在"摆政治姿态"，因为"否则那将是一场灾难"。甚至连总统候选人特朗普对此也有充分认识，他表示，希拉里提议的"安全区"将会"引发第三次世界大战"。[67]

这还不够，政府里的鹰派人物，希拉里、彼得雷乌斯和帕内塔还提出了一个武装和训练反政府力量的计划。考虑到美国提供的武器最终可能流入极端分子之手，奥巴马拒绝了这个计划。不过，美国中情局已经在土耳其南部展开秘密行动，以帮助叙利亚反对派武装获得武器。尽管《纽约时报》一直在淡化和美化美国卷入叙利亚内战的行为，它还是放出了一篇文章和一张图表。该图文表明，至少在2012年1月，也就是内战打响后的数周内，美国为反对派准备的武器就已经大量涌入土耳其和约旦。2013年3月，《纽约时报》报道说，至少有160架次的军事运输机抵达了叙利亚，这些运输机中不仅有来自沙特阿拉伯和卡塔尔的，还有来自克罗地亚的。6月，从土耳其、沙特阿拉伯和卡塔尔运来的物资中包含了火箭助推榴弹炮、自动步枪和弹药，以及反坦克武器。《纽约时报》还指出，中情局正在设法将武器输送给受美国支持的反政府武装，并使其远离"基地"组织和其他"恐怖主义"组织。[68]

但随着反对派在战场上难以招架，以色列总理本雅明·内塔尼亚胡和约旦国王阿卜杜拉二世向奥巴马施压，要求他采取进一步行动。奥巴马在2013年批准了中情局的一个秘密计划，代号为"桐木"（Timber Sycamore），即在约旦和土耳其的军事基地训练和武装反政府叛乱分子。事实证明，这个耗资10亿美元的计划要比美国国防部开展的一项耗资 5 亿美元的计划成功得多，后者旨在培训和武装 1.5 万名叙利亚叛军，但真正上战场的武装人员只有几十名，该计划在 2015 年被撤销。而"桐木行动"这项很少被提及、仍处于保密状态并且也更成功的计划则培训了将近一万名战士，也使叙利亚的叛乱战火得以重燃。[69]

最早获得先进武器和培训的组织是阿布·哈希姆（Abu Hashem）领导的"哈兹姆运动"，该组织在伊德利卜、阿勒颇、哈马和霍姆斯 4 省以及大马士革拥有 4000 名战士。该组织的指挥官们向中情局展示了一份被其中一名领导人描述为"未来新式军队和社会运动的全套计划"。他说中情局的答复令人备受鼓舞："'去吧，我们将支持你们。'他们给我们开了绿灯。"中情局还给他们提供了陶式导弹、反坦克武器，以及在卡塔尔和沙特阿拉伯军营为期三周的训练。[70]

美国的干预是隐秘和非法的，俄罗斯的干预却是叙利亚政府依照国际法邀请而来的。事实证明，反政府武装难以抵抗俄罗斯的轰炸行动。该行动始于 2015 年，很快便解决了"努斯拉阵线"及其经过美国训练的盟友。在俄罗斯、伊朗和黎巴嫩真主党的协助下，叙利亚政府在战场上节节取胜，有关政权更迭的言论基本消失，美国也将自己的目标限定在击败"伊斯兰国"和防止使用化学武器上。最初支持美国要求阿萨德下台的土耳其也改变了态度，将库尔德人视为其主要威胁。库尔德人在美国的支持下，已经控制了叙利亚北部的大片地区，从而在美国和土耳其这两个往日的北约盟友之间制造了一道裂痕，也使土耳其与俄罗斯的联系日益加深。

在 2016 年竞选期间明确表示不赞成推翻叙利亚政权的特朗普，在 2017 年终止了"桐木行动"，理由是由中情局提供的武器最后落到了"基地"组织手里。他发布推特说，他要结束"为叙利亚叛军对抗阿萨德政府提供的大量危险而浪费的资金投入"。[71]国会的很多议员为他的这一决定欢呼喝彩。在俄罗斯飞机的支援下，叙利亚政府军继续清除剩余的叛军据点，并在2017年12月攻克了被围困的城市阿勒颇。

哥伦比亚大学教授、国际发展专家杰弗里·萨克斯表达了一种在主流媒体上很少听到的观点，即直接将叙利亚危机归咎于美国，并要求美国立即撤军。2018年4月11日，萨克斯在微软全国广播公司的《早安，乔》(*Morning Joe*) 节目中大胆宣称：

> 这是美国的一个错误，它始于7年前奥巴马总统说"阿萨德必须下台"的时候……美国中情局和沙特阿拉伯一起采取秘密行动，试图推翻阿萨德政权。这是一场灾难。最终，它引来了……"伊斯兰国"组织……它还引来了俄罗斯……因此我们在叙利亚打了一场代理人战争。这场战争造成50万人死亡，1000万人流离失所……所以我想恳求特朗普总统，就像他的直觉告诉他的那样，撤出来。那是他的直觉，不过，所有的组织机构——五角大楼、《纽约时报》、《华盛顿邮报》，大家都说不要，那样做是不负责任的。但他的直觉是对的，撤出来。我们造成的伤害已经够多了。7年。如今我们真的面临同俄罗斯对抗的风险，这是极其危险的。太鲁莽了。

主持人乔·斯卡伯勒 (Joe Scarborough) 和米卡·布热津斯基 (Mika Brzezinski) 试图将谈话拉回到平常的轨道上，但萨克斯没有停止的意思。"我认为我们必须搞清楚这是如何发生的，"他继续说道：

> 这一切都是因为我们。这50万人的死并不是偶然事件。我们发动了一场战争去推翻一个政权。它是秘密进行的。它就是"桐木行动"……由美国中情局与沙特阿拉伯共同开展的行动。它现在仍处于

保密状态，这也是我们国家的一个问题。这个重大的战争行为秘而不宣，从未经过国会的讨论，从未向美国人民解释过……我们需要……与俄罗斯达成共识，去结束这场争斗……那是这场战争接下来的走向，因为时至今日我们仍在支持那些试图推翻政府的叛军，这是有违国际法、有违《联合国宪章》、有违常识和有违现实道路的。我们不能再做这些事。

两天后，美国、英国和法国对叙利亚进行了轰炸，尽管叙利亚和俄罗斯方面否认政府曾使用化学武器攻击平民。它们也拒绝等待由国际禁止化学武器组织的调查人员出具正式的报告，尽管有记者对当地医务人员和其他居民进行了采访，他们坚持说没有发生过化学武器袭击事件。

有些国会成员对特朗普的行动提出异议，理由是他应该就此取得国会的授权。弗吉尼亚州的民主党议员蒂姆·凯恩是参议院军事委员会和外交关系委员会的成员，他尖锐地指出："特朗普总统在未经国会批准的情况下做出对叙政府进行空袭的决定是非法的，并且，在缺乏清晰战略的情况下，这么做是鲁莽的。"由于担心特朗普还会对其他国家动手，蒂姆补充说："我们必须停止给总统开用来支付战争的空白支票。"他还问道："否则，我们将来靠什么制止他轰炸伊朗或朝鲜？"[72]

批评人士之所以反对这次匆忙的轰炸行动，除了因为它违反了国际法和美国宪法，还有一个理由是叙利亚政府军使用常规武器已经在战场上接近于胜利，它没有必要去触碰西方关于化学武器的红线，因为这样做反而会使其面临国际社会的谴责和遭到军事攻击的风险。实际上，特朗普刚刚宣布他想将全部美军撤出叙利亚，但在身边那些鹰派顾问的压力下，特朗普又打消了这一念头。阿萨德也知道，当特朗普在前一年派出巡航导弹攻击叙利亚的空军基地时，他得到了两党的称赞。美国有线电视新闻网的法里德·扎卡里亚曾对特朗普的"重大时刻"表示赞赏，并愚蠢地宣布："我认为唐纳德·特朗普已经担起了美国总统的重任。"[73]特朗普希望再次得到这样的盛赞。在那周，他也急于将人们的注意力从围绕他的总统职位产生的各种负面新闻中移开，这些负面新闻包括联邦调查局前局长詹姆斯·科米（James Comey）写的颇具煽动性的新书，斯托米·丹尼尔斯①（Stormy Daniels）的争议，对俄罗斯干预选举案的调查，以及联邦调查局特工突袭他的私人律师迈克尔·科恩（Michael Cohen）的公寓、住所以及律师事务所。特朗普拥有充足的动机去发起这场攻击，但对阿萨德来说，胜利近在眼前，他没必要冒着风险去刺激美国做出上述反应。

2018年3月，特朗普任命了博尔顿担任国家安全顾问，以取代赫伯特·雷蒙德·麦克马斯特（Herbert Raymond McMaster）。博尔顿和特朗普新任命的国务卿迈克·蓬佩奥急于从叙利亚的烂摊子中挽回一些损失，他们试图重启奥巴马时期的一项计划：用一支阿拉伯部队去取代2000名美国士兵。2018年3月，特朗普宣布："我们很快就会撤出叙利亚。让其他人去对付它吧。"[74]此言一出，这项计划就显得更为紧迫了。很明显，沙特阿拉伯人和阿联酋人将是执行该计划的理想人选。早在另一场代理人战争中，二者便已在美国的险恶支持下联起手来，共同对抗受伊朗支持的也门胡塞武装。这场战争在这个贫穷国家酿成了一场人道主义灾难。沙特王储穆罕默德·本·萨勒曼（Mohammed bin Salman）深受特朗普、贾里德·库什纳（Jared Kushner）和其他一些美国政客赏识，被视为美国遏制伊朗战略的关键人物。博尔顿向埃及情报部门负责人阿巴斯·卡迈勒（Abbas Kamel）寻求帮助，但未获成功。美国外交关系协会中

---

① 美国艳星，声称曾与特朗普发生性关系，并进行了长达数年的柏拉图式恋爱。

东问题专家史蒂文·库克（Steven Cook）发布推特嘲笑说："很显然，新上任的国家安全顾问并不知道，埃及政府是支持阿萨德的。"[75]

沙特阿拉伯人和美国的新保守主义者的愿望并未实现。到了2018年夏天，现实表明阿萨德不会下台，平叛的扫尾工作也开始了。在盟友的支持下，叙利亚政府军收复了全国超过80%的领土，包括全国主要的人口集中区。7月12日，政府军在作为起义策源地的德拉市上空升起了国旗。剩余的叛乱武装分子四散奔逃。《纽约时报》报道称，"叙利亚内战似乎即将结束"。它指出，"毫无疑问，〔阿萨德〕仍将担任叙利亚总统"，这个结果"意料之中"。

2018年12月19日，特朗普证实了人们的这一判断。他发布推特说，随着"伊斯兰国"被击败，他正将美军从叙利亚撤出。美国两党的对外政策相关部门对此表示强烈抗议，军方领导们也感到愤怒。很快便有消息传出，说特朗普已经下令将美国在阿富汗的驻军撤出一半，使驻军数量减少7000人，此时美国的对外政策相关部门、军方和情报部门更加怒火中烧。《纽约时报》报道说，美国中央司令部司令约瑟夫·沃特尔（Joseph Votel）上将和负责协调打击"伊斯兰国"国际联合阵线的美国总统特使布雷特·麦格克（Brett McGurk）对撤军决定表示"强烈抗议"。[76]国防部长马蒂斯立即宣布辞职，并向媒体公开了他的辞职信。麦格克紧随其后，也宣布辞职。特朗普不仅拒绝了专家的建议，也未能将自己的计划通报给除土耳其总理雷杰普·塔伊普·埃尔多安（Recep Tayyip Erdoğan）外的其他北约盟友，埃尔多安曾敦促特朗普从叙利亚撤军。俄罗斯和伊朗对这一决定表示欢迎，这更使特朗普的批评者们感到气愤。博尔顿此前刚刚向盟友们保证，只要伊朗人还在干预，美国就绝对不会撤军。

曾对特朗普阿谀奉承得近乎猥琐的林赛·格雷厄姆在国会上带头反对撤军行动。他认为："如果奥巴马这么做，我们现在早就被气疯了：多么懦弱，多么危险啊！"这一表态显然得到了众人的赞同，面对来自军队、工业、国会、媒体和智库铺天盖地的批评和指责，特朗普只得屈服于压力，宣布撤军行动将在未来4个月里，而非他此前承诺的1个月内逐步推进。仍有不少人怀疑美国是否真的会这么做。

不过，鉴于叙利亚国内只剩下一小股"伊斯兰国"组织势力，这场残酷的内战似乎终于要归于平息了。然而，和解与重建仍将是一个漫长而痛苦的过程。12月27日，阿联酋重新开放了其位于大马士革的大使馆。阿联酋驻叙利亚的临时代办阿卜杜勒·哈基姆·纳伊米（Abdul-Hakim Naimi）向记者表示："我方大使馆的重新开放为其他阿拉伯国家大使馆的回归迈出了第一步。"这对阿萨德政府来说是一个好消息，几个月以来，它一直试图改善与其他阿拉伯国家的关系。叙利亚在2011年被排除出阿拉伯联盟。阿拉伯各国政府支持叛军的尝试已经失败，如今它们想与叙利亚重归于好，以便遏制伊朗的影响力。[77]

第二天，甚至连备受美国支持、控制了叙利亚北部大片地区的库尔德武装组织人民保卫军也开始向大马士革的政府军求援，希望共同协防来自土耳其的威胁性进攻。

不过博尔顿、蓬佩奥及其盟友是不会这么轻易就被打败的。他们又一次开始在叙利亚撤军问题上设置条件。他们把撤军的时间表从一个月延长到三个月。他们向该地区的盟友们保证他们会继续战斗，直到"伊斯兰国"的残余势力被彻底肃清。他们实施了一些政策来保护库尔德人不受对手土耳其的侵犯。显然，他们为新保守主义者和对外政策机构的亲密伙伴们设置了重重前提条件，以阻挠特朗普的撤军计划。

甚至连内塔尼亚胡也看出了其中的不祥之兆。就在叛军被逐出德拉市的当天，他在莫斯科与普京会晤时宣布，他不反对阿萨德重新控制整个叙利亚，但前提是伊朗及其什叶派同盟不能靠近以色列边境线"几十公里"处。[78]这不仅代表了以色列人在相关问题上的看法的重大转变，也体现了俄罗斯在整个动荡地区所扮演角色的巨大变化。《时代》周刊的弗拉基米尔·伊萨琴科夫（Vladimir Isachenkov）写道："内塔尼亚胡强调了俄罗斯和以色列之间的友好关系，强调了他所说的双方在稳定中东地区方面的关键作用。"近年来定期与普京会晤的内塔尼亚胡评论道："像这样的每一次访问对我们来说都是一次机会，使我们能够共同采取行动，努力稳定地区形势，增进安全和稳定。"[79]2018 年夏天，俄以双方似乎将在若干领域取得突破性进展，而内塔尼亚胡的上述表态则为之添砖加瓦。

但仍有人不甘心将叙利亚奉还给阿萨德，其中包括知名的雇佣兵招募人和战争投机商埃里克·普林斯（Erik Prince）。此人曾提议组建一支私人军队来代替美军，五角大楼在阿富汗驻军问题上拒绝过类似提议。美国有线电视新闻网的军情分析员约翰·柯比（John Kirby）预见到撤军计划可能造成的灾难性后果，他警告说，"一些阿拉伯盟友会以在叙利亚的军事行动为借口，给反政府武装提供武器，从而参与到一场针对伊朗的更大规模的代理人战争当中，这将迫使我们以无益于实现美国最大利益的方式卷入这场斗争"。[80]

撕毁"伊核协议"谋求开战

对伊朗开战似乎正是特朗普及其顾问们所渴望的。特朗普对《伊朗核问题协议》加以痛斥，该协议的全称为《联合全面行动计划》（Joint Comprehensive Plan of Action），是伊朗与美国、俄罗斯、中国、英国、法国和德国议定并于 2015 年 7 月签署的。根据这份曾得到广泛赞许的协议，伊朗封存了其大部分离心机，关闭了位于阿拉克市的钚生产重水反应堆，并将98%的浓缩铀运至国外，使铀浓缩的最高浓度远低于武器级别，并允许国际原子能机构定期检查。作为回报，伊朗遭受的严厉制裁得以解除，在海外被冻结的数十亿美元资产得以解冻，还被获准出售石油，并重新加入国际银行业体系。

利用经济困局来迫使伊朗屈服是美国和沙特阿拉伯的一个有意识的策略。正如英国基尔大学国际关系学教授布伦特·戈卡伊（Bulent Gokay）在2014年解释的那样，沙特阿拉伯已决心用廉价石油冲击全球石油市场，从而"摧毁伊朗的经济"。戈卡伊是欧亚研究网的编辑，也是《里海石油政治》（*The Politics of Caspian Oil*）一书的作者，他表示，"美国支持这一政策，因为它想削弱十分依赖石油的俄罗斯的影响力"。2012—2017年底，伊朗在石油出口上遭受的灾难性经济损失预计达到1600亿美元，再加上各项制裁造成的痛苦，伊朗不得不回到谈判桌前寻求经济纾困。[81] 不过，外部投资预计带来的经济效益并未显现，2017年，特朗普施加了新的制裁，这次与核武器毫无关系。伊朗的失业率居高不下，经济增长低迷，2017年底，伊朗的若干城市爆发了抗议活动。[82]

《伊朗核问题协议》是奥巴马外交政策的一大标志性成就，因此成了特朗普以及众多从一开始就试图破坏该协议的共和党人的首要攻击目标。在协议谈判期间，共和党人就打破先例，邀请了内塔尼亚胡在国会参众两院联席会议上发表讲话。内塔尼亚胡在讲话中痛斥伊朗，并抨击这份核协议。在接下来的一周，47位共和党参议员同样破天荒地向"伊朗伊斯兰共和国的领导人们"写了一封公开信，提请他们注意，最终的协议表决权在国会而不在总统。鉴于国会的强烈反对，奥巴马表示该协议并不是一份条约，因此不需要经过参议院的批准。相反，他把该协议提交给了联合国安理会，并得到安理会的全票通过。

素以反复无常著称的特朗普对《伊朗核问题协议》的蔑视却是少有的坚决。竞选期间，他向美国以色列公共事务委员会的支持者表示，"我的首要任务是解除与伊朗签署的这份灾难性协议"，他将该协议描述为"对美国、以色列和整个中东地区来说都是灾难性的"。不过，当他声称"我对该问题的研究几乎比任何人都要详细"时，就连一些亲以色列的听众都发出了难以置信的哄笑声。[83]

入主白宫后，特朗普也没闲着。他的身边围绕着一群反伊朗的强硬派，他一再地贬低这份协议，说它既未阻止伊朗的弹道导弹项目，也未减少伊朗在也门、黎巴嫩、伊拉克和叙利亚等地区性争议上的干预，更未能叫停伊朗对他所称的"恐怖主义"组织的支持。他还对这份协议的"落日条款"提出异议，该条款规定了某些协议条款的效力将在10年、15年或25年后终止。在一次重要的总统讲话中，特朗普谴责了伊朗"凶残的过去和现在"，并将《伊朗核问题协议》斥为"美国有史以来签订的最糟糕和最失衡的协议之一"。具体而言，他表示："最糟糕的是，该协议允许伊朗继续发展其核项目中的某些部分。重要的是，随着重大制裁的取消，伊朗在短短几年里就能朝着引爆核弹的目标飞速冲刺。"[84]

伊朗外交部长穆罕默德·贾瓦德·扎里夫（Mohammad Javad Zarif）质疑特朗普对《伊朗核问题协议》的解读，他解释道："特朗普总统似乎没有读过这份协议。该协议的第三行写明了：'伊朗承诺永不发展核武器。'这个承诺是没有时间限制的。我们用的词是'永不'。这种时间限制与我们自己在核能项目上的主动限制有关，我们对此做出了承诺，来让国际社会相信我们是真诚的。"[85]此外，伊朗也是1968年《不扩散核武器条约》的签约国，该条约本身就阻止了伊朗建造核武器。在推动达成《伊朗核问题协议》的过程中，奥巴马总统和国务卿克里都积极地提及伊朗最高领袖阿里·哈梅内伊（Ali Khamenei）关于禁止核武器的教令，伊朗议会议长阿里·拉里贾尼（Ali Larijani）认为该教令"要比国家法律更重要，因为法律可以修改，它是不能改的"。[86]

特朗普提出了签订新协议的要求，而伊朗拒绝进行重新谈判。2017年10月，特朗普宣布他不会向国会证实伊朗遵守了该协议，而按照法律规定，总统每隔90天就应该确认一次。哈梅内伊则回应道，"只要对方尚未撕毁协议，"伊朗就会继续遵守，"但如果他们这样做了，我们将会把它撕成碎屑"。这位78岁高龄的伊朗领导人还表示："我不想浪费时间去回应这位美国总统扯着脖子发出的肆意叫嚷和胡言乱语。"[87]外交部长穆罕默德·贾瓦德·扎里夫的表态则更为简明："一旦我们退出，对我们核项目的所有限制都会消失。"[88]

特朗普和美国驻联合国代表妮基·黑利（Nikki Haley）多番指责伊朗不遵守协议，尽管国际原子能机构对此予以否认。继约翰·博尔顿、扎尔梅·哈利勒扎德、苏珊·赖斯和萨曼莎·鲍尔等多位颇有争议的美国驻联合国代表之后，新代表黑利抱怨说，国际原子能机构无法"随时随地"开展检查，她还在2017年9月前往维也纳就该问题向该机构总干事天野之弥施压。但天野之弥为检查人员辩护，他告诉记者："伊朗的涉核承诺……正在得到履行。在伊朗的核检查机制是现有的最强有力的机制。我们增加了在伊朗检查的天数，增加了检查人员的数量……还增加了影像的数量。"法新社报道说，"该协议自2016年1月生效以来，国际原子能机构对伊朗的核设施进行了至少400次检查和25次所谓的'免费开放'访问，也就是以临时通知形式进行的抽查"。[89]美国参谋长联席会议主席约瑟夫·邓福德上将在参议院军事委员会证实，伊朗是遵守协议的。[90]

特朗普任命的国务卿迈克·蓬佩奥和国家安全顾问约翰·博尔顿则成为将《伊朗核问题协议》钉死在棺材里的最后一枚铁钉。《外交政策》杂志将博尔顿称为"国家安全的威胁"，《纽约时报》则说他是一把"政治喷火枪"。《明镜》周刊写道："约翰·博尔顿觉得，世界上几乎没有什么危机是战争解决不了的。"[91]几年前，博尔顿曾呼吁对伊朗进行轰炸，并谴责《伊朗核问题协议》是"前所未有的投降之举"。[92]特朗普在解雇国务卿雷克斯·蒂勒森时承认，他厌倦了蒂勒森在伊朗问题上对他的种种规劝。特朗普不用担心蓬佩奥，因为当蓬佩奥还是国会议员时，就"寻求让美国撤销与这个世界上最大的恐怖主义资助国签订的这份灾难性协议"。之后在担任中情局局长时，蓬佩奥又将伊朗称为"残暴的警察国家"和"专制的神权政体"。[93]

奇怪的是，当蒂勒森离职后，在总统的幕僚班子里，理性和温和的声音主要来自国防部长马蒂斯，而他在伊朗问题上曾一直持强硬态度。实际上，早在2013年，正是因为马蒂斯对伊朗的好战态度，奥巴马才迫使他提前从美国中央司令部司令的位子上退下来。

有关专家表达了深切的担忧。2018年3月，100位国家安全领域的老兵，包括50名退休军官、为数众多的驻外使节、前参议员、政府官员和核专家，纷纷敦促特朗普不要退出该协议。许多人警告说，退出该协议将加强伊朗强硬派的势力，这些势力与哈梅内伊从一开始就认为，与美国的这场谈判将是徒劳。[94]

5月8日，特朗普宣布，美国正式退出这份"可怕的不公平协议"。其他所有签约国则表示将继续留在该协议中。沙特和以色列对特朗普的决定表示赞赏。为了破坏该协议曾单枪匹马疯狂游说的内塔尼亚胡热情赞扬了特朗普的"勇敢领导"。特朗普宣布美国将恢复过去的制裁并增加新的制裁。凡是不遵守制裁规则的企业都将承受可怕的后果，就像那些在2018年11月后继续采购伊朗石油的国家和公司那样。同时，美国官员也向伊朗最大的一些石油买家签发临时违约行为追索弃权书，一定程度上缓解了由此带来的冲击。

随着特朗普在5月投下的这枚重磅炸弹，包括雷诺公司、标致公司和西门子公司在内的众多欧洲公司屈服于美国的胁迫，纷纷从伊朗撤出，使得伊朗本就严重的经济衰退局面进一步恶化。欧洲的炼油厂切断了对伊朗石油的进口。2018年7月，伊朗里亚尔对美元的汇率跌破历史新低。伊朗总统哈桑·鲁哈尼（Hassan Rouhani）解雇了伊朗中央银行行长。国内的抗议声日益高涨。

欧洲人感到愤怒。伊曼纽尔·马克龙（Emmanuel Macron）警告说，"国际防止核扩散的机制正在变得岌岌可危"。他和德国总理安格拉·默克尔（Angela Merkel）、英国首相特雷莎·梅（Theresa May）都曾敦请特朗普慎重，坚持认为联合国安理会关于支持《伊朗核问题协议》的决议仍然是"对解决该争端有约束力的国际法律框架"。有人推测认为，安理会或许会裁定退出《伊朗核问题协议》的行为违反协议。[95]不过，奇怪的是，在美国有线电视新闻网或微软全国广播公司的节目上，平日里巧舌如簧、反复呼吁对俄罗斯的所谓罪行进行制裁的"专家们"，却没有一个想过呼吁世界领袖们去制裁美国的离谱行为。[96]

法国的经济和财政部长问："我们希望美国成为世界的经济宪兵吗？""我们希望成为美国的家臣，一边紧紧抓着它的裤腿，一边听任它发号施令吗？还是我们想说，我们有自己的经济利益，我们认为我们将继续同伊朗进行贸易？"[97]德国《明镜》周刊的职员写了一篇文章，哀叹跨大西洋团结的崩塌，文章写道，"美国退出《伊朗核问题协议》，是自2003年入侵伊拉克以来，美国总统做出的最危险和最随意的外交决定。其中的风险是真实的，将使本已动荡的中东紧张局势更加恶化，并导致一场由美国领导的针对伊朗的战争。"更令《明镜》周刊气愤的是，美国驻德大使理查德·格雷内尔（Richard Grenell）"发了一条推特……要求德国公司立即着手收缩其在伊朗的业务。这口气听起来不像是一个身处盟国的外交官的措词，反倒像是一个殖民强权在发号施令"。[98]

　　欧洲、亚洲和拉丁美洲的许多国家都厌倦了美国对其经济的压制。虽然各国对美国金融主导地位的不满在特朗普当政前早已有之，但特朗普习惯性的高压手段和对贸易战的痴迷只会让情况变得更糟。在德国《商报》(*Handelsblatt*) 的一篇评论文章中，德国外交部长海科·马斯 (Heiko Maas) 主张要保护欧洲企业免遭美国制裁，并提出建立一个欧洲支付系统的想法，该系统能够绕过美元，建立一个独立的 SWIFT 支付系统。美元作为世界储备货币，拥有极大的优势地位，而欧元开始对这一货币发起挑战，同时人民币也在发展壮大。[99]

　　在 2018 年 9 月的联合国大会期间，不满之声更响了。随着特朗普规定的 11 月 4 日［对伊制裁生效］最后期限的临近，俄罗斯、中国、德国、法国、英国和欧盟宣布，欧洲正在建立一个特殊目的载体 (SPV)，通过该载体，它们可以在美国的控制之外继续与伊朗做生意。它们表示，此举的目的是"保护本国的企业经营者与伊朗进行合法贸易的自由"。[100] 一位西方外交官犀利地指出，"目前可以肯定的是，由于唐纳德·特朗普的政策，欧洲与中国、俄罗斯的合作正在变得更加紧密"。[101]

　　由于欧洲担心特朗普会突然对伊宣战，或是刺激经济飘摇、社会日益动荡的伊朗在霍尔木兹海峡采取行动，相关国家的抱怨声变得更加强烈。《亚洲时报》(*Asia Times*) 专栏作家佩佩·埃斯科巴尔 (Pepe Escobar) 声称有"一份在欧盟高层金融圈传阅的简报"显示，"德国非常担心霍尔木兹海峡会被切断，因为这等于掐断了德国天然气和石油的主要供应线路，使德国完全陷入依赖俄罗斯的石油和天然气的局面。这也是为什么德国要不惜一切代价维持《伊朗核问题协议》"。这则简讯解释说："因此，默克尔和普京在 2018 年 8 月中旬举行会晤，提出了一个新的货币方案，以打破 SWIFT-CHIPS

美元体系对德国和世界的掌控。"[102]就在此前一个月，特朗普严厉批评德国支持"北溪二号"天然气管道项目，该管道将绕过乌克兰，通过波罗的海将俄罗斯和德国连接起来，为德国带来550亿立方米的天然气。在2018年7月的北约峰会上，特朗普在北约首脑的一次早餐会期间指责德国"完全被俄罗斯控制了"，从而导致此次峰会陷入混乱。特朗普表示："德国本来应该对俄罗斯进行防范的，可它却与俄罗斯签订了一份大额的石油和天然气协议，每年向俄罗斯支付数十亿美元，我觉得这很可悲。"他还补充说："这种事绝不应该发生。"[103]

美国与伊朗的紧张关系在7月进一步升级。特朗普某天一大早发了一条推特，似乎是对伊朗总统鲁哈尼的一次演讲的回应，他全文都用大写字母愤怒地写道："致伊朗总统鲁哈尼：永远、永远不要再威胁美国，否则你将承受有史以来少有人承受的后果。"[104]

2018年8月18日，德国总理默克尔和俄罗斯总统普京在柏林北部的梅泽贝格宫举行会谈。

9 月，约翰·博尔顿摆出他最擅长、像电影《警探哈里》(*Dirty Harry*) 中的悍警哈里一样的强硬架势，对伊朗发出了赤裸裸的威胁："我今天就把话挑明了吧：我们盯着呢，我们会来抓你们的！"博尔顿还补充说："如果你们跟我们、我们的盟友或者我们的合作伙伴作对；如果你们伤害我们的国民；如果你们继续撒谎、欺骗和歪曲，是的，你们将会付出巨大的代价。"[105] 他还威胁说，任何继续与伊朗做生意的人都将面临"可怕的后果"，警告"我们不会让欧洲或其他任何人逃过我们的制裁"。[106]

美军上校拉里·威尔克森 (Larry Wilkerson) 此前就见识过这一套。几个月前他就意识到，特朗普正在抄袭小布什针对伊拉克的剧本，准备用来对伊朗开战。2003 年美国入侵伊拉克时，威尔克森担任国务卿科林·鲍威尔的幕僚长，他对自己当初帮助制定这个徒有其表的方案感到懊悔。在相似情形的警示下，他在《纽约时报》上发布了一篇颇具影响力的文章，希望能够趁为时未晚唤醒美国民众。威尔克森提到了妮基·黑利所做的一次虚假陈述，她曾表示有"无可否认的"证据证明，伊朗没有遵守联合国关于弹道导弹和也门问题的决议。威尔克森将这一虚假陈述与鲍威尔在 15 年前的虚假陈述进行了比对，发现这两者是"惊人地……相似"。他谴责"情报的政治化"再次出现，"媒体机构在很大程度上未能反驳从特朗普治下白宫传出的关于伊朗的虚假陈述"。威尔克森总结说：

> 回首我们当初以紧密的步伐走向伊拉克战争的过程，我意识到，对我们来说，是否使用了伪造的或选择性的情报并不重要；关于战争可以"收回成本"的说法也是不现实的，相反，它花掉了数万亿美元；同样，我们还曾天真得无可救药，以为战争将会带来民主，而不是将这一地区推向衰败的漩涡。
>
> 我们行动的唯一目的是把对伊拉克的战争推销给美国人民。民意

调查表明我们成功了。特朗普先生和他的团队正试图重复这一做法。如果我们不够小心，他们就会得逞。

在小布什针对伊拉克的战争与特朗普即将发动的针对伊朗的战争之间，威尔克森也看出了一个重大区别。跟与伊朗作战相比，入侵伊拉克轻松得像是在公园里散步或是在海湖庄园度过周末："对于伊朗这样一个拥有8000万人口的国家来说，其广阔的战略纵深和复杂地形将使这场战争的挑战远远高于伊拉克战争，在伤亡和损失上将达到后者的10—15倍。"[107]

朝鲜半岛核危机始末

尽管几乎受到全世界反对，特朗普仍执着于退出《伊朗核问题协议》，这种做法使朝鲜更加坚定地相信，与美国签订的协议根本就是废纸一张，阻止美国入侵的唯一途径就是形成足够有效的核威慑。朝鲜在这项工作上已经投入了很多年，但特朗普的挑衅性言论使朝鲜更坚定地加快了其核试验和导弹项目的步伐。朝鲜取得的巨大进展和特朗普可想而知的好战回应几乎将2017年的世界带到了核战争的边缘。

特朗普起初将朝鲜领导人金正恩描述为一个"28岁的怪人"和"狂躁者"。[108]后来，他改变了说法，说他会招待金正恩吃汉堡，而不是昂贵的"国宴"。他还惺惺作态地表示："任何人我都可以对话……我有10%或20%的机会能劝他放弃那些该死的核武器，因为谁会希望让他拥有核武器呢？"[109]这番言论不免让人想起几年前奥巴马的话，奥巴马曾因此受到了希拉里和大量共和党人的猛烈批评。

特朗普反复无常的行为和充满敌意的姿态使朝鲜的领导者们愈发担心遭到美国攻击，其展示自己日益增强的核能力的愿望也就愈发强烈。在朝鲜国内，对于朝鲜战争的记忆始终没有远去，领导人们还刻意维持着这段记忆的鲜活，他们的合法性和要求人们做出非凡牺牲的底气，都很大程度上源于其曾保护人民免遭美国人进一步屠杀的历史功绩。朝鲜国内有大量朝鲜战争纪念场所，提醒人们不要忘记美国人制造的战争苦难。例如，位于平壤的祖国解放战争胜利纪念馆对"美利坚帝国侵略者"进行了贬斥，说他们犯下了"历史上最残暴的屠戮人民的罪行"。[110] 朝鲜战争期间担任美国战略空军司令部司令的柯蒂斯·李梅上将说过，美国"瞄准了朝鲜境内一切会移动的物体"，导致该国 20% 的人口死亡。朝鲜人在学童时期就了解了这一事实，并且在余生中不断强化这种认知。历史学家布鲁斯·卡明斯（Bruce Cumings）告诉《新闻周刊》，"大多数美国人完全不了解的是，我们摧毁的朝鲜城市要比我们在二战时摧毁的日本或德国城市要多……每个朝鲜人都知道这一点，这已经刻在他们的头脑当中，但我们却从未听说过这些事"。[111] 另一方面，韩国人学到的则是另一个版本的历史，与朝鲜人的有着根本差异。在这个版本中，美国的一些行为并未被指控，包括指定推行独裁统治的李承晚担任韩国总统，以及为战时勾结日本的卖国贼提供支持，后者曾压迫和残酷统治了韩国人达数十年之久。美国的战时轰炸行动也使韩国沦为废墟，但这些历史基本上都被遗忘了。当地的人们只记得韩国在近几十年里的经济繁荣，黄洙庆在《朝鲜半岛的残酷战争》（Korea's Grievous War）一书中写道，经济繁荣"经常被引用来为美国在朝鲜战争中的角色以及美国有必要在韩国长期驻军辩护"。[112]

　　从严格意义上讲，朝鲜仍然与美国和韩国处于战争状态，因为1953 年缔结的停战协定一直没有被正式的和平条约所取代。为了抵御来自美国和韩国的军事行动，朝鲜用数千枚大炮对准了韩国的首尔，这座拥有 2500 万人口的城市距离两国边境线只有 35 英里。

同时处于朝鲜常规武器射程之下的还有在韩国的大约20万美国公民和2.85万驻韩美军中的许多人。日本也处在朝鲜的打击范围内。然而，特朗普却怒斥日韩两国占了美国的便宜，并表示他乐见两国建立自己的核武库来自卫。特朗普对美国有线电视新闻网说："如果他们不把我们照顾好，我们就承担不起作为世界军队和世界警察的责任。"[113]

尽管美朝两国的关系近年来一直不稳定，但双方似乎也有取得共识的时候。1994年，当朝鲜宣布将退出《不扩散核武器条约》时，美朝两国濒临战争边缘，美国前总统吉米·卡特高调飞往平壤与金日成会晤，从而避免了美国的攻击。同年10月，两国签署了一份框架协议，使朝鲜的钚实验项目停止了9年。与西方普遍的看法相反，朝鲜确实大体上遵守了这份协议。它关闭了境内唯一正在运转的反应堆，暂停了另外两座大型反应堆的建造，允许国际原子能机构进驻检查，并继续留在《不扩散核武器条约》内。据美国国务院前官员莱昂·西加尔（Leon Sigal）估计，这三座反应堆每年生产出的钚足以制造30颗核弹。作为回报，朝鲜寻求实现朝美关系正常化，美国也承诺为其建造两座发电用的轻水反应堆，并为其提供50万吨重质燃料油。国际原子能机构证实朝鲜遵守了该协议。然而，这份框架协议的墨迹尚未干透，纽特·金里奇便在1994年11月策动共和党在国会夺取了多数席位，而据美国驻韩前任大使兼在老布什担任美国副总统时期出任国家安全顾问的唐纳德·格莱格所说，金里奇"在此后不久便开始煽动仇恨，紧接着，他表示：'这是一份糟糕的协议，我们给出的太多了。'"[114]美国及其盟友们推迟交付许诺的燃料以及两座轻水核反应堆的建设，并违背了其他一些承诺。

尽管当时的阻挠者以及今天的否定者仍然坚持宣称朝鲜永远不值得信赖，这份协议仍然在很大程度上取得了成功。西加尔认为，那些唱反调的言论是"在一片虚构之地"孵化出来的。他提醒人们："人们不知道的是，朝鲜在 1991—2003 年间没有制造任何可裂变物质。"该协议的美国国务院谈判小组成员詹姆斯·皮尔斯 (James Pierce) 也同意西加尔的看法："1994 年的这份协议中有很多条款都起作用了，而且这种作用持续了很多年。那种言之凿凿地声称朝鲜很快就违反了该协议的言论是完全不符合事实的。"[115]

小布什上台后，国务卿科林·鲍威尔支持继续遵守这份框架协议，政府中的其他官员则希望退出该协议。当时有一个可靠度十分可疑的证据表明朝鲜正在为一个铀离心机项目寻找零件，这成了时任副国务卿约翰·博尔顿口中的"我一直在寻找能够砸碎这份框架协议的锤子"。[116]但真正的最后一击是 2002 年 1 月小布什宣布朝鲜为"邪恶轴心"的一员，朝鲜因此成为新保守主义者政权更迭名单中的一员。

在小布什和奥巴马当政时期，与朝鲜达成进一步协议的努力也失败了，尽管朝鲜一再表示，如果能达成一份确保其安全的协议，它愿意停止其核项目。[117]不过，金正恩从伊拉克的萨达姆和利比亚的卡扎菲那习得了教训，他加快了朝鲜在导弹和核项目上的步伐。奥巴马尽量避免使用外交手段，他以一个咄咄逼人的网络战战略作为回应，试图减缓朝鲜的研发进展。[118]

朝鲜的加速计划取得了成果。2017 年 7 月 4 日，朝鲜民主主义人民共和国试射了一枚代号为"火星 -14"的洲际弹道导弹，朝鲜声称该导弹可以"打到世界的任何地方"，包括美国本土。[119]8 月 5 日，联合国一致同意对朝鲜发起新一轮制裁，封禁了朝鲜出口的煤炭、铅、铁和海鲜，在朝鲜总计 30 亿美元的出口收入中，这些货物的出口额达到了将近 10 亿美元。朝鲜指责美国试图"扼杀"它，并威胁要进行强烈反击。[120]

美国的情报部门报告说，朝鲜拥有多达 60 枚核武器，并研制出了小型核弹头，可以被安装在导弹顶部。当朝鲜威胁要朝关岛发射导弹时，特朗普火冒三丈，扬言会有"世界从未见过的炮火和狂怒"。[121] 他发布推特说，"目前，我国的军事解决方案已经完全就位，目标已锁定，子弹已上膛，就看朝鲜是否会做出不明智的举动了。"[122]

那些要求采取军事行动的人包括了即将出任国家安全顾问的约翰·博尔顿。在参加肖恩·汉尼蒂（Sean Hannity）主持的福克斯新闻节目时，博尔顿呼吁美国要"在朝鲜将数十颗核弹头装上能够打到美国的弹道导弹之前"采取先发制人的攻击。他还在8月10日的安全自由电台节目上宣称："要通过消灭朝鲜的方式来消除核威胁。"[123]

紧接着在9月，随着朝鲜进行了第6次也是当时最成功的一次核试验后，危机进一步升级了。朝鲜宣称这次试验的是一颗氢弹。据初步评估，其当量相当于"小男孩"的3—10倍。但随后的雷达图像显示，这次爆炸使万塔山上85英亩区域发生了下沉。新的评估认为这次爆炸释放的能量相当于"小男孩"的17倍，而后者已经把广岛市的大部分地区炸平了。在俄罗斯和中国的支持下，联合国立即对朝鲜施加了截至当时最严厉的制裁。作为回应，朝鲜的官方新闻机构发布了一则声明，威胁要"让美国本土化为灰烬和黑暗之地"，并"炸沉"日本。[124]普京谴责朝鲜的核试验是"挑衅"，但也认为这些制裁"没有用，不会起效果"。他表示，朝鲜人"如果感受不到安全的话，他们宁可吃草也不会放弃核项目"。他也提醒国际社会，进一步的威胁将无济于事，"这是一条不归路，只能激起军事上歇斯底里的对抗，不会带来好的结果，还有可能演变成一场全球性灾难，造成巨大的人员伤亡"。[125]

中国的作用始终都至关重要。作为朝鲜的主要盟友和贸易伙伴，中国占了朝鲜出口贸易额的90%，并为朝鲜提供了大部分的食品和能源。[126]特朗普曾多次表示，朝鲜危机要靠中国来解决。

与朝鲜接壤的俄罗斯和中国不希望朝鲜出现由美国支持的政权更迭，更不希望朝鲜半岛发生任何形式的战争。它们敦促朝美双方找到一条和平前进的道路，提倡双方达成一项"以暂停换暂停"的协议，美国和韩国停止联合军事演习，朝鲜则停止核试验。中国明确表示，如果美国和韩国试图"推翻朝鲜政权……中国将会出手阻止"。但如果朝鲜刺激美国和韩国采取军事行动，中国将会保持中立。[127]1950年，美国就因为无视中国划出的红线而酿成了一场大灾难。美朝的外交僵局在2016年实现首次破冰。当时韩国民众发起了被称为"烛光革命"的长时间和平抗议，反对韩国总统朴槿惠领导的腐败、激烈的反共政权，[128]并以文在寅取代了这位保守党的领导人。文在寅是一位亲民主派的人权律师，他承诺要与朝鲜交好。有多达三分之一的韩国民众参加了这次抗议活动。

文在寅很快便与金正恩展开了接触。特朗普指责这位韩国总统在搞"绥靖政策"。此前，特朗普曾斥责国务卿蒂勒森试图与金正恩谈判是在"浪费时间"。但文在寅无视特朗普的表态，再次向金正恩伸出了橄榄枝，他说："我们不会放弃与盟友共同努力以实现朝鲜半岛无核化的目标。"[129]

在朝鲜进行了威力强大的核试验之后，特朗普在他的首次联合国大会演讲中对朝鲜进行了猛烈抨击，这使形势进一步恶化了。特朗普对与会的世界领袖们和大使们说："火箭人〔金正恩〕正在为自己和他的政权执行自杀任务。""美国有很大的实力和耐心，但如果美国被迫要自卫或者捍卫盟友，我们将别无选择，只能彻底摧毁朝鲜。"美国驻联合国代表黑利也补充说，金正恩是在"乞求战争"。[130]金正恩也做出了反击，称特朗普是"精神错乱的美国老糊涂"，并称将用炮火来制服他。[131]

在不断升级的威胁和人身攻击之后，美韩两国的海军在韩国附近海域开展了大规模的军事演习，其中还包括特种部队演练的"斩首行动"，以除掉朝鲜的领导人，控制其军事设施。[132]

同月晚些时候，随着特朗普总统即将开始为期10天的亚洲访问之旅，美国向太平洋部署了三艘航母——"尼米兹"号、"西奥多·罗斯福"号和"罗德纳·里根"号，还有各种护航的巡洋舰、驱逐舰和潜艇。

很多人担心战争即将爆发，朝鲜仅用常规武器就足以造成天文数字级别的伤亡。纽约市立学院学者拉詹·梅农（Rajan Menon）表示，面积相当于爱达荷州大小的朝鲜半岛全副武装，拥有"世界数量最多的兵员（280万，不含预备役）和武器装备（近6000辆坦克，3.1万门大炮和1134架战斗机）"。[133]分析人士指出，朝鲜拥有超过1万门大炮，军队规模排名世界第四，有超过100万的兵员和更多的预备役人员、20万名特种部队人员，以及移动式导弹，这些将使进入该国的美军士兵面临巨大威胁。难怪国防部长马蒂斯在朝鲜进行最近一轮导弹和核试验之前就曾警告说："如果这转变为战斗的话，那将是一场灾难般的战争。"[134]10月，美国国会研究服务处（Congressiona Research Service）预计，即使不使用核武器，在战斗开始的几天里也会有30万人死亡。2012年由美国独立智库鹦鹉螺研究所（Nautilus Institute）所做的一项研究认为，如果朝鲜用上它的大炮和化学以及生物武器，再加上破坏韩国釜山附近的核电站所释放出来的放射性物质，在战争的第一天就可能导致100万人死亡，包括许多在韩的美国公民和士兵。[135]之后，特朗普也预计认为，死亡人数将达到3000万—5000万。[136]不过，南卡罗来纳州的参议员林赛·格雷厄姆试图安抚美国人，"如果有数千人死亡，他们也将死在那里，而不是死在这里"，他后来还坚称："从长期稳定和国家安全的角度来看的话，［与朝鲜的］战争所造成的一切损失都是值得的。"[137]

战争似乎一触即发。中情局前局长约翰·布伦南认为战争爆发的可能性是20%—25%。其他人的预测值则更高。外交关系协会主席理查德·哈斯（Richard Haass）认为，战争爆发的可能性是50%。[138]

《纽约时报》的4名记者在10月初访问平壤时发现，战争的狂热情绪在当地蔓延开来。纪思道指出，朝鲜国内的气氛要比他此前访问朝鲜时所看到的任何时候更令人担忧。他报道说："朝鲜正在激发人们期待与美国打一场核战争。""高中生每天都穿着军装在街头游行，谴责美国。公共道路两旁的海报和广告牌上展示着导弹摧毁美国国会大厦和撕扯美国国旗的画面。实际上，导弹的影像随处可见——在幼儿园的操场上，在海豚表演现场，在国家电视台的节目里。这种军事动员还伴随着人们的一种普遍假设，即朝鲜不仅能从一场核战争中幸存，还能赢得这场战争。"[139]

美国人则动员起来，通过言语和行动来阻止战争降临。他们签署请愿书，举行抗议游行，向当选的官员们施压。甚至连一些共和党人也在努力约束他们冲动的总统。参议院外交关系委员会主席鲍勃·科克（田纳西州共和党人）担心，特朗普的好斗性格已经让美国"走上了通往第三次世界大战的道路"。[140]民主党人更是惊惧不已。众议院代表约翰·科尼尔斯（John Conyers）与参议员埃德·马基（Ed Markey）提出了"不得对朝鲜实施违宪性打击"议案，要求在发动打击之前必须先征得到国会的同意。这个议案的61个众议院支持者中，有2个是共和党人。美国前国防部长威廉·佩里（William Perry）担心朝鲜可能认为"斩首行动"即将到来，所以决定"为了荣耀主动出击"。[141]在之后的一周里，康涅狄格州参议员克里斯·墨菲（Chris Murphy）和其他5位联合发起人又向参议院发起了一个类似提案。[142]

11月底，朝鲜发射了一枚能够打到美国任何地方的"火星－15"

洲际弹道导弹，随后它便宣布自己成为一个"完全的"拥核国家。它的目标实现了。[143]金正恩在2018年元旦发表全国电视讲话，宣布"美国整个领土都处于我们的核打击范围以内，我的办公桌上一直都放着一个核按钮"，[144]这些话说得掷地有声。特朗普的回应并不出人意料，他说他的核按钮"更大更强……而且我的按钮是可以使用的！"[145]

《纽约时报》报道了美军的军事打击计划。之后，1月13日，夏威夷州的一位州政府职员发布全州紧急警报，说有一枚弹道导弹正朝夏威夷飞来，把夏威夷的民众们吓得不轻。这份警报说："夏威夷面临弹道导弹入境威胁。请就近寻求庇护。这不是演习。"在此情形下，大部分人都认为这是朝鲜发起了核打击。人们惊慌失措。市民阿莉娅·黄（Alia Wong）描述了这种惊恐反应："很多人都觉得自己要死了，大家都在寻找避难所。他们躲进商场的卫生间，家里的浴缸和外面的药房，有的甚至躲进了暴雨排水道里。夏威夷的避难场所非常少，带地下室的房子更是少见。有报道说人们驾车超速行驶在公路上，一路闯红灯，只为了能和家人团聚。还有人打电话给对方，道上最后一声'我爱你'。"[146]38分钟后，州政府才发布澄清通告。

就在三天后，日本广播协会向观众们发出警报，说有朝鲜的导弹正在袭来，但很快又澄清说是误报，及时避免了民众的大规模恐慌。由于朝鲜一再进行导弹试射，发出直接威胁，而且日本完全处于朝鲜的核武器打击范围内，所以日本民众感到尤为紧张和焦虑。数个月前，平壤的朝鲜亚太和平委员会宣布，"（日本）四岛应该被主体思想（朝鲜的治国思想）的核弹炸沉到海里。日本不需要再存在于我们附近了"。[147]日本首相安倍晋三一直在推动扩建导弹防御系统，并对朝鲜持更加强硬的立场。民防演习在日本成为一项常见活动。一些日本领导人甚至开始挑起一个禁忌话题——让日本拥有自己的核武器。韩国人则更加惶恐。一项盖洛普民意调查显示，60% 的民众希望韩国研发自己的核武器，近 70% 的人希望美国把它在 1991 年撤走的核武器再送回来。

不过，就在战争似乎一触即发的紧迫关头，寒冰却开始迅速消融。金正恩联系了韩国，表达了恢复两国和平友好关系的愿望。严肃的对话开始了。美国和韩国同意将军演推迟到韩国 2 月的冬季奥运会之后。朝鲜派出了大批运动员和啦啦队参赛。朝韩两国甚至还在开幕式上共同入场，并组建了一支联合女子冰上棍球队上场参赛。金正恩还派出了朝鲜政府高官金永南和自己的妹妹金与正出席冬奥会，金与正还邀请韩国总统文在寅访问平壤，后者则欣然接受了邀请。不论是美国副总统迈克·彭斯（Mike Pence）在冬奥会期间对朝鲜到访者的冷淡态度，还是特朗普宣布要实施新一轮制裁，都未能冻结朝韩两国不断升温的关系。

冬奥会结束后，韩国特使访问了平壤，并带回了一份"六点协议"。该协议规定，如果解除对朝鲜的军事威胁，使朝鲜政权的安全得到保障，那朝鲜就会进行无核化。作为十人代表团团长的韩国国家安全顾问郑义溶把协议内容带往华盛顿，并向特朗普传达了金正恩的会晤邀请。出乎华盛顿许多官员的意料，特朗普欣然接受了邀约。此时美国还未任命驻韩大使，国务院里许多高级职务的空缺也没有人来填补，这些空缺有的是因官员主动离职产生的，有的则是国务卿蒂勒森开除造成的，他这样做的部分目的是削弱自己领导的这一机构。

这份协议和预定的高层会晤使这一似乎难以化解的危机有了和平解决的可能。但国际上的反应不一，反对者们试图让这一计划泡汤。奥巴马当政时期曾担任国家安全委员会亚洲事务高级主任的麦艾文（Evan Medeiros）代表许多"专家"发声，称这次会晤是一个"错误"。他批评说："这个举动表明虚荣已经凌驾在战略之上了。"金正恩的目标是让朝鲜被承认为一个事实上的拥核国家，而会晤将是对金正恩的这一目标的促进和确认。你不能白白送出一次首脑会晤的机会。我们从中得到了什么？什么都没有。"[148]此前曾将金正恩希望与美国进行对话的信息转告给蒂勒森的俄罗斯外交部长谢尔盖·拉夫罗夫则对这一声明表示欢迎，说这是"朝着正确方向迈出的一步"。[149]

其他人则更关注美国与朝鲜如何定义"无核化"这个术语，以及无核化核查的难度、朝鲜可能向美国提出的条件等。不过，惊喜持续涌现。金正恩前往中国与中国国家主席习近平进行了会晤。这是金正恩自2011年掌权以来首次出国访问，也是他首次与另一个国家的首脑进行会晤。接着，中情局局长迈克·蓬佩奥秘密访问了平壤，并与金正恩举行了一场虽未事先安排但成果颇丰的会晤。特朗普这次明智地发布推特称："无核化对世界来说是一件好事，对朝鲜也是！"[150]

4月，朝鲜突然宣布其正在停止核试验和洲际弹道导弹发射，并关闭了核试验场，"让自己中止核试验的态度一目了然"。[151]尽管有怀疑论者嘲讽说，朝鲜已经好几个月没进行核试验了，主要是因为最近的一次核试验让这个试验场基本上无法运转了，但金正恩在他即将与韩国总统会晤前夕做这一表态，还是为朝鲜的严肃态度增加了积极的保证。在这次会晤期间，朝韩双方都承诺将实现朝鲜半岛的完全无核化，并缔结一份拖延已久的和平条约。

2018年6月12日，作为美国历史上最引人注目的反转性事件，特朗普和金正恩这两个不久前还在威胁和辱骂对方的人，在新加坡会面了。这次峰会也是美朝两国首脑间的首次会晤，在经历了70年的敌视之后，这次会晤本身就是一项成就。它更多地显示出了一种友爱互信和美好愿景，但也缺乏一些细节，或者说一个具体的路线图来落实关于无核化和关系正常化的承诺。特朗普盛赞这次峰会取得了绝对的成功，尽管金正恩的名声不太好，但特朗普还是从他身上找到了很多值得钦佩之处。特朗普滔滔不绝地告诉美国之音（Voice of America）广播电台："他有着了不起的个性。他是个很有趣的家伙……我喜欢他……他很聪明，热爱他的人民，他热爱他的国家。"[152]当博尔顿、彭斯和特朗普本人暗示利比亚模式适用于朝鲜之时，这场会晤险些被取消掉。因为这就意味着金正恩将和卡扎菲一样，在放弃其大规模杀伤性武器之后，面临被轰炸、废黜、凌辱和谋杀的下场。朝鲜外务省第一副相金桂冠在朝鲜媒体上斥责博尔顿："以前我们就已经看透了博尔顿的品性，我们并不会掩饰我们对他的厌恶之情。"或许值得一提的是，早在小布什执政期间，朝鲜就曾将博尔顿形容为"人渣和吸血鬼"。[153]

美国两党的批评者指责特朗普以非正统的方式开展首脑外交。首先，特朗普以现场拍板的方式同意进行会晤；而且在会晤前没有按一般惯例提前筹备；在将要取得和取得了什么成果上思路不清，即使有成果，也基本上没有超越朝鲜在1992年所承诺的内容；经此一会，朝鲜领导人获得了体面、合法性和平等地位；特朗普未能将朝鲜长期寻求的这场会晤作为筹码，来事先争取到某些让步；"无核化"这个表述的含义模糊；特朗普在未征求韩国、日本和本国军事官员意见的情况下，宣布美国将本着实现美军撤出朝鲜半岛的长期目标，立即停止"挑衅性的"联合军演。纪思道表示，特朗普被"摆了一道"。他批评这项联合声明"并未提及让朝鲜冻结其钚和铀项目，并未提及摧毁其洲际弹道导弹，并未提及允许核查人员重回核设施进行再检查，并未提及让朝鲜对其核项目做出完整宣告，并未提及给出一份准确的时间表，也未提及核查事宜，甚至没有任何永久停止核武器或远程导弹试验的明确保证"。[154]其他人的批评则更加犀利。[155]但许多人都看不到大局。半年前，这两个国家的领导人还处在一场恐怖战争的边缘，如今得以坐下来，共同规划一条通向和平的道路。

无核化的目标想要实现，最需要的就是信任和耐心。在尚未被大幅度排除在实现无核化这一进程之外时，博尔顿曾多次试图破坏之，他起初要求在短期内迅速实现这个目标，但这当然是不可能的。斯坦福大学的西格弗里德·赫克（Siegfried Hecker）曾担任洛斯阿拉莫斯武器实验室的主任，也曾多次参观朝鲜宁边庞大的核设施，据他估计，在最理想的条件下，也要15年才能实现无核化。[156] 而且始终存在着一种可能，即冲动的特朗普或金正恩可能远在这一进程取得成果之前就将一切毁于一旦。但正如约翰·肯尼迪在1963年7月宣布《部分禁止核试验条约》时引用的一句中国的古老谚语所说的："千里之行，始于足下。"[157]

在帮助解决朝鲜危机的各项因素中，经常被忽略的是俄罗斯发挥的作用，它与朝韩两国都建立了紧密的联系。实际上，在所有主要参与者当中，只有俄罗斯同时与朝鲜半岛的两个国家保持着良好关系。美国外交关系协会的伊丽莎白·伊科诺米（Elizabeth Economy）指出，俄罗斯"作为一个幕后的交涉者、破坏者和不光彩的同盟，起到了关键的作用"。[158] 2017年11月27日，也就是半岛危机极度凶险之时，俄罗斯提出了一个三阶段的"路线图"，帮助朝鲜半岛走出困境。第一，双方需要通过之前提到的"双暂停"协议来缓解紧张局势。第二，朝鲜和美国开展直接对话。第三，该地区的国家开始协商，以建立一个维持东北亚和平与安全的机制。俄罗斯不仅提出了这一"路线图"，它的外交官们还在积极推动这一方案的实施。[159]

俄罗斯与朝鲜半岛的交往开始于数十年前。苏联在1991年解体前，曾大力支持朝鲜的经济发展。当时，在苏联支持下兴建的工业设施生产了朝鲜50%的化肥、40%的黑色金属、70%的电力，铝材的占比则更高。1990年，苏联仍然占朝鲜对外贸易的53%以上。在苏联影响力的极盛时期，也就是1950—1970年代初，朝鲜的人均国内生产总值实际上超过了它南边的邻国，考虑到如今韩国人的生活水平可能相当于朝鲜人的43倍，所以当时的发展成就还是相当惊人的。但在苏联解体后的岁月里，俄罗斯的新领导人将与朝鲜半岛的关系的重点更多地放在韩国，朝鲜经济损失惨重。到2013年，俄罗斯在朝鲜对外贸易中的比重仅占1%。[160]

在这之后，俄罗斯的领导们开始重建与朝鲜的经济关系，同时也保持着与韩国的友好关系，这是其发展远东战略的一部分。俄罗斯宣布了到2020年实现对朝贸易额增长10倍的计划。2015年，俄罗斯在俄罗斯联邦总商会中设立了俄罗斯—朝鲜商务委员会（Russia-DPRK Business Council）。俄罗斯还在朝鲜半岛的能源和交通方面规划了几个重大的开发项目，朝韩双方均有参与，但受朝鲜所处的孤立地位及其与韩国的敌对关系的影响，相关项目的进展几乎陷于停滞。[161]

2018年6月，韩国总统文在寅到莫斯科进行了国事访问，这也是1999年以来韩国总统对俄罗斯的首次访问。此次访问进一步巩固了俄韩双边关系，并为三国在未来进一步开展经济合作奠定了基础。普京和文在寅承诺，到2020年，推动旅游业达到100万人次，贸易额达到300亿美元。在近期事态的推动下，一些项目重新焕发了生机，其中包括长期被搁置的天然气管道项目，该管道途经朝鲜，将俄罗斯和韩国连接起来；此外还有"北方丝绸之路"项目，用一条世界上最长的铁路线——西伯利亚铁路，将整个朝鲜半岛串联起来。文在寅对俄罗斯议会表示："通过朝鲜半岛的永久和平，我希望西伯利亚铁路能够一路延伸到我国南部的港口城市釜山，我就是在那里长大的。"[162]

但前方的道路并不好走。对于特朗普吹嘘朝鲜不再构成核威胁的说法，民主党人继续冷嘲热讽。博尔顿坚持要求朝鲜在1年内销毁其核武器和其他所有大规模杀伤性武器，尽管蓬佩奥对此给出的时间是2年半，而大多数专家们则预计需要6—15年。情报机构的怀疑论者把报告泄露给了美国全国广播公司的新闻节目，称朝鲜正在增加核燃料的产量。《华尔街日报》也在一篇报道中附和，称朝鲜正在扩建一座导弹制造厂。《华盛顿邮报》刊登了一篇用心险恶的头版文章，题为《朝鲜密谋在核项目上欺瞒美国》（"North Korea Plotting To Deceive U. S. on Nuclear Program"），这是典型的充满不确定性和怀疑意味的报道。刘云平是加利福尼亚州的民主党众议员，他本应对一些情况有所了解，但还是在推特上表示："现在我们获悉有'绝对可靠的证据'证明金正恩正在欺骗我们。"[163]

到8月底，情况已经很清楚，特朗普在新加坡峰会之后进行的绕场庆祝为时过早。就像那些不时幸灾乐祸的唱衰者们预测的那样，前方的道路仍然很艰难，其中一部分原因在于谁先迈出第一步。美国要求朝鲜首先就无核化采取具体措施，披露其核武器和导弹计划的详情。朝鲜则要求美国先缔结一份和平条约来彰显善意。令美国的许多政策制定者不满的是，韩国总统文在寅独自奋力推进和解，但由于韩国的主权受限，且不愿意同美国彻底决裂，文在寅也难以放开手脚。正与中国打贸易战的特朗普猛烈抨击中国，说后者未能对其盟友朝鲜施加足够压力。在与博尔顿协商之后，特朗普以进展不足和来自朝鲜高官的一封充满敌意的信件为由，取消了国务卿蓬佩奥原定于数小时后启程的访朝之旅。这次访问计划是前一天才对外宣布的，博尔顿则从一开始就表示反对。在接下来的一周里，马蒂斯和博尔顿一起坚持要求朝鲜先迈出第一步，宣称美国正在考虑重启朝鲜半岛的军事演习，特朗普不久前还说这样的举动是"挑衅性行为"。重回2017年的对抗局面，这在2018年上半年的大部分时间看来还是个遥不可及的场景，而今即便不说很有可能，也至少具备了某种可能性。[164]

但文在寅总统没有被困难吓倒。他在9月再次与金正恩会面，并敦促特朗普继续推进签订和平条约事宜。特朗普表示他期待着与金正恩举行第二次首脑会晤，并且与博尔顿等强硬派的立场相反，他表示"我们不是在时间上做文章。如果这需要花费2年、3年或者5个月——都没有关系"。[165]在西弗吉尼亚州的一次集会上，特朗普更是描述了自己与金正恩第一次会晤时的强硬交锋："我们就这样来来回回地谈判。然后我们就好上了，好吧？没有乱讲，是真的。他给我写了漂亮的信，非常棒的信。我们就这样好上了。"[166]

但随着2018年接近尾声，谈判陷入了停滞。朝鲜的官员们对美国的极限施压感到愤怒，并要求国际社会取消对朝鲜的制裁。否则，正如金正恩在2019年1月1日的新年致辞中表示的，朝鲜将"别无选择"，只能重回核对抗的局面。朝鲜的领导者们寻求正式宣布结束朝鲜战争。他们坚持认为，无核化应当是彼此共同的目标，而实施步骤也应当同时推进。实际上，他们希望得到平等对待，并威胁说，如果无法取得进展，他们将开始"建设核力量"。考虑到特朗普和金正恩取得的突破可能出现倒退，2017年濒临战争边缘的危险局面可能再度上演，中国的领导人敦促美国放弃其不现实的要求，也就是实现完全的、可核查的和不可逆的无核化，代之以有条件的、相互的和渐进式的无核化。[167]

一些人觉得，在特朗普与金正恩的会晤余温尚存的时候，面对周围人们关于他获得诺贝尔和平奖的种种议论，性情多变的特朗普或许也能在其他一些重大问题上改变立场。他们没有等很久。就在特朗普针对伊朗发出了最新且最具挑衅性的威胁后没几天，也就是美国重启2015年解除的对伊制裁的前几天，特朗普宣布，他愿意"在他们希望的任何时间"与伊朗总统哈桑·鲁哈尼举行无条件的会晤。显然，特朗普正在借鉴他在朝鲜问题上的策略，即先创造一场危机，然后以他本人的个人外交介入，试图解决这一危机。同样，在伊朗问题上，他收紧了对伊朗经济的钳制，威胁要采取军事行动，然后再伸出一根橄榄枝。尽管少有人赞同，但特朗普相信他的个人外交会取得成功，就像70年前的富兰克林·罗斯福做到的那样。他明智地宣称："我愿意与任何人会面。与别人对话，特别是当你在谈论潜在的战争、死亡、饥荒和许多事情的时候。你需要会面，会面总是不会错的。"

在特朗普做出更具安抚性的表态之前，伊朗就已经采取措施以度过这场即将到来的经济风暴。它主动与俄罗斯联系，寻求建立更加紧密的经济合作。2018年7月，伊朗石油部长比詹·赞加内（Bijan Zanganeh）和哈梅内伊的首席外交顾问阿里·阿克巴尔·韦拉亚提（Ali Akbar Velayati）访问了莫斯科，希望扩大俄罗斯和伊朗在石油和天然气工业领域的合作。在与普京会晤后，韦拉亚提宣布俄罗斯已同意向伊朗的能源领域投资500亿美元。他还计划访问中国。

相对于朝鲜来说，伊朗更没什么理由相信美国，它并没有马上接受特朗普发出的邀约。一位外交部发言人表示，鉴于美国的政策充满了敌意，目前不具备开展"对话和交涉的可能性"。但也有人因特朗普独特的外交方式感到乐观。曾在奥巴马政府担任中东顾问的伊兰·戈登堡（Ilan Goldenberg）在推特上写道："这事不太好办，但似乎还是有一条途径能够实现特朗普和鲁哈尼的会晤的，那就是通过弗拉基米尔·普京。"[168]

乌克兰危机始末

种种迹象表明，相对于在政治上饱受批评、丑闻缠身的特朗普来说，普京将会更长久地在国际外交舞台上发挥作用。2018年3月，普京在俄罗斯联邦总统选举中轻松赢得连任，将开始第二轮为期6年的总统任期。

2008 年，俄罗斯联邦会议修改宪法，将总统的每届 4 年任期增加到每届 6 年。在此之前，普京已经担任了两届任期为 4 年的总统。由于宪法规定总统的连续任期不能超过两届，于是在 2008—2012 年期间，普京在新任总统德米特里·梅德韦杰夫的领导下担任俄罗斯总理。2018 年普京的第四个总统任期开始之时，美俄之间的紧张关系达到了数十年来的顶峰。自 1962 年古巴导弹危机以来，战争威胁还没有表现得如此明显过。美国人在近距离见识到特朗普式腐化堕落之后大呼上当，而俄罗斯人则对苏联过去的许多方面充满怀念。俄罗斯民意调查机构勒瓦达中心（Levada Center）在 2017 年 11 月进行的一项民意调查显示，58% 的俄罗斯人对苏联解体感到遗憾，只有略高于 25% 的人并不感到遗憾。而在 2000 年普京即将上台之时，对苏联解体感到遗憾的人数占比为 75%，相对而言，此时的比例还是有所下降的。[169]

美俄关系中蕴藏的危机深深困扰着两国头脑清醒的思考者们。

俄罗斯总统普京在2018年总统选举时投下自己的选票。

这个问题可以追溯至西方违背了对戈尔巴乔夫的承诺，即戈氏于1990年同意德国统一，而北约不会再"向东扩张一寸"。美国国家安全档案馆公开的文件清楚表明，1990—1991年，老布什总统、西德外交部长汉斯－迪特里希·根舍、西德总理赫尔穆特·科尔、中情局局长罗伯特·盖茨、法国总统弗朗索瓦·密特朗（François Mitterrand）、英国首相玛格丽特·撒切尔、英国外交大臣道格拉斯·赫德（Douglas Hurd）、英国首相约翰·梅杰（John Major）和北约秘书长曼弗雷德·韦尔纳（Manfred Wörner）等人也曾向苏联领导人做出过类似的保证。[170]但是，国务卿詹姆斯·贝克刚说出"向东扩张一寸"这几个字，美国就开始考虑如何绕过这份"铁一般牢靠的"协议了。同年10月，一份国家安全委员会的备忘录披露，美国的决策者们正在讨论"向东欧的一些新兴民主国家发出信号，表示北约愿意考虑在未来接纳它们加入"。[171]考虑到苏联在该问题上的敏感性，欧洲领导人决定缓步推进，他们在1995年对北约扩大问题进行了研究，1997年举行了增员对话。直到1999年，随着匈牙利、波兰和捷克共和国的加入，真正的扩张才正式开始。2004年又有7个国家加入，2009年有2个，2017年6月，黑山共和国加入。

1991—1999年，鲍里斯·叶利钦领导下的俄罗斯遭受了美国的残酷践踏，陷入严重的经济和社会危机中，这也强化了西方国家的一种认知，即不需要在乎俄罗斯对国家安全的关切。但讽刺的是，就是这个经常表现得稀里糊涂的叶利钦，后来任命了普京作为继任者。

2000年上台的普京，成了一位游戏规则的改变者。普京起初先与美国沟通，希望能与其在全球事务中合作。但美国在2002年退出了《反弹道导弹条约》，并在次年入侵伊拉克，这使得普京的愿望破灭。从那时起，美俄两国之间的裂痕不断扩大。美国计划在波兰和捷克共和国布置导弹防御系统，北约继续朝着俄罗斯边界不断扩张，这些情况导致两国本已紧张的关系进一步恶化。在2007年2月召开的慕尼黑安全政策会议上，普京驳斥了美国主导的"单极世界论"，即"只有一个力量中心和一个决策中心的世界"。他表示："这不仅对于那些身处该体系之外的国家而言有害无益，对最高统治者自身而言同样如此，因为这将从内部摧毁他"。当默克尔于第二年访问莫斯科时，普京解释说，在一个"不再有对抗性敌人"的世界里，"一个军事—政治集团的无休止扩张"不仅是"无意义的，而且还是破坏性的和适得其反的"。[172]

一些理性的美国人也同意这一判断。前参议员和篮球明星比尔·布拉德利（Bill Bradley）在2008年初曾引用数年前乔治·凯南发出的警告，称北约的扩张是"一个巨大的错误"。他驳斥了比尔·克林顿和斯特罗布·塔尔博特（Strobe Talbott）后来对北约扩张的辩解：

在他们倒下的时候，我们踢上一脚；我们扩大了北约……这是克林顿政府内部某些人的一个自证预言，他们都是东欧的领土收复主义者，都认为俄罗斯永远都是敌人，因此我们必须抓紧防卫起来，以防他们再次变得具有侵略性，自证预言就是这样被创造出来的……假如我们真的结成了战略伙伴，一起谈论我们很久以后会面临的共同威胁，以及我们可以一起做些什么，因为我们知道，俄罗斯终究会复兴的。我的意思是，他们那时候就已经有石油了，想想看，今天的伊朗本来会有何不同，想想中亚又会是怎样一番模样……我在俄罗斯这个事情上感到极为惋惜。我认为，我们制造了一个本可以轻易避免的问题，我们失去了一个从长远来看本该是极为重要的合作伙伴，特别是在当今一些对我们威胁极大的问题上。[173]

正如布拉德利所意识到的，北约在当时就已经开始扩张了，将7个华沙公约的前成员和3个前苏联加盟共和国吸收在内。

布拉德利做出上述评论后的一周里，俄罗斯外交部长拉夫罗夫召见了美国大使威廉·伯恩斯（William Burns），明确表示俄罗斯在任何情况下都不能容忍北约扩张到乌克兰。关于乌克兰具有的地缘政治意义，兹比格涅夫·布热津斯基曾在他1997年出版的颇具影响力的《大棋盘》（*Grand Chessboard*）一书中有所阐述："乌克兰……是一个地缘政治枢纽，它作为一个独立国家，可以帮助改造俄罗斯。失去乌克兰，俄罗斯就不再是一个欧亚帝国。不过，如果莫斯科重新控制了乌克兰，包括其5200万人口、重要的资源以及通往黑海的门户，那俄罗斯就自动具备了成为一个横跨欧亚大陆的强大帝国的必要资本。"[174] 1991年苏联解体时，五角大楼的新保守主义者保罗·沃尔福威茨、I. 刘易斯·"斯库特"·利比和斯蒂芬·哈德利就看到了乌克兰的战略重要性。哈德利回忆说："我们当时有一个观点认为，如果失去了乌克兰，一个发生倒退的俄罗斯……永远不会构成像苏联那样的威胁，因为后者得益于乌克兰大量的资源、人口和优越的地理位置。因此，乌克兰将是美国政策的一个重要因素，从战略角度看，一个独立的乌克兰就成了一份保险单。"[175]

为了确保美国的决策者清楚俄罗斯在这个问题上的重视程度，伯恩斯在2008年2月1日向华盛顿发回了一封编号为"第182号"的机密电报，标题为《不的意思就是不：俄罗斯关于北约扩张的红线》（"Nyet means nyet: Russia's NATO enlargement redlines"）。值得注意的是，这份电报的内容被士兵布兰德利·曼宁（现改名为切尔西·曼宁）泄露给了维基解密，后者将之公开。[176]

西方并未认真倾听。小布什呼吁北约扩张到格鲁吉亚和乌克兰。在2008年4月举行的北约峰会上，小布什"强烈支持"将这两个苏联成员国纳入"成员国行动计划"(Membership Action Plan)，为其获得完全成员身份做铺垫，该行动也得到了国家安全委员会顾问哈德利及政府内其他新保守主义者的积极支持，例如当时的总统候选人约翰·麦凯恩和巴拉克·奥巴马。小布什还将这一行动视为一个信号，表明欢迎这些国家在未来加入"欧洲机构"。

德国和法国带头反对，意大利、匈牙利、荷兰、比利时、卢森堡也加入到反对者的行列当中，它们都认为这是对俄罗斯的一种不必要的挑衅，特别是普京在这一周即将首次出席北约会议。克里姆林宫发言人德米特里·佩斯科夫(Dmitri Peskov)警告说，任何此类企图都将破坏该地区的"战略稳定"。佩斯科夫还援引了多项民意调查数据表明，仅有不到三分之一的乌克兰人支持加入北约。盖洛普在 2008 年 5 月进行的一份民意调查结果显示，43% 的乌克兰人仍将北约视为一个"威胁"。[177]当维克托·亚努科维奇在 2010 年的乌克兰总统大选中击败维克多·尤先科后，乌克兰彻底放弃了其加入北约的努力。

但损害还是造成了。就在这次峰会开始前，德国《明镜》周刊解释说，尽管存在明显的分歧，但俄罗斯一直在努力维持与西方的友好关系，文章承认："莫斯科目前正在尽最大努力寻求与北约和美国就有争议的美国导弹防御系统达成一致……俄罗斯也在为向阿富汗运送食品等非军事物资提供帮助。"不过，文章也提到了俄罗斯曾威胁，如果格鲁吉亚被邀请加入北约，那么它将承认俄罗斯人占多数的南奥塞梯和阿布哈兹地区从格鲁吉亚独立。[178]

曾在 1987—1991 年间担任美国驻苏联大使的杰克·马特洛克清楚，从俄罗斯的视角观察到的世界是多么的不同。他在 2014 年写道："比尔·克林顿总统支持北约在未经联合国安理会批准的情况下轰炸塞尔维亚，并支持将华约成员国纳入北约。这些举动似乎违背了美国不会趁苏联从东欧退却之机牟利的约定，将极大地破坏俄

2005年2月22日，美国总统小布什与北约秘书长夏侯雅伯在布鲁塞尔举行联合新闻发布会。在会上，小布什发表讲话。三年后，小布什呼吁北约向格鲁吉亚和乌克兰扩张。

罗斯人对美国的信任。1991年，民意调查显示有约80%的俄罗斯人对美国持有好感；而到了1999年，差不多同样比例的俄罗斯人却对美国表示反感。"他继续谈道：

弗拉基米尔·普京在2000年当选俄罗斯总统时是亲西方的。当美国在2001年9月11日遭受恐怖袭击时，他是第一个打电话安慰并提供支持的外国领导人。美国入侵阿富汗时他予以配合，且主动撤走了俄罗斯在古巴和越南金兰湾的军事基地。但他得到的又是什么呢？小布什总统发出一些毫无意义的称赞，接着就在外交上飞起一脚直踢要害：进一步将北约扩至波罗的海和巴尔干半岛，并在那里规划建立美国的基地；退出《反弹道导弹条约》；在未经联合国安理会批准的情况下入侵伊拉克；公然参与乌克兰、格鲁吉亚和吉尔吉斯斯坦的"颜色革命"；然后，触碰任何俄罗斯领导人都会划出的最大红线，也就是谈论将格鲁吉亚和乌克兰纳入北约的问题。作为门罗主义后继者的美国人应当明白，对于由外国军事力量主导的同盟逼近或触及其国境的行为，俄罗斯会非常敏感。[179]

普京将乌克兰问题视为美国及其欧洲盟友一系列背信弃义行为的最新举动。他一直等到2015年才公开提到，在小布什当政时期，俄罗斯人截获了武装分裂分子与美国驻阿塞拜疆的情报人员之间的通话，证明美国一直在支持车臣乃至整个北高加索地区的恐怖分子。普京声称，美国不仅为他们提供情报，还提供运输支持。普京提请小布什总统注意此事，后者回应说他会"收拾"相关的情报官员。但就在短短10天里，作为克格勃后继者的俄罗斯联邦安全局收到了美国中情局的一封信，信中宣称"我们曾经并且将继续与所有俄罗斯反对势力保持联系，我们相信我们有这样做的权利，而且在将来我们还会这么做"。普京向一位采访者表示："一些人，特别是西方国家的特殊势力认为，如果有人能够破坏其主要的地缘政治对手的稳定，那对他们而言就是完全有利的。而且，正如我们现在意识到的，在他们的头脑中，这个主要的地缘政治对手始终都是俄罗斯。"普京还补充说："事实证明……有些地缘政治利益是与任何意识形态都毫不相干的。"[180]

马特洛克解释说，奥巴马总统曾试图"重置"美俄关系，也取得了一些成功：

《第三阶段削减战略武器条约》就是一项重要成果，而且双方在一些地区性问题上的合作也在悄悄加强。然而，美国国会自己的事情做不好却又插手干预他人内政的毛病再度发作，并让事情变得更麻烦。

美国通过的《马格尼茨基法案》(Magnitsky Act) 专门针对俄罗斯国内的侵犯人权事件进行制裁，就好像其他地方的情况都没有俄罗斯的严重一样。这激怒了俄罗斯的统治者，并再次向外界强化了美国是一个不可和解的敌人的形象。[181]

普京或许的确有理由感到愤怒。记者罗伯特·帕里（Robert Parry）将《马格尼茨基法案》的通过视为很可能是"新冷战的第一枪"，认为这引发了很多问题。谢尔盖·马格尼茨基（Sergei Magnitsky）被西方描绘成一个英勇的吹哨人，说他因揭露俄罗斯政府的腐败案件而遭噤声，并最终于2009年被谋害在狱中。这种宣传鼓动在很大程度上得益于在美国出生的亿万富豪威廉·布劳德（William Browder）的活动，他在英国的对冲基金赫米蒂奇资本管理公司曾是在俄的最大外国投资商。布劳德是美国于2012年对俄罗斯的寡头政治家实施制裁的幕后推手。俄罗斯电影制作人安德烈·涅克拉索夫（Andrei Nekrasov）是普京的公开批评者，他曾拍过一些反映前情报官员亚历山大·利特维年科（Alexander Litvinenko）中毒事件和车臣镇压行动的电影。他对马格尼茨基的故事很感兴趣，认为这可以作为揭露俄罗斯政府背信弃义行为的纪录片的基础。不过，涅克拉索夫最终呈现出来的却是一部迥然不同的影片，片中刻画的马格尼茨基不是一个仗义执言的律师，而是一名会计师，影片暗示他可能协助布劳德策划了一场逃税骗局。布劳德关于"吹哨人"的说法说服了美国的一些议员，但涅克拉索夫觉得事情没有那么简单。在谈到他关于"不存在吹哨迹象"的发现时，他说道："很难说我具体是从什么时候开始觉得这是一个谎言……一个编造的故事的。"尽管该电影提出了许多棘手的问题，《华盛顿邮报》仍将其斥为一部"政治宣传片"，利用一些"有选择性的"事实，作为克里姆林宫"抹黑布劳德先生以及《马格尼茨基法案》活动"的一部分。[182] 最终，该纪录片在西方仅做过一场私人放映。但最起码，整个事件是值得仔细探究的。

尽管如此，普京仍然在两国利益一致的领域保持与美国合作的态度。2013 年，他在叙利亚移除化学武器一事上进行斡旋，使奥巴马避免了一场毁灭性的政治失利。

在《伊朗核问题协议》的谈判上，普京也发挥了至关重要的作用。2014 年 11 月初，随着 11 月 24 日达成全面协议的最后期限临近，伊朗同"P5+1"国家[①]之间的谈判似乎陷入了僵局，此时谈判代表们宣布已经解决了一个关键问题。伊朗同意将其储存的大量浓缩铀运至俄罗斯，在那里将其转化成专门的燃料棒，供伊朗的布什尔核电站使用。美国国家安全委员会的一位高级官员告诉《纽约时报》，"俄罗斯人在这些谈判中起到了很大的帮助作用"。他们"提出了富有创造性且合理的方案，帮助我们实现了目标，即排除伊朗可能获得核武器的一切途径"。这名官员还指出，"尽管在其他一些对外政策事务上存在意见分歧，但俄罗斯在这些谈判中与其他国家完全保持一致"。俄罗斯虽然会从该协议中获得经济利益，但因伊朗的石油很快就会大量涌入市场，进一步降低俄罗斯在本国的石油出售上获得的收益，俄罗斯也将因此遭受更大的损失。[183]

但事实证明，美国在乌克兰的活动超过了俄罗斯所能忍受的限度。多年来一直将乌克兰视为北约潜在盟友的美国人，决定利用乌克兰国内日益增长的不满情绪，将其从俄罗斯的势力范围内夺走，然后与西方国家紧紧捆绑在一起。乌克兰人对国内经济停滞和腐败横行的问题十分不满，很多人开始接受美国国务院散播的一些亲西方的、支持民主的理念。自 1991 年以来，美国国务院花了 50 亿美元援助乌克兰和资助国家民主基金会（National Endowment for

---

① 联合国安理会5个常任理事国及德国。

　　2017年10月，伊朗总统马哈茂德·艾哈迈迪-内贾德与俄罗斯总统普京在德黑兰举行会晤。

　　2015年11月23日，普京与伊朗宗教领袖哈梅内伊会晤讨论叙利亚局势。

Democracy），后者是一家受美国政府资助的非营利机构，多年来一直通过在乌克兰的 65 个"支持民主"项目来煽动不满情绪和培养亲西方的活动人士。该机构的总裁卡尔·格什曼（Carl Gershman）曾在 2013 年 9 月写道，乌克兰是"最有价值的富矿"。他还表达了一个愿望，即等乌克兰与西方结盟后，对后普京时代的俄罗斯也能这么做，"俄罗斯人同样面临抉择，而普京将会发现，不论是在周边邻国还是在俄罗斯内部，他都将是最后的输家"。[184]

2013 年 11 月 21 日，乌克兰总统维克托·亚努科维奇在与欧盟签署一份联系国协定时畏缩不前，这惹恼了许多希望与西方建立更紧密联系的乌克兰人。英国《金融时报》报道说，"这是一项具有深远影响的协议，它的酝酿过程持续了 6 年多。该协议将实现贸易的自由化，并要求基辅将欧盟的法律吸收到国内的法律条款当中，欧盟的许多领导人都将该协议视为一项为期数十年的努力的关键一步，也就是将他们的民主价值观进一步传播到这个'苏联集团'的内部，以实现'将乌克兰与西方国家紧紧捆绑在一起'的目标"。[185]相应地，普京也为几近破产的乌克兰人提供了一份慷慨的条约，并同意了亚努科维奇提出的一个"三方委员会"的建议，该建议将支持乌克兰发展同欧、俄两方的经济关系。要求签订一份排他性协议的人是西方而非普京，要求采取将给大部分乌克兰人民带来困苦的紧缩措施的人也是西方而非普京。实际上，普京为乌克兰提供了一笔 150 亿美元的紧急援助，并将天然气的价格削减了三分之一。

11 月 24 日，亲西方的乌克兰人在基辅发起了抗议活动。在负责欧洲事务的副国务卿维多利亚·纽兰（Victoria Nuland）的带领下，奥巴马政府的官员们煽动抗议者，向他们派发三明治、酥皮糕点、饼干作为鼓励。纽兰不仅是新保守主义者中的重要一员，还是"新美国世纪计划"共同发起人罗伯特·卡根的妻子。她斥责欧洲人采取的更加谨慎的做法。"去他妈的欧盟。"她对美国驻乌克兰大使杰弗里·派亚特（Geoffrey Pyatt）如是说。她不但要求亚努科维奇下台，还亲手挑选了他的继任者。她指示派亚特说："我觉得小亚[阿尔谢尼·亚采纽克（Arseniy Yatsenyuk）]挺合适的。"[186]2014年2月7日，有人据推测是俄罗斯人在 YouTube 网站发布了这段对话的录音。俄罗斯指责美国煽动政变。

到2月的第3周，最初的和平抗议开始转向暴力。很多人死于非命。新纳粹分子和右区党[①]的支持者发挥着越来越突出的作用。2月20日，有人用狙击枪射击，暴力再次蔓延，中枪而亡的人既有警察，也有抗议者。抗议者们将此归咎于警察和安保部队。另一段流出的电话录音表明，爱沙尼亚外交部长乌尔马斯·佩特（Urmas Paet）认为这些狙击手是抗议运动的一员，而不是亚努科维奇的支持者。佩特告诉欧盟外交事务负责人凯瑟琳·阿什顿（Catherine Ashton），"狙击手的背后指使者不是亚努科维奇，而是新联盟政府中的一些人，这种说法正变得越来越有可信度"。阿什顿回应说："我觉得我们真应该查一下。我当时没有提这事，这很有意思。唉。"[187]为了避免进一步的流血冲突，亚努科维奇在第二天与反对派领导人签署了一份协议，这些领导人要求提前举行选举，修改2004年宪法，并组建一个新的全国联合政府。

这份协议是由三位欧洲国家元首担保联署的。据罗伯特·帕里报道，当"由右区党和新纳粹民兵组织"领导的抗议者攻占了政府大楼，[188]亚努科维奇的支持者们四散奔逃，亚努科维奇也逃离首都。[189]斯特拉福战略预测公司的领导乔治·弗里德曼（George Friedman）将其称为"史上最明目张胆的政变"。[190]

美国很快就承认了新政府。俄罗斯则谴责这次夺权是由新纳粹暴徒们领导的暴力政变，他们驱逐了一位经过民主选举产生的总

---

① 乌克兰政党，政治立场为极端民族主义、新纳粹主义、右翼（或极右翼）。

2014 年 2 月 21 日，乌克兰总统亚努科维奇被迫与反对派领导人签署一份重大协议。

统，而且这位总统刚刚签署了一份通过选举和宪法举措来加速自己去职的协议。基辅的新政府很快就宣布禁止将俄语作为第二官方语言，这激起了乌克兰俄语地区人们的抗议。

　　2 月 27 日，有武装人员控制了克里米亚议会并升起了俄罗斯国旗。几天内，驻扎在塞瓦斯托波尔海军基地〔俄罗斯黑海舰队总部〕的俄军未发一枪、未伤一人，兵不血刃地占领了克里米亚半岛。乌克兰军队没有抵抗。自叶卡捷琳娜大帝在 1783 年打败奥斯曼帝国后，克里米亚就成了俄国的一部分，直到 1954 年尼基塔·赫鲁晓夫将其划给乌克兰苏维埃社会主义共和国以示友好。2010 年，俄罗斯总统梅德韦杰夫和乌克兰总统亚努科维奇签署协议，将俄罗斯对克里米亚海军设施的租期延长至 2042 年，并规定了额外 5 年的续租权衡期。根据该协议，俄罗斯海军可在此部署多达 2.5 万名军人。如今，为了响应克里米亚民众高涨的情绪，同时也不想冒着失去塞瓦斯托波尔海军基地的风险，俄罗斯收回了这一地区。3月6日，始终保有较大自治权的克里米亚议会领导人投票决定脱乌入俄。议会定于3月16日进行全民公投。公投结果呈现一边倒的态势。在这次受到西方口诛笔伐的投票中，97%的投票者选择加入俄罗斯。俄罗斯对他们表示欢迎。

同时，乌克兰南部和东部的事态也在发酵，这里也有大量讲俄语的人群，他们在身份认同上更贴近于莫斯科而非基辅。3月1日，俄罗斯联邦会议批准了普京关于动用军队捍卫俄罗斯利益的请求。4月7日，乌克兰东部城市顿涅茨克、卢甘斯克和哈尔科夫的抗议者占领了当地政府大楼，要求就脱离基辅政权进行全民公投，当时的基辅政权是由彼得罗·波罗申科（Petro Poroshenko）担任总统，由亚采纽克担任总理。北约报告说，多批无番号的俄军、坦克和重型武器组成的车队越过边境进入乌克兰。战斗更加激烈了。乌克兰顿巴斯营的副指挥官米哈伊洛·李森科（Mykhailo Lysenko）说这是一次"全面入侵"。8月末，美国官员说有多达1000名俄军士兵参与了战斗。俄罗斯对这一说法予以否认。[191]

美国和北约公开谴责俄罗斯的入侵，并施加了严厉制裁。历史学家安德鲁·巴切维奇驳斥了关于俄罗斯想要重建苏联帝国的流言，并认为普京的反应"如同所有担心邻国会被吸纳进一个敌对国家集团的美国总统一样。实际上，他的做法跟当年评估古巴加入苏联集团会造成何种影响的德怀特·D. 艾森豪威尔和约翰·F. 肯尼迪的一模一样"。巴切维奇指出，俄罗斯"在谁掌控乌克兰的问题上拥有明显的和充分的利益关切，但华盛顿或《纽约时报》的编辑部里很少有人承认这一点"。[192]

2014年夏天，在乌克兰东部的顿巴斯地区爆发了全面的军事对抗，一边是由新纳粹组织和其他右翼组织支持的乌克兰军，一边是受俄罗斯支持、自称隶属于顿涅茨克人民共和国和卢甘斯克人民共和国的民兵组织。2015 年 7 月，《纽约时报》报道称有 30 个不同的军事单位联合起来对付亲俄的独立派。据《纽约时报》安德鲁·克雷默（Andrew Kramer）报道，面对受俄罗斯支持的装备更加充足的反对派，"腐败和资金短缺的（乌克兰）军队基本上是无能为力的"。不过，车臣武装是经验更加丰富的战士，受到了乌兹别克人、巴尔卡尔人及其他前苏联加盟共和国的支持。右翼分子中有许多人曾带头参加反对亚努科维奇的暴力活动，包括右区党的成员。据克雷默报道，右区党"是去年在基辅的街头抗议活动中形成的，由五六个边缘的乌克兰民族主义组织组成，譬如'白锤'和'三叉戟'。此外，还有一个'亚速营'，是公开的新纳粹组织，使用与纳粹德国党卫军相同的'狼之钩'标志"。[193]

随着战斗日趋激烈，死亡数字不断上升，2015 年 2 月 12 日，乌克兰、俄罗斯、法国和德国的领导人与顿涅茨克人民共和国和卢甘斯克人民共和国的官员共同签署了包含 13 个条款的《新明斯克协议》（Minsk II agreement），协议规定停火并从前线撤出所有重型武器。根据该协议，乌克兰有义务推动宪法改革，做出"中央放权"的规定，并给予顿涅茨克和卢甘斯克更大的地方自治权。作为交换，所有"外国武装部队"都要撤出，乌克兰将恢复对其边境的控制。不过，由于双方在必要步骤的执行次序上争执不下，冲突依然在僵持。

俄罗斯的领导人知道，缓解乌克兰的紧张局势是解除西方制裁的唯一希望。国际危机组织（International Crisis Group）的高级顾问保罗·奎因－贾奇（Paul Quinn-Judge）解释说："俄罗斯对于乌克兰在执行 2015 年 2 月达成的《明斯克协议》上缺乏行动感到极为不满，并且试图将此问题归咎于乌克兰。但该协议……对乌克兰极为不利。一些重要条款，如给予相关实体以特殊地位，对于乌克兰总统彼得罗·波罗申科来说会导致猛烈的甚至是致命的政治动荡。因此，他选择了尽可能地拖延执行，而莫斯科方面则在进一步施压。"[194]

在奥巴马的领导下，美国为乌克兰的军队和国民警卫队提供了军事装备和培训，但拒绝为乌克兰提供致命性武器，因为它知道这将导致冲突升级，甚至会引发战争。而总统候选人希拉里则在这个问题上和奥巴马割席，并暗示她会提供这些武器。特朗普不仅质疑奥巴马的观点，他的代表们还直接抽掉挡板，通过共和党的平台表示支持向乌克兰提供致命性武器。

但美国政府的谨慎态度在2017年12月消失了，特朗普政府授权出售"标枪"（Javelin）反坦克导弹和狙击步枪。对此，参议院外交关系委员会主席鲍勃·科克（田纳西州共和党人）赞扬此举，称这些武器是"防御性致命武器"。一位不愿透露姓名的"国会高级官员"告诉《华盛顿邮报》："我们已经越过了雷池，这次是致命性武器，我预计后面还有更过分的东西。"[195] 次年3月，美国国务院正式批准了雷神公司和洛克希德·马丁公司提交的价值4700万美元的武器销售计划。

乌克兰已经沿着美国和欧盟设定的轨道运行了4年多，但在这段时间里，不断上升的军事开支让乌克兰的腐败问题变得越来越严重。由3000多名强壮的亚速民兵领导的新纳粹分子几乎已成脱缰野马，曾有2万成员在基辅的大街上游行，一边挥舞火把一边高呼着反犹口号。[196] 2018年2月，《纽约时报》报道说："2014年2月，因腐败而声名狼藉的亲俄派乌克兰总统维克托·亚努科维奇被迫下台，人们随着他的下台而升起的一丝希望如今又被腐败问题扼杀了。这也让深感沮丧的西方支持者和许多乌克兰人去思考，自1991年独立以来经历了两次革命的乌克兰，到底还要付出多大的代价才能真正遏制长期的腐败。"受贿者中，就有总统波罗申科和他的亲信。

曾担任乌克兰经济发展和贸易部长的艾瓦拉斯·阿布罗马维丘斯（Aivaras Abromavicius）在推进改革失败后，宣布辞职以示抗议。他抱怨说，利益冲突现象是如此常见，以至于"你都不觉得奇怪了。这种现象到处都是，真叫人感到悲哀、压抑和沮丧"。情况变得如此糟糕，以至于国际货币基金组织和欧盟停止拨付超过 50 亿美元的援助资金，原因就是乌克兰迟迟没有兑现设立反腐败法庭的承诺。¹⁹⁷

普京指责是西方的傲慢导致了乌克兰如今的僵局。2014 年 10 月，在南部度假胜地索契举行的瓦尔代国际辩论俱乐部（Valdai International Discussion Club）活动现场，普京发表演讲，他提醒参会者："他们只是告诉我们：这不关你们的事，到此为止，不要再讨论了。那不是一场全面和——我特别强调——文明的对话，他们谈论的都是如何去推翻一个国家的政府；他们将这个国家推向混乱，推向经济和社会崩溃，推向导致巨大伤亡的内战。"普京回忆道，在这一切发生之前，亚努科维奇"能签的都签了，能同意的都同意了。可他们为什么还要这么做？这有什么意义？这难道是文明解决问题的方式吗？"¹⁹⁸

前任美国驻苏联大使马特洛克相信，俄罗斯关注乌克兰问题是有充分理由的。他写道：

> 俄罗斯有相当切实的理由认为，美国只有在符合其利益的情况下，才会重视一国的领土完整。美国政府素来有在需要的情况下无视他国领土完整的记录，譬如美国及其北约盟友通过促成然后承认科索沃的独立来侵犯塞尔维亚的领土完整。此外，它还通过支持南苏丹从苏丹独立、支持厄立特里亚从埃塞俄比亚独立，支持东帝汶从印度尼西亚独立来侵犯他国的领土完整。
>
> 就目前而言，在侵犯国家主权方面，俄罗斯可以指出的是：美国为抓捕诺列加而入侵巴拿马；为防止美国公民被劫为人质（尽管他们

没有被绑架）而入侵格林纳达；基于伪造的证据，即声称萨达姆拥有大规模杀伤性武器并用无人机攻击其他国家而入侵伊拉克，凡此种种。换句话说，当美国当着俄罗斯总统的面去宣扬尊重主权和维护领土完整时，它似乎是在主张一种唯我独享的特权。[199]

奥巴马的副国家安全顾问本·罗兹（Ben Rhodes）理解俄罗斯的逻辑，他表示："普京所说的并非全无道理……我们在世界各地参与政变。他尽可以看着我们玩火自焚。"[200]实际上，正如我们在书中一再揭露的，在罢黜政府，包括罢黜民选政府方面，美国可以说是劣迹斑斑。

戈尔巴乔夫是为普京驳斥西方鼓掌叫好的人之一。2014年11月，在柏林一个纪念柏林墙倒塌25周年的研讨会上，戈尔巴乔夫发言警告说，世界正"处于一场新冷战的边缘"。他解释说："西方国家，特别是美国，宣告自己取得了冷战的胜利。西方领导人的心中充满了狂喜与得意。他们趁着俄罗斯衰落和没有制衡他们的力量，宣布要一统天下和主宰世界。"他将最近的紧张局势直接归咎于西方，列举了"北约的扩张，南斯拉夫，尤其是科索沃，以及导弹防御计划、伊拉克、利比亚、叙利亚，名单还有很长。打个比方来说，原来的一个小水泡如今已经变成了一个血淋淋的、溃烂化脓的伤口"。[201]

其他人也警告西方要克制。亨利·基辛格在接受《明镜》周刊的采访时提醒读者："如果西方人敢于正视自己，他们就必须承认自身的错误。俄罗斯吞并克里米亚并不是为了征服世界，这跟希特勒入侵捷克斯洛伐克不一样。"基辛格还解释说，为了迎合西方，与之发展更紧密的关系，普京刚刚耗资数百亿美元去办好索契冬奥会。他推断道："因此，如果说在冬奥会结束的短短一周内，普京就要夺取克里米亚并对乌克兰宣战，这是完全讲不通的。所以我们

得问问自己，为什么会发生这种事？"紧接着，基辛格自己回答了
这个问题："从商讨乌克兰与欧盟的经济关系开始，到基辅的游行
示威，欧洲和美国并不清楚这些事件造成的影响。所有这些事件及
其影响，应当成为与俄罗斯对话的主题……乌克兰对俄罗斯而言，
一直有着特殊意义。意识不到这一点是不对的。"[202]

　　这样的背景分析在美国相当罕见，美国的记者和政客们，其
中不乏一些为美国入侵伊拉克而弹冠相庆者，如今却把俄罗斯吞
并克里米亚和卷入乌克兰问题变成大肆妖魔化普京的由头。希拉
里将普京在乌克兰的行动与希特勒攻占波兰和捷克斯洛伐克相提
并论。有人说他推行的是窃盗统治①，甚至指控他是地球上最富有
的人。也有人指责他谋杀记者和批评者，其中包括亚历山大·利
特维年科、安娜·波利特科夫斯卡娅（Anna Politkovskaya）、鲍
里斯·涅姆佐夫（Boris Nemtsov）、谢尔盖·马格尼茨基、纳塔丽
亚·埃斯蒂米洛娃（Natalia Estemirova）、谢尔盖·尤申科夫（Sergei
Yushenkov）、保罗·克列布尼科夫（Paul Klebnikov）、斯坦尼斯拉
夫·马尔克洛夫（Stanislav Markelov）和阿纳斯塔西娅·巴布洛娃
（Anastasia Baburova）等，其中很多都是普京及其政府的强烈反对
者。普京及其支持者们愤怒地否认了这些指控，正如保护记者委
员会（Committee to Protect Journalists）在欧洲和中亚地区的项目
协调员尼娜·奥格尼亚诺娃（Nina Ognianova）所承认的那样，没
有证据能证明普京与这些谋杀案有关。《华盛顿邮报》的亚当·泰
勒（Adam Taylor）认为，这"更有可能是忠于普京的人在他不知
情或未准许的情况下擅自行动的，或者这些案件的幕后真凶是复杂
多面的现代俄罗斯世界里的其他团体"。布鲁金斯学会（Brookings

---

① 窃盗统治是政治学术语，是一种政治腐败的形式。在某个政府中，某些统治者或统治阶级
利用政治权力，来增加私人财产以及扩张政治权利，侵占全体人民的财产与权利。

Institution Russia）的俄罗斯问题专家菲奥娜·希尔（Fiona Hill）认为，这些团体往往是"地方和地区政府及其领导人"。她指出，大部分的施暴对象是一些地区级而非国家级的记者。奥格尼亚诺娃认为，负责对敏感领域进行报道的记者可能"被谋杀于普京领导下的俄罗斯，其凶手却可以避过惩罚"。不过，在波利特科夫斯卡娅被害案上，普京表示她的遇害对俄罗斯政府来说是弊大于利。他坚称："从政府的角度讲，特别是对那些受到她强烈批评的政府来说，杀害这样一个人对政府造成的损害肯定要远大于她的出版物所造成的。"结合现实来看，这种推论是有道理的。[203]

美国国会通过了众议院第758号决议，强烈谴责俄罗斯的行为。带头对该决议表示反对的是罗恩·保罗（Ron Paul），他将这份决议描述为"16页纸的战争宣传册，甚至连新保守主义者看了都应该脸红，因为他们也不一定能做到这样"。[204]

欧盟也对俄罗斯实施了制裁，但力度没有美国那么大。包括匈牙利在内的一些国家担心欧盟这是在摆没必要摆的对抗姿态。

各种制裁，再加上石油和天然气价格暴跌，对俄罗斯的经济造成了严重影响。2014年底，俄罗斯忙着加强与土耳其、伊朗、印度、中国及其他国家的经济关系。不过俄罗斯还是从风暴中挺了过来。到2015年初，西方媒体不得不承认，美国试图削弱和孤立俄罗斯的努力失败了。2015年5月，《纽约时报》记者戴维·赫森霍恩（David Herszenhorn）从莫斯科发来一篇非同寻常的报道，讲述了美国国务卿约翰·克里访问索契一事。而就在三天前，美国正试图拉拢其他国家一起抵制俄罗斯一年一度的盛大的胜利日庆祝活动。[205]

《纽约时报》承认，奥巴马长达一年的"旨在孤立俄罗斯及其背叛者总统弗拉基米尔·普京，把他描绘成一个凌驾于经济衰败、越来越无关紧要的石油国家之上的无法无天的恶霸"的努力，已经失败了。据《纽约时报》报道，以奥巴马为首的西方为了惩罚普京

2015年5月12日，美国国务卿约翰·克里在美国驻俄大使约翰·特夫特（John Tefft）和美国负责政治事务的副国务卿温迪·舍曼（Wendy Sherman）的陪同下，在索契与俄罗斯总统普京、俄罗斯外交部长拉夫罗夫举行双边会晤。

干预乌克兰事务，将俄罗斯从八国集团①中踢了出去，对普京的一些心腹密友实施严厉制裁，并向乌克兰新政府提供经济和军事援助。

　　然而，在最近几个月里，俄罗斯不仅经受住了这些打击，并对美国的欧洲盟友实施了令其感到痛苦的反制裁，而且还倔强地证明了自己在世界舞台上的重要地位。特别是在叙利亚问题上，俄罗斯关于收缴化学武器的建议保证了克里姆林宫盟友叙利亚总统巴沙尔·阿萨德可以继续掌权，而且在针对伊朗的核项目达成了临时性协议的谈判中也发挥了重要作用。

① G8，指八大工业国美国、英国、法国、德国、日本、意大利、加拿大和俄罗斯的联盟。

《纽约时报》不甚情愿地承认，普京"似乎正在成为最重要的人物。在近期与西方的对抗中，他就算不是一个完全的获胜者，也肯定是一位民族英雄，绝不屈服，牢牢掌控着局面，他没有放弃任何东西，特别是克里米亚，这是他最渴望的战利品"。暴跌之后的卢布也开始反弹，石油价格趋于稳定。进行到最后，奥巴马发现他在达成《伊朗核问题协议》上需要俄罗斯的帮助，这对他来说是个更紧急的任务，而且与美国相比，俄罗斯愿意为乌克兰做出的牺牲要多得多。[206]

一周后，《纽约时报》刊登了另一篇揭露内情的文章，题为《俄罗斯在欧洲会议上投下阴影》（"Russia Casts a Shadow Over European Meeting"）。文章开篇说道："英国首相戴维·卡梅伦（David Cameron）迟到了几个小时，但真正重要的缺席者，是这场为期两天的会议中，欧洲领导人以及来自苏联国土的领导人们频频提到的人物——俄罗斯总统弗拉基米尔·普京，可他却不在受邀之列。"召开这次会议本是为了推进欧洲集团与6个曾经的苏联加盟共和国的"东部伙伴关系"，但来自普京的压力让它们都退缩了。《纽约时报》报道说，欧盟的官员们宣布这是一次成功的会议，"仅仅是因为参会的各国领导成功地做到了在原地保持不动"，没有进一步丧失阵地。[207]

许多欧洲人认为西方对俄罗斯的制裁已经失控。包括德国前总理格哈德·施罗德在内的60位多位德国政界重要人士反对美国与俄罗斯对抗，呼吁出台缓和欧俄紧张关系的新政策。[208]

尽管经济困难，但俄罗斯人依然不屈不挠。2016年3月，普京的支持率为73%，虽比上一年的83%有所下降，但仍然令欧洲的政客们羡慕不已。5个月后，俄罗斯国家民意调查机构VTsIOM发布的另一项调查显示，有三分之二的俄罗斯人希望有一个"强手"来维持稳定，仅有四分之一的人认为政治上的自由和民主在任何情况下都是不可或缺的。

美国及其盟友在乌克兰投入了大量时间和资金，但随着局势的恶化，它们的努力收效甚微。没有人比美国副总统约瑟夫·拜登更希望看到西方民主在乌克兰取得胜利了。从2014年到2015年12月他在乌克兰议会发表演讲这段时间里，拜登先后与乌克兰总统波罗申科通话40次，与总理亚采纽克通话16次，并4次访问乌克兰。单2014年这一年，美国其他官员和国会议员就访问了乌克兰超过100次。在他们看来，将乌克兰从俄罗斯身边夺走，几乎可以比得上在1950年代将匈牙利这样的国家从苏联的掌控下解放出来。但到2015年底，前景似乎变得黯淡了。路透社指出，"尽管白宫付出了巨大努力，但这一工程目前面临解散的危险"，因为"联合政府内部的分歧正在扩大，许多改革都停滞了"。路透社评论道："如果这些领导者失败了，那么华盛顿、欧盟和国际货币基金组织将会非常尴尬，因为它们牺牲了对俄关系来支持这帮人。"路透社进一步对这个绝望局面进行了剖析："打击独立派的战争导致数千人死亡，数十万人流离失所。国库空虚，货币汇率直线下跌，而企业和居民家庭仍然要依靠俄罗斯供给能源。苏联时代建立的工业企业掌控在有政治人脉的内部人士手中，腐败已经变得根深蒂固。"另外，国际货币基金组织虽然保持着"基辅的经济运转，但要求它对债务进行结构性调整，并实施一系列的金融、政治和工业改革"，而这些都是乌克兰人非常抗拒的。[209]

拜登以私人身份为波罗申科审阅了取缔闹事法（Riot Act），然后列出一系列议会需要采取的步骤，以消除严重的腐败，并进行政治改革。[210]但由于拜登的儿子亨特最近成为乌克兰一家天然气公司的董事长，拜登的可信度开始下滑。

获奖记者罗伯特·帕里数年来一直坚持与被歪曲的历史叙述作斗争，他对媒体针对乌克兰国内事件的歪曲报道深感不安。他睿智地写道："如果你想知道世界是怎样失足跌入第三次世界大战的——差不多就像一个世纪前的一战那样，你只需看看有关方面在乌克兰问题上的疯狂表演，这种疯狂基本上完全侵蚀了整个美国政治和媒体领域。在这些领域，颠倒黑白的错误叙述早已落地生根，它们已经完全脱离了事实和理性思考。"[211]

本·罗兹告诉《大西洋月刊》的茱莉娅·约费（Julia Ioffe），"基辅独立广场枪击案使局势进一步恶化"，普京"在广场事件后继续发力，从某种程度上来说，他已经摘掉拳套，开始动真格了。对普京而言，乌克兰是俄罗斯具有特殊意义的一部分，他把脱俄入欧视为对他的侮辱"。

约费也做了相似的解读："利比亚和乌克兰的政变促使俄罗斯积极支持叙利亚的巴沙尔·阿萨德。'不能再有政变'，这是美国前国务卿约翰·克里的幕僚长乔纳森·芬纳（Jonathan Finer）对普京在处理叙利亚问题上的判断。这也不可避免地促使俄罗斯去干预美国的大选：俄罗斯就是想让美国看看，世界上会搞政变的可不止美国一家。"[212]

在《世界的真相：奥巴马白宫纪事》（*The World as It Is:A Memoir of the Obama White House*）一书中，以及在接受《纽约时报》的采访时，罗兹都详细解读了美国在乌克兰的行动与俄罗斯干预美国2016年大选之间的关联。罗兹解释说：

我认为，普京把导致乌克兰总统被驱逐的这次抗议游行看成是美国人对付俄罗斯的先兆。他认为这些抗议游行背后的主使者是我们。他不觉得乌克兰和俄罗斯的事是两回事。我会坐在总统办公室里听着那些［关于乌克兰问题的］永无休止的谈话，而所有这些谈话都会反过来支持普京的一个观点，即我们推翻了一个在亚努科维奇领导下经过民主选举的政府。他将会进行反击……也就是当我们开始看到假新闻，当我们截获并公开了一些符合俄罗斯的政治叙事的交流内容的时候。所有这些都为我们在大选中发生的事情做了铺垫……如果你不理解俄罗斯在乌克兰问题上的反应，你就不会理解俄罗斯对 2016 年美国大选的干预。这两者使用的手法是一模一样的。这正是他们在乌克兰发展起来的情报战手段，只是现在用到了美国头上。[213]

美国在乌克兰采取的行动自然激怒了俄罗斯的领导者，并且也会在实际上促使普京做出干预叙利亚的决策，但罗兹忽略了另一个刺激俄罗斯做出军事干预的明显因素，即对俄罗斯来说，叙利亚的阿萨德是盟友，他请求俄罗斯提供帮助。

俄罗斯一次又一次地看着美国颠覆别国政府，借以重塑中东的政治地图。但这次它拒绝眼睁睁地看着华盛顿在叙利亚重复这一过程，而对于那些用了大量手段破坏该地区稳定的新保守主义者而言，叙利亚是一块缺失的拼图，他们对此垂涎已久。正如普京一再表示的那样，对于受美国支持的宗教极端分子占领叙利亚一事，俄罗斯有充足的理由表示关切。大马士革到莫斯科的距离也就 2000 英里多一点，而大马士革距离华盛顿有近 6000 英里之遥。而它与车臣的格罗兹尼——也就是俄罗斯南部的穆斯林区的实际距离只有 850 英里。俄罗斯人口中，包括最不安分的群体在内，有将近 7% 的人是穆斯林。因此普京对恐怖主义扩散的担忧是真真切切的。

特朗普从叙利亚撤军的决定，虽然耽搁了好几年，但依然令媒体群情激愤。当然，他宣布和实施这一决定的方式充分展现了特朗普式无能——先是在未通知美国盟友的情况下通过推特宣布，然后又不接受"专家"的建议。但将 2000 名在当地既无明确任务又无合法授权的美军士兵从那里撤回来是完全合理的，正如削减在阿富汗的驻军一样。但媒体的抗议声震耳欲聋，"自由"的美国媒体刷新了令人尴尬的下限。新闻媒体疯狂谩骂，以至于美国全国广播公司资深新闻记者威廉·阿金不得不辞职，他是一位受人尊敬的记者，曾为《洛杉矶时报》《纽约时报》《华盛顿邮报》撰稿。阿金表示，他受够了变得如此怯弱的媒体，它们压根不敢对"那些在缔造真正的安全和保障上毫无建树的"国家安全领导和军官说哪怕一句批评的话。媒体继续宣传着"受人爱戴的达官显贵们"——戴维·彼得雷乌斯和韦斯利·克拉克之流，"战僧"詹姆斯·马蒂斯和麦克马斯特，或者他们的翻新货——过去的一帮分析家和领导人们，实际上这些人的履历是如此糟糕，在他们对"无休止战争"的鼓吹下，"今天的中东，没有哪个国家会比18年前更安全"。

阿金发布推特表示：

> 当我仔细观察特朗普凭直觉做出的各种混乱决策时，我才意识到自己与主流媒体是多么不合拍：他想改善与俄罗斯的关系，实现朝鲜的无核化，从中东脱身，质疑我们为什么要在非洲打仗，甚至攻击情报部门和联邦调查局。当然，他是一个无知而无能的大骗子。但我还是惊异于美国全国广播公司是如何机械而迅速地唱反调，去赞颂那些带来了更多冲突和战争的政策。真的吗？我们不该从叙利亚脱身？我们不该勇敢地推进朝鲜半岛的无核化？甚至在俄罗斯问题上，虽然我们确实应该为我们如此轻易遭受操控的民主制度感到担心，但我们真的渴望冷战吗？更不要说联邦调查局了：难不成，我们非要把这个历史上劣迹斑斑的机构捧上天？[214]

军事规划者们决定利用美俄之间日益加剧的紧张关系，来为军事部署和更大规模的国防开支提供依据，就像他们在整个冷战时期做的那样。2016年4月，陆军中将 H. R. 麦克马斯特和另外三名高级军官针对美国的军事能力及其对国家安全的影响，向参议院军事委员会发布了一份极为悲观的展望报告。麦克马斯特希望往欧洲派遣更多部队，这一立场得到了空军司令兼北约高级指挥官菲利普·布里德洛夫 (Philip Breedlove) 的支持。

五角大楼的一位高级官员驳斥了这种不厌其烦地渲染美国军力衰微的说法："这是军队版的'小鸡仔，天要塌了'童话，这些家伙想让我们相信，俄罗斯人有 10 英尺高。这么做有一个更简单的解释：军方在寻找目标和更多的预算。而实现这一目的的最好办法就是把俄罗斯人描绘成拥有三头六臂的强敌。真是一派胡言。"军事分析家马克·佩里 (Mark Perry) 也认为这种军力衰微论是荒谬的，他提供了一份明细如下：

> 美国的国防开支是俄罗斯的 7 倍 (分别是 5980 亿美元和 840 亿美元)，现役人员是俄罗斯的近 2 倍 (分别是 140 万人和 76.6 万人)，直升机的数量是俄罗斯的近 6 倍 (分别是大约 6000 架和 1200 架)，战斗机数量是俄罗斯的 3 倍 (2300 架和 751 架)，飞机的总数量则是后者的 4 倍。我们有 10 艘航空母舰，俄罗斯仅 1 艘。虽然俄罗斯的坦克数量是美国的近 2 倍 (分别是 15000 辆和 8800 辆)，但他们最新版本的 T-14"阿玛塔" (Armata) 坦克在 2015 年 5 月的莫斯科红场阅兵时发生了故障。相反，美国的 M1A1 坦克却在战斗中未尝一败，从来没有。

到 2018 年，美国的国防开支实际上已经达到了俄罗斯的 12 倍。特朗普在 2018 年新增的预算就已经超过俄罗斯全年的军事预算。如果把美军所有军事花费都计算在内，包括情报、国土安全、退伍军人福利和能源部的支出，那么佩里列出的这个对比的差距会更大。

2016 年 3 月底，军方为美国军力衰微论出了一口气，宣布再向欧洲派遣一个旅的兵力。已退役的中校丹尼尔·戴维斯 (Daniel Davis) 嘲笑这种升级举动，说这只会给普京一个理由，"让他把更多钱花在他自己的军队上……这些都是完全可以预见的。他会抬高赌注，然后我们的军方会说'看，我们的兵力还不够'。如此反复"。[215]

不过，在2016年6月，北约宣布了一项重大部署，即在美国、英国、德国和加拿大的率领下，再往立陶宛、拉脱维亚和波兰派遣4个营的军力。英国国防大臣迈克尔·法伦（Michael Fallon）认为，这将"发出一个非常强烈的信号，表明我们在面对俄罗斯咄咄逼人的态势下保护波罗的海国家和波兰的决心"。[216]这次部署包含了超过4500人的兵力。此前，美国还计划派遣一个4000人的装甲旅和重型武器，这些军事人员和装备已于2017年1月抵达德国，并且开始在东欧各地轮驻。这是北约在冷战结束以来最大的一次军力扩充。俄罗斯愤怒地谴责了这种升级冲突的举动，并在与欧洲接壤的西部边境部署了数千俄军。10月，美国将其第二骑兵团派往北约驻波兰的前哨站，这里距离俄罗斯的飞地加里宁格勒州仅有100英里。俄罗斯还谴责了美国在波兰和罗马尼亚建立弹道导弹防御系统的举动。

2016年6月，俄罗斯历史学家吉尔伯特·多克托罗（Gilbert Doctorow）准确地指出："意外战争的风险已经迅速超过18个月前的水平。目前，我们正在俄罗斯边境实施由美国主导的北约军事扩张行动。"他特别指出了"在波兰进行的代号为'蟒蛇–2016'的军事演习。这次演习兵力达到3.1万人，其中1.7万人是美军"。他报告说，这些人"在排演的是北约对距离当地仅有数英里的俄罗斯飞地——加里宁格勒州的夺取和占领行动"。普京愤怒地回应说，任何对俄罗斯领土的入侵都将招致核打击，打击范围不仅包括欧洲，也包括美国。[217]这番威胁与美国在冷战时期反复对苏联做出的，并在冷战后继续向俄罗斯和其他国家做出的一样愚蠢和不计后果。

在特朗普的领导下，美俄之间的紧张关系持续升级。2018年3月，美国驻欧洲最高司令柯蒂斯·斯卡帕罗蒂（Curtis Scaparrotti）

对参议院军事委员会表示，"美国及其盟友在欧洲的地面部队数量已被俄罗斯超越"。作为美国的欧洲司令部司令兼北约欧洲盟军最高司令，斯卡帕罗蒂的表态颇有里根的风格［即主张增加军事开支］，他赞同 H. R. 麦克马斯特在 2016 做出的论断，即认为美国的军事力量"在射程和火力上已经落后于"俄罗斯。他把俄罗斯在欧洲和其他地区表现出来的侵略性描绘得非常恐怖，并声称"俄军正在推进军事能力的改进和现代化，使其成为一支更加灵活的军事力量，能够在整个现代战争的范围内执行任务"。[218]

其实就在斯卡帕罗蒂给出令人担忧的证词前，兰德公司也发布了一份更耸人听闻的报告。该报告断定，如果东欧爆发军事冲突，俄罗斯可凭借其优势火力，完全压制住波罗的海的北约军队，并"通过边缘政策来锁定冲突的规模"。该报告的编者声明，没有任何迹象表明俄罗斯正在考虑采取类似的行动，但和斯卡帕罗蒂将军一样，他们都敦促增加军费以扩大北约的军力和提高战备水平。据兰德公司的研究人员表示，俄罗斯在该地区有 7.8 万人的兵力和 757 辆坦克。北约则有 3.2 万人的兵力和 129 辆坦克。斯德哥尔摩国际和平研究所 (Stockholm International Peace Research Institute) 报告说，普京在 2000 年就职的时候，俄罗斯在军事上的开支是 209 亿美元，占其国内生产总值的 3.6%。2016 年，俄罗斯的国防开支为 703 亿美元，占其国内生产总值的 5.3%。[219] 2017 年，军费下降至 663 亿美元，占其国内生产总值的 4.3%，远低于中国的 2280 亿美元，甚至低于沙特阿拉伯的 694 亿美元。俄罗斯领导人宣布的目标是，在未来 5 年内，将国防开支削减至国内生产总值的 3% 以下，这将使俄罗斯相对于可以在国防开支上自由挥霍的美国显得更加失衡。[220]

虽然美国对俄罗斯的威胁进行了夸大，以证明自己奇高的军费水平是合理的，但俄罗斯的军事能力在近年来确实有了大幅提升。担任过苏联海军军官的军事分析人员安德烈·马尔季亚诺夫 (Andrei

美国驻欧洲最高司令柯蒂斯·斯卡帕罗蒂将军正在发表演讲。

Martyanov）在他 2018 年出版的《失去军事霸权：美国战略规划的短视》（*Losing Military Supremacy:The Myopia of American Strategic Planning*）一书中表示，俄罗斯不仅研制了强有力的新一代核武器，还在以下方面赶上或超过了美国：电子战能力，空防体系，指挥、控制和通信，监测和侦察。这使得俄罗斯在常规对抗中有能力去挑战和击败美国，也解释了俄罗斯为什么越来越有意于在叙利亚和乌克兰问题上与美国抗衡。[221]

2016 年 8 月，俄罗斯在普斯科夫州举行了一次独联体集体安全条约组织训练活动。参训者包括哈萨克斯坦、亚美尼亚、白俄罗斯、吉尔吉斯斯坦和塔吉克斯坦。这也是首次在俄罗斯与北约（具体为爱沙尼亚和拉脱维亚）的边界沿线举行此类军事演习。[222]

普京是特朗普胜选的幕后推手？

因此，早在俄罗斯干预美国2016年总统大选的指控被提出之前，美俄两国的关系就已经变得十分紧张。那一年的总统竞选是美国历史上最古怪、最具争议和影响最重大的一次。在最后的角逐中，一边是希拉里·克林顿，她是鹰派和中间派成员，从政经验丰富，还是前第一夫人、参议员和国务卿，另一边是唐纳德·特朗普，一个政坛新人，他的名气是从一个善于自我推销的纽约地产大亨转变为真人秀电视明星的过程中逐渐积累起来的。特朗普的背景履历中有太多黑料，足以搞垮这位结过三次婚、体重超标的吹牛大王，他的父亲曾在1927年一次由3K党挑起的骚乱中被捕。[223]特朗普曾在纽约的四大主要报纸上打出全幅广告，呼吁将被称为"中央公园五罪犯"的5名黑人青少年判处死刑，他们曾于1989年在纽约的中央公园强奸并企图杀害一位正在慢跑的白人年轻女子。尽管这5名男子声称自己是无辜的，但他们还是被定罪并在监狱里服刑6—13年不等，直到真正的犯罪者主动站出来承认了自己的罪行。近来，特朗普发起了一场为期两年的宣传活动，声称奥巴马并不像他自己所说的出生在美国，因此是没有资格当总统的。直到奥巴马出示了自己在夏威夷的出生证明，这场宣传闹剧才基本收场。这两个事例之间有一个共同点，那就是一种根深蒂固的种族主义和偏执，这些特质始终居于特朗普的竞选以及总统履职活动的核心。

两位候选人都熬过了预选阶段的激烈角逐，赢得了各自政党的总统提名。希拉里经受住了来自佛蒙特州的独立参议员，自称社会主义者的伯尼·桑德斯（Bernie Sanders）的严峻挑战。他所倡导的单一付款人医疗保健计划、取消学生贷款、财富再分配和其他一些改革举措点燃了年轻选民的热情，正如奥巴马最初赢得提名资格的方式那样，从最初的默默无闻到最终几乎取代受当权派支持的希拉里。桑德斯指责希拉里与华尔街走得太近，他曾在一次电视辩论中宣称，"作为当权派的一分子意味着什么，意味着在最后一个季度①，能够拥有一个能从华尔街筹资1500万美元的超级政治行动委员会②（super PAC）"。美国有线电视新闻网的报道印证了这一形象。该媒体在2016年2月报道说，自从比·克林顿在2001年卸任以来，他和希拉里靠演讲费赚了超过1.53亿美元，平均每场演讲的酬金超过21万美元，其中有至少39场演讲都是面向大银行的。[224]桑德斯一再要求希拉里公布她在华尔街演讲的手稿。他的这些批评声也得到了选民的响应。但民主党的官员们操控了选举，以确保希拉里赢得多数选票，并继续保持来自自动当选的超级代表们一边倒的支持。希拉里最终在预选中胜出，但个人形象也在这一过程中严重受损。[225]

特朗普则走了一条迥然不同的竞选之路，他从17名共和党候选人中脱颖而出。他通过极端民族主义的"美国优先"理念和喜欢侮辱、贬低、嘲弄、模仿和恫吓对手的作风来树立自己的竞选特色。他这种粗俗下流的竞选方式一直持续到总统大选阶段，无论是希拉里和民主党人，还是特朗普的共和党初选，都未曾对此种竞选风格有过充足准备。

对于特朗普的候选人资格，很多人都从形式到内容上进行了尖锐的抨击。2016年3月，50位资深的共和党外交政策专家发布了一份措辞严厉的声明，批评总统候选人唐纳德·特朗普，这些人里有不少曾为小布什鲁莽干预他国的行为欢呼喝彩。声明写道：

---

① 即大选关键期。
② 超级政治行动委员会是指活跃在美国政治选举中的一种外围团体，可以在不与总统候选人有任何联系的前提下不受限制地接受个人、企业和其他机构的捐助，通过独立宣传支持或者反对候选人。

从对外政策的角度讲，唐纳德·特朗普是没有资格担任总统和三军总司令的。实际上，我们确信他将会是一位危险的总统，将使我国的国家安全和福祉处于风险当中。

最重要的是，特朗普先生缺乏担任总统所应有的性格、价值观和经验。作为自由世界的领袖，他会削弱美国的道德威信。他似乎对美国的宪法、法律和体制，包括宗教宽容、新闻自由和司法独立等缺乏基本的认识和信仰……根据我们的判断，特朗普先生……无法或者不愿意从谬误中辨明真理。他不鼓励异论相搅。他缺乏自控力，行事鲁莽冲动。他无法容忍他人的批评。他反复无常的行为也令我们最紧密的盟友感到惊慌。对一个渴望成为总统和三军总司令，并且将掌控美国核武库的人来说，以上种种都是危险的性格特征。

……我们确信，在椭圆形办公室里，他将成为美国历史上最鲁莽的总统。

2016年10月29日，特朗普在亚利桑那州凤凰城的一次竞选集会上。

特朗普带有准法西斯主义色彩的民粹主义能够吸引共和党的基础选民，这应该不足为奇。共和党作为一个曾经由亚伯拉罕·林肯领导的政党，通过民权运动和女权运动取得的成果还历历在目，而今它早已对其民族和种族主义偏见进行了修改，以迎合那些因有色人种和妇女的进步而自感被边缘化的男性白人。在其他人往往巧妙回避的问题上，特朗普却公开抨击"墨西哥强奸犯"、伊斯兰恐怖分子、搭便车的亚洲人和欧洲人、把美国人的工作岗位和贸易拱手让给外国竞争者的全球主义者、对华尔街卑躬屈膝的华盛顿沼泽①（D. C. Swamp）的怪物们，以及应当为自己恶劣的生存环境负责的懒散黑人们。[226]

不过，特朗普的理念中还是有一部分合理内容的。他呼吁"推出一种吸取过去教训的新的对外政策"，并表示，"我们将停止寻求颠覆政权和推翻政府"。他承诺"会与任何愿意加入到打击'伊斯兰国'组织和极端恐怖主义的行列的国家合作……在与其他国家打交道时，我们将在任何可能的领域寻求共同利益，追求一个和平、理解和友好的新时代"。[227]他正确地指出，美国的中东政策"不仅对中东地区造成了巨大的伤害，也对人类造成了巨大的伤害。那些被杀死的人们，那些被消灭的人们——到底是为了什么？"他问道。"这是一团糟。中东地区已经完全失去稳定，成了十足的一团糟。我真希望我们没有浪费那四五万亿美元，我真希望这些钱能够花在美国身上，花在学校、医院、道路、机场以及所有正在崩坏的设施上面！"[228]

对于美国入侵伊拉克一事，特朗普尤其感到无法宽恕。2016年2月17日，特朗普在南卡罗来纳州布拉夫顿的一次市政厅集会

---

① 暗指美国白宫或联邦政府，因有说作为美国首都的华盛顿特区之前曾是一片沼泽地；且"沼泽"有掩盖真相、暗中勾结交易的含义，美国政界常有"抽干沼泽"之说，意指清除美国政界同其他利益集团的腐败勾结。

2018 年 7 月 18 日，在特朗普到伦敦与英国首相特雷莎·梅会晤期间，一位精神矍铄的抗议者走上伦敦街头抗议特朗普。

上向听众们说："我来告诉你们关于伊拉克的真相。我认为这场战争就是一场灾难，我们花了两万亿美元，搭上了数千条人命，数千条人命。到处都有负伤的战士……我们根本就不应该去那儿……这是美国历史上最糟糕的决策之一。我们已经完全破坏了中东地区的稳定。"特朗普还指出了一个显而易见的事实，那就是伊朗成了最大的赢家："如今伊朗正在接管伊拉克，这事已经板上钉钉，就像各位确确实实坐在这里一样。我们与伊拉克甚至已经没有什么瓜葛了。我们撤离了。但别忘了，我们为此花了两万亿美元，这些钱本可以用来重建我们的国家，我们本可以用这些钱做很多事情。然而，我们在中东地区的处境却比 15 年前更糟了。现在看来，这就是一场灾难。"[229]

对两党负责制定对外政策的部门而言，最麻烦的或许是特朗普对俄罗斯的看法。2016年4月，在他第一次发表的关于对外政策的演讲中，他说道："我们需要与俄罗斯、中国和平友好地相处。例如，俄罗斯也见识到了恐怖主义的恐怖。我相信，单单从保存实力的角度出发，缓和与俄罗斯的紧张局面，改善彼此关系是有可能的，完全有可能。人之常情告诉我们，这种循环，这种可怕的敌对循环必须终结，而且顺利的话很快就会终结。这对两个国家都好。"6月，他问道："如果我们真的能和俄罗斯友好相处，那不是很好吗？这难道不好吗？"

除了迫切希望改善与俄罗斯的关系，特朗普还将北约贬为"过时的"冷战遗留。2016年3月，他告诉福克斯新闻："我们从苏联时期就开始搞北约，如今苏联都不在了。"[230]

另一方面，希拉里则把她的大选演讲搞成了加冕典礼。不论是从智慧还是从经验来看，希拉里都远远超过她的共和党对手。她受到了那些迫切想选出美国首位女总统的女性选民的欢迎，这是她们期待已久的。但同时她也背负着众多包袱，这些包袱最终破坏了她的总统候选人资格。她曾提议美国入侵阿富汗、伊拉克和利比亚，也支持轰炸叙利亚，对抗俄罗斯和中国，这些立场让许多民主党人和一些自由派选民感到厌恶，他们更希望看到美国在世界上扮演另一种角色。她没有太多的竞选天赋，在她身上看不到太多的亲和力或感召力。她猛烈地抨击特朗普，却又未能向选民提供太多值得追求的正面纲领，尤其是在密歇根州、威斯康星州和宾夕法尼亚州等几个"铁锈地带"上的关键州，她累计损失了8万张选票，并最终导致她在大选中失利。

最要命的是，她过去的那些小问题都发生在她最适合拿来攻击特朗普的领域。特朗普，一个生活奢侈、善于钻营、多次破产的亿万富翁，总喜欢空手套白狼，却能够将希拉里描绘成一个受人憎恶、贪得无厌的华尔街谄媚者，她给高盛集团做的每一场演讲都可

　　2016年民主党在费城的全国代表大会上，总统候选人和前国务卿希拉里正在向热情的支持者们发表演讲。

以获得22.5万美元的酬劳，她身边来往的都是华尔街的内部人士。而特朗普，作为一个多次破产、频频辱骂下属、被美国银行信贷部门拒之门外且拒绝披露自己的纳税回执的人，利用克林顿基金会的一些勾当和比尔·克林顿用林肯卧室招待富有捐赠者一事，将希拉里描绘成了一个腐败分子。希拉里曾为自己丈夫的偷情行为辩护，并将批评其丈夫的人称为"荡妇"，因此，当《走进好莱坞》(*Access Hollywood*) 访谈节目的一份录像带流出，录像中特朗普吹嘘自己如何对女性施暴，并说出"满足她们的性欲"等污言秽语时，以及当十多位女性站出来指控特朗普对其实施性侵时，希拉里却无法对特朗普发起有力的攻击。

　　实际上，反倒是特朗普围绕希拉里支持伊拉克战争一事，令其被迫转入防守。正是特朗普对全球化和单边贸易协定的攻击，迫使希拉里反对《北美自由贸易协议》(North Atlantic Free Trade Agreement)，而该协议是希拉里的丈夫克林顿在担任总统时的标志性贸易成果。在美国经历了数十年的经济低迷后，向那些蓝领工人和对现状不满者示好的是特朗普而非希拉里。谈论改善对俄关系和遏制北约的也是特朗普。但是，煽动民族和种族偏见，贬低女性，以及激发白人男性的丑陋和怨恨之心的人也是特朗普，这些白人男性觉得自己输给了移民、女性和少数族裔，他们的高薪工作消失了，很多人不得不走向海外的廉价劳动力市场，他们的社会地位降低了。

2016年7月5日，联邦调查局局长詹姆斯·科米宣布，美国司法部对希拉里在担任国务卿期间使用私人邮箱和私人服务器处理公务的情况进行了调查。调查发现，希拉里和她的助手们在处理

2017年1月21日，在华盛顿特区的女性游行期间，一名抗议者举着一块写满了特朗普语录的牌子。

政府机密时"极度草率"，尽管如此，司法部仍决定不予起诉。7月22日，在民主党大会期间，维基解密公开了民主党的第一批电子邮件。之后，在10月7日，就在《走进好莱坞》录像带披露后的30分钟内，维基解密开始披露源自希拉里竞选团队的主席约翰·波德斯塔（John Podesta）的新一批电子邮件。这次披露持续到次月，总计有超过两万页的邮件内容，其中包含一些有关竞选团队的内部运作和相关话题的尴尬信息。

这些电子邮件透露出了竞选团队的官员们对希拉里个人问题的一些担忧，包括她与华尔街的紧密联系，对《北美自由贸易协议》和《跨太平洋伙伴关系协定》的支持，对保密权的着迷，处理政府公共事务时使用私人邮箱的行为，有时抱有的一些"糟糕的"政治直觉，对克林顿基金会赞助人的优待，以及关于破坏桑德斯候选人资格的策略，对开展海外秘密行动的提倡。此外，邮件还包含了一些很不利的信息，包括她为华尔街多家银行所做演讲的内容。最麻烦的是她说政治人物在一些问题上"既需要有公开的立场，也需要有私下的立场"，这就确认了人们关于她不值得信赖的说法。

10月28日，在距离大选还有11天的时候，科米宣布联邦调查局重启了针对希拉里邮件门的调查，原因是联邦调查局在对纽约州前国会议员安东尼·韦纳（Anthony Weiner）的不雅行为进行调查时获得了一些发现，安东尼和妻子胡玛·阿贝丁（Huma Abedin）共用一台电脑，而胡玛·阿贝丁是希拉里的顾问，与希拉里的关系十分密切。11月6日，也就是在大选投票前夕，科米再次宣布，他认为对希拉里提起刑事指控是缺乏依据的。但损害已经造成。希拉里的支持者们大声喊冤，其他人也对科米的行为感到诧异。他们认为，联邦调查局局长披露一起正在调查的案件，这是从未有过的事，特别是这起案件还如此敏感，披露时间又如此不合时宜。科米的发声甚至比维基解密披露波德斯塔的邮件更完美地契合了特朗普竞选团队关于"希拉里是骗子"和需要"抽干沼泽"并"把她关起来"的主张。

不过，在著名人士当中，除了历史学家艾伦·利奇特曼（Allan Lichtman）和电影制片人迈克尔·穆尔（Michael Moore），基本上没有人预料到特朗普会获胜。因此，当特朗普拿下了宾夕法尼亚州、密歇根州和威斯康星州等蓝领众多的北方州后，整个美国都震惊了。虽然他在选民票上落后了300万张，但仍然以304比227的结果赢得了选举人团的投票。

特朗普胜选引发的后果从此搅乱了美国和整个世界。在美国，自由媒体和主流媒体以及国会的调查者全都将注意力集中在普京及其盟友在协助特朗普大选中所扮演的角色上。

大部分俄罗斯人更喜欢特朗普，这是没有什么疑问的，但普京在美国大选期间始终保持中立，而且肯定也对特朗普的脾气秉性产生过疑虑。当特朗普赢得大选的消息公布后，俄罗斯联邦会议的成员们纷纷举杯庆祝。后来，当俄罗斯联邦委员会的一位领导成员被问到为什么他和其他俄罗斯官员如此强烈地支持选出这样一位粗俗、自恋和像小丑一样滑稽的人物时，他回答说："有且只有一个原因——唐纳德·特朗普说过，他想与俄罗斯做朋友。"

2017年1月初，美国17个情报机构中的3个发布了一份报告，声称有"高可信度"的信源表明"俄罗斯总统普京在2016年下令实施了一项干扰美国总统大选的行动。俄罗斯的目标是破坏社会公众对美国民主程序的信任，抹黑国务卿希拉里，破坏她的竞选资格以及胜选可能。我们进一步评估认为，普京和俄罗斯政府对当选总统特朗普表现出了明显的好感"。这份报告还指控说"莫斯科的干扰行动遵循了俄罗斯式信息发布策略，即混合了隐蔽的情报行动——如网络活动——和由政府机构、国家资助的媒体、第

2018年7月13日，伦敦的一位反特朗普抗议者。

三方媒体和付费的社交媒体用户或'投饵'①开展的公开活动"。报告更详细地指出，"我们经过可靠的评估认为，俄罗斯的军事情报部门——俄罗斯联邦军队总参谋部情报总局（General Staff Main Intelligence Directorate），或称格勒乌（GRU）——套用 Guccifer 2.0 和 DCLeaks.com 等黑客组织的身份对外公开发布其通过网络行动获取的美国受害人的数据，以独家报道的形式发送给一些媒体端口，并将材料接续传递给维基解密"。与高度自信的中情局和联邦调查局不同的是，美国国家安全局对俄罗斯的动机仅抱有适度的信心。[231]

---

① 网络俚语，指通过隐藏身份在网上发布帖文来进行误导、渗透或引发争论。

在特朗普政府上台的前两年，关于特朗普竞选团队是否主动与俄罗斯勾结的调查主导着美国的政治生活。考虑到特朗普在大部分对外政策问题上表现出的攻击性和顽固态度，却一再强调强烈希望改善与俄罗斯的关系，这就显得有些奇怪了。有些人认为，他对俄罗斯的明显倾向是其与俄罗斯银行家和寡头政治家进行腐败交易的结果，或者普京手里抓着他的什么把柄，可以用来要挟他配合俄罗斯的优先利益。前英国间谍克里斯托弗·斯蒂尔（Christopher Steele）拼凑起来的一份报告进一步引发了这种猜测。斯蒂尔曾受雇为"华盛顿自由灯塔"（Washington Free Beacon）做对手研究，后者是一家保守派网站，得到了对冲基金亿万富翁保罗·辛格（Paul Singer）的资助，后又得到希拉里竞选团队和民主党全国委员会的资助。斯蒂尔的第一份备忘录开篇写道："俄罗斯政权培养、支持和协助特朗普至少有5年了，其目的是鼓动西方联盟各派系之间的分裂，这得到了普京的支持。"根据这份备忘录，俄罗斯为特朗普及其亲密顾问提供了"来自克里姆林宫的定期情报"，克里姆林宫掌握了很多可以用来要挟特朗普的负面材料，包括"在俄罗斯联邦安全局的安排和监视下实施的变态性行为"。该备忘录还进一步描述了特朗普雇用"数名妓女当着他的面表演'黄金浴'（撒尿）"，地点位于丽思卡尔顿酒店的一个房间，该房间被俄罗斯联邦安全局安装了麦克风和隐蔽摄像头。[232]这些以及其他一些指控构成了由［通俄门］特别检察官罗伯特·米勒（Robert Mueller）和若干国会委员会同步开展的旷日持久的调查的主题。

米勒对特朗普竞选团队被控与俄罗斯勾结之事进行了彻底而细致的调查。他的调查人员和媒体挖出了特朗普身边的工作人员在竞选期间与俄罗斯人会面并在事后向联邦调查局和其他调查人员撒谎的大量事例，从而导致一系列人员受到刑事控告、解雇，丧失参与机密事务的资格，做出认罪答辩和被定罪。在廉洁问题显得无可挑剔的米勒似乎是领导此次调查的理想人选。他是共和党的老党员，小布什曾在2001年"9·11"事件发生一周前任命他为联邦调查局的局长。2011年，在他的10年任期结束后，奥巴马再次任命他担任了2年的联邦调查局局长。他被特朗普任命的美国司法部副部长罗德·罗森斯坦（Rod Rosenstein）选为负责通俄门调查的特别检察官。司法部长杰夫·塞申斯（Jeff Sessions）被证实在与俄罗斯人联系的问题上撒谎后，主动要求回避。罗森斯坦随后继承了他［选取特别检察官］的这一权力。因塞申斯要求主动回避一事，特朗普对他一再贬低。然而，为了阻挠联邦调查局局长詹姆斯·科米对他可能勾结俄罗斯的行为进行调查，特朗普解雇了科米，这实际上加深了这场危机。

当罗森斯坦在2017年5月任命米勒为特别检察官时，政治新闻网站《政客》（Politico）写道："米勒可能是美国最正直的人——一位受人尊敬、超越党派偏见和丝毫不关心政治的公务员，他这辈子唯一的动力就是追求正义。"大多数媒体都对此表示赞同，纷纷

2012年时任联邦调查局局长的罗伯特·米勒，也是特朗普通俄门的特别检察官。

赞扬米勒是一个正直得无懈可击的人。不过，公民自由意志论者可能不太认同这种评价。"9·11"事件发生后，米勒掩盖了联邦调查局在防止这场袭击上的失职，联邦调查局特工哈里·萨米特（Harry Samit）曾作证说该机构"构成了过失犯罪"。米勒的模糊处理和故意曲解对《美国爱国者法案》的通过起到了至关重要的作用，该法案对美国人的自由构成了重大侵害。"9·11"事件发生后，他还监管了一项对美国各地穆斯林进行集拢监视的行动。在参议院作证时，他选择相信伊拉克拥有大规模杀伤性武器的谎言，还警告说萨达姆可能会向"基地"组织提供此类武器。[233] 在他担任联邦调查局局长期间，该机构犯下了大规模滥用权力的罪行。2011 年，电子前线基金会（Electronic Frontier Foundation）发布了一份名为《不端行为的范例：2001—2008 年期间联邦调查局情报人员的违规行为》（"Patterns of Misconduct: FBI Intelligence Violations from 2001—2008"）的报告，该报告是电子前线基金会基于联邦调查局向情报监督委员会提交的 2500 页的报告文件编写的，该基金会依据《信息自由法案》申请获取了这些文件。电子前线基金会总结认为，"联邦调查局的情报调查活动侵害美国公民的公民自由权的情况，比我们预计的要频繁得多，严重得多"。违规的范围相当大。电子前线基金会发现，"2001—2008 年间，违规的实际数量可能高达好几万件次"。[234] 2013 年 6 月，当美国国家安全局项目承包商、中情局前雇员爱德华·斯诺登（Edward Snowden）披露了情报部门可触及的监控范围遍布全球普通公民时，在小布什、奥巴马、米勒及有关人员领导下的政府监视的真实情况才浮出水面。联邦法院法官理查德·莱昂（Richard Leon）将情报部门收集个人数据的行为描述为"近乎奥威尔式的"。他说："对于这种在没有事先取得司法许可的情况下，出于怀疑和分析的目的，用高科技手段系统收集和存储几乎所有公民个人数据的做法，我想象不出比这更肆意妄为的侵犯行为。"[235]

调查拖拖拉拉地展开，以美国有线电视新闻网和微软全国广播公司为首的更自由派倾向的美国媒体嗅到了破坏或摧毁特朗普当选的机会，开始不断地大肆宣传各种指控，他们盲目相信情报机构的消息，尽管这些情报机构做过很多让许多经历过冷战和美国入侵伊拉克的战争的人都感到惊讶的事。在情报机构的这份报告被公开的当天，《纽约时报》的斯科特·沙恩（Scott Shane）写道："报告里缺少了一个部分，也是许多美国人期待已久的部分，即用来支持这些情报机构认为俄罗斯政府干预了此次大选的有力证据……然而，情报机构提供的信息只是相当于在说'相信我们'。"[236]批评这份报告的人有曾在中情局、国安局和联邦调查局任职的官员，其中包括"理智的资深情报专家"（Veteran Intelligence Professionals for Sanity）的成员，这是一个成立于2003年、负责审核政府入侵伊拉克的情报信息的机构。他们质疑这些资料从网络上下载和复制的速度，并推断在维基解密公开的资料不是被黑客攻击得到的，而是泄露出来的。"理智的资深情报专家"认为，民主党全国委员会并未让联邦调查局或其他情报机构对被入侵的民主党服务器进行检查，而是将其交给一家明显具有利益冲突的私营公司 CrowdStrike，这种行为十分可疑。[237]普京愤怒地否认了这些指控，并指出对一些人来说，掩盖和伪装这种黑客攻击行为是轻而易举的事。但西方媒体不相信他的说法。[238]

2017年7月，"理智的资深情报专家"向特朗普发送了一份备忘录，质疑情报机构的发现，并对这次服务器泄密事件提供了另一种解释：

去年7月，在民主党全国代表大会召开的三天前，民主党全国委员会的一些极为尴尬的邮件被公之于众，对此进行的计算机调查取证反映出了一种将其"归咎于俄罗斯"的急切心态……希拉里女士的公关总监珍妮弗·帕尔米耶里（Jennifer Palmieri）解释了她是如何在大会期间开着高尔夫球车四处巡视的。她写道，她的"任务是让媒体们聚焦于一些连我们自己都觉得难办的事情上：使人们认为俄罗斯不但入侵和从民主党全国委员会的服务器窃取了邮件，而且它这么做是为了帮助唐纳德·特朗普，打击希拉里·克林顿"。目前，独立的网络调查人员已经完成了情报研判机构未做的调查取证工作……并从所指控的俄罗斯黑客行为的元数据记录中取得了可核查的证据。[239]

"理智的资深情报专家"在给特朗普的信中还间接提到了被维基解密公布的标记为"第7号保险库"的政府机密文件。这些文件揭示了中情局用于开展情报战的一系列令人瞠目结舌的工具，其中包括一种模糊化工具，据《华盛顿邮报》的埃伦·中岛（Ellen Nakashima）介绍，这种工具可以让使用者用汉语、俄语、韩语、阿拉伯语和波斯语实施"[计算机]法医归因阴阳局①或伪旗行动②"。[240]

包括汤姆·德雷克（Tom Drake）和斯科特·里特（Scott Ritter）在内的一些"理智的资深情报专家"成员拒绝在该组织于2017年7月24日出具的备忘录上签字，他们认为这些内容过于依赖不太可靠的数据传输速度。他们写道："'理智的资深情报专家'的这份备忘录很容易引起一些必要的和重要的争议，因为它没有以任何遵循物理法则的结论作为依据，排除了所有可疑的影响因素后，证实这只是一次网络内部的复制，从而断定俄罗斯或其他与此相关的机构、人物未曾入侵民主党全国委员会服务器的这一'事实'。"[241]

---

① 法医归因阴阳局是指在信息系统中通过伪造痕迹或记录来阻挠有关人员对计算机犯罪行为的调查取证。
② 伪旗行动也称假旗行动，是隐蔽行动的一种，指通过使用其他组织的旗帜、制服等手段误导公众以为该行动由其他组织所执行的行动。

有人质疑了关于是俄罗斯实施了黑客行为的流行观点。其中比较有意思的一个来自乔治·毕比（George Beebe），他曾是中情局俄罗斯分析处的负责人，也担任过美国前国防部长迪克·切尼的顾问，他告诉微软全国广播公司，"现有的证据表明俄罗斯可能以某种方式参与其中，但就目前我们看到的证据而言，我不觉得你能如此肯定地得出那个结论"。他还提醒观众们注意并非所有17个情报机构都认为俄罗斯扮演了黑客，认可这一结论的只有其中的3个。他继续说道："在那3个机构中……参与这一推论过程的只有少数几个精心挑选的人……这可不是得出情报结论的惯常方式——从少数机构当中精心指定几个人组成一个小团体，这是不合规矩的。"他同意其他一些专家的看法，这些专家承认："在进行此类活动中，想要掩盖自己的身份是很容易的。"他表示，这些机构的结论一部分是技术性的，"一部分则是根据经验进行的猜测，也就是谁会有兴趣做这种事［黑客攻击］"。他相信俄罗斯人参与了，但并不认可情报报告中关于俄罗斯人动机的推论：

情报部门的评估表明，俄罗斯介入的原因是在帮助唐纳德·特朗普竞选的同时，破坏我们的民主和他们口中的自由国际秩序。如今这些指控众口铄金，这就意味着我们应当推出某种政策，去打击俄罗斯的破坏活动……我们尚未对一些可供备选也十分值得考虑的假设进行检视。其中一个就是，间谍组织和俄罗斯人一直非常积极地通过网络途径收集我们的情报，包括我们的政治事务、未来的政策走向，和核电站等重点基础设施以及他们能利用的一些薄弱环节，他们把这些当作我们对俄采取网络行动的威慑警告。此外，还有当美俄一旦出现直接的军事对抗时，我们可能会采取的应变之策。至于我认为他们正在做的第二件事情，你们可能会将其简单地理解为"针锋相对"，那就是俄罗斯人认为我们已经深度介入他们的内政，而且多年来我们在这些领域一直十分活跃。他们也一直对此很不满。我认为，他们有意去做的事情之一就是告诉我们，对于我们的这些做法，他们是能够以其人之道还治其人之身的。

他还指出：

美国政府早在1990年代就已相当深入地干预俄罗斯的内政了。俄罗斯人还清楚地记得，我们当初是如何支持他们的全民公投的。我们实际上是在指导俄罗斯人如何按照我们的想法去开展他们的全民公投。这绝对是公然的干预。1996年，我们深度参与和支持了俄罗斯时任总统叶利钦的再选。因此俄罗斯人认为我们一直在相当明显和深入地干预俄罗斯的内政，而他们已经对此表达了抗议。[242]

叶利钦在1996年的候选人资格并不稳固，而美国对他的支持态度是如此明显，以至于《纽约时报》在1996年7月15日刊发了一篇封面故事，题为《美国佬施以援手：美国顾问帮助叶利钦获胜秘事》（"Yanks to the Rescue: The Secret Story of How American Advisers Helped Yeltsin Win"）。好莱坞还在2003年拍摄了一部由杰夫·戈德布卢姆（Jeff Goldblum）和利瓦·施瑞博尔（Live Schreiber）主演的故事片，名为《选举风暴》（*Spinning Boris*）。尽管叶利钦的支持率只有个位数，前一个任期又与车臣爆发了灾难性的战争，但比尔·克林顿还是决定利用美国的影响力，全力支持这位俄罗斯伙伴。克林顿知道，自己肯定不能为这位"俄国老友"直接举行一场提名演讲，于是决定"我们需要在其他所有方面给予全力协助"。他后来承认："我太想让这家伙赢了，这真叫人头疼。"[243] 克林顿安排国际货币基金组织为俄罗斯提供了超过100亿美元的资金用于开展竞选的前期活动，但最后吃亏的还是俄罗斯人民。叶利钦在听从了来自美国的政治顾问的建议后，通过对这笔资金进行战略性运用，获得了最后的胜利。

2011 年 12 月，美国煽动了俄罗斯境内的一场街头抗议游行，为俄罗斯联邦会议选举的公正性以及普京即将迎来的 2012 年总统竞选蒙上了阴影，这让普京特别愤怒。他指责美国国务卿希拉里鼓动"受其雇用的"克里姆林宫抗议者，强烈谴责其利用数亿美元"外国资金"影响俄罗斯政治："她给我们国内的一些参与者定下调子，然后给他们发送暗号。在收到暗号后，他们就在美国国务院的支持下开始积极活动。"普京还表示，"将大笔外国资金投入选举进程的做法是尤其不能接受的"，并强调了"需要研究制定各种形式的主权保护措施，抵挡来自外部的干涉"。[244] 这似乎为几年后美国人对俄罗斯的相关指责埋下了伏笔。

2018 年 2 月，美国司法部起诉了 13 名与互联网研究局 (Internet Research Agency) 有关联的个人，该机构是一家位于圣彼得堡的"巨魔工厂"[①]，与俄罗斯的寡头政治家叶夫根尼·普里戈任 (Yevgeny Prigozhin) 有关，而普里戈任又与普京关系密切。从 2014 年开始，互联网研究局一直在宣传，其中一些内容旨在在美国制造分裂，影响 2016 年的总统选举。据说该机构每月的预算为 120 万美元。[245]

一些人怀疑互联网研究局的误导信息到底对大选产生了多大影响。脸书报告说该机构在脸书上投放了价值 10 万美元的广告，其中只有 44% 是在大选前播放的，剩下的 56% 是在大选后才播放的。《华盛顿邮报》记者指出："与整个竞选花费相比，来自俄罗斯的广告投入可以说是微乎其微。"其他媒体也同意这一判断。路透社结合当时的背景分析道："2016 年总统大选期间，政治广告的花费超

---

① troll factory，又叫巨魔农场 (troll farm)，是指手握大量社交媒体账号的组织，能在互联网上大量发帖来进行造势，也就是我们熟悉的水军。

过了 10 亿美元，这是由脸书的安全团队所识别的被认为是俄罗斯投入的花费的数千倍。"这条消息在推特上被大量转发，最终覆盖了超过一亿人。[246]

阿德里安·陈（Adrian Chen）也对此表示怀疑。他于 2015 年 6 月在《纽约时报杂志》上撰文，对互联网研究局进行了详细探讨。其实此前就有人对这个"巨魔农场"及其活动进行过报道，但陈的文章再次唤起人们对该机构的关注。至 2018 年 2 月底，他见证了该机构的影响力被夸大到离谱的地步。他控诉道："他们往往把俄罗斯人的行动说成是一台大型机器，克里姆林宫提出的一些观点在其中可以通过一个由机器人、虚假的脸书页面和高人气的真人网红组成的网络得到'放大'。他们告诉我们，这台机器是如此复杂，只有专业人士……才能窥看到黑箱的内部，并向外行人解释它的工作原理。"陈想从因鼓吹俄罗斯影响力而致富的"专家"俱乐部中退出。他写道："我同意我的同事玛莎·格森（Masha Gessen）的观点，整个事件都被炒得太离谱了。"在回顾他于 2015 年写的那篇文章时，他反思道："假如我能重写的话，我会在文章中强调那些网络活动是多么拙劣和无序。"他坚持认为，互联网研究局并不像那些别有用心的"专家"在美国媒体上描绘的那样，是一个"机敏而高效的美国舆论操纵者"。[247]

陈从这个专家俱乐部退出后留下的空缺被詹姆斯·克拉珀将军欣然填补，他曾担任国家情报总监，也在 2018 年 5 月因出版《事实与恐惧：从毕生情报工作中得到的残酷真相》（*Facts and Fears:Hard Truths from a Life in Intelligence*）一书而大赚一笔。克拉珀写道，他"丝毫不怀疑"俄罗斯人应当对特朗普的获胜负责。他以确定的口吻表示："甚至连他们自己都感到惊讶，他们竟然让选情最终倒向了特朗普一边。"[248]

包括共和党参议员约翰·麦凯恩、加利福尼亚州的民主党众议员杰基·施派尔（Jackie Speier）和民主党参议员珍妮·沙欣（Jeanne Shaheen）等在内的其他一些"专家"一再指控俄罗斯人干预选举是"战争行为"。加利福尼亚州的民主党众议员埃里克·斯沃韦尔（Eric Swalwell）表示："我们的国家遭到了俄罗斯的攻击。"马里兰州民主党参议员兼参议院外交关系委员会高级成员本·卡丁（Ben Cardin）将这场"攻击"比作"政治领域的珍珠港事件"，这一观点得到了《纽约时报》专栏作家汤姆·弗里德曼（Tom Friedman）的附和。希拉里将其称为"网络版'9·11'事件"。[249]制裁纷至沓来。2017 年 7 月，国会通过了针对俄罗斯、伊朗和朝鲜的新一轮制裁，众议院以 419 对 3 的投票结果通过，而参议院则以 98 对 2 的投票结果通过。《华盛顿邮报》的戴维·伊格内修斯（David Ignatius）怀疑，华盛顿正在酝酿一种"盲目的群体心态"。[250]

尽管美国的主流自由派媒体——美国有线电视新闻网、美国全国广播公司、微软全国广播公司、《纽约时报》、《华盛顿邮报》等

2010 年 11 月 23 日，国家情报总监詹姆斯·克拉珀向奥巴马总统做汇报。

就俄罗斯干预选举问题进行了为期数月的讨论，但这并不能使令人景仰的选举专家纳特·西尔弗（Nate Silver）相信，俄罗斯的"巨魔农场"在希拉里的败选中发挥了重大作用。西尔弗在2018年12月17日发布推特说："如果你对2016年大选中最重要的一些因素进行排列的话，我不知道俄罗斯社交媒体的模因①（meme）能否排入前100名。它的影响范围相当小，没有太多证据能够证明它们是有效的。"西尔弗的理由很充分，在大选期间由俄罗斯"巨魔农场"发送的社交媒体信息虽然被人们炒得火热，但所占比重只有0.1%左右，其所产生的影响小到几乎难以察觉。西尔弗进一步谈到了近期新闻媒体上关于大选后俄罗斯的社交媒体利用5000条推特来抹黑罗伯特·米勒的报道，并指出"那不算什么。在整个推特平台上，每天发布的推特数量有将近5亿条"。[251] 不过，这种说法还是淹没在了美国的主流媒体当中。

还有其他许多因素促成了2016年共和党的胜选，它们的影响很多都超过了俄罗斯的干预，包括最高法院对联合公民诉联邦选举委员会案②（Citizens United vs. Federal Election Commission）的判决，该判决取消了公司和特殊利益集团在选举上的花费额度的限制。此外，还包括某政党为获得选举优势而重新划定选区；罗伯特·默瑟（Robert Mercer）、谢尔登·阿德尔森（Sheldon Adelson）和保罗·辛格等挥金如土的亿万富豪的影响；共和党的选民压制策略；沙特阿拉伯和以色列等其他外国政权的干预。其中影响力最大的是剑桥分析公司，这是一家政治咨询公司，主要由对冲基金巨鳄

---

① 模因一词最初源自英国著名科学家理查德·道金斯（Richard Dawkins）所著的《自私的基因》（The Selfish Gene）一书。根据《牛津英语词典》的定义，模因是文化的基本单位，通过非遗传的方式，特别是模仿而得到传递。
② 是指由美国联邦最高法院判决的一场具有重要意义和巨大争议的诉讼案。案件涉及政治公平与言论自由问题，联邦最高法院最终做出了有利于言论自由的判决，并推翻了两个重要的先例。

罗伯特·默瑟持股，由史蒂夫·班农（Steve Bannon）领导。班农在2016年8月从该公司辞职，转而率领特朗普的竞选团队为11月的大选造势。该公司的主要客户包括由约翰·博尔顿控制的超级政治行动委员会。2014年，剑桥分析公司在未获授权的情况下通过英国军事承包商 SCL 集团获取了多达8700万个脸书用户的数据，其中包括7100万个美国用户，并利用这些数据向选民投放个性化政治广告。SCL 集团的前雇员克里斯托弗·怀利（Christopher Wylie）对该活动做了解释："我们利用脸书的漏洞获取了数百万用户的个人信息。然后建立模型对他们进行分析，从而投其所好。"[252] 2018年5月，怀利向参议院情报委员会报告说班农蓄意寻求压制黑人和自由派选民的投票。怀利说，这样做的目的是实现选民脱离①，多年来，共和党人一直试图通过各种相对低级的手段实现这一目标。在这一过程中，他们也得到了由共和党提名的几位最高法院法官的协助，推翻了1965年《投票权法案》中的一些重要条款，这些条款禁止美国9个以实施种族歧视举措著称的州在未经联邦法院批准的情况下修改本州的选举法律。怀利告诉美国有线电视新闻网："班农先生将文化战争视为一种能给美国政治带来持久变化的工具。正因如此，班农先生雇用了 SCL 集团……去打造一个信息武器军火库，供他运用在美国人民身上。"《卫报》举了一个例子来说明这是如何运作的："脸书的推送会针对某些黑人选民，提示他们希拉里曾在1990年代将黑人青年描述为'超级掠食者'，希望以此来阻止他们投票给她。"[253]

谢尔登·阿德尔森和妻子米丽娅姆·阿德尔森（Miriam Adelson）为特朗普竞选团队捐赠了超过2000万美元，其中大部分捐款都流向

---

① 选民脱离，是指有投票资格的选民因种种原因未能实际参加投票或被计入有效投票，从而无法反映他们的选举倾向。

亲特朗普的超级政治行动委员会。《以色列时报》（*Times of Israel*）曾于2016年5月报道说，谢尔登·阿德尔森愿意给特朗普一亿多美元，而上述捐款就是其中的一部分。[254] 作为共和党的头号捐助者，阿德尔森夫妇在2012年的选举期间为亲以色列的候选人捐助了9280万美元。2013年，谢尔登主张通过向伊朗沙漠投掷一颗核弹的方式来胁迫伊朗放弃它的核项目。如果这还不足以让伊朗就范，他还提出了一些更激进的建议："然后你就说：'注意！下一颗就瞄准德黑兰中心了。所以，我们是认真的。你们想被抹平吗？那就继续保持强硬，继续搞你们的核研发。'"[255]

科克兄弟（Koch Brothers）多年来花费了数十亿美元对共和党进行改造和腐蚀，但他们本次决定作壁上观，因为他们发现特朗普实在卑鄙得令人难以忍受。[256] 不过，科克兄弟与副总统彭斯关系密切，并从特朗普—彭斯政府推行的放松监管措施以及对富人有利的减税计划中获益颇丰，这些政策对营商环境却是破坏性的。

2016年8月，小特朗普在特朗普大厦会见了乔治·纳德（George Nader），后者是沙特和阿联酋的巨富王子、以色列的社交媒体专家乔尔·扎迈勒（Joel Zamel）和黑水公司的前总裁埃里克·普林斯的代理人，埃里克·普林斯是国际雇佣兵投机商，他的姐姐贝齐·德沃斯（Betsy DeVos）将继续担任特朗普的教育部长，尽管她对美国90%的学生就读的公立学校持有明显的反对态度。[257] 在这次会面发生将近两年后，《纽约时报》披露了此事，称扎迈勒的公司雇用过若干名以色列前情报官员，该公司"当时已起草了一份价值数百万美元的提案，旨在通过操纵社交媒体来帮助特朗普先生当选"。《纽约时报》的报道并未提及这份提案的执行情况，扎迈勒否认他和他的公司做过任何干预大选的事。《纽约时报》透露："小特朗普给出了积极的回应……于是纳德很快便被特朗普竞选团队的顾问接纳为亲密盟友——与贾里德·库什纳……迈克尔·T. 弗林（Michael T.

Flynn）频繁会晤。"沙特、阿联酋和以色列都强烈反对奥巴马与伊朗签署的核协议，并利用特朗普上台来捞取好处。[258]

2016 年 3 月，特朗普和希拉里都在美国以色列公共事务委员会的年度会议上发表讲话，两人都承诺将与以色列的右翼内塔尼亚胡政府合作，共同抵御巴勒斯坦"极端主义"和伊朗的"侵略"所带来的威胁。就在前一年，以色列的鹰派总理内塔尼亚胡受到美国共和党人（而非白宫）的邀请，在国会的一场两院联席会议上第三次发表讲话——这是自丘吉尔以来，第一位获此殊荣的外国领导人。在讲话中，内塔尼亚胡以蔑视的态度抨击了奥巴马和其他国家的领导人费了九牛二虎之力才达成的《伊朗核问题协议》。内塔尼亚胡对奥巴马表现出的这种不多加掩饰的蔑视赢得了美国两党的持久掌声，两党同时表现得如此俯首帖耳，这在首都华盛顿是难得一见的。奥巴马曾对以色列在约旦河西岸扩建犹太人定居点的计划表现出温和的反对，这早已令内塔尼亚胡感到不悦。即使奥巴马批准了一个为期 10 年、价值 380 亿美元的防御计划，也未能平息以色列右翼的怒火。

2012 年，内塔尼亚胡曾因热情笼络当时的美国总统候选人米特·罗姆尼（Mitt Romney）而招致批评，因此在美国 2016 年大选期间，他对外保持了中立的态度。但由于以色列人公开支持希拉里，且鉴于特朗普竞选团队有意迎合反犹群体，有超过 75% 的犹太裔美国人打算投票给希拉里，因此，尽管内塔尼亚胡在近年来努力拉近其政府与美国共和党人的关系，但他知道，比起公开支持某一候选人，还有更明智的做法。他在 2016 年 3 月会见了特朗普的顾问鲁迪·朱利亚尼（Rudy Giuliani），后者曾担任纽约市市长。朱利亚尼表示，内塔尼亚胡私下里表达了对特朗普的明显好感。特朗普因其反穆斯林的言论和承诺将美国驻以色列大使馆迁往耶路撒冷而成为以色列右翼非常看好的人选。特朗普上台后，果然兑现了诺言，承认耶路撒冷是以色列的首都，并且不顾国际社会的抗议声，将美国大使馆从特拉维夫迁往耶路撒冷，此外还退出了《伊朗核问题协议》，增加了两亿美元的援助，并多次阻挠联合国采取不利于以色列的行动。

耗资万亿升级核武库

俄罗斯人因特朗普的胜选而感到的愉悦之情很快就消散了，一种一切如常的感觉再度归来。就在特朗普就任后不到一个月，《纽约时报》在莫斯科的通讯员尼尔·麦克法夸尔（Neil MacFarquhar）报道了莫斯科在心态上的变化，他们对于特朗普将取消制裁，打造新型对俄关系的愿望很快就破灭了。麦克法夸尔指出："自特朗普举办完就职典礼以来，我们从总统的高级对外政策顾问身上显然看不到特朗普先生对普京先生抱有的那种好感。"在莫斯科国立国

2017年2月15日，总统特朗普与以色列总理内塔尼亚胡在白宫握手。

际关系学院执教的瓦列里·索洛维伊（Valeriy Solovey）重申了此前普京的评论，他表示："克里姆林宫内部普遍认为特朗普不是很强大。他或许对俄罗斯抱有同情，但受到了政治机构的束缚。"

但也有人觉得特朗普的不可预测性实际上是危险的。克里姆林宫顾问谢尔盖·马尔科夫（Sergei Markov）告诉麦克法夸尔："我们最好还是有一个可预测的伙伴。一个不可预测的伙伴是危险的。"[259] 7 月，针对俄罗斯的严厉制裁轰然而至，这充分说明了马尔科夫的观点。杰弗里·埃德蒙兹（Jeffrey Edmonds）曾在奥巴马时期的国家安全委员会担任负责俄罗斯事务的主管，他表示："这粉碎了克林姆林宫恢复与美国正常交往的所有希望。"[260]

自 2012 年以来，美俄关系急剧恶化，一些清醒的观察家们担心，美国和俄罗斯正处于一场新冷战当中，并警告有爆发热战的风险。反观 2012 年，当时制约美俄关系的主要是双方对美国计划在欧洲部署导弹防御系统的争论，以今天的标准看，当时的争论还算温和，它并未阻止美国国防部长罗伯特·盖茨访问莫斯科。那一年，米特·罗姆尼将俄罗斯称为"美国的头号地缘政治对手"，奥巴马对此嘲讽道："那些活在 1980 年代的人，如今正嚷着要恢复他们的对外政策。"[261] 对于这一嘲讽，民主党人报以掌声。

但从这时起，随着乌克兰危机、克里米亚僵局、美俄在叙利亚问题上的重大分歧，以及在波罗的海国家和东欧问题上的对抗，美俄关系急转直下。同时，双方互相指责对方违反了《中导条约》，这也使问题变得更加复杂。后来，特朗普宣布美国将退出该条约。该条约原本销毁了一整个类别的核武器，但在约翰·博尔顿和蒂姆·莫里森（Tim Morrison）的推动下，特朗普宣布他打算退出。美国驻俄大使洪博培（John Huntsman）表示，《中导条约》"或许是军备控制史上最成功的条约"。更值得警惕的是，如果放任《第三阶段削减战略武器条约》在 2021 年到期后自动终止（正如特朗普所称的），这将招致新一轮核军备竞赛无度扩张的梦魇。[262]

2016年的美国大选如期而至。国防部长罗伯特·盖茨的继任者们——查克·哈格尔、莱昂·帕内塔、阿什顿·卡特（Ashton Carter）和詹姆斯·马蒂斯都拒绝访问莫斯科。在乌克兰危机爆发后，美国大体上停止了双方在军事上的联络，俄罗斯也叫停了双方在核安全领域的合作。曾深度参与核安全工作的佐治亚州前参议员萨姆·纳恩（Sam Nunn）警告说，美国和俄罗斯正处于"合作与灾变之间的角逐"，而灾变正在占据上风，"危险正在积累。美国和俄罗斯之间、北约和俄罗斯之间的信任状态正在呈螺旋式下降"。纳恩的核威胁倡议组织（Nuclear Threat Initiative）在2016年底发布了一份报告，称"俄罗斯和西方正处于一个危险的十字路口。在过去的几年里，我们一直处于紧张关系不断升级的状态，陷入对抗和信任螺旋式下降的困境"。报告总结说，这两个超级大国之间的核战争威胁"比冷战结束以来的任何时候都要严峻"。[263]

2017年4月，特朗普指责俄罗斯参与谋划了在叙利亚的一次化学武器攻击，并用向攻击策动地的机场发射59枚"战斧"（Tomahawk）巡航导弹作为回应。虽然美国事先向俄罗斯发出了袭击警告，且没有俄罗斯人在这次袭击中负伤，但双方的关系无疑恶化了。普京指出，自从特朗普上台以来，"美俄双方在工作层面上，特别是军事层面上的互信非但没有改善，反而恶化了"。[264]

2017年8月，随着特朗普在新一轮的制裁文件上签字使之生效，俄罗斯为特朗普获胜而干预大选的努力显然白费了。尽管特朗普始终避免亲口批评普京，但美俄关系已经跌到了自1980年代中期以来的最低点。对俄罗斯的制裁不但没有像普京所希望的那样被撤销，北约的兵力部署还在持续增加，从2014年的1.8万人增加到2017年底的2.3万人。同时，北约成员国的军费开支也增加了120亿美元。2018年初，布鲁金斯学会（Brookings Institution）的俄罗斯问题专家阿林娜·波利亚科娃（Alina Polyakova）指出："形势对俄罗斯人非常不利，完全走向了他们的愿望的对立面。"[265]

2018 年 9 月 11 日是美国遭受"基地"组织袭击 17 周年纪念日，俄罗斯选择在这天启动近 40 年来最大规模的军事演习不仅仅是巧合。这次名为"东方–2018"的军事演习是俄罗斯［苏联］自 1981 年来规模最大的一次，有 30 万俄军官兵、1000 架飞机和 900 辆坦克参演。

只不过，1981 年的那次军演主要是针对中国。而在这次军演中，中国成了参演方，有 3200 名中国士兵和若干直升机以及军事武器装备参加演习，蒙古国也首次参演。中国的参演尤其值得关注，因为在不久前，中俄两国海军分别于 2015 年在地中海、2016 年在南海和 2017 年在波罗的海进行了海上联合军演。克里姆林宫发言人德米特里·佩斯科夫向媒体记者表示，这次演习的规模之所以如此巨大，是因为俄罗斯"在当前的国际形势下，面对频繁的严重挑衅和不友好举动，其自我防卫能力是完全正当和必要的"。[266]俄罗斯国防部长谢尔盖·绍伊古（Sergei Shoigu）表示，这次军事行动在规模上堪比二战的一场重要战役："3.6 万件军事装备同时集结——坦克、装甲运兵车、陆军战车，而且所有行动都是在尽可能贴近实战的条件下进行的。"[267]

美国的政策促使俄罗斯和中国走得比过去几十年更近了。佩佩·埃斯科巴尔指出，基辛格寻求分裂俄罗斯和中国关系的"分而治之"策略已经失败。他列举了中俄两国不断深化战略合作伙伴关系的一些证据："互通有无的中俄地缘经济联系；绕开美元影响的一致诉求；参与基础设施融资的亚投行和金砖国家新开发银行；'中国制造 2025'中内置的技术升级；推动一个替代性银行结算系统（新 SWIFT 系统）；囤积巨额黄金储备；上海合作组织发挥更大的政治经济作用。"[268]习近平主席在 2018 年 6 月宣布："普京总统和

30万名俄罗斯士兵、1000架飞机和900辆坦克参加了"东方－2018"演习，这是俄罗斯自1981年以来最大规模的军事演习。

我都认为，中俄全面战略协作伙伴关系是成熟、坚韧和稳定的。这是世界大国之间级别最高、影响最深远、战略意义最重大的伙伴关系。"据中国外交部长王毅介绍，普京描述两国间的关系处于"前所未有的高度"，并认为这是"历史上最好的水平"。或者正如中国驻俄大使李辉所说的："中俄两国如今紧密团结，唇齿相依。"[269]

　　显然，奥巴马时期开始受损的美俄关系和美中关系不是那么容易修复的。总体而言，奥巴马的政治遗产好坏参半。当奥巴马在2008年总统大选中击败约翰·麦凯恩时，他身后的一些改革派人士曾对他以及这个国家抱有很高的期待，但奥巴马让他们失望了。他批评小布什时期新保守主义者穷兵黩武的同时，却从未动摇过对帝国路线的坚持，亦从未与小布什的政策进行必要而彻底的切割。2013年6月6日，小布什的前新闻秘书阿里·弗莱舍告诉美国有线电视新闻网的安德森·库珀（Anderson Cooper）："当你通盘回顾他

［奥巴马］的为政举措时，你会发现他延续了小布什政府的许多政策，从无人机袭击到军事委任，从窃听到引渡——凡是你叫得上名来的，他都在做。感觉就像小布什正在继续他的第四届任期。在这一点上我要夸一夸奥巴马总统。如今，我觉得他是一个伪君子。他……曾公开反对小布什总统，说这些做法都是违宪的。但我觉得他后来也学会了这一套。"[270]

弗莱舍可能觉得自己的说法得到了奥巴马政策的验证，但美国的改革派人士觉得自己遭到了背叛。其中最令人惊讶的背叛或许是奥巴马未能大幅降低核战争的风险，甚至未能缩小美国核武库的规模。2009 年 6 月，奥巴马在布拉格承诺会销毁核武器，这令全世界感到无比激动，甚至他赢得世界最高荣誉——诺贝尔和平奖，也在很大程度上得益于这一承诺。长期以来，奥巴马对核武器持有明确而真诚的反对态度，这至少可以追溯至 1980 年代初他在哥伦比亚大学读本科的时候，有鉴于此，全世界都期待他能在削减核武器上取得一些重要进展。但在奥巴马当政时期，人们不但没有看到进展，反核运动也失去了斗争的阵地。2010 年，美国和俄罗斯就《第三阶段削减战略武器条约》进行了谈判，该条约规定，两国应在 2018 年 2 月前将各自的战略核弹头数量限制在 1550 颗以下。但由于轰炸机无论携带了多少颗炸弹，都被算作单一弹头，因此实际的（核）弹头数量大约是 2000 颗。美国和俄罗斯还有数千颗核弹头的存量。为了争取国会批准《第三阶段削减战略武器条约》，奥巴马与支持核武器的游说者以及共和党盟友达成了一项出卖灵魂的交易——一笔魔鬼交易。当参议院少数党的党鞭、来自亚利桑那州的共和党人乔恩·凯尔（Jon Kyl）威胁要否决《第三阶段削减战略武器条约》时，奥巴马屈服于他的要求，同意对美国的核武库和发射系统进行全面的现代化革新，包括其轰炸机、导弹、潜艇等，这是一个规模庞大的项目，初步预计将耗时 30 年，耗资 1 万亿美元。

2017年10月，国会预算办公室将这一预算上调至1.2万亿美元。考虑到通货膨胀的影响，真实的费用肯定会远高于此——预计将达到1.7万亿美元的水平。

但最大的问题不在于费用。这次现代化革新将使这些武器变得更精准，更致命，而且在许多核战争策划者们看来，将更加便于使用。路透社简要地解释了这种变化："在奥巴马的领导下，美国将其主要的氢弹改造成一种制导的智能武器，使其潜射核导弹的精准度提高至原来的5倍，并为其陆基导弹增添了许多新功能，以至于《空军》(Air Force) 杂志在2012年将其描述为'基本上是新型的'。为了投射这些更加致命的武器，军火承包商们正在建造新型重型轰炸机和潜艇舰队。"《第三阶段削减战略武器条约》虽然对弹头和运载系统的数量做了限制，但却允许双方决定采用何种发射手段。路透社指出："因此，双方都在以指数级的幅度提升这些武器的威力，通过升级发射载具，使其变得更大、更精准，并且融入了危险的新功能。"[271] 三位重要的核专家在权威媒体《原子科学家公报》上表示，经过改进的瞄准性能将使美国的弹道导弹的杀伤力提升至原来的三倍，为率先打击的成功奠定基础。[272]

这种现代化革新的一个重要方面就是 B61-12"智能型"核弹，上面带有一个可以操作的尾鳍装置，能极大提升其精准性。这些新式炸弹也是有史以来造价最昂贵的炸弹，制造成本相当于其自重两倍的黄金，它们的威力可以非常惊人，同时体积也可以非常小。实际上，它们的爆炸当量有四个档次可以调节——一个可执行战术性打击任务，另外三个可执行战略性打击任务。其中最小的当量仅有300吨，是抹平广岛的"小男孩"（当量为16千吨）的零头；威力最大的当量为340千吨，威力是臭名昭著的"小男孩"的21倍还多。人们担心的是，这种爆炸能量较小、可精确瞄准的微型核弹要比威力大成百上千倍的核弹更加易于使用。

新型 B61-12 核弹将要替换掉美国在欧洲五国（德国、荷兰、比利时、意大利和土耳其）部署的 150—200 枚战术核武器。被替换下来的核武器不再服务于军事目的，反倒成了对恐怖分子而言颇具吸引力的目标。[273]俄罗斯谴责了此次对欧洲核武器的升级行为，认为这是一种挑衅，会破坏战略平衡。为了对该决定以及 2016 年美国在罗马尼亚部署的部分导弹防御系统进行报复，俄罗斯在其与波兰和立陶宛接壤的一块飞地——加里宁格勒州部署了可携带核弹头的"伊斯坎德尔－M"（Iskander-M）导弹。虽然最初只是临时性部署，但为了应对北约在该地区的进一步扩张，俄罗斯在 2018 年初对这些导弹进行了更加长期化的部署。[274]

对于那些一直希望世界能消除核武器的人们来说，奥巴马的转变让他们梦碎了，而那些支持核武器的势力则无比兴奋。2015 年，诺斯罗普·格鲁曼公司、洛克希德·马丁公司和通用动力公司共同发起了一次武器大会，亚拉巴马州的国会议员迈克·罗杰斯（Mike Rogers）在会上发表了讲话。他幸灾乐祸地说："我认为我们可以有把握地说，奥巴马总统的布拉格愿景已死，我会坐等诺贝尔委员会把那个奖牌要回去。"[275]

广岛核爆的幸存者节子·瑟洛（Setsuko Thurlow）曾先后两次发表诺贝尔和平奖获奖演讲，包括 2017 年的一次，当时是为了表彰她在废除核武器事业上的毕生努力。2016 年 5 月，她对奥巴马缺乏有意义的行动表示失望，"全世界等啊等啊等啊，但到目前为止，我们的问题还在继续，实际上还恶化了。因此我们，包括我本人，都非常失望……这对世界来说是一个大大的失望"。[276]

对于奥巴马向强硬派的投降，一些白宫的内部人士也和外界批评者一样失望。负责军控事务的前副国务卿埃伦·陶舍（Ellen Tauscher）报告说，在那些怀着限制核武器的愿望进入奥巴马政府的官员中，弥漫着"一种普遍的挫败感"和理想破灭感。[277]

2016年5月，奥巴马在前往日本广岛的路上，美国科学家联盟（Federation of American Scientists）报告说，与老布什、小布什和克林顿这三位后冷战时期的前任相比，奥巴马实际上将削减核武库的速度放缓了。在奥巴马的总统任期还剩几个月的时候，美国已经拆除了702颗弹头，占核武库的13.3%。相比之下，克林顿将核武库削减了近23%，老布什削减了41%，小布什削减了50%。美国科学家联盟的分析师汉斯·克里斯滕森（Hans Kristensen）指出，这并不完全是奥巴马的错，因为国会存在着激烈的反对意见，同时，在《第三阶段削减战略武器条约》的执行过程中，俄罗斯政府也不愿做进一步削减。不过，克里斯滕森仍然指出，在奥巴马任职时期，俄罗斯已经削减了超过1000颗弹头的库存。[278]

就像奥巴马的许多核政策一样，他的广岛之旅也是毁誉参半。作为美国选择的首个在战斗中使用原子弹的目标城市，广岛具有的象征意义是其他任何城市无法比拟的。此前从未有在任的美国总统到访过这里。吉米·卡特在卸任总统后曾到访广岛。全世界都在关注奥巴马此行会传达什么样的信息。

广岛核爆幸存者、诺贝尔和平奖获得者节子·瑟洛。

　　广岛的一些人，包括许多核爆幸存者要求美国道歉。但多数人认为，这次到访本身就已足够。白宫从一开始就明确表示，不会有道歉。时隔 70 多年，围绕这两次核爆仍然存在很多的争议，鉴于社会公众在该问题上的认知尚不成熟，因此这些分歧不足为奇。不过，美国政府也明确表示，关于核历史的严肃讨论同样不会出现。白宫副国家安全顾问本·罗兹宣布，奥巴马"不会再次讨论二战末期使用原子弹的决定"。实际上，这次访问从头到尾都发出了错误的信号。首先，奥巴马在日本岩国军事基地与美日军队相处的时间要长于他访问广岛的时间。当他最后终于到广岛后，他先到和平纪念馆进行了 10 分钟的简短参观，然后前往和平纪念公园的纪念碑处发表讲话。讲话完毕，他与专门被安排在前排就坐的两位核爆幸存者握手。第一位核爆幸存者是坪井直，他之前一再表示不需要、不期待和不希望道歉。第二位核爆幸存者是森重昭，奥巴马还轻轻拥抱了他，森多年来一直就核爆炸后愤怒的日本人杀害美国战俘之事向美国人道歉。奥巴马有意回避和其他不愿轻言原谅的与会者的交流，这些人被安排在较远的位置就坐。

　　更应该被谴责的是，当时正值日本首相安倍晋三即将迎来自己的中期选举，奥巴马的访问对于这位好战、亲美和否认历史的日本首相来说是一种鼓舞。安倍晋三能够连任，对奥巴马慢慢地"重返亚洲"相当重要，同时，这对于日本持续推动废除《日本宪法》第九条，并进一步以重新武装日本为名侵蚀日本和平宪法而言也至关重要。

　　但问题最大的是奥巴马演讲的内容，从头到尾都在传达错误的观点。在开场白中，他说："71 年前，在一个晴朗无云的早晨，死亡从天而降，世界随之改变。"显然，死亡并不仅仅是从天上降下的，是美国朝这座绝大多数人都是平民的厄运之城丢下了一颗原子弹，顷刻间杀死成千上万的人。之后，奥巴马自问我们为什么来到广岛，并再次绕过责任问题，以消极的口吻回答说："来思考在不太遥远的过去被释放出的可怕力量。"之后他就提到了"炸弹落下的那一刻"。实际上，在整场演讲中，他只字未提美国丢下了原子弹。当然，他确实得体地说："我们都有责任去正视历史的眼睛，去问我们必须做出怎样的改变，以防止这种苦难再次降临。"然而，他不但没有正视历史的眼睛，还在重复与核爆炸有关的一个最危险的谎言——借由这个谎言，这两次核爆炸被众多受误导的美国民众认为是正当合理的，我们在本书的前面对此进行过深入探讨。他说战争"在广岛和长崎走向了残酷的终结"——没有比这更离谱的说法了。正如盟军的情报人员在几个月里一直预测的那样，亦如位于华盛顿特区的美国国家海军博物馆如今公开承认的，"广岛和长崎核爆炸造成的巨大破坏和13.5万人的死亡对日军几乎没产生什么

2016年5月27日，奥巴马在广岛和平纪念公园的一场仪式上拥抱核爆幸存者森重昭。

影响。然而，苏联为履行其在雅尔塔会议上做出的承诺，在 8 月 9 日出兵满洲里一事改变了他们的想法"。

奥巴马正视了历史的眼睛，但却视若无睹。他对听众们说，"使我们这个物种与众不同的"是从"过去的错误"中吸取教训并不再重复同样错误的能力。他宣称："我们可以给孩子们讲一个不一样的故事，一个描绘了普遍人性的故事，一个让战争得以消弭，让残酷无处容身的故事。"

正如奥巴马在总统任期内的大部分演讲一样，这次演讲充满了高尚情怀和诗意想象。但也正如奥巴马执政 8 年的大部分表现一样，现实又是如此的不如人意。特别是当他致力于将这个国家推向一个历时数十年之久的核武库现代化进程，从而使核武器变得更加易于使用而不是相反时，他关于废除核武器的呼喊就显得无比虚伪和空洞。他曾承认，"在我有生之年，我们可能无法实现这一目标［即世界无核化］"，但他未能述及一个明显的事实：作为一位总统，他本可以像米哈伊尔·戈尔巴乔夫一样，为实现这一目标而努力奋斗，但他缺乏实现这一目标的远见和勇气。作为一个体面之人，一个心怀善意之人，一个自约翰·肯尼迪以来以前所未有的方式为美国总统这个最高职务增添了尊严的人，他将被历史记住；同时，作为一个在关键时刻从伟大倒向平庸的人，作为一个因自己的失败而为唐纳德·特朗普打开方便之门，使其可以肆意破坏自己取得的成就的人，他也将被历史记住。

当有消息传出说，奥巴马想推翻美国长期坚持的不首先使用核武器的政策时，还是有人感到欢欣鼓舞。2016 年 8 月，在《纽约时报》的一篇专栏文章中，詹姆斯·卡特赖特将军和"民兵"洲际导弹前发射官布鲁斯·布莱尔（Bruce Blair）敦促奥巴马采取措施，文章写道："在今天，核武器除了阻吓我们的对手率先使用此种武器，再无其他用途。我们的非核力量，包括经济和外交力量，我们

奥巴马在广岛的和平纪念公园敬献花圈，他是首位在任内访问广岛的
美国总统。

的盟友，我们的常规武器和网络武器以及我们的技术优势，构成了
历史上前所未有的全球性军事巨无霸。"

他们引用了最近的一项民意调查，调查显示只有 18% 的美国
人赞成可以在任意情况下率先使用核武器，67% 的受调民众认为
美国应该永不使用核武器，或是只有在美国遭受核攻击、作为报复
时才可使用。国防部长阿什顿·卡特、国务卿约翰·克里和能源部
长欧内斯特·莫尼兹（Ernest Moniz）都反对"不首先使用核武器"
的做法，这三位高官认为，在俄罗斯和中国的军事力量日渐强大之
时，采取这一政策是在向美国的盟友和对手示弱。他们担心日本和
韩国会因这一举措而惶恐不安，特别是考虑到共和党的总统候选人
唐纳德·特朗普在竞选宣言中质疑美国将这两位亚洲盟友纳入其核
保护伞。卡特赖特和布莱尔还联合了其他核专家，共同敦促奥巴马
着手消除存放在美国中西部导弹发射井的全部陆基洲际弹道导弹，

这些导弹不但耗资巨大，还容易成为敌人的袭击目标。[279]

奥巴马拒绝按照不首先使用核武器原则行事，他也未向俄罗斯提出将《第三阶段削减战略武器条约》续期 5 年，该续期一旦签署，下届政府将在 2021 年条约到期后，继续遵守该条约。

因此，奥巴马交接给唐纳德·特朗普的是一个耗资一万多亿美元的核武器和发射系统现代化项目，一个可率先使用核武器的政策，一批易沦为攻击目标的陆基洲际弹道导弹，一个足以毁灭地球上几乎所有生命的武器库，以及存在于若干大洲、可演变为核对抗的危险冲突。特朗普在接手后没过多久，就让这一切变得更糟了。

否定核冬天，组建太空部队

在竞选期间，特朗普在核武器问题上表现出明显的漫不经心和否定既往。与前几任总统不同的是，特朗普说他接受核扩散，他认为韩国、日本和沙特阿拉伯拥有自己的核武器或许会更好，这样它们就不用再依赖美国。这是他所宣布的一项目标的一部分，也就是削减美国对富裕附庸国的军事支持。为了让美国的核武器变得更加易于使用，而不是消除它们，他对美国在核武器方面"有而不用"的意义提出了疑问。

当特朗普在印第安纳州的埃文斯维尔进行竞选宣传时，出现了最耸人听闻的一幕。前篮球教练、印第安纳州的偶像博比·奈特（Bobby Knight）支持特朗普，把他与哈里·杜鲁门相提并论："我告诉你们，他们说谁最不像总统……哈里·杜鲁门。"而哈里·杜鲁门，他在 1944 年（原文如此）投下原子弹的行为与勇气，拯救了数百万美国人的生命。哈里·杜鲁门就是这么做的。他成了美国最伟大的三位总统之一。而今天我们遇到了一个敢做同样事情的人，他将成为美国最伟大的四位总统之一。"特朗普喜不自胜地说：

"真是个了不起的人物。哇。还有比这更高明的观点吗？在印第安纳州，你们一定为他感到骄傲……这可是一位国宝级的人物啊，是不是？"[280]

一些人可能间接影响了特朗普对核武器的态度，包括特朗普的亿万富翁支持者、保守派对冲基金经理罗伯特·默瑟，以及他的女儿丽贝卡。默瑟家族曾支持过特朗普政府里一些声名狼藉的成员，包括史蒂夫·班农、凯莉安妮·康威（Kellyanne Conway）、迈克尔·弗林和杰夫·塞申斯，帮助成立了剑桥分析公司，资助了另类右派布赖特巴特新闻网（Breitbart News）以及由生物化学家阿瑟·鲁滨逊（Arthur Robinson）运营的俄勒冈科学与医学研究所（Oregon Institute of Science and Medicine），阿瑟·鲁滨逊相信，人的尿液中含有对延长人类寿命至关重要的成分，并采集了1.4万例尿液样本，冷冻保存在他的农场里。

鲁滨逊曾猛烈抨击气候变化论，说这是"伪造的宗教"，并在1998年组织了一场欺骗性请愿活动，声称得到了三万名否定了《京都议定书》的科学家的支持，并且质疑人为导致气候变化的观点。经过仔细核实，这三万名支持者中包含了很多伪造的签名，真正支持的气候科学家少之又少。鲁滨逊说服默瑟相信核战争并没有人们宣传的那么可怕，实际上，他认为，核爆区外的辐射会对人类进化产生有益影响，早几十年前，保守派的物理学家爱德华·特勒也曾支持过类似的荒谬理论。1986年，鲁滨逊写了一本书，认为大多数美国人都能从"针对美国的一场全面核战争"中幸存。[281]

专家们早就知道，事实恰恰相反。早在1980年代，卡尔·萨根及其合作者们让公众意识到了核战争对环境的影响，最近一份关于核冬天的科学研究报告通过了同行评审，该报告表明卡尔·萨根等人并未夸大，而是低估了核战争对人类生存的威胁。核毁灭的门槛可能要比人们之前认为的低得多。[282]萨根及其合作者测算了核战争中城市的燃烧对环境产生的影响，他们发现城市燃烧所产生的灰尘、烟雾和灰霾会阻挡阳光照射地球，从而形成核冬天，使地球表面的温度大幅下降，继而摧毁农业，并有可能终结地球上的所有生命。[283]

萨根曾在《大观》（*Parade*）杂志上发表过一篇通俗文章，他警告读者："我将描述到的一些内容十分可怕。我知道，因为我曾被它吓到过。"[284] 争论由此爆发。爱德华·特勒带头反击，社会公众也因此深感忧虑。[285] 萨根及其同事在著名的《科学》杂志上发表了他们的研究，同时发表的还有一篇由若干顶级生物学家撰写的文章，该文章总结道："在超级大国之间发生的任何大规模核冲突当中，全球环境很可能会发生巨大变化，导致地球上绝大多数动植物物种灭绝。在此情况下，不排除会导致智人人种（现代人）的灭绝。"[286]

随后，萨根在《外交事务》杂志上继续撰文表示："我们是在通过一种缓慢而不易察觉的步调，建造一台末日机器。直到最近，并且是在偶然的情况下，人们才意识到这个问题。"[287]

苏联的科学家和政府官员们也表示赞同，并加入到呼吁大幅削减核武器的行列当中。[288] 但其他一些人，特别是理查德·珀尔等为战略防御系统摇旗呐喊的支持者，却动员起来抹黑核冬天背后的科学依据。[289]

尽管越来越多科学家认同此种风险的真实性，[290] 但核冬天效应的否定者们提出了足够多的疑问，以阻止人们采取行动。1986 年，由外交关系协会发表的一份研究声称，TTAPS 研究小组①的研究夸大了这种效应，最差的情况也只是出现核秋天，而非核冬天。《华

---

① 即由美国的理查德·P. 特科（Richard P. Turco）、欧文·布赖恩·图恩（Owen Brian Toon）、托马斯·P. 阿克曼（Thomas P. Ackermann）、詹姆斯·B. 波拉克（James B. Pollack）和卡尔·萨根（Carl Sagan）等人组成的研究小组，取 5 位科学家姓氏的字首，称 TTAPS 小组。

尔街日报》《纽约时报》《时代》都对此表示赞同。1987年，威廉·弗朗西斯·巴克利的《国家评论》杂志宣布，核冬天是一场"骗局"。2000年，《发现》杂志将核冬天理论斥为20个"史上最大的科学错误"之一。[291]

艾伦·罗博克（Alan Robock）、欧文·布赖恩·图恩、理查德·特科、格奥尔基·司藤契科夫（Georgiy Stenchikov）和其他研究者没有就此沉默。最近最先进的计算机模拟结果显示，城市燃烧所带来的危险要比1980年代的科学家们所了解的高得多。他们的研究表明，在印度与巴基斯坦（两国曾四度交战，且始终准备着再来一场）之间爆发的有限核战争中，100颗相当于"小男孩"威力的核武器被引爆，会向大气中释放超过500万吨黑灰和烟尘。在不到两周的时间里，这些灰尘将环绕整个地球，并在高空中停留十几年，阻挡阳光的照射，使气温降到很低，导致农业生产陷入停滞。这将在未来5年里导致全球粮食减产20%—40%，造成多达20亿人死亡。同样令人感到惊恐的是，与超级大国之间的全面核战争相比，这种破坏力只是小巫见大巫了。超级大国拥有的核武器动辄达到数千枚，且大部分的威力都相当于"小男孩"的7—80倍。[292]

罗博克、图恩及其支持者努力活动，确保那些能接触核密码的人明白其中利害。多年来，他们试图将声音传递给奥巴马政府的高层官员，但未成功。尽管备感挫败，但他们仍然锲而不舍，并最终得以与奥巴马的高级科学技术顾问约翰·霍尔德伦（John Holdren）以及负责军控和国际安全事务的副国务卿罗丝·戈特莫勒（Rose Gottemoeller）会面，但二人都对核冬天表示怀疑。[293]

人们想知道，特朗普对核冬天到底了解多少，他对使用核武器的真实态度是什么。多年来，在他关于核武器的表态里既有担忧，又有逞强。1984年11月，正当人们围绕核冬天争得不可开交时，记者路易斯·罗马诺（Lois Romano）在《华盛顿邮报》写了一篇略

有人在被大雪覆盖的旅行车上留言："阻止核冬天，加入反核武器的医学宣传运动（MCANW）②。"

带嘲讽的文章，其中对特朗普是这么描述的："今天早上，特朗普有了一个新主意。他想谈一谈核战争的威胁。他想谈一谈美国该如何与苏联①进行谈判，他想当那个谈判者。"一向谦虚的特朗普向罗马诺保证说他十分清楚该如何做这件事："可能要花上一个半小时去掌握有关导弹的一切必要知识，不过我认为大部分我都是懂的。"294

　　在竞选宣传期间，特朗普表示自己不赞成使用核武器，但坚持认为美国需要做好准备以应对各种意外状况。295 在距离上任还有一个月的时候，他的语气突然变得尖锐，他在推特上表示："美国必须大力加强和拓展其核能力，直到世界在核武器问题上有清醒认识。"296 为了澄清这一表述，当选后的特朗普对微软全国广播公司的主持人米卡·布热津斯基说："就让它成为一场军备竞赛吧。我们

————————————
①　原文如此。
②　即 Medical Campaign Against Nuclear Weapons 的缩写。

要在各条赛道上胜出，并把它们全部拖垮。"[297]在向路透社进行解释时，他表达了同样的观点："所有国家都没有核武器，这个梦想很棒，但如果有哪些国家得有核武器的话，那我们就得是其中最优秀的。"[298]

2017年2月，路透社报道了特朗普和普京之间的一次惊人通话，这是特朗普上任以来双方的首次通话。在通话中，普京问起了《第三阶段削减战略武器条约》在2021年到期后续期的可能性。特朗普不得不暂停通话，询问助理这是一个什么条约。在了解情况后，他立刻强烈批评该条约并拒绝续期。他向路透社抱怨说："这和我们签署的其他所有协议一样，都是一种单方面获益的协议……它给了对方我们本来绝对不能给的东西……我们国家总是签一些糟糕的协议，我们签不出好的协议。"[299]经过投票，参议院以71对26票的结果批准了这一"单方面获益的""糟糕"条约，并得到了参谋长联席会议的一致支持，掌控着美国全部战略核力量的7位四星海、陆军上将也对此表示支持。

由于担心特朗普可能会胡乱使用核武器，许多人都同意希拉里在竞选期间的一种说法，即"一个可以被推特激怒的人不应该接近核武器密码"。[300]马萨诸塞州参议员爱德华·马基（Edward Markey）和加利福尼亚州众议员刘云平在2017年1月提出立法建议，以防止总统在未经国会宣战的情况下发动首次核打击。刘云平解释了恢复监督制衡机制，行使国会对核武器的限制权的必要性："这是一个可怕的事实，美国如今有一位对'核三角'①一无所知的三军总司令，还表示要在核武器的使用上变得'不可预测'，而且作为当选总统，在推特上大谈美国的核政策。"马基还提醒公众，特朗普曾威胁要用核武器来惩治恐怖分子。[301]

---

① 指一国同时有陆射、潜射、空射核弹的能力。

特朗普的言行加深了人们对他在核武器上鲁莽行事的担忧。他曾在 7 月 20 日的一次会议上感叹美国武器库的落后，呼吁对其进行十倍的扩充，国务卿蒂勒森因此认为他是一个"该死的傻瓜"。[302]

甚至连坚定的保守派乔治·威尔也猛烈抨击特朗普"作为核时代的第 13 位总统，无节制地发推特，说些阴阳怪气的嘲讽话语，在其他方面表现出轻佻和不稳定"，并警告说"相较于往日的一些破天荒的错误行为，近些日子以来他日益堕落的表现促使人们抓紧考虑宪法中关于战争责任的划分问题，尤其是核武器的使用权限问题"。威尔还嘲讽了特朗普在核战争问题上过于简单的想法："与其在核问题上的思想相比，特朗普的外交政策思想（'在以前，当你打赢了一场战争，你就赢了，国家得以存续'；我们应该'［把伊斯兰国］炸烂'）除了多了一些梅特涅①式诡诈，几乎毫无区别。"[303]

2018 年 2 月 2 日，特朗普政府发布了国防部的《核态势评估》报告，这是美国自 2010 年以来出炉的首份核态势评估报告。奥巴马政府在 2010 年发布的报告降低了核武器在美国防务姿态中的地位，但 2018 年版的报告中又抬高了它的地位，并提出了一些积极的措施以应对感知到的新威胁。[304]

该报告聚焦于由俄罗斯和中国构成的威胁，国防部长吉姆·马蒂斯则将它提升到了比恐怖主义威胁更高的位置，视之为美国国家安全的首要威胁。美国的战争策划者们对俄罗斯"以升级局势达到缓解局势"的理念——设想在此种冲突的早期使用小当量的核武器，以迫使对方朝着有利于俄罗斯的方向进行谈判——耿耿于怀，

---

① 当指克莱门斯·冯·梅特涅 (Klemens von Metternich)，19 世纪奥地利著名的外交家。梅特涅在 1801 年后相继成为奥地利驻萨克森、普鲁士、法国大使，自 1809 年开始担任奥地利帝国的外交大臣，1815 年主持维也纳会议，1821 年起兼任奥地利帝国首相。他在任内成为"神圣同盟"和"四国同盟"的核心人物，反对一切民族主义、自由主义和革命运动，并形成了以"正统主义"和"大国均势"为核心的梅特涅体系（维也纳体系），影响了欧洲超过 30 年。

他们建议增加美国的小当量核武器的数量。同样值得警惕的是，该报告还允许在定义模糊的"极端情况"下，或在遭受网络攻击等非核战略性攻击时，以及在遭受针对电网或手机网络等基础设施的攻击时使用核武器。美国不但要保护自身的"重大利益"免遭非核攻击，同时也要保护其"盟友和伙伴"的重大利益。[305]

批评者们立即反对说，美国正在危险地升级核军备竞赛。奥巴马政府的助理国防部长安德鲁·韦伯（Andrew Weber）认为这一新方案是荒诞可笑的。他指出，"我们是在简单地模仿俄罗斯的那种鲁莽的理念"。"我们已经能够威慑住任何打击了。我们有很多小当量的武器。这个新方案就是一个编撰出来的谎言，用来为制造新式核武器提供借口。这样只会提高使用核武器的概率和增加误判的机会，政府的这种逻辑就像卡夫卡式噩梦一样荒诞不经。"[306]

最强烈的批评或许来自俄罗斯。俄罗斯外交部对美国的《核态势评估》报告是如此"具有挑衅性"和"反俄""深表失望"。该报告否认了俄罗斯调低了率先使用核武器的门槛，俄罗斯担心美国在危险且模糊的"极端情况"下使用核武器的理由，会为将来的无差别使用打开方便之门，就像它计划建造新型小当量弹头一样。俄罗斯宣布其已削减了75%的战术核武器，并且已经将剩余的战术核武器从发射载具上移除，而美国却在对其部署于欧洲的战术核武器进行现代化改造，还将它们部署在靠近俄罗斯边境的地方。[307]

那些了解《核态势评估》报告编写过程的人一定不会对其中的好战语调感到惊讶。它是由一个核战略专家团队编写的，为首的是前助理国防部长、国家公共政策研究所所长基思·佩恩，他作为核领域的鹰派人物可谓名副其实。1980年，他曾与人合作在《外交政策》杂志上发表了一篇令人毛骨悚然的文章，文章坚称只要指挥和控制得当，美国就能在与苏联的核战争中胜出，并使美国的损失降至只死2000万人的水平。[308]虽然有人认为，由佩恩帮助起草的这份《核态势评估》报告与几位前总统的相关报告在内容上大致一样，但包括军方高层在内的其他人却对特朗普为核鹰派赋权的行为做了批评，认为这既是一种危险的挑衅，也是一种过高的耗费。一位核领域的资深分析人士告诉《美国保守派》(American Conservative) 杂志："关于此事的来龙去脉，有些实情你们是不知道的。它其实是这样的，有一天，福克斯电视台主播肖恩·汉尼蒂在电视上谈到我们还需要更多核武器，唐纳德·特朗普听了之后就前往五角大楼。然后没过多久，基思·佩恩和他的团队就出现了。这就是事实，这就是造成我们今天所面临局面的缘由。"[309]

核武器只是美国黩武主义复苏的一个方面。2018 年 3 月，特朗普签署了价值 1.3 万亿美元的综合支出法案，其中包括了创纪录的 7000 亿美元的军事开支，尽管他在上一年就向军事领域注入了大笔资金，但特朗普仍面不改色地说军费"非常拮据"。实际上，特朗普在 2019 年申请的军事开支为 7160 亿美元，比 2018 年增加了 10%。新增额度中有一部分被用于研制特朗普和五角大楼寻求的新式武器。[310] 还有一大笔钱被用于支付美国特种部队的费用，2017 年，美国在全球 149 个国家（75% 的国家）部署了特种部队，比奥巴马在上一年部署的 138 个有增无减。特朗普还打破了奥巴马的海外军售记录。

同样令人不安的还有特朗普的外太空计划，这里与网络空间一样，已成为军事对抗的新领域。2018 年 6 月，特朗普要求五角大楼创立一支新的"太空部队"，作为武装力量的第六个独立分支。他宣布，"对美国而言，仅仅是在太空驻军是不够的，我们必须在太空中拥有主导地位"，并表示他不希望看到"中国和其他国家走在我们前头"。国防部的一名官员做了颇为直率的表述："太空是一个作战领域，因此保持我军的支配地位和竞争优势是非常重要的。"[311] 特朗普指派副总统彭斯领导重建后的国家太空委员会（National

Space Council）。8月，彭斯在五角大楼的讲话中重申了特朗普的愿景。他宣布："现在是时候去书写我们的武装力量历史的下一个伟大篇章了，让我们去为下一个战场做准备吧！"他还虚伪地宣称，美国只是在应对俄罗斯和中国的行动："我们的对手已经把太空改造成一个作战领域，美国面对这一挑战是不会退缩的。"[312]

安全世界基金会（Secure World Foundation）是一个致力于和平利用太空的非营利机构，其太空法律顾问克里斯·约翰逊（Chris Johnson）在维也纳参加联合国探索及和平利用外层空间会议（Exploration and Peaceful Uses of Outer Space）50 周年纪念活动的那周表达了对缺乏太空军事冲突规则的担忧："我们不知道太空领域有哪些规则，确切地说，我们在太空冲突方面没有任何公约或规则。"他认为特朗普创立太空部队"加剧了紧张局势，挑衅性很强。其他国家看到之后会说'哦，我也要那样做'"，从而使"太空冲突……更有可能发生"。[313]《坏东西：太空项目对地球的核威胁》（*The Wrong Stuff:The Space Program's Nuclear Threat to Our Planet*）一书的作者卡尔·格罗斯曼（Karl Grossman）教授明白，凡是美国发起的项目，俄罗斯人和中国人都会不惜代价地与之抗衡。他坚持认为："他们不会坐视不管的，他们会在你不知不觉间飞上去。这将是完全核化的，这是一个终极噩梦。"几十年来一直就太空武器化问题著书立说的格罗斯曼指出了特朗普计划的鲁莽，该计划涉及"激光束、粒子束和超高速炮，这些都需要用到核动力。如果发生了互射战争，类似于切尔诺贝利事故和广岛事件引起的核尘埃将再次席卷天空。其中一些将落回地面，造成灾难性后果。也有一些需要上千年才能降落，这就意味着天空中将布满放射性尘埃"。"特朗普政府正在做的很多糟糕事情中，将战争引入太空将是最具破坏性的一件。"[314]

尽管特朗普在满足包括国防承包商在内的军工复合体的贪婪胃

口方面表现出了明显的意愿，但这些既得利益集团吵着还要更多。2018年11月，由国会从两党中精心挑选出12个人组成的国防战略委员会（National Defense Strategy Commission）想象出了最耸人听闻的现代恐怖场景：轰炸机、导弹短缺，美国面临女巫骑着扫把满天飞、蒙古铁骑近在咫尺的危机，如果不能大幅增加军费，这个国家将变得岌岌可危。国会授权该委员会审议国防部在2018年1月发布的《国防战略》（National Defense Strategy）报告，该报告极大地夸大了俄罗斯和中国的威胁。但这对于该委员会的联合主席埃里克·埃德尔曼（Eric Edelman）来说仍然不够。埃里克曾任小布什政府的国防部副部长，并担任过副总统迪克·切尼、已退役的美国海军作战部长加里·拉夫黑德（Gary Roughead）上将以及中情局前代理局长迈克·莫雷尔（Mike Morell）的高级助理。这份报告完美继承了1957年《盖瑟报告》"天要塌了"的传统做法，开篇谈道："美国如今的安全和福祉正面临数十年以来最大的危险。美国的军事优势……已被削弱到危险的地步。美国保护其盟友、伙伴及其自身重大利益的能力正日益受到质疑。如果国家不及时采取行动去修补这些情形，后果将十分严重。"美国未能在军事技术上与时俱进，导致俄罗斯和中国在追求地区霸权方面变得更果敢，增加了战争的风险，而美国在这种战争中的胜算无法得到保证。虽然美国人一直以来在军事科技研发方面进行得很顺利，从而使2011年的《预算控制法案》（Budget Control Act）为军费开支设定了最高限额，但俄罗斯和中国也在前进，俄罗斯更是在控制和开始削减国防开支的前提下成功实现了军事能力的基本升级。伊朗和朝鲜带来的威胁也加重了。因此，美国必须坚定推进2月的《核态势评估》报告所规划的大规模核武器现代化项目。该报告还警告说："美军可能会在下一次冲突中遭受难以承受的重大人员伤亡和资产损失。美军可能会在与中国或俄罗斯的战争中勉强取胜，甚至可能失败。特别是当美军被迫同时在两条或多条战线上作战时，它将面临被压垮的风险。"

该报告在其执行摘要部分以同样悲观的语调做了总结：

> 因无法应对我国国防风险而导致的成本……是不能用"国际稳定"和"全球秩序"等抽象概念去衡量的，它将以美国人的生命、美国的财富、美国的安全和繁荣作为代价。如果因美国人不愿意或者不能做出艰难的抉择和进行必要的投资，导致美国的国家利益和国家安全陷入危险境地，那将是一个悲剧，一个无法预料但程度深重的悲剧。

该报告建议国家以每年高出通货膨胀率3%—5%的幅度增加军事预算，这在一定程度上可以通过削减社会服务来实现，包括社会保障、医疗保障方案和医疗补助等，因为"强制性福利保障项目会导致开支增长"。因此，报告的作者们承认："这些调整无疑会非常痛苦，但这是美国人不得不承受的。"[315]

尽管特朗普的表现总体来说令人沮丧，他也认识到世界两个核大国之间需要缓解紧张关系的必要性。2018年7月，在关于俄罗斯干涉美国大选的一片控诉声中，俄美两国总统在赫尔辛基会面。当两位总统在仅有翻译人员陪同的情况下进行了私人会晤，以期在一些挑战人性的突出问题上寻求共识时，批评者发出了愤怒的咆哮。他们坚信，经验丰富且信息掌握全面的普京自有办法对付这位准备不充分且容易冲动的美国总统。在随后举行的新闻发布会上，特朗普表示，比起美国情报部门的调查发现，他更相信普京否认俄罗斯干预大选的说法，此言一出即引发了更大的错愕，甚至有人指责他叛国。特朗普被迫对他的一些说法进行了澄清。在针对特朗普的一切言行掀起的近乎排山倒海的指责声中，很多人忽略了改善这两个核大国之间的关系有着压倒一切的重要性。在一片喧嚣声中，人们同样忘记了这种私人会晤是有成功先例的。实际上，1985年11月，罗纳德·里根和米哈伊尔·戈尔巴乔夫曾在日内瓦单独会晤了4小时51分钟。尽管他们在诸如阿富汗和导弹防御系统等问题上存在分歧，但还是建立了密切的关系，为后续在核武器和其他问题上取得进展奠定了基础，从而大幅缓和了两大冷战对手之间的紧张关系。据里根的新闻秘书拉里·斯皮克斯透露，里根对戈尔巴乔夫说："我们之间有很多分歧，但我相信，我们今天能够在这里对话，全世界都会松一口气。我们的分歧是重大的，但我们增进理解的决心同样也是真诚的。"尽管斯皮克斯后来承认，总统的上述言论包括其他一些言论其实是她杜撰的，但两次会晤流露出的这种善意是确实可信的。[316]

气候变化论是骗局？

善变的特朗普在其他领域也能扭转局面吗？最急切需要采取行动的领域当属气候变化。《自然》(Nature) 杂志在2018年发表的一份研究显示，在其冰盖中储存了全球60%—90%淡水资源的南极洲正在以3倍于10年前的速度消融。科学家们预测，主要由温室气体排放导致的冰川消融现象，将令海平面在2100年上升6英寸。[317]这些情况再加上破纪录的极端气温，导致地球上每年都在上演千年一遇的气候事件，表现为飓风、干旱、洪水和野火。2017年12月发表在《自然》杂志上的一篇论文发现，实际情况的发展速度远快于预测模型，到2100年，全球气温有可能上涨5℃。[318]科学界有一个共识认为，上升2℃以上就可能造成灾难性后果。但在2014年，世界银行报告说，"当前的温室气体排放趋势似乎让世界朝着"到21世纪末升温4℃的方向发展。[319]

《纽约时报》的纳撒尼尔·里奇 (Nathaniel Rich) 对这种变化

所预示的恐怖后果做了惊人的描述：

自工业革命以来，全球气温已经上升了超过1℃。在2016年地球日这天签署的《巴黎协定》(Paris Agreement) 作为一个无拘束力、无执行力和不再受人关注的条约，曾希望将升温幅度控制在2℃以内。最近，根据当前排放趋势所作的一项研究显示，实现这个目标的几率为二十分之一。即使有奇迹发生，使我们能够将升温控制在2℃以内，我们也得面对热带珊瑚礁的灭绝、海平面上升几米，以及波斯湾会被废弃的问题。

气候科学家詹姆斯·汉森 (James Hansen) 将升温2℃的变暖称为"长期灾难的指示"，从目前来看，长期灾难已算是最好的情形了。升温3℃是短期灾难的指示：北极将长出森林，大部分沿海城市将被海水吞没。联合国下辖的政府间气候变化专门委员会 (Intergovernmental Panel on Climate Change) 前任主席罗伯特·沃森 (Robert Watson) 认为，升温3℃是现实当中可能出现的最小值了。如果地球升温4℃，欧洲将陷入永久性干旱，中国、印度和孟加拉国的大部分地区将被沙漠攻占，波利尼西亚群岛将被海水吞没；科罗拉多河将萎缩成小溪；美国西南部地区在很大程度上将不再适宜人类居住。而对于升温5℃的展望促使世界上最重要的一些气候科学家们发出了人类文明终结的警告。[320]

在环境问题上一向表现极差的特朗普政府让事情变得雪上加霜。特朗普政府的第一任国家环境保护局 (Environmental Protection Agency) 局长斯科特·普鲁伊特 (Scott Pruitt) 曾在2005年否定进化论，他上任后成为特朗普政府否定气候变化和环境退化的典型代表，直到2018年7月因身陷大到超乎人们想象的道德丑闻而被迫辞职。但他并非孤军作战。特朗普本人就曾将人为的气候变化斥为"中国人为自己［利益］"而制造的"骗局"，[321] 自他以下的政府顽固分子不仅敌视气候科学，还敌视整个科学。总统的科学顾问一职是在 1941 年设立的，而特朗普是唯一一个就任一年半都还没任命科学顾问的总统。美国国务院和农业部门都未任命科学顾问，尽管科学对于这两个部门的运作都至关重要。美国的内政部、国家海洋和大气管理局甚至解散了它们的科学顾问委员会。食品和药品监督管理局也对其食品顾问委员会采取了类似行动。普鲁伊特对其机构的科学顾问委员会进行了清洗，解雇了那些想采取行动减缓气候变化的成员。由于发现自己无法在这样一个对科学充满敌意的环境下工作，科学家们成群结队地从联邦政府出逃。普林斯顿大学的地球科学和国际事务教授迈克尔·奥本海默（Michael Oppenheimer）尖锐地指出："我认为，自二战结束以来，人们从未认真地讨论过一些像核武器一样重要的问题，也没有一个严肃认真的科学家来帮助总统走出迷局。这在政策当中体现得淋漓尽致。"[322]

2018 年 4 月，美国国家科学院的 1000 多名成员严厉批评特朗普退出《巴黎协定》的决定，呼吁人们关注"由人类引起的气候变化的危险"，这已经造成了"灾害和经济损失"，而且未来只会变得更加严重。

他们谴责特朗普政府"诋毁科学专业知识，骚扰科学家"。[323]《纽约时报》愤怒地指责政府官员发动了一场"针对科学的战争"，并"在政府系统内开展大清洗，特别是那些关于人类对气候变化的影响的研究和结论有悖于政府工作内容的科学家"。一些机构甚至在其报告和网站上禁止使用"气候变化"一词，以类似于《1984》的禁锢思想的方式将其替换为"极端天气"等字眼。[324]

不过，军方和情报机构在气候变化问题上还是认真的。2018 年的《国防授权法案》（National Defense Authorization Act）包含了一个条款，表明它们认同气候变化"是对美国国家安全的一个直接威胁"。第335条款聚焦于"易受破坏的军事设施"，指出海平面上升可能威胁"超过128个美国军事设施"，包括一个价值10亿美元的空军雷达设施，该设施"预计将在20年内被海水吞没"。其他一些面临潜在威胁的场所包括位于弗吉尼亚州诺福克和佛罗里达州的军事基地，和在迪戈加西亚岛、关岛以及巴林的军事基地。[325]

最恶劣的是，一些人还在散布关于气候变化的虚假信息，同样也是这帮人曾在核冬天问题上公然撒谎。在这方面最卖力的是保守派智库哈特兰研究所（Heartland Institute），该研究所成立于1984年，最初受到了科克兄弟、埃克森美孚公司等主要污染企业的慷慨资助。2017年，该机构开始向全国超过20万的K-12科学老师散发其著作《为什么科学家不认可气候变暖》（Why Scientists Disagree About Global Warming）以及时长10分钟的DVD配套材料。美国公共电视网纪录片栏目《一线》（Frontline）曝光过这个否定气候变化的宣传组织，国家科学教育中心（National Center for Science Education）的执行主任安·里德（Ann Reid）在该节目上说："这不是科学，但它被装扮成科学的样子。它明显是想把老师们搞糊涂。"美国的公共廉政中心（Center for Public Integrity）发现了一个全国性组织网络，它们由石油和天然气行业资助，向学童们宣传化石燃料的好处。毫不意外的是，俄克拉何马州副州检察长以及厚颜无耻、甘当行业利益代言人的斯科特·普鲁伊特都是此类活动的活跃分子。2016年发表在《科学》杂志上的一项调查显示，全国范围内有大约10%的科学老师曾教导学生，人类对气候变化的影响不大；31%的科学老师说，该问题仍然存在争议，而超过一半的科学老师说人类绝对是罪魁祸首。[326]

虽说地狱为那些迎合贪婪企业、亵渎地球以自肥的人们留有专区——就在战争贩子和核战争策划者的旁边——但否定气候变化者的努力注定会失败。精神病学家罗伯特·杰伊·利夫顿多年来以颇具预见性的视角撰写了核威胁方面的文章，他在 2014 年指出，美国人似乎"正在与全球变暖有关的问题上……经历巨大的心理转变"，他将这一转变称为一次"气候问题上的急转弯"，指在人类意识上的一次重大的历史性变化。利夫顿引用了耶鲁大学最近的一项调查，调查结论认为，美国人对气候变暖的确信度正在上升，而那些对此持怀疑态度的人则对自己的观点日益缺乏信心。他做了一个重要的对比："核武器那迅疾而怪诞的破坏力已在广岛和长崎留下记录，但由于人们难以设想灾难性的未来事件，因此与核威胁相比，人们对气候威胁的反应就比较受限。但是，与气候相关的灾难和密集的媒介影像正在冲击我们，为一个灾难性的未来气候提供了部分参考。"[327]

教皇方济各是对此发出警示的人之一。2018 年 6 月，他告诉那些集合起来纪念他颁布《愿你受赞颂：关爱我们的共同家园》(Laudato Si：On Care for Our Common Home) 三周年的化石燃料行业的主管人员，人们向可再生能源过渡的步伐过于缓慢，这"令人不安，是引发忧虑的根由"。《愿你受赞颂》是一道长达 184 页、富有启发意义的通谕，谈及全球变暖和环境退化。他着重谴责了石油和天然气公司"继续探测新的化石燃料矿藏"。比尔·麦吉本 (Bill McKibben) 测算认为，要想实现《巴黎协定》的目标，需要让超过 80% 的已知化石燃料矿藏继续留存在地下。[328]

2015 年，教皇在介绍这道通谕时曾写道："50 多年前，世界在核危机的边缘摇摇欲坠，教皇约翰二十三世写下了一道通谕，不仅驳斥了战争，还提出了一个和平倡议。他向整个'天主教世界'乃至所有心怀良善的人们发表了他的诚世预言《和平于世》(Pacem in Terris)。如今，在面临全球环境退化之时，我希望向生活在这个星球上的每一个人发表讲话。"[329]

吉米·卡特在 34 年前（即 1981 年）的告别演讲中，同样将核威胁与处于危险中的地球命运联系起来。因参议院未能通过《第二阶段限制战略武器条约》而备感受挫的卡特，打算从天文学家卡尔·萨根那里寻找灵感，当时卡尔·萨根制作的13集系列纪录片《宇宙》（*Cosmos*）刚刚打破公共电视的收视纪录，而他关于核冬天的警告也即将在全球引发一场大辩论。萨根比任何人都更了解人类面临的生存挑战。卡特援引萨根的话表示："核武器展现的是人性的一面，但人性还有另一面。用来发射核弹头的火箭技术也恰恰以和平的方式将人类送入了太空。从太空中，我们看到了地球的本来面貌——它是一个美丽的蓝色星球，渺小而脆弱，它是我们唯一的家园。我们看不到任何人种、宗教或国家的界线，我们看到的是我们这个物种以及我们这个星球的根本统一。只要我们心怀信念和良知，那个光明愿景终将实现。"

　　萨根1981年的乐观主义在今天似乎有些不合时宜。120年前，美西战争以及美国对菲律宾的血腥干预将美国推向了关乎征服与帝国的全球竞争。当时，威廉·詹宁斯·布赖恩等人警告说，如果这个国家选择走愚蠢的帝国路线而舍弃共和主义，它将失去灵魂。几个世纪的奴隶制、对美洲土著的种族灭绝、对工人的剥削以及对女性的厌恶已经让他们付出了代价，但救赎似乎仍然触手可及。那时，这个国家还年轻，移民们的大量涌入，带来了新的活力和梦想。它曾拥有一个光明的未来，一条潜在的辉煌之路，但它选择了一条不同的道路。美国变成了一个工业和军事上的庞然大物，其体量之大世界前所未见，但它也为这种支配地位付出了巨大的代价。这个曾经堪称全球早期民主国家之楷模的国家，如今已成为一个机能失调的模型。在其中，金钱可以支配和购买选票；院外游说者们书写法律；基础设施颓废不堪；贫富差距以惊人的速度扩大（如今最富有的3个美国人所拥有的财富相当于全社会下半段人群财富的总和，同样令人感到憎恶的是，全球最富有的8个人的财富超过了全球最穷的 36 亿人的财富的总和）；少数族裔选民面临选举权被剥夺的危机；票数较少的候选人一再赢得选举；数百万人无法获得医疗服务和其他基本服务；政府的监视令人窒息，思想遭到禁锢；垃圾和污染破坏了环境；偏执盲从大行其道，令人沉沦；校园的学生们一次次遭到屠杀；阿片类药物四处泛滥；公共空间不断萎缩，学校教育失败。唐纳德·特朗普能正是这种衰落的缩影，同时也加速了这种衰落，但这种趋势在他任职前就已经发生了。其中一些问题可追溯至 1890 年代，有些可追溯至伍德罗·威尔逊时期，有些可追溯至之前的一个悲剧性决定，即追随亨利·卢斯提出的"美国世纪"，而非亨利·华莱士倡导的"平民世纪"。随着原子弹的爆炸和冷战的开启，美国在深渊中越陷越深。之后，小布什和新保守主义者发出了关键一击。丑陋、滑稽和擅长玩弄新法西斯主义式狗哨政治①（dog-whistle politics）的特朗普更多的是对这一路线的延续而非纠正，尽管他特立独行的品性和不对外交政策机构感恩戴德的事实可能会带来某些出人意料的结果，包括好的和不好的。冷战的结束本来给人类提供了一次后退的机会，使其可以审视自我，然后朝着一个新的方向进发。但我们缺乏这样做的智慧和远见。真正的美国政治家们，不论是亨利·华莱士、约翰·肯尼迪还是马丁·路德·金，都未能向前迈出一步，全球各地的劳动者阶层也未展现出如卡尔·马克思所期望的那种坚毅和智慧，去带头重组这个世界。因此，尽管中国和其他一些国家在经济发展上取得了巨大进步，帮助数百万人摆脱了极端贫困，但对于生活在这个星球上的整体居民们而言，21 世纪并未让他们过得好一点。

当然，近年来也确实出现了一些希望的曙光。全世界为制

---

① 狗哨政治是指政客们以某种方式说一些取悦特定群体的话，使之仅仅传入目标群体的耳目中，尤其是为了掩盖一个容易引起争议的信息；比喻政客们表面说一套，背后的真实含义只有少数目标人群才能领会。

止美国在2003年入侵伊拉克以及2013年轰炸叙利亚的努力就是典型体现。此外还有联合国的《禁止核武器条约》(Treaty on the Prohibition of Nuclear Weapons) 和2017年将诺贝尔和平奖颁给国际废除核武器运动组织 (International Campaign to Abolish Nuclear Weapon)，以及日本冲绳县、韩国和其他一些国家兴起的反军事基地运动，这些运动在困难重重的情况下依然不断地爆发。占领运动快速蔓延，引发了人们对贫富差距的深切关注。美国佛罗里达州帕克兰市玛乔丽·斯通曼·道格拉斯高中的学生们做了卓越的引导，以重新激励了全国努力推进敏感的控枪立法方面的工作，这也是一个例证。"黑命贵 (Black Lives Matter)"运动和"米兔 (Me Too)"运动让人们意识到了美国社会中一些根深蒂固的问题。人们在抗击全球变暖、禁止核武器、为工人争取更高的工资和福利、财富再分配、遏制针对女性的暴力活动，以及捍卫医疗保健和移民权利方面取得进展的同时，也在争取种族、性和性别平等方面赢得了重大成果。但我们仍然处于一场与力量不断增强的失序和破坏势力的竞赛中。在对上帝一位论派牧师、废奴主义者西奥多·帕克 (Theodore Parker) 进行解读时，马丁·路德·金指出："道德世界的弧线虽然很长，但它是趋向正义的。"但我们再也等不起那道长长的弧线了，我们必须让它以更大的曲率发生弯折。

尽管有些事情显得渺茫无望，但我们不能就此绝望。通过一个宏大的历史视角，利用卡尔·萨根在其获奖小说《伊甸园的龙》(The Dragons of Eden) 中推广起来的概念装置，将宇宙历史压缩到一个365天的日历当中，我们将获得一个不一样的视角。从这个超然视角来看，发生在138亿年前的"大爆炸"位于1月1日的凌晨0点。我们所在的银河系诞生于110亿年前，相当于日历上的3月16日。地球形成于45.4亿年前，相当于日历上的9月6日。地球生命诞生于41亿年前，相当于9月14日。人类的入场最终被排在了12月31

日，一年的最后一天，而且是晚上的 10 点 30 分。直到 12 月 31 日晚上 11 点 59 分 59 秒，哥伦布才"发现"了美洲。因此，在宇宙的时间尺度上，人类的存在时间是极为短暂的。某种意义上说，我们在一分半钟前才学会直立行走。但转眼之间，人类就创造出了非凡的美好和伟大。然而，在同样短暂的时间里，我们也开发出了终结地球生命的手段。可以肯定地说，我们的技术水平远远超出了我们在道德、社会和政治上的发展。因此，作为一个物种，我们真正的任务就是在未来时期能够克制住我们最糟糕、最具破坏性的倾向——既不要用核弹杀死自己，也不要摧毁我们共同生存的地球。当然，我们必须竭尽所能，为了和平与社会正义做斗争。我们当中那些已从历史中汲取教训，能预想出一种从根本上不同、更加人性化的社会组织方式的人，那些能让人们过上更加殷实、繁荣和和平生活的人，就更有责任去传递自己的声音。但是，如果这种更美好的世界无法在我们这一代人实现，我们至少要保留一种可能性，也就是让子孙后代们——或许是未来一百年、一千年或者一万年后的人们——有机会实现我们未竟的梦想。

在这段旅程的开端，当我们启动了这本书及同名纪录片的项目之时，我们把它献给我们的 6 个孩子，他们当中有我亲生的，收养的，也有过继的，他们的族裔有亚裔、非裔和欧裔，献给"他们和其他所有孩子都值得拥有的一个更美好的世界"。我们以同样的引文作为结尾，以申明我们对自己这个经常误入歧途，有时极具破坏力，有时又非常崇高的物种的一种信念：这一目标终有一天会实现。

注释

1   Vladimir Putin, "Presidential Address to the Federal Assembly," March 1, 2018, http://en.kremlin.ru/events/president/news/56957; William J. Broad and Ainara Tiefenthaler, "Putin Flaunted Five Powerful Weapons. Are They a Threat?" *New York Times*, March 2, 2018; Wade Boese, "U.S. Withdraws from ABM Treaty: Global Threat Muted," *Arms Control Today*, July–August 2002, https://www.armscontrol.org/act/2002_07-08/abmjul_aug02.

2   Jeffrey Lewis, "Putin's Doomsday Machine," *Foreign Policy*, November 12, 2015, http://foreignpolicy.com/2015/11/12/putins-doomsday-machine-nuclear-weapon-us-russia.

3   Putin; Broad and Tiefenthaler.

4   Anton Trolanovski, "Putin Claims Russia Is Developing Nuclear Arms Capable of Avoiding Missile Defenses," *Washington Post*, March 1, 2018; Geoff Brumfiel, "Experts Aghast at Russian Claim of Nuclear-Powered Missile with Unlimited Range," National Public Radio, March 1, 2018, https://www.npr.org/sections/parallels/2018/03/01/590014611experts-aghast-over-russian-claim-of-nuclear-powered-missile-with-unlimited-rang.

5   Putin.

6   Gore Vidal, "Requiem for the American Empire," *Nation,* January 11, 1986, https://www.thenation.com/article/requiem-american-empire.

7   Gore Vidal, "The National Security State," in Jay Parini, ed., *The Selected Essays of Gore Vidal* (New York: Vintage, 2008), 404.

8   Charles Krauthammer, "Democratic Realism: An American Foreign Policy for a Unipolar World," The 2004 Irving Kristol Lecture, AEI Annual Dinner, Washington, D.C., February 10, 2004, http://www.aei.org/publication/democratic-realism.

9   Charles Krauthammer, "The Unipolar Moment," *Foreign Affairs* 70 (1990/1991), 11–12, 30, 32–33.

10 "Excerpts from Pentagon's Plan: 'Prevent the Re-Emergence of a New Rival,'" *New York Times*, March 8, 1992.

11 Robin Wright, "Powell Puts U.S. on Pedestal, Observers Say," *Los Angeles Times*, January 28, 2001.

12 Charles Krauthammer, "The Unipolar Moment Revisited," *National Interest* (Winter 2002/2003), http://www.lexisnexis.com.proxyau.wrlc.org/hottopics/lnacademic/?ver

b=sr&csi=222885.

13　"'Gates of Hell' Are Open in Iraq, Warns Arab League Chief," Agence France-Presse, September 19, 2004.

14　Maria Ryan, *Neoconservatism and the New American Century* (New York: Palgrave Macmillan, 2010), 187.

15　关于美国单极性的起起落落的更多讨论，参见 Peter J. Kuznick, "American Empire: Get Used To It: How Deeply Did the Neocon Fantasy Penetrate the Bush Administration?" in Meena Bose and Paul Fritz, eds., T*he George W. Bush Presidency*, Vol. III, Foreign Policy (New York: Nova, 2016)。

16　Julie Ray, "World's Approval of U.S. Leadership Drops to New Low," Gallup News, January 18, 2018, http://news.gallup.com/poll/225761/world-approval-leadership -drops-new-low.aspx?ncid=newsltushpmgnews__Politics__011818.

17　Javier Solana, "The Dangers of Militarization," Project Syndicate, February 20, 2018, https://www.project-syndicate.org/commentary/trump-greatest-threat-to-international-security-by-javier-solana-2018-02.

18　"Back Together and Better than Ever: Renewed Sino-Russian Relations," *China-US Focus*, September 22, 2017, https://www.chinausfocus.com/focus/china-this-week/2017-09-22.html; Nicole Gaouette, "Russia, China Use UN Stage to Push Back on a US-Led World Order," CNN, September 21, 2017, https://www.cnn.com/2017/09/21/politics/russia-china-us-unga-remarks/index.html.

19　Sarah Kirchberger, *Assessing China's Naval Power: Technological Innovation, Economic Constraints, and Strategic Implications* (Springer: Berlin, 2015), 263; Zbigniew Brzezinski, *The Grand Chessboard: American Primacy and Its Geostrategic Imperatives* (New York: Basic, 1997).

20　参见 Nick Turse, *Tomorrow's Battlefield: U.S. Proxy Wars and Secret Ops in Africa* (Chicago: Haymarket Books, 2015), 121。

21　Gideon Rachman, *Easternization: Asia's Rise and America's Decline from Obama to Trump and Beyond* (New York: Other Press, 2016), 33.

22　Alfred W. McCoy, *In the Shadows of the American Century: The Rise and Decline of U.S. Global Power* (Chicago: Haymarket Books, 2017), 193.

23　Wayne M. Morrison, "China's Economic Rise: History, Trends, Challenges, and Implications for the United States," Congressional Research Service, February 5, 2018, https://fas.org/sgp/crs/row/RL33534.pdf.

24　PWC, "The Long View: How Will the Global Economic Order Change by 2015?" February 2017, https://www.pwc.com/gx/en/world-2050/assets/pwc-world-in

-2050-summary-report-feb-2017.pdf. The Spectator Index projected that China would contribute 35 percent to world economic growth between 2017 and 2019, almost twice the United States' 18 percent contribution and five times that of India. "GDP Growth, 2017," *Spectator Index*, July 21, 2017, https://twitter.com/spectatorindex/status/888458563424792576?lang=en.

25　Rebecca Fannin, "China's Secret Goal Is To Crush Silicon Valley," CNBC, May 22, 2018, https://www.cnbc.com/2018/05/22/chinas-secret-goal-is-to-crush-silicon-valley.html.

26　Oliver Turner, "The U.S. Pivot to the Asia Pacific," *Obama and the World: New Directions in U.S. Foreign Policy*, Inderjeet Parmar, Linda B. Miller, and Mark Ledwidge, eds. (New York: Routledge, 2014), 225; McCoy, 207–9.

27　"Obama's Covert Drone War in Numbers: Ten Times More Strikes Than Bush," The Bureau of Investigative Journalism, January 17, 2017, https://www.thebureauinvestigates.com/stories/2017-01-17/obamas-covert-drone-war-in-numbers-ten-times-more-strikes-than-bush; Jeremy Scahill and the staff of the Intercept, *The Assassination Complex : Inside the Government's Secret Drone Warfare Program* (New York: Simon & Schuster, 2016), 70–82; Ian Shaw and Majed Akhter, "The Dronification of State Violence," Critical Asia Studies, 46 (April 2014), 211–34; Jessica Purkiss and Abigail Fielding-Smith, "US Counter Terror Air Strike Double in Trump's First Year," The Bureau of Investigative Journalism, December 19, 2017, https://www.thebureauinvestigates.com/stories/2017-12-19/counterrorism-strikes-double-trump-first-year.

28　Jeremy Kuzmarov to Peter Kuznick, May 15, 2017; Jeremy Kuzmarov, "How the Mother of All Bombs Might Explode in the Face of Uncle Sam," *Tulsa World*, April 22, 2017; W. J. Hennigan, "Air Force Drops the non-Nuclear Mother of all Bombs in Afghanistan," *Los Angeles Times*, April 14, 2017; Gersh Kurtzman, "Media Bloodlust Revealed with Endless Replays of Mother of all Bomb, Death Porn Video," *New York Daily News*, April 14, 2017; Helene Cooper and Mujib Marshall, "A Giant U.S. Bomb Strikes ISIS Caves in Afghanistan," *New York Times*, April 14, 2017.

29　Amir Tibon, "Trump on 'Mother of All Bombs' Use in Afghanistan: Military Has 'Total Authorization,'" *Haaretz*, April 13, 2017.

30　Susan B. Glasser, "Laurel Miller: The Full Transcript," *Politico Magazine,* July 24, 2017, https://www.politico.com/magazine/story/2017/07/24/laurel-miller-the-full-transcript-215410.

31　Mark Landler, "U.S. Troops To Leave by End of 2016," *New York Times*, May 27, 2014.

32　Mark Landler, "The Afghan War and the Evolution of Obama," *New York Times*, January 1, 2017.

33　Katrina vanden Heuvel, "The U.S. Will Never Win the War in Afghanistan," *Washington Post*, May 16, 2017.

34　Mark Landler and James Risen, "Trump Finds Reason for the U.S. To Remain in Afghanistan: Minerals," *New York Times*, July 25, 2017. 2018 年 3 月底，约翰·尼科尔森（John Nicholson）上将在接受英国广播公司采访时声称，俄罗斯正为塔利班提供武器，这使相关情况变得更加错综复杂。自 2016 年 12 月以来，他和美国的其他一些官员一直在发出这种指控，但美国国防情报局局长文森特·斯图尔特（Vincent Stewart）中将、国防部部长詹姆斯·马蒂斯和北约秘书长延斯·斯托尔滕贝格（Jens Stoltenberg）均对此表示怀疑。俄罗斯方面则直接否认。Ty Joplin, "As the Taliban Gains Power in Afghanistan, US Accuses Russia of Arming Extremist Group," *Al Bawaba*, April 2, 2018, https://www.albawaba.com/news/taliban-gains-power-afghanistan-us-accuses-russia-arming-extremist-group-1111556; Dawood Azami, "Is Russia Arming the Afghan Taliban?" BBC News, April 2, 2018, http://www.bbc.com/news/world-asia-41842285.

35　未接受教育的孩子中有 75% 是女孩。在近 400 个校区里，48 个校区在过去的 17 年里未有一个男生从高中毕业，130 个校区未有一个女生毕业。将近一半的学校缺乏校舍。Mujib Mashal and Najim Rahim, "A New Push Is On for Afghan Schools, But the Numbers Are Grim," *New York Times*, April 1, 2018.

36　Duncan McFarland, "Xi, Trump and Rising China in the World," *Portside*, July 26, 2017, https://mail.aol.com/webmail-std/en-us/suite.［中国］国家安全部的中国现代国际关系研究院前院长崔立如对中国日益增强的与美国相抗衡的意愿做了解释："在亚太地区，美国在政治和军事层面上的主导地位将不得不做出调整。"崔立如强调说："这并不意味着美国必须牺牲自己的利益。但如果美国固守其永久性主导地位，那就有问题了。"崔立如承认，［中美］两国在这个过渡期内的冲突是完全有可能的，但"让中国永远居于美国的主导之下是不正常的。永久性主导地位是不存在的。"Jane Perlez, "Xi Jinping Extends Power, and China Braces for a New Cold War," *New York Times*, February 27, 2018.

37　习近平也提到了对［巴基斯坦］瓜德尔港和［希腊］比雷埃夫斯港的改善。他解释说，这一基础设施网络得到了中巴经济走廊、中蒙俄经济走廊和新亚欧大陆桥的"巩固"。习近平表示，中国将同参与国建立 50 所联合实验室，以带动科技的发展。"Xi Opens 'Project of the Century' with Keynote Speech,"

China Daily, May 14, 2017, http://www.chinadaily.com.cn/beltandroadinitiati
ve/2017-05/14/content_29337406.htm. 普京也对习近平的演讲鼓掌称赞，他说
"一带一路"倡议与欧盟、上合组织以及东盟的融合是一个有意义的欧亚合作
伙伴关系的基础。联合国秘书长安东尼奥·古特雷斯（António Guterres）也同
其他领导人一道对"共同的宽广发展愿景"表示支持。Liu Xin and Yang Sheng,
"Initiative 'Project of the Century': President Xi," Global Times, May 15, 2017,
http://www.globaltimes.cn/content/1046933.shtml.

38　Jethro Mullen, "China: The US Has Started 'the Biggest Trade War' in History,"
CNN, July 6, 2018, https://money.cnn.com/2018/07/06/news/economy/us-china-
trade-war-tariffs/index.html.

39　Martine Bulard, "'US Wants to Rein in China's Rise in the World'; Trump's
Protectionist Gamble," Le Monde Diplomatique, October 1, 2018; Jenny Leonard
and Saleha Mohsin, "Trump Backs Away from China Trade Deal," Farmfutures.com,
May 23, 2018, https:// www.farmfutures.com/trade/trump-backs-away-china-trade-
deal.

40　Cui Tiankai, "China's Ambassador: Donald Trump's Trade War Is Unjustified and
Unfair," USA Today, July 18, 2018.

41　James Dean, "Trump Blocks Tech Investment," Times of London, June 26, 2018,
https://www.thetimes.co.uk/article/trump-blocks-tech-investment-wd60nl2g5.

42　"Trump Backs Off Restricting China Investment," CBS News, June 27, 2018, https://
www.cbsnews.com/news/trump-china-tariffs-backs-off-investment-restrictions.

43　Michael Kranz, "Senators Were Shocked to Learn the US Has 1,000 Troops in
Africa — But the Pentagon Just Said the Total Is Actually Over 6,000," Business
Insider, October 23, 2017, http://www.businessinsider.com/senators-us-troops-
africa-pentagon-2017-10.

44　Ibid.

45　Betsy Woodruff, "Senators Stunned to Discover We Have 1,000 Troops in Niger,"
Daily Beast, October 22, 2017, https://www.thedailybeast.com/senators-are-stunned-
to-discover-we-have-1000-troops-in-niger.

46　Joshua Keating, "Tim Kaine on How Niger and Trump Have Stirred New Anxieties
About America's Forever War," Slate, November 1, 2017, http://www.slate.com/
blogs/the_slatest/2017/11/01/tim_kaine_s_bill_to_replace_the_authorization_for_the
_use_of_military_force.html. 凯恩提出了另一个很有说服力的观点。奥巴马为特
朗普更加危险的升级举动扫平了障碍。当被问及奥巴马和特朗普行事风格的差
异时，凯恩解释说："我不觉得两者之间有很大的差别。奥巴马当政时期，他

们对《授权使用军事力量法》做了相当宽泛的解释；他们自然是将小布什政府的定义扩大了。他们使用起来是很有度的，但我一直提醒他们，'早晚会有一个总统不像奥巴马总统那么谨慎，他会充分利用这一授权，而这对你们来说不会是一个好的政治遗产'。而这[特朗普]正是我所担心的。"

47　Maria C. LaHood to Bob Corker and Robert Menendez, May 15, 2018, Center for Constitutional Rights, https://ccrjustice.org/ccr-letter-opposing-sj-res-59-authorization-use-military-force-2018.

48　"Congresswoman Barbara Lee and Congressman Walter Jones Outline Bipartisan AUMF Principles," May 15, 2018, https://lee.house.gov/news/press-releases/congresswoman-barbara-lee-and-congressman-walter-jones-outline-bipartisan-aumf-principles.

49　"When Presidents Go to War," *New York Times*, April 24, 2018.

50　Marjorie Cohn, "Congress Weighs Indefinite Detention of Americans," *Consortium News*, May 13, 2018, https://consortiumnews.com/2018/05/13/congress-weighs-indefinite-detention-of-americans; John Kiriakou, "Giving Trump Carte Blanche for War," August 8, 2018, *Consortium News*, https://consortiumnews.com/2018/08/08/giving-trump-carte-blanche-for-war.

51　关于铀的储量，参见 Yadira Soto-Viruet, "The Mineral Industries of Mali and Niger," United States Department of the Interior, U.S. Geological Survey, August 2012, https://minerals.usgs.gov/minerals/pubs/country/2010/myb3-2010-ml-ng.pdf。

52　Ishaan Tharoor, "Trump's Niger Uproar Shines Light on the U.S.'s Murky African Wars," *Washington Post*, October 24, 2017. 美国国务院的 2002 年"泛萨赫勒倡议"（Pan-Sahel Initiative of 2002）最初旨在与尼日尔、马里、乍得和毛里塔尼亚的军方合作，后拓展至另外的 6 个地区和国家，结成"跨撒哈拉反恐合作集团"（Trans-Sahara Counterterrorism Partnership）。至 2013 年，数千名原计划被派往伊拉克和阿富汗的美国士兵转而参加在非任务的训练。这些训练有很多都是在堪萨斯州的赖利堡基地进行的。美国非洲司令部负责人戴维·罗德里格斯（David Rodriguez）上将对国会说，"随着我们在交战区轮换需求的下降，我们可以在非洲高效地运用这些兵力"。Eric Schmitt, "U.S. Army Hones Antiterror Strategy for Africa, in Kansas," *New York Times*, October 18, 2013.

53　Nick Turse, "Secret US Military Documents Reveal a Constellation of American Military Bases Across Africa," *Nation*, April 27, 2017. 2010 年，美国只有 3% 的特种部队在非洲执行任务。到 2016 年，这一数字已跃升至 17%，涉及 32 个国家，占非洲所有国家的 60%，美军每年在这里进行大约 3500 次军事训练、战

斗及其他行动。Nick Turse, "A Wide World of Winless War, *TomDispatch*, June 25, 1967, http:// www.tomdispatch.com/blog/176300; Nick Turse, "It's Not Just Niger — U.S. Military Activity is a 'Recruiting Tool' for Terror Groups Across West Africa," *Intercept*, October 26, 2017, https://theintercept.com/2017/10/26/its-not-just-niger-u-s-military-activity-is-a-recruiting-tool-for-terror-groups-across-west-africa.

54 Max Bearak, "Parts of Niger and Mali are Already Lawless. U.S. Strategy Might Make It Worse," *Washington Post*, October 23, 2017.

55 Evan Osnos, David Remnick, and Joshua Yaffa, "Trump, Putin, and the New Cold War," *New Yorker*, March 6, 2017, https://www.newyorker.com/magazine/2017/03/06/trump-putin-and-the-new-cold-war.

56 普利策奖获得者西摩·赫什表示，这次袭击是一次"伪旗行动"，是由叙利亚反对派"努斯拉阵线"在土耳其政府的帮助下实施的，目的是将美国拖入战争。赫什认为，当军方领导和情报官员怀疑阿萨德政府可能不是唯一能获得沙林毒气弹的武装力量时，奥巴马在是否实施原计划的袭击上犹豫了。其他人则质疑对赫什消息来源的可信度，坚持认为阿萨德对相关指控负有罪责。Seymour M. Hersh, "The Red Line and the Rat Line," *London Review of Books*, April 17, 2014, https://www.lrb.co.uk/v36/n08/seymour-m-hersh/the-red-line-and-the-rat-line; Eliot Higgins and Dan Kaszeta, "It's Clear that Turkey Was Not Involved in the Chemical Attack on Syria," *Guardian*, April 22, 2014.

57 Thom Shanker and Lauren D'Avolio, "Former Defense Secretaries Criticize Obama on Syria, *New York Times*, September 18, 2013; "Gates, Panetta Question Obama's Syria Strategy," *Politico*, September 19, 2013, https://www.politico.com/story/2013/09/robert-gates-leon-panetta-obama-syria-strategy-097045.

58 纵观叙利亚漫长的历史，它一再被其他国家侵占。一战结束后，曾作为奥斯曼帝国一部分的叙利亚成了法国的殖民地。在它为实现独立而斗争之时，便于1948年与以色列打了第一仗。之后又分别于1967年和1973年继续与以色列交战。尽管双方于1974年实现了停火，但至今仍处于战争状态。从1967年起，以色列占领了叙利亚面积为460平方英里的戈兰高地，以色列在1981年将其宣布为自己的领土，但这是一次非法的吞并，连美国都拒绝承认。

59 "Oliver Stone and Peter Kuznick On How Obama Should Handle the Crisis In Syria," *Daily Beast*. October 15, 2013, https://www.thedailybeast.com/oliver-stone-and-peter-kuznick-on-how-obama-should-handle-the-crisis-in-syria.

60 Chris Zambelis, "Syria's Sunnis and the Regime's Resilience," *Combating Terrorism Center Sentinel*, May 2015, https://ctc.usma.edu/syrias-sunnis-and-the-regimes-

resilience.

61 Rania Abouzeid, "Sitting Pretty in Syria: Why Few Go Bashing Bashar," *Time*, March 6, 2011, http://content.time.com/time/world/article/0,8599,2057067,00.html.

62 Rania Abouzeid, "The Youth of Syria: the Rebels Are On Pause," *Time*, March 6, 2011, https://gowans.wordpress.com/2016/10/22/the-revolutionary-distemper-in -syria-that-wasnt.

63 Sharmine Narwani, "How Narratives Killed the Syrian People," RT, March 23, 2016, https://www.rt.com/op-ed/336934-syria-war-conflict-narrative.

64 William R. Polk, "Understanding Syria: From Pre–Civil War to Post-Assad," *Atlantic*, December 10, 2013, https://www.theatlantic.com/international/archive/2013/12/ understanding-syria-from-pre-civil-war-to-post-assad/281989.

65 Robin Wright, "Strikes Are Called Part of a Broad Strategy, *Washington Post*, July 16, 2006.

66 Scott Wilson and Joby Warrick, "Assad Must Go, Obama Says," *Washington Post*, August 18, 2011; Steven Lee Myers, "U.S. and Allies Say Syria Leader Must Step Down," *New York Times*, August 18, 2011.

67 Spencer Ackerman, "Why Clinton's Plans for No-Fly Zones in Syria Could Provoke US-Russia Conflict," *Guardian*, October 25, 2016; Caroline Linton, "Hillary Clinton Says She Supported More Aggressive Action in Syria," CBS News, April 6, 2017, https://www.cbsnews.com/news/hillary-clinton-says-she-supported-more- aggressive-action-in-syria; Steve Holland, "Exclusive: Trump Says Clinton Policy on Syria Would Lead to World War Three," Reuters, October 25, 2016, https://www. reuters.com/article/us-usa-election-trump-exclusive/exclusive-trump-says-clinton- policy-on-syria-would-lead-to-world-war-three-idUSKCN12P2PZ.

68 Eric Schmitt, "C.I.A. Said to Aid in Steering Arms to Syrian Opposition," *New York Times*, June 21, 2012; "An Arms Pipeline to the Syrian Rebels," *New York Times*, March 24, 2013; Adam Johnson, "Down the Memory Hole: NYT Erases CIA's Efforts to Overthrow Syria's Government," FAIR, September 20, 2015, https:// fair.org/home/down-the-memory-hole-nyt-erases-cias-efforts-to-overthrow-syrias- government.

69 Rania Abouzeid, *No Turning Back: Life, Loss, and Hope in Wartime Syria* (New York: W. W. Norton Company, 2018), 330.

70 Ibid.

71 Mark Mazzetti, Adam Goldman, and Michael S. Schmidt, "Behind the Sudden Death of a $1 Billion Secret C.I.A. War in Syria," *New York Times*, August 2, 2017.

72 众议院议员托马斯·梅西（Thomas Massie，肯塔基州的共和党人）和参议员迈克尔·S. 施密特（Michael S. Schmidt，俄克拉荷马州的共和党人）都质疑总统授权轰炸一个非美国交战国的国家是否合宪。但两党当选的大部分官员一边为特朗普加油鼓劲，一边敦促他做出清晰的战略阐释。支持动武的人物包括南希·佩洛西（Nancy Pelosi）、查克·舒默，以及最令人感到失望的伊丽莎白·沃伦（Elizabeth Warren）。Nicholas Fandos, "Divided on Strikes, Democrats and Republicans Push for Clearer Syria Strategy," *New York Times*, April 14, 2018; Ben Jacobs, "Syria Strikes: Democrats Demand Congressional Approval for Further Military Action," *Guardian*, April 13, 2018.

73 Mark Hensch, "CNN Host: 'Donald Trump Became President' Last Night," *Hill*, April 7, 2017, http://thehill.com/homenews/administration/327779-cnn-host-donald-trump-became-president-last-night. 马克龙充分利用了他与这位善变的美国总统精心打造的亲密关系。在法国上一次巴士底狱日（Bastille Day）纪念活动上，马克龙为特朗普铺了红毯，布置了他梦寐以求的盛大场面和仪式。世界各国的首脑纷纷意识到，为特朗普总统布置像样的场面是满足其自尊心，赢得其友谊的一个途径。特朗普对法国在香榭丽舍大道上举行的阅兵式和展示的军事装备是如此着迷，以至于他宣布要在宾夕法尼亚大道上举行类似的阅兵式，结果遭到了广泛的嘲讽，因而暂时作罢。不过，特朗普还是懂得投桃报李的，就在美国轰炸了叙利亚一周之后，他邀请法国总统对美国进行首次国事访问，这也是美国举办的一次极不协调和气氛微妙的国事访问。马克龙因劝说特朗普在叙利亚问题上采取谨慎、有度的行动而受到赞扬，他还声称自己已说服特朗普放弃从叙利亚撤军的计划。马克龙对法国的 BFMTV 电视台说："10 天前，特朗普总统说美国想从叙利亚撤离。我们说服了他，我们使他相信，［美国］是有必要留下来的……我们成功说服他的另一件事是限制打击化学武器［场所］，因为此事在推特上已经引起民愤。"Kieran Corcoran, "Emmanuel Macron Said He Was the Brains Behind Trump's Airstrike on Syria — and Convinced Him To Commit for the Long Term," *Business Insider*, April 16, 2018, http://www.businessinsider.com/emmanuel-macron-said-he-was-the-brains-behind-the-trump-syria-strike-2018-4.

74 Mark Moore, "Trump Seeking Arab Coalition to Replace US Military in Syria," *New York Post*, April 17, 2018.

75 恪尽职守的沙特阿拉伯外交部长阿德尔·朱拜尔（Adel al-Jubeir）仍然表示，本国愿意派出部队，作为这支军事力量的一部分，这支军事力量可能还包括来自巴林、约旦、科威特、阿曼和卡塔尔的部队。不过，也门的战斗已使沙特阿拉伯和阿联酋可资调遣的军事资源十分有限了，而且，与阿拉伯其他国家一样，虽然沙特阿拉伯从美国购买了大量的军事装备，但其军事能力也已所剩无几。军事专家们担心军事上孱弱无能的阿拉伯国家甚至在应对被打败的"伊斯兰国"极端组织时都有点吃力。此外，沙特阿拉伯与阿联酋两国都因与卡塔尔存在严重的外交纠纷而受到牵制。不过，沙特阿拉伯拥有财力去维持一支由巴勒斯坦人或苏丹人组成的雇佣军。新美国安全中心（Center for a New American Security）的尼古拉斯·埃拉斯（Nicholas Heras）评论说，沙特阿拉伯人"更喜欢输送情报人员和资金，而不是派部队出战"。他说："我相信，沙特阿拉伯人会在叙利亚战至最后一个苏丹士兵。"Alex Ward, "Trump Wants Arab Nations to Send Troops into Syria. That's a Spectacularly Bad Idea," Vox, April 17, 2018, https://www.vox.com/2018/4/17/17247208/syria-trump-assad-war-arab-force; Julian Borger, "Syria: Proposal To Replace US Troops with Arab Force Comes with Grave Risks," *Guardian*, April 18, 2018; Zachary Cohen, "Bolton Dealing To Build an Arab Military Force in Syria," CNN, April 18, 2018, https://www.cnn.com/2018/04/18/politics/trump-us-syria-strategy-arab-force-pompeo-bolton/index.html.

76　Mark Landler, Helene Cooper, and Eric Schmidt, "Trump Withdraws U.S. Forces from Syria, Declaring 'We Have Won Against Isis,'" *New York Times*, December 19, 2018.

77　Bassem Mroue and Aya Batrawy, "UAE Reopens Embassy in Syrian Capital Closed in 2011," *Washington Post*, December 27, 2018.

78　David M. Halbfinger and Ben Hubbard, "Netanyahu Says Putin Agreed to Restrain Iran in Syria," *New York Times*, July 12, 2018.

79　Vladimir Isachenkov, "Vladimir Putin and Benjamin Netanyahu Meet in Moscow to Discuss Iran-Syria Ties," *Time*, July 12, 2018, http://time.com/5336477/putin-russia-netanyahu-israel-syria.

80　大西洋理事会（Atlantic Council）的中东安全专家费萨尔·伊塔尼（Faysal Itani）指出："没有哪个阿拉伯国家拥有执行此类任务的军事或机构能力。阿拉伯军队在平叛上表现很差，打仗就更不行了。"另外值得一提的是，沙特人醉心于像以色列、约旦和韩国那样，取得作为美国的非北约主要盟国的地位，而美国在这一问题上也有意挑逗。Julian Borger, "Syria: Proposal To Replace US Troops with Arab Force Comes with Grave Risks," *Guardian*, April 18, 2018; Zachary Cohen, "Bolton Dealing To Build an Arab Military Force in Syria," CNN, April 18, 2018, https://www.cnn.com/2018/04/18/politics/trump-us-syria-strategy-arab-force-pompeo-bolton/index.html; "Bolton in Contact with Arab States To Create Regional Force in Syria: Report," Press TV, April 18, 2018, http://www.presstv.com/

Detail/2018/04/18/558902/Bolton-pushing-for-Arab-military-force-in-Syria; Ward.

81 Bulent Gokay, "In Saudi Arabia's Quest to Debilitate the Iranian Economy, They Destroyed Venezuela," *Independent*, August 9, 2017; Vijay Prashad, "What the Protests in Iran Are Really About," Alternet, January 3, 2018, https://www.alternet. org/world/iran-erupts-protest-against-poverty-sanctions.

82 不过，受损最严重的国家是委内瑞拉，戈卡伊将其描述为"世界上对石油依赖最严重的国家"，石油占该国出口贸易总额的96%，占政府财政收入的40%以上。关于引起伊朗动乱的更多讨论，参见 Dan Kovalik, *The Plot to Attack Iran: How the Deep State Have Conspired to Vilify Iran* (New York: Skyhorse Publishing, 2018)。

83 但共和党人远未就此止步。2015年9月，在协议签署几个月后，美国众议院以269票对162票否决了该协议。25位民主党议员和共和党议员一起投了反对票。为了阻挠共和党人的反对提案，民主党在参议院展开了冗长辩论，而［按照美国相关议事规则］要想终结民主党的冗长辩论，共和党必须集齐60位议员［即参议院五分之三以上席位］的投票才行，共和党3次试图阻挠该协议的通过，却始终未能成功。Sarah Begley, "Read Donald Trump's Speech to AIPAC," *Time*, March 21, 2016, http://time.com/4267058/donald-trump-aipac-speech-transcript. 在其他一些场合，特朗普将其称为"愚蠢的"和一种"不公平的耻辱"。Bradley Klapper, "Why It Matters: Iran Nuclear Deal Remains Divisive Issue," *Portland Press Herald*, September 14, 2016.

84 "Remarks by President Trump on Iran Strategy," October 13, 2017, https://www. whitehouse.gov/briefings-statements/remarks-president-trump-iran-strategy.

85 Fareed Zakaria, "Macron Is Trying to Save the West," *Washington Post*, April 26, 2018.

86 Ariel Ben Solomon, "Experts Split Over Anti-Nuclear-Weapons Fatwa in Iran," *Jerusalem Post*, April 7, 2014.《华盛顿邮报》指出，新保守主义者群集、总部位于华盛顿的中东媒体研究所（Middle East Media Research Institute）声称，哈梅内伊从未发布过这种法特瓦（伊斯兰律法的裁决或教令）。同样需要指出的是，在两伊战争期间，背靠美国的伊拉克对伊朗使用化学武器导致伊朗的伤亡人数远高于大部分西方媒体的报道。

87 特朗普拒绝"继续沿着一条势必引起更多暴力、更多恐怖以及产生伊朗取得核突破的真实威胁的道路前进"。Saeed Kamali Dehghan, "Iran's Supreme Leader Dismisses Trump's 'Rants and Whoppers,'" *Guardian*, October 18, 2017. 一名高级行政官员告诉记者，伊朗的抵抗无足轻重，因为美国和欧洲人最终会在未经伊朗允许的情况下，设置新的［制裁］触发条件。"Background Press Call on Iran

Sanctions," White House Press Briefing, January 12, 2018, https://www.whitehouse. gov/briefings-statements/background-press-call-iran-sanctions.

88 Zakaria, "Macron Is Trying to Save the West."

89 "UN Nuclear Watchdog Defends Iran Deal," Agence France-Presse, September 11, 2017.

90 曾代表美国参加《伊朗核问题协议》谈判的美国国务院前官员温迪·舍曼对该 协议予以肯定："自2016年生效以来，该协议堵住了德黑兰拥核的去路，并阻 止了中东地区的核军备竞赛。从各个角度看，伊朗都在履行该协议，承诺永 不取得核武器，并将接受严格的监督和核查。" Wendy R. Sherman, "Trump and Bolton's Plan to Isolate Allies and Encourage Enemies," *New York Times*, March 25, 2018; Ross Goldberg and Sam Kahn, "Bolton's Conservative Ideology Has Roots in Yale Experience," *Yale Daily News*, April 28, 2005. 黑利问道："如果核查人员不 被允许查看所有应该查看的地方，那我们怎么知道伊朗正在履行该协议？"

91 Der Spiegel staff, "Trump Strikes a Deep Blow to Trans-Atlantic Ties," *Der Spiegel*, May 11, 2018, http://www.spiegel.de/international/world/trump-humiliates-europe-with-exit-from-iran-deal-a-1207237.html.

92 舍曼希望蓬佩奥和博尔顿能增强特朗普关于破坏协议，挑起对抗的决心。她指 出，博尔顿"从未遇见过他不想要的战争"。作为一个令人极其厌恶的小鸡鹰 派，博尔顿曾支持越南战争，但也承认他曾设法避免参战，因为他"不愿意死 在东南亚的稻田里"。舍曼写道："博尔顿为［美国］2003年入侵伊拉克辩护， 并支持打击朝鲜。他认为，美国多年以前就应该轰炸伊朗，而不是通过达成一 份国际协定来阻止伊朗获得核武器。"舍曼对撕毁《伊朗核问题协议》的后果 表达了担忧："原子尘埃将铺天盖地。" Sherman; Ross Goldberg and Sam Kahn.

93 Peter Van Buren, "Commentary: The Pros — and Cons — of Pompeo as Secretary of State," Reuters, March 15, 2018, https://www.reuters.com/article/us-vanburen -pompeo-commentary/commentary-the-pros-and-cons-of-pompeo-as-secretary-of -state-idUSKCN1GR2DL; Robert Windrem, "CIA Director Pompeo Lashes Out at Iran, Compares It to ISIS," NBC News, October 12, 2017, https://www.nbcnews. com/news/mideast/cia-director-pompeo-lashes-out-iran-compares-it-isis-n810311; Mark Hensch, "Bolton Calls Iran Deal 'Unprecedented Surrender,'" *Hill*, March 14, 2015.

94 在2018年4月的同一个星期，法国总统马克龙和德国总理默克尔急忙赶到华 盛顿，试图挽救该协议。马克龙提议各国都应保留《伊朗核问题协议》，同 时商定一个更宽泛的新协议，来解决特朗普的关切。欧洲一名外交官此前就 表达过欧洲人的意见，但为了不引起美国总统的怒火，这名外交官要求匿名：

"我们，欧洲人，我们想强调的是：这份协议是管用的。我们作为欧洲人，已经重申……不可能重启谈判。我说完了。这是不可能的。" Steve Holland and Yara Bayoumy, "Trump Expected to Decertify Iran Nuclear Deal, Officials Say," Reuters, October 5, 2017, https://www.reuters.com/article/us-iran-nuclear-usa/trump-expected-to-decertify-iran-nuclear-deal-official-says-idUSKBN1CA2ID.

95 Mark Landler, "Trump Abandons Iran Nuclear Deal He Long Scorned," *New York Times*, May 8, 2018.

96 2018年9月，马克龙在联合国大会演讲时直接向美国开炮，强烈呼吁其他国家不要与不遵守2015年《巴黎协定》的国家缔结贸易协议。

97 Thomas Erdbink and Rick Gladstone, "Iran Rallies Against U.S. and Warns Europe Over Endangered Nuclear Deal," *New York Times*, May 11, 2018; "'America Cannot Do a Damn Thing': Iranians Protest as Europe Ponders Next Move on Nuclear Deal," CBC News, May 11, 2018, https://www.cbc.ca/news/world/jcpao-iran-deal-protests-reaction-1.4658331.

98 *Der Spiegel* staff.

99 Heiko Maas, "Making Plans for a New World Order," *Handelsblatt*, August 22, 2018, https://global.handelsblatt.com/opinion/making-plans-new-world-order-germany-us-trump-trans-atlantic-relations-heiko-maas-europe-956306#. W30v1EXjSf I.twitter; Jeffrey D. Sachs, "Trump's Policies Will Displace the Dollar," Project Syndicate, September 3, 2018, https://www.project-syndicate.org/commentary/trump-policies-undermining-the-dollar-by-jeffrey-d-sachs-2018-09.

100 Nick Cunningham, "How the EU Is Helping Iran Skirt Sanctions," Oilprice.com, September 25, 2018, https://oilprice.com/Energy/Crude-Oil/How-The-EU-Is-Helping-Iran-Skirt-Sanctions.html.

101 Borzou Daragahi, "Europe and Iran Plot Oil-for-Goods Scheme To Bypass US Sanctions," *Independent*, September 25, 2018, https://www.independent.co.uk/news/world/middle-east/iran-sanctions-trump-nuclear-deal-europe-russia-oil-un-a8556786.html.

102 Pepe Escobar, "Putin's Wedding Trip Seals Marriage of Convenience with Merkel," *Asia Times*, August 25, 2018, http://www.atimes.com/article/putins-wedding-trip-seals-marriage-of-convenience-with-merkel.

103 David M. Herszenhorn, "Trump Rips into Germany at NATO Chief Breakfast," *Politico*, July 11, 2018, https://www.politico.eu/article/donald-trump-nato-summit-rips-into-germany.

104 Brandon Conradis, "Trump Warns Iran's Rouhani: Threaten Us 'and You Will

Suffer,'" *Hill*, July 22, 2018, http://thehill.com/homenews/administration/398298-trump-warns-irans-rouhani-threaten-us-and-you-will-suffer.

105 Julian Borger, "John Bolton Warns Iran Not To Cross the US or Allies: 'There Will Be Hell To Pay,'" *Guardian*, September 25, 2018.

106 Gardiner Harris, "Bolton Warns of 'Terrible Consequences' for Those Doing Business with Iran," *New York Times*, September 25, 2018.

107 Lawrence Wilkerson, "I Helped Sell the False Choice of War Once. It's Happening Again," *New York Times*, February 4, 2018.

108 有趣的是，特朗普曾与艳星斯托米·丹尼尔斯闹过绯闻，而后者曾于 2009 年编写并导演了一部名为《怪人》（*Whack Job*）的影片，因此特朗普把［给金正恩的］这个绰号错拼成了 "wack job"。

109 2013 年，他在推特上无知地写道："美国保护韩国抵御朝鲜，而韩国又为此给美国支付了多少？？？？一分钱都没有！"其实，韩国承担了美国驻军费用的一半以上，日本承担的比例稍低，两国总计支付了数十亿美元。除此之外，日韩两国还向美国采购了大量武器装备作为回报。2018 年 6 月，美国正式将其军事基地和大部分部队从首尔迁至一处新的大型军事基地汉弗莱斯营（Camp Humphreys），该营地位于韩国西部港口城市平泽市，北距首尔 45 英里。这让美军得以置身于朝鲜的大部分炮火射程之外。韩国支付了相关费用的 90%。Hyung-jin Kim and KimTong-Hyung, "US Ends 70 Years of Military Presence in S. Korean Capital," Associated Press, June 29, 2018, https://apnews.com/d85519e0 0e5042739e0fde2fdb295bc8; Kurtis Lee, "When It Comes to North Korea, Hillary Clinton and Donald Trump Offer Differing Views," *Los Angeles Times*, September 9, 2016; Rebecca Shabad, "Timeline: What Has Trump Said About North Korea Over Years?" CNN, August 10, 2017, https://www.cnn.com/2017/04/18/asia/north-korea-donald-trump-timeline/index.html; Nick Gass, "Trump: I'll Meet With Kim Jong Un in the U.S.," June 15, 2016, Politico, https://www.politico.com/story/2016/06/donald-trump-north-korea-nukes-224385.

110 Michael Devine, "The Korean War Remembered: Seoul vs. Pyongyang," Wilson Center, June 23, 2017, https://www.wilsoncenter.org/blog-post/the-korean-war-remembered-seoul-vs-pyongyang.

111 Tom O'Connor, "What War with North Korea Looked Like in the 1950s and Why It Matters Now," *Newsweek*, May 4, 2017, https://www.newsweek.com/us-forget-korean-war-led-crisis-north-592630.

112 Matt Peterson, "Remembering the Forgotten Korean War," *Atlantic*, September 20, 2017, https://www.theatlantic.com/politics/archive/2017/09/the-masthead-

remembering-the-forgotten-korean-war/541890.

113 CNN Transcripts, May 4, 2016, http://transcripts.cnn.com/TRANSCRIPTS/1605/04
/acd.01.html.

114 Donald Gregg interview, *Frontline*, February 20 2003, https://www.pbs.org/wgbh/
pages/frontline/shows/kim/interviews/gregg.html.

115 Tim Shorrock, "Diplomacy with North Korea Has Worked Before, and Can Work
Again," *Nation*, September 5, 2017, https://www.thenation.com/article/diplomacy-
with-north-korea-has-worked-before-and-can-work-again. 实际上，据总统顾问温
迪·舍曼透露，双方在 2000 年曾"无比接近于"达成协议，消除朝鲜所有的
中程和远程导弹。Bruce Cumings, "This Is What's Really Behind North Korea's
Nuclear Provocations," *Nation*, March 23, 2017, https://www.thenation.com/article/
this-is-whats-really-behind-north-koreas-nuclear-provocations; Robert Alvarez, "End
the 67-Year War," *Bulletin of the Atomic Scientists*, September 11, 2017, https://
thebulletin.org/end-67-year-war11100.

116 Alicia Sanders-Zakre and Kelsey Davenport, "5 Myths on Nuclear Diplomacy with
North Korea," Arms Control Association, August 21, 2017, https://www.armscontrol
.org/blog/2017-08-21/5-myths-nuclear-diplomacy-north-korea. 对朝鲜拥有一个铀
浓缩项目指控的质疑，参见 Kun Young Park, "Nuclear Politicking on the Korean
Peninsula," *Korea Journal* (Summer 2009)。

117 Sanders-Zakre and Davenport.

118 David E. Sanger and William J. Broad, "Hand of U.S. Leaves North Korea's Missile
Program Shaken," *New York Times*, April 18, 2017.

119 Euan McKirdy, "North Korea Tests Missile It Claims Can Reach 'Anywhere in the
World,'" CNN, July 4, 2017,https://www.cnn.com/2017/07/03/asia/north-korea
-missile-japan-waters/index.html.

120 Joby Warrick, Ellen Nakashima, and Anna Fifield, "North Korea Now Making
Missile-ready Nuclear Weapons, U.S. Analysts Say," *Washington Post*, August 8,
2017.

121 Noah Bierman, "Trump Warns North Korea of 'Fire and Fury,'" *Los Angeles Times*,
August 8, 2017.

122 "Trump: Military Solutions 'Locked and Loaded' Against North Korea Threat,"
Reuters, August 11, 2017, https://www.reuters.com/article/us-northkorea-missiles-
trump/trump-military-solutions-locked-and-loaded-against-north-korea-threat
-idUSKBN1AR15M.

123 Tim Shorrock, "Is Trump Going to War in North Korea?" *Nation*, August 11, 2017,

https://www.thenation.com/article/is-trump-going-to-war-in-korea; "Ambassador Bolton: Negotiations Only Benefit North Korea," Center for Security Policy, August 10, 2017, https://www.centerforsecuritypolicy.org/2017/08/10/ambassador-bolton -negotiations-only-benefit-north-korea.

124 Michelle Ye Hee Lee, "North Korea's Latest Nuclear Test Was So Powerful It Reshaped the Mountain Above It," *Washington Post*, September 14, 2017.

125 "Putin: North Korea Will 'Eat Grass' Before Giving Up Nukes," Associated Press, September 5, 2017, https://www.apnews.com/0bd24c6256c64dcd986f3aba71d9a726 /Putin:-North-Korea-will-%27eat-grass%27-before-giving-up-nukes.

126 2000 — 2015 年间，这两个邻国之间的双边贸易增长了 10 倍，2014 年的贸易总额达到最高的 68.6 亿美元。尽管中国自朝鲜的进口量在 2017 年前三季度下降了近 17%，但其出口量的增幅更大。Eleanor Albert, "The China-North Korea Relationship," Council on Foreign Relations, March 28, 2018, https://www.cfr.org/ backgrounder/china-north-korea-relationship.

127 Krishnadev Calamur, "Pressure North Korea, Antagonize China," *Atlantic*, December 1, 2017, https://www.theatlantic.com/international/archive/2017/12/ north-korea-test/547073; Holly Ellyatt, "China Has 'Grave Concerns' About North Korea's Latest Missile Test," CNBC, November 29, 2017, https://www.cnbc. com/2017/11/29/china-north-korea-missile-reaction.html.

128 朴槿惠在掌权期间使得韩朝关系恶化，她的父亲——韩国的独裁者朴正熙（1963 年掌权，1979 年遇刺身亡）也曾使韩朝关系恶化。

129 David E. Sanger and Choe Sang-Hun, "North Korean Nuclear Test Draws U.S. Warning of 'Massive Military Response,'" *New York Times*, September 2, 2017; Dan Lamothe and Carol Morello, "Securing North Korean Nuclear Sites Would Require a Ground Invasion, Pentagon Says," *Washington Post*, November 4, 2017.

130 Mallory Shelbourne, "Trump Calls Kim 'Rocket Man' on a 'Suicide Mission,'" *Hill*, September 19, 2017, http://thehill.com/policy/international/un-treaties/351321- trump-calls-north-korea-leader-rocket-man-at-un.

131 朝鲜外交部长李英浩表示，在受到"恶魔总统先生"的侮辱后，朝鲜将把火箭对准美国。特朗普发布推特表示："刚刚听了朝鲜外交部长在联合国的发言。如果他附和火箭人的想法，他们就蹦跶不了几天了！""Trump Tweets Threats Against North Korea After U.N. Speech," Reuters, September 17, 2017, https://www.reuters.com/article/northkorea-missiles-trump-un/trump-tweets-threats- against-north-korea-after-u-n-speech-idINKCN1BZ02T. 10 月 7 日，特朗普对过去的谈判努力发泄不满，并暗示要发动战争。他在推特上写道："［美国的］总统

们和他们的政府机构与朝鲜谈了25年，协议也签了，大把大把的钱也花了……然而并没有什么用，墨迹未干，协议便已遭到违反，这是在戏弄美国的谈判者。不得不说，只有一个东西是管用的！"当记者问他指的是什么东西时，特朗普回答说，"很快你就会知道。"Jenna Johnson, "Trump on North Korea: 'Sorry, but only one thing will work!'" *Washington Post*, October 7, 2017.

132 美国的特种部队在2017年3月首次开展此类演习。（韩国）联合通讯社当时报道说，曾杀死乌萨马·本·拉丹的海豹突击六队也在参与年度的"鹞鹰"（Foal Eagle）演习和"关键决断"（Key Resolve）演习，同时参演的还包括美国陆军的游骑兵、三角洲部队和绿色贝雷帽特种部队。一位军方官员对联合通讯社说，这些部队将会训练"潜入朝鲜、打掉朝鲜的作战司令部和破坏其重要军事设施的任务"。朝鲜常驻联合国代表慈成南（Ja Song Nam）请求联合国安理会将这场几乎不带掩饰的入侵演习列为"紧急议程"，因为它体现出"对国际和平与安全的明确威胁"。他在信中表示："世界上没有哪个国家像朝鲜民主主义人民共和国这样，在如此长的时间里受到来自美利坚合众国如此极端而直接的核威胁，并在自己的家门口目睹这样的核战争演习，这些演习从规模、形式、目标和本质上都是最邪恶和野蛮的。" "S. Korea, U.S. Start Maritime Drills Against N. Korea," October 16, 2017, Yonhap News Agency, http:// english. yonhapnews.co.kr/news/2017/10/16/0200000000AEN20171016001100315. html; "U.S. Navy SEALs To Take Part in Joint Drills in S. Korea," Yonhap News Agency, March 13, 2017, http://english.yonhapnews.co.kr/news/2017/03/13/020000000 0AEN20170313009400315.html; Edith M. Lederer, "North Korea Urges UN To Discuss US Naval Exercise as Threat," *Chicago Tribune*, October 25, 2017.

133 Rajan Menon, "What Would War Mean in Korea?" TomDispatch.com, June 4, 2017, http://www.tomdispatch.com/blog/176291.

134 Michael T. Klare, "Is the United States Planning to Attack North Korea?" *Nation*, November 1, 2017, https://www.thenation.com/article/is-the-united-states-planning-to-attack-north-korea.

135 Scott D. Sagan, "The Korean Missile Crisis," *Foreign Affairs,* November/December 2017, https://www.foreignaffairs.com/articles/north-korea/2017-09-10/korean-missile-crisis.

136 "Trump Says Before He Was President, There Was a 'Really Good Chance' of War with North Korea," *Washington Post*, June 25, 2018.

137 Mehdi Hasan, "Why Does Sen. Lindsey Graham Think Killing Millions of Koreans Would Be 'Worth It'?" *Intercept*, March 6, 2018, https://theintercept.com/2018/03/06/why-do-u-s-politicians-think-killing-millions-of-koreans-would-be-worth-it.

138　Nicholas Kristof, "Slouching Toward War with North Korea," *New York Times*, November 4, 2017.

139　Nicholas Kristof, "Inside North Korea, and Feeling the Drums of War," *New York Times*, October 25, 2017.《纽约时报》记者卡罗尔·贾科莫（Carol Giacomo）也对平壤的生活做了类似的描述："朝鲜首都的宣传铺天盖地，沿着主要街道挂着一些宣传画，上面画着导弹，有的正在打击美国的国会大厦。近几天，100万名平民，包括高中生、工人和早已服过兵役的年长男性，都在响应政府的要求，申请在必要时与美国作战。" Carol Giacomo, "Seeing the North Korean Stalemate from the Other Side," *New York Times*, October 7, 2017.

140　科克与这位似乎有些歇斯底里的总统在推特上打起了口水战。他说特朗普把他的办公室当成了"一场真人秀"。"他很关注我，"科克承认，"他必须关注任何关心我们国家的人。"这天早些时候，特朗普发布推特说科克不会再次参选，因为他"没这个胆量"。随后，科克在推特上辛辣地回应："真丢人，白宫竟然成了一个成人托管所。今天早上肯定有人没有好好上班。"科克向《纽约时报》解释了当前政府的内部运行机制："我所知道的一个事实是，每天在白宫里，大家都在忙着管束他。"科克指出，"参议院的几乎每位共和党人都有"他的这种担忧。他称赞凯利、马蒂斯和蒂勒森都在努力"防止我国陷入混乱"。 Jonathan Martin and Mark Landler, "Bob Corker Says Trump's Recklessness Threatens World War III," *New York Times*, October 8, 2017.

141　马基宣称："不能允许……特朗普总统挑衅性和激化矛盾的言辞变成现实。只要特朗普总统还拥有推特账号，我们就必须确保他在未经国会明确授权的情况下，无法发动战争或首先发动核打击。" Julian Borger, "Democrats Push Bill To Stop a Trump Preemptive Strike on North Korea," *Guardian*, October 26, 2017.

142　Rebecca Kheel, "Dems Tout Bill Aimed at Preventing Pre-Emptive Strike on North Korea," *Hill*, October 31, 2017, http://thehill.com/policy/defense/358017-dems-tout-bill-aimed-at-preventing-pre-emptive-strike-on-north-korea.

143　Justin McCurry and Julian Borger, "North Korea Missile Launch: Regime Says New Rocket Can Hit Anywhere in US," *Guardian*, November 29, 2017.

144　"Kim Jong Un's 2018 New Year's Address," National Committee on North Korea, https://www.ncnk.org/node/1427/.

145　Peter Baker and Michael Tackett, "Trump Says His 'Nuclear Button' Is 'Much Bigger' Than North Korea's," *New York Times*, January 2, 2018.

146　Alia Wong, "Pandemonium and Rage in Hawaii," *Atlantic*, January 14, 2018, https://www.theatlantic.com/international/archive/2018/01/pandemonium-and-rage-in-hawaii/550529.

147 "North Threatens To 'Sink' Japan, Put U.S. in 'Ashes and Darkness,'" *Asahi Shimbun*, September 14, 2017.

148 Katrina Manson, "Donald Trump Agrees to Meet Kim Jong Un," *Financial Times*, March 9, 2018.

149 Samuel Ramani, "What's Really Behind Russia's Public Support of the Trump-Kim Meeting?" *Diplomat*, March 15, 2018, https://thediplomat.com/2018/03/whats-really-behind-russias-public-support-of-the-trump-kim-meeting.

150 Shane Harris, Carol D. Leonnig, Greg Jaffe, and David Nakamura, "CIA Director Pompeo Met with North Korean Leader Kim Jong Un Over Easter Weekend," *Washington Post*, April 18, 2018.

151 Choe Sang-Hun, "'We No Longer Need' Nuclear or Missile Tests, North Korean Leader Says," *New York Times*, April 20, 2018.

152 "Trump to VOA: 'We're Going to Denuke North Korea,'" VOA, June 12, 2018, https://www.voanews.com/a/trump-to-voa-we-re-going-to-denuke-north-korea-/4435044.html.

153 "Hawkish Trump Aide John Bolton Irking Pyongyang by Pushing 'Libya Model' for Denuclearization," *Japan Times*, May 17, 2018, https://www.japantimes.co.jp/news/2018/05/17/asia-pacific/politics-diplomacy-asia-pacific/hawkish-trump-aide-john-bolton-irking-pyongyang-pushing-libya-model-denuclearization/#.Wzr2OS2ZNcA.

154 Nicholas Kristof, "Trump Was Outfoxed in Singapore," *New York Times*, June 12, 2018.

155 参见 Gregory Shupak, "Pundits Worry Threat of Nuclear War Is Being Reduced," FAIR, June 14, 2018, https://fair.org/home/pundits-worry-threat-of-nuclear-war-is-being-reduced.

156 William J. Broad and David E. Sanger, "North Korea Nuclear Disarmament Could Take 15 Years, Expert Warns," *New York Times*, May 28, 2018.

157 John F. Kennedy, "Radio and Television Address to the American People on the Nuclear Test Ban Treaty, July 26, 1963," John F. Kennedy Presidential Library and Museum, https://www.jfklibrary.org/Research/Research-Aids/JFK-Speeches/Nuclear-Test-Ban-Treaty_19630726.aspx.

158 Elizabeth C. Economy, "Russia's Role on North Korea: More Important than You Might Think," Council on Foreign Relations Blog Post, June 7, 2018, https://www.cfr.org/blog/russias-role-north-korea-more-important-you-might-think.

159 Xing Guangcheng, "The Korean Peninsula Crisis and the Role of Russia," Valdai

Discussion Club, December 13, 2017, http://valdaiclub.com/a/highlights/the-korean-peninsula-crisis-and-the-role-of-russia.

160 Liudmila Zazharova, "Economic Cooperation Between Russia and North Korea: New Goals and New Approaches," *Journal of Eurasian Studies*,7 (July 2016), https://www.sciencedirect.com/science/article/pii/S1879366516300124.

161 Ibid.

162 Nicola Smith, "South Korea Plans £26bn Rail Link with Russia in Wake of North Korea Summit," *Telegraph*, June 25, 2018.

163 Tim Shorrock, "Despite Anonymous Carping, US–North Korea Talks Continue," *Nation*, July 3, 2018, https://www.thenation.com/article/despite-anonymous-carping-us-north-korea-talks-continue.

164 Josh Rogin, "Why Trump Cancelled Pompeo's Trip to North Korea," *Washington Post*, August 27, 2018; Helen Cooper, "Pentagon May Restart Major War Games Amid Rising Tensions with North Korea," *New York Times*, August 28, 2018.

165 Steve Holland and David Brunnstrom, "Trump Sees No Time Frame for North Korea Deal, Second Summit Coming," Reuters, September 26, 2018, https://www.reuters.com/article/us-northkorea-usa-trump/trump-sees-no-time-frame-for-north-korea-deal-second-summit-coming-idUSKCN1M61VO.

166 Megan Specia, "'No Way' North Korea Will Denuclearize Without U.S. Concessions," *New York Times*, September 29, 2018.

167 Georgy Toloraya, "From CVID to CRID: A Russian Perspective," 38 North, December 26, 2018, https://www.38north.org/2018/12/gtoloraya122618; Motoko Rich and David E. Sanger, "Kim Jong-un, Ready to Meet Trump 'at Any Time,' Demands U.S. End Sanctions," *New York Times*, December 31, 2018.

168 Anne Gearan, Karen DeYoung, and Felicia Sonmez, "Trump Says He's Willing to Meet Iranian President Rouhani 'Anytime' and Without Precondition," Washington Post, July 30, 2018; Henry Foy and Najmeh Bozorgmehr, "Russia Ready To Invest $50bn in Iran's Energy Industry," *Financial Times*, July 13, 2018, https://www.ft.com/content/db4c44c8-869b-11e8-96dd-fa565ec55929.

169 Adam Taylor, "Putin Says He Wished the Soviet Union Had Not Collapsed. Many Russians Agree," *Washington Post*, March 3, 2018.

170 Svetlana Savranskaya and Tom Blanton, "NATO Expansion: What Gorbachev Heard," National Security Archive, December 12, 2017, https://nsarchive.gwu.edu/briefing-book/russia-programs/2017-12-12/nato-expansion-what-gorbachev-heard-western-leaders-early.

171 Joshua R. Itzkowitz Shifrinson, "Russia's Got a Point: The U.S. Broke a NATO Promise," *Los Angeles Times*, May 30, 2016.

172 Uwe Klubmann, "Ukraine and Georgia Want In," *Der Spiegel*, March 29, 2008.

173 Bill Bradley, Speech to Carnegie Council for Ethics in International Affairs, January 23, 2008, https://www.youtube.com/watch?v=K-alxZvUCS8.

174 Brzezinski, *The Grand Chessboard*.

175 James M. Goldgeier and Michael McFaul, *Power and Purpose: U.S. Policy Toward Russia After the Cold War* (Washington, D.C.: Brookings Institution Press, 2003), 47.

176 Ray McGovern, "Europe May Finally Rethink NATO Costs," Consortium News, May 27, 2017, https://consortiumnews.com/2017/05/27/europe-may-finally-rethink-nato-costs.

177 Steven Erlanger and Steven Lee Myers, "NATO Allies Oppose Bush on Georgia and Ukraine," *New York Times*, April 3, 2008; Luke Harding, "Bush Backs Ukraine and Georgia for NATO Membership," *Guardian*, April 1, 2008.

178 Klubmann, "Ukraine and Georgia Want In."

179 Jack F. Matlock, "Who Is the Bully? The U.S. Has Treated Russia Like a Loser Since the End of the Cold War, *Washington Post*, March 14, 2014.

180 "Putin Says U.S. Helped North Caucasus Separatists Against Russia in the 2000s," Associated Press, April 26, 2015, *Guardian*; Kathrin Hille, "Putin Accuses US of Supporting Separatist Militants Inside Russia; President Suggests in TV Documentary that West Is Trying To Weaken his Country," *Financial Times*, April 26, 2015; Sarah Rainsford, "Russia's Putin: US Agents Gave Direct Help to Chechens," BBC News, April 27, 2015, https://www.bbc.com/news/world-europe-32487081.

181 Matlock, "Who Is the Bully?"

182 William Browder, *Red Notice: A True Story of High-Finance, Murder and One Man's Fight for Justice* (New York: Simon & Schuster, 2015); Alex Krainer, *The Killing of Bill Browder: Deconstructing William Browder's Dangerous Deception* (Monaco: Equilibrium, 2017); Andrey Nekrasov and Torstein Grude, *The Magnitsky Act: Behind the Scenes* (Piraya films, 2016); Robert Parry, "How Russia-gate Met the Magnitsky Myth," Consortium News, July 13, 2017, https://consortiumnews.com/2017/07/13/how-russia-gate-met-the-magnitsky-myth; Mark Landler, "Film About Russian Lawyer's Death Creates an Uproar," *New York Times*, June 9, 2016.

183 David E. Sanger, "Role for Russia Gives Iran Oil a Possible Boost," *New York Times*,

November 3, 2014.

184 Carl Gershman, "Former Soviet States Stand Up to Russia. Will the U.S.?" *Washington Post*, September 23, 2013.

185 Roman Olearchyk and Peter Spiegel, "Ukraine Freezes Talks on Bilateral Pact with EU," *Financial Times*, November 21, 2013, https://www.ft.com/content/b90da798-5294-11e3-8586-00144feabdc0.

186 "Ukraine Crisis: Transcript of Leaked Nuland-Pyatt Call," BBC World News, February 7, 2014, http://www.bbc.com/news/world-europe-26079957.

187 Ewen MacAskill, "Ukraine Crisis: Bugged Call Reveals Conspiracy Theory About Kiev Snipers," *Guardian*, March 5, 2014.

188 Robert Parry, "The Mess That Nuland Made," Consortium News, July 13, 2015, https://consortiumnews.com/2015/07/13/the-mess-that-nuland-made.

189 Andrew Higgins and Andrew E. Kramer, "Ukraine Leader Was Defeated Even Before He Was Ousted," *New York Times*, January 3, 2015.

190 McGovern, "Europe May Finally..."

191 Victoria Butenko, Laura Smith-Spark and Diana Magnay, "U.S. Official Says 1,000 Russian Troops Have Entered Ukraine," CNN, August 29, 2014, https://edition.cnn.com/2014/08/28/world/europe/ukraine-crisis/index.html.

192 Andrew J. Bacevich, "More 'Fake News,' Alas, *From the New York Times, American Conservative*, November 8, 2017, http://www.theamericanconservative.com/articles/more-fake-news-alas-from-the-new-york-times.

193 Andrew E. Kramer, "Islamic Battalions, Stocked with Chechens, Aid Ukraine in War with Rebels," *New York Times*, July 7, 2015.

194 Andrew Osborn, "Putin Hints at War in Ukraine But May Be Seeking Diplomatic Edge," Reuters, August 20, 2016, https://www.reuters.com/article/us-ukraine-crisis-putin-analysis/putin-hints-at-war-in-ukraine-but-may-be-seeking-diplomatic-edge-idUSKCN10R1WO.

195 Josh Rogin, "Trump Administration Approves Lethal Arms Sales to Ukraine," *Washington Post*, December 20, 2017.

196 Josh Cohen, "Ukraine's Neo-Nazi Problem," Reuters, March 19, 2018, https://www.reuters.com/article/us-cohen-ukraine-commentary/commentary-ukraines-neo-nazi-problem-idUSKBN1GV2TY; Lev Golinkin, "The Reality of Neo-Nazis in Ukraine Is Far from Kremlin Propaganda," *Hill*, November 9, 2017, http://thehill.com/opinion/international/359609-the-reality-of-neo-nazis-in-the-ukraine-is-far-from-kremlin-propaganda; John Brown, "Stop Arming Neo-Nazis in Ukraine," *Haaretz*, July

9, 2018, https://www.haaretz.com/israel-news/rights-groups-demand-israel-stop-arming-neo-nazis-in-the-ukraine-1.6248727; Lev Golinkin, "Violent Anti-Semitism Is Gripping Ukraine — And the Government Is Standing Idly By,"*Forward*, May 20, 2018, https://forward.com/opinion/401518 /violent-anti-semitism-is-gripping-ukraine-and-the-government-is-standing.

197 Andrew Higgins, "In Ukraine, Corruption Is Now Undermining the Military," *New York Times*, February 19, 2018.

198 Vladimir Putin, Meeting of the Valdai International Discussion Club, October 24, 2014, http://en.kremlin.ru/events/president/news/46860.

199 Jack F. Matlock, "Ukraine: The Price of Internal Division," March 1, 2014, JackMatlock.com, http://jackmatlock.com/2014/03/ukraine-the-price-of-internal-division.

200 Evan Osnos, David Remnick, and Joshua Yaffa, "Trump, Putin, and the New Cold War," *New Yorker*, March 6, 2017, https://www.newyorker.com/magazine/2017/03/06/trump-putin-and-the-new-cold-war.

201 William Boardman, "As Gorbachev Warns of New 'Cold War,' Hot War Rages in Ukraine," Reader Supported News, November 11, 2014. 另见 Mikhail Gorbachev, "Gorbachev's Full Speech During the Celebrations of the 25th Anniversary of the Fall of the Berlin Wall," In Russian in *Global Affairs* 12, November 12, 2014, http://eng.globalaffairs.ru/book/Gorbachevs-full-speech-during-the-celebrations-of-the-25th-Anniversary-of-the-Fall-of-the-Berlin-Wall。

202 在采访基辛格前，《明镜》周刊还刊发了另一篇名为《为何说乌克兰危机是西方的过错》（"Why the Ukraine Crisis Is the West's Fault"）的文章。约翰·米尔斯海默（John Mearsheimer）在机构刊物《外交事务》杂志上撰文，对美国的政策提出了严厉的批评。Patrick L. Smith, "*New York Times* Propagandists Exposed: Finally, the Truth About Ukraine and Putin Emerges, NATO Was the Aggressor and Got Ukraine Wrong. Many Months Later, the Media Has Eventually Figured Out the Truth," Salon, December 3, 2014, http://www.salon.com/2014/12/04/new_york_times_propagandists_exposed_finally_the_truth_about _ukraine_and_putin_emerges; interview with Henry Kissinger, "Do We Achieve World Order Through Chaos or Insight?" *Der Spiegel*, November 13, 2014, http://www.spiegel.de/international/world/interview-with-henry-kissinger-on-state-of-global-politics-a-1002073.html.

203 Adam Taylor, "The Complicated Reality Behind Trump's Claim That There's No Proof Putin Had Journalists Killed," *Washington Post*, December 21, 2015;

Linda Qiu, "Does Vladimir Putin Kill Journalists?" Punditfact, January 4, 2016, https://www.politifact.com/punditfact/article/2016/jan/04/does-vladimir-putin-kill-journalists; Leonid Bershidsky, "Is It Fair to Call Putin a Killer?" *Chicago Tribune*, February 7, 2017.

204 Ron Paul, "Reckless Congress 'Declares War' on Russia," Ron Paul Institute for Peace and Prosperity," December 4, 2014, http://www.ronpaulinstitute.org/archives/featured-articles/2014/december/04/reckless-congress-declares-war-on-russia.

205 红场阅兵结束后，超过 50 万名俄罗斯人在莫斯科参加游行。他们手举曾参加反法西斯战争的亲人们的照片，在这场战争中，有 2700 万名俄国人丧生。弗拉基米尔·普京也在游行队伍当中，他举着父亲弗拉基米尔·斯皮里多诺维奇·普京（Vladimir Spiridonovich Putin）的照片，后者曾在列宁格勒保卫战中身负重伤。普京的父亲一共有 6 个兄弟，其中 5 个都战死沙场，普京的哥哥也在列宁格勒保卫战中阵亡。

206 David M. Herszenhorn, "A Diplomatic Victory, and Affirmation, for Putin," *New York Times*, May 15, 2015.

207 Andrew Higgins, "Russia Casts a Shadow Over European Meeting," *New York Times*, May 22, 2015.

208 "Wieder Krieg in Europa? Nicht in unserem Namen!" Zeitonline, December 5, 2015, http://www.zeit.de/politik/2014-12/aufruf-russland-dialog.

209 Alessandra Prentice and Pavel Polityuk, "Political Feuding Imperils Ukraine's Future, Obama's Record," Reuters, December 28, 2015.

210 "Remarks by Vice President Joe Biden to the Ukrainian Rada," December 9, 2015, https://obamawhitehouse.archives.gov/the-press-office/2015/12/09/remarks-vice-president-joe-biden-ukrainian-rada.

211 Quoted in John Pilger, "War By Media and the Triumph of Propaganda," johnpilger.com, December 5, 2014, http://johnpilger.com/articles/war-by-media-and-the-triumph-of-propaganda.

212 Julia Ioffe, "What Putin Really Wants," *Atlantic*, January/February 2018, https://www.theatlantic.com/magazine/archive/2018/01/putins-game/546548.

213 Karl Vick, "An Obama Confidant Opens Up on Eight Years in the White House," *Time*, June 7, 2018, http://time.com/5302043/ben-rhodes-obama-white-house.

214 Brian Stelter, "NBC News Veteran Warns of 'Trump Circus' in 2,228-Word Farewell," CNN, January 3, 2019, https://edition.cnn.com/2019/01/02/media/william-arkin-departs-nbc-news/index.html.

215 Mark Perry, "The U.S. Army's War Over Russia," *Politico,* May 12, 2016, https://

www.politico.com/magazine/story/2016/05/army-internal-fight-russia-defense-budget-213885?link_id=1&can_id=9062983c7f00b3b857332aea4bfbf485&source=email-united-states-wants-war-with-russia&email_referrer=united-states-wants-war-with-russia&email_subject=united-states-wants-war-with-russia.

216 Robin Emmott and Phil Stewart, "NATO to Send Troops to Deter Russia, Putin Orders Snap Checks," Reuters, June 14, 2016, https://www.reuters.com/article/us-nato-russia/nato-to-send-troops-to-deter-russia-putin-orders-snap-checks-idUSKCN0Z01BC.

217 Gilbert Doctorow, "Pushing the Doomsday Clock to Midnight," Consortium News, June 14, 2016, https://consortiumnews.com/2016/06/14/pushing-the-doomsday-clock-to-midnight.

218 "Statement of General Curtis M. Scaparrotti," March 8, 2018, https://www.armed-services.senate.gov/imo/media/doc/Scaparrotti_03-08-18.pdf; Tom O'Connor, "U.S. Military May Lose War to Russia Because Top General Does Not 'Have All the Forces' He Needs," *Newsweek*, March 9, 2018,http://www.newsweek.com/top-us-general-does-not-have-all-forces-he-needs-defeat-russia-war-europe-838953.

219 David Brennan, "Russia Would Overrun NATO in European War, Report Warns," *Newsweek*, March 7, 2018.

220 Rick Noack, "Even as Fear of Russia Is Rising, Its Military Spending Is Actually Decreasing," *Washington Post*, May 2, 2018.

221 Andrei Martyanov, *Losing Military Supremacy: The Myopia of American Strategic Planning* (Atlanta: Clarity Press, 2018), 218–25; Pepe Escobar, "Here's the Real Reason the US Must Talk to Russia," *Asia Times*, July 21, 2018, http://www.atimes.com/article/heres-the-real-reason-the-us-must-talk-to-russia.

222 Luke Coffey, "Russia Using Eurasian Identity to Promote Its Foreign Policy," *Nation*, August 23, 2016.

223 有证据显示，弗雷德·特朗普（Fred Trump）曾经像其他上千名示威者一样，穿戴着 3K 党的兜帽和白袍，他可能是 3K 党的成员，尽管目前没有证据能证实这一点。他被指控在房地产业务中存在种族歧视，在 1950 年代，他曾经的一位租客伍迪·格思里（Woody Guthrie）演唱了一首歌，在歌词中指责"特朗普老头儿"有"种族仇恨"。Mike Pearl, "All the Evidence We Could Find About Fred Trump's Alleged Involvement with the KKK," *Vice*, March 10, 2016, https://www.vice.com/en_us/article/mvke38/all-the-evidence-we-could-find-about-fred-trumps-alleged-involvement-with-the-kkk.

224 Robert Yoon, "$153 Million in Bill and Hillary Speaking Fees, Documented," CNN,

February 6, 2016, https://www.cnn.com/2016/02/05/politics/hillary-clinton-bill-clinton-paid-speeches/index.html.

225 Donna Brazile, "Inside Hillary Clinton's Secret Takeover of the DNC," *Politico*, November 2, 2017, https://www.politico.com/magazine/story/2017/11/02/clinton-brazile-hacks-2016-215774; Michael D. Shear and Matthew Rosenberg, "Released Emails Suggest the D.N.C. Derided the Sanders Campaign," *New York Times*, July 22, 2016.

226 他痛斥那些贫穷的非裔美国人，说他们生活在学校破烂、没有工作的"地狱"。他诋毁来自海地和非洲的移民，说他们来自"狗屁国家"。Christianna Silva, "Trump's Full List of 'Racist' Comments About Immigrants, Muslims and Others," *Newsweek*, January 11, 2018, http://www.newsweek.com/trumps-full-list-racist-comments-about-immigrants-muslims-and-others-779061; David Leonhardt and Prasad Philbrick, "Donald Trump's Racism: The Definitive List," *New York Times*, January 15, 2018.

227 Gerald F. Seib, "Listen Closely: Donald Trump Proposes Big Mideast Strategy Shift," *Wall Street Journal*, December 12, 2016.

228 Conor Friedersdorf, "Hiring John Bolton Would Be a Betrayal of Donald Trump's Base," *Atlantic*, March 9, 2018, https://www.theatlantic.com/politics/archive/2018/05/hiring-john-bolton-would-be-a-betrayal-of-donald-trumps-base/555020.

229 Ian Schwartz, RealClearPolitics, February 17, 2016, https://www.realclearpolitics.com/video/2016/02/17/trump_on_iraq_how_could_we_have_been_so_stupid_one_of_the_worst_decisions_in_the_history_of_the_country.html.

230 Jeremy Stahl, "What Trump Was Saying About Russia at Key Moments in the Manafort Saga," *Slate*, November 2, 2017, http://www.slate.com/articles/news_and_politics/politics/2017/11/a_timeline_of_what_trump_was_saying_about_russia_at_key_moments_in_the_manafort.html.

231 Intelligence Community Assessment, January 6, 2017, "Assessing Russian Activities and Intentions in Recent U.S. Elections," Office of the DNI, https://www.dni.gov/files/documents/ICA_2017_01.pdf.

232 Ken Bensinger, Miriam Elder, and Mark Schoofs, "These Reports Allege Trump Has Deep Ties to Russia," *BuzzFeed News*, January 10, 2017, https://www.buzzfeed.com/kenbensinger/these-reports-allege-trump-has-deep-ties-to-russia?utm_term=.haKj75nMX#.yj3nw4yvg.

233 Coleen Rowley, "No, Robert Mueller and James Comey Aren't Heroes," *Huffington*

Post, June 9, 2017, https://www.huffingtonpost.com/entry/conflicts-of-interest-and-ethics-robert-mueller-and_us_5936a148e4b033940169cdc8; Richard A. Serrano, "Agent Faults FBI on 9/11," *Los Angeles Times*, March 21, 2006.

234 Electronic Frontier Foundation, "Patterns of Misconduct: FBI Intelligence Violations from 2001-2008," February 23, 2011, https://www.eff.org/wp/patterns-misconduct-fbi-intelligence-violations#1.

235 James Bovard, "Robert Mueller's Forgotten Surveillance Crime Spree," *Hill*, January 29, 2018.

236 Scott Shane, "Russian Intervention in American Election Was No One-Off," *New York Times*, January 6, 2017.

237 Drew Harwell, "These Businesses Are Booming Thanks to Russian Hackers," *Washington Post*, July 28, 2016; Leonid Bereshidsky, "Why Some U.S. Ex-Spies Don't Buy the Russia Story," *Bloomberg News*, August 10, 2017, https://www.bloomberg.com/view/articles/2017-08-10/why-some-u-s-ex-spies-don-t-buy-the-russia-story.

238 关于俄罗斯应该对马来西亚航空 MH17 客机坠毁负责的官方说法，相关质疑参见 Robert Parry, "The Official and Implausible MH-17 Scenario," Consortium News, September 29, 2017, https://consortiumnews.com/2016 /09/29/the-official-and-implausible-mh-17-scenario。

239 "Intel Vets Challenge 'Russia Hack' Memo," Consortium News, July 24, 2017, https://consortiumnews.com/2017/07/24/intel-vets-challenge-russia-hack-evidence/?print= print

240 Ellen Nakashima, "WikiLeaks Latest Release of CIA Cyber-tools Could Blow the Cover on Agency Hacking Operations," *Washington Post*, March 31, 2017.

241 "A Leak or a Hack? A Forum on the VIPS Memo," *Nation*, September 1, 2017.

242 George Beebe on MSNBC, July 9, 2017.

243 Stephen Kinzer, "How To Interfere in a Foreign Election," *Boston Globe*, August 19, 2018.

244 Steve Gutterman and Gleb Bryanski, "Putin Says U.S. Stoked Russian Protests," Reuters, December 8, 2011, https://www.reuters.com/article/us-russia/putin-says-u-s-stoked-russian-protests-idUSTRE7B610S20111208; David M. Herszenhorn and Ellen Barry, "Putin Contends Clinton Incited Unrest Over Vote," *New York Times*, December 8, 2011.

245 Jen Kirby, "What to Know about the Russian Troll Factory Listing in Mueller's Indictment, *Vox*, February 16, 2018, https://www.vox.com/2018/2/16/170209745/

mueller-indictment-internet-research-agency.

246　Callum Borchers, "A Russian firm spent \$100,000 on Facebook ads. Trump Spent \$0 on TV ads for the first 202 days of his campaign," *Washington Post*, September 7, 2017.

247　Adrian Chen, "A So-called Expert's Uneasy Dive Into the Trump-Russia Frenzy," *New Yorker*, February 22, 2018, https://www.newyorker.com/tech/elements/a-so-called-experts-uneasy-dive-into-the-trump-russia-frenzy.

248　Brooke Seipel, "Clapper: 'No Doubt' Russia is the Reason Trump Won," *Hill*, May 23, 2018.

249　美国海军战争学院国际法系主任迈克尔·S. 施密特对《华盛顿邮报》说，俄罗斯的干预并不是战争行为。这"并不是武装冲突的开端，并没有违反《联合国宪章》禁止武力的规定，尚未达到让美国做出军事自卫反应的程度"。军方最高将领马克·米利（Mark Milley）警告说，这种耸人听闻的言辞可能产生严重的后果。"如果这是一种战争行为，那么你就要开始考虑你的应对之策了。"这种言论在美国有线电视新闻网的评论员之间尤其普遍。Ellen Nakashima, "Russia's Apparent Meddling in U.S. Election Is Not an Act of War, Cyber Expert Says," *Washington Post*, February 7, 2017; Morgan Chalfant, "Democrats Step Up Calls that Russian Hack Was an Act of War," *Hill*, March 26, 2017, http://thehill. com/policy/cybersecurity/325606-democrats-steps-up-calls-that-russian-hack-was-act-of-war; Glenn Greenwald, "A Consensus Emerges: Russia Committed an 'Act of War' on Par with Pearl Harbor and 9/11. Should the U.S. Response Be Similar?" *Intercept*, February 19, 2018, https://theintercept.com/2018/02/19/a-consensus-emerges-russia-committed-an-act-of-war-on-par-with-pearl-harbor-and-911-should-the-u-s-response-be-similar.

250　David Ignatius, "On Russia Sanctions, Trump Has a Point," *Washington Post*, August 3, 2017.

251　Nate Silver, December 17, 2018, https://twitter.com/NateSilver538status/1074833714 931224582.

252　Carole Cadwalladr and Emma Graham-Harrison, "50 Million Facebook Profiles Harvested for Cambridge Analytica in Major Data Breach," *Guardian*, March 17, 2018.

253　Janet Burns, "Whistleblower: Bannon Sought To Suppress Black Voters with Cambridge Analytica," *Forbes*, May 19, 2018, https://www.forbes.com/sites/janetwburns/2018/05/19/cambridge-analytica-whistleblower-bannon-sought-to-suppress-black-voters/#1d8fe8c7a95e.

254 "Adelson Set To Give Over $100 Million to Israel-supporting Trump," *Times of Israel*, May 14, 2016.

255 Connor Simpson, "Sheldon Adelson Has an Idea: Lob a Nuclear Bomb into the Iranian Desert," *Atlantic*, October 23, 2013, https://www.theatlantic.com/international/archive /2013/10/sheldon-adelson-has-idea-lob-nuclear-bomb-iranian-desert/309657.

256 Bess Levin, "The Koch Brothers Found One Thing They Hate More Than Donald Trump," *Vanity Fair*, May 18, 2017, https://www.vanityfair.com/news/2017/055/the-koch-brothers-found-one-thing-they-hate-more-than-donald-trump.

257 Valerie Strauss, "Nine Controversial — and Highly Revealing — Things Betsy DeVos Has Said," *Washington Post*, March 12, 2018.

258 Mark Mazzetti, Ronen Bergman, and David D. Kirkpatrick, "Trump Jr. and Other Aides Met with Gulf Emissary Offering Help To Win Election," *New York Times*, May 19, 2018.

259 5月，莫斯科的政治技术中心（Moscow's Center for Political Technologies）副主任阿列克谢·马卡尔金（Aleksei Makarkin）表达了俄罗斯国内广泛持有的一个观点，即"在个人层面上，特朗普明显想改善与俄罗斯的关系。问题是他同时还是美国的总统，国家机器的首脑。这就让他与俄罗斯打起交道来无比困难"。Neil MacFarquhar, "Russia Looks to Exploit White House 'Turbulence,' Analysts Say," *New York Times*, February 27, 2017; Andrew Higgins, "Putin Offers To Provide a 'Record' of Trump's Disclosures To Russian Envoys," *New York Times*, May 17, 2017.

260 Zachary Fryer-Biggs, "What Did Putin Want from Trump and What Did He Actually Get," *Newsweek*, January 23, 2018, http://www.newsweek.com/putin-meddled-didnt-get-what-he-wanted-785890.

261 Peter Baker and Helene Cooper, "Sparring Over Foreign Policy, Obama Goes on the Offensive," *New York Times*, October 22, 2012.

262 Uri Friedman, "Trump Hates International Treaties. His Latest Target: A Nuclear -Weapons Deal With Russia," *Atlantic*, October 24, 2018, https://www.theatlantic.com/international/archive/2018/10/trump-withdraw-inf-treaty-why/573715.

263 Robert Burns, "In Collapse of US-Russian Military Ties, Some Experts See Nuclear Risk," PBS News Hour, December 14, 2016, https://www.pbs.org/newshour/politics/collapse-us-russian-military-ties-see-nuke-risk.

264 Mark Galeotti, "STOLYPIN: Stagnation as Strategy Evident in Tillerson's Trip to Moscow; Business New Europe IntelliNews, April 12, 2017, http://www.intellinews

.com/stolypin-stagnation-as-strategy-evident-in-tillerson-s-trip-to-moscow-119474.

265 Fryer-Biggs, "What Did Putin Want from Trump."

266 Andrew Higgins, "300,000 Troops and 900 Tanks: Russia's Biggest Military Drills Since Cold War," *New York Times*, August 28, 2018. 10 月，挪威举行了"三叉戟"军事演习，这是北约自 1991 年冷战结束以来规模最大的战争演习。本次演习涉及来自 29 个北约国家外加瑞典和芬兰的 5 万名军人。10 月底和 11 月初，来自美国的 1 万名军人和来自日本的 4.7 万名军人开展了"利剑"军事演习，据美国第七舰队司令表示，这是美日两个盟国两年一度的军事演习中"规模最大、最复杂"的一次。加拿大的 2 艘舰船和相关人员也参加了这次演习。Seth Robson, "US, Japan Move into Final Stretch of 'Largest and Most Complex' Field Exercise," *Stars and Stripes*, November 5, 2018, https://www.stripes.com/news/us-japan-move-into-final-stretch-of-largest-and-most-complex-field-exercise-1.555276.

267 "Russia To Hold Its Biggest War Games Since the Cold War," CBS News, August 28, 2018, https://www.cbsnews.com/news/russia-biggest-war-games-since-cold-war-vostok-2018-military-exercises-china.

268 Pepe Escobar, "Back in the (Great) Game: The Revenge of Eurasian Land Powers," Consortium News, August 29, 2018, https://consortiumnews.com/2018/08/29/back-in-the-great-game-the-revenge-of-eurasian-land-powers.

269 Wendy Wu and Kinling Lo, "Xi Jinping, Vladimir Putin Hail 'All-Time High' in Ties, Sing US\$3 Billion of Nuclear Deals," *South China Morning Post*, June 8, 2018, https://advance-lexis-com.proxyau.wrlc.org/document/?pdmfid=1516831&crid=69052f65-22c2-44da-ae6a-10bdbb71b33e&pddocfullpath=%2Fshared%2Fdocument%2Fnews%2Furn%3AcontentItem%3A5SHC-14V1-DYRW-R55H-00000-00&pddocid=urn%3AcontentItem%3A5SHC-14V1-DYRW-R55H-00000-00&pdcontentcomponentid=433272&pdteaserkey=sr39&pditab=allpods&ecomp=5ynk&earg=sr39&prid=92d7e8e9-5a8d-4eee-ab97-cdd838d19c5e; Dimitri K. Simes, "Dangerous Liaisons," *National Interest*, December 16, 2018, https://nationalinterest.org/feature/dangerous-liaisons-38722; Graham Allison, "China and Russia: A Strategic Alliance in the Making," *National Interest*, December 14, 2018, https://nationalinterest.org/feature/china-and-russia-strategic-alliance-making-38727.

270 *Anderson Cooper 360 Degrees*, June 6, 2013, armoured personnel carriers, and infantry vehicles, http://transcripts.cnn.com/TRANSCRIPTS/1306/06/acd.01.html.

271 Scot Paltrow, "Special Report: In Modernizing Nuclear Arsenal, U.S. Stokes New Arms Race," Reuters, November 21, 2017, https://www.reuters.com/article/us-usa-nuclear-modernize-specialreport/special-report-in-modernizing-nuclear-arsenal-u-s-

stokes-new-arms-race-idUSKBN1DL1AH.

272 美国科学家联盟的汉斯·克里斯滕森、自然资源保护委员会（Natural Resources Defense Council）的马修·麦金齐（Matthew McKinzie）和麻省理工学院的西奥多·波斯托（Theodore Postol）驳斥了现代化项目旨在"确保［武器库的］可靠性和安全性"的观点。他们写道："实际上，该项目运用了革命性的新技术，能够大幅提升美国弹道导弹武器的瞄准能力。这种能力的提升是惊人的——能够将现有的美国弹道导弹武器的整体杀伤力提高大概三倍——如果一个拥核国家计划获得通过率先发动［核］突袭来打并打赢核战争的能力，那么这个项目完全达成了预期。"Hans M. Kristensen, Matthew McKinzie, and Theodore A. Postol, "How U.S. Nuclear Force Modernization Is Undermining Strategic Stability: The Burst-Height Compensating Super-Fuze," *Bulletin of the Atomic Scientists*, March 1, 2017, https://thebulletin.org/how-us-nuclear-force-modernization-undermining-strategic-stability-burst-height-compensating-super10578.

273 Nuclear Threat Initiative, "U.S. Nuclear Policy and Posture: Moving to a Safer, More Secure, More Credible Nuclear Posture in Europe," February 1, 2018, http://www.nti.org/analysis/articles/us-nuclear-policy-and-posture-moving-safer-more-secure-more-credible-nuclear-posture-europe; Julian Borger, "Washington to Spend Billions Upgrading Cold-War-Era B61 Bombs: NTI Report Says Weapons Are Potentially Catastrophic Liability," *Guardian*, February 15, 2018.

274 2010年，德国联邦议院以压倒性的投票优势决定将美国所有的核武器撤出德国。该项措施得到了公众的广泛支持。但德国政府囿于军方压力，并未彻底执行该决议，而且如今似乎还允许这种现代化进程继续推进。也有人对美国在土耳其的因吉利克空军基地存放的 B−61 核航空炸弹表达担忧，该处基地距离叙利亚边境只有 70 英里。2016 年 3 月，该处空军基地面临来自"伊斯兰国"极端组织的巨大威胁，以至于美国撤离了军事人员的家属。核威胁倡议组织警告说，2016 年的情况表明"人们对美国在境外存放的核武器的安全性的看法变得多么快"。英国《卫报》报道说，此事发生后，这些核炸弹，或许欧洲范围内三分之一的核炸弹都可能需要秘密转移。在核威胁倡议组织报告的前言部分，欧内斯特·莫尼兹和萨姆·纳恩认为，"美国在欧洲前沿部署的核武器增加了意外、失误或灾难性恐怖主义的风险，并会招致先发制人的打击。考虑到这些额外风险，早就该对这些前沿部署的武器在军事威慑和政治保障方面的必要性进行重新评估了"。奥巴马曾考虑将这些武器撤除，但随着美俄关系的恶化，他变得犹豫不决。通过将一种超级引信装置应用到美国海军的 W76−1/Mk4A 潜射弹道导弹的弹头上，美国核武器的致命性得到了进一步提升，使这种具有硬目标杀伤能力的弹头的精准度从 10 年前的 20% 提高到 2017 年的 100%。俄罗斯缺乏一套天基预警系统来侦测美国的导弹袭击，过于依赖陆基的早期预警雷达，这就意味着，俄罗斯由于无法获得地平线以外的视野，面对美国30分钟的预警时间，只有一半的时间来做反应。这显著增加了俄罗斯因对美国攻击产生误判而做出意外发射的风险。正如克里斯滕森、麦金齐和波斯托所说的，"俄罗斯情势感知能力的缺失、极短的预警时间、高度戒备的预警态势，以及美国打击能力的提升，所有这些因素酝酿出一个极度不稳定和危险的战略核武器形势"。鉴于俄罗斯与西方不断恶化的政治关系，威慑与反威慑已成为双方对峙演变的基本考量，因意外导致核大战的风险如今已经与冷战危机顶峰时期一样高。Kristensen, McKinzie, and Postol.

275 Jill Lepore, "The Atomic Origins of Climate Science," *New Yorker*, January 30, 2017, https://www.newyorker.com/magazine/2017/01/30/the-atomic-origins-of-climate-science.

276 Chris Fuchs, "Ahead of Obama Visit, Hiroshima Survivors Recounts Bombing, Hopes for Future," NBC News, May 25, 2016, https://www.nbcnews.com/news/asian-america/ahead-obama-visit-hiroshima-survivor-recounts-bombing-hopes-disarmament-n580121.

277 国防部前副部长、核武器委员会（Nuclear Weapons Council）主席安德鲁·韦伯对此表示赞同，他认为这种现代化是"无法承受和没有必要的"。他对奥巴马支持空射远程巡航导弹项目提出严厉批评，并对《纽约时报》说："总统有机会为全球禁止核巡航导弹创造条件。这是降低核战争风险的一大举措。"曾任参谋长联席会议副主席和负责美国核武器监管的美国战略司令部司令詹姆斯·卡特赖特将军相信，900颗核弹头就足以确保威慑了，即使其中只有一半处于随时可部署状态。他担心拥有小当量和更精准的核武器"会使核武器的使用变得更加可想象"。2013年底，包括奥巴马时期白宫科学技术政策办公室（White House Office of Science and Technology Policy）前副主任菲利普·科伊尔（Philip Coyle）以及曾任助理主任的史蒂夫·费特（Steve Fetter）在内的5名人士针对奥巴马的核政策，为美国忧思科学家联盟（Union of Concerned Scientists）写了一封长长的批评文章。这些作者尤其担心的是，核武器的现代化相当于创造新的武器。他们写道："创造新的武器类型——即使仅利用现有型号的武器部件，在很多人看来都违反了政府关于不研发或部署新核武器的承诺，并且会引发人们对武器可靠性的担忧。"2010年的《核态势评估》表示，核弹头的寿命延长项目"不会支持新的军事任务或提供新的军事能力"。William J. Broad and David E. Sanger, "As U.S. Modernizes Nuclear Weapons, 'Smaller' Leaves Some Uneasy," *New York Times*, January 11, 2016; Lisbeth Gronlund, Eryn MacDonald, Stephen Young, Philip E. Coyle III, and Steve Fetter, "Making Smart Security

Choices: The Future of the U.S. Nuclear Weapons Complex," Union of Concerned Scientists, October 2013, Revised March 2014, https://www.ucsusa.org/sites/default/files/legacy/assets/documents/nwgs/nuclear-weapons-complex-report.pdf; Hans M. Kristensen, "General Confirms Enhanced Targeting Capabilities of B61-12 Nuclear Bomb," Federation of American Scientists, January 23, 2014, https://fas.org/blogs/security/2014/01/b61capability.

278 Hans M. Kristensen, "US Nuclear Stockpile Numbers Published Enroute ［sic］ to Hiroshima," FAS, May 26, 2016, https://fas.org/blogs/security/2016/05/hiroshima-stockpile. 2016 年 4 月，在华盛顿召开的核安全峰会上，奥巴马亲自对"推进新的、更致命的和更有效的［武器］系统，最终导致新一轮全面军备竞赛升级"的风险提出警告。 James E. Cartwright and Bruce G. Blair, "End the First-Use Policy for Nuclear Weapons," *New York Times*, August 14, 2016; Peter Moore, "Poll Results: Nuclear Weapons," YouGov, April 11, 2016, https://today.yougov.com/news/2016/08/11/poll-results-nuclear-weapons.

279 James E. Cartwright and Bruce G. Blair, "End the First-Use Policy for Nuclear Weapons," *New York Times*, August 14, 2016; Peter Moore. 卡特赖特和布莱尔这篇文章发表10天后，蒙特雷国际研究院（Middlebury Institute of International Studies）的杰弗里·刘易斯（Jeffrey Lewis）和斯坦福大学的斯科特·萨根（Scott Sagan）为奥巴马提供了一个更简单的解决之道。他们敦促奥巴马"宣布，作为一项法律和政策，美国不会对任何能够通过常规手段切实摧毁的目标使用核武器"。他们指出，合法军事目标的定义已经从"战争支持工业"拓展至"战争维持工业"。 Jeffrey G. Lewis and Scott D. Sagan, "The Common-Sense Fix that American Nuclear Policy Needs," *Washington Post*, August 24, 2016.

280 Nick Gass, "Bobby Knight: Like Truman, Trump Would Have 'guts to drop the bomb,'" *Politico*, April 28, 2016, https://www.politico.com/blogs/2016-gop-primary-live-updates-and-results/2016/04/bobby-knight-donald-trump-nuclear-bomb-222595.

281 Jane Mayer, "The Reclusive Hedge-Fund Tycoon Behind the Trump Presidency," *New Yorker*, March 27, 2017, https://www.newyorker.com/magazine/2017/03/27/the-reclusive-hedge-fund-tycoon-behind-the-trump-presidency.

282 参见由罗格斯大学环境科学系的艾伦·罗博克、加利福尼亚大学洛杉矶分校大气和海洋科学系的理查德·特科、科罗拉多大学大气和空间物理实验室的布赖恩·图恩以及俄罗斯科学家格奥尔基·司藤契科夫等人所做的研究。

283 基于1970年代在臭氧层消耗和二氧化碳积聚方面的研究，以及在瑞典皇家科学院（Royal Swedish Academy of Sciences）的 AMBIO 杂志上发表的一篇名为

《核战争后的大气：正午微光》（"The Atmosphere After a Nuclear War: Twilight at Noon"）的文章，萨根与4位同事将各自关于地球火山爆发、火星沙尘暴的研究同地球与小行星撞击引起的气候改变效应导致了恐龙灭亡的研究发现，以及关于核战争引起的大火产生的大气效应的研究进行了整合，对核战争中城市的燃烧可能会对环境产生的影响进行了推算。Paul Rubinson, *Redefining Science: Scientists, the National Security State, and Nuclear Weapons in Cold War America* (Amherst: University of Massachusetts Press, 2016), 171–80.

284 Carl Sagan, "The Nuclear Winter," *Parade*, October 30, 1983.

285 特勒在《自然》杂志上写道，"我们必须把严重的气候变化视为可能的，而不是确实的"，并警告说，"把对全球灭绝的高度推测性理论——即使是地球生命的灭绝，用作呼吁采取特定政治行动的口号，既无益于维持科学的良好声誉，也无助于冷静理性的政治思考"。Lawrence Badash, *A Nuclear Winter's Tale: Science and Politics in the 1980s* (Cambridge: MIT Press, 2009), 152.

286 Paul Ehrlich et al., "Long-Term Biological Consequences of Nuclear War," *Science* 222 (December 23, 1983), 1299.

287 Carl Sagan, "Nuclear War and Climate Catastrophe: Some Policy Implications," *Foreign Affairs* 62 (Winter 1983), 285. 在美国广播公司的网络上，萨根指出了军备竞赛的荒唐之处："设想在一个装满汽油的房间里，有两个不共戴天的敌人：一个拥有9000根火柴，一个拥有7000根火柴。二者关心的都是谁更先进，谁更强大。其实，我们目前就处在这样一个情形里。" T. J. Raphael, "How the Threat of Nuclear Winter Changed the Cold War," April 5, 2016, Public Radio International, https://www.pri.org/stories/2016-04-05/how-threat-nuclear-winter-changed-cold-war.

288 1986年8月，当年差点就说服里根全面禁止核武器的戈尔巴乔夫公开表示："现有的核武器中哪怕只有一小部分被引爆，也将是灾难性的，是一种不可逆的灾难，而且如果仍然有人胆敢发起首次核打击，那么他自己也将注定在痛苦中死去，即使不是死于对方的报复性反击，也将死于自己引爆的核弹头产生的严重后果。"Rubinson, 206–7.

289 他们联合了一些在政治上持保守态度的科学家，其中很多都得到过埃克森美孚公司和其他石油公司的资助。1984年，3位杰出的科学家——戈达德太空研究所（Goddard Institute for Space Studies）创立者罗伯特·贾斯特罗（Robert Jastrow）、美国国家科学院前院长弗雷德里克·塞茨（Frederick Seitz）以及斯克利普斯海洋学研究所（Scripps Institute of Oceanography）前所长威廉·尼伦伯格（William Nierenberg）共同创立了乔治·C. 马歇尔研究所（George C. Marshall Institute），该所也得到了埃克森美孚公司的部分资助。其他一些科学家也加入了他们针对核冬天理论的攻击，包括哈佛大学的罗素·塞茨（Russell Seitz）和哈特兰研究所科学与环境政策项目主任 S. 弗雷德·辛格（S. Fred Singer），这两人中，前者获得了马歇尔研究所的资助，后者也得到了几大石油公司的支持。Lepore, "The Atomic Origins of Climate Science."

290 1985年底，国际科学联盟理事会（International Council of Scientific Unions，今国际科学理事会）享有声望的环境问题科学委员会（Scientific Committee on the Problems of the Environment）发表了其关于核战争对环境影响的研究后，核冬天理论的支持者们得到了强大的声援。在《原子科学家公报》上，环境问题科学委员会秘书长托马斯·马隆（Thomas Malone）对该报告进行了总结，并确认"核战争之后，世界大部分人口将面临饥饿"，因为即使微小的温度降低都将对农业产生毁灭性影响，"导致地球上损失10亿至数十亿人口"。Rubinson, 204.

291 Lepore, "The Atomic Origins of Climate Science."

292 1.6万吨当量的广岛原子弹引发了超过3—5平方英里面积的大火。一枚典型的800千吨当量的俄式核武器将引发超过90—152平方英里面积的大火。因城市燃烧导致的核风暴性大火将向平流层输送近1.8亿吨烟雾和灰尘，这些烟雾和灰尘将在平流层逗留10—20年，阻挡北半球将近70%的阳光照射以及南半球35%的阳光照射。其结果将是灾难性的。气温将骤跌至冰点以下，并且将在未来1—3年里，每天至少有一部分时间保持在这一水平，导致全球平均气温比1.8万年前最后一个冰河时代的平均气温还低。降雨会减少90%。寒冷、黑暗、类似干旱的环境将导致农业在十多年里呈现终结状态。大部分人口和其他复杂的生命形式都将被饿死。

293 Steven Starr, "Turing a Blind Eye Towards Armageddon — U.S. Leaders Reject Nuclear Winter Studies," Federation of American Scientists, January 9, 2017, https://fas.org/2017/01/turning-a-blind-eye-towards-armageddon-u-s-leaders-reject-nuclear-winter-studies.

294 Lepore, "The Atomic Origins of Climate Science."

295 在2016年9月的一次总统辩论上，当莱斯特·霍尔特（Lester Holt）问及关于核武器的看法时，特朗普回答道："我希望大家都来终结它，彻底摆脱它。我肯定不会率先发起［核］打击。我认为，一旦有了核替代方案，就搞定了。与此同时，我们也要作好准备。因为我必须考虑到所有可能的情况。"Transcript of the First Debate," *New York Times*, September 27, 2016.

296 Donald Trump tweet, December 22, 2016, https://twitter.com/realDonaldTrump/status/811977223326625792?ref_src=twsrc%5Etfw.

297 *Morning Joe*, MSNBC, December 23, 2016.

298 "Highlights of Reuters Interview with Trump," Reuters, February 23, 2017, https://www.reuters.com/article/us-usa-trump-interview-highlights/highlights-of-reuters-interview-with-trump-idUSKBN1622RG.

299 Ibid.

300 Hillary Clinton tweet, September 30, 2016.

301 Press release, January 24, 2017, https://lieu.house.gov/media-center/press-releases/congressman-lieu-senator-markey-introduce-restricting-first-use-0.

302 国家情报总监詹姆斯·克拉珀警告说，只要特朗普愿意，他确实能够发动核打击："一时伤了自尊，（如果）他决定对金正恩做点什么，几乎没有什么能够阻止他。整个系统的建立都是为了确保在必要时能够迅速做出反应。因此，在启用核选项方面几乎没有什么管控办法，这是相当恐怖的。"正如《法律战》（Lawfare）杂志的编辑本杰明·威特斯（Benjamin Wittes）和主编苏珊·亨尼茜（Susan Hennessey）所提问的："一个都不能以负责任的方式管理好推特账号的人，怎么能掌管毁灭地球的力量？一个对任何事都无法给出确切说法的人，又如何能向一个手握核武器的情绪不稳的演员传递出一贯的核威慑信息？怎么能让一个像特朗普一样容易冲动和报复心强的人去掌握（而且是一手掌握）众所周知的核按钮？"《纽约时报》的编辑也阐明了同样的观点，他们警告说，"只要他动动嘴，就能释放出美国核武器毁灭世界的力量，而且也就是几分钟就能做到的事"。Dexter Filkins, "Rex Tillerson at the Breaking Point," New Yorker, October 16, 2017, https://www.newyorker.com/magazine/2017/10/16/rex-tillerson-at-the-breaking-point; Susan Hennessey and Benjamin Wittes, "Can Anyone Stop Trump If He Decides to Start a Nuclear War?" Foreign Policy, August 24, 2017, http://foreignpolicy.com/2017/08/24/can-anyone-stop-trump-if-he-decides-to-start-a-nuclear-war/?utm_source=Sailthru&utm_medium=email&utm_campaign= Ed%20Pix%208-24&utm_term=%2AEditors%20Picks; "Mr. Trump Alone Can Order a Nuclear Strike. Congress Can Change That." New York Times, October 11, 2017.

303 George F. Will, "Can Congress Rein in 'Fire and Fury'?" Washington Post, December 8, 2017.

304 在这份长达10页的不涉密的评估总结里，国防部部长詹姆斯·马蒂斯写道："我们必须直面现实，正视这个世界，而不是按我们所希望的样子去看待它。"他坚持认为，现实世界突出表现在俄罗斯和中国强劲的核现代化进程上，以及朝鲜的挑衅和伊朗的不确定性上。Secretary's Preface, Nuclear Posture Review, https://media.defense.gov/2018/Feb/02/2001872886/-1/-1/1/2018-NUCLEAR-POSTURE-REVIEW-FINAL-REPORT. PDF.

305 它强调了俄罗斯在欧洲的侵犯行为以及对新式核武器的研发，点出了"威胁环境的迅速恶化"，因此，"如果我们想拥有可信威慑的话，"决不能"放慢核武器现代化的进程"。但美国的核设计师们最担心的是俄罗斯的小当量核武器直指美国的软肋。在传统的欧洲冲突中，假如俄罗斯使用了一枚或多枚低当量战术核武器，那么拥有大型战略核武器的美国要么被迫用大规模战略性核武器进行报复，但这会导致潜在的灾难性后果，他们相信没有哪个总统会这么干，要么就只能选择让步。正如担任该报告顾问的核战略专家彼得·休西（Peter Huessy）对《美国保守派》（American Conservative）杂志所说的："我们尤其需要阻吓俄罗斯。我并不认为俄罗斯是鲁莽的，但普京很有可能在冲突早期威胁使用小当量的核弹头，因为他预料我们会做出让步，我们不会选择用战略核武器互相打击。"根据五角大楼的报告，国防情报机构估计"俄罗斯存有 2000 枚'非战略性'核武器，包括近程弹道导弹、自由落体炸弹和能够装配在中程轰炸机上的深水炸弹"。为了弥补在战术核武器方面的所谓"差距"，评估报告呼吁研制可安装到潜射弹道导弹上的小当量核弹头，以及新型的潜射巡航导弹，这种导弹在命中目标前，可以在空中飞行。这种路线的大部分拥护者都忽略了美国在欧洲的战术核武器以及在美国本土的超过 350 枚战术核武器，它们在必要时可以进行部署。该报告对未来达成武器控制协议几乎不抱希望。报告表示，在一个"拥核国家寻求改变疆界、推翻现有标准"的世界里，在俄罗斯违反了以往条约的世界里，此类协议是"难以想象"的。Vanden Heuvel; Mark Perry, "Trump's Nuke Plan Raising Alarms Among Military Brass," *American Conservative*, February 2, 2018, http://www.theamericanconservative.com/articles/trumps-new-nuke-nuclear-plan-npr-raising-alarms-among-military-brass-war; Tom Porter, "Russia Develops 'Doomsday' Nuclear Torpedo Designed to Wipe Out U.S. Coastal Cities," *Newsweek*, February 3, 2018, http://www.newsweek.com/russia-develops-doomsday-nuclear-torpedo-designed-wipe-out-us-coastal-cities-798946; David E. Sanger and William J. Broad, "To Counter Russia, U.S. Signals Nuclear Arms Are Back in a Big Way," *New York Times*, February 4, 2018.

306 核威胁倡议组织的联席主席欧内斯特·莫尼兹和萨姆·纳恩指出了"人类失误的风险"，担心"黑客可以在国家报警和预防系统中植入虚假的核攻击警报，并将该打击转嫁给一个无辜的国家。在一个全球高度紧张的时期——核对手之间缺乏沟通与合作，而决策时间只有几分钟——那么拥核国的首脑们该做何反应？"他们担心"扩大针对一个可能使用核武器的对手的威胁范围……将极大地增加误判或失误的风险。如果一次网络攻击破坏了我们电网的一大部分，我们能否快速而准确地确定发动袭击的国家？"曾为奥巴马担任军控事务高级顾问的乔恩·沃尔夫斯塔尔（Jon Wolfsthal）担心，装配了核弹头的新型巡航导弹可能使一些国家相信它们正在遭受核攻击，而实际上可能并非如此。"如果我们把核武器装在巡航导弹上，然后我们发射了常规的巡航导弹，那俄罗斯怎么知道攻击它的是不是常规武器呢？"沃尔夫斯塔尔问道。Sanger and Broad, "To Counter Russia, U.S. Signals Nuclear Arms Are Back in a Big Way"; Ernest Moniz and Sam Nunn, "Three Steps to Avert an Accidental Nuclear War," *Bloomberg News*, February 1, 2018, https://www.bloomberg.com/view/articles/2018-02-01/three-steps-to-avert-an-accidental-nuclear-war; Idrees Ali, "With an Eye on Russia, U.S. to Increase Nuclear Capabilities," Reuters, February 2, 2018, https://www.reuters.com/article/us-usa-nuclear-russia-military/with-an-eye-on-russia-u-s-to-increase-nuclear-capabilities-idUSKBN1FM2J0.

307　它还指控说："此外，北约还保持着核共享政策或共同核任务，一些无核的欧盟成员国被裹挟进美国核武器的使用计划内，以及相关用法的培训中，这是对《不扩散核武器条约》的严重违反。"对于俄罗斯拒绝按照《不扩散核武器条约》第6条考虑进一步削减其核武库的想法，它提出了质疑，但又表示这首先需要就美国弹道导弹防御系统的部署问题、全球快速打击理念达成一致，并让美国批准《全面禁止核试验条约》。Comment by the Information and Press Department of the Ministry of Foreign Affairs of the Russian Federation on the New U.S. Nuclear Posture Review, February 3, 2018, http://www.mid.ru/en/diverse/-/asset_publisher/zwI2FuDbhJx9/content/kommentarij-departamenta-informacii-i-pecati-mid-rossii-v-svazi-s-publikaciej-novoj-adernoj-doktriny-ssa.

308　近期，佩恩和富兰克林·米勒（Franklin Miller）抨击了威廉·佩里的建议，即美国考虑拆除其极易遭受攻击的洲际弹道导弹力量，并采纳"不首先使用核武器"政策。他们写道："这些都是幼稚的建议，只适用于一个根本不存在的美好世界，而提这些建议的人根本就没有意识到这一点。"Keith B. Payne and Franklin C. Miller, "Naive Nuclear Proposals for a Dangerous World," *Wall Street Journal*, October 14, 2016.

309　Mark Perry, "Trump's Nuclear Plan..."《国家》杂志的编辑卡特里娜·范登·赫维尔（Katrina vanden Heuvel）对这一情况的荒谬性做了精辟的总结，她在《华盛顿邮报》上写道："总之，美国正在建造新一代的核武器和发射系统，将在前沿区域部署更多可用的核武器，仍然坚持'率先使用'核武器的可能性，即使是为了保护30个国家免受非核攻击，继续让导弹处于随时发射的积极戒备状态，对任何军控项目的可能性保持怀疑，并对推动核武器非法化的全球运动持敌视态度。即便如此，美国与俄罗斯、中国的紧张关系仍在升级，与朝鲜的关系也仍然充满火药味，而与伊朗签署的核协议一再地遭到总统的抨击。"在她这篇专栏文章的最后，赫维尔引用了比特丽斯·菲恩（Beatrice Fihn）的一句话，后者作为国际废除核武器运动（International Campaign to Abolish Nuclear

Weapons）的代表获得了2017年的诺贝尔和平奖。菲恩在接受美国国家公共广播电台的采访时发出了犀利的警告："这个故事的结局只有两个：要么终结核武器，要么终结我们所有人。"

310 Brad Lendon, "What the Massive US Military Budget Pays For," CNN, March 28, 2018, https://www.cnn.com/2018/03/28/politics/us-military-spending-items-intl/index.html.

311 Jon Harper and Yasmin Tadjdeh, "Analysts Doubt Trump Can Unilaterally Create a Space Force," *National Defense*, June 18, 2018, http://www.nationaldefensemagazine.org/articles/2018/6/18/analysts-doubt-trump-can-unilaterally-create-a-space-force; Sarah Kaplan and Dan Lamothe, "Trump Says He's Directing Pentagon to Create a New 'Space Force,'" *Washington Post*, June 18, 2018.

312 "Remarks By Vice President Pence on the Future of the U.S. Military in Space," August 9, 2018, https://www.whitehouse.gov/briefings-statements/remarks-vice-president-pence-future-u-s-military-space; Karl Grossman, "Trump's Space Force: Resurrecting the Perilous Plan To Militarize Space," *CounterPunch*, August 14, 2018, https://www.counterpunch.org/2018/08/14/turning-space-into-a-war-zone.

313 Mary Beth Griggs, "Trump's Space Force Could Be One Giant Leap into a Tricky Situation," *Popular Science*, June 19, 2018, https://www.popsci.com/trump-military-space-force.

314 Harvey Wasserman, "Trump's Space Force: Military Profiteering's Final Frontier," Reader Supported News, July 21, 2018, https://readersupportednews.org/opinion2/277-75/51303-rsn-trumps-space-force-military-profiteerings-final-frontier.

315 "Providing for the Common Defense: The Assessment and Recommendations of the National Defense Strategy Commission," November 2018, https://www.usip.org/sites/default/files/2018-11/providing-for-the-common-defense.pdf.

316 Bernard Weinraub, "Reagan Continues Private Meetings with Gorbachev," *New York Times*, November 21, 1985; David Johnston, "Who's Talking? Putting Words in Official Mouths," *New York Times*, April, 21, 1988.

317 Kendra Pierre-Louis, "Antarctica Is Melting Three Times as Fast as a Decade Ago," *New York Times*, June 13, 2018.

318 James Temple, "Global Warming's Worst-Case Projections Look Increasingly Likely," *Technology Review*, December 6, 2017, https://www.technologyreview.com/s/609620/global-warmings-worst-case-projections-look-increasingly-likely.

319 Rebecca Leber, "This Is What Our Hellish World Will Look Like After We Hit the Global Warming Tipping Point," *New Republic*, December 21, 2014, https://

newrepublic.com/article/120578/global-warming-threshold-what-2-degrees-celsius-36-f-looks.

320 Nathaniel Rich, "Losing Earth: The Decade We Almost Stopped Climate Change," *New York Times*, August 1, 2018.

321 Tim Marcin, "What Has Trump Said About Global Warming? Eight Quotes on Climate Change As He Announces Paris Agreement Decision," *Newsweek*, June 1, 2017, http://www.newsweek.com/what-has-trump-said-about-global-warming-quotes-climate-change-paris-agreement-618898.

322 Coral Davenport, "In the Trump Administration, Science Is Unwelcome. So Is Advice," *New York Times*, June 9, 2018.

323 "Statement to Restore Science-Based Policy in Government," Scientists for Science-Based Policy, April 2018, https://scientistsforsciencebasedpolicy.org.

324 《纽约时报》上写道："从［上任］第一天开始，白宫及其在某些联邦机构的狗腿子们就发动了一场针对科学的战争，让缺乏科学素养的人担任重要岗位，撤销对旨在营造更清洁和安全的环境和更健康的人口的项目的资金支持，而且，最为险恶的是，对可能为公众和政府决策提供信息支持的科学调查活动进行审查。"特朗普一上任就立即命令普鲁伊特撤销奥巴马的清洁电力计划，并指示内政部部长瑞安·津克（Ryan Zinke）废除奥巴马关于天然气井排放甲烷的规章制度。"President Trump's War on Science," *New York Times*, September 9, 2017.

325 Jordan Brunner, "Congress Adapts to Calamity: The FY 2018 NDAA's Climate Change Provisions," *Lawfare*, December 11, 2017, https://www.lawfareblog.com/congress-adapts-calamity-fy-2018-ndaas-climate-change-provisions.

326 Lorraine Chow, "EcoWatch," March 30, 2017, https://www.google.com/amp/s/www.ecowatch.com/heartland-institute-climate-science-2334892782.amp.html; Katie Worth, "Climate Change Skeptic Group Seeks to Influence 200,000 Teachers," *Frontline*, March 28, 2017, https://www.pbs.org/wgbh/frontline/article/climate-change-skeptic-group-seeks-to-influence-200000-teachers; Jie Jenny Zou, "Oil's Pipeline to America's Schools," The Center for Public Integrity, June 15, 2017, https://apps.publicintegrity.org/oil-education.

327 Robert Jay Lifton, "The Climate Swerve," *New York Times*, August 23, 2014.

328 Bill McKibben, "Big Oil CEOs Needed a Climate Change Reality Check. The Pope Delivered," *Guardian*, June 16, 2018.

329 "Encyclical Letter Laudato Si of the Holy Father Francis on Care for Our Common Home," May 24, 2015, http://w2.vatican.va/content/francesco/en/encyclicals/documents/papa-francesco_20150524_enciclica-laudato-si.html.

致谢

　　一个体量如此之大的项目，需要众多人员的支持、帮助和耐心对待。

　　在图书方面，我们要特别感谢彼得的同事以及美利坚大学历史系的研究生们。马克斯·保罗·弗里德曼（Max Paul Friedman）不辞辛劳地阅读了全书手稿，凭借其美国外交政策史的专业知识，对我们的一些阐述提出意见，堵住了书中大大小小的疏漏。本书有很大篇幅讲述美苏关系和美俄关系，因此我们非常倚仗俄罗斯历史学家安东·费佳申（Anton Fedyashin）的专业知识，他时刻准备好为我们答疑解惑，并仔细核查俄文资料，以确保我们的论述是正确的。彼得的其他同事在回答有关他们自己研究领域的问题时都很热情，他们是：穆斯塔法·阿克萨卡尔（Mustafa Aksakal）、理查德·布赖特曼（Richard Breitman）、菲尔·布伦纳（Phil Brenner）、艾拉·克莱因（Ira Klein）、艾伦·利奇特曼（Allan Lichtman）、埃里克·洛尔（Eric Lohr）和安娜·纳尔逊（Anna Nelson）。

　　在研究生中，埃里克·辛格（Eric Singer）和本·班尼特（Ben Bennett）是不可或缺的，他们从自己的研究和写作中抽出大量时间来完成各种研究任务。埃里克是追踪他人难以找到的模糊信息的高手。本，在他的众多贡献中，最重要的是负责为本书增加一些非常重要的插图，为本书呈现了丰富的视觉效果。在本书的第15章中，埃里克也同样出色地完成了这项工作。很多已经毕业的和还在就读的博士生也在这个项目上付出了巨大努力，他们是：丽贝卡·德沃尔夫（Rebecca DeWolf）、辛迪·圭利（Cindy Gueli）、文森特·尹彤迪（Vincent Intondi）、马特·旁布雷顿（Matt Pembleton）、尾崎照海（Terumi Rafferty-Osaki）、詹森·魏克瑟尔鲍姆（Jason Weixelbaum）。丹尼尔·西普里亚尼（Daniel Cipriani）、朱莉·霍克斯（Julie Hawks）、阮月（Nguyet Nguyen）、戴维·欧克斯特（David Onkst）、艾伦·彼得罗邦（Allen Pietrobon）、黑利·朗斯维尔（Hailey Rounsaville）、阿里·塞罗塔（Arie Serota）和基思·斯基林（Keith Skillin）提供了额外的研究帮助和丰富的线索。

很多朋友和同事也在这个过程中提供了非常宝贵的帮助。丹尼尔·埃尔斯伯格（Daniel Ellsberg）慷慨地分享了他的见解，他对本书进行了批判性阅读后提出了宝贵建议，在此由衷感谢他的热情支持。他对这段历史的大部分认知仍然是他人难以超越的。其他学者也慷慨地奉献了时间和专业知识，解答了我们提出的疑问，并提供了参考文件，他们分别是：罗伯特·伯科威茨（Robert Berkowitz）、比尔·伯尔（Bill Burr）、鲍勃·德雷弗斯（Bob Dreyfuss）、卡罗琳·艾森伯格（Carolyn Eisenberg）、哈姆·菲什（Ham Fish）、迈克尔·弗林（Michael Flynn）、布鲁斯·加尼翁（Bruce Gagnon）、伊雷娜·格鲁津思卡·格罗斯（Irena Grudzinska Gross）、休·盖斯特森（Hugh Gusterson）、安妮塔·孔多亚尼迪（Anita Kondoyanidi）、杰里米·库兹马罗夫（Jeremy Kuzmarov）、比尔·拉努埃特（Bill Lanouette）、米尔顿·莱滕贝格（Milton Leitenberg）、罗伯特·杰伊·利夫顿（Robert Jay Lifton）、米基·赫夫（Mickey Huff）、阿尔琼·梅基耶尼（Arjun Makhijani）、雷·麦戈文（Ray McGovern）、罗杰·莫里斯（Roger Morris）、乘松聪子（Satoko Oka Norimatsu）、罗伯特·诺里斯（Robert Norris）、罗伯特·帕里（Robert Parry）、利奥·里布福、乔纳森·谢尔（Jonathan Schell）、彼得·戴尔·斯科特（Peter Dale Scott）、马克·赛尔登（Mark Selden）、马蒂·舍温（Marty Sherwin）、查克·斯特罗齐尔（Chuck Strozier）、戴维·瓦因（David Vine）、亚尼内·韦德尔（Janine Wedel）和拉里·威特纳（Larry Wittner）。

在纪录片方面，我们要特别感谢以下这些人员的付出。费尔南多·苏利辛（Fernando Sulichin）筹集了经费，在艰难时刻也保持了冷静。罗伯·威尔逊（Rob Wilson）和塔拉·特里梅（Tara Tremaine）从一开始就是新闻主播，他们为本片精选了来自世界各地的档案。亚历克斯·马尔克斯（Alex Marquez）在4年中陆续剪辑，经常熬夜工作。埃利奥特·艾斯曼（Elliott Eisman）、亚历克西斯·查维斯（Alexis Chavez）和肖恩·斯通（Sean Stone）也不时伸出援手。在音效方面，克雷格·阿姆斯特朗（Craig Armstrong）、亚当·彼得斯（Adam Peters）、巴德·卡尔（Budd Carr）和威利·斯泰特曼（Wylie Stateman）提供了帮助。感谢埃文·贝茨（Evan Bates）和苏茜·吉尔伯特（Suzie Gilbert）处理行政事务。感谢史蒂文·派因斯（Steven Pines）费心管理有限的经费。十分感谢Showtime频道，尤其是两个部门的工作人员——戴维·内文斯（David Nevins）为本片提供了深刻见解；布赖恩·卢尔（Bryan Lourd）、杰夫·雅各布斯（Jeff Jacobs）、西蒙·格林（Simon Green）和凯文·库珀（Kevin Cooper）也提供了帮助。

这个研究项目历时很长，在此期间我们痛失了4位智囊——霍华德·津恩（Howard Zinn）、鲍勃·格里菲斯（Bob Griffith）、查理·威纳（Charlie Wiener）和乌代·莫汉（Uday Mohan）。如今，迈克尔·弗林、罗伯特·帕里、乔纳森·谢尔（Jonathan Schell）、威廉·布卢姆（William Blum）的辞世更增添了我们的悲痛。

芭芭拉·克佩尔（Barbara Koeppel）对视觉和字幕部分提供了额外的协助。埃琳·汉密尔顿（Erin Hamilton）对于有关智利问题的阐述提供了很有价值的见解。史蒂文·斯塔尔（Steven Starr）帮助我们（以及其他许多人）意识到了核冬天日益严重的威胁。美利坚大学图书馆的马特·史密斯（Matt Smith）和克莱门特·霍（Clement Ho）在我们查阅文献资料和其他事项上提供了极大的帮助。

为了保证两个项目和修订版按计划完成，画廊图书（Gallery Books）的工作人员尽一切努力满足我们往往不易处理的要求。特别感谢编辑杰里米·鲁比－施特劳斯（Jeremie Ruby-Strauss）及他的助理希瑟·亨特（Heather Hunt）、布里塔·伦德伯格（Brita Lundberg）。另外，还要感谢路易斯·伯克（Louise Burke）、珍·伯格斯特龙（Jen Bergstrom）、杰茜卡·奇恩（Jessica Chin）、埃米莉·德拉姆（Emily Drum）、埃莉萨·里夫林（Elisa Rivlin）、埃米莉亚·皮萨尼（Emilia Pisani）、特里西娅·博奇科夫斯基（Tricia Boczkowski）、萨莉·富兰克林（Sally Franklin）、珍·鲁滨逊（Jen Robinson）、拉里·佩卡雷克（Larry Pekarek）以及达维娜·莫克（Davina Mock）。

彼得的妻子西姆基·库茨尼克（Simki Kuznick）和他们的女儿莱克茜（Lexie）为本书的研究和参考文献方面提供了很大帮助。西姆金以编辑的技能和诗人的眼光，耐心审读了本书数量庞大的草稿。